KB162010

World Book 251

Aurelius Augustinus

DE CIVITATE DEI

신국론 II

아우구스티누스/ 추인해 추적현 옮김

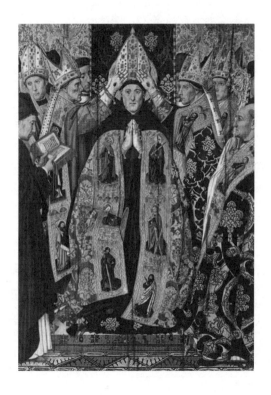

동서문화사

성경책명 약자표

구약성경

창세	창세기	출애	출애굽기	레위	레위기	민수	민수기
신명	신명기	여호	여호수아	판관	사사기	룻기	룻기
1사무	사무엘상	2사무	사무엘하	1열왕	열왕기상	2열왕	열왕기하
1역대	역대상	2역대	역대하	에즈	에스라	느헤	느헤미야
에스	에스더	욥기	욥기	시편	시편	잠언	잠언
전도	전도서	아가	아가	이사	이사야	예레	에레미야
애가	예레미야 애가	에제	에스겔	다니	다니엘	호세	호세아
요엘	요엘	아모	아모스	오바	오바댜	요나	요나
미가	미가	나훔	나훔	하바	하박국	스바	스바냐
하깨	학개	즈가	스가랴	말라	말라기		

신약성경

마태	마태복음	마르	마가복음	루가	누가복음	요한	요한복음
사도	사도행전	로마	로마서	1고린	고린도전서	2고린	고린도후서
갈라	갈라디아서	에페	에베소서	필립	빌립보서	골로	골로새서
1데살	데살로니가 전서	2데살	데살로니가 후서	1디모	디모데전서	2디모	디모데후서
1베드	베드로전서	2베드	베드로후서	1요한	요한1서	2요한	요한2서
3요한	요한3서	유다	유다서	묵시	요한계시록	토비	토비트
유딧	유딧	에스(외) 에스델 (제2경전/외경)		지혜	지혜서	집회	집회서
바룩	바룩	다니(외) 다니엘 (제2경전/외경)		1마카	마카베오상	2마카	마카베오하

신국론 I II
차례

신국론 II

제13권

제16권

제19권

제20권

제21권

신국론 I

제2권

제10권

제12권

제13권

아담은 죄를 저질렀기 때문에 죽음이라는 벌을 불러들였다. 그 죄는 자연에서 오는 게 아니라 의지적 행위였다.

제1장 죽음의 기원에 대하여

우리는 이 세상의 출현과 인류의 시작에 대해 가장 어려운 문제들을 다루었고, 이제는 논리적 순서에 따라 최초 인간의 타락 또는 원조들의 타락에 대해, 그리고 인간 죽음의 기원과 영향에 대해서 설명하려고 한다. 하느님은 인간을 천사처럼 만드시지 않았다. 천사는 죄를 짓더라도 결코 죽을 수 없었다. 인간은 순종의 본분을 다하면 천사와 같은 영원한 생명과 끝없는 행복을 얻을 수 있게 되어 있었다. 그러나 만일 순종치 않는다면 죽음으로 공정한 벌을 받도록 창조하셨다. 이 점은 이미 앞에서 다루었다.

제2장 죽음의 종류. 영혼의 죽음과 육체의 죽음

그들이 겪을 죽음에 대해서는 더 자세하게 이야기하려고 한다. 먼저 사람의 영혼이 죽지 않는다는 것은 옳은 말이지만, 거기에도 나름의 독특한 죽음이 있다. 영혼이 죽지 않는다는 말은, 영혼의 생명과 감각이 아무리 약해져도 결코 완전히 사라지지 않는다는 뜻이다. 그러나 이와 달리 육체가 죽는다는 것은 육체에서 생명이 완전히 떠날 수 있으며, 그 스스로는 독립적으로 살아갈 수 없음을 뜻한다. 따라서 하느님이 영혼을 버리시면 영혼이 죽는 것처럼, 육체에서 영혼이 떠나면 육체는 죽고 만다. 그래서 하느님으로부터 버림받은 영혼이 육체를 떠날 때는 영혼과 육체 이 모두가 죽는 것이다. 왜냐하면 영혼이 하느님으로부터 생명을 얻지 못하면 육체도 영혼에게서 생명을 얻지 못하기 때문이다.

이런 형태의 죽음에 이어서, 두 번째 죽음이 일어난다. 이것은 권위 있는 성경 말씀에서 일컫는 용어이다(묵시 2 : 11 및 21 : 8). "육신은 죽여도 영혼은 죽이지 못하는 사람들을 두려워하지 마라. 오히려 영혼도 육신도 지옥에서 멸망시킬 수 있는 분을 두려워하여라"(마태 10 : 28) 이 하느님 말씀은 이 죽음을 뜻한다. 그러나 이 두 번째 죽음은 육체와 영혼이 결코 분리될 수 없을 정도로 강하게 결합되어 있을 때 일어난다. 그러므로 육체가 고통당할 때 영혼이 육체를 떠나지 않고 생명과 감각을 주고 있는데, 어떻게 육체를 멸한다고 말할 수 있는지 의아해 할지도 모른다. 마지막 영원한 벌에 대해서는 알맞은 기회에 더 자세히 말하겠지만, 그 벌을 받는 영혼은 하느님의 나라에서 살아갈 수 없기에 살아 있다고 말할 수 없으리라. 그러나 육체가 영혼으로부터 생명을 얻고 있는데, 어떻게 육체의 죽음을 말할 수 있는가? 육체는 영혼으로부터 생명을 얻지 않는다면 고통을 느끼지 못할 것이다. 그러나 부활 뒤에는 반드시 육체적 형벌이 있음을 지각할 것이다. 즉 어떤 종류의 생명이라도 생명은 선한 것이며 고통은 악한 것이므로, 육체 안에서 영혼이 생명의 원인이 되지 못하고 고통스럽게 만들려 할 때에, 우리는 그 육체를 살았다고 말할 수는 없다는 것이다.

그렇기에 영혼은 선하게 살 때 하느님으로부터 생명을 받는다. 하느님이 영혼 안에 선하게 활동하지 않으면 선한 생활을 할 수 없기 때문이다. 그렇지만 육체 안에 영혼이 있으면, 하느님으로부터 생명을 얻든 얻지 못하든 간에 육체는 그 영혼으로부터 생명을 얻는다. 불경스런 사람들의 육체에 있는 생명은 그 영혼의 삶이라기보다는 육체의 삶이다. 영혼은 죽어서 곧 하느님께 버림받더라도 그들의 육체에 생명을 줄 수 있다.

영혼 자체의 생명은 아무리 미약할지라도 그 불사불멸의 근원이 되며, 멈추는 일이 없다. 그러나 최후의 심판으로 벌을 받고 있는 존재는 생명이라기보다 죽음이라고 하는 것이 좋을 것이다. 그런 사람은 감각이 사라진 것은 아니지만, 그 감각에는 기쁨이나 안정감이 전혀 없고 오직 고통만 있기 때문에 벌이 된다. 또한 그것은 하느님과 영혼 또는 영혼과 육체로 결합된 두 본질을 나누는 처음 죽음 뒤에 오기 때문에 두 번째 죽음이라 이른다. 따라서 첫 번째 죽음, 즉 육신이 죽는 것은 선한 사람들에게는 선한 죽음이며, 악한 사람들에게는 악한 죽음이라고 할 수 있다. 그러나 두 번째 죽음은 선한 사람들의 죽음이 아니며, 어느 누구에게도 선한 죽음이 되지 않는다.

제3장 인류 전체로 퍼진 죽음은 그리스도교인들에게도 죄로 인한 벌일까

여기서 피할 수 없는 문제가 생긴다. 영혼과 육체의 분리를 뜻하는 죽음은 선한 사람들에게 참으로 선한 것인가 하는 것이다. 만일 그렇다면 우리는 어떻게 죽음 그 자체가 형벌이라고 주장할 수 있는가? 최초 인간이 죄를 짓지 않았다면 그들은 물론 이런 죽음을 당하지 않았으리라. 그러면 악한 사람들이 아니면 당하지 않을 죽음이 어떻게 선한 사람들에게 선이 될 수 있는가? 반대로 악한 사람들에게만 오는 죽음이라면, 선한 사람들에게는 죽음이 처음부터 일어나지 말아야 할 것이다. 벌할 것이 전혀 없는 사람들에게 어떻게 벌을 내릴 수 있단 말인가?

그러고 보면 최초 인간이 죄를 짓지 않았더라면 어떤 종류의 죽음도 겪지 않도록 만들어져 있었다고 볼 수 있다. 그러나 최초 인간들이 죄인이 되었으므로 죽음이라는 벌을 받았고 그들에게서 나오는 후손들도 모두 똑같은 벌을 받기에 이르렀다. 그들과 같은 후손만을 낳기 때문이다. 그들이 받은 형벌은 그들의 엄청난 죄와 똑같이 늘어난 것이었으며 이로써 그들에게 내린 단죄가 자연 본성을 나쁘게 변질시켰다. 그러므로 최초 인간의 죄에 대한 벌로써 출발한 것이 그 후손들에게는 자연본성적으로 발생하게 되었다.

그러니까 인간이 흙에서 난 것과 인간에게서 나는 것이 같지 않기 때문이다. 흙은 인간을 만드는 데 사용된 재료가 되었지만, 그 인간은 부모가 되어서 인간을 낳는다. 그러므로 분명히 육신은 흙으로 이루어졌지만, 흙은 육신이 아닌 셈이다. 따라서 한 쌍의 부부가 하느님의 처벌을 받았을 때, 여인을 통해 생산될 인류 전체 자연본성이 최초 인간 안에 이미 포함되었던 것이다. 그 뒤 후손에게서 태어난 것은 창조 무렵과 같은 인간이 아니라, 죄를 짓고 형벌을 받은 인간이었다. 적어도 죄의 기원과 죽음의 기원이라는 관점에서 본다면 이렇게 말할 수 있다.

그렇다고 그런 원죄나 형벌 때문에 우리가 어린 아이들과 다름없이 마음이 어리석으며 몸이 연약하게 된 것은 아니다. 이런 특성들이 어린이들에게 있는 까닭은 하느님이 그들의 조상을 짐승과 같은 삶과 죽음으로 내쳤기 때문이다. 성경에는 이렇게 기록되어 있다. "사람은 영화 속에 오래가지 못하여 도살되는 짐승과 같다"(시편 49 : 12, 20). 다만 아이들은 우리가 알다시피, 팔다리를 사용하는 동작에서 또는 무엇인가 자신의 욕구를 나타내거나 거절하는 의사 표현을 하는 데 있어서 다른 동물들의 아주 어린 새끼들보다도 훨씬 뒤떨어진다. 그런 것을 보면 인간 능력은, 화살을 뒤로 당겨 활을 팽팽하게 잡아당길수록 긴장력이 더 세어지듯이, 억제하면 할수록 그만큼 다른 동물들보다 더욱더 높이 솟아오른다고 생각할 수 있다.

최초 인간은 분수에 맞지 않는 오만으로 공정한 벌을 받았지만, 그렇다고 해서 어린이 같은 미숙한 상태로 떨어진 것은 아니다. 그러나 그의 인간본성은 매우 심하게 부패하고 변화해서 그 자체에 복종하지 않고 반항하며 죽어야 하는 필연성에 사로잡혀 있다. 따라서 타락과 형벌로 말미암아 이렇게 변한 자기와 같은 후손을, 즉 죄를 짓고 죽게 될 후손을 낳게 된 셈이다. 만일 그리스도의 은총으로 죄의 사슬에서 풀린다면 그들은 영혼을 육체로부터 분리시키는 죽음을 겪는 것으로 그칠 수 있다. 그 대신 죄의 속박에서 벗어난 인간은 영원한 형벌을 받는 두 번째 죽음으로는 넘어가지 않는다.

제4장 죄를 용서받았는데도 죽음을 피할 수 없는 그 이유는 무엇인가

첫 번째 죽음이 죄에 대한 형벌이라면, 은혜로 죄가 사면된 사람들이 그 첫 번째 죽음을 당하는 것에 대해 의문을 품는 사람이 있을지 모른다. 나는 이 문제를 《유아세례》*¹라는 나의 다른 저서에서 이미 다루었고 해결을 보았다. 거기서 죽음과 죄의 굴레가 풀렸는데도, 영혼이 여전히 육체에서 분리되는 경험이 영혼에 남아 있는 이유에 대해 다음과 같이 이야기했다. 중생의 성례전*²을 받은 뒤 곧바로 신체의 불사불멸이 따르게 된다면, 믿음 자체가 약해질 것인데 신앙은 지금 눈앞의 사실로 보이지 않는 것을 소망하며 기다리는 것이기 때문이다.*³

그뿐 아니라 신앙의 위력과 투쟁 정신에 자극받아, 과거에 몇 번이나 죽음의 두려움도 극복할 수 있었다. 이는 우리 거룩한 순교자들에게서도 여실히 드러난다. 만일 중생의 씻음을(디도 3 : 5) 받은 뒤에도 육체의 죽음을 감내할 수 없다면, 죽음을 무릅쓴 이 투쟁에서 승리나 영예를 얻을 수 없다. 그렇다면 처음부터 투쟁 따위는 일어나지도 않았으리라. 만약 세례로 죽음을 피할 수 있다

---

*1 이 책은 412년에 발표한 *De Peccatorum Meritis et Remissione (et De Baptismo Parvulorum)*의 일부임.
*2 세례.
*3 위의 책 3, 49, 55.

면 육체에서 풀려나지 않기 위해 어린이들과 함께 그리스도의 은혜를 받으려고 달려가지 않을 사람이 어디 있겠는가? 그래서 곧 보상을 받게 된다면, 믿음은 눈에 보이지 않는 대가로 시험을 받는 그런 일이 없게 되며, 이것은 신앙이라고 말할 수 없으리라.

그러나 우리 구세주께서는 더 크고 놀라운 은총으로, 죄에 대한 형벌이 도리어 의를 구하는 데 쓰이게 하셨다. "네가 죄를 지으면 죽으리라" 하시던 말씀이, 이제는 순교자에게 "너는 죄를 짓지 않기 위해서 죽으라" 하신다. "선과 악을 알게 하는 나무에서 열매를 따먹으면 안된다. 그 열매를 따먹는 날, 너는 반드시 죽게 되리라"(창세 2 : 17) 하시던 말씀이 오늘은 "네가 죽기를 거절하면 계명을 어기게 되리라" 하신다. 전에는 죄를 짓지 않기 위해서 두려워하던 죽음을 지금은 죄를 피하고자 받아들이게 되었다.

이렇게 하느님의 말로 표현할 수 없는 자비에 힘입어 죄에 대한 형벌이었던 죽음 그대로 덕을 드러내는 수단이 되며, 심지어 죄인이 받는 고통조차도 의인이 받는 상이 된다. 그때는 죄를 지어 죽임당했지만 오늘은 죽음으로써 의를 얻게 된다. 신앙과 죽음 가운데 하나를 선택하라고 위협하는 박해자에 맞선 순교자들의 경우가 그러했다. 최초의 악인들이 믿음이 없어 당한 그 죽음을 의인들은 도리어 믿음을 위해서 선택하는 것이다. 최초의 악인들은 죄를 짓지 않았더라면 죽지 않았으리라. 그러나 의인들은 죽지 않으면 죄가 짓게 되리라. 따라서 최초의 악인들은 죄를 지었기 때문에 죽었으나, 의인들은 죽지 않으면 죄를 짓게 된다. 최초의 인간들은 죄를 짓고 벌을 불러오는 결과가 되었으나, 의인들은 벌을 받고 죄를 벗어나게 된다. 이는 전에 악으로 받아들여졌던 죽음이 선한 무엇으로 바뀌었기 때문이 아니라, 하느님께서 한없이 위대한 은총을 베풀어 주셔서, 생명과 반대 개념이었던 죽음이 사람들을 생명으로 건너가게 하는 도구가 되게 하신 것이다.

제5장 악인은 율법을 나쁘다 하며 선인은 죽음을 좋은 일이라 한다

사도는, 하느님의 은총이 우리를 돕지 않는다면 죄가 어느 정도로 해악을 끼칠 수 있는가를 보여주려는 뜻에서, 죄를 금지하는 율법까지도 죄의 권세가 된다고 주장하기를 망설이지 않았다. "죽음의 독침은 죄이며, 죄의 힘은 율법입니다"(1고린 15 : 56). 이는 전적으로 옳은 말씀이다. 지극히 의를 사랑하여 죄를 저지르고 싶은 욕망을 자제하지 못한다면, 죄를 금하는 율법은 오히려 죄를 저지르고 싶은 욕망을 더욱 자극할 뿐이다. 하느님의 은총만이 '참된 의로움 안에서 우리가 서로 사랑하며 기쁨을 누릴 수 있게 한다.

그러나 율법을 죄의 권세라고 말한다 해서 율법을 악한 것으로 단정하지 않도록, 사도는 다른 곳에서도 이와 비슷한 문제를 다루며 다음과 같이 말했다. "그러나 율법은 거룩합니다. 계명도 거룩하고 의롭고 선한 것입니다. 그렇다면 그 선한 것이 나에게는 죽음이 되었다는 말입니까? 결코 그렇지 않습니다. 오히려 죄가 그 선한 것을 통하여 나에게 죽음을 가져 왔습니다. 죄가 죄로 드러나게, 죄가 죄명을 통하여 철저하게 죄가 되게 하려는 것입니다"(로마 7 : 12~13). "죄가 죄명을 통하여 철저하게 죄가 되게 하려는 것입니다" 이렇게 사도가 말하려는 뜻은 죄를 짓고 싶은 욕망이 커져서 율법까지도 무시하려 할 때 범행이 더욱 극악무도해지기 때문이다.

여기서 이 말을 할 필요가 있는가? 율법은 죄인의 악한 탐욕을 더 무겁게 하지만 악이 아닌 것처럼, 죽음도 의인의 영광을 더하지만 선이 아니다. 그러나 불의를 위해 율법을 버리면 범법자가 생기고, 진리를 위해 죽임당하면 순교자가 생긴다. "죄가 주는 품삯은 죽음이지만 하느님의 은사는 우리 주 그리스도 예수님 안에서 받는 영원한 생명입니다"(로마 6 : 23). 그러나 악인들은 악한 것뿐 아니라 선한 것도 나쁘게 쓰듯이, 선인들은 선한 것뿐 아니라 악한 것 또한 선하게 쓴다. 그래서 율법은 좋은 것이지만 악인은 율법을 악하게 쓰며, 죽음은 악한 것이지만 선인은 선한 죽음을 맞는다.

제6장 죽음은 일반적으로 악이다

육체의 죽음, 즉 영혼과 육체를 분리시키는 것은 지금 죽어가는 사람에게는 선이 아니다. 살아 있는 사람에게서 서로 결합되어 있는 영혼과 육체를 떼어낸다는 것은 자연본성에 정면으로 거스르는 일이다. 이는 영혼과 육체가 하나로 결속되어 있었기 때문이며, 감각이 완전히 사라질 때까지는 고통스러운 경험들이 이어진다. 육체가 큰 충격을 받거나 영혼이 갑자기 이탈할 때에는 이런 고통에서 잠시 벗어나게 된다.

아무튼 죽어가는 사람의 감각 능력을 서서히 빼앗으며 슬픔을 느끼게 하는 것이 무엇이든 간에, 경건한 마음으로 죽음을 받아들이는 사람에게는 인내의 미덕을 더해주지만, 그렇더라도 '형벌'이라는 말을 지우지는 못한다. 이와 같이 최초 인간의 후손으로서 대대로 죽음은 모든 사람에게 타고난 형벌이 되었으나, 경건과 의로써 감내한다면 죽음은 사람이 다시 태어나는 사람에게는 영광이 된다. 그래서 죽음은 죄에 대한 대가임에도, 때로 어떠한 대가도 치르지 않는 경우가 있다.

제7장 세례를 받기 전 죽음

만일 누군가 세례를 받지 않았지만 그리스도를 인정함으로써 죽임을 당한다면 세례의 거룩한 샘에서 씻음을 받은 것과 다름없이 죄를 용서받는다. 물론 그리스도께서는 "내가 진실로 너에게 말한다. 누구든지 물과 성령으로 태어나지 않으면 아무도 하느님 나라에 들어갈 수 없다"(요한 3 : 5) 말씀하셨다. 그러나 다른 곳에서는 이와 비슷한 말씀으로 그런 사람들을 예외로 삼고 있다. "누구든지 사람들 앞에서 나를 안다고 증언하면 나도 하늘에 계신 내 아버지 앞에서 그를 안다고 증언하겠다"(마태 10 : 32). 다른 곳에서는 "정녕 자기 목숨을 구하려는 사람은 목숨을 잃을 것이고, 나 때문에 자기 목숨을 잃는 사람은 목숨을 얻을 것이다"(마태 16 : 25)라고 말씀하셨다.

그러므로 "당신께 성실한 이들의 죽음이 주님의 눈에는 소중하다"(시편 116 : 15)는 말씀이 성경에 있다. 모든 죄를 용서하며 공덕을 가득 쌓을 수만 있다면, 이보다 더 귀한 죽음은 없으리라. 죽음을 더는 피할 수 없게 되자 세례를 받아*4 모든 죄를 용서받고 나서 죽음을 받아들인 사람들보다는, 죽음을 미룰 수 있었음에도 그리스도를 부인하면서까지 살아남아 세례를 받기보다는 그리스도를 고백하고 죽는 쪽을 선택한 사람들의 공덕이 더 크다. 그리고 심지어 죽음에 대한 공포 때문에 그리스도를 부인했다면, 이러한 죄 또한 세례식에서 용서받았을 것이다. 그리스도를 죽인 자들도 세례를 받으면 그 무거운 죄를 용서받을 것이다. 그러나 만일 "불고 싶은 대로 부는"(요한 3 : 8) 성령의 풍성한 은총이 없었으면, 바람 앞의 등불처럼 목숨이 위태로운 자리에서도 그리스도를 부인하지 못할 만큼 그리스도를 사랑하는 일이 그들에게 어찌 가능했겠는가?

따라서 성도들의 죽음은 귀한 것이다. 그들은 그리스도의 죽음을 모범으

---

*4 아우구스티누스도 세례를 연기했노라고 한다. 《고백록》 1, 11, 17~18 : 5, 9, 16 : 6.

로 삼았기 때문이다. 그 모범에서 은총을 받아서, 그들은 그리스도를 받아들이기 위해 자신들의 죽음을 망설이지 않았다. 이로써 예전에 죄에 대한 형벌로 정해졌던 죽음이 선하게 사용되어, 의의 열매를 더욱 풍성하게 생산하는 수단이 되었음이 그들의 죽음으로 증명되었다. 그렇더라도 죽음을 선이라고 여길 수는 없다. 죽음이 이로움으로 변한 것은 그 자체의 공덕 때문이 아니라 하느님 은총 때문이다. 그래서 예전에는 범죄를 막기 위한 무서운 위협으로써 죽음을 제시했다. 그런데 이제는 죽음을 무릅씀으로써 죄를 짓지 않게 되고 죄를 지었어도 용서받으며, 순교자들의 위대한 승리에 마땅한 정의의 대가가 주어진다는 점에서, 받아들여져야 할 그 무엇처럼 죽음이 우리 앞에 제시되는 것이다.

제8장 그리스도교인들의 첫 번째 죽음은 두 번째 죽음을 가져오지 않는다

더 깊이 생각해 보면, 만일 누가 진리를 위해 충성을 지키면서 죽는다면 결과적으로 그는 죽음을 피하는 것이 된다. 다시 말하면, 그는 죽음의 일부분을 받아들임으로써 그 총체적 죽음이 일어나지 않도록 하는 것이며, 끝이 없는 두 번째 죽음도 피하게 되는 것이다. 육체에서 영혼이 떨어져 나가도록 내버려 두는 것은 하느님이 먼저 영혼에서 분리된 채 영혼이 육체에서 분리되는 것을 막으려는 것이다. 그래서 모든 인간의 첫 번째 죽음을 완결시킴으로써, 영원한 두 번째 죽음을 면하려는 것이다.

앞(6장)에서도 말했듯이 죽음은 죽어가는 자와 죽음이 닥친 자 모두에게 선이 될 수는 없다. 그러나 선한 것을 지키거나 얻기 위해서 참고 견디면 영광이 된다. 이미 죽었다고 생각되는 사람들이 죽은 상태에 있을 때에는, 죽음은 악인에게는 악이며 선인에게는 선이라고 하는 말에 모순이 없다. 육체에서 떨어져 나온 의인들의 영혼은 쉬고 있는 중이며, 악인들의 영혼은 형벌을 받고 있기 때문이다. 이런 상태는 계속해서 의인들의 육체는 부활하여 영원한 생명을 얻으며, 악인들의 육체는 부활하여 영원한 두 번째 죽음으로 죗값을 치르게 된다.

제9장 '죽어간다' 이 말은 무슨 뜻일까

한편, 선인이든 악인이든 영혼과 몸의 분리가 죽음 뒤에 일어난다고 할 것인가, 아니면 죽어가는 과정에서 일어난다고 할 것인가? 만일 이 때가 죽음 뒤라고 한다면, 죽음을 선이라거나 악이라고 단정지을 수 없다. 죽음은 이미 지나갔기 때문이다. 그렇다 해도 죽음을 경험했을 때에는 악이었다. 바꿔 말하면, 사람들이 죽어가고 있을 때에는 슬픔과 고통을 겪고 있었을 터이므로, 죽음은 악한 것이었다. 선인들은 이 악을 좋게 사용한다. 그러나 죽음의 과정이 지나면 죽음은 이미 존재하지 않는데, 어떻게 선하거나 악한 것이 될 수 있는가?

좀 더 자세히 살펴본다면, 죽어가는 사람들에게 슬픔과 고통스러운 감각을 느끼게 만드는 그 과정도 죽음으로 볼 수 없다. 죽어가는 사람이 감각을 느낀다면 틀림없이 살아 있는 것이다. 아직 살아 있다면 죽음 가운데 있는 것이 아니라 죽음 이전이라고 말해야 한다. 죽음이 가까워질 때 느낀 고통스런 감각은 죽으면 사라지기 때문이다. 그러므로 죽음이 눈앞에 닥쳐서 마지막 고통으로 신음하면서도 아직 죽지 않은 사람을 어떻게 죽어간다고 단정지을지 설명하기 곤란하다. 그러나 이미 다가온 죽음이 실제로 왔을 때에는 그들을 죽어간다고 하지 않고 죽었다고 하므로, 그가 완전히 죽기 전에는 죽어간다고 하는 것이 옳다. 따라서 살아 있는 사람만이 죽어갈 수 있다. 생명의 끝자락에 가까워져서 마침내 숨을 거두게 된 사람도 숨이 붙어 있는 동안에는 살아 있는 것이다. 이처럼 똑같은 한 사람이 살아 있기도 하고 죽어가기도 한다. 죽음에 가까워지면 생명으로부터는 멀어진다. 그러나 아직 영혼이 몸에 있으므로 그는 생명 안에 살아 있으며, 영혼이 아직 몸 속에 있기 때문에 그는 죽음 앞에 있는 것이 아니다. 그러나 영혼이 몸을 떠나면 죽음 앞이 아닌 죽음 뒤에 있는 것이다. 그렇다면 그는 언제 죽음 안에 있다고 할 수 있겠는가? 사실 어떤 사람도 죽어가는 동시에 살아 있을 수 없다면, 사람은 죽어갈 수 없으리라. 영혼이 육체 안에 머무는 동안에는 그가 살아 있다는 사실을 부정할 수 없기 때문이다. 그러나 죽음 과정이 이미 시작된 사람에게 죽어간다고 말한다면, 또 어떤 사람도 죽어가면서 살아 있을 수 없다면, 사람이 언제 살아 있다고 해야 하는지 나는 알 수가 없다.

제10장 죽어야 하는 인간의 삶은 삶이라기보다 죽음이라 불린다

어느 누구든 끝내 죽게 될 이 육체 속에 사람이 존재하기 시작하는 그 순간부터 죽음이 끊임없이 접근해 오지 않고 작용하지 않는 순간은 없을 것이다.[*5] 이렇게 죽음으로 사람이 나아가는 것은 지금 이 순간 그에게서 일어나는 가변성의 결과이다. 그래도 이것을 삶이라고 할 것인가? 틀림없이 지난해보다 올해에, 오늘보다 내일, 어제보다 오늘, 지금보다 조금 뒤, 조금 전보다 지금 더 우리는 죽음 가까이 다가가고 있다. 이는 우리가 살아 있는 기간이 어느 정도이든지, 시간이 우리 수명에서 차츰 줄어들기 때문이다. 그래서 남은 세월은 날마다 차츰 줄어들며, 우리 삶은 죽음으로 달려가고 있는 것에 불과하다. 그것은 잠깐 쉬거나 조금도 속도를 늦출 수 없는 달음박질이며, 모든 사람이 한결같이 똑같은 방향과 속도로 떠밀려가는 것이다. 일생이 더 짧은 사람이 더 긴 사람보다 하루라도 더 빨리 하루를 지내는 것이 아니다. 두 사람 모두 그들의 삶에서 같은 순간들이 같은 속도로 사라지는 것이며, 이 둘 사이에 다른 점이 있다면 한 사람이 자신의 목표에 좀더 가깝고 다른 사람은 좀더 먼 것뿐이다. 먼 길을 걷는 것과 느린 속도로 걷는 것은 서로 다르다. 그렇다면 죽음에 이르기까지 오랜 세월을 보내는 사람은 죽음으로 나아가는 속도가 느린 것이 아니라, 걷는 거리가 더 먼 것이다.

따라서 누구든 죽음 과정이 시작될 때부터 죽기 시작하는 것, 즉 죽음 안에 있는 것이다. 만일 이것이 사실이라면 확실히 사람은 생존하기 시작한 때부터 죽음 안에 있는 것이다. 생명이 줄어드는 것이 죽음이기 때문이다. 그러므로 사람은 생명이 사라졌을 때 죽음 뒤에 있는 것이며, 죽음 안에 있다고 말할 수 없다. 실제로 생명이 모두 없어지고 죽음이 완전해지며, 생명이 줄어들면서 죽음 안의 기간이 다음에 올 죽음 뒤의 기간으로 넘어가기까지 날마다, 시간마다, 순간마다 있는 것은 죽음뿐이 아니라면 도대체 무엇인가? 따라서 사람이 동시에 생명과 죽음 안에 있을 수 없다면, 그는 살았다기보다 죽어가는 몸 안에 자리잡기 시작할 때부터 생명 안에 있지 못한 것이다.

그러나 그는 생명 안에 있는 동시에 죽음 안에 있다고 말할 수 있다. 다시 말하면 생명이 완전히 없어질 때까지는 생명 안에 있으며, 동시에 그는 생명이 다 사그라들기 시작하는 순간부터 죽어가므로 죽음 안에 있는 것이다. 그가 살아 있지 않다면 완전히 없어질 때까지 그에게서 줄어들어 없어지는 것은 무

[*5] 아우구스티누스 《고백록》 4, 10, 15 및 《유아세례》 1, 16, 21 참조.

엇인가? 그런데 이와 반대로, 그가 죽음 안에 있지 않다면 생명이 줄어드는 것의 본질은 무엇인가? 육체에서 생명이 완전히 없어져 멈춘 때를 죽음 뒤라고 말하는 것은 옳다. 생명이 사라지면 죽음이 찾아오기 때문이다. 생명이 모두 없어진 때에 그 사람의 상태가 죽음 안에 있는 것이 아니라 죽음 뒤라면, 그가 죽음 안에 있는 것은 생명이 없어지고 있는 때가 아니겠는가?

제11장 인간은 삶과 죽음 사이에 있을 수 있는가

그러나 인간이 죽음에 이르기 전에 이미 죽음 안에 있다는 말이 모순이라면 (만일 사람이 이미 죽음 안에 있다면, 생명의 시간을 지나서 죽음에 가까이 간다는 것이 가능한 일인가?), 또 사람이 잠들어 있으면서 동시에 깨어 있다고 말하는 것이 불가능한 이상, 살아 있는 동시에 죽어가고 있다고 하는 말이 이상하다고 생각한다면, 언제 인간이 죽어가고 있다고 말해야 하는지 물어보아야 한다. 죽음이 오기 전에는 사람은 죽어가는 게 아니라 살아 있다. 그러나 죽음이 온 때는 이미 죽은 사람이지 죽어가는 사람이 아니다. 그래서 죽음이 오기 전에는 아직 죽음 이전이며 죽음이 온 때는 이미 죽음 뒤이다.

그렇다면 인간은 언제 죽음 안에 있으며 죽어간다고 할 수 있겠는가? 그래서 죽음 전, 죽음 안, 죽음 뒤라는 세 가지 때가 있다. 이는 저마다 살아 있는 때, 죽어가는 때, 죽은 상태를 말한다. 그러므로 언제 죽어가는가, 즉 죽음 안에 있는가를 확정하기란 무척 어렵다. 영혼이 육체 안에 있을 때, 특히 감각이 있을 때에는 영혼과 육체를 가진 사람은 물론 살아 있으며, 그는 죽음 안이 아니라 죽음 전에 있다고 해야 한다. 그러나 영혼이 육체를 떠나고 감각도 모두 사라진 때에는 그는 죽음을 지났고 죽었다고 한다. 그러므로 죽어가는 사람은 이 두 상태 사이의 가운데 곧 죽어가는 때, 또는 죽음이 진행 중인 과정에서 사라져 버린다. 아직 살아 있다면 그는 죽음 이전이요, 살아 있지 않다면 이미 죽음 뒤에 있기 때문이다. 따라서 죽어가는 때, 죽음 안이라고 생각되는 때는 없다. 마찬가지로 흐르는 시간 가운데 현재라는 순간을 찾을 수가 없다. 현재가[6] 차지하는 연속성이란 존재하지 않으며, 미래에서 과거로 흘러 들어가지도 않기 때문이다.

_____

*6 현재라는 개념에 대해서는 아우구스티누스 《고백록》 11, 15, 18~20.

그러므로 이런 이치에 따라 육체의 죽음은 결코 존재하지 않는다고 말해야 하지 않을까? 만일 죽음이 존재한다면 그것은 언제인가? 우리가 살아 있는 동안 죽음은 존재할 수 없으며, 누구도 죽음 안에 있을 수 없다. 생명이 있으면 아직 죽음이 없는 것이다. 생명은 죽음 전의 상태요 죽음 안의 상태가 아니다. 반대로 생명이 끝났다면 그때는 이미 죽음이 아니다. 이때의 상태는 죽음 안이 아니라 죽음 뒤이기 때문이다. 그러나 어떤 것의 앞에나 뒤에 죽음이 없다고 한다면, 죽음 전이나 죽음 뒤라는 말은 무슨 뜻인가? 죽음이 없다면, 이 두 가지 표현도 헛된 일이기 때문이다. 우리가 낙원에서 올바르게 살아 영원토록 죽음이 없었다면 얼마나 좋았을까? 그러나 현실에는 죽음이 존재할 뿐 아니라 이는 매우 중대한 문제로서 지금으로서는 달리 설명할 말도 벗어날 재주도 없다.

  그러므로 마땅한 일이지만 우리는 상식적인 표현으로 죽음이 있기 전의 상태를 죽음 이전이라고 부르기로 하자. 성경에서도 "죽기 전에는 아무도 행복하다고 하지 말아라. 행불행은 최후 순간에야 알 수 있다"(집회 11 : 28)고 한다.*7 또 죽음이 닥쳤을 때 "어떤 사람들 죽은 뒤에" 이러저러한 일이 있었다고 하자. 또 현재의 시점을 두고도 가능하다면, "그는 죽어가면서 유언을 남겼다"고 말한다. 그리고 운명할 때에 이 사람 또는 저 사람들에게 유산을 남겨주었다고 치자. 이것은 그가 살아 있을 때가 아니면 전혀 할 수 없는 일이다. 참으로 그는 죽음 안이 아니라 죽음 전에 그렇게 한 것이다. 우리는 성경에서 사용하는 말을 인용해 보자. 성경은 죽은 사람들에 대해서 죽은 뒤라고 하지 않고 죽음 안이라고 말하기를 주저하지 않는다. 그래서 "죽으면 아무도 당신을 기억할 수 없습니다. 저승에서 누가 당신을 찬송할 수 있겠습니까?"(시편 6 : 5) 한다. 그들이 다시 살아나기까지는 죽음 가운데 있다고 하는 것이 옳으며, 이는 깨어나기 전에는 잠자는 중이라고 말하는 것과 다름없다. 그렇더라도 잠 속에 있는 사람을 잠자고 있다고 말하듯이, 이미 죽은 사람들을 죽어간다고 말할 수는 없다. 영혼이 육체를 떠난 사람들은 죽어가는 것이 아니다. 물론 이 말은 육체의 죽음에 대한 말이며, 우리는 지금 이에 대해 논하고 있다.

  그러나 바로 이것 때문에 내가 한마디로 단정지을 수 없다고 이야기한 것이

─────────────

*7 이 이야기는 고대 문서에 자주 나온다. 소포클레스 《오이디푸스왕》의 끝줄 : 아리스토텔레스 《니코마코스 윤리학》 1, 10, 11.

다. 죽어가는 사람들을 살았다고 하거나, 이미 죽은 사람들을 죽은 뒤에도 죽음 안에 있다고 말할 수 있는가? 만일 죽음 안에 있다면 어떻게 죽음 뒤라고 생각할 수 있는가? 특히 우리는 잠든 사람은 자고 있다고 하며, 또 피곤한 사람은 힘들다고 말한다. 또 고통 가운데 있는 사람은 고통받고 있다고 하며, 생명이 있는 사람은 살아 있다 하는 것과 다르다. 그러나 죽은 사람은 다시 살아나기까지 죽음 안에 있다고 해야 하며, 죽어가고 있다고 할 수는 없다.

그러므로 하느님의 섭리에 따라 라틴어 문법학자들이 "그는 죽는다"(moritur)라는 말을 다른 비슷한 말들처럼 바꿀 수 없었던 것은, 부적절하거나 부적합한 일이 아니라고 나는 생각한다. "그는 일어난다"(oritur)에서 "그는 일어났다"(ortus est)라는 과거형이 나오듯이, 비슷한 동사들은 모두 완료분사를 쓴다. 그런데 모리투르(moritur)라는 동사의 과거형을 알아보면 모르투스 에스트(mortuus est)로서 "u"자가 이중 문자로 겹친다. mortuus는 fatuus(미련한), arduus(가파른, 험한), conspicuus(보이는) 등과 같이, 과거 시제가 아니라 하나의 형용사로서 시제 관련 없이 어미변화를 한다. 또한 mortuus라는 형용사는 시제가 있을 수 없음에도 시제를 만들어낸 것처럼 과거분사 대신으로도 쓰인다. 그 결과 이 동사가 나타내는 행동(죽는다)이 실생활에서 벗어날 수 없는 것과 같이, 이 동사는 언어 사용에서 변화할 수 없다.*8

그러나 우리는 구세주의 은혜로 도움을 받아 적어도 두 번째 죽음에서 벗어날 수 있을 것이다. 영혼과 육체가 분리되어지는 죽음이 안된 상태에서 영원한 형벌을 받는 죽음이야말로 모든 악 가운데 가장 나쁜 악이다. 거기서는 죽음 이전이나 죽음 뒤 상태가 아니라 늘 죽음 안에 머물게 될 것이며, 따라서 결코 살아 있는 것도 아니며 죽은 것도 아닌 채 영원히 죽어가리라. 참으로 죽음 가운데 있는 사람에게 죽음 자체가 죽지 않는다면 이보다 더 불행한 일은 없으리라.

제12장 하느님이 정한 금기를 어긴 최초 인간의 죽음

계명을 어기고 순종하지 않으면 내리겠다고 최초 인간에게 하느님이 경고하신 벌이 어떤 종류의 죽음이냐고 묻는다면, 즉 영혼의 죽음인가, 육체의 죽음

---

*8 라틴어 동사 declinare는 '변화하다'와 '회피하다' 두 가지 뜻을 가진다.

인가, 영혼과 육체가 포함되는 전 인간의 죽음인가, 아니면 두 번째 죽음인가 라고 묻는다면, 우리는 이렇게 말해야 하리라. 그 모든 죽음이다. 첫 번째 죽음 은 두 가지 죽음으로 이루어지며 두 번째 죽음은 모든 죽음을 포함한 죽음을 뜻하기 때문이다. 지구 전체가 모든 나라들로 이루어지며, 교회 전체가 수많은 교회들을 포함하듯이, 죽음 전체에는 모든 죽음이 포함된다.

첫 번째 죽음에는 영혼의 죽음과 육체의 죽음이 포함되며 인류 전체가 겪게 되는 죽음을 뜻한다. 하느님과 육체를 잃어버린 영혼이 얼마 동안 형벌을 받는 죽음이다. 그런데 두 번째 죽음은 영혼이 하느님을 떠나서 육체와 더불어 영원 한 형벌을 받는 것이다. 따라서 하느님이 낙원에 있는 최초 인간에게 "그러나 선과 악을 알게 하는 나무 열매만은 따먹으면 안 된다. 그 열매를 따먹는 날, 너는 반드시 죽게 되리라"(창세 2 : 17) 말씀하셨을 때, 그 경고에는 첫 번째 죽 음의 처음 부분, 영혼이 하느님을 빼앗기는 그 죽음뿐 아니라, 육체가 영혼을 빼앗기는 두 번째 부분도 담겨 있었으며, 또 하느님과 육체로부터 분리된 영혼 이 형벌을 받는 그 첫 번째 죽음 전체뿐 아니라 마지막 죽음, 즉 두 번째 죽음 에 이르기까지의 모든 죽음이 담겨 있다.

제13장 최초 인간이 저지른 죄와 그로 인한 벌

최초 인간이 하느님 명령에 따르지 않고 하느님 은혜가 그들에게서 떠나자 그 둘은 눈이 열려 자신들이 알몸인 것을 알고 무화과나무 잎을 엮어서 두렁 이를 만들어 입었다(창세 3 : 7~10). 육체는 전과 같았으나 이제는 부끄러움을 알게 된 것이다. 이처럼 자신들의 육체가 스스로에게 복종하지 않는 전에 없던 움직임을 보였을 때, 이는 하느님께 대한 그들 자신의 불복에 대한 보복이며 형벌이 된 셈이다.

이제 영혼은 자신이 악을 실제로 행할 수 있는 그 자유를 기뻐하며 하느님 을 섬기는 일을 거부하므로, 영혼은 육체에 예속되는 처지가 되었다. 자기 위에 존재하는 주인을 버렸으므로, 자기 아래 있는 종이 자신의 뜻에 순종하지 않 게 된 것이다. 영혼이 하느님께 순종했더라면, 육체도 모든 점에서 영혼을 계속 따랐을 것이나, 이제는 그것이 불가능하게 되었다. 그래서 "육체의 욕망이 성령 을 거스르"(갈라 5 : 17)기 시작한 것이다. 따라서 우리는 영육(靈肉)의 갈등 속 에 태어났다. 저 최초의 죄로 말미암아 우리 속에 죽음의 씨가 뿌려졌으며, 우리 몸과 병든 본성에서 육체의 반항과 더불어 그 승리를 짊어지고 간다.

제14장 자유의지로 인한 타락

하느님은 악덕의 창조자가 아닌 만물의 창조자이므로 인간을 바르게 지어 내셨다. 그러나 인간은 스스로 잘못된 길로 빠졌고, 공정하게 벌을 받아서 타락하고 죄많은 자를 낳기에 이르렀다. 처음 남자가 그의 갈빗대로 만든 여자를 통해서 죄를 지었을 때, 우리는 모두 그 사람이었고 그의 안에 있었다. 그때는 아직 살아 있는 개체로서 저마다 만들어진 것은 아니었지만, 우리를 낳을 근본적 본질은 이미 그의 안에 있었다. 그런데 이 본질이 죄로써 무효가 되었으며 온당한 벌을 받아 죽음의 사슬에 매인 뒤로는 처음의 그와 같은 상태가 될 수 없었다. 자유의지를 잘못 사용한 죄로 재난이 잇따르고, 인류는 마치 썩은 뿌리에서 시작한 듯이 그 최초의 타락으로부터 끊임없이 추락하며 불행으로 이끌려가고 있다. 마침내 끝없이 계속되는 두 번째 죽음으로까지 이끌려가고 말 것이다. 오직 하느님 은총으로 풀려난 사람들만이 이 운명에서 벗어날 수 있다.

제15장 영혼이 하느님에게 등을 돌려서 찾아오는 첫 번째 죽음

아무튼 "너는 반드시 죽는다"(창세 2 : 17) 하셨으며 "죽음들"을 죽으리라고 하시지 않은 것으로 보아 영혼이 그 생명인 하느님에게서 버림 받을 때 생기는 죽음만을 말씀하신 것으로 헤아려야 한다. 하느님이 먼저 우리 영혼을 버리셔서, 우리 영혼이 하느님을 버린 게 아니라, 우리 영혼이 먼저 하느님을 버려 하느님으로부터 버림받은 것이다. 우리 영혼의 자유의지는 악한 마음을 낳는 씨앗이며 영혼을 창조하신 하느님의 자유의지는 선한 마음의 기원이다. 이런 의지가 아직 존재하지 않는 영혼을 창조하고, 타락해서 사라진 영혼에게 새로운 생명을 불어넣었다. 따라서 "그것을 따먹는 날, 너는 반드시 죽는다" 하신 말씀은 마치 "네가 따르지 않고 나를 버리는 날에는 내가 정의에 따라 너를 버리겠다"고 말씀하시면서 죽음을 예고하셨으며 이 말씀으로 다른 죽음들도 피할 수 없다고 경고하셨다.

하느님 말씀을 따르지 않는 영혼이 육신 속에 깃들자 말씀에 따르지 않는 움직임이 나타났고 우리는 처음으로 자신의 몸을 부끄러워하며 가렸다. 그때 우리는 하느님이 영혼을 버리셨다는 그 죽음을 감지했다. 두렵고 당황해서 숨어버린 아담에게 야훼 하느님께서 "너 어디 있느냐?"(창세 3 : 9) 하신 말씀 속에 이 죽음이 드러나 있다. 하느님이 정말로 아담이 어디 있는지 몰라 물으신 것이 아니라 아담이 있는 곳에 하느님이 더 이상 계시지 않음을 깨닫도록 하신 것이다.

그런데 오랜 세월이 지나고 나이가 들어, 약하고 지친 육체를 영혼이 버렸을 때, 사람은 또 다른 죽음을 맞이하게 된다. 하느님이 그의 죄를 벌하시며 죽음에 대해 이렇게 말씀하셨다. "너는 흙으로 만들었으니 흙으로 돌아가리라."(창세 3 : 19) 이 두 가지 죽음 중에서 모든 사람의 죽음인 첫 번째 죽음이 있었고 하느님의 은총으로 해방되지 않는 한 모두 두 번째 죽음을 맞이하게 된다. 흙으로 만들어진 육체는 육체의 죽음으로 흙으로 돌아가며 그 죽음은 육체의 생명인 영혼이 육체를 버릴 때 일어난다. 그러므로 정통신앙*⁹을 지닌 그리스도교인들은 육체가 죽는 것은 자연법칙 때문이 아니라고 믿는다. 하느님은 자연법칙에 따라 인간의 죽음을 만드신 게 아니라 죄에 대한 벌로써 만드신 것이라 생각한다. 우리 모두가 아담 안에 있었을 때 하느님이 그에게 "너는 흙으로 만들었으니 흙으로 돌아가리라" 하신 말씀은 죄를 벌하신다는 뜻이다.

제16장 영혼과 육체의 분리를 벌이라 생각하지 않는 사람들의 오류

우리가 변호하고 있는 하느님의 나라, 그분의 교회에 대해 일부 철학자들은 영혼과 육체의 분리를 형벌이라 하는 우리 주장을 비웃으면서 스스로 지혜롭다 생각하는 듯하다. 이들은 영혼이 육체를 완전히 벗어버리고 단순한, 이를테면 벌거숭이로 하느님께 돌아가는 순간 가장 완전한 행복을 얻는다고 이야기한다.

나는 이 주장에 반대할 근거를 그들이 쓴 책 속에서 찾아내지 못하더라도 육체가 영혼의 짐이 되는 것은 단순히 육체이기 때문이 아니라 타락한 육체이기 때문임을 이야기하며 그들과 싸워야 한다. 내가 앞(12권 16장)에서도 인용했던 "타락한 육체는 영혼을 내리누르고 이 세상살이는 온갖 생각을 일으키게 하여 영혼을 무겁게 만든다"(지혜 9 : 15)는 말씀 뒤에는 이러한 뜻이 담겨 있다.

---

*9 마니교의 이단과 다른 신앙을 이름.

"타락한"이라는 말을 덧붙임으로써 모든 육체가 다 영혼을 내리누르는 게 아니라, 죄를 짓고 벌을 받게 된 육체가 짐이 된다는 뜻이다. 이 말이 덧붙여지지 않았다 해도 우리는 이런 뜻으로 이해해야 한다.

그런데 플라톤은 아주 분명하게 가장 높은 신께서 만드신 신들은 죽지 않는 육체를 가졌고 영원히 그 육체 속에서 살며 어떤 죽음이 찾아와도 육체에서 떨어지지 않는 큰 은총을 받았다고 말했다. 그렇다면 그리스도교 신앙을 뒤흔들어 놓으려는 저 철학자들은 잘 알면서도 왜 모르는 척하며, 끊임없이 우리에게 맞서기 위해 스스로 모순되는 행동이나 말을 하는 것일까?

키케로가 라틴어로 옮긴 플라톤의 말은[10] 다음과 같다. 가장 높은 신이 당신이 창조한 신들에게 이런 말씀을 하는 것으로 되어 있다. "신에게서 나온 그대들은 잘 들으라. 내가 어버이로 만든 존재들은 내 뜻에 반해 분리되지 않을 것이다. 결합된 것들이 모두 분리될 수 있다 해도 말이다. 물론 이성에 따라서 결합된 것을 다시 분리시키려는 것은 좋지 않다. 그러나 너희는 태어났으므로 죽어 사라지게 되어 있다. 그러나 나의 뜻으로 너희는 결코 해체되지 않으며 죽음 때문에 사라지지 않을 것이다. 이는 너희를 계속 살게 하는 나의 뜻이 너희를 만들 때에 너희를 묶어준 힘보다 훨씬 강함이니라""[11] 이처럼 플라톤은 신들은 영혼과 육체[12]가 결합되어 있으므로 죽을 수 있지만 그들을 만든 하느님의 의지와 결의 때문에 죽지 않는다는 것이다.

그러면 영혼에 육체, 어떤 종류의 몸이든 결합되는 것이 벌이라면, 하느님은 왜 신들이 죽음, 다시 말해 육체에서 분리되는 것을 두려워할까 죽지 않으리라는 약속으로 안심시키려 하셨는가? 이는 단순체가 아닌 결합체인 신들의 본성 때문이 아니라 하느님의 꺾을 수 없는 의지 때문이다. 하느님은 그 의지 때문에 태어난 것들이 사라지지 않게 하며, 결합된 것이 해체되지 않고 영원히 보존되도록 하신다.

물론 별들에 대한 플라톤의 이야기는[13] 또 다른 문제이다. 낮이나 밤에 지구를 비추는 크고 작은 빛덩어리들이 자기 속에 나름의 영혼이 있어 그 영혼

---

*10 플라톤 《티마이오스》 41 A—B.

*11 키케로 《티마이오스》, 11, 40.

*12 플라톤은 신들의 육체에 대해서 명백한 말을 하지 않았다.

*13 플라톤, 위의 책, 141 D—42 A.

으로 살아간다든가 그 영혼은 지혜로우며 행복하다고 하는데 이는 받아들일 수 없다. 플라톤은 전 우주에 대해 같은 원리로 우주는 가장 큰 하나의 생물이며, 그 속에 다른 모든 생물들을 담고 있다고 말한다.*14 그렇지만 내가 앞에서 말한 바와 같이 이것은 다른 문제이므로 오늘 여기서 이야기할 생각은 없다.

나는 플라톤학파로 불리거나 플라톤학파임을 자랑하지만 그리스도인이 되는 것을 부끄러워하는 사람들에게 이 점을 말해 두려 한다. 다른 사람들과 같은 이름으로 불렸을 때 그리스식 외투를*15 입은 그들의 희소성이 사라지지 않을까 두려워 그들은 그리스도교 교리에서 비난할 만한 것이 뭐 없을까 찾아다니며, 육체의 영원성을 반박한다. 벌로 묶여 있는 육체에서 영혼이 해방되기를 추구하면서도 영혼이 영원히 육체 안에 머물기를 바라는 모순에 빠지게 된다. 그러나 이 학파의 창시자이며 스승인 플라톤은 신들을 만든 가장 높은 신이 그들에게 죽지 않으리라는 은총을 베풀었으며, 이 은총 덕분에 신들은 죽지 않고 연결된 육체와 분리되지 않는다고 말했다.

제17장 땅 위의 육체는 영원하지 않다고 주장하는 사람들에게 하고픈 말

이 철학자들은 또 흙으로 만든 육체는 영원할 수 없다고 주장한다. 그러나 그들은 이 세계 전체가 신들의 중심에 있으며 그리고 영원히 존재한다는 사실을 의심하지는 않는다. 여기서 그들이 말하는 신은 가장 높은 신이 아니라, 이 우주 전체를 나타내는 신이다.*16 그렇지만 그들이 신이라고 생각하는 이 우주를 가장 높은 신이 만들었으며 그래서 자기 아래 다른 신들보다 위에 두어야 하며 이 신은 살아 있고 또한 영혼을 지녔다고 여긴다.

그 영혼은 이성적, 지성적이며 거대한 우주에 깃들어 있다고 한다.*17 또 가장 높은 신은 신체 그러니까 팔 다리를 이루는 네 가지 부분을 만들어 저마다 알맞은 곳에 배치했다고 생각한다. 그리고 그들이 말하는 이 위대한 신은 결코 죽지 않으며 그 네 부분을 결합해서 분리하지 않고 영원한 것으로

---

*14 플라톤, 위의 책, 30C—D : 92 C.
*15 지적 귀족을 자처하는 철학자들은 그리스식 외투를 입는 관습이 있었다.
*16 플라톤 《티마이오스》 34 A–B.
*17 플라톤 《티마이오스》 30 B.

만들었다.*18 그렇다면 땅이 살아 있는 큰 몸의 중심 부분으로서 영원하다면, 이 땅에 살아 있는 다른 존재들의 몸도 영원해야 하지 않겠는가? 만일 하느님이 저 일과 같이 이 일도 그렇게 바라신다면, 이 일이 안 되는 이유는 무엇인가?

그들의 주장에 따르면 땅에서 태어난 생물들은 다시 흙으로 돌아가야만 한다. 그렇기에 땅 위에 사는 생물들은 그 근원인 흙으로, 견고하고 영원한 땅으로 돌아가기 위해 필연적으로 분해되어 죽어야 한다. 그런데 만일 누군가가 불에게도 이와 같은 주장을 내세운다면 어떨까? 천체를 만들어내기 위해 우주적인 불에서 나온 물체들은 다시 그 불로 돌아가야 한다고 말하는 사람이 있다고 생각해 보자. 그러면 플라톤이*19 가장 높은 신의 입을 빌려 신들에게 약속한 죽지 않는다는 말은 이런 주장으로 사라져 버리는 게 아닌가? 아니면 이 경우에 플라톤이 말했듯이 신의 의지를 꺾을 수 있는 것이 없듯이 하느님이 바라지 않기 때문에 그렇게 될 수 없다는 것인가? 플라톤의 생각이 옳다면 무언가가 땅 위 모든 물체에 작용한다는 것을 부정할 수 없다. 플라톤은 생겨난 것은 소멸되지 않게 할 능력이 하느님에게 있다고 하지 않았던가? 또 결합된 것이 흩어지거나, 원소로 만들어진 것이 다시 원소로 돌아가거나, 신체 안에 머무는 영혼이 신체를 버리지 않고 신체와 함께 죽지 않고 영원한 행복을 누리도록 할 능력이 하느님께 있다고 인정하지 않았던가?*20

그렇다면 어찌 땅 위의 모든 사물들이 죽지 않게 할 능력이 하느님께 없으시겠는가? 하느님의 능력은 그리스도 교인들이 믿는 것보다 위대하지 못하고 플라톤학파가 주장하는 만큼밖에 되지 않는다는 말인가? 철학자들은 하느님의 목적과 능력에 대해서 알았는데 예언자들은 알아내지 못했는가! 하느님의 성령에게 가르침을 받아 하느님께서 계시한 것을 전한 사람은 예언자들이었다. 철학자들은 하느님 뜻을 알려고 하면서도 인간적인 억측 때문에 속고 말았다.

그러나 아무리 어리석고 고집이 세더라도 이 철학자들처럼 분명한 자기모순에 빠져서는 안 된다. 그들은 영혼이 행복하려면 땅 위의 신체뿐 아니라 모든 종류의 몸과 접촉이 없어야 한다고 강력하게 주장하면서도 신들의 영혼은 매

---

*18 플라톤 《티마이오스》 32 A-C.
*19 플라톤 《티마이오스》 41 A-B.
*20 플라톤, 같은 책 32 C-33 D.

우 행복하지만 영원한 육체에 묶여 있다고 말한다. 다시 말해 불타는 육체와 이어져 있다.*21 하지만 그들이 우주와 같다고 보는 유피테르의 영혼은 땅에서 하늘로 올라가는 건축물을 만드는 모든 물질적 원소로 완전히 둘러싸여 있다고 한다.*22

플라톤에 따르면 영혼은 지리학자들이 말하는 지구의 가장 깊은 핵심부부터 여러 곳을 지나 하늘의 가장 멀고 가장 높은 곳까지 음계처럼 널리 퍼져 있다.*23 그러므로 이 세계는 가장 크고 행복한 영원한 생명체이다. 그 영혼은 지혜의 완전한 행복을 가지며 자신의 육체도 버리지 않는다. 그 육체는 영혼 덕분에 끝없이 살며 육체가 하나가 아니라 크고 많은 여러 부분들로 이루어져 있다 해도, 절대로 영혼의 힘이 약해지거나 없어지지 않는다.

그러므로 이 철학자들이 이런 생각을 바탕으로 자신들을 정당화한다면 어째서 그들은 하느님의 의도와 능력으로 땅 위 물체들이 영원히 죽지 않으며, 그 속에 사는 영혼들이 죽음 때문에 육체에서 떨어져 나오거나 육체의 무게 때문에 압박받는 일 없이, 영원히 행복하게 산다는 것을 믿지 않는가? 그들은 불로 된 육체를 가진 신들은 이렇게 할 수 있으며, 신들의 왕인 유피테르도 모든 물질적 원소 가운데 이렇게 할 수 있다고 강력히 주장한다. 왜냐하면 영혼이 행복하고자 모든 육체를 피하려 한다면, 신들 또한 그 육체인 별들에서 도망쳐야 하며, 유피테르도 하늘과 땅을 피해야 마땅하리라. 피해갈 수 없다면 신들은 불행하다고 여길 것이다. 물론 철학자들은 이 둘 모두 인정하지 않는다. 신들이 육체에서 분리된다고 감히 말하지 못하는 이유는 언젠가 죽을 운명인 신들을 섬기는 게 싫기 때문이며, 신들에게 행복이 없다고 한다면, 자신들 스스로 신들이 불행하다고 인정하는 것이기 때문이다. 따라서 가장 높은 행복을 얻으려면 모든 몸을 피할 필요는 없고, 타락하고 고통으로 가득한 것, 짐이 되고 죽어가는 것만을 피하면 된다. 그러나 하느님이 큰 은총으로 최초의 인간에게 만들어주신 몸(12권 22장 및 13권 1장·3장 참조)이 아니라, 죄에 대한 벌로 그들에게 주어진 몸을 피해야 한다.

---

*21 플라톤 《티마이오스》 40 A.
*22 플라톤, 같은 책 34 A—B.
*23 플라톤, 같은 책 35 B—36 B.

제18장 땅 위의 육체는 하늘에 있을 수 없다는 철학자들 주장

그러나 철학자들은 땅 위의 몸들은 그 자연적 중력 때문에 땅에 잡혀 있거나 끌어당겨지므로 하늘에 머물 수 없다고 한다(22권 11장에서 다시 설명함). 태초 인간들이 살았던 낙원에는 나무와 열매가 풍성했다. 그러나 그리스도께서 하늘로 올라가실 때 가지고 간 육신이나 성도가 부활할 때 쓸 육체를 설명하려면, 우리는 이 이론을 반박해야만 한다. 그러므로 땅 위에 있는 몸의 무게에 대해 더 자세히 생각해 보아야 한다.

인간의 기술은 물에 넣으면 가라앉고마는 금속조차 물에 뜨게 만들었다. 하물며 하느님의 기술이야 얼마나 더 믿을 만하며 신비롭겠는가? 하느님은 전능하신 의지로 만들어 내신 것들이 소멸되지 않게 하시며, 결합된 것들이 해체되지 않도록 한다고 플라톤은 말한다.[24] 또한 물체와 물체가 결합되는 것보다 비물질적인 존재가 물질적인 것과 더욱 견고하게 결합된다고 한다. 그렇기에 하느님은 땅 위의 모든 물체들이 중력 때문에 땅 속 깊은 곳으로 끌려 들어가지 않게 하셨으며 영혼이 육체 안에서도 썩지 않고 가장 행복하게 살 수 있도록 또 어디든지 원하는 곳에 육체를 두거나 움직일 수 있도록 만드셨다.

천사들이 이렇게 어디서든 원하는 곳에서 집어 원하는 곳에 내려놓을 수 있다면, 천사들이 힘들이지 않고 이렇게 할 수 있다는 게 아닌가? 그렇다면 성도들의 영혼이 하느님 섭리로 완전하고 행복하게 되었을 때, 어떤 어려움 없이 육체를 원하는 곳으로 쉽게 어디든지 옮길 수 있다는 것을 믿지 못하겠는가? 땅 위 물체의 무게는 양에 비례하며, 양이 많으면 더 무겁다. 그러나 영혼이 건강하고 힘이 있을 때는 병으로 아파서 약해졌을 때보다 신체 기관들을 가볍게 움직일 수 있다.

건강하고 튼튼한 사람은 여위고 허약한 사람에 비해 다른 사람들에게는 더 무겁게 느껴지지만 건강한 사람 자신은 앓거나 먹지 못해서 허약한 때보다, 건강할 때 더 쉽고 가볍게 몸을 움직일 수 있다. 따라서 우리가 땅 위의 육체를 쓰고 있을 때, 그 육체는 결국 썩고 죽게 되지만, 중요한 것은 그 양에서 오는 무게가 아니라 건강 상태이다. 그래서 우리가 오늘날 건강이라고 부르는 것과 미래의 영생이라 부르는 것 사이에 얼마나 큰 차이가 있는지 누구도 제대로 표

---

[24] 플라톤 《티마이오스》 41 A—B.

현해 낼 수 없다.

물체의 무게에 대한 철학자들의 이론은 우리 신앙을 뒤집지 못한다. 지구는 그 어떤 것 위에 놓여 있지 않다(욥기 26 : 7). 그런데도 철학자들은 어째서 땅 위 육체가 하늘에 갈 수 있다는 것을 믿으려 하지 않는지 굳이 묻고 싶지도 않다. 만일 우리의 생각에 반하는 그럴 듯한 논리로 그들은 우주에 중심점이 있으며, 모든 물체는 그곳을 향해 모인다고 말할 것이다. 내가 여기서 말하고 싶은 것은 만일 플라톤이 하위에 있는 신들이 사람과 동물을 만들었다고 한다면,*25 불에서 타는 속성을 없애고 밝은 빛만으로 볼 수 있도록 남겨 둘 수도 있었다.*26 그렇다면 플라톤도 말했듯이 가장 높은 신의 의지와 능력이 태어난 것들의 소멸을 막으며, 물질적인 것과 비물질적인 것이 한 번 결합되면 그것들이 분리되거나 해체되는 것을 막는다. 그러므로 하느님이 영생을 베풀어 주시는 사람의 육체가 썩지 않게 하시리라는 것을 의심할 필요가 있는가? 육체의 다른 속성들은 건드리지 않고 고스란히 남겨두며, 팔 다리 사이의 조화도 그대로 보존하되 무게로 인한 번거로움만 사라질 것이 아닌가? 그러나 하느님 뜻이라면 나는 이 책의 끝(22권 12~21장, 25~30장)에 가서 죽은 사람의 부활과 그 육체의 영원함에 대해서 우리의 신념을 더 자세히 다룰 생각이다.

제19장 죄를 짓지 않은 영혼은 육체가 없다고 주장하는 사람들에게 하고픈 말

이제 우리는 처음에 뜻한 대로 처음 인간의 몸에 대해서 다시 설명하겠다. 그들이 죄에 대한 벌을 받지 않았다면 이러한 죽음에 이르지 않았으리라. 죽음은 선한 사람들에게는 선한 것이라 하지만, 죽음으로써 영혼과 육체가 분리된다는 사실은 지성이나 믿음을 가진 소수의 사람들뿐 아니라 모든 사람들에게 잘 알려져 있다. 이 죽음으로 눈에 보이는 하나의 생명체, 분명히 살아 있던 육체가 어김없이 죽어간다. 의롭고 거룩한 사람들이 죽은 뒤 그들 영혼이 평온한 안식을 누리며 산다는 것은 의심할 수 없다. 그런데 그들이 건강한 육체로 산다면 그만큼 더 행복할 것이다. 육체를 완전히 벗어버려야만 오롯이 행복할 수 있다고 주장하는 사람들까지도 자기 의견과 다르게 이러한 견해에 동조하게 되리라.

---

*25 《티마이오스》 41 C–D ; 42 D–E.
*26 《티마이오스》 45 B—C.

그들은 아직 살아 있거나 이미 죽은 지혜로운 이들, 즉 이미 신체가 없거나 곧 신체가 죽게 될 현인들을 불멸하는 신들의 위에 두지는 않을 것이다. 플라톤에 따르면 최고신이 신들에게 서로 떼어지지 않는 생명, 곧 영원히 신체와 결합되어 사는 대단히 후한 선물을 주셨기 때문이다.*27 플라톤은 이 땅에서 신실하고 의롭게 산 이들은 육체를 떠날 때 자기 육체를 결코 벗어버리지 않는 저 신들의 품에 안길 수 있다고 한다.*28

> 과거를 잊고
> 저 높은 곳에서 다시 머물다가
> 몸으로 되돌아가고픈 소망을
> 다시 품게 되리라.*29

　베르길리우스는 플라톤 사상을 이처럼 표현하여 칭송을 받았다.

　이처럼 플라톤은 인간들의 영혼이 죽음 때문에 필연적으로 신체에서 벗어나게 된다고 말한다. 그러나 이 영혼들은 영원히 육체 없이 살아가는 것도 아니며, 사람은 어떤 한 상태에서 다른 상태로 끊임없이 옮겨가면서 삶과 죽음을 반복한다고 생각한다. 그러나 플라톤 현인들은 보통 사람들과는 다른 것으로 보았다. 현인들은 죽은 뒤 별로 옮겨가 저마다 알맞은 별에서 더 오래 안식을 누린다고 플라톤은 말한다. 그러다가 이전 불행을 잊고서 다시 육체를 갖고 싶어지면, 수고로움과 번뇌로 가득한 죽게 마련인 인간으로 되돌아간다. 그와 달리 어리석은 삶을 산 사람들은 아주 짧은 시일이 지난 뒤 다시 윤회 길에 오르며, 자기 업보에 따라 사람이나 짐승의 몸으로 태어난다고 한다.*30

　플라톤은 선하고 지혜로운 영혼이라도 이처럼 매우 가혹한 운명 속에 둔다. 그들은 영원히 살 수 있는 육체를 갖지 못했기 때문인데 육체를 영원히 소유할 수도, 육체 없이 영원히 순결하게 살 수도 없다는 것이다. 이미 앞(10권 30장)에서 말했듯이 그리스도교 시대에 포르피리오스는 이미 이 플라톤 사상을 이상히 여겼다. 그래서 인간의 영혼이 짐승의 몸과 결합한다는 생각을 버리고, 현인들의 영혼은 모두 육체의 속박에서 벗어나기 위해 육체를 버리고 아버지

---

*27 플라톤 《티마이오스》 41 A—B.
*28 플라톤 《파이돈》 108 C : 《파이드로스》 248 C.
*29 베르길리우스 《아이네이스》 6, 750 f. 참조.
*30 플라톤 《파이드로스》 248 A—249 D.

앞에 영원히 머무른다고 했다. 이와 같이 그는 성도들에게 영원한 생명을 약속하신 그리스도에게 지지 않으려는 듯, 정화된 영혼들은 다시 이전 불행으로 돌아가지 않으며 끝없이 행복한 곳에 머무르게 된다고 했다. 또 그리스도에게 반대하려는 듯, 썩지 않는 육체로 부활한다는 것을 부정하고, 영혼들은 지상에서의 몸이든 어떤 형태의 몸이든 가지지 않고 영원히 살 것이라 주장했다.(22권 27장 참조)

그러나 포르피리오스는 이런 믿음을 가지면서도 이 영혼들이 육체를 가진 신들에게 종교적 제의를 올리지 말라는 이야기는 하지 않았다. 저 신들이 육체를 갖지 않은 이 영혼들보다 높다고 생각한 것은 아닌지? 더할 나위 없이 행복하면서도 영원한 육체와 결합되어 있는 신들보다 감히 인간 영혼들을 그 위에 두려는 게 이 플라톤학파의 주장은 아닐 것이다. 나도 그렇다고는 생각지 않는다. 그렇다면 처음의 인간이 창조되었을 때 죄를 짓지 않았다면 죽어서 육체를 떠나는 일이 없었으리라는 그리스도교 가르침을 그들은 왜 어리석다고 생각하는가? 처음의 인간이 변함없이 순종했더라면 그에 대한 상으로 영원히 죽지 않는 삶을 선물로 받아, 육체와 결합되어 영원히 살았을 것이다. 또한 성도들이 부활할 때에는 지금 세상에서 수고스럽게 살아가면서 살던 바로 그 육체를 다시 가지게 될 것이다. 그리고 그들의 몸은 어떤 부패나 곤란함, 고통이나 불행도 겪지 않고 더할 나위 없이 행복할 것이다.

제20장 부활을 한 뒤 그리스도교인들의 육체는 죄를 저지르기 전의 육체보다 뛰어나다

그러므로 세상을 떠난 성도들의 영혼은 이제 육체가 없어진 것에 아무 영향을 받지 않는다. 죽음으로 영혼과 육체가 나누어지고 모든 감각이 사라진 뒤 어떠한 수모를 겪더라도, 그들의 육신은 희망을 품고서 안식에 들어가 있기 때문이다(시편 16 : 9). 플라톤이 말하듯이(13권 19장 참조) 영혼은 몸이 잊히기를 바라는 게 아니라 오히려 하느님의 약속을 기억하기 때문이다. 약속하신 분은 그 누구도 실망시키지 않는 분이며, 그들의 머리카락 한 올도 잃지 않으리라고 보장하셨다(루가 21 : 18). 그래서 그들은 간절한 바람과 인내로 육체가 부활하기를 기다린다. 육체를 지니고 있었을 때 많은 어려움을 겪었지만 앞으로는 어떠한 고통도 받지 않을 것이기 때문이다.

육신이 연약하여 그들 의지대로 되지 않아 영의 법으로 이를 막으려 했을 때에도 "자기 몸을 미워하는 사람은 없었다"(에페 5 : 29)면 육신도 영적인 것이 되려는 지금은 그 육신을 얼마나 더 사랑할 것인가! 영이 육을 섬길 때에 그 영을 육욕적이라 불러도 괜찮다면 육이 영을 섬길 때는 그것을 영적이라고 해도 된다. 이것은 육이 영으로 변하기 때문이 아니다. 어떤 사람들은 "육욕적인 몸으로 묻히지만 영적인 몸으로 다시 살아납니다. 육욕적인 몸이 있으면 영적인 몸도 있습니다" 바로 이(1고린 15 : 44) 성경 말씀에서 많은 사람들이 육이 영으로 변한다고 믿지만, 실은 육이 영에 순종했기 때문이다. 철저히 순종하며 그 굳은 결심을 실천으로 옮겨 불멸에 이르니 모든 괴로움과 부패와 무거운 짐으로부터 벗어날 것이기 때문이다.

그때 갖게 될 육체는 최고인 지금의 건강 상태와도 다르며, 처음 인간이 죄를 짓지 않았을 때와도 다르리라. 처음 인간은 죄를 짓지 않았더라면 아마 죽지는 않았겠지만, 인간으로서 먹고 살아갈 식량을 필요로 했기에 아직 영적 육체를 가지지 못한 생물체일 뿐이었다. 그들의 몸은 늙고 병들어 죽을 운명은 아니었는데 그런 은혜는 하느님의 자비로 생명나무에서 온 것으로, 그 나무는 저 금지된 나무와 함께 낙원 한가운데 서 있었다. 그들은 금지된 나무 한 그루만 제외하고 다른 음식은 모두 먹었다. 그 나무가 금지된 까닭은 나무 자체가 악이 아니라, 무조건적이고 절대적인 순종을 가르치시기 위해서였다. 창조주인 주님 아래 놓인 이성적 피조물에게 순종이란 가장 중요한 미덕이다. 악은 저지르지 않더라도 금지된 것을 건드린다면 바로 불순종의 죄를 짓는 셈이다.

따라서 처음의 인간은 그들의 생물적 육체가 굶주림과 목마름으로 고통받지 않게 하려고 다른 음식을 먹었다. 이와 반대로 그들이 생명의 나무로부터 맛본 것은 죽음이 오는 것을 피하고 늙고 약해져 죽지 않으려 함이었다. 다른 모든 열매가 양식이었다면, 생명나무의 열매는 하나의 성사(聖事)였다 할 수 있으리라. 이 같이 지상의 낙원에서 생명나무가 하는 일은 영적 또는 지적 낙원에서 하느님의 지혜가 하는 일과 같다. 성경에 "지혜는 붙잡는 이에게 생명나무라 지혜를 가진 자는 복되도다"(잠언 3 : 18)라는 말씀이 있다.

제21장 낙원의 영적 의미

그런데 어떤 사람들은 성경의 진리를 바탕으로 인류 조상인 처음 인간들이 살았다는 낙원 전체를 단순히 상징으로 여길 뿐 아니라, 그곳에 있었다는 나무들과 과일나무들을 삶의 덕목과 관례라고 말한다.*31 이야기에 나타난 세부적인 사물들은 실재하는 것들이 아니라 영적인 사실들을 이해하기 위해 상징적으로 그려낸 것이라고 한다. 그렇지만 처음 인간들의 낙원을 영적인 의미로 이해한다고 해서 지상의 낙원이 없다고 이야기하는 것은 잘못이다. 이는 아브라함에게 하갈과 사라라는 두 아내가 있었으며 이들 각각 여종과 본부인에게서 난 아들이 있었다는 것에 대해, 사도가 이것이 두 계약을 뜻한다고 했다 해서(갈라 4 : 22~24, 창세 16 : 4, 21 : 2), 아브라함에게 그런 일이 실제로 있지는 않았다고 하는 것과 같다. 또 모세가 바위를 쳐서 물이 솟아난 데 대해(출애 17 : 6, 민수 20 : 11), 사도가 이 구절을 "바위는 곧 그리스도였습니다."(1고린 10 : 4) 이렇게 이해했다고 해서, 바위에서 물이 솟아난 일이 없다고 말하는 것과 같은 이치이다.

우리가 낙원을 더없는 행복에 이른 이들의 삶으로 비유적으로 이해하며, 거기서 흐르는 네 강을 지혜, 용기, 절제, 공의 네 가지 덕목으로, 낙원에 있었던 나무들을 모든 이로운 교훈으로, 나무 열매들을 의로운 이들의 습관, 생명 나무를 온갖 선의 어머니인 지혜, 선악과를 계명을 깨뜨림으로써 오는 경험으로 이해한다고 해서, 비난할 사람은 없다. 죄를 지은 사람들에게 하느님이 벌을 정하셨을 때, 그것이 공정한 벌이었으므로 하느님은 선한 일을 하셨지만 사람이 이런 경험을 한 것은 그 자신에게 이로운 것은 아니었다.

우리는 이 일들을 교회와 관련지어 앞으로 일어날 일들에 대한 예언으로 받아들임으로써 성경을 더 잘 이해할 수도 있다. 특히 아가서에 있듯이(아가 4 : 12~15), 낙원은 교회 자체를 가리키며 낙원의 네 강은 네 복음서, 과일나무들은 성인들, 그 열매는 성인들의 행적이라 볼 수 있다. 생명나무는 가장 신성한 존재로서 그리스도 자신이며, 선악을 알게 하는 나무는 저마다의 자유 의지를 나타낸다고도 볼 수 있다.

인간이 하느님의 뜻을 업신여긴다면 마침내 스스로를 해칠 뿐이므로, 이런 방법으로 그는 공통된 선을 지키는 것과 자신의 이익만을 기뻐하는 것이 어떻게 달라지는지 깨닫게 된다. 자기 자신을 사랑하는 사람이 지나치게 자신에게

*31 아우구스티누스 《마니교도들에 반대하는 창세기론》 2, 2, 3 및 《De Genesi ad Litteram》 8, 1, 1 참조.

집착하여, 이 때문에 두려움과 슬픔에 압도된다면 시편에서처럼 "내 영혼이 스스로 낙심하여 요르단 물줄기가 솟는 땅, 헤르몬 산, 미살 봉우리에서 당신에게 외치나이다"(시편 42 : 6) 노래할 것이다. 그러나 그가 자신을 바로잡는다면 그때에는 "나의 힘이여, 나는 당신만 바라봅니다. 하느님은 나의 요새, 나의 사랑"(시편 59 : 9, 70)이라고 말할 것이다. 낙원의 의미를 영적으로 풀이한다고 해서 비난할 사람은 없으므로 이런 식으로 또는 달리 더 알맞은 말로 표현할 수 있으리라. 다만 충실한 기록을 근거로 이 사건들이 실제로 존재했다는 역사적 진실성도 함께 믿어야 한다.

제22장 그리스도교인이 부활한 뒤의 육체

그러므로 부활로 다시 살아나는 의로운 이들의 육체는 병이나 늙음을 피하려 먹는 어떤 나무 열매도 필요치 않으며 다른 영양소 없이도 굶주림이나 목마름을 느끼지 않을 것이다. 그것은 절대로 침범할 수 없는 확고한 영생불멸이라는 선물을 받기 때문이다. 그들은 음식을 먹을 능력이 있으므로 원하면 먹을 수 있지만, 먹지 않아도 될 것이다.

천사들도 보거나 만질 수 있는 형상으로 나타났을 때는 똑같다. 먹을 필요가 없었지만 그들은 먹기를 원했고 먹을 수 있었다. 이는 인간들 속에서 자신의 임무를 다하기 위해 스스로 인간적 속성을 받아들인 것이다. 그들이 사람에게서 대접을 받을 때(창세 18 : 8, 19 : 3) 겉으로 보기에 음식을 먹는다고 해서 그대로 믿어서는 안된다. 물론 그들이 천사인 줄을 몰랐을 때에는 우리처럼 필요에 따라 먹는다고 여겼을 것이다. 이 때문에 토비트서에서 천사는 "당신들은 내가 먹고 마시는 것을 보았지만 그저 그렇게 보였을 뿐입니다"(토비 12 : 19) 이렇게 말한다. 달리 말하면, 내가 그대와 같이 육체의 기운을 되찾기 위해 음식을 먹는다고 생각했으리라는 뜻이다.

아무튼 천사들에 대해서는 더 믿을 만한 의견을 낼 수 있을지 모르지만, 그리스도교 신앙은 구세주 자신이 부활 뒤 하신 일에 대해서는 조금도 의심치 않는다. 부활하신 뒤 그의 몸은 육신이었지만 또한 영적인 것이었다. 그런데 그는 제자들과 더불어 먹고 마시기도 했다(루가 24 : 42~43, 사도 10 : 41). 이런 육체는 먹고 마실 필요는 없지만 그 능력까지 사라진 것은 아니다. 이를테면 육체는 육체가 아닌 다른 것으로 바뀌는 게 아니라, 생명을 주는 영에 따라 영적

존재가 되는 것이다.(1고린 15 : 44~46)

제23장 육의 몸과 영의 몸에 대해서

살아 있는 영혼(anima)을 지녔으나 생명을 주는 영(spiritus ; 靈)을 지니지 못한 몸을 "영혼을 받은"(animale) 몸이라 하듯이, 바로 위에서 설명한 저 몸들은 "영적인"(spiritale)*32 몸이라 부른다. 영적인 몸들은 생명을 주는 영을 지녔기 때문에 육(肉)의 짐스러움과 타락은 면하지만, 육체라는 실체는 그대로 지니고 있다. 이때 인간은 지상에 속하지 않고 천상에 속하게 될 것이다. 이는 흙으로 만든 육체가 계속해서 육체로 남을 뿐 아니라, 하늘에서 내려준 은혜로 하늘 나라에서도 살기 알맞게 되기 때문이다. 그 타고난 본질은 사라지지 않고 그 성질만 바뀐 그런 몸이 되는 것이다.

그러나 처음 인간은 흙으로 만들어진 땅의 존재로서 살아 있는 영혼을 지녔으나 생명을 주는 영적 존재는 아니었다(1고린 15 : 45). 생명을 주는 영은 최초의 인간이 순종을 하면 그 대가로 주어지도록 보류되었다. 따라서 그의 몸은 살아 있으나(animalis) 영적인 몸은 아니었다. 그 몸은 굶주림과 목마름으로 시달리지 않기 위해 먹고 마셔야만 했으며, 필연적인 죽음으로부터 자신을 지키고 꽃다운 젊음을 간직하기 위해 생명나무의 도움을 받아야 했다. 그는 아직 절대적으로 완전하고 흔들림 없는 영원한 삶은 얻지 못했다. 죄를 저지르면 정죄하겠다고 하느님이 예고하셨으므로 그 뜻을 어기고 타락하지 않았더라면 그는 결코 죽지 않을 몸이었다.

그 뒤에 그는 낙원 밖에서도 영양을 얻도록 허락되었으나 생명나무에는 다가가지 못하게 금지되었으므로, 세월이 흘러 늙으면 그의 생명은 끝나야 했다. 비록 생물적 육체를 지녔으나 죄를 저지르지 않았더라면 순종에 대한 상으로 낙원에서 죽지 않고 영원히 살아갈 수 있었을 그 생명이 끝나게 된 것이다.

그러므로 하느님이 "그것을 따먹는 날 너는 반드시 죽는다"(창세 2 : 17) 말씀하셨을 때 영혼과 몸을 분리하는 죽음이라고 우리는 받아들여야겠지만, 그렇더라도 금지된 치명적인 열매를 따먹은 그날 최초 인간들이 곧바로 그 몸에서 떨어져 나가지 않았다는 사실을 모순이라고 생각해서는 안 된다. 그들의 몸이

---

*32 1고린 15 : 44에서 animale한 몸을 "육의 몸", spiritale한 몸을 "영의 몸"이라 부른다. 보통 용어로는 animale는 생물이나 동물을 뜻한다.

필연적으로 죽으리라고 결정된 것은 바로 그날이었으며 우리도 이 필연을 안고 태어나게 되었다. 바로 그날 그들의 본성은 나빠지고 타락했으며, 생명나무에 다가가지 못하도록 정당하고 완전한 금지가 이루어졌기 때문이다. 사도가 "비록 여러분의 몸은 죄 때문에 죽었을지라도 그리스도께서 여러분 안에 계시면 여러분은 이미 하느님과 올바른 관계에 있기 때문에 여러분의 영은 살아 있습니다" 이렇게 말하지 않고, "몸은 죄로 인하여 죽은 것이나 영은 의로 인하여 생명이니라"(로마 8 : 10)라고 말한 것은 이 때문이다. 그리고 사도는 덧붙였다. "예수를 죽은 자 가운데서 살리신 이의 영이 여러분 안에 거하시면 그리스도 예수를 죽은 자 가운데서 살리신 이께서 여러분 안에 살아 계신 당신의 영을 통해 여러분의 죽을 몸도 살리실 것입니다"(로마 8 : 11).

말하자면 그때에는 그저 목숨만 살아 있는 영혼이 아닌, 생명을 주는 영이 육체 안에 머물게 될 것이다. 사도가 지금의 육체를 죽은 몸이라 부르는 것은 죽음의 필연에 굳게 묶여 있기 때문이다. 그러나 낙원에서는 몸에 생명을 주는 영이 아니라 살아 있는 영혼이 깃들어 있었지만, 죽은 것이라고 하기에는 적절치 못했으리라. 죄를 짓지 않았더라면 죽어야 할 필연이 닥치지 않았을 것이기 때문이다.

그러나 하느님께서 "아담아, 너 어디 있느냐"(창세 3 : 9) 말씀하실 때 영혼의 죽음을 알리셨고 그 죽음은 하느님이 떠나감으로써 일어난 것이었다. 또 "너는 흙에서 난 몸이니 흙으로 돌아가리라"(창세 3 : 19) 말씀하신 것은 영혼이 몸을 떠날 때 그 몸이 죽으리라는 뜻이었다. 하지만 두 번째 죽음을 말씀하시지 않은 것은 신약 율법에서 다루기 위해 그 죽음을 드러내시지 않은 것뿐이라고 우리는 믿게 된다. 신약에서는 두 번째 죽음이 아주 분명히 선포되었다(묵시 2 : 11, 21 : 8). 이처럼 모든 사람에게 공통된 첫 번째 죽음은 죄의 결과로서, 한 사람에게서 비롯하여 모든 사람에게 공통된 죄가 되었음이 밝혀졌다. 그러나 두 번째 죽음은 모든 사람에게 공통된 것이 아니다. 하느님의 "뜻대로 부르심을 받은 자들"은 예외이기 때문이다. 이 인간들에 대해 사도는 "하느님을 사랑하는 사람들 곧 하느님 계획에 따라 부르심을 받은 사람들에게는 모든 일이 서로 작용해서 좋은 결과를 이룬다는 것을 우리는 압니다. 하느님께서는 이미 오래전에 택하신 사람들이 당신의 아들과 같은 모습을 가지도록 미리 정하셨습니다. 그래서 그리스도께서는 많은 형제 가운데 맏아들이 되셨습니다." 이렇게 말한다(로마 8 : 28~29). 하느님 은총이 중개자를 통해 그들을 두 번째 죽음에서 구했기 때문이다.

따라서 사도가 가르치는 바에 따르면 최초 인간은 육의 몸으로 만들어졌다. 오늘 우리가 가지고 있는 육의 몸과 부활할 때 가지게 될 영적인 몸을 구별하기 위해서 사도는 "썩을 것으로 심고 썩지 아니할 것으로 다시 살며 욕된 것으로 심고 영광된 것으로 다시 살며 약한 것으로 심고 강한 것으로 다시 살며 육의 몸으로 심고 영의 몸으로 다시 사나니" 이렇게 말한다. 그 다음에 이 말을 증명하기 위해서 "육의 몸이 있으면 영의 몸도 있습니다"(1고린 15 : 42~44). 그리고 무엇이 육의 몸인가 알리기 위해서 "기록된 바 첫 사람 아담은 생명 있는 존재가 되었다고 함과 같다"(1고린 15 : 45, 창세 2 : 7). 사도의 이 말씀은 무엇이 육의 몸인가를 알리려는 것이다. 다만 성경에서는 하느님이 생기를 그 코에 불어넣음으로써 최초 인간 아담이 생물적인 육의 몸(an animated body)이 되었다고 하지 않고, 도리어 "살아있는 영혼(a living soul)"이 되었다고 한다. 따라서 사도는 "최초 인간은 생명 있는 존재(a living soul)가 되었다" 이 성경 말씀이 사람의 생물적인 몸(an animated body)을 뜻하는 것으로 이해되기를 원한다.

그러나 "영적인 몸(a spiritual body)"이라는 말을 이해시키기 위해서 "마지막 아담은 생명을 주는 영이 되었다"고 덧붙였다(1고린 15 : 45). 이는 물론 그리스도를 뜻했다. "죽은 자들 가운데서 다시 살아나신 그리스도께서는 다시는 죽는 일이 없어 죽음이 다시는 그분을 지배하지 못하리라"(로마 6 : 9). 사도는 계속해서 "그러나 영적인 것이 먼저 있었던 것이 아니라 육체적인 것이 먼저 있었고 그 다음에 영적인 것이 왔습니다"(1고린 15 : 46) 말한다. 여기서 사도는 더 뚜렷하게 단언한다. 최초 인간이 생명 있는 존재가 되었다는 것은 생물적인 육의 몸을 뜻하며, "마지막 아담은 생명을 주는 영이 되었다" 이 말씀은 영적인 몸을 뜻한다는 것이다.

최초 인간 아담이 가진 것은 생물적인 육의 몸이었지만, 죄를 범하지 않았다면 죽지 않았을 것이다. 오늘 우리가 가지고 있는 몸도 이런 것이다. 아담이 죄를 짓고서 그 몸의 본성이 바뀌고 타락하여 죽을 운명에 처했듯이, 우리 몸의 본성도 변질되고 타락했다. 그리스도께서도 처음에는 우리를 위해 이런 몸을 가지셨다. 이는 필연에 따른 것이 아니라 그의 선택이었다. 그러나 우리 머리이신(에페 4 : 15) 그리스도께서 선례로서 이미 입고 계신 영의 몸을 앞으로는 우리도 지니게 될 것이다. 그리스도 몸의 지체(肢體)(1고린 12 : 27) 역할을 하는 자들에게는 앞으로 죽은 이들의 마지막 부활 때 바로 이런 일이 일어날 것이다.

이어서 사도는 이 두 인간 사이의 아주 뚜렷한 차이점을 덧붙이고 있다. "첫째 인간은 흙으로 만들어진 땅의 존재이지만 둘째 인간은 하늘에서 왔습니다. 흙의 인간들은 흙으로 된 그 사람과 같고 하늘의 인간들은 하늘에 속한 그분과 같습니다. 우리가 흙으로 된 그 사람의 형상을 지녔듯이 하늘에 속한 그분의 형상을 또한 지니게 될 것입니다"(1고린 15 : 47~49). 사도는 이렇게 말함으로써 재생(再生)의 세례가 오늘 우리에게서 이루어지기를 바란다. 다른 곳에서 "세례를 받아서 그리스도 안으로 들어간 여러분은 모두 그리스도를 새옷으로 입었습니다"(갈라 3 : 27)라고 말하는 것과 같다. 그러나 이 일이 참으로 우리에게서 이루어지는 것은 우리의 타고난 생물적 육체가 부활로 말미암아 영적인 몸이 될 때뿐이리라. 사도는 달리 이렇게도 말씀한다. "우리는 소망으로 구원을 받았습니다"(로마 8 : 24).

우리는 태어나면서부터 죄와 죽음을 혈통을 통해 유산으로 이어받음으로써 땅에 속한 사람의 형상을 입는다. 그렇지만 우리는 하느님의 너그러운 용서와 영원한 생명의 은총 덕택에 하늘에 속한 사람의 형상을 입을 것이다. 이것은 하느님과 사람 사이의 중개자, 사람으로 오셨던 예수 그리스도(1디모 2 : 5)로 말미암아 거듭남으로써 가능해진다. 그리스도에게서 하늘에 속한 사람을 발견하라는 것이 사도의 뜻이다. 지상에 속해 죽게 될 육체를 입고 그리스도께서 하늘에서 내려오신 것은 그 지상의 육체에 천상의 불멸을 입혀주시기 위해서였다. 그러나 사도가 다른 사람들에 대해서도 "천상적 인간"이라는 말을 쓴 것은 그들이 은총으로 말미암아 그리스도 몸의 일부(肢體)가 되기 때문이며(로마 12 : 5, 1고린 12 : 27 ; 에페 5 : 30) 그래서 마치 머리와 몸이 이어지듯이 그리스도가 그들과 한몸이 되기 때문이다.

사도는 같은 편지에서 이 사실을 더 뚜렷하게 말한다. "죽음이 한 사람으로 말미암아 온 것처럼 죽은 자들의 부활도 한 사람으로 말미암아 왔습니다. 아담으로 말미암아 모든 사람이 죽은 것같이 그리스도로 말미암아 모든 사람이 살게 될 것입니다"(1고린 15 : 21~22). 그리고 그때부터는 영적인 몸을 지니고서 생명을 주는 영으로 살게 될 것이다. 그런데 아담 안에서 죽음에 이른 인간들이 반드시 모두 그리스도의 지체가 되리라고 말할 수는 없다. 훨씬 더 많은 사람들이 영원한 두 번째 죽음을 당할 것이다. 두 구절에서 "모든" 사람이라고 한 것은 생물적인 육의 몸으로 죽는 사람들이 예외 없이 아담 안에서 모두 죽는 것처럼, 영적인 몸으로 다시 살게 되는 사람들도 하나같이 그리스도 안에서 모두 생명을 받을 것이기 때문이다.

따라서 우리는 최초 인간 아담이 죄를 짓기 전에 지녔던 것과 같은 육체를 부활할 때 가지게 되리라고 생각해서는 안 된다. 또 "흙의 인간들은 흙으로 된 그 사람과 같고" 이 말씀도 죄를 저질러서 일어난 일로 받아들여서는 안 된다. 최초 인간은 죄를 저지르기 전에 영적인 몸을 지녔는데, 죄의 대가로 생물적인 육의 몸으로 바뀌었다고 생각해서는 안 되기 때문이다. 이런 잘못된 생각을 하게 되는 것은 위대한 사도의 말씀에 주의를 기울이지 않았기 때문이다. 사도는 "육의 몸이 있으면 영의 몸도 있습니다. 성경에 기록된 대로 최초 인간 아담은 생명 있는 존재가 되었지만 나중에 아담은 생명을 주는 영적 존재가 되셨습니다"(1고린 15 : 44~45)라고 했다. 이는 인간의 원초적 모습임에도, 아담이 죄를 저지른 뒤에 그런 몸이 되었다고 주장할 수 있는가? 지극히 복된 사도 바울이 이 원초적 상태에 대해 율법(창세 2 : 7)의 이 증언을 끌어 온 것은, 육의 몸을 설명하기 위함은 아닌가?

제24장 아담에게 불어 넣으신 하느님의 입김과 주님이 제자에게 주신 성령

성경에 "하느님께서 아담의 코에 생명의 입김을 불어넣으시니, 그제야 그는 생명있는 영혼이 되었다"(창세 2 : 7)는 말씀이 있다. 어떤 사람들은 이 말씀을 너무 성급하게 풀이하여, 그때 최초의 인간에게 영혼을 주신 게 아니라 영혼은 이미 그의 안에 있었는데 성령으로써 살아난 것이라고 말한다.*33 그들은 주 예수께서 죽은 이들 가운데서 부활하신 다음 당신의 제자들에게 숨을 불어넣으면서 "성령을 받으라" (요한 20 : 22) 하신 말씀에 감동을 받은 것이다.

그래서 그들은 예수 부활의 시점에 이루어진 일이 저 옛날 창조의 시점에서도 있었다고 생각한다. 이는 마치 "그리하여 그들이 생명 있는 영혼이 되니라"라고 말한 것으로 생각하는 것인데, 만일 이것이 사실이라면 우리는 이것을 다

---

*33 마니교의 이단설. 아우구스티누스 《마니교도들에 반대하는 창세기론》 2, 8, 11 참조.

음처럼 이해해야 할 것이다. 하느님의 영(Spiritus)은 어떤 뜻에서 영혼(anima)들의 생명이며, 하느님의 영이 없으면 비록 육체 안에 이성적 영혼이 있어 육체에 생명을 주는 듯 보일지라도, 그 영혼들은 죽은 것이나 다름없다고 생각해야 한다. 그러나 처음에 인간이 만들어졌을 때는 그렇게 만들어진 것은 아니라고 성경에서 분명히 말해주고 있는데 "하느님께서 땅 위의 흙먼지로 사람을 빚어 만드셨다"(창세 2 : 7) 말씀하셨다.

어떤 사람들은 이 점을 더 분명히 설명해야 한다 해서 "하느님이 땅에 있는 진흙으로 사람을 빚어 만드셨다" 옮기기도 한다. 바로 그 앞 구절에 "마침 땅에서 물이 솟아 온 땅을 적시자"(창세 2 : 6)라는 말씀이 있으므로, 수분과 흙먼지를 섞은 진흙이라고 이해하는 것이다. 그리고 그 다음 구절에 "하느님께서 흙먼지로 사람을 빚어 만드시고"라는 말씀이 있다. 성경은 그리스어에서 라틴어로 번역되었다. 라틴어 성경 원본인 그리스어 성경(70인역)에서 eplasen(지으셨다)을 라틴어로 formavit(창조하셨다)로 옮기거나 finxit(형성하셨다)로 옮기는 것은 비록 뒤의 말이 더 나은 번역이라 해도 이는 그리 중요하지 않다. formavit(창조하셨다)로 옮긴 사람들은 모호한 번역을 피하려 한 것이다. 거짓으로 무엇을 꾸미려 한다고 할 때는 보통 finxit(형성하다)의 원형인 fingere(시늉하다)를 쓰기 때문이다.

그러므로 땅의 흙먼지이든 진흙이든 거기서 만들어진 사람, 성경이 말하는 대로 이 "땅의 먼지"가 영혼(anima)을 받았을 때 사도가 가르치듯이 "animale" (영혼을 받은, 생물적인, 육의) 몸이 되었다. 성경의 "사람이 생명 있는 영혼이 되니라" 이 말씀처럼 사람이 흙으로 만들어진 다음 그 흙이 생명 있는 영혼이 되었다.

그러나 사람에겐 이미 영혼이 있었으며 영혼이 없었다면 사람이라 부를 수도 없다고 말하는 이도 있다. 왜냐하면 사람은 육체나 영혼이 따로따로 있는 게 아닌, 이 둘 모두를 갖춘 존재이기 때문이다. 이것은 옳은 말이다. 영혼은 인간의 모두는 아니지만 보다 더 우위에 있는 부분이라 생각되며, 육체도 인간의 전부가 아니라 그 가운데 좀 더 낮은 부분이라는 생각은 옳다.

영혼과 육체가 하나가 되었을 때에야 비로소 사람이라고 부를 수 있다. 하지만 이 두 부분을 따로따로 이야기하더라도 이 둘은 서로 분리된 존재가 아닌 통합적인 사람을 나타낸다. '그 사람은 죽어서 지금 평안히 쉬고 있거나 벌을 받고 있다'고 할 때, 이 말은 그 사람의 영혼에 대해 말하는 것이지만, 일상적으로 우리는 이런 말을 한다. 또 '그 사람은 어디어디 묻혔다'라고 할 때, 이는 그의 신체에 대해서만 하는 말인데도 또한 우리는 '사람'이라고 한다.

성경은 보통 그런 일상적인 사용법은 따르지 않는다고 말할 것인가? 사실은 완전히 반대가 된다. 성경은 더욱이 육체와 영혼이 결합된 인간이 살아있는 동안에도 그 요소들의 하나하나를 "사람"이라고 부른다. 영혼을 "속 사람", 육체를 "겉 사람"(2고린 4 : 16)이라고 하여 이 둘이 한 사람을 이루지만, 마치 두 사람이 있는 듯이 말한다. 그러나 "하느님의 형상으로 지어진 사람"과 "흙이므로 흙으로 돌아갈 사람"이라는 말이 무슨 뜻인지 알아야 한다. 앞엣말은 이성적인 영혼을 가리킨다. 하느님은 이것을 사람 속에 불어넣으셨다. 더 적절히 말한다면 하느님의 숨결을 인간에게, 즉 인간의 육체에 불어넣으셨다고 해야 한다. 뒤엣말은 하느님이 흙먼지로 지어내신 그 육체를 가리키며 곧 영혼을 받아서 생물적 몸이 된 것이다. 말하자면 사람이 생명 있는 영혼으로서의 인간이 되었다는 말이다.

그러므로 주님이 제자들에게 숨을 불어넣으면서 "성령을 받으라"(요한 20 : 22) 말씀하신 것은, 성령이 단지 성부의 영(靈)만이 아니라 또한 독생자의 영이라는 사실을 알려주는 것이다. 성부와 성자, 이 두 영은 하나의 영이다. 이렇게 성부, 성자, 성령은 삼위일체를 이루시며 따라서 성령은 피조물이 아니라 창조주이시다. 그리스도 몸의 입에서 나오는 신체적 숨결은 성령의 실체나 본성이 아니며, 오히려 하나의 상징이었다. 앞서 말한 대로 성령은 성부와 성자에게 공통의 존재라는 것을 뜻했다. 이는 성부와 성자가 저마다 다른 영을 가지신 게 아니라, 두 분이 똑같은 영을 지니셨다는 뜻이다.

바로 이 영을 성경에서는 그리스어로 프뉴마(pneuma)라 표시한다. 예수께서도 지금 인용한 구절에서 자신의 숨결을 상징적으로 제자들에게 (불어넣어) 주셨을 때 이 말을 쓰셨다. 다른 말로 불렀던 사례를 성경 어디에서도 찾아볼 수 없었다. 그러나 "하느님께서 진흙으로 사람을 빚어 만드시고 코에 입김을 불어넣으시니"라는 말씀에서 그리스어 성경은 성령을 표시할 때 보통 쓰는 프뉴마 대신 프노에(pnoe)라는 말을 사용했다. 이 말은 창조주보다 피조물에 대해서 더 자주 사용된다. 이 차이 때문에 라틴어로 성경을 옮기는 어떤 학자들은 프노에를 spiritus(영)라 하지 않고 flatus(숨)라 했다.

이사야서 그리스어본에서 하느님이 "사람은 나에게서 용기를 얻고 나에게서 생명의 숨결을 받는다"(이사 57 : 16) 말씀하셨는데, 이 구절에서도 이 단어는 틀림없이 모든 영혼을 뜻한다. 이처럼 pnoe는 라틴어로 flatus(숨), spiritus(생기의 '기'), inspiration(넣음), 또는 aspiratio(향해서 내쉼) 등으로 옮겨지며 심지어는, 하느님에 대해 쓰일 때도 여러 가지로 옮겨진다. 그러나 프뉴마는 언제나 spiritus(생기의 '기')라고 옮겨진다. 사람에 대해 쓸 때에도 마찬가지이다. 사도는 "사람의 생각은 그 사람 속에 있는 자신의 영만이 알 수 있듯이 하느님의 생각은 하느님의 성령만이 아실 수 있습니다"(1고린 2 : 11) 했고, 솔로몬은 짐승에 대해서도 "사람의 숨은 위로 올라가고 짐승의 숨은 땅 속으로 내려간다고 누가 장담하랴"(전도 3 : 21) 이렇게 말한다.

물리적인 공기 운동인 바람에 대해서도 마찬가지이다. 시편에서는 "번개와 우박, 눈과 안개, 당신 말씀대로 몰아치는 된바람도"(시편 148 : 8)라고 말하면서 바람을 spiritus라고 옮겼다. 또한 주님께서 당신 입의 숨결을 상징으로 삼아 "성령을 받으라"(요한 20 : 22) 복음서에서 말씀하셨을 때와 같이, 피조물이 아니라 창조주인 영에 대해서도 spiritus로 옮긴다. 또한 이런 예는 "너희는 가서 이 세상 모든 사람들을 내 제자로 삼아 아버지와 아들과 성령의 이름으로 그들에게 세례를 베풀고"(마태 28 : 19) 하신 말씀에도 있다. 이 말씀 속에 삼위일체가 아주 뛰어나고 뚜렷하게 드러나 있다. 이 밖에도 "하느님은 영이시라"(요한 4 : 24)는 말씀이나 성경의 다른 수많은 구절에서 이 말이 사용되었다.

성경의 이 모든 증거로 보아 그리스어는 프노에가 아니라 프뉴마이며, 따라서 라틴어는 flatus가 아니라 spiritus이다. 그러므로 "하느님이 숨을 불어넣으셨다", 더 정확히는 "하느님께서 진흙으로 사람을 빚어 만드시고 코에 숨결을 불어넣으시니"(창세 2 : 7) 할 때, 그리스어로는 프노에 대신에 프뉴마를 썼지만 그 영을 반드시 창조주이신 영, 정확히 말하면 삼위일체 안에 있는 성령과 똑같이 여길 필요는 없다. 이미 말한 대로, 프뉴마는 창조주뿐 아니라 피조물에 대해서도 널리 쓰이기 때문이다.

그러나 어떤 사람들은 이런 주장을 하기도 하는데 "성경이 spiritus라 할 때 그 영이 성령을 뜻하는 게 아니라면 '생명'이라는 말을 덧붙이지 않을 것이며, 사람이 생명 있는 영혼이 되었다고 할 때에도 만일 성령의 선물로서 영혼에 생명이 주어졌다는 뜻이 아니라면 '생(生)'이라는 말을 덧붙이지 않았을 것이다."

영혼은 저마다 고유한 방식으로 살아있는 것인데 만일 성령으로 생명을 얻었다고 우리에게 말하려는 것이 아니었다면, 무엇 때문에 '생'이라는 말을 덧붙였겠느냐고 그들은 주장한다. 하지만 이것은 인간의 추측을 감싸는 데만 열심이고 성경을 보는 데는 무관심한 것이 아니고 무엇인가? 멀리 갈 것도 없이 같은 책의 조금 앞부분에 있는 말씀을 간단히 살펴보자. 땅의 모든 동물들이 창조된 대목에서 "땅은 온갖 살아 있는 혼을 내어라"(창세 1 : 24)는 말씀이 있다. 마찬가지로 같은 책 몇 장 뒤에서 "마른 땅 위에서 코로 숨쉬며 살던 것들이 다 죽고 말았다"(창세 7 : 22)는 말씀이 있다. 이 구절은 땅 위에 있던 생물들이 홍수로 모두 죽었다는 것을 말한다.

성경은 더욱이 짐승에게도 살아 있는 혼과 생기라는 표현을 곧잘 사용했다. 또한 우리가 조금 전 인용한 "코로 숨쉬며 살던 모든 것"이라는 구절에서 그리스어로는 프뉴마가 아니라 프노에라는 말을 썼다. 그러면 우리는 이렇게 물어봐야 하지 않는가. 영혼은 살아 있지 않으면 존재할 수 없는데, 왜 쓸데없이 "살아 있는"('살아있는 영혼'의 '살아있는')이라는 말을 덧붙이거나, '생기'에서 '생' 곧 생명이라는 말을 덧붙이는가? 그러나 성경은 일상적으로 살아있는 영혼과 생기라는 말을 써서 동물을 나타낸다. 동물은 살아 있는 한 외형적인 몸을 지녔고, 영혼을 통해 모든 것을 느끼는 일이 가능해진다. 그런데 우리는 사람이 창조된 대목에 와서는 이런 성경의 일상적인 표현 방법을 잊어버린다.

성경에 따르면 인간은 이성적인 영혼을 받았으며, 다른 동물들의 영혼처럼 물과 흙만으로 만들어진 게 아니라 하느님 숨으로 지어졌지만 다른 동물들처럼 "동물적인" 몸에서 살도록 되어 있다. 또한 이 몸은 영혼이 그 속에 살고 있어야 한다. 성경은 다른 동물들에 대해 "땅은 온갖 살아있는 생물을 내어라"(창세 1 : 24) 하셨고, 그들 속에 저마다 생명의 영을 가졌다고 말씀하셨다(창세 6 : 17; 7 : 15, 22). 다른 동물들의 경우 그리스어는 프뉴마가 아니고 프노에이며, 이 말은 성령을 뜻하는 것이 아니라 동물들의 영혼을 말하는 것이다.

그러나 이에 동의하지 않는 사람들에 따르면 하느님 숨결은 하느님 입에서 나온 것이다. 만일 그 숨결을 영혼이라고 믿는다면, 지혜서(구약성서 외경의 하나)에도 "나는 지극히 높으신 분의 입으로부터 나왔으며 안개와 같이 온 땅을 뒤덮었다"(집회 24 : 3)고 말씀하셨으므로, 이는 지혜와 영혼이 본질적으로 같은 것이라는 이야기가 된다. 그러나 지혜서에는 하느님 입에서 숨이 내뿜어진

게 아니라 하느님 입에서 나왔다고 한다. 또 우리가 숨을 내쉴 때는 우리를 사람으로 만드는 그 본성을 내쉬는 게 아니라 주위의 공기를 들이마셨다가 다시 내뱉을 뿐이다. 다시 말해 하느님은 당신의 본성이나 어떤 피조물에서 온 숨을 내쉬는 게 아니다. 그분은 무(無)에서도 숨결을 만들어 내신다. 따라서 하느님이 이 숨결을 인간 몸 속에 넣어주신 것을 그의 속에 불어넣으셨다거나 숨결을 내쉬었다고 말하는 것은 매우 적절한 표현이다.

하느님이 형체가 없으신 것처럼 그 숨결 또한 형체가 없지만, 그는 변하시지 않는데도 이 숨결은 변할 수 있다. 이것은 창조되지 않은 하느님이 창조의 숨결을 내쉬었기 때문이다.*34 그러나 성경은 근거로 하지만 성경의 용어를 잘 모르는 사람들은 하느님 입에서 나오는 것은 하느님과 본성이 같고 동등하다고는 말하지만 하느님이 말씀하신 다음의 구절을 기억해 두어야 하리라. "너는 이렇게 뜨겁지도, 차지도 않고 미지근하기만 하니 나는 너를 입에서 뱉어버리겠다" (묵시 3 : 16) 하셨다.

따라서 우리는 사도가 아주 알기 쉽게 우리가 오늘 쓰고 있는 생물적인 몸과 우리가 앞으로 입게 될 영적인 몸을 구별한 것에 반대하지 않는다. 사도는 "생물적인 몸으로 씨 뿌려지지만 영적인 몸으로 다시 살아납니다. 육의 몸이 있으면 영의 몸도 있습니다. 성경에 기록된 대로 최초의 인간 아담은 살아 있는 영혼이었지만 마지막 아담은 생명을 주는 영이 되었습니다. 그러나 영적인 것이 먼저가 아니라 생물적인 것(육체)이 먼저 있었고 그 다음에 영적인 것이 왔습니다. 첫 번째 인간은 흙으로 만들어진 지상의 존재이지만 두 번째 인간은 하늘에서 났습니다. 흙의 인간은 저 흙에 속한 자들과 같고 하늘의 인간은 저 하늘에 속한 다른 사람들과 같습니다. 우리가 흙으로 된 사람의 형상을 지녔듯이 하늘에 속한 그분의 형상을 또한 지니게 될 것입니다"(1고린 15 : 44~49). 사도의 이 모든 말에 대해서는 이미 앞(13권 23장)에서 살펴보았다.

사도의 말처럼 최초의 인간 아담이 만들어졌을 때의 생물적인 몸은 절대 죽을 수 없게 만들어진 것은 아니지만 죄를 짓지 않으면 죽지 않을 몸이었다. 생명을 주는 영으로 만들어지는 몸은 영적이며 죽지 않을 것이다. 영혼 또한 죽지도 사라지지도 않게 만들어졌지만 죄를 저지름으로써 사실 죽었다고 할 수

---

*34 아우구스티누스 《De Genesi ad Litteram》 7, 1~4 참조.

있는데 그때 영혼은 어떤 종류의 생명, 다시 말해 하느님의 영을 잃어버렸기 때문이다.

영혼은 하느님의 영으로 지혜롭고 행복하게 살 수 있었을 것이다. 그러나 그것은 본디 죽거나 사라지지 않도록 만들어졌기 때문에, 비참하더라도 생명을 멈출 수가 없다. 이것은 배반한 천사들과 처지가 비슷한데 그들은 죄를 저지르고 생명의 근원이신 하느님을 버렸기 때문에 어떤 면에서는 죽었다고도 할 수 있다. 하느님에게서 생명의 원천수를 받아 마심으로써 지혜롭게 잘 살 수 있었는데 말이다. 그러나 그들은 본디 영생불멸하게 창조되었기 때문에, 생명과 감각을 완전히 잃을 만큼 죽을 수는 없다. 따라서 최후의 심판 뒤에 두 번째 죽음으로 던져지더라도 생명이 사라지지 않고 감각이 그대로 남아 있어 고통을 받게 될 것이다.

그러나 하느님의 은총을 받고 축복과도 같은 생명을 간직한 거룩한 천사들처럼 하느님 나라 백성이 된 사람들은 영적인 몸을 받아 다시는 죄를 짓거나 죽지 않게 된다. 그들이 받아 입을 불멸의 옷은 천사들의 옷과 마찬가지로 죄를 지어 빼앗기는 일이 없을 것이다. 그들 육체의 본질은 바뀌지 않지만, 육체의 타락이나 나태함은 모두 사라질 것이다.

다음으로 반드시 다루어야 할 의문이 따라 오는데 이는 진리이신 주 하느님의 도움으로 해결해야 할 문제이다. 최초의 인간들이 죄를 짓고 하느님 은총을 잃게 되면서 그 결과 우리 몸에 다루기 힘든 정욕이 생겨났음을 안다. 마침내 그들은 눈이 뜨였는데, 더 정확히 말하자면 자신들이 벌거벗었다는 사실을 깨닫게 되었다. 그리고 자신들의 의지와는 관계없이 몸이 흉하게 움직이자 그들은 부끄러운 곳을 가렸다. 만일 그들이 처음 만들어진 상태대로 죄를 짓지 않고 살아갔다면 그때는 어떻게 자식들이 태어났을까? 그러나 이제 우리는 13권을 끝마쳐야 한다. 또 이런 엄청난 문제를 간단히 다룰 수는 없으므로 이 문제는 다음 권에서 더 폭넓게 다루기로 한다.

제14권

아담의 죄는 원죄가 되어 인류에게 남았고 그리스도의 구원이 아니면 그 죄는 사라지지 않는다.

제1장 인류는 두 번째 죽음을 피할 수 없는가

우리는 이미 앞의 여러 권에서 한 인간을 출발로 하여 인류를 세상에 퍼뜨리기로 하신 하느님의 뜻에 대해 설명했다. 이것은 본성의 유사성에 따라 하나의 인류로 묶을 뿐만 아니라, 한 핏줄의 인연으로 조화롭고 평화로운 세계를 만드시려 함이었다. 또 최초의 두 사람 가운데 한 사람은 무(無 ; nothing)에서 창조되었으며 다른 한 사람은 그 한 사람에게서 창조되었는데, 그들이 순종했더라면 죽음을 불러들이지 않았을 터이므로 인류 또한 저마다 죽음이 닥치는 일도 없었으리라. 그 두 사람이 저지른 죄는 이루 말할 수 없이 커서 인간 본성을 나쁘게 물들였을 뿐만 아니라, 그 후손들까지도 죄와 죽음을 피할 수 없게 만들었다.

죽음의 왕국이 너무나 잔인하게 지배했으므로, 만일 하느님이 대가 없이 주시는 은총으로 인간들을 구원하지 않았다면, 사람들은 벌을 받아 두 번째 죽음 속으로 끝없이 곤두박질쳤을 것이다. 그 결과 비록 위대한 민족들이 세계 곳곳에서 종교와 관습, 언어와 무기, 의복 등에 있어 서로 눈에 띄게 다른 삶을 살아가지만, 세상에는 정확히 두 가지 인간 사회가 존재한다고 말할 수 있다. 성경 말씀대로 우리는 이를 두 세계라고 부른다. 하나는 육(肉 ; flesh)에 따라 살아가는 인간들의 나라이고, 다른 하나는 영(靈 ; spirit)에 따라 살아가는 인간들의 나라이다. 이 두 세계는 좇는 삶의 종류가 서로 다르며 자신들이 바라는 목적을 이룬 뒤에는 평화롭게 살아간다.

제2장 육체를 따르면서 산다는 것은 무슨 뜻인가

먼저 육과 영에 따라 산다는 말이 저마다 무엇을 뜻하는지 살펴본다. 우리가 하는 말을 겉으로만 듣는 사람은, 성경에 나오는 표현법을 깊이 생각하지 않거나 가벼이 받아들여 오해할 수 있다. 예를 들어 에피쿠로스학파*¹들이 최고선을 육체적 쾌락*²에 두었으므로 육에 따라 살았으리라고 여길 수도 있다. 어떤 형태로든 육체의 안락을 인간의 최고선이라고 말하는 다른 철학자들과, 그러한 학설을 따르지는 않지만 정욕에 기울어진 성향 때문에 육체적 감각에서 오는 쾌감 말고는 삶을 즐길 줄 모르는 사람들도 육의 삶을 살아간다고 말할 수 있다.

그렇다면 인간 최고선을 정신에*³ 두는 스토아학파*⁴는 영에 따라 산다고 말할 수 있는가? 하지만 성경 말씀에 따르면 이 두 가지 인간은 모두 육에 따라 살고 있음을 알 수 있다.

성경에서 "모든 육체가 다 같은 것은 아닙니다. 사람의 육체가 다르고 동물의 육체가 다르고 새의 육체가 다르고 물고기의 육체가 또 다릅니다"(1고린 15 : 39) 이런 말씀처럼 죽음이 뒤따르는 이 세계의 생명체만을 육체라고 부르는 것이 아니다. 성경은 이 말을 여러 의미로 쓴다. 그 가운데 하나는 인간 자신, 다시 말해 인간 본성을 육체라고 부르는 것이다. 이는 부분으로 전체를 상징하는 표현 방법으로서, "율법을 지키는 것으로는 어떠한 육체(flesh)도 하느님과 올바른 관계를 가질 수 없습니다. 율법은 단지 무엇이 죄가 되는지를 알려 줄 따름입니다"(로마 3 : 20)라는 말씀이 있다. 여기서 육체는 인간을 뜻하는 게 아니겠는가? 이를 달리 말하면*⁵ "율법을 통해서는 아무도 하느님과 올바른

---

*1 에피쿠로스(기원전 341 무렵~270 무렵)는 인식에 대하여 감각론을 주장하고 감각은 그 스스로 참을 전한다고 말했다. 그는 감성적 쾌락을 옹호하지 않았다.

*2 키케로 《최고선과 최고악에 대하여》 1, 2.

*3 키케로, 같은 책 3, 4.

*4 기원전 3세기 제논에서 시작되어 기원후 2세기까지 이어진 그리스 로마 철학의 한 파. 아리스토텔레스 이후 그리스 로마 철학을 대표하는 주요 학파이다. 헬레니즘 문화에서 탄생해 절충적인 모습을 보이며 유물론과 범신론적 관점에서 금욕과 평정을 행하는 현자를 최고의 선으로 보았다.

*5 조금 내려가서는 로마 3 : 28을 뜻했을지도 모른다("사람이 의롭다 하심을 얻는 것은 율법의 행위에 있지 않고 믿음으로 되는 줄 우리가 인정하노라"). 그러나 실제로 인용된 것은 갈라 3 : 11과 2 : 16이다.

관계를 맺을 수 없다는 것이 분명합니다"(갈라 3 : 11)라는 말씀에서 더 뚜렷하게 알 수 있으며, 갈라디아서에 있는 "사람이 하느님과 올바른 관계에 놓이는 길이 율법을 지키는 데 있지 않고"(갈라 2 : 16)라는 말씀에서도 알 수 있다.

우리는 "말씀이 사람이 되셔서"(요한 1 : 14)라는 구절도 곧 인간이 되었다는 뜻으로 받아들이게 된다. 그러나 어떤 사람들은 이 구절의 의미를 올바로 이해하지 못하고, 그리스도에게 인간 영혼이 없었던 것이라고 생각했다.*6 복음서에서 "누군가가 제 주님을 꺼내 갔습니다. 어디에다 모셨는지 모르겠습니다"(요한 20 : 13) 막달라 마리아가 말한 이 대목을 읽을 때, 우리는 전체로 부분을 가리키는 어법으로 받아들인다. 마리아는 그리스도의 몸에 대해서만 말하면서, 무덤 속에 있던 그의 몸을 사람들이 가져갔다고 생각한 것이다. 이와 마찬가지로 위에 인용한 구절들에서 육체라는 말을 읽을 때 우리는 부분으로 전체를 가리키는 것, 곧 인간으로 이해하게 되는 것이다.

성경에서 '육체'라는 말이 나오는 모든 구절들을 모아서 연구하는 일은 따분할 것이다. 육체는 본질적으로 나쁜 것은 아니지만 육체적으로만 산다는 것은 썩 좋지 않다. 육적으로 산다는 문제를 더 연구하기 위해 사도 바울의 갈라디아서에 나오는 한 대목을 살펴보는 것이 좋겠다. "육정이 빚어내는 일은 명백합니다. 곧 음행, 추행, 방탕, 우상 숭배, 마술, 원수 맺는 것, 싸움, 시기, 분노, 이기심, 분열, 당파심, 질투, 술주정, 흥청대며 먹고 마시는 것, 그 밖에 그와 비슷한 것들입니다. 내가 전에도 경고한 바 있지만 지금 또다시 경고합니다. 이런 짓을 일삼는 자들은 결코 하느님의 나라를 차지하지 못할 것입니다"(갈라 5 : 19~21).

문제의 중요성에 따른 적절한 주의를 이 사도 구절 전체에 기울인다면, 육에 따라 산다고 하는 문제에 대한 답을 끌어낼 수 있을 듯하다. 사도는 육체의 행실은 뚜렷하게 드러난다고 하며 그것을 하나하나 예로 들었다. 그 가운데는 음행과 추행 또는 방탕처럼 육의 쾌락에 대한 것뿐만 아니라, 육체의 쾌락과는 관계 없이 정신의 악덕을 드러내는 것도 있다. 우상 숭배, 마술, 원수 맺는 일, 싸움, 시기, 분노, 분열, 당파심, 질투의 경우에는 확실히 육의 악덕보다 정신의 악덕임을 그 누구도 의심하지 않는다. 어떤 이가 우상 숭배나 이단을 따르는

---

*6 4세기 아폴리나리스와 아리우스 학파의 이단사상을 말한다. 아우구스티누스 《De Haeresibus ad Quodvultdeum》 49 및 55 참조.

과정에서 육체의 쾌락을 억누를 수는 있다. 그러나 육체의 정욕을 억누르는 듯한 사람도 사도의 권위 있는 말에 따르면 육으로 사는 죄를 저지르고 있음이 밝혀진다. 이런 경우에는 그가 육체의 쾌락을 절제하는 것이 오히려 육의 악덕을 저지르고 있음을 증명한다.

원한을 품는 생각, 다시 말해 적의를 느끼는 사람은 마음으로 그것을 느끼는 것이 아닐까? 원수라고 여기는 사람에게 "그대는 나에게 반감이 있다" 말하지 않고, "나에 대해 육신에 반감이 있다" 말하는 사람이 있는가? 만일 '육에 속한 일들'이라는 말을 써도 좋다면, 이것들이 인간의 육체적인 본성에서 나왔음을 의심하는 사람이 없듯이 증오심과 원한이 마음에 대한 것임을 의심하는 사람은 없을 것이다. 그러면 이방인들에게 믿음과 진리를 가르치는 이분이 이런 감정들을 육의 악덕이라고 하는 것은 육이라는 말이 곧 '사람'이기 때문이 아니겠는가? 이는 부분으로써 전체를 나타내는 어법이다.

제3장 죄의 원인은 육체가 아니라 영혼 속에 있다

만일 어떤 사람이 모든 죄와 악행의 원인은 육체에 있으며, 영혼이 악하게 사는 것은 육체가 나쁜 영향을 받기 때문이라고 한다면, 그는 인간의 본성 전체를 신중하게 살펴보지 않고 말하는 것임에 틀림없다. "썩어 없어질 육체는 영혼을 내리누르고"(지혜 9 : 15)라고 한다. 이 썩는 몸에 대해 사도도 우리의 "외적 인간은 낡아지지만"(2고린 4 : 16)이라고 말한 뒤에, 다시 다음과 같이 말한다. "만일 우리가 들어 있는 지상의 장막집이 무너지면 우리는 하늘에 있는 영원한 집에 들게 된다는 것을 알고 있습니다. 그것은 사람의 손으로 지은 것이 아니라 하느님께서 세워주시는 집입니다. 지금 육신의 장막을 쓰고 사는 우리는 옷을 입듯이 하늘에 있는 우리의 집을 덧입기를 갈망하면서 신음하고 있습니다. 우리가 그것을 입으면 벌거숭이가 되지 않을 것입니다. 이 장막에 머물러 있는 동안 우리는 무거운 짐에 짓눌려 신음하고 있습니다. 그렇다고 해서 우리가 이 장막을 벗어버리고자 하는 것은 아닙니다. 다만 하늘의 집을 덧입음으로써 죽음이 생명에게 삼켜져 없어지게 되기를 갈망하고 있습니다"(2고린 5 : 1~4).

우리는 죽어 없어질 몸을 무거운 짐처럼 지고 있기는 하지만 이토록 무거운 짐이 되는 것은 육체의 본질이나 실체 때문이 아니라 육체의 썩는 성질 때문임을 알기에, 육체에서 벗어나기를 원하는 것이 아니라 영원불멸로 덧입기를 바라는 것이다. 그렇게 되면 우리의 몸은 썩어 없어지지 않기 때문에 더는 짐이 되지 않을 것이다. 지금으로서는 "썩어 없어질 육체는 영혼을 내리누르고 이 세상살이는 온갖 생각을 일으키게 하여 사람의 마음을 무겁게 만듭니다"(지혜 9 : 15). 하지만 영혼이 저지르는 모든 악이 육체에서 비롯된다는 생각은 잘못이다.

베르길리우스는 플라톤*7의 생각을 매우 멋진 시구로 표현했다.

"씨앗 속 불같은 힘, 저 하늘의 본질은
죄 많은 삶에 갈등을 부여한다.
다만 사지(四肢)와 썩는 몸이
이를 가로막는다."*8

그는 널리 알려진 네 가지 감정 곧 욕망과 공포, 기쁨과 슬픔*9이 온갖 죄와 악덕의 원인이라고 주장한다.

"캄캄한 육체의 동굴에 갇혀
하늘을 바라보지 못하니
오직 탐내고 두려워하며, 기뻐하고 슬퍼할 따름이다"*10

그렇지만 우리는 다르게 믿는다. 영혼의 짓누름, 썩는 육체, 이것은 원죄가 원인이 아니라 그 죄에 대한 형벌이다. 썩는 육체가 영혼을 죄짓게 하는 게 아니라 죄 많은 영혼이 육체를 썩게 만드는 것이다.

썩을 육체로 말미암아 어떤 죄악이 자극을 받기도 하지만, 우리는 우리의 악한 삶의 원인을 덮어놓고 육체로 돌려서는 안 된다. 그렇게 되면 악마에게는 아무 죄도 없는 것이 되리라. 악마는 육체가 없기 때문이다. 다만 음란을 저지르거나 술에 취하거나 방탕을 떨지 않는다. 악마는 이런 죄에 빠진 자들을 은밀히 부추기고 충동할 뿐이다. 지나치게 오만하고 시샘하는 자이다. 그는 이 죄에 확실하게 발목이 잡혀 있으므로 어둠의 사슬로 영원한 형벌에 매인 것이다.

악마를 지배하는 이런 악덕들을 사도는 육체 탓으로 돌리지만 악마에게는

---

*7 플라톤 《파이드로스》 245E~250E.
*8 베르길리우스 《아이네이스》 6, 730~732.
*9 키케로 《투스쿨룸에서의 논쟁》 3, 11, 24 ; 4, 6, 11 ; 12.
*10 베르길리우스, 위의 책 6, 733~734.

육체가 없다. 사도는 원한, 싸움, 시기, 분노, 질투 또한 육체의 작용이라 말한다. 그리고 이런 악들은 오만으로부터 시작되므로 오만에 사로잡힌 자는 악취를 내고 이것이 육체가 없는 악마를 지배한다. 성도들과 가장 흔히 원수 사이가 되는 것은 누구인가. 성도들과 가장 많이 다투는 것은 누구인가? 누가 성도들을 더 시샘하며 미워하는가? 그가 이런 악행을 저지르면서도 육체는 가지지 않았다 하여 이런 일들을 육체의 작용으로 돌리는 것은 곧 사람의 일이라는 뜻이 아닌가? 앞서 말한 대로 인간을 육체라고도 부르기 때문이다.

인간은 자기 자신, 곧 인간을 따라 살기 때문에 악마와 비슷해진 것이지, 악마에게 없는 육체를 따라 살기 때문은 아니었다. 악마도 진리 안에 머무르지 않을 때에만 자기 자신을 따라 살기를 바랐다. 그가 거짓말을 했을 때 이는 하느님으로부터 온 것이 아니라, 거짓말쟁이에 지나지 않은 악마 자신으로부터 비롯된 것이었다. 사실 악마는 거짓말쟁이며 거짓말의 아비이기 때문이다(요한 8 : 44). 악마는 최초로 거짓말을 한 장본인이었으며, 죄가 비롯된 바로 그자로부터 거짓말이 시작되었던 것이다.

제4장 하느님을 따르면서 산다는 것은 무슨 뜻인가

인간이 하느님을 따르지 않은 채 사람을 따라 살 때에는 악마와 비슷해진다. 천사도 진리 속에 머무르며 거짓이 아닌, 하느님의 진리를 말하려고 할 때에는 천사를 따르지 않고 하느님을 따라 살았을 것이다. 사실 사람에 대해 같은 사도가 다른 곳에서 "나의 거짓말이 오히려 하느님의 진실을 더욱 드러내고 그의 영광에 보탬이 된다면 왜 내가 죄인처럼 심판을 받아야 합니까?"(로마 3 : 7)라는 말을 한다. 그는 "나의 거짓말"과 "하느님의 진실"이라 말한다.

인간이 진리를 따라 살 때에는 자기 자신을 따라 사는 것이 아니라, 하느님을 따라 사는 것이다. "나는 길이요 진리요 생명이다"(요한 14 : 6) 말씀하신 이는 하느님이기 때문이다. 따라서 인간이 자기 자신을 따라, 곧 인간을 따라 살 때에는 틀림없이 거짓을 따라 사는 것이다. 다시 말해 인간 자체가 거짓이라고 말하는 것이 아니다. 하느님은 인간의 창조주라는 것이 거짓이 아니기 때문이다. 인간은 바른 자로 만들어져, 자기 자신을 따라 사는 것이 아니라 자신을 지어내신 하느님을 따라 살기로 되어 있다. 다시 말하면 인간은 자기 뜻을 따르는 것이 아니라 하느님 뜻을 따르기로 되어 있는 것이다. 그러므로 자신이 창조된 대로 살지 않는 것, 바로 이것이 거짓이다.

인간은 행복해질 수 있게 살지 않으면서도, 행복해지기를 갈망한다. 그렇다면 이런 의지보다 더 거짓된 것이 어디 있겠는가? 모든 죄는 거짓이라고 말해도 잘못은 아니다. 죄를 저지르게 되는 것은 행복을 간절히 바라기 때문이며 불행해지고 싶지 않기 때문이다. 그런데 행복을 바라서 죄를 지었는데 그 결과는 불행이다. 행복해지고 싶어서 죄를 저질렀는데 결국 더 불행하게 되었으니 그 안에 거짓이 있는 것일까? 이렇게 되는 까닭은 무엇일까? 인간의 행복은 오직 하느님으로부터 오는 것이지 인간에게서 오는 것이 아니기 때문이다. 인간은 죄를 지음으로써 하느님을 버리고, 자기 자신을 따라 살게 되므로 죄를 짓게 된다.

나는 이미 앞에서 서로 반대되는 두 세계가 존재하는 것은 육에 따라 사는 사람들과 영에 따라 사는 사람들이 있기 때문이라고 말했다. 다시 말해서 어떤 이들은 인간을 따르며 살고, 또 어떤 이들은 하느님을 따르며 살기 때문이다. 사도 바울은 고린도 신도들에게 "여러분은 아직도 육신에 속한 사람입니다. 여러분 가운데에서 시기와 싸움이 일고 있는데, 어찌 육신에 속한 사람이 아니라고, 인간의 방식대로 살아가는 사람이 아니라고 할 수 있습니까?"(1고린 3 : 3) 아주 뚜렷하게 말한다. 이처럼 육신에 속한 사람이라든지, 사람을 따르며 행한다든지 하는 것의 뜻은 같다. 인간의 일부분인 육은 바로 인간 자신을 뜻하기 때문이다.

사도가 여기서 인간들을 "육신에 속한 사람"이라고 말했다. "사람의 생각은 그 사람 속에 있는 마음만이 알 수 있듯이 하느님의 생각은 하느님의 성령만이 아실 수 있습니다. 우리가 받은 성령은 세상이 준 것이 아니라 하느님께서 주신 것입니다. 그래서 우리는 하느님께서 우리에게 주시는 은총의 선물을 깨달아 알게 되었습니다. 우리는 그 은총의 선물을 전하는 데 있어서도 인간이 가르쳐주는 지혜로운 말로 하지 않고 성령께서 가르쳐주시는 말씀으로 합니다. 이렇게 우리는 영적인 것을 영적인 표현으로 설명합니다. 그러나 영적이 아닌 사람은 하느님의 성령께서 주신 것을 받아들이지 않습니다. 그런 사람에게는 그것이 어리석게만 보입니다. 그리고 영적인 것은 영적으로만 이해할 수 있으므로 그런 사람은 그것을 이해하지도 못합니다."*¹¹ 영적인 사람은 무엇이

---

* 11 '이해한다'가 설명이나 풀이를 뜻한다면, 2고린 10 : 12에서처럼 견주어본다는 뜻도 있다.

나 판단할 수 있지만 그 사람 자신은 아무에게서도 판단받지 않습니다"(1고린 2 : 11~15).

그는 이런 육에 속한 사람들에게 "형제 여러분, 내가 여러분을 영적이 아니라 육적인 사람, 곧 그리스도 안에서는 어린아이와 같은 사람으로 대할 수밖에 없었습니다"(1고린 3 : 1) 말한다. 육에 속했다든가 육적이라는 말은 모두 부분으로 전체를 뜻하는 표현법이다. 이처럼 '육신에 속한' 인간과 '육에 속한' 인간은 그 의미가 같으며, 인간을 따라 사는 인간을 뜻한다. 마찬가지로 "율법을 지키는 행위로는 어떠한 육체도 하느님과 올바른 관계를 가질 수 없나니"(로마 3 : 20), "이집트에서 요셉에게서 태어난 두 아들까지 합쳐 이집트에 간 야곱의 집 사람으로는 모두 일흔 혼이었다"(창세 46 : 27)는 말씀 또한 인간을 뜻한다. 앞의 말씀에서 육체가 없다고 이야기하는 것은 인간이 없다는 뜻이며, 뒤의 말씀에서 "일흔 혼"이라는 것은 일흔 명을 뜻한다.

또한 사도가 "인간이 가르쳐주는 지혜로운 말로 하지 않고"(1고린 2 : 13) 이렇게 말한 것은 '육신에 속한 지혜로 아니하고'로 볼 수도 있을 것이다. 이처럼 "사람을 따라 행함"(1고린 3 : 3)이라는 말씀은 '육체를 따라 행함'이라고 말할 수 있을 것이다. 이 점은 그가 덧붙여서 하신 말씀, 곧 "어떤 이는 '나는 바울 편이다', 또 다른 이는 '나는 아볼로 편이다' 하고 있으니, 여러분을 속된 사람이 아니라고 할 수 있습니까?"(1고린 3 : 4).

'여러분이 사람이라'고 말함으로써 '여러분이 육에 속하였다', '여러분이 육신에 속하였다'고 말한 뜻을 더 뚜렷하게 알려준다. 사도가 말하려는 것은 다음과 같다. "여러분은 인간을 따라 살고 하느님을 따라 살지 않습니다. 만일 하느님을 따라 산다면 여러분은 신이 될 것입니다."

제5장 플라톤학파의 영혼관·육체관

우리는 죄와 악을 대함에 있어 육체의 본질을 비난함으로써 창조주를 욕되게 해서는 안 된다. 육체는 그것대로 선하기 때문이다. 인간이 선한 창조주를 저버리고 선한 피조물에 따라 살려고 한다면 이는 선한 일이 아니다. 인간은 육에 따라 살지, 영에 따라 살지, 또는 영과 육으로 지어진 전체 인간—이 전체 인간은 '육체'로도 '영혼'으로도 불릴 수 있다—에 따라 살지를 선택해야 한다.

영혼의 본성을 최고선으로 칭송하는 한편 육체의 본성을 악으로 비난하는 인간이 영혼을 좇거나 육신을 기피하는 것은 육의 일이다. 이런 점은 인간적 허영에서 생각한 일이지 하느님의 진리에서 생각한 것은 아니다.

플라톤학파는 지상의 육체들을 악의 본질이나 되는 것처럼 혐오하는 마니교도들처럼 어리석지는 않다.*12 플라톤학파는 눈으로 보고 느낄 수 있는, 이 세계를 이루는 원소와 속성을 모두 창조주 하느님께로 돌리기 때문이다. 그런데도 그들은 영혼이 지상의 몸과 죽을 몸으로 인해 욕망, 공포, 기쁨, 슬픔이라는 감정을 지니게 된다고 믿는다. 또한 키케로*13가 '마음의 동요'라고 하며, 그리스어에서 비롯된 '격정'이라고 하는 이 감정들이 인간 생활의 모든 도덕적 부패를 아우른다고 한다.

그런데 이것이 사실이라면 왜 베르길리우스는 그의 시에서 아이네이아스가 저승에서 그 아버지로부터 영혼이 육체로 돌아가리라는 말을 들었을 때, 그 신념에 대하여 놀라 부르짖었을까.

"오 아버지, 어떤 고귀한 영혼들이 이곳을 떠나 높은 하늘로 가서는
또다시 어리석은 육체로 돌아가려 하나요?
저 가련한 자들이
삶에서 그토록 찾고자 하는 욕망은
얼마나 끔찍한 것입니까?"*14
왜 그래야 하는지, 말씀해 주세요.

그러면 지상의 몸과 죽어 사라질 몸에서 비롯되는 그토록 끔찍한 욕망이 저 영혼들, 곧 순결함으로 자랑거리가 되는 그 영혼들 안에 아직 남아 있는 것일까? 오히려 시인은 영혼들이 육체적인 전염병들을 모두 정화했다고 말하면서, 바로 이때부터 영혼들이 다시 육체로 돌아가고자 갈망한다고 주장하지 않는가?

따라서 전혀 근거는 없지만, 영혼들이 정화와 부정(不淨)이 오가는 과정을 끝없이 되풀이한다고 하더라도 영혼의 죄스럽고 부패한 감정들이 모두 지상의 육체에서 나왔다 단언할 수는 없었다. 플라톤학파의 저 유명한 대변인이 끔찍

＊12 마니교도들은 악한 세력이 육신을 창조했다 믿고, 그 세력은 하느님에게 반대하며 하느님처럼 영원불멸하다고 했다. 이 책 11권 13장의 주석 16 참조.
＊13 키케로《투스쿨룸에서의 논쟁》4, 6, 11.
＊14 베르길리우스《아이네이스》6, 719~721.

한 욕망이라고 말하는 그 감정은 육체에서 오는 게 아니라, 그 자체가 영혼들을 몰아붙여 육체 안에 머물도록 만든다고 그들 스스로 말하기 때문이다. 육체의 모든 오점들을 깨끗이 씻어내고 육체적 존재들과의 접촉을 벗어난 영혼들이 그런 욕망에 몰리는 것이다. 이처럼 그들 자신도 인정하듯이 영혼은 육체의 영향으로 욕망, 두려움, 기쁨, 슬픔을 느낄 뿐 아니라, 영혼 자체도 이런 감정들로 말미암아 흔들리는 것이다.

제6장 의지는 욕망의 원천이다

인간의 의지가 어떤 기질인지가 중요하다. 의지가 비뚤어져 있다면 그 감정의 움직임도 비뚤어질 것이다. 만약 올바르다면 비난할 여지가 없을 뿐더러 오히려 칭찬받을 만하다. 욕망이나 기쁨은 우리가 바라는 것에 공감하는 의지이다. 또 두려움과 슬픔은 우리가 바라지 않는 것에 반대하는 의지이다. 우리가 바라는 것을 추구하며 공감을 나타낼 때 이를 욕망이라고 한다. 또 우리가 바라는 것을 즐김으로써 공감을 드러내는 것은 기쁨이라고 한다. 또한 우리가 바라지 않는 일을 반대할 때 의지의 행동은 두려움으로 나타난다. 그리고 우리 의지에 반대되는 일이 생길 때는 슬픔으로 표현된다. 일반적으로 의지가 추구하거나 피하는 것들의 성격이 얼마나 어떻게 다르냐에 따라, 의지는 거기에 이끌리거나 또는 기피함으로써 감정도 방향이 달라지는 것이다.

따라서 인간을 따르지 않고 하느님을 따라 사는 인간은 반드시 선을 사랑하게 되고 악을 미워하게 된다. 또한 본디부터 본성이 악한 인간은 없으므로 하느님을 따라 사는 인간은 악한 것들에 대해 완전한 미움*15을 지녀야 하는데, 악덕이 있다고 하여 누군가를 미워하거나 어떤 인간 때문에 악덕을 사랑하는 것이 아니라 악덕은 멀리하고 인간은 가까이해야 한다. 악덕이 고쳐지면 사랑하게 되며 미워할 일은 남지 않을 것이다.

제7장 성경 속 사랑을 뜻하는 말들

인간을 따르지 않고 하느님을 따르며 사랑하고, 네 이웃을 네 몸같이 사랑하려(마태 19 : 19)는 인간을 선의(善意)의 인간이라고 일컫는다. 이런 사랑의 마

---

*15 시편 139 : 22. '지극히 미워하니'는 '완전한 미움으로 미워하니'를 뜻함.

음을 성경에서는 보통 'Caritas(charity)'라고도 'amorclove'라고도 말한다. 백성을 다스리는 자는 '손님을 잘 대접하고 선을 사랑해야 하며, 신중하고 올바르고 거룩하고 자제할 줄 알아야 한다'(디도 1 : 8)고 사도는 가르친다. 또한 주님은 친히 사도 베드로에게 "이 사람들이 나를 사랑하는 것보다 네가 더 나를 사랑하느냐(diligis, 좋아하다)?" 물으셨다. 사도 베드로가 대답했다. "예, 주님! 제가 주님을 사랑하는(amo) 줄을 주님께서 아십니다"(요한 21 : 15~17). 주께서 다시 베드로에게 나를 좋아하느냐고 물으시지 않고 사랑하느냐(diligeret, 좋아하다) 물으셨으며, 뒤를 이어 사도는 다시 응답했다. "주님 제가 주님을 사랑하는(amo) 줄을 주님께서도 아시나이다."

세 번째 물으실 때 주님도 네가 나를 좋아하느냐고 하시지 않고, "나를 사랑하느냐(amas)?" 물으셨다. 뒤를 이어 복음사가는 이렇게 말했다. "주께서 세 번째 네가 나를 사랑하느냐 물으시므로 베드로가 근심이 되었다" 했다. 그러나 실제로 주님이 "나를 사랑하느냐" 물으신 것은 세 번이 아니라 한 번(amas)뿐이었다. 따라서 주님이 "네가 나를 사랑하느냐" 물으신 것도 "네가 나를 좋아하느냐"라는 뜻이었음을 알 수 있다. 하지만 베드로는 이 한 가지 일에 대한 말을 바꾸지 않고 세 번째도 "주님께서는 모든 것을 아시고 계십니다. 내가 주를 사랑하는(amo) 것을 주님께서 알고 계십니다" 이렇게 대답했다.

내가 이 점을 굳이 모든 사람이 두루 알도록 하려는 까닭은 좋아함(dilectio)과 사랑(amor)이 다르다고 생각하는 사람들이 있기 때문이다. 좋아함는 좋은 뜻으로, 아모르는 나쁜 의미로 쓰인다고 사람들은 말한다. 그런데 통속적인 문학 작가들마저 그런 식의 어법을 쓰지 않았음은 매우 확실하다. 다만 그들이 꼭 그런 차이를 구별해서 써야 하는지, 또 어떤 원칙을 두고 하는 말인지를 나는 철학자들의 결정에 맡기겠다. 어쨌든 선한 일들에 대해서나 하느님에게 말할 때 사랑(amor)을 중요시한다는 것을 그들은 그들의 저서에서 충분히 증언한다. 우리는 성경이 '좋아함(dilectio)'와 '사랑(caritas, amor)'을 구별하지 않는다는 사실을 증명하고자 한 것이다. 아모르(amor, 사랑)도 좋은 뜻으로 쓰인다는 사실을 나는 이미 밝혔다.

아모르(amor, 사랑)는 좋은 의미에서든 나쁜 의미에서든 모두 쓸 수 있으나, 딜렉티오(dilectio, 좋아함)는 좋은 뜻으로만 쓰인다고 생각하는 사람이 혹시 있을지 모른다. 그런 사람이 있다면 시편 말씀을 생각하라. "불의를 사랑하는

(diligit, 좋아하다) 사람에게 숯불과 유황과 태우는 불바람을 그들 몫으로 안겨 주신다"(시편 11 : 6). 또 사도 요한은 이렇게 말한다. "여러분은 이 세상이나 세상에 있는 것들을 사랑하지(diligere, 좋아하다) 마십시오. 누구든지 세상을 사랑하면 아버지를 향한 사랑이 그 마음속에 있지 않습니다"(1요한 2 : 15). 여기서는 한 문장 안에서 딜렉티오를 좋고 나쁜 두 가지 뜻으로 썼다. 내가 아모르라는 말이 좋은 의미로 쓰인 것을 보였으니, 다시 나쁜 뜻으로 사용된 것을 보여달라 하면, 나는 성경의 이런 말씀을 읽으라고 권하겠다. "사람들은 자신만을 사랑하는 이기주의자(amantes)가 되고 돈을 사랑하고(amatores) 뽐내고 교만해지고 악담하고"(2디모 3 : 2).

따라서 올바른 의지는 선한 사랑이며, 그릇된 의지는 나쁜 사랑이다. 사랑하는 대상을 얻고자 노력하는 사랑이 욕망이며, 그 대상을 소유하고 즐기는 사랑이 바로 기쁨이다. 자기 의지에 반대되는 것을 피하는 사랑은 두려움이며, 그 대상이 나 자신에게 닥칠 때 느끼는 사랑은 슬픔이다. 사랑이 나쁘면 이 감정도 나쁘고, 사랑이 선하면 이들 또한 선하다.

그러면 우리가 내세우는 주장을 성경 내용으로 입증해 보자. 사도는 "나는 그 둘 사이에 끼여 있으나 마음 같아서는 이 세상을 떠나서 그리스도와 함께 살고 싶습니다. 또 그 편이 훨씬 낫겠습니다"(필립 1 : 23) 말했으며, "내 영혼이 주의 심판을 원하나이다" 또는 더 알맞은 표현으로 "자나깨나 당신의 결정을 갈망하다가 내 영혼이 지쳤사옵니다"(시편 119 : 20) 했다. 또한 "지혜를 원하는 사람은 하느님 나라로 인도된다"(지혜 6 : 20). 그러나 일반적인 관습에서 '욕망'이라는 라틴어 쿠피디타스(cupiditas)와 콩쿠피스켄티아(concupiscentia)는 그 대상을 뚜렷하게 밝히지 않을 때는 나쁜 뜻으로만 풀이된다. '기쁨'이라는 라틴어 라이티티아(laetitia)는 좋은 뜻으로 쓰인다. 그래서 "의인들아, 기뻐하여라. 주님께 감사하며 즐거워하여라. 마음이 바른 사람들아, 기뻐 뛰어라"(시편 32 : 11) 하고, "이 마음에 심어주신 당신의 기쁨"(시편 4 : 7), "삶의 길을 몸소 가르쳐주시니 당신 앞에는 충만한 기쁨이"(시편 16 : 11)라고 말한다.

'두려움'이라는 라틴어 티모르(timor)는 좋은 뜻으로 쓰여 사도는 이렇게 말한다. "더욱 순종하여 두렵고 떨리는 마음으로 여러분 자신의 구원을 위해서 힘쓰십시오"(필립 2 : 12), "두려워할지언정 자랑할 것은 하나도 없습니다"(로마 11 : 20), "내가 염려하는 것은 마치 하와가 뱀의 간사한 꾐에 넘어간 것처럼 여러분도 미혹되어 그리스도에 대한 충성과 순결을 저버리지 않을까 하는 것입니다"(2고린 11 : 3). 그러나 '슬픔'이라는 라틴어 트리스티티아(tristitia)를 좋은 뜻으로 사용할 수 있는지 잘 모르겠다. 키케로는 이 감정을 '근심'이라는 의미로 아이그리투도(aegritudo)라 했으며,*16 베르길리우스는 "아파하고 즐거워하니"*17라 하여 아픔이라고 말했다. 하지만 '근심'과 '아픔'이 선한 뜻으로 쓰이는지는 더 깊이 생각할 문제이다.

제8장 스토아학파에서 말하는 현자의 욕망

스토아학파 사상에서 지혜로운 이의 마음에는 앞의 세 가지 혼란 대신 다음과 같은 세 가지 가지런한 상태가 있다고 했다. 그리스 말로 이 마음의 상태를 에우파테이아이(eupatheiai[평온상태])라고 하며, 키케로는 라틴어로 콘스탄티에(constantiae[안정상태])라고 했다.*18 욕망은 의지로, 기쁨은 만족으로, 공포는 조심으로 바꾸었다. 그러면서 현자의 마음에는 근심이나 아픔, 애매함을 피하기 위해 앞에서 '슬픔'이라 부른, 이러한 상태가 있을 수 없다고 했다.

의지 또는 소원은 선한 것을 따르는데, 이것은 현자가 하는 일이라고 그들은 말한다. 만족은 선을 얻은 결과에서 오는 것이며, 조심은 악을 피하기 위한 것으로 현자는 반드시 악을 피한다. 그러나 슬픔은 악에서 비롯되는 것이어서 현자에게는 악한 일이 일어날 수 없다고 생각한다. 그래서 현자의 마음에는 슬픔이 없다고 말한다. 그들의 주장을 요약하면, 현자에게는 의지(또는 소원), 만족, 조심이 있는 데 비해 어리석은 자에게는 욕망과 기쁨, 두려움과 슬픔이 있을 따름이다. 앞의 셋은 질서정연한 마음이며 뒤의 네 가지는 혼란스런 마음이다. 이것을 키케로는 동요 상태라고 불렀으며, 세상의 많은 학자들은 열정이라일컬었다. 앞서 말했듯이 그리스 말로 앞의 세 가지를 에우파테이아이라 하고 뒤의 넷은 파테(pathe)라 부른다.

성경에서 이런 어법이 인정되는지 주의 깊게 살펴보다가 예언서에서 이런 구절을 발견했다. "내 하느님의 말씀에 악인들에게는 평화가 없다 하셨느니라"(이사 57 : 21). 다시 말하면 만족은 선하고 경건한 사람의 소유가 되며, 악인은 민

---

*16 키케로 《투스쿨룸에서의 논쟁》 3, 10.
*17 베르길리우스 《아이네이스》 6, 733.
*18 키케로 《투스쿨룸에서의 논쟁》 4, 6, 11 ff.

족을 모르며 악을 보고 더 즐거워한다고 생각하는 듯하다. 또 복음서에서 "그러므로 무엇이든지 남에게 대접을 받고자 하는 대로 너희도 남을 대접하라, 이것이 율법과 예언서의 정신이다"(마태 7 : 12). 이 말씀은 악하거나 부끄러운 일들은 욕망의 대상이 될 수는 있으나, 의지나 소원의 대상이 될 수는 없음을 뜻하는 것으로 보인다.

어떤 사람들은 '선한 일들'이라는 말을 덧붙임으로써 표현을 세상 관습에 더 일치시키고 "무엇이든지 남에게 받고자 하는 대로 (선한 일들을 하여) 남을 대접하라"라고 풀이했다. 이는 사람들이 누군가 자신에게 부정한 짓을 하지 못하도록 막고 싶어했기 때문이다. 예를 들면 방탕한 연회석상에서 자신이 부당하게 대접받은 대로 남들에게 똑같이 되갚아주면서 이러한 가르침이 실천된다고 여기는 일이 없게 하기 위함이다. 그러나 라틴어로 옮겨진 그리스어 복음서에는 '선한 일들'이라는 말은 없고, "그러므로 무엇이든지 남에게서 바라는 대로 그 사람들에게 그대로 해주어라"라고만 되어 있다. 이 '선한 일들'이 뜻하는 것은 이미 "받기를 원하는 대로"에 포함되었다고 나는 믿는다. "여러분이 탐하는 대로"라고는 하지 않았으니 말이다.

그러나 우리 언어를 언제나 이런 특정한 어법에 한정해 사용해서는 안 되고, 이따금만 구사할 일이다. 우리가 그 권위를 부정할 수 없는 글들 속에서 정확한 의미를 끌어낼 수 없을 때에는 그 특수한 의미로 받아들여야 할 것이다. 우리가 앞에서 복음서나 예언서에서 예를 들었던 말씀들과 같다. 악한 자들이 기쁨으로 날뛰는 것을 모두 알지만 "주님 말씀에 악인들에게는 즐거움이 없다 하셨느니라." 이런 구별이 가능한 까닭은 '즐거워한다'라는 말이 어떤 특수한 의미로 사용될 때에는 뜻이 달라지기 때문이다. 마찬가지로 사람들이 더럽고 용서 안 될 부당한 쾌락으로 즐기려 할 때, 남이 자기에게 해주기를 바라는 대로 남에게 하라고 한다면, 이 가르침이 옳지 않다고 누가 말하겠는가? 따라서 이 상황에서는 "무엇이든 남에게 대접을 받으려고 하는 대로 너희도 남을 대접하라"이 계명이야말로 참으로 이롭고 올바른 말씀이다.

이 구절에서 (무엇을 바라는) 의지가 매우 제한적으로 사용되었고, 나쁜 뜻으로는 쓰일 수 없다는 것을 의미하기 때문은 아닐까? 나쁜 뜻이 없다면 "어떤 거짓말도 하려 들지 마라. 거짓말을 거듭하면 끝이 좋지 않다"(집회 7 : 13) 이렇게 말하지는 않을 것이다. 그러나 악한 뜻이 또한 존재하므로 천사가 축하하는 말에도 "하늘 높은 곳에는 하느님께 영광, 땅에서는 그가 사랑하시는 사람들에게 평화"(루가 2 : 14)라는 말씀이 나온다. 선한 뜻만 있다면 "선"이라는 말을 따로 덧붙일 필요가 없다. 사도가 사랑을 찬양하여 "불의를 보고 기뻐하지 아니하고 진리를 보고 기뻐합니다"(1고린 13 : 6)라는 것은 악한 뜻은 불의를 기뻐하기 때문이 아닐까?

그리고 세속문학 작가들의 글에서도 이런 말들이 아무런 구별 없이 사용된 예를 찾아볼 수 있다. 해박한 연설가 키케로의 글에 다음과 같은 말이 있다. "원로원 의원들이여, 나도 관대한 사람이 되고 싶습니다."[19] 키케로가 여기서 이 말을 좋은 뜻으로 썼는데, '되고 싶습니다'라는 말 대신 '되겠습니다'라는 의지(will)가 담긴 말을 썼어야 한다고 시비를 걸 만큼 정신 나간 사람이 있겠는가?

그런가 하면 테렌티우스의 희극에서 건전치 못한 욕망으로 가득한 방탕한 젊은이가 "나는 필루메나 말고는 바라는 것이 없다"고 한다. 그러나 이 의지는 정욕을 가리키는 말이라는 것을, 그의 몸종이 했던 대답만으로도 똑똑히 알 수 있다. 주인보다 이성적인 종이 대답한다. "정욕의 불꽃을 일으키기보다 부디 노력을 하셔서 그 마음에서 사랑을 떨쳐버린다면 얼마나 좋을까요?"[20]

작가들이 기쁨이라는 말을 나쁜 뜻으로 사용한 증거를 베르길리우스가 보여준다. 저 네 가지 혼란스런 감정을 간결하게 늘어놓은 것에서 볼 수 있다. "육체로 인해 사람들은 두려워하고 갈망하며, 또 아파하고 즐거워한다."[21] 또 "마음속에서 솟아나오는 사악한 기쁨이여"라고도 말한다.[22]

그러므로 의지(소원), 조심, 만족은 선한 사람들에게나 악한 사람들에게나 공통적이며, 이 생각을 드러내는 욕망, 두려움, 기쁨 또한 선한 감정과 악한 감정에 모두 나란히 사용한다. 그런데 선한 사람들은 이런 감정들을 선하게 느끼며, 악한 사람들은 악하게 느끼는 것이다. 이는 인간의 의지 활동이 선하기도 하고 악하기도 한 것과 마찬가지이다. 스토아 학자들은 지혜로운 이의 마음에는 슬픔 감정이 없다고 말하는데, 특히 성경에서는 이 말을 좋은 뜻으로 받아

---

[19] 키케로 《카틸리나 탄핵》 1, 2, 4.
[20] 테렌티우스 《안드로스에서 온 아가씨》 306 ff.
[21] 베르길리우스 《아이네이스》 6, 733.
[22] 베르길리우스, 같은 책, 6, 278 f.

들였다. 사도는 고린도 신자들이 슬픔을 경건하게 느꼈다고 하여 칭찬한다. 그러나 사도가 칭찬을 한 것은, 뉘우치면서 죄를 저지른 사람들만이 알 수 있는 슬픔을 느꼈기 때문이라고 말하는 사람도 있을지 모른다.

사도는 이렇게 말씀하셨다. "내가 여러분에게 보낸 그 편지가 여러분의 마음을 아프게 했다 하더라도 나는 그것을 후회하지 않습니다. 그 편지가 잠시 동안이나마 여러분의 마음을 아프게 한 것을 알고 내가 후회한 것은 사실이지만 이제는 오히려 기뻐하고 있습니다. 여러분의 마음을 아프게 해서 기쁘다는 것이 아니라, 그 일 때문에 회개하게 되었다는 것이 기쁘다는 말입니다. 이렇게 여러분이 마음 아파한 것은 하느님 뜻대로 된 일이니 결국 손해본 것은 조금도 없습니다. 하느님의 뜻에 따라서 겪는 상심은 회개할 마음을 일으켜 구원에 이르게 합니다. 이것을 후회할 사람이 어디 있겠습니까? 그러나 세속적인 상심은 죽음을 가져올 뿐입니다"(2고린 7 : 8~10).

이런 말에 대해 스토아 학자들은 자신들의 견해를 밝히는 대답을 할 수 있다. 슬픔이란 죄에 대한 후회를 나타내기 때문에 이로운 듯하지만, 현자의 마음에는 슬픔이 없다고 한다. 지혜로운 이는 슬퍼하면서 뉘우쳐야 할 죄를 저지르지 않으며, 그가 참고 견디며 슬픔을 느끼게 하는 악 또한 만나지 않게 된다. 내 기억이 맞다면 알키비아데스에 대한 이야기를 예로 들 수 있다. 알키비아데스는 자신을 행복한 사람이라고 생각했는데, 소크라테스가 토론 중에 그가 어리석기 때문에 불쌍한 사람임을 증명해 보이자 그가 눈물을 흘렸다고 한다.[*23] 그로서는 어리석음이 슬픔의 원인이었고 그런 슬픔이라면 쓸모 있고 바람직한 것이었다. 자기가 바라지 않는 인간이 되어 있음을 마음 아프게 여기는 그런 슬픔이었다. 그러나 스토아 학자들은 어리석은 자가 아닌, 지혜로운 이에게 슬픔은 없다고 강조한다.

제9장 그리스도교인들의 바른 욕망

마음의 동요 문제에 대해서는 이 책 제9권에서 철학자들에게 우리가 이미 대답했다. 우리는 그들이 사실보다는 언어에 더 흥미가 있으며, 진리보다는 논쟁에 빠져들고 있음을 지적했다. 이와는 달리 거룩한 하느님 나라 시민들은 우

[*23] 키케로 《투스쿨룸에서의 논쟁》 3, 22.

리에게 있는 성경과 거룩한 교리에 따라, 이 세상 떠도는 삶에서도 하느님에 따라 살면서 두려움과 탐욕, 고통과 즐거움을 느낀다. 그들의 사랑이 올바르기 때문에 그들의 모든 감정도 올바르게 간직한다.

그들은 영원한 형벌을 두려워하고 영원한 생명을 갈망한다. 또한 자기 자신이 그분의 양자가 되기를(로마 8 : 23), 곧 몸이 구속되기를 기다리면서 탄식하므로 현재 삶에 대해 고통을 느끼며 희망이 있기에 기쁨을 느낀다. "이 썩을 몸이 불멸의 옷을 입고 이 죽을 몸이 불사의 옷을 입게 될 때에는 승리가 죽음을 삼켜버렸기"(1고린 15 : 54) 때문이다. 또 그들은 죄를 범하게 되는 일을 두려워하며 끝까지 참고 견디고자 한다. 지은 죄 때문에 고통스러워하며 선한 행위에 대해서는 즐거워한다. 죄 짓기를 두려워하는 까닭은 "세상에 사악함이 가득해지고 사람들의 마음속에서 따뜻한 사랑을 찾아볼 수 없게 될 것"이라는 말씀을 듣기 때문이다. 오래 참고 견디려 함은 "끝까지 참는 사람은 구원을 받을 것"이라는 성경 말씀을 알기 때문이다. 죄에 대해서 고통을 느끼는 것은 "만일 우리가 죄 없는 사람이라고 말한다면, 우리는 자신을 속이는 것이고 진리를 저버리는 것이 됩니다"라는 말씀을 듣기 때문이다. 또 선행을 기뻐함은 "하느님께서는 기뻐하는 사람을 사랑하십니다" 이 말씀을 들었기 때문이다.

또한 성격이 강하거나 나약함에 따라서 유혹받기를 두려워하기도 하고 탐하기도 하며, 시험당함을 슬퍼하거나 기뻐하기도 한다. 시험을 두려워하는 것은 "형제들이여, 어떤 사람이 잘못을 저지르는 것을 보면, 영적인 사람인 여러분은 온유한 마음으로 그를 바로잡아 주어야 합니다. 그리고 그대도 유혹에 빠지지 않도록 자신을 살피십시오"(갈라 6 : 1) 이 말씀 때문이다. 그들이 시험을 탐하는 까닭은 하느님 나라의 용감한 시민이 "샅샅이 캐어보고 알아보소서. 속속들이 내 마음을 뒤집어보소서"(시편 26 : 2) 이 말씀을 듣기 때문이다. 시험을 슬퍼하는 것은 베드로가 우는 것을 보기 때문이며(마태 26 : 75), 시험을 기뻐하는 것은 "내 형제 여러분, 여러 가지 시련을 당할 때 여러분은 그것을 다시없는 기쁨으로 여기십시오"(야고보서 1 : 2)라는 야고보의 말씀을 들었기 때문이다.

또한 하느님 나라 시민들은 자신만을 위해 이런 감정에 따라 움직이는 게 아니라 다른 사람들이 자유로워지기를 바라고 그들이 멸망하지 않을까 두려워하며, 그들이 멸망하는 것을 보고 괴로워하며, 그들이 자유로워지는 것을 보고 기뻐한다. 우리와 같은 이방인으로서 그리스도 교회에 들어온 사람들은 저 덕성과 용기의 본보기였던 분이 자신의 약점밖에 자랑하지 않은 것을 떠올려 보자(2고린 12 : 5, 9, 10). 그는 믿음과 진리를 가르치는 스승이었고(1디모 2 : 7), 어느 사도보다도 더 열심히 일했으며, 그즈음 하느님 백성은 물론 앞으로 올 사람들을 위해서도 많은 편지를 썼다. 그는 그리스도의 일꾼으로서 그분에게서 가르침을 받았으며(갈라 1 : 12), 우리에게 기름을 부어 사명을 맡겼다. 그는 또 그리스도와 함께 십자가에 못 박혔으며(갈라 2 : 19), 그리스도를 자랑하고, 그리스도를 위해 세상과 천사들과 뭇사람들의 구경거리가 되었다. 그는 큰 싸움을 하고 위에서 부르신 상을 받기 위해서 달려갔다(필립 3 : 14).

그는 신자들의 믿음을 눈으로 보고 기뻐하는 자들과 함께 즐거워하고 우는 자들과 함께 울었으며, 밖으로는 싸움을 겪었고 안으로는 두려움에 싸여 있었다. 세상을 떠나서는 그리스도와 함께 머무르고자 갈망했으며, 로마에 있는 신자들 사이에서도 다른 이방인들과 함께 열매를 거두기 위해 그들을 보려 했다. 신자들은 그가 고린도 교회 신자들을 위해 열심이었으며, 그로 인해 그들이 그리스도에 대한 충성과 순결을 저버리지 않을까 두려워하는 것을 보았다. 또 그가 큰 슬픔을 간직한 채 끊임없이 번민하는 것을 보았다. 이는 이스라엘 백성들이 인간을 당신과 올바른 관계에 놓아주시는 길을 깨닫지 못한 채 제 나름대로 방법을 세우려 하면서 하느님의 방식을 따르지 않았기 때문이다(로마 10 : 3). 사람들은 그가 자기 고통을 말할 뿐 아니라 더럽고 음란하며 방탕한 생활에 빠져 있는 많은 사람들이 아직도 그 죄를 회개하지 않으므로 슬퍼하는 모습을 보았다(2고린 12 : 21).

선을 사랑하는 거룩한 사랑이 있음으로써 생겨나는 이런 움직임과 감정을 죄악이라고 불러야 한다면, 진짜 죄악들을 덕성이라고 여겨도 좋으리라. 그러나 올바른 이유를 가지고 올바른 모습으로 나타난 것이라면, 이런 감정들을 누가 감히 병, 또는 병적인 격정이라고 부를 것인가? 그러므로 주님이 당신 것을 모두 내어놓고 종의 신분으로(필립 2 : 7) 우리와 같은 인간이 되셨을 때, 전혀 죄가 없으시면서도 이런 감정을 드러내는 것이 옳다고 판단하신 때 나타내셨다. 인간의 육체와 인간의 마음을 지니셨던 주님이 나타내신 인간적 감정들은 거짓으로 꾸민 것이 아니었다. 그러므로 복음서에 나오는 기록들에는 거짓이 없다. 유대인들의 마음이 완고한 것을 걱정하시며 노하심으로(마르 3 : 5), "이

제 그 일로 너희가 믿게 될 터이니 내가 거기 있지 않았던 것이 오히려 잘된 일이다"(요한 11 : 15) 말씀하셨으며, 나사로를 살리려 하셨을 때 예수께서 눈물을 흘리시더라(요한 11 : 35), 내가 고난을 받기 전에 너희와 함께 이 유월절 먹기를 원하고 원하였노라(루가 22 : 15), 내 마음이 심히 고민하여 죽게 되었구나(마태 26 : 38). 주님의 인간적인 마음은 그분 자신이 선택한 일정한 섭리적 목적을 위한 것이다. 스스로 선택하여 인간이 되셨을 때 이는 주님 자신을 기쁘게 했으며, 주님께서는 기뻐하심으로 인간의 마음속 감정들을 경험하게 된 것이다.

하지만 올바르고 경건한 감정들도 현재 삶에 속하는 것이요 우리가 바라는 다음의 삶에서는 없으리라는 것과, 우리는 이따금 자신의 의지와는 반대로 이러한 감정들에 휩쓸릴 때도 있음을 인정해야 하리라. 따라서 비난 받을 욕망이 아니라 칭찬 받을 만한 사랑이 원인이 되었으면서도 본의 아니게 눈물을 흘릴 때가 있다. 따라서 이런 감정들은 인간의 나약함 때문이라고도 할 수 있겠지만, 주 예수께서는 그렇지 않았다. 주 예수의 나약함조차도 그분의 능력에서 비롯된 결과였다. 그러나 우리가 지금 이 세상 나약한 상태에 머무는 동안에도 이런 감정을 전혀 느끼지 않는다면, 오히려 우리는 올바른 인간이라고 말할 수 없으리라.

사도 또한 어떤 사람들이 몰인정하다고 해서, 우둔하고 신의가 없으며 비정하고 무정한 자요 무자비한 자라며 꾸짖고 몹시 싫어한 적이 있다(로마 1 : 31). 거룩한 시편도 "위로해 줄 이를 찾았으나 아무도 없었습니다"(시편 69 : 20) 하며 그러한 사람들을 비난했다. 어떤 문학가는 우리가 이 불행한 곳에 머무는 동안 고통을 깨끗이 없애려면 "야만적인 마음과 감각 없는 몸이라는 큰 희생을 바쳐야 한다"고 했다.*24

예를 들어 그리스어로 아파테이아(apatheia)라는 말을 떠올려 보자. 이 말은 라틴어로 임파시빌리타스(impassibilitas : 무감각, 부동심〔不動心〕)라고 옮길 수 있다. 만일 이런 말이 있어서 신체가 아닌 마음에 대해 쓰며, 이성에 반대되는 감정 또는 마음을 어지럽히는 감정 없이 산다는 뜻이라면, 이는 참으로 바람직한 상태임이 확실하다. 하지만 이것도 우리 현재 삶에 속하는 것은 아니다. 사도가 "만일 우리가 죄 없는 사람이라고 말한다면 우리는 자신을 스스로 속이

---

*24 키케로 《투스쿨룸에서의 논쟁》 3, 6, 12.

는 것이고 또 진리가 우리 속에 있지 아니할 것이요"(1요한 1 : 8) 하는 것은 보통 사람들이 아닌, 가장 경건하고 의로우며 거룩한 사람들을 대변한 말씀이다. 따라서 이 부동심이란 인간에게 죄(sin, 종교·도덕상의 죄)가 없을 때에만 깃들게 될 것이다.

그러나 현재 삶에서는 범죄(crime, 법률상의 죄)를 저지르지 않고 살아가는 것만으로도 성실히 사는 것이다. 자기는 죄 없이 사노라고 자부하는 사람은 진정으로 죄가 없어서가 아니라 남에게 용서받고 싶어하지 않는 것이다. 만일 부동심을 아무런 감정도 느끼지 않는 무심한 상태라 말한다면, 누가 이렇게 암담한 마음 상태를 다른 죄보다 더 나쁜 것이라고 생각하지 않겠는가? 온전한 행복에는 두려움에서 오는 고통이나 슬픔이 없다고 주장하는 것은 그럴듯하지만, 진리를 완전히 외면한 사람이 아니고서야 그 누가 행복한 생활에 사랑과 기쁨이 없으리라고 말하겠는가? 또한 부동심이 어떤 두려움이나 고통이 없는 마음 상태라면, 이 세상에서 하느님 뜻에 따라 당당하게 살려는 사람은 이러한 감정(아파테이아)을 피해야 한다. 그렇지만 우리에게 약속된 영원하고 행복한 생명에서는 반드시 이러한 상태가 있으리라고 기대해도 좋다.

두려움에 대해 사도 요한은 이렇게 말했다. "사랑에는 두려움이 없습니다. 완전한 사랑은 두려움을 몰아냅니다. 두려움은 징벌을 생각할 때 생기는 것입니다. 그러므로 두려움을 품는 사람은 아직 사랑을 완성하지 못한 사람입니다."(1요한 4 : 18). 그러나 이 두려움은 사도 바울이 깨달았던 두려움과는 다른 것이다. 바울은 고린도 신자들이 마치 하와가 뱀의 간사한 꾐에 넘어간 것처럼 미혹되어 그리스도를 향하는 진실함과 깨끗함에서 떠나 부패할까 두려워했다(2고린 11 : 3). 이것은 사랑하기 때문에 느끼는 두려움이어서 진정한 사랑으로써만 느끼게 된다. 하지만 사랑 속에 없는 두려움은 성격이 다르다. 이런 두려움에 대해 사도 바울은 "여러분이 받은 성령은 여러분을 다시 노예로 만들어서 공포에 몰아넣으시는 분이 아니라" 한다(로마 8 : 15). 그러나 영원토록 흔들리지 말라는 저 정결한 두려움(시편 19 : 9)이 내세에 있다면 이는 앞으로 닥쳐올지 모를 악을 피하게 하려는 두려움이 아니라, 잃어버릴 수 없는 선에 계속 안주하게 될까봐 염려하는 두려움이다. 그렇지 않다면 어떻게 영원에까지 이를 수 있겠는가?

이미 배워 익힌 선에 대한 사랑이 변치 않는다면, 피해야 할 악에 대한 두려움으로부터도 자유로워질 것이다. '정결한 두려움'이라는 말이 뜻하는 의지 활동은 우리에게 반드시 죄를 거부하고 경계하라는 것이다. 이는 나약함으로 인해 죄를 저지르게 될까 두려워서가 아니라, 완전한 사랑의 결과로서 마음의 평온을 얻게 될 터이기 때문이다. 또는 영원하고 복된 기쁨을 의심 없이 절대적으로 확신하여 어떠한 두려움도 없다면, "주님을 경외하는 도(주님의 말씀)*25는 정결하여 영원에까지 이르고"(시편 19 : 9)가 뜻하는 것은 "가난한 자의 인내는 영원히 사라지지 아니하리라"(시편 9 : 18)와 같다. 견디어내야 할 악이 없는 곳에서는 인내가 필요치 않기 때문에 그 인내는 우리를 영원에 이르게 하지 못할 것이다. 그러나 인내함으로 이룩한 목표는 영원할 것이다. 이러한 뜻에서 정결한 두려움이 영원에까지 이르리라고 말한 것이다. 다시 말하면 이러한 두려움이 이끌어 주는 경지는 끝없으리라는 것이다.

이처럼 생각할 때 행복한 생활을 누리려면 올바르게 살아야 한다. 올바른 삶은 모든 감정을 바르게 이끌어 가며, 잘못된 삶은 잘못된 감정을 느끼게 한다. 아울러 행복하고 영원한 삶은 바르고 확신에 찬 사랑과 기쁨을 느끼며 두려움이나 고통 같은 것은 전혀 느끼지 않을 것이다. 따라서 우리가 이렇게 생각할 때 하느님 나라 시민들이 이 지상의 순례에서 어떤 인간으로 살아야 할 것인가가 또렷이 드러난다. 이는 육에 따르지 않고 영에 따라 살아가며, 인간이 아닌 하느님에 따라 살아가는 삶이다. 또 그들이 목표로 하는 영원한 삶 안에서는 어떠한 인간으로서 살아가게 될 것인지도 우리는 알 수 있다.

이와 달리 악인들 사이에서는 이런 감정이 병들어 경련을 일으키듯이 나쁜 형태로 나타나서 사회를 뒤흔든다. 그들은 하느님에 따라 사는 것이 아니라 인간에 따라 살며, 인간이나 귀신의 지시에 따라 헛된 신들을 섬기고 참된 신들을 외면한다. 그리고 악인들의 나라나 사회에 이러한 감정을 통제하거나 누그러뜨리려는 사람들이 나타나면, 경망스런 그들은 오만불손해져서 고뇌도 느끼지 못하고 자만심만 더욱 커진다. 또 어떤 사람들은 엉뚱한 허영심으로 자기 자신의 가치에 깊이 빠져, 어떠한 감정적 자극이나 동요도 일으키지 않는다. 그들은 참된 평정을 얻은 것이 아니라 인간성 모두를 잃어버리고 만 것이다. 냉철하다 하여 반드시 올바른 것은 아니며 아픔을 느끼지 못한다 해서 꼭 건강한

---

* 25 '임랄(말씀)'을 '이르알(경외함)'로 읽으면 '하느님을 경외함'이라 읽을 수 있다.

것은 아니기 때문이다.

제10장 죄를 저지르기 전, 최초 인간의 욕망

한 쌍이었던 최초 인간이 원죄를 짓기 전에도, 우리가 온갖 죄를 씻어 없애 버렸을 때 우리 영으로는 느끼지 못할 그런 감정들을 느꼈을까. 만일 최초의 인간이 그런 감정을 조금이라도 느꼈다면, 낙원이라고 하는 저 자랑스런 축복의 땅에서 어떻게 행복할 수 있었겠는가? 두려워하며 슬퍼하는 사람을 어찌 행복하다고 말할 수 있겠는가? 모든 것이 풍부하고 즐거웠던 곳, 죽음이나 병도 없는 곳, 선한 의지가 얻고자 하는 것은 무엇이나 있고 육체나 마음을 상할 일이 하나도 없는 그곳에서, 무엇이 그들을 두렵게 하거나 슬프게 만들 수 있었겠는가?

그들은 믿음 있고 진실한 유대로 살아가는 부부로서 하느님을 향하는 사랑이 전혀 흔들리지 않았다. 그들이 사랑하는 상대는 늘 곁에 있어서 그들에게 기쁨을 주었다. 따라서 그 사랑에서는 동시에 큰 기쁨이 솟았다. 그들은 평온하게 죄를 피할 수 있었으며 그러는 동안에는 어떤 악도 침입할 수 없었다. 금지된 과일을 따 먹고 싶은 탐욕과 그로 말미암아 죽임을 당하게 될지도 모르는 두려움을 그곳에서 느꼈을까? 그러나 아무 죄도 짓지 않는 그곳에서 그런 일이 일어난다는 것은 상상할 수 없다. 하느님 율법이 금하는 것을 탐내는 일은 명백히 죄가 되며, 탐내지 않더라도 의로움을 사랑해서라기보다 벌을 받는 게 두려워서라면 이 또한 죄가 된다. 따라서 어떠한 죄도 범해지기 전에 낙원에서 저 나무에 대해 주님이 여인에게 말씀하신 것 같은 죄가 있었다고 생각해서는 절대로 안 된다. 주님은 "누구든지 여자를 보고 음란한 생각을 품는 사람은 벌써 마음으로 그 여자를 범했다"(마태 5 : 28)고 말씀하셨다.

만일 최초 인간이 죄를 저질러 이것이 후손에게 유전되거나, 그들의 후손 가운데 어느 누구도 죄악을 저지르지 않았다면, 최초 인간들이 마음의 동요나 육체의 병고를 느끼지 않았듯이 모든 인류도 행복했을 것이다. 이러한 행복은 언제까지나 이어져 "자식을 많이 낳고 번성하여 땅을 가득 채우고 지배하여라"(창세 1 : 28) 이 축복의 말씀대로 예정된 성도들의 수가 모두 채워지고 그때에는 지극히 복된 천사들이 누리는 것보다 더 큰 행복을 신도들도 누렸으리라. 이런 상태에서라면 아무도 죄를 저지르지 않고 죽지도 않으리라는 확신이 생겼을 것이다. 우리 육체의 부패함 속에서 모든 수고, 고통, 죽음을 겪고 사자들의 부활이 이루어진 뒤 오는 삶처럼, 낙원에서 성도들은 수고, 고통, 죽음을 겪지 않고 살아갈 수 있었을 것이다.

제11장 죄 때문에 부패한 자연본성은 창조자만이 치유할 수 있다

그러나 모든 일을 아시는 하느님이 인간이 죄를 지으리라는 것을 예감하지 못했을 리가 없다. 따라서 거룩한 하늘나라에 대한 교리는 하느님의 예지와 섭리를 바탕으로 해야 하며 우리 자신의 생각들에 따라 논해서는 안 된다. 인간이 죄를 짓는 일로써 하느님의 계획을 뒤집을 수는 없다. 다시 말해 하느님의 뜻을 바꿀 수는 없다. 하느님은 예지로써 앞으로 일어날 일들을 모두 알고 계신다. 하느님께서 선하게 창조하신 인간이 얼마나 악하게 될 것이며, 그 인간을 이용해 어떻게 선한 결과를 만드실 것인지를 모두 알고 계시는 것이다.

하느님이 자신의 결정을 바꾸신다고 한 것은 사실이며, 성경에는 비유적 표현으로 심지어 하느님이 후회하셨다고까지 했다(창세 6 : 6 ; 출애 32 : 14 ; 1사무 15 : 11 ; 2사무 24 : 16). 그러나 이는 인간의 기대나 사건들의 자연적인 흐름을 말했을 뿐이며, 전능하신 하느님의 예지를 기초로 한 것은 아니다. 하느님은 인간을 바르게 만드셨으나 인간은 많은 꾀를 낸 것이니라(전도 7 : 29). 이 말씀대로라면 하느님은 인간을 선한 의지를 가진 자로 만드셨다. 선한 의지를 갖추고 있지 않다면 바른 인간이라고 말할 수 없을 것이다. 즉 선한 의지는 하느님이 주신 것이다.

그런데 인간의 모든 악한 행위들에 앞서 최초의 악한 의지는 어떤 적극적인 행동을 하기 전에 하느님을 따르지 않고 인간을 따르기 때문에 타락하여 일어나는 것이다. 이처럼 그 의지 자체, 또는 인간 자체가 못된 나무는 나쁜 열매를 맺는다(마태 7 : 17~18). 또한 악한 의지는 하나의 악덕 또는 결함이므로 자연본성과 일치하지 않고 오히려 그 반대이지만, 이것은 그 악덕 또는 결함이라는 그 자체의 본성에 속해 있다. 어떤 본성 안에서만 결함이 나타날 수 있기 때문이다. 그러나 그 본성적인 존재는 하느님이 무에서 창조하신 것이며, 당신 자신에게서 창조하신 것은 아니다. 모든 것이 그분을 통해 생겨났고 그분 없이 생겨난 것은 하나도 없다(요한 1 : 3). 주 하느님께서 흙먼지로 사람을 빚으시고(창세 2 : 7), 땅과 땅에 있는 온갖 것은 전적으로 무에서 만드셨으며, 인간을 만드셨을 때 무에서 만드신 영혼도 그의 몸에 불어넣어 주셨다.

하지만 선한 일들은 악한 일들을 매우 철저히 극복한다. 악의 존재가 허용되는 것은 오직 하느님의 지극히 의로우신 예지가 그 대립 개념으로 악을 좋은 일에 쓸 수 있음을 증명하기 위해서이다. 하지만 선은 악이 없어도 존재할 수 있다. 최고의 참된 하느님이 그러하시며, 어두운 대기 위 하늘에는 보이거나 보이지 않는 피조물들이 모두 악 없이 존재한다. 이와 반대로 악은 선 없이는 존재할 수 없다. 왜냐하면 악은 자연본성 안에 있는 것으로, 그 안에서는 틀림없이 선하게 만들어진 것이기 때문이다. 또한 어떤 자연본성적인 존재 또는 자연본성 안의 악하게 된 그 부분을 없애 악이 사라지는 게 아니라, 악해진 부분을 치유하며 고쳐서 없앨 수 있다.

따라서 허물과 죄의 노예가 되어 있지 않아야 참으로 자유로운 의지를 얻을 수 있다. 이러한 자유의지는 하느님으로부터 우리에게 주어졌으며, 자신의 허물로 이러한 자유를 잃었으므로 이를 처음 주신 분에 의해서만 되찾을 수 있다. 이 점에 대해서 진리이신 분이 말씀하셨다. "그러므로 아들이 너희를 자유롭게 하면 너희는 정녕 자유롭게 될 것이다"(요한 8 : 36). 이것은 "아들이 너희를 구원하면 그때에 너희는 참으로 구원을 받으리라" 하신 것과 다름없다. 구원하는 분이 곧 자유를 주시는 분이다.

인간은 물리적이며 동시에 영적인 낙원에서 하느님을 따라 살았다. 이 낙원은 육체를 위한 물리적인 낙원만도, 정신을 위한 영적인 낙원만도 아니었다. 또 내적 감관으로 누린다는 점에서 영적인 것만도, 외적 감관으로 누린다는 점에서 육체적인 것만도 아닌 육체와 정신 양쪽에 모두 이로운 것이었다.

그러나 오만하고 질투심 많은 천사는 인간이 하느님을 버리고 자기를 따르도록 만들었다. 이를테면 폭군과 닮은 오만함으로 하느님을 섬기기보다는 남이 자기에게 복속하는 것을 기뻐한 것이다. 그 때문에 이 천사는 영적인 낙원에서 떨어졌다. 하느님의 사자였다가 이 천사와 한통속이 된 천사들에 대해서는 이 책 제11권과 12권에서 이미 말했다.

그 천사는 스스로 타락한 뒤 간사한 꾀를 써서 인간의 마음속에 서서히 들어와 인간을 흔들어 놓았다. 자기는 스스로 타락했으므로 타락하지 않은 인간을 시샘한 것이다. 물리적인 낙원에는 남녀 두 사람과 함께 모든 땅의 동물들이 길들여져 착하고 순하게 살았는데, 그 천사는 자신의 대변자로서 뱀을 선택했다. 구불구불 미끄러지듯 똬리를 틀며 이동하는 이 동물은 그가 일을 꾸미기에 알맞은 도구가 되었다. 그는 천사로서의 위력과 우월한 지위를 사악한 목적으로 이용하여 뱀을 자기 부하로 만든 다음 여자에게 거짓말을 하게 한 것이다. 이것은 물론 두 사람 가운데 낮은 쪽인 여자를 시작으로 해서 차츰 전체를 손에 쥐려는 계획이었다. 그는 아마 남자를 쉽게 속일 수 없으리라 판단했으므로, 여자의 잘못을 이용해 이들을 굴복시켜야겠다고 생각했으리라.

아론이 우상을 원하는 맹목적인 백성들의 요구를 받아들인 것은 확신이 있었기 때문이 아니라 그들의 압력에 두려움을 느꼈기 때문이다(출애 32 : 1~6). 솔로몬 또한 우상을 섬기는 그릇된 생각을 스스로 했다고는 믿을 수 없다. 솔로몬이 늙자 그 아내들이 그의 마음을 다른 신들에게 돌려놓았다(1열왕 11 : 4). 마찬가지로 저 처음 남자와 처음 여자의 경우에, 그들은 부부였으므로 남자가 하느님 율법을 어기게 된 것은 여자의 말이 참말이라고 믿어서가 아님을 우리는 염두에 두어야 한다. 그가 여자의 말을 따른 것은 결혼이라는 사회적 인연으로 맺어진 결속 관계 때문이라고 할 수 있다.

사도가 "아담이 속은 것이 아니라 하와가 속아서 죄를 지었습니다"(1디모 2 : 14) 한 것은 괜한 말이 아니다. 하와는 뱀이 한 말을 진실로 믿었지만, 아담은 함께 죄를 짓는 일이라 해도 자신의 유일한 동반자에게서 떨어지지 않으려 했다는 것이다. 그러나 이렇게 알면서 지은 죄라고 해서 죄가 덜한 것은 아니다. 그래서 사도는 아담이 죄를 저지르지 않았다고 말하지 않고 속지 않았다 말한다. "한 사람이 죄를 지어 이 세상에 죄가 들어왔고"(로마 5 : 12) 이는 틀림없이 아담을 가리키고 있으며, 조금 뒤에서는 더 분명히 "아담이 지은 것과 같은 죄를"(로마 5 : 14) 이렇게 말하고 있다.

자기가 하는 일이 죄라 여기지 않고 잘못을 저지르는 사람들은 속은 것이라고 사도는 보려 했다. 그러나 아담은 알고 있었다. 그렇지 않다면 어떻게 "아담은 속은 것이 아니다" 말할 수 있겠는가? 하지만 아담은 아직 하느님의 엄격한 공정함에 대해 알지 못했으므로, 자신의 죄를 용서받을 수 있으리라고 잘못된 생각을 했을지도 모른다. 그는 여자처럼 속지는 않았지만, 자신의 변명에 대해서 반드시 있게 될 판결을 잘못 생각한 것이다. 그는 "당신께서 저와 살라고 주신 여자가 그 나무 열매를 저에게 주기에 먹었을 따름입니다"(창세 3 : 12)라고 했다. 비록 두 사람 모두 속은 것은 아니었지만 둘 다 악마의 덫에 걸려들어 죄를 짓게 된 셈이다.

제12장 첫 번째 죄의 성격

가장 처음 두 사람의 죄로 인간의 자연본성이 변질되었다면, 왜 다른 죄들로
는 인간본성이 변하지 않는 것인가 의아하게 여기는 사람들이 있을 것이다. 그
죄의 결과로서 인간의 자연본성은 우리가 보고 느끼듯이 온갖 형태로 부패하
며 죽음에까지 이르게 되었기 때문이다. 또한 인간은 서로 반대되는 여러 감정
으로 불안에 시달려 낙원에서 죄를 범하기 전과는 매우 다른 존재가 되어버렸
다. 누군가 이 일을 이상하게 생각하는 사람이 있을는지 모르지만 그 죄가 단
순히 먹지 말라고 명령한 음식 때문인 것으로, 작고 보잘것없는 잘못으로만 생
각해서는 안 된다. 물론 그 음식 자체는 나쁘거나 해로운 것이 아니었으며, 다
만 금지되었을 뿐이었다. 하느님께서 저 행복한 낙원에 어떤 나쁜 것을 만들어
둘 리는 없기 때문이다.

그러나 하느님은 순종을 명령하셨고, 이성적인 피조물에게 이 순종은 모든
덕을 지켜주는 어머니와 같다. 따라서 하느님의 피조물인 인간은 순종하는 것
이 이롭다. 창조주 뜻을 저버리고 자신의 뜻을 따르면 파멸하도록 이미 자연
본성이 그렇게 만들어졌기 때문이다. 여러 과일들이 풍성하게 눈앞에 널려 있
었을 때에 하느님께서 어떤 한 가지는 절대 먹지 말라고 명령하셨으므로, 이
는 기억하기에도 간단하고 지키기에도 쉬웠다. 특히 그때는 그의 의지에 맞서
는 탐욕이 없던 때였다. 이러한 욕망은 죄를 지은 뒤에 그 형벌로 생긴 것이다.
따라서 명령에 주의를 기울이며 복종하기가 쉬웠던 만큼 그 명령을 어긴 죄는
더 크고 무거운 것이 된다.

제13장 나쁜 의지가 악행보다 먼저 있다

최초 인간들은 서서히 악하게 변하기 시작하면서, 드러내놓고 불순종하기에
이르렀다. 나쁜 의지가 앞서지 않았더라면 그처럼 악한 행위에 이르지 않았으
리라. 그러기에 나쁜 의지의 시초는 오만이 아니고 무엇이겠는가? "오만은 죄의
시작이라" 했다(집회 10 : 13). 또 오만은 죄의 과도한 찬양을 갈망하는 것이 아
니고 무엇인가? 마음에 뿌리를 내리고 있어야 할 근본을 버리고 자기에게 뿌
리를 내린 것은 뒤바뀐 우월감이다. 인간이 스스로 지나치게 만족해할 때 이

런 일이 일어나게 된다. 이때 인간은 자기 자신보다는 변함없는 선을 기뻐해야 함에도, 오히려 그 선을 떠날 때 만족을 느낀다. 그런데 인간이 이렇게 하느님으로부터 떠나는 것은 자기 의지가 하는 일이다.

의지가 더 높고 변함없는 선(善)을 사랑하고 끊임없이 추구해 왔더라면 영혼이 일깨워짐에 따라 그 사랑에 불꽃을 댕기어, 결코 자기 안에서 만족을 찾지는 않았으리라. 그리하여 진리에 대한 사랑이 차갑게 식고 영혼이 어두워지는 일은 없었으리라. 여자는 뱀이 진실을 말하고 있다고 믿지도 않았을 것이며, 남자는 하느님 말씀에 의지하며 아내의 요구에 따르지 않았으리라. 또한 하느님의 뜻을 어기고 아내의 잘못을 따르는 죄가 용서받을 수 있는 가벼운 죄라고도 생각지 않았으리라.

다시 말하면 이미 악에 물든 인간에 의해 사악한 행동─금지된 과일을 따 먹었다는─이 저질러졌다는 것이다. "못된 나무가 나쁜 열매를 맺나니"(마태 7 : 18). 나무가 악하다는 것은 자연본성에 어긋나는 일이었다. 따라서 의지가 본성에 어긋나지만 않았더라면 그러한 일은 일어나지 않았으리라. 그러나 무(無)에서 창조된 것만이 악으로 물들 수 있다. 피조물은 하느님이 창조하셨기에 존재하지만 무에서 만들어졌기에 하느님으로부터 멀어지는 것이다.

하지만 인간은 모든 존재를 잃어버릴 만큼 타락한 것은 아니었고, 자기에게 집착함으로써 최고의 존재이신 그분에게 뿌리를 내렸을 때보다 진정한 존재를 덜한 상태로 지니게 되었다. 이처럼 하느님을 저버리고 자기 안에 머무는 것, 곧 자기 자신에게 만족하는 것은 아직 무가 된 것은 아니지만 무에 가까워진 것이다. 그래서 성경에서는 오만한 자들은 자기 자신을 기쁘게 하는 자라고 한다(2베드 2 : 10).[26] 조금 더 향상해 나아가려는 정신은 좋으나 자기 자신에게 기울어지면 오만이 되고 하느님에게로 나아갈 때에는 순종이 된다. 그리고 순종은 겸손한 자만이 할 수 있다.

따라서 참으로 오묘하게도 겸손은 마음을 높여 주며, 오만은 마음을 낮추어 주는 것이다. 그러므로 오만을 낮추고 겸손을 높인다는 것은 참으로 역설적이지만, 경건한 겸손의 마음을 가짐으로써 우리 위에 계신 분을 따를 수 있게 된다. 하느님보다 더 높은 것은 존재하지 않으므로 겸손은 하느님에게 따르게

---

*26 개역성경에서 '고집하여'로 번역된 말이 라틴어 번역에서는 '자기를 기쁘게 하며'로 되어 있다.

만듦으로써 인간의 마음을 높여 주는 것이다. 그와 반대로 자연본성의 결함인 오만은 자동적으로 순종을 경멸하며, 그보다 더 높은 존재는 아무도 없음에도 최고의 하느님에게서 멀어진다. 그 결과 스스로 더욱 낮아지며 "당신께서는 스스로를 높이는 자들을 멸망으로 내던지셨습니다"(시편 73 : 18)라는 말씀이 이루어진다. 성경은 그들이 높임을 받아 의기양양해진 뒤에 내던져졌다고 말하는 것이 아니다. 그들이 스스로를 높이는 그 순간 바로 내던져진 것이다. 스스로 높아지려는 행동은 이미 멸망을 뜻하기 때문이다.

하느님 나라가 길손처럼 순례하는 이 세상에서, 하느님 나라에서 또 하느님 나라를 위해서 특히 권장되는 것은 바로 이 겸손이며(마태 11 : 29 ; 23 : 12 참조), 그 나라의 왕이신 그리스도에 대해서 가장 역설적인 성품 또한 겸손이다. 게다가 성경을 보면, 그리스도의 적인 악마의 으뜸가는 특색으로 덕성의 반대인 오만이 가장 활발히 떨치고 있음을 알 수 있다. 이 두 세계의 큰 차이점은 확실히 여기에 있다. 경건한 사람들의 공동체와 불경스런 사람들의 공동체에는 저마다 특유한 천사들이 속해 있는데, 하나는 하느님에 대한 사랑이, 또 다른 하나는 자신에 대한 사랑이 앞선다.

따라서 만일 인간이 자기만족에 빠지기 시작하지 않았더라면, 악마는 하느님이 금지하신 명백한 죄로 사람을 함정에 빠뜨리지 않았으리라. 사람은 자기만족에 빠지기 시작했기 때문에 "그 나무 열매를 따먹기만 하면 너희의 눈이 밝아져서 하느님처럼 선과 악을 알게 될 줄을 하느님께서 아시고 그렇게 말하신 것이다"(창세 3 : 5) 이 말을 듣고 기뻐한 것이다. 만일 순종하는 마음으로 그들 최고의 참된 원리가 되시는 분께 기댐으로써 오만하게도 자신들을 근본으로 삼지 않았다면, 그들은 신성한 존재가 될 수 있었으리라. 창조된 신들(God이 아닌 gods)은 그들 자체가 참된 존재이기 때문이 아니라 참된 하느님에게 참여하기 때문에 신들인 것이다. 자기만족을 느끼기 위해 충만하신 분을 버리는 사람은 끝내 결핍되어, 많은 것을 얻으려고 애쓰다가 도리어 작아지고 만다.

이런 사악한 욕망이 인간으로 하여금 스스로 빛이라도 되는 것처럼 자기 자신에게 만족해하며, 참된 빛으로부터 멀어지도록 인간을 만든 것이다. 그가 참된 빛을 따랐더라면 그도 빛이 될 수 있었다. 다시 말하면 이 사악한 욕망이 생겨난 뒤에 드러내놓고 다른 악들까지 저지르게 되었다는 것이다. "오만에는 재난이 따르고 겸손에는 영광이 따른다"(잠언 18 : 12 ; 16 : 18)는 성경 말씀은 진리이다. 간단히 말하면 파멸이라고 여겨지지는 않으나 은밀히 이루어지는 파멸이 이 드러난 파멸에 앞선다는 것이다. 오만은 가장 높으신 분을 버림으로써 이미 파멸의 요소를 담고 있지만, 누가 오만을 파멸이라고 생각하겠는가? 이와 반대로 어떤 계명이 분명하고 확실한데 누가 이 계명의 위반을 파멸로 인식하지 못하겠는가?

이렇게 볼 때 하느님이 무슨 까닭으로 그러한 행동을 금지하셨는가를 이해할 수 있다. 그런 일을 저지른 뒤에는 어떤 정당성을 핑계로 삼아도 변호할 수 없기 때문이다. 또 오만한 자는 자기만족에 의해 이미 타락해 버렸으므로, 어떤 뚜렷한 죄를 지음으로써 자신을 싫어하게 되는 편이 더 나을 것이다. 나는 감히 말한다. 베드로는 스스로 만족하며 너무 자신이 강했던 때보다(마태 26 : 33, 75) 자신이 싫어져 통곡할 때 그의 상태가 더 건전했다. 거룩한 시편에도 이런 말이 나온다. "그들이 내내 부끄러워하고 놀라 얼굴을 붉히며 주님 당신의 이름을 부르게 하소서"(시편 83 : 16). 말하자면 자기의 영광을 구하면서 자기 자신에 만족하던 자들로 하여금 주의 이름을 구하면서 주를 기뻐하게 하라는 것이다.

제14장 오만함은 죄를 저지르는 것보다 나쁘다

아무튼 죄인지 똑똑히 알면서도 어떤 핑계를 찾아 변명하려고 하는 그 오만은 죄악이며 비난받아 마땅하기에 단죄를 받아야 한다. 최초 인간들의 경우 여자는 "뱀이 저를 꾀어서 제가 따먹었습니다"(창세 3 : 13) 했고, 남자는 "당신께서 저와 함께 살라고 주신 여자가 그 나무 열매를 저에게 주기에 제가 먹었습니다"(창세 3 : 12) 했다. 여기에서는 용서를 빌거나 치유를 간청하는 말들을 찾아볼 수 없다. 저들은 카인과 함께(창세 4 : 9) 자기가 저지른 범죄를 부정하지는 않았지만, 여전히 오만해서 그릇된 행동의 책임을 다른 사람에게 돌린다. 여자는 오만해서 뱀을 비난하고 남자는 오만해서 여자에게 그 탓을 돌린다. 그러나 그들은 하느님의 명령을 어긴 것이 틀림없으므로, 이런 상황에서는 자기를 변명하기보다는 솔직하게 말하는 것이 차라리 낫다. 정말로 여자가 뱀에게 속아 죄를 지었다거나, 남자는 여자가 그 열매를 나누어 주었기 때문에 죄를 지었다고 했는데, 그 이유만으로 그들 죄가 작아지는 것은 아니다. 그 어떤 경우에도 하느님보다 먼저 의지하거나 순종해야 하는 것은 없기 때문이다.

제15장 따르지 않는 이들이 받는 올바른 벌

그러므로 인간은 하느님 명령을 가볍게 여기고 경멸한 죄를 지은 것이다. 하느님은 그를 만드셨고, 그분의 형상대로 본뜨서서 모든 동물 위에 두셨으며, 낙원에 두셨고, 모든 것을 풍성하게 하여 주시고 안전하게 마련해 주셨다. 하느님은 그에게 무겁고 어려운 계명을 많이 내리신 게 아니라, 그가 순종에 따른 건전한 삶을 누릴 수 있도록 아주 짧고 쉬운 계명을 하나만 내리셨다.

그저 섬김으로써 이로움을 얻을 이 피조물에게 그 한 가지 계명만으로 오로지 하느님이 주님임을 깊이 알리려고 하신 것이다. 그러나 사람은 하느님의 그 명령을 가볍게 여겨 정의에 따른 천벌을 받게 되었다. 이런 쉬운 계명이라도 잘 따랐더라면 정신은 물론 육신까지 영적이었을 사람이 죄를 지어서 마음까지도 육적인 존재가 된 것이다. 또한 오만해서 제 존재만으로도 만족했으므로 하느님의 정의에 따라서 그 자신에게 맡겨지게 되었다. 하지만 이렇게 됨으로써 사람은 더욱더 자신을 지배하는 것이 어려워졌으며 오히려 자신에게 모순적인 모습을 보이게 되었다. 그토록 바랐던 자유를 끝내 누리지 못하고 달콤한 말로 죄를 저지르게 만들었던 뱀의 지배 아래에서 잔혹하고 불쌍한 노예의 삶을 살게 된 것이다. 사람은 욕구를 이겨내지 못해서 정신적으로 죽어버렸고, 욕구를 이겨내더라도 몸이 죽어야만 하는 신세가 되었다. 영원한 생명을 버린 그는 은혜로 자유를 얻지 못하면 영원한 죽음까지도 당해야만 하는 천벌을 받게 되었다. 이런 형벌을 부당하다고 여기는 사람은 죄를 짓지 않을 수 있음에도 끝내 죄를 지은 것이 얼마나 큰 죄악인가를 전혀 헤아릴 줄 모르는 게 분명하다.

우리가 아브라함의 위대한 순종을 크게 칭찬하는 것도 그만한 이유가 있다. 그에게는 제 아들을 죽이라는 참으로 어려운 명령이 내려졌기 때문이다. 그에 비해 낙원에서 받은 명령에는 조금도 어려운 점이 없었기에 이에 대한 불순종은 그만큼 더욱 나쁜 것이다. 두 번째 사람의 순종은 죽을 때까지 이루어졌기 때문에(필립 2 : 18) 오늘날까지도 크게 칭찬받는다. 그러나 첫 번째 사람은 죽음에 이르렀을 때까지도 순종하지 않았으므로 그 불순종이 더욱더 나쁜 것이다. 불순종에 따른 벌이 너무나도 엄하고 창조주의 명령은 따르기 쉬웠는데도 복종하지 않는 죄가 얼마나 무겁고, 또한 그 명령이 얼마나 큰 권능을 지니는지 그리고 그 형벌이 얼마나 무서운지를 그 누가 정확하게 표현해 낼 수 있겠는가?

한마디로 죄에 대한 그 형벌에 따른 불순종에 보복하는 것이 바로 불순종이 었다. 인간에게 있어서 자신에게 순종하지 않는 것만큼 비참한 게 또 어디 있겠는가? 이로써 사람은 할 수 있는 일을 해내려 하지 않고 하지 못할 일을 하려고 욕심낸다.*27 물론 사람은 낙원에서 죄를 짓기 전에도 무엇이든지 하고 싶은 대로 할 수 있었던 것은 아니다. 그러나 할 수 없는 일을 하려고 욕심내지 않았기 때문에, 마침내 하고 싶은 일을 모두 할 수 있었다. 하지만 오늘은 그의 후손들에게도 알려지고 또 성경이 말하는 대로, "사람은 한낱 숨결에 지나지 않는 것, 한평생이래야 지나가는 그림자입니다"(시편 144 : 4).

실제로 그가 그 자신에게 순종하지 않으면서, 즉 영혼보다 못한 육신이 제 의지에 맞서지 않으면서도 할 수 없는 일을 해내려고 얼마나 많은 욕심을 내는지 그 누구도 헤아리지 못할 것이다. 더욱이 그 영혼은 마음에 맞서 끊임없이 어지럽혀지고 육신도 고통을 받아 끝내는 늙어서 죽어버린다. 물론 그것 말고도 다른 고통도 받게 되지만, 만일 우리의 자연본성이 의지에 맞서지 않는다면 마음을 거스르는 이 모든 고통은 받지 않을 것이다.

사람들은 이렇게 말할지도 모른다. 우리 육신은 고통을 받을 뿐, 본디 의지를 섬길 수 없는 것이라고. 그러나 무엇보다 중요한 것은 이러한 문제가 어디서 오는가이다. 우리가 주님을 섬기지 않고 복종하지 않았기 때문에 예전에는 의지를 따랐던 육신이, 이제는 순종하지 않고 문제를 일으키는 것이다. 우리가 하느님에게 순종하지 않는 것은 하느님께 문제되는 것이 아니라 우리 자신에게 문제가 될 뿐이다. 우리에게는 신체의 섬김이 필요하지만, 하느님은 우리의 섬김이 필요하지 않기 때문이다. 그래서 우리가 얻은 것은 우리에게는 형벌이 되지만, 우리가 한 일이 하느님에게는 그 어떤 형벌도 되지 않는다. 또한 육신의 고통은 육신 안에 있으며 육신으로부터 나오는 마음의 고통이다. 영혼을 떠난 육신은 고통받을 일도, 욕구를 느낄 수도 없기 때문이다.

어쩌면 육신이 욕구나 고통을 느낀다고 말할 수도 있겠지만, 그것은 앞서 이야기한 것처럼 사람 자신이나 고통을 낳는 강한 자극, 또는 쾌감을 낳는 온화한 육신의 자극들을 느끼는 영혼의 일부를 뜻한다. 육신의 고통은 몸으로부터 생겨나는 영혼의 혼란에 지나지 않으며, 육신이 받은 자극에 대한 어떤 불일치

---

*27 테렌티우스 《안드로스에서 온 아가씨》 305~306.

라고 할 수 있다. 그와 동시에 슬픔, 다시 말해 영혼의 고통 또한 우리가 바라지 않던 일이 생기는 것과 같은 것이다. 그러나 두려움은 슬픔보다 앞서며, 이는 육신에 있지 않고 영혼에 있다. 하지만 육신에 고통이 있기 전에 육신이 두려움을 먼저 느끼는 것은 아니다. 그것은 고통 전에 육신에서 의식되는 것이다. 반대로 그보다 앞서 느껴지는 것은 욕구로, 이것은 쾌락에 빠져드는 욕망으로서 몸 안에서 의식된다. 이를테면 배가 고프다, 목이 마르다, 또는 성적 욕구가 일어난다고 하는 것과 같다. 정욕이라는 말은 어떤 종류의 욕망에라도 적용할 수 있는 일반적인 용어이다.

분노까지도 복수심에 지나지 않는다고 고대인들은 정의했다.*28 물론 사람들은 생명이 없는 것에서조차 분노를 터뜨리는 때가 있어서, 복수의 의미가 전혀 없는데도 글씨가 잘 써지지 않는다고 붓을 꺾어버리기도 한다. 그러나 이런 불합리한 정욕도 하나의 복수심이며, 악을 행한 자는 고통받아야 한다는 보응(報應)원칙의 흐릿한 반영이라고 하겠다. 이를테면 분노는 복수심이고 탐욕은 돈에 대한 욕심이며, 고집은 어떻게 해서든 이겨보려는 욕망, 허영*29은 뽐내려는 욕심이다. 온갖 욕심, 곧 정욕에 있어서 일부는 알맞은 이름이 있고 일부는 어떠한 이름도 가지고 있지 않다. 예컨대 지배하려고 하는 정욕을 무엇이라고 부르는지 누구도 쉽게 말할 수 없겠지만, 나라 안에서 일어나는 전쟁 같은 현상에서 보면 이 욕심은 폭군들의 마음속에서는 얼마나 큰 힘을 드러내는지 내란들이 그 증거를 말해준다.

제16장 성적 행위에서 볼 수 있는 욕정의 악

이렇듯 여러 일에 대한 욕심이나 욕정이 존재하지만, 이 말을 쓸 때 그 대상을 말하지 않은 채 욕정이라고만 하면 사람들은 대부분 신체의 부끄러운 부분을 흥분하게 만드는 욕심을 떠올리게 된다. 또한 욕정은 신체에 대해서 외부는 물론 내부에서도 큰 힘을 드러내 영혼의 욕망을 육신의 요구와 연결하고 뒤섞어서 인간 전체를 흔든다. 그 결과 신체 쾌락 가운데서도 가장 강한 쾌락이 생겨나 절정에 달한 때에는 생각이 멈추고 사유의 경계심이 거의 사라져 버리게 된다.

---

*28 키케로 《투스쿨룸에서의 논쟁》 3, 5, 11 ; 4, 9, 21.
*29 키케로, 같은 책 4, 9, 10.

그러나 지혜와 거룩한 기쁨을 사랑하며, 행복한 결혼생활을 하면서도 사도가 충고하듯이 "서로를 존경하는 마음으로 거룩하게 자기 아내 몸을 대하고 하느님을 모르는 이교도들처럼 욕정에 빠지지 않도록"(1데살 4 : 4~5) 따를 수 있는 사람이라면 틀림없이 이런 정욕 없이 자녀를 낳고 싶어할 것이다. 그는 자녀를 낳는 일을 위해 만들어진 신체 부분들을, 타오르는 욕정의 자극 속에 그저 내버려 두지 않고 의지의 지도 아래에서 움직이게 하여 스스로 정신을 섬기도록 할 것이다. 저마다 다른 목적에서 생겨난 신체들도 그렇게 하기 때문이다.

하지만 이런 쾌락에 매료된 사람들이라도 부부관계에서나 부끄러운 행위를 할 때 뜻대로 제 자신을 움직이는 것은 불가능하다. 생각지도 않은 때 흥분하기도 하며, 욕정은 타올라도 몸이 냉랭할 때가 있다. 더욱 이상한 일은 정욕이 자녀를 낳고자 하는 사람들뿐만 아니라 제멋대로 욕구를 느끼는 사람들에게도 복종하지 않기도 한다. 거의 마음의 제지에 강하게 반항하지만, 가끔은 자기분열을 일으켜 마음을 흥분시키더라도 정작 육체는 충동하는대로 움직이지 못하는 모순에 빠지게 되는 것이다.

제17장 최초 인간은 옷을 걸치지 않았다

마땅히 이런 정욕은 몹시 부끄러운 것이며, 앞서 말했듯이 우리 의지와는 관계없이 자율적으로 움직이거나 또는 움직이지 않기 때문에 범죄가 저질러진 뒤에는 그 신체 부분들을 부끄러운 것들, 곧 치부(恥部)라고 불렀다. 성경에서도 "아담과 이브는 알몸이면서도 서로 부끄러운 줄을 몰랐다"(창세 2 : 25)고 표현했다. 그들이 벌거벗은 줄을 몰랐다는 것이 아니라 그 알몸 상태가 아직 부끄럽지 않았다는 뜻이다. 말하자면 의지가 없을 때 정욕만으로 신체가 움직이는 일이 없었고, 신을 거역하는 인간의 불순종을 몸이 증명할 일이 없었기 때문이다.

교양 없는 무지한 군중이 생각하듯이 최초 인간들이 장님으로 창조된 것은 아니다. 아담은 집짐승과 날짐승과 들짐승의 이름을 붙여주었으며(창세 2 : 20), 하와 또한 성경에 "여자가 그 나무를 쳐다보니 과연 먹음직스럽고 보기에 탐스러울뿐더러"(창세 3 : 6) 하더란다. 따라서 그들은 눈을 감은 것이 아니라 뜨고 있었다. 육체의 부분들이 의지에 맞서 싸우는 것을 모르는 동안에는, 그들에게 주어진 은총에 둘러싸여 있어서 자기들에게 참으로 무엇이 베풀어지고 있는가를 몰랐던 것이다. 그러나 이 은총의 자비를 잃고 그들이 불순종에 대한 벌을 받았을 때, 육체의 움직임 안에서 부끄러움이라는 낯선 감정이 생겼고, 그 뒤부터 서로의 벌거숭이 몸이 부끄럽게 생각되었다. 알몸인 것이 그들 주의를 끌었으며 그들을 당황케 했다.

그래서 그들의 노골적인 위반행위로 하느님 명령을 어긴 것에 대해서 성경은 "그러자 두 사람은 눈이 밝아져 자기들이 알몸인 것을 알고 무화과나무 잎을 엮어 앞을 가렸다"(창세 3 : 7) 말한다. 여기서 "눈이 밝아져" 하는 것은 단순히 보게 되었다는 의미가 아니다. 그들은 이미 볼 수 있었다. 눈이 밝아진 것은 그들이 잃어버린 선과 새로이 얻게 된 악을 구별하기 위해서였다. 그래서 금지된 그 열매를 따 먹으면 선악을 구별할 수 있으리라고 했던 그 나무를 따라 선악을 알게 하는 나무라고 이름붙였다. 실제로 인간은 병에 걸렸을 때의 고통을 느끼고 나면 그제야 건강할 때의 기쁨을 깨닫게 된다.

그리하여 "그들은 자기가 발가벗고 있다는 것을 알았다." 이는 곧 그 죄의 법이 마음과는 반대이고 그들 자신이 벌거숭이였다는 사실을 알고도 당황하지 않게 해주던 그 은총이 이제는 사라져 버렸음을 뜻한다. 그들이 알게 된 사실은, 차라리 몰랐더라면 계속 행복했을 것들이었다. 즉 그들이 하느님을 믿고 그 말씀에 따르며 죄를 저지르지 않았더라면 불신앙과 불순종이 주는 위해를 겪게 되지는 않았으리라. 그리고 그들은 육신이 순종하지 않음으로써 부끄러움을 알게 되었지만, 이는 말하자면 그들의 불순종을 증명하기 전이었다. 그들은 "무화과나무 잎을 엮어 앞을 가렸다." 어떤 사람들이 옮긴 것처럼 앞치마를 하였다(앞치마, campestria는 본디 청년들이 '캄푸스' 곧 들에 나가서 옷을 벗고 운동을 할 때 앞을 가리던 것이다). 이처럼 욕정이 불순종에 대한 벌을 받아 의지에 반항하며 따르지 않고 이곳저곳을 돌아다닐 때, 수치심이 그 운동에서 부끄러움을 느껴 무조건 덮어 숨겨 버리려는 것이다.

그때부터 오늘까지 부끄러운 부분을 가리는 이 습관은 최초 인간들로부터 모든 민족 사이에 깊이 뿌리내렸다. 참으로 어떤 야만인들은 목욕탕에서까지 아래를 가린 채로 몸을 씻을 정도이다.*30 인도의 밀림 속에 사는 이른바 알몸 고행자들*31도 몸의 다른 부분은 벗었지만 국부만은 가렸다.

---

*30 헤로도투스 《역사》 1, 10 ; 플라톤 《국가》, 452C.
*31 곧 나체 수도사들(이 책 8권 9장 ; 10권 32장 ; 15권 20장 참조).

제18장 육체적 관계의 부끄러운 감정

이러한 욕정을 동반하여 이루어지는 행위에는 사회의 비난을 피하기 위해 밀실을 찾아 벌이는 불륜뿐만이 아니라 땅에서의 합법화된 음행도 있는데, 이 또한 사람들 눈을 피해서 저지른다. 벌 받을 걱정이 없을 때에도 이 허락된 음행은 세상의 눈을 피해 숨을 곳을 찾는다. 더욱이 창녀촌에서도 남들에게 보이기에는 수치심을 느껴 은밀한 장소를 마련해 둔다. 그리하여 음란한 짓에 빠져 버린 사람이 그 부끄러운 행위를 하는 어둡고 비밀스러운 곳을 필요 없게 만들기보다는 차라리 관음하는 자의 발에 족쇄를 채우는 게 더 낫다.

간통은 그 죄를 저지르는 사람들조차도 부끄러운 행위라고 말한다. 그들은 그 행위에 푹 빠져들면서도 감히 세상 앞에 내놓지는 못한다. 자녀를 낳을 약속으로 결혼한 사람들이 자녀를 낳기 위해 성교를 하는 것은 어떤가? 그것은 합법적이며 선한 일이지만, 이때 또한 다른 사람 눈에 보이지 않도록 침실을 찾아다니지 않는가? 새신랑이 새색시를 껴안기 전에도 먼저 하인들과 들러리들과 친척들을 모두 밖으로 내보낸다.

로마의 최고 웅변가[32]는 모든 올바른 행위는 세상 이곳저곳에[33] 알려지기를 바란다고 말했다. 그러나 이 부부 사이의 진실한 행위는 알려지기를 바라더라도 누군가에게 보이는 것은 부끄러워한다. 자녀를 낳기 위해 부부가 하는 일을 그 누가 모르겠는가? 성대한 결혼식을 올려 아내를 맞는 것도 자녀를 낳기 위해서가 아닌가? 그런데도 이 행위로 낳은 아이들까지도 그 모습을 보지 못하게 한다. 이 행위는 알려지기를 바라지만 보이는 것은 원치 않는 것이다. 그 이유는 무엇인가? 자연본성에 따라 정당하게 이루어지는 일인데도, 원죄라는 형벌에서 비롯된 수치감이 따르기 때문이 아닌가?

제19장 분노와 욕정은 죄를 저지르기 전 인간에게 없었다

진리에 가까이 다가선 철학자들[34]이 인간의 영혼 안에서 분노와 욕정을 영혼의 악덕이라고 한 이유는 바로 여기에 있다. 이런 감정들은 뒤섞여 혼란스럽게 움직여서 지혜가 금지하는 행동까지도 하며, 절도 있는 정신과 이성으로 억

---

*32 키케로를 말함. 루카누스 《파르살리아》 7, 62~63.

*33 키케로 《투스쿨룸에서의 논쟁》 2, 26, 64.

*34 신플라톤학파. 이 책 제8권 5장 이하를 참조.

누를 필요가 있다고 그들은 주장했다. 영혼의 이 셋째 부분, 곧 지성*35은 하나의 성채 안에 자리 잡고 있어서 다른 두 부분을 지배하고 명령하며, 이에 복종한다면 영혼 전체가 조화롭게 유지된다고 말한다.

영혼의 이 부분들, 분노와 욕정은 지혜롭고 절제 있는 사람에게조차 악덕이 된다는 것을 철학자들은 인정한다. 그렇기 때문에 악덕이 나타날 때에는 지성이 그 부분들을 억누르고 통제해, 알맞은 시기가 되면 지혜의 법이 허락한 길을 따르도록 한다. 예컨대 불의에 대한 분노는 나타나게 하며, 자녀 생산을 위한 욕정은 허락한다. 그러나 죄를 짓기 전의 낙원에서는 영혼의 이 두 부분은 악덕이 아니었다고 나는 주장한다. 왜냐하면 낙원에서는 영혼의 두 부분이 올바른 의지를 거스르지 않기에 이성의 고삐로 억누를 필요가 없었기 때문이다.

그러나 이제는 그렇지 않다. 절제 있고 정의로우며, 경건하게 사는 사람들은 때로는 쉽게 때로는 어렵게 규제되는데, 이는 자연본성대로의 건전한 상태가 아니다. 오히려 죄 때문에 생긴 병적 상태이다. 수치심을 아는 점잖은 사람이 온갖 말과 행동 속에 보이는 분노와 그 밖의 감정들을 생식기관 속에서 생겨나는 성욕처럼 하나하나 감추지 않는 까닭은, 생식기관 말고도 신체기관의 운동은 감정만으로 움직이는 것이 아니라 감정에 동의한 의지에 따른 것이기 때문이다. 말하자면 의지가 그 기관들을 완전히 주관하며 사용하기 때문이다. 의지가 명령하지 않는다면 그 누구도 큰 소리치며 화를 내거나 손으로 남을 칠 수 없을 것이다. 이 신체기관들은 분노하지 않을 때에도 의지에 따라 움직일 수 있다. 그러나 이와 달리 욕정은 신체의 성적기관을 완전히 지배하기 때문에, 정욕이 없거나 자극을 받아도 정욕이 생기지 않는다면 기관들이 행동할 수 없다. 이것이 수치심을 느끼고 얼굴을 붉히며 남의 눈을 피하는 이유이다. 남에게 잘못된 분풀이를 하는 장면을 많은 사람들이 구경하는 것은 참을 수 있어도 자신의 아내와 떳떳하게 동침하는 장면은 단 한 사람이라도 보는 것을 견디지 못한다.

---

*35 플라톤의 영혼 삼분설(영혼이 지성·기개·욕정 세 부분으로 구성) 《국가》 4. 436 A 이하, 9. 580 D 이하, 《티마이오스》 69D 이하 참조 바람. '분노'는 사유적 부분 아래 있는 기개적 부분에 속하고 '욕정'은 더 아래인 욕정적 부분에 속한다.

제20장 견유학파의 외설스러움

그런데 저 개 같은 철학자들 곧 견유학파[36]는 이 사실을 모르고 인간의 올바른 수치심에 맞서는 사상을 퍼뜨렸다. 그들의 견해는 개처럼 비열하고 파렴치한 것이라고밖에 할 수 없다. 자신의 아내와 하는 일은 정당하므로 공개적으로 해도 부끄러워할 필요가 없고, 어느 거리나 광장에서도 할 수 있다고 했다. 그러나 타고난 인간의 수치심은 이런 그릇된 사상을 이겨냈다.

디오게네스가 허세를 부리며 이 일을 했다는 전설이 있는 것은 사실이다.[37] 그는 이런 파렴치한 짓으로 사람들 기억에 선정적인 인상을 심어 주면 자신의 학파가 더 많이 알려지리라고 여긴 것이다. 하지만 그 뒤 견유학파는 이런 짓을 하지 않았고, 수치심이 이단 사상을 이겨냈다. 사람들 앞에서 부끄러워하는 본능이, 개처럼 사랑해야 한다는 그릇된 주장을 이겨낸 셈이다.

따라서 이런 짓을 했다고 하는 디오게네스든, 그 밖의 다른 사람들이든 사람들이 보는 데서 함께 누워 자는 체했지만, 그들이 외투 너머로 무슨 일을 했는지는 누구도 알 수 없다고 생각한다. 나는 그들이 사람들이 보는 앞에서 어떤 쾌락을 얻었으리라고는 믿지 않는다. 저 철학자들은 함께 눕는 일이 부끄럽지 않다고 했지만, 그런 곳에서 욕정은 부끄러워 차마 머리를 들지 않았으리라. 오늘도 우리 사이에 견유학파 철학자들이 있다. 그들은 외투를 입었을 뿐 아니

---

[36] 이 학파의 이름에 개 견자(犬)를 붙여서 견유학파(犬儒學派)라 한 것은 그 말의 헬라어에 '퀸'이라는 음이 있고, 이 음은 '개'(kuon)에도 있기 때문이다. 그런데 이 '퀸'이라는 음은 이 학파의 시조 안티스테네스(Antisthenes, 기원전 400년 무렵 전성)가 학교를 설치했던 아테네 근교 키노사르게스(Kunosarges)에서 유래된 것이라고 하는데, 이 학파 사람들의 생활 방식이 일반 사람들의 눈에 '개'처럼 보였고, 특히 기원전 4세기 시노페(Sinope)의 디오게네스는, 본문에도 있듯이 괴상한 전설을 남겼으며, 실제로 '개'라는 별명이 붙었다고 한다. 그러나 안티스테네스는 소크라테스의 제자였고, 안락한 생활보다 가난한 생활을 권장하는 금욕 생활을 가르쳤는데, 그의 후예들이 세상 사람들의 안락 추구를 냉소하며 사회 관습을 비웃고 세상일에 전혀 관여하려 하지 않았다. 기원후 3세기 동안 이 학파가 다시 부흥했으며 디오 크리소스톰(Dio Chrysostom, A.D. 1세기) 같은 교양 있는 층과 이른바 '거지 철학자'라는 낮은 층이 있었다고 한다. 헬라의 '퀸'(kun)은 로마자로 'Cyn'으로 이것을 영어식으로 발음하여 시닉(Cynics)이라고 한다.

[37] 디오게네스 라에르티오스 《위대한 철학자들의 생애와 사상》 6, 46, 69에 따르면 시노페의 디오게네스가 길거리에서 자위 행위를 했다고 한다. 견유학파에 대해서는 이 책 제19권 1, 19장을 참조.

라 곤봉*38을 들고 다닌다. 그러나 그들 가운데는 누구도 감히 디오게네스의 흉내를 내지 못한다. 격노한 민중이 돌을 던지지는 않겠지만 적어도 침을 뱉으리라.

그러면 인간의 자연본성이 이 욕정을 부끄러워하는 것은 의심할 여지가 없으며, 그 부끄러움 또한 마땅하다. 사실 성적기관이 의지의 지배를 벗어나 신체의 충동에 내맡긴 그 욕정의 불순종은 인간이 처음에 순종하지 않은 데 대한 형벌임을 충분히 입증한다. 그리고 이 벌이 특히 생식기관에 나타난다는 사실은 알맞은 처사였다. 맨 처음 저지른 중대한 죄로써 악하게 변한 것이 바로 그 자녀를 낳는 자연본성이었기 때문이다. 모든 인간이 아직 한 인간 안에 있었을 때 저지른 최초 원죄는 온 사람에게 미쳤으며 하느님 정의로 너 나 할 것 없이 벌을 받았다. 그러므로 하느님 은혜로 저마다 죗값을 치르지 않고는 누구도 그 죄의 그물에서 벗어날 수 없다.

제21장 자손 번영 축복은 죄를 저질러도 사라지지 않는다

낙원의 저 남녀는 욕정이 부끄러워서 치부를 가렸는데, "자식을 낳고 번성하여 온 땅에 퍼져서 땅을 정복하여라"(창세 1 : 28) 하신 축복을 이 욕정으로 낙원에서 실현했으리라고 믿어서는 안 된다. 이 욕정이 생긴 것은 죄를 범한 뒤였다. 신체 각 부분마다 그 지배력을 잃고 수치를 알자 욕정을 느끼며 알몸임을 깨닫고 부끄러워 가린 것이다. 그러나 둘이 결혼하여 자식을 낳고 번성하여 온 땅에 퍼져서 땅을 정복하라는 축복은 타락 전에 하느님께서 주신 것이었다. 자녀 생산은 혼인 최대의 영광이며 범죄에 대한 형벌이 아님이 틀림없다.

하지만 오늘날 사람들은 예전의 낙원 안에 있던 행복을 전혀 모른다.*39 그들은 자기들이 직접 아는 방법, 이를테면 욕정이 아니면 자녀를 낳을 수 없으리라고 믿는다. 심지어 혼인의 영광을 부끄러워하기까지 한다.

그들 가운데 어떤 이는 죄를 지은 뒤에 알몸인 사실이 부끄러워 앞을 가렸다고 하는 성경 말씀을 거부할 뿐 아니라 믿지 않고 비웃었다. 또 그들 가운

---

*38 견유학파가 섬긴 신화적인 영웅 헤라클레스가 사자를 물리치기 위해 들고 다녔다고 함. 헤라클레스는 견유학파에게 자족(스스로 만족함)의 상징이다.

*39 마니교도들을 이름. 마니교도들은 결혼하여 아이를 낳는 것을 '선택된 자'에게 어울리지 않는 것으로 금지했다.

데 어떤 이는 성경을 인정하며 존경하면서도 "자식을 낳고 번성하여" 이 말씀은 육체적인 생식을 뜻하는 것이 아니라고 한다. "내가 부르짖을 때 당신은 들어주시고 내 영혼의 힘을 한껏 북돋우어 주셨습니다"(시편 138 : 3)라는 말씀처럼, 영혼에 대한 이야기로 읽어야 된다고 한다. 이 말씀을 근거로 그들은 다음에 있는 "자식을 낳고 번성하여 온 땅에 퍼져서 땅을 정복하여라"(창세 1 : 28) 하는 말씀을 비유적으로 이해한다.

하느님이 영혼의 힘을 북돋아 주실 때 영혼은 육체로서 온 땅 가득히 퍼져나가 이 땅을 지배한다고 풀이한다. 그러나 정욕은 죄를 지은 뒤에 생겨나서 알게 되었으며, 거칠게 날뛰는 커다란 힘이기에 그때나 오늘이나 욕정 없이는 자녀를 낳을 수 없었다고 그들은 이야기한다. 그리고 욕정이 죄를 지은 뒤에 생긴 것을 보고 당황해서 감추었으므로, 자녀는 낙원에서 낳을 수 없었고 그 밖에서만 낳았다고 한다. 그들은 낙원에서 쫓겨난 뒤에 결합했고, 그러고서 자식을 낳은 것이다.

제22장 하느님이 정한 혼인법과 축복

하느님의 축복을 받아 자식을 낳고 번성하여 온 땅에 퍼져서 땅을 정복하는 것은 혼인 선물이라는 사실과, 사람이 죄를 저지르기 전에 하느님이 처음부터 남녀를 만드셔서 혼인을 제정하셨다는 사실을 조금도 의심하지 않는다. 남녀 성별의 차이는 그 몸에 뚜렷하게 드러나기 때문이다. 하느님의 축복도 남녀 창조와 연결된 것이었다. 성경에 나오는 "하느님의 모습대로 사람을 지어내시되 남자와 여자로 지어내시고" 그 뒤에 곧이어 "하느님께서는 그들에게 복을 내려 주시며 말씀하셨다"라는 말씀이 덧붙여졌기 때문이다(창세 1 : 27~28).

이러한 말씀을 영적 의미로 이해하는 것이 마땅하다고 하더라도, 남녀라는 말을 한 사람에게 적용해서 지배하는 요소와 지배받는 요소라고 이해할 수는 없다. 남녀가 그 신체에 성별이 있도록 만들어졌고 자식을 낳고 번성하여 온 땅에 퍼져 땅을 정복하는 것은 혼인의 영광이며, 결코 죄에 대한 벌이 아닌 것은 틀림없다. 너무나 분명한 이 사실을 부정하는 것은 매우 어리석은 일이다. 어떤 이유로든지 아내와 이혼하는 것이 허락되느냐고 주님께 물은 사람이 있었다. 이스라엘 사람들은 마음이 억세고 고집스러워 모세가 그들에게 이혼 증서를 주어 아내를 버리는 일을 허락했기 때문이다.

그러나 주님 대답은 명령하는 정신과 순종하는 육신, 지배하는 이성적 영혼과 지배를 받는 비이성적 욕망, 뛰어난 이성으로 진리를 인식하는 능력과 다른 것에 종속되는 활동적 능력, 지성의 이해력과 신체감각에 대한 것이 아니라 남녀가 서로 맺는 혼인의 인연에 대해 말씀하셨다. "예수께서는 '처음부터 창조주께서 사람을 남자와 여자로 만들어 내셨으며, 남자는 부모를 떠나 제 아내를 맞아서 한 몸을 이루리라 하신 말씀을 아직 읽어보지 못하였느냐? 따라서 그들은 이제 둘이 아니라 한 몸이다. 그러니 하느님께서 짝지어 주신 것을 사람이 갈라놓아서는 안 된다' 말씀하셨다"(마태 19 : 4~6)

처음부터 인간은 남자와 여자로 만들어져, 오늘 우리가 보는 바와 같이 두 성별이 존재한다. 그들을 '한 몸'이라 일컫는 것은 혼인 때문이든지, 남자 옆구리에서 여자가 창조되었다는 기원 때문이다. 사도도 창조자이신 하느님이 관례로서 정하신 결혼을 본보기로 삼아, 남편들은 그리스도께서 교회를 사랑하시어 당신의 몸을 바치신 것처럼 아내를 사랑하라고 권고한다(에페 5 : 25~33, 골로 3 : 19).

제23장 낙원에서 출산이 있었는가

처음에 인간들이 죄를 범하지 않았더라면 부부 사이의 결합도 없었을 테고 아이를 낳지도 않았으리라 말하지만, 그렇다면 성도 수를 늘리기 위해 인간이 죄를 지을 필요가 있었다는 뜻이 되지 않겠는가? 왜냐하면 사람들 생각처럼 그들이 죄를 짓지 않았다면 아이를 낳을 수 없었을 것이기 때문이다. 또한 죄를 짓지 않은 그 두 사람은 언제까지나 둘만 있었을 것이고, 단둘이었던 의인이 많아지기 위해서는 아무래도 죄가 필요했을 테니까 말이다.

그러나 이러한 어리석은 생각은 믿을 필요가 없다. 차라리 어느 누구 하나 죄를 짓지 않았더라도 수많은 성도가 나타나서 참으로 행복한 하느님의 나라에 살았으리라고 믿어야 할 것이다. 지금 많은 죄인들 사이에서 하느님 은혜로 말미암아 수많은 성도들이 모이는 것과 같으며, "세상의 자녀들"(루가 20 : 34)이 세상에 태어나는 한 앞으로도 수많은 성도가 모여들 것이다.

따라서 죄가 없었다면 낙원의 행복에 걸맞은 결혼을 했을 터이고, 사랑스러운 자녀도 낳았을 것이며, 욕정 때문에 부끄럽게 되지도 않았을 것이다. 하지만 우리에게는 지금 그 사례를 들어 증명할 길이 없다.

우리는 원하는 대로 손발을 움직여 할 일들을 해내고 있다. 우리 자신도 그렇고 남들도 그러하다. 특히 온갖 종류의 물건을 만들어 내는 장인들 가운데는 타고난 힘이 약하고 손놀림이 둔함에도 부지런히 훈련하여 뛰어난 기술을 지니게 되는 경우가 많다. 그러므로 불순종의 죄를 짓고 그 형벌로써 욕정을 받지 않았다 하더라도, 생식기관은 다른 기관들과 마찬가지로 의지에 따라서 자녀를 낳았으리라 믿을 수 있지 않을까?

키케로가 그의 책 《국가론》에서 여러 지배 형식의 차이를 논할 때, 인간의 자연본성에 대해 말하며, 어린아이의 몸은 쉽게 복종하고 지배되지만 영혼의 나쁜 부분들은 노예와 같이 억압적인 가혹한 지배를 받는다고 했다.[40]

물론 자연 질서에서 영혼은 신체보다 지위가 높지만, 영혼보다는 신체를 다스리는 일이 더 쉽다. 우리가 화제로 삼고 있는 이 욕정은 참으로 부끄럽기 짝이 없다. 영혼이 욕정에 사로잡히면 자신을 온전히 지배할 수 없게 되어 자유를 잃고 만다. 또한 욕정이 아닌 의지가 치부를 움직이는 일은 꿈조차 꿀 수 없다. 만일 그것이 가능했다면 그것은 치부가 아니리라.

이렇게 영혼은 신체가 반항하는 것을 부끄러워한다. 본디 신체는 영혼에 예속된 것이기 때문이다. 다른 감정들은 영혼이 반항한다 하더라도 덜 부끄럽게 여긴다. 자신과 싸워 자신이 이기는 것이기 때문이다. 영혼이 영혼을 정복한다는 것은 이성에 예속되어야 할 구성요소들이 승리하는 것이므로 혼란스러워지고 악덕이 생길 테지만, 그렇더라도 자신의 구성요소들이 승리하는 것이며 따라서 자기 정복인 셈이다.

영혼이 질서정연하게 스스로를 이겨내어 그 불합리한 감정들을 정신과 이성 아래에 둘 때, 이런 승리는 칭찬할 만하며 고결하다. 오직 그럴 때의 자신은 하느님께 순종해야 한다. 그렇더라도 악덕을 움직이는 부분들이 영혼에 순순히 따르지 않을 때, 영혼의 소원과 명령을 신체가 따르지 않는 것에 비해서 영혼은 부끄러움을 덜 느낀다. 신체는 영혼과 다르며 뒤떨어진다. 신체 그 자체는 영혼에 기대지 않으면 살아나갈 수 없기 때문이다.

다른 신체 부분들이 의지에 지배되어 억제될 때, 의지에 어긋나는 욕정으로 흥분된 신체기관이라 할지라도 다른 부분이 움직이지 않으면 그 욕구를 채울

---

[40] 《국가론》 3, 25, 37. 《율리아누스 논박》 4, 11, 61.

수 없다. 그러나 의지의 권위로 다른 부분들을 억누르면 정결을 보호할 수 있다. 죄의 쾌락이 사라지지 않더라도 드러나지는 않기 때문이다. 불순종에 대한 벌로써 죄 많은 불복종이 가해진 것이 아니라면, 낙원에서의 결혼 생활에는 저항, 다툼, 의지와 욕정의 충돌이 없었을 터이며, 의지는 충족되고 욕정은 억눌려졌으리라. 또한 다른 신체 부분들뿐 아니라 모든 신체기관들이 똑같이 의지에 따랐을 것이다.

그런 상태에서는 손으로 땅에 씨를 뿌리듯, 이 일을 위한 기관이 생식의 밭에 씨를 뿌렸을 것이다.*41 그랬다면 오늘 내가 이 문제를 자세히 탐구하고자 하면서도 체면 때문에 이루 말할 수 없는 부끄러움을 느끼고 점잖은 분들에게 용서를 빌어야 하는 일은 없었을 것이다. 오히려 생각나는 대로 자유롭게 모든 부분들을 말할 수 있었으리라. 또 음란한 말이라는 것도 존재하지 않았을 것이며, 다른 부분들에 대한 말도 떳떳했으리라. 그러므로 내가 쓴 글을 음탕한 생각으로 읽는 사람은 자연스러운 본성을 피할 게 아니라, 자신의 죄를 피하는 쪽이 더 좋을 것이다.

그런 사람은 자신의 부끄러운 행동을 비난해야지, 논의를 위해 필요해서 쓴 내 말을 비난해서는 안 된다. 경험할 수 없는 일을 믿지 못하고 경험한 지식을 논거로 삼는 회의적인 태도를 버린다면 겸손하고 믿음이 깊은 독자나 청자들은 나를 쉽게 용서할 것이다. "자연스러운 육체관계를 자연을 거스르는 관계로 바꾸어 버린"(로마 1 : 26) 여인들의 무서운 부도덕을 꾸짖은 사도의 말을 두려워하지 않는 사람들에게는 내가 쓴 이 글 또한 걸림돌이 되지 않을 것이다. 나는 오늘 패악한 음행을 들어 비난하는 것이 아니기 때문이다. 오히려 인간 생식에 대해서 소신껏 설명하면서도, 사도 바울처럼 음란한 말을 피하려고 노력했다.

제24장 육체를 지배하는 의지
그러므로 생식기관은 욕정이 아닌 의지를 따르며, 필요할 때 필요한 만큼 남자는 자손의 씨를 뿌리고 여자는 받아들였을 것이다. 사실 우리는 손발과 손가락처럼 굳은 뼈가 있는 부분들을 마음대로 움직일 수 있을 뿐만 아니라 입

---

*41 베르길리우스 《농경시》 3, 136.

이나 얼굴처럼 부드러운 근육으로 이루어진 부분들까지도, 의지가 움직일 수 있는 범위 안에서 우리 마음대로 움직이며 쭉 펴고 비틀어 접는가 하면 힘주어 뻣뻣하게 만들기도 한다. 마지막으로 내장기관 가운데 가장 연한 폐는 가슴 안에서 보호받지만, 의지에 따라 숨을 내쉬거나 목소리를 조절한다. 즉 대장장이나 오르간 연주자가 풀무의 도움을 받듯이 폐 또한 의지로써 호흡하거나 말하고 소리치거나 노래 부른다.

나는 어떤 동물들의 몸 전체를 덮는 피부와 관련해 그들의 선천성에 대해서는 이야기하지 않겠다. 다만 한 예로써 피부에 파리가 달라붙거나 가시가 박히면 그들은 바로 그 부분만을 흔들어서 떨쳐 버린다. 사람에게 이러한 기능이 없다고 해서 창조주인 하느님이 주고 싶은 생명체들에게 이 기능을 선사하실 수 없었다는 결론은 이루어지지 않는다. 인간은 그처럼 낮은 신체 부분들을 지배했었으나 불순종 때문에 그 능력을 잃어버린 것이다. 지금 욕정으로만 움직이는 인간의 육신 부분을 의지로만 움직이도록 창조하는 일이 하느님에게는 전혀 어렵지 않았기 때문이다.

또한 우리는 다른 사람들과 매우 다른 희귀한 천부적 능력을 가진 사람들을 이따금 볼 수 있다. 그들은 다른 사람들은 전혀 할 수 없고 들어도 믿기 어려운 일들을, 자신의 몸을 움직여 하고 싶은 대로 할 수 있다. 어떤 사람은 한쪽이나 동시에 두 쪽 귀를 움직일 수 있으며, 어떤 사람은 머리를 움직이지 않은 채 머리털이 난 가죽 전체를 앞으로 가져왔다가 다시 제자리로 끌어올릴 수 있다. 그런가 하면 물건을 놀라울 만큼 많이 삼켰다가 가로막을 조금 수축함으로써 마치 주머니에서 물건을 꺼내놓듯이, 무엇이든지 완전한 상태로 내놓는 사람도 있다. 새나 짐승 소리와 다른 사람의 목소리를 똑같이 흉내내어 보지 않고 귀로 듣기만 해서는 도무지 구별할 수 없을 정도의 능력을 가진 사람도 있다. 어떤 이들은 뒤로 냄새 없는 소리를 음악같이 낼 수도 있다. 나는 내 눈으로 직접 자신이 원할 때 마음대로 땀을 흘리는 사람을 본 적도 있다. 게다가 우리는 마음 내킬 때 울어 눈물을 홍수처럼 펑펑 쏟아내는 사람을 잘 알고 있다.

그러나 이보다 한결 더 믿지 못할 일이 있다. 그것은 요즘 많은 형제들이 겪은 일인데, 칼라마 교구*⁴²에 레스티투투스라는 장로가 있었다. 그는 기묘한 일을 자신의 눈으로 직접 보고 싶어하는 사람들이 부탁해 오면, 마음대로 자신의 감각기관을 제어한다. 이를테면 마치 고통에 가득 찬 목소리로 소리치거나 꼭 죽은 사람처럼 가만히 누워 있기도 했다. 이 상태에 있을 때 꼬집거나 찔러도 도무지 느끼지 못할뿐더러 심지어 불에 데여도 어떤 통증조차 느끼지 못했는데, 상처를 보고 나서야 그 사실을 알아차렸다. 다시 말해 그가 몸을 움직이지 않았던 것은 애써 참아내서가 아니라 그 어떤 것도 느끼지 못했다는 증거로, 마치 죽은 사람처럼 숨결이 느껴지지 않았던 사실로 증명되었다. 하지만 그 뒤에 사람들이 큰 소리로 한 말은 꼭 저 먼 곳에서 듣는 것처럼 들려왔다고 말했다.

이처럼 어떤 사람들은 오늘도, 즉 썩어 없어질 몸으로 고통에 가득 찬 이 세상을 살면서도 보통 사람이 타고난 것 이상으로 신체를 눈에 띄게 여러 방법으로 움직이며 느끼는 사람들이 있다. 그렇다면 사람이 불순종의 죄를 저질러 벌을 받아 퇴화하기 전에는, 육체의 부분이 아무런 욕정 없이 우리 의지에 따라 자녀를 낳았으리라고 믿지 못할 까닭은 무엇인가?

사람은 자기만족을 위해 하느님을 버렸기에 스스로를 감당해야 했고, 하느님께 순종하지 않음으로써 자신에게까지 따르지 못하게 된 것이다. 이윽고 사람은 자신이 바라는 대로 살 수 없다는 것, 그것으로 불행이 한결 더 뚜렷해졌다. 자신이 바라는 대로 살아간다면 본인은 행복하다고 여길 것이다. 하지만 오늘 부끄럽게 살고 있다면 행복하지 못할 것이다.

제25장 이 세상에 없는 참된 행복

곰곰이 헤아려 보면, 행복한 사람만이 스스로 바라는 대로 살며 또 의로운 사람만이 행복하다. 그러나 의인도 죽음과 속임, 그리고 고통에 전혀 맞닥뜨리지 않고 앞으로도 변함없으리라는 경지에 이르지 않는 이상 바라는 대로 살지 못할 것이다. 우리 자연본성은 이를 원하며, 이 바람을 오롯이 얻기 전까지는 행복하지 못할 것이다. 하지만 살아가는 일 자체가 자기 힘대로 되지 않는데, 우리 가운데 그 누가 바라는 대로 살 수 있겠는가?

---

*42 칼라마(Calama)는 히포 레기우스와 누미디아의 수도 키르타 사이에 있었던 도시. 히포(Hippo)는 아우구스티누스의 거처.

사람은 영원히 살기를 원하지만 언젠가 죽는다. 바라는 만큼 오래 살지도 못하는데 어떻게 원하는 대로 살 수 있단 말인가? 만일 죽기를 기대한다면 사는 것조차 원하지 않는 사람이 어떻게 바라는 대로 살 수 있겠는가? 또 살기를 바라지 않는 것이 아니라 죽은 뒤에 더 잘 살고 싶어 죽음을 떠올린다면, 그는 아직 소망하는 대로 사는 것이 아니다. 죽어서 비로소 원하는 것을 얻은 때야 말로 그렇게 살 수 있으리라는 기대를 가졌을 뿐이다.

물론 얻지 못할 것은 바라지 않도록 자신을 억누르며, 구할 수 있는 것만 원하기를 스스로에게 명령할 수 있는 사람이라면 그는 기대하는 대로 산다고 말할 수 있다. 테렌티우스가 "네가 원하는 것은 이루어지지 않으니, 네가 이룰 수 있는 것을 원하라"*43 말한 것과 같다.

그렇다면 불행을 참고 견디며 사는 사람은 행복한가? 그렇지 않다. 자신의 행복한 생활을 사랑하는 사람만이 행복한 삶을 사는 것이다. 따라서 행복한 생활을 사랑하고 행복한 삶을 살고 있다면, 반드시 다른 모든 것보다 이 삶을 한결 더 열렬히 사랑해야 한다. 우리가 달리 사랑하는 모든 것은 행복한 삶을 위해서 사랑하는 것이기 때문이다. 행복한 삶을 충분히 사랑하지 않는 사람은 행복하지 못하며, 자신이 충분히 사랑하는 행복한 삶이 영원하기를 바라는 것은 마땅한 일이다. 그러므로 삶이 영원해야만 진정으로 행복하리라.

제26장 낙원에서의 생활

인간은 낙원에서 하느님이 명령하시는 것을 원하는 한, 자신이 바라는 대로 살았다. 인간은 하느님을 누리며 살았고, 하느님이 선하시므로 인간 또한 선했다. 하느님 은총으로 어떤 부족함도 없이 살았으며 늘 그렇게 살 능력도 있었다. 언제나 굶주리지 않도록 먹을 것이 넉넉했고, 목마르지 않도록 마실 것이 있었으며, 누구도 늙지 않도록 생명의 나무가 있었다. 그러므로 육체의 퇴화나 불쾌감을 일으킬 원인이 없었다. 몸 안에서 병이 생기거나 밖으로부터 타격받을 위험조차 없었다. 육체는 오롯이 건강했고 영혼은 매우 평온했다.

낙원에는 더위도 추위도 없었듯이, 낙원에 사는 이들에게도 욕망과 두려움 때문에 기쁜 의지가 방해 받는 일은 아무것도 없었다. 슬픔이나 어리석은 기쁨

---

*43 테렌티우스 《안드로스에서 온 아가씨》 305~306.

이 도무지 없었고, 참된 기쁨은 하느님으로부터 끊임없이 흘러나왔다. "깨끗한 마음과 맑은 양심과 순수한 믿음에서 우러나오는 사랑으로"(1디모 1 : 5) 하느님을 사랑했다. 부부는 서로 존경하고 사랑함으로써 진실한 관계를 이루었다. 몸과 마음의 조화와 배려 그리고 하느님 명령을 어렵지 않게 해내는 충성심이 있었다. 여가에도 따분함을 느껴 피곤해하는 사람이 없고 원치 않는 잠으로 고통받는 사람도 없었다.

이토록 안락한 생활로 행복한 인류였으므로, 정욕 없이는 자녀를 낳을 수 없었으리라고 생각해서는 안 된다. 오히려 다른 신체기관들과 같이 그들의 생식기관도 의지의 지시로만 움직였을 것이다. 남편이 아내 품에 안기는 것*44도 음란한 욕정과 유혹적 자극 때문이 아니라 평온한 마음과 흐트러지지 않은 온전한 육체의 행동이었다. 우리가 겪지 못했다 하여 믿어지지 않는다고 말해서는 안 된다.

낙원에서는 생식기관이 격동하는 욕정으로 움직이지 않고 아이를 낳아야 할 때와 자발적 능력에 따랐기 때문이다. 지금도 여성의 몸을 온전하게 놓아두어도 월경을 하듯이, 그때도 남편의 정맥이 온전하게 아내에게 들어왔을 것이다. 월경이 흐른 길을 통해서 정액이 들어갈 수 있었기 때문이다. 자궁이 열리는 것도 여성이 고통받을 때가 아니라 자연스러운 때가 왔기 때문인 것처럼, 남녀 본성의 결합도 욕정을 위해서가 아니라 자녀를 낳겠다는 의지의 올바른 바람에 따랐을 것이다.

오늘 모두가 부끄러워하는 이야기를 하고 있기 때문에, 우리는 될 수 있는 대로 이런 것들이 부끄럽지 않았을 때는 어떠했는지 생각해 보려 애쓰지만, 이러한 도움이 되지 않는 의논에 대해 생각하기보다 차라리 우리가 지금 느끼는 수치심을 받아들여 논의를 그만두는 편이 낫겠다. 이 일은 최초 조상들도 경험하지 못했다. 왜냐하면 정욕 없는, 의지에 따른 자녀 생산이 있기 전에 죄를 지어 쫓겨났기 때문이다. 그래서 이제 성행위를 말하면 우리 최초의 조상들에게 가능했을 의지에 대한 온화한 순종을 떠올리지 않고 자신들이 겪은 정욕의 격동을 연상하는 것이다.

하지만 내 마음은 문제를 뚜렷이 지각하면서도 부끄러운 감정이 이를 방해

---

*44 베르길리우스 《아이네이스》 8, 406.

한다. 그러나 모든 자연본성을 지어내시고 이루 말할 수 없이 선하신 전지전능한 창조주 하느님께서는 선한 의지를 도와 상을 주시며, 악한 의지를 거부해 벌을 내리시고, 선악의 질서를 잡으시며, 그분의 하늘나라를 사람으로 채울 계획이 없지 않았다. 그분의 지혜는 시민의 숫자를 미리 정했고, 죄를 범한 인류 가운데서 구별할 자들을 선택할 계획을 세우셨다. 인류는 뿌리가 썩은 집단, 모두가 벌을 받은 한 덩어리이므로, 공로에 따르는 것이 아니라 은혜로서 구별해 내는 것이다. 따라서 구원받은 자들뿐만 아니라 구원받지 못한 이들에게도 하느님이 얼마나 너그러운 은혜를 내리셨는가를 보여준다. 악에서 구원받은 사람은 모두 자신이 구원받은 것은 마땅히 받아야 하는 은혜가 아니라 하느님이 대가 없이 주신 은혜 덕분임을 인정한다.

다른 사람들과 함께 벌을 받았어야 했는데도 그들 가운데 자신만이 무사히 놓인 것이기 때문이다. 즉 하느님은 사람들이 죄를 지으리라 꿰뚫어 보셨다 하더라도 그것이 그들을 창조하지 말았어야 했다는 이유가 될 순 없다. 하느님은 그들을 만드심으로써 그들로 말미암아 죄에 대한 형벌과 자신이 베풀어 주는 은혜를 보이실 수 있었다. 만물의 창조자이자 질서를 잡으시는 하느님 아래에서는 죄를 저지른 사람들이 빚어낸 패악한 무질서는 창조의 올바른 질서를 뒤집을 수 없다.

제27장 하느님의 섭리를 바꿀 수 있는 이는 없다

그러므로 죄를 지은 자들이 천사든 사람이든 하느님 섭리를 방해할 수는 없다. "주님께서 하신 일들 크기도 하시어 그것들을 좋아하는 사람 모두가 알고 싶어한다"(시편 111 : 2) 한 것과 같다. 자신의 예지와 전능으로 사람마다 그 몫을 나눠 주시며 선한 자들과 더불어 악한 자들까지도 바르게 쓰실 수 있다. 저 악한 천사가 가진 최초 악한 의지에 대해서 벌을 내리시어 다시는 선한 의지를 가질 수 없을 만큼의 고집스러운 성질을 주셨다 하더라도 하느님이 그를 선하게 이용하셔서 선한 의지를 갖춘 올바른 최초 인간을 시험하게 허락하지 않을 까닭이 없지 않은가?

인간은 하느님의 도움을 믿는다면 선한 인간으로서 악한 천사에게 이길 수 있도록 지어졌다. 하지만 오만하게도 자기만족으로 창조주이자 구원자이신 하느님을 저버린다면 악한 천사에게 지도록 되어 있다. 이처럼 하느님의 도움을 받는 올바른 의지로 사람은 선한 보답을 받으며, 하느님을 버리는 그릇된 의지로는 악한 보답을 받게 되어 있다. 하느님 도움을 믿고 기대는 그 자체도 하느님의 도움 없이는 어려웠지만, 인간은 자기 스스로 만족하여 마음대로 하느님 은혜에서 벗어날 능력이 없었던 것은 아니다.

우리는 음식의 도움이 없으면 몸을 지탱할 수 없지만, 자살하는 사람들처럼 육신 안에서 살지 않는 것은 스스로의 힘으로 할 수 있다. 사람은 낙원에서 하느님 도움 없이는 선하게 살 능력은 없었지만, 악한 삶은 자신의 힘으로 할 수 있었다.

하지만 악하게 살면 행복은 그리 오래 지속되지 못할 터이고 더없이 마땅한 형벌이 뒤따르게 될 것이다. 하느님께서는 사람이 미래에 타락하리라는 것을 알고 계셨을 터인데 어찌하여 저 원망과 시샘으로 가득한 천사에게 시험 받지 않도록 막아주시지 않았는가? 참으로 하느님은 사람이 악의 유혹에 넘어갈 것을 오롯이 알고 계셨지만, 사람의 후손(창세 3 : 15)이 하느님 은혜의 도움을 받아 악마를 정복하여 성도들의 영광을 더욱 잘 나타내리라는 것도 함께 미리 내다보셨던 것이다.

이처럼 하느님은 어떠한 미래 일도 지나치지 않으셨으며, 그분이 예지한다고 해서 누군가 죄를 짓도록 강요한 것은 아니다. 오직 이성적 피조물인 천사와 인간들에게 실제 경험의 결과로써 저마다의 오만함과 하느님의 거룩한 보호의 차이를 보여주셨다. 천사나 인간이 타락하지 않도록 막을 능력이 하느님께 없었다고 누가 감히 믿거나 말할 수 있겠는가? 하지만 하느님은 이 일을 그들의 권한에 맡기기로 정하시어 그들의 오만이 얼마나 힘이 있는가와 하느님 은총의 힘을 볼 수 있는 길을 택하신 것이다.

제28장 두 나라의 특징

두 사랑이 두 세계를 이루었다. 하느님을 멸시함에까지 이르는 자기 사랑이 땅 위 나라를 만들었고, 자신을 멸시하면서까지 하느님을 사랑하는 사랑이 하늘 나라를 만들었다. 땅 위 나라는 자신을 자랑하며, 하늘 나라는 주님을 자랑한다(2고린 10 : 17). 땅 위 나라는 사람들에게서 영광을 구하고, 하늘 나라는 우리 양심을 보시는 하느님을 가장 큰 영광으로 여긴다.

땅 위 나라는 자기 영광에 겨워 머리를 높이 쳐들며, 하늘 나라는 하느님께 "주님, 당신은 나의 방패, 나의 영광이십니다. 내 머리를 들어주십니다"(시편 3 : 3) 말한다. 땅 위 나라에서는 지배욕이 군주들과 피정복 주민들 위에 군림하고, 하늘 나라에서는 지도자와 피지도자들이 사랑으로 서로 섬기되, 지도자는 지혜로 명령을 내리고, 피지도자는 그것을 지킨다. 땅 위 나라 권력자들은 자신의 권력을 사랑하며, 하늘 나라는 하느님께 "나의 힘이신 주님이시여! 당신을 사랑합니다"(시편 18 : 1) 말한다.

그리하여 땅 위 나라에서는 현자들이 인간을 따라 자신들의 몸이나 마음 또는 그 모두의 이로움을 좇았고, 하느님을 알고 있었던 사람도 "찬미와 감사를 드리지 않고, 오히려 그 생각은 허망하게 되어 미련한 마음이 어두워졌나니 스스로 지혜롭다 자칭하나", 오만에 지배되어 자신들의 지혜를 스스로 높다 하면서 "우둔하게 되어 불멸하는 하느님 영광을 썩어 사라질 사람과 금수와 버러지들의 형상으로" 바꾸었다.

그들은 이런 우상 숭배에서 일반 민중 지도자가 되거나 추종자가 되었다. "그들은 하느님의 진리를 거짓으로 바꾸고 창조주 대신에 피조물을 받들어 섬겼습니다. 창조주께서는 영원히 찬미 받으실 분이십니다"(로마 1 : 21~23, 25). 하늘 나라에서는 인간의 하나뿐인 지혜는 참된 하느님을 바르게 경배하는 것이며, 또 사람들과 천사들로 이루어진 성도 무리에 참여해 "하느님께서 만물을 완전히 지배하시게 될 것입니다"(1고린 15 : 28) 이 목표를 상으로 받기를 기다리는 경건이다.

제15권

카인과 아벨에서 대홍수에 이르기까지 두 나라의 변화

제1장 인류의 두 갈래 계보의 시작과 저마다의 마지막

1.1 이 권의 내용

낙원의 행복에 대해서나 낙원 그 자체, 그리고 그곳에서의 최초 조상의 생활, 그리고 이 조상들의 죄와 벌에 대해 많은 사람들이 생각해 왔고 많은 이야기를 했으며 글도 많이 썼다. 우리도 앞의 몇 권(특히 제14권)에서 성경을 되도록 따랐으며 그 안에서 읽고 이해할 수 있던 바를 성서가 지닌 권위에 맞추면서 이야기했다. 만일 그런 사실들을 더 깊이 파고들자면 끝없는 의문과 논쟁이 일어날 텐데, 그렇게 되면 이 책은 감당할 수 없을 만큼 권수가 늘어날 터이다. 하지만 책을 쓰는 데 그다지 시간이 넉넉지 않으므로, 한가한 사람들이 트집을 잡으려고 던지는 모든 질문에 하나하나 대답할 필요는 없겠다. 그들은 대답을 이해할 능력도 없으면서 그저 따지거나 쉽게 묻기만 한다.

나는 세계나 영혼, 인류 자체의 시작에 대해 중요하고 어려운 문제들을 이미 충분히 다루었다고 생각한다. 우리는 인류를 저마다 자기 생각대로 사는 사람들과 하느님 뜻을 따르며 사는 사람들, 두 종류로 나누고 그들을 두 나라 또는 두 개의 인간사회라고 불렀다. 그 가운데 하나는 하느님을 따르며 영원히 군림하며 살도록 예정되었고, 다른 하나는 악마와 함께 영원한 형벌을 받기로 예정되었다. 그러나 이것은 종말에 대한 이야기로 뒤(제19~22권)에 논하기로 한다.

그 수를 알 수 없는 천사들이나 인류의 두 조상, 그리고 두 나라가 어떻게 시작되었는지에 대해서는 현재까지 충분히 논의가 되었으므로, 이제부터는 저 두 조상이 갓 자손을 낳았을 무렵부터 인간들의 생식이 멈출 때까지 이루어질 두 세계의 전개에 대해 말하는 것이 좋겠다. 여기서는 죽은 이들이 내어준 자리를 태어난 사람들이 이어가는 이 모든 기간 또는 세기가, 우리가 다루려는 두 나라의 역사가 펼쳐지는 때이기 때문이다.

1.2 카인과 아벨로부터 비롯된 두 나라

인류 최초 조상에게서 맏아들로 태어난 카인은 인간의 나라에 속했고, 그 아우인 아벨은(창세 4 : 1~2) 하느님의 나라에 속했다. 사도 말씀처럼 한 개인 안에 "영적인 것이 먼저 있었던 것이 아니라 육체적인 것이 먼저 있었고, 그 다음에 영적인 것이 왔습니다"(1고린 15 : 46)한 사실을 경험하는 셈이다. 그러므로 원죄를 받은 혈통에서 난 사람은 반드시 아담에게서 태어났기 때문에 악하고 육욕적인 사람이며, 그 뒤에 그리스도 안에서 거듭나야만 선하고 영적인 사람이 될 수 있다. 마찬가지로 모든 인류의 두 나라도 사람들이 태어나고 죽으면서 역사가 시작되는데, 이 세상 백성이 먼저 났고, 하느님 나라의 백성은 그 다음이었다. 하느님 나라 백성은 이 세상에서는 순례자이면서 하느님 나라에 속하는 사람이고, 은혜로 예정되었으며 은혜로 선택받았고, 땅에서는 은혜로 순례자가 되었고 하늘에서는 은혜 받아 백성이 되었다. 그도 원죄로 가득한 덩어리에서 태어난 자였지만, 사도의 지혜롭고도 알맞은 비유처럼, 하느님이라는 옹기장이가 같은 진흙덩이를 가지고 하나는 귀하게 쓸 그릇을 만들고 다른 하나는 천하게 쓸 그릇을 만드신 것이다(로마 9 : 21).

하지만 하느님은 천하게 쓸 그릇을 먼저 만드시고 그 뒤 귀하게 쓸 다른 그릇을 만드셨다. 그 까닭은 앞서 말한 대로 인간에게는 이미 악한 것이 있어서 어쩔 수 없이 거기서부터 시작해야 하지만, 반드시 거기에 머물러 있을 필요는 없다는 것이다. 그 뒤에는 선한 것이 있으므로, 우리는 더 나음을 좇고 먼저 다다르면 거기에 머물러 있어야 한다. 물론 악한 자가 모두 선하게 되는 것은 아니다. 하지만 먼저 악하지 않고서 선해지는 사람은 없으며, 빨리 선해질수록 그만큼 더 원죄로 가득한 옛 이름을 지우고 새로운 이름을 갖게 될 것이다.

기록에 따르면 카인은 나라를 세웠지만(창세 4 : 17), 나그네인 아벨은 나라를 세우지 않았다. 성도들의 나라는 하늘에 있다. 땅에서 태어난 백성들은 나그네로 이 세상을 살아가며 후손들을 낳고 순례의 길을 걷지만, 하늘 문이 열리는 부활의 날에 그리스도의 부활을 믿는 자들이 모두 한데 모이게 되리라. 그리고 약속된 나라를 받아 영원한 왕이신(1디모 1 : 17) 그들의 왕을 모시고 끝없이 지배할 것이다.

제2장 육체에 따른 아이들과 약속에 따른 아이들

지상에는 이 하늘 나라를 상징하는 예언적 이미지가 있어 왔다. 이 이미지
는 필요해서 만들어진 것으로, 그 나라를 지상에 구현하려는 것이 아니라 하
늘나라가 드러나야 할 때가 오기까지 사람들에게 그 존재를 믿게 하기 위해
서였다. 이 이미지를 우리는 거룩한 나라라 불렀는데, 이는 상징으로 쓰인 것
이지, 앞으로 이루어질 하늘 나라와 똑같지는 않다. 이미 지상의 나라와 이것
이 상징하는 자유로운 나라에 대해 사도 바울은 갈라디아인들에게 이렇게 말
한다.

"내게 말하라 율법 아래 있고자 하는 자들아. 율법을 듣지 못하느냐. 기록된
바 아브라함이 두 아들이 있으니 하나는 계집종에게서, 하나는 구속되지 않
은 자유로운 여자에게서 났다 하였으며 계집종에게서는 육체를 따라 났고 자
유로운 여자에게서는 약속으로 말미암았느니라. 이것은 비유*[1]이며, 이 여자들
은 두 언약이라 하나는 시내산으로부터 종을 낳은 자니 곧 하갈이라. 이 하갈
은 아라비아에 있는 시내산으로 지금 있는 예루살렘과 같은 데니, 저가 그 자
녀들을 더불어 종노릇하고, 오직 위에 있는 예루살렘은 자유자니 곧 우리 어머
니라 기록된 바 '환성을 올려라, 아기를 낳아보지 못한 여인들아! 기뻐 목청껏
소리쳐라, 산고를 겪어본 적이 없는 여자야! 너 소박맞은 여인의 아들이 유부
녀의 아들보다 더 많구나'(이사 54 : 1) 하였으니 형제들아 너희는 이삭과 같이
약속의 자손들이라. 그러나 그때에 육체를 따라 난 자가 성령을 따라 난 자를
핍박한 것 같이 이제도 그러하도다. 그러나 성경이 무엇을 말하느뇨. '그 계집
종과 아들을 내쫓아 주십시오. 그 계집종의 아들이 내 아들 이삭과 함께 상속
자가 될 수는 없습니다' 하였느니라(창세 21 : 10). 그러므로 형제들아 우리는 계
집종의 자녀가 아니요 자유로운 여자의 자녀니라. 그리스도께서 우리를 자유로
이 해 주셔서 우리는 자유의 몸이 되었습니다"(갈라 4 : 21~5 : 1).

이 구절에 대한 풀이는 사도의 권위로 우리에게 전해졌으며 우리가 두 약속,
곧 구약성서와 신약성서를 어떻게 이해하고 받아들일 것인가에 대한 방향을

---

*1 비유의 뜻에 대해서는 아우구스티누스 《삼위일체론》 15, 9, 15 참조.

보여준다. 지상 나라의 한 부분으로 하늘 나라를 상징하는 것이다. 그러므로 그 자체 지상의 나라를 뜻하는 것이 아니라 다른 나라를 위해 나타내느라 쓰였을 뿐이며 따라서 다른 나라를 위해 '종으로' 섬기는 셈이다. 이 나라는 스스로를 위하여 세워진 것이 아니라 다른 나라를 미리 보여주기 위해서 세워졌으며, 스스로 다른 것의 그림자이면서도, 그보다 먼저 있었던 이미지에 의해 미리 보여주었기 때문이다.*²

사라의 계집종 하갈과 그의 아들은 이 상징에 대한 또 다른 상징이었다. 빛이 오면 그림자는 사라지는 법이다. 자유인인 사라는 자유로운 나라를 뜻하며 그림자라는 다른 방식으로 하갈 또한 나름대로 이 자유로운 나라를 상징한다. 사라는 "계집종과 그들을 쫓으라. 계집종의 아들이 내 아들 이삭과 함께—또는 사도가 말한 대로, '자유로운 여자의 아들과 함께' 대를 잇지 못하리라" 말했다.

여기서 우리는 지상 나라에서 두 가지를 발견한다. 두 이미지 가운데 하나는 자신의 존재를 보여주고, 다른 하나는 자신의 존재로 하늘 나라를 상징적으로 보여준다는 것이다. 죄로 더럽혀진 자연본성은 지상 나라 백성들을 낳으며, 하늘 나라 백성들을 낳는 것은 죄로부터 자연본성을 구원하는 은총이다. 그래서 앞엣것은 '진노의 그릇', 뒤엣것은 '자비의 그릇'이라고 부른다(로마 9 : 22, 23). 이것은 아브라함의 두 아들에게도 상징적으로 나타났는데, 계집종 하갈의 아들 이스마엘은 육체를 따라 태어났고, 자유인 사라의 아들 이삭은 약속에 따라 태어났다. 두 아들 모두 아브라함 자식으로 태어났지만, 하나는 육체의 법으로 태어났고, 다른 하나는 은혜로운 약속으로 태어났다. 이스마엘의 출생은 인간의 관습적 행동을 나타내며, 다른 아들 이삭의 출생은 하느님 은혜를 드러낸다.

제3장 사라는 하느님의 은혜로 아이를 가졌다

사라는 아이를 낳지 못하는 여인이었다. 자식을 낳을 희망이 없었던 그녀는 계집종을 통해서라도 아이를 갖고자 자기를 대신해 계집종을 남편의 침소

---

*2 계집종 하갈은 지상 예루살렘을 미리 보여주었으며, 지상 예루살렘은 하갈과 같이 종노릇을 하면서 자유 나라인 천상의 예루살렘을 위한 예가 되었다. 하늘 나라의 상징은 자유로운 나라였다.

에 들여보냈다(창세 16 : 1~3). 다른 여인의 몸을 빌려 자신의 권리를 행사함으로써 사라는 남편이 본분을 다하도록 했다. 으레 그렇듯이 남녀의 결합으로 이스마엘이 태어났기 때문에, 그는 "육체를 따라 났다"(갈라 4 : 23) 말한다. 이렇게 태어나는 것이 하느님의 축복이 아니라거나, 하느님 하시는 일이 아니라는 뜻은 아니다. 하느님의 지혜는 "세상 끝에서 끝까지 힘차게 펼쳐지며 모든 것을 훌륭하게 다스린다"(지혜 8 : 1) 기록되었기 때문이다. 만약 하느님의 선물이 주지 않아도 되는 것임에도 은총으로 거저 베푸신 것이라면, 자연본성의 행위나 과정에 얽매이지 않은 채로 아들이 점지되어야 했으리라. 아브라함과 사라의 나이로 자식을 낳는다는 것은 인간본성이 거부하는 일이었기 때문에 더욱 그랬다. 또한 사라는 한창 젊을 때에도 아이를 낳지 못했으니 말이다.

자식을 낳을 수 없는 이 자연본성은 인류 본성이 죄로 더럽혀졌기에 그에 대한 단죄를 받아 그 후손 또한 참된 행복을 받을 자격이 없게 된 것임을 뜻한다. 따라서 하느님 약속으로 이삭이 태어났을 때, 이삭은 은혜의 자녀이며 자유로운 나라 백성들을 상징할 뿐 아니라 영원한 평화의 동지들을 나타낸다. 이 백성들은 영원한 평화 속에 사사로운 이기심이나 아집 없이 서로를 섬기며, 동일하고 변하지 않는 공동의 선을 두고 사랑으로 함께 산다. 많은 신도들이 모두 한마음 한뜻이 되어 아무도 자신의 소유를 자신의 것이라고 하지 않고 모든 것을 공동으로 사용하였다(사도 4 : 32). 즉 완전한 일치로서 사랑이 존재하고 있음을 말해주는 것이다.

제4장 지상 나라의 전쟁과 평화

지상 나라는 최후의 형벌로 단죄를 받을 즈음에는 나라라 할 수 없으므로 영원하지 못하다. 하지만 이곳에서도 그 나름대로 선한 점이 있으며, 거기서 얻을 수 있는 기쁨을 즐긴다. 그러나 그 선한 것이 백성들의 모든 어려움을 해결할 수 있을 만큼 훌륭하지는 못하기 때문에 지상 나라는 다툼과 전쟁과 분쟁으로 분열되는 일이 잦으며, 기껏 얻어내는 승리 또한 많은 죽음을 몰고 오거나 오래가지 못한다. 대립된 부분들 자체가 죄악에 사로잡혀 다른 백성들을 이기려고 애쓰기 때문이다. 만일 누군가가 승리했다 하더라도 그는 곧 오만으로 가득 차서, 그 승리는 끝내 수많은 사람들의 목숨을 앗아갈 것이다. 또한 승리하기까지 희생한 것들과 어차피 죽어야만 할 상대와의 공통된 운명을 생각해 성공으로 교만해지지 않는다 하더라도, 앞으로 닥쳐올지 모르는 역경에 대해 불안해하다보면 그만큼 승리도 시들해지기 마련이다. 만일 누군가를 굴복시킨다 할지라도 영원히 상대를 지배하기란 불가능하리라.

이 지상 나라가 추구하는 것들을 악하다고 단정짓는 것 또한 바르지 않다. 나라 자체가 하나의 나라를 이룬다는 점에서 다른 인간적인 선보다 낫다고 말할 수 있기 때문이다. 비록 보잘것없는 차원이기는 하지만, 전쟁을 마다하지 않으면서도 추구하는 것 또한 바로 지상적 평화이기 때문이다. 함께 갖지 못할 물자를 두고 싸우는 두 집단은 어느 한 쪽이 정복한 뒤에라야 평화를 누릴 수 있다. 평화를 얻기 위해 전쟁을 한다. 그러므로 자신들이 거둔 승리를 영광스럽게 여기는 것이다.

더 정당한 주장을 내세운 쪽이 승리할 경우, 그 승리자를 축하하며 평화가 찾아왔다고 생각하지 않을 사람이 누가 있겠는가? 이것은 선한 일이며, 하느님이 내리신 선물임에 틀림없다. 하지만 하늘 나라의 더 좋은 일들, 이를테면 영원한 승리와 끝없는 평화로*3 얻는 선들을 소홀히 하며, 전쟁에서 얻는 선을 유일한 선으로 믿어 지나치게 탐낸다면, 반드시 불행이 뒤따를 것이며 그것이 점점 더 커지리라.

제5장 지상 나라의 첫 건설자

지상 나라를 세운 자는 자기 아우를 죽였다. 그는 시기심을 견디지 못해, 영원한 나라 백성이며 지상을 순례하는 나그네인 자기 아우를 죽이고 말았다. 그래서 오랜 뒤에 로마가 세워졌을 때, 그리스 사람들이 아르케튀포스 (archetypos, 원형)라 부르는 범죄의 최초 본보기라 할 수 있는 일이 저질러진 것을 보고도 우리는 놀라지 않는다. 로마는 많은 민족을 지배하며 우리가 말하는 지상 나라의 으뜸이 되었지만, 그들 가운데 한 시인이 말한 것처럼 그 나라의 "처음 성벽은 아우의 피로 물들었다."*4

레무스가 그의 형 로물루스에게 죽임을 당한 것은 로마 역사에 기록되어 있다.*5 그러므로 로마와 저 지상 나라에 차이가 있다면 오직 로물루스와 레무

---

*3 제19권 제17장 평화에 대한 설명 참조.
*4 루카누스 《파르살리아》 1, 95 참조.
*5 로물루스가 레무스를 죽인 데 대해서는 제3권 제6장 참조.

스 둘 다 지상 나라의 백성이었다는 것밖에 없다. 둘은 로마를 세우는 영광을 얻고 싶었지만, 둘이 함께 차지하기에는 그 영광이 너무 작아 보였다. 살아 있는 수준이 낮아 권력을 나누게 되면 그만큼 통치할 수 있는 힘이 줄어들기 때문이다. 그 권력을 모두 차지하기 위해 형제를 죽였다. 그 살인으로 권력은 커졌으나 수준이 낮아진 것이니, 죄를 짓지 않았더라면 권력은 비록 더 작았을지라도 수준은 높아졌을 것이다.

이와 달리 카인과 아벨 형제는 지상적 욕망으로 움직인 것이 아니며, 이런 것으로 서로를 시기하지도 않았다. 두 사람이 지배권을 나눔으로써 세력이 줄어들까봐 이를 질투하여 살인을 저지른 것도 아니었다. 아벨은 형이 세운 나라를 다스리려는 생각이 없었다. 선하다는 이유 하나로 선한 사람들을 미워하는 악인들의 악마적인 시기와 미움이 있었다. 선은 다른 사람들과 나눈다고 해서 줄어드는 법이 없다. 도리어 사람들과 함께 사랑으로 나눔으로써 더욱 커지는 법이다. 선을 나누지 않는 사람은 가질 수도 없으며, 기꺼이 나누고자 하는 사람은 가장 많이 가지게 되는 것이다.

로물루스와 레무스의 다툼은 지상 나라가 어떻게 안으로부터 스스로 분열하는지 보여주고, 카인과 아벨의 사건은 두 나라, 하느님과 인간들 사이에 있는 적대관계를 보여준다. 악한 이는 악인과 싸우며 선인과도 싸운다. 그러나 선인과 선인, 적어도 완전한 선인들이 서로 싸우는 일은 불가능하다. 다만 완전한 선인이 되려고 노력하는 동안은 아직 불완전하므로, 자신을 거스르는 일로 스스로 싸우듯이 다른 사람들과도 싸운다. 왜냐하면 한 사람 안에서도 "육체적 욕망은 성령을 거스르고 성령께서 원하시는 것은 육체적 욕망을 거스르므로"(갈라 5 : 17), 이 영적 욕망이 다른 사람의 육체적 욕망과 싸울 수 있는 것이다. 또 육체적 욕망이 다른 사람의 영적 욕망과 싸워서, 선인과 악인의 싸움이 될 수도 있다. 또는 악인과 악인이 싸우는 것처럼 아직 불완전한 두 선인의 육체적 욕망이 싸우는 경우도 있다. 이들은 하느님 은혜로써 치료받고 있는 사람들이므로, 그들이 병을 치료해 마지막 승리에 이를 때까지 죄와 싸움은 계속 이어지리라.

제6장 죄의 벌로 받은 병약함

병약함, 즉 우리가 제14권(특히 1~5장)에서 살펴본 불복종은 최초에 있었던 불복종에 대한 벌이다. 따라서 병약함은 자연본성이라기보다는 하나의 결함이다. 따라서 은혜 안에서 성장하며 믿음으로 순례의 길을 걷는 사람들에게 성경은 이렇게 말씀한다.

"서로 무거운 짐을 져주십시오. 그래서 그리스도의 법을 이루십시오"(갈라 6:2).

"게으른 사람들을 훈계하고 소심한 사람들을 격려하며 약한 사람들을 붙들어주고 모든 사람을 인내로써 대하십시오. 여러분 가운데 악을 악으로 갚는 사람이 하나도 없도록 하고, 언제나 서로 남에게 선을 행하도록 힘쓰십시오. 또 모든 사람에게 선을 행하십시오"(1데살 5:14~15).

"형제 여러분, 여러분은 성령이 이끄시는 대로 사는 사람들이니, 어떤 사람이 잘못을 저질렀을 때는 온유한 마음으로 바로잡아 주어야 합니다. 그리고 여러분도 유혹에 빠지지 않도록 자신을 살피십시오"(갈라 6:1).

"화나는 일이 있더라도 죄를 짓지 마십시오. 해질 때까지 화를 풀지 않으면 안 됩니다"(에페 4:26).

"어떤 형제가 너에게 잘못한 일이 있거든 단둘이 만나서 그의 잘못을 타일러 주어라. 그가 말을 들으면 너는 형제 하나를 얻는 셈이다"(마태 18:15).

죄를 저질러 문제를 일으킨 것에 대하여 사도는 이렇게 말한다.

"죄 지은 사람들을 모든 사람 앞에서 징계하여 다른 사람들까지도 두려운 마음을 가지게 하시오"(1디모 5:20).

이런 목적을 위하여, 또 평화가 없이는 아무도 주님을 뵙지 못할 것이므로(히브리서 12:14) 그 평화를 지키기 위해 서로 용서하라며 세심하게 일러 주셨다. 예컨대 1만 달란트의 빚을 탕감받은 종이 자기에게 100데나리온을 빚진 동료를 용서해 주지 않아, 그 1만 달란트를 갚으라는 무서운 선고를 받았다(마태 18:23~34). 그리스도께서 이 비유에 덧붙여 말씀하시기를 "너희가 진심으로 형제들을 서로 용서하지 않으면 하늘에 계신 내 아버지께서도 너희에게 이와 같이 하실 것이다"(마태 18:35) 하셨다.

하느님 나라 백성들은 이런 식으로 치유 받으며 하늘 나라의 평화를 그리워하며 지상에 머물고 있다. 내면에 역사하시는 성령은 밖에서 쓰는 약들이 좋은 효과를 내도록 하신다. 그렇지 않다면 하느님이 당신에게 순종하는 어떤 피조물을 이용하거나 인간의 모습으로 인간이 알아챌 수 있도록 꿈이나 다른 형태로 말씀을 전하신다 할지라도 아무 소용이 없다. 성령이 내면적 은혜로 마음을 움직여 주시지 않는다면, 진리를 아무리 전하더라도 인간에게 이로움을 주지 못할 것이다

"하느님께서는 당신의 진노와 권능을 나타내고자 하시면서도 당장 부수어버려야 할 진노의 그릇을 부수지 않으시고 오랫동안 참아주셨습니다. 그것은 하느님께서 자비의 그릇에 베푸실 당신 영광이 얼마나 풍성한지를 보여주시려는 것이었습니다"(로마 9 : 22~23). 하느님은 당신의 비밀스럽고도 놀라운 방법으로 영혼을 도우시며, 사도가 가르치듯이(로마 6 : 12~13) 죄가 우리 몸 구석구석에 깃들어, 우리가 죄에 복종하여 그 죄가 우리의 죽을 육신 안에 군림하거나, 몸의 각 부위를 마치 불의의 무기처럼 죄악에 내맡기는 일이 없도록 하신다. 그래서 인간은 참된 선으로 향하며, 하느님 지배 아래 있게 됨으로써 악을 행하는 일을 멀리한다. 이 세상에 살면서 얻은 평화는 그 뒤에도 계속 이어질 것이며, 완전한 건강과 영원한 생명을 얻어 죄 없는 영원한 평화 속에서 살게 될 것이다.

제7장 카인의 죄의 원인과 그 집요함

앞서 설명한 것처럼, 하느님은 순종하는 피조물들을 통해 마치 친구처럼, 인류 최초 조상들에게 말씀을 건네셨다(창세 4 : 6 이하 참조).[*6]

우리는 그런 방식에 대해 힘이 닿는 데까지 설명을 해 본 적이 있다. 하지만 하느님이 그런 방식으로 말씀을 건네신 것이 카인에게 무슨 좋은 영향을 주었단 말인가? 그는 아우를 죽이겠다는 생각으로 가득했고, 하느님이 그에게 경고했음에도 끝내 실행하지 않았던가? 하느님이 아벨의 제물은 반기시고 카인의 제물은 반기지 않으셨을 때, 카인의 행실이 악했고 아벨의 행실이 선했기 때문에 그렇게 하셨음을 눈에 보이는 어떤 표시로써 카인은 깨달을 수 있었다. 카인이 몹시 상심하여 고개를 떨구었을 때의 일이 이렇게 씌어 있다.

"너는 왜 그렇게 화가 났느냐? 왜 고개를 떨구고 있느냐? 네가 제대로 했다면 왜 고개를 들지 못하느냐? 그러나 네가 만일 마음을 잘못 먹었다면 죄가 네 문 앞에 도사리고 앉아 너를 노릴 것이다. 그러므로 너는 그 죄에 굴레를

[*6] 하느님이 인간들에게 말씀하시는 방법에 대해서는 아우구스티누스 《De Genesi ad Litteram》 8, 18, 37 ; 9, 2, 3~4.

씌워야 한다"(창세 4 : 6~7).*7

카인에게 내린 하느님의 이 경고에서 "네가 바르게 제물을 올리더라도, 바르게 구별하지 않으면 죄를 지은 것이 아니냐?"라는 말씀은 뜻이 확실하지 않다. 무슨 이유나 목적으로 하신 말씀인지 분명하지 않기 때문에, 신앙규범*8에 따라 이해하려는 사람들이 많은 해석을 내놓았다. 확실히 바르게 제물을 올린다는 것은 유일하고 참된 하느님께만 올바로 올리는 것이다. 또한 제를 올리는 장소나 시간, 바치는 제물이나 바치는 사람, 올렸던 제물을 누구에게 나눠 주는가 하는 것을 바르게 구별하지 않는다면 올바른 것이 아니다. 구별한다는 말은 여기서 분별한다는 뜻으로 쓰였다.

제를 올릴 만한 장소가 아니거나 올리려는 제물이 다른 곳은 괜찮지만 거기서는 올리면 안 되는 것이거나 올리는 시간이 적절치 않을 때, 또 올리는 제물이 그 시점에 알맞지 않을 때, 어느 때 어느 곳에서도 절대 올려서는 안 될 것을 올리거나 같은 종류의 제물 가운데 더 좋은 쪽을 자기가 차지하고 나머지를 올리거나, 또는 율법상 참석하지 말아야 할 사람이 참석해서 제물을 먹을 때 이런 일이 생긴다. 이 가운데 어떤 점에서 카인이 하느님 마음에 들지 않았는지 단정짓기는 어렵다. 그러나 사도 요한이 이 두 형제에 대해서 한 말씀이 있다.

"우리가 카인처럼 되어서는 안 됩니다. 카인은 악마의 자식으로서 자기 동생을 죽인 자입니다. 그가 동생을 죽인 이유는 무엇이었습니까? 동생이 한 일은 옳았지만 자신이 한 일은 악했기 때문입니다"(1요한 3 : 12).

그렇다면 하느님이 카인의 제물을 반기시지 않은 것은 그가 제물을 분별없이 나누었기 때문이며, 자신의 소유물을 하느님께 올리면서 정작 자신의 희생은 전혀 바치지 않고 그대로 자신을 차지하고 있었던 것으로 이해할 수 있다.

하느님 뜻에 따르지 않고 자기 맘대로 행동하는 사람들, 올바른 마음으로 살지 않고 그릇된 마음으로 사는 사람들, 그러면서도 하느님께 무언가를 바침으로써 그 대가로 도움을 받으려고 하며, 그 예물로 하느님 마음을 얻어 그것으로 자신의 죄와 사악한 마음을 낫게 하려는 것이 아니라 도리어 그것으로

---

*7 원문에서 창세 4 : 7은 뜻이 분명하지 않으나, 지은이는 자기 관점에서 이해한다.
*8 성경해석에 대해서 전통적으로 인정된 정통 관점을 뜻하며, 어떤 공인된 규정이 있는 것은 아니다.

자신의 욕정만 채우려고 한다. 이것이 바로 지상 나라의 특징이다. 지상 나라는 하느님이나 신들을 섬기지만, 신의 도움으로 지상에서 승리자로서 평화롭게 지배하고자 한다. 애정으로 선을 행하는 것이 아니라 지배욕으로써 행하려 하기 때문이다.

선한 사람들은 하느님을 제대로 느끼기 위해 세상을 이용하지만, 악한 이들은 반대로 세상을 즐기기 위해 하느님을 이용하려 한다. 하지만 이들은 적어도 하느님의 존재를 믿고 그분이 인간의 일을 보살피신다고는 믿는다. 이 믿음에도 이르지 못한 사람들은 수준이 훨씬 더 낮다. 하느님이 동생의 제물은 반기시고 자기 것은 반기지 않으셨을 때, 카인은 마음을 바꾸고 동생을 본보기로 삼아야 했다.

하지만 그는 마음이 상했고 오만하게도 동생을 경쟁 상대로 여겼다. 다른 사람의 아름다운 점, 자기 형제의 선행에 대해 카인이 이처럼 분노하는 것을 보신 하느님은 큰 죄라고 여기시고, "너는 왜 그렇게 화가 났느냐? 왜 고개를 떨어뜨리고 있느냐?" 힐난하며 꾸짖으셨다. 형제를 시샘하는 것을 나무라신 것이다.

사람들은 다른 이의 마음을 정확히 볼 수 없으므로 그때 카인의 슬픔이 과연 자신의 악행을 깨닫고 슬퍼한 것인지, 아니면 동생의 선행이 하느님의 마음에 든 것에 대해 시기해서인지 분명하지 않다. 그러나 하느님은 카인의 제물을 반기지 않으신 까닭과, 아우를 미워하는 것이 옳지 않다는 것을 보여주셨다. 카인이 "바르게 분별하지 않았다", 다시 말해서 바르게 살지 않았으므로 그의 제물은 받아들여질 자격이 없다는 것과, 이유 없이 의로운 동생을 미워함으로써 더욱 불의한 사람이 되었음을 밝히신 것이다.

하지만 하느님은 그대로 그를 저버리지 않으시고 물리기 전에 거룩하고 선한 가르침을 내려주셨다. "조바심 내지 마라. 그가 네게로 돌아오게 하여 네가 그것을 다스릴지니라." 아우를 다스리라는 뜻인가? 절대 그렇지 않다. 그렇다면 죄를 다스린다는 뜻이 아니고 무엇이겠는가? 하느님은 이미 "네가 죄를 저질렀다" 말씀하시고 다시 덧붙이셨다. "조바심 내지 마라. 그가 네게로 돌아오게 하여, 너는 그것을 다스릴지니라." 죄가 되돌아온다는 말은 그 죄의 책임이 남에게 있지 않고 자기 자신에게 있다는 것을 깨달아야 한다는 뜻이다. 즉 이 뉘우침이야말로 건강하게 만드는 좋은 약이며, 용서를 구하는 적절한 이유가 된다. "그것이 네게로 되돌아올 것이며" 구절에서 "되돌아오리라"처럼 미래형이 아닌 "되돌아오게 하여" 명령으로 이해해야 한다. 죄를 감싸며 자기 자신을 변호하는 게 아니라 뉘우치면서 굴복시킨다면 누구나 죄를 지배하게 되리라. 그러나 자신의 죄를 옹호하는 자는 반드시 죄가 주인이 되어 그 지배를 받게 될 것이다.

만일 육신의 욕망 자체를 죄라고 생각한다면—사도는 "육신의 욕망은 성령을 거스르고, 성령께서 원하시는 것은 육정을 거스릅니다"(갈라 5 : 17) 하며, 그 육신이 만들어낸 한 가지가 질투이며(갈라 5 : 21), 확실히 카인도 이 질투심 때문에 아우를 죽인 것이므로—미래형을 덧붙여 "그것은 네게로 돌아올 것이며 너는 그것을 다스리리라"로 읽어도 좋을 것이다. 사도는 "그런 일을 하는 것은 내가 아니라 내 속에 도사리고 있는 죄입니다"(로마 7 : 17) 하여 육신 부분을 죄라고 부르며, 철학자 가운데도 이 부분을 악하다고 보는 사람들이 있다. 그러므로 이 부분이 지성을 이끌어서는 안 되며, 지성이 그것을 통솔하여 그 불의한 움직임을 막아야 하는 것이다. 그러면 악한 일을 하려고 할 때 그것을 억눌러서 "여러분의 몸을 죄에 내맡기어 악의 도구가 되게 하는 일은 없어야 합니다"(로마 6 : 13) 말한 사도 말씀을 따른다면, 그것은 지성으로 돌아와 지성으로 누르고 정복해 이 부분을 이성이 다스리게 해야 한다. 본받아야 마땅한 아우를 도리어 타는 듯한 질투로 죽여버리고자 마음먹은 자에게 하느님이 명령하신 것이 바로 이 일이었다. "조바심 내지 마라" 곧 마음을 가라앉히라 하셨다. "결국 죽어버릴 육신의 욕망에 굴복하지 마라. 그래야 죄의 지배를 받지 않을 것이니라"(로마 6 : 12). 너의 몸을 죄가 될 불의에 사용되지 못하게 하라. 네가 범죄에 고삐를 주어 끌게 하지 않고 도리어 불길을 끔으로써 죄에 굴레를 씌운다면, "그것은 네게로 돌아올 것이며 너는 그것을 다스릴 것이다." 겉으로 뻗어 나오지 못할 때 범죄는 이성의 너그러운 지배와 권위에 굴복하여 길들여지며 안에서 함부로 움직이는 일도 없게 된다.

같은 성서에서 하느님은 하와에게 비슷한 말씀을 하셨다. 그것은 원죄를 지은 뒤, 뱀 모양으로 나타난 악마와 여인과 그의 남편에 대해서 하느님이 그 죄를 따져 물으시고 단죄하면서 하신 말씀이다. "너는 아기를 낳을 때 몹시 고생하리라. 고생하지 않고는 아기를 낳지 못하리라. 남편을 마음대로 주무르고 싶겠지만 도리어 남편의 손아귀에 들리라"(창세 3 : 16). 죄에 대해, 또는 육신의 악한 정욕에 대해 하신 말씀을 여기서는 범죄를 저지른 여인에게 하셨다. 그래서 우리는 이성이 육체를 다스리는 것과 같이, 남편이 아내를 다스려야 한다는 것으로 이해할 수 있다. 그러므로 "자기 아내를 사랑하는 것은 자기 자신을 사랑하는 것이 아니겠습니까? 자기 몸을 미워하는 사람은 아직 없었습니다"(에페 5 : 28, 29) 사도는 말했다. 그러므로 우리는 이런 죄를 우리 몸으로 생각해서 고치려 해야지, 남의 일처럼 여겨 단죄해버려서는 안 된다.

그러나 카인은 하느님의 이런 명령을 간섭으로 받아들였다. 질투의 악덕이 그의 안에서 더욱 강해져, 끝내 동생을 꾀어 죽이고 만 것이다. 지상 나라를 세운 자가 바로 이런 인물이었다. 그는 또 예수 그리스도를 죽인 유대인들을 상징하기도 한다. 인간들의 목자이셨던 그리스도가 그들 손에 죽임을 당했기 때문에, 아벨은 양떼들의 목자로서 그리스도를 나타낸다. 그러나 이것은 하나의 비유이며 예언이므로, 여기서 설명하지는 않겠다. 또 나는 마니교 신자들의 파우스투스를 반박하는 글*9에서 이 문제를 말한 적이 있다.

제8장 처음으로 카인이 나라를 세운 이유

이제 나는 기록된 역사를 옹호하려 한다. 지구상에 남자가 오직 넷만 있었을 때, 그나마도 형이 동생을 죽인 뒤라 딱 세 사람밖에 없던 시절, 그 가운데 한 사람이 나라를 세웠다는 성경의 기록을 어떤 이들은 믿지 못할 일이라고 생각한다. 이 셋은 곧 인류 최초 조상과 카인 자신과 그의 아들 에녹이었는데(창세 4 : 17), 이 에녹의 이름을 따서 나라 이름을 지었다. 이 기록을 의심하는 사람들은 기억해야 할 것이 있다. 성경의 역사를 쓴 사람은 그 시대 살았던 사람들 모두를 기록한 것이 아니라 역사에 남길 필요가 있다고 여겼던 사람들만 썼다는 것이다. 성령이 그로 하여금 성경을 쓰게 했으며, 그의 의도는 한 사람에게서 시작한 자손들을 세대를 거치며 차례로 확인하면서 아브라함까지 내려가고, 다시 아브라함 혈통에서 하느님 백성에 이르며, 다른 민족들과 다른 하느님 백성이 영원히 다스릴 나라에 관련된 모든 일을 미리 보여주거나 예언하고, 성령에 힘입어 영원한 나라의 왕이시며 이 나라를 세우신 그리스도에 대해서도 예견하는 일이었다. 그러나 이 목적을 향해 나아갈 때 지상 나라라 불

---

*9 아우구스티누스 《Adversus Faustum Manichaeum》 12, 9.

리는 다른 인간 사회에 대해 아무런 말 없이 넘어가는 것은 아니다. 그것과 대조함으로써 하늘 나라를 드높이는 데 필요하다고 여겨지는 범위 안에서는 충분히 이야기했다.

성경이 이때 살았던 사람들의 나이를 말할 때, "자녀를 낳았으며 그가 몇 년 동안 살다 죽었더라"고 끝을 맺는다(창세 5 : 4~5 참조). 성서는 이 아들과 딸들의 이름을 모두 말하지 않았다. 그러니 당시에 그들이 살았던 매우 오랜 세월 동안 더욱 많은 사람들이 태어나 수많은 나라를 세웠다고 풀이할 수도 있지 않은가? 그 많은 사람들이 힘을 합해 몇몇 곳에 나라를 세울 수 있지 않았겠는가? 그러나 하느님의 영감으로 쓰인 성경의 역사에서는 처음부터 이 두 사회를 저마다 여러 세대로 따로따로 나누어 엮어내는 일이 하느님의 뜻에 맞았다. 한쪽으로는 사람들의 세대, 즉 사람 뜻대로 사는 세대를 늘어놓고, 다른 한편으로는 하느님 뜻대로 사는 사람들, 다시 말해 하느님의 아들 세대들을 따로따로 기록해서 대홍수 때까지 내려가는데 그때 두 사회의 분리와 결합이 뚜렷하게 드러났기 때문이다.

분리라는 말은, 두 나라의 세대가 별도의 목록표로 기록되었기 때문이며, 하나는 동생을 죽인 카인으로부터 내려오고, 다른 하나는 셋이라고 부르는 사람들의 세대다. 셋은 형에게 죽임당한 자를 대신해 아담에게서 태어났다. 결합이라는 말은 선한 사람들이 갈수록 나쁜 쪽으로 기울어져 온 인류가 대홍수로 모조리 없어질 지경에 이르렀다는 의미이다. 오로지 노아라는 의인 한 사람과 그의 아내, 그리고 아들 셋과 며느리 셋이었다. 하느님은 이 여덟 명만이 인류를 멸망시킬 큰 재앙에서 살아남을 가치가 있다고 여기신 것이다.

그러므로 "카인이 아내를 알았더니, 아내가 임신하여 아들을 낳았다. 카인은 제가 세운 고을을 아들의 이름을 따서 에녹이라고 불렀다"(창세 4 : 17) 이렇게 기록되었지만, 이 사람이 곧 그의 맏아들이었다는 것은 아니다. 아내를 알았다고 했으나, 이것이 처음이었다는 증거는 되지 않는다. 인류 조상인 아담에 대해서도, 맏아들이었던 것으로 보이는 카인을 뱄을 때뿐 아니라 그 뒤에도 "아담이 다시 아내를 알았더니 아내가 아들을 낳고는 '하느님께서 카인에게 죽은 아벨 대신 이제 또 다른 아들을 주셨구나' 하며 이름을 셋이라고 지어주었다"(창세 4 : 25) 기록되어 있다. 그러므로 자식을 가졌을 때, 성경은 늘 그런 것은 아니지만 의례적으로 이 표현을 썼다고 할 수 있으며 처음으로 한자리에 들었을 때에만 쓴 것이 아니다. 따라서 에녹 이름을 성에 붙였다고 해서 그가 맏아들이라고는 할 수 없다. 다른 아들들이 있었지만, 어떤 까닭으로 아버지가 그를 특별히 사랑했을 수도 있기 때문이다. 유다도 맏아들이 아니었지만, 그에게서 유대 나라와 민족 이름이 나오지 않았는가.

에녹이 카인의 맏아들이었다 하더라도 그가 태어나자마자 그의 이름을 따서 나라 이름을 지었다고 볼 수는 없다. 도시국가란 많은 인간들이 집단을 이루어야 성립되는 것이므로, 그 무렵 혼자였던 카인이 그런 공동체를 만들었다고 보기는 힘들다. 하지만 그의 가족이 불어나 인구가 한 나라를 이룰 만큼 많아졌다면 그는 나라도 세우고 아들 이름을 붙일 수도 있었을 것이다. 대홍수 이전 사람들은 수명이 길어서, 성경에 기록된 사람들 가운데서 수명이 가장 짧은 사람이 무려 777세까지 살았기 때문이다(창세 5 : 31).*10 1000살까지 산 사람은 없었지만, 900세를 넘은 사람은 여럿 있었다.

그렇다면 한 사람이 평생을 살아가는 동안 인류 수가 계속 불어나서 나라 하나뿐 아니라 여럿을 세우고 거기에 살 수 있었으리라는 것을 누가 의심하겠는가? 이는 아브라함의 경우를 보아도 쉽게 추측할 수 있다. 아브라함 한 사람에게서 시작된 히브리 민족은 430년 동안(출애 12 : 40) 많이 불어나, 출애굽 때에는 무기를 들 만한 장정만도 60만 가량이었다고 한다(출애 12 : 37). 이 이스라엘의 후손 말고도 야곱의 형 에사오에게서 난 후손(창세 36장), 다시 말해서 아브라함의 다른 손자의 후손인 에돔 사람들이 따로 있었다. 또한 사라의 후손은 아니었지만, 아브라함의 후손인 다른 사람들도 있었다(창세 25 : 1~4 ; 25 : 12~15).

제9장 대홍수가 일어나기 전 인간은 오래 살고 덩치가 컸다

그러므로 사실을 신중히 따져보는 사람이라면 카인이 살았던 시대 사람들이 매우 오래도록 살았던 상황에서*11 카인이 나라를 건설할 수 있었을 뿐 아니라 제법 큰 나라를 세웠다는 점을 의심하지 않으리라. 혹 신앙인이 아닌 사람들 가운데서는 대홍수 이전 사람들이 오래 살았다는 성경 기록을 믿지 않

---

*10 개역 성경에서는 777세. 에녹은 365세에 죽었지만(창세 5 : 23), 그의 경우는 자연사로 인정
　　되지 않았다(히브리서 11 : 5~6).
*11 플리니우스 《박물지》7, 48, 153~49, 164.

는 회의론자들도 있을지 모른다. 그 무렵 사람들의 수명이 그토록 길었다는 성서의 기록을 도저히 믿을 수 없는 일로 여긴다면 우리는 할 말이 없다. 그들은 그때 사람들 몸집이 지금 사람들보다 컸다는 것도 믿지 않는다. 그러나 그들이 가장 존경하는 시인 베르길리우스도 논밭 경계에 박혀 있던 크나큰 돌에 대해 이야기하면서, 고대에 어떤 용감한 사나이가 싸움 도중에 그 돌을 빼들고 뛰어가면서 던졌다고 한다.

"지금 보는 덩치로는 역사 열두 명이라도 들지 못하였으리라."*12

이처럼 그 무렵 지구상에 살았던 사람들은 오늘날 사람들보다 몸집이 컸다는 뜻이다. 그렇다면 그보다 더 오래전인 저 유명한 대홍수 이전에는 어땠을까?

옛 사람들 몸집이 컸다는 것은 오랜 시간 뒤 드러난 옛 무덤들이 입증해 주는 경우가 많다. 세월이 많이 흘러 급류에 토양이 깎여, 또는 그 밖의 사고로 인해 믿을 수 없을 만큼 큰 뼈가 발견되거나 드러난 예가 있다.*13 나 또한 몇몇 사람들과 함께 우티카(Utica)*14바닷가에서 사람의 하얀 어금니를 보았다. 그것은 굉장히 커서 만일 우리 치아 크기로 잘게 부순다면 100개는 족히 만들 수 있으리라 생각한다. 그것은 어떤 거인의 것일지도 모른다. 그때 사람들도 몸집이 우리보다 컸지만 그 가운데서도 거인들은 더욱 컸으리라. 요즘이나 옛날이나 수는 적지만 거인들은 늘 있었다. 매우 박식했던 플리니우스 세쿤두스는 세기가 지날수록 사람들 몸집이 작아진다고 주장한다.*15 호메로스*16도 자신의 시에서 곧잘 인간의 이런 퇴화를 한탄했다는데, 자연계의 경이적 사실들을 기록한 플리니우스는 이것을 단순히 시인의 허구라고 여기면서 웃어넘기지 않고 역사적 사실로 인정한다. 그러나 내가 이미 말한 것처럼 거대한 뼈들이 가끔 발견되고 그 썩는 속도가 느리기 때문에, 이 유골들은 앞으로도 고대인들의 몸집이 컸다는 것을 증명하리라.

홍수 이전 사람들이 얼마나 오래도록 살았느냐는 것을 물적 증거로 밝힐 수는 없다. 그렇다고 해서 성경에 대한 믿음을 포기해야 한다는 것은 아니다. 미래에

*12 베르길리우스 《아이네이스》 12, 899~900.
*13 베르길리우스 《농경시》 1, 4, 93~97.
*14 아프리카 카르타고만 북부 해변도시.
*15 플리니우스 《박물지》 7, 16, 73~75.
*16 호메로스 《일리아드》 5, 302~304 ; 12, 378 ff ; 445 ff.

대한 성경의 예언들이 정확한 것을 볼 때, 먼 옛날의 기록이 신빙성이 없다고는 할 수 없다. 그리고 저 플리니우스는,*[17] 오늘도 인간이 200년 넘게 장수하는 나라가 있다고 한다. 그렇다면 우리가 모르는 곳에서 우리는 경험해 보지 못한 그런 긴 시간을 사는 사람들이 있다는 사실을 믿는다면, 먼 옛날에도 그런 일이 있었다는 것은 왜 믿지 못하는가? 여기서는 없지만 다른 곳에서는 있다는 일은 믿으면서 왜 지금은 없지만 다른 시대에는 있었다는 일은 믿을 수 없는가?

제10장 히브리어 성경과 우리의 성경 사이에서 다르게 보이는 사람들의 수명*[18]

우리의 성경과 히브리 성경 사이에는 대홍수가 나기 이전 사람들 나이에 차이가 있다. 무슨 까닭으로 차이가 생겼는지는 알 수 없지만 그들이 오래 살았다는 사실에는 의견이 같다. 최초 인간 아담이 셋을 낳았을 때 그의 나이는, 우리 성경에서는 230세였고 히브리 성경에서는 130세였다고 한다. 그러나 셋을 낳은 뒤에 우리 성경은 그가 700세를 더 살았다 하고, 히브리 성경은 800세를 살았다고 하므로(창세 5 : 3~4), 합계로는 두 성경이 서로 들어맞는다.

그 다음 세대들도 아들을 낳았을 때 나이가 우리 성경은 늘 100살이 많고, 그 다음 생존연수는 히브리 성경이 늘 100살이 많으므로 두 시기를 합하면 결과는 똑같다. 여섯째 세대에서는 아무 차이도 없는데, 다만 일곱째 세대에서는 그 세대의 대표인 에녹이 죽지 않은 채로 하늘로 올라갔다는 이야기가 있다. 하느님께서 너무 사랑하신 나머지 데려가신 것이라고 기록되었는데(창세 5 : 21~24) 여기에서도 서로 맞지 않는 부분이 보인다. 앞에서처럼 성경에서 아들을 낳았을 때 나이가 100살 차이가 나는데, 에녹이 하늘로 올라간 때가 365세라는 점에서는 두 성경이 똑같다.

여덟 번째 대에서는 차이가 적고 경우도 다르다. 에녹의 아들 므두셀라가 아들을 낳았을 때 그의 나이는 히브리 경전이 우리 경전보다 20살 많게 기록되어 있다(창세 5 : 25~27). 하지만 여기서도 합계는 똑같다.

---

*17 플리니우스, 앞의 책 7, 48, 154.

*18 "우리 성경"은 70인 번역 헬라어 성경을 고대 라틴어로 옮긴 것이다. 아우구스티누스가 말하는 히브리어 성경은 히에로니무스(영어명 : 제롬)가 히브리어 성경에서 직접 옮긴 라틴어 성경으로 이것을 흔히 "불가타역"이라 이른다. 이 불가타역은 404년 무렵 발표되었고, 아우구스티누스가 《신국론》을 쓰기 시작한 해는 413년이었으므로, 그는 불가타역을 잘 알고 있었을 것이다.

그런데 므두셀라의 아들이자 노아의 아버지였던 아홉 번째 대인 라멕 때는 합계가 다르다. 그러나 그 차이는 크지 않다(창세 5 : 28~31). 히브리 성경에는 라멕이 우리 성경보다 24년 더 살았다고 되어 있다. 아들 노아를 낳았을 때 히브리 성경에서는 6살 어렸는데 그 뒤에 30년이나 더 살았으므로, 결국 24년을 더 산 셈이다.

제11장 므두셀라의 나이

히브리어 성경과 우리 성경 사이의 이런 차이 때문에 므두셀라가 대홍수 뒤에도 무려 14년을 더 살았다는 저 유명한 의문이[19] 생겨난 것이다. 그의 나이를 셈하면 대홍수 뒤에도 14년을 더 산 것으로 보이는데, 성경에는 방주 안에 있었던 8명 빼고는 대홍수 때 모두 죽었다 했으나 므두셀라는 그 8명 가운데 들어 있지 않았었다. 우리 성경에는 므두셀라가 아들 라멕을 낳았을 때 167세였고(창세 5 : 25), 라멕이 188세에 노아를 낳았으니(창세 5 : 28), 합치면 355년이 된다. 여기에 대홍수가 났을 때 노아의 나이 600세(창세 7 : 6)를 합하면, 대홍수가 일어난 해 므두셀라의 나이는 무려 955세나 [20] 된다.

므두셀라는 969세까지 산 것으로 짐작되는데(창세 5 : 26)[21] 아들 라멕을 낳은 때가 167세였고, 그 뒤 802년을 더 살았기에 합치면 969세가 되는 것이다. 여기서 대홍수가 일어난 해 므두셀라의 나이인 955세를 빼면 14년이 남는데, 그래서 대홍수 뒤에도 그가 이 기간만큼 더 살았다고 추정해 볼 수 있다. 어떤 이들은 대홍수 때 물에서 사는 생물 말고는 모두 죽었으므로 므두셀라는 지상에 있지 않고 하늘로 올라간 아버지 에녹 곁에 있으면서 대홍수가 지나가는 것을 기다렸으리라 생각한다. 이들은 교회가 권위를 부여하는 경전에 대한 믿음을 손상하지 않으려 하며, 이 문제에 대해 우리 경전보다는 유대인들 경전이 잘못되었다고 믿는다. 그들은 옮긴이들의 실수보다는 히브리 원문이 일부러 조작되어 이것이 그대로 그리스어 번역을 통해서 우리말까지 들어온 것이라 주

---

* 19 히에로니무스도 창세 5 : 25와 관련하여 이것을 유명한 문제라고 했다(《Quaestiones Hebraicae in Genesin》). 아우구스티누스는 이 문제를 《Quaestiones in Heptateuchum》 1, 2에서도 다루었다.

* 20 불가타역에서는 969세. 곧 70인역에서는 167+188+600=955지만, 불가타역에서는(개역 성경에서도) 187+182+600=969.

* 21 불가타역과 한역에서도 187+782=969.

장한다. 성서를 번역한 70인의 옮긴이들이 동시에 모두 한 가지 번역을 내놓았으므로, 이해 관계가 걸리지도 않은 일에 옮긴이들이 모두 실수를 하거나 일부러 바꿨을 리가 없다는 것이다. 그들은 유대인들이 다른 민족들도 번역으로써 율법과 예언서들을 갖게 되는 것을 시기한 나머지, 우리 번역의 권위를 깎아내리고자 그들의 본문을 일부러 바꾸었다는 해석을 한다.

이러한 주장이나 의혹에 대해서는 저마다의 판단에 맡긴다. 그러나 틀림없는 것은 히브리어 성경에 있는 숫자들이 옳다면, 므두셀라는 대홍수를 이겨내지 못하고 홍수가 난 그 해에 죽었다는 것이다. 옮긴이 70인에 대한 나의 견해를 밝혀야 한다면, 하느님의 도움을 받아서 알맞은 기회에 그 시대를 논하면서 더 자세하게 다루기로 한다(18권 42~44장 참조). 지금으로서는 두 경전에 나타난 그 시대 사람들의 수명이 길었으므로, 인류 최초 조상의 맏아들이 사는 동안 나라 하나를 세울 수 있을 만큼 인류가 늘어났으리라는 것을 아는 정도로 충분하리라.

제12장 세상이 열린 첫 시대 인간이 오래 살았음을 믿지 않는 사람들

옛날 사람들의 1년은 아주 짧아서 우리 1년이 그때의 10년과 맞먹는다고 생각하는 사람들도 있는데 그들 의견에 귀 기울일 필요는 없다. 그들은 어떤 사람이 900년을 살았다고 하면, 그것을 90년으로 이해하는 것이 옳다고 생각한다. 그때 10년이 지금 1년이고 지금 10년은 그때의 100년과 같다는 것이다.

따라서 아담은 23세에 셋을 낳았고, 셋이 에노스를 낳은 나이는 20세 하고 6개월이 지났을 때라고 생각한다. 그러나 성경은 셋이 205세였다고 말한다. 이들의 가설에 따르면 옛날 사람들은 1년을 10부분으로 나눴고, 1부분은 6의 6배였다고 한다. 6의 제곱인 까닭은 하느님이 엿새 동안 세상을 창조하시고 일곱째 날은 쉬셨기 때문이라는 것이다. 나는 제11권(8장)에서 내가 할 수 있는 만큼 이 문제를 다루었다. 엿새의 6배는 36일이며, 그 10배는 360일, 곧 음력으로 12달, 즉 1년이 된다. 그러면 태양력 1년에 비해서 5일이 부족한데 이를 합쳐야 양력으로 1년이 채워진다. 그래도 하루의 4분의 1일이 부족한데, 이 4분의 1일을 채우기 위해서는 4년에 한 번씩 윤년이라 하여 하루를*22 덧붙였다. 이렇게

---

*22 로마 역법(曆法)에서는 2월 24일을 3월 1일의 6일 전의 날이라는 뜻으로 Sextus라고 했으며, 4년마다 2일씩 더해졌다. 그래서 그 더하는 날을 두 번의 여섯째 날이라는 뜻으로 Bissextus

모자라는 날 수를 채우기 위해 고대 사람들이 더했던 날을 로마 사람들은 윤날(閏—)이라 불렀다.

이 의견대로라면 셋의 아들 에노스가 아들 케난을 낳았을 때에는 19세였는데, 성경에는 190세라고 말한 셈이다(창세 5 : 9). 또 대홍수 이전 사람들 나이를 살펴보면 우리 경전(곧 70인역)에는 100세 아래나 120세 즈음에 아들을 낳은 사람은 없고, 가장 젊어서 낳은 사람이 160세였다고 전한다. 이는 그들의 주장대로 옛 10년을 오늘날 1년으로 봤을 때 100세, 곧 10세에 자식을 낳는 사람은 없고, 16세가 사춘기이며 자식을 낳을 수 있기 때문이라고 하며, 이것이 성경에 나와 있는 160세라는 것이다.

그들은 그 시대에는 1년을 지금과 다르게 계산했을 것이라며 이를 뒷받침하기 위해 역사가들의 기록을 인용한다. 그 기록에 따르면, 이집트 사람들에게는 한 해가 4개월이었고(12권 11장 참조), 아카르나니아(Acarnania) 사람들은 6개월, 라비니움(Lavinium) 사람들은 13개월을 1년으로 셈했다. 플리니우스 세쿤두스도*23 다른 저술가들의 기록을 보면, 152세를 산 사람, 그보다 10년을 더 산 사람, 200세, 300세, 더욱이 500세와 600세까지 산 사람들이 있었고, 몇몇은 800년을 산 사람도 있었다면서 자신의 생각으로는 이 모두가 나이를 잘못 셈했기 때문이라 했다.

플리니우스는 어떤 사람들은 여름과 겨울을 저마다 1년으로 보고, 또 어떤 사람들은 아르카디아(Arcadia) 사람들처럼 한 계절, 곧 3개월을 1년으로 계산했다 한다. 그리고 이미 말한 것처럼 4개월을 1년으로 셈한 이집트 사람들은 달이 기울어질 때마다 1년을 더했으므로 그들 사이에서는 1000년을 산 사람이 있었다고 덧붙였다.

어떤 사람들은 성경에 있는 성스러운 역사의 진실성을 약화시키고 싶지 않은 마음에서 이런 그럴듯한 논리가 옛날 사람들이 그토록 긴 수명을 누렸다는 믿기 어려운 이야기를 오히려 받아들이기 쉽게 한다고 생각한다. 옛날에는 1년이 매우 짧았으므로 그때의 10년은 우리의 1년에 해당한다고 스스로 확신하고, 또 다른 사람들을 설득하는 것이 지혜롭다고 생각한다.

그러나 이것이 매우 잘못된 주장이라는 것이 확실한 문헌으로 드러난다(15

라고 불렀다.
*23 플리니우스 《박물지》 48, 154~155.

권 14장 참조). 그러나 이 증거를 말하기 전에, 더 그럴듯한 추측을 하나 소개하는 것이 좋겠다.

우리는 히브리어 성경을 근거로 이 자신 있는 발언을 곧바로 반박하고 부인할 수 있다. 히브리 성경에는 아담이 셋째아들을 낳았을 때(창세 5 : 3) 나이가 230세가 아닌 130세였다고 기록되어 있다. 만일 이것이 우리 나이 13세를 뜻한다면, 아담은 첫째아들을 낳았을 때 10세나 그보다 조금 위였을 것이다. 자연의 이치로 봤을 때, 누가 이 나이에 자식을 낳을 수 있겠는가? 그러나 아담은 창조되자마자 자식을 낳을 수 있었는지도 모르므로 문제 삼지 않겠다. 아담이 갓난아이처럼 작게는 만들어지지 않았을 것이다.

하지만 아담의 아들 셋이 에노스를 낳았을 때(창세 5 : 6), 그는 우리 성경에서 말한 205세가 아니라 105세였으므로, 그들의 주장대로라면 아직 11세도 되지 않는다. 또한 그의 아들 케난은 우리 성경에서 170세였다고 하지만, 히브리 성경에서는 마할랄렐을 낳았을 때 70세였다고 한다(창세 5 : 12). 만일 그 때 70세가 오늘의 7세와 같다면, 도대체 7세에 누가 자식을 낳을 수 있다는 말인가?

제13장 해를 세는 법에 대해서, 어느 쪽을 따라야 하는가

하지만 나의 이런 말에 대해 어떤 이는 곧 "그것도 유대인들의 거짓말이다" 대답할 것이다. 나는 이미 앞(15권 11장)에서 이 문제에 대해 충분히 다루었다. 그들에 따르면 옮긴이 70인 모두 이름나고 훌륭한 사람들이어서 거짓 번역을 내놓을 리가 없다는 것이다. 나는 이 문제에 대해 두 가지를 생각할 수 있다. 세계 곳곳에 널리 흩어져 사는 유대 민족이 이방인들이 권위 있는 성경을 가지는 것을 시샘하여 모두 하나같이 공모를 해서 성경의 진실성을 없애버렸다고 하는 것과, 이집트 왕 프톨레마이오스가 이 번역 사업을 위해서[24] 한 장소에 모은 유대인 70명이 이방인이 이 진리를 손에 넣는 것을 시샘한 나머지 서로 마음을 모아 거짓 내용들을 끼워 넣었다고 하는 것이다. 이 두 추측 가운데

---

*24 유대인 사이의 전설에 따르면 이집트왕 프톨레마이오스 아델포스(기원전 285~246)는 알렉산드리아에 세운 도서관에 갖추어 놓기 위해 유대민족의 토라(율법, 모세5경)를 얻어 헬라어(그리스어)로 옮겼으며, 이 번역사업을 위해서 유대인 학자 72명을 고용했다고 한다. 나중에 모세5경뿐 아니라 구약성경 전체와 외경까지 포함하게 되었다. 외경의 하나인 집회서 서문을 보면, 이 번역 사업은 기원전 132년쯤에는 어느 정도 완성되었던 것 같다. 이 책 제18권 제42~44장 설명 참조.

어느 쪽이 더 그럴싸하냐고 내가 묻는다면, 어느 쪽이 더 쉽사리 믿을 만한지 모르는 사람이 어디 있겠는가?

그러나 조금이라도 신중하게 생각한 사람이라면, 아무리 심술궂고 고집스러운 유대인들일지라도 그렇게 널리 흩어져 있는 많은 경전들에 하나하나 손을 댔거나, 저 유명한 70인이 이방인들에게 진리를 알리지 않겠다는 공통된 목적으로 그런 짓을 했다는 생각은 거두어야 한다. 차라리 그들이 번역한 자료를 프톨레마이오스 도서관에서 옮겨 적을 때, 잘못 쓰인 한 사본에서부터 점점 널리 퍼졌으리라는 주장이 더 믿을 만한 것이다. 단순히 옮겨 적는 이들의 실수가 있었다는 것이다.

므두셀라 수명에 대한 어려운 문제나 다른 대목에서 히브리 경전과 그리스 도교가 따르는 70인 역의 성경, 두 경전의 차이가 24살 이상 나는 경우에는 이 것으로 충분히 그럴듯하게 설명할 수 있다.*25 그러나 다른 경우들을 살펴보면 잘못 기록된 부분이 조직적으로 비슷함을 알 수 있다. 아들을 낳았을 때 나이 가 한 쪽에는 100년이 더 많지만 낳고 난 뒤에 산 나이는 100년이 적어서 합계 는 똑같다. 이것은 제1, 제2, 제3, 제4, 제5 및 제7대에서도 마찬가지다. 이 경우 에서는 잘못이 꾸준히 지속되었으므로, 우연한 일이 아니라 고의로 한 것처럼 여길 만도 하다.

히브리어 성경 사본과 그리스어 및 라틴어 사본들에서 이런 차이가 계속 나 타나는데, 모든 대에 걸쳐서 사람들 나이에 100년을 가감했지만 합산이 같은 경우는 유대 민족이나 옮긴이 70인이 나쁜 의도로 일부러 한 일로 돌려서는 안 된다. 오히려 위에서 말한 왕실도서관에 있던 사본에서 처음 베껴 쓰는 작 업을 맡은 필사자의 잘못으로 돌려야 한다. 왜냐하면 지금도 더 쉽게 이해하거 나 더 쓸모 있는 지식을 얻는 데 영향을 주지 않는 숫자들 같은 경우 쉽게 베 껴쓰기도 하고 또 고치는 일이 있기 때문이다. 예컨대 이스라엘 각 부족이 저 마다 몇천 명이었는가 하는 것을 누가 하나하나 알아야 한다고 생각하겠는가? 그런 것을 배워서 무슨 쓸모가 있겠느냐고 생각해서가 아니다. 과연 이런 지식 에 광범위한 유용성이 숨어 있다고 보는 사람이 몇이나 되었겠는가?

하지만 여러 세대를 통틀어서 다른 쪽 경전에 없는 100년이 더해지고 후계

---

*25 라멕을 말함. 제10장 참조.

자인 아들이 태어난 뒤 살았던 햇수는 그만큼 줄였으므로, 합계는 잘 맞아떨어진다. 이렇게 숫자를 맞춘 사람은 아마도 고대인들의 매우 긴 수명이 사실은 무척 짧은 시간이었다고 사람들을 설득하고 싶었는지도 모른다. 그리고 그 사람들이 자식을 낳기에 알맞은 나이에 대해 믿을 만하도록 숫자를 맞추어 내보임으로써, 의심 많은 사람들이 그렇게 기나긴 생애를 믿기 어려워 받아들이지 못하는 일이 없기를 바랐던 것이다. 그래서 자식을 낳기에 적당치 않은 연령의 기록을 볼 때마다 100년을 더했지만, 개인들의 수명 전체를 속일 생각은 없었으므로 아들을 낳은 뒤 햇수에서 100년을 빼 합계를 맞추었다.

그런데 제6대에서는 이렇게 하지 않았다. 이 점을 보면 우리가 위에서 말한 사정이 있을 때에는 숫자를 고쳤다는 사실에 믿음이 가는데 그런 사정이 없을 때에는 고치지 않았기 때문이다. 히브리 경전에 따르면 이 제6대에서는 야렛이 162세에 에녹을 낳았다고 한다(창세 5 : 18). 이를 고쳐 계산하면 16세하고도 약 2개월이므로 자식을 낳을 수 있는 나이이다. 그러므로 굳이 100년을 더해서 보통 나이로 26세를 만들 필요가 없고, 아들을 낳은 뒤 나이에서 100년을 뺄 필요도 없었다. 그래서 이 경우에는 두 성경에 차이가 없다.

그러나 제8대에서 히브리어 경전에는 라멕이 태어났을 때 므두셀라가 182세라고(창세 5 : 25)[26] 기록되어 있고 우리 경전에는 그보다 20세가 적은 것으로 나오는데, 이 시기에 보통 더하던 100세를 더하지 않았다. 그리고 라멕이 태어난 뒤 햇수에 20세를 다시 더해서 본인 수명은 두 경전에서 같다. 만일 이 170세를 17세라고 이해해서 자손을 갖기에 알맞은 나이로 인정하게 하는 것이 그의 의도였다면 아무것도 뺄 필요가 없었다. 그가 100세를 더한 것은 그런 충분한 나이가 되지 못한 때였는데, 이 경우에는 자식들을 낳을 만한 나이가 이미 기록되어 있기 때문이다.

만일 그가 여기서 뺀 햇수를 뒤에 다시 더해서 합계를 같게 만들지 않았다면, 우리는 처음에 있는 20년의 차이를 우연이라고 생각했으리라. 아니면 먼저 100년을 보탰다가 그 다음에 빼는 계획적인 행동을 숨기려는 더욱 교묘한 수작이었다고 생각해야 할까? 100년이 아니라 아무 햇수나 빼고 다시 집어넣다가 그런 일이 생겼으리라고도 여길 만하지 않은가?

---

*26 히브리어 성경에서는 187세로, 아우구스티누스도 187세라고 쓴 것 같다. 같은 문장에 나타나 있다.

그러나 어떻게 해석을 하든지 중요하지 않다. 앞서 추측한 대로 나이를 더하고 빼는 것이 고의적으로 이루어졌는지에 대한 신빙성 여부나 사실 여부에 관계없이, 나는 이 한 가지만은 의심 없이 믿을 수 있다. 사본들 사이에 차이가 있다면, 역사적 사실에 대해 양편 모두 진리일 수는 없으므로, 차라리 번역이 이루어진 원어 쪽을 믿는 것이 좋다는 점이다. 실제로 그리스어 사본 셋과 라틴어 사본 하나와 시리아 사본 하나가 서로 일치하는데, 모두 므두셀라는 대홍수가 일어나기 6년 전에 죽었다고 전한다.*27

제14장 첫 시대에서도 요즘 시대에서도 한 해의 길이는 같다

그러면 이제는 저 엄청나게 오래도록 살았던 사람들의 1년이 요즘보다 짧아서 그들 10년이 겨우 우리 1년의 길이와 같았던 것이 아니라, 그들이나 우리나 1년은 똑같았다는 사실이 어떻게 분명히 드러나는지 설명하려고 한다(그때나 오늘이나 태양의 운행이 한 해를 헤아리는 기준이 되었다).

성경에서는 대홍수가 일어난 해의 노아의 나이가 600세였다고 한다. "이레가 지나자 폭우가 땅에 쏟아져 홍수가 났다. 노아가 600세 되던 해 2월 17일, 바로 그날 땅 밑에 있는 큰 물줄기가 모두 터지고 하늘은 구멍이 뚫렸다"(창세 7 : 10~11). 만일 그들의 10년이 우리의 1년과 같았다면 어떻게 36일이었다고 말할 수 있겠는가? 고대인들이 그렇게 짧은 기간을 1년이라고 불렀다면 그 1년은 달이 없거나, 있었다 해도 한 달은 사흘밖에 되지 않았을 것이다. 따라서 그때의 한 달이 요즘 한 달과 같은 길이가 아니라면, 무슨 수로 노아가 600세가 되던 해를 2월 27일이었다고 말할 수 있었겠는가? 그리고 어떻게 대홍수가 2월 27일에 시작되었다고 말할 수 있었겠는가? 그 다음 대홍수가 끝났을 때 대해서, "7월 17일에 배는 마침내 아라랏산 등마루에 머물렀다. 물은 10월이 오기까지 계속 줄어서 마침내 10월 초하루에 산봉우리가 드러났다"(창세 8 : 4~8) 할 수 있었겠는가?

만일 그때 한 달이 우리 한 달과 같았다면, 그들의 1년도 우리 1년과 같았으리라. 사흘이 한 달이었다면 27일이라는 날짜가 있었을 리 없기 때문이다. 만일 그 무렵에 사흘의 30분의 1을 하루라고 불렀다면, 다른 것 또한 그에 비례

---

*27 아우구스티누스 《Quaestiones in Heptateuchum》 1, 2.

해 줄어들 것이다. 그렇다면 40일 동안 밤낮으로 땅 위에 폭우가 쏟아졌다고 기록된(창세 7 : 12) 저 대홍수는 우리 날로 겨우 4일 만에 끝났을 텐데, 그렇다면 그리 대단한 것도 아니었으리라.

도대체 누가 이런 어리석은 생각을 받아들이겠는가? 그러므로 잘못된 추측을 근거로 성경의 권위를 세우려 하는 이 주장은 빼놓아야 마땅하다. 오히려 다른 점에서 신앙을 파괴할 것이기 때문이다. 따라서 그때도 하루는 오늘날처럼 밤과 낮 24시간으로 되어 있었으며, 그때 한 달은 달이 찼다가 이지러지는 기간으로 하는 요즘 한 달과 같았다고 보아야 한다. 그때 1년 또한 지금처럼 음력으로, 12개월에 5일 4분의 1일을 더해서 태양 운행과 맞추는 것이었다. 이런 길이로 1년을 계산하면 대홍수는 노아가 600세 되는 해 2월 27일에 시작되었다. 대홍수의 원인은 40일 동안 계속된 폭우였는데, 그때의 하루 또한 2시간 남짓이 아닌, 오늘처럼 24시간이었다.

이처럼 저 대홍수 이전 사람들은 900세가 넘는 긴 삶을 살았는데, 그들의 1년은 뒷날 아브라함이 175세를 살고(창세 25 : 7), 이삭이 180세(창세 35 : 28), 야곱이 거의 150세(창세 47 : 28), 그리고 얼마 뒤 모세가 120세를 살았고(신명 34 : 7), 요즘 사람들이 70세나 80세 남짓하게 사는 그 1년과 같은 길이였다. 이 80년 남짓한 수명에 대해서도 지금 사람들은 "인생은 기껏해야 70년, 근력이 좋아야 80년, 그나마 거의가 고생과 슬픔에 젖어 날아가듯 덧없이 사라지고 맙니다"(시편 90 : 10) 했다.

그러나 우리 성경과 히브리어 성경은 숫자 차이는 있지만 고대인들의 긴 수명에 대해서는 이견이 없다. 그러나 그 차이가 너무 커서 양쪽 모두 참일 수 없는 경우에는 요즘의 번역본이 나온 원서를 믿는 편이 바람직하다. 물론 번역이야 어느 민족이든 마음만 먹으면 할 수 있겠지만, 히브리어 사본과 70인 번역본 사이의 차이점을 누구도 감히 고치려고 하지 않았다는 사실은 중요하다. 물론 두 경전의 차이점이 꼭 착오로만 여겨지지는 않고, 또 그것을 착오로 여겨야 한다고는 나 자신도 생각하지 않는다. 그러나 차이점이 베껴 쓴 이의 잘못이 아니라면, 아마도 성령께서 번역자들을 감동시켜 다르게 말하도록 했을 것이라고 믿어야 한다. 단순히 번역자로서의 기능이 아니라 예언자로서 자유롭게 진리를 선포하도록 감동시킨 것이다. 그렇기 때문에 사도들도 70인역 경전을 인정해서, 성경 말씀을 증거로 인용할 때에는 70인역과 히브리어 성경을 함께 사용했다. 그러나 나는 이 문제에 대해 하느님의 도우심이 있다면 앞(제11장)에서 약속한 대로 좀더 알맞은 곳(18권 42~44장)에서 신중히 다룰 것이므로 오늘은 맞닥뜨린 문제에 대해서만 살펴보겠다. 고대인들은 매우 오래 살았기 때문에 처음 조상으로부터 태어난 첫 아들이 도시를 세울 수도 있다는 점은 의심할 수 없다. 그러나 그것은 지상 나라이지 하느님 나라는 아니다. 그리고 우리가 이처럼 큰 책을 쓰기 시작한 것도 하느님 나라를 설명하기 위함일 것이다.

제15장 첫 시대의 남성은 '아이가 태어났다' 기록할 때까지 여성과 관계를 가지지 않았다고 믿어야 하는가

여기서 어떤 이는 이렇게 말한다. "자식을 낳으려 절제할 생각이 없는 사람이 100살이 넘을 때까지, 또는 히브리어 성경에서 말하듯 그보다 조금 적은 80세, 70세, 60세가 될 때까지 관계를 가지지 않았다는 것을, 또는 관계를 가졌더라도 그 나이까지 자식을 낳지 못했다고 믿어야 하는가?"

이 질문은 두 가지로 생각해 볼 수 있다. 하나는 수명이 길었던 만큼 성숙한 나이도 늦게 온다는 것이다. 또 다른 하나는 성서에 기록된 아들들은 처음 낳은 맏아들이 아니라 족보에서 노아에 이르기 위해 필요한 사람들이었을 것이다. 나는 후자 쪽이 좀 더 믿을 만하다고 생각한다. 노아에서 아브라함까지, 그리고 그 뒤에도 일정한 시대 간격을 두고 기록된 계보에 나오는 자손들을 통해 이 세상에 머물면서 하늘에 있는 영광으로 가득한 나라를 향해 나아가는 발자취를 필요한 만큼만 나타내기 위해서이다

남자와 여자 사이에서 가장 먼저 태어난 아들이 카인이었다는 것은 부정할 수 없다. 성경에 따르면 카인이 태어났을 때 아담은 "주님께서 나에게 아들을 주셨구나"(창세 4 : 1) 말했다. 만일 그들에게 카인이 첫 아들이 아니었다면 이런 말을 하지 않았을 것이다. 그 다음으로 태어난 아벨은 형에게 죽임 당했지만, 이 세상에 잠시 머무는 하느님 나라를 드러내는 상징이 되었다. 그는 하느님 나라가 경건하지 못한, 말하자면 땅에서 나온 이들, 곧 땅 위 근원을 사랑하며 지상 나라의 행복을 기뻐하는 이들에게 부당한 박해를 받으리라는 것을 처음으로 보여준다. 그러나 아담이 몇 살에 이 아들들을 얻었는지는 분명하지 않다. 그 뒤에 세대들이 나뉘는데, 한쪽은 카인을 시조로 삼고, 다른 쪽은 형이 죽인 아벨 대신 아담이 낳은 아들 셋에게서 비롯되었다. 셋이 태어났

을 때 아담은 "하느님께서 카인이 죽인 아벨 대신 다른 아들을 주셨구나"(창세 4 : 25) 말했다고 성경에 나와 있다. 카인과 셋의 두 세대가 바로 우리가 이야기하는 두 나라를 나타낸다. 셋의 세대는 땅 위에 머무는 하느님 나라이고, 카인의 세대는 땅 위의 쾌락만이 유일하다 여기며 탐하고 매달리는 지상 나라이다. 카인의 후손은 아담으로부터 여덟 번째 세대까지 어느 누구도 자식을 언제 낳았는지 기록되지 않았다. 하느님의 영은 대홍수 이전의 연대를 기록하지 않고, 하늘 나라 세대만 기억에 남을 자격이 있기에 남기려 했다. 그래서 셋이 태어났을 때 아버지가 몇 살인지 기록되어 있다(창세 5 : 3). 하지만 그는 이미 카인과 아벨을 낳았다. 그러나 그 전에 낳은 아들이 없었다고 누가 말할 수 있겠는가? 그들의 이름만 계보에 남았다고 해서 아담에게서 난 자식이 그들뿐이었다고 단정 지을 수는 없다. 다른 자녀의 이름이 알려지지는 않았지만, 아담이 아들과 딸들을 낳았다는 이야기가 성경에 기록되어 있다(창세 5 : 4). 경솔하다는 비난을 듣고 싶지 않다면 누가 일부러 그의 자손이 몇 명이었다고 주장할 수 있겠는가?

아담은 셋이 태어났을 때 "하느님께서 카인에게 죽은 아벨 대신 이제 또 다른 아들을 주셨구나" 말했다. 이는 셋이 아벨의 거룩한 증표를 채울 이로 태어났기 때문이며 아벨이 죽은 뒤 처음 태어났다는 뜻은 아니다. 다음 구절을 보면 "셋은 205세에—히브리어 성경에는 105세—에노스를 낳았다"(창세 5 : 6) 기록되어 있다. 어리석은 사람이 아니고서야 누가 에노스가 셋의 맏아들이라 단언할 수 있겠는가? 사람들은 놀라서 이렇게 물을 수도 있다. 그렇게 오랫동안 독신으로 지낼 생각이 없었는데 어째서 여성과 관계를 가지지 않았는가? 또 동침을 했다면 왜 자식을 낳지 않았느냐. 성경에는 "셋은 에노스를 낳은 다음 815년 동안 아들딸을 낳았다. 셋은 912년을 살고 죽었다" 기록되어 있으며(창세 5 : 7~8), 그 뒤 연령이 기록된 사람들이 자녀들을 더 낳았다는 말이 분명히 쓰여 있다. 하지만 이름이 나온 아들이 맏아들이었는지 밝히지 않는다. 아니 오히려 그 조상들이 그토록 오랜 기간을 살면서 성적으로 미숙했거나, 배우자가 없었거나, 자식을 얻을 수 없었을 것이라고는 믿지 않는다. 따라서 이름이 나온 아들이 맏아들이라고는 믿을 수 없다. 이 거룩한 역사의 기록자는 시대를 쓰면서 조상들의 계보로써 대홍수가 있었던 노아의 출생과 생애까지 다루려 했던 것으로 보인다. 때문에 성경에 이름이 나오는 사람은 부모에게서 처음 태어난 아이가 아니고 이 세대의 계보를 이어나간 사람들이다.

이 점을 좀 더 분명히 말하기 위해 나는 한 예를 들고자 한다. 그러면 내 주장이 옳다는 것에 아무도 이의를 제기 못할 것이다. 복음서 역사가 마태는 조상들의 계보를 따라 주님의 육신 족보를 후세에 전하려 했다. 아브라함에서 시작해 다윗에 이르는 첫 번째 계보에서 "아브라함은 이삭을 낳았고"(마태 1 : 2) 말한다. 어째서 맏아들이었던 이스마엘을 말하지 않았을까? 그 다음에 "이삭은 야곱을 낳고" 말한다. 어째서 맏아들인 에사오를 말하지 않았는가? 이스마엘과 에사오로는 다윗에 이를 수 없기 때문이다. 그 다음에 "야곱은 유다와 그의 형제를 낳았으며" 이렇게 이어진다. 유다는 맏아들이었는가? "유다는 다알에게서 베레스와 제라를 낳았고"(마태 1 : 3) 이 구절에서 이 쌍둥이들은 유다의 첫 자식이 아니고, 이들보다 먼저 태어난 아들이 셋이나 있었다. 이런 식으로 마태는 세대를 따라 다윗까지 이어지는 사람들을 족보에 올려 다윗에 이르고, 또 다윗으로부터 그가 말하려는 인물까지 다다르고자 했다. 따라서 우리는 대홍수 이전의 옛 사람들로서 이름이 나오는 이들을 맏아들이리라 이해할 것이 아니라, 노아까지 계보를 통해 다다를 수 있는 자들을 기록으로 남겼다고 봐야 한다. 그러므로 그들의 성적 성숙기가 늦게 왔느냐 아니냐 이런 불필요한 문제에 피곤하게 집착할 필요는 없다.

제16장 첫 시대에는 지금과는 다른 혼인법이 있었다

인류는 흙으로 만든 남자와 그 남자의 갈비뼈로 만들어진 여자가 처음으로 맺어진 뒤 남녀의 결합으로 아이를 낳아 자손을 늘려야 했다. 그러나 이 둘에게서 태어난 사람 말고는 다른 인간이 없었기에 남자들은 자신의 누이를 아내로 삼았다. 그 시대에는 어쩔 수 없이 한 일이었지만, 그 뒤 종교에서 금지하면서 혈육끼리의 결합은 죄가 되었다. 사람들은 사랑을 바르게 알며 화합을 유익하고 고귀하게 생각하게 되어 여러 민족이 유대로 이어지기 때문이다. 게다가 한 사람이 한 사람과 많은 관계를 가지는 게 아니라 저마다의 관계가 사람들 안에 흩어져 사회생활에 유대를 더욱 강하게 하고 많은 관계가 사람들을 이어준다.

"아버지"와 "장인" 또는 "시아버지"는 다른 두 관계의 명칭이다. 아버지와 장인이 서로 다른 사람이기에 사랑은 더 많은 사람에게 퍼진다. 그러나 아담의 자식들은 형제 자매끼리 결혼했기 때문에, 아담은 이 두 역할을 모두 해야 했다. 그의 아내 하와도 자신의 아들 딸들에게 어머니이며 장모 또는 시어머니였다. 만일 여자가 둘 있어 한 사람은 어머니, 다른 사람은 장모였다면, 사회적 화합과 결합관계가 더욱 넓어져 더 많은 사람들을 이어줬으리라. 또 누이와 결혼했으니 그녀도 홀로 두 가지 역할을 해야 한다. 만일 사람이 많아서 역할을 나누어 아내와 누이가 다른 사람이었다면, 더 많은 사람들이 가족으로 이어질 수 있었을 것이다.

그러나 이 시대에는 최초 부부에게서 태어난 형제자매 말고는 다른 사람이 없었기 때문에 그럴 수가 없었다. 그러므로 인구가 늘어나 자신의 자매가 아닌 여자를 아내로 삼을 수 있게 되었을 때 가족과 결혼하지 않게 되었다. 이렇게 해서 인구가 많이 늘어난 뒤에는 형제 자매가 결혼할 필연성이 사라졌을 뿐만 아니라, 오히려 도리에 어긋나는 일이 되었다. 처음 부부의 손자들은 친누이가 아닌 사촌 가운데서 아내를 택할 수 있었지만, 그럼에도 자신의 친누이와 결혼했다면, 두 가지 역할이 아니라 세 가지 역할을 한 사람이 가졌을 것이며, 더 많은 사람들을 친족관계로 잇기 위해서는 저마다 다른 역할을 맡아야 한다. 여기서는 한 사람이 자기 자식들에게 아버지와 장인 또는 시아버지와 작은아버지가 되며, 그의 아내는 어머니와 작은어머니, 장모 또는 시어머니가 된다. 부부 또한 서로 형제자매와 부부이고 그 부모 또한 형제자매이므로 서로 사촌이기도 했으리라.

하지만 한 사람에게 세 가지 역할을 주는 이런 관계는 만일 한 사람씩 나눠 가졌다면, 아홉 사람을 이어줬을 것이다. 그러니까 한 사람은 누이, 또 한 사람은 아내, 또 한 사람은 사촌, 또 한 사람은 아버지, 또 한 사람은 작은아버지나 큰아버지, 또 한 사람은 장인, 또 한 사람은 어머니, 또 한 사람은 작은어머니나 큰어머니, 또 한 사람은 장모였을 것이다. 이렇게 되었다면 사회적 유대가 적은 수의 사람들에게 한정되지 않고, 더 많은 사람들이 친밀한 친척관계가 되어 퍼져 나갈 수 있다.

인류가 늘어나면서 많은 거짓된 신들을 섬기는 불경스러운 사람들마저 이 규범을 중요히 생각함을 알 수 있다. 그들의 악한 법률은 형제 자매의 결혼을 허락하지만, 그런 법률보다도 뛰어난 관습이 이 허락을 오히려 거부하고 인류 초기 시대에는 누이와 결혼해도 되었음에도 이제는 마치 그런 일이 절대로 용서받지 못하는 듯이 기피한다. 관습은 사람들의 감정에 큰 영향을 미쳐 때로는 이끌기도 하고 때로는 혐오하게 만드는 힘이 있다. 만일 누군가가 정욕에 사로잡혀 이런 결혼을 한다면, 관습은 욕망이 도를 넘어서는 것을 막기에 그를 범죄자로 만든다. 욕심 때문에 밭의 경계를 넘나드는 일이 옳지 않다면, 정욕 때문에 관습의 경계를 넘어서는 일은 더욱 악한 짓이 아니겠는가? 우리 시대에서도 사촌 사이의 결혼은 법률적으로 허가돼 있고 실제로 매우 가까운 친척끼리도 혼인을 했다. 하느님의 법이나 인간의 법이 금지한 것은 아니지만,*28 사람들은 그것이 합법적인 줄 알면서도 형제자매가 가장 가까운 관계이기에 그것을 기피한다. 또 사촌누이와 혼인하는 경우가 있기는 했지만 관계가 가깝기 때문에, 거의 형제 자매와 비슷하고 실제로도 그렇게 부른다.

고대 조상들은 세대를 거듭할수록 차츰 나뉘어 멀어지거나 혈연이 끊어지는 일이 없도록 종교적인 배려에서 너무 멀어지기 전에 다시금 결혼으로 묶어 멀어져 가는 인연을 되살리곤 했다. 그 때문에 땅 위에 사람이 많아진 뒤에도 자매나 이복 자매들에게서 아내를 얻지는 않았지만, 그래도 자기와 같은 혈통에서 배우자를 맞아들였다. 그러나 요즈음에 와서 사촌 사이의 결혼까지도 법으로 금지되는 것이 더 좋다는 것을 누가 의심하는가? 그것은 유대관계를 넓이기 위해 한 사람이 두 가지 역할을 맡지 않고 두 사람이 하나씩 가져 친척의 수를 늘리며, 한 가족에 포함되는 사람 숫자를 늘려야 한다는 이유 때문만은 아니다. 인간의 수치심에는 어떤 알지 못할, 그러나 본성적으로 존중할 만한 것이 있어서 친척이라는 이유로 경의를 표해야 하는 상대에게는 아이를 낳기 위함일지라도 성욕을 가지는 것을 막기 때문이다. 이는 결혼의 정절을 지키는 사람도 수치스럽게 만든다는 것을 우리는 알고 있다.

그래서 죽음을 맞이하게 될 인간들에게는 남녀의 결합은 국가의 못자리나 마찬가지이다. 그러나 지상 나라는 생식을 통한 인구 증가를 필요로 하지만, 하늘 나라는 생식을 통한 출생에서 비롯된 잘못을 없애기 위한 재생이 필요하다. 뒤에 아브라함에게 할례를 받으라고 명하신 것처럼(창세 17 : 10 이하 참조) 말이다. 그러나 대홍수 이전에도 재생을 나타내는 물질적 표시가 있었는지, 또 그것은 어떤 종류의 표시였는지, 거룩한 역사는 그저 침묵할 뿐이다. 매우 오

＊28 테오도시우스 황제가 금지했다. 암브로시우스 《서간집》 60, 8 참조.

래전 사람들도 하느님께 제물을 바쳤다는 사실은 기록되어 있다. 첫 형제인 카인과 아벨의 경우에도 그러했고(창세 4 : 3~4), 노아 또한 주님 앞에 제단을 쌓고 제물을 그 제단 위에 바쳤다(창세 8 : 20). 앞의 여러 권에서 이 문제에 대해 이야기했듯이, 마귀들은 스스로 신성하다 주장하며 사람들에게 제물을 요구하고 신으로 인정받기 원한다. 그들도 참된 제물은 참된 하느님께만 바쳐야 한다는 것을 그들도 잘 알고 있기 때문이다(10권 4~6장 및 26장 참조).

제17장 한 아버지에게서 태어난 두 조상과 군주들

이렇게 해서 아담은 지상 나라와 하늘 나라의 조상이 되었다. 아벨이 죽임을 당해 놀라운 신비가 나타난 뒤(제7장 참조), 카인과 셋을 시조로 하는 인류의 두 계열이 생겨났으며, 그 후손들 가운데 이름을 기록으로 남길 만한 사람들에게서 죽어야 하는 인간 사이의 이 두 나라 특색이 더 뚜렷하게 드러나기 시작했다. 카인은 에녹을 낳고 아들의 이름으로 나라를 세웠는데, 이 나라는 지상 나라이며 이 세상에 잠시 머무는 것이 아니라 시간적인 평화와 행복을 누리기 위한 나라이다. 카인이라는 이름도 "소유"라는 뜻이다. 그가 태어났을 때 그의 아버지나 어머니가 "주님께서 나에게 아들을 주셨구나"(창세 4 : 1) 말했기 때문이다. 에녹은 "봉헌"이라는 뜻인데, 지상 나라는 이 세상에 바쳐진 것이며, 이 세상이야말로 나라가 바라고 추구해야 될 목표이기 때문이다. 셋은 "부활"을 뜻하며, 그의 아들 에노스는 "사람"이라는 뜻을 지녔다. 하지만, 아담과 같은 의미는 아니다. 아담이라는 말도 사람이라는 뜻으로 해석되지만 히브리어에서는 남녀 모두에게 쓸 수 있다. 그래서 성서에서는 "남자와 여자로 지어내셨다. 그날 하느님께서는 그들에게 복을 주시며 그 이름을 아담이라 지어주셨다"(창세 5 : 2) 했다. 이를 보면 여자는 하와라는 고유한 이름으로 불렸지만, 아담이라는 말은 남녀에 공통으로 썼다는 것을 알 수 있다. 그러나 에노스는 아담에 비해 한정된 뜻을 지닌 "사람"으로, 히브리어 학자들은 여자에게는 이 단어를 쓸 수 없다고 한다. "에노스"는 장가들지도, 시집가지도 않는 "부활의 자녀"를 의미한다(루가 20 : 35, 36). 부활이 이끄는 곳에는 태어나는 일도 없기 때문이다. 그러므로 셋에게서 내려온 자손에서는 아들딸을 낳았다고는 하지만, 여자의 이름은 기록하지 않는다. 그러나 카인에서 내려온 자손에서는 끝무렵에 가장 마지막으로 태어난 여자의 이름이 나온다.

"에녹에게서 이랏이 태어났고, 이랏은 므후야엘을, 므후야엘은 므두사엘을, 므두사엘은 라멕을 낳았다. 라멕은 두 아내를 데리고 살았는데, 한 아내의 이름은 아다요, 또 한 아내의 이름은 실라였다. 아다가 낳은 야발은 장막에서 살며 양을 치는 목자들의 조상이 되었고 그의 아우 유발은 거문고를 뜯고 퉁소를 부는 악사의 조상이 되었으며 실라가 낳은 두발카인은 구리와 쇠를 다루는 대장장이가 되었다. 두발카인에게는 나아마라는 누이가 있었다"(창세 4 : 18 ~22). 카인의 자손은 여기까지 이어지며 아담으로부터 8세대까지 나온다. 부인을 둘 가진 라멕이 7대였고, 8대는 그의 자식들로 딸의 이름이 기록되었다. 지상 나라는 마지막 날까지 남자와 여자의 결합에서 오는 육체적인 자손들을 가지리라는 점을 암시한다. 그래서 여기서 마지막 아버지로 이름이 오른 남자의 부인들 이름도 기록되어 있지만 이것은 하와를 빼면 대홍수 이전에는 어디에서도 찾아 볼 수 없다.*29 지상 나라를 세운 카인이 "소유"를 뜻하며, "봉헌"을 의미하는 아들 에녹의 이름을 붙였다는 것은 이 나라가 지상적인 시작과 마지막을 가지며 여기서는 이 세상에서 볼 수 있는 것 말고는 아무것도 기대하지 않는다는 뜻임을 알 수 있다. 마찬가지로 "부활"을 뜻하는 셋의 자손은 이들과 확연히 구별해 기록되었다. 이제 거룩한 성경이 셋에 대해서 하는 말씀을 살펴보도록 하자.

제18장 아벨, 셋, 에노스는 그리스도 교회를 상징한다

"셋도 아들을 얻고 이름을 에노스라고 지어 불렀다. 그때 에노스가 비로소 주님의 이름을 불러 예배하였다"(창세 4 : 26). 진리를 분명하게 나타내는 말씀이다. 사람은 부활의 아이로 희망 속에 살아가며 그리스도 부활 신앙에서 태어난 하느님 나라는 이 세상에 머무는 동안 희망으로 살아간다. 아벨은 "슬픔"이라는 뜻이며 동생 셋은 "부활"을 의미하므로, 이 두 사람으로 그리스도의 죽음과 부활이 상징되어 있다. 그 믿음으로부터 이 세상에 하느님 나라가 그러니까 주님인 하느님 이름을 부르는 인간이 탄생한 것이다.

"우리는 이 희망으로 구원을 받았습니다. 눈에 보이는 것을 바라는 것은 희망이 아닙니다. 눈에 보이는 것을 누가 바라겠습니까? 우리는 보이지 않는 것

---

*29 라멕을 이른다.

을 바라기에 참고 기다릴 따름입니다"(로마 8 : 24~25). 누가 여기에 깊은 의미가 담겨 있다고 느끼지 못하는가? 성경에 아벨의 제물을 하느님이 반기셨다고 기록되었으니 아벨은 주 하느님 이름을 부를 것을 바랐던 게 아닌가? "하느님께서 카인에게 죽은 아벨 대신 이제 또 다른 아들을 주셨구나"(창세 4 : 25) 셋도 하느님 이름을 부를 것을 바랐던 게 아닐까?

그렇다면 어째서 신앙심 깊은 모든 사람들에게 공통된 이 일이 에노스에게 고유한 일이라 되었을까? 그가 더 나은 쪽, 곧 나라로 나뉜 세대들의 조상인 셋의 첫 아이 에노스로 인간을 의지해 땅 위 행복이라는 현실로 만족하며 살아가는 것이 아니라, 하느님을 의지해 영원한 행복에 대한 희망으로 살아가는 사람, 그런 인간 사회를 예언하기 때문이 아닐까? 그는 "주 하느님에게 희망을 두었다"거나, "주 하느님의 이름을 불렀다" 하지 않고, "주 하느님의 이름을 부를 희망을 품었다"(창세 4 : 26) 되어 있다. 이 말은 무엇을 뜻하는가? 바로 "은총으로 뽑힌"(로마 11 : 5) 주 하느님을 부르는 백성이 나오리라는 예언이 아니겠는가?

다른 예언자를 통해 하신 말씀, "주님의 이름을 부르는 사람은 누구든지 구원을 얻으리라"(요엘 2 : 32) 사도는 하느님 은혜를 받은 백성에 대한 이야기라고 이해했다. 창세기에는 "그 이름을 에노스(사람)라 하였다" 하며, 덧붙여 "그에게는 주 하느님의 이름을 부를 소망이 있었다" 하는데, 이것은 사람은 자신에게 희망을 두어서는 안 된다는 것을 충분히 보여준다. 다른 데에 "나에게서 마음이 멀어져 사람을 믿는 자들, 사람이 힘이 되어주려니 하고 믿는 자들은 천벌을 받으리라"(예레 17 : 5) 이런 말씀이 있기 때문이다. 또 다른 나라의 시민이 되기 위해서는 희망을 자신에게 두어서는 안 된다. 그러므로 카인의 아들 에녹을 따라 이 시대, 곧 죽어야 하는 세상 흐름에 바쳐진 게 아니라 영원한 행복의 하늘 나라에 바쳐져야 한다.

제19장 하늘로 돌아간 에녹에서 볼 수 있는 상징

셋의 후손들 가운데도 "봉헌"이라는 이름을 가진 사람이 있다. 바로 아담을 포함해 아담으로부터 일곱째 세대에 태어난 에녹이다. 그는 하느님께서 기뻐하셔서 하늘로 올라갔다(창세 5 : 24 ; 히브 11 : 5), 그가 하늘로 올라간 일은 세대들의 순서로 볼 때 족보에서 특별한 위치를 차지한다. 아담으로부터 일곱 번째 세대, 안식일로 거룩해진 수이다. 그러나 카인의 후손과 떨어져 선조인 셋부터 세면 여섯째이며, 이는 하느님이 세상을 만드신 날과 같다. 에녹이 하늘로 올라간 일은 우리의 봉헌이 연기되었음을 나타낸다. 이 봉헌은 우리의 우두머리인 그리스도 안에서 이미 이루어졌다. 그리스도는 더는 죽지않는 자로 부활하셨고, 에녹도 그렇다. 그러나 또 하나 그리스도 자신을 바탕으로 하는 집 전체의 봉헌은 아직 남아 있다. 이 봉헌은 더 이상 죽는 일 없는 모든 부활이 일어날 종말까지 미루어졌다. 봉헌될 하느님 집, 하느님 성전, 하느님 나라라 불리는 것은 그 이름은 다르지만 모두 같은 뜻이며 라틴어 표현 관습과 모순되지 않는다. 베르길리우스도 세상에서 가장 세력이 큰 나라를 "앗사라쿠스(Assaracus) 집안"이라 불렀는데, *30 이는 로마인이 트로이를 통해서 앗사라쿠스에서 온 후손이었기 때문이다. 또 로마 국민을 "아이네이아스의 집"이라 불렀는데, 이것은 아이네이아스가 트로이 사람들을 거느리고 이탈리아에 온 뒤에 그 사람들이 로마를 건설했기 때문이다.*31 이 일은 유명한 시인이 성서를 모방했기 때문이며 성서에는 이미 많은 수가 된 히브리 민족을 "야곱의 집"이라 부른다.

제20장 아담에서 카인까지의 계보는 8대로 끝나지만 아담에서 노아까지의 계보는 10대에 이른다

어떤 이는 이렇게 말하리라. "이 역사를 기록한 사람이 만일 아담에서 시작해 그의 아들 셋을 거쳐 대홍수 노아 때까지 내려가고, 다시 노아에서 태어난 이들을 살펴보며 아브라함까지 이르려 했다면 복음가 마태는 아브라함에서 하느님 나라의 영원한 왕이신 그리스도까지 계보를 이어나가려 한다. 그렇다면 카인에서 시작된 계보는 무슨 의도로 기록했으며 어디서 끝낼 생각이었을까."

우리 대답은 이렇다. "카인의 계보는 대홍수까지 내려갈 생각이었다. 그 대홍수로 지상 나라 모든 종족은 멸망했고 노아의 자식들로 다시 시작되었다." 이 지상 나라, 곧 인간을 의지하는 사람들 사회는 이 세상이 끝나는 날까지 없어지지 않기 때문이다.

여기에 대해 주님은 "이 세상 사람들은 장가도 들고 시집도 가지만"(누가 20 : 34) 말씀하신다. 이 세상에 잠시 머무는 나라는 다시 태어나 다른 세상으

---

*30 베르길리우스 《아이네이스》 1, 284.
*31 베르길리우스, 위의 책 3, 97.

로 인도되며, 그곳에서는 자식을 낳지도 태어나지도 않는다. 따라서 땅 위에서는 낳거나 태어나는 일이 두 나라 모두에 공통되지만, 하느님 나라는 땅 위에 있어도 생식행위를 자제하는 시민을 많이 가지고 있다. 물론 지상 나라 시민들도 잘못된 생각이긴 하지만 따르려는 시민이 있다. 믿음을 벗어나서 여러 이단 사상들을 따르는 사람들도 이 지상 나라에 속해 있다. 그들은 하느님이 아니라 사람을 따르며 살아간다. 벌거벗은 채 황야에서 명상을 한다는 인도의 나체 고행자들도*32 이 지상 나라의 시민이며, 자식 낳기를 자제한다. 그러나 이런 금욕생활도 가장 높은 선이신 하느님을 믿는 마음에서 나오지 않으면 선이 아니다. 대홍수 이전에는 이런 금욕생활을 한 사람이 없었다. 아담에서 7대째 자손까지 죽지 않고 하늘로 올라갔다는 에녹도 그 전에 자녀를 낳았으며 그 가운데 하나인 므두셀라가 계보를 계속 이어갔다.

그런데 어째서 카인의 후손은 기록된 사람이 이렇게 적을까? 카인의 후손도 대홍수까지 이어졌을 터이고, 남자들은 성적 성숙으로 100세를 넘을 때까지 자녀를 낳을 수 없었던 것이 아닐 텐데, 어째서 카인 세대는 이토록 적을까? 창세기 지은이는 셋의 자손으로 노아까지 이르려 했고, 또 노아에서 필요한 자손들을 기록했다. 그러나 카인의 후손에 대해서는 그럴 만한 지은이의 의도가 없었다. 라멕의 자식들에서, 그러니까 아담으로부터 8번째, 카인으로부터 7번째 세대에서 이 계통은 끊어지고 마는데, 라멕에 이르기까지 맏아들도 아닌 자손을 늘어놓은 까닭이 무엇일까? 노아처럼 라멕의 아들들 세대에서 다른 계통을 연결하여 이스라엘 백성에 이르고, 거기서부터 예수 그리스도까지 내려가려 했을지도 모른다. 실제로 이스라엘 사이에 있는 예루살렘은 하늘 나라를 예시했다.(15권 2장 참조) 예수 그리스도는 "만물 위에 계셔 세세에 찬양을 받으실 하느님"이시며 하늘 나라를 세우고 주관하시는 분이다. 그러나 카인의 후손은 대홍수 때에 모두 죽었으므로, 카인의 계보에는 맏아들이 기록되었다고 생각된다. 그렇다면 어째서 그렇게 숫자가 적을까? 그들의 성적 성숙기가 긴 수명에 비례해 늦지 않았다면 100세까지 자식을 낳지 않을 리가 없고 대홍수 이전까지 그처럼 적은 수에 그치지는 않았으리라. 자식을 낳기 시작하는 나이를 평균 30세라 생각해 보자. 아담으로부터 라멕의 자식까지 8대였으므로

---

*32 곧 나체 수도사들. 이 책 8권 9장 및 14권 17장 참조.

이 숫자에 30을 곱한다면 240년이 된다. 그럼 그 뒤 대홍수가 일어날 때까지 나머지 세월 동안 자녀를 더 낳지 않았다는 말일까? 그랬다고는 믿기 힘들다.

그렇다면 이 족보를 쓴 사람은 무슨 의도로 그 다음 세대를 기록하지 않은 것인가? 아담에서 대홍수까지 우리 성경으로는 2262년, 히브리어 성경에서는 1656년이다. 작은 숫자가 더 믿을 만하다고 생각한다면, 1656년에서 240년을 뺀 나머지 1400년 남은 대홍수 때까지 카인의 후손들이 전혀 자식을 낳지 않았다고 믿을 수 있겠는가?

하지만 이 일로 마음이 흔들리는 사람은 고대 사람들이 그렇게나 오랜 세월 아이를 낳지 않았다는 말을 어떻게 믿어야 하는지 두 가지 방법을 떠올려 주길 바란다. 하나는, 그들이 너무나 오랜 세월을 살아가기에 성적 성숙기도 늦게 온다는 것, 다른 하나는 족보에 기록된 이름들은 맏아들이 아니라 지은이가 말하려는 사람까지 이어져 내려갈 수 있는 자손이었다는 것이다. 셋에서 노아에 이르는 계보를 열거했던 것처럼 말이다. 지은이가 카인 세대를 기록할 때 어떤 사람까지 내려가겠다는 목표가 없었다면, 그 사람에게 이를 때까지 맏아들이 아니라 목적에 맞는 사람들을 넣을 필요가 없었다면, 우리는 그 무렵 사람들이 성적 성숙기가 늦었다고밖에 생각할 수 없다. 그래서 100세를 넘어서야 자식을 낳을 수 있었고, 계보는 맏아들을 이어져 내려와 대홍수까지 긴 기간을 지나왔다는 것이다.

그러나 내가 모르는 어떤 이유가 있어서, 성서의 지은이가 지상 나라라고 부르는 이 나라가 강제적으로 나타나 있기에, 대홍수까지 존재했던 다른 사람들을 굳이 기록하지 않았을지도 모른다. 또 계보의 흐름은 맏아들을 따라가는 게 아니라서 그들의 성적 성숙기가 왜 그토록 늦어졌는지 생각할 필요가 없다는 이유에서인지도 모른다. 카인이 아들 에녹의 이름으로 만든 나라는 멀리 퍼져나가 지배할 왕이 여럿 생겼다. 그 왕들은 동시에 다스린 것이 아니라, 한 왕이 살아있는 동안 그 사람만이 왕이었다. 또한 왕의 아들들이 뒤를 이어 지위를 물려 받았다. 카인이 첫 왕이었으리라. 그의 아들 에녹은 그의 이름으로 그가 다스릴 나라 이름이 되었을 뿐 아니라 제2대 왕이었다. 에녹의 아들 이랏이 제3대 왕이며 이랏의 아들 므후야엘이 제4대 왕, 므후야엘의 아들 므두사엘이 제5대 왕, 므두사엘의 아들 라멕이 제6대이었는데, 아담으로부터 세면 제7대이다. 그러나 반드시 맏아들이 왕위를 이어 나가지 않아도 되기에 지상 나라를 위해 유용한 어떤 능력이 있다든지, 제비로 뽑혔다든지, 또는 아버지가 특히 좋아하는 아들이어서 왕위를 물려받았을 수도 있다.

그리고 라멕이 왕위에 있을 때 대홍수가 일어났을 가능성이 크다. 방주에 탄 여덟 사람 말고는 라멕을 포함한 모든 사람이 멸망했을 것이다. 아담에서 대홍수까지 이어지는 긴 세월 동안 기록된 연수가 다양해서 두 계보의 세대수가 다르다. 카인 계열은 7세대이며 셋의 계열은 10세대라고 놀랄 필요 없다. 이미 말한 대로 라멕은 아담에서 7대째이며 노아는 10대째이다. 그리고 라멕의 자식은 앞서 나온 사람들처럼 하나가 아니라 여럿 기록돼 있는데(창세 4 : 19~22) 이는 대홍수가 오기 전에 라멕이 죽었다면 누가 그 뒤를 이었는지 확실치 않았기 때문으로 생각된다.

카인의 계보가 맏아들들을 따라 내려가든, 왕위 계승자를 따라 내려갔든, 이 점만은 꼭 이야기해야겠다. 아담의 7대손인 라멕이 기록된 뒤 죄를 나타내는 11이 될 때까지 그의 아들 셋과 딸 하나가 기록되어 있다. 라멕의 아내들은 다른 의미를 나타낸다. 하지만 나는 오늘 자손들에 대해 말하는 것이므로 그 자손들이 누구에게서 태어났는지 다루지 않겠다.

10은 율법을 상징하는 수이며, 유명한 십계명이 여기서 나왔다. 11은 율법을 나타내는 10을 넘어섰다는 뜻에서 율법을 위반한 것이며 죄를 의미한다. 여기서 하느님 백성은 잠시 머무는 동안 움직이는 성전과 마찬가지였던 증거의 장막(사도 7 : 44)에서 11장의 염소털로 짠 천을 준비하라는 명령을 받았다(출애 26 : 7) 염소는 왼편에 놓여진 산양과 관련되어 죄를 떠올리게 한다(마태 25 : 33). 죄를 고백할 때 염소털로 짠 천을 두르고 엎드리는 것도 이 때문이다. 시편에 "내 죄 내가 알고 있사오며 내 잘못 항상 눈앞에 아른거립니다"(시편 51 : 3)*33 쓰여 있다.

그래서 아담으로부터 죄를 지은 카인을 지나 나온 자손들은 죄를 상징하는 11이라는 수로 끝난다. 이 숫자는 여자로 끝나는데, 우리 모두를 죽게 만드는 원죄가 여자에게서 시작되었기 때문이다. 죄를 짓자 영을 거역하는 육체 쾌락이 생겨났다(갈라 5 : 17). 라멕의 딸인 나아마의 이름은 "쾌락"이라는 뜻이다. 한편 아담에서 셋을 지나 노아로 이르기까지 율법을 뜻하는 열 세대가 들어

---

*33 털로 짠 속옷은 예부터 참회의 옷으로 인정되었다.

있다. 노아에게는 세 아들이 있었는데, 하나는 죄로 타락하고 둘은 아버지의 축복을 받았다(창세 9 : 22~27). 타락한 하나를 빼고 축복받은 두 아들을 더하면 12가 된다. 이 수는 족장과 사도의 숫자에서도 볼 수 있으며, 7을 구성하는 두 부분 3과 4를 서로 곱한 것이다. 이런 이유로 두 계열의 후손들은 서로 다른 세대를 거쳐 땅에서 난 인간들 나라와 다시 태어난 사람들의 하늘 나라, 이 두 나라를 나타낸다. 그 두 후손이 어떻게 섞이고 합해져서 여덟 사람 말고는 인류 전체가 대홍수로 멸망했는지 생각해봐야 한다.

제21장 카인의 아들 에녹의 계보, 셋의 아들 에노스의 계보 대비

우리가 주의해야 할 것이 있다. 성서 지은이는 카인으로부터 자손들을 세어 가는데, 나라의 이름을 딴 에녹을 기록하고는 거기서부터 대홍수로 멸망할 때까지 남은 자손들이 이어져 간다. 이 일족을 비롯한 자손 전체의 계보는 이렇게 대홍수로 인한 종말까지 내려가지만, 성경은 셋의 아들인 에노스를 거론한 (창세 4 : 26) 다음에 대홍수까지 나머지 자손들의 이름을 덧붙여 말하지 않고, "아담 자손의 계보가 이러하다. 하느님께서 아담을 만들어내신 날, 당신 모습대로 사람을 만드시되 남자와 여자로 지어내셨다. 그날 하느님께서는 그들에게 축복을 내려 주시며 그 이름을 아담이라 지으셨다"(창세 5 : 1~3).

나는 이 구절을 넣은 까닭이 지은이가 아담으로부터 다시 세대들을 세기 시작하려는 목적이 있었기 때문이라고 생각한다. 하지만 지상 나라에 대해서 말할 때는 마치 하느님이 그 일을 세지 않고 말씀하셨다는 것으로 기록했다. 셋의 아들, 곧 주님의 이름을 부르기를 희망한 사람을(창세 4 : 26)*34 이야기한 다음에 저자가 처음으로 되돌아가서 이야기를 되풀이한 것은 왜인가? 이렇게 두 나라를 보여주어야 했기 때문이다.

한 나라는 살인자에서 시작해서 살인자로 끝나고(라멕도 자기가 살인했다는 것을 두 아내에게 고백했다(창세 4 : 23)), 또 다른 나라는 주 하느님 이름 부르기를 희망한 사람을 통해 드러날 필요가 있다. 하느님의 나라가 언젠가 사멸할 이 세상에서 해야 할 중요하고도 유일한 임무가 죽임당한 아벨의 부활이 낳은 에노스를 통해 이루어졌다는 사실을 분명하게 보여주기 위함이 아닐까?

---

*34 이 책 15권 18장 참조.

하늘 나라의 통일은 아직 완전하지 않고 앞으로 완성될 것이지만, 저 한 사람이 나라 전체가 하나임을 상징했다. 카인의 아들들, 곧 소유의 아들은 지상 나라에 이름이 남아 있지만, 이 사람들에 대해서 시편은 "그들이 땅에다가 제 이름을 매겼더라도 그들의 영원한 집, 언제나 머물 곳은 무덤뿐이다" 말한다(시편 49 : 11). 다른 시편에는 그들의 이야기가 이렇게 적혀 있다. "주님은 일어나셔서 그들을 무(無)로 만들어버리십니다"(시편 73 : 20). 그러나 셋의 아들, 곧 부활의 아들은 주 하느님의 이름을 부르려는 희망을 품게 될 것이다. 그는 "나는 하느님의 집에서 열매를 맺는 올리브 나무같이 한결같은 하느님의 사랑을 영원히 믿고 살리라"(시편 52 : 8) 이렇게 사람들의 사회를 상징적으로 예언한다. 그는 지상의 유명한 이름에서 비롯되는 허무한 명예를 얻으려 하지 않는다. "복되어라, 허수아비 같은 헛되고 기만적인 우상에 속지 않고 주님만 믿는 사람"(시편 40 : 4)이기 때문이다.

두 나라 가운데 하나는 이 세상 속에 있고, 다른 하나는 하느님으로의 소망 속에 있다. 이 나라들은 공통된 하나의 문인 아담을 통해 이 세상에 들어오고 그로부터 열린 죽음의 문으로 나가면 성경은 세대를 헤아리기 시작하는데, 아담에서 시작된 이야기로부터 다른 세대들을 요약적으로 덧붙인다. 아담으로부터 시작된 족속은 죄를 지은 혈족으로, 마땅히 멸망해야 할 하나의 집단이라 할 수 있는데, 그 한 덩어리에 "하느님께서 당신의 진노를 보이시면서도 멸망하게 되어 있는 진노의 그릇들을 가엾게 여기시는 마음으로 오랫동안 참아주셨습니다"(로마 9 : 22~23). 이처럼 하느님은 전자에게는 받아 마땅한 벌을 내리시고, 후자에게는 은총받을 자격조차 없어도 복을 베풀어주셨다. 이처럼 이 세상에 머무르는 하늘 나라는 마침내 자기를 진노의 그릇들과 비교하면서도 제 의지의 자유를 믿으면 안 된다는 것을 배우며 주님의 이름을 부르게 되리라. 사람의 의지는 선하신 하느님이 선하게 빚으신 본성이지만, 무(無)에서 창조되었으므로 변하시지 않는 분에 의해서 변하는 것으로 만들어졌다. 그러므로 인간은 자유 의지로 선에서 벗어나 악을 저지를 수도 있지만, 악으로부터 벗어나 선을 행할 수도 있다. 전자의 경우는 자유 의지가 행하지만 후자는 하느님의 도움이 무조건 필요하다.

제22장 사람 딸들의 사랑에 포로가 된 하느님 아들들의 타락

인류가 늘어나고 발전하면서 이 자유 의지의 결정력은 두 나라의 혼란을 가져오고, 서로 정의에서 벗어나면서 둘은 섞이게 되었다. 확실히 태초부터 있었던 것과는 달랐지만, 이 악 또한 여성 때문에 생긴 것으로 보인다. 여자들은 이번에도 어떤 자의 간계로 속아서 남편들을 죄에 빠뜨린 것은 아니다. 지상 나라에서 태어난 인간들의 사회에 속해 있는 사람들 가운데는 처음부터 악한 습관에 물든 여자들이 있었는데, 하느님의 아들들은 사람의 딸들이 아름다운 것을 보고 여자들을 골라 모두 아내로 맞았다(창세 6 : 2). 이 형상적 아름다움은 하느님이 주신 좋은 선물이지만 선한 자들이 아름다움을 커다란 선으로 생각하지 못하도록, 하느님은 그것을 악한 자들에게도 주셨다. 그 바람에, 참으로 선한 사람들이 특별하고 위대한 선을 버리고 악한 자들도 갖고 있는 조그많고 하찮은 선에 마음을 빼앗기는 일이 생겼다. 그래서 하느님의 아들은 쾌락을 위해 사람의 딸들을 보고 마음에 드는 대로 아름다운 여자를 골라 아내로 삼는 지상에서 생겨난 관습을 받아들이고, 그들의 거룩한 사회에서 지켜오던 경건한 생활과 마음을 버렸다. 이 또한 하느님이 지으셨지만 시간적이고 육적인 가장 저급한 선이며, 영원하고 내면적이며 변치 않는 아름다움을 지니신 하느님을 제쳐 놓는 것은 악한 방법으로 사랑받는 일이다. 올바르지 않은 사랑이다. 욕심 많은 사람이 선보다 황금에 더 마음을 두게 되면 그 황금에 죄가 있는 게 아니라 그 사람에게 잘못이 있는 것이다. 모든 피조물 또한 그러한 관계이다. 피조물 자체는 선하지만, 그것을 선하게 사랑할 수도 있고 악하게 사랑할 수도 있다. 즉 순서가 지켜진 사랑은 선하며, 순서가 틀어진 사랑은 악하다. 이는 내가 성촉(聖燭)을*35 찬양한 시구로 간단히 표현한 바 있다.

"이것들은 당신의 것이며, 이것을 만드신 당신이 선하시므로 이것들도 선하나이다. 거기에 우리 것은 전혀 없사옵고, 우리는 올바른 질서를 잊고 당신보다 당신이 지으신 것을 더 사랑하며, 죄를 범할 뿐이옵니다."*36

만일 창조주 하느님을 참으로 사랑한다면 즉, 하느님 대신에 다른 것을 사랑하지 않고 오로지 그분만을 사랑한다면, 그 사랑은 절대 악해질 수 없다. 그리

---

*35 유월절의 성촉이라기보다 감사 또는 기원의 의미로 드린 초인 듯함.

*36 이 시구는 De Anima라는 제목의 시 일부로서 다음 책에 수록되었다. Anthologia Latina, pars prior, fasc. Ⅱ (1906), ed. A. Riese, 43, no. 489.

고 이런 사랑 그 자체에 의해 사랑받아야 할 것이 잘 사랑받는다면 올바른 순서대로 사랑받으리라. 이는 사랑으로 잘 살아가기 위한 덕이 우리들 안에 갖추어져 있기 때문이다. 여기에서 우리는 간결하고도 진실한 덕의 정의란 사랑의 순서에 있다고 생각할 수 있다. 그렇기 때문에 아가서에서도 그리스도의 신부인 하느님의 나라가 "내 안의 사랑을 순서 짓도록 하라"(아가 2 : 4) 그렇게 노래한다. 이러한 사랑의 질서를 버리고 하느님의 아들들은 사람의 딸들에게 매혹되어 사랑에 빠진 것이다. 하느님의 아들들과 사람의 딸들이라는 두 이름은 저 두 나라를 분명히 구분 지어 충분히 알아볼 수 있다. 하느님의 아들들 또한 본성은 사람의 자식들이었으나, 하느님의 은혜 덕분에 다른 이름을 가지게 되었다. 하느님의 아들들이 사람의 딸들을 보고 사랑에 빠져 저마다 마음에 드는 여자를 골라 아내로 맞았다는 말씀에서 성경은 그들을 하느님의 천사들이라고 부르기도 했다(창세 6 : 2).*37 그 때문에 많은 사람들은 그들을 사람이 아니라 천사라고 생각한다.

제23장 천사가 아름다운 여성과 결혼해 거인을 낳았다는 말은 믿을 만한가

우리는 이 문제에 대해서 이 책 제3권(제5장)에서 이야기했지만, 영(靈)인 천사들이 어떻게 여자들과 육체적 관계를 가질 수 있느냐에 대한 문제는 아직 말하지 않았다. "영을 당신 천사로 삼으시고"(시편 104 : 4), 이 말씀은 하느님께서 영이 본질인 존재들을 제 사자로 삼아 말씀을 전달하는 임무를 맡기셨음을 나타낸다. 그리스어 앙겔로스(angelos)는 라틴어의 앙겔루스(angelus)며 사자, 곧 심부름꾼을 뜻한다. 그런데 바로 뒤에 나오는 "타오르는 불을 하인으로 삼아"(시편 104 : 4) 구절을 보면 이게 그들의 몸을 가리키는 것인지, 또는 하느님의 사자(使者)는 영적 불에 의한 것처럼 사랑에 불타오르면 안 된다는 뜻인지 분명치 않다. 그러나 천사들이 사람들에게 몸으로 나타났다고 하며, 그 몸을 볼 수 있을 뿐 아니라 만질 수도 있었다는 이야기는 (창세 19 : 1~22 ; 민수 22 : 23~35 ; 판관 6 : 12~22 ; 13 : 3~20) 성경에 쓰여 있으므로 믿을 수 있다. 널리 퍼져 있어 잘 들리는 소문일수록 직접 겪었거나, 또는 겪은 사람들에게 들었다고 주장하는 사람들이 매우 많다. 이는, "잉쿠비"(incubi)라고 하는 숲 속

---

*37 70인역 알렉산드리아 사본에서만 창세 6 : 2의 "하느님의 아들들"이라는 말씀을 그 뒷세대 사람들이 "하느님의 천사들"이라고 고쳐 놓았다.

요정인 실바누스(Silvanus)나 목양신인 판(Pan)들이*38 곧잘 비열한 방법으로 부녀자들을 습격해서 정욕을 채운다는 것이다. 또한 갈리아(Gallia) 사람들이 두시이(Dusius)라 불리는 악귀들은 늘 이런 더러운 추행을 시도해서 사람들에게 해를 끼친다고 하니 이를 아예 부정하는 것은 마땅하지 않다고 생각한다. 그러나 나는 이런 말들을 근거로 삼아서, 공기로 된 몸을 가진 영적 존재가 있는지—이런 원소는 부채질을 하거나 살짝 닿기만 해도 우리 몸으로 느낄 수 있지만—또는 그런 영들이 정욕을 참지 못하면 여자들과 육체적 관계를 가질 수 있는지에 대해서 나는 확실하게 말할 수 없다. 하지만 하느님의 거룩한 천사들이 그때 그렇게까지 타락했다고는 상상조차 할 수 없다. 또 "하느님께서는 죄 지은 천사들을 용서치 않으시고, 어둠의 사슬로 지옥에 가두시어 심판의 날에 벌을 받을 때까지 갇혀 있게 하셨습니다"(2베드 2 : 4) 사도 베드로의 말은 거룩한 천사들에 대한 말은 아닐 것이며 오히려 먼저 하느님을 버린 천사들, 그리고 시기심 때문에 뱀의 형상을 한 채 처음으로 사람을 타락시킨 마귀들을 가리킨다고 나는 생각한다. 그러나 성경에는 하느님의 사람을 천사라고 부른 증언이 많다. 실제로 요한에 대해서는 "보라, 내가 네 앞에 내 사자를 보내니 그가 너의 길을 잘 닦아 놓으리라"(마르 1 : 2) 하였다. 또한 예언자 말라기는 특별히 그분께 받은 은혜로(말라 2 : 7) 천사(말라기)라는 이름으로 불린다.

천사라 불린 하느님의 아들들과 사람의 딸들 사이에서 우리와 같은 사람이 아니라 거인들이 태어났다는 기록을 보고 그냥 넘어가지 못하는 이들이 있다. 하지만 내가 앞(제9장)에서 말한 바와 같이, 우리 시대에도 우리의 신체를 훨씬 뛰어넘는 거인족이 있었다. 로마 시가 고트족에게 약탈당하기*39 몇 년 전에 로마에 부모와 함께 나타난 여인은 어느 누구보다도 키가 훨씬 컸고 거인이나 다름없지 않았던가? 그 여자를 보기 위해 수많은 사람들이 모여들기도 했다. 가장 놀라운 것은 그 여자의 부모 둘 다 사람들 사이에서도 그렇게 큰 키가 아니었다는 사실이다. 그러므로 하느님의 천사라고 불리는 아들들이 사람의 딸, 즉 사람을 의지하며 사는 자들의 딸들과 결합하기 전에도, 바꿔 말하자면 셋의 아들들이 카인의 딸들과 결합하기 전에도 거인들이 있었는지도 모른다. 성서

---

*38 실바누스는 제6권 제9장 참조. 판은 아르카디아(Arcadia) 목양신이며, 이탈리아 목양신 Faunus에 해당한다.

*39 기원후(서기) 410년의 사건.

정전(正典)에도 다음과 같은 말씀이 있기 때문이다. "하느님의 아들들이 사람의 딸들을 보고 마음에 드는 대로 아름다운 여자를 골라 아내로 맞았다. 그래서 주님께서는 '사람들은 살덩어리일 따름이니, 나의 영이 그들 안에 영원히 머무르지 못하리라. 120년밖에 살지 못하리라' 하셨다. 그때도 세상에는 느빌림이라는 거인족이 있었다. 그들은 하느님의 아들들과 사람의 딸들 사이에서 태어난 자들로서 부모가 바라는 대로 태어났고 옛날부터 이름난 장사들이었다"(창세 6 : 2~4).

성경의 이 말씀을 보면 하느님의 아들들이 사람 딸들을 사랑해서 아내로 맞은 때에 땅에는 이미 거인들이 있었음을 충분히 알 수 있다. 겉모습이 아름다운 사람을 성경에서는 관례적으로 좋다고 표현했으므로, 아름다운 여자라서 사랑했다는 말이 맞으리라. 이런 일이 있은 다음에도 거인들은 태어났다. "그때에 거인들이 있었고, 그 뒤에도 하느님의 아들들과 사람의 딸들 사이에서 태어난 자식들이 있었는데 그들 또한 거인"이었다. 그러므로 "그때에도" 이미 거인들이 있었고 또 "그 뒤에도" 있었다고 판단할 수 있다. "자기들을 위하여 자식을 낳았으니" 했는데, 이는 하느님의 아들들이 이처럼 타락하기 전에는 자기들을 위하지 않고 하느님을 위해서 자식을 낳았다는 사실을 뜻하는 것이다. 즉 육체적인 정욕을 참지 못하고 움직이거나 남들에게 과시할 가족을 낳은 게 아니라, 자녀를 낳는 하느님 나라 시민의 본분에 따라 자식을 낳았다는 것이다. 또한 하느님께 믿음을 두고 하느님의 위대한 업적을 잊어버리지 않으며 분부하신 계명을 지키라고 명령하셨다(시편 78 : 7). 셋에게서 태어난 자, 곧 부활의 아들이 주 하느님의 이름 부르기를 소망한 것과 같이, 이 소망으로 그들과 그들의 후손은 영원한 축복을 함께 이어받으며, 하느님을 아버지로 모신 한 가족에서 제 자식들과 형제가 되려는 것이었다.

어떤 사람들은 하느님의 천사들을 인간이 아니었다고 생각한다. 그러나 그들이 의심할 바 전혀 없이 인간이었음을 성경에서 뚜렷하게 증언한다. 성서에서는 "하느님의 아들들이 그 사람의 딸들을 보고 마음에 드는 대로 아름다운 여자를 골라 아내로 맞았다" 말한 뒤에, 곧바로 덧붙여서 "주님께서는 '사람은 한낱 살덩어리에 지나지 않으니 나의 영이 그들에만 영원히 머물러 있을 수는 없다. 사람은 120년밖에 살지 못하리라' 하셨다" 한다. 하느님의 힘으로 하느님의 천사와 하느님의 아들이 되었지만, 낮은 쪽으로 내려갔기 때문에 "사람"이라고 부른다. 또한 그들은 영을 버린 자들이라는 뜻에서 "육"이라고 했으며, 영을 버린 게 아니라 영에게 버림받는 처지가 된 것이다. 70인 번역자들도 "하느님의 천사들"과 "하느님의 아들들" 이런 말을 함께 쓰고 있지만, 모든 사본에 그렇게 기록하지는 않으며 어떤 사본은 "하느님의 아들들" 이런 말을 쓴다. 또 유대인들이 가장 훌륭하다 생각하는 번역가 아퀼라(Aquila)는*40 "하느님의 천사들"이나 "하느님의 아들들"이라는 말을 쓰지 않고, "신의 아들들" 이렇게 옮긴다. 어느 것이나 진실이다. 그들은 하느님의 아들이며 아버지 되시는 그분 밑에서는 자기들의 조상이고 형제이기 때문이다. 또 그들은 신들에게서 태어난 신의 아들들이었고, 제 부모들과 더불어 그들도 신들이다. 성경에 "내가 이르건대 너희는 모두 신이며 지극히 높으신 분의 아들이나"(시편 82 : 6) 이렇게 말씀하신 것과 같다. 그러므로 만일 70인 번역자들이 예언의 영을 받아 번역해둔 원서에 수정을 하거나 틀린 것을 말한다 하더라도, 이것은 하느님의 말씀으로부터 온 것임을 의심할 수는 없다.*41 하지만 히브리어의 뜻이 모호해서 "하느님의 아들들" 또는 "신들의 아들들" 이렇게 옮길 수도 있다고 한다.*42

그러므로 이 문제에 대해서는 외서(Apocryphal)에 있는 이야기들은 제쳐두도록 한다. 이 글들의 출처와 기원은 이를 전한 조상인 성직자에게조차 숨겨져 있다. 이들에 의해 진실한 문서의 권위가 가장 확실하고 잘 알려진 계통을 통해서 대대로 이어받아 우리에게까지 내려온 것이다. 외전에도 조금은 진리가 있긴 하지만, 거짓된 말이 너무 많아서 경전으로서는 권위적이지 못하다. 그러나 아담의 7대손 에녹이 신적 영감을 받아 거룩한 글을 남겨놓았다는 것을 부정할 수는 없다. 천사 유다가 정전에서 편지로 남겨놓았기 때문이다(14절).

그러나 히브리 민족 제사장들이 조상 대대로 정성껏 성전에 보관해둔 정전에는 에녹서가 들어 있지 않은데, 여기에는 분명한 이유가 있다. 에녹의 기록은 너무 오래되었기 때문에 왠지 의심스럽고, 유다서에서 에녹이 기록했다는 내용이 맞는지 알 길이 없으며, 정전을 보존해 온 사람들 또한 이 기록에 대해 이

---

*40 아퀼라는 기원후 140년경에 구약성경의 축자역인 그리스어 번역을 발표했다.

*41 70인역의 영감에 대한 아우구스티누스 견해에 관해서는 이 책 18권 43장 및 그의 《그리스도교 가르침》 2, 15, 22 참조.

*42 창세 6 : 2에 있는 히브리어 "엘로임"의 뜻이 불분명하다는 점에 대해서는 히에로니무스(영어명 : 제롬), Quaestiones Hebraicae in Genesin》 72, 9 참조.

야기한 일이 없어서 밝혀내지 못하기 때문이다. 그래서 지혜로운 사람들이 에녹의 이름이 붙어 있는 이 글에 나오는 거인들에 대한 이야기와, 그들의 아버지는 사람이 아니었다는 글을 거짓이라 말하는 것도 마땅하다. 최근에는 예언자나 사도들의 이름을 앞세워 많은 글이 발표되었지만, 이단자들에 의한 것이나 마찬가지다. 정전으로서의 권위를 인정하지 않고 외전으로서 제쳐 놓은 것이다. 그러나 히브리인들과 그리스도인들의 정전 성서들만 보더라도 홍수 이전에 거인들이 존재했었다는 것과, 그들은 인간 사회의 시민들이었다는 것, 그리고 육신으로는 셋의 자손인 하느님의 아들들이 바른 길을 버리고 이 세상으로 나와 타락했다는 것은 의심할 여지가 없다. 또 이들에게서 거인들이 태어났다는 것 또한 이상하게 여길 일은 아니다. 모든 인간이 거인이었던 것은 아니지만, 대홍수 뒤 시대보다 그때 더 많았음은 확실하다. 지혜로운 사람들에게 신체의 아름다움이나 큰 몸집, 체력 같은 것들은 대수롭지 않음을 창조주께서는 기꺼이 거인들을 통해 세상에 보여주셨다.

이에 대해 지식인들은 영적이고 영원한 선, 더 훌륭하고 단단하며, 선인들에게만 있는 고유한 것으로 악인들과는 공통되지 않음을 행복해 한다. 이런 까닭에 예언자는 다음처럼 말했다. "크고 끝없고 높아 도저히 잴 수가 없다. 이름난 거인들이 예로부터 거기에서 창조되었는데 그들은 무척 키가 크고 싸움에 능하였다. 그러나 하느님께서는 그들을 선택하지 않으셨고 그들에게 슬기로움으로 나아갈 수 있는 길조차 주지 않으셨다. 그래서 지식이 없어 멸망했고 생각이 모자라 망하였다"(바룩 3 : 25~28).

제24장 대홍수로 멸망할 이가 이렇게 말했다. '그들의 날은 120년이 될 것이니라'

"사람은 120년밖에 살지 못하리라"(창세 6 : 3). 하느님의 이 말씀을 사람들의 수명이 120년을 넘지 못하리라는 예언으로 받아들여서는 안 된다. 대홍수 뒤에도 그 전과 같이 500살이 넘도록 산 사람들이 있기 때문이다. 하느님이 이 말씀을 하신 이유에 대해서는 다음과 같이 이해해야 한다. 이 말씀은 거의 500세까지 살았던 노아가 480세 때에 하느님께서 하신 말씀이었는데, 성경에서는 가장 큰 부분을 가리킬 때 그 전체적인 수로써 부르기 위해, 500년을 쓴다. 그런데 노아가 600세 되던 해 2월 17일, 그날 땅 밑에 있는 큰 물줄기가 모두 터지고 하늘에는 구멍이 뚫렸다(창세 7 : 11). 그래서 120년은 대홍수가 날 때까지의 세월을 예언한 것이며, 그만한 시간이 지나면 사람들은 홍수로 죽을 수밖에 없다는 뜻이다. 대홍수가 그때 일어난 것은 죄인을 벌하는 죽음을 면할 만한 사람이 하나도 없었기 때문이라고 믿을 만한 근거가 아주 없지는 않다. 그 죽음의 방법으로 악인들이 모두 죽었기 때문이다. 선한 사람 또한 언젠가는 죽게 마련이지만 이렇게 죽는다고 해서 그들이 죽고 난 뒤에 어떤 해를 입히는 것은 아니다. 그러나 성서가 셋의 자손으로서 기록한 사람들은 대홍수 때 한 명도 죽지 않았다. 대홍수가 일어난 까닭에 대해 하느님의 영감을 받은 사람은 이렇게 말하고 있다.

"우리의 주 하느님께서는 세상이 사람의 죄악으로 가득 차고 누구나 다 못된 생각만 하는 것을 보시고 세상에 사람을 만드심을 후회하시며 무척 마음 아파하셨다. 주님께서는 '내가 창조한 사람들 모두 이 땅 위에서 쓸어버리겠다. 사람뿐 아니라 짐승과 땅 위를 기어다니는 것들, 하늘을 나는 새들까지 모조리 쓸어버리겠다. 내가 그것들을 만들었다는 게 참으로 후회스럽구나!' 하고 탄식하였다"(창세 6 : 5~7).

제25장 하느님의 분노에 대해서
하느님의 분노는 그저 단순한 마음의 동요가 아니라 죄를 벌하는 그의 심판이다. 그가 하신 일에 대해 아무리 생각을 하고 또 해보아도 변하지 않을 일들에 대한 변함없는 계획이다. 하느님은 무슨 일이 있어도 사람처럼 당신의 어떤 행위를 뉘우치지 않는다. 사람이 아니시기에 거짓말을 하지 않으시고 인간이 아니시어 이미 한 생각을 절대 바꾸지 않으신다. 그러니 말씀만 하시고는 실천하지 않으실 리 없고 이야기만 하시고는 행하지 않으실 리 없다(민수 23 : 19). 만물을 다스리시는 그분의 예언이 확실한 것과 같이 그분의 결정도 절대 흔들리지 않는다. 그러나 성경에서 이런 표현을 쓰지 않는다면, 온갖 사람들 마음에 가깝게 다가갈 수 없을 것이다. 성경은 이런저런 사람들을 도와주려 하고, 오만한 자를 놀라게 하며, 게으른 자를 일어나게 하면서, 알고 싶어하는 자의 주의를 끌며, 총명한 자에게 만족을 주려고 한다. 그러나 성경의 말씀이 먼저 몸을 숙이고 사람들이 게으르게 누워 있는 곳까지 내려가지 않는다면, 참된 목적을 이룰 수 없으리라. 또 지상과 공중에 있는 모든 동물들도 죽게 되리라고 말씀하셨는데, 이는 닥쳐온 재앙의 크기를 말씀하신 것으로 이성을 가지지 못한 동물들에게까지 소멸을 위협한 것은 아니다.

제26장 노아의 방주는 그리스도 교회를 상징한다

하느님께서 노아에게 방주를 만들라고 하신 데에는 그만한 뜻이 있었다. 노아는 의인이었고, 진리를 이야기하는 성경을 보면 그때 노아만큼 의롭고 완전한 사람은 없었다고 한다(창세 6 : 9). 물론 그렇다고 해서 하느님 나라 시민들이 앞으로 천사처럼 되는 불사불멸을 얻어 완전했다는 이야기는 아니다. 오로지 그들이 지상에서 지내는 동안 이를 수 있는 만큼의 완전성을 가리킨다. 하느님은 이 완전한 사람인 노아에게 방주를 만들라고 명령한다. 그리고 그 방주에 그의 가족들, 아내와 아들들, 며느리들을 태우고는 하느님 명령에 따라 온갖 동물들도 실어 대홍수로 예견된 파멸에서 벗어나라는 것이었다. 이는 확실히 이 세상에 머물러 있는 하느님 나라, 곧 교회를 뜻한다.

"하느님은 한 분뿐이시고 하느님과 사람 사이의 중재자도 한 분뿐이신데, 그분이 바로 그리스도 예수이십니다"(1디모 2 : 5).

교회는 바로 인간 그리스도 예수가 못박히신 나무로 구원받기 때문이다. 방주의 길이와 넓이, 높이는 앞서 외쳤던 예언대로 인간으로 오신 예수님의 몸을 나타낸다. 몸 정수리로부터 발바닥까지의 길이는 한쪽 옆구리로부터 다른 옆구리까지 넓이의 6배요, 뒷등으로부터 앞가슴까지 두께의 10배이다. 다시 말해서 사람이 똑바로 눕거나 엎드릴 때, 그의 머리로부터 발까지의 길이는 두 옆구리 사이 너비의 6배요, 그 누운 몸 높이의 10배나 된다.

그렇기에 방주는 길이가 300큐빗에 넓이가 50큐빗, 높이가 30큐빗이었다. 옆에는 드나들 수 있는 문을 냈는데 이는 십자가에 못박히신 예수님 옆구리를 창으로 찔러 상처를 낸 것을(요한 19 : 34) 뜻한다. 예수님께로 오는 사람들은 이 상처를 통해 안으로 들어갈 수 있다. 이는 하느님의 은혜를 신자들에게 베푸는 두 가지 의식인 세례와 성찬을 의미하며, 신자가 믿음을 보여주는 예식이다. 그리고 전나무로 배 한 척을 만들라고 하신 것은(창세 6 : 14) 모든 점에서 절대 흔들리지 않는 성도들의 안정된 삶을 뜻한다. 네모난 목재는 어느 쪽으로 굴려도 똑바로 서기 때문이다. 그 밖에도 방주를 만들면서 나온 말들은 모두 교회를 나타내는 상징이다.

그러나 이런 이야기를 계속하면 더욱 길어져서 지루할 것이다. 그리고 나는 이미 마니교 신자 파우스투스에 대한 반박문에서*[43] 이 문제에 대해 잘못된 점을 지적한 바 있다. 그는 히브리인들 글에 그리스도에 대한 어떤 예언이 있다는 사실을 부정한 인물이다. 또한 누군가가 우리들보다, 즉 다른 사람이 그 사람보다 훨씬 적절하게 풀이하는 일은 분명 일어난다. 그러나 적어도 지은이가 말하는 것에서 멀리 벗어나지 않으려면 무슨 말을 하든지 간에, 오늘 우리가 문제삼고 있는 이 하느님 나라—대홍수에 빠져버린 것과 같이 이 악한 세상에 머물러 있는 하느님 나라—가 연관되어 있어야 한다.

예를 들어 "아래층과 둘째 층과 셋째 층으로 만들어라"(창세 6 : 16) 하는 말씀에 대해서 내가 파우스투스 반박문에서*[44] 풀이한 내용은, 교회에는 온갖 민족들이 모여 있으므로 2층은 두 부류 사람들, 말하자면 할례를 받은 사람들과 받지 않은 사람들, 또는 사도의 말대로 유대인과 그리스인(로마 1 : 16 ; 3 : 9 ; 갈라 3 : 28)을 의미하며, 셋째 층은 온갖 민족들이 노아의 세 아들에 의해 재흥했다는 것을 뜻한다고 했다. 물론 누구든지 이 해석에 반대한다면, 신앙 규범*[45]에 모순되지 않는 다른 해석을 내놓을 수 있다.

물론 방주에는 아래층에만 방이 있는 것이 아니라 그 위에 둘째 층이 있었고 또 그 위에 셋째 층도 있어서 가장 아래에서부터 위로 거쳐 올라가도록 했다. 이것은 사도가 강조한 믿음과 희망과 사랑이라는(1고린 13 : 13) 세 가지 덕성으로 풀이할 수 있다. 또는 더 좋은 해석으로서, 복음서에 있는 30배와 60배와 100배의 추수(마태 13 : 8)로 이해할 수도 있다. 그렇다면 혼인의 순결이 맨 아래, 과부의 순결이 그 위이며 처녀의 순결이 가장 위층이라고 풀이할 수 있다. 그 밖에도 하느님의 나라에 대한 믿음이면, 달리 더 좋은 해석을 주장할 수도 있으리라. 여기서 더욱 해명되어야 하는 다른 점에 대해서도 나는 다음과 같이 말하고 싶다. 비록 해석은 다양할지라도, 반드시 가톨릭 신앙과 하나로 조화를 이루어야 한다는 것이다.

---

*43 아우구스티누스 《Adversus Faustum Manichaeum》 12, 14.

*44 아우구스티누스 《Adversus Faustum Manichaeum》 12, 16.

*45 15권 9장의 주석 참조.

제27장 대홍수와 방주는 역사적 사실에 지나지 않는 게 아니다

이런 일들을 기록한 것부터가 쓸데없거나, 비유적 의미를 떠나서 역사적 사실만을 다루어야 한다거나, 또는 그와 반대로 이 기록은 모두 실제로 일어난 일이 아니라 그저 비유에 지나지 않으며, 또 그게 사실이든 사실이 아니든 교회에 대한 예언과는 아무 관계도 없다고 생각해서는 안된다. 지성을 갖춘 사람이라면 몇천 년 동안 이토록 경건하게 또 이토록 대대로 질서정연하게 전해져 내려온 문서를 두고 아무 목적 없이 기록되었다거나, 단순히 역사적 사실에만 주목해야 한다고 우기지는 않으리라.

다른 것은 말하지 않더라도 만일 동물의 수가 많아서 방주를 그토록 크게 만들어야 했다면 무엇 때문에 짐승을 암컷과 수컷으로 7쌍씩, 부정한 것은 2쌍씩을(창세 7 : 2) 수용했겠는가? 정하든 부정하든 양쪽 모두 보전하기는 마찬가지일 텐데 왜 같은 숫자로 정하지 않았을까? 아니면 그 동물들을 재흥시키기 위해 그렇게 명령했다면, 하느님이 그것을 창조했을 때와 같은 방법으로 다시 창조할 수도 있지 않은가?

그러나 이런 일들은 실제로 일어난 일이 아니고, 상징적으로 표현했을 뿐이라고 강조하는 사람들이 있다. 그들은 무엇보다 가장 높은 산보다도 15큐빗이나 더 높이 물이 차오를 만큼 대홍수는 일어날 수 없었다고 생각한다. 그 까닭으로 올림포스 산꼭대기 너머로는 구름이 생길 수 없다고 한다. 그곳은 너무 높아서 대기가 얼어붙어 바람과 구름과 비가 발생하지 않기 때문이다. 하지만 그들은 가장 밀도가 높은 원소인 흙이 거기 존재하고 있다는 사실을 생각하지 못한 것이다. 어쩌면 그들은 산꼭대기가 흙으로 되어 있다는 것을 부정할지도 모른다. 그렇지 않다면 원소를 측정하고 재는 사람들은 어째서 흙은 그 높은 공중까지 올라가는 것을 인정하면서 흙보다 가벼운 물은 거기까지 갈 수 없다고 주장하는가? 그들도 물이 더 가볍고, 흙보다 높이 올라간다는 것을 인정한다. 더 무겁고 더 낮은 원소인 흙은 몇천 년 동안 평온한 천계의 공간까지 올라가고, 더 가볍고 더 위에 있는 물은 아주 잠깐 동안이라도 그렇게 하도록 허락되지 않은 것은 무슨 까닭인지 그들은 설명할 수 있을까?

또 그들은 그 방주 크기로는 부정한 짐승 2쌍과 정결한 짐승 7쌍씩, 그렇게 많은 종류의 동물을 모두 실을 수 없었으리라 말한다. 그러나 그들은 길이 300큐빗과 넓이 50큐빗 공간만 생각하고, 그와 같은 공간이 위에 있고 다시 그 위에 또 하나가 있어서 결국 길이와 폭이 3배, 즉 900큐빗과 150큐빗이 되는 것을 생각지 않고 있었던 것이다. 그런데, 오리게네스*⁴⁶는 이렇게 말했다. 모세는 하느님의 사람으로서 성서에 기록된 대로 기하학을 좋아한 이집트인들의 모든 지혜를 배웠기 때문에(사도 7 : 22), 이 큐빗은 우리 큐빗의 6배가 되는 기하학적 큐빗이었을 수도 있다. 만약 우리가 오리게네스의 이 지적을 부당하다고 생각하지 않는다면 그만한 크기의 방주에 얼마나 많은 것을 실을 수 있었을지 모르는 사람은 없을 것이다. 그럼에도 이렇게 커다란 방주는 만들 수 없다고 반론하는 것은 매우 어리석은 공격이다. 그러나 엄청난 규모의 성벽도시들이 세워졌음을 그들도 알고 있을 테니 그야말로 어리석기 짝이 없는 모함일 뿐이다. 또한 방주를 만드는 기간이 100년 동안 이어졌음을 그들은 기억해야 한다. 다만 이런 점은 있다. 돌과 돌은 석회만으로 붙이고 고정할 수 있어서 수십 리나 되는 둥근 성을 쌓을 수 있지만, 나무와 나무는 장붓구멍과 빗장과 못과 역청을 사용해도 단단히 붙일 수 없기 때문에 방주는 가로도 세로도, 곡선이 아니라 직선으로 만들 수밖에 없다. 그리고 그 배는 사람들의 힘으로 물에 띄운 것이 아니라 물이 밀려와서 자연스러운 무게의 법칙으로 배가 뜬 것이며, 떠다니는 동안 난파되지 않도록 하는 것도 인간이 가진 기술이 아닌 하느님 돌보심이었다.

아주 작은 동물들, 쥐나 도마뱀 따위나 메뚜기, 풍뎅이, 파리, 벼룩 같은 것들에 대해서도 시시한 의문을 제기하는 사람들이 있다. 방주 안에는 하느님이 정하고 명령한 수보다 이런 것들이 더 많지 않았겠느냐는 것이다. 이것을 곤란한 문제라고 생각하는 사람들은, "땅바닥을 기어다니는 것들"(창세 6 : 20)이라는 말에 대해, 물속에서 사는 고기뿐만 아니라 물 위를 떠다니는 물새도 방주에 넣어 보존할 필요가 없다는 뜻임을 이해해야 한다.

그 다음 암컷과 수컷(창세 6 : 19)을 데리고 들어가라고 말한 것은 물론 그 종을 번식시키기 위한 것이며, 따라서 암컷과 수컷의 결합이 없는 여러 물질이나 그것이 썩을 때 생겨나는 생물들은 방주에 넣을 필요가 없었다. 만일 그런 것이 거기 있었다면, 으레 집 안에 있듯이 정해진 수가 없었을 것이다. 물에서 살수 없는 동물들은 모두 일정한 숫자대로 방주 안에 넣어졌으며, 그것도 인간의

---

*46 오리게네스 《Homiliae In Genesim》 2, 2.

배려가 아니라 하느님의 배려로 살아남았다는 역사적 사실에 따르지 않는다면 이 가장 성스러운 신비와 위대한 사건의 예표(豫表)는 이루어지지 않았으리라. 노아는 동물들을 붙잡아 방주에 넣은 것이 아니라, 동물들이 오면 방주에 들여보냈을 뿐이다. "새도 제 종류대로, 짐승도 제 종류대로, 땅 바닥을 기어다니는 것들도 제 종류대로, 한 쌍씩 너에게 와서 살아남게 하여라"(창세 6 : 20)한 말은 이런 뜻이었다. 인간의 행위가 아니라 하느님 뜻에 따라서 동물들이 들어온 것이다. 그러므로 그 안에는 성별이 없는 동물들은 없었다고 생각하는 게 옳을 것이다. "암컷과 수컷으로 한 쌍씩"(창세 6 : 19)이라는 분명한 말이 있기 때문이다. 어떤 생물은 파리나 모기처럼 썩은 물건에서 난 뒤 암컷과 수컷의 결합으로 번식하고, 또 벌처럼 성별이 없는 것도 있다. 노새처럼 성별은 있어도 번식 능력이 없는 동물은 방주에 들어가지 않았을 것이고, 그 부모인 말과 나귀로 충분했을 것이다. 다른 종끼리의 교배로 이종을 만들어 낼 수 있는 경우도 마찬가지다. 그러나 이러한 것들도 신비에 속한다면 잡종들도 방주에 있었을 것이다. 잡종들도 암컷과 수컷이 있기 때문이다.

어떤 사람들은 육식동물들이 방주 안에서 먹었던 먹이에 대해서도 의문을 던진다. 과연 명령된 숫자의 육식동물을 보존하기 위해서 그들에게 먹일 다른 동물들도 방주에 넣었느냐는 것이다. 또는 이보다 더 쉽게 믿을 수 있는 생각은 고기가 아니라 모든 동물에게 적합한 무언가 다른 먹이가 있었으리라는 것이다. 우리는 살코기를 주식으로 하는 많은 동물들이 풀과 과일, 특히 무화과와 밤을 먹는 것을 알고 있다. 그러므로 저 지혜롭고 의로운 노아는 어느 동물에게 어떤 먹이가 알맞은지도 하느님의 가르침에 따르는 사람이었으므로, 육류 말고도 종류마다 알맞은 먹이를 준비했다 해도 이상할 것이 없다. 또 굶주리면서 먹지 못할 것이 무엇이던가? 또는 하느님이 무엇이든 동물들에게 맛나고 위생적인 것으로 만들지 못하셨겠는가? 그토록 위대한 신비를 완전하게 하는 데 동물들이 먹어야 할 필요가 없다면, 하느님은 쉽게 그들이 먹지 않고 지낼 수 있도록 하셨으리라. 그러나 그저 시비만 일삼는 사람이 아니라면 이렇게 잡다하고 부수적인 갈래에서는 교회의 예표가 없다고 할 수 없을 것이다. 교회에는 이미 각 민족이 들어찼으며, 그 교회의 하나 됨이라는 유대감 안에서 정결한 자와 부정한 자가 모두 섞여 있어 정해진 종말까지 함께 할 것이다. 분명한 이 한 가지 사실만 보더라도 모호하고 금방 이해할 수 없는 일에 대해서도 의심하는 것은 불가능하다.

그러므로 제아무리 고집스러운 사람일지라도 이런 일들이 목적 없이 기록된 것은 아니라고 생각한다면, 그것이 실제로 있었던 일들이라 할지라도 의미가 없다거나, 참으로 있었던 사실이 아니라 단순히 상징적인 이야기일 뿐이라거나, 아무튼 교회와 관련된 비유적 의미가 아니라고 주장할 수는 없을 것이다. 오히려 이 모든 이야기를 기록한 데에는 어떤 뚜렷한 목적이 있었으며, 이런 일들은 실제로 일어났고 또 무언가를 뜻하는 것이며, 이 의미는 바로 교회에 대한 예언적인 것이라고 믿어야 한다.

여기까지 이르렀으니 이번 권은 끝내고 다음에는 대홍수 뒤의 사람을 따라 사는 지상 나라와 하느님을 따라 사는 하늘 나라가 걸어간 길을 살펴보기로 한다.

제16권

노아에서 아브라함에 이르는 동안 두 나라와 아브라함에서 이스라엘 왕국에
이르는 동안 하느님의 나라는 어떤 변화와 발전을 이루었는가

제1장 하느님 나라, 노아에서 아브라함까지

대홍수 뒤에 거룩한 하느님의 나라가 계속되었는지, 그렇지 않으면 불경건한
시대가 덮쳐와서 신성한 자취가 끊어지고 그 시대에 참으로 하느님을 섬기는
사람이 하나도 없었는지에 대해서는 성경 기록으로 알아내기가 쉽지 않다. 정
전에서는 노아가 아내와 아들 셋과 세 며느리와 함께 방주 덕분에 홍수를 잘
피하고 살아난 뒤 아브라함에 이르는 동안 하느님에게 경배를 올린 사람에 대
한 기록이 하나도 없었기 때문이다. 아브라함의 신심은 하느님을 분명한 말씀
으로 칭송했다. 그러나 노아는 그의 두 아들, 셈과 야벳에게 일어날 일을 내다
보고 축복을 내리면서 훈계했을 뿐, 특별한 언급은 하지 않았다. 또 둘째 아들
이 자기에게 죄를 지었을 때, 자신의 아들이 아닌 손자를 들어 "가나안은 저주
를 받으리라. 그는 제 형제들의 가장 천한 종이 되리라"(창세 9 : 25) 저주한 것
은 예언적 영으로 한 일이었다. 가나안은 함의 아들이었는데, 함은 아버지의
벌거벗은 것을 덮어드리기는커녕 도리어 드러나게 만들었다. 그래서 노아는 다
른 두 아들에게 축복의 말까지 덧붙였다. "셈의 하느님이신 주님께서는 찬미받
으소서. 그러나 가나안은 셈의 종이 되어라. 하느님께서 야벳에게 자리를 넓게
마련해 주시고 셈의 천막에서 살게 해 주소서. 그러나 가나안은 셈의 종이 되
어라"(창세 9 : 26~27). 노아가 포도나무를 심어 그 열매를 먹고 취한 일, 벌거벗
고 잠잔 일, 그 밖에 그때 한 일로 적어 놓은 모든 것은 예언적 의미를 담고 있
으며 예언적 신비들로 가려져 있다.[1]

---

[1] 노아가 포도주에 취한 사실이 그리스도의 고난을 미리 내다보고 전하기 위한 것이라는 비
유적 해석은 키프리아누스(258년 순교)에서 시작되었다. 아우구스티누스 《그리스도교 가르

제2장 노아의 아들들에게 예언적으로 상징된 것은 무엇인가

하지만 그때는 감추어졌던 사실들이 그 뒤에 잇달아 일어난 사건들로 충분히 드러났다. 신중하고 지적으로 이 문제를 생각한다면 누가 그리스도에게서 그 일들이 이루어졌음을 깨닫지 못하겠는가? 그리스도의 육신의 조상이었던 셈은 "이름"을 뜻한다. 그런데 그리스도라는 이름보다 더 위대한 이름이 어디에 있는가? 그리스도 이름은 이미 어디에서나 그 향기를 전하고 있으며, 아가서에서는 향유에 비교하기도 했다(아가 1 : 3). 또 그를 경배하는 민족들의 범위가 "광대함"을 그리스도의 전당인 교회들에서 볼 수 있지 않은가? 야벳은 "광대함"을 뜻한다. 그리고 함("열기")은 노아의 둘째 아들로서 두 형제들에게서 떨어져 그들 사이에 있다. 그는 이스라엘 첫 지도자들 사이에도, 가득 찬 이방인들 가운데에도 속하지 않은 뜨거운 이단자 무리를 뜻하며, 참아낼 줄 모르고 조급하며 들끓는 감정은 성도들의 평화를 어지럽히는 이단자의 특징을 보여준다. 그러나 이단자들도 정진하는 이들의 발전에 도움이 된다. 이에 대해 사도는 말한다. "하기야 여러분 가운데에 분파도 있어야 참된 사람들이 드러날 것입니다"(1고린 11 : 19). 그래서 다른 곳에서는 "손이 게으른 사람은 가난해지고 손이 부지런한 사람은 재산을 모은다"(잠언 10 : 4) 한다. 이단자들의 이런 열기 어린 질문들이 늘어날수록, 우리는 교리를 지키기 위해 더 정확하게 조사하고, 더 분명하게 이해하며, 더 열정적으로 말씀들을 전하지 않을 수 없다. 그래서 반대자들의 문제 제기는 곧 배움의 기회가 된다. 하지만 교회에서 거리낌 없이 갈라져 나간 자들뿐 아니라, 그리스도인이라는 이름을 자랑하면서도 방탕한 삶을 사는 자들은 모두 노아의 둘째 아들과 같다고 생각할 수 있다. 이런 사람들은 노아가 벌거벗은 것이 그리스도의 고난을 예견하는 것이라고 떠벌리고 다니지만, 그들의 악한 행동은 오히려 그리스도를 욕되게 한다. 이런 자들에 대해서는 "그러므로 너희는 맺은 열매를 보고 그들을 알아보리라"(마태 7 : 20) 하셨다.

그리하여 함은 자기 아들의 이름으로 저주받았는데, 이는 그의 열매라고 할 만한 아들과 그의 행실을 보고 그의 저주를 알게 하려 함이다. 그 아들 가나안의 이름이 "그들의 움직임"이라고 풀이되는 것도 마땅하다. 그들이 한 일은 결

침》 4, 21, 45 참조. 이런 비유적 해석의 정당성을 아우구스티누스는 사도 바울의 갈라 4 : 21 ~5 : 1에서, 특히 4 : 24에서 얻었다. 이 책 제15권 제2장 참조.

국 그러한 이단자들의 행동에 지나지 않는다. 그러나 셈과 야벳은 곧 할례와 무할례를 상징하는데, 사도는 이들을 유대인과 이방인(그리스인)들이라고 부른다. 달리 말하면 부르심과 의롭다 하심을 받은 사람들이라 하며 이들은 그리스도의 고난을 나타내는 아버지의 벌거벗은 모습을 발견하고, 겉옷을 집어 등에 걸치고 뒷걸음으로 들어가 아버지의 벗은 몸을 덮어드렸다. 그들은 공경심으로 얼굴을 돌린 채 자신이 덮어드린 아버지의 몸조차 보지 않았다(창세 9 : 23). 우리들 또한 우리를 위해 짊어지으신 그리스도의 고난을 영예롭게 하며 동시에 그리스도를 십자가에 매단 유대인들의 죄악에는 등을 돌리게 된다. 의복은 성사를, 그들의 등은 과거사들에 대한 기억을 뜻한다. 교회는 그리스도의 고난을 이미 이루어진 일로 기념하지만 앞으로 일어날 일로써 기다리는 것이 아니다. 야벳은 이미 셈의 집에서 살고 그 악한 형제는 그들 사이에 있다.*2

그렇지만 못된 형제는 자기 아들(또는 그의 행위)을 통해서 선한 형제들의 종이 된다. 이것은 선한 사람들이 악한 사람들을 겪으면서 인내를 연습하며 지혜를 더해가는 것을 뜻한다. 사도도 나쁜 동기로 그리스도를 널리 퍼뜨리는 자들이 있음을 증언한다. "가식으로 하든 진실로 하든 그리스도를 전하는 것이니 나는 그 일로 기뻐합니다. 사실 나는 앞으로도 기뻐할 것입니다"(필립 1 : 18) 사도는 말한다.

"만군의 주님의 포도밭은 이스라엘 집안이요"(이사 5 : 7)라고 예언자가 말하는 그 포도나무를 심은 이는 그리스도 자신이며, 그리스도는 그곳에서 나는 포도주를 마신다. 주께서는 "내가 마시려는 잔을 너희가 마실 수 있느냐?"(마태 20 : 22), "아버지, 아버지께서는 하고자만 하시면 무엇이든지 다 하실 수 있으시니 이 잔을 저에게서 거두어주소서"(마태 26 : 39) 여기서 나오는 잔은 틀림없이 당신의 고난을 뜻한다. 하지만 포도주는 포도나무에서 나는 것이므로, 우리는 이 포도나무를 그리스도께서 이스라엘 족속으로부터 살과 피를 받아 고난받으신 거라고 달리 해석할지도 모른다.

"취하여"는 그리스도가 당한 고난을, '벌거벗은'은 그리스도의 고난에서 드러난 그의 연약함을 보여준다. "그리스도께서는 약한 모습으로 십자가에 못 박히셨지만 하느님의 힘으로 그리스도와 함께 살아계십니다"(2고린 13 : 4), "하느님

---

*2 유대인들과 그리스도인들이 교회 안에 함께 있으며, 그 사이에 이단자들이 있다.

께서 하시는 일이 사람의 눈에는 어리석어 보이지만 사람들이 하는 일보다 지혜롭고, 하느님의 힘이 사람의 눈에는 약하게 보이지만 사람의 힘보다 강합니다"(1고린 1 : 25) 이렇게 사도는 말한다. 성경에는 그가 벌거벗었다고 하면서 "천막 안"(창세 9 : 21)이라고 덧붙인다. 이는 예수께서 십자가의 고난과 죽음을 같은 혈통인 유대인들에게서 받으시리라는 것을 에둘러 표현한 것이다.

타락한 신자들은 그리스도의 고난을 커다란 소리로 밖에서 알리지만, 그 뜻은 잘 이해하지 못한다. 그러나 의인들은 마음에 이 위대한 신비를 간직하여, 사람보다 강하며 지혜로우신 이 하느님의 연약함과 어리석은 면을 진심으로 우러른다. 이 점을 예언적으로 나타낸 것이 아버지의 벌거벗음을 밖에 나가서 떠들어댄 함과, 그와는 달리 아버지의 벌거벗음을 가리려고 집 안으로 들어간 셈과 야벳의 차이이다. 안으로 들어갔다는 것은 내면으로부터 행동으로 옮겼다는 뜻이므로, 이 두 아들은 마음속으로부터 아버지를 우러러 받든 것이다.

성경의 숨은 뜻을 우리는 힘닿는 데까지 연구한다. 사람에 따라 노력과 성공의 차이는 있겠지만, 이 일들을 기록한 데는 반드시 앞으로 있을 일들을 예언적으로 나타내려는 의도가 있음은 모든 사람이 알고 있다. 그리고 이것은 그리스도와 그의 교회에 관련된 것이라고 믿는다. 인류의 처음부터 교회에 관련된 것은 늘 예언으로 널리 알려졌으며, 이제 우리는 그 예언들이 하나하나 이루어지는 것을 본다.

노아가 가운데 아들을 저주하고 두 아들을 축복한 뒤로 아브라함에 이르는 천여 년 동안*3 하느님을 바르게 우러러 받든 의인이 있었다는 기록은 전혀 보이지 않는다. 물론 나는 그런 사람들이 없다고 믿지는 않지만, 아마도 그런 사람들을 하나하나 말한다면 매우 지루하리라. 또한 역사적 정확성은 있어도 예언적 통찰은 나타나지 않았을 것이다. 이 성경을 쓴 사람 안에 계신 하느님 성령의 목적은 지난날 사건들을 기록할 뿐 아니라, 하느님 나라(city of God)에 대한 앞날을 알려주는 내용이기도 했다.

하느님 나라 백성이 아닌 사람들에 대해 무언가 적었다면, 그 목적은 저 사람들로 하여금 '지상의 나라'와는 전혀 다른 '하느님의 나라'를 보고 이익을 얻게 하려 함이었다. 물론 기록된 모든 것들이 상징적 의미를 지녀야 할 필요는

---

*3 1000여 년은 70인 번역에 의한 계산이며, 개역 성경에서는 290년이다. 이 책 제15권 제10~13장 참조.

없다. 그 자체로는 상징적 뜻이 없는 것도 있겠지만 이 또한 다른 무언가를 나타내는 내용들 때문에 적혀 있다고 보는 편이 마땅하다. 실제 땅을 가르는 것은 쟁기 날이지만, 이 일을 하기 위해서 쟁기에는 날 말고도 다른 부속들이 더 필요하다. 하프나 그밖의 악기에서 아름다운 소리를 내는 것은 줄뿐이고 연주자는 줄을 쳐서 음악을 연주하지만, 거기에 연결된 다른 부분들도 들어 있는 것이다. 이처럼 이 예언적 역사에서도 어떤 기사는 그 자체로는 아무런 의미가 없지만, 중요한 내용에 결부되어서는 의미 있는 일들을 연결시키기 때문에 상징적으로 다시 풀이되는 일이 생기는 것이다.

제3장 노아의 세 아들의 자손

이제 노아의 세 아들 계보에서 중요한 점들을 살피고 두 나라, 즉 지상 나라와 (천상의) 하느님 나라의 시간적 흐름을 설명하려고 한다. 성서는 셋째 아들 야벳에 대한 이야기로 시작한다. 그의 여덟 아들들 이름이 나오는데, 그 가운데 두 아들에게서 태어난 손자 셋과 넷을 합해 일곱을 얻었으니, 모두 열다섯이었다. 노아의 둘째 아들 함에게는 아들 넷이 있었는데, 그 가운데 한 아들에게서 손자 다섯을 얻었으며, 그중 한 손자에게서 증손자 둘을 얻어 모두 열하나였다. 성경에서는 이 자손들을 열거한 뒤에 처음으로 돌아가 "구스에게서 니므롯이 났는데 그는 세상에 처음 나타난 장사로, 주님께서도 알아주시는 용맹한 사냥꾼이었다. 니므롯은 하느님께 맞서는 거인 사냥꾼이었으며, 그에게서 '주님께서도 알아주시는 니므롯 같은 용맹한 사냥꾼'이라는 속담까지 생겼다. 그의 나라는 시날 지방인 바벨과 에렉과 아카드와 칼네에서 시작되었다. 그는 그 지방을 떠나 아시리아로 가서 니네베와 르호봇 성과 갈라를 세우고, 니네베와 갈라 사이에 레센이라는 아주 큰 성을 세웠다"(창세 10 : 8~12) 한다.

그런데 거인 니므롯의 아버지 구스는 함의 아들 가운데서 처음으로 이름이 나왔고, 그의 자식 다섯과 손자 둘은 앞서 이야기했다. 구스는 손자들이 태어난 뒤에 이 거인을 낳았을 수도 있다. 하지만 더 가능성이 있는 것은 거인이 매우 유명했으므로 따로 말한 것이다. 성경에는 이 사람의 나라에 대해서도 늘어놓았는데, 저 거대한 바빌론으로부터 기타 다른 도시 또는 지방들까지 함께 이야기되었다. 그러나 니므롯의 나라 시날로부터 아시리아로, 더 나아가 니네베와 그 밖에 열거된 도시들을 세웠다는 기록은 훨씬 뒤에 나온다. 하지만 아시리아 왕국에 대한 기록을 여기 포함시킨 것은 아시리아가 매우 커다란 국가를 이루고 있었기 때문이다. 그 나라를 놀랍도록 드넓힌 것은 벨루스의 아들 니누스였고,*4 니누스가 세운 큰 도시는 그의 이름을 따서 니네베라고 불렀다. 그러나 아시리아 나라의 시조 아시리아는 노아의 둘째 아들 함의 아들이 아닌, 맏아들 셈의 아들들 속에 그 이름이 나온다. 따라서 셈의 자손 가운데 누군가가 나중에 저 거인의 나라를 차지했으며, 더 나아가 다른 도시들도 세웠는데, 그 가운데 첫째가 니누스의 이름을 딴 니네베였던 것으로 보인다.

그런데 성경을 보면 이야기는 다시 함의 다른 아들인 미스라임으로 돌아가는데, 늘어놓은 그의 아들들은 일곱 민족들을 뜻한다. 그리고 그 여섯째 민족 또는 여섯째 아들에게서 블레셋 민족이 나와서 모두 여덟 민족이 되었다고 한다. 그 다음 함이 노아의 저주를 뒤집어쓰게 한 아들 가나안에게로 돌아오는데, 그의 아들 열한 사람과 그들이 차지한 땅들과 몇 도시의 이름을 늘어놓았다. 그래서 아들과 손자들을 합해서 자손으로 31명이 적혀 있다.

이제 노아의 맏아들 셈의 자손들이 남았다. 이 족보 기록은 막내아들로부터 시작해서 맏아들까지 올라가는 순서이기 때문이다. 그러나 셈의 족보는 시작부터 설명이 필요한 모호한 점이 나타나는데, 이것은 우리가 탐구하는 목적과 긴밀한 관련이 있다. "셈에게서도 아들이 태어났다. 에벨의 모든 후손이 그에게서 나왔는데, 그는 또한 야벳의 맏형이기도 하다"(창세 10 : 21). 이 구절은 셈에게서 생겨난 모든 사람들에게 아들과 손자와 증손자와 더 먼 후손들까지 모두 그 시조를 셈으로 이해시키려 한 것이다. 셈이 에벨을 낳았다는 것이 아니며, 사실 에벨은 5대손이었다. 셈의 아들들 가운데 하나가 아르박삿이며, 아르박삿이 게난을 낳고, 게난이 셀라를 낳고, 셀라가 에벨을 낳았다.

그런데 에벨의 이름이 셈의 자손 가운데 맨 처음 나오고 셈의 아들들보다도 먼저 이야기되는 데에는 이유가 있다. 그는 5대손에 지나지 않지만, 전해오는 바에 따르면 히브리 민족 이름은 그의 이름에서 왔다고 하기 때문이다. 다른 어원인 아브라함의*5 이름에서 왔다는 생각이 맞을지도 모르지만, 에벨에

---

*4 니네베의 전설적 건설자 니누스에 대해서는 제4권 제6장 참조.
*5 창세 14 : 13에서는 아브라함을 "히브리 사람"이라고 했다. 에벨이라는 이름은 좀더 정확한 히브리어 발음으로 "에베르"이며, "히브리"는 그대로 "히브리"라고 말한다. "히브리"의 ㅎ 음은 70인역에서 덧붙여졌다. 그리스어 표기로는 에벨이 헤베르로 되어 있다.

서 이름을 얻었음이 더 분명해 보인다. 이들은 에벨(Heber)로부터 이름이 비롯하여 헤베르(Heberews)인들이라 불리다가, 뒤에 글자 하나가 탈락되어 히브리(Hebrews)인들이 된 것이다. 히브리어는 이스라엘 민족만이 쓴 언어였다. 그 이스라엘 민족 사이에서는 하느님 나라가 신비롭게 예시되고 이러한 일들은 성도들 사이에서 진실로 드러난다.

그 다음으로 셈의 여섯 아들 이름이 나오고 그 가운데 한 아들에게서 셈의 손자 넷이 태어났다. 이어서 셈의 다른 아들이 셈의 손자 하나를 낳았다고 하는데, 거기서 난 증손자가 고손자를 낳았으니 그가 바로 에벨이었다. 에벨은 아들 둘을 얻었는데 그 가운데 하나를 '나누는 자'라는 뜻인 벨렉이라고 불렀다. 성경은 이 이름의 유래를 "그의 시대에 민족이 갈라졌다고 해서"라고 설명한다. 이 말의 뜻은 다음에 밝혀질 것이다(10장 참조). 에벨의 다른 아들은 열두 아들을 낳았으므로 셈의 자손은 모두 27명이다. 노아의 세 아들에게서 난 자손들은 모두 73명이었으니 야벳에게서 15명, 함에게서 31명, 셈에게서 27명이다. 다음에 성경은 이렇게 덧붙인다. "이상이 씨족과 언어와 지방과 부족을 따라 갈려 나간 셈의 후손들이다"(창세 10 : 31). 그리고 이들 모두에 대해서 "각 부족의 계보를 따라 나누어진 노아 후손들의 씨족은 위와 같다. 그들에게서 부족들이 세상에 갈려져 나간 것은 홍수가 있은 뒤의 일이었다"(창세 10 : 32) 한다. 이것을 보면 저 73명(또는 곧 밝히겠지만 저 72명)은 개인들이 아니라 민족들이었음을 알 수 있다. 야벳의 자손들을 늘어놓을 때에도 "이들에게서 바다를 끼고 사는 백성들이 갈라져 나왔다. 이들이 지방과 언어와 씨족과 부족을 따라 갈려 나간 야벳의 후손들이다"(창세 10 : 5). 이렇게 매듭짓는다.

그러나 앞에서 이미 함의 후손들에게서 나온 민족들을 이야기한 바 있다. "미스라임은 루딤과 그밖에 일곱 민족을 낳았다" 하면서 이들을 모두 늘어놓은 뒤에(창세 10 : 13~14) "이것이 씨족과 언어와 지방과 부족을 따라서 갈려 나간 함의 후손들이다"(창세 10 : 20)라고 전한다. 따라서 자손들의 이름을 모두 들지 않은 까닭은 그들이 자기 민족을 이루지 못하고 다른 민족에 속해 있었기 때문이다. 야벳에게는 아들이 여덟이나 있었는데 그 가운데 두 아들의 자손만을 말하고, 함의 아들은 넷이었는데 셋만 아들을 낳은 것으로 되었고, 셈은 아들 여섯을 낳았으나 두 아들의 자손만 기록된 것은 다른 이유로 생각하기 어렵다. 그 밖의 사람들에게 자식이 없었다고는 상상할 수 없기 때문이다.

그들은 이름을 내세울 만한 큰 민족을 이루지 못하고, 자신들이 태어난 그 민족에 흡수되었다고 보는 편이 마땅하다.

제4장 많은 언어들과 바벨탑

여러 민족들이 자기 언어에 따라 흩어졌다고 하지만, 지은이는 모든 언어가 하나였던 때로 돌아가서 어떻게 온갖 언어들이 생겨났는지에 대해 이렇게 말한다.

"온 세상이 한 가지 말을 쓰고 있었다. 물론 낱말도 같았다. 사람들은 동쪽에서 이동해 오다가 시날 지방 한 들판에 이르러 거기서 자리를 잡고는 의논하였다. '어서 벽돌을 빚어 불에 단단히 구워내자.' 이리하여 사람들은 돌 대신에 벽돌을 쓰고, 흙 대신에 역청을 쓰게 되었다. 또 사람들은 의논하였다. '어서 도시를 세우고 그 가운데 꼭대기가 하늘에 닿게 탑을 쌓아 우리 이름을 알려 사방으로 흩어지지 않도록 하자. 주님께서 땅에 내려오시어 사람들이 이렇게 세운 도시와 탑을 보시고 생각하셨다. '사람들이 한 종족이라 말이 같아서는 안 되겠구나. 이것은 사람들이 하려는 일의 시작에 지나지 않겠지. 앞으로 하려고만 하면 못할 일이 없겠구나. 당장 땅에 내려가서 사람들이 쓰는 말을 뒤섞어놓아 서로 알아듣지 못하게 해야겠다' 주님께서는 사람들을 거기에서 온 땅으로 흩으셨다. 그리하여 사람들은 도시를 세우던 일을 그만두었다. 주님께서 온 세상의 말을 거기에서 뒤섞어 놓아 사람들을 온 땅에 흩어놓으셨다고 해서 그 도시의 이름을 혼동이라고 불렀다"(창세 11 : 1~9).

혼동이라 불린 도시가 곧 바빌론이며*6이 도시가 훌륭하게 지어졌다는 것을 이교도 역사가들도 말한다. 바빌론은 혼동이라는 뜻이므로 저 거인 니므롯이 도시의 건설자였다고 앞서 말한 바 있다. 성경에서도 그의 나라가 바빌론에서 시작되었으며, 바빌론이 중심 도시와 왕궁 도시로서 다른 모든 도시들보다 위에 있었다고 이야기한다. 그러나 바빌론은 오만불손한 그들의 계획만큼 놀랄 만한 경지에는 이르지 못했다. 하늘에 닿도록 높이 만들려는 그 계획이 단순히 다른 탑들보다 높게 만들려고 한 것인지, 아니면 모든 탑을 높게 만들려고 한 것인지는 뚜렷하지 않다. 이것은 어법상으로 수천의 군대를 뜻하는 "군

---

*6 창세 11 : 9은 "바벨"이라는 이름을 "발랄"(Balal, 혼잡케 한다)에서 왔다고 설명한다.

인"이거나, 개구리나 메뚜기가 모세가 이집트를 괴롭힌 저 해충들을 의미하는 것과 같다.*7

인간의 분에 넘치는 야심으로 이 사람들이 얻으려고 한 것은 무엇인가? 어떻게 그 크고 높은 탑을 모든 산이나 하늘의 구름보다 더 높이 쌓아올려 하느님께 맞서는 생각을 했는가? 사람이 정신적으로나 물질적으로 아무리 높은 야심을 품은들, 어찌 하느님께 해를 입힐 수 있겠는가? 겸손이야말로 하늘로 올라가는 완전하고 참된 길을 만드는 것이며, 그것은 하느님께 맞서는 것이 아니라 마음을 드리는 일이다. 하지만 이 거인은 "주님께 반대하는 사냥꾼"이 되고 말았다.

그리스어는 단어 뜻이 흐릿하기 때문에 어떤 사람은 이 말을 잘못 해석해서 "주께 반대하는"이 아니라 "주 앞에서"라고 풀이했다. 그리스어 "에난티온"에는 "앞에서"와 "반대해서" 두 가지 뜻이 있기 때문이다. 시편에서는 이 말을 "우리를 지으신 주님께 무릎을 꿇자"(시편 95 : 6)라고 옮겼으며, 욥기에서 "어찌하여 하느님께 맞서 화를 내고 입에서 나오는 대로 그렇게 지껄여대는가?"(욥기 15 : 13) 이런 곳에도 이 말이 쓰였다. 그래서 이 거인은 "하느님께 맞서는 사냥꾼"으로 풀이하는 게 옳다. "사냥꾼"이라는 말은 땅 위 동물들을 속이는 사람, 압박하는 사람, 죽이는 사람이라는 뜻이지 않는가? 그래서 이 사람은 자기 부하들과 함께 주께 맞서는 탑을 쌓아 올렸으며, 그 탑으로 예의없는 자만심을 드러냈다. 따라서 그들의 나쁜 의도가 비록 성공하지는 못했지만 하느님의 벌을 받은 것은 당연한 일이었다. 그렇다면 그 벌은 어떤 것이었는가?

지배자가 명령을 내리기 위해서는 언어가 똑같아야 하기에 하느님은 그 언어로써 그의 자만심을 벌하셨다. 그가 하느님의 명령을 들으려 하지 않았으므로, 그가 내리는 명령 또한 다른 사람들이 잘못 알아듣게 하셨다. 그리하여 사람들은 서로 떨어져 말이 통하는 사람끼리만 결합하게 되었으므로 니므롯의 야망은 산산이 부서지고, 민족들은 저마다 언어에 따라 갈라져 온 땅으로 흩어졌다. 하느님은 철저히 숨겨지고 우리가 이해할 수 없는 방법으로 이 일을 이루셨다.

---

*7 창세 11 : 4에 있는 "대"가 단수로 되어 있기 때문에 이런 설명을 하고 있다.

제5장 바벨탑을 세우는 사람들의 언어를 어지럽히려고 하느님은 하늘에서 내려왔다[*8]

"주께서는 사람들이 세운 도시와 탑을 보시려고 내려오셨더라." 이 말씀은 하느님의 아들들이 아니라[*9] 단순히 인간적으로 사는 사회, 곧 우리가 지상 나라라고 부르는 것을 말한다. 늘 어디에서나 전체로 존재하시는 하느님은 공간적으로 움직이시지 않으시며 지상에서 보통 있는 일과 다른 어떤 일을 기적적으로 행하신다. 그래서 장소 이동의 의미가 아닌, 지상에서 무엇을 행한다는 뜻으로 우리는 하느님이 내려오셨다고 말한다. 마찬가지로 하느님은 어느 시점에서 "보심"으로써 새로운 것을 아시는 것이 아니다. 하느님은 모르는 것이 없으시지만, 사람들이 보고 깨닫도록 하시는 분이 바로 하느님이기 때문이다. 그래서 하느님이 전에 그 도시가 마음에 거슬린다는 것을 알리셨을 때 하느님이 바라는 대로 본 자가 없었던 것이다. 참으로, 하느님이 도시를 보시려고 강림하셨다는 것은 하느님은 천사들 안에 계시면서 그 천사들이 내려온 것이라고 풀이할 수 있다.

그 다음 구절의 "주께서 가라사대 이 무리는 한 족속이요 언어도 하나이다", "당장 땅에 내려가서 사람들이 쓰는 말을 뒤섞어놓아 서로 알아듣지 못하게 해야겠다"는 말씀은, 전에 알린 "주의 강림"이 어떻게 이루어졌는가를 되풀이해서 [*10]설명하는 것이다. 하느님이 직접 내려가셨다면 "당장 땅에 내려가서 사람들이 쓰는 말을 뒤섞어놓아 서로 알아듣지 못하게 해야겠다"고 말씀하실 까닭이 없다. 이는 천사들에게 하신 말씀이며, 천사들 안에 계시면서 그들과 함께 내려가셨다는 사실을 알려주시는 것이다. 이것은 "너희가 내려가서 혼잡케 하라" 하시지 않고, "우리가 그들의 언어를 혼잡케 하자"는 뜻으로 풀이하는 것이 가장 알맞다. 이는 하느님이 자신의 시종들을 사용해 일하신다는 것을 알게 해주며, 사도가 "우리는 하느님을 위해서 함께 일하는 일꾼들로서 여러분은 하느님의 밭이며 하느님의 건물입니다"(1고린 3 : 9) 한 것처럼 그들 또한 하느님

[*8] 이 장에서는 창세 11 : 5~7을 해설한다.

[*9] 개역 성경 창세 11 : 5에 있는 "인생들"이 원문에서는 "사람의 아들들"이기 때문에, 그것과 "하느님의 아들들"을 대조시키는 것이다.

[*10] "반복해서" 또는 "소급해서" 설명한다는 뜻인 recapitulate, 성경 해석에서 이야기의 이미 지나간 어떤 점으로 돌아가서 설명을 덧붙이는 것을 뜻한다.

의 동역자라는 것을 보여준다.

제6장 하느님이 천사에게 말하는 법

하느님은 사람을 창조하셨을 때 "내가 사람을 만들리라" 하지 않으시고, "우리 모습을 닮은 사람을 만들자"(창세 1 : 26) 하셨다. 이 말씀은 천사들에게 한 것으로 이해해도 될 것이다. 그러나 곧이어 "우리 모습대로"라는 말이 나온다. 하지만 우리는 사람을 천사의 형상대로 만드셨다든지, 또는 하느님의 형상이 천사들의 모습과 같다고 믿을 수 없으므로, 이 표현은 삼위일체의 복수와 연관짓는 편이 마땅하다. 그러나 삼위일체라 해도 하느님은 오직 한 분이시므로, "우리가 만들자" 말씀하신 뒤에도 "당신의 모습대로 사람을 지어내셨다. 하느님의 모습대로 사람을 지어내시되 남자와 여자로 지어내시고"(창세 1 : 27) 하시며, "하느님들" 또는 "그들의 형상대로"라고 하지 않는다.

"곧바로 땅에 내려가서 사람들이 쓰는 말을 뒤섞어놓아 서로 알아듣지 못하게 해야겠다"는 말씀이 천사들에게 한 것이 아니라면, 삼위일체와 관련해 성자와 성령에게 말씀하신 것이라 볼 수도 있다. 그러나 천사들에게 말씀하신 것이라고 이해할 수 없는 점은 성스러운 움직임으로, 즉 경건한 생각으로 하느님께 다가가서 불변하는 진리를 얻어 자신들의 하늘 궁궐을 다스리는 영원한 법으로 삼는 것은 천사들이 하는 일이기 때문이다. 천사들은 스스로 진리가 되는 것이 아니고 창조의 진리에 참여할 뿐이며, 자기 생명의 원천인 진리에 가까이 가며, 자기들에게 없는 것을 그 진리에서 얻는다. 그리고 그들은 하느님께 나아갈 뿐, 결코 돌아서는 일이 없으므로 그들이 움직이는 방향은 바뀌지 않는다. 천사들은 하느님에게서 멀어지는 일이 없기 때문이다.

또 하느님이 천사들에게 말씀하시는 방식은, 우리가 서로 또는 하느님이나 천사들에게 말하는 것과 같지 않으며, 천사들이 우리에게나 하느님이 천사들을 통해서 우리에게 말씀하시는 것과 다르다. 하느님이 천사들에게 말씀하시는 방법은 우리가 무어라고 말할 수 없는 독특한 것이다. 하지만 하느님이 이 세상의 우리에게 말씀하시는 내용은 우리가 받아들일 수 있는 방식으로 전해진다. 하느님 말씀은 세상에서 이루어지는 그의 일보다 높은 수준에 있으며, 그의 사업이 변치 않는 까닭을 미리 알린다. 하느님 말씀은 요란하다거나 사라지지 않고, 끝없이 이어지면서 시간 속에서 역사하는 힘을 지닌다. 성경의 이 구절은 하느님이 거룩한 천사들에게 하는 말씀이시며, 멀리 떨어져 있는 우리에게 말씀하시는 방법과는 다르다. 그러나 우리도 내면의 귀로 하느님 말씀의 일부를 들을 때는 천사들에게 가까이 간다. 하지만 이 책에서 하느님의 말씀하시는 방법을 하나하나 자세히 이야기할 필요는 없다. 영원의 진리이신 하느님께서는 이성을 가진 피조물의 마음에 어떤 표현할 수 없는 방법으로, 또는 우리 정신에 영적인 표상들을 사용하시거나 또는 우리의 감각에 말씀을 건네신다.

"앞으로 하려고만 하면 못할 일이 없겠구나"(창세 11 : 6) 하는 말씀은 확실한 단언이 아니고, 사람들에게 경고할 때 쓰는 질문이다.

"그들은 무기를 들고 곳곳에서 쫓아나오지 않겠는가?"*11

마치 이렇게 말한 것과 같다. 그러므로 이 말씀은 "앞으로 저것들이 애쓰는 일은 모두 실패할 것이 아닌가?" 이런 뜻으로 풀이해야 한다.*12

이 문장은 이해를 못하는 사람들을 위해 우리가 "~아닌가?"라는 의문사를 덧붙인 것인데, 실제로 말하는 사람이 의문을 표현할 때 그 음성을 글로 기록하는 것은 불가능하기 때문이다. 그리하여 노아의 세 아들에게서 일흔셋 또는 목록에 나타났듯이 일흔두 민족과 그만한 숫자의 언어가 지상에 존재하기 시작했다. 인구가 불어남에 따라 모든 섬들까지 가득차게 되었으며, 민족 숫자는 언어 수보다 훨씬 더 많아졌다. 아프리카만 보아도 한 언어를 쓰는 무수히 많은 민족이 있음을 우리는 알 수 있다.*13

제7장 먼 섬들의 동물도 대홍수에서 구원받은 동물인가

인류가 늘어나자 사람들은 배를 타고 섬으로까지 건너가서 살게 되었다는 것을 누가 의심하겠는가? 그러나 사람이 길들이지 않은 온갖 동물들에 대해서는 의문을 품는 사람들이 있다. 개구리처럼 땅에서 생겨나는*14 것은 문제가

---

*11 베르길리우스 《아이네이스》 4, 592.

*12 여기서 아우구스티누스는 라틴어 문법을 설명하는 문장 하나를 옮기지 않았다.

*13 아우구스티누스 시대의 북아프리카에서는 베니게(사도 21 : 2) 사람들과 로마 사람들이 도입한 두 가지 언어가 개명한 사람들의 언어였고, 아직 미개했던 원주민들은 여러 종족이 "리비안"(Libyan)이라는 언어를 쓰고 있었다. 이 언어는 오늘에도 남아 있다.

*14 작은 동물들은 흙과 물과 썩은 물건에서 자연 발생적으로 생겨난다는 주장이다. 이 책 제 15권 제27장 ; 오비디우스 《변신 이야기》 15, 375 및 플리니우스 《박물지》 9, 51 참조.

되지 않지만, 암수 교배로 태어나는 모든 동물들, 즉 이리 같은 동물에 대해서는 의문을 품는다. 대홍수 때 방주 안에 있지 않은 동물들은 모두 망해 없어지는데, 대홍수 뒤에 섬에서 발견된 동물들은 방주 안에 남았던 동물들이 아니라면 어떻게 거기 있을 수 있었겠느냐고 말한다. 동물들이 헤엄쳐서 섬으로 건너갔다고 할 수도 있겠지만, 이것은 육지에 가까운 섬에 대해서만 할 수 있는 말이다. 어떤 동물도 헤엄쳐서 갈 수 없을 만큼 먼 섬들도 있기 때문이다. 하지만 만일 사람들이 사냥을 하려는 생각으로 잡아서 가지고 건너가 번식시켰다고 한다면, 가능한 이야기이리라. 그러나 하느님의 명령이나 허락으로 천사들이 참여해서 동물들을 옮겼다고 해도 딱히 그렇지 않다고 주장할 수 없을 것이다. 그래도 하느님이 "땅은 온갖 동물을 내어라!"(창세 1 : 24) 하신 처음 창조 때와 같이 땅에서 생겨난 것이라면, 그 편이 한결 분명하겠다. 방주 안에 온갖 종류의 동물이 있었다는 말은, 동물의 종류들을 바꾸기 위해서라기보다 교회 안에서 구원받을 여러 민족들을 미리 알리기 위함이었다는 뜻이다.

제8장 괴물 같은 인간들도 아담이나 노아의 자손일까

이방인의 역사에서*15 전해 내려오는 기괴한 인종들은 노아의 아들들 자손인가, 아니면 저 인류의 시조 아담의 자손으로 믿어야 하는가 라는 질문이 있다. 이야기에 따르면 이마 한 가운데에 눈이 한 개 있는 사람의 이야기나 발이 발목에서 뒤로 돌아선 사람, 남녀 두 성을 모두 갖추어 오른쪽 가슴은 남자요 왼쪽 가슴은 여자며, 아이 아버지도 되며 어머니도 되는 사람, 입이 없이 코로만 숨을 쉬는 사람, 키가 1자밖에 되지 않아서 그리스어의 1자라는 말로서 "피그미"라*16 불리는 사람들, 어떤 지방 여자들은 다섯 살이 되면 임신을 하고, 여덟 살을 넘기지 못하고 죽는다는 이야기 따위가 있다. 그런가 하면 어떤 인종은 두 발은 다리는 하나뿐이고, 무릎을 굽히지 못하지만 아주 빠른 속도로 달릴 수 있다고 한다. 이 사람들을 스키오포데스(skiopodes ; skio=그늘, podes=발)라고 부르는데, 더운 날에는 반듯이 드러누워서 발로 햇볕을 가린다고 해서 붙여진 이름이다. 또 머리가 없고 눈이 어깨에 있는 사람들이 있으며, 카르타

---

*15 아우구스티누스는 주로 플리니우스의 《박물지》를 참조했다(7, 2, 10~30). 무생물계의 기괴한 현상에 대해서는 이 책 제21권 제5장에서 다룬다.
*16 피그미와 큐빗은 길이가 같으며, 1.5자(尺) 정도이다.

고 항구의 바닷가 광장에 모자이크로 그린 사람은 사람이라기보다 기이한 야사에나 나올 만하다.

키노케팔리(Cynocephali ; cyno=개, cephali=머리)는 머리가 개와 같고 목소리도 개가 짖는 소리와 같기 때문에, 사람이라기보다 짐승이라고 말하는 것이 옳지 않을까?

하지만 이런 기괴한 이야기를 모두 믿을 필요는 없다. 누구든지 사람으로 태어났다면, 즉 이성적이고 언젠가는 죽어 없어질 생물로 태어났다면, 신체 모양이나 피부색, 동작, 음성 등의 겉모습이 아무리 이상하고 타고난 어떤 능력과 부분, 성질이 암만 특별할지라도, 적어도 그리스도인이라면 그가 최초 조상인 아담에게서 났다는 것을 의심해서는 안 된다. 자연본성이 대다수에게 내려준 보통과 다르므로 우리는 이런 것들이 아주 드물다는 사실을 구별할 수 있다.

기괴한 인간들에 대해 우리가 내세우는 명분은 그런 이상한 종족에게도 똑같이 이야기할 수 있다. 만물의 창조주이신 하느님은 우주 전체의 아름다움을 아시며, 엮어야 할 비슷한 점과 차이점들을 보시므로, 그 하나하나가 언제 어디에 있어야 하며, 또는 만들어졌어야 한다는 것을 알고 계신다. 그러나 전체를 볼 수 없는 인간은 어떤 한 부분의 기형만을 보고 마음속으로 충격을 받는다. 그것을 조화시키는 것이나 그것의 배경을 보지 못하기 때문이다. 손가락이나 발가락이 다섯 개가 넘는 사람이 있다는 사실은 그리 큰 문제가 아니다. 어째서 이런 차이가 생겼는지는 모르겠지만, 그렇다고 해서 창조주께서 사람의 손가락 숫자를 잘못 아셨다는 어리석은 생각은 제발 하지 말아야 할 것이다. 우리가 아는 표준과 매우 다른 경우에도 하느님은 자기가 하신 일을 정확히 아시며, 그가 하시는 일을 사람은 온당하게 비난할 수 없다.

히포 자리투스(Hippo Zaritus)[17]에는 초승달처럼 생긴 두 발에 발가락은 두 개뿐이고 손도 같은 모양으로 생긴 사람이 있었다. 만일 이런 사람들로만 이루어진 종족이 있다면 신기하고 놀라운 일로 기록되겠지만, 그렇다고 해서 이 사람이 처음 창조된 아담의 자손임을 부정할 것인가? 남녀 두 가지 성을 갖춘 사람이나 남녀 생식기를 둘 다 가진 사람들도 비록 드물기는 하지만 어느 시대에서나 나타난다. 그 성별은 확실치 않으나 거의 더 좋게 생각되는 남성으로

---

*17 현재 튀니지의 비제르테(Bizerte). 아우구스티누스가 교회 감독으로 있었던 히포 레기우스는 그 서쪽으로 100마일쯤 떨어진 항구도시였고, 오늘날에는 알제리의 보네(Bone)이다.

부른다. 그들을 여성이라고 부르는 사람은 없다. 또 내가 기억하기로 몇 해 전에 동방에서 상반신은 둘이고 하반신은 하나인 사람이 살았다. 즉 머리와 가슴은 두 개씩이요 손은 네 개인데, 하반신은 보통 사람처럼 몸뚱이 하나에 다리가 둘인 사람이었다. 그는 꽤 오래 살았기 때문에 많은 사람이 그를 보기 위해 몰려들기도 했다.

인간은 누구에게서 태어났는지 더없이 확실하지만, 낳아준 부모와는 전혀 다르게 생긴 이런 사람들을 누가 모두 확인해서 늘어놓을 수 있겠는가? 그러나 이들도 모두 아담의 자손임을 누구도 부정하지 않으리라. 마찬가지로 신체상의 다른 점 때문에 자연본성이 보존하는 통례에서 벗어났다고 하더라도 죽어 없어질 이성적 동물이라는 정의에 속한다면, 더 말할 것 없이 그 족보는 최초 인간까지 거슬러 올라간다. 그 다양함으로 우리는 여러 인종들이 서로 다르고 우리와도 다르다고 생각하지만 아마 그렇지는 않을 것이다.

만일 우리가 원숭이와 긴 꼬리 원숭이, 침팬지가 사람이 아니라 동물이라는 사실을 몰랐다면, 괴상한 것을 모아 뽐내는 역사가들은 멋대로 말재주를 부려 그것들 또한 사람의 하나라고 거짓 기록할 것이다. 그러나 이 이상한 기록대로 그들이 사람이라고 하고, 하느님이 몇몇 인종들을 이런 모양으로 만드시기를 바라셨다고 생각해보자. 만일 그렇더라도 우리가 덜 숙련된 장인의 잘못을 말하듯이, 우리 사이에 나타나는 괴상한 인간들을 하느님의 지혜가 실패한 것으로 볼 까닭이 무엇인가? 그런 인간들이 있는 것과 같이, 인류 전체로서는 기이한 인종도 있다는 사실을 부조리한 일이라고 여겨서는 안 된다. 그러므로 나는 첫 머리에 나온 물음을 끌어내기 위해서 먼저 조심스럽게 다음과 같은 결론을 내린다. 어떤 인종들에 대한 이야기는 전혀 사실이 아니며, 사실이라고 하더라도 그들은 사람이 아니다. 그러나 만일 사람이라면 아담에게서 내려온 자손인 것이다.

제9장 이 땅 반대편에 반대인이 산다고 생각해야 하는가

반대인이 존재한다는 이야기가 있다. 지구 저쪽에서는 이곳에서 해가 질 때 해가 뜨며, 사람들은 우리와 발바닥을 맞대는 모양으로 걸어다닌다고 해서 그곳을 정반대편, 또 그곳 사람들을 지구 반대편 주민이라 부르는데, 이것은 믿을 만한 이유가 전혀 없다. 이는 오로지 지구가 둥근 하늘의 오목한 안에 매달려 있으며, 지구의 중심점과 가장 낮은 점이 같다는 것이며, 이런 말을 하는 사람들조차 역사적 증거가 있다고 주장하지는 않고 하나의 논리적 추측이라고 한다. 그 추측의 근거는, 지구가 둥근 하늘을 따라서 그곳, 즉 우리 아래에 있는 지구 반대편에도 주민이 살고 있다는 것이다.

그러나 비록 세계가 둥글고 공같이 생겼다고*18 믿거나 논리적으로 입증된다고 하더라도, 지구 반대편의 다른 땅이 수면 위에 드러나 있다는 결론은 나오지 않으며, 물 위에 나타났다고 하더라도 곧 사람이 산다고 단정할 수는 없다.

성서에서는 지난날 설화를 바탕으로 성서가 예언하는 일에 대해 우리들에게 신뢰를 얻으려 하므로, 거짓말을 하지는 않는다. 하지만 몇몇 인간이 드넓은 바다를 배로 가로질러 건너서 거기까지 다다를 수 있었다는 주장은 믿기 어렵다. 오로지 한 사람, 아담으로부터 퍼져나간 인류가 그곳까지 이르렀다고는 생각할 수 없기 때문이다. 그러므로 우리는 기록된 일흔두 민족과 일흔두 언어로 갈라진 인종 사이에서 땅 위 여기저기를 떠도는 하느님 나라를 찾아야 한다. 그 나라는 대홍수와 방주 때까지 계속되었고, 노아의 아들들이 받은 축복으로 그들에게까지 이어졌다는 것이 증명된다. 특히 그 축복은 맏아들 셈에게서 최고조에 이르렀다. 야벳 또한 축복을 받았으나, 형인 셈의 천막에 살게 되리라는 것이었다.

제10장 하느님의 나라 계보는 셈의 자손을 지나 아브라함으로 간다

그러므로 우리는 셈으로부터 시작된 계보를 따라갈 필요가 있다. 대홍수 이전에는 셋에게서 내려온 계보가 하느님 나라를 드러낸 것처럼, 대홍수 뒤에는

---

*18 그리스 자연철학자들 사이에서 지구는 공같이 둥근 형태라는 주장과 둥글넓적하다고 보는 주장(원반설)이 함께 하다가, 아리스토텔레스(기원전 384~322)로부터 프톨레마이오스(기원후 150)까지 지식인들 사이에서는 둥근 형태라는 주장이 지배적이었다. 지구 반대편에 있는 세계를 "반대 세계"라고 하는 말이 아리스토텔레스 《천체론》 2, 13에 나타났으며, "대척지 주민"(Antipodes)이라는 말이 키케로 《Academica Posterioral》 2, 39, 123에 나타났다. 그러나 원반설도 남아 있어서, 기원후 3세기에는 지배적이 되었고, 락탄티우스(250~320)는 둥근 형태라는 주장을 비웃었다(《신의 교훈》 3, 24). 아우구스티누스는 성경 기록을 부정하지 않는다면, 어느 쪽이 옳든 간에 그리스도인은 상관하지 않겠다고 했다(《De Genesi ad Litteram》 2, 9, 20).

셈의 계보가 하느님 나라를 밝히고 있기 때문이다. 그래서 성경은 지상 나라인 바빌론 즉 "혼동"을 보여준 뒤에, 족장 셈에게로 돌아가서 그로부터 아브라함까지의 세대들을 늘어놓으며 각 사람이 몇 살에 아들을 낳고 그 뒤에 얼마나 더 오래 살았는가가 기록되어 있다. 내가 앞(제3장)에서 약속한 대로 에벨의 아들들에 대한 성경 말씀, "에벨은 아들 둘을 낳았는데, 그중의 한 아들은 벨렉이라 불리었다. 그의 시대에 인종이 갈라졌다고 해서 그렇게 부른 것이며, 그의 아우는 욕단이라고 불리었다"(창세 10 : 25)의 뜻을 설명해야 할 것 같다. 땅이 갈라졌다는 것은 언어가 여러 갈래로 갈라졌다는 뜻이 아니라면 달리 어떻게 이해할 수 있겠는가?

성서에서는 이 문제와 관련 없는 셈의 다른 아들들은 제쳐두고, 아브라함까지 집안을 이어간 사람들의 계보를 보여준다. 대홍수 이전에 셋에서부터 노아까지의 계보를 이어갔을 때와 같다. 그 계보는 "셈의 후손은 다음과 같다. 셈은 홍수가 끝난 지 2년 뒤 그의 나이 100세가 되어 아르박삿을 낳았다. 셈은 아르박삿을 낳은 뒤 500년 동안을 더 살면서 아들딸을 낳았다"(창세 11 : 10~11) 이렇게 되어 있다. 나머지 사람들에 대해서도 같은 식으로 기록하는데, 다른 계열에 속한 아들을 낳은 때의 나이와 그 뒤로 얼마나 더 살며 자녀를 더 낳았는지를 이야기하며 아브라함까지 내려간다. 우리가 성경에 이름이 나온 사람들만 존재했었다는 단순한 생각 때문에, 셈의 자손만으로 어떻게 저 드넓은 지역과 나라들을 덮을 수 있었느냐는 서투른 의문에 당혹해할 때, 이 구절은 어떻게 인구가 불어났는지 납득할 만큼 설명해준다. 특히 아시리아는 니누스가 근거지로 삼아 이웃 나라들을 정복하며 찬란한 번영을 이룩해서 후손에게 매우 드넓고 견고한 제국을 물려주었으며 참으로 오랫동안 이어졌다.*[19]

그러나 우리가 필요 이상으로 긴 시간을 끌지 않으려면 이 계열의 각 세대 사람마다 수명을 말하지 않고 몇 살에 후계자를 낳았는지, 그것만 적어서 대홍수로부터 아브라함까지의 햇수를 계산하며 필요한 문제들을 간단히 말하고 지나가려 한다.

대홍수가 끝나고 2년 뒤 셈이 100살에 아르박삿을 낳고, 아르박삿은 35살에 셀라를 낳고, 셀라는 30살에 에벨을 낳고, 에벨은 34살에 벨렉을 낳았다. 벨렉

---

*19 니누스에 대해서는 제4권 제6장을 참조.

은 30살에 르우를 낳고, 르우는 32살에 스룩을 낳고, 스룩은 30살에 나홀을 낳고, 나홀은 29살에 데라를 낳고, 데라는 20살에 아브람을 낳았는데, 이름을 하느님이 뒤에 아브라함이라고 고치셨다(창세 11 : 10~26 ; 17 : 5). 이렇듯 70인 번역에 따르면 대홍수로부터 아브라함까지는 1072년이 된다. 히브리어 성경에서는 이보다 한결 햇수가 적고, 여기에 대해서 설명이 전혀 없거나 찾아내기가 매우 어렵다(제2장 참조).

72개 부족들 가운데 하느님의 나라가 있었는가를 묻는다면, 입말(구어)이 하나였을 때, 곧 언어가 하나밖에 없었을 때에는 인류가 하느님에 대한 참된 경배로부터 완전히 멀어졌으리라고는 생각할 수 없다. 셈으로부터 아르박삿을 지나 아브라함에 이른 세대에게는 참다운 믿음이 남아 있었으나, 하늘에 닿는 저 탑, 곧 자만심의 상징을 자랑스럽게 쌓았을 때 경건하지 못한 자들의 나라 또는 사회가 나타난 것이다. 그 전에는 숨어 있었는지 또는 전혀 없었는지, 두 나라가 대홍수 뒤까지 계속되었는지 곧 경건한 나라는 노아의 축복을 받은 두 아들과 그 자손들 사이에, 그리고 경건하지 못한 나라는 그의 저주를 받은 아들 함과 그 자손들 사이에 있었는지, 그리고 이 후자에서 하느님에 반대하는 저 거인 사냥꾼이 나타났는지, 이런 문제들은 쉽게 단정하기 힘들다. 확실히 이 두 인종 가운데 어느 쪽도 지상에서 아주 없애 버리는 일이 없었다고 믿어야 할 것이다. 시편에서는 "모두들 딴길 찾아 벗어나서 한결같이 썩은 일에 마음 뺏겨 착한 일 하는 사람 하나도 없구나. 착한 일 하는 사람 하나도 없구나", "저 악한들, 떡 먹듯 나의 백성 집어삼키고 하느님은 부르지도 않은 자들"이라고 한다(시편 14 : 3~4 ; 53 : 3~4). 때문에 그때도 하느님의 백성이 있었다. 그러므로 "착한 일 하는 사람 하나도 없구나" 이 말씀은 하느님의 아들들에 대한 것이 아니라, 사람의 아들들에 대한 것이다. "하느님, 하늘에서 세상 굽어보시며 혹시 슬기로운 사람이 있는지, 하느님을 찾는 자가 혹시라도 있는지 이리저리 두루 살피시지만"(시편 14 : 2~4 ; 53 : 2~4)이라는 말씀 뒤에 사람의 모든 아들들, 하느님을 따라 살지 않고 사람을 따라 사는 나라에 속한 자들은 모두 하느님에게 버림받은 자들임을 알리는 말씀이 있다.

제11장 히브리어라 불리는 인류 첫 언어는 노아 가족 속에 남았다

모든 사람들이 한 언어를 사용했던 때에도 재앙의 자식들이 없지는 않았을 것이다. 대홍수 이전에도 사람들이 한 언어를 썼지만, 의인 노아의 가족이 아닌 사람들은 모두 대홍수에 멸망해야 했으므로, 인류의 언어가 하나뿐이라는 사실이 사람을 죄에 빠지지 않게 하는 보장이 되지는 못했다. 마찬가지로 오만 불손 때문에 인류의 여러 민족들은 그 벌을 받아 언어가 달라져 뿔뿔이 흩어 졌고, 그들의 도시는 혼잡을 뜻하는 바빌론이라고 불리게 되었을 때도 에벨 집 안이 있었다고 생각하는 것이 마땅하다. 인류의 원시 언어는 이 에벨 집안에 서 보존되었다. 그래서 내가 이미 말한 바와 같이(제3장 참조) 셈의 자손들을 늘어놓을 때 에벨은 셈의 5대손이었지만, 그의 이름이 맨 처음에 나왔다(창세 10 : 21). 그 까닭은 다른 민족들이 저마다 독특한 언어 때문에 갈라졌을 때 에 벨의 계보에서 인류의 공통 언어였다고 믿을 만한 근거가 충분한 그 말을 보존 했기 때문이라고 여겨진다. 에벨 덕분에 그 언어는 히브리어라는 이름으로 불 리게 되었다. 다른 언어들에도 저마다 고유한 이름이 생겼으므로, 그것들과 구 별하기 위해서 이 언어에도 고유명사를 붙일 필요가 있었기 때문이다. 다른 언 어가 없었을 때에는 그 한 가지 언어를 모든 인류가 썼으므로 그저 사람의 언 어라는 이름밖에 없었다.

어떤 사람은 이렇게 말하리라. "벨렉 때에 땅의 언어가 나뉘었다면, 그 이전 에 모든 사람이 쓰던 공통된 말은 벨렉의 이름을 따서 불렀을 것이다." 그러나 우리는 이 나눈다는 뜻을 가진 벨렉이라는 이름을 아들에게 붙인 사람이 바 로 에벨이었다는 사실을 고려해야 한다. 벨렉은 "그의 시대에 인종이 갈라졌다" (창세 10 : 25)처럼 땅이 나뉜 바로 그때 태어났기 때문에, 언어가 많아졌을 때 에벨이 살아 있지 않았다면 그 집안에서 보존될 언어의 이름을 에벨에게서 따 지는(16권 3장의 주석 참조) 않았을 것이다. 이 히브리어가 인류 최초 공통 언어 였다고 믿는 까닭은, 언어가 혼잡해져 종류가 많아진 것이 하나의 벌이었으므 로, 하느님의 백성은 이 벌을 받지 않았다고 보는 편이 마땅하기 때문이다. 그 런데 아브라함이 보존한 이 언어를 야곱의 계보 말고는 자손에게 전승할 수 없 었던 데에는 까닭이 있다. 야곱의 계보는 특별한 하느님 백성이었고, 하느님의 언약들을 받았으며, 육신으로는 그리스도의 선조였기 때문이다. 좀 더 거슬러 올라가면 에벨 또한 모든 자손에게 히브리어를 전한 것이 아니라 아브라함이 태어난 계통에만 전했다. 악한 자들이 바빌론을 세웠을 때 경건한 족속이 있 었다는 뚜렷한 말씀은 없다. 이런 모호한 점은 여전히 이어지는 사람들의 의문을 잠재울 만한 힘은 없지만 그런 의도를 더욱 세련되게 만든다.

처음엔 공통된 언어가 하나였다는 말씀을 우리가 읽을 때, 또 에벨은 셈의 5대손이었는데도 다른 자손들보다 먼저 이름이 적혔으며, 족장들과 예언자들이 일상 회화뿐 아니라 권위 있는 성경 용어로도 사용한 언어를 히브리어라고 부르는 것을 볼 때 우리는 이런 의문이 들게 마련이다. 언어들이 갈라지기 전에 모두가 함께 썼던 공용언어가 어디에서 보존되었느냐는 것이다. 그러나 이런 내용으로 미루어 볼 때 확실히 그것을 지켜온 민족은 언어의 혼란이 의미한 그 벌을 받지 않았으리라는 것을 의심할 수 없다. 그렇다면 그 언어에 이름을 빌려준 집안에서 그 원시 공용어가 살아남았다는 생각밖에 할 수 없지 않은가? 또 다른 집안들이 받은 벌을 에벨 집안만은 받지 않았다는 사실은 이 집안이 의로웠다는 증거로서 큰 가치를 지닌다.

그런데 에벨과 벨렉은 같은 언어를 썼는데, 어떻게 저마다 다른 민족을 이루었으냐는 의문이 사람들을 곤란하게 만든다. 에벨과 벨렉의 두 족속이 모두저 유일한 언어를 지켜왔다는 이야기이기 때문이다. 적어도 히브리 민족이 에벨에서 시작해서 아브라함을 지나 이스라엘이라는 큰 민족이 되었다는 사실에는 의심할 여지가 없다. 에벨과 벨렉이 서로 다른 민족을 일으켜 세우지 않았다면, 노아의 세 아들들의 자손들은 어떻게 저마다 부족을 이루었을까? 거인 니므롯의 경우를 살펴보면, 그는 지배력이 뛰어나고 몸집 또한 커서 성서에 이름이 올랐지만, 그도 따로 한 민족을 이루었다는 사실을 미루어 볼 때 부족과 언어의 수가 일흔두 개였다는 이야기는 매우 그럴듯하다. 다만 벨렉의 민족과 언어는 히브리였지만, 벨렉의 이름을 내놓은 것은 그가 한 민족을 이루어서가 아니라 그가 태어났을 때가 온 세계가 나뉘는 중대한 시기였기 때문이다. 그러니 바빌론이 세워지고 언어가 어지러워져 온 땅이 갈라질 때까지 거인 니므롯이 살아 있었다고 해도 우리는 흔들릴 필요가 없다. 에벨은 노아의 6대손이요 니므롯은 4대손이었지만, 같은 때 살아 있을 수 없었다고 단정할 수는 없기 때문이다. 사람들이 늦게 태어나고 오래 살면 세대수가 적어지고, 빨리 태어나고 사는 기간이 줄어들면 세대수는 많아지기 마련이다. 민족을 이루었다고 적혀 있는 노아의 자손들은 온 땅이 나뉘었을 때 이미 태어났을 뿐 아니라, 나이가 많았으므로 한 부족이나 민족이라고 할 만큼 많은 수의 가족들을 지녔다고 생각해야 옳다. 그러므로 그들이 성서에 기록된 순서대로 태어났다고 생각해서는 안 된다. 그렇지 않고 에벨의 다른 아들이요 벨렉의 형제인 욕단이 성서에 적힌 대로 벨렉 다음에 태어났다면, 벨렉이 태어났을 때 땅이 나뉘었다고 하는데, 어떻게 욕단의 열두 아들들이 벌써 저마다 그런 민족들을 이루었겠는 가? 그러므로 벨렉의 이름이 먼저 기록되었지만, 욕단보다 훨씬 뒤에 태어났으며, 욕단의 열두 아들들은 이미 큰 가족들을 이루어 온갖 언어들로 나뉘어 갈라설 수 있었던 것이라고 보아야 마땅하다.

노아의 세 아들들 가운데서 셋째아들 야벳의 후손들이 앞서 기록되고, 맏아들 셈의 아들들은 뒤에 적어놓은 것처럼 나중에 태어난 사람이 먼저 기록된다는 것은 조금도 이상한 일이 아니다. 따라서 벨렉도 뒤에 태어났지만 먼저 적혀 있는 일이 가능했다. 부족들 이름 가운데서 어떤 것은 거의 변하지 않고 그대로 남아 있어서 우리는 오늘도 어느 민족이 누구에게서 왔다는 것을 알 수 있다. 아시리아로부터 아시리아라는 나라가 생겼고, 에벨로부터는 히브리 민족이 나왔다. 그러나 일부는 세월의 흐름에 따라 변했기에 어떤 민족에 대해서는 고대 문서들을 깊이 있게 연구한 아주 박식한 학자들만 겨우 그 기원을 찾을 수 있었다. 예를 들어, 이집트 사람들은 함의 아들 미스라임의 자손이며, 에티오피아 사람들은 구스의 자손이라고 하지만 이집트라는 이름과 에티오피아라는 이름만으로는 전혀 그렇다고 짐작하기 어렵다. 그리고 이 이름들을 전체적으로 볼 때, 변하지 않은 채 남아 있는 이름보다도 변한 이름이 더 많다.

제12장 아브라함에서 시작하는 새로운 시대
우리는 이제 조상 아브라함에게서 비롯된 시대에 *20이루어지는 하느님 나라의 진전 상태를 살펴보기로 하겠다. 그의 시대부터 하느님의 나라에 대한 지식이 더 뚜렷해지고 하느님의 약속들이 더 똑똑히 드러나는데, 우리는 그 약속들이 이제 그리스도에게서 이루어짐을 지켜보고 있다. 성경에 따르면, 아브라함은 갈대아 지방에서 태어났는데(창세 11 : 28) 그곳은 아시리아 제국에 *21

---

* 20 "아브라함과 함께 시작된 시대의 전환점"이 직역이며, 이런 전환점들은 아담, 노아, 아브라함, 다윗, 바빌론 포수(捕囚), 그리스도이다. 제43장과 제22권 30장의 끝으로부터 둘째 단락을 참조하라.
* 21 유세비우스의 연대기에서 아브라함은 기원전 2015년에 난 것으로 되어 있으며, 우르는 그 때에 이미 1000년 역사를 가진 도시였다. 그러나 우르 지방이 아시리아 영토가 된 것은 그 때로부터 1000년 뒤였다.

속해 있었다. 다른 민족들처럼 갈대아 사람들 사이에도 경건하지 못한 미신이 널리 퍼져 있었는데, 아브라함의 부친 데라의 가정만이 하느님께 대한 숭배가 살아있는 유일한 집안이었다. 또한 히브리어를 지켜온 것도 이 가정뿐이었다는 이야기도 믿을 만하다. 여호수아가 온 백성에게 한 말에 따르면 이스라엘의 하느님 주님께서는 이렇게 말씀하셨다. '옛적에 너의 조상들은 유프라테스 강 건너 저편에 살고 있을 때 다른 신들을 섬겼었다.' 아브라함과 나홀의 아비 데바도 그러했다(여호 24 : 2). 에벨의 다른 자손들은 차츰 다른 겨레붙이와 다른 언어에 빠져 다른 나라로 흘러 들어갔다. 마치 대홍수가 일어났을 때 인류를 회복시키기 위해서 노아의 가족만 지켜진 것과 같이, 온 세계를 미신의 홍수가 덮었을 때에도 데라의 가족만 남아서 하느님 나라의 씨앗을 보존한 것이다. 하느님이 노아에게 방주를 만드는 문제를 말씀하기 전에, 성경이 노아 이전의 세대들을 늘어놓고 그 나이들을 기록하며 홍수의 원인을 설명할 때 "노아의 이야기는 이러하다. 그 당시에 노아만큼 올바르고 흠없는 사람은 없었다. 그는 하느님을 모시고 사는 사람이었다"(창세 6 : 9) 했다. 똑같은 방식으로 성경은 노아의 아들 셈의 자손들을 아브라함까지 늘어놓은 다음에, 새 시대를 알리려는 듯이 기록한다. "데라의 후손은 다음과 같다. 데라는 아브람과 나홀과 하란을 낳았고 하란은 롯을 낳았다. 하란은 고향인 갈대아 우르에서 나홀이 아내를 맞았는데, 아브람의 아내 이름은 사래요 나홀의 아내는 밀가였다. 밀가는 하란의 딸로서 아스가와는 동기간이었다"(창세 11 : 27~29). 이 아스가와는 아브라함의 아내 사라와 똑같은 인물이었던 것으로 생각된다.

제13장 데라가 갈대아에서 메소포타미아로 옮겨간 이유

그 다음에 데라는 갈대아 지방을 떠나 메소포타미아에 이르러서 하란에 자리잡고 살았다. 그러나 데라의 아들 나홀에 대해서는 아무 말도 없고, 단순히 데리고 가지 않았다고만 되어 있다. "데라는 아들 아브람과 아들 하란에게서 난 손자 롯과, 아들 아브람의 아내인 며느리 사라를 데리고 갈대아 우르에서 가나안을 향하여 길을 떠나다가 하란에 이르러 거기에다 자리잡고 살았다"(창세 11 : 31). 이 성경 구절에서는 나홀과 그 아내 밀가에 대한 말이 한 마디도 나오지 않는다. 그러나 그 뒤에 아브라함이 아들 이삭을 위해 아내를 데려오라고 종을 보냈을 때 이렇게 적혀 있음을 보게 된다. "그 종은 주인이 보내는 온갖 귀한 선물을 낙타 열 마리에 싣고 길을 떠나 아람 나하라임에 이르러 나홀의 성을 찾아갔다"(창세 24 : 10).

이 구절과 성경에 있는 다른 말씀들을 보면, 아브라함의 형제 나홀도 갈대아 지방을 떠나 아브라함이 그 아비 데라와 함께 살고 있던 메소포타미아에 가서 살게 된 것을 알 수 있다. 성경에 데라가 자기 식구들을 거느리고 갈대아 백성들 사이를 떠나 메소포타미아 지방에 자리잡고 살았다고 했을 때, 아들 아브라함뿐 아니라 그의 아내 사라와 그의 조카 롯을 데리고 갔다고 하면서, 나홀에 대한 말이 없는 것은 무슨 까닭인가? 이에 대해서는 나홀이 아버지와 형의 종교를 버리고 갈대아 사람들의 미신에 빠졌다가 그 뒤에 자신의 잘못을 후회했든지, 또는 의심과 박해를 받고 그도 옮겨간 것이라고도 짐작해 볼 수 있다. 유딧서에 따르면 이스라엘 백성의 원수였던 홀로페르네스가 이스라엘인들은 어떤 민족이며 그들과 전쟁을 할 것인지를 물었을 때, 암몬 사람들의 지도자 아키오르는 다음처럼 말했다.

"'이 종이 주인님께 말씀드립니다. 주인님이 주둔하고 계시는 이 근방 산악지대의 주인에 관한 실정을 그대로 말씀드립니다. 이 종의 입에서는 거짓말이라곤 한 마디도 새어 나오지 않을 것입니다. 그들은 갈대아인의 후예로서 그들의 조상이 갈대아 땅에서 섬기던 신들을 섬기기가 싫어서 메소포타미아로 옮겨가 산 적이 있는 사람들입니다. 그들은 자기 조상들의 생활 관습을 떠나서, 하늘의 하느님을 인정하고 예배를 드렸던 것입니다. 이렇게 조상의 신들을 버렸기 때문에 그들은 추방되어 메소포타미아로 도망가서 그곳에 오랫동안 머물렀습니다. 그러다가 그들은 머물러 있는 땅을 떠나서 가나안 땅으로 들어가라는 하느님의 지시를 받고 그리로 가서 정착하자 금과 은을 많이 가지게 되고 헤아릴 수 없이 많은 가축을 풍부하게 얻었습니다'"(유딧 5 : 5~9). 이것을 보면 데라의 가정이 유일하게 진정으로 하느님을 섬겼고, 그 참된 종교 때문에 갈대아 사람들에게 박해를 받았음이 틀림없다.

제14장 하란에서 수명이 다한 데라의 나이

데라는 메소포타미아에서 205세까지 살았다고 한다. 데라가 죽고 난 뒤 하느님의 약속들이 아브라함에게 계시되기 시작했다. "데라는 205년을 살고 하란에서 죽었다"(창세 11 : 32). 하지만 그가 평생동안 그곳에서 산 것이 아니라, 그곳에서 생을 마쳤을 때의 나이가 205살이었다는 것이다. 데라가 몇 살에 하란에 왔는지는 적혀 있지 않다. 그래서 그의 나이가 여기에 기록되지 않았더라면 우리는 그가 몇 해를 살았는지 알 수 없었으리라. 이 계보에서는 사람들의 수명을 자세히 써놨는데, 오로지 이 사람만 기록하지 않았으리라 여기는 것은 잘못된 생각이다. 성경이 이름을 남긴 사람들 가운데 그 수명을 적지 않은 사람들은 부모가 죽고 나서 뒤를 잇는 서열에 들어가지 않는 경우이다. 그래서 아담으로부터 아브라함에 이르는 계보는 이름을 내놓은 사람에 대해서는 반드시 그가 살았던 나이를 적고 있다.

제15장 아브라함이 하느님의 명령을 따라 하란을 나간 시기

아브라함의 아버지 데라가 죽었다는 이야기가 나온 뒤에 "주님께서 아브람에게 이르시되, 네 고향과 친척과 아비의 집을 떠나 내가 장차 보여줄 땅으로 가거라"(창세 12:1) 이런 말씀이 나온다. 그러나 이 말씀이 뒤에 기록되어 있다 하여 데라가 죽은 다음에 일어난 일이라고 여기면 안 된다. 만일 그렇다면 풀릴 수 없는 문제가 생긴다. 아브라함에 대해 하느님의 이 말씀이 있은 뒤에 성경은, "아브람은 주님께서 분부하신 대로 길을 떠났다. 롯도 함께 떠났다. 하란을 떠날 때 아브람의 나이는 75세였다"(창세 12:4) 한다. 만일 그가 아버지가 죽은 뒤 하란을 떠난 것이라면, 어떻게 이 구절이 옳을 수 있겠는가? 데라가 아브라함을 낳았을 때 그의 나이 70세였다(창세 11:26). 아브라함이 하란을 떠났을 때의 나이인 75살을 더하면 145살이 되고, 아브라함이 이 메소포타미아 도시를 떠날 때 이것이 데라의 나이였을 것이다. 그러므로 그는 아버지가 죽은 뒤, 곧 아버지가 205살을 살고 죽은 뒤 떠난 것이 아니라, 아버지가 70살 때 태어난 그가 75살 때 떠났으니 그때 아버지의 나이는 145살이었다.

그러므로 여기서 성경이 늘 그렇듯이 이미 지나쳐간 한 시점으로 돌아간 것으로 우리는 이해해야 한다. 이전에도 노아의 자손들을 늘어놓은 다음에 그 족속과 방언대로 살았다(창세 10:31) 말하고, 그 뒤에 마치 이것도 시간적으로 그 다음에 있었던 일처럼 "온 세상이 한 가지 말을 쓰고 있었다. 물론 낱말도 같았다"(창세 11:1) 한다. 그러나 그들이 하나의 언어를 모두 함께 썼다면 어떻게 그 겨레붙이와 방언대로 살았겠는가? 이 구절은 이미 지나온 사건들로 돌아가서 되풀이하는(16권 5장 주석 참조) 것이라고 생각해야 하리라. 그러므로 여기서도 그와 같이 "데라는 205년을 살고 하란에서 죽었다"(창세 11 : 32) 한 다음 데라의 이야기를 끝내기 위해서 빠뜨린 곳으로 다시 돌아가서 "주님께서 아브람에게 이르시되, 네 고향과 친척과 아비의 집을 떠나 내가 장차 보여줄 땅으로 가거라"(창세 12 : 1) 이렇게 말을 보탠다. 이러한 하느님 말씀이 있은 다음에 "아브람은 주님께서 분부하신 대로 길을 떠났다. 롯도 함께 떠났다. 하란을 떠날 때, 아브람의 나이는 75세였다"(창세 12 : 4)고 말한다. 이 일은 아브라함이 75살 때 있었으므로, 그의 아버지 데라는 그때 145살이었다. 그러나 이 문제는 다른 관점에서 이해되기도 한다. 아브라함의 나이 75살을 그가 태어났을 때로부터 계산하지 않고, 그가 갈대아의 불에서*22 구원된 때부터 셈하는 것이다. 이 불에서의 구원을 그가 그때 다시 태어난 것처럼 여겨 그때부터 나이를 계산한 것이라는 해석이다.

그러나 사도행전에서 순교자 스데반은 같은 이야기를 이렇게 말한다. "부형여러분, 제 말을 들어보십시오. 우리 조상 아브라함이 아직 하란에 자리잡기 전, 메소포타미아에서 살고 있을 때 영광의 하느님께서 그에게 나타나 '너는 네 고장과 네 친척을 떠나 내가 일러주는 땅으로 가거라' 말씀하셨습니다"(사도 7 : 2~3). 스데반의 이 말에 따르면 하느님이 아브라함에게 말씀하신 것은 그의 아버지가 죽은 뒤가 아니었다. 그의 아버지는 틀림없이 하란에서 죽었고, 아브라함도 아들로서 그와 함께 그곳에 살았다. 그리고 메소포타미아에 오기는 했으나 아직 자리잡고 살기 전에 하느님의 말씀이 있었던 것으로, 갈대아에서는 이미 떠난 다음이었다.

스데반이 또 이렇게 덧붙였다. "그래서 그는 갈대아 지방을 떠나 하란에서 자리잡고 살았습니다"(사도 7 : 4) 이는 하느님이 그에게 말씀하신 뒤에 일어난 것이 아니다. 아브라함이 이미 메소포타미아에 있을 때 하느님이 그에게 말씀하셨으므로, 하느님의 지시를 받은 뒤에 갈대아를 떠난 것이 아니기 때문이다. 스데반은 그 일이 일어난 시기를 "그의 아버지가 죽은 뒤에"라는 말로 전체적으로 가리키는데, 곧 그가 갈대아 지방을 떠나 하란에 자리잡고 나서부터를 말한다. 그 다음 말씀은, "그의 아버지가 죽은 뒤에 하느님께서 그를 하란에서

---

*22 아브라함이 갈대아 사람들의 불의 신 숭배를 거부했으므로 불에 던져졌다가 하느님 도움으로 구원받았다는 유대인의 전설이 있다. 히에로니무스(제롬) 《Quaestiones Hebraicae in Genesin》 19~20 참조.

지금 여러분이 살고 있는 이 땅으로 옮겨주셨습니다"(사도 7 : 4)인데, 아버지가 죽은 뒤에 그가 하란을 떠났다는 뜻이 아니라 "그 아비가 죽은 뒤 하느님이 그를 여기에 정착시키셨느니라"는 뜻이다. 따라서 그가 아버지와 함께 하란에 자리 잡으러 왔을 때는 이미 하느님의 교훈을 마음에 간직하고 있었고, 75살 되는 해 즉 아버지의 나이가 145살 되는 해에 하란을 떠났다고 봐야 한다. 그런데 스데반은 아브라함이 아버지가 죽은 뒤 가나안에 자리잡았다고 말하며, 하란을 떠났다고는 말하지 않는다. 아브라함이 가나안에서 자기 재산으로 땅을 사기 시작한 때 이미 그의 아버지는 죽고 없었다. 그뿐 아니라 그가 이미 메소포타미아에 있었을 때, 즉 갈대아를 떠난 뒤에 하느님이 "네 고향과 친척과 아비의 집을 떠나 내가 장차 보여줄 땅으로 가거라"(창세 12 : 1) 하신 것은 그가 이미 떠난 땅에서 신체만이 아닌, 정신적으로도 떠나라는 뜻이었다. 여전히 언젠가 돌아가리라는 소망과 소원으로 매여 있었다면 정신적으로 떠나지 않은 셈이기에, 그는 하느님의 명령과 도움, 그리고 그 자신의 순종으로 이 소망과 소원을 끊어버려야 했다. 뒷날 나홀도 아버지를 따라 나왔는데, 이때 아브라함이 하느님의 명령을 좇아 아내 사라와 조카 롯을 데리고 떠났으리라고 여겨진다.

제16장 아브라함에게 내려진 하느님의 명령과 약속

이제는 아브라함에게 하신 하느님의 약속들을 다루고자 한다. 이 약속들에서 경건한 백성에게 한 우리 하느님의 참된 말씀이 분명히 나타나기 시작하기 때문이다. 이 백성에 대해서는 권위 있는 예언이 이미 있었다. 그 약속 가운데 처음 것은 다음과 같다.

"주님께서 아브람에게 말씀하셨다. 네 고향과 친척과 아비의 집을 떠나 내가 장차 보여줄 땅으로 가거라. 나는 너를 큰 민족이 되게 하리라. 너에게 복을 주어 네 이름을 떨치게 하리라. 너는 남에게 복을 주는 사람이 될 것이다. 너에게 복을 비는 사람에게는 내가 복을 내릴 것이며 너를 저주하는 사람에게는 내가 저주를 내리리라. 세상 사람들 모두가 네 덕을 입을 것이다"(창세 12 : 1~3).

여기서는 아브라함에게 하신 두 가지 약속을 눈여겨봐야 한다. 첫째는, 그의 자손이 가나안 땅을 차지하게 되리라는 뜻으로 "네 고향과 친척과 아비의 집을 떠나 내가 장차 보여줄 땅으로 가거라. 나는 너를 큰 민족이 되게 하리라"

말씀하신다. 다른 하나는 한결 더 좋은 것으로 육신의 자손이 아니라 정신적 자손에 대한 것이며, 이스라엘이라는 한 민족의 조상이 될 뿐 아니라 그의 믿음의 발자취를 따르는 모든 민족의 조상이 되리라는 말씀이었다. 즉 "너는 남에게 복을 주는 사람이 될 것이다" 이렇게 말씀하신다. 유세비우스는 이 약속은 아브라함이 75살 때 내려진 것으로 생각하며, 마치 이 약속이 있은 바로 뒤 아브라함이 하란을 떠난 것으로 여겼다. 이렇게 생각해야 성경에 있는 "하란을 떠날 때 아브람의 나이는 75세였다"(창세 12 : 4)는 말씀에 맞아 떨어지기 때문이다. 그러나 만일 그 해 이 약속을 하신 것이라면, 아브라함은 벌써 아버지와 함께 하란에 있었을 것이다. 거기 살고 있지 않았다면 거기를 떠나는 일은 없었기 때문이다. 그렇다면 이것은 스데반이 우리 조상 아브람이 하란에 있기 전, 메소포타미아에 있을 때 "영광의 하느님께서 그에게 나타나"(사도 7 : 2)라는 말과 맞지 않는 것은 아닌가? 그러나 이 모든 일이 같은 해에 있었다고 이해한다면 이상할 게 없다. 아브라함이 하란에 자리 잡기 전 하느님의 약속이 있었고, 같은 해에 그가 하란에 자리 잡았으며, 거기서 떠난 것이다. 유세비우스는 그의 연대기에서*23이 약속의 해로부터 계산하며, 그 430년 뒤에 이집트 탈출이 있었으며 율법을 주셨다고 보여주고 있다. 뿐만 아니라 사도 바울 또한 그렇게 말했기 때문이다(갈라 3 : 17).

제17장 아시리아 왕국은 아브라함 시대에 가장 번성했다

같은 시대 이교도들의 뛰어난 왕국이 있었다. 그것은 땅에서 난 사람들의 나라, 바꿔 말하면 사람을 따라 사는 사람들의 사회로써 타락한 천사들의 다스림을 받는 매우 발전한 나라들이었다. 시키온(Sicyon), 이집트, 아시리아*24였는데, 그 가운데 아시리아가 다른 두 나라보다 훨씬 강력하고 뛰어났다.*25 베루스의 아들인 유명한 니누스 왕이 인도를 뺀 아시아의 모든 나라를 정복했기 때문이다. 내가 말하는 아시아는 아시아라는 넓은 지역 안에 있는 한 지역에

─────────────

＊23 유세비우스 연대기에서 아브라함이 태어난 해로부터 이집트 탈출까지는 505년이므로, 그의 75세 때로부터는 430년이 된다.

＊24 이교도국가들 역사는 제18권에서 다룬다. 여기에 열거된 세 나라 중에서 시키온은 고린도 부근에 있었던 아주 작은 왕국이었으나, 그 왕들의 연대를 기록해서 기원전 2000년쯤 아시리아의 니누스 때까지로 소급했다.

＊25 니누스에 대해서는 제4권 제6장 참조.

불과한 작은 아시아*²⁶를 뜻하는 것이 아니라, 온 아시아라고 불리는 모든 지역을 뜻한다. 어떤 사람들은 세계를 둘로 나누어 그 가운데 하나를 아시아라고 하지만, 그보다 많은 사람들은 세계의 3분의 1이라고 한다. 그리고 다른 두 부분은 유럽과 아프리카라고 하는데, 이것을 고르게 나누지는 않았다.

여기서 말하는 아시아는 남에서부터 시작해 동을 거쳐 북으로 뻗고, 유럽은 북으로부터 서로, 아프리카는 서에서 남으로 뻗는다. 그래서 유럽과 아프리카가 함께 세계의 절반을 이루고 아시아가 홀로 나머지 다른 절반을 차지한다. 그러나 유럽과 아프리카는 두 대륙 사이에 물이 들어와 큰 바다를 이루고 있기 때문에 두 부분으로 인정되는 것이므로 세계를 동과 서, 둘로 나누면, 아시아가 그 한 쪽이 되고 유럽과 아프리카가 다른 한 쪽이 된다. 고대시대 세 강대국 가운데서 시키온은 유럽에 있었기에 아시리아의 지배를 받지 않았다. 그러나 전하는 바에 따르면 인도를 뺀 모든 아시아를 정복했다는 나라에 어떻게 이집트가 예속되지 않았겠는가? 그래서 아시리아에서 불경한 나라의 지배 세력이 크게 발달했는데, 그 서울이 곧 바빌론이었고, 그 이름의 뜻인 "혼란"은 땅에서 난 그 나라에 가장 알맞았다. 그곳은 니누스의 아비 벨루스가 65년 동안 다스렸고, 그가 죽은 뒤 니누스가 왕위를 이어받아 52년 동안 통치했는데, 그의 재위 43년에 아브라함이 태어났다. 이것은 서양에 있는 또다른 바빌론이라 할 만한 로마가 건국되기 약 1200년 전이었다.

제18장 아브라함과 두 번째 약속

아브라함은 75살이 되던 해에 하란을 떠났는데, 그때 그의 아버지는 145살이었다. 아브라함은 조카 롯과, 아내 사라와 함께 가나안 땅에 들어가 세겜에 이르렀고, 거기서 하느님 말씀을 받았다. "주님께서 아브람에게 나타나시어 '내가 이 땅을 네 자손에게 주리라' 하셨다"(창세 12 : 7). 여기서는 그를 모든 민족들의 조상으로 만든 그 자손에 대한 말씀은 전혀 없다. 오로지 이스라엘이라는 한 민족의 조상이 되게 해 줄 그 자손에 대해서만 말씀이 있고, 그 자손들이 저 땅을 갖게 되리라는 말씀이 있다.

---

*26 소아시아에 있던 로마 영토로서의 아시아 지방. 요한계시록 일곱교회가 있던 지방.

제19장 이집트의 아브라함

세겜에 다다른 아브라함은 거기에서 단을 쌓고 하느님 이름을 부른 뒤에 그 곳을 떠나 사막에서 살았지만, 흉년이 너무 심해 할 수 없이 이집트로 갔다. 거 기서 그가 사라를 자신의 누이라고 한 것은(창세 12 : 8) 완전한 거짓말은 아니 었다. 사라는 그와 아주 가까운 친척이었기 때문이다. 롯도 형제의 아들이었으 므로 매우 가까운 관계였다. 아브라함은 사라가 자신의 아내라고 밝히지 않았 지만, 그렇다고 또 아내가 아니라는 말도 하지 않았다. 그는 아내의 정조를 하 느님께 맡겼는데, 이는 아리따운 여자를 빼앗으려고 남편을 죽이는 인간의 간 계를 경계한 것이다. 위험 앞에 충분히 조심할 수 있는데도 조심하지 않는다면 그것은 하느님을 믿는다기보다 도리어 시험하는 일이 되었으리라. 나는 이 문 제에 대해서 마니교 신자 파우스투스의 비방을 충분히 반박한 일이 있다.*27

마침내 아브라함이 예상했던 일이 벌어졌다. 이집트왕 파라오는 아내로 삼으 려고 사라를 데려갔으나, 무서운 재앙을 받고 남편 아브라함에게 돌려주었다. 그 사이에 사라가 다른 남자와 잠자리를 함께 해서 더러워졌다고는 생각할 수 없는데, 파라오가 큰 재난을 입어 그런 짓을 저지를 틈이 없었을 것이라는 이 야기가 한결 더 믿음이 가기 때문이다.

제20장 아브라함과 롯의 이별

아브라함이 이집트에서 가나안으로 돌아왔을 때, 그의 조카 롯은 그를 떠나 소돔인들의 땅으로 갔다. 그러나 두 사람 사이의 친밀한 사랑은 조금도 손상되 지 않았다. 그즈음 그들은 재산이 불어 저마다 양떼를 돌보는 양치기들을 많 이 데리고 있었는데, 그 양치기들이 서로 다투자 그 싸움이 자기들의 가정에까 지 번지는 일을 피하기 위해 헤어진 것이다. 아브라함은 이런 화를 멀리하기 위 해서 롯에게 이렇게 말했다. "너와 나는 한 골육이 아니냐? 네 목자들과 내 목 자들이 서로 다투어서야 되겠느냐?"(창세 13 : 8~9). 아마 이때부터 사람들이 땅을 나누어 가질 때 손윗사람이 나누고 아랫사람이 선택해 가지는*28 평화로 운 관습이 생겼으리라.

---

*27 아우구스티누스 《Adversus Faustum Manichaeum》 22, 36.
*28 세네카는 이것이 로마 상속법의 한 원칙이라 했다. 세네카 《논쟁문제집》 6, 3 참조.

제21장 아브라함과 세 번째 약속

아브라함과 롯은 이렇게 서로 떨어져 자리를 잡았다. 그러나 추악한 불화 때문이 아니라 가족 관계를 지키기 위함이었다. 아브라함과 롯이 갈라져, 아브라함은 가나안에 머물고 롯은 소돔에 있었을 때, 하느님이 세 번째 약속을 아브라함에게 말씀하셨다. "고개를 들어 네가 있는 곳에서 동서남북을 바라보아라. 네 눈에 보이는 온 땅을 너와 네 자손에게 영원히 주겠다. 나는 네 자손을 땅의 티끌만큼 불어나게 하리라. 땅의 티끌을 셀 수 없듯이 네 자손도 셀 수 없게 될 것이다. 어서 일어나 이 땅을 종과 횡으로 두루 바라보아라. 내가 이 땅을 너에게 주리라"(창세 13 : 14~17).

이 약속에서 아브라함이 모든 사람의 조상이 되리라는 말씀도 있었는지는 분명하지 않다. "네 자손을 땅의 티끌만큼 불어나게 하리라"는 말씀에 그 의미가 담겨 있다고 볼 수는 있다. 이것은 그리스 사람들이 말하는 과장법이 담긴 비유로 하신 말씀이므로, 문자 그대로 풀이해서는 안 된다. 성경이 이 비유와 다른 비유들을 어떻게 쓰는가에 대해서는 성경을 공부한 사람이면 누구도 의심하지 않는다. 이 비유는 말하려는 뜻보다 나타난 것이 훨씬 더 클 때 쓰인다. 아담부터 세상 끝에 이르기까지의 인류를 모두 합한 것보다 땅의 티끌이 견줄 수 없을 만큼 더 많다는 것을 누가 모르겠는가? 그렇다면 아브라함의 자손보다 얼마나 더 많겠는가?

이스라엘 민족에 속하는 사람들뿐 아니라, 온 땅 모든 민족 가운데서 그의 믿음을 따르는 사람들까지 모두 합해도 마찬가지다. 더구나 이 자손들은 불경스런 자들의 엄청난 수에 비하면 매우 적다. 그래도 그 적은 수에서 헤아릴 수 없이 많은 무리가 나올 것이고, 과장법을 사용해 땅의 티끌과 견주기는 했지만, 이는 오로지 인간들에게 있어서 헤아릴 수 없는 숫자일 뿐이다. 사람이 보기에 아무리 큰 무리일지라도 하느님 보시기에는 무수한 것이 아니며, 땅의 티끌까지도 하느님은 모두 헤아리신다. 그밖에도 여기서 약속된 것은 이스라엘 민족뿐 아니라, 온 땅에 퍼진 아브라함의 자손이라고 이해할 수 있다. 이것은 티끌에 견줄 만큼 많다고 하는 것이 마땅하다. 육신의 자손이 아니라 정신적 자손에 대해서도 그 수가 많으리라는 약속이 있었기 때문이다. 그러나 우리가 이 점이 뚜렷하지 않다고 말한 것은, 아브라함의 손자 야곱에게서 비롯된 한 민족만도 온 세상을 가득 채울 만큼 그 수가 불었기 때문이다. 그러므로 이 이스라엘 민족도 과장법을 쓰자면 티끌에 견줄 수 있을 것이다.

땅의 티끌 같다고 할 때 여기서 말하는 땅이 확실히 가나안 땅이라는 것을 누구도 의심하지 않는다. 그러나 "내가 너와 네 자손에게 주리니, 영원히 이르리라"는 말씀에서 "영원히 이르리라(usque in saeculum)"를 "영원에 이르기까지(in aeternum)"라고 이해해서 마음이 어지러워지는 사람이 있을는지 모른다. 그러나 그렇게 해석하더라도(또 우리도 그런 뜻이라고 굳게 믿지만), 즉 내세의 처음은 금세의 끝에서부터 시작되리라고 하더라도,*29 곤란한 문제가 있는 것은 아니다. 이스라엘 사람들은 예루살렘에서 쫓겨났지만 여전히 가나안의 다른 도시들에 남아 있고, 또 끝까지 남아 있을 것이다. 온 땅에 살고 있는 그리스도교인들 또한 아브라함의 자손이기 때문이다.

제22장 아브라함의 소돔 승리와 롯 구출. 그리고 멜기세덱 축복

이 약속을 받은 뒤 아브라함은 천막을 거두어 헤브론의 마므레 상수리나무 옆으로 가서 자리를 잡고 제단을 쌓아 주님께 바쳤다(창세 13 : 18). 그 뒤 다섯 왕이 네 임금을 상대로 싸우던 가운데 소돔 사람들이 패배해서 롯이 또 잡혔는데, 아브라함은 자기 집 노예 318명을 거느리고 소돔에 침입한 적과 싸워 롯을 구출하고 소돔 왕들이 승리를 거두게 해주었다. 아브라함 덕분에 승리한 왕이 전리품을 주려 했지만 그는 아무것도 받지 않았다(창세 14장). 그때 아브라함은 지극히 높으신 하느님의 제사장 멜기세덱에게 축복을 받았다.

이 제사장에 대해서는 히브리서(7장 참조) 편지에 중요한 말씀이 많이 쓰여 있다. 히브리서를 많은 사람들은 사도 바울의 글이라고 하지만 어떤 사람은 그렇지 않다고 말한다. *30 오늘 온 세계의 그리스도교인들이 하느님께 드리는 제사가 그때 처음으로 등장했으며 오랜 세월이 흐른 뒤에 "너는 멜기세덱의 법통을 이어갈 영원한 사제이다"(시편 110 : 4) 이런 예언으로 사랑의 육체를 받아 오

＊29 제26장을 참조. 아우구스티누스 시대에는 로마 제국이 팔레스타인을 지배했고, 유대인들은 예루살렘에는 들어갈 수 없었다. 그러나 다른 지방에는 살 수 있었고, 인구의 대부분은 그리스도인이었다.

＊30 동방교회는 3세기까지에 대체로 히브리서를 바울의 편지로 인정했으나(오리게네스(오리겐)은 예외), 서방교회에서는 오랫동안 의견이 갈라졌었는데, 393년의 히포(Hippo) 교회 회의에서 바울의 편지로 인정했고, 아우구스티누스도 396년쯤에 쓴 《그리스도교 가르침》 2, 8, 13에서 같은 의견을 내세웠다.

실 그리스도의 예언이 이제 이루어졌다. 그리스도 아론의 법통을 따라 영원의 제사장이 된다. 아론의 법통은 그 그림자로 전부터 넌지시 알려진 것이 빛아래 나타났을 때 사라지는 것이다.

제23장 하느님의 약속을 믿은 아브라함은 할례를 받지 않고 뜻이 되었다

또 그때 주님의 말씀이 아브라함에게 환상으로 나타나셨다. "무서워하지 말아라, 아브라함아. 나는 방패가 되어 너를 지켜주며, 매우 큰 상을 너에게 내리리라." 그러나 아브라함은 이렇게 말씀드렸다. "주님 나의 주여, 나는 자식이 없는 몸입니다. 집안의 대를 이을 사람이라고는 다마스쿠스 사람인 엘리에젤밖에 없는데, 나에게 무엇을 주신다는 말씀입니까? 나를 보십시오. 하느님께서는 나에게 자식을 하나도 점지해 주지 않으셨습니다. 내 대를 이을 사람은 내 집의 종밖에 없지 않습니까?" 아브라함이 이렇게 여쭙자 주님께서 말씀하셨다. "너의 대를 이을 사람은 그가 아니다. 앞으로 네 몸에서 태어날 아들이 너의 대를 이을 것이다." 그러고는 아브라함을 밖으로 데리고 나가시어 말씀하셨다. "하늘을 쳐다보아라. 셀 수 있거든 저 별들을 세어보아라. 네 자손이 저렇게 많이 불어날 것이다"(창세 15 : 1~5). 나는 이 말씀이 육체를 가진 자손이 아니라 하늘의 행복으로 높아진 자손을 약속하셨다고 생각한다. 그 수를 견준다면 하늘의 별과 땅의 모래 어느 쪽이 많을까. 별도 셀 수 없을 만큼 많으니 비슷하다고밖에 말할 수 없으리라. 왜냐하면 모든 별이 눈에 보일 수는 없기 때문이다. 사람들이 열심히 관찰할수록 점점 더 많은 별들이 보인다. 따라서 땅 위 우리들로부터 너무나 멀리 떨어진 곳에서 뜨거나 진다는 별 무리들 말고도 가장 날카롭게 꿰뚫어 보는 관찰자에게도 어떤 별은 숨겨져 있다고 생각하는 게 마땅하다. 아라투스(Aratus)나*31 에우독소스처럼 별의 수를 모두 세서 기록했다고 일컬어지는 사람들을 성서의 권위가 경시한 유독수스(Eudoxus)*32와 같이 모든 결의 수를 파악하고 적었노라고 자랑하는 사람들을 멸시한다. 사도가 하신 하느님의 은혜를 깨달아야 한다는 말씀이 있다. "그가 주님을 믿으니, 주님께서 이를 갸륵하게 여기시어"(창세 15 : 6 ; 로마 4 : 3 ; 갈라 3 : 6). 이 구절에서 사도는 할례 받았다고 뽐내거나, 할례를 받지 않는 이방인들을 그리스도 신앙

---

*31 아라투스는 기원전 3세기 천문학자이며 시인.
*32 유독수스는 기원전 4세기 천문학자.

에 받아들이는 것을 꺼리지 말라고 말했다. 아브라함이 아직 할례를 받지 않았을 때도 믿음을 가졌었기 때문이다.

제24장 아브라함이 명령한 희생제사의 의미

하느님이 같은 환상으로 나타나 말씀하셨다. "나는 이 땅을 너에게 주어 차지하게 하려고 너를 갈대아 우르에서 이끌어낸 주님이다"(창세 15 : 7). '아브라함이 내가 이 땅을 차지하게 되리라는 것을 무엇으로 알 수 있습니까' 물었을 때, 하느님이 "3년 된 암소와 3년 된 암염소와 3년 된 숫양과 산비둘기, 집비둘기를 한 마리씩 나에게 바치라" 말씀하셨다. 아브라함은 말씀대로 모든 것을 잡아다가 반으로 가르고 서로 마주 보도록 놓았다. 그러나 날짐승만은 온전히 두었다. 기록에 따르면 반으로 갈라 놓은 짐승들 사체 위로 새들이 날아왔기에, 아브라함은 곁에 앉았다. 그런데 해 질 무렵, 공포가 아브라함을 덮치자 그는 심한 두려움에 사로잡혔다. 그때 아브라함에게 이런 말씀이 들려왔다. "똑똑히 알아두어라, 네 자손이 다른 나라로 가서 그들의 종이 되어 얽혀 살아 400년 동안 압제를 받을 것이다. 그러나 네 자손을 부리던 민족을 나는 심판하리라. 그런 다음에, 네 자손에게 많은 재물을 들려 거기에서 나오게 하리라. 그러나 너는 네 명대로 고이 살다가 세상을 떠나 네 조상들에게 돌아갈 것이다. 네 자손은 아오리족의 죄가 가득 찬 4대째가 되면 이곳으로 돌아오게 될 것이다."

그리고 해가 져서 캄캄해지자 불꽃이 생겨나더니 연기 나는 화로와 불붙은 횃불이 갈라 놓은 짐승들 사이로 지나갔다. 그날 주님께서 아브라함과 계약을 맺으시며 이렇게 말씀하셨다. "나는 이집트 개울에서 큰 강 유프라테스에 이르는 이 땅을 네 후손에게 주겠다. 이곳은 켄족, 크니즈족, 카드몬족, 헷족, 브리즈족, 르바족, 아오리족, 가나안족, 기르갓족, 여부스족이 살고 있는 땅이다"(창세 15 : 18~21).

이 모두가 환상 속에서 하느님이 말씀하시고 행동하셨다. 그 하나하나를 자세히 살펴보면 지루할 터이며, 이 책의 의도에도 맞지 않는다. 아브라함이 하느님을 믿었으며, 하느님이 이것을 그의 의로움으로 여겨 주셨다는 말씀 뒤에 아브라함이 "내가 이 땅을 차지하게 되리라는 것을 무엇으로 알 수가 있겠습니까?" 물은 까닭은 믿지 못했기 때문이 아니라는 것을 아는 것만으로 충분하다. 그 땅을 주어 차지하도록 하겠다고 하신 약속에 대해 아브라함은 믿지 못한다는 듯이 "어떻게 알 수가 있겠습니까" 묻지 않고, "무엇으로 알 수가 있겠습니까" 말했다. 이는 이미 믿는 일에 대해 그 일이 어떤 방식으로 이루어질 것인지를 알고 싶다는 뜻이다. 마치 동정녀 마리아가 "이 몸은 처녀입니다. 어떻게 그런 일이 있을 수 있겠습니까?"(루가 1 : 34) 물었을 때, 믿지 않는다는 뜻이 아니라, 이 일이 어떤 방식으로 이루어지느냐고 물은 것과 마찬가지다. 마리아는 질문에 대답을 받았다(루가 1 : 35). 이때도 하느님은 암소와 암염소와 숫양과 산비둘기와 집비둘기로써 상징을 구체적으로 알리시고, 그가 이미 믿는 일이 이 상징에 따라 앞으로 일어나리라는 것을 알게 하셨다. 암소는 율법의 아래에 놓인 백성을, 암염소는 율법 아래 놓인 백성이 죄를 지을 것임을, 숫양은 그 백성이 나아가 지배할 것임을 나타낸다. 이 동물들이 하나같이 태어난 지 3년 되었다는 점은 아담으로부터 노아까지, 노아로부터 아브라함까지, 그리고 아브라함에서부터 다윗까지 세 가지 주목할 시기가 있기 때문이다.

다윗은 사울에게 물리침을 당했지만(1사무 15) 주님의 뜻으로 처음 이스라엘 백성의 왕이 된 사람이다. 그 백성은 이 아브라함에서 다윗에 이르는 세 번째 시기에 말하자면 3살이 되어 어른이 되었다. 이 동물들에 대해 더 알맞은 다른 풀이가 있을지 모르지만, 산비둘기와 집비둘기가 더해짐으로써 영적 자손을 상징한다는 점을 나는 전혀 의심하지 않는다. "날짐승만은 가르지 않았다" 적힌 까닭은, 육체를 가진 사람들은 서로 갈라지지만 영적인 사람들은 갈라지지 않기 때문이리라. 산비둘기처럼 인간의 복잡하고 바쁜 교류에서 떨어져 있든지, 또는 집비둘기처럼 사람들 사이에서 머물던 간에, 결코 분열하지 않는 상징이다. 이 두 새는 단순하고 해롭지 않으며, 그 땅을 손에 넣을 이스라엘 백성 가운데 약속의 자녀와 나라 상속자들이 영원한 행복을 누릴 것을 나타낸다. 그러나 갈라 놓은 동물의 사체 위에 내려 앉은 새들은 공중에 있는 영을 가리킨다. 그들은 아무런 선(善)함도 나타내지 않고, 육체적 인간들의 분열에서 자신들의 먹이를 찾을 뿐이다. 그 곁에 앉아 있던 아브라함은 육적 인간들의 분열 상태 속에서도 끝까지 참고 견디는 참된 신자들을 나타낸다. 해질 무렵 공포가 아브라함을 덮쳤고 그가 심한 두려움에 휩싸였다는 것은 이 세상이 끝나는 날 신도들에게 닥쳐올 크나큰 우환과 고난을 뜻한다. 이에 대해서는 주께서 복음서에 "그때가 오면 무서운 재난을 겪을 터인데, 이런 재난은 세상 처음부터 지금까지 없었고 앞으로도 다시없을 것이다"(마태 24 : 21)라고 말씀하셨다. 그러나 아브라함에게 하신 "똑똑히 알아두어라. 네 자손이 남의 나라에 가서 뜨내기살이를 하여 그들의 종이 되어 얽혀 살며 400년 동안 압제를 받을 것이다"(창세 15 : 13) 이 말씀의 뜻은 이스라엘 백성이 이집트의 노예가 되리라는 가장 뚜렷한 예언이다. 이스라엘 백성이 이집트 사람들 아래에서 400년 동안 노예 생활을 하리라는 뜻이 아니라 앞으로 400년 안에 그 일이 일어나리라는 말씀이다.

같은 방법으로 아브라함의 아버지에 대해서도 "데라는 205년을 살고 하란에서 죽었다"(창세 11 : 32) 이 말도 그가 거기서 205년 동안 산다는 뜻이 아니라, 거기서 205살이 될 때까지 살았다는 말이다. 마찬가지로 여기서도 "사람들은 그들을 노예로 삼아 400년 동안 괴롭게 하리라" 이런 말씀이 들어간 까닭은 괴롭히는 기간이 400년이 아니라 괴롭히는 기간까지 포함하여 400년이라는 말이다. 이를 아브라함에게 약속하신 때부터 계산할지, 아브라함의 자손으로 예언된 이삭이 태어난 때부터 셈할 것인지에 따라서 달라지는데, 어떻게 헤아리든 400년보다는 좀 더 긴 세월이다. 그런데도 400년이라 한 것은 앞에서 말한 대로 아브라함에게 처음 약속이 있었던 때가 그의 나이 75살 때였고, 이스라엘의 이집트 탈출은 그 뒤로 430년 뒤 일이기 때문이다. 그 햇수에 대해 사도는 이렇게 말한다. "내가 말하려는 것은 이것입니다. 하느님께서 미리 맺어주신 계약보다 430년이나 뒤늦게 율법이 생겼다 해서 소멸되거나 그 약속이 무효가 될 수는 없다는 것입니다"(갈라 3 : 17). 그러므로 이 430년을 400년이라 부를 수도 있다. 그렇게 큰 차이도 아니다. 게다가 이 일들을 환상을 통해 아브라함에게 알리셨을 때 이미 그 일부분이 지난 뒤였고, 아브라함이 100살이었을 때, 처음 약속이 있은 뒤 25년 만에 이삭이 태어났을 때는 430년에서 405년만 남았을 뿐이므로 하느님께서는 400년이라고 말씀하신 것이다. 하느님의 예언적 말씀에 뒤따르는 그 밖의 이야기들도 이스라엘에 대한 것임을 누구도 의심하지 않으리라.

이 말씀에는 "해가 져서 캄캄해지자 불꽃이 생겨나더니 연기 나는 화로와 불붙은 횃불이 죽은 짐승들 사이로 지나갔다" 이 말이 덧붙는다. 이는 세상이 끝나는 날, 육체적인 인간들이 불로 심판을 받으리라는 것을 나타낸다. 하느님 나라에 전에는 없었던 고난을 반(反)그리스도에게 받게 될 것을 해가 질 무렵, 곧 세상의 종말이 가까울 때 아브라함이 겪은 큰 어둠의 공포심이 나타낸 것처럼, 불은 심판의 날을 나타낸다. "이제 심판의 날이 오면 모든 것이 드러나서 저마다 한 일이 명백해질 것입니다. 심판의 날은 불을 몰고 오며, 그 불은 저마다의 업적을 시험하여 그 진가를 가려줄 것입니다"(1고린 3 : 12~15).

이어서 하느님은 아브라함에게 가나안 땅에 대한 언약을 주시는데, 그 땅에서 열한 민족, 이집트 강에서부터 큰 강인 유프라테스까지 가나안 땅에 있는 부족들 이름을 늘어놓는다. 이집트 강은 나일강을 말하는 게 아니라 이집트와 팔레스타인 사이에 있는 작은 강을 나타내며, 거기에는 리노코루라(Rhincorura) *33 도시가 있다.

제25장 사라의 계집종 하갈

여기서부터 아브라함의 아들들 시대가 이어진다. 하나는 계집종 하갈이 낳은 아들, 다른 하나는 자유인의 낳은 아들이며 이미 이들에 대한 이야기를 제15권(제2~3장)에서 살펴보았다. 다만 이 사건에서 첩 때문에 아브라함에게 죄를 물어서는 안 된다.*34 그가 첩을 둔 것은 자식을 얻고자 했음일 뿐 정욕 때문이 아니었다. 또 자기 아내를 욕보이려 한 것이 아니라 오히려 아내를 따랐다. 자연적으로 자식을 낳지 못하는 사라가 자식을 낳을 수 있는 계집종을 이용해 위로받고자 마음먹었기 때문이다. 사도가 말했듯이 "남편 또한 자기 몸을 마음대로 할 수 없고 오직 아내에게 맡겨야 합니다"(1고린 7 : 4) 이 정당한 권리를 썼을 뿐이다. 여기에는 어떤 방탕한 욕정도 비열한 추악함도 없었다. 자손을 보기 위해 아내가 남편에게 계집종을 주었고 남편도 자식을 얻기 위해 계집종을 받았다. 어느 쪽도 방탕한 죄가 아니라 자연의 결실을 바랐다. 뒤에 임신한 계집종이 여주인을 멸시하고 사라가 질투심을 못 이겨 남편을 비난했을 때도, 아브라함은 자신이 애욕의 비굴한 노예가 아니라 자유로운 어버이임을 확실히 보여주었다. 그는 하갈에게서 아내의 체면을 지켜주었고, 쾌락 때문이 아니라 아내의 뜻에 따랐다는 것을 증명해 보였다. 하갈을 원해서 그런 것이 아니라 아내가 바란 것이며 그 여자를 가까이했으나 애착을 갖지 않았으며, 씨를 주었을 뿐 사랑을 주지 않았다. "당신의 몸종인데 당신 좋을 대로 할 수 있지 않

---

*33 오늘날에는 엘 아리시(El Arish)로 불린다.

*34 마니교도들의 이런 비난을 아우구스티누스는 반박했다. 《Adversus Faustum Manichaeum》 22, 30 참조.

소? 뜻대로 하시오"(창세 16 : 6) 아내에게 이렇게 말했다. 이 얼마나 훌륭한 남자인가! 아내에게는 절제를 지키며, 계집종에게는 아내의 뜻을 따르려 그 누구라도 절제 없이 대하지 않았다.

제26장 늙은 아브라함이 온 국민의 아버지가 되어 약속의 증표로 할례가 정해졌다

이런 일들 뒤에 하갈은 이스마엘을 낳았다. 아브라함이 자기 집에서 태어난 종을 양자로 삼으려 했을 때, 하느님께서 "네 대를 이을 사람은 그가 아니다. 장차 네 몸에서 날 네 친아들이 네 대를 이을 것이다"(창세 15 : 4) 이 말씀에 비추어 본다면, 아브라함은 하느님 약속이 이 아들로 이루어진다고 생각했다. 하지만 그가 계집종의 아들로 약속이 이루어졌다고 착각하지 않도록 아브라함이 99살 되던 해에 주님께서 나타나시어 이렇게 말씀하셨다. "나는 전능한 신이다. 너는 내 앞을 떠나지 말고 흠 없이 살아라. 나는 너와 나 사이에 계약을 세워 네 후손을 많이 불어나게 하리라." 아브라함이 머리를 조아리고 엎드리자 하느님께서 말씀하셨다. "내가 너와 계약을 맺는다. 너는 많은 민족의 조상이 되리라. 내가 너를 많은 민족의 조상으로 삼으리니, 네 이름은 이제 아브람이 아니라 아브라함이라 불리리라. 나는 너에게서 많은 자손이 태어나 큰 민족을 이루게 하고 왕들도 너에게서 나오게 하리라. 나는 너와 네 후손의 하느님이 되어주기로, 너와 대대로 네 뒤를 이을 후손들과 나 사이에 나의 계약을 세워 이를 영원한 계약으로 삼으리라. 네가 몸붙여 살고 있는 가나안의 온 땅을 너와 네 후손에게 주겠다. 그리고 나는 그들의 하느님이 되어주리라." 그리고 하느님께서 아브라함에게 덧붙이셨다. "너는 내 계약을 지켜야 한다. 너뿐 아니라 네 뒤의 후손도 대대로 지켜야 한다. 이것이 너와 네 뒤의 후손과 나 사이에 세운 계약으로 너희가 지켜야 할 일이다. 남자들은 모두 할례를 받아라. 이것이 너와 네 후손과 나 사이에 세운 계약의 증표가 되리라. 너희는 포경을 베어 할례를 해야 한다. 네 집에서 태어난 노예도 너의 자손이 아닌 이방인에게 산 종도 할례를 받아야 한다. 대대로 너희 모든 남자는 난 지 8일째 할례를 받아야 한다. 그러면 내 계약이 영원한 계약으로 너희 몸에 새겨질 것이다. 포경을 베어 할례를 받지 않은 남자는 계약을 깨뜨린 사람이니 그 생명은 너의 종족에서 끊어지게 되리라." 하느님께서 아브라함에게 이렇게 분부하셨다. "네 아내 사래는 사래라는 이름이 아니라 사라로 불릴 것이다. 내가 복을 내려 너에게 아들을 낳아주게 하리라. 그녀에게 복을 내려 많은 민족의 어미가 되게 하고 민족을 다스릴 왕손이 태어나게 하리라." 아브라함은 땅에 조아려 엎드려 있으면서도 웃으며 마음속으로 이렇게 중얼거렸다. "나이 백 살에 아들을 보다니! 사라도 아흔 살이나 되었는데 어떻게 아기를 낳겠는가?" 그리고 하느님께 이스마엘을 당신 눈앞에서 영원히 살게 해달라고 청했다. 그러나 하느님께서는 아브라함에게 이렇게 말씀하셨다. "아니다. 네 아내 사라가 너에게 아들을 낳아줄 터이니, 그의 이름을 이삭이라고 하여라. 나는 그와 계약을 세우리라. 이삭과 그의 후손의 하느님이 되어주기로 영원한 계약을 세우리라. 이스마엘을 생각하는 네 부탁도 들어주리라. 그에게도 복을 내려 자손이 많이 태어나 수 없이 불어나게 하겠다. 또 열두 영도자가 태어나서 큰 민족이 일어나게 하겠다. 나의 이 계약은 사라가 이듬해 너에게 낳아줄 이삭에게 세워주는 것이다."(창세 17 : 1~21)

여기서는 이삭, 곧 약속의 아들로 여러 민족을 부르시겠다는 약속이 한결 뚜렷하게 드러났다. 늙은 남자와 아이를 가질 수 없는 늙은 아내에게 약속된 아들은 자연의 본성이 아닌 은혜를 상징한다. 하느님은 자연적인 생식 과정도 만들었지만, 자연본성이 약해져 힘이 없어진 곳에서는 하느님의 은혜를 더욱 분명하게 알 수 있다. 이 일은 단순한 출생이 아니라 새로운 생명이 약속됐기에 이때 할례가 제정되었다. 하지만 아들들뿐만 아니라, 집 안에서 태어난 종들은 물론 밖에서 사온 노예에게까지 모두 할례를 명하신 까닭은 모든 사람이 이 은혜에 속하리라는 뜻이었다. 옛것을 벗어버림으로써 본성을 다시 새롭게 한다는 것 외에, 할례에 달리 뜻이 있겠는가? 8일째는 7일이 지난, 즉 안식일 뒤 죽은 자 가운데서 부활하신 그리스도를 상징하는 것이 아니고 무엇이겠는가? 그리고 부모인 두 사람의 이름도 바뀌었다. 모든 것이 새로워지고, 옛 언약에서 새 언약이 드러난다. 옛 언약은 새 언약의 숨김이며, 새 언약은 옛 언약의 드러남이 아니고 무엇이겠는가?*35 아브라함의 웃음은 믿지 못한 자의 비웃

*35 구약성경의 언약들은 그대로는 완전치 못하며 "장차 나타날 좋은 것들의 그림자"라는(히브리서 10 : 1) 입장에서 아우구스티누스는 구약성경에 적힌 사건들과 말씀들을 비유(알레고리)로 풀이했다. 이 입장은 마니교도들과의 논쟁에서 특히 중요했다. 아우구스티누스 《Adversus Faustum Manichaeum》 6, 9 및 이 책 제4권 제33장 후반 참조.

음이 아니라, 감사하는 사람의 환성이다. 그가 마음속으로 생각한 "나이 백 살에 아들을 보다니! 사라도 아흔 살이나 되었는데 어떻게 아기를 낳겠는가?" 이말은 의심을 품었다기보다는 경탄을 담고 있다. "네가 몸 붙여 살고 있는"(창세 17 : 8)이라는 말씀은 이루어졌다고 해야 할 것인지, 또는 아직 이루어지지 않았는지 알 수 없으며, 땅 위 소유는 어떤 나라에도 영원히 속할 수 없기에 난감한 사람이 있을지도 모른다. 여기서 "영원한"이라는 말은 그리스어의 "아이오니온"(αἰώνιον)이며, 그 명사인 "아이온"(αἰών, 영원)은 라틴어 "사이쿨룸"(saeculum ; 세대, 세기, 긴 세월)에 해당한다. 그러나 라틴어로 옮긴 사람들은 "사이쿨룸"의 형용사인 "사이쿨라레"(saeculare)는 뜻이 너무 달라지므로 함부로 쓰지 못했다. "사이쿨라리아(saecularia)"라고 한 것들은 이 시대에 나타났다가 금세 사라지기 때문이다. 그러나 "아이오니온"하다는 것은 끝이 없거나 이 시대의 끝까지 지속된다.*36

제27장 할례를 받지 않은 이는 목숨이 끊긴다

"포경을 베어 할례를 받지 않은 남자는 이 계약을 깨뜨린 사람이니 그 생명은 종족에서 끊어지게 되리라"(창세 17 : 14)*37 이 말씀을 어떻게 이해해야 좋을지 모르는 사람들도 있을 것이다. 생명이 끊어져야 한다며 어린아이를 탓하는 말이 아니다. 하느님 언약을 어긴 것도 그 아이가 아니라 아이에게 할례를 받도록 보살피지 않은 어른들의 잘못이다. 다만 어린아이라 하더라도 자신의 행위 때문이 아니라 인류에 공통된 근원 때문에 하느님과의 언약을 저버린 것이다. 말하자면 저 한 사람, 아담 안에서 모든 사람이 하느님의 계약을 깨뜨리는 죄를 지었다(로마 5 : 12).

실제 하느님 계약이라 불리는 약속은 구약과 두 가지 중대한 언약 말고도 많으며, 성서를 읽은 사람이라면 누구나 알 수 있다. 그런데 처음 사람에게 주

---

*36 위 제21장 및 아우구스티누스 《Quaestiones in Heptateuchum》 1, 31 참조.
*37 "계약"이라 하지만, 하느님과 사람의 합의로 된 약속을 뜻하는 것이 아니라, 성경에서 말하는 "계약"은 하느님의 뜻을 나타낸다. 계약의 내용은 명령, 위협, 약속, 조건 등, 모두 일방적인 의사표시이다. 창세기 2 : 17의 "그것을 따먹는 날, 너는 반드시 죽는다"고 하신 경고 또는 명령도 계약이라고 한다. 그래서 계약의 그리스어 디아테케(diatheke)는 "계약"과 "유언"을 뜻한다. "사람들이 맺은 계약도 한 번 맺은 다음에는 아무도 그것을 무효로 만들거나 무엇을 덧붙이거나 할 수 없는 것입니다"(갈라 3 : 15)에서 말한 "계약"은 유언을 뜻한다.

어진 첫 언약은 "그것을 따먹는 날, 너는 반드시 죽으리라"였다(창세 2 : 17). 집회서에는 이렇게 기록되어 있다. "모든 육신은 의복처럼 점점 낡게 마련이다. '너는 죽는다'는 선고를 이미 받았기 때문이다"(집회 14 : 17) 거기서 율법은 그 뒤에 더 분명하게 주셨다. "법이 없으면 법을 어기는 일도 없게 됩니다"(로마 4 : 15) 사도가 이렇게 말하므로, 시편에 "세상의 악인들을 모두 찌꺼기처럼 치우시니 나는 당신의 언약을 사랑하옵니다"(시편 119 : 119)라고 쓰인 말씀은 어떤 죄에 사로잡힌 사람은 모두 몇 가지 율법을 위반했기에 진리이다. 그렇기에 참된 신앙으로 말한다면 아이들마저 스스로 죄를 짓지는 않았어도 근원에서 이어진 죄 때문에 죄인으로 태어나므로, 죄를 용서하는 은혜가 그들에게도 필요하다고 우리는 인정한다. 그들도 에덴 동산에서 율법을 어긴 자이다. 그래서 "세상의 악인들은 모두 율법을 어긴 자이다" 이 말씀과, "법이 없으면 법을 어기는 일도 없다" 두 말씀은 모두 옳다. 할례는 새롭게 태어났다는 증거이며, 어린 아이라 해도 하느님과의 첫 계약을 깨뜨린 원죄 때문에 새로이 태어나 구원받지 않으면 벌을 받아야 한다. 그러므로 하느님의 말씀은, "새로이 태어나지 못한 자는 그 생명이 종족에서 끊어지리라" 이런 뜻으로 이해해야 한다. 그 아이도 아담 안에서 모든 인류와 함께 죄를 지었을 때 하느님의 언약을 깨뜨렸기 때문이다.

만일 하느님께서 "그가 나의 언약을 깨뜨렸다" 하셨다면 이는 할례에 대한 말씀이라 이해해야 한다. 그러나 아이가 어떤 언약을 깨뜨렸는지 분명히 밝히지 않았기에 우리는 아이가 어겼다는 언약을 자유로이 풀이할 수 있다. 그러나 만일 이 말씀이 어린아이가 할례를 받지 않았기에 하느님의 언약을 저버린 것임을 뜻한다고 주장한다면, 아이가 스스로 하느님의 계약을 깨뜨린 것은 아니지만 언약을 어겼다고 해석할 수 있는 표현을 찾아야 할 것이다. 그러나 할례를 받지 않은 어린아이의 영혼은 자신의 잘못 때문이 아니므로 원죄에 매여 있기 때문이 아니라면 부당한 일이라는 점을 주의해야 한다.

제28장 아브라함과 사라의 개명
아브라함에게 이처럼 중대하고 명확한 약속이 내려진 뒤 이 말씀이 똑똑히 들려왔다. "내가 너를 많은 민족의 조상으로 삼으리니, 네 이름은 이제 아브람이 아니라 아브라함이라 불리리라. 나는 너에게서 많은 자손이 태어나 큰 민

족을 이루게 하고 왕손도 너에게서 나오게 하리라"(창세 17 : 5~6, 16). 이 약속
이 이제 그리스도로 이루어졌음을 우리는 안다. 이 약속 뒤로 성경에는 아브람
과 사래라는 이름을 쓰지 않고, 아브라함과 사라라 불리게 되었다. 요즘은 모
든 사람들이 그렇게 부르기에 우리는 처음부터 아브라함과 사라라 불렀다. 하
느님은 아브라함의 이름을 바꾸신 까닭에 대해서 "내가 너를 많은 민족의 조
상으로 삼으리니, 네 이름은 이제 아브람이 아니라 아브라함이라 불리리라"(창
세 17 : 5) 말씀하셨다. 아브라함은 이런 뜻을 나타낸다고 이해해야 하며, 예전
이름인 아브람은 '높은 아버지'라는 뜻이다. 한편 사라의 이름을 바꾸신 까닭은
나오지 않지만 성경에 나오는 히브리 이름들의 주석을 쓴 사람들에 따르면 사
래가 '나의 공주'라는 뜻이며, 사라는 '힘'을 나타낸다. 그래서 히브리서에 "그의
아내 사라도 이제 나이가 많은 여자인 데다가 본디 아이를 가질 수 없는 사람
이었지만 믿음이 있었기 때문에 아이를 가질 수 있는 능력을 받았습니다"(히브
리서 11 : 11) 이렇게 쓰여 있다.

성서에 따르면 두 사람 모두 나이가 많고 사라는 본디 아이를 가질 수 없는
몸인 데다가 달거리마저 끊어진 때였으므로, 아이를 가질 수 있었던 사람이었
더라도 더는 아이를 가질 가능성이 없다. 물론 지긋한 나이의 여자라도 달거리
가 계속된다면 젊은 남자의 아이를 낳을 수 있지만 늙은 남자의 아이는 불가
능하다. 하지만 사라가 죽은 뒤 아브라함이 젊은 크투라에게서 자식을 얻은 것
처럼, 노년에 든 남자도 젊은 여성과 함께라면 아이를 낳을 수 있다. 그것은 아
브라함이 그녀의 젊은 나이를 알았기 때문이다. 사도는 아브라함이 사라에게
아들을 낳게 했다는 것에 놀라워하면서 아브라함 육체가 이미 죽은 사람이나
다름없다고 말했다(로마 4 : 19 ; 히브리서 11 : 12). 그의 나이로는 아기를 낳을
수 있는 젊은 여자라 하더라도 아이를 가지게 할 수 없던 까닭이다. 따라서 그
의 몸은 모든 기능이 죽은 것이 아니라 한 가지 기능에서만 죽었다고 보는 게
옳다. 모든 점에서 죽어 있었다면 살아 있는 사람의 늙은 몸이 아니라 죽은 시
체라고 해야 하리라. 뒷날 아브라함이 크투라와의 사이에서 자식을 낳은 일에
대해서는 보통 다음처럼 말한다. 아브라함이 사라에게서 자식을 얻을 때 주님
에게서 받은 생산 능력이 사라가 죽은 뒤에도 이어졌다는 것이다. 그러나 내
생각에는 우리가 앞서 다룬 내용이 더 설득력 있어 보인다. 우리 시대에는 100
살 노인이 여자에게서 자식을 얻는 일은 도저히 있을 수 없지만 그 시절에는

그렇지 않았다는 것이다. 그때의 사람들은 매우 오래 살았기 때문에 100살이 되어도 요즘처럼 많이 늙지 않았으리라.

제29장 마므레 나무 곁에서 주님이 아브라함 앞에 나타났다

다시 하느님께서는 마므레 상수리나무 곁에 있는 아브라함에게 천사로 보이는 세 사람의 모습으로 나타나셨다. 그 천사들 가운데 하나가 주 그리스도였으며 그리스도께서는 사람 몸으로 오시기 전에도 눈에 보이는 모습으로 나타났다고 주장하는 이들도 있다. 하느님의 권능과 보이지 않고 형체가 없으며 변하지 않는 본성은 있는 그대로가 아니라 그것이 속한 무언가를 통해서 이지만 그 자체는 아무런 변화가 없고 죽어야 하는 피조물의 시각에 나타나기도 한다. 그리고 그것에 속하지 않은 것은 없다.

그 셋 가운데 하나를 그리스도라 주장하는 까닭으로, 사람들은 아브라함이 본 사람은 셋이었지만 주님께 말할 때에는 단수를 썼다는 것을 든다. "고개를 들어 웬 사람 셋이 자기를 향해 서 있는 것을 보았다. 그는 그들을 보자마자 천막 문에서 뛰어나가 맞으며 땅에 엎드려 청을 드렸다"(창세 18 : 2). 그러나 이것이 사실이라면 아브라함이 한 사람을 주라고 부르면서 소돔에서 믿지 못하는 사람과 함께 정의로운 사람들을 없애버리지 말아 달라고 간절히 청할 때, 이미 그 가운데 두 사람이 소돔 사람들을 없애버리기 위해 갔다는 것을 왜 눈치채지 못하는가? 이 두 사람을 맞이한 롯도 그들을 단수로 주라고 부르면서 서로 이야기를 나누었다. 바로 전에는 복수를 써서 "손님네들, 누추하지만 제 집에 들러"(창세 19 : 2) 했으며, 그 뒤에 "그래도 롯이 망설이므로 그들은 보다 못해 롯과 그의 아내와 두 딸의 손을 잡고 성 밖으로 끌어내었다. 주님께서 롯을 그토록 불쌍히 여기셨던 것이다. 롯의 가족을 데리고 나온 그들은 살려거든 어서 달아나거라, 뒤를 돌아보아서는 안 된다, 이 분지 안에는 아무 데도 머물지 마라, 있는 힘을 다 내어 산으로 피해 붙잡히지 않도록 해야 한다"고 다그쳤다.

그러나 롯은 그들에게 간절히 청했다. "제발 그러지 마십시오. 저같이 하잘것없는 사람에게 이렇듯 큰 호의를 베풀어 목숨을 건지게 해주시니 고마운 말씀 이루 다 헤아릴 수 없습니다. 그러나 재앙이 당장 눈앞에 있는데 저 산으로 도망치다가는 죽고 말 것입니다"(창세 19 : 16~19).

두 천사로 나타나셨음에도 주님은 롯의 말을 듣고 단수형으로 대답하셨다. "내가 이 일에도 네 소원을 들었은즉"(창세 19 : 21) 그러므로 아브라함은 세 사람, 그리고 롯은 두 사람 안에 계신 주님을 알아보고, 그 주님에게 단수형으로 말했다고 하는 편이 한결 더 믿을 만하다. 그들을 휴식이 필요한 사람이라 생각하지 않았다면, 아브라함이 그들을 맞아들여 손님처럼 모셨을 리가 없다. 그러나 아무리 사람처럼 보여도 그들에게 무언가 숭고한 데가 있어 인간이라 하더라도 마치 예언자들처럼 그들 안에 주님이 계심을 그들을 친절하게 대접한 사람들은 의심하지 않았다. 그러므로 그 사람들 안에 계신 주님에게 복수로, 또는 단수로 말한 것은 바로 이런 까닭이다. 성경은 그들이 천사였다고 증언한다. 이 이야기가 실린 창세기뿐 아니라 히브리서에서도 손님 접대를 칭찬하는 대목에 나온다. "나그네를 대접하다가 자기도 모르는 사이에 천사를 대접한 사람도 있었습니다."(히브리서 13 : 2) 그리고 이 세 사람을 통해 사라에게서 아들 이삭이 태어나리라는 약속을 했을 때, 하느님께서 이런 답을 하셨다. "아브라함은 강대한 민족이 되고 세상 모든 민족들은 아브라함의 이름을 부르며 서로 복을 빌 것이 아닌가?"(창세 18 : 18). 여기서는 아주 짧지만 충분하게 두 가지 일을 약속하셨는데, 육신을 따른 이스라엘 백성과 믿음을 따른 모든 민족이다.

제30장 소돔의 멸망. 아비멜렉과 만남
이 약속이 있은 뒤, 롯은 소돔에서 구원을 받았지만 하늘에서 불비가 내려 믿지 못하는 도시 전체를 무너뜨리고 잿더미로 만들어 버렸다. 거기서는 남자들의 동성애가 법적으로 받아들여졌으며 크게 유행했다. 그들에게 내린 벌은 앞으로 올 하느님 심판의 축소판이었다. 천사들이 구해낸 사람들에게 뒤돌아보지 말라는 경고를 한 것은, 마지막 심판을 피하려면 은혜로 새로이 태어난 사람이 옛 생활에 마음을 돌리지 말라는 뜻이 아니고 무엇이겠는가? 그럼에도 롯의 아내는 뒤를 돌아보았고 그 자리에서 소금 기둥이 되어 버렸다. 이 이야기는 믿는 자들에게 양념 역할이 되어준다. 그의 예를 보고 경계해 맛보라는 것이다.

이 일이 있은 뒤 아브라함은 그랄에 가서 그 나라의 왕 아비멜렉에게 이집트에서 아내에게 한 짓을 다시 한 번 했고, 마찬가지로 아내는 더럽혀지지 않고 그에게 돌아왔다. 그가 아내인 사실을 숨기고 누이라고 말한 것을 왕이 꾸짖었을 때, 아브라함은 자기가 왜 두려워했는지 털어놓으면서 "더구나 사라는 정말 내 누이이기도 합니다. 같은 아버지의 피를 받은 누이입니다. 어머니가 달라서 내 아내가 된 것입니다"(창세 20 : 12) 덧붙여 말했다. 사라는 실제로 아브라함 아버지의 여동생이며 그 때문에 친척이다. 그 나이에도 사랑받을 만큼 아름다운 여자였다.

제31장 약속의 아이 이삭의 이름 유래

그 뒤 하느님의 약속대로 아브라함은 사라에게서 아들을 얻었다. 아이의 이름 이삭은 "웃음"이란 뜻이다. 아이가 태어나리라 약속되었을 때 아버지가 놀라면서도 무척 기뻐 웃었기 때문이며(창세 17 : 17), 어머니도 세 사람에게 다시 약속을 들었을 때 의심하면서도 기뻐 웃었기 때문이다(창세 18 : 12~13). 사라의 웃음은 기쁨이긴 했지만 완전한 믿음이 아니었기에 천사에게 꾸지람을 들었지만, 그 뒤 같은 천사가 믿음을 굳게 해 주었다(창세 18 : 13~14). 이렇게 해서 아이의 이름이 정해졌다. 이삭의 이름은 비웃는 웃음이 아니라 기쁨과 축하의 의미였다는 것을 이삭이 태어나고 사라가 한 말을 보면 알 수 있다. "하느님께서 나에게 웃음을 주셨구나. 내가 아들을 낳았다고 모두들 나와 함께 기뻐하게 되었구나"(창세 21 : 6). 그 뒤 얼마 지나지 않아 여종과 그 아들이 집에서 쫓겨났다. 사도에 따르면 이 두 사람은 옛 언약과 새 언약이 두 가지를 뜻한다. 사라는 하늘의 예루살렘, 곧 하느님의 나라를 나타낸다(갈라 4 : 21 이하).

제32장 이삭의 희생. 그리고 사라의 죽음

그동안 일어난 사건들을 낱낱이 쓰는 것은 너무 길다. 아브라함은 가장 사랑하는 아들 이삭을 제물로 바치라는 시험을 받게 된다. 그 까닭은 신앙으로 가득한 순종을 시험해서, 하느님이 아니라 후세 사람들에게 알리기 위함이었다. 그렇기에 시험은 모두 비난할 게 아니라 좋다고 인정받기 위한 시험은 기꺼이 받아들여야 한다. 보통 사람 마음은 스스로 알 수 없다. 다만 그 힘을 몇 가지 방법으로 자신에게 묻는 시험을 받아, 말이 아니라 행동으로 답할 때 비로소 알 수 있다. 그러므로 시험으로 인정을 받는다면, 사람은 매우 경건해지며 또 하느님의 은혜에 굳건히 서서 허망한 자만심으로 부풀지 않는다. 물론 아브라함은 하느님이 인간을 제물로 받고 기뻐하신다고는 믿지 않았다. 그러나 하느님이 내리시는 명령에는 맞서지 않고 순종해야 한다. 아브라함은 하느님께 아들을 바치더라도 부활하리라 믿었으므로, 그 점에서 칭찬받을 만하다. 여종과 그 아들을 집에서 쫓아내라는 아내의 말을 들어주지 않으려 할 때, 하느님께서는 이렇게 말씀하셨다. "이삭에게서 난 자식이라야 네 혈통을 이을 것이다." 그 뒤를 이어 하느님께서는 그에게 이렇게 다짐하셨다. "그러나 이 계집종의 아들도 네 자식이니 내가 그도 큰 민족을 이루게 하리라"(창세 21 : 12~13). 하느님이 이스마엘도 그의 자식이라 부르셨지만 "이삭에게서 난 자식이라야 네 혈통을 이을 것이다"라고 말씀하신 것은 무슨 뜻인가? 사도는 이렇게 설명한다. "이 말씀은 욕정의 자녀는 하느님의 자녀가 아니고 오로지 약속의 자녀만이 하느님의 자녀로 인정받는다는 뜻입니다"(로마 9 : 8). 그러므로 약속의 자녀들이 아브라함의 자손이 되도록 이삭 안에서 부르심을 받는데, 바꿔 말하면 은혜의 부르심을 받아 그리스도 안에서 모이게 된다는 뜻이다. 이삭의 아버지가 굳게 믿은 이 약속은 하느님의 명령으로 죽을 이삭으로 이루어질 것이며 자식을 가지리라는 희망을 버렸을 때 아들을 얻은 것과 같이, 이삭을 제물로 바쳤더라도 다시 돌려받으리라 믿어 의심치 않았다. 히브리서도 이렇게 해석해야 한다. "아브라함은 시험을 받았을 때 믿음으로 이삭을 기꺼이 바쳤습니다. 이삭은 외아들이었고 하느님께서 이 아이로 자손이 많아지리라 약속까지 해주셨지만 아브라함은 기꺼이 그를 바치려 했다. 아브라함은 하느님께서 죽었던 사람들도 살릴 수 있다고 믿었다." 또 히브리서에는 "아브라함에게는 이를테면 죽었던 이삭을 되찾은 셈이 되었습니다"(히브리서 11 : 17~19) 이렇게 덧붙였다. 그것은 사도가 "우리 모든 사람을 위하여 당신의 아들까지 아낌없이 내어주신 하느님께서 그 아들과 함께 무엇이든지 다 주시지 않겠습니까?"(로마 8 : 32)라고 말하는 것과 닮았다.

주님이 십자가를 지고 가신 것처럼, 이삭도 자신이 누울 장작을 제사 지낼 곳으로 짊어지고 갔다. 마지막 순간에 아브라함은 아들을 죽이지 말라는 명령을 받았고, 이삭은 살 수 있었다. 그를 대신해 죽임을 당하여 상징적인 피를 흘리고 제물로 바친 숫양은 누구였는가? 아브라함이 보았을 때 그 숫양은 수풀에 뿔이 걸려 옴짝달싹 못했다. 숫양이 나타내는 이는, 제물이 되시기 전 유대인들의 가시관을 쓰신 그리스도가 아니고 누구겠는가?

하지만 우리들은 하느님께서 천사를 시켜 하신 말씀에 귀를 기울여야 한다.

성경은 이렇게 쓰여 있다. "아브라함이 손에 칼을 잡고 아들을 막 찌르려고 할 때, 주님의 천사가 하늘에서 큰 소리로 불렀다. '아브라함아, 아브라함아!' '어서 말씀하십시오.' 아브라함이 대답하자 주님의 천사가 이렇게 말하였다. '그 아이에게 손을 대지 말아라. 머리칼 하나라도 상하게 하지 말아라. 나는 네가 얼마나 나를 공경하는지 이제 알았다. 너는 하나밖에 없는 아들마저도 서슴지 않고 나에게 바쳤다"(창세 22 : 10~12). "내가 이제야 아노라" 하신 것은, 하느님이 전에는 그 사실을 모르신 것이 아니므로, "내가 이제 알게 하였노라" 이런 뜻이다. 그리고 아들 이삭 대신 숫양을 제물로 바친 뒤 성경에는 "아브라함은 그곳을 주님 이레라고 이름붙였다. 그래서 오늘도 사람들은 '주님께서 이 산에서 마련해 주신다' 말한다"(창세 22 : 14).

"이제 알게 하였노라" 대신에 "이제 아노라" 하신 것과 마찬가지로 "주께서 나타나셨다" 그러니까 주께서 자기를 보이셨다는 말 대신에 "주께서 보셨다"고 말한 것이다. "주님의 천사가 또다시 큰 소리로 아브라함에게 말하였다. '네가 네 아들, 네 외아들마저 서슴지 않고 나에게 바쳐 충성을 다하였으니, 나는 나의 이름을 걸고 맹세한다. 이는 내 말이라 어김이 없다. 나는 너에게 더욱 복을 주어 네 자손이 하늘의 별과 바닷가의 모래같이 불어나게 하리라. 네 후손은 원수의 성문을 부수고 그 섬을 점령할 것이다. 네가 이렇게 내 말을 들었기 때문에 세상 만민이 네 후손의 덕을 입을 것이다"(창세 22 : 15~18).

이렇게 그리스도를 나타내는 번제를 드린 다음, 아브라함의 후손들 안에서 모든 민족을 부르시겠다는 약속은 하느님의 맹세로 확인되었다. 실제 하느님은 여러 차례 약속하셨지만, 맹세하시지는 않았다. 그런데 진실하신 하느님 참된 하느님의 맹세란 무엇인가? 그것은 약속의 확증이면서 믿지 않는 자들에게 보내는 꾸짖음이 아니고 무엇이겠는가?

사라는 127살로 죽었다. 남편의 나이가 137살 되는 해였다. 아브라함은 사라보다 10살 많았다. 아내가 아들을 낳으리라는 약속을 받았을 때, "나이 백 살에 아들을 보다니! 사라도 아흔 살이나 되었는데 어떻게 아기를 낳겠는가?"(창세 17 : 17) 이 말로 알 수 있다. 사라가 죽자 아브라함은 땅을 사서 아내를 묻었는데, 스데반 이야기에 따르면 아브라함은 뒷날 그 땅에 정착했다고 한다(사도 7 : 4). 이 일은 아브라함의 아버지가 죽은 지 2년 뒤에 일어난 것으로 보인다.

제33장 나홀의 손녀 리브가가 이삭의 아내가 된 일

그 뒤 이삭은 40살에 작은아버지 나홀의 손녀 리브가를 아내로 맞았다. 아버지 아브라함이 140살 되던 해였으며, 어머니 사라가 세상을 떠난 지 3년 뒤의 일이다. 아브라함은 며느리를 데려오기 위해 메소포타미아로 종을 보내면서 이렇게 말했다. "너의 손을 내 넓적다리 아래에 놓거라 나는 너에게 하늘의 하느님, 땅의 하느님 주님을 두고 맹세하마. 내 며느릿감은 이곳 가나안 사람의 딸 가운데서 고르지 않을 것이며, 내 고향 친척들한테 가서 내 아들 이삭의 신붓감을 골라 오겠다고 하여라"(창세 24 : 2~3). 이 말씀은 다름이 아니라 하늘의 신, 땅의 신인 주님께서 그 넓적다리에서 비롯한 육신을 입고 세상에 오시리라는 뜻이다. 이때 예언된 진리가 그리스도 안에서 이루어졌음을 오늘 우리가 보고 있으니, 이는 소홀히 여길 수 없다.

제34장 아브라함은 사라가 죽은 뒤 크투라를 아내로 삼았다

사라가 죽은 뒤에 아브라함이 크투라를 아내로 맞은 일은 무엇을 의미할까? 그의 나이나 신성한 신앙을 생각했을 때, 결코 무절제한 행동이라고 생각해서는 안 된다. 이삭에게서 하늘의 별과 땅의 모래처럼 자손이 늘어나리라는 하느님의 약속을 너무나 분명한 신앙으로 지켰음에도 다른 자손을 또 바랐다는 것인가? 사도의 말처럼 하갈과 이스마엘이 옛 언약에 속하는 육체적인 사람들을 뜻한다면(갈라 4 : 24), 크투라와 그의 자식들 또한 새 언약에 속하는 육체적인 인간들을 나타낸다고 생각함이 옳을 것이다. 실제 두 여인 하갈과 크투라는 아브라함의 아내와 첩이라고 불린다. 하지만 사라는 단 한 번도 첩이라고 불린 적이 없다.

성경에는 아브라함에게 하갈을 주었을 때를 이렇게 쓰여 있다. "아브람의 아내 사래는 이집트인 몸종 하갈을 남편 아브람에게 소실로 들여보냈다. 이것은 아브람이 가나안 땅에 정착한 지 십 년이 지난 뒤의 일이었다"(창세 16 : 3). 또 사라가 죽은 뒤 아브라함이 맞아들인 크투라에 대해서는 "아브라함이 다시 아내를 맞았는데 이름은 크투라라고 하였다" 쓰여 있다. 여기서는 둘 모두 아내라고 부르지만, 뒤에는 성서에서 둘 다 첩이었음을 알 수 있다. "아브라함은 자기 재산을 모두 이삭에게 물려주었다. 또한 아브라함은 첩에게서 난 자식들에게도 살림을 골고루 나누어주었다. 죽기 전에 그 자식들을 아들 이삭에게서 멀리 떨어진 해 뜨는 동쪽으로 보내버렸다"(창세 25 : 1~6). 첩의 자식들도 조금은 은혜를 받았지만 약속된 왕국은 물려받지 못한다. 이단자와 육체적인 유대인들도 마찬가지이다. 이삭만이 유일한 상속자이며 "육정의 자녀는 하느님의 자녀가 아니고 오로지 약속의 자녀만이 하느님의 자녀로 인정받기" 때문이다(로마 9 : 8). 바로 이것을 가리켜 "이삭의 혈통을 이은 자만이 네 자녀라 불리리라 하셨다"(로마 9 : 7).

이런 이유 때문이 아니라면, 어째서 아브라함이 사라가 죽은 뒤 맞이한 크투라를 첩이라고 부르는가. 하지만 누구든 이 풀이를 받아들이기 싫어하는 사람도 아브라함을 비난해서는 안 된다. 모든 사람의 아버지가 되는 사람이 첫 아내가 죽은 뒤 재혼하는 게 죄가 아니라면, 두 번째 혼인을 반대할 이단자들에[*38] 대한 대책이 되는 것이 아닐까? 아브라함은 그가 100살 때 낳은 이삭이 75살 되던 해, 그러니까 175살의 나이로 세상을 떠났다.

제35장 리브가 뱃속의 쌍둥이

그러면 이제부터는 하느님 나라 시대가 아브라함의 후손들을 지나 어떻게 펼쳐지는지를 알아보자. 이삭이 태어난 때부터 아들들이 태어난 예순 살까지 주목할 만한 일은 이것이다. 아이를 갖지 못하는 아내 리브가를 위해 이삭이 하느님께 기도를 드렸다. 하느님이 그의 소원을 들어주셔서 이삭의 아내는 쌍둥이를 가졌다. 그런데 쌍둥이는 뱃속에서부터 서로 싸웠다. 괴로워하던 리브가가 주님께 묻자 주님은 이렇게 대답하셨다. "너의 태에는 두 민족이 들어 있다. 태에서 나오기도 전에 두 부족으로 갈라졌는데, 한 부족이 다른 부족을 억누를 것이다. 형이 동생을 섬기게 될 것이다"(창세 25 : 23). 사도 바울은 그들이 아직 태어나지 않았으며 아무런 선도 악도 행하지도 않았고 선한 가치도 없는데 형이 지고 동생이 선택받는 일은 큰 은혜라 여기고 싶어 했다(로마 9 : 11 이하 참조). 두 아이는 평등하게 원죄를 갖고 있었으며, 둘 모두 스스로 죄를 지은 적이 없었다. 그러나 이 이야기는 이미 다른 책들에서[*39] 자세히 논했으며 이

---

*38 2세기 후반 몬타누스(Montanus)파를 뜻한다. 금욕적이며 열광적인 말세론자들로서, 재혼을 죄라고 규정하고, 자기들은 성경보다 "더 완전한" 도덕 수준에 이르렀다고 주장했다. 아우구스티누스 《De Haeresibus ad Quodvultdeum》 26.

*39 《ExpositionesQuarundamExpositionumexEpistolaadRomanos》60 ; 《De DiversisQuaes — tionibus

이상 말하면 이 책의 의도에서 벗어나게 된다. "형이 동생을 섬기게 될 것이다"는 말씀에 대해, 형인 유대 백성들이 동생인 그리스도교 백성을 섬기게 되리라는 뜻으로 받아들이지 않는 사람은 우리 가운데 거의 없다. 이 말씀은 큰 아들의 후손인 이두매 민족에서 이루어졌다고 볼 수 있다. 이 민족은 두 이름을 가진 형에게서 왔다. 형은 에서나 이두매 민족 이름의 시초인 에돔이라 불렸다(창세 25 : 30). 뒷날 이 민족은 아우의 후손인 이스라엘 백성에게 정복당하고 그들을 섬기게 되었다. 그러나 "한 민족이 다른 민족에게 이겨 형이 동생을 섬기게 될 것이다" 이 예언은 보다 큰 일을 상징적으로 예언했다고 믿는 편이 더 옳다. 이 말씀은 유대인들과 그리스도교 신자들로 명백하게 이루어진 게 아니면 뭐란 말인가?

제36장 이삭이 받은 통지와 축복

이삭도 자신의 아버지가 몇 차례 받은 말씀을 들었다. "그 지방에는 아브라함의 시대에도 흉년이 든 일이 있었는데 그런 흉년이 또 들었다. 그래서 이삭은 블레셋 왕 아비멜렉이 살고 있는 그랄로 가는데, 주님께서 나타나 말씀하셨다. '이집트로 내려가지 말고 내가 너에게 일러주는 땅에 자리 잡고 그 땅에 몸붙여 살아라. 나는 너를 보살펴 주며 너에게 복을 내려 주리라. 네 아비 아브라함과 맺은 내 맹세를 지켜 이 모든 지방을 너와 네 후손에게 주리라. 그리고 네 자손을 하늘에 있는 별만큼 불어나게 하여 그들에게 이 모든 지방을 주리라. 땅 위의 모든 민족이 네 후손의 덕을 입을 것이다. 이는 아브라함이 내 말을 따라 내가 지키라고 일러준 나의 계명과 규정과 훈계를 성심껏 지킨 덕이다"(창세 26 : 1~5).

이 족장은 다른 아내나 첩을 두지 않았고, 한 번의 잠자리로 태어난 쌍둥이로 만족했다. 그도 외국인들 틈에서 살면서 아리따운 외모를 지닌 아내가 불러올 위험을 두려워했기에, 자기 아버지가 그랬듯 아내를 누이라고 부르며 아내라는 사실을 숨겼다. 그의 아내는 아버지나 어머니 혈통으로 보아 아주 가까운 친척이기 때문이다. 하지만 리브가도 그의 아내인 것이 알려지면서 다른 남자들에게 해를 입지 않을 수 있었다. 그러나 우리들은 이삭이 자기 아내가

---

ad Simplicanum》 1, 2 ; 《Quaestiones in Heptateuchum》 1, 72 ; 《고백록》 7, 9, 15 ; 《Tractatus Adversus Judaeos》 7, 9 참조.

아닌 다른 여성과 잠자리를 함께 한 일이 없었다는 점만으로 그를 그의 아버지보다 나은 인물이라고 여길 수는 없다. 실제 아버지의 믿음과 순종의 공적이 훨씬 컸고, 하느님께서도 아브라함 때문에 이삭에게 여러 은총을 주신 것이다. "네 자손으로 인하여 천하 만민이 복을 받으리라. 이는 네 아비 아브라함이 내 말에 순종하고 내 명령과 계명과 율례와 법도를 지켰음이라." 이렇게도 말씀하셨다. "나는 네 아비 아브라함의 하느님이다. 그러니 두려워하지 말라. 내가 너와 함께 있다. 나의 심복 아브라함을 보아 너에게 복을 내렸고, 네 자손이 불어나게 하리라"(창세 26 : 24).

이 말씀은 자신의 사악함의 이유를 성서에서 찾으려는 부끄러운 줄 모르는 사람들에게 아브라함이 정욕 때문에 저지른 듯이 보인 일들도 얼마나 깨끗한 마음으로 했는지 알 수 있다. 그러므로 우리는 사람들의 선행 하나하나를 견주어 보지 말고, 저마다의 전체적인 모습을 보아야 한다. 한 사람이 생활과 품성에서 남보다 뛰어난 것을 가졌으며 그의 뒤떨어진 부분과 비교해 훨씬 뛰어날 수 있다. 건전하고 바른 판단은 이로 인해 절제가 결혼보다 뛰어나다고 보지만 그럼에도 결혼한 그리스도인이 절제하는 비그리스도인보다 낫다. 믿음 없는 사람은 상대적으로 칭찬을 덜 받을 뿐 아니라 가장 꺼려야 하는 사람이다. 두 사람 모두 선하더라도 결혼하고 하느님을 완전히 우러르며 따르는 사람이 믿음과 순종이 적은 독신자보다 확실히 낫다. 그러나 다른 점들이 같다면 결혼한 사람보다 절제하는 사람이 더 훌륭하다는 사실을 누가 의심할 것인가?

제37장 에서와 야곱으로 예견된 깊은 뜻

이삭의 두 아들, 에서와 야곱은 함께 컸다. 형에게 있던 우선권은 두 사람의 합의와 결정으로 아우에게 넘어갔다. 아우가 만든 팥죽이 너무나 먹고 싶었던 형은 죽을 먹는 대신 자신의 상속권을 맹세까지 하면서 팔아넘겼다(창세 25 : 29~34). 여기서 우리는 음식을 탓할 게 아니라 절제 없는 탐욕이 문제라는 점을 알아야 한다. 이삭은 나이가 들어감에 따라 앞을 잘 볼 수가 없었다. 큰 아들을 축복하려다가 자기도 모르게 작은아들을 축복하고 말았다. 맏아들은 털이 많았는데, 작은아들이 다른 이의 죄를 뒤집어 쓰듯 염소 새끼 가죽으로 몸을 감싸고 아버지 손으로 자기를 만지게 했다. 우리가 이런 야곱의 간사한 꾀를 그저 속임수라 생각하지 않도록, 또 그 안에 감추어진 크나큰 비밀을 찾지 못하는 일이 없도록 성경은 이렇게 설명한다. "두 아들이 자라나, 에서는 날쌘 사냥꾼이 되어 들에서 살고, 야곱은 성질이 차분하여 천막에 머물러 살았다"(창세 25 : 27).

우리 가운데 어떤 사람은 "차분한"을 "솔직한" 사람이라고 옮겼다. 그리스말의 "아플라스토스"를 "솔직하다", "단순하다", 또는 더 나아가 "꾸밈 없다" 어느 것으로 옮기든 간에, "솔직한" 사람이 축복을 받는 데 술책을 부렸을 리 있는가? "단순한" 사람이 술책을 쓰겠는가? "거짓말하지 않는" 사람에게 거짓이 있을 수 있는가? 진리에 대한 깊은 비밀이 아니라면 어떻게 그런 일이 있을 수 있겠는가? *40 또 그 축복은 어떤 것이었는가? "아! 내 아들에게서 풍기는 냄새, 주님께 복을 받은 들향기로구나. 하느님께서 하늘에서 내리신 이슬로 땅이 기름져 오곡이 풍성하고 술이 넘쳐나리라. 뭇 백성은 너를 섬기고 뭇 족속들은 네 앞에 엎드리리라. 너는 네 겨레의 영도자가 되어 모두 네 앞에 엎드리리라. 너를 저주하는 자는 저주를 받고 너에게 복을 빌어주는 사람은 복을 받으리라"(창세 27 : 27~29). 야곱에게 내린 복은 모든 민족에게 그리스도를 예고한 것이다. 그 일이 이루어지고 있고, 앞으로 이루어지게 될 것이다.

이삭은 율법이며 예언이다. 유대인들의 말에 따르면 그리스도는 율법으로 축복을 받았지만 율법 자체가 알려지지 않았으니, 그리스도를 모르는 이가 축복받는 것과 마찬가지이다. 그리스도 이름의 향기로 들판이 가득해지듯 온 세상이 가득해진다. 하늘의 이슬, 곧 소낙비같은 하느님의 말씀에서 온 축복은 그리스도의 것이다. 땅의 기름짐, 즉 모든 백성들의 모임에서 오는 축복도 그리스도의 것이다. 풍성한 곡식과 포도주, 그의 몸과 피의 의식으로 곡식과 포도주로 모인 많은 사람들은 그리스도의 것이다. 모든 민족들이 그를 섬기며 제왕들이 공경한다. 그는 형제의 주이시니 그의 백성이 유대인들을 다스린다. 그의 아버지 아들들, 곧 아브라함의 믿음의 아들들이 그를 경배한다. 그 자신도 육신으로는 아브라함의 아들이다. 그를 저주한 자는 저주를 받고 그를 축복하는 이는 축복을 받는다.

다시 말해 우리 그리스도는 잘못 속에 있지만 율법과 예언을 찬미해 노래하는 유대인들까지도 축복한다. 진실로 이야기하는 것이다. 하지만 그들은 다른

---

*40 아우구스티누스는 이 문제를 《Quaestiones in Heptateuchum》 1, 74에서 상세히 다루고 있다.

구세주를 축복하는 줄로만 생각하며 메시아를 기다린다.

큰 아들이 뒤늦게 와서 약속한 축복을 달라 청하자 이삭은 자기가 다른 아들에게 축복을 준 것을 알고, 두려움에 떨었다. 그리고 놀라서 묻지만 자신이 속았다고 불평하지 않는다. 도리어 그의 마음 안에 커다란 신비가 밝아오면서 *41 그는 화를 억누르고 축복을 확인한다. "누군가가 벌써 사냥해서 만든 요리를 나에게 가져왔었다. 네가 오기 전에 나는 그 요리를 받아 배부르게 먹고 그에게 이미 복을 빌어주었다. 그 복은 어쩔 수 없이 그의 복이다"(창세 27 : 33). 만일 이 일들이 하늘의 영감이 아니라 땅 위에서 하는 방식으로 된 일이었다면 누구나 몹시 화를 내며 속인 자에게 저주를 퍼부었으리라. 이 일은 땅 위에서 일어났지만 하늘에서 한 일이다. 여기에 예언적인 의미가 있었고, 사람들이 했지만 하느님께서 하신 일이다. 이처럼 위대한 신비로 가득찬 일들을 모두 살펴보자면 책의 양이 지나치게 많아질 것이다. 그러나 이 책에는 제한이 있기에 나는 이제 다른 화제를 다루고자 한다.

제38장 야곱은 아내를 맞이하러 메소포타미아로 갔다

야곱의 부모는 아내를 얻어오라며 그를 메소포타미아로 보낸다. 그를 보낼 때 아버지가 이렇게 말했다. "너는 아예 가나안 여자에게 장가들지 마라. 너는 밧단아람의 브두엘 외할아버지 댁으로 도망치거라. 거기에서 라반 외삼촌의 딸 하나를 아내로 삼아라. 전능하신 하느님께서 너에게 복을 주시어 네 후손이 불어나 아주 번성하게 해주실 것이다. 그래서 너는 여러 민족의 집단으로 발전할 것이다. 하느님께서 아브라함에게 주셨던 복을 너와 네 후손에게도 주시어 네가 지금 자리잡고 사는 이 땅을, 아브라함의 뒤를 이어 차지하게 되기를 바란다"(창세 28 : 1~4).

우리는 여기서 야곱의 자손이 이삭의 다른 자손, 곧 에서에서 태어날 자손들에서 구별된 것을 알 수 있다. "이삭에게서 난 자식이라야 네 혈통을 이을 것이다"(창세 21 : 12) 이 말씀에서 하느님 나라에 속한 자손들은 아브라함의 다른 자손, 계집종의 아들과 첩인 크투라의 자손과 분리되었다. 그러나 이삭의 쌍둥이 형제는 둘 가운데 축복이 누구에게 가는지 애매했는데, 이제 이 문제가

---

*41 여기서 "비밀" 또는 신비는 어떤 사건이면서 비유적 의미가 있는 것, 이를테면 하느님의 계획 일부를 가리킨다.

분명히 해결되었다. 아버지가 예언으로 야곱을 축복하며 이렇게 말했다. "네가 여러 족속을 이루고 네 조상 아브라함이 허락하신 복을 네게 주시기를 바라노라."

메소포타미아로 가던 야곱은 꿈에서 하느님의 말씀을 받았다. 성경에 이렇게 쓰여 있다. "야곱은 브엘세바*42를 떠나 하란으로 가다가 한 곳에 이르러 밤을 지내게 되었다. 해는 이미 저문 뒤였다. 그는 그곳에서 돌을 하나 주워 베개로 삼고 그 자리에 누워 잠을 자다가 꿈을 꾸었다. 꿈에 땅에서 하늘에 닿는 층계가 있었는데, 하느님의 천사들이 그 층계를 오르락내리락하는 것을 보고 있었다. 그때 주님께서 그의 옆에 나타나시어 이렇게 말씀하셨다. "나는 주님, 네 할아버지 아브라함의 하느님이요, 네 아버지 이삭의 하느님이다. 나는 네가 지금 누워 있는 이 땅을 너와 네 후손에게 주리라. 네 후손은 땅의 티끌만큼 불어나서 동서남북으로 널리 퍼질 것이다. 땅에 사는 모든 종족이 너와 네 후손 안에서 축복을 받을 것이다. 내가 너와 함께 있어 네가 어디로 가든지 너를 지켜주다가 기어이 이리로 다시 데려오리라. 너에게 약속한 것을 다 이루어 줄 때까지 나는 네 곁을 떠나지 않으리라." 잠에서 깨어난 야곱은 두려움에 사로잡혀 이렇게 외쳤다. "진정 주님께서 여기 계셨는데도 내가 모르고 있었구나. 이 얼마나 두려운 곳인가. 여기가 바로 하느님의 집이요, 하늘의 문이로구나." 야곱은 아침 일찍 일어나 베고 자던 돌을 세워 석상으로 삼고 그 꼭대기에 기름을 붓고는 그곳을 벧엘*43이라고 불렀다. 그 마을의 본 이름은 루즈였다 하였더라"(창세 28:10~19).

여기에는 예언적 의미가 있다. 또 야곱이 돌 위에 기름을 부은 것은 돌을 신으로 삼아 우상 숭배를 한 것이 아니다. 그 돌을 섬기거나 제물을 바치지도 않았다. 그리스도라는 이름이 "그리슴" 즉 "기름을 부음"에서 왔으므로, 여기에는 틀림없이 의식에 속한 상징이 담겨 있다. 층계 또한 구세주 자신이 복음서 암시하는 말이 있다. 나다니엘을 가리켜 "이 사람이야말로 정말 이스라엘 사람이다. 그에게는 조금도 거짓이 없다" 말한 뒤 이스라엘, 즉 야곱이 저 환상을 보았기 때문에 같은 곳에서 이렇게 말씀하신다. "정말 잘 들어두어라. 너희는 하늘이 열려 있는 것과 하느님의 천사들이 하늘과 사람의 아들 사이를 오르내리는 것

---

*42 말하자면 브엘세바에서(창세 28:10 참조).
*43 "하느님의 집"은 벧엘.

을 보게 될 것이다"(요한 1 : 47, 51).

그리고 야곱은 아내를 얻으려 여행을 계속하여 메소포타미아로 갔다. 야곱은 그곳에서 여자를 넷이나 가지게 되었고, 그 여자들에게서 열두 아들과 딸 하나를 얻었다. 그러나 그 가운데 율법을 어기면서 부당하게 얻은 자녀는 하나도 없었다고 성경은 말한다. 그는 실제 한 여자를 아내로 얻으려고 왔지만 어떤 여자가 다른 여자 대신 거짓으로 주어졌을 때 누군지 모르고 잠자리를 함께 했다. 그러나 그 여자를 희롱했다고 여겨지는 것을 피하기 위해서 여자를 버리지 않았다. 그 시대에는 자손을 많이 얻기 위해 여러 아내를 두는 일을 금하는 법도 없었기에, 그는 결혼하기로 약속한 여인도 아내로 맞아들였다. 그런데 그 여인은 아기를 갖지 못했기에 자기 계집종을 남편에게 주어 계집종 몸으로 아들을 얻으려 했다. 그녀의 언니는 이미 자식들을 낳았지만, 더 많은 자손을 갖기 위해 동생을 따라 자기 계집종을 남편에게 주었다. 성서에 따르면 야곱은 오로지 한 여자에게만 결혼을 청했으며, 자손을 얻기 위함이 아니면 누구와도 잠자리를 함께 하지 않았다. 그리고 야곱은 혼인의 의무를 굳게 지켜 법적으로 남편의 몸에 대한 권리를 가진 그의 아내들이(1고린 7 : 4) 바라지 않았다면 그러지 않았을 것이다. 이렇게 네 명의 여인에게서 아들 열둘과 딸 하나를 얻은 야곱은 그 뒤 아들 요셉 때문에 이집트로 갔다. 요셉은 그를 시샘한 형들 때문에 이집트로 팔려 갔으며, 거기서 높은 지위에 올랐다.

제39장 야곱이 이스라엘이라 불리는 이유

앞서 말한 대로 야곱은 이스라엘이라고도 불렸다. 그의 자손들은 이 이름으로 더 많이 불렸다. 야곱이 메소포타미아에서 돌아오는 길에 그와 싸운 천사가 이 이름을 붙여주었는데, 이 천사가 그리스도를 상징하는 것임에 틀림없다. 야곱이 신비를 상징하는 천사를 이긴 일은 그리스도의 수난을 뜻한다. 수난 때는 유대인들이 그리스도보다 우세하게 보였기 때문이다. 그러나 야곱은 자기가 이긴 천사에게 축복을 해달라고 요구했다. 이렇게 해서 축복으로 이름을 받았다.

'이스라엘'은 '하느님을 본다'는 뜻이며, 이는 세상 끝날 때 모든 성도들이 받게 될 은총이다. 또 천사는 야곱의 허벅지를 만졌고, 그 뒤로 다리를 절게 되었다(창세 32 : 24~32). 야곱은 축복받은 사람이며 절름발이가 되었다. 그것은 같은 민족에서 나와 그리스도를 믿는 사람들은 축복받지만, 그렇지 않은 이들은 절름발이라는 뜻이다. 허벅지는 민족이 많음을 뜻한다. 그들 가운데는 "이국의 백성들은 넋이 빠져 숨었던 요새에서 기어 나와"(시편 18 : 45) 이 예언의 말씀에 속하는 자들이 많았다.

제40장 야곱이 75인과 함께 이집트로 간 일

야곱과 그의 아들들을 포함해 75명의 사람들이 이집트로 들어갔다고 전해진다(사도 7 : 14 ; 창세 46 : 27). 그 안에는 여자가 둘 있는데 딸 하나와 손녀 하나이다. 그러나 자료를 자세히 살펴 보면, 야곱이 이집트에 들어간 해에 그의 자손이 이렇게 많다고 말하지 않는다. 그 가운데는 그 무렵 태어났을 리가 없는 요셉의 증손자들까지 포함되어 있기 때문이다. 그때 야곱이 130살, 아들 요셉은 39살이었다. 요셉이 아내를 얻은 것은 30살이 넘어서였기에 어떻게 9년 만에 이 아내가 낳은 아들들에게서 증손자들이 태어날 수 있겠는가? 따라서 요셉의 아들 에브라임과 므낫세는 아홉 살도 채 되지 않은 소년들이었고 그들에게 아들이 있을 리가 절대로 없다. 그런데 어떻게 아들들뿐 아니라 손자들까지, 야곱과 함께 이집트로 들어간 75명에 포함되었는가? 므낫세의 손자이며 요셉의 증손인 갈라아드도 있었다. 또 요셉의 둘째아들 에브라임의 아들인 우탈라암과 요셉의 손자 우탈라암의 아들, 곧 에브라임의 손자이며 요셉의 증손자인 에돔도 있었는데,[*44]이 증손자들은 야곱이 이집트에 왔을 때 아직 태어나지도 않았다. 요셉의 아들이며 야곱의 손자인 그들의 아버지는 아직 아홉 살도 되지 않은 소년이었다. 그러나 성경에 야곱이 75명을 데리고 이집트에 들어왔다고 기록한 까닭은 이렇게 이해해야 한다. 그 일은 하루나 한 해에 이루어진 게 아니고, 요셉이 살아 있는 동안 그로 인해 이집트로 들어온 모든 사람들을 뜻하는 말이라 풀이해야 한다. 성경은 요셉에 대해 이렇게 말한다. "요셉이 그 형제들과 그 아비의 온 가족과 함께 애굽(이집트)에서 110살을 살며 에브라임의 자손을 삼대까지 보았더라." 요셉의 증손자는 에브라임부터 세면 3대째이다. 즉 3대면 아들과 손자, 그리고 증손자를 말하는 것이다. 이어서 "므낫세의 아들 마길이 낳은 아이들도 자기 무릎에 받아들였다"(창세 50 : 22~23) 이런 기

[*44] 여기서 지적하는 문제는 70인 번역에만 있고, 히브리어 성경과 그 번역들에는 없다.

록이 나온다. 마길의 아들은 므낫세의 손자이며 요셉의 증손자이다. 마길의 아
들들이라고 복수를 쓴 것은 성경 관습에 따랐다. 이와 마찬가지로 야곱의 딸
도 하나뿐이지만, 성경은 딸들이라고 말한다(창세 46 : 7). 라틴어에서는 아들이
하나이더라도 후손이란 뜻으로 쓸 때는 "아들들"로 쓰는 것과 같다. 요셉은 증
손자까지 본 행복한 사람이지만, 우리는 아이들이 야곱이 이집트에 왔을 때,
그러니 그들의 증조부 요셉이 39살 때 태어나 있었다고 판단해서는 안된다. 성
경에는 "이집트로 들어간 이스라엘 자손의 이름은 아래와 같다. 야곱과 그 자
손들의 이름이다"(창세 46 : 8)라고 쓰여 있으므로, 본문을 주의 깊게 살펴보지
않는 사람들은 이점을 놓치기가 쉽다. 야곱과 더불어 이집트에 들어간 사람이
야곱을 포함해 75명이라고 말하지만, 야곱이 이집트에 들어갈 때 그들이 모두
함께 갔다는 뜻이 아니다. 앞서 말한 것처럼 요셉이 살아 있을 때 그로 인해 이
집트로 들어간 사람 모두를 가리키는 말로 이해해야 옳다.

제41장 야곱이 아들 유다에게 약속한 축복

하느님 나라는 땅 위에선 그리스도교 백성 안에 존재한다. 이 민족을 위해
우리가 그리스도의 조상을 아브라함 후손 가운데 찾으려고 하면 첩들의 자손
을 빼면 이삭이 떠오른다. 이삭의 자손 가운데 에돔이라 불리는 에서를 빼면
이스라엘이라 불리는 야곱이 남는다. 만일 이스라엘 자손 가운데서 찾으면 다
른 사람들은 빠지고 유다가 남는데, 바로 이 유다에서 그리스도가 나셨다. 야
곱은 죽기 바로 전에 이집트에서 아들들을 축복했는데, 그 가운데서도 유다에
게 내린 축복을 살펴보자.

"유다, 너는 네 형제들의 찬양을 받으리라. 네 손은 원수들의 멱살을 잡겠고,
네 아비의 자식들이 네 앞에 엎드리리라. 유다는 사자 새끼, 내 아들아, 너야말
로 짐승을 덮쳐 뜯어 먹고는 배를 깔고 엎드린 수사자라고 할까? 왕의 지팡이
가 유다를 떠나지 아니하리라. 지휘봉이 다리 사이에서 떠나지 아니하리라. 참
으로 그 자리를 차지할 분이 와서 만백성이 그에게 순종하게 되리라. 그는 포
도나무에 새끼 나귀를 예사로 매어놓고 염소가죽으로 짠 천막에 암나귀의 새
끼를 예사로 매어 두리라. 포도주로 옷을 빨고 포도의 붉은 즙으로 겉옷까지
빨리라. 눈은 포도주로 상기되고 이는 우유로 희어지리라"(창세 49 : 8~12).

나는 마니교도 파우스투스의 주장을 반박하는 글에서*45 이 예언에 담긴 진리를 설명하기에 충분했다고 생각한다. 사자가 배를 깔고 "잔다"는 표현은 그리스도의 죽음을 나타내며, 사자의 이름으로 죽음의 필연성이 아니라 힘을 가지고 계셨음을 예견했다. 복음서에서 그리스도는 이 힘을 말씀으로 나타내셨다. "누가 나에게서 목숨을 빼앗아가는 것이 아니라 내가 스스로 바치는 것이다. 나에게는 목숨을 바칠 권리도 있고 다시 얻을 권리도 있다. 이것이 바로 아버지에게서 내가 받은 명령이다"(요한 10 : 18). 이는 그 힘에 대한 말이며 그는 이 말씀을 이루었다. 또한 "누가 그를 일으켜 세우리요" 이런 말씀은 그의 부활에 대한 것이며 권능에 대한 것이다. 그 자신 말고는 아무도 없으니 그는 자기 몸에 대해서 "이 성전을 허물어라. 내가 사흘 안에 다시 세우겠다"(요한 2 : 19) 말씀하셨다. 그뿐 아니라 죽은 방법, 곧 십자가에 달린 일은 "올라갔도다" 이 한 마디로 이해된다. "누워 잠"이라는 말을 복음서에는 "고개를 떨어뜨리시며 숨을 거두셨다"(요한 19 : 30) 이렇게 해석한다. 이는 그리스도의 무덤을 넌지시 알리기도 한다. 그리스도가 무덤에 누워 주무셨고 그 무덤에서 예언자들이 사람들을 일으켰으며 그 자신도 사람들을 일으키신 것처럼 누군가가 그를 일으킨 것이 아니라, 스스로 잠에서 깨듯이 일어나셨다. 그리고 옷을 포도주에 빤다고 한 것은 그리스도의 피로 죄를 씻으신다는 의미이다. 세례를 받은 사람은 그 피의 성례를 안다. 그러므로 "포도의 붉은 즙으로 자신의 겉옷까지 빨리라" 이 말이 교회를 뜻하는 게 아니면 무엇이겠는가? "그 눈은 포도주로 상기되고" 그리스도의 잔에서 성체를 마시고 취한 영적인 사람들을 가리키며, 이 일에 대해서 시편에는 "원수는 보라는 듯 상을 차려주시고, 기름 부어 내 머리에 발라주시니, 내 잔이 넘치옵니다"(시편 23 : 5) 이렇게 노래한다. "그의 이는 우유로 희어지리라" 사도의 이 말처럼 우유는 어린아이들이 마시는 것으로, 영양을 주는 말씀이며, 어린아이들은 아직 단단한 음식을 먹을 수 없다(1고린 3 : 2 ; 1베드 2 : 2). 유다에게 내리신 약속들은 그리스도 안에 간직되어 있으며, 그 약속들이 이루어질 때까지 이스라엘 왕들이 유다의 혈통에서 끊어지는 일이 없으리라. "그분은 만백성의 기대가 되리라" 이 말씀은 설명하기보다 이제 직접 우리가 두 눈으로 사실을 봤으니 뜻을 분명히 알 수 있다.

---

*45 아우구스티누스 《Adversus Faustum Manichaeum》 2, 42 참조

제42장 야곱이 요셉의 두 아들에게 준 축복

이삭의 두 아들, 에서와 야곱은 유대인과 그리스도인이라는 두 백성을 상징적으로 나타낸다. 하지만 혈통만 보면 에서의 자손은 유대인들이 아닌 이두매 사람들이었으며, 야곱의 자손 또한 그리스도인들이 아니라 오히려 유대인들이다. 이것은 단지 "형이 동생을 섬기게 될 것이다"(창세 25 : 23) 예언을 상징으로 삼을 때만 의미 있다. 요셉의 두 아들도 마찬가지인데, 맏아들은 유대인을, 작은아들은 그리스도인을 나타낸다. 야곱은 요셉의 아이들을 축복하면서 오른손을 왼편에 있는 작은 아들 머리에 얹고, 왼손을 오른편에 있는 큰 아들 머리에 얹었다. 형제의 아버지는 이것을 실수라고 생각했기에 바로 잡고자 어느 쪽이 큰 아이인지 아버지에게 말씀드렸지만 야곱은 얹은 손을 바꾸려 하지 않았다. "아들아, 나도 안다, 왜 모르겠느냐? 이 아이도 한 족속을 이룰 것이다. 크게 될 것이다. 그렇지만 아우가 형보다 더 커져 그의 후손이 숱한 민족을 이룰 것이다"(창세 48 : 19). 여기서도 두 약속이 나타난다. 한 쪽은 "한 족속"을 이루지만 다른 쪽은 "숱한 민족"을 이룬다. 이 두 가지 약속은 이스라엘 민족과 온 세계 아브라함의 후손에 포함된 백성들을 가리킨다. 하나는 육체를 따른 후손이며 다른 하나는 믿음을 따른 후손이라는 풀이보다 뚜렷한 해석이 또 있겠는가?

제43장 모세, 여호수아, 판관기에서 왕국시대로

야곱과 요셉이 죽은 뒤 이집트 땅에서 벗어날 때까지 남은 144년 동안, 이 민족은 믿어지지 않을 만큼 인구가 늘어났다. 이들의 수가 너무나 늘어나자 놀라고 겁이 난 이집트 사람들은 그들을 가혹하게 핍박하면서 괴롭히기 시작했고, 더욱이 사내아이가 태어나면 죽여 버리기까지 했다(출애 1장). 그때 모세가 갓난아기들을 죽이는 살인자들 손에서 벗어나 이집트 왕궁으로 들어가게 되었다. 이는 하느님께서 그를 통해 위대한 대업을 준비하셨기 때문이다. 모세는 이집트 왕인 파라오 딸의 양자가 되어 왕궁에서 자랐으며, 놀랄 만큼 늘어난 자신의 민족을 너무나도 가혹하고 무거운 노예의 멍에로부터 구해냈다. 이 일은 하느님이 아브라함에게 하신 약속을 그의 손을 통해서 이루셨다고 해야 옳으리라. 처음에 모세는 어떤 이스라엘 사람을 보호하려다가 이집트인을 죽여서(출애 2 : 1 ~15) 겁을 먹고 그 나라에서 도망쳤지만, 성령을 입은 하느님의 사자가 되어 그에게 저항하는 파라오의 마술사들을 이겼다. 그러나 이집트 사람들이 하느님의 백성을 놓아주지 않았기에 하느님은 모세를 통해 그들에게 열 가지 큰 재앙을 내렸다. 강물이 피로 변하고 개구리, 이, 파리가 들끓었으며, 가축들이 모두 죽고, 독종(毒腫), 우박, 메뚜기, 어둠, 그리고 맏아들의 죽음이었다.

끔찍한 재앙을 견디지 못한 이집트인들은 마침내 이스라엘 백성을 풀어줬으나, 홍해를 건너는 그들을 추격하다가 그만 모두 죽고 말았다. 바닷물이 갈라져서 길이 열리고 이스라엘 백성들은 무사히 건너갔다. 하지만 이집트 사람들이 건너려 하자 바닷물이 다시 밀려와 그들을 삼켜버렸다(출애 7~12장 및 14장).

그 뒤 40년 동안 하느님의 백성은 모세의 지도 아래 사막을 헤매었는데, 그때에 하느님께 예배드리던 장소를 증거의 장막(證據幕)이라 불렀다(출애 25 : 8~27 : 21).*46

백성들은 이 천막에서 하느님께 제물을 바치는 제사를 올렸는데, 그 제물들은 앞으로 일어날 일을 예언하는 것이기도 했다. 이미 그때 산 위에서 매우 무서운 방법으로 율법을 내려주셨다. 신비한 증표와 목소리가 들려와 그것이 하느님임을 뚜렷이 보였다. 이 일은 이집트에서 벗어난 바로 뒤, 이 민족이 사막 생활을 시작한 지 얼마 안 되었을 때 있었던 일이며, 어린 양을 죽여 제물로 바친 유월절에서(출애 12 : 1~11) 50일째 되는 때였다. 유월절은 히브리어로 넘어감을 뜻하므로, 이 일은 그리스도를 뜻하며 그분이 고난을 거쳐 이 세상에서 자기를 바쳐 아버지께 넘어간다는 것을 예언한다. 그래서 우리의 유월 양이신 그리스도께서 희생이 되신 뒤 새 언약이 계시되었을 때 성령, 곧 복음서에서 말하는 하느님의 손가락이 하늘에서 내려온 것은 그 뒤로 50일째 되는 날이었다. 율법판들도 하느님이 손가락으로 쓰셨다고 기록되어 있는데(출애 31 : 18), 이런 상징적 사건들을 우리에게 상기시키기 위함이다.

모세가 죽자 여호수아는 약속 받은 땅으로 백성을 인도해 그들에게 나누어 주었다(여호 1장). 이 두 훌륭한 지도자는 전쟁을 유리하게 이끌어 놀라운 승리를 거두었다. 하느님의 증언에 따르면 그 승리는 히브리 민족의 공적이 있었기 때문이 아니라, 오히려 전쟁을 일으킨 백성들의 죄 때문에 승리할 수 있었다. 이 지도자들 다음에는 사사(士師)들이 그 뒤를 이었는데, 그때 백성들은 이미 약속받은 땅에 정착해 있었다. 이는 아브라함에게 주신 처음 언약의 실현이었

---

*46 "증거의 장막"이라는 이름은 출애굽기 27 : 21의 70인 번역에 있으나, 개역 성경에는 없고, 출애 38 : 21 및 민수 1 : 50, 53 ; 10 : 11에 있다.

다. 그러나 히브리 민족과 가나안 땅에서만 이루어졌고, 아직 온 세상 백성들에게 대한 약속이 남아 있었다(제29장 끝 단락 참조). 이 일은 그리스도께서 육신을 입고 내려오시는 일과 옛 율법을 지키는 것이 아니라 오로지 복음을 믿음으로써 이루어진다. 이 일을 상징하는 것은 백성을 약속의 땅으로 이끈 시내 산에서 율법을 받은 모세가 아니라 하느님의 명령으로 여호수아라 불린 사람이었다(민수 13 : 16).*47

그 뒤 왕들의 시대가 왔다. 맨 처음 왕이 된 자는 사울이었다. 그는 하느님께 버림 받고 전쟁의 참화 속에 쓰러졌으며, 버림받은 그의 집안에서 더는 왕이 나올 수 없게 되자*48 다윗이 그 뒤를 이어 왕이 되었다(2사무 5 : 1~3). 그리스도의 조상으로 불리는 다윗은 왕권을 이어받아 새 시대를 열었으며, 하느님 백성이 아브라함 시대 때 사춘기를 지냈다면 다윗은 비로소 청년 시대를 열었다고 할 수 있다. 마태복음에 아브라함에서 다윗까지 14대를 그 제1단계로 계보에 기록한(마태 1 : 17) 전혀 근거가 없는 일이 아니다. 사람은 청소년기에 이르러야 자식을 낳을 수 있다. 그래서 그리스도의 세대는 아브라함으로부터 시작되었고 그는 온 세상 백성의 조상이 되어 새로운 이름으로 불리게 되었다(창세 17 : 5 및 이 책 16권 28장 참조). 노아부터 그의 시대까지는 소년 시대였으며 그때가 되어서 한 언어, 히브리어를(16권 11장 참조) 갖게 되었다. 사람은 유아기 다음에 오는 소년기에 말을 하기 시작하며 말하는 힘이 없기 때문에 유아기라 *49 한다. 인간의 유아기가 곧 기억속으로 사라지듯이 이 처음 시대도 잊히게 되는데, 그것은 인류의 첫 시대가 대홍수로 사라진 것과 비슷하다. 실제 자기의 유아기를 떠올릴 수 있는 사람이 몇이나 되는가? 하느님 나라의 역사에서, 앞 권은 하나의 처음 시대를 다루었는데, 이 책에서는 두 시대, 둘째와 셋째 시대를 담아야 한다. 이 셋째 시대에는 3년 된 암소와 3년 된 암염소와 3년 된 숫양이 나타내듯(창세 15 : 9) 율법의 멍에가 주어졌으며, 많은 죄악이 나타나 땅 위 왕국이 시작했다. 그러나 여기에는 산비둘기와 집비둘기가 비밀스럽게 상징하는 영적인 사람들도 없지는 않았다(창세 15 : 9 및 이 책 16권 24장 참조).

---

*47 여호수아는 히브리 이름이고, 예수는 70인역과 신약성경에서 그리스어식으로 부른 것이다. 민수 13 : 16 ; 여호 1 : 10 ; 사도 7 : 45 ; 히브리서 4 : 8 등 참조.
*48 사울은 버림을 받고(1사무 15 : 26), 사울과 세 아들은 전사하고(1사무 31 : 1~6)
*49 유아기를 뜻하는 라틴어 "infantia"는 본디 말할 줄 모름을 뜻한다.

제17권

다윗 왕 시대에서 그리스도 시대까지 하느님 나라 역사를 둘러본다. 앞부분에서는 왕의 교체와 제사장직의 변경에 대해 말하고 뒷부분에서 시편을 예로 들며 그리스도와 교회가 어떻게 예언되었는지를 살펴본다.

제1장 예언자 시대

우리들은 아브라함에 대해 육체적으로는 이스라엘 민족이, 신앙적으로는 모든 민족이 하느님 약속으로 그에게서 비롯했음을 배웠다. 아브라함에게 하신 약속이 어떻게 이루어졌는가는 시대의 진행과 함께 나아가는 하느님 나라가 알려준다. 앞서 우리는 다윗 왕조까지 다루었으므로 이번에는 우리가 계획한 책 의도에 충분하리라 여겨지는 만큼 뒤의 시대들을 살펴보자.

성스러운 사무엘이 예언을 시작한 때부터 이스라엘 백성이 포로가 되어 바빌론으로 끌려가, 거룩한 예레미야의 예언대로(예레 25 : 11) 70년 뒤 이스라엘 민족이 돌아와 성전이 다시 세워질 때까지의 시대를 예언자 시대라 부른다. 물론 대홍수로 온 세계가 멸망한 때의 족장 노아나 하느님 백성 사이에 왕이 나타난 이 시대까지, 노아 이전은 물론 그 뒤의 사람들 또한 예언자라 부를 수 있다. 그들을 통해 하느님 나라와 왕국에 대한 앞일들이 여러 방법으로 드러나거나 예언되었기 때문이다. 특히 우리는 아브라함과 모세처럼 예언자라고 기록된 것을 성경에서 읽었다(창세 20 : 7 ; 신명 34 : 10). 그러나 "예언자 시대"라는 명칭은 보통 사무엘이 예언을 시작한 때를 가리킨다. 사무엘은 하느님 뜻에 따라 처음 사울에게 기름을 부어 왕으로 만들었고, 사울이 쫓겨난 뒤에는 다윗에게 기름을 부어 그를 왕으로 만들었다. 그 뒤 다윗 계통에서 왕위가 이어졌다.

따라서 구성원 세대가 번갈아 바뀌면서도 하느님의 나라가 이 시대를 나아가는 동안에 그리스도에 대해 예언자들이 한 말을 모두 이야기하면, 아주 많은 양이 되어버릴 것이다. 먼저 왕들과 그 업적 사건들을 순서대로 열거하면서 역사적 충실함으로 과거의 일을 이야기하는 듯이 보이는 성서가 하느님 영의 도움을 받아 음미한다면 지나간 일을 기록했다기보다 앞으로 일어날 일을 미리 알리려 했음을 알 수 있다. 그 기록을 조사하고 토론한 뒤 그 결과를 하나하나 모두 기록하는 일이 얼마나 많은 수고와 시간이 필요하며, 많은 권의 책이 되리라는 사실을 누구나 알 수 있지 않은가? 또 예언적 내용이 의심할 여지가 없는 분명한 것이라도 그리스도와 하늘 나라, 하느님 나라에 대한 말은 너무나 많아 그런 사건들만 다루어도 이 책의 범위를 넘어서는 분량과 많은 논의가 필요하다. 그러므로 나는 한계를 정해 내가 할 수 있는 만큼 하느님 뜻에 따라 책을 써 나갈 것이다. 불필요한 내용은 말하지 않고 꼭 필요한 것은 빠뜨리지 않도록 하겠다.

제2장 가나안 지역에 대한 하느님의 약속으로 이루어진 일

하느님이 아브라함에게 하신 약속이 처음부터 두 가지라고 우리는 앞에서 말했다. 하나는 그의 후손이 가나안 땅을 차지하리라는 약속이다. "네 고향과 친척과 아비의 집을 떠나 내가 장차 보여줄 땅으로 가거라. 나는 네 민족이 크게 되게 하리라. 너에게 복을 주어 네 이름을 떨치게 하리라. 네 이름은 남에게 복을 주는 근원이 될 것이다."(창세 12 : 1~2) 다른 하나는 그보다 더 중요하다. 육체적 후손이 아니라 영적 후손에 대한 약속으로, 그 후손으로 그는 이스라엘 민족의 조상만이 아니라 그의 믿음을 따르는 모든 민족의 조상이 되리라는 것이다.

이 약속은 "너에게 복을 비는 사람에게는 내가 복을 내릴 것이며 너를 저주하는 사람에게는 내가 저주를 내리리라. 세상 사람들이 모두 네 덕을 입을 것이다"(창세 12 : 3) 이 말로 시작된다. 우리는 그 뒤 이 두 가지가 거듭 약속되었음을 많은 증언으로 확인했다. 아브라함의 육체적 후손인 이스라엘 민족은 이미 약속의 땅에 들어가 적들의 도시를 차지했을 뿐 아니라 왕을 접해 그 땅을 다스렸다. 이 백성에 대한 하느님의 약속은 아브라함, 이삭, 야곱, 세 족장들은 물론 백성들을 사막으로 이끌고 간, 모세를 통해 주신 약속들도 많이 이루어졌다. 하느님은 모세를 통해 이스라엘 백성을 이집트 노예 생활에서 벗어나도록 하고, 과거에 있었던 모든 사건을 계시하셨다.

여호수아는 뛰어난 지도자로 백성을 약속의 땅으로 이끌어 그곳 주민을 정복했으며, 하느님의 명령대로 12지파에게 땅을 나누어주고 죽었다. 하지만 그는 물론, 그가 죽은 뒤 판사들이 다스린 시대 모두를 통해서도 가나안 땅에 대한 약속, 곧 이집트의 작은 개울에서 큰 강 유프라테스에 이르는 넓은 가나안 땅에 대한 약속은(창세 15 : 18) 이루어지지 않았다. 그 무렵에는 그 언약이 이루어지기를 기다리고 있을 뿐이었으며, 그 약속을 실현한 사람은 다윗과 그의 아들 솔로몬이다. 그들은 약속받은 땅의 모든 민족들을 굴복시키고 조공을 바치도록 만들었으며 그 땅을 다스렸다(1열왕 4 : 21). 이 왕들의 치하에서 아브라함의 육체적 후손들은 가나안 땅에 훌륭하게 자리 잡았으며, 하느님의 세상적인 약속을 이루기 위해서는 부족함이 없었다. 히브리 민족이 그들의 주 하느님의 율법을 지키기만 했다면, 바로 그 땅에서 대대로 자손들을 이어가면서 아무런 동란 없이 번영을 누릴 수 있었고, 죽는 날까지 평안하고 행복할 수 있었으리라. 하지만 하느님께서는 그들이 그렇게 하지 않을 것을 이미 알고 계셨다. 그래서 땅에서 일어날 수 있는 재앙으로 그들을 벌주시고, 그들 가운데 몇몇 충성스러운 자들을 단련하셨으며, 모든 민족들 가운데 앞으로 당신께 충성할 사람들에게 약속하셨다. 온 민족에게 약속하신 까닭은 이 새 약속이 계시되면서 그리스도의 몸을 통해 또 다른 약속이 이루어지기 때문이다.

제3장 예언의 세 가지 의미

이제까지 성경에서 나타난 다른 예언적 표적과 말씀들, 또 아브라함과 이삭과 야곱에게 주신 하느님의 말씀과 같이, 다른 예언들도 일부는 아브라함의 육체적 후손에 대한 것이며, 일부는 온 세상 백성 가운데 그의 후손으로 축복받은 사람들에 대한 것이다. 이 사람들은 새 언약으로 그리스도와 함께 상속자가 되고, 영원한 생명과 하늘 나라를 차지하게 되리라. 그리하여 노예가 된 자식을 낳은 여종, 땅 위 예루살렘에 대한 것이고, 다른 한 부분은 하느님의 자유로운 나라인 하늘 예루살렘에 대한 것이다. 이 나라는 영원히 하늘에 존재하며, 그 아들들은 하느님의 교훈대로 살면서 땅 위에서 잠시 머물 뿐이다. 땅 위예루살렘의 아들들은 종살이에 그칠 뿐이다. 하지만 어떤 예언들은 둘 모두에대한 것으로 풀이되기도 한다.

따라서 예언자들의 말씀은 셋으로 나눌 수 있다. 어떤 말씀은 땅 위 예루살렘을 뜻하며 어떤 말씀은 하늘의 예루살렘을, 그리고 또 어떤 말씀은 둘 모두를 의미한다. 이 말을 예를 들어 증명하겠다.

예언자 나단은 다윗 왕의 중대한 죄를 따지며 앞으로 닥칠 불행을 예언하도록 보내졌으며, 뒷날 그 불행은 사실로 나타났다(2사무 12 : 1~5). 이런 말씀이 땅 위 나라에 대한 것임을 의심할 수 있는가? 이 예언을 공적인 것이든 한낱 백성의 안녕과 이로움을 위한 발언이든, 아니면 어느 개인을 향한 사사로운 말씀이든, 저마다가 하느님 말씀으로 땅 위 생활에 도움이 될 일을 계시받는 큰 행복을 얻는다. 그런데 이런 말씀이 있다. "앞으로 내가 이스라엘과 유다의 가문과 새 계약을 맺을 날이 올 것이다. 내가 분명히 일러둔다. 이 새 계약은 그 백성의 조상들의 손을 잡아 이집트에서 데려나오던 때에 맺은 것과는 다르다. 나는 그 계약을 내 것으로 삼았지만, 그들은 나와 맺은 계약을 깨뜨리고 말았다. 너희는 귀담아들어라. 그날 내가 이스라엘 가문과 맺을 계약이란 그들의 정신에 넣어주고 그들의 가슴에 새겨줄 내 법을 말한다. 내가 분명히 말해 둔다. 그 다음에 내 법을 새겨주어, 나는 그들의 하느님이 되고 그들은 내 백성이 될 것이다"(예레 31 : 31~33). 이 말씀은 의심할 필요없이 예루살렘에 대한 것임이 틀림없다. 그곳에서는 하느님이 가장 높은 선이며, 하느님을 모시며 하느님의 백성이 되는 일이 가장 크고 완전한 선이기 때문이다. 그런데 솔로몬 왕이 그 유명한 성전을 지었을 때 이루어진 예언은 둘 모두에 대한 것으로, 예루살렘을 하느님 나라라고 부르는 예언과 하느님의 미래의 성전을 말하는 예언이다. 이때 땅 위 예루살렘은 하늘 예루살렘을 예언하는 한 상징이다. 이런 종류의 예언은 둘을 결합하거나 섞음으로써 구약성경의 역사서에서 매우 중요한 자리를 차지한다. 그 경전들을 보면 역사적 사건들이 담겨 있지만, 성경을 깊이 연구하는 성경 연구가들은 오늘날까지도 지혜를 짜내 연구하고 있다. 육체를 통해 이어진 아브라함의 후손들에게 주어진 예언들과, 또 그것이 이루어진 것을 읽으면 이 연구가들은 아브라함의 신앙적 후손에 대한 예언이 있으며 그 또한 실현되리라는 비유적 의미를 탐구하려 노력한다. 이런 예언은 매우 많다. 그래서 어떤 학자는 이 역사서에서 이루어졌다고 기록된 것은, 예언이 있었거나 없었거나 반드시 하느님의 하늘 나라와 이 세상에 잠시 머무는 시민들에게 예고하지 않는 것은 하나도 없다고 보기도 한다. 만일 그렇다면 예언자의 말씀들은, 아니 구약성경 전체는 세 종류가 아니라 둘로 나누어야 한다. 그러나 만일 땅 위 예루살렘 때문에 언급되거나 이루어질 말씀이 비유적인 예언으로 하늘 예루살렘과도 연결된다면, 구약성경에는 땅 위 예루살렘에만 속하는 말씀이 하나도 없게 된다. 그렇다면 오직 자유로운 예루살렘과 둘에 대한 두 가지 예언만 있을 것이다.

하지만 내가 보기에는 옛 예언자들이라 하는 역사서들에 기록된 사건에는 실제로 있었던 일들만 썼을 뿐이라고 잘못 생각하는 사람들처럼, 이 책들에 나오는 말 한마디 한마디에 모두 비유적인 뜻이 있다고 지나치게 주장하는 사람들 또한 매우 경솔하다. 그래서 나는 예언이 이중적 뜻이 아니라 세 가지 의미를 지닌다고 말한다. 하지만 거기 기록된 사건 하나하나에 대해서 영적인 의미를 얻어낼 수 있었던 사람들을 비난하려는 게 아니다. 그것이 육적이던 신적이던, 이미 일어났거나 앞으로 일어날 역사적 사실에 대한 말씀이 어떤 교훈이나 의미 없는 헛된 말이었다고 의심할 신앙인이 있겠는가? 할 수만 있으면 이런 말씀을 그 영적 뜻에 따라 풀이하려고 하지 않겠는가? 또한 자기가 할 수 없으면 능력 있는 사람이 그렇게 해석을 이끌어내야 한다고 누가 생각하지 않겠는가?

제4장 사무엘의 어머니 한나의 예언 해석

이렇게 해서 나아가는 하느님 나라는 왕들의 시대, 곧 사울이 버림받고 다윗이 처음으로 왕권을 받아 그 뒤로 다윗의 후손이 오랫동안 왕위를 이으면서 예루살렘을 다스리게 되었다. 이 일은 우리가 그냥 넘어가서는 안 될 사건들을 나타내고 예고하면서 하나의 본보기를 주었다. 구약과 신약, 두 언약에 관련해 오랜 뒤에 있을 변화에 대한 상징이었는데, 예를 들자면 구약의 제사장 제도와 왕국의 새롭고 영원한 제사장이요 왕인 그리스도 예수를 통해 새롭게 변화되었다. 제사장 엘리가 버림받고 그 대신 사무엘이 제사장과 판사라는 두 직책을 모두 맡아 하느님을 섬기게 된 일과, 사울이 폐위되고 다윗이 왕위를 받은 이 사건들이 앞서 말한 변화를 예언적으로 나타낸다. 사무엘의 어머니 한나 또한 이 점을 예언했다. 한나는 처음에는 아이를 갖지 못했는데 뒤에 임신을 하고 기뻐했다. 아들이 태어나 겨우 젖을 떼자 한나는 아이를 하느님께 맡기면서 앞서 하느님께 맹세하던 때와 같은 경건한 마음으로 정성을 다해 주님 앞에 고개 숙여 기쁨의 감사 기도를 올렸다.

"제 사랑은 주님 안에서 강해집니다. 하느님의 은덕으로 나는 얼굴을 들게 되었습니다. 이렇듯이 내 가슴에 승리의 기쁨을 안겨주시니 원수들 앞에서 자랑스럽기만 합니다. 주님처럼 거룩하신 분은 없으십니다. 당신밖에 없으십니다. 우리 하느님 같으신 분은 이 세상에 없습니다. 잘난 체 지껄이는 자들아, 너무 우쭐대지 마라. 거만한 소리를 함부로 입에 담지 마라. 주님은 사람이 하는 일을 다 아시는 하느님이시고, 저울질하시는 하느님이시다. 힘 있는 용사의 활은 꺾이고 비틀거리던 군인은 허리에 용기를 두르고 일어나게 되리라. 배불렀던 자는 떡 한 조각을 얻기 위하여 품을 팔고 굶주리던 사람은 다시는 굶주리지 않게 되리라. 아이 못 낳던 여자는 일곱 남매를 낳고 아들 많던 어미는 그 기가 꺾이리라. 주님께서는 사람의 생사를 쥐고 계시어 지하에 떨어뜨리기도 하시고 끌어올리기도 하신다. 주님께서는 가난하게도 하시고 가멸케도 하시며 쓰러뜨리기도 하시고 일으키기도 하신다. 땅바닥에 쓰러진 천민을 일으켜 세우시며 잿더미에 뒹구는 빈민을 들어 높이셔서 귀인들과 한자리에 앉혀주시고 영광스러운 자리를 차지하게 하신다. 땅의 밑동은 주님의 것, 그 위에 세상을 지으셨으니 당신을 따르면 그 걸음걸음을 지켜주시지만 불의하게 살면 앞이 캄캄해져서 말문이 막히리라. 사람이 제 힘으로는 승리하지 못하는 법, 주님에게 맞서는 자는 깨어지리라. 지존하신 이께서 하늘에서 천둥소리로 우렁차게 호령하신다. 주님은 땅 끝까지 심판하시는 분, 당신께서 세우신 왕에게 힘을 주시며 기름 부어 세우신 임금의 얼굴을 쳐들게 하신다"(1사무 2 : 1~10 ; 예레 9 : 23~24).

이 기도가 그저 아들이 태어났다고 좋아하는 평범한 여인의 말로만 들리는가? 이 여인이 쏟아 놓은 말이 그녀의 능력을 까마득히 넘어선 것임을 알지 못할 만큼 인간의 지성이 진리의 빛에 등을 돌렸는가? 그뿐 아니라, 이 여인의 이름 "한나"가 "그분의 은총"이라는 뜻을 지니고 있다는 점을 생각하면 이 여인을 통해서 그리스도교를 그리스도께서 왕이시며 건설자이신 하느님의 나라가 마지막으로 하느님의 은혜가 예언의 영에 따라 이 말씀을 했다는 일을 인정하지 않을 것인가? 이 은혜로 교만한 자들은 멀어져 쓰러지고 겸손한 자들은 충만해져 일어나리라는 이 여인의 찬양은 하느님의 은혜를 외친다.

아마도 여인은 예언을 한 게 아니라, 아들을 얻은 일이 기뻐서 기도로 하느님을 찬미했다고 말할 수도 있다. 그렇다면 다음의 말은 무엇을 뜻하는가? "힘

있는 용사의 활은 풀이 꺾이고 비틀거리던 군인은 허리에 용기를 두르게 되리라. 배불렀던 자는 떡 한 조각을 얻기 위하여 품을 팔고 굶주리던 사람은 다시는 굶주리지 않게 되리라. 아이 못 낳던 여자는 일곱 남매를 낳고, 아들 많던 어미는 기가 꺾이리라." 한나가 이 말을 했을 때 그녀에게는 아이가 하나밖에 없었으며, 그 뒤로 여섯을 낳아 사무엘까지 일곱을 낳은 게 아니라 세 아들과 두 딸을 낳았다. 더구나 아직 왕이 없던 시절 백성에 대해 그녀가 한 말을 보라. "당신께서 세우신 왕에게 힘을 주시며 기름 부어 세우신 임금의 이름을 떨치게 하신다." 이것이 예언이 아니라면, 무엇이겠는가?

그리스도의 교회, 곧 은혜로 가득차 많은 아이를 가진 위대한 왕의 나라(시편 48 : 2), 은총이 가득하여(루가 1 : 28) 자손이 번성한 교회를 말하는 게 좋겠다. 경건한 어머니의 입을 통해 예언하신 말씀을 다시 한 번 입 밖에 내도록 하라. "내 마음이 주로 인하여 견고하며 내 뿔이 주로 인하여 높아졌도다." 이는 스스로의 힘이 아닌 주 하느님의 힘으로 그의 (교회의) 마음은 참으로 견고하며 그 뿔은 매우 높아졌다는 말이다. "내 입이 내 원수들을 향하여 크게 열렸도다." 심한 박해를 받으면서 하느님의 말씀을 전하는 자들은 매이게 될지라도 말씀은 매이지 않는다(2디모 2 : 9). "내가 주의 구원을 기뻐하였도다." 구원은 예수 그리스도 자신이다. 우리가 복음서에서 읽었듯이, 노인 시므온은 어린 아기 예수를 안고 그 위대함을 인정하면서 "주여, 이제는 말씀하신 대로 이 종은 평안히 눈감게 되었습니다. 주님의 구원을 제 눈으로 보았습니다"(루가 2 : 29~30) 말했다.

그러므로 교회는 이렇게 말해야 한다. "나는 주의 구원을 기뻐하였도다. 주와 같이 거룩하신 이가 없으시니 우리 하느님과 같이 의로운 이가 없도다" 하느님은 스스로 거룩하시듯이 사람들을 거룩하게 만드시며, 스스로 의로우신 것같이 사람들을 의롭게 만드시기 때문이다. 그분이 거룩하게 만드시지 않으면 어떤 사람도 거룩할 수 없으므로 "당신 외에 거룩한 이가 없도다" 한다. 또한 "잘난 체 지껄이는 자들아, 너무 우쭐대지 마라. 거만한 소리를 함부로 입에 담지 마라. 주님은 사람이 하는 일을 다 아시는 하느님, 저울질하시는 하느님이시다"(1사무 2 : 3). 아무도 너를 모르더라도 주께서는 아신다. "사실 아무것도 아닌 사람이 무엇이나 된 것처럼 여긴다면, 그는 자기 자신을 속이고 있는 것입니다"(갈라 6 : 3)이 말과 같기 때문이다.

이 말씀들은 바빌론에 속한 자들, 자기 힘만 믿으며 주님이 아닌 자신을 자랑하는 자들에게 이르는 말로, 하느님 나라에 맞서는 자들에게 하시는 말씀이다. 그들 가운데는 육체적인 이스라엘 사람도 있으니, 그들은 땅에서 태어난 땅위 예루살렘 시민들이다. 그들은 사도의 말처럼 행동했다. "하느님께서 인간을 당신과 올바른 관계에 놓아주시는 길을 깨닫지 못하고 제 나름의 방법을 세우려고 하면서 하느님의 방법을 따르지 않았습니다."(로마 10 : 3). 교만한 그들은 하느님의 의(義)가 아니라 자기들의 의를 세워 하느님을 기쁘시게 할 수 있다고 생각하기 때문이다. 그러나 하느님은 모든 것을 아는 신이며 모든 마음을 재판하는 분이시다. 인간들의 생각이 어디까지나 인간들의 것이고 하느님으로부터 온 것이 아니라면, 허무한 일이라는 것을 하느님은 알고 계시다(시편 94 : 11). "그분은 자기 계획을 준비하는 분이다." 이것은 교만한 자를 넘어뜨리고 겸손한 자를 일으켜세우려는 계획이 아니고 무엇이겠는가? 하느님은 "힘 있는 용사의 활은 꺾이고 비틀거리던 군인은 허리를 묶고 일어나게 되리라" 이 말씀으로 그 계획을 이루신다. 자기들 힘만 믿고 하느님의 은총과 도우심 없이도 신적 계명을 지킬 수 있다는 자들의 생각이 꺾여진다. 그 대신 "주님이여! 힘이 부치오니 나를 불쌍히 여기소서. 뼈 마디마디 쑤시오니 나를 고쳐주소서"(시편 6 : 2) 이렇게 충심으로 부르짖는 사람들은 용기의 허리띠를 두르게 된다.

한나는 이렇게 말한다. "배불렀던 자는 떡 한 조각을 얻기 위하여 품을 팔고 굶주리던 사람은 다시는 굶주리지 않게 되리라" 배불렀던 사람이란 힘이 있는 듯 보이는 사람, 즉 하느님의 말씀을 맡은(로마 3 : 2) 이스라엘 사람들이 아니라면 누구라 풀이할 것인가? 하지만 그들 가운데 여종의 후손은(갈라 4 : 21~31) 작아지고 말았다(minorati sunt). 이 "작아진다"라는 뜻의 라틴어 동사는 적절한 어법이 아니지만,*1 큰 아들이었던 것이 작은 아들들이 되고 말았다는 뜻을 잘 나타낸다. 이스라엘 백성이 모든 백성 가운데 누구보다 하느님 말씀을 풍요롭게 받았지만, 그들은 땅 위에서 일어나는 일만 생각했다. 이와 달리 율법을 받지 못하고 새 언약으로써 그 말씀들을 알게 된 다른 백성들은 매우 굶주리던 처지였으므로 땅에서의 일들을 마음에 두지 않았다. 그들은 그 말씀에서 땅 위 요소가 아니라 하늘 요소를 생각했기 때문이다. 왜 이런 일이 생겨났

*1 Minoro라는 동사는 고전 라틴어에 없었고, 성경과 교회 문서들에서 사용하게 되었다.

는지를 설명하듯이 한나는 "아이 못 낳던 여자는 일곱 남매를 낳고 아들 많던 어미는 그 기가 꺾이리라" 말한다. 이 말로 7이라는 숫자 의미를*² 잘 아는 사람들에게는 여기에서 예언된 모든 것이 환하게 밝혀진다. 7은 보통 교회의 완전함을 나타낸다. 그래서 사도 요한은 일곱 교회에(묵시 1 : 4) 편지를 보내어, 하나뿐인 교회 모두를 위해 그 글을 쓴다는 점을 밝혔다. 마찬가지로 솔로몬의 잠언에서도 이 일을 예시하기 위해서, "지혜가 일곱 기둥을 세워 제 집을 짓고"(잠언 9 : 1) 이렇게 쓰여 있다. 하느님 나라는 우리가 보는 저 후손들이 태어나기 전에 모든 민족 가운데 아기를 낳지 못하는 여자와 같은 신세였다. 또 아들이 많았던 땅 위 예루살렘이 이제는 약해졌다는 사실을 우리는 안다. 예전에는 자유로운 여인의 아들들로 행세하던 사람들은 모조리 그 나라의 힘이 되었지만, 이제 거기에는 문자만이 있고 영이 없으므로(2고린 3 : 6~16) 힘을 잃고 기가 꺾인 것이다.

"주님은 죽이기도 하시고 살리기도 하신다." 주는 아들이 많았던 여자에게는 죽음을 가져오셨고, 아기를 갖지 못하다가 일곱 자녀를 낳게 된 여자에게는 생명을 주셨다. 이 말을 더 적절하게 풀이하자면 죽음을 가져다 주셨던 그 여자에게 생명을 주신다는 뜻이 된다. "주님은 사람들을 지하에 떨어뜨리기도 하시고 다시 생명으로 끌어올리기도 하신다." 끌어올려진 사람들에게 사도가 한 말이 있다. "여러분은 그리스도와 함께 다시 살아났으니 천상의 것들을 추구하십시오. 거기에서 그리스도는 하느님의 오른편에 앉아 계십니다"(골로 3 : 1~3). 이처럼 하느님이 가져오시는 죽음은 구원하기 위해서라고 풀이해야 옳다. "지상에 있는 것들에 마음을 두지 말고 천상에 있는 것들에 마음을 두십시오" 사도는 그렇게 덧붙임으로써, "굶주림으로 땅을 넘겨준" 그 사람들을 가리킨다. 사도는 "너희는 죽었고" 했는데, 이에 "여러분의 참 생명은 그리스도와 함께 하느님 안에 있어서 보이지 않습니다"(골로 3 : 3) 이런 말을 덧붙였다. 하느님이 죽이신 사람들에게 어떻게 다시 생명을 주시는가를 보라! 똑같은 사람들을 지하에 떨어뜨리기도 다시 생명으로 끌어올리기로 하시는 것일까? 이 구절이 우리의 우두머리가 되시는 분께서 이루셨음을, 우리 신자들은 조금도 의심하지 않는다. 사도가 말한 것처럼 그리스도와 함께 우리 생명은 하느님 안에 숨어

---

*2 7을 완전수로 보는 것은 제11권 제30~31장 ; 제15권 제20장 ; 제20권 5장 참조.

있어서 보이지 않는다. "우리 모든 사람을 위하여 당신의 아들까지 아낌없이 내어주신"(로마 8 : 32) 분은 이렇게 하심으로써 그를 확실히 죽게 하셨고, 그를 죽은 자 가운데서 일으키심으로써 다시 생명으로 끌어올리셨다. "어찌 이 목숨을 지하에 버려두시며 당신만 사모하는 이 몸을 어찌 썩게 버려두시리이까?" (시편 16 : 10) 이 예언 속에서 그의 음성을 들을 수 있다. 이처럼 하느님은 같은 사람을 무덤으로 내려보내고 되살려 주셨다. 그의 가난으로 우리는 부유해졌다. "주님께서는 가난하게도 넉넉하게도" 만드시기 때문이다. 이 말씀의 뜻을 이해하기 위해서 그 다음에 있는 구절을 들어보자. "쓰러뜨리기도 하시고 일으키기도 하신다" 이 말씀은 쓰여진 그대로를 나타낸다. 물론 교만한 자를 낮추시고, 겸손한 자를 높이신다는 뜻이다. 이것은 다른 구절에도 나온다. "하느님께서는 교만한 자를 물리치시고 겸손한 사람에게 은총을 베푸신다."(야고보서 4 : 6). 이 말씀이 바로 "하느님의 은총"이라는 뜻의 이름을 가진 여인의 노래가 나타내는 의미이다.

다음으로 덧붙여지는 구절은 "가난한 자를 땅바닥에서 일으키시며" 이런 말씀으로, "부유하신 자로서 우리를 위하여 가난하게 되심은" 앞에서 말했듯이 "그분이 가난해지심으로써 여러분은 오히려 부유하게 되었습니다"(2고린 8 : 9) 한 그분에게 가장 잘 어울린다고 나는 생각한다. 하느님은 그의 몸을 땅에서 어서 일으키셔서 그 살이 썩지 않게 하셨다. "약한 자를 티끌에서 끌어 올리시고 가난한 자를 거름더미에서 끌어올리시어"(시편 113 : 7) 이 말씀 또한 그분에게 어울린다. 빈민과 가난한 사람은 똑같으며, 그들을 들어높인다는 "거름더미"는 박해하는 유대인들을 뜻한다고 보는 것이 가장 정확하다. 사도도 교회를 박해했으므로 자신도 그 유대인들에 포함된다고 하면서 "그러나 나에게 유익했던 이런 것들을 나는 그리스도를 위하여 해로운 것으로 여겼습니다. 그뿐만 아니라 나에게는 모든 것이 다 장해물로 생각됩니다. 나에게는 주 그리스도 예수를 아는 지식이 무엇보다도 귀중합니다. 나는 그리스도를 위해서 모든 것을 잃었고 그것들을 모두 쓰레기로 여기고 있습니다. 그것은 내가 그리스도를 얻고 그리스도와 하나가 되려는 것입니다"(필립 3 : 7~8) 말했다.

이처럼 그분은 땅에서 일어나 높여졌고, 가난한 사람들은 모든 부자들 위에 섰으며, 가난하여 아무것도 없는 사람이 거름더미 속에서 끌어올려져 모든 부유한 사람들 위에 세워지고, "귀족들과 함께 앉으며", 그들에게 그는 "너희도 열두 옥좌에 앉으리라"(마태 19 : 28) 말씀하신다. "그들이 영광스러운 자리를 차지하게 하시는도다." 귀족들은 "우리가 모든 것을 버리고 주님을 따랐습니다" 이렇게 말했기 때문이다(마태 19 : 27). 그들은 이 서약을 무엇보다 엄격하게 지켰다. 그러면 이 힘이 "맹세하는 자들에게 성취를 허락하신다" 그분에게서 오는 게 아니면, 누구에게서 이런 능력이 왔겠는가? 그렇지 않다면 활이 꺾였다는 용사들로부터 와야 한다. "맹세하는 자에게 성취를 허락하신다" 한 나는 말한다. 자신이 맹세하는 바를 주님께 받지 못한 사람은 누구도 주님께 올바른 맹세를 할 수 없다.

또 그 뒤에는 "의로운 자들의 연대를 축복하시나니" 이런 말씀으로 이어진다. 물론, "주의 연대는 무궁하리이다"(시편 102 : 27) 이 말은 그 주님과 함께 영원히 살리라는 뜻이다. 저기에서는 "연대", 곧 한해 한해가 움직이지 않고 서 있지만, 여기서는 세월이 지나가며 없어진다. 연대가 오기 전에는 아직 존재하지 않고, 이미 왔으면 더는 존재하지 않게 되는데, 이는 종말과 함께 오기 때문이다. "맹세하는 자들에게 성취를 주시며"와 "의로운 자들의 햇수를 축복하시느니라". 이 구절 가운데 하나는 우리가 행하는 일을 말하고, 다른 하나는 우리가 얻는 것을 말한다. 그러나 하느님의 도움으로 앞 일이 이루어지지 않으면 우리는 하느님의 은혜로 다음 것을 얻을 수 없다. "사람은 자기 힘으로는 강해지지 않기 때문이니라. 주께서 맞서는 자를 약하게 만드시기" 때문이다. 적은 맹세한 사람이 그 맹세를 성취하지 못하도록, 그를 미워하며 반대하는 사람이라는 뜻이다. 하지만 여기서는 그리스도의 말이 모호하므로 "그 자신의 적대자" 이렇게 풀이할 수도 있다. 하느님이 우리를 차지하시기 시작하면, 우리의 적이었던 자는 바로 하느님의 적이 되며, 그 자가 끝내 우리에게 지겠지만, 우리의 힘으로 이기는 것이 아니다. "사람이 제 스스로 힘으로 강하지 못함이니라." 그래서 "주께서 자기의 적대자를 약하게 만드시며", 거룩하신 주가 성스럽게 만드시는 그 귀한 사람들의 손에 적들이 패배하게 된다.

바로 그래서 이런 말이 나온다. "지혜 있는 자는 자기의 지혜를 자랑하지 말며 부유한 자는 자기의 부를 자랑하지 말지니, 자랑하고자 하는 자는 주를 깨닫고 아는 일을 두고 자랑할 것이며 땅 가운데서 심판과 의를 행함으로 자랑할지니라". 주님을 깨닫고 아는 능력은 결코 쉽지 않다. 주님이 주신 선물임을 이해하고 아는 것이기 때문이다. 이에 대한 사도의 말씀이 있다. "도대체 누가 여러분을 남보다 낫다고 보아줍니까? 여러분이 가지고 있는 것은 모두 하느님께로부터 받은 것이 아닙니까? 이렇게 다 받은 것인데 왜 받은 것이 아니고 자기의 것인 양 자랑합니까?"(1고린 4 : 7). 이는 자랑하는 근거가 '네 자신의 노력으로 스스로 얻은 것처럼 생각하느냐' 이런 뜻이다. 바르게 사는 사람은 심판과 정의를 시행하는데, 하느님의 계명에 따르는 사람이 바르게 사는 사람이기 때문이다. "경계하는 목적", 이를테면 "내가 그런 일을 못하게 하는 것은 깨끗한 마음과 맑은 양심과 순수한 믿음에서 우러나오는 사랑을 불러일으키자는 것"(1디모 1 : 5)이다. 또한 사도 요한이 증언하듯이, "사랑은 하느님께로부터 오는 것"(1요한 4 : 7)이다. 따라서 심판과 정의를 행하는 능력은 하느님에게서 비롯한다.

그런데 "땅 가운데서" 이 말은 무슨 뜻인가? 만일 이 말이 없고 "심판과 의를 행함"이라고만 했다면, 계명은 땅 가운데 사는 사람들과 지중해변에 사는 사람들 모두에게 해당되었을 것이다. 나는 "땅 가운데서" 이 말이 "우리가 육체 안에 살고 있는 동안"을 뜻하는 것이라 생각한다. 이 세상에 살 때는 누구나 자기 땅을 가지고 다닌다. 그러다 죽고 나면 그 땅은 공동의 토지로 돌아가며, 부활하는 사람에게 다시 자기 몫이 주어진다. 하지만 육체로 영위하는 생명이 끝난 뒤에도 심판과 의를 행할 시간이 남아 있으리라고 생각해서는 안 된다. 육체 안에 머물러 있는 동안 의를 행하지 않으면서 뒤늦게 행하여 거룩한 심판을 피할 수 있으리라 생각하는 것만큼 어리석은 일은 없을 터이다. 다시 말해 우리 영혼이 땅 위에서 육체에 갇혀 살아가는 동안 스스로 자신을 심판하며 올바르게 살아야 한다. 그렇게 살아야만 우리가 마지막 날에 그리스도의 심판대 앞으로 나아가 육체에 머물러 있는 동안 한 일들을 숨김없이 드러내서 잘한 일은 상을 받고 잘못한 일은 벌을 받게 될 것이기 때문이다"(2고린 5 : 10). 이 부분에서 사도는 "몸으로 살아 있던 동안에"라는 뜻으로 "그 몸으로"라고 했다. 만일 누군가 나쁜 의도와 불경스런 생각으로 하느님을 모독하는 말을 한다면, 그것이 신체의 행동으로 한 것이 아니라 해도 죄를 짓지 않았다고 할 수는 없으리라. 영혼이 몸을 차지한 바로 그 시간 안에서 한 일이기 때문이다. "하느님은 처음부터 나의 임금님, 땅 위 모든 곳에서 구원을 베푸시는 분이옵니다"(시편 74 : 12) 이 말씀도 같은 방법으로 풀이하는 것이 알맞다. 이 말씀에서 "우리 하느님"은 주 예수를 뜻한다. "처음부터"의 원어는 "여러 시대 전에"

이기 때문에 예수께서 시대들을 창조하셨으므로 그는 여러 시대 전에 계시며, 말씀이 사람으로 되셔서(요한 1 : 14) 흙으로 된 몸 안에 계신 때에, 그는 땅 가운데서(개역 성경은 "인간에"라고 의역함) 우리를 구원하셨다.

한나가 말한 이 예언은 누구든지 자랑하려는 자는 스스로를 자랑하지 말고 주를 자랑하라 말한 뒤, 심판 날에 이루어질 보상을 이야기한다. "주께서 하늘에 오르사 우리를 울리셨도다. 주께서 의로우시니 땅 끝까지 심판을 베푸시리로다." 한나의 이 말은 그리스도 신자들의 신앙 고백 순서를 따른 셈이다. 주 그리스도께서 승천하셨고 산 자와 죽은 자를 심판하러 그곳에 오실 것이기 때문이다(사도 10 : 42). 이에 대해 사도는 이렇게 말한다. "올라가셨다는 말은 또한 땅의 낮은 데로 먼저 내려가셨다는 말이 아니고 무엇이겠습니까? 그리로 내려가셨던 바로 그분이 모든 것을 완성하시려고 하늘 위로 올라가셨습니다"(에페 4 : 9~10). 그래서 주는 구름으로 천둥을 치셨으며 올라가실 때 구름을 성령으로 채우셨다. 이 일에 대해서 주께서는 여종인 예루살렘을 열매 맺지 않는 포도밭으로 비유하면서 경고하셨다. 이를테면 "구름에게 명령하시어 비를 내리지 말라"(이사 5 : 6). 그뿐 아니라 "땅 끝까지 심판을 베푸시리라" 이 말씀은 "땅 끝도" 뜻과 같다. 모든 사람을 심판하실 주께서 땅의 다른 부분들도 반드시 심판하실 터이기 때문이다. 땅 끝까지 심판하시리라는 말씀은 인생의 끝이라고 이해하는 편이 더 나을 수도 있다. 심판 받는 사람은 중간기에 더 좋아지거나 나빠지는 모습을 심판받는 게 아니라 마지막에 발견되는 처지로 심판하실 것이기 때문이다. "끝까지 참는 사랑은 구원을 받을 것이다" 말씀하셨다(마태 10 : 22). 땅 가운데서 꾸준히 심판과 의를 행하는 자는 땅 끝에서 심판받을 때에도 단죄받지 않으리라. 그 다음에 "우리 왕들에게 힘을 주시고" 한 구절은 그들을 심판하여 단죄한다는 뜻이 아니다. 하느님은 그들에게 힘을 주셔서, 왕인 그들이 자신들을 위해 피를 흘리신 주의 힘으로 육신을 지배하며 세상을 이기게 하신다. "그리스도를 높이 찬양하여라." 그리스도는 어떻게 그리스도를 높이 찬양하라는 것인가? 위에서 "주께서 하늘에 오르사" 이 말은 그리스도를 가리킨 것임이 틀림없다. 그리스도가 이 구절처럼 그의 임금이신 그리스도를 높이리라고 한다면 그리스도가 어떻게 그 임금이신 그리스도를 찬양한단 말인가? 한나가 노래의 처음에 "내가 주로 인하여 높아졌다" 말한 것처럼, 주를 믿는 사람 모두 높아질 것인가? 주를 믿는 사람은 모두 그리스도들이라고 말해도 좋다. 그들 모두가 한 몸을 이루며 그리스도가 우두머리이시기 때문이다. 이것이 성스러운 인물이자 많은 칭찬을 받은 사무엘의 어머니 한나가 한 예언이다. 이 예언에서 말했듯이 제사장 제도가 변하리라는 말이 이루어졌고, 그때 많은 사제를 두었던 자, 곧 예루살렘이 이제는 쇠약해져 힘이 없었던 교회가 일곱 사제를 낳아 그리스도 안에서 새로운 제사장직을 갖추게 되었다.

제5장 하느님의 사람이 제사장 엘리에게 한 이야기의 의미

그런데 하느님의 사람이 제사장 엘리에게 보내져 이 일을 더 뚜렷하게 이야기했다. 그의 이름은 기록되지 않았으나 직책과 임무로 미루어 보았을 때 예언자임에 틀림없다. 그 이야기는 다음처럼 기록되어 있다.

"그리고 하느님의 사람 하나가 엘리에게 와서 말을 전하였다. '주님의 말씀이니 똑똑히 들으시오. 네 조상이 식구들을 데리고 이집트로 와 파라오의 집에서 종살이를 하고 있을 때 나는 그들에게 내 모습을 나타내 보였다. 나는 이스라엘 모든 지파들 가운데서 네 조상 집안을 선택하며 나를 섬기는 제사장으로 삼아 내 제단 층계를 오르내리며 내 앞에서 이스라엘의 어린 제물을 불살라 바치고 제의(祭衣)를 입게 하였다. 또 이스라엘 사람들이 불살라 바치는 모든 것들도 네 조상 가문에게 맡겼다. 그런데 너는 어찌하여 나의 향기와 희생을 대단치 않게 바라보며 나보다도 네 자식들을 소중히 생각하는가? 그들은 나의 눈앞에서 모든 희생의 예물을 축복하며 받고 있다. 이에 이스라엘의 하느님인 나 주님이 말한다. 내가 일찍이 네 집과 네 가문, 자손들이 영원히 나를 섬기겠다 했지만 이제 분명히 말해 두리라. 나는 그 약속을 거두려 한다. 나를 존경하는 자는 나 또한 소중히 여겨주겠지만, 나를 쉬이 보는 자는 천하게 여기리라. 자, 보아라. 그날은 분명 올 것이다. 나 주님의 말이다. 내가 네 자손들은 물론, 네 아버지 자손들까지도 쫓아버릴 테니 이제 네 집안에 늙은이 하나 남지 못할 날이 분명오리라. 그날이 오면 너는 내가 이스라엘에게 주는 번영을 보고 속이 뒤틀릴 것이다. 그러나 네 집안에서는 두 번 다시 늙은이를 볼 수 없을 것이다. 또한 나는 내 제단에서 네 집안 사람을 내쫓고 그도 눈이 약해질 것이며 그 영혼 또한 흘러가버리고는 집안에서 살아남은 사람들마저 모두 사람들 칼에 맞아 죽으리라. 네 두 아들 홉니와 비느하스가 한날에 죽거든, 내가 말했던 일이 일어날 조짐인 줄 알아라. 나는 나를 위해 충성스러운 사제를 일으켜 세워 그로 하여금 내 마음에 있으면서 내 혼에도 있는 모든 것을 그대로 이루도록 하리라. 그의 가문을 일으켜 내가 기름 부어 세운 왕 앞에서 길이길이 나를 섬기게 하리라. 그러면 네 집안에서 살아남은 자는 은화 하나를 그에게 갖고 가서 밥벌이할 일자리를 얻으려고 굽실거리며, 제발 사제직을 맡겨 주어 빵 하나라도 얻어먹게 해달라고 간절히 부탁하게 되리라"(1사무 2 : 27~36).

이 예언은 옛 제사장 제도의 변경을 아주 뚜렷하고도 명확하게 알려준다. 그러나 이 예언이 사무엘에게서 이루어졌다고 말할 수는 없다. 사무엘은 주께서 제단에서 섬기라고 지명하신 씨족 출신이 아니었고, 제사장으로서 인정받은 아론의 후손 또한 아니었다.*3 사무엘 아버지는 아론의 후손이었지만 제사장은 아니었는데 이는 규례상 제사장 아들이어야만 제사장이 될 수 있었기 때문이었고 아론 집안 출신만이 제사장직을 이어받을 수 있었다. 따라서 이 역사적 사실은 그리스도 예수를 통해서 미래에 일어날 같은 변화를 얼마쯤 암시하며, 말에 의해서가 아닌 행동에 따른 이 예언은 곧 예언자가 제사장 엘리에게 한 말이었으며 행동을 뜻하는데, 이는 본디 구약과 관계있지만 모방적으로는 신약에 속한다. 그 뒤에도 다윗 왕 때 사독과 아비아달과 같은 제사장들은 아론 집안에서 나왔고, 제사장직 변화에 대한 오래전 예언이 그리스도를 통해 이루어지기까지 여전히 아론 집안에서 제사장들이 나왔다. 믿음을 갖고 이 일들을 지켜보는 사람이라면 그 누구라도 이 모든 일이 이루어졌음을 알 수 있다. 이제는 성막이나 성전, 제단이나 제물, 이 모든 게 제사상이나 유대인들에게 남아 있지 않다. 그러나 이전에는 하느님이 아론의 자손을 제사장으로 임명하도록 율법으로 정해두셨다. 이 사실은 예언자의 말로도 알 수 있다. "이스라엘의 하느님 나 주님이 말하노라. 내가 일찍이 네 집과 네 조상의 집안이 영원히 나를 섬기리라 하였으나, 이제 내가 말하노니 결단코 그렇게 아니하리라. 나를 존경하는 자를 내가 소중히 여기고, 나를 쉬이 보는 자를 내가 천대하리라."

예언자가 그 아비의 집이라고 말한 것은 그의 아버지를 뜻하는 게 아니라, 맨 처음 제사장이 되었고 그 뒤 대대로 제사장직을 이어가기로 정해진 아론을 의미한다. 이는 "네 아비의 집이 애굽에서 바로의 집 종이었을 때 내가 그들에게 나타나서 이스라엘 모든 집안들 가운데서 그를 택하여 나의 제사장으로

---

*3 아우구스티누스는 《재론고》 2, 69에서 "아론의 후손이 아니었다"라는 말을 바로잡아서 "제사장의 아들이 아니었다"라고 했다.

삼았노라" 이러한 뜻이다. 그의 조상 가운데서 누가 애굽에서 종노릇을 했으며, 해방되었을 때 제사장으로 선택받았는가? 그 사람이 바로 아론이 아니고 누구 겠는가? 여기서 예언자는 제사장이 없어질 때가 오리라 말한 것이다. 이는 아론의 후손들을 뜻한다. 우리는 이 말씀이 그대로 이루어졌음을 본다. 사실들이 뚜렷하게 우리 앞에 있다. 믿음의 눈을 뜬다면 그것을 볼 수 있고 파악할 수 있으며, 굳이 보고자 애쓰지 않아도 보게 된다 말한다. "보아라, 내가 네 씨와 네 아비 집 씨를 끊어 네 평생에 네 집에 늙은이 하나 남지 않는 날이 오리라. 나의 제단에서 내가 끊어버리는 네 가문 남자는 그 눈이 약하고 영혼이 녹아버릴 것이니라." 그렇게 예언된 그날이 왔다. 아론 집안에 따른 제사장은 아무도 없으며, 살아남은 그의 후손들은 그리스도 교인들의 희생이 온 땅에 널리 알려졌음에도 그들에게는 큰 영예가 남아 있지 않음을 보았으며, 슬픔을 견디지 못한 채 그의 눈이 꺼지고 영혼은 크나큰 비탄에 빠져버리고 말았다.

계속해서 엘리에게 한 그 다음 말씀은 말 그대로 그의 집안에 대한 것이다. "네 집에 살아남는 모든 자가 사람들의 칼에 맞아 죽으리라. 네 두 아들 홉니와 비느하스는 한날에 죽으리라." 이 일은 제사장직이 다른 곳으로 옮겨지리라는 것을 의미하지만, 아론 집안 제사장직이 바뀌리라는 것을 뜻하기도 한다. 이 사람의 아들들이 죽음에 이르리라고 한 말은 그들의 생명이 끝나는 죽음을 의미한 게 아니라, 아론 집안이 이어가고 있던 제사장직이 마침내 끝나리라는 뜻이다. 이 다음에 오는 말씀은 엘리라는 사제에 대한 말인데, 사무엘이 그의 뒤를 이음으로써 앞으로 오실 새 언약의 진정한 제사장 즉 그리스도 예수에 대한 말씀이다. "내가 나를 위하여 충실한 제사장을 내세우리니 그는 내 마음 내 영혼 속 모든 것을 이루리라. 내가 그를 위하여 충실하고 참된 집을 세우리라." 이 집이야말로 영원한 하늘 예루살렘이다. "그가 나의 부름을 받아 평생 동안 행하리라." 그는 "행하리라"(transibit)라는 동사를 "나와 함께 살리라" 이런 뜻으로 썼다. 이는 앞에서 아론의 집안에 대해 "내가 네 집과 네 아비의 집이 내 앞에서 영원히 행하리라(transibunt=transibit의 복수) 하였다" 이렇게 말한 것과 같다. "그가 나의 부름을 받아 행하리라" 이 말씀은 부름을 받은 그리스도며 중개자와 구세주이신 이에 대한 게 아니라 정확히 그 집안 자체에 대한 말씀으로 풀이해야 한다. 그의 집안이 그리스도 앞에서 행하리라. 그러나 "행하리라"는 "언제까지나", 곧 죽을 인생의 길을 이 세상 끝까지 쉼없이 걸어가는 동안 죽음에서 생명으로 넘어가리라는 뜻으로(trans＝넘어, ibit＝가리라) 해석해낼 수도 있다.

"내가 나의 마음과 영혼에 있는 모든 것을 행하리라" 이러한 하느님 말씀 때문에, 하느님에게 영혼이 있다고 여겨서는 안 된다. 하느님께서는 영혼의 창조주이시기 때문이다. 따라서 이는 하느님을 이야기하는 비유적인 표현이지, 말 그대로 풀이한 게 아니다. 마치 그의 손과 발과 신체 모든 다른 부분들에 대해 이야기되어지는 것과 비슷하다. 사람이 하느님 형상대로, 즉 하느님의 신체 모습 그대로 지어졌다고 믿어서는 안 되는 것이다. "당신의 날개 그늘 아래 저를 숨겨주소서"(시편 17 : 8) 이 글을 읽고 사람에게 달려 있지 않은 날개를 하느님께 붙여드리면 안되기 때문이다. 이는, 표현할 길 없는 하느님 본성을 인간에게 이해시키기기 위해 이렇게 말한다는 것을 깨달아야 한다.

하지만 그 뒤 계속해서 이어진 "네 집에 남은 사람이 저마다 와서 그에게 엎드려 말하기를" 이는 엘리 집안에 대해 직접적으로 말한 게 아니라 아론 집안에 대한 말임에 틀림없다. 이 집안에는 예수 그리스도가 내려오실 때도 남은 사람들이 남았고, 오늘날에도 이 가문은 사라지지 않았다. 엘리 집안에 대해서는 앞서 "네 집에 살아남은 사람들마저 모두 다른 사람들의 칼에 맞아 죽으리라" 말씀하셨으므로, "네 집에 남은 사람이 저마다 와서 그에게 엎드려 말하기를" 이 말씀은 이 집안에 대해 하신 것이라 볼 수 없다. 그러므로 여기서 말하는 사람들은 엘리의 집안에 속한 것이 아니라, 아론의 반열에 따랐던 제사장들 모두를 뜻하는 것으로 이해함이 옳다. 그러므로 다른 예언자가 말한 "살아남은 자만이 돌아온다"(이사 10 : 22) 이 말씀은 저 남은 사람들에 대한 말이라면, 그들은 틀림없이 위대하신 그리스도를 믿는 자들이리라. 또한 사도는 "이와 같이 오늘도 은총으로 선택받은 사람들이 남아 있습니다"(로마 11 : 5) 했다. 사도들 시대부터도 유다 민족 가운데 많은 이들이 그리스도를 믿었으며, 이제는 비록 매우 드물긴 하지만 아직도 믿는 사람들이 하나도 없지는 않기 때문이다. 그리하여 하느님의 사람이 그 다음에 덧붙인 말씀이 이루어졌다. "저마다 은화 하나씩을 가지고 와서 그를 받들라." 하느님이기도 한 저 높으신 대제사장 앞이 아니라면 대체 누구 앞에 엎드린다는 말인가?

아론의 계도에 따른 제사장 제도에서는 사람들이 성전에 오거나 제단에 가까이 가더라도 제사장을 섬기기 위해서가 아니었다. "은화 하나"란 무엇을 뜻하는가? 이는 단순한 신앙고백이 아닌가? 이에 대해서는 사도가 "주께서는 약속하신 말씀을 완성시키며 엄격히 이 세상에서 다 이루시리라"(로마 9 : 28 ; 이사 10 : 23) 하셨다. 말씀을 은에 비유한 예는 시편에서도 찾아볼 수 있다. "주님의 말씀이야 진실된 말씀, 흙 도가니에 일곱 번 녹여 거른 순은입니다"(시편 12 : 6).

그렇다면, 하느님의 제사장이요, 하느님이신 제사장에게 엎드려 경배올리며 사람들은 무슨 말을 하는가? "나로 하여금 제사장들의 일부에 붙여 주어 빵을 먹을 수 있도록 하소서. 나는 내 조상들의 명예로운 지위에 앉기를 바라지 않습니다. 그것은 이미 사라져 버렸습니다. 나를 당신 제사장들의 어느 부분이라도 되게 해 주십시오 '주의 집 뜰 안이면 다른 곳에서의 천 날보다 더 나은 하루, 악인이 사는 편한 집에 살기보다는 차라리 하느님 집 문간을 택하리이다'(시편 84 : 10). 나는 당신의 제사장들의 일부가 되기를 원하며, 아무리 작은 부분이라도 좋습니다" 한다. 틀림없이 여기서 제사장들은 백성을 의미한다. 그러므로 제사장이며, 신과 인간의 중보(仲保)자이시며, 사람이신 그리스도 예수의 백성을 뜻한다(1디모 2 : 5). 사도 베드로는 이 백성들에게 '여러분은 선택된 성스러운 민족이고 왕의 사제들"(1베드 2 : 9) 이렇게 말한다.

어떤 사람들은 "당신의 제사장들의 한부분"이 아니라 "당신의 희생된 제물의 일부"라 번역하는데, 그렇게 옮기더라도 이 또한 그리스도 교인들을 뜻한다. 그래서 사도 바울은 이렇게 말했다. "빵은 하나이고 우리 모두가 그 한 덩어리의 빵을 나누어 먹는 사람들이니 비록 우리가 여럿이지만 모두가 하나의 육체인 것입니다"(1고린 10 : 17). "빵을 먹기 위해"라는 말을 넣은 것은 바로 이런 희생 제사를 간단하게 표현한 말이었다. 이 제물에 대해서는 제사장 자신이 이렇게 말한다. "내가 줄 빵은 세상의 목숨을 위해 줄 나의 몸이다"(요한 6 : 51). 이는 분명 희생 제사를 뜻하는데, 이것은 아론의 반열(班列)이 아니라 멜기세덱 반열에 따르는 제물임을 말한 것이다. 독자들은 잘 이해하기를 바란다. 그렇다면 여기 있는 것은 간단한 신앙 고백이며 겸손이 드러나는 말이다. "나를 사제 직 한 부분을 맡게 하여, 나로 하여금 빵을 먹도록 하소서." 이는 비록 작더라도 은화 하나이며, 그리스도인 마음속에 계시는 주님의 말씀이다. 앞서 "이스라엘 자손이 불로 살라 바치는 모든 예물을 내가 네 아비 집에 주어 먹게 하였노라" 이 말 또한 나오는데, 하느님께서 옛 언약의 희생 제물들을 아론의 집에 주어 먹게 하셨다는 말씀이다. 이 희생 제물들은 틀림없이 유대인들 것이었으며 "빵을 먹게 하소서" 이 말은 새 언약에서 그리스도 교인들이 드리는 희생 제사를 뜻한다.

제6장 유대의 제사장직과 왕국의 영원성

이 예언들이 이렇듯 깊은 의미로 예언되었고 지금은 이토록 확연히 밝혀져 있지만, 아직도 누군가가 당혹해하면서 다음처럼 묻는다해도 무의미한 일은 아닐 것이다. "'네 집과 네 아비의 집이 내 앞에서 영원히 나를 섬기리라' 하신 하느님의 말씀이 이루어지지 않는다면, 이 책들에 있는 예언들이 그대로 나타나리라는 것을 우리는 어떻게 믿을 수 있는가? 우리는 제사장 제도가 변하고, 그 집안에 내린 약속이 언젠가 이루어지리라는 희망이 사라진 것을 보았기 때문이다. 그것이 빠지고 바뀐 뒤에 다른 제사장이 그 뒤를 이어 영원하리라고 선언되었기 때문이다."

이렇게 말하는 사람은 아론의 반열을 따른 제사장직 자체도 그 뒤에 있을 영원한 제사장직의 하나의 그림자요 형상이라는 것을 아직 이해하지 못하거나 기억하지 못하는 것이다. 따라서 영원성이 그 집에 약속되었을 때, 그것은 그림자나 상징에 대해서가 아니라 그 그림자로써 암시되고 상징되는 것에 대해서이다. 그래서 사람들이 그림자 자체가 끝없이 이어지리라 생각하지 않도록, 그 바뀜도 예언해야 했던 것이다.

이는 사울의 왕국도 마찬가지였다. 비록 배척당하고 쫓겨났지만, 그도 뒤에 나타나서 영원히 존속할 나라의 그림자였다. 그에게 부어진 기름, 그 성유(聖油) 때문에 그를 기름 부음 받은 자라고 하게 된 그 기름은 신비적 의미를 가진 것으로 받아들이고, 단 위대한 성사(聖事)*⁴로 해석해야 한다. 다윗도 사울이라는 인물이 지닌 이런 의미에 두려움을 느껴, 사울이 볼일을 보기 위해 다윗이 숨어 있던 어두운 동굴 속으로 들어왔을 때 몰래 사울의 옷자락을 조금 잘라내어 자기가 그를 죽일 수도 있었지만 그렇게 하지 않고 어떻게 그의 목숨을 살려주었는지 그 증거로 삼았다. 그리하여 거룩한 다윗을 원수로 여겨 악착같이 박해하던 사울의 마음에서 의심을 벗겨주기 위해서였다. 그럼에도 다윗

---

*4 "성사" 곧 "sacramentum"은 상징적 또는 비유적 의미를 담은 사건이나 행동을 가리킨다. 제16권 제37장의 주석 참조.

은 사울의 옷에 손을 댄 그 일만으로도 사울의 몸에 있는 위대하고 거룩한 성사를 범하는 죄를 면할 수 없으리라고 생각해 두려워서 벌벌 떨었다.

성경은 이에 대해 "다윗은 사울의 옷자락을 자른 일이 마음에 걸려"라고 기록하고 있다. 그뿐 아니라, 사울을 붙잡았을 때 부하들이 그를 죽이라고 하자 다윗은 이렇게 말했다. "내가 손을 들어 주님의 기름 부음을 받은 내 주를 치는 것은 주님이 금하시는 것이니, 그는 주님의 기름 부음을 받은 자가 됨이니라"(1사무 24 : 1~6). 앞으로 올 것의 그림자를 이처럼 극진하게 존중한 까닭은 그 그림자 자신 때문이 아니라 예언적으로 나타내는 그 대상 때문이었다. 사무엘이 사울에게 한 말도 마찬가지다. "임금님은 어리석은 일을 하셨고, 주 임금님의 하느님께서 내리신 명령을 지키지 않으셨습니다. 그것을 지키셨더라면 지금쯤 주님께서 이스라엘을 다스리는 임금님의 왕국을 영원히 굳게 세워 주셨을 터인데, 이제는 임금님의 왕국이 더 이상 서 있지 못할 것입니다. 주님께서 명령하신 것을 임금님이 지키지 않으셨으므로, 주님께서는 당신 마음에 드는 사람을 찾으시어 당신 백성을 다스릴 영도자로 임명하셨습니다."(1사무 13 : 13 ~14). 이 말을 단순히 하느님이 사울로 하여금 영원히 다스리도록 계획했다가, 뒷날 사울이 죄를 저지르자 그 계획을 거두었다고 받아들여서는 안 된다. 하느님이 그가 죄를 지으리라는 것을 몰랐다고 생각해서도 안되며, 사울을 왕위에 올린 것은 그의 왕국이 영원한 왕국의 상징이 되도록 정한 것이다. 그렇기 때문에 사무엘이 덧붙이기를 "지금은 왕의 나라가 왕을 위해서는 남지 아니하리라" 한 것이다. 이처럼 사울의 나라가 상징한 것은 남았고 앞으로도 남겠지만, 사울을 위해서 남는 것은 아니다. 그것은 그 자신이나 그의 후손이 영원히 다스리기로 정해진 것이 아니기 때문이다. 또는 적어도 그의 후손들이 얼마 동안 대대로 이어감으로써 '영원히'라는 말이 이루어지는 것처럼 생각되었을지도 모른다. 그러나 사무엘이 "주님께서는 당신의 마음에 드는 사람을 구하여"라고 말한 것은 다윗을 뜻하거나, 그렇지 않으면 새로운 계약에 의한 중보자를 의미한다. 다윗과 그 후손들이 부음받는 기름이 신약의 중개자를 상징한다. 그러나 하느님이 당신 마음에 드는 사람을 구하신다는 것은 그가 어디에 있는지 몰라서 구하는 것이 아니다. 하느님은 사람을 통해서 사람이 쓰는 표현법으로 말하고 있다. 사람을 구한다고 하는 것도 이와 마찬가지이다. 이미 하느님 아버지뿐 아니라 잃은 것을 찾으러 온 그의 독생자도 우리에 대해 잘 알고 있다. 우리를 잃었다고 하는 까닭은 우리가 천지창조 이전에 이미 그분 안에서 선택된 사람들이기 때문이다(에페 1 : 4). 그러므로 "구하여"라는 말은 "자기의 것으로 삼으리라"는 뜻이다. 그래서 라틴어에서 이 "구한다"(quaerere)라는 말은 전치사를 붙여서 adquiere가 되는데, 그 뜻은 "얻는다"가 분명하다. 그러나 전치사가 붙지 않아도 quaerere는 adquiere로 이해할 수 있기 때문에, '이익'은 quaestus로 불린다.

제7장 이스라엘 왕국의 분열

사울은 또 한 번 순종하지 않아서 죄를 지었고, 사무엘은 한 번 더 주의 말을 그에게 전했다. "그대가 주님의 말씀을 거역하였으니, 주님께서도 그대를 왕의 자리에서 파면시킬 것이오"(1사무 15 : 23). 사울이 잘못을 인정하고 용서를 빌면서, 함께 돌아가서 하느님의 노여움을 풀자고 부탁했지만 사무엘은 이렇게 말했다. "같이 갈 수 없소. 그대가 주님의 말씀을 저버렸으니, 주님께서도 그대를 이스라엘 왕위에서 밀어내실 것이오"(1사무 15 : 26). 이 말을 마친 사무엘이 돌아섰는데, 사울이 그의 옷을 붙잡는 바람에 그만 옷이 찢어지고 말았다. 이를 본 사무엘이 말했다. "주님께서는 오늘 이스라엘 왕권을 그대에게서 찢어내시어 동족 가운데서 그대보다 훌륭한 사람에게 주실 것이며, 이스라엘은 두 부분으로 나뉠지니라. 주는 돌이키거나 후회함이 없으시니 그분은 사람처럼 후회하는 분이 아님이니라. 사람은 위협하나 굳게 서지 아니 하나이다"(1사무 15 : 23~29).[5] 사울에게 한 말씀은 "주께서 왕을 버려 이스라엘 왕이 되지 못하게 하셨나이다", "주께서 오늘 이스라엘 왕권을 왕의 손에서 떼어내시리라" 하였지만, 사울은 무려 40년 동안이나 이스라엘을 다스렸다. 이것은 다윗이 왕위에 있던 것과 같은 기간이다. 사울이 이 말씀을 들은 것은 재위 초기였다. 따라서 이 말씀은 앞으로 사울 집안에서는 왕이 나지 않으리라는 것이며, 우리가 그 대신 다윗의 후손들을 돌이켜보도록 하기 위함이었다. 바로 이 다윗의 혈통에서 하느님과 인간의 중보자이신 그리스도 예수(1디모 2 : 5)가 나셨다.

여기서 인용하는 히브리어 성경에는 라틴어 사본에 나오는 대로 "주께서는 이스라엘 나라를 그대에게서 찢어내시었나이다"라고 되어 있지 않다. 그리스어 본문에는 "주께서 이스라엘에서 왕의 손에서 나라를 떼어"라고 되어 있다. 이

---

*5 이 '1사무'의 인용에서 맨 끝 문장은 70인역에나 개역 성경에 없다.

표현은 "왕의 손에서" "이스라엘로부터" 왕권을 떼어 내셨음을 밝히려는 것이다. 저 사람은 이스라엘을 나타내는 대표였고, 우리 주 그리스도 예수께서 새 언약에 의해서 육신을 따르지 않고 영적으로 다스리게 될 때, 이스라엘 백성은 권력을 잃게 되리라고 정해진 것이다. 사울에게 "왕보다 나은 왕의 이웃에게 주실 것"이라고 했는데 이 말은 혈연 관계를 말씀하신 것이다. 그리스도 또한 사울과 마찬가지로 이스라엘의 후예였기 때문이다. 그런데 그 뒤에 있는 표현, bono super te는 "왕보다 나은"이라고 풀이하며 또 그렇게 옮길 수도 있는 것이 사실이지만, "선하며 왕보다 상위에 있는"이라고 받아들이는 편이 낫기도 하다. 이 원수들 가운데는 이스라엘도 들어 있었고 박해자인 그들에게서 그리스도는 나라를 떼어 내신 것과 다름없다. 그러므로 "그는 선하므로, 따라서 왕보다 상위에 있으므로"라는 뜻이며, 예언자가 "내 오른편에 앉아 있어라. 내가 네 원수들을 네 발판으로 삼을 때" 한 말씀과도 일치한다(시편 110 : 1). 하지만 마치 쭉정이들 속에 알곡 하나가 들어 있듯이 "거짓이 조금도 없는"(요한 1 : 47) 이스라엘 사람도 있었다. 사도들도 이스라엘 출신이었으며 스테반을 비롯한 많은 순교자들 또한 그들 가운데서 나타났다. 사도 바울이 개종한 것을 듣고 "내가 하는 일을 두고 하느님을 찬양하였습니다" 한 많은 교회들도 이스라엘 사람들이었다(갈라 1 : 24).

나는 뒤이어 나오는 말씀, "이스라엘은 둘로 쪼개지리라" 또한 이 일과 연관 지어 이해하는 편이 올바르다는 것을 의심하지 않는다. 달리 말하면 그리스도의 원수인 이스라엘과 그리스도에게 충성을 다하는 이스라엘, 즉 여종에게 속한 이스라엘과 자유로운 여인에게 속한 이스라엘로 나뉜다. 이 두 이스라엘은 처음에는 섞여 있었다. 마치 아이를 낳지 못하던 여인이 그리스도의 은혜로 자식을 낳은 뒤에 "그 계집종과 아들을 내쫓아 주십시오" 부르짖을 때까지(창세 21 : 10), 아브라함이 계집종과 이어져 있던 것과 같다. 물론 우리는 솔로몬의 죄 때문에 이스라엘이 그의 아들 르호보암왕 통치 아래서 둘로 갈라져 저마다 다른 왕의 지배를 받았다. 그러다가 갈대아의 침략을 받아 온 민족 전체가 비참하게 몰락해 강제로 끌려갔다. 그러나 이것이 사울과 무슨 관계가 있는가? 만약 경고를 한다면 사울보다도 오히려 다윗에게 해야 하리라. 죄를 지은 솔로몬은 다윗의 아들이었기 때문이다.

오늘날 히브리 민족은 자기네끼리 분열되어 있는 것이 아니고 세계 곳곳에 흩어져 있지만, 잘못을 저지르고 있는 점은 마찬가지이다. 하느님이 사울에게 한 경고인 분열이 곧 그 나라, 바로 백성들에게 내린 것이다. 사울은 그 왕권과 백성을 상징적으로 나타내고 있었을 뿐이다. "주는 돌이키거나 후회함이 없으시니 그는 사람이 후회함 같지 않으심이라 사람은 위협하나 굳게 서지 아니하느니라." 다시 말하면 사람은 위협하나 굳게 서지 않지만 하느님은 그렇지 않으시다. 그 까닭은 사람처럼 후회하시지 않기 때문이다. 왜 사람을 만들었던가 하는 생각에 마음이 아프셨다는 구절이 성경에 있으나(창세 6:6) 이는 신적 예지가 변함없이 존재하는 가운데 세상의 변함을 뜻한다. 그러므로 하느님이 후회하시지 않는다고 하는 것은 그가 변하시지 않는다는 뜻이다.

때문에 이 말씀을 볼 때, 하느님은 이스라엘 백성의 분열에 대해서 절대로 꺾을 수 없으며 완전히 영구한 선언을 하신 것을 알 수 있다. 물론 그 백성들 가운데서 그리스도에게로 옮겨왔거나 지금 옮겨오고 있는 사람이나 앞으로 올 사람들은 하느님의 예지나 또는 인류의 공통된 본성에 따라서 이스라엘 족속에 속하지 않은 사람들이다. 그뿐 아니라, 그리스도에게 충성하며 그리스도와 끊임없이 이어져 있는 이스라엘 사람들은 누구를 떠나 그리스도를 적대시하는 사람들과 결코 하나가 되지 않을 것이다. 오히려 그들은 사무엘의 예언처럼 분열된 채로 영원히 갈라져 있을 것이다. 시내산에서 비롯된 "노예가 될 자를 낳은"(갈라 4:24) 옛 언약은 새 언약을 증언하는 것 말고는 아무런 이익을 끼치지 못하기 때문이다. "그러나 오늘날까지도 모세의 율법을 읽을 때마다 그들의 마음은 여전히 너울로 가리워져 있습니다. 이 너울은 모세의 경우처럼 사람이 삶을 마치고 주님께로 돌아갈 때에 비로소 벗겨집니다"(2고린 3:15~16).

개종하는 사람들의 목적이 구약에서 신약으로 바뀌며, 더는 육적 행복을 바라지 않고 영적 행복을 원하게 된다. 그렇기 때문에 위대한 예언자 사무엘은 사울에게 기름을 부어 왕으로 세우기 전에 이스라엘을 위해 하느님에게 부르짖었으며, 하느님은 그의 기도를 들어주셨다. 또 이스라엘이 온전한 번제를 드렸을 때 이방인들이 하느님의 백성에게 싸움을 걸었으나, 주께서 그들 위에 큰 우레를 보내서서 그들을 혼란에 빠뜨려 넘어지게 하시고 이스라엘 앞에서 패하게 만드셨다. 그때 사무엘은 돌을 하나 가져다가 미스바와 센 사이에 세우고 에벤에셀이라고 불렀으니, 우리말로 하면 "도움의 돌"이라는 뜻이며, 그는 "주님께서 여기에 이르기까지 우리를 도우셨다" 했다(1사무 7:9~12). 미스바는 "목적"이라는 뜻이다.*6 육욕적 왕국에서 덧없이 육욕적 행복만을 따르던 목적에서 새 언약을 따라 하늘 나라에서 가장 참된 영적 행복을 찾는 목적으로 넘어가야 한다. 이 행복보다 더 좋은 일이 없기 때문에 하느님께서는 우리가 여기까지 이르도록 도와주신다.

제8장 다윗에게 주어진 약속

이제 하느님이 사울의 왕권을 이은 다윗에게 주신 약속을 설명하고자 한다. 이 약속은 여기서 논하는 문제와 관련해 매우 중요하다. 다윗은 사울의 뒤를 이어 왕권을 잡았는데, 하느님은 남기신 모든 말씀과 기록으로 변화가 예시했던 최후의 변화를 마침내 드러내셨다. 다윗 왕은 크게 번영을 이룬 뒤 하느님을 위해서 집을 지으려고 생각했다. 그것은 뒷날 솔로몬 왕이 지은 저 유명한 성전과 같은 것이었다. 다윗이 이런 생각을 품을 즈음에 하느님의 말씀이 예언자 나단에게 내려, 왕에게 전달하라고 하셨다. 하느님은 당신에게 집을 지어 바칠 인물이 다윗이 아니라고 말씀하셨고, 그동안 누구에게도 당신을 위해서 백향목 집을 지으라고 지시하신 일이 없었다고 하셨다. "너는 이제 나의 종 다윗에게 만군의 야훼가 내리는 말이라며 일러주어라. '나는 양떼를 따라다니던 너를 목장에서 데려다가 내 백성 이스라엘의 영도자로 삼았다. 그리고 나는 네가 어디를 가든지 너와 함께 있으면서 모든 원수들을 네 앞에서 쓰러트렸다. 세상에서 이름난 어떤 위인 못지않게 네 이름을 떨치게 해주리라. 또 나는 내 백성 이스라엘이 머무를 곳을 정해 주어 그곳에 뿌리를 박고 전처럼 악한들에게 억압당하는 일이 없이 안심하고 살게 하리라. 지난날 내가 위정자들을 시켜 내 백성 이스라엘을 다스리게 하던 때와는 다르게 너희들을 모두 원수에게서 구해 내어 평안하게 하리라. 나 주님이 한 왕조를 일으켜 너희를 위대하게 만들어 주리라. 네가 살 만큼 다 살고 조상들 옆에 누워 잠든 다음에, 네 몸에서 난 자식 하나를 후계자로 삼을 터이니 그가 국권을 튼튼히 하고 나에게 집을 지어 바쳐 나의 이름을 빛낼 것이며, 나는 그의 나라를 영원히 든든하게 다지리라. 내가 친히 그의 아비가 되고 그는 내 아들이 되리라. 만일 그가 죄를 지으면 나는 사람이 제 자식을 매와 채찍으로 벌하듯 치리라. 그러나 내가 일찍

---

*6 미스바는 흔히 "망대"라고 옮긴다. 도움의 돌은 구주의 개입을 의미하며, 이 개입에 의해서 사람은 옛 미스바로부터 새 미스바로 넘어가야 한다.

이 사울에게서 내 사랑을 거두었지만 그에게서는 내 사랑을 거두지 않으리라. 네 왕조, 네 나라는 내 앞에서 길이 뻗어나갈 것이며 네 왕위는 영원히 흔들리지 아니하리라"(2사무 7 : 8~16).

이 거창한 약속이 솔로몬에게서 이루어졌다고 생각하는 사람이 있다면 큰 잘못이다. "나에게 집을 지어 바쳐"라는 말씀만을 보고, "그의 집이 내게 충성하며 그의 나라가 내 앞에서 영원히 보전하리라"는 말씀을 무시했기 때문이다. 솔로몬의 집안에는 거짓 신들을 섬기는 외국 여자들로 가득했고, 전에는 지혜로웠던 솔로몬조차 그 여자들 유혹에 빠져 타락함으로써 똑같은 우상숭배에 빠졌다는 사실을 염두에 두라. 그리고 하느님의 이 약속이 거짓이었다고 감히 생각하지 말 것이며, 솔로몬과 그 집이 이렇게 될 줄을 하느님이 모르셨다는 무엄한 생각 또한 하지 마라. 우리가 비록 이 일들이 우리 주 그리스도 안에서—육신으로는 다윗의 후손이었던 그리스도에게서 이루어졌다는 것을 이미 알고 있지 않다고 하더라도 솔로몬에 대한 일은 조금도 의심해서는 안 된다. 그 모든 것이 육신으로는 다윗의 후손에서 나온 우리 주 그리스도 안에서 이미 완벽하게 이루어지고 있음을 우리가 보지 못하고, 의심에 사로잡힌 채 육적 욕망에 따라 사는 유대인들처럼 이 모든 일이 다른 어떤 사람에게서 이루어질 것이라고 찾아다닌다면 그만큼 무익하고 헛된 일은 없으리라. 유대인들도 이 구절에서 읽는 바와 같이 다윗의 약속된 아들이 솔로몬이 아니었다고 이해하지만, 약속된 분이 이미 뚜렷하게 드러나고 선포되었는데도 그들의 눈은 놀라울 만큼 어두워져 오늘도 다른 사람이 나타나기를 기다리고 있다.

솔로몬에게도 앞으로 일어날 일들이 얼마쯤 반영되기는 했다. 그는 성전을 지었고 "평화롭게 하는 자"라는 뜻인 그의 이름에 어울리는 평화를 누리기도 했다. 그러나 그 또한 앞으로 주 그리스도가 오실 것을 상징했을 뿐 그리스도를 우리에게 보여주지는 못했다. 그렇기 때문에 어떤 일들은 솔로몬 자신에 대한 예언처럼 기록되었고, 그 기록들은 어쩌면 그리스도에 대해 뭔가 예언적 의미를 담고 있는 듯 보이기도 한다. 그가 어떻게 나라를 다스렸는지 기록한 역사서 말고도 시편 제72편은 그의 이름으로 제목을 붙이고 있다. 하지만 이 시는 그 한 사람에게 해당하는 내용은 아니며 주 그리스도에게 적용되는 것이 틀림없다. 그래서 솔로몬은 비록 훌륭하기는 했지만 그리스도가 참된 원본이시고 그는 그림자 같은 사본이라는 것이 매우 뚜렷하다. 예컨대 솔로몬 왕국의 국경은 잘 알려진 사실인데, 이 시편에서는 다른 점들은 말하지 않더라도 "바다에서 바다에 이르기까지 이 강에서 저 땅 끝에 이르기까지 다스리시니"(시편 72 : 8) 한다. 이것은 그리스도에게서 실현된 일임을 우리는 보고 있다. 그리스도는 강에서부터 그 통치를 시작하셨는데, 요한에게서 세례를 받으신 그 강에서 처음으로 제자들에게 알려지기 시작했기 때문이다. 그들은 그를 "선생"이라고 할 뿐 아니라 또한 "주"라고 부르는 데에 이르렀다.

솔로몬은 아버지인 다윗 왕이 아직 살아 있을 때 왕위에 올랐는데, 이는 그 나라 왕들 사이에 전례가 없는 일이었다. 이 사실은 하느님이 다윗에게 주신 예언에 있는 사람이 솔로몬이 아니라는 것을 매우 뚜렷하게 알려준다. "네가 살 만큼 다 살고 조상들 옆에 누워 잠든 다음, 네 몸에서 난 자식 하나를 후계자로 삼을 터이니 그가 국권을 튼튼히 하고" 이 말씀과 그 다음에 "나에게 집을 지어 바쳐 나의 이름을 빛낼 것이며" 한 말씀이 있다고 해서 어떻게 이 말씀이 솔로몬에 대한 예언이라고 할 수 있는가?

조금 앞서 나온 "네가 살 만큼 다 살고 조상들 옆에 누워 잠든 다음, 네 몸에서 난 자식 하나를 후계자로 삼을 터이니 그가 국권을 튼튼히 하고" 이 말씀은 평화롭게 하는 또 다른 사람에 대한 예언이며, 그는 다윗이 죽기 전이 아니라 죽은 뒤에 왕위에 오르리라는 말씀이다. 예수 그리스도가 오실 때까지 그 뒤로 긴 세월이 흐르겠지만, 그것이 다윗 왕이 죽은 뒤일 것이라는 데는 의심할 여지가 없다. 그가 죽은 뒤에 하느님을 위해서 집을 짓는 사람이 올 것이며, 나무나 돌로 된 집이 아니라 사람으로 지은 집, 우리가 지금 그 지어지는 것을 보고 기뻐하는 그런 집이다. 이 집에 대해 그리스도를 믿는 모든 사람들에게 사도는 이렇게 말한다. "하느님의 성전은 거룩하며 여러분 자신이 바로 하느님의 성전이기 때문입니다"(1고린 3 : 17).

제9장 시편 제89편에 나오는 그리스도에 대한 예언[*7]

이 때문에 시편 89편에도 다윗 왕에게 내린 하느님의 약속이 언급되어 있다. 이 시편에는 "이스라엘 사람 에단의 교훈"이라는 제목이 붙어 있는데, 거기에

[*7] 70인역의 시편 88편은 개역성경에서 시편 89편이다. 그리고 개역성경에 '사무엘 상하'와 '열왕기 상하'는 70인역에서 "제1, 제2, 제3, 제4 열국기"로 되어 있으며, 개역성경의 역대기는 빠뜨린 것의 보충으로 되어 있다.

있는 어떤 말씀은 열국기에 있는 것과 같다. "나는 내가 뽑은 자와 계약을 맺고 나의 종 다윗에게 맹세하였다. '내가 너를 왕위에 앉히고 네 후손 대대로 왕노릇을 하게 하리라'"(시편 89 : 3~4).

또 "그때, 당신께서 스스로 모습을 나타내시어 당신의 아들들에게 말씀하셨습니다. '나는 내 백성의 막내둥이를 들어 높이고 그 용사에게 면류관을 씌워 주었다. 나는 나의 종 다윗을 찾아내어 나의 거룩한 기름을 그에게 부어주었다. 내가 손으로 그를 돕겠고 내 팔로 그를 강하게 하리니, 원수가 그를 당해내지 못하고 간악한 자도 그를 괴롭히지 못하리라. 내가 그의 면전에서 그의 적들을 짓부수고 그 원수를 쳐부수리라. 나의 진실과 자비가 그의 곁에 있으리니 그가 내 이름으로 나팔을 높이 들리라. 내가 그의 손을 바다까지 닿게 하고 그 오른손을 뻗어 강들을 다스리게 하리니 그는 나를 불러 당신은 나의 아버지, 나의 하느님, 내 구원이십니다 말하리라. 또한 나는 그를 맏아들로 삼아 세상 임금 중에 가장 높은 임금으로 세우리라. 그에 대한 나의 자비는 영원하리니 그와 맺은 나의 계약, 성실하게 지키리라. 길이길이 그의 후손을 이어주리니, 그의 왕조는 하늘이 무너지기까지 이어가리라'"(시편 89 : 19~29).

이 모두를 올바르게만 이해한다면 처녀의 몸에서 태어난 다윗의 자손에 속하는 같은 중재자(예수)가 취한 종의 모습 때문에, 다윗의 이름으로 주 예수를 이야기하고 있다고 이해할 수가 있다.

그 다음에 다윗 아들들의 죄상을 이야기하는데, 열국기에 있는 것과 거의 같은 내용으로 얼핏보면 솔로몬을 가리키는 말 같다. 하지만 그렇게 생각하는 것은 성급한 결론이다. 열국기에서 그리스도는 말씀하시기를 "내가 친히 그의 아비가 되고 그는 내 아들이 되리라. 만일 그가 죄를 지으면, 나는 사내들의 회초리와 사람의 손길로 그가 잘못을 깨닫게 하리라. 그러나 내가 일찍이 사울에게서 내 자비를 거두었지만 그에게는 그렇게 하지 않으리라"(2사무 7 : 14~15) 하셨다. 여기서 채찍은 바로 비난에 의한 타격을 의미한다. 그래서 "내가 기름부은 자들을 건드리지 말고 나의 예언자들을 해치지 마라"(시편 105 : 15) 했는데, 이것은 "상처를 입혀서는 안 된다"라는 그런 뜻이다. 하지만 시편에서는 다윗을 다투고 있는 것처럼 하면서 같은 말을 하고 있는 것이다. "만일 그의 자손이 나의 법을 저버리고 내 계명을 따라 살지 않으면, 또 내 명을 어기고 정해 준 법도를 지키지 않는다면 나는 그 죄를 채찍으로 다스리고 그 잘못을 매로써 치리라. 그러나 사랑만은 거두지 않으리라"(시편 89 : 30~33). 그의 아들에 대해서 이야기하면서, '그들로부터'라고 말하지 않고, 또 다윗 자신에 대해서 이야기하는 것도 아니고, '그로부터'라고 말하고 있다는 것을 잘 이해하지 않으면 안 된다. 왜냐하면, 하느님의 자비는 유지되면서도 인간의 비난에 따라 고쳐져야 할 그 어떤 죄도, 교회의 머리인 그리스도 자신에게서는 찾아볼 수 없기 때문이다. 오히려 죄가 발견되는 것은 그 신체 내지 지체, 곧 그의 백성이다. 그러므로 열국기에서는 저(그)의 부정(不正)이라고 하고, 시편에서는 "저희들의(그들의) 불의(不義)"라고 한다. 그의 몸에 대해서 하는 말씀은 그 자신에 대한 말씀과 같다는 것을 우리에게 알리려는 것이다. 그래서 그리스도께서는 그의 몸, 곧 그를 믿는 사람들을 박해하는 사울에게 하늘로부터 말씀하실 때에도 "사울아, 사울아, 네가 왜 나를 박해하느냐?" 하셨다(사도 9 : 4). 시편에서는 계속해서, "성실만은 지키리라. 맺은 계약, 틀림없이 지키고, 내 입으로 말한 것, 변경하지 않으리라. 나의 거룩함을 걸고 한 번 맹세하였거늘 내 어찌 다윗을 속이랴?" 즉 다윗에게 결코 거짓을 아니하시겠다고 하신다(시편 89 : 33~35). 그뿐아니라, 무슨 일에 대해서 거짓을 하지 않으실지를 덧붙이신다. "그의 후손은 길이길이 이어지고 그의 왕조, 내 앞에서 태양과 같으리라. 언제나 한결같은 저 달과 같이 하늘에서 진실된 증인이리라"(시편 89 : 36~37).

제10장 땅 위 예루살렘에서 일어난 일

확고하게 보장된 이 위대한 약속을 솔로몬에게서 이루었다고 생각하지 않게 하려고, 또 비록 그런 기대를 품더라도 그리 되지 않으리라는 사실을 알리기 위해 시편은 "그러나 주께서 그를 버리셨고 멸시하셨나이다" 한다. 이 말씀처럼 솔로몬의 나라는 그 후손들 때 그리 되었는데, 수도였던 땅 위 예루살렘이 멸망했으며, 솔로몬이 지은 성전은 파괴되어 버렸다. 그러나 하느님이 약속을 어기셨다고 생각하지 않도록 "당신께서는 격노하시어 기름 부어 세우신 임금을 물리치셨습니다."(시편 89 : 38, 70인역) 이렇게 덧붙인다. ('기름 부음을 받은 이'라고 옮겨진 말은 본디 한 단어로서[요한 1 : 41 ; 4 : 25] 히브리어로 '메시아', 그리스어로 '그리스도'라고 한다).

만약 기름 부음 받아 왕이 된 모두를 '기름 부음 받은 자'로 불렀다면, 이는 다윗 왕이 아닌 사울에서부터 시작한 것으로 보아야 한다. 신비적인 기름을 부어 성별(聖別)된 왕들은 다윗 왕 때뿐 아니라 그 뒤에도 모두 주의 '기름 부음 받은 자', '그리스도'라고 불렀고, 이스라엘 백성의 첫 왕으로서 처음으로 기름 부음을 받은 사울 왕 때에도 그러했기 때문이다. 그래서 다윗도 사울을 주의 기름부음 받은 자라고 불렀다(1사무 24 : 7). 그러나 참으로 기름 부음 받은 이는 단 한 분 그리스도뿐이었고, 왕들은 예언적 의미를 담은 기름 부음 받음으로써 그를 상징적으로 나타냈을 뿐이다. 다윗이나 솔로몬에게서 그리스도를 알아보아야 한다고 생각하는 사람들의 견해에 비추어 본다면 그분의 등장은 아주 먼 뒷날로 미루어진 셈이다. 그러나 하느님의 계획으로서는 그가 제때 오실 것으로 이미 준비되어 있었다.

지상 예루살렘의 왕국을 반드시 다스리게 되리라고 기대된 기름 부음 받은 이의 강림이 늦춰지는 동안에, 그 나라에 어떤 일이 있었는가에 대해 시편은 다음처럼 덧붙인다. "당신의 종과 맺으신 계약을 파기하시고 그의 왕관을 땅에 던지셨습니다. 성벽을 모조리 허무시고 요새들은 돌무더기로 만드셨으니 지나는 사람마다 마구 빼앗아가고 이웃 백성들이 모욕합니다. 적들의 오른손을 높이 들어주시니 원수들이 좋아서 기뻐합니다. 그의 칼을 무디게 하셨으며 전장에서도 그를 돕지 않으셨습니다. 그의 영광을 그치게 하시고 그의 어좌를 땅바닥에 내던지며 엎으셨습니다. 때가 되기도 전에 먼저 늙게 하시고 그를 부끄러움으로 덮으셨습니다"(시편 89 : 39~45).

이 모든 일들은 여종인 예루살렘에 실제로 일어났는데 거기에서는 자유로운 아들들 또한 지배하고 있었다. 그들은 임시로 나라를 차지해서 하늘 예루살렘의 아들들로서 참된 믿음을 품고, 참 그리스도에게 소망을 두었다. 천상 예루살렘에 저런 일들이 어떻게 일어났는지에 대해서는 역사서를 읽으면 알 수 있다.

제11장 하느님의 백성 실체는 그리스도이다

이런 예언들을 다 이야기한 다음에 예언자는 하느님께 기도를 드렸다. "주여! 언제까지이옵니까? 영원히 숨어 계시렵니까? 언제까지 노기를 태우시렵니까?"(시편 89 : 46) 여기서는 '얼굴'이라는 말을 보충해야 할 것이다. 그런 예로서는 "주의 얼굴을 나에게서 언제까지 숨기시겠나이까?"(시편 13 : 1) 한 말씀이 있다. 그래서 어떤 사본에는 이 부분에서 "딴 데로 돌리다"가 아니라 "외면하다"

로 되어 있다. 하지만 이 구절은 "주께서 다윗에게 약속하신 자비를 단념하시다"라고 풀이할 수 있다. 다음에 '언제까지'는 '끝날 때까지'라는 뜻이다. 그런데 그 끝은 곧 마지막 날로, 어느 민족이 예수 그리스도를 믿게 될*8날을 뜻한다. 그때가 오기 전에 앞에서 시편 지은이가 한탄한 고난들이 일어나지 않으면 안되는 것이다. 그렇기 때문에 그 뒤에 "주의 노가 불붙듯 하오니 내 본질이*9무엇인지 기억하소서"로 이어지고 있다. 예수 자신이 그의 백성의 실체라고 이해하는 것이 가장 좋다.

그 다음에 "내 인생이 짧음을 기억하소서. 당신께서 만드신 이 인생의 덧없음을 기억하소서"(시편 89 : 47) 이렇게 적혀 있다. 이스라엘의 본질인 그분으로 인해 수많은 사람들을 해방시키지 않았더라면 모든 인생은 헛되이 창조되었으리라. 모든 사람들은 첫 인간의 범죄 때문에 진리로부터 허무 속으로 타락했고, 그래서 다른 시편 "사람은 한낱 숨결에 지나지 않는 것, 한평생이라야 지나가는 그림자입니다"(시편 144 : 4)라고 말한다. 그러나 하느님은 사람의 모든 아들들의 인생을 헛되이 창조하시지 않았다. 중보자이신 예수를 통해 많은 인생들을 허무에서 해방하고 있기 때문이다. 뿐만 아니라 벗어나지 못하리라고 미리 예고된 자들 또한 해방되어야 할 사람들의 이익을 위해서, 서로 반대되는 나라의 차이를 알리려고 그들을 지으셨다. 이것은 헛된 일은 아니었다. 이성적 피조물(인류) 전체를 포함한 매우 아름답고 더없이 의로운 계획안에서 이루어진 일이었다.

다음에는 이런 구절이 나온다. "어느 누가 영원히 살아 죽음을 만나지 않으리이까? 저승의 갈고랑이에서 제 목숨을 구할 자 있으리이까?"(시편 89 : 48). 이스라엘의 본질이며 다윗의 후손이신 그리스도 예수가 아니면 누가 그렇게 할 수 있는가? 사도는 이분에 대해 "그것은 죽은 자들 가운데서 다시 살아나신 그리스도에게 다시는 죽음이 그분을 지배하지 못하리라는 것을 우리가 알고 있기 때문입니다"(로마 6 : 9) 말하고 있다. 왜냐하면 그는 살아서 죽음을 보지

---

*8 세상 종말에 가서 최후 심판이 있기 전에 유대인들은 모두 그리스도를 믿게 되리라고 하는 기대에 대해서 아우구스티누스는 이 책 제20권 제29장에서 말라기 4 : 5~6을 근거로 삼고, 《Quaestiones Evangeliorum》 2, 33, 7에서 로마서 11 : 26을 근거로 삼았다.

*9 시편 89 : 47의 70인역에 있는 Hypostasis(존재)를 라틴어 성경에서 Substantia라고 옮긴 것인데, 아우구스티누스는 철학에서 말하는 본질적 존재라는 뜻으로 이해한다.

않을 것이며, 죽음 가운데서도 자기의 권능으로 자신의 영혼을 저승의 손아귀에서 빼앗으실 것이다. 그분이 저승에 내려간 까닭은 저승의 사슬로 묶여 있는 죽은 자들의 일부를 풀어주시기 위함이었다. 이 일에 대해서는 복음서에서 "나에게는 목숨을 바칠 권리도 다시 얻을 권리도 있다"(요한 10 : 18) 말한 힘에 따라 구출한 것이다.

제12장 하느님의 자비를 열망하는 자는 누구인가

그러나 이 시편의 나머지 부분은 다음처럼 되어 있다. "주여! 지난날의 당신 자애가 어디에 있사옵니까? 다윗에게 당신 자신을 걸고 맹세하신 그 굳은 약속은 어디에 있사옵니까? 주여! 당신의 종들이 받은 비난을 잊지 마소서. 그 이방인들이 행한 모욕들이 마음속에서 사무칩니다. 주여, 당신의 원수들이 저희를 비난하였습니다. 당신의 변화하심을 비난하였습니다"(시편 89 : 49~51). 마땅히 다음과 같은 문제가 생긴다. 이것은 다윗에 대해 이루어진 약속이 자기들에게 이루어질 것을 바라던, 저 이스라엘 사람들에 속하는 자에 의해서 이야기된 것인가, 그렇지 않으면 오히려, 육(肉)에 따른 것이 아닌 영에 의한 이스라엘 사람인 그리스도 신자에 속하는 이에 의해서 이야기된 것일까?

이 말씀은 시편의 제목에도 나와 있는 에단이라는 사람이 살던 시대에 쓰여진 것으로, 그때는 다윗이 다스리던 시대이기도 했다. "주여, 당신의 진실하심으로 다윗에게 맹세하신 그 예전 자비하심은 어디에 있나이까?" 이 말은 훨씬 뒤에 나타난 사람들 가운데 누군가가 자기 예언 안에 옮긴 것이 아니라면 할 수 없는 말이다. 또 많은 민족들이 그리스도인들을 박해했을 때 그리스도의 수난을 그리스도 신자들은 비난한 것으로 이해할 수도 있다. 성경이 그리스도의 수난을 그리스도의 변화라고 하는 까닭은, 그가 죽음으로부터 부활하였기 때문이다. 이 해석에 따르면, 그리스도의 변화는 이스라엘에게 가해지는 비난이라고 할 수 있다. 이스라엘은 그리스도가 그들에게 속할 것이라 기대했는데 그리스도는 이방인들의 구세주가 되었고 이제 새 언약으로 그를 믿게 된 많은 민족들이 이 점에서 옛 언약을 지켜나가는 이스라엘 사람들을 비난하기 때문이다. "주여 주의 종들이 받은 훼방을 기억하소서" 한 말씀은 이런 뜻일 수도 있다. 하느님이 잊지 않으시고 그들에게 자비를 베푸시면, 이스라엘도 이런 비난을 받은 뒤에 그리스도를 믿게 될 터이기 때문이다.

이 두 풀이 가운데 나는 먼저 해석한 쪽이 더 알맞다고 생각한다. 왜냐하면 그리스도는 그들을 버리고 이방인 쪽으로 옮겼다 해서 그를 비난하고 있는 적에 대해서는 "주여, 주의 종들이 받은 훼방을 기억하소서" 하는 외침은 해당되지 않기 때문이다. 이런 유대인들을 하느님의 종들이라고 할 수는 없기 때문이다. 오히려 그 호칭은, 그리스도의 이름으로 심한 박해의 굴욕을 받았을 때도, 왕국이 다윗의 자손에게 약속되어 있다는 것을 떠올리고 그것을 동경하면서, 절망하는 일 없이, 간절히 바라면서, "주여, 주의 성실하심으로 다윗에게 맹세하신 지난날의 자비는 어디 있나이까. 당신의 종들이 받은 고통을 기억하소서. 많은 민족의 비난을 참으면서 마음속 깊이 간직하였사오니, 주여, 이 비난은 주의 원수가 그리스도의 변화를 훼방한 것이로소이다." 이렇게 말할 수 있는 자들에게 어울린다. 원수들은 그것을 그리스도의 변화가 아니라 파멸이라고 생각하는 것이다. "주여 기억하소서"란 무슨 뜻인가? 기억하시고 자비를 베푸셔서 저희가 참고 견딘 모욕 대신에, 주의 성실하심으로 다윗에게 맹세하신 그 언약으로 갚아주옵소서라는 뜻이리라.

만일 우리가 이 말씀을 유대인들에게 적용한다고 하면 예수 그리스도가 인간의 몸을 입고 태어나기 전에 지상의 예루살렘이 무너지고 외국에 포로로 잡혀간 하느님의 종들만이 그것을 말할 수 있는 것이 된다. 그들은 기름이 부어진 자(그리스도)의 바뀐 모습이라고 하는 것을, 솔로몬의 얼마 안 되는 기간 동안에 나타난 것과 같은 지상적, 육적인 행복이 아니라, 신앙으로 기대해야 할 하늘의 영적인 행복으로 이해하기 때문이다. 그 무렵에 그와 같은 행복을 모르는 신앙심 없는 이방인이, 하느님의 백성이 붙잡힌 것에 대해서 의기양양하게 생각하고 비난하고 있었을 때, 무지(無知)한 자가 지식 있는 자를 비난하듯이, 그들이 비난한 것은, 기름 부음을 받은 자의 변용이었다. 따라서 이에 이어지는 이 시편의 맺는 말은 "주님, 영원히 찬미받으소서. 아멘, 아멘"으로 되어 있다. 이 말은 하늘 예루살렘에 속하는 모든 하느님 백성이나, 새 언약이 계시되기 전에 옛 언약 안에 감춰져 있는 사람들, 또 새 언약이 계시된 지금 공개적으로 그리스도께 속한 것으로 알려진 모든 사람들에게 알맞다. 사실 다윗의 후손에게 주신 축복은 솔로몬 때처럼 어느 한 시기에만 나타난 일이 아니라 영원한 것이며, 그 소망을 확고히 품고 있기 때문에 "아멘 아멘" 부르짖는 것이다. 이 말의 되풀이가 그 희망의 확증이 된다.

그렇기 때문에 다윗은 이 점을 깨달았고 우리가 이 시편을 논하기 전에 본 열국기(=사무엘하)에서 다음과 같이 말한다. 주께서는 "당신은 당신의 종의 집을 위해 훨씬 훗날의 일을 말씀하셨습니다" 그리고 바로 뒤이어 "부디 종의 왕실에 복을 내려주시어 하느님 앞에 영원히 서게 해주십시오" 했다(2사무 7 : 19, 29).

그가 이렇게 말한 것은 그즈음 다윗은 아들을 낳을 참이었는데, 그 아들이 대를 이어 그리스도까지 이를 것이며, 이 그리스도를 통해서 그의 집이 영원한 하느님의 집이 되도록 한 것이다. 그것은 다윗의 후손이기 때문에 다윗의 집이지만 또 그것은 돌로 지어진 것이 아니라 사람들이 지은 하느님의 궁(宮)이기 때문에 하느님의 집이기도 하다. 거기에서는 백성이 영원히 하느님과 함께 그 하느님 안에 끝없이 살며, 하느님 또한 자기의 백성과 함께 백성 안에 사시는 것이다. 그 집에 하느님은 백성을 가득 채우시며, 백성은 하느님으로 충만하여 하느님이 만유의 주로서 만유 안에 계시게 되실 것이다(1고린 15 : 28). 하느님은 평화시에는 상(賞)이시며, 전쟁 때에는 힘이 되신다.

나단은 이것을 가리켜 "주가 또 네게 이르노니 주가 너를 위하여 집을 이루리라고 당신에게 알릴 것이다." 한 말은 뒤에 다윗의 말 안에서는 "만군의 주님 이스라엘의 하느님, 하느님께서 친히 이 종을 위해 집을 세워주시겠다고 밝히셨기에 이 종은 감히 이렇게 기도를 드립니다" 한다(2사무 7 : 11, 27). 이 집을 우리는 잘 살음으로써 세우고 하느님도 또한 우리가 잘 살 수 있도록 도우면 세우는 것이다. "주님께서 집을 세우지 아니하시면 집 짓는 자들의 수고가 헛되며, 주님께서 성을 지키지 아니하시면 파수꾼이 깨어 있는 것도 헛일"(시편 127 : 1)이기 때문이다. 이 집의 마지막으로 헌납할 때가 왔을 때 하느님이 나단의 입을 빌려 하신 말씀이 이어진다. "또 나는 내 백성 이스라엘이 머무를 곳을 정해 주어 그곳에 뿌리를 박고 전처럼 악한들에게 억압당하지 않고 안심하고 살게 하리라. 지난날 내가 위정자들을 시켜 내 백성 이스라엘을 다스리게 하던 때와 같지 않게 하고 너희들 모든 원수에게서 구해 내어 평안하게 하리라. 나 주님이 한 왕조를 일으켜 너희를 위대하게 만들어 주리라"(2사무 7 : 10~11).

제13장 평화 약속의 이룸

누군가 위대한 선을 현세에서 얻기를 기대하는 이가 있다면, 그는 어리석게도 성경을 잘못 알아들은 것이다. 솔로몬 왕의 평화로운 치세 가운데 이런 행복이 이루어졌다고 누가 생각하겠는가? 확실히 그 평화를 성경은 훌륭한 방법으로 그것을 미리 알리고 앞으로 올 그림자로서 말한다. 그러나 다음 말씀이 이 생각을 조심스럽게 막는다. "전처럼 악한들에게 억압당하는 일이 없이" 하신 뒤 곧 덧붙여 말씀하시기를, "내가 위정자들을 시켜 내 백성 이스라엘을 다스리게 하던 때와 같지 않게 하여 너희를 모든 원수에게서 구해내리라"(2사무 7 : 10~11) 이렇게 주께서 선언하셨다.

왕이 나타나기 전에는, 이스라엘 백성이 약속받은 땅을 얻었을 때, 사사들이 임명되었고, 그들은 왕들이 다스리기 전까지 활동했다. 물론 악한 이방의 적들이 일정 간격을 두고 이들을 괴롭혔으며, 그동안 평화와 전쟁이 번갈아 있었다. 하지만 그 시기에도 솔로몬이 왕위에 있었던 40년 동안보다 평화가 더 오래 이어진 때가 있었는데, 에훗이라는 사사가 다스릴 때에는 무려 80년 동안이나 평화가 이어졌다(판관 3 : 30).

따라서 이 약속으로 솔로몬 시대가 예고되었다고 믿는 것은 잘못이다. 또한 다른 어느 왕의 치세를 가리킨다고 하는 것은 더더욱 잘못이다. 다른 그 어떤 왕도 솔로몬만큼 평화롭게 나라를 다스린 왕이 없었고, 이스라엘 민족이 외적의 침범을 두려워하지 않을 만큼 튼튼한 왕국을 가졌던 것도 아니었다. 인간 세계에서 이 정도의 변화를 겪으면서, 적이 침입해 들어오는 것을 두려워하지 않아도 좋을 만큼의 안전이라고 하는 것은 그 어떤 백성에게도 일찍이 허용된 일은 없었기 때문이다. 따라서 그와 같이 평화롭고 안전한 곳으로서 약속된 장소는 영원하며, 또한 참다운 이스라엘 백성이 살아야 하는, 자유의 여인이자 어머니인 예루살렘 안에 있는 영원한 자들에게 그야말로 어울리는 곳이다. 이 이름(이스라엘)은 '하느님을 본다'는 뜻을 담기 때문이다. 우리는 이(하느님을 본다고 하는) 보답을 바라면서, 이 고생에 찬 순례 길에서, 신앙에 따른 경건한 삶을 살아가야 한다.

제14장 다윗과 시편

시간의 흐름을 타고 여러 시대를 지나면서 하느님의 나라는 앞으로 올 것의 그림자로써, 다시 말해 지상 예루살렘에서 다윗이 처음으로 다스렸다. 다윗은 음악에 조예가 깊은 사람이었다. 그의 음악은 세속적인 즐거움 때문이 아니라 믿음으로 위대한 일을 신비적으로 예시함으로써 참 하느님을 섬기기 위함이었다. 여러 음들을 잘 배열하고 결합해서 얻는 화음의 변화는 질서가 체계있게 잘 잡힌 도시의 단결을 나타낸다. 그의 예언은 거의 모두가 시로 이루어져 있으며, 그 가운데 150편이 우리가 시편이라고 부르는 구약 성경 부분에 실려 있다. 어떤 사람들은 제목에 다윗이라는 이름이 붙은 것만이 그가 쓴 작품이라고 하며, 또 어떤 사람들은 "다윗의 시"라고 하는 것이 그의 작품이고, "다윗을 위하여"라는 머리글이 붙어 있는 것은 다른 사람들이 마치 다윗의 작품처럼 문체를 따라 지은 것이라고 한다.

이런 생각은 복음서에 나오는 그리스도의 말씀으로 반박할 수 있는데, 주께서 직접 다윗이 성령의 감동으로 그리스도를 그의 주라고 했다고 하심으로써 부인하신다(마태 22 : 43~45). 시편 110편의 처음에 '내 오른편에 앉아 있어라. 내가 네 원수들을 네 발판으로 삼을 때'라고 했다. 이 시편 제목에는 "다윗의 시" 라고 하지 않고 여러 시편처럼 "다윗을 위한 시"라고 되어 있다.

그러나 나는 시편 150편을 모두 다윗의 것으로 여기며, 다윗이 시에 관계된 내용을 표시한 사람들의 이름도 제목에 올리고, 나머지 시들에는 어떤 이름도 넣지 않기로 정한 것이라는 견해가 더 믿을 만하다고 생각한다. 그는 하느님께 영감을 받아 이 시편들을 정리했으며, 이 일은 아무리 수수께끼처럼 생각되더라도 확실히 의미가 있다. 다윗보다 한결 뒤에 살았던 예언자들의 이름이 간혹 시편 제목에 있다고 해서, *10그것들이 다윗의 작품이 아닐 것이라 의심해서는 안 된다. 예언의 영은 충분히 미래에 있을 예언자들의 이름까지도 계시하실 수 있었을 것이며, 다윗 왕이 예언했을 때도 마찬가지였다. 예언의 영은 다윗 왕으로 하여금 그들에게 마땅한 일을 예언적으로 노래하게 하신 것이다. 한 예로, 한 예언자는 요시아 왕이 300여 년 뒤에 왕위에 올라 그때부터 행할 일들을 예언했다(1열왕 13 : 2 ; 2열왕 23 : 15~17).

---

*10 70인역에서 시편 137(138) 및 145(146)~148편은 학개와 스가랴가 지은 것으로 표시되어 있다.

제15장 이 책에서 시편을 모두 이야기할 수는 없다

이제 시편에서 그리스도 또는 교회에 대해 다윗이 무엇을 예언한 것인지 이 책에서 모두 밝혀내기를 기대하고 있으리라. 하지만 나는 시 한 편에 대해서는 이미 그렇게 했지만, 이러한 기대를 모두 만족시킬 수는 없다. 자료가 부족하기 때문이 아니라 너무나 많기 때문이다. 길고 지루한 논란을 만들지 않기 위해서라도 그 모든 내용을 포함하지 않으려 한다. 그러나 만일 어느 한 부분만 고른다면 내용을 아는 많은 사람들이 볼 때 좀 더 중요한 부분들을 빠뜨린 것처럼 생각할지도 모른다. 또 증거를 제시할 때에는 시 전편의 문맥에 따라 그 내용을 뒷받침해야 하며, 모든 것을 입증하지는 못할지라도 적어도 그 증거를 반박하는 일은 없어야 한다. 그렇지 않으면 마치 우리가 바라는 주제를 두고 거기에 어울리는 구절들만 추려 뽑아서 책을 엮는 표절 작품을 만드는 결과를 낳을 것이다.*11 시편의 어느 한 부분을 밝히기 위해서는 전체를 설명해야만 할지도 모른다. 이것이 얼마나 수고로우며 거창한 작업이 될 것인가는, 이런 계획을 실천한 다른 저자들과 우리 자신의 저서들이 똑똑히 알려 준다. 만일 읽고 싶거나 읽을 기회가 있다면 이러한 대작들을 꼭 읽기 바란다. 그러면 예언자이기도 했던 다윗 왕이 그리스도와 그의 교회, 다시 말하면 왕과 그가 세운 나라에 대해 얼마나 재치 있고 훌륭한 예언을 많이 했는지 잘 알게 되리라.

제16장 시편 제45편 해석

어떤 사실에 대한 구체적이고 분명한 예언들 말고도 거기에는 비유적인 말들이 섞여 있는데, 학자들은 이해력이 부족한 사람들을 위해서 그런 예언들을 분석하여 풀이할 의무가 있다. 어떤 예언들은 한 번만 읽어 보아도 곧 그리스도와 교회에 관련한 내용임을 알 수 있다. 하지만 이런 예언에도 쉽게 이해되지 않는 부분들이 있어서 구체적으로 설명할 필요가 있다. 예를 들어 시편에 이런 말씀이 나온다. "내 마음에서 좋은 것이 부풀어 올라 내가 그것을 말로 다듬어 나의 왕에게 바치리니, 내 혀는 하나의 펜이 되어 빠르게 글을 써 내려 가리라. 당신께선 사람의 아들들보다 수려하시며, 고마운 말씀 입에 머금었으니, 영원히 하느님께 복받으신 분, 허리에 칼을 차고, 보무도 당당하게

---

*11 이러한 편찬물의 예를 하나 들자면 4세기 Proba라는 사람이 베르길리우스 장편 서사시 《아이네이스》에서 문장과 표현들을 수집하여 그리스도의 삶을 그린 서사시를 만든 것이다.

나서시라. 진실을 지키고 정의를 세우시라. 당신의 오른팔 무섭게 위세를 떨치시라. 그 날카로운 화살이 적의 심장을 꿰뚫으면, 모두가 당신 발 아래 엎드러지리이다. 하느님의 영원한 옥좌에 앉으신 임금님, 당신의 왕권은 정의의 왕권입니다. 당신은 정의를 사랑하고 악을 미워하시기에, 하느님, 당신의 하느님께서 즐거움의 기름을, 다른 사람은 제쳐놓고 당신에게 부으셨습니다. 몰약(沒藥)과 침향(沈香)과 계피(桂皮) 당신 옷들이 향내를 피우고, 상아궁에서 흘러나오는 현악 소리도 흥겹습니다. 당신의 사랑을 받는 여인들 가운데에는 외국의 공주들도 있고, 오빌의 황금으로 단장한 왕후는 당신 오른편에 서 있습니다"(시편 45 : 1~9).

이해력이 부족한 사람일지라도 우리가 말하며 믿고 있는 대상이 그리스도를 가리킨다는 사실을 모르지는 않으리라. 하느님의 왕좌가 영원하다는 말이나 하느님에게 기름 부음 받은 이, 즉 눈에 보이는 기름이 아닌, 영적이며 지성적인 기름을 부음 받은 이라는 말을 듣지 못했는가? 그리스도라는 칭호가 그리슴(chrism), 곧 거룩한 기름으로 부음을 받았다는 데서 비롯한 것을 모를 만큼, 그리스도교를 모르거나 널리 알려진 그 이름을 들어보지 못한 사람이 있는가? 시편이 그리스도 왕을 나타내기 위해 씌어졌음을 깨닫고 난다면, 그 밖의 이야기들을 이해할 수 있다. 즉 그의 아름다움이 사람의 아들들을 뛰어넘으며, 그 아름다움도 육체의 아름다움이 아니므로 더욱 사랑과 존경을 받을 만한 것임을 이해할 수 있다. 또 그의 칼과 화살, 그 밖에도 단순한 글이 아니라 비유적으로 표현된 말들의 자세한 뜻을 깨닫게 되는 것이다. 하느님의 백성이 된 사람이라면 진리와 온정과 정의를 다스리기 위해 마련된, 이 구절에 있는 다른 비유적 표현들을 여유를 갖고 천천히 살펴보라.

그리고 이어서 그리스도의 교회를 생각해 보라. 이렇듯 위대한 남편이신 하느님과 신성한 사랑으로 영적 결혼을 한 교회에 대해서 다음과 같은 말씀이 있다. "금으로 수를 놓은 예복을 입고 오색 띠를 두른 왕후는 왕의 오른쪽에 서 있도다. 내 딸아, 들어라. 잘 보고 네 귀를 기울여라. 네 겨레와 아비의 집안은 잊어버려라. 너의 낭군, 너의 임금이 너의 아름다움을 사랑하리라. 그는 너의 주님이시니 그 앞에 꿇어 절하여라. 때로는 사람들이 선물을 들고 오고, 부호들은 너에게 총애를 받으려고 몰려들리라. 호화스런 칠보로 단장한 공주여, 화사한 옷을 걸쳐 입고, 들러리 처녀들 거느리고 왕 앞으로 오라. 모두들 기뻐하고 즐거워하며 이끄는 그대로 왕궁으로 오라. 자손을 많이 낳아 조상의 뒤를 이으리니, 그들이 온 세상을 다스리게 되리라. 나는 당신 이름을 세세대대에 찬양하리이다. 뭇 백성이 당신 은덕을 길이길이 찬미하리이다"(시편 45 : 10~17).

이 글에서 그려내는 사람을 보통 여인이라고 생각할 만큼 어리석은 사람은 없으리라. 그 여인의 신랑에게 하는 말 가운데, "하느님의 영원한 옥좌에 앉으신 임금님, 당신의 왕권은 정의의 왕권입니다. 당신은 정의를 사랑하고 불의를 미워하시기에 하느님, 당신의 하느님께서 즐거움의 기름을, 다른 사람을 제쳐놓고 당신에게 부으셨습니다"(시편 45 : 6~7) 한다. 이분은 그리스도인들 위에 임명된 그리스도이시다. 온 세상 백성 사이에 있는 그의 제자들의 단결과 합의로 이 여왕이 일어나며, 다른 시편에서는 여왕을 "대왕의 나라"(시편 48 : 2)라고 부른다. 이 여왕은 영적으로 말하는 시온이며, 이 이름은 라틴어로 speculatio(발견)이라는 뜻이다. 이 여왕은 앞으로 올 시대의 고귀한 우수성을 내다보는 영적 의미의 예루살렘으로서, 우리는 이미 많은 것들에 대해 이야기했다. 그의 원수는 바빌론, 곧 악마의 도시이며, 그 이름은 "혼란"(창세 11 : 10)이라는 뜻이다. 이 여왕은 모든 민족 안에서 재생을 얻고 바빌론에서 벗어나, 가장 악한 왕의 손에서 가장 선한 왕의 손으로, 곧 악마로부터 그리스도에게로 옮겨간다. 이 때문에 여왕에게 "네 백성과 네 아비의 집을 잊어버리라" 말하는 것이다. 몸으로만 이스라엘 백성이고, 믿음으로는 그렇지 않은 사람들은 저 불경건한 도시의 일부이며 또한 이 위대한 왕과 왕후의 원수가 된다. 그리스도는 그들에게 오셨다가 그들에게 죽임 당하셨으며, 살아 있는 동안에는 알지 못했던 다른 사람들의 그리스도가 되셨다.

다른 시편에서 우리의 왕은 이렇게 예언하신다. "내 민족이 나를 거역하였을 때, 나를 그 손에서 건지셨고, 알지도 못하던 민족들이 나를 섬기도록 뭇 나라에 영도자로 세워주셨다. 이국의 백성들은 내 앞에 와서 귀 기울여 듣고, 무엇이든지 내가 시키는 대로 하게 되었다"(시편 18 : 43~44). 이방인들은 그리스도께서 육신을 입고 강림하셨을 때 그분을 알지 못했다. 그리스도가 그들에게 전해졌을 때 믿었으므로 "들어야 믿을 수 있고 그리스도를 알리는 말씀이 있어야 들을 수 있습니다" 한 말씀은 옳다. 믿음은 들음에서 나오기 때문이다(로마 10 : 17). 이 믿는 백성이야말로 혈통으로도, 믿음으로도 참된 이스라엘인이

라 할 만하며 진정한 하느님의 나라를 이룬다. 이 나라는 이스라엘 사람들만
으로 이루어졌을 때 육신의 그리스도를 낳은 곳이기도 했다. 그리스도께서 사
람이 되기 위해 혈육을 취한 동정녀 마리아도 그곳 출신이었다. 이 나라에 대
해서 다른 시에도 "시온은 사람마다 어머니라 부르리라. 모두 지극히 높으신
분에게서 태어났기 때문이다"(시편 87 : 5) 말씀하셨다. 지극히 높으신 분이 하
느님이 아니고 누구겠는가? 그래서 하느님인 그리스도께서는 마리아를 통해
사람이 되시기 훨씬 전에, 족장과 예언자들 안에서 이 나라를 세우셨다. 우리
는 오래전에 이 왕후에게 하느님의 나라에 대해서 예언된 일이 오늘 이루어지
는 것을 본다. "왕의 조상들 대신에 왕께 아들들이 나리니 왕이 저희로 온 세
계의 군왕을 삼으리라" 하신 말씀과 같이, 백성들이 그에게 달려와서 그의 이
름을 부르며, 영원한 삶을 믿고 찬양할 때, 그의 조상들처럼 온 땅의 지도자로
세워진 아버지들과 아들들이 있었다. 이제까지 한 이야기들은 조금은 비유적
이고 모호할 수 있으나, 어떻게 해석하든 간에 내가 여기서 지적한 뚜렷한 진
실들과 모두 일치되어야 한다.

제17장 시편 제110편과 제22편
앞서 인용한 시편에서 그리스도를 왕으로 선포하기도 하지만, 아주 드러내
어 공언하는 말로는 제사장이라고 한다. "주님께서 내 주께 선언하셨다. '내 오
른편에 앉아 있어라. 내가 네 원수들을 네 발판으로 삼을 때'"(시편 110 : 1). 그
리스도께서 아버지 오른편에 앉아 계신다는 것은 눈으로는 보지 못하지만 마
음으로 믿는 것이다. 그의 원수들을 그의 발판으로 삼았다는 증거는 아직 드
러나지 않았다. 하지만 그 일은 이제 이루어지고 있으며 마침내 드러날 것이다.
이것은 오늘은 믿음의 대상이지만, 나중에는 목격의 대상이 되리라. 그러나 그
다음에 있는 말씀, "주님께서 당신 권능의 막대를 시온으로부터 건네주시리니
당신께서는 원수들 가운데에서 다스리소서"(시편 110 : 2)는 너무도 분명해서,
이를 부정하는 사람은 믿음과 행복에 대한 소망이 없을 뿐 아니라 매우 어리
석은 사람임에 틀림없다. 그리스도의 법이 시온으로부터 나왔다는 것은 우리
의 원수들까지도 인정한다. 우리는 그의 권능의 막대를 보며 그것을 복음이라
고 부른다. 그가 당신의 원수들 가운데서 다스린다는 점에 대해서는, 그가 다
스리시는 원수들이 이를 갈며 사그라져가면서도 그에게 맞설 아무 힘이 없다

는 것을 증명한다.

조금 뒤에 있는 말씀, "주님께서 한번 맹세하셨으니 변치 않으시리라"(시편 110 : 4) 그 뒤에 덧붙이는 말로 그것이 영원불변할 것임을 넌지시 알린다. "너는 멜기세덱의 법통을 이은 영원한 사제이다"(시편 110 : 4). 이제는 아론의 후손 가운데 제사장직과 제사(sacrifice)가 아무 데도 없으며, 그리스도의 제사장직으로 제물을 드리는 그 제물이 멜기세덱이 아브라함을 축복했을 때에 드린 것임을(창세 14 : 18) 아는 우리로서는, 이 말씀이 누구에 대한 것인지 의심할 수 있겠는가?*12 이처럼 이 시편에서 조금은 모호하게 표현된 말들을 바르게 이해한다면 이로써 뚜렷한 해석이 되며 또한 내가 앞서 신도들에게 했던 설교에서*13 이미 이 문제를 다룬 바 있다. 그리스도께서 자기가 당하실 수난과 굴욕을 예언하신 다른 시편 가운데에도 이런 예가 있다. "손과 발이 마구 찔려, 죽음의 먼지 속에 던져진 이 몸은, 뼈 마디마디 드러나 셀 수 있는데"(시편 22 : 16~17). 이 말씀은 그리스도의 몸이 십자가 위에 벌려 눕혀진 뒤에 손과 발을 못으로 꿰뚫어 매달려 자신을 사람들에게 구경거리로 내어준 것을 나타낸다. 또한 덧붙여 이렇게 말한다. "겉옷은 저희끼리 나눠가지고 제 속옷을 놓고서는 주사위를 던졌습니다"(시편 22 : 18). 이 예언은 복음서가 전하는 대로 이루어졌다(마태 27 : 35 ; 요한 19 : 24). 우리는 여기에 뚜렷하게 나와 있지 않은 다른 부분들에 대해서도 제대로 이해할 수 있게 되는데, 그것은 이미 확실하게 밝혀진 말씀들과 똑같다. 특히 이미 지나간 일이라고 여기는 것들도, 오늘날 온 세계에서 우리 눈앞에 펼쳐지고 있음을 본다. 오래전에 기록된 예언들이 요즘 우리의 세상과 정확히 맞아 떨어지기 때문에 우리는 확신을 품게 된다. 같은 시편의 조금 뒤에 나오는 구절이 그렇다. "가난한 이들은 배불리 먹고 그분을 찾는 이들은 주님을 찬양하리라. 너희 마음 길이 살리라! 세상 끝이 모두 생각을 돌이켜 주님께 돌아오고 민족들의 모든 가문이 그분 앞에 경배하리니"(시편 22 : 27~28).

---

*12 멜기세덱이 아브라함에게 떡과 포도주를 대접한 것에 대해 성찬의 예표라고, 키프리아누스와 그 밖의 사람들이 해석했다.

*13 시편 110편에 대해 더 자세한 해석을 하는 설교는 예를 들면 《Nicene and Post Nicene Fathers》(First Series), VIII, 541~544에 있다.

제18장 시편 제3, 41, 16, 68편에 나오는 왕의 죽음과 부활 예언*14

그리스도의 부활에 대해서도 시편은 침묵하지 않는다. 시편 3편에 나오는 "자리에 들면 자나깨나 주님께서 이 몸을 붙들어주십니다"(시편 3 : 5). 이 말씀을 달리 어떻게 이해할 것인가? 주님이 잠들거나 깨어난 일을 예언자가 마치 굉장한 일처럼 우리에게 알리려는 것이라 믿는다면 어리석은 사람이리라. 여기서 잠은 곧 죽음을, 깨어났다는 것은 죽은 자 가운데서 살아남을 뜻한다. 예언자는 바로 이런 식으로 그리스도에 대해 예언한다.

이 점은 시편 41편에서 더 분명히 나타났다. 여기에서도 보통 때처럼 중개자 자신의 입으로 미래에 일어날 일들을 마치 과거에 있던 일을 이야기하듯 말한다. 이미 하느님의 예정과 예지로 결정된 것이므로 이미 일어난 일과 다르지 않기 때문이다. "원수들은 나를 보고, '저자가 언제 죽어서 그 이름이 사라질까?' 하며 찾아와서는 마음에도 없는 소리를 하고, 험담할 꼬투리를 찾아 나가기만 하면 떠들어댑니다. 모두들 내가 미워서 입을 모아 수군대며, 나의 불행을 궁리하여 나를 해칠 목적으로, '죽을 살이 뻗쳤구나. 병들어 영영 일어나지 못하리라' 합니다"(시편 41 : 5~8). 확실히 이런 말투를 접할 때 우리는 "저 자가 다시는 살아나지 못했으면 좋겠다" 이런 뜻으로 풀이하게 된다. 앞에 나온 구절에서 그의 원수들이 그를 죽이려 음모를 꾸미고 미리 준비했음을 알 수 있다. 찾아보러 들어왔다가 나가서는 배반한 것이다. 누가 여기서 그리스도의 제자였다가 배반자가 된 유다를 떠올리지 못하겠는가? 그들은 기어이 그분을 죽이고야 말지만, 그리스도는 부활할 것이므로 그와 같은 무익한 악의로 그를 죽이려 해봤자 아무런 소용이 없으리라는 점을 지적하기 위해 다음 구절을 덧붙인다. "너희 허무한 자들아, 무엇을 하려느냐? 너희가 범죄하는 것이 내게는 잠드는 것에 불과하리라." 그리고 그들이 그런 큰 죄를 지으면 무사하지 못하리라는 사실을 알리기 위해 또 이렇게 말씀하신다. "내가 신뢰하는, 내 빵을 먹던 벗들마저, 나를 대적하여 그 발꿈치를 들었나이다. 주님, 나를 불쌍히 여기시어 나를 일으켜주소서. 나는 저들에게 앙갚음하리이다"(시편 41 : 9~10). 그리스도의 수난과 부활 뒤에 유대인들이 전쟁에 따른 살육과 파괴로 자기네 땅에서 완전히 쫓겨난 사실을 보고도 누가 이 예언을 부인할 수 있겠는가? 그들에게 죽임

_____

*14 이 시편들은 개역 성경에서 각각 제3, 제40, 제16, 제68편이다.

당했지만 그리스도는 부활하심으로써 그들에게 한때의 징계로 보복을 내리셨다. 한때라는 것은 잘못을 고치지 않은 사람들을 기다리고 있는 마지막 심판과 구별 짓는 말이다. 그리스도께서 산 자와 죽은 자를 심판하러 오실 때 그 보복이 있게 되리라.

주 예수께서도 당신의 빵을 적셔 건네줌으로써 누가 배반자인지를 사도들에게 알리셨을 때 "내 빵을 먹던 벗들마저 나를 대적하여 그 발꿈치를 들었나이다" 하시며 이 시편 말씀을 떠올리면서, 성경 말씀이 그대로 당신에게서 이루어졌다고 말씀하셨다(요한 13 : 18, 26). 그리고 "내가 신뢰하는"이라 하신 말씀은 그의 머리가 아닌 몸에 적용된다. 구세주 자신이 그가 누구인지를 몰랐던 것이 아니고, 이미 "너희 가운데에 하나가 나를 팔리라", "너희 열둘은 내가 뽑은 사람들이 아니냐? 하지만 너희 가운데 하나는 악마이다" 하셨기 때문이다 (요한 6 : 70). 하지만 그리스도는 보통 그 지체(肢體, 여기서는 그의 제자)들의 인격을 당신에게 비유하시며, 그들의 성질을 당신에게 돌리셨다. 그리스도 자신이 머리이신 동시에 몸이시기 때문이다. 그래서 복음서에 "너희는 내가 굶주렸을 때에 먹을 것을 주었고" 하시며, 이에 대해 "너희가 여기 있는 형제 중에 가장 보잘것없는 사람 하나에게 해준 것이 바로 나에게 해준 것이다"(마태 25 : 35, 40) 하셨다. 유다가 그의 제자들 사이에 함께 있었을 때 다른 제자들이 그랬듯이 그리스도께서도 그를 믿었던 것이다.

유대인들은 그리스도라는 분에게 희망을 걸고 있지만, 그분이 죽는다고는 생각하지 않는다. 그렇기 때문에 그들은 율법과 예언자들이 말한 구세주가 우리가 믿는 그리스도라고 생각하지 않으며, 다른 메시아를 기다린다. 어째서 그들이 죽음의 수난과 거리가 먼 분을 자기네 그리스도로 상상하고 있는지는 알수 없다. 그래서 그들은 놀라울만큼 허황되고 맹목적인 믿음으로, 우리가 내보이는 말들이 죽음과 부활을 의미하지 않고, 단순히 잠자고 깨어남을 뜻한다고 주장한다.

그러나 시편 15편에서도 그들에게 똑똑히 말한다. "그러므로 이 마음이 넋이 기쁘고 즐거워, 육신마저 걱정 없이 사오리다. 어찌 이 목숨을 지하에 버려두시며, 당신만 사모하는 이 몸을 어찌 썩게 버려두시리이까?"(시편 16 : 9~10). 시체란 마땅히 썩기 마련인데, 사흘 만에 부활한 분이 아니고서야 그 누가 자기 영혼이 저승에 버려지지 않고 빠르게 육신으로 돌아와 되살아나겠는가?

또 썩지 않으리라는 희망을 품고 자기 육신이 편안히 쉬리라고 어찌 말할 수 있겠는가? 이러한 주장은 예언자였던 다윗왕도 할 수 없으리라.

시편 68편에서도 이렇게 부르짖는다. "우리가 모시는 하느님은 구원의 하느님, 죽음에서 빠져 나가는 길은 주 하느님 한 분뿐이시니"(시편 68 : 20). 이보다 더 분명한 말씀이 어디 있겠는가? 구원을 베푸시는 하느님은 주 예수이시며, 그의 이름은 "구원자" 또는 "치유자"로 풀이된다. 이 이름을 붙이는 까닭은 그가 동정녀에게서 태어나기 전에 건네진 말씀에서 이렇게 설명되었다. "마리아가 아들을 낳을 터이니 그 이름을 예수라 하여라. 예수는 자기 백성을 죄에서 구원할 것이다"(마태 1 : 21). 사람들의 죄를 용서받게 하기 위해 그분은 피를 흘리셨고, 이 생명으로부터 빠져나가는 데는 죽음이라는 출구가 필요했다. 그래서 "우리가 모시는 하느님은 구원하시는 하느님"이라고 한 다음에 곧바로 "죽음에서 빠져 나가는 길은 주 하느님 한 분뿐"이라고 덧붙인다. 이 말씀은 그의 죽음으로 우리가 구원을 얻었음을 보여주려는 것이다. "주 하느님 한 분뿐"이라는 말은 조금 이상한데, 이는 아마도 "주님 자신도 죽음의 과정을 통과하지 않고는 이 '죽게 될' 삶을 떠날 수 없었다" 말하는 것 같다.

제19장 시편 제69편에 쓰인 유대인의 불신과 고집스런 어리석음

그러나 유대인들은 이 예언이 주는 이토록 뚜렷한 증거와, 그 뒤에 있었던 사건들이 이 예언이 이루어졌음을 분명하고 확실하게 증명해주고 있음에도, 도무지 고집을 꺾지 않았다. 그래서 오히려 이 시편 다음에 있는 말씀들이 그대로 그들에게 일어났다. 거기서도 그리스도의 고난이 그리스도의 입으로 이미 예언되었는데, 이는 복음서에 또렷이 기록되어 있다. "죽을 달라 하면 독을 타서 주고, 목마르다 하면 초를 주는 자들"(시편 69 : 21 ; 마태 27 : 34, 48). 다음에 이것은 마치 그의 앞에 놓인 큰 잔칫상인 것처럼, 그는 "잔치를 차려 먹다가 그 음식에 걸리고, 친교제물을 나누어 먹다가 망하게 하소서. 그들의 눈이 어두워져 보지 못하고, 그 허리는 영원히 가누지 못하게 하소서"(시편 69 : 22~23) 이렇게 말한다.

이 모든 말씀은 그렇게 되기를 바람이 아니라 소원하는 말투를 빌려 예언하고 있을 따름이다. 그렇다면 그들의 눈이 어두워 이 분명한 사실들을 볼 수 없다 해도 이상할 것이 무엇인가? 그들은 늘 등이 굽어 있어, 땅만 보고 하늘을 쳐다보지 못하는 것도 이상할 게 없지 않은가? 이 말들은 영적인 결합을 신체에 빗대어 설명한 것으로 이해할 수 있다.

나는 시편, 즉 다윗 왕의 예언을 충분하리만큼 이야기했다. 이 논평은 알맞은 한계를 넘지 않기 위해 이쯤에서 그치겠다. 그 모든 시편 내용을 잘 아는 분은 나의 매우 긴 담론을 용서해 주기 바란다. 하지만 더 중요한 예들이 빠졌다고 여기거나 실제로 그런 사실을 알게 되더라도 문제 삼지 않기를 바란다.

제20장 솔로몬과 예언

왕이 되어 지상 예루살렘을 다스린 다윗은 천상 예루살렘의 아들답게 많은 신적 예언을 했다. 그는 자기를 가장 낮추어 회개함으로 매우 경건한 삶을 살아가며 자신의 많은 죄를 이겨냈으므로, 그 자신이 바로 "하느님께서 잘못을 용서해 주시고 죄를 덮어주신 사람들은 행복하다"(로마 4 : 7 ; 시편 32 : 1) 이 말씀과 같은 사람이었다. 그의 뒤를 이어 아들 솔로몬이 온 백성을 다스렸는데, 앞서 말한 것처럼 그는 아버지가 살아 있을 때 왕위에 올랐다.*15 하지만 그는 처음에는 나라를 잘 다스렸으나 나중에는 그리 좋지 않은 끝을 보았다.

무릇 순조로운 환경은 참으로 어진 자의 지성마저도 위태롭게 만드는데*16 특히 솔로몬에게는 지혜가 유익보다 한결 큰 해가 되었다. 하지만 그의 지혜는 살아 있을 때 폭넓은 호평을 받은 것과 같이, 오늘도 사람들이 기억하며 앞으로도 기억할 것이다. 또 그가 쓴 예언서들로는 잠언과 전도서와 아가서가 정전(正典)에 있다. 이밖에 문체가 비슷해 그가 쓴 것이라고 인정하는 지혜서와 집회서가 있지만, 학자들은 그가 쓴 것이 아니라고 확신한다. 그러나 교회, 특히 서방 교회는 초기부터 이 책들의 권위를 인정했다.

그 가운데 한 권인 솔로몬의 지혜라는 책에는 그리스도의 수난이 아주 뚜렷하게 예언되어 있다. 그것은 확실히 그리스도를 죽이려 한 악인의 말을 기록한 것이다. "의인은 우리를 가로막고 우리가 하는 일을 반대하며 율법을 어긴다 하여 책망하고 배운 대로 하지 않는다고 나무라니, 그를 함정에 빠뜨려 버리자. 그는 자기가 하느님을 안다고 큰소리치며 하느님의 아들이라고 말한다. 우리가 어떤 생각을 하든지 늘 꾸짖기만 하니 그를 보기만 해도 마음이 불편하

---

*15 이에 대해서는 이 책 17권 8장 및 열왕기상 1장 참조.
*16 살루스티우스 《카틸리나 음모》 11, 8 참조.

다. 어찌되었든 그의 생활은 다른 사람과는 다르고 그가 가는 길은 엉뚱하기만 하다. 그의 눈에는 우리가 거짓을 일삼는 자들로만 보인다. 그는 우리가 걷는 길이 더럽다는 듯이 멀찍이 피해 다닌다. 의인들은 자신들의 최후가 행복하다고 큰소리치며 하느님이 자기 아버지라고 떠벌린다. 그가 한 말이 이루어지는지 어디 두고 보자. 그의 마지막 삶이 어떻게 될지 기다려보자. 의인이 정말 하느님의 아들이라면 하느님이 그를 도와 원수의 손아귀에서 구해 주시리라. 그러니 그를 폭력과 고문으로 시험해 보자. 그러면 그의 온유한 마음을 알 수 있을 것이며 인내력을 시험해 볼 수 있으리라. 입만 열면 주님이 자기를 도와주신다 큰소리쳤으니 그를 가장 수치스러운 죽음 앞으로 몰아가자. 악인들은 이렇게 떠들어댔지만 그들의 생각은 잘못되었다. 그들의 악한 마음 때문에 눈이 먼 것이다"(지혜 2 : 12~21). 그런가 하면 집회서에는 앞으로 온 세상 백성들이 갖게 될 믿음을 예언하는 말씀이 있다. "만물의 주인이신 하느님, 우리를 불쌍히 여기시고 굽어보소서. 모든 이방인들로 하여금 주님을 두려워하여 떨게 하소서. 당신의 손을 들어 이방인들을 치시고, 그들로 하여금 주님의 권능을 알아보게 하소서. 주님의 거룩하심이 우리에게 나타난 것을 그들이 본 것처럼, 주님의 위대하심이 그들에게 나타나는 것을 우리가 보게 하소서. 주님, 주님 외에 따로 하느님이 없다는 사실을, 우리와 마찬가지로 저들도 당신을 그대로 알게 하소서"(집회 36 : 1~4).

소원과 기도의 형식을 지닌 이 예언이 예수 그리스도에게서 이루어졌음을 우리는 본다. 그러나 유대교의 정전(正典)에는 포함되지 않은 이런 글로는 반대 논리를 펴는 자들과 맞설 만한 힘을 얻을 수 없다.

저 세 책이 틀림없이 솔로몬이 쓴 글이라 하더라도 거기 있는 이런 종류의 글이 그리스도와 교회에 관련되었음을 밝히기 위해서는 수고로운 논의가 필요하다. 오늘 논의를 한다면 너무 길어지리라. 그러나 잠언은 악인들을 가리켜 이렇게 말한다. "같이 가서 길목을 지키다가 피를 보자. 심심하니 길목에 숨었다가 무고한 사람을 덮쳐 죽음이 산 사람을 삼키듯이, 구덩이가 사람을 통째로 빨아들이듯이 해치우고 온갖 값진 재물을 차지하자. 그리고 털어온 그 재물로 우리의 집을 그득 채우자"(잠언 1 : 11~13).

이 말씀은 풀이해 읽지 않으면 그리스도와 그의 재산, 다시 말해 교회에 대한 것이라고 이해할 수 없을 만큼 불투명하지는 않다. 주 예수께서는 어떤 악한 농부들이 이와 비슷한 말을 했다고 복음서의 비유에서 밝히신다. "저자는 상속자다. 자, 저자를 죽이고 그가 차지할 이 포도원을 우리가 가로채자"(마태 21 : 38).

앞에서 아이를 못 낳다가 일곱 자녀를 낳은 여인 이야기를 했을 때(1사무 2 : 5)*17 우리가 살펴본 같은 책에 또 다른 예가 나온다. 그리스도가 하느님의 지혜임을 아는 사람이라면 그 말씀을 그리스도와 교회에 대한 것으로 풀이할 것이다. "지혜가 일곱 기둥을 세워 제 집을 짓고 소를 잡고 술병에 자기 술을 섞고 손수 잔치를 베푼다. 시녀들을 내보내어 마을 언덕에서 외치게 한다. '어리석은 이여, 이리 들어오시오.' 그리고 속없는 사람을 이렇게 초대한다. '와서 내가 차린 음식을 먹고 내가 빚은 술을 받아 마시지 않겠소?'"(잠언 9 : 1~5).

이 말씀에서 우리는 확실히 하느님의 지혜, 다시 말해 (하느님) 아버지의 영원한 말씀이 동정녀의 태중에서 인간의 몸으로 집을 짓고, 이 몸을 머리로 삼아 지체(肢體)들인 교회와 결합했음을 본다. 또 순교자들을 제물로 바쳤으며, 포도주와 떡으로 상을 차렸음을 본다. 여기에는 멜기세덱의 반열을 따른 제사장이 나타나며, 지혜가 없는 어리석은 자들과 총명하지 못한 자들을 초대하심을 본다. 사도가 "하느님께서는 지혜있다는 자들을 부끄럽게 하시려고 이 세상의 어리석은 사람들을 택하셨으며, 강하다는 자들을 부끄럽게 하시려고 이 세상의 약한 사람들을 택하셨습니다" 한 것과 같다(1고린 1 : 27). 이 약한 자들에게 하느님의 지혜는 "복되게 살려거든 철없는 것을 버리고 슬기로운 길에 나서 보시오"(잠언 9 : 6) 말한다. 하느님의 말씀으로 차린 상에 손님으로 앉는다는 것은 그 자체가 생명을 얻는 시작이다.

전도서에도 "잔칫집에 가는 것보다 초상집에 가는 것이 좋다"(전도 8 : 15) 한 말씀이 있다. 이는 새 언약의 제사장이자 중개자(중보자)이신 분이 멜기세덱의 반열에 따라 자기 몸과 피로 차린 상에 참여하는 것을 뜻한다고 여기는 편이 믿을 만하다. 이 제사는 옛 언약에 있는 모든 제사 뒤를 이은 것이며, 사실 옛 제사들은 앞으로 올 제사의 그림자였다. 그렇기 때문에 우리는 시편 40편에서도 똑같은 중개자(중보자)의 목소리를 들을 수 있다. "짐승이나 곡식의 예물은 당신께서 아니 원하시고, 오히려 내 귀를 열어주셨사오며, 번제와 속죄제를 바

---

*17 제4장 참조(1사무 2 : 5 인용).

치라 아니하셨기에, 엎드려 아뢰었사옵니다"(시편 40 : 6). 저 모든 짐승이나 곡
식 예물 대신에 그의 몸을 바치고, 참여하는 사람들에게 그 몸을 나누어 주셨
기 때문이다. 이 전도서가 먹고 마시는 일에 대해 자주 되풀이하여 이야기하
는 까닭은, 육신의 즐거움을 위한 잔치가 아니라는 점을 강조하기 위함이다. 그
래서 "잔칫집에 가는 것보다 초상집에 가는 것이 좋다" 하며, 조금 뒤에 "산 사
람은 모름지기 죽는다는 것을 명심할 필요가 있다" 말한다(전도 7 : 24). 하지만
나는 이 전도서에 대한 다음 사실을 염두에 두는 것이 좋다고 생각한다. 바로
두 나라, 곧 마귀의 나라와 그리스도의 나라, 그리고 그 두 임금인 마귀와 그
리스도에 대한 말씀이다. "남의 말 잘 듣는 사람이 왕이 되어 신하들이 아침
부터 잔치판을 벌이게 되면 그 나라는 망하며, 뜻이 서 있는 사람이 왕이 되어
고관 대작들이 먹을 때를 알고 마셔도 취하지 않아 몸가짐을 바로 하게 되면
그 나라는 복되도다"(전도 10 : 16~17).

마귀를 일컬어 어린 사람이라 부르는 까닭은 그 우매함과 교만과 경솔과 방
종 그리고 그 시대에 널리 퍼져 있던 죄와 과오들 때문이다. 그러나 그리스도
는 자유인의 아들, 자유로운 나라의 백성인 거룩한 족장들의 아들이라고 일컬
어졌는데, 이는 그리스도가 육신으로는 그들의 후손이기 때문이다. 저 지상 나
라의 군주들은 아침에 알맞은 때가 오기를 기다리지 않고 음식을 먹는다. 내
세에 마땅히 있을 행복을 기다리지 않고, 성급하게 현세에서 명성을 얻으려 갈
망하기 때문이다. 그러나 하늘 나라 군주들은 가짜 행복이 아닌 참된 축복의
시대를 참고 기다린다. 그 소망은 그들을 속이지 않을 것이므로 사도는 "취(in
confusion)하려는 것이 아니라 기력을 보하려고" 이렇게 표현한다.

이는 사도의 "이 희망은 우리를 실망시키지 않습니다"(로마 5 : 5) 이 말씀과
같고, 시편에 "당신만을 믿고 바라면 망신을 당하지 않으나, 당신을 함부로 배
신하는 자 수치를 당하리이다"(시편 25 : 3) 한 것과 같다. 이제 아가서는 저 나
라의 왕과 왕후인 그리스도와 교회의 결합을 거룩한 사람들이 누리게 되는 어
떤 영적 기쁨으로 노래한다. 그러나 이 기쁨은 비유적 표현으로 둘러싸여 있
는데, 신랑 되시는 그리스도를 더 열렬히 바라면, 그가 더 기쁘게 신부의 면사
포를 걷어 주시리라 한다. 아가서에서도 신랑이 등장하면 "그대 있기에 우리는
기쁘고 즐거워 포도주보다 달콤한 그대 사랑을 기리며 노래하려네"(아가 1 : 4)
하며, 신부가 나오면 "너무나 아리땁고 귀여운 그대, 내 사랑, 내 즐거움이여"(아

가 7 : 7) 한다. 우리는 이 책을 끝내야 하므로 온갖 일들을 조용히 덮어두고 다음으로 넘어가기로 한다.

제21장 솔로몬 다음 왕들

솔로몬 뒤에 히브리인들의 다른 왕들이 그리스도와 교회에 대해서 예언했다고는 보기 힘들다. 이는 유다에서나 이스라엘에서나 마찬가지이며 그들이 남긴 수수께끼 같은 말이나 행적을 찾아내기 힘들다. 솔로몬의 잘못에 대해 그의 뒤를 이은 르호보암 왕 때 하느님이 벌을 내리셔서 백성을 둘로 쪼개셨으므로, 히브리 민족이 갈라져 유다와 이스라엘 두 나라가 생겨났다. 그 뒤 사마리아에서는 솔로몬의 신하였던 여로보암을 왕으로 앉히고, 자신들의 나라를 그 민족 전체를 칭하는 이름이었던 이스라엘이라고 구별지어 불렀다. 그러나 두 부족 유다와 베냐민은 유다라는 이름으로 함께 세워졌다. 그들은 다윗을 위해서 그의 가문이 끊기지 않도록 예루살렘에 남았으며, 다윗의 출신 지파인 유다 부족 이름을 따서 나라 이름으로 삼았다. 이미 말한 바와 같이 이 나라에 합류한 베냐민 지파는 다윗보다 먼저 왕이었던 사울 지파였다. 이 두 지파를 합해서 유다라고 불렀으며, 따로 왕을 세우고 갈라져 나간 이스라엘의 열 개 지파와 구분했다. 현세의 왕이 아니라 하느님을 섬기는 제사장직을 맡았던 레위 지파는 열셋째 지파로 인정되었다. 이스라엘의 열두 아들 가운데 하나였던 요셉은 한 지파가 아닌 에브라임과 므낫세라는 두 지파를 세웠다. 레위 지파도 예루살렘과 더 가까운 관계가 있었는데, 그들이 섬긴 하느님의 성전이 예루살렘에 있었기 때문이다. 민족이 갈라진 뒤, 예루살렘에서는 솔로몬의 아들 르호보암이 유다의 왕이 되어 다스렸으며, 사마리아에서는 솔로몬의 신하인 여로보암이 첫 번째 이스라엘 왕이 되었다.

르호보암 왕은 여로보암을 이스라엘의 폭군이라는 이유로 정벌하려 계획했지만, 하느님이 예언자를 통해서 이러한 분열은 하느님 스스로 하신 일이라고 선언하심으로써 동족끼리 서로 싸우고 죽이는 일을 금지하셨다. 이처럼 나라가 찢어져 나뉘게 된 것은 이스라엘의 백성이나 왕에게 죄가 있는 것이 아니라, 하느님이 벌을 주기로 결정하셨기 때문이라는 사실이 알려졌다. 이 일을 알게 된 두 파는 지서로 화해하여 평온을 되찾았다. 비록 나라는 갈라졌어도 종교는 분열되지 않았기 때문에 가능한 일이었다.

제22장 여로보암의 우상숭배

하느님은 이스라엘의 왕 여로보암에게 나라를 주시겠다고 하신 약속을 지키셨지만, 여로보암은 사악한 자로 하느님을 믿지 않았다. 그는 온 백성들이 하느님 율법의 가르침대로 예루살렘 성전에서 제물을 올리고 제사를 지내는 모습을 보고 그들이 끝내 자신을 떠나 다윗의 후손에게로 다시 돌아갈까 두려워했다. 그래서 왕국의 우상을 만들어 섬기기 시작했으며 몹시 불경스럽게도 하느님의 백성을 꼬드겨 자신과 더불어 우상숭배를 하도록 했다. 하느님께서는 끊임없이 예언자들을 보내어 온갖 방법으로 왕을 꾸짖으셨을 뿐 아니라, 그런 불경스러움을 되풀이하는 후계자들과 여로보암의 백성들까지도 꾸짖으셨다. 이 나라에는 엘리야와 엘리사와 같은 위대한 예언자들이 나와 신비로운 기적도 많이 행했다. 엘리야가 "주님, 그들은 주님의 예언자들을 죽이고 당신의 제단을 모조리 헐어버렸습니다. 이제 남은 것은 저 하나뿐인데 제 목숨마저 노리고 있습니다" 말하자 주께서 말씀하시기를, 바알에게 무릎을 꿇지 아니한 사람 7000명이 더 있다, 하셨다(로마 11 : 3~4).

제23장 두 왕국의 우위 변화

예루살렘 유다 왕국에서도 다윗의 뒤를 이은 왕들이 다스리던 시대에 이런 예언자들이 끊임없이 나왔다. 그들은 하느님의 뜻에 따라 보내져, 필요한 일을 미리 알리거나 혹은 왕들의 죄를 꾸짖으시며 올바른 일을 하도록 타이르셨다. 불경건한 행위로 하느님을 크게 노여워하게 한 왕들이 있었기에 그들은 백성들과 함께 무거운 벌을 받았다. 그들 가운데는 많은 공적을 세운 경건한 왕들도 있어 칭찬을 받았지만, 이스라엘 왕들은 거의 모두 악행을 저질렀다고 기록되어 있다. 그래서 하느님 섭리로 명령하시거나 허락하시어 발전과 쇠락이 엇갈렸으며, 다른 나라를 침략하기도 하고 지역 간 내란에 시달리기도 했다. 또 이런저런 이유로 하느님이 자비를 베푸시거나 크게 노하시는 일이 드러나기도 했다. 마침내 하느님의 진노가 커지면서 온 나라가 갈대아 군대에 짓밟혔을 뿐 아니라, 백성들 거의가 아시리아로 끌려갔다. 처음에는 열세 개 부족들로 이루어진 이스라엘이 완전히 망했고, 예루살렘과 그 유명한 성전이 파괴되었다. 그들은 70년 동안이나 외국에서 포로 생활을 했다. 그 뒤 풀려나 돌아온 백성들이 무너진 성전을 다시 세웠으나, 그들 민족 대부분은 아직 외국에서 떠돌고 있었다. 돌아온 사람들은 나라를 나누거나 왕을 따로따로 세우지 않고 예루살렘 전체를 다스리는 한 지도자를 두었다. 세계 여러 나라에 흩어져 산 사람들은 정해진 시간에 모두 예루살렘의 하느님 성전으로 돌아왔다. 하지만 그때도 그들의 적과 정복자는 있었고, 그리스도가 오셨을 때 그들은 이미 로마의 속국이 되어 있었다.*18

제24장 마지막 예언자들

바빌론에서 돌아온 뒤 예언자 말라기, 학개, 스가랴, 그리고 에스라 뒤에는 유다인들에게 구세주가 강림하실 때까지, 예언자가 없었다. 구세주가 오시기 바로 전에는 요한의 아버지 스가랴와 그 아내 엘리사벳이 예언을 했고, 오신 뒤에는 늙은 시므온과 이미 늙은 과부였던 안나, 맨 마지막으로 요한뿐이었다. 그때 요한과 예수는 청년이었다. 요한은 그리스도가 오실 것을 예언한 것이 아니라 예언자적 통찰로 세상이 알아보지 못하는 그리스도를 알아보았다. 그러므로 그리스도께서는 "모든 예언서와 율법에 예언하는 일은 요한에게서 끝난다"(마태 11 : 13) 하셨다. 이 복음서에는 다섯 사람의 예언 말고도 주의 어머니 마리아도 요한보다 먼저 예언했다고 씌어 있다. 하느님께 버림받은 유대인들은 이 마지막 사람들의 예언을 인정하지 않지만, 복음을 믿게 된 수많은 유대인은 그것들도 받아들였다. 예언자 사무엘이 사울 왕에게 예언한 대로 이스라엘은 둘로 갈라졌으며 이 분열은 돌이킬 수 없었다. 말라기, 학개, 스가랴, 에스라는 버림받은 유대인들도 신적 권위를 지닌 최후의 예언자로 인정한다. 그들은 많은 예언자들 가운데 몇 안되지만 다른 예언자들과 같이 권위를 지닌 경전에 글을 써서 길이 남겼다. 그들이 그리스도와 교회에 대해 남긴 몇 개의 예언을 이 책에 넣어야 한다고 생각했지만, 하느님의 도움으로 다음 권에 넣는 것이 더욱 알맞다고 본다. 그렇게 해서 이미 길어진 이 권의 무게를 덜고자 한다.

---

*18 북이스라엘이 아시리아에 멸망한 것이 기원전 721년, 남유다 사람들은 기원전 596년·586년에 바빌론에 포로로 잡혀 갔고, 기원전 586년에는 나라도 멸망했다. 바빌론은 페르시아에게 기원전 538년에 멸망했고, 다음해 유대 사람들은 귀환이 허락되어 예루살렘에 기원전 520~516년 성전을 재건했다. 기원전 63년 로마 장군 폼페이우스가 유대를 로마 영토로 만들었다.

제18권

아브라함에서 세상 종말에 이르기까지, 그 시대 다른 나라들 역사에서 그리스도와 교회가 어떻게 예언되었는지 살펴본다.

제1장 제17권까지 요약과 18권의 주제

우리는 두 세계의 역사, 즉 하느님 나라와 땅의 나라의 발생과 전개과정, 그리고 예정된 마지막 날을 기록하겠다고 약속했다. 인류의 관점에서 보면, 하느님의 나라도 이 세상에서는 나그네와 같다. 하느님 나라에 맞서는 자들은 하느님 나라를 세운 그리스도보다 자기들의 잡신들을 더 존중하며, 악의에 차 적의를 가지고 그리스도인들을 지독히 미워한다. 나는 먼저 하느님 은혜에 힘입어 그 나라에 맞서는 사람들을 반박했으며, 이 논박은 앞의 10권에서 이미 다루었다.

내가 방금 말한 세 가지 약속에 대해서는, 제10권부터 네 권에 걸쳐 두 세계의 기원을 이야기했고, 그 다음에 최초 인간부터 대홍수까지를 제15권에서 다루었다. 그때로부터 아브라함까지 두 나라의 과정을 시대순으로 보다가, 아브라함으로부터 이스라엘 왕조에 이르러 제16권이 끝나고, 그 뒤 그리스도 강림까지를 제17권에서 다루었다. 앞서 쓴 일곱 권에서는 아브라함 이후로 하느님 나라만 발전해 온 것처럼 보일 수도 있으나, 두 나라는 인류를 사이에 나란히 시작되었으며, 파란만장한 시대적 변천을 함께 겪어 왔다.

내가 이렇게 기록한 것은, 하느님의 약속이 더욱 분명하게 나타나기 시작한 때로부터 그 처음 약속을 이루게 될 그분이 동정녀에게서 탄생하실 때까지 다른 나라의 이야기는 하지 않음으로써 하느님 나라의 발전과정을 더욱 뚜렷이 드러내기 위해서였다. 물론 신약의 계시가 있기까지 하느님 나라는 환한 빛 속이 아니라, 그림자에 가려진 채 펼쳐졌다. 그러므로 이제는 내가 빠뜨린 것을 보충하며, 아브라함 시대부터 저 지상 나라가 어떻게 전개되어 왔는가를 충분히 살펴봄으로써,*1 독자들이 두 나라를 견주어 볼 수 있도록 하겠다.

제2장 아브라함 시대 땅의 나라 왕들

언젠가는 죽을 운명인 인간들은 온 지상에 퍼져 있어 지리적으로 차이는 있지만 똑같은 자연본성으로 한데 묶여 있다. 하지만 저마다의 이익과 욕망을 좇으며, 인간이 탐하는 바는 늘 달라 모두를 만족시키지는 못한다. 따라서 인간사회는 서로 대립하고 분열하며, 더 강한 쪽이 약한 쪽을 압박한다. 정복당한 사람들은 자유까지도 포기하며 어떻게 해서든지 평안과 안전을 위해 정복자의 뜻에 따른다. 그래서 그들과는 반대로 복종하지 않고 죽음을 택하는 사람들을 보며 우리는 놀라게 되는 것이다.

거의 모든 민족에게 자연본성이 들려주는 목소리는, 패배로 모두 파괴되어 멸망할 바에는 차라리 정복자에게 굴복해 지배를 받는 편이 낫다고 소리친다. 이런 일에는 하느님의 섭리가 있는데 하느님의 권능으로 전쟁에서 누가 정복하고, 누가 굴복하게 되는지, 누구는 왕국을 갖고, 누구는 지배를 받는지 정해진다. 이처럼 이익과 욕망을 추구하는 인간 세상, 즉 많은 왕국 가운데서 두드러지는 두 나라가 있다. 바로 아시리아 제국과 로마 제국이다. 이 두 나라는 역사적으로나 지리적으로 서로 구별되는데, 아시리아가 동방에서 먼저 일어나고 그다음에 로마가 서방에서 일어났으며, 아시리아가 바로 멸망하자 로마 제국이 일어나게 되었다. 다른 나라들과 왕들은 모두 이 두 제국의 부속물이라 할 수 있다.

아브라함이 갈대아 땅에서 태어났을 때, 아시리아에서는 니누스가 아버지인

---

*1 아우구스티누스가 주로 참고한 것은 저 유명한 교회 역사가 유세비우스가 작성한 연대기였다. 유세비우스는 전편에서 갈대아·아시리아·히브리·이집트·그리스·로마 등의 역사를 간추려 소개하고, 후편에서 이 나라 왕들의 대조연표(對照年表)를 제시해서 그리스도 기원전 61년까지 내려왔다. 이 연표만을 히에로니무스(제롬)가 라틴어로 옮기고, 로마 역사를 보태서 기원후 378년까지 내려왔다. 아우구스티누스는 히에로니무스가 번역 보충한 연표를 사용한 것이다. 이 연표에 있는 연대 몇 개를 그대로 소개하면, 아시리아 제국은 기원전 2124년부터 기원전 819년까지 1305년 동안 이어졌다. 아브라함은 기원전 2016년에 태어났다. 로마 제국은 기원전 753년에 세워졌다. 아우구스티누스는 위의 연대기 말고도 바로(Varro, 신관)와 여러 고대 역사가들의 문서를 참고했다. 바로는 기원전 2160~기원전 2100년에 생존했다는 오기구스 왕에서부터 기록해 나갔다.

초대 왕 벨루스의 뒤를 이어 2대왕으로 왕위에 올랐다. 그때 시키온(Sicyon)*2 이라는 아주 작은 나라도 있었는데 모든 방면으로 지식이 넓었던 마르쿠스 바로가 《로마인 민족론》을 쓸 때 머나먼 옛날로 거슬러 올라가 이 나라에서부터 시작했다. 즉 그는 시키온 왕들에서 시작해서 아테네(사도 17 : 16)로 내려오고, 그들로부터 라티움(Latium)으로, 이어서 로마로 내려왔다. 그러나 그가 늘어놓은 로마 건국 이전의 나라들은 아시리아 제국에 견주면 참으로 보잘것없었다. 로마인 역사가 살루스티우스는 그리스(사도 20 : 2)에서는 아테네가 유명했다고 하지만, 실제로는 그 이름만 못했다며 다음처럼 기록했다. "아테네 사람들 업적은 위대하고 훌륭했지만, 평판만큼은 아니라고 생각한다. 하지만 천재적인 재능을 가진 문인들이 아테네에서 나왔으므로, 아테네인의 업적을 가장 위대한 것으로 온 세상이 칭송한다. 뛰어난 업적을 이룩한 사람들의 덕은 유명한 천재들이 감탄의 말로써 표현해 냈기에 더욱 칭찬 받을 만하다고 인정되는 것이다."*3

아테네는 문학과 철학으로 대단한 명예를 얻었는데, 이곳에서는 주로 이 두 학문이 번성했다. 그러나 국력으로 볼 때는 고대국가 아시리아를 넘어서지 못했고, 그만큼 넓게 진출하지도 못했다. 벨루스의 아들 니누스는 리비아 국경까지 이르며 아시아를 모두 정복했다고 전해지는데, 아시아는 세계의 3분의 1을 차지하며 크기로 보자면 세계의 반이나 된다. 동방에서 그가 정복하지 않은 곳은 인도뿐이었는데 그가 죽은 뒤 그의 아내인 세미라미스(Semiramis)가 인도를 공격했다. 이처럼 동방에 있는 모든 민족들과 왕들은 아시리아 왕에게 무릎을 꿇고 그의 명령에 따랐다.

아브라함은 니누스가 다스리던 때 아시리아의 갈대아 지역에서 태어났다. 하지만 우리는 아시리아 역사보다 그리스(사도 20 : 2) 역사를 더 잘 알고 있으며, 로마 민족의 태곳적 기원을 연구하는 사람들도 그리스 역사를 통해서 라티움 역사로 내려오고, 라티움이기도 했던 로마 역사로 내려온다. 그러므로 우리는 첫 번째 로마였던 바빌론이*4 하느님 나라가 이 세상에서 나그네처럼 길을 가

---

*2 시키온은 고린도 부근에 있는 도시국가.
*3 살루스티우스 《카틸리나 음모》 8, 7 이하 참조.
*4 묵시 18 : 2에서 로마를 바빌론이라고 했기 때문에 지상의 나라로서 로마 제국의 선배였던 아시리아를 첫째 로마, 즉 첫째 바빌론 또는 첫째 바빌로니아라 하고, 조금 내려가서 로마

는 동안 어떻게 서로 공존했는가를 분명히 보여주기 위해, 필요에 따라 아시리아 왕들 이름을 예로 들어야 한다. 하지만 우리가 지상과 하늘 나라, 두 나라를 비교하기 위해 이 이야기에 넣어야 하는 것들은, 그리스와 라틴 왕국에서 그 기원을 찾아야 한다. 로마는 말하자면 두번째 바빌론과 같다고 할 수 있다.

아브라함이 태어났을 때, 아시리아 사람들은 2대 왕인 니누스가, 시키온 사람들은 유롭스(Europs)가 다스리고 있었다. 이 나라들의 초대 왕은 벨루스와 아이기알레우스(Aegialeus)였으며 아브라함이 갈대아를 떠날 때, 그의 후손이 크나큰 민족을 이루며 지상의 모든 민족들이 복을 얻으리라는 약속을 하느님에게서 받았는데, 그무렵 아시리아에는 제4대 왕이, 그리고 시키온에는 제5대 왕이 다스리고 니누스의 아들이 어머니 세미라미스의 뒤를 이어 아시리아 왕이 되었는데, 세미라미스는 아들에게 자신과 잠자리를 함께할 것을 강요했기 때문에 아들에게 죽임을 당했다고 전해진다. 이 여인이 바빌론을 세웠다고 하는 이들도 있는데, 그녀라면 바빌론을 다시 세울 수도 있었을 것이다. 바빌론이 언제 어떻게 건설되었는가, 그 이야기는 제16권에서*⁵ 이미 밝혔다. 어머니 뒤를 이어 왕위에 오른 니누스 곧 니누스와 세미라미스 사이에 태어난 아들의 이름도 똑같이 니누스라 부르는 사람이 있고 아버지 니누스의 이름을 따서 니니아스(Ninyas)라고 부르는 경우도 있다. 그때 시키온 왕은 텔크시온(Telxion)이었다. 그가 다스린 시기는 매우 평화롭고 만족스러웠으므로, 그가 죽은 뒤 국민들은 텔크시온을 신으로 우러르며 제물을 바치고 운동경기를 하며 기념했다. 이는 역사상 최초로 만들어진 운동경기들이다.

제3장 이삭, 야곱 시대 왕들

바로 이 텔크시온이 다스리던 시대에 하느님의 약속에 따라 나이 100세인 아브라함으로부터 이삭이 태어났다. 아브라함의 아내 사라는 본디 아이를 낳

를 둘째 바빌론이라고 부르는 것이다. 그러나 상고시대에는 실제로 아시리아보다 먼저 메소포타미아 지방의 남부에 우르·바빌론 등의 도시를 중심으로 한 첫째 바빌론이 있었고, 북부의 니네베를 중심으로 한 아시리아 제국이 기원전 606년에 완전히 없어진 다음에 그 뒤를 이어 둘째 바빌론이 일어났다. 이스라엘을 정복한 것은 아시리아였고, 유다를 정복한 것은 둘째 바빌론이었다. 아우구스티누스는 상고시대 아시리아와 처음 바빌론을 뚜렷하게 나누고 있지 않다.

*5 16권 4장.

지 못하는데다가 나이도 많아서 자식을 낳을 희망이 전혀 없었다. 그때 아시리아의 왕은 제5대왕 아리우스(Arrius)였다. 60세의 이삭이 아내 리브가에게서에서와 야곱 쌍둥이 형제를 얻었을 때, 아브라함은 160세로 아직도 살아 있었다. 그가 175세로 세상을 떠났을 때 아시리아 왕은 발레우스(Balaeus)라고도 불리우는 크세르크세스(Xerxes)였고, 시키온 왕은 투리아쿠스 또는 투리마쿠스(Thuriacus, Thurimacus)였는데, 둘 모두 제7대 왕이었다. 아브라함의 손자들 시대에 아르고스(Argos)*6 사람들이 나라를 세웠고 이나쿠스(Inachus)가 첫 번째 왕이 되었다.

바로에 따르면, 시키온 사람들은 7대 왕 투리아쿠스 묘에 제물을 올리는 관습이 있었다고 한다. 아시리아와 시키온의 제8대 왕이었던 아르마미트레스(Armamitres)와 레우키푸스(Leucippus), 그리고 아르고스의 초대 왕 이나쿠스가 다스리던 때, 하느님께서는 이삭에게 그 아버지에게 하신 것과 똑같은 약속을 하셨다. 곧 그의 자손에게 가나안 땅과 그의 후손으로부터 온 세상 모든 백성들에게 복을 주시겠다 하시고, 같은 약속을 그의 아들 야곱, 즉 아브라함의 손자에게도 하셨다. 야곱은 뒷날 이스라엘이라는 이름을 받았는데, 그때 아시리아는 제9대 왕 벨로쿠스(Belocus), 아르고스는 이나쿠스의 아들인 제2대 왕 포로네우스(Phoroneus)가 다스렸으며, 시키온은 여전히 레우키푸스가 다스리고 있었다.

이 시대에 아르골리스(Argolis)의 포로네우스 왕 통치 아래 그리스는 법률을 만들고 재판관을 임명해서 이름을 떨치게 되었다. 포로네우스는 아우 페고우스(Phegous)가 죽자 그의 묘지에 신전을 세우고 신으로서 받들며 소를 잡아 제사를 지냈다. 이들의 아버지는 살아있을 때 두 아들에게 나라를 나눠주어 저마다 영토를 맡아 다스리게 했는데, 페고우스는 신들을 섬기는 신전을 세워, 1년이나 1개월 단위로 시간을 보는 방법을 백성들에게 가르쳤다. 그러므로 나는 사람들이 기꺼이 페고우스를 우러러 받들 만했으리라 생각한다. 사람들이 아직 무지하던 터라 이런 새로운 발견을 놀랍게 생각하여, 그가 죽어서 신이 되었다고 믿거나 아니면 그러기를 바란 것이다.

이나쿠스의 딸인 이오(Io)도 뒷날 이시스(Isis)라는 이름으로 이집트에서 훌륭

---

*6 고린도 서남쪽에 있던 도시국가로 그 지방을 아르골리스라고 했다.

한 여신으로 우러러 받들었다. 그러나 어떤 사람은 이시스가 에티오피아에서 이집트로 온 여왕으로 널리 공정하게 다스리며 문자를 비롯하여 사람들을 위해 여러 편리한 제도를 만들었기 때문에 죽은 뒤 신으로서 추앙 받게 되었다고 한다. 이 영예는 참으로 신성한 것이었기에, 누군가가 그녀를 인간이었다고 말한다면 사형을 당할 정도였다고 한다.

제4장 야곱과 그의 아들 요셉 시대

아시리아 제10대 왕은 발레우스(Balaeus), 시키온의 제9대 왕은 케피수스라고도 불리는 메사푸스(Messapus)이며, 아피스(Apis)가 아르골리스 제3대 왕이었을 때, 이삭은 180세로 세상을 떠나고 그의 쌍둥이 아들들은 120세였다 쌍둥이 가운데 형은 버림받았지만 동생 야곱은 우리가 이야기하는 하느님 나라에 속한 사람이었고, 그의 열두 아들 가운데 요셉은 형제들의 시기로 말미암아 이집트로 팔려갔다. 이는 모두 할아버지 이삭이 아직 살아 있을 때의 일이었다. 이집트로 간 요셉은 오랫동안의 굴욕을 참고 견디다가 30세에 높은 지위를 얻어 파라오 앞에 서게 되었다(창세 41 : 46). 그는 하느님의 도움으로 파라오가 꾼 꿈을 풀이해 줬는데 그것은 7년 대풍작이 이어진 뒤 다시 7년 동안 흉년이 들어 그 엄청난 풍작으로 거둔 곡식을 모두 소비하게 되리라는 것이었다. 이 일로 파라오는 그를 감옥에서 꺼낸 뒤 이집트의 나랏일을 맡겼다. 요셉이 감옥에 가게 된 까닭은 자신의 정조를 지켰기 때문이었다. 요셉은 자신을 유혹하는 여주인을 뿌리치고 달아났는데, 여주인이 그를 잡으려다 옷자락이 찢겨졌고, 그 옷으로 남편에게 요셉이 자신을 욕보이려 했다며 거짓말을 했기 때문이다. 한편 흉년이 이어진 둘째 해에 야곱은 온 가족을 데리고 이집트에 있는 자신의 아들에게로 왔다. 그때 그의 나이는 파라오에게 답한 대로(창세 47 : 9~10) 130세였다. 요셉은 왕에게 영예로운 지위를 받았을 때 30세였고, 그 뒤 7년 풍작과 2년 흉작을 겪었으므로 그의 나이는 39세였다.

제5장 아르고스의 왕 아피스

이 무렵 아르고스의 왕 아피스가 함대를 끌고 이집트로 건너가 죽은 뒤 그곳에서 이집트 신들 가운데서도 가장 뛰어난 신인 세라피스가 되었다. 바로는 그가 죽은 뒤에 아피스가 아니라 세라피스라 불리게 된 이유를 아주 간단하게 설명한다. 즉 지금은 사르코파구스(sarcophagus)라 불리는 죽은 이를 넣는 관을 그리스어로는 소로스(σοϱός)라고 했는데, 그의 신전이 세워지기 전에도 사람들이 그곳에 묻힌 그를 섬기기 시작했다. 그래서 소로스와 아피스를 합쳐 "소로스아피스"라 부르다가, 곧잘 그렇듯이, 모음 하나가 변해서 세라피스라 불리게 되었다. 게다가 그를 인간이었다고 말하는 이가 있다면 누구나 법으로 사형에 처해졌다. 이시스와 세라피스를 모신 신전에는 거의 어디서나 손가락으로 입술을 눌러 침묵하라 경고하는 손모양을 한 형상이 서 있는데, 바로는 이를 그 두 신이 인간이었다는 말을 하지 말라는 뜻이라 생각했다. 이집트 사람들은 세라피스의 영예를 위한 이상한 미신의 하나로 황소에게 맛있는 음식을 실컷 먹였는데, 살아 있는 소로서 우러름을 받았기 때문에 세라피스가 아닌 아피스라 불렀다. 즉 관에 들어 있지 않다는 뜻이었다. 이 소가 죽으면 흰 점이 있는 색깔이 같은 송아지를 찾아다녔는데, 그런 송아지를 얻게 되면 그들은 자신들을 위해 신이 주신 기적이라 믿었다. 실제로 악령들은 이집트인들을 속이기 위해 새끼를 가진 암소에게 소만이 알 수 있는 이미지를 보여줬을 것이다. 그 이미지가 암소의 번식욕을 불러일으켜 바라는 대로 그 무늬가 새끼 몸에 나타나게 하는 것으로 그리 대단한 일은 아니다. 야곱도 얼룩진 막대기를 이용해서 줄무늬가 있거나 얼룩진 양과 염소를 얻은 적이 있다(창세 30 : 37~39). 사람이 색채와 물건을 가지고 할 수 있는 일을 악령들은 새끼를 밴 동물들에게 환영을 보임으로써 쉽게 할 수 있기 때문이다.

제6장 야곱이 죽었을 무렵 왕들

이처럼 아피스는 이집트 왕이 아니라 아르고스 왕이었는데, 이집트에서 죽었다. 그의 아들 아르고스(Argus)가 그 뒤를 이어 왕이 되었고, 아르고스의 이름을 따서 그 나라 백성을 아르기(Argi), 그 나라를 아르기위(Argivi)라고 부르게 되었다. 그 이전 왕들 시대에는 백성이나 나라에 이러한 이름이 없었다. 아르고스가 아르고스왕이었고, 에라투스가 시키온의, 그리고 발레우스가 여전히 아시리아의 왕이었을 때, 야곱은 147세로 이집트에서 세상을 떠났다. 그는 죽기 전에 아들들과 요셉이 낳은 손자들을 축복했으며, 유대를 위해 복을 빌면서 그리스도에 대해 아주 분명하게 예언했다. "왕의 지팡이가 유대를 떠나지 아니하리라. 지휘봉이 그의 다리 사이에서 떠나지 아니하리라. 참으로 그 자리를 차지할 분이 와서 모든 백성들이 그에게 순종하리라"(창세 49 : 10 및 이 책 18권 6장 참조).

그리스 사람들은 아르고스 왕 통치시절 외국에서 종자를 얻어다가 농사를 지어 거두어들였다. 아르고스도 죽은 뒤 신으로 모셔져 신전이 지어지고 제물이 바쳐졌다. 아르고스가 왕위에 있을 때 이런 영예를 받은 인물이 하나 더 있었는데, 호모기로스(Homogyros)라는 평민이었다. 그는 처음으로 소에게 가래를 메워 밭을 갈았는데 그가 벼락에 맞아 죽은 뒤 사람들은 그를 신으로 모셨다.

제7장 요셉의 죽음

요셉이 110세로 이집트에서 세상을 떠날 때, 아시리아는 제12대왕 마미투스(Mamythus)가, 시키온은 제11대 왕 플렘메우스(Plemmeus), 아르고스는 아직도 아르고스가 다스리고 있었다. 그가 죽은 뒤 하느님 백성은 145년 동안 이집트에 머물러 있었는데 놀라울 만큼 인구가 불어났다. 그들은 요셉을 알던 사람들이 다스리던 동안은 평온했다. 그 뒤 점차 인구가 늘어나자 이집트인들의 시기심과 의심이 차츰 커져, 그들은 말로 다 못할 노예로서의 박해를 받으며 견디기 어려운 강제 노동에 시달렸다. 하지만 그런 가운데서도 하느님의 은혜로 자손이 더욱 불어나 마침내 그 나라에서 해방되었다. 그동안 아시리아와 그리스에서는 같은 왕권이 이어졌다.

제8장 모세가 태어난 시대

모세가 이집트에서 태어난 때는 아시리아의 제14대 왕 사프루스(Saphrus)와 시키온의 제12대 왕 오르토폴리스(Orthopolis), 그리고 아르고스의 제5대 왕 크리아수스(Criasus)가 저마다 나라를 다스리고 있었다. 모세에 의해 하느님 백성들은 이집트에서의 노예 생활에서 풀려났으며, 그들은 고난을 통해 창조주의 도움을 간절히 바라도록 단련되었다. 어떤 사람들은 위에서 말한 왕들이 다스리던 시절에 프로메테우스가 실제로 살았다고 생각한다. 프로메테우스가 진흙으로 인간들을 빚어냈으며 지혜를 가르쳤다고 전해지기 때문이다. 하지만 그의 시대에 누가 지혜로운 사람이었는가 하는 이야기는 나와 있지 않다. 프로메테우스의 형제 아틀라스는 위대한 점성가였다고 하는데 이 때문에 그가 하늘을 떠받치고 있다는 이야기가 생겨난 것이다. 하지만 그의 이름을 딴 높은 산

이 있어 그가 하늘을 떠받치고 있다고 생각하기 시작한 것으로 보인다. 그 시
대에는 그리스에서 신화가 많이 만들어졌다.

아테네 왕 케크롭스(Cecrops)가 다스리던 때부터 이 도시는 아테네라는 이름
을 갖게 되었는데, 이때 하느님이 모세를 시켜 자신의 백성을 이집트에서 구하
셨다. 그리스 사람들은 그때만 해도 사리에 어두워 미신을 믿으며 죽은 사람
들을 신으로 만들어 섬겼다. 그 본보기로는 크리아수스왕의 아내 멜란토미케
와 아버지의 뒤를 이어 아르고스 제6대 왕이 된 그들의 아들 포르바스, 제7대
왕 트리오파스의 아들 야수스, 제9대 왕 스테넬라스를 들 수 있다. 스테넬라스
는 작가에 따라 스테넬레우스 또는 스테넬루스라고도 불린다. 그 시대 사람인
메르쿠리우스는 아틀라스의 딸 마이아에게서 태어났다고 해서 이야기꾼들의
입에 자주 오르내렸다. 메르쿠리우스는 여러 기예에 뛰어나 유명했고 그 재주
를 사람들에게 가르쳐 주었으므로 죽은 뒤 모두들 그가 신이 되길 바랐고 실
제로 신이라 믿게 되었다. 헤라클레스는 그보다 뒤의 사람이지만 그때도 여전
히 아르고스 왕국 시대였다고 한다. 그가 메르쿠리우스보다 먼저 태어났다고
말하는 사람들도 있지만, 나는 그렇지 않다고 생각한다. 하지만 어느 시대에
태어났든 이런 옛 이야기를 기록한 냉철한 역사가들은 메르쿠리우스와 헤라클
레스는 인간이었으며, 사는 동안 사람들에게 여러 이로움을 주어 그들의 생활
을 편리하게 해 주었기 때문에 신으로 섬김받게 되었으리라 생각하는 데에 서
로 일치한다.

이들보다 훨씬 더 오래전에 미네르바(Minerva)가 있었다. 이 여인은 오기구
스(Ogygus)시대에 처녀로 트리토니스(Tritonis) 호수 부근에 살아서 트리토니아
(Tritonia)라고도 부른다. 그녀는 많은 것을 발명했고, 출생이 잘 알려지지 않아
서 사람들이 더 쉽게 신이라고 믿었다. 유피테르의 머리에서 태어났다는 이야
기는 문학적으로 지어낸 이야기로 역사적 사실이 아니다. 오기구스의 연대에
대해서는 역사가들의 의견이 일치하지 않는다. 이 사람이 살던 때 큰 홍수가
있었다고 하지만, 이것은 방주에 들어간 사람들만 살아난 대홍수를 말하는 것
이 아니다. 그리스나 로마의 역사가들은 이 대홍수에 대해 아는 바가 없지만,
그 뒤 데우칼리온(Deucalion) 시대 때 일어난 홍수보다는 큰 것이었다.

앞(제2장)에서 말한 마르쿠스 바로가 쓴 책은 바로 이 시점에서 시작하는데,
그가 로마 역사까지 내려올 때 출발한 지점도 오기구스 때 일어난 홍수부터였

으며 그보다 오래된 일들에 대해서는 아무것도 적고 있지 않다. 우리(그리스도교 신자들) 연대기를 기록한 이들 가운데 먼저 유세비우스와 히에로니무스(제롬)는 오기구스의 홍수는 300여 년 뒤, 마르고스의 제2대 왕 포로네우스 때 있었다고 한다. 이는 물론 선배 역사가들의 의견을 바탕으로 한 것이다. 그러나 오기구스의 연대가 어떻든, 아테네를 재건 또는 건설했다는 케크롭스 왕 때 이미 미네르바는 여신으로서 숭배받고 있었다.

제9장 아테네 시가 만들어진 시대와 그 이름의 기원

아테네라는 이름은 미네르바에서 비롯한 것이 확실하다. 미네르바를 그리스어로 아테나(Athena)라고 부르기 때문이다. 바로는 그 이유에 대해 이렇게 말한다. 그 땅에 갑자기 올리브나무가 자라났고, 동시에 다른 곳에서는 샘물이 터져 나왔다. 이런 조짐에 놀란 왕은 델피에 있는 아폴로신에게 사람을 보내어, 이것이 무슨 뜻이며 어떻게 해야 할지 물었다. 아폴로의 대답은, 올리브나무는 미네르바 여신을 나타내고 샘물은 넵튠(Neptunus)*7을 나타내므로 백성들이 직접 두 신 가운데 어느 한쪽을 택하여 도시의 이름으로 삼으면 좋다는 것이었다. 신탁을 받은 케크롭스 왕은 남녀 시민들을 모두 불러 모아 투표하게 했다. 그 무렵 그곳 여성들도 공공 토론에 오래 전부터 참가하고 있었다. 투표에서 남자들은 넵튠을, 여자들은 미네르바를 택했는데, 여자들 쪽이 한 표 더 많아 미네르바가 이겼다. 그러자 화가 난 넵튠이 커다란 해일을 일으켜 아테네를 황폐하게 만들어 버렸다. 물을 바라는 대로 움직이는 일은 신들에게는 쉬운 일이었다. 바로에 따르면, 넵튠의 화를 풀기 위해 아테네인들은 여성들에게 세 가지 벌을 내렸다고 한다. 즉 앞으로 여성은 투표에 참가하지 말 것, 자식들에게 어머니의 이름을 붙이지 말 것, 그리고 아무도 그들을 아테네인이라 부르지 말라는 것이었다. 이렇게 해서 자유로운 생각의 어머니로서 훌륭한 철학자들을 많이 낳았고 그리스의 가장 큰 영광이며 고귀함의 대상이었던 도시가 남신과 여신의 경쟁이 낳은 악령들의 장난으로 아테네라는 이름을 얻게 되었으며 그것은 여성들의 힘으로 얻게 된 여성적 이름이었다. 하지만 패배자 넵튠에게 피해를 입자 아테네 여신을 승리로 이끈 그들이지만 여성들을 벌할 수 밖에 없었

---

*7 넵튠은 바다의 신. 그리스 신화에서는 포세이돈.

다. 아마 미네르바의 무기보다 넵튠의 물을 더 무서워했기 때문이라 생각된다. 미네르바는 이기긴 했으나 자신을 지지한 여성들이 벌을 받게 되었으므로 진 것이나 마찬가지였다. 또 미네르바는 자기에게 투표한 여성들을 돕지 못했기 때문에 여자들은 투표권을 빼앗겼다. 또 어머니의 이름을 아이들에게 물려주지도 못하게 되었다. 투표에서 남신을 누르고 여신이 승리하게 하여 아테네라는 이름을 붙이게 되었지만 정작 그들은 아테네 시민이라 불리는 특권을 잃었다. 다른 이야깃거리만 없다면 이 점에 대해 더 많이 이야기할 수 있겠지만, 이쯤으로 해두고 다른 문제를 다루기로 한다.

제10장 아레오파고스라는 이름과 듀칼리온 홍수

마르쿠스 바로는 신들을 거스르면서까지 그들의 명예를 훼손하는 거짓 이야기들을 믿으려 하지 않는다. 따라서 사도 바울이 아테네 사람들과 토론한 장소를 아레오파고스라고 하며, 그 구역을 관리하는 시의원들을 아레오파기타이라고 한 이야기를(사도 17장) 인정하지 않는다. 군신 마르스, 그리스어로 아레스가 살인죄로 그곳에서 열두 신들 앞에서 재판을 받았는데 6대 6으로 무죄 판결을 받았다. 투표수가 반반으로 나뉠 때에는 무죄판결을 내리는 것이 관례였다고 한다. 바로는 널리 인정되는 이 해석과는 다르게 잘 알려지지 않은 책에서 얻은 정보를 바탕으로 다른 풀이를 했다. 아테네 사람들이 아레스와 파고스, 곧 언덕이라는 말에서 아레오파고스(아레오바고)라 이름 지은 게 아니라는 것이다. 바로는 그런 생각은 신들에게 매우 모욕적이며 소송이나 재판이 신들을 상대로 열리지는 않는다고 보았다.

바로는 아레스신에 대한 이런 이야기는 세 여신들에 대한 이야기처럼 거짓이라 확신한다. 유노와 미네르바와 베누스(비너스), 세 여신은 황금 사과를 얻기 위해 인간 파리스에게 판결을 내리도록 하여 누가 가장 아름다운지 서로 견주었다. 이 이야기는 신들의 노여움을 누그러뜨리려 하는 경연 대회나 극장의 박수갈채 속에서 노래와 춤으로 공연되었는데, 참이든 거짓이든 신들은 이를 보고 즐거워했다는 것이다. 그러나 바로는 신들의 본성과 성격에 맞지 않는다 하여, 이런 이야기들을 믿지 않는다. 따라서 그는 아테네의 이름을 설명할 때에는 신화적 유래가 아니라 역사적 유래를 말하면서 넵튠과 미네르바, 곧 아테나의 유명한 이야기들을 그의 책에 끼워넣었다. 이 도시가 어느 신의 이름으로 불려야 할지를 두고 두 신이 경쟁적으로 기적을 행하며 서로 겨룰 때, 질문을 받은 아폴로신도 감히 결정하지 못했다고 한다. 유피테르가 세 여신을 파리스에게 보냈듯이, 아폴로도 경쟁하는 신들의 싸움을 끝내려고 세 여신을 남성들에게 보내서 판결을 받게 했다. 아테나 여신이 이겼지만, 자신에게 투표한 여성들이 벌을 받음으로써 패배한 것이나 마찬가지였다. 여신에게 반대한 남성들은 아테네 시민이란 명칭을 받았지만, 정작 여신을 지지한 여성들은 이러한 명칭을 가질 수 없었다. 바로에 따르면 그 무렵 아테네 왕은 케크롭스에 이어 크라나우스(Cranaus)였으며 유세비우스와 제롬은 케크롭스가 아직 왕위에 있었을 때라고 본다. 바로 그때 홍수가 일어났는데, 피해가 가장 심했던 지역을 다스리던 사람의 이름을 따서 듀칼리온 홍수라 한 것이다. 그러나 그 피해는 이집트나 그 부근에는 미치지 않았던 것으로 보인다.

제11장 모세가 하느님 백성을 이집트에서 구한 시기

모세가 이집트에서 하느님 백성을 구해 낸 것은 아테네의 케크롭스 왕 치세 끝 무렵이었고, 아시리아 왕 아스카타데스(Ascatades)와 시키온 왕 마라투스(Marathus), 그리고 아르고스 왕 트리오파스(Triopas)가 다스리던 때였다. 모세는 백성을 구해낸 뒤 시나이산에서 하느님으로부터 받은 율법을 그들에게 전해주었는데, 이것을 구약이라고 한다. 이 율법에는 지상적 약속들이 담겼는데, 예수 그리스도를 통해서 이루어질 신약에서는 하늘 나라가 약속되었다. 하느님에게 나아가는 인간은 수행하듯이 이 순서를 지켜야만 했다.

그러므로 사도의 이 말은 옳다. "가장 먼저 있었던 것은 영적인 것이 아니라 생물적인 것이었습니다. 영적인 것은 그 다음에 왔습니다. 첫째 인간은 땅에서 나와 흙으로 된 사람입니다. 둘째 인간은 하늘에서 왔습니다"(1고린 15 : 46~47). 모세는 사막에서 40년 동안 백성을 다스리다가 120세에 죽었다. 그는 죽기 전에 장막과 사제직과 제물과 그 밖의 신체적인 의식들을 만들고, 이런 신체적 의식을 상징으로 삼아 그리스도를 예언했다. 모세의 후계자인 여호수아는 백성들을 약속의 땅으로 인도한 뒤에, 그곳을 차지하고 있던 민족들을 정복하고 하느님의 권위로 모두를 그 땅에 정착시켰다. 그리고 27년 동안 다스리다가 죽었는데, 그 무렵 아시리아에서는 제18대 왕 아민타스가, 시키온에서는 제16대 왕 코락스, 아르고스에서는 제10대 왕 다나우스, 아테네에서는 제4대 왕 에리크토니우스가 군림하고 있었다.

제12장 그리스 왕들로부터 시작된 거짓 신들의 제사

이 시기에, 즉 이스라엘의 이집트 탈출로부터 모세의 후계자인 눈의 아들 여호수아의 인도 아래 백성들이 약속의 땅을 받고 여호수아가 죽을 때까지, 그리스 왕들은 거짓 신들에 대한 의식을 만들었다. 이것들은 엄숙한 축제로 홍수와 그 홍수에서 살아남은 인간들의 구원을 기념하기도 하고, 물을 피해 고지와 평지 사이를 옮겨 다니던 인간들의 고난을 기리기도 했다. 그래서 사람들은 루페르쿠스(Lupercus)라는 전원 신을 모시는 제사장들이 거룩한 길을 오르내리는 것도, 사람들이 넘쳐흐르는 큰 물을 피해 산위에 올라갔다가 물이 빠진 뒤, 다시 평지로 돌아온 것을 표현한 것이라고 풀이한다.

죽은 뒤 신으로 우러르며 '아버지 리베르(Liber Pater)'라 불린 디오니소스가 아티카 지방에 머물 때 자신을 맞아주던 이에게 포도나무를 보여주었다고 하던 것이 바로 이 무렵이다. 그때 델피의 아폴로를 위해, 그의 분노를 달래주기 위해 음악 경연대회가 만들어졌다. 다나우스 왕이 그리스를 공격하여 그의 신전을 태워 버렸을 때, 사람들이 이를 막지 못했으므로 아폴로의 노여움을 사서 그리스 여러 곳이 농사가 잘 되지 않아 고통받고 있는 것이라 믿었기 때문이다. 이 경연대회는 아폴로의 신탁으로 경고를 받은 뒤에 만들어졌다. 하지만 아티카 에리크토니우스 왕은 아폴로뿐만 아니라 미네르바를 위해서 경연 대회를 시작했다. 이 대회에서는 우승자에게 상품으로 올리브를 주었는데, 리베르가 포도나무를 발견했듯이 미네르바가 올리브를 찾아냈다고 전해졌기 때문이다.

그 무렵 크레타(사도 27 : 7)의 크산투스 왕이 유로파(Europa)를 납치했다고 하는데, 이 크산투스를 다른 이름으로 부르는 사람들도 있다. 유로파와 크산투스 사이에서 라다만투스와 사르페돈과 미노스가 태어났다고 하지만, 오히려 유로파와 유피테르 사이에서 태어났다고 하는 이야기가 더 일반적이다. 하지만 이런 신들을 섬기는 이들은 크레타 왕에 대한 이야기는 역사적 사실이라고 믿지만, 유피테르에 대한 이야기는 헛된 이야기라 말한다. 그것은 시인들이 노래하며, 사람들이 극장에서 박수로 즐기는 주제일 뿐이라는 것이다. 꾸며낸 신들의 죄악을 연극으로 만들어 당사자인 신들의 노여움을 푼다는 일이 황당하게 여겨지기 때문이다.

같은 시대에 시리아에서는 헤라클레스가 이름을 떨쳤다. 하지만 이 사람은 우리가 8장에서 말한 그 인물은 아니다. 잘 알려지지 않은 역사에 따르면 리베르나 헤라클레스라 불린 사람이 여럿이었다고 한다. 열두 가지 위대한 위업을 이룬 것은 틀림없이 헤라클레스이지만, 아프리카의 안타이우스를 죽인 것은 다른 헤라클레스였으며, 앞의 헤라클레스는 수많은 위업을 이루었지만, 병에 걸려 고통받게 되자 오이타 산에서 스스로 불을 질러 목숨을 끊었다고 한다.

그 시대에 폭군이었던 부시리스는 자기를 찾아오는 손님들을 죽여 신들에게 제물로 바치곤 했는데, 그는 에파푸스(Epaphus)의 딸 리비아와 넵튠 사이에서 난 아들이었다. 우리는 넵튠이 이런 방탕한 짓을 했다고 믿으며 신들을 비난해서는 안 된다. 이런 이야기는 시인들이나 극장에 주어서 적당히 신들을 달래는 데 쓰게 해야 한다. 아테네의 에리크토니우스 왕은 불카누스(Vulcanus)와*8 미네르바 사이에서 태어났다고 하며, 이 왕의 늘그막에 여호수아가 죽었다고 한다. 그러나 사람들은 미네르바가 처녀이기를 바랐는지, 두 신이 어울리다 불카누스가 흥분해서 씨를 땅에 흩뿌리자 거기서 사람이 났기 때문에 그런 이름이 붙은 것이라 한다. 그리스어로 에리스(ἔρις)는 투쟁이고 크톤(χθών)은 땅이므로, 이 두 단어를 합해서 에리크토니우스라는 이름이 만들어졌다는 것이다.

하지만 학식있는 사람들은 이런 이야기를 거짓이라 여기며, 이런 이야기와 신들을 관련 지으려 하지 않는다. 그들은 아테네에 있는 불카누스와 미네르바의 공동 신전에서 버려진 아기가 발견되어서 이런 신화가 만들어졌다고 생각한다. 그 둘의 신전에 버려진 아기는 뱀이 똬리를 틀고 있는 한가운데에 있었으므로 앞으로 큰 인물이 되리라는 것을 상징하고 있었다. 부모가 누구인지 모르는 상태에서, 신전을 두 신이 함께 쓰고 있으므로 두 신의 아들이라는 말이 나왔다고 한다. 이 사실적인 이야기보다도 오히려 전설이 그 이름의 유래를 좀더 그럴듯하게 설명하고 있다. 하지만 그게 우리에게 무슨 소용인가?

역사는 진실을 쓴 책으로 경건한 사람들을 북돋워 주고, 거짓 이야기로 가득한 연극은 추악한 악령들을 즐겁게 만든다. 그러나 경건한 사람들도 이 악령들을 섬기며, 이들에 대한 이야기를 거짓이라 하면서도 모든 죄악에서 신들

---

*8 불카누스는 불과 대장간의 신.

을 완전히 씻어버리지 못한다. 사람들은 지혜롭게도 이러한 이야기를 부정하지만 이런 식으로 파렴치하게 연출하는 연극을 신들 스스로가 요구하기 때문이다. 게다가 신들은 거짓과 수치스러운 행위를 보고 즐거워한다. 신화가 노래하는 신들의 죄악이 꾸며낸 이야기일지라도, 그런 죄악을 재미있어 한다면 그것은 참 죄악인 것이다.

제13장 판관 시대의 신화

여호수아가 죽은 뒤에 판관들은 하느님 백성들을 이끌었다. 판관들 시대에는 죄로 인한 굴욕적인 고난을 겪는 기간과 하느님의 자비로 번영과 위로를 얻는 기간이 여러 번 번갈아 찾아왔다. 이 시대에 이민족들에게는 트립톨레무스의 신화가 만들어졌다.

농업 발명가인 트립톨레무스는 곡식의 여신인 케레스의 명령을 받아 날개 돋은 용들을 타고 날아다니면서 필요한 곳마다 곡식을 나눠 주었다고 한다. 몸은 사람이고 머리는 소인 미노타우로스에 대한 신화도 있었는데, 그가 갇혀 있는 미로에 사람이 들어가면 길을 잃고 다시는 빠져 나올 수 없었다. 켄타우로스들은 말과 사람의 몸을 하고 있었고, 케르베로스는 땅 밑에 사는 개인데, 머리가 셋이었다. 프릭수스와 그의 누이 헬레는 숫양을 타고 하늘을 날아다녔으며, 여자 괴물 고르곤은 머리칼이 뱀이었는데 그녀를 보는 사람은 모두 돌로 변했다. 벨레로폰은 페가수스라는 날개가 달린 말을 타고 하늘을 날아다녔으며, 암피온은 거문고로 아름다운 가락을 연주해 돌들마저 감동시키며 끌어당겼다. 깃털로 만든 날개를 타고 날아다녔다는 대장장이 다이달로스와 그의 아들 이카루스의 이야기도 있다. 사람 얼굴을 한 네 발 짐승 스핑크스는 아무도 풀 수 없으리라 자신했던 수수께끼를 오이디푸스가 풀자 할 수 없이 절벽에서 뛰어내려 스스로 목숨을 끊었다. 땅의 아들이어서, 땅에 쓰러져 일어날 때면 더욱 강력해졌던 안타이우스는 헤라클레스에게 죽임을 당했다. 이 밖에도 내가 빠뜨린 이야기들이 더 있을지 모르겠다.

마르쿠스 바로는 로마 민족사의 제2권을 트로이(사도 16 : 8) 전쟁으로 끝맺고 있는데, 그 전쟁이 있었던 시대까지 역사책에 있는 실제 사실들에서 소재를 가져와 이야기하면서도 사람들이 신들에 대해 비난하지 않도록 이어나갔다. 유피테르가 아름다운 소년 가니메데스를 납치해서 애인으로 삼았다고 하는데, 누가 이 이야기를 만들었든 이것은 탄탈루스왕이 저지른 죄를 유피테르에게 떠넘긴 것이다. 유피테르가 황금비(雨)로 변해서 다나에와 동침하려 했다는 것은 여자의 정조가 금으로 더럽혀진다는 뜻이다. 그 시대에 생긴 이런 이야기들은 사실이든 거짓으로 지어낸 이야기이든 또는 다른 사람이 하고서 유피테르에게 떠넘긴 것이든 인간의 마음이 얼마나 사악했는지를 보여주는데, 사람들이 이러한 타락을 잠자코 봐주며 오히려 즐긴 것을 보면 알 수 있다. 유피테르를 깊이 숭배했다면 그를 두고 불손하게 이런 이야기를 지어내는 사람들에게 그만큼 더 엄한 벌을 주었어야 했다. 하지만 사람들은 거짓 이야기를 꾸며낸 자들에게 화를 내기는커녕, 극장에서 그 이야기들을 공연하지 않으면 도리어 신들이 화를 낼지도 모른다며 두려워했다.

이때 라토나가 아폴로를 낳았는데, 이것은 앞에서 이야기한, 사람들이 앞을 다투어 신탁을 받으려고 간 그 아폴로가 아니라 헤라클레스와 함께 아드메투스 왕을 섬긴 자였다. 그런데도 거의 모든 사람들이 그를 신이라고 굳게 믿으며 저 아폴로와 같은 인물이라고 말한다. 또 그 시대에 리베르는 인도에서 전쟁을 치루고 있었는데 그의 군대에는 박카이라고 불리는 여자들이 많았고, 이들은 용기보다는 광기로 이름을 떨쳤다. 어떤 사람들은 이 리베르가 전쟁에서 패해 포로가 되었다고 하며, 또 어떤 사람은 페르수스와 싸우다가 죽었다 하면서 묻힌 곳까지 적고 있다. 그런데도 마치 신이라도 되는 듯이 추악한 악령들이 그의 이름으로 바쿠스(Bacchus, 그리스 이름은 디오니소스)의 신성한 의식을, 아니 모독적인 의식을 만들었다. 이 축제에서 벌어지는 광란의 추태를 부끄럽게 여긴 로마 원로원이 오랜 뒤에 로마에서 이 축제를 금지했다. 또 그 시대 사람들은 페르수스와 그의 아내 안드로메다가 죽은 뒤, 그들이 하늘로 올라갔다고 믿었고 그들의 모습을 한 별을 찾아내어 그들의 이름을 그 별자리에 붙이기까지 하면서도 조금도 부끄러워하거나 두려워하지 않았다.

제14장 신학적 시인들

위와 같은 시대에 신학자라고도 불리는 시인들이 나타났다. 신들에 대한 시를 지었다고 해서 그렇게 불렸는데, 그들이 노래한 것은 진짜 신들이 아니라 사람들, 곧 위대한 사람들이었다. 또한 참된 하느님이 창조하신 이 세계의 구성 요소인 신들이거나, 창조주의 뜻에 따라 저마다의 공적과 책무로 다스리는 위치에 놓인 피조물들이었다. 그 시인들이 헛된 거짓 이야기로 노래하는 가운데, 유일하고 참된 하느님에 대해 찬양했다 하더라도 그들은 하느님을 바르게 섬긴 것이 아니었다. 그들은 다른 신들도 함께 섬겼으며, 오로지 한 분, 주님에게만 드려야 할 경배를 그들에게도 드렸기 때문이다. 오르페우스(Orpheus), 무사이우스(Musaeus), 리누스(Linus)도 자기네 신들에게 설화적 영예를 바치고야 말았지만 이들은 신들을 받들기만 했을 뿐 그들 자신은 신으로서의 숭배를 받지 않았다. 그런데 왜 죄 많은 지상 나라는 성스러운, 아니 신성 모독적인 그 의식에 오르페우스를 앞세워 놓았는지 모르겠다. 또 아타마스 왕의 왕비 이누스와 그 아들 멜리케르테스는 스스로 바다에 몸을 던져 죽은 뒤에 신으로 모셔졌고, 그 시대의 다른 인물인 카스토르와 폴룩스도 똑같이 되었다. 그리스 사람들은 멜리케르테스의 어머니를 레우코테아, 라틴 사람들은 마투타라고 불렀지만 두 나라 모두 그녀를 여신으로 섬겼다.

제15장 라우렌툼 첫 번째 왕 피쿠스

그 시대에 아르고스 왕국이 끝나고 권력은 아가멤논의 도시 미케네로 옮겨 갔다. 이탈리아에서는 라우렌툼 왕국이 일어나면서 사투르누스의 아들 피쿠스가 첫 왕이 되었으며, 히브리 민족은 드보라라는 여인이 판관이 되어 다스렸다(판관 4~5장). 이 여인은 하느님의 성령을 통해 역할을 수행한 예언자였지만, 그녀의 예언은 모호해서 길고 자세한 설명이 덧붙여지지 않으면 그리스도에 대한 것이라 말하기 어려웠다. 라우렌툼 사람들이 이미 이탈리아를 다스리고 있었으며, 그리스인들을 잇는 로마 민족의 기원이 이들에게서 비롯되었다고 할 수 있다. 아시리아 왕국은 여전히 이어졌는데, 람파레스가 제23대 왕이었을 때, 라우렌툼에서는 피쿠스가 최초의 왕이 되어 통치하기 시작했다.

피쿠스의 아버지 사투르누스가 사람이 아니었다고 믿는 사람들이 이런 신을 받들면서 무엇을 생각했는지 살펴보는 편이 좋으리라. 어떤 이들은 그가 아들 피쿠스보다 먼저 이탈리아를 다스렸다고 적었고, 베르길리우스의 유명한 시구에도 다음과 같은 구절이 나온다.

"다루기 힘든 그 민족은, 고산지대에 살았는데 그는 곳곳에 흩어져 있는
이들을 통합하고 법을 만들고 라티움이라 이름지었다. 사람들이 해안에
안전하게 몸을 숨기고 살았다는 뜻에서 붙여진 이름이다. 그가 다스린 때

를 사람들은 황금시대가 시작되었다고 한다."

하지만 그들은 이것을 어디까지나 시적 허구로 보아야 하며, 피쿠스의 아버지는 오히려 스테르케스라는 뛰어난 농부였다고 주장했다. 그는 동물의 똥으로 땅을 기름지게 하는 방법을 개발했는데 그래서 그의 이름을 따서 거름을 스테르쿠스라 불렀다 한다. 그의 이름을 스테르쿠티우스(변을 뿌리는 사람)라 부르는 사람들도 있다. 그를 사투르누스라 부른 이유가 무엇이든 스테르쿠스 또는 스테르쿠티우스가 농업에 이바지한 공로로 신으로 받들어진 것은 확실하다. 그들은 같은 식으로 그의 아들 피쿠스도 신으로 보았는데, 그는 이름난 점성가이자 전사(戰土)였다 말한다. 피쿠스의 아들 파우누스는 라우렌툼의 두 번째 왕이 되었는데, 그 또한 신이었거나 신으로 모셔졌다. 말하자면 이들은 트로이 전쟁 전에 죽은 이들로, 죽은 뒤에 사람들에게서 신성한 영예를 얻었다.

제16장 디오메데스와 그의 동료

아이들에게까지 잘 알려진 그 유명한 화재로 트로이는 멸망했는데, 트로이 자체의 중요성과 문학가들의 뛰어난 글 때문에 이 일은 널리 알려졌다. 이 일은 파우누스의 아들 라티누스가 다스릴 때 일어났으며, 이때부터 나라 이름을 라우렌툼에서 라티움으로 바꾸었다. 승리한 그리스인들은 폐허가 된 트로이를 떠나 고향으로 돌아오면서 온갖 무서운 재난에 시달렸지만, 그들 가운데서 어떤 인물을 또다시 신으로 섬김으로써 신의 수를 늘렸다. 심지어 신들에게 벌을 받아 고향으로 돌아가지 못했다는 디오메데스까지도 신으로 만들었다. 또 그의 동료들이 새가 되었다는 것은 시인의 허구적인 이야기가 아니라 역사적 사실이라고 주장한다. 하지만 그들이 신으로 섬긴 디오메데스는 신들의 세계에 새롭게 들어가긴 했지만 자신의 왕인 유피테르의 힘을 빌려서도 동료들을 되돌려 놓지 못했다. 듣기로는 디오메데아 섬에 그의 신전이 있는데, 아풀리아에 있는 가르가누스 산에서 멀지 않다고 한다. 새로 변한 그의 동료들이 그곳에 사는데, 날마다 그 신전 주위를 날아다니며 충성의 표시로 부리에 물을 가득 머금고는 신전에 뿌린다고 한다. 또 그리스 사람이나 그 후손들이 이곳을 찾아오면 새들은 조용히 날아와 그들을 맞이하는데, 다른 민족이 오면 그 머리 위로 날아와 죽이기라도 할 것처럼 격렬하게 쪼거나 상처를 입히기도 한다고 한다. 이처럼 그 새들은 전투에 알맞은 크고 단단한 부리를 지녔다고 한다.

제17장 바로가 전하는 인간의 변신

바로는 이 이야기를 뒷받침하기 위해 악명 높은 마녀 키르케(Circe)와 아르카디아[9] 사람들에 대해서도 믿기 어려운 이야기를 한다. 그 마녀는 율리시스(Ulysses)의 동료들을 동물로 바뀌게 했으며, 운명에 이끌려 어떤 호수를 헤엄쳐 건너간 아르카디아 사람들은 늑대로 변해 다른 짐승들과 함께 그곳 황무지에서 살았다고 한다. 만일 그들이 사람 고기를 먹지 않는다면 9년 뒤에 호수를 건너 돌아오고 다시 사람으로 바뀔 수 있었다. 그 이야기에는 데마이네투스(Demaenetus)라는 사람이 나온다. 그 무렵 아르카디아 사람들은 남자 아이를 자기네 신 리카이우스에게 제물로 바쳤는데, 데마이네투스는 그 제물을 맛보자 늑대로 변했다가, 10년 되는 해에 다시 사람으로 되돌아왔으며, 권투 훈련을 받아 올림픽 경기에서 승리했다고 한다.

이 역사가는 아르카디아에서 붙여진 리카이우스라는 이 이름을 판(Pan)과 유피테르에게도 붙였는데, 늑대로 바뀌었다는 것 말고는 다른 이유가 없었는데도 말이다. 이런 변화는 신들의 힘이 아니고는 일어날 수 없다고 생각해서인 듯하다. 그리스어로 늑대는 리코스(라틴어의 luqus, 그리스식 발음은 뤼코스(λνχος))이며, 여기서 리카이우스라는 칭호가 생겼다. 또 로마의 루페르키(Luperci)도[10] 루페르쿠스 신에게 염소와 개를 제물로 드리며, 염소 가죽을 입거나 염소 피를 알몸에 바른 귀족 집안 소년들이 의식을 행했다. 바로는 루페르쿠스라는 이름이 루푸스, 즉 늑대라는 말에서 왔다고 하며, 로마의 루페르쿠스도 사람들의 이런 믿음이 씨를 뿌려 자라게 한 것이라 생각한다.

제18장 악령의 계략으로 인한 인간의 변신

독자는 악마의 이런 속임수에 대해서 우리가 무슨 말을 해 주기를 바라겠지만 '너희는 바빌론에서 나와라, 칼데아 사람들에게서 도망쳐라'(이사 48 : 20)는 말 말고 달리 무슨 말을 할 수 있겠는가? 이 예언자의 가르침을 영적으로 이해하면, 이 세상의 나라에서 도망치라는 뜻이 된다. 우리는 불신뿐만 아니라 악한 천사들과 인간의 나라이기도 한 이 지상 나라를 피해 사랑의 마음으로부터 신앙의 발걸음을 내딛어 살아계신 하느님에게로 나아가야 한다. 이 세상 아

---

[9] 아르카디아는 그리스 펠로폰네소스의 한 산악지대.

[10] 12장 참조.

래 있는 악령들의 힘이 크다는 것을 알면 알수록, 우리는 중개자인 분에게 더욱 꼭 매달려 여기 가장 낮은 곳에서부터 가장 높은 곳으로 올라가야 한다. 우리들이 이런 일은 도저히 믿을 수 없다고 하면 어떤 사람들은 요즘도 분명히 이런 일을 들었다거나 직접 겪었노라고 증언한다. 실제로 내가 이탈리아에 있을 때 어떤 지방에서 이와 비슷한 이야기를 들은 적이 있다. 나쁜 재주를 부릴 줄 아는 어느 여관 여주인은 기회 있을 때마다 약을 넣은 치즈를 여행객들에게 먹여 짐 옮기는 동물로 변하게 만든다. 그런 뒤 필요한 만큼 일을 시킨 뒤에는 본디 모습으로 되돌려놓는다는 것이다. 하지만 동물로 바뀐 뒤에도 사람들의 마음은 끝까지 이성적이며 인간적이었다고 한다. 아풀레이우스는 그가 쓴 《황금 당나귀》에서 자신도 이런 일을 당해서 약을 먹고 당나귀가 되었으나, 인간의 마음은 잃지 않았었다고 말하는데 지어낸 이야기일지도 모른다.

이런 일들은 거짓말이거나 그렇지 않다해도 너무나 터무니없는 이야기여서 믿어지지 않는다. 전능하신 하느님은 벌이나 도움을 주시기 위해서 무엇이든지 바라시는 대로 하실 수 있으나, 악령들은 하느님께서 허락하신 것 말고 본디 가진 능력으로는 어떠한 것도 할 수 없다는 사실을 굳게 믿어야 한다. 악령들은 천사로 만들어졌으나 자신의 악덕으로 악하게 된 자들이기 때문이다. 하느님이 내리시는 판단은 우리에게는 많이 숨겨져 있으나 부당한 것은 없다. 만일 악령들이 우리가 오늘 이야깃거리로 삼은 일을 몇 가지 행한다 하더라도, 실제로 어떤 자연본성을 창조해내지는 못한다. 그들이 마치 참된 하느님이 창조하신 것을 변화시키는 것처럼 보일 수도 있으나, 그렇게 보이는 것일 뿐이다. 따라서 어떤 이유로든 악령들의 힘이나 능력으로 사람의 마음과 몸이 짐승으로 변한다고는 절대 생각지 않는다. 이런 것은 환상(phantasticum)이나 환영으로 생각해야 한다. 환상은 물리적인 것은 아니지만 생각이나 꿈에서 한없이 다른 물체들에 의하여 바뀌고, 놀라울 만큼 빠르게 물체와 비슷한 모양을 만들어낸다. 그리고 인간의 신체적 감각이 잠들어 있거나 약해질 때 설명할 수 없는 어떤 방법으로 다른 사람의 감각에 물리적 모습으로 나타나는데, 그동안 몸은 살아서 어딘가에 누워 있지만 그 감각은 잠든 것보다 더 깊고 무겁게 마비되어 있다. 또한 환상은 다른 사람들 감각에 어떤 동물의 모양으로 나타날 수도 있고, 마치 꿈속에서 자신이 동물이 되어 짐을 나르는 것처럼 느낄 수도 있다. 그 짐이 진짜 물건이라면 사람을 속이기 위해서 악령들에 의해 옮겨지는 것으로, 사람들은 진짜 짐을 보는 것 같지만 실은 동물의 몸을 보고 있는 것이다.

　프라이스탄티우스라는 사람이 자기 아버지에게 이런 일이 일어났다고 했다. 그의 아버지는 자신의 집에서 약이 든 치즈를 먹고 마치 잠을 자듯 침대에 누웠는데, 아무리 깨워도 일어나지 않았다. 그런데 며칠 뒤에 툭툭 털고 일어나더니 마치 꿈 이야기를 하듯 겪은 일을 말했다고 한다. 자신은 짐 싣는 말이 되어 다른 짐승들과 함께 레티카라는 군량을 날랐다는 것이다. 레티카는 레티아로 보내는 양곡을 말하는데, 그때 그가 말한대로 군량 운반은 실제로 있었지만, 그는 이 모든 것이 꿈이라고 생각했다. 또 어떤 사람은 잠자리에 들려고 할 때, 잘 아는 철학자가 자신을 찾아와 플라톤의 이론을 설명해주었다. 전에 부탁했을 때는 설명해주려 하지 않았기 때문에 그 철학자에게 어째서 부탁할 때는 거절한 일을 군이 집에까지 찾아와서 설명해 주느냐고 물었더니, "내가 한 일이 아니라, 내가 꿈에서 한 것"이라고 대답하더라는 것이다. 이처럼 어떤 사람이 꿈에서 보고 있는 영적 환상을 다른 사람은 깨어 있는 상태에서 보기도 한다.

　이런 이야기들은 믿을 수 없는 사람들이 전한 게 아니라, 믿을 만한 사람들이 전해준 것이다. 그러므로 아르카디아 사람들이 자주 글로 쓰거나 말하듯이 그곳 신들, 아니 그곳 악령들에 의해서 늑대로 변했다는 것과, 키르케가 마법으로 율리시스의 부하들을 변신시켰다는 서사시가 정말 있었던 일을 읊은 것이라면, 위에 내가 말한 방식으로 이루어졌을 것이다. 디오메데스의 새들은 그 뒤로도 번식을 계속해서 이제까지 이어지는 것으로 보아 그것은 사람들이 변해서 새가 된 게 아니라, 사라진 사람들 자리에 새들이 놓여 있게 된 것이다. 아가멤논의 딸 이피게니아를 암사슴으로 바꾼 것도 마찬가지이다. 하느님의 판단에 따라 허락받은 악령들에게는 이런 재주를 부리는 일이 어렵지 않다. 나중에 이피게니아가 산 채로 발견된 것으로 보아 단순히 암사슴으로 바꾸어 놓았음을 쉽게 알 수 있다. 하지만 디오메데스의 동료들은 갑자기 자취를 감추었는데, 악한 천사들이 앙갚음으로 그들을 죽인 것이다. 사람들은 그들이 나타나지 않았기 때문에 새로 변했다고 믿었다. 다른 곳에서 날아온 새와 몸이 바뀌었다는 것이다. 그 새들이 물을 물어다가 디오메데스의 신전에 뿌린 일이나, 그리스 사람들에게는 아양을 떨고 다른 민족들을 공격하더라는 것은, 악령들의 꾀임에 의한 것이므로 이상할 게 없다. 악령들은 사람들을 속여 디오메데스가 신이 되었다는 이야기를 믿게 하려고 한다. 자신들에게 이롭기 때문이다. 그들은 살았을 때에 참되게 살지 못한 인간들을 죽은 뒤에 신이라고 하며, 사람들이 신전과 제단과 제사와 사제들을 갖추어 우러르게 만들어 참된 신을 욕보이기를 원한다. 하지만 유일한 참 하느님만을 섬기는 것이 옳다.

제19장 아이네이아스의 이탈리아 도착

아이네이아스는 트로이가 점령되고 파괴되었을 때 배 20척에 살아남은 트로이 사람들을 태워 이탈리아로 왔다. 그때 이탈리아는 라티누스가 다스리고 있었고, 아테네 왕은 메네스테우스, 시키온 왕은 폴리피데스, 아시리아 왕은 타우타네스, 히브리 민족의 판관은 압돈(판관 12 : 13)이었다. 라티누스가 죽은 뒤에는 아이네이아스가 3년 동안 다스렸고 위에서 말한 왕들이 있었으며, 시키온은 펠라스구스(Pelasgus) 왕이, 히브리 민족은 판관인 삼손이(판관 15 : 20) 다스리고 있었다. 삼손은 놀라울 만큼 힘이 세서 헤라클레스 같은 사람으로 여겨졌다. 아이네이아스는 죽을 무렵 어디론가 사라져버렸기 때문에 라틴사람들은 그를 신으로 만들었다.

사비니*¹¹ 민족도 자신들의 첫 왕 상쿠스(Sancus) 또는 상크투스(Sanctus)를 신으로 모셨다. 이때 아테네 왕 코드루스는 신분을 숨긴 채 원수인 펠로폰네소스 사람들 앞에 나타나, 그들에게 살해당함으로써 조국의 자유를 얻었다. 펠로폰네소스 사람들은 아테네 왕을 죽이지 않아야만 최후의 승리를 얻으리라는 신탁을 받았기 때문이다. 가난뱅이로 변장한 코드루스 왕은 일부러 그들에게 싸움을 걸어 자신을 죽이게 만들었다. 그래서 베르길리우스는 "코드루스의 조롱이"라는 말을 썼고, 아테네 사람들은 그에게 제사를 드리면서 신으로 섬겼다.

아이네이아스의 아들 아스카니우스는 라티움 제3대 왕이 되었는데, 그 어머니는 크레우사였다. 이 일은 라티누스의 딸 라비니아와 아이네이아스에게서 난 유복자 실비우스가 제4대 왕이었을 때 일어났다. 그때 아시리아를 다스린 것은 제29대 왕 오네우스였고, 멜란투스가 아테네 제16대 왕, 그리고 제사장 엘리가 히브리 민족의 사제였으며(1사무 1 : 9), 시키온 왕국은 959년의 역사를 끝으로 사라졌다고 한다.

---

*11 Sabini. 라틴족의 바로 북쪽에 있는 종족.

제20장 판관 시대 뒤 이스라엘 왕권의 계승

앞서 말한 왕들이 다스릴 무렵에 이스라엘에서는 판관 시대가 끝나고 사울이 첫 왕이 되어 왕국을 다스리기 시작했다. 예언자 사무엘이 바로 이때 등장했으며, 실비우스라 불리는 왕들이 라틴 민족을 다스리기 시작했다. 아이네이아스의 아들이 처음으로 실비우스라고 불렸으며, 그 뒤를 이은 왕들이 자신의 이름과 함께 이 별칭을 갖게 되었다. 이는 마치 카이사르 아우구스투스의 후계자들에게 모두 카이사르 성을 붙인 것과 같다. 그런데 사울이 쫓겨나 죽게 되자 그의 자손은 왕이 되지 못했고, 그가 40년 동안 다스린 뒤 다윗이 그 뒤를 이었다(2사무 2 : 4 참조). 그때 아테네는 코드루스왕이 죽은 뒤에 왕정을 폐지하고 정무관(Magistratus)들이 공화국을 다스리게 되었다. 다윗은 이스라엘을 40년간 다스렸으며, 그의 아들 솔로몬이 왕이 되어 그 뒤를 이었다(2사무 5 : 4 참조). 예루살렘에 그 유명한 성전을 지은 사람도 바로 이 솔로몬이었다. 라틴족 사이에서는 그때에 알바(Alba)라는 나라가 세워졌으며, 같은 라티움이라는 영토 안에서 이들의 왕은 라틴족 왕이 아닌, 알바 왕이라 불리게 되었다. 히브리 민족은 솔로몬의 아들 르호보암이 왕위를 이었으나, 두 나라로 갈라져 저마다 서로 다른 왕을 섬기게 되었다(2열왕 5장 : 1열왕 6장 참조).

제21장 라티움의 왕들

아이네이아스가 신으로 받들어진 뒤에 열한 명의 왕이 그의 뒤를 이었지만, 그 가운데 신이 된 사람은 한 명도 없다. 제12대 왕 아벤티누스는 전쟁터에서 죽은 뒤 산에 묻혔는데, 오늘도 그 산은 그의 이름을 따서 부른다. 어떤 사람들은 그가 전쟁에서 죽었다는 말보다는 모습을 감췄다고 이야기하며, 산 이름도 그의 이름에서 딴 것이 아니라 새들이 왔기 때문이라 주장한다. 그 뒤에는 로마를 세운 로물루스에 이르기까지 신이 된 사람은 없었다. 로물루스와 아벤티누스 사이에 왕이 두 명 더 있는데, 하나는 베르길리우스의 시에 나온 그대로이다.

"트로이 족의 영광인 유명한 프로카스(Procas)."[12]

그의 시대에 로마는 이미 어떤 의미에서 탄생의 시기였다고 말할 수 있는데,

─────────

[12] 베르길리우스 《아이네이스》 6, 767.

이때 가장 위대한 제국이었던 아시리아가 그 오랜 세월의 끝을 맞이했다. 벨루스가 다스리던 기간까지 합해서 1305년이 지난 뒤에 아시리아의 권력은 메디아(2열왕 17 : 6) 나라로 옮겨갔다. 벨루스는 니누스를 낳았으며, 첫 왕이 되어 작은 통치권으로 만족했다. 프로카스 다음에 왕위에 오른 아물리우스는 아우인 누미토르의 딸 레아를 베스타신(가정 수호신)의 사제로 만들었다. 어떤 사람들은 이 처녀의 이름을 일리아(Ilia)라 불렀는데, 이 일리아는 로물루스의 어머니였다. 사람들의 말대로라면 레아는 마르스 신에게서 쌍둥이를 잉태했다고 하는데, 이런 식으로 그녀의 부정을 변명하고 영예로운 일로 꾸며냈다. 그런 주장을 증명하기 위해 버려진 갓난 쌍둥이들을 이리가 젖을 먹여 키웠다고 했다. 이 동물은 마르스를 주인으로 모시는데, 아기들이 마르스의 아들임을 인정하고 젖을 먹였다는 것이다.

그러나 버려진 아이들을 처음 발견한 것은 어느 이름 모를 창녀였고, 그 여자가 맨 처음에 젖을 먹였다고 하는 사람들도 있다. 창녀를 늑대라고 부르며 요즘도 매음굴을 이리굴(lupanaria)이라 말한다. 그 뒤 파우스툴루스라는 목자가 아이들을 데려다가 아내 악카의 젖을 먹여 자식처럼 키웠다고 한다. 하지만 전능한 하느님께서 위대한 도시를 세우게 될 아이들을 물속에서 건져내 살리시고, 동물이 젖을 먹여 키우도록 하셨다 하더라도 이상할 것은 없다. 만일 이 모든 일이 아이들을 물에 던지라고 명령한 잔인한 왕을 벌하기 위해서 하느님이 도우신 거라면 이것이 무슨 놀랄 일이 되겠는가? 그 뒤 아물리우스의 아우이자 로물루스의 외할아버지인 누미토르가 왕위를 이었고, 이 왕의 첫 해에 로마가 세워졌다. 그는 그 뒤에도 손자 로물루스와 함께 로마를 다스렸다.

제22장 로마 건설

이제 자세한 이야기는 줄이기로 하자. 로마는 제2의 바빌론 또는 바빌론의 맏딸로 세워졌다. 하느님께서는 로마를 시켜 온 세계를 정복하고 그 구석구석까지 평화를 펼치게 하셨으며, 온 세계가 로마공화국과 그 법으로 하나가 되도록 하셨다. 하지만 그렇게 되기까지는 다른 나라들 또한 힘이 강하여 쉽게 굴복하지 않았기에 양쪽 모두 적지 않은 파괴와 위험, 그리고 엄청난 수고가 뒤따랐다. 아시리아 제국이 아시아 대부분을 정복한 때에는 사정이 달랐다. 그들도 전쟁으로 정복했지만 이처럼 격렬하고 어려운 전쟁을 벌인 적은 그리 없었다. 왜냐하면 아직 모든 민족들은 저항하는 방법을 몰랐고, 민족들이 그 정도로 크고 많지도 않았기 때문이다. 니누스가 인도를 제외한 아시아 모두를 차지한 것은 노아의 방주에서 겨우 여덟 명이 살아남은 대홍수로부터 천 년쯤 밖에 지나지 않은 때였기 때문이다. 그러나 우리가 아는 대로 로마가 동서의 많은 민족들을 쉽고 빠르게 정복한 것은 아니다. 로마는 조금씩 성장해 나아갔고 어느 쪽으로 세력을 넓히려 하든 만나는 민족들은 완강하고 호전적이었다. 로마가 세워졌을 때 이스라엘 민족은 약속의 땅에 718년 동안 살고 있었다. 그 가운데 27년간은 눈의 아들 여호수아가 다스렸고, 그 뒤 329년 동안에는 판관들이 다스렸다. 그 다음에는 왕정이 시작되고 362년이 지났다. 그때 유다 왕은 아하스였는데, 히스기야가 그 다음 왕이었다고 한다. 그는 매우 선량하고 경건한 왕으로 로물루스와 같은 무렵 나라를 다스렸다. 이스라엘이라고 불리는 히브리 민족의 다른 일부는 호세아 왕이 통치하기 시작했다.

제23장 에리트라이의 시빌

그 무렵 에리트라이의 시빌이[13] 예언을 했다고 한다. 바로는 시빌이 한 사람이 아니라 여럿이었다고 하는데, 이 에리트라이의 시빌은 명백하게 그리스도에 대한 글을 썼다. 우리가 처음으로 읽은 것은 운율도 맞지 않는 빈약한 라틴어 번역이었는데, 나중에 알고 보니 그것은 어떤 번역가가 서툴러서 잘못 기록해 놓은 것이었다. 유명한 웅변가이며 여러 부문에 지식이 많은 전 총독 플라키아누스는 우리가 그리스도에 대해서 서로 이야기하자 그리스어로 된 사본을 가져와 여기에 에리트라이의 시빌의 신탁이 있다고 말했다. 그가 내게 가리킨 어느 구절은 각 줄의 첫 글자를 순서대로 합해 이으면 예수스 크레이스토스 테우 휘오스 소테르(Ἰησοῦς Χριστὸς θεοῦ υἱός Σωτήρ)라는 단어가 되었는데, 이를 옮기면 "예수 그리스도 하느님의 아들 구세주"라는 뜻이 된다. 이 구절을 운율에 맞춰 옮긴 라틴어 번역문은 이와 같다. 아라비아 숫자는 역자가 임의로 넣은

---

[13] sibylla. 바로에 따르면 10명의 시빌이 있었는데, 그 가운데 가장 이름을 떨친 것은 에리트라이의 시빌과 쿠마이의 시빌이었다. 에리트라이는 아테네 또는 트로이 부근에 있었으며, 쿠마이는 이탈리아 중부 해안도시였다. 로마의 유피테르 신전에는 쿠마이의 시빌이 신탁들을 적은 책들을 보관해 놓았으며, 국가가 위기에 처했을 때 그 책에서 조언을 얻었다고 적고 있다. 그러나 이것은 기원전 83년 화재로 없어졌고, 현재 남아 있는 시빌 신탁들은 유대인이나 그리스도인들의 글로 보인다.

번호이다. 원문에는 번호에 대한 언급이 있다. ( )안에 있는 그리스어 문자는 그리스어 원문에서 그 줄의 맨 처음 글자를 가리킨다.

"(1, I) 심판의 징조로 온 땅이 땀에 젖으리라.

(2, H) 영원히 다스리러 왕이 하늘에서 오시며,

(3, Σ) 육신으로 와서 온 세상과 모든 육신을 심판하시리라.

(4, O) 믿는 자와 믿지 않는 자 모두 하느님을 뵈리라.

(5, Y) 이 시대의 종말에 성도들과 함께 하느님을 인정하리라.

(6, Σ) 몸을 얻은 영혼들이 하느님의 심판대 앞에 서리라.

(7, X) 황량한 세계는 밀림에 덮인 채 방치되어 있고,

(8, P) 인간의 우상과 보물들이 버려진 채 흩어졌으며,

(9, E) 불은 바다와 하늘로 퍼져 땅을 온통 불태우며,

(10, I) 꺼림칙한 아베르누스의 문을 밀어 열리라.

(11, Σ) 자유의 빛이 성도들의 몸에 쏟아지며,

(12, T) 죄인들은 영원한 불에 태워지리라.

(13, O) 완전히 숨겨진 행위도 드러나며, 사람마다 비밀을 고백하고,

(14, Σ) 하느님이 모든 사람의 마음속을 환히 드러내시리라.

(15, Θ) 그때에 큰 애통과 이를 가는 일이 있으리니,

(16, E) 해는 빛을 잃고, 사라지며 별들은 보이지 않게 되니,

(17, O) 달빛은 바래고 하늘이 스르르 없어지리라.

(18, Y) 언덕은 낮아지고 골짜기는 높아지며,

(19, Y) 인간 세상의 높고 낮음이 사라지고,

(20, I) 모든 산은 평지가 되며, 푸른 바다는

(21, O) 잔잔해지고, 땅이 갈라져 사라지리라.

(22, Σ) 모든 샘과 모든 시내도 불에 끓어 바짝 말라 없어지리라.

(23, Σ) 그때에 슬픈 나팔 소리가 높은 곳으로부터 울려 퍼져,

(24, Ω) 악한 행실과 온갖 노고를 통탄하리라.

(25, T) 땅은 갈라져 타르타루스의 끝없이 떨어지는 바닥 없는 지옥을 보여주며,

(26, H) 왕들은 하느님 앞에 한 줄로 서며,

(27, P) 불과 유황이 폭포수처럼 하늘에서 쏟아지리라."[14]

그리스 원문을 힘 닿는 데까지 옮긴 이 라틴어 시구에서도, 그리스어 사본 각 줄에 있는 첫 글자의 의미에 딱 맞는 의미를 라틴어로는 제대로 나타낼 수 없었다. 그리스어에서 문자가 등장하는 곳이 그렇다. 그 문자로 시작하고 의미로도 알맞은 라틴어 단어들을 발견할 수가 없다. 즉 제5행과 제18, 19행에 해당하는 세 문장이 그러하다. 그러므로 이 세 문장 첫 단어의 첫 글자들을 한데 잇되 세 문장의 경우만 입실론(Υ, υ: 그리스 문자의 스무 번째 글자)을 넣어서 모든 줄의 첫 글자를 순서로 이으면 다섯 단어인, 예수스 크리스투스 데이 필리우스 살바토르가 만들어진다. 이것은 그리스어일 경우에만 해당되며 라틴어에서는 그렇지 않다. 이 구절은 27줄로 되어 있다. 27은 3의 입방체를 나타내고 있다. 3에 3을 곱하면 9, 9를 3으로 곱하면 도형이 평면에서 입체적으로 되는 것처럼 27이 된다. Ἰησοῦς Χριστός θεοῦ γἱός Σωτήρ, "예수 그리스도 하느님의 아들 구세주(Jesus Christ the Son of God the Saviour)" 이 다섯 단어의 첫 글자를 연결하면 익투스(ἰχθύς)라는 그리스어가 되는데, 이는 물고기라는 뜻이며 이 명사는 상징적으로 그리스도를 나타낸다. 즉 깊은 물 속에서 사는 물고기와 같이 이 가능성의 심연에서 그리스도는 죄없이 살 힘이 있다는 뜻이다. 그뿐 아니라 이 에리트라이의 시빌은—또는 어떤 사람들이 믿듯이 쿠마이의 시빌은—여기에 그 일부를 소개한 시 전체에서, 거짓 신들이나 조작된 신들을 섬기는 데 대해서는 한 마디도 하지 않고 있다. 오히려 거짓 신과 조작된 신들 그리고 그 숭배자들을 몹시 비난하는 것으로 보아 그를 하느님 나라에 속한 사람으로 인정해야 할 것이다. 락탄티우스도 그의 책에 그리스도에 대한 시빌의 예언을 넣었지만, 어느 예언자의 말을 그대로 베끼지는 않았다.[15] 나는 그가 남긴 수많은 짧은 구절들을 연결해서 하나로 정리했는데, 그 예언은 다음과 같다.

"앞으로 그는 불신자들의 악한 손에 빠지리라. 그뿐 아니라 그들은 그 추악한 손으로 하느님을 때리며 더러운 입에서 독이 있는 침을 뱉었다. 하지만 그는 거룩한 등으로 그들의 채찍을 받으시리라. 그는 맞아도 잠자코 있을 것이다. 이는 그가 말씀으로서 오신 것이나 어디서 왔는지 모르게 하기 위함이며, 지옥에 있는 영들에게도 전도하시기 위해 가시관을 쓰셨기 때문이다. 그뿐 아니라

---

[14] 《Oracula Sibyllina》(ed. Geffcken) Ⅷ, 217 이하 참조.
[15] 락탄티우스 《신의 교훈》 4, 18~19. 《Oracula Sibyllina》 Ⅷ, 287 이하 참조.

그들은 그에게 음식으로 쓸개즙을, 마실 것으로 초를 드린다. 그들의 불친절한 대접이 이 정도에 이를 것이다. 그대는 어리석어, 그대의 하느님이 하시는 일을—죽을 인간들이 생각하지 못할 일을—알지 못하고, 가시관을 씌우며 쓰디쓴 쓸개즙을 타 드렸다. 또 성전의 휘장이 찢어지며 한낮에 짙고 깊은 밤이 세 시간은 계속될 것이다. 그는 사흘 동안 죽어 자다가 낮은 세계로부터 광명 세계로 돌아오는 최초의 사람이 되어, 죽음에서 도로 불려온 자들에게 부활의 시초를 보여 줄 것이다."

락탄티우스는 변론을 하면서 입증할 필요가 있을 때마다 시빌의 예언들을 여러 곳에서 조금씩 따다 썼다. 그러나 나는 그 사이사이에 우리말을 넣지 않고 인용된 말들을 연속된 한편의 글로 연결해서 읽어보았고, 각 행의 첫 글자들이 서로 연결되어 어떤 단어를 나타내는지를 구분하려고 애썼다. 보통 글쓴이들이 문장의 첫 글자를 의미없이 써놓지는 않는다고 생각했기 때문이다.*16 어떤 역사가들은 에리트라이의 시빌이 로물루스 때 있었던 것이 아니라 트로이 전쟁 때 존재했다고 적고 있다.

제24장 로물루스와 누마

로물루스가 왕이었을 때 일곱 현자 가운데 한 사람인 밀레도스(사도 20 : 17) 사람 탈레스가 살고 있었다고 한다. 신학적 시인들 뒤에 나타난 현자 가운데 오르푸스가 가장 명성이 높았다. 현자들은 그리스어로 소포(Σοφοι)라 불리는데, 라틴어로는 지혜로운 사람들이라는 뜻이다. 그때 부족이 나누어져 이스라엘이라 불리는 열 개 부족이 갈대아에 정복되어 포로로 끌려갔으며, 유다라 불리는 유대 땅에 남은 두 부족은 예루살렘을 수도로 두었다. 로물루스가 죽어 사라지자 그를 신으로 떠받든 것은 널리 알려진 사실이다. 이 관습은 키케로 때에는 이미 쇠퇴했으며 카이사르 때에 되살아났지만, 그때는 사람들이 실수라기 보다는 아첨하기 위해서 그들을 신으로 떠받든 것이다. 키케로도 로물루스를 매우 칭찬했는데, 그것은 사람들이 어리석어 속기 쉬웠던 때가 아니라, 이미 세련되고 문명과 인지가 발달한 무렵이었으니 로물루스가 그런 영예를 받을 자격은 있었던 것 같다. 다만 그때는 아직 철학자들의 지나치게 세밀하고

---

*16 아우구스티누스 시대에는 한 페이지나 한 난의 처음은 큰 글자로 시작했다.

장황한 변론이 절정에 이르기 전이었다.

후대에는 죽은 사람을 신으로 모시는 일은 차츰 자취를 감추었다. 하지만 여전히 고대인들이 만들어 놓은 신들을 섬겼을 뿐만 아니라, 고대인들이 만들지 않은 우상들을 세워서 황당하고 불경스러운 미신으로 사람들을 유혹했다. 이는 더러운 악령들이 그들의 마음에 영향을 끼쳐서 한 일이며, 그 밖에도 가짜 신탁과 같은 방법으로 사람들을 속였다. 그래서 교양 있는 시대에 와서는 새로운 신화는 만들지 않았지만, 신들이 지은 죄에 대한 옛 이야기들을 파렴치한 연극으로 만들어 보여줌으로써 그 거짓 신들을 섬기노라고 했다. 로물루스 뒤를 이어 지배한 누마(Numa)는 로마가 수많은 가짜 신들을 만들어 그들에게 보호를 받아야 한다는 생각을 했다. 하지만 정작 그 자신은 신의 서열에 들지 못했는데, 아마 하늘이 너무 많은 신들로 가득 차 있었기 때문에 자신을 위한 빈 자리는 없었던 모양이다. 누마와 같은 시대에 사모스 섬에는 시빌(12명의 여자 예언자)이 있었다고 하며, 예언자 이사야를 죽였다는 히브리왕 므낫세가 즉위한 초기였다.

제25장 일곱 현자 그리고 같은 시대 철학자들

시드기야 왕이 히브리 민족을 다스리고, 로마의 타르퀴니우스 프리스쿠스 왕이 안쿠스 마르티우스의 뒤를 이어 군림하고 있을 때, 유대인들은 바빌론으로 잡혀갔으며, 예루살렘과 솔로몬에 의해서 지어진 성전은 무너졌다. 그들의 불의와 불경건을 꾸짖은 예언자들이 이런 일이 있으리라고 이미 예언한 바 있으며, 특히 예레미야는 포로 시대의 햇수까지 말했다(예레 25 : 11).

그때 일곱 현자 가운데 한 사람인 미틸레네의 피타쿠스가 살아 있었다고 한다. 또 앞에서 말한 탈레스와 이 피타쿠스와 함께 일곱 현자라 불린 다섯 사람도 이때 모두 살아 있었으며, 유세비우스는 하느님의 백성이 바빌론에 포로로 있었을 때라고 말한다. 다섯 현자의 이름은 아테네의 솔론, 라케다이몬의 킬로, 고린도의 페리안드로스, 린도스의 클레오블루스, 프리에네의 비아스였다. 이들은 모두 신학적 시인들 뒤에 나타난 인물들이며, 매우 훌륭하게 생활하면서 간결한 격언으로 도덕적 교훈을 남겼기 때문에 명성을 떨쳤다. 그러나 후세에 남겨진 문헌은 하나도 없는데, 솔론은 아테네를 위해서 어떤 법률을 만들었다고 하며, 탈레스는 자연 연구가로서 자신의 학설을 글로 남겼다. 유대 민족의 포로 시대에 아낙시만드로스와 아낙시메네스와 크세노파네스도 유명한 자연 연구가였다. 그 다음에 피타고라스가 나왔고, 그때부터 그런 사람들을 철학자(Philosophoi, 지혜를 사랑하는 사람들)라고 부르기 시작했다.

제26장 포로 생활에서 벗어나다

이 시대에 페르시아 왕 고레스가 갈대아와 아시리아 백성들을 다스리면서 (에즈 1 : 1) 포로가 된 유대인들의 일부를 풀어주었으며, 그 가운데 5만 명이 성전을 다시 세우기 위해 자기 나라로 돌아갔다. 그러나 그들은 기초를 놓고 제단을 쌓았을 뿐이었다. 적들이 끊임없이 침략해 오는 바람에 공사는 진척되지 못하고 건축 사업은 다리우스 왕 때까지 미루어지고 말았다(에즈 4 : 23~24).

그때 유딧서 기록에는 사건들이 일어났으나, 유대인들은 이 책을 정전으로 받아들이지 않았다. 그러다가 예레미야가 예언한 70년이 모두 차자 다리우스 왕 때에 비로소 유대인들이 포로 신세에서 벗어나 자유를 되찾았는데, 이것은 로마 제7대 왕 타르퀴니우스 때였다. 로마 백성들은 이 타르퀴니우스를 쫓아내고 왕정의 압제에서 벗어났다. 이때까지 이스라엘 백성들에게는 수많은 예언자들이 있었지만, 유대인들과 우리가 정전으로 받아들이는 것은 그 가운데 몇 사람의 글뿐이다. 앞의 책을 끝맺으면서 나는 이 책에서 그 예언자들에 대한 이야기를 하겠다고 약속했는데, 이제 그 약속을 지키려 한다.

제27장 열두 예언자들 시대

예언자들의 시대를 좀 더 자세히 살펴보기 위해서 시대를 거슬러 올라가겠다. 열두 예언자들 가운데 가장 먼저 나오는 호세아 예언서의 첫머리는 "브에리의 아들 호세아에게 내린 주님의 말씀이라. 유다에서 웃시야와 요담과 아하스와 히스기야가 왕 노릇 하던 때요, 이스라엘에서 요아스의 아들 여로보암이 왕 노릇 하던 때였다"(호세 1 : 1) 이렇게 적혀 있다. 예언자 아모스는 웃시야 왕 시절 예언했노라고 기록했다. 같은 시대에 있었던 이스라엘 왕 여로보암의 이름도 덧붙였다(아모 1 : 1). 예언자 이사야의 아버지도 아모스였다고 하는데, 바로 앞에서 말한 예언자 아모스이던, 아니면 이름만 같고 예언자도 아닌 다른 사람이던, 이사야도 처음에 호세아가 말한 것과 같은 네 왕들 시대에 예언했노라고 그의 저서 첫머리에 적혀 있다(이사 1 : 1). 미가도 자신이 웃시야 왕 다음 시대에 예언했다고 한다. 그러면서 그는 호세아가 말한 세 왕 요담과 아하스와 히스기야의 이름을 늘어놓았다(미가 1 : 1).

즉 그들이 같은 시대에 예언을 했다는 것을 문서로써 알 수 있는 것이다. 게다가 같은 웃시야 왕 치세의 요나와 웃시야의 후계자 요담 왕이 다스리던 무렵의 요엘도 들 수 있다. 그러나 이 두 예언자의 연대는 그들 자신의 글에는 없고 (유세비우스의) 연대기에 나온다. 그들이 자신들의 활동 시기에 대해서 아무 말도 하지 않기 때문이다. 이 시대는 라티움의 프로카스 왕이나 그 선대 아벤티누스왕으로부터 로물루스가 로마 왕이 된 때, 또는 그 후계자 누마 폼필리우스왕 때에 이르기까지도 포함한다. 유다의 히스기야 왕은 그때까지 통치하고 있었다. 따라서 이 사람들은 아시리아 제국이 멸망하고 로마 제국이 시작된 시대에, 샘물이 터지듯 한꺼번에 예언을 쏟아낸 셈이다. 아시리아 제국 초창기에 '그로 말미암아 그의 모든 자손이 복을 받으리라'는 예언을 받게 될 아브라함이 태어난 것처럼, 서방 바빌론이 등장할 즈음 '앞으로 그리스도가 나타나 그 약속들을 실현하리라'고 예언자들이 한꺼번에 입을 열어 이 위대한 사건을 미리 증언한 것이다. 왕들이 다스리기 시작한 뒤로 이스라엘 민족에게 예언자가 없던 때가 거의 없었지만, 그런 예언자들은 이스라엘 백성만을 위했을 뿐, 다른 민족들을 생각하지 않았다. 그러나 성경은 갈수록 뚜렷하게 예언적 성격을 띠면서 언젠가는 후대의 이방인을 위해 귀중한 책이 될 터였고, 따라서 이방인을 지배하게 될 로마가 세워지는 때와 맞물려서 예언자들의 활약이 두드러지기 시작한 것은 바람직한 일이었다.

제28장 그리스도 복음에 대한 호세아와 아모스의 예언

호세아 예언자가 전하는 말씀은 너무나 깊은 나머지 그 뜻을 알아듣기가 한결 어렵다. 그러나 약속한 대로 그의 예언 일부를 여기서 생각해보고자 한다. "너희는 이미 내 백성이 아니요, 나는 너희의 하느님이 아니다. 너희를 버린 자식이라 하였지만, 이제는 살아계시는 하느님의 아들들이라 하리라"(호세 1 : 9). 이 말씀은 전에 하느님께 속하지 않았던 이방인들을 부르시겠다는 증언이며 예언이라고 사도들도 인정한다(로마 9 : 26). 또 이방인들이라 해도 아브라함의 자손들과 영적으로 같으므로 이스라엘이라고 부르는 것이 마땅하다. 호세아는 계속해서 이렇게 말한다. "이에 유다 자손과 이스라엘 자손이 함께 모여 한 지도자를 세우고 그 땅에서부터 올라오리니"(호세 1 : 11). 만일 우리가 이 말씀을 더 자세히 풀이하려 든다면, 예언적 말씀의 느낌은 사라지고 말 것이다. 그렇더라도 우리는 저 모퉁이돌과 두 벽을 기억하자(에페 2 : 14, 20). 한 벽은 유대인들이요, 다른 벽은 이방인들이다. 전자는 유다 자손이라는 이름으로, 그리고 후자는 이스라엘 자손이라는 이름으로, 한 지도자를 버팀목으로 함께 일어난다는 뜻임을 알아야 한다. 같은 예언자의 증언에 따르면 육에 물든 이스라엘 민족은 그리스도를 믿으려 하지 않지만, 뒷날 그를 믿게 되리라, 즉 그들은 죽어 갈 곳으로 가고(사도 1 : 25), 그 자손이 믿게 되리라고 말한다. "이스라엘 자손들도 이처럼 오랫동안 왕도 대신도 없이, 희생 제물도 제단도 기념 기둥도 없이 에봇도 집안 수호신도 없이 살 것이다"(호세 3 : 4). 지금 유대인들이 이 말처럼 되었다는 것을 누가 모르겠는가? 그러나 그가 덧붙인 말씀을 들어보라. "그런 다음에야 이스라엘 자손들은 다시 저희 하느님인 주님을 찾고, 저희 왕 다윗도 찾을 것이다. 그 마지막 날에 이스라엘 자손들은 두려워하며, 주님과 그분께서 베푸시는 좋은 것을 향해 돌아올 것이다"(호세 3 : 5). 사도가 그리스도에 대해 "그분은 육신으로 말하면 다윗의 후손으로 태어나신 분이며"(로마 1 : 3) 말한 것과 같이, 다윗 왕은 그리스도를 나타낸다고 알려져 있으므로 이 예언보다 더 분명할 수 없다. 또 호세아 예언자는 그리스도가 사흘 만에 부활하시리라고 예언했는데, 예언자다운 심오한 표현으로 다음처럼 말했다. "이틀이 멀다 하고 다시 살려주시며 사흘이 멀다 하고 다시 일으켜주시리니, 우리 다 그분 앞에서 복되게 살리라"(호세 6 : 2). 사도도 이와 같은 뜻으로 "이제 여러분은 그리스도와 함께 다시 살아났으니 천상의 것들을 추구하십시오"(골로 3 : 1) 한다.

같은 문제에 대해서 아모스도 다음과 같이 예언한다. "이스라엘아, 나는 너에게 이렇게 하기로 하였다. 내가 기어이 그리하리니, 이스라엘아, 네 하느님과 만날 채비를 하여라. 아, 천둥을 빚어내시고 바람을 불러일으키시며 당신의 뜻을 사람들에게 알리시는, 이 새벽을 캄캄하게 하시고 산등성이를 밟고 나가시는 이, 그 이름 주님, 만군의 하느님이시라"(아모 4 : 12~13). 또 다른 구절에서 다음처럼 말한다. "그날이 오면 내가 무너진 다윗의 초막을 일으키리라. 틈이 벌어진 성벽을 메우고 허물어진 터를 다시 세워 옛 모습을 되찾아 주리라. 에돔에 남은 백성뿐 아니라 내 백성이라는 칭호를 받을 모든 민족 위에 군림하게 하리라. 이 일을 이루실 주님의 말씀이라"(아모 9 : 11~12 ; 사도 15 : 16~18).

제29장 그리스도와 교회에 대한 이사야 예언

이사야 예언자는 열두 예언자들의 책에는 들어있지 않다. 이 열두 예언자를 이른바 대예언자들과 견주어서 설교가 짧은 탓에 소예언자라고 한다. 이사야는 소예언자가 아니라 대예언자이지만, 같은 시대에 활동했기 때문에 앞에서 말한 두 예언자와 함께 다루기로 하겠다. 이사야는 불의를 꾸짖고 선행을 권하며 죄 많은 백성이 당할 재앙을 예언했을 뿐 아니라 그리스도와 교회, 즉 왕과 그가 세운 나라에 대해 다른 예언자들보다 훨씬 많이 예언했기에, 어떤 사람들은*17 그를 복음전도자라고 부르기도 한다. 그러나 나는 계획보다 이 책의 양을 너무 늘리지 않기 위해, 여기서는 많은 예언 가운데 하나만을 인용하겠다. 그는 하느님 아버지를 대신해 다음과 같이 말한다. "이제 나의 종은 할 일을 다 하였으니, 높이높이 솟아오르리라. 무리가 그를 보고 기막혀 했었지. 그의 몰골은 망가져 사람이라고 할 수가 없었고, 인간의 모습은 찾아볼 수가 없었다. 이제 만방은 그를 보고 놀라지 않을 수 없고, 제왕들조차 그 앞에서 입을 가리우리라. 이런 일은 일찍이 눈으로 본 사람도 없고, 귀로 들어본 사람도 없다. 그러니 우리에게 들려주신 이 소식을 누가 곧이들으랴? 주님께서 팔을 휘둘러 이루신 일을 누가 깨달으랴? 그는 메마른 땅에 뿌리를 박고, 가까스로 돋아난 햇순이라고나 할까? 늠름한 풍채도, 멋진 모습도 그에게는 없었다. 눈길을 끌 만한 볼품도 없었다. 사람들에게 멸시를 당하고 퇴박을 맞았다. 그는 고통을 겪고 병고를 아는 사람, 사람들이 얼굴을 가리우고 피해 갈 만큼, 멸시만 당하였으므로 우리도 덩달아 그를 업신여겼다. 그런데 실상 그는 우리가 앓을 병을 앓아주었으며, 우리가 받을 고통을 겪어 주었구나. 우리는 그가 천벌을 받은 줄로만 알았고, 하느님께 매를 맞아 학대받는 줄로만 여겼다. 그를 찌른 것은 우리의 반역죄요, 그를 으스러뜨린 것은 우리의 악행이었다. 그 몸에 채찍을 맞음으로 우리를 성하게 해 주었고, 그 몸에 상처를 입음으로 우리의 병을 고쳐 주었구나. 우리 모두 양처럼 길을 잃고 헤매며 제멋대로들 놀아났지만, 주님께서 우리 모두의 죄악을 그에게 지우셨구나. 그는 온갖 굴욕을 받으면서도 입 한 번 열지 않고 참았다. 도살장으로 끌려가는 어린 양처럼, 가만히 서서 털을 깎이는 어미 양처럼 결코 입을 열지 않았다. 그가 억울한 재판을 받고

---

*17 예컨대 히에로니무스(제롬)의 《Praefatio in Isaiam》 참조.

처형당하는데, 그 신세를 걱정해 주는 자가 어디 있었느냐? 그렇다, 그의 목숨이 지상에서 끊기었다. 내 백성의 반역죄로 사형을 당하였다. 폭행을 저지른 일도 없었고, 입에 거짓을 담은 적도 없었지만, 그는 죄인들과 함께 처형당하고, 불의한 자들과 함께 묻혔다. 주님께서 그를 때리고 찌르신 것은, 뜻이 있어 하신 일이었다. 그 뜻을 따라 그는 자기의 생명을, 속죄의 제물로 내놓았다. 그리하여 그는 후손을 보며 오래오래 살리라. 그의 손에서 주님의 뜻이 이루어지리라. 그 극심하던 고통이 말끔히 가시고, 떠오르는 빛을 보리라. 나의 종은 많은 사람의 죄악을 스스로 짊어짐으로써, 그들이 떳떳한 시민으로 살게 될 줄을 알고 마음 흐뭇해 하리라. 나는 그로 하여금 민중을 자기 백성으로 삼고, 대중을 전리품처럼 차지하게 하리라. 이는 그가 자기 목숨을 내던져 죽었기 때문이다. 반역자의 하나처럼 그 속에 끼어, 많은 사람의 죄를 짊어지고, 그 반역자들을 용서해 달라고 기도한 때문이다"(이사 52 : 13~53 : 12).

이것은 그리스도에 대한 예언이다. 이제 이어서 교회에 대한 말씀을 듣기로 하자. "환성을 올려라, 아기를 낳아 보지 못한 여인들아! 기뻐 목청껏 소리쳐라, 산고를 겪어본 적이 없는 여자야! 너 소박맞은 여인의 아들이, 유부녀의 아들보다 더 많구나. 주님의 말씀이시다. 천막 칠 자리를 넓혀라. 천막 휘장을 한껏 펴라. 줄을 길게 늘이고 말뚝을 단단히 박아라. 네가 좌우로 퍼져 나가리라. 네 후손은 뭇 민족을 거느리고, 무너졌던 도시들을 재건하리라. 두려워 말라. 네가 다시는 수치를 당하지 아니하리라. 수줍어 말라. 다시는 창피를 당하지 아니하리라. 너는 처녀 때의 수치를 잊을 것이요. 과부 때의 창피를 결코 되씹지 아니하리라. 너의 창조주께서 너의 남편이 아니시냐? 그 이름 만군의 주님이시다. 이스라엘의 거룩하신 이가 너의 구세주 아니시냐? 그분은 전세계의 하느님이라 불리신다"(이사 54 : 1~5).

제30장 미가, 요나, 요엘의 예언과 신약성서의 일치

예언자 미가는 그리스도를 크나큰 산의 모습으로 그리면서 이렇게 말한다. "마지막 날, 주님의 성전이 서 있는 산이 우뚝 솟아 언덕들을 굽어보게 되는 날, 높이 치솟아 멧부리들을 눈 아래 두는 날이 오면, 만민이 물밀듯 밀려오리라. 모든 민족이 몰려와 말하리라. '어서, 주님의 산으로 올라가자! 야곱을 뽑으신 하느님의 성전으로! 거기서 어떤 길을 가리켜주시든, 우리 모두 그 길을 따르자!' 그렇다. 주님의 가르침은 시온에서 나온다. 주님의 말씀은 예루살렘에서 들려온다. 하느님께서 민족 사이의 분쟁을 판가름해 주시고, 강대국 사이의 시비를 가려주시리라. 그리되면 나라마다 칼을 쳐서 보습을 만들고, 창을 쳐서 낫을 만들리라. 나라와 나라 사이에 칼을 빼어드는 일이 없어, 다시는 군사를 훈련하지 아니하리라"(미가 4 : 1~3). 이 예언자는 그리스도가 태어나실 곳까지 예언했다. "그러나 에브라다 지방 베들레헴아, 너는 비록 유다 부족들 가운데서 보잘것없으나, 나 대신 이스라엘을 다스릴 자 너에게서 난다. 그의 핏줄을 더듬으면, 까마득한 옛날로 올라간다. 그 여인이 아이를 낳기까지 주님께서는 이스라엘을 내버려 두시리라. 그런 다음 남은 겨레들이 이스라엘 자손들에게 돌아오면, 그가 백성의 목자로 나서리라. 주님의 힘을 입고, 그 하느님 주님의 드높은 이름으로, 목자 노릇을 하리니, 그의 힘이 땅 끝까지 미쳐, 모두 그가 이룩한 평화를 누리며 살리라. 아시리아가 쳐들어와, 이 땅을 짓밟을 때, 우리는 목자 일곱을 세워 맞서리라. 장군 여덟을 세워 맞서리라"(미가 5 : 1~4).

이와는 달리 예언자 요나 또한 그리스도를 예언했는데, 글로 쓰지 않고 자기가 겪은 수난으로 예언했다. 목청 높이 외치는 것보다 그리스도의 죽음과 부활을 더 똑똑히 전했다. 그가 괴물의 뱃 속에 들어 있다가 사흘째 되는 날 다시 밖으로 나오게 된 것이 그리스도가 죽은지 사흘 만에 저승의 심연에서 돌아오실 것을 가리키는 게 아니라면, 무엇을 나타내겠는가?(요나 1~2장)

예언자 요엘이 예언했던 게 모두 그리스도와 교회에 대한 것임을 밝히려면, 많은 해설을 달아 설명할 필요가 있다. 그러나 그리스도께서 약속하신 대로 믿음 있는 사람들 위에 성령이 내려오는 구절은 빠뜨리고 싶지 않다. "그런 다음에 나는 내 영을 만인에게 부어 주리니, 너희의 아들과 딸은 예언을 하리라. 늙은이들은 꿈을 꾸고, 젊은이들은 환상을 보리라. 그날 나는, 남녀 종들에게도 나의 영을 부어 주리라"(요엘 3 : 1~2).

제31장 그리스도의 구원에 대한 오바댜, 나훔, 하박국의 예언

소예언자들 가운데 오바댜, 나훔, 하박국 세 사람은 자기가 활동한 시대를 말하지 않았으며, 유세비우스와 히에로니무스(제롬)의 연대기에도 이들의 활동 시대는 적혀 있지 않다. 그들은 오바댜를 미가와 같은 시대로 놓지만, 미가가 언제 예언했는지 그 저작에서 밝힐 수 없다. 이것은 다른 사람들 작품을 베껴 쓴 이들의 부주의로 생긴 잘못이라고 생각한다. 우리가 지닌 연대기 사본에도 다른 두 예언자들 이야기는 나오지 않는다. 그러나 정전에 들어 있으므로 그들을 말하지 않고 그냥 넘길 수는 없다.

오바댜가 남긴 예언서는 모든 예언자들의 글 가운데 가장 짧다. 그는 배척당한 에서의 자손 에돔을 공격한다. 에서는 이삭의 두 쌍둥이 가운데 형이었고, 아브라함의 손자였다. 부분으로 전체를 뜻하는 비유적 표현으로써 에돔이 이방인들을 의미한다고 풀이한다면, 에돔이 그리스도와 관련되어 있음을 알 수 있다. "시온 산에 구원이 있으며 거룩한 곳이 되리라", "구원받은 이들이 시온 산으로 올라가 에서의 산을 지키며 그 나라가 주님의 나라가 되리라"(오바 17, 21). 확실히 시온 산에서 구원받은 이들. 즉, 유대인 가운데 그리스도를 믿은 이들, 특히 사도라 불리는 사람들이 에서의 산을 지켜주러 올라갔을 때, 이 예언이 분명히 이루어졌다.

복음의 설교로써 믿게 된 이들이 어둠의 힘에서 풀려나 하느님의 나라로 발을 들여놓게 해준 구원이 아니라면 달리 어떻게 그 산을 지킬 수 있었겠는가? 마지막에 덧붙인 "그 나라가 주님의 나라가 되리라"는 말씀으로 더욱 또렷하게 드러났다. 시온 산은 유대를 뜻하며, 거기에 그리스도 예수가 오셔서 사람들을 구원할 것이며, 그곳은 거룩하게 되리라 예언했다. 에서의 산인 에돔은 이방인 교회를 뜻하지만, 앞에서 설명한 대로 시온 산에서 구원받은 사람들이 와서 이방인 교회를 지켜줌으로써 그 교회를 주님께 바쳐진 나라로 만들었다. 이 일이 이루어지기 전에는 뜻이 모호했지만, 일이 이루어진 뒤에는 어느 신자가 그 뜻을 이해하지 못하겠는가?

하느님이 예언자 나훔을 통해 말씀하신다. "새겨 만든 신상, 부어 만든 우상을, 너희 신당에서 찍어버리고, 너의 욕된 무덤을 파헤치리라. 희소식을 전하는 발길이, 산을 넘고 넘어 달려온다. 광복의 소식을 안고 온다. 유다야, 축제를 마련하여라. 서원 제물을 바쳐라. 그 못된 자들은 모두 없어졌다. 다시는 너희 가운데 얼씬도 못하리라"(나훔 1 : 14~15 ; 2 : 1). 저승에서 올라와 유다, 곧 유대인 제자들의 얼굴에 성령을 불어 넣어주는 이 누구인가? 복음서를 기억하는 사람은 생각해보라(요한 20 : 22~23). 그들은 신약에 속한 자들로, 그들의 축제일은 영적으로 새롭게 되었으므로 다시 쇠락하지 않는다. 그뿐 아니라 새기거나 부어서 만든 거짓된 신들의 우상들, 이들이 망각의 무덤 속으로 사라짐을 우리는 이미 보았다. 그러므로 우리는 이 예언이 이루어졌음을 깨닫는다.

하박국은 앞으로 오시기로 예정된 그리스도 강림에 대한 말씀을 남겼다. "주님께서 이렇게 대답하셨다. '네가 받은 말을 누구나 알아보도록, 판에 새겨 두어라. 네가 본 일은 때가 되면 이루어진다. 세상의 마지막 날은 반드시 찾아온다. 쉬이 오지 않더라도 기다려라, 기어이 오고야 만다'"(하바 2 : 2~3).

제32장 하박국의 기도와 노래에 담긴 예언

하박국은 그의 기도와 노래에서 주 그리스도께 말씀드린다. "주님이시여, 우리가 당신의 명성을 들었습니다. 우리는 주님께서 하신 일을 보았습니다. 우리 시대에도 그 일을 보여주십시오. 아무리 노여우셔도 잊지 마시고 자비를 베풀어 주십시오"(2절)—이 구절은 새롭고 갑작스런 구원을 미리 알고 말로 다 할 수 없는 놀라움과 감탄을 표현한 게 아닌가? "당신은 두 생물 사이에 보이시며"(2절)—이것은 두 언약 사이나 두 강도 사이 또는 산위에서 이야기를 나눈 모세와 엘리야 사이를 뜻하는 게 아니겠는가? "세월이 다가오면 당신이 알려지시며 때가 이르면 계시리이다"(2절)—이 구절은 설명이 필요하지 않다. "내 영혼이 분노로 어지러울 때에 당신은 자비를 생각하시리이다"(2절)—이것은 예언자가 속한 유대 민족을 상징하는 말이 아닌가? 그들이 사나운 분노로 그리스도를 십자가에 못 박았을 때에, 그리스도께서는 그들을 불쌍히 여기며, "아버지, 저들을 용서해 주십시오! 저들은 자기들이 무슨 일을 하는지 모르고 있습니다"(루가 23 : 34) 이렇게 말씀하셨기 때문이다.

"하느님께서 데만에서 오시며 거룩하신 이가 울창하고 그늘진 산에서 오시리이다(3절)—"데만에서 오시며"라는 말씀을 어떤 사람들은 "남쪽에서" 또는 "남동쪽에서"라고 옮겼는데, 남쪽은 열렬한 사랑과 찬란한 진리를 의미한다. 울창하고 그늘진 산은 여러 뜻으로 풀이할 수 있겠지만, 나는 그리스도를 예언한 성경의 심오함을 나타낸다고 생각하고 싶다. 확실히 성경에는 울창하게 그늘진 듯한 깊은 뜻을 담은 말씀이 많이 있어서 탐구하는 이들의 지성을 단련시키지만, 그 뜻을 깨달은 사람이 성경에서 그리스도를 발견할 때 마침내 그분이 임하여 오신다. "하늘엔 당신의 빛이 찬란하게 퍼지고 땅엔 당신의 광채가 차고 넘치니"(4절)—이는 시편이 가리키는 것과 같지 않은가? "하느님, 하늘 높이 나타나시어 당신의 영광 온 땅 위에 떨치소서"(시편 57 : 6). "그 밝음은 대낮 같구나"(4절)—이것은 "하느님의 명성은 하느님을 믿는 자들에게 빛을 주리라"는 뜻이 아닌가? "두 줄기 빛이 그 손에서 뻗어나니"(4절)—이 구절은 십자가의 전리품을 말하는 것이 아닌가? "하느님의 사랑은 강하고 견고하도다"(4절)—이 구절은 굳이 풀이가 필요치 않다. "말은 하느님 앞으로 나아가고, 하느님의 발자취에서 들판으로 퍼져가리라"(5절)—이것은 하느님이 이 땅에 오시기 전에 이미 알려졌으며, 이곳을 떠나신 뒤에도 선포되었다는 뜻이 아니겠는가? "발길이 멈추시면 땅이 흔들리고"(6절)—하느님이 우리를 도우려고 발길을 멈추셨을 때에 세상이 감동했다는 뜻이 아닌가? "노려보시면 민족들이 두려움으로 떠네"(6절)— 하느님이 자비를 베푸시며 백성들을 뉘우치게 만들었다는 것이다. "한 옛날 산들이 갈라지고"(6절)—기적의 힘으로 거만한 자들의 자만심이 산산이 조각났으며, "영원한 언덕이 주저앉아"(6절)—영원히 솟아오르기 위해 잠시 언덕들이 낮춰졌다는 뜻이다. "아득한 행차 길이 열렸구나"(6절)—사랑에 애를 쓰면 영원한 보상이 있다는 것이다. "떨며 흩날리는 구산의 천막들과 펄럭이는 미디안의 장막 휘장들이 이 어려움 가운데서 보이네"(7절)—당신의 놀라운 행적이 알려지면서 놀라고 겁을 먹은 나라들이 그리스도교 세계의 일부가 되며, 로마 통치권 아래 있지 않은 백성들까지도 그러하리라는 것이다.

　"주님여, 어찌하여 우리 물귀신에게 화를 내십니까? 우리 바다 귀신들에게 분풀이를 하십니까?"(8절)—이 말씀은 하느님께서 아들을 세상에 보내신 것은 세상을 심판하시려는 게 아니라 세상이 아들을 통해 구원받게 하기 위함임을(요한 3 : 17) 알리려 한다. "어인 일로 병거를 타고 말을 몰아 우리를 쳐부수러 오십니까?"(8절)—당신의 다스림을 받는 복음 전도자들이 당신을 모셔갈 것이며, 당신의 복음은 당신을 믿는 자들에게 구원이 되리이다. "어인 일로 활을 꺼내어 살을 메우시고 힘껏 잡아당기십니까?"(9절)—지상의 왕들에게 당신의 심판이 있을 것을 경고하시는 것이다. "노여움으로 땅을 가르시니"(9절)—선교자들의 말로 사람들이 마음을 열고 신앙을 고백하며, "옷만 찢지 말고 심장을 찢고"(요엘 2 : 13)라는 말씀대로 되리이다. "당신을 보고 부르르 떱니다"(10절)—이는 그들이 위로를 받으리라는(마태 5 : 4) 뜻이다. "먹구름은 물을 퍼부으며 깊은 바다는 손을 높이 들고 아우성칩니다"(10절) 이것은 가는 곳마다 당신을 알리는 사람들 안에서 당신 가르침의 물줄기를 여기저기 퍼뜨리시리라는 뜻이 아니고 무엇인가?

"심연이 소리를 지르며"(10절)는 사람의 마음 깊은 곳에서 자기가 느낀대로 표현했다는 뜻이 아니고 무엇인가? "표상의 깊이"(10절)는 앞에 있는 말씀에 대한 풀이로 이해할 수 있다. "깊은 곳"은 "심연"을 뜻하기 때문이다. "그 표상"에 "소리를 질렀나이다"를 보충해야 하며, 이 뜻은 우리가 "생각하는 바를 표현했다" 한 것과 같다. "표상"은 사람이 본 것을 마음속에 간직하여 감추지 않고 입으로 고백한 것이다. "해는 뜨지도 못하고 달은 반공에 멎습니다"(11절). 즉 그리스도께서 하늘로 올라가시고, 교회가 그 하느님 아래 자리를 잡았다는 뜻이다. "번쩍이며 화살을 쏘시고"(11절) 즉 당신 말씀이 비밀리에 퍼지지 않고 드러나게 알려진다는 것이다.

"시퍼런 창을 내던지시면"(11절)에는 "당신의 화살들이 나가리이다"를 덧붙여야 한다. 이것은 그리스도께서 제자들에게 "내가 어두운 데서 말하는 것을 너희는 밝은 데서 말하고, 귀에 대고 속삭이는 말을 지붕 위에서 외쳐라"(마태 10 : 27) 하셨기 때문이다. "분노로써 뭇 민족을 밟으십니다"(12절). 사람들에게 경고하심으로써 그들을 겸손하게 만드시며, "크게 노하여 여러 민족들을 내리던지리이다"(12절). 스스로 우쭐대며 높이는 자들에게 당신은 벌을 주어 흠씬 두들겨 주리이다. "주께서는 주의 백성을, 친히 기름 부으신 자를 구하러 모습을 드러내셨습니다. 악인의 소굴을 짓부수시고"(13절) ― 이 구절에는 아무것도 설명할 게 없다.

"당신이 그의 목에까지 결박을 올리셨나이다"(13절) ― 이것은 좋은 지혜의 결박이라고 풀이할 수 있으며, 하느님이 우리의 발과 목을 지혜의 사슬로 결박하신다는 뜻이다. "당신은 그의 영이 놀라는 중에 찢으셨사오며"(14절) ― 여기서는 "결박"이라는 말을 보태어, 하느님이 선한 결박을 채우고 악한 결박을 찢으셨다고 풀이할 수 있다. "주께서 나의 결박을 푸셨나이다"라는 말씀이 있기 때문이다(시편 116 : 6). 그리고 이 일은 "그의 영(靈)이 놀라는 중에" 기적적으로 하신다. "유력한 자들의 머리가 이 일로 움직이리이다"(14절), 즉 놀라리이다. "그들은 가난한 자가 몰래 먹듯이 입을 크게 벌리리이다"(14절), 유대인 가운데 세도 있는 몇몇이 주님의 말과 행적에 놀라, 그 가르침의 빵을 사모하며 먹었으나, 다른 유대인들이 두려워 몰래 했다는 것이다. 복음서가 이들에 대해 말하는 그대로이다(요한 3 : 2 ; 19 : 38).

"주께서 말을 타고 바다 위를 달리시니 바다 큰 물결이 들끓습니다"(15절). 모두가 들끓지 않았더라면 어떤 백성들은 두려움에 차서 마음을 바꾸고 또 어떤 백성들은 오히려 분개하여 그리스도인들을 박해하지 않았을 것이다. "그 소리를 듣고 나의 배 속이 뒤틀립니다. 입술이 떨리고 뼛속이 녹아내리며 아랫도리가 후들거립니다"(16절). 그는 자기가 예언하듯이 말하며, 미래에 될 일을 깨달았기 때문에 자기가 하는 말에 정신을 집중하고 자신이 하는 말에 놀라 떨었다. 많은 사람들이 들끓고 일어나는 것을 보고 교회가 당할 고난을 예견하며, 자기도 교회의 한 사람으로서 "나는 고난의 날에 안식하며"(16절)라 말하는 것을 보았다. "소망 중에 즐거워하며 환난 중에 참는" 무리에 속하게 된 것이다(로마 12 : 2).

"순례하는 내 백성과 함께 올라가리로다"(16절)—하늘 나라를 구하지 않으며 지상에서 순례자로 살지 않은 사람들, 즉 자기 육신의 동족들에게서 떨어지겠다는 것이다. "비록 무화과는 아니 열리고 포도는 달리지 않고 올리브 농사는 망하고 밭곡식은 나지 않아도 비록, 우리가 있던 양 떼는 간데없고 목장에는 소 떼가 보이지 않아도"(17절)—그는 예언 형식으로 영적 수확을 땅의 풍요한 생산으로 비유했는데, 그리스도를 죽일 운명인 백성들이 풍부한 영적 수확을 잃으리라고 내다보았다. 하느님께서 진노의 벌을 그 백성에게 내리시는 까닭은 그들이 하느님에게서 오는 의로움을 알지 못한 채 자기의 의로움을 내세우려고 힘을 쓰면서, 하느님의 의로움에 복종하지 않았기 때문이다(로마 10 : 3). 그래서 이렇게 덧붙인다. "나는 주님 안에서 환성을 올리렵니다. 나를 구원하신 하느님 안에서 기뻐 뛰렵니다"(18~19절). 시편에도 이와 비슷한 노래가 있다. "죽음의 구렁에서 나를 건져주시고, 진흙 수렁에서 나를 꺼내주시어, 바위 위에 내 발을 세워주시고, 내 걸음 힘차게 해주셨다. 내 입에서 새 노래가 터져 나와, 우리 하느님을 찬양하게 되었다. 사람들은 나를 보고 옷깃을 여미며, 주님을 믿게 되리라"(시편 40 : 2~3). 그 사람은 주님의 노래로 승리를 얻으며, 자기를 찬양하는 것이 아니라 주님을 찬양함으로써 기쁨을 얻는다. "자랑하려는 자는 주님 안에서 자랑하라" 이 말씀을(1고린 1 : 31) 따르는 것이다. 그런데 어떤 사본에는 "나를 구원하신 하느님 안에서 기뻐 뛰렵니다" 이렇게 되어 있는데(18절)*[18] 나는 이 번역을 더 그럴듯하다고 생각한다. 라틴어로 옮기는 사람들은 이

---

*18 "나의 구주"와 "예수"라는 두 단어가 히브리어 표기에서 같기에 이런 옮김이 가능하다.

이름을 사용하지 않았지만, 이 이름은 우리가 발음하기에 더없이 즐겁고 아름답지 않은가.

제33장 그리스도와 이방인 소명에 대한 예레미야와 스바냐의 예언

예레미야는 내가 이제까지 저작에서 수없이 인용해 오던 소예언자가 아니라 이사야와 같은 대예언자 가운데 한 사람이다. 그는 유대 민족이 포로로 잡혀 가기 직전, 곧 예루살렘의 요시야 왕 및 로마 안쿠스 마르키우스 왕과 한 시대에 살면서 예언 활동을 했다. 그는 포로가 된 뒤에도 5개월 동안이나 예언을 계속했는데, 이는 그의 글로도 알 수가 있다.(예레 1 : 2~3). 소예언자인 스바냐는 예레미야와 동시대를 살았다. 그 또한 요시야 왕 때에 예언을 했는데, 얼마 동안 활동했다는 것은 말하지 않는다(스바 1 : 1). 예레미야는 안쿠스 마르키우스 시대뿐 아니라, 로마의 제5대 왕 타르퀴니우스 프리스쿠스 때까지 예언을 계속했는데, 이 왕은 유대 민족의 포로 생활이 시작되기 전부터 다스리기 시작했다.

예레미야는 그리스도에 대해서 이렇게 예언했다. "주님께서 기름 부어 세우신 왕, 우리의 숨결, 만국 가운데서 그 그늘 아래 깃들여 살리라 했는데, 그마저도 우리의 죄 때문에 잡혀버리고 말았구나"(애가 4 : 20). 그는 그리스도가 우리의 주이시며 우리를 위해서 고난을 겪으셨음을 이런 말씀으로 간단히 알린다. 마찬가지로 다른 구절에서, "그분은 우리의 하느님이시다. 아무도 그분에 비교될 수 없다. 그분께서 모든 지혜의 길을 찾아내시어 당신의 종 야곱과 당신께서 사랑하시는 이스라엘에게 주시었다" 뒷날, 그분께서는 지상에 내려오시어 사람들과 함께 살았다(바룩 3 : 36~37). 이 증언을 예레미야가 하지 않고 그의 서기였던 바룩이 한 것이라고 이야기하는 사람들도 있지만, 넓게 말해 예레미야가 했다는 쪽이 일반적이다. 덧붙여 같은 예언자가 그리스도에 대해서 다시 이런 말을 한다.

"주께서는 이렇게 말씀하신다. 보아라! 내가 다윗의 정통 왕손을 일으킨, 그날은 기필코 오고야 만다. 그는 지혜로운 왕으로서 세상에 공평과 정의를 널리 퍼뜨리리라. 그날, 유다와 이스라엘은 구원받아 마음 놓고 살아가게 되리라. '우리의 정의로운 주' 이 이름으로 그를 부르리라"(예레 23 : 5~6). 그때는 이방인들을 부르시는 일이 예정되어 있었으나, 이제 우리는 실현된 것을 보고 있다. "우리의 주, 하느님. 고난을 만났을 때 피난처가 되어주시는 이여, 땅 끝에서부터 이곳에 이르기까지 수많은 민족들이 주께 와서, 이렇게 아뢸 것입니다. '우리가 선조 때부터 모시던 것은, 거짓된 우상이었습니다' 그는 우리에게 아무런 도움도 주지 못했습니다"(예레 16 : 19). 하지만 그리스도인을 죽이게 될 유대인들은 그들을 알아보지 못하리라는 것을 이 예언자는 다음과 같은 말씀으로 전했다. "사람의 마음은 만물보다 더 교활하여 치유될 가망이 없으니 누가 그 마음을 알리오?"(예레 17 : 9, 저자의 해석). 내가 제17권(제3장)에서 그리스도를 중개자로 삼은 새로운 계약에 대해 인용한 말도 이 예언자가 쓴 것이다. 물론 말하는 것은 예레미야이다. "보라, 그 날이 온다. 주님의 말씀이다. 그때에 나는 이스라엘 집안과 유다 집안과 새 계약을 맺겠다."(예레 31 : 31 이하).

이번에는 그리스도에 대해 예레미야와 동시대에 예언을 한 예언자 스바냐의 말을 인용해보자. "그러니, 너희는 내가 부활할 날이 올 때까지 참고 기다려라." 주님의 말씀이다. "내가 몸을 일으켜 그런 것들을 벌할 날이 오면, 수많은 국가와 국민을 한데 모아 분노를 마구 터뜨려 한꺼번에 벌하리라. 나의 진노가 불같이 타올라, 온 땅을 살라버리리라"(스바 3 : 8). 그는 또 말한다. "주님께서 세상 모든 신을 쓰러뜨리시니, 그날에 사람들은 주님을 공경하리라. 바다를 끼고 사는 섬 사람들도 모두 저희의 고장에서 주님을 예배하리라"(스바 2 : 11). 그리고 조금 뒤에 이렇게 말한다. "그런 다음 민족과 그들의 자손들에게 이야기하여, 모두 주님의 이름을 부르며, 어깨를 나란히 하고 그를 섬기게 하리라. 에티오피아 강 저편으로 추방했던 자들도, 나에게 희생을 바치게 하리라." "그날이 오면, 나를 거역하여 저지른 온갖 불경한 일들을, 너는 부끄러워하지 않아도 되리라. 그때에 내가, 너의 부정한 악을 네 안에서 쓸어버리리라. 나의 성스러운 산에서는 거만한 모습이 자취를 감출 텐데, 무엇을 다시 부끄러워하랴. 내가 온화한 사람만을 네 안에 남기리니, 이렇게 살아남은 이스라엘은, 주님의 이름만 믿고 안심하여라"(스바 3 : 9~12).

이것이 사도도 인용한 다른 구절 속 예언, '남겨진 사람들'이다. "이스라엘아, 네 백성이 설사 바다의 모래 같다 하여도, 그들 가운데 남은 자들만 돌아올 것이다"(이사 10 : 22 ; 로마 9 : 27). 저 민족들 가운데 남은 자들만이 그리스도를 믿었다.

제34장 다니엘과 에스겔의 예언

두 대예언자 다니엘과 에스겔은 바빌론 유배 중에 예언을 했는데, 다니엘은 그리스도가 와서 고난 받을 때까지의 햇수까지도 분명하게 말했다. 그러나 그가 셈한 것을 수학적으로 증명하기에는 너무 길고 지루할 것이며, 우리보다 먼저 그 일을 한 사람들이 있다. 그리스도의 권능과 교회에 대해서 그가 한 말은 이것이다. "나는 깊은 밤에 또 이상한 광경을 보았는데, 사람 모습을 한 이가 하늘에서 구름을 타고 날아와서 태곳적부터 계신 이 앞까지 인도되어 나아갔다. 주권과 영광, 나라가 그에게 맡겨지고 모든 민족과 종족, 언어가 섬김을 받게 되었다. 그의 권능은 영원히 스러지지 않을 것이며 그의 나라도 멸망하지 아니하리라"(다니 7 : 13~14).

에스겔도 다윗과 비슷한 방식으로 예언하여 그리스도를 상징했다. 이것은 그리스도께서 다윗의 후손에게서 육신을 얻으셨기 때문이다. 종의 모습을 취해 사람이 되었으므로, 하느님의 아들이시면서 또한 하느님의 종이라고도 부른다. 에스겔은 예언자로서 하느님 아버지의 말씀을 대신해 그리스도에 대한 예언을 한다. "내가 한 목자를 세워주겠다. 그는 나의 종 다윗이다. 그가 내 양떼를 돌보는 목자가 되리라. 나 주님이 몸소 진정한 그들의 하느님이 되고, 나의 종 다윗이 그들 사이에서 군주가 되리라, 나 주님이 말하였다"(에제 34 : 23~24). 또 다른 구문에서는 이렇게 말했다. "나의 땅 이스라엘에서 모든 이들을 다스리는 왕이 나타나리라. 그들은 두 나라, 두 민족으로 다시는 갈라지지 않을 것이다. 또한 나를 거역하여 온갖 죄를 지으며 보기에도 역겨운 우상들을 섬겨 제 몸을 더럽히는 일이 다시는 없을 것이다. 나는 그들이 죄를 저지른 모든 곳으로부터 그들을 구해내고 깨끗하게 정화시켜주리라. 그리고 나의 종 다윗을 모든 사람에게 유일한 목자가 되게 하리라"(에제 37 : 22~24).

제35장 학개, 스가랴, 말라기의 예언

나머지 세 소예언자 학개와 스가랴와 말라기는 포로 시대 끝무렵에 예언 활동을 했다. 그 가운데 학개(성경 약칭 : 하께)는 그리스도와 교회에 대해서 다음처럼 간단한 말로 가장 뚜렷한 예언을 했다. "나 만군의 주님이 말한다. 나는 이제 곧 하늘과 땅, 바다와 육지를 뒤흔들고 모든 민족들 또한 뒤흔들리라. 그리고 만국민이 그토록 바라던 자가 오리라"(하께 2 : 6~7).

이 예언의 일부는 이미 이루어졌으며 남은 일부는 최후의 날에 이르러 실현되리라고 기대된다. 그리스도가 육신이 되셨을 때 천사들과 별들의 증언이 하늘을 이리저리 마구 흔들었으며, 동정녀에게서 탄생하시는 위대한 기적으로 땅을 진동시키셨고, 오늘처럼 그리스도의 이름이 온 세상에 알려짐으로써 바다와 마른 땅을 진동시켰다. 그와 같이 우리는 이렇게 모든 민족이 신앙으로 나아가는 것을 본다. 하지만 그가 그 다음 문장에서도 이어서 말하는 것, "만국민이 기다리는 자가 온다"는 그의 최후 강림에 대한 기대되는 구절이다. 신앙심 깊은 자들이 오로지 그분을 사랑하게 되어야만 그가 오시는 날을 기다리면서 사랑할 수 있기 때문이다.

스가랴는 그리스도와 교회에 대해서 다음처럼 말한다. "시온의 딸아, 한껏 기뻐하여라. 수도 예루살렘의 딸아, 환성을 올려라. 보아라, 네 왕이 너를 찾아오신다. 그는 정의로운 자, 너희를 구원해주실 왕이시니라. 그는 검소하게도 나귀, 어린 새끼 나귀를 타고 오시어, 뭇 민족에게 평화를 선포하시리라. 그의 권능은 이 바다에서 저 바다까지, 큰 강에서 땅 끝까지 뻗어나아가리라."(즈가 9 : 9, 10) 주 그리스도께서 여행길에 이런 짐승을 타셨을 때 이 예언이 언제 이루어졌는지를 복음서가 알린다. 이 예언에서는 부분적으로도 인용되었다(마태 21 : 5).

다른 구절에서 스가랴는 그리스도의 피를 흘린 죄의 용서에 대해 말하거나 예언의 영에 대해 이야기하면서 그리스도를 상대로 말하기도 한다. "너는 나와 피로 계약을 맺었으니, 사로잡힌 너희를 물 없는 굴속에서 건져내 주리라"(즈가 9 : 11). "구덩이"가 무슨 뜻이냐에 대해 바른 신앙으로도 여러 가지로 해석할 수 있겠지만, 인간의 비참한 불행을 뜻한다는 게 가장 좋은 풀이라고 나는 생각한다. 그 구덩이는 건조하고 척박하다고 하며, 정의의 흐름이 없고 불의의 수렁만 있다고 한다. 이에 대한 언급이 시편에도 있다. "그는 죽음의 구렁에서 나를 건져주시고, 진흙 수렁에서 나를 꺼내주시어, 바위 위에 내 발을 세워주시고, 내 걸음 힘차게 해주셨다"(시편 40 : 2).

말라기는 매우 뚜렷한 말로 그리스도가 널리 퍼뜨리신 교회에 대해 하느님을 대신해서 유대인들에게 예언한다. "너희는 내 제단에 공연히 불을 피운다. 그러지 못하도록 아예 문을 닫아걸었으면 좋겠구나. 너희가 하는 일이 나는 전혀 기쁘지 않다. 만군의 주님이 말한다. 너희가 바치는 제물이 나는 조금도 달갑지 않다. 나의 이름은 해 뜨는 곳에서 해 지는 곳에 이르기까지 뭇 민족 사이에 위대하게 떨쳐, 사람들은 내 이름을 부르며 제물을 살라 바치고 깨끗한 곡식들을 바치고 있다. 만군의 주님이 말한다. 내 이름은 뭇 민족들 사이에서 크게 떨치고 있다"(말라 1 : 10~11). 이 희생제사는 멜기세덱의 위치에 따라 오늘 우리가 보는 대로 해 뜨는 데서 해 지는 데까지 드려지며, 또 유대인들은 "너희가 하는 일이 나는 전혀 마음에 들지 않는다" 하신 것과 같이, 유대인들은 자기들의 희생이 끊어졌음을 부정할 수 없으리라. 그런데 이 예언을 읽은 것은 물론 그대로 이루어진 모습도 보았으며 그리스도만이 그 일을 해낼 수 있음에도 그들은 왜 또 다른 그리스도를 기다리는가?

말라기는 조금 뒤에 하느님을 대신해서 그리스도에 대해 이렇게 말했다. "나와 레위의 계약은 평화와 생명의 계약이었다. 내가 이런 계약을 할 수 있었던 이유는 그가 내 이름을 듣는 것만으로도 덜덜 떨만큼 나를 두려워했기 때문이다. 그래서 입으로는 진리와 참된 법률을 가르치며 거짓을 올리지 않게 하였다. 늘 나와 함께 잘 지내며 평화의 길로 우리를 이끌면서 수많은 사람들을 불의에서 구해냈다. 사제들은 이 만군의 주님이 보낸 지식을 가진 특사라, 사람들은 그 입술만 쳐다보면서 인생을 바르게 사는 법을 배우려고 하였다"(말라 2 : 5~7).

그리스도 예수를 전능하신 하느님의 사자(천사)라고 부르는 일은 그리 놀랍지 않다. 그가 하느님의 종 모습으로 사람들 사이에 오셨기 때문에 종이라고 불리듯이, 그가 인류에게 복음의 소식을 전하셨으므로 사자라고 불리는 것이다. 실제로 복음은 그리스어 원어로 좋은 소식이라는 뜻이며, 천사는 사자(使者)라는 뜻이다. 이에 대해 말라기는 다른 구절에서도 말한다. "보아라. 나 이제 특사를 보내어 내 앞에 쭉 뻗은 길을 닦으리라. 너희가 그토록 애타게 기다리고 바라는 주와 계약의 사자는 갑자기 제 궁궐에 나타나리라. 보아라. 이제 그가 온다. 전능한 주님이 말한다. 그가 오는 날, 누가 당해 내랴? 그가 나타나는 날, 누가 버텨내랴?"(말라 3 : 1~2). 그는 그리스도가 처음 오심과 두 번째 오심을 이런 말씀으로 앞서 선언한다.

"주가 홀연히 그 전에 임하리라" 이 구절은 육신으로 오시는 첫 번째 강림을 뜻하며, 이에 대해서 복음서에 "너희가 이 성전을 허물어라. 내가 사흘 안에 다시 세우겠다"(요한 2 : 19)는 말씀이 있다. 두 번째 오심에 대해서는 "보라, 그가 임하리니 전능하신 주의 말씀이라. 그가 임하는 날을 누가 능히 당하며 그가 나타나는 때에 누가 능히 견디리요" 한다. 그뿐 아니라, "너희들이 바라는 주와 너희들이 사모하는 사자"라고 한 것은 성경에 따르면 유대인들도 그리스도 메시아를 찾고 바란다는 뜻이다. 하지만 그들 가운데 많은 수는 제대로 앞을 보지 못하고 자기들이 구하며 사모하는 그분이 참으로 오셨다는 사실을 인정하지 않았다. 여기서 말라기는 앞서 '그와 맺은 언약' 이렇게 말하거나 그리스도를 언약의 사자라고 부르며 말했는데, 그 말은 이 세상 것을 약속하는 옛 언약이 아니고 영원을 약속하는 새로운 언약이라고 풀이해야 한다. 이 땅의 나약한 사람들은 참된 하느님을 섬기면서도 이런 현세적인 행복을 아주 중요하게 여기기 때문에, 불신앙적인 사람들이 현세적 재물을 풍성하게 가지고 있는 것을 볼 때면 마음이 흔들린다. 그래서 이 예언자는 새 언약의 영원한 축복, 즉 선한 사람들에게만 허락하시는 이 영원한 축복을 옛 언약의 지상적 행복, 즉 악인들에게도 곧잘 주어지는 이런 행복과 구별하기 위해서 다음처럼 말한다.

"'이 무슨 무엄한 소리냐?' 내가 꾸짖었더니, 너희는 '우리가 주께 무슨 심할 말을 하였습니까?' 하는구나. 그러나 너희가 마음속으로 하는 소리는 '하느님을 섬겨보아야 다 쓸데없는 일이다. 그의 명령을 지켜보았지만, 우리가 얻은 게 무엇이 있더냐? 다른 나라 사람들을 행복한 사람이라 부르고, 불의를 저지른 자들은 모두 영광을 누리며 살고 있다. 그들은 하느님을 거역하고도 행복하고 안전하게 살고 있지 않은가!' 나를 공경하던 자들이 이런 말을 주고받게 되었다. 이 주님은 그 말을 똑똑히 들었다. 이런 가운데서도 나를 공경하고 내 이름을 소중히 여기는 사람들을 나는 책에 적어두고 잊지 않으리라"(말라 3:13~16). 여기서 말하는 책은 신약성경을 뜻한다.

자, 또 그 뒤에 있는 말씀을 들어 보자. "전능하신 주의 말씀이라. 내가 나서는 그날, 너희들은 내게 속하게 된다. 또한 부모가 자신을 따르는 자식을 택하듯, 나도 너희들을 택하겠다. 그러면 너희들은 올바른 자, 부정한 자 그리고 하느님을 따르는 자, 따르지 않는 자로 구별되리라. 보아라, 이제 풀무불처럼 모든 것을 불살라버릴 날이 다가왔다. 그날이 오면, 멋대로 살던 사람들은 모두 검불처럼 타버려 뿌리도 가지도 남지 않으리라. 전능한 주께서 말씀하신다. 그러나 너희는 내 이름이 두려운 줄 알고 살아온 너희에게는 정의의 태양이 비쳐와 너희의 병을 깨끗하게 고쳐주리라. 외양간에 매여 있던 소가 풀려 뛰어나오듯, 너희는 밖으로 뛰어 나와 이곳저곳 뛰어다니며 부정한 자들을 짓밟으리니 악한 자들은 모두 너희 발바닥 밑에 재와 같으리라. 전능하신 주의 말씀이라." 여기 나오는 그날은 심판의 날을 뜻하며, 이에 대해서는 하느님께서 바라신다면 알맞은 때에 더 자세히 말하게 될 것이다.

제36장 에스드라와 마카베오서

이 세 예언자 학개와 스가랴와 말라기 뒤로, 바빌론 포로 시대가 끝나갈 무렵에 활동한 사람이 에스드라였는데, 그는 예언자라기보다 역사가로 인정받았다. 마치 〈에스더서〉가 이 역사적 시기에 가까운 때 있었던 사건들을 모두 기술해서 하느님을 찬양하는 것과 똑같은 일이다. 에스드라가 그 책에서 그리스도를 예언했다고 풀이할 만한 구절이 있다.

어느 세 젊은이가 세상에서 가장 강한 것은 무엇인가를 놓고 토론을 벌였는데, 하나는 왕들, 다른 하나는 술, 또 다른 하나는 여자라고 말했다. 세 번째 젊은이는 여자들이 왕들까지도 제멋대로 움직일 수 있기 때문이라고 생각해 여자라 말했는데, 그는 진리가 모든 것을 정복하고 이겨낸다는 것을 증명해보였다. 그런데 우리도 복음서를 보았기때문에 그리스도가 진리라는 것은 이미 알고 있다(요한 14 : 6).

이때로부터 유대인들은 성전을 다시 세웠지만 왕이 없었기에 총독이 아리스토블루스에 이르기까지 유대인들을 다스렸다. 그 시기 연대가 계산된 것은 정경이라 불리는 성서에는 없고 다른 문서에 있었는데, 그 가운데 하나가 〈마카베오서〉이다. 유대인들은 이 〈마카베오서〉를 정경으로 인정하지 않지만, 교회는 정경으로 인정한다. 그리스도께서 육신으로 오시기 전에, 순교자들이 이루 말할 수 없이 비통하고 무시무시한 고문을 견디면서 죽음에 이르기까지 하느님의 법률을 지켜낸 이야기들이 담겨 있기 때문이다.

제37장 예언자들은 이교도 철학자들보다 먼저 있었다

우리 예언자들의 책은 후대에 널리 알려졌지만, 그들 시대에도 이미 모든 백성에게 잘 알려져 있었다. 그리고 이교 철학자들이 존재한 것은 그들보다 훨씬 뒤였다. 처음으로 철학자—즉 "지혜를 사랑하는 사람"—라는 이름으로 불리며 인정받은 사람은 사모스(Samos)의 피타고라스였는데, 그는 유대인들이 포로 생활에서 해방된 시대에 명성을 얻었다.*19 그러니 다른 철학자들은 예언자들보다 훨씬 후대였음을 알 수 있다. 실제로 그 무렵 가장 유명한 철학자들의 스승이었던 아테네 사람 소크라테스는 이른바 도덕 철학 또는 실천 철학 영역에서 특히 재주가 뛰어났는데, 그 또한 에스드라보다 늦게 등장한다. 소크라테스의 다른 제자들을 모두 넘어설 만큼 두드러지게 뛰어난 플라톤이 태어난 때는 그보다 조금 뒤였다. 아직 철학자라는 명칭으로 불리지 않았던 그 이전의 인물들, 곧 일곱 현자들과 그 뒤 자연철학자들 모두 다른 예언자들보다 늦게 나타났다. 자연철학자들의 선구자는 탈레스였으며, 그를 따라 주로 자연 연구에 몰두하여 사물의 본성을 탐구했던 아낙시만드로스, 아낙시메네스, 아낙사고라스를 비롯, 많은 철학자들은 처음으로 스스로를 "철학자"라 부른 피타고라스보다는 앞섰지만, 모든 예언자들보다 늦게 나타났다. 모두들 탈레스보다 후대 사람들인데, 탈레스가 활약하여 유명해진 것은 로물루스가 군주로서 통치했을 때였다고 하며, 이 시대에는 예언의 흐름이 이스라엘의 샘으로부터 터져 나왔다. 그러므로 오르푸스, 리누스, 무사이우스와 같은 유명한 신학적 시인들, 즉 그리스 시인들만이 우리가 저작의 권위를 인정하는 히브리 예언자들보다 시대적으로 앞선다.*20

그러나 이들도 우리의 순수하고 올바른 신을 섬기며 그 가르침을 널리 퍼뜨렸던 신학자인 모세보다 시대적으로 앞서지는 못한다. 모세는 참다운 하느님을 충실하게 전했으며, 그가 쓴 글들은 요즘도 권위로 본다면 정전들 가운데 으뜸으로 인정받는다. 그리스인들의 언어로 세속적 문학이 가장 발달한 것은 사실이나 그들의 지혜가 참된 지혜를 품은 우리 종교와 견주어서 더 우수하다고 할 수는 없으며, 적어도 우리 종교는 더 오랜 역사를 가졌다. 자랑할 만한 이유도 없는 것이다. 모세 이전에도 이방인들 사이에 지혜라고 부를 만한 게 있기는 했으나, 그것은 그리스인들이 아닌 이집트 사람들의 지혜였다. 모세가 이집트인들의 모든 학문을 배워 말과 행동이 뛰어나게 되었다는 말씀이 성

---

*19 유대인들의 포로 생활이 끝난 것은 기원전 538년, 피타고라스의 전성시대는 기원전 540년경, 소크라테스는 기원전 469~399년, 플라톤은 기원전 429~349년. 이스라엘의 멸망은 기원전 722년, 유다가 망한 것은 기원전 586년이다.

*20 자연철학자들의 전성기는 탈레스는 기원전 600년쯤, 아낙시만드로스는 기원전 570년쯤, 아낙시메네스는 기원전 500년쯤, 아낙사고라스는 기원전 460년쯤이다. 8권 2장 참조. 일곱 현자에 대해서는 25장, "신학적" 시인들에 대해서는 14장 참조.

경에 기록되어 있다(사도 7 : 22). 그는 이집트에서 태어났고, 파라오의 딸 양자로 입양돼 자라게 되어 훌륭한 교육을 받았지만, 그렇다고 이집트의 지혜가 우리 예언자들보다 시대적으로 앞섰다고는 할 수 없다. 그보다 훨씬 이전 사람인 아브라함도 예언자였기 때문이다(창세 20 : 7). 그뿐 아니라 이집트 사람들은 그들에게 문자를 준 이시스가 죽고 나서 그녀를 위대한 여신으로 섬겼으니, 이시스 이전, 문자가 없던 그들에게 얼마만 한 지혜가 있었겠는가? 그나마 그런 이시스조차 아르고스의 초대왕 이나쿠스의 딸이었다고 전해져 오는데(3장 참조), 그때는 아브라함에게 이미 손자들이 있었다.

제38장 정경에 실리지 않은 그리스도교인들의 문서

이보다 한결 오랜 옛날로 거슬러 올라간다면, 대홍수 이전부터 살았던 우리의 선조 노아가 있는데, 나는 그를 마땅히 예언자라고 부르겠다. 그가 몸소 만들어서 자기 가족을 구해낼 수 있었던 방주 그 자체가 우리 시대에 대한 예언이었기 때문이다. 아담의 7대손 에녹은 어떤가? 성도 유다의 참된 편지에 대해서도 예언하지 않았는가? 다만 유대인이나 우리는, 이렇게 너무 오랜 사람들의 글은 그 권위를 인정하지 않으며 정경(正經) 속에도 포함시키지 않는다. 거짓이 진리로 바뀌는 일을 막기 위해서, 너무 오래전에 쓰인 글들은 믿기 힘들다고 여긴 것이다. 자기 생각만을 따라 이것저것을 믿는 사람들이 고대인들의 순수한 글이라고 인정한 부분들도 있지만, 정경의 순수함은 이런 글들을 허용하지 않았다. 하느님께서 기뻐하신 그 사람들의 권위를 물리치려는 것이 아니라, 그글들이 그들이 쓴 것이라고 믿지 않았기 때문이다. 그렇게나 오래된 이름이 책머리에 달려 있어도 위작이라고 생각된다는 점에 대해서 놀랄 필요는 없다. 유다와 이스라엘 역대 왕들의 사적과 그 시대의 사건들을 기록했고 우리가 정경의 권위에 비추어 진실하다 믿는 글에도 설명되지 않은 일들이 많은데, 이러한 현상들은 예언자들의 다른 글에서 발견되기도 하며, 더욱이 어떤 책에는 예언자들의 이름까지 기록되어 있다(1역대 29 : 29, 2역대 9 : 29). 그럼에도 이런 문서들은 하느님 백성들이 인정하는 정경에 수록되어 있지는 않다.

사실은 나 또한 그 까닭을 모른다. 다만 내 생각으로는 성령이 종교의 권위를 가진 일에 대해 사람들에게 계시를 내렸고, 그들이 인간으로서 역사연구에 따라 쓰거나 개인의 판단으로 쓴 글이기 때문이 아닐까. 이처럼 두 문서에서 전자는 작가 자신에게, 후자는 그들을 통해서 이야기했던 하느님께 돌아갈 수 있으리라고 생각된다. 그리고 한쪽은 지식을 더하는 데 이바지하며, 다른 한쪽은 종교적 교리로서의 권위를 주었다. 이 권위로써 정경은 이 종교 쪽에 엄격히 근거를 두어 안전하게 보존되었다. 정경 말고도 참 예언자들의 이름이 씌어 있는 문서들도 있지만, 참으로 그 예언자들이 쓴 글이라는 것이 확실치 않기 때문에, 지식의 자료로서도 타당성이 없어 제대로 된 역할을 하지 못한다. 따라서 그런 문서들은 믿을 수 없으며, 특히 정경 문서의 신앙과 반대되는 말씀이 있는 문서들은 신적 영감에 따라 기록된 책이 아니며, 예언자들이 쓴 게 아니라고 여겨진다.

제39장 히브리어에는 처음부터 문자가 있었다

히브리라는 이름은(창세 14 : 13) 에벨이라는 이름에서(창세 10 : 21) 비롯되었다. 어떤 사람들은 히브리어의 구어체는 에벨에게 보존되어 아브라함에 전해졌지만, 그 문어체는 모세를 통해서 주어진 율법과 함께 시작되었다고 한다. 하지만 이런 주장을 믿어서는 안 된다. 오히려 구어체와 그것으로 기록된 문서들은 저 계통 족장들이 대대로 보존해서 전했다고 하는 편이 믿을 만할 것이다.

실제로 모세는 히브리 백성들이 하느님의 율법 문자를 알기 전에 교사들을 임명해서 백성들에게 문자를 가르치도록 했다. 이 교사들을 그리스어 성경에서는 그람마타이 사고게이스(γραμματεισαγωφεῖς)라고 하며,[*21] 그 뜻은 문자를 가르치는 사람이라는 뜻이다. 라틴어로는 어떠한 방법으로 배우는 사람들의 마음속에 문자를, 또는 배우는 사람을 문자에게로 데려가는 것, 즉 이끌어 가는 것으로 '소개한다'는 뜻이므로 유도자 또는 소개자로 불린다. 그러므로 어느 나라든지 허영심으로 자기들 지혜의 역사가 하느님의 지혜를 받은 우리의 족장들과 예언자들보다 더 오래되었다는 거짓된 자랑을 해서는 안 된다. 자기들 지식은 아주 오랜 역사를 가졌다는 어리석고 거짓된 자랑을 끊임없이 하는 이집트도, 그들의 지혜가 우리 족장들의 지혜보다 시대적으로 앞섰다고 할 수는 없다. 이시스가 그들에게 문자를 가르쳐 주기 전에, 그들이 아주 지식에 정통했다고 감히 주장하는 사람은 없으리라. 그들의 지혜는 지혜라기 보다는 거의

[*21] 70인역의 한 사본에 있는 출애 18 : 21에 이 교사들에 대한 말이 있다.

점성술이나 이와 비슷한 지식이었는데, 사람의 마음을 비추는 참된 지혜라기보다 지성을 개발하는 데 도움이 되었을 뿐이다.

철학은 행복을 얻는 길을 사람들에게 가르치기 위한 학문인데, 이런 연구가 그 나라들에서 일어난 것은 트리스메기스투스*22 라고 불리는 헤르메스(메리쿠리우스) 시대를 전후해서다. 이 이름은 신플라톤학파가 이집트의 신 토트(Thoth)에게 붙인 것이라고 하며, 이 신이 헤르메티카(Hermetica)라고 부르는 철학 및 종교적 문서를 썼다고 한다. 틀림없이 이는 그리스의 현자들이나 철학자들보다 훨씬 오래전이었으나 아브라함과 이삭과 야곱과 요셉보다는 후대였다. 위대한 천문학자 아틀라스는 프로메테우스의 형제이며, 위에서 말한 헤르메스 트리스메기스투스의 할아버지였던 다른 헤르메스의 외할아버지였는데, 그는 모세가 태어났을 때에 살아 있던 인물이라고 전해진다.

제40장 학문이 오래됐다고 자랑하는 이집트인의 거짓

이집트가 천문학 이론을 세운 지 무려 10만 년이 넘었다는, 전혀 근거 없는 대담하고 헛된 주장을 하는 사람들이 있다. 이집트 사람들이 이시스에게서 문자를 배운 것이 2천 년 조금 넘을 뿐인데, 도대체 어떤 책에 그 많은 수를 기록했다는 것인가? 이를 의문점으로 제시한 역사가 바로는 무시할 수 없는 권위자이며, 그의 말은 성경의 진리와도 들어맞는다. 아담이라는 최초의 사람으로부터 아직 6천년도 지나지 않았는데, 이 분야에 충분한 연구를 거쳐 입증된 진리들과 전혀 다르며 반대되는 이야기를 하는 사람들에게는 하나하나 논박하기보다는 차라리 웃어넘기는 편이 좋으리라. 우리는 오직 지난날의 일만 기록한 사람보다는 미래의 일이 예언한 그대로 이루어진 것을 보고 더 믿을 수밖에 없다. 역사가들의 견해가 똑같지 않을 때, 우리가 지닌 신적인 영감을 받아 쓴 역사와 모순되지 않는 역사가를 선택할 믿을만한 근거가 여기 있다. 그뿐 아니라, 세계 곳곳에 퍼진 불경스런 나라의 시민들은 가장 권위있는 저술가들이 시대의 기억으로부터 아득히 머나먼 과거 사건들에 대해 쓴 기록들이 서로 일치하지 않을 때, 어느 쪽을 믿을 것인지를 몰라 당황한다. 그러나 우리는 종교 역사 기록을 신적 권위로서 믿기 때문에, 이 권위를 거스르는 것은 무엇이든지

---

*22 메르쿠리우스 또는 헤르메스 트리스메기스투스에 대해서는 8권 23장 이하 참조.

거짓이라는 점을 믿어 의심치 않는다. 그밖의 것이 세속 문학에서 진실 또는 허위, 어떻게 나타나든 간에 우리는 그것을 문제 삼지 않으며, 그것들은 우리가 의롭고 축복된 삶을 살도록 도와주는 데 어떠한 힘도 드러내지 못한다.

제41장 서로 다른 철학적 의견과 성서의 조화

역사 인식은 잠시 한쪽으로 미루어두고, 철학자들 이야기를 해보자. 사실 우리는 철학자들에 대해 이야기하다가 잠깐 주제를 벗어났다. 철학자들은 우리가 행복한 삶을 살기 위해서는 어떤 방법이 있을까 연구하여 찾으려 애쓴다. 그럼에도 어째서 제자와 스승의 의견이 다르며, 제자들끼리도 견해가 달라지는가? 그것은 그들이 인간으로서, 오로지 인간적 감각이나 예측만으로 모든 것을 연구하기 때문이 아닐까? 그런 경우, 다른 사람의 학술 신봉자가 되는 게 아니라 자기 자신의 가르침 말씀이나 의견을 생각해내어 그 누구보다도 지혜롭고 재치 있게 보이고 싶다는 명예욕이 생길지도 모른다. 그들 대부분은 진리를 사랑함은 물론, 스승과 제자 사이에서 벗어나 자신이 진리라고 여기는 것을 위해 끝도 없이 죽을 힘을 다해 싸우는 것이다. 그러나 그 길로 이끄는 것이 하느님의 권위가 아니라면, 불행한 인생이 행복에 이르기 위해서는 어떤 방법으로 어떤 길을 가야 하는가? 우리 성경 정경에 포함된 저자들은 거룩한 문학의 정전으로 인정받을 만하고 서로 맞지 않는 것이 하나도 없다. 왜 그런가에 대한 근거가 아주 없는 것은 아니다. 그들이 쓴 것이 하느님이 그들에게 말씀하셨거나 또는 그들을 통해서 말씀하셨다는 주장에 대해서는 학파나 학교에서 여전히 논쟁으로 남아 있지만, 시골에서도 도시에서도, 또는 유식한 사람들과 무식한 사람들을 비롯해 이토록 무수히 많은 사람들이 그렇게 믿고 있는데는 그만한 까닭이 있는 것이다. 물론 종교에 대한 귀중한 내용을 기록으로 남기려면 소수의 사람이 모일 수밖에 없었다. 너무 많은 사람들이 손을 대면 가치가 떨어져 보일 수 있기 때문이다. 하지만 그들이 일치하는 사실이 놀라울 만큼 적은 수는 아니다. 철학자들 가운데에는 자기 주장을 글로 남겨 놓은 사람이 많지만, 그 생각이 서로 완전히 일치함을 찾아내기란 결코 쉬운 일이 아니다. 이를 여기서 증명하는 데에는 꽤 오랜 시간이 걸릴 것이다.

어느 한 학파 창설자가 영들을 숭배하는 도시에서 인정받았다고 해서, 그와 다르거나 반대되는 견해를 가진 사람들이 모조리 배척당하는 경우가 있는가?

아테네에서는 신들은 인간들 일에 아무런 관심이 없다고 주장한 에피쿠로스파가 이름을 날렸지만, 신들은 조력자로서 우리 인간들을 보호하고 이끌며 지지한다는 정반대되는 주장을 한 스토아학파(사도 17 : 18)도 함께 번창하지 않았던가? 그래서 태양은 붉게 타오르는 돌에 지나지 않으며 그것이 신이라는 것을 부정하던 아낙사고라스가 재판을 받은 일을 나는 이해하기 어렵다. 그와 달리 에피쿠로스는 해도 별도 신이 아니며, 유피테르와 다른 모든 신들은 인간의 기도와 기원이 미치는 우주 안에 살고 있지 않다고 주장했는데도 같은 아테네에서 아주 큰 명성을 얻으면서 조용하고 평안하게 살았다. 참으로 이상한 일이다.

같은 곳에 아리스티포스(Aristippus)는 육체의 쾌락을 최고선이라 했고, 안티스테네스(Antisthenes)는 사람은 욕심을 떠나 덕을 베풂으로써 행복해지리라고 주장했는데도 두 사람 모두 똑같은 아테네에서 번창하여 저마다 제 학파를 지키고 따르는 수많은 제자들이 생기지 않았는가? 소크라테스의 제자였던 이 두 훌륭한 철학자는 너무나 다른 영역에서 인간의 최고선을 인정했다. 한 사람은 지혜로운 사람이라면 정치를 피하는 것이 좋다 하고, 다른 한 사람은 나랏일을 도우라고 한 것이다.

그들은 저 유명한 복도와 학교와 공원 등 공적이거나 사적인 장소에서 제 이론을 지키기 위해서 드러내놓고 무리지어 싸웠다. 어떤 사람들은 세계가 하나라고 이야기하고, 다른 사람들은 세계가 무수히 많다고 했다. 이 세계에는 시초가 있었다, 없었다를 두고 논쟁을 벌였으며, 어떤 사람들은 이 세계가 멸망할거라고 하며, 다른 사람들은 영원히 이어질 것이라고 했다. 어떤 사람들은 신이 이 세계 모두를 마음대로 거느리고 지배한다 했고, 다른 사람들은 모든 게 우연으로 하나하나 이루어졌다고 했다. 어떤 사람들은 영혼은 영생한다고 했지만, 영혼은 죽어 없어진다고 하는 이들도 있었다. 또 영혼이 죽지 않는다고 믿는 사람들 가운데서도 어떤 사람들은 영혼이 동물의 몸에 들어간다는 주장을 했으며, 다른 사람들은 이를 강하게 부인했다. 영혼이 영원히 죽어 없어진다고 믿은 사람들 가운데서도 어떤 사람들은 몸이 죽자마자 영혼도 사라져 버린다고 믿었으나, 그와 달리 한동안 살아있으리라고 말하는 사람들도 있었다. 어떤 사람들은 참된 선의 목표를 몸 안에 두었고, 또 어떤 이들은 혼과 육체에 두었다. 또 어떤 사람들은 혼과 육체 말고도 외적인 선(善)을 더했다. 어떤 사람들은 신체의 감각기관들을 늘 믿을 수 있다고 생각했지만, 다른 사람들은 절대 신뢰할 수 없다고 여겼다. 철학자들의 이런 의견 차이나 그 밖에 수많은 의견 대립을 두고 불경스러운 나라의 시민들이나 원로원의 수많은 공적 권력을 가진 이들 가운데 어느 누가 판정을 내려 한쪽을 인정해 받아들이고 다른 쪽을 거부하며 비난하는 것에 마음을 쓸 것인가? 의견이 서로 다른 사람들의 다툼을, 어떠한 판정도 없이 혼란함을 그대로 품고 있지 않던가? 의견이 다르다고 해도 토지나 집, 재산 문제에 대한 것이 아니라 삶을 불행하게 만들거나 행복하게 하는 것에 대한 문제인 것이다. 여기서는 진실과 거짓이 똑같은 자격을 가지는 셈으로, 그런 나라를 바빌론이라는 상징적인 이름으로 부른 데에는 까닭이 있다. 내가 앞에서 말한 바와 같이, 바빌론은 "혼란"을 뜻하므로, 이 나라의 왕인 악마는 그들이 서로 대립하여 모순된 오류 사이에서 싸우는지에 대해 아무런 관심이 없다. 그저 악마는 그들이 바치는 수없이 많고 다양한 불신앙적 행위들만 가득하다면 그들을 손아귀에 넣을 수 있기 때문이다.

그러나 하느님 말씀을 위탁받은 민족, 백성, 나라, 공화국인 이스라엘 사람들은 참된 예언자들과 거짓 예언자들을 혼동하는 일이 없었다. 오히려 서로 화합하여 반대 의견이 없고 한 마음을 가진 사람들만을 참된 성경 지은이로 인정하며 존경했다. 그들에게는 이 지은이들이야말로 철학자, 즉 지혜를 사랑하는 사람들이었으며, 현자들이었고, 또 그들의 신학자나 예언자들이었으며, 성실하고 경건한 스승들이었다.

누구든지 그들의 생활과 사상을 모범으로 삼은 자들은 사람에 따라서가 아닌 그들을 통해 말씀하신 하느님에 따라 생각하고 살아갈 수 있는 것이다. 성경에서 말이나 몸짓이 바르지 못한 행동이 금지되었다면, 그 지시는 하느님이 내리신 것이다. "부모를 공경하여라" 하면, 이 명령은 하느님이 하시는 것이다. "살인하지 말라, 간음하지 말라, 도둑질하지 말라", 그 밖에 비슷한 계명들은(출애 20 : 12 이하) 사람 입에서 나온 게 아니라 하느님이 하신 말씀이다. 물론 애써 생각해 낸 그릇된 철학적 의견 속에서도 진리를 볼 수 있었는데, 어떤 철학자들은 힘든 토론을 거쳐 하느님이 이 세계를 만드시고 지혜롭게 주관하신다는 말로 사람들을 설득하려 노력했다. 곧 하느님이 세상을 만드시고 섭리에 따라 나라를 다스리신다는 것, 나아가 덕의 고귀함, 조국에 대한 사랑, 우정의 진실함, 선행, 그 밖에 건전한 인격에 속한 모든 일을 가르쳤을 수도 있다. 다만 그들은 이 모든 일의 궁극적 목표가 무엇이며, 이 일들을 어떤 방법으로 바라보아야 할지를 몰랐다. 그러나 이 나라에서는 이런 일들은 예언자를 통해서 하느님이 하시는 말씀으로 받아들여 사람들에게 설교했으며, 논쟁을 벌일 만한 이론으로 여기지 않았다. 이런 가르침을 받고 깨달은 사람이 두려워하는 것은 인간의 지혜가 아니라 하느님 말씀을 무시하고 어기게 되지나 않을까 하는 두려움이었다.

제42장 구약성서는 왜 그리스어로 번역되었는가

이집트 프톨레마이오스 왕조의 한 임금이 이 성스러운 성경을 읽고 싶어 손에 넣기를 간절히 바랐다. "대왕"이라 불린 마케도니아의 알렉산더는 무서우리만치 굉장한 능력을 펼쳐 힘으로 온 아시아뿐 아니라 거의 모든 세계를 정복했으며, 군사력으로 또는 위협으로 동방국가들을 억눌렀는데, 이때 유대도 침입하여 차지해 버렸으나 그 기세가 오래 이어지지는 못했다. 그러나 그가 죽고 난 뒤 그의 장군들은 그토록 드넓은 영토를 평화적으로 나누지 못하고 전쟁을 벌여 국토를 황폐하게 만들어버리고 말았다. 그 뒤 이집트에는 프톨레마이오스 왕조가 들어섰다. 이 첫번째 왕은 라구스의 아들이었으며, 그는 많은 포로들을 유대에서 이집트로 끌고 갔다. 하지만 그의 뒤를 이어 왕이 된 필라델포스는 모든 포로들을 자유롭게 풀어주었을 뿐 아니라, 하느님 성전에 풍성한 선물을 보냈으며, 그즈음 대제사장이었던 엘리아살(Eleazar)에게 성경책을 한 권 보내 달라고 요청했다. 성경이 참된 하느님 말씀이라는 이야기를 들어왔기에, 그가 만든 유명한 도서관에 갖추어 두기를 몹시 바랐노라고 말했다. 대제사장이 히브리어 성경을 보내 주자, 그는 다시 이를 번역할 사람들을 보내달라고 부탁했다. 그래서 히브리어와 그리스어에 능통한 서기관을 12지파에서 여섯 사람씩 모두 72명을 보냈는데, 그들이 번역하여 옮긴 것을 오늘도 우리는 70인 번역이라고 부른다.

프톨레마이오스 왕은 그들이 그리스어로 올바르게 옮기는지 시험해보기 위해서 저마다 다른 곳에서 번역 작업을 하도록 했다고 한다. 그러나 그들이 번역한 내용은 그 뜻과 사용한 단어가 정확히 같았으며, 말의 순서까지도 똑같았다고 한다. 그들의 번역이 마치 한 사람이 옮긴 것처럼 완전히 같은 것으로 미루어 볼 때, 한 성령이 그들 모두에게 임하셨음을 알 수 있다. 이렇게 우리는 성스러운 하느님으로부터 선물을 받은 것이다. 하느님은 성경의 권위를 인간의 것이 아닌 사실 그대로 신적인 것으로 받아들이게 했다. 이는 언젠가 여러 이방인들이 번역된 성서를 읽고 신자가 되려 할 때 도움을 주기 위해서였으며, 그 성과는 오늘 우리가 알고 있듯이 훌륭히 이루어졌다.

제43장 70인 번역의 권위에 대해서

70인의 옮긴이들 말고도 하느님의 거룩한 말씀들을 히브리어에서 그리스어로 옮긴이들이 있었는데, 아퀼라와 심마쿠스와 테오도티온이 그러한 사람들이다. 그리고 옮긴이가 뚜렷하지 않은 번역본에 대해서는 번역 불명의 '제5판'이라고 부른다. 그러나 교회는 70인이 한 것을 유일한 번역으로 받아들였으며, 그리스어 세계의 그리스도교인들 대부분은 다른 번역판이 있는 줄을 전혀 모른다. 세계 교회들이 가지고 있는 성경은 70인 번역에서 라틴어로 옮긴 것이고, 우리 시대에 와서 세 가지 언어에 능통한 사제 히에로니무스(제롬)가 몸소 히브리어에서 라틴어로 옮긴 것도 있다. 유대인들은 그의 심오한 학식에 따른 작업이 히브리어 원문에 충실한 번역판이라고 주장하면서, 70인이 옮긴 것은 여러 곳에서 잘못되었다고 말한다. 하지만 그리스도 교회들은 그 무렵 대제사장이었던 엘리아살이 이 위대한 일을 위해 가려 뽑은 사람들의 권위보다도 더 뛰어난 번역본은 없다고 생각했다. 만일 거룩한 하느님의 성령이 그들 앞에 나타나지 않았고, 70인 학자들도 평범한 사람들처럼 자기들이 옮긴 말씀들을 서로 비교해서 모든 사람들이 받아들이는 것을 최종적으로 인정했다 하더라도 어느 한 번역자를 그 70인들보다 우위에 둘 수는 없다는 것이다. 그러나 성령의 위대한 표적은 분명히 나타났으므로, 누군가가 히브리어에서 다른 언어로 성경을 충실히 옮겨낸다면 그는 70인 번역자들과 똑같을 게 틀림없다. 그러니 만일 이와 다를 때에는 70인들 번역에 더 깊은 예언자적 의미가 있다고 받아들이고 믿어야 한다. 예언자들이 그 말씀을 전했을 때 그들 안에 계셨던 성령이, 그것을 다른 언어로 옮겼을 때에도 70인 번역자들 안에 계셨을 것이기 때문이다. 물론 성령도 번역 작업을 하던 때 신적 권위로 다른 말씀을 하셨을 수도 있는데, 같은 성령이 하신 말씀들이므로 예언자도 두 가지 모두 이야기할 수 있을 것이기 때문이다. 또 성령은 한 가지 일을 다르게 말씀하실 수 있었고, 그 말씀이 다를지라도 바르게 이해할 수 있는 사람은 그 말씀을 통해서 같은 뜻을 받아들렸다. 또 성령은 어떤 것을 더하고 뺄 수 있었는데, 이는 번역 작업에서 번역자가 문자를 무조건 따른 게 아니라, 번역자의 지성을 채우고 통솔하는 하느님의 권능이 존재한다는 것을 알리기 위함이다.

어떤 사람들은 히브리어 사본을 표준으로 70인의 번역판을 고쳐야 한다고 생각했다. 그러나 그들도 히브리어 성경에 없다고 해서 70인역에 있는 내용을 감히 지우지는 못한다. 오직 70인역에 없고 히브리어 사본에 있는 것을 덧붙일 뿐이다. 그들은 이런 구절 첫 부분에 별표를 붙여서 구별하는데, 히브리어 성경에는 없고 70인역에만 있는 구절들은 그 첫 부분에 짧은 가로줄을 그어 표시했다. 이런 부호를 붙인 라틴어 성경도 널리 보급되었다. 더하거나 뺀 것이 아니고 아예 다르게 표기된 경우나, 본디 뜻을 해치지 않은 채로 다른 의미를 나타내거나, 또는 같은 뜻을 다른 방식으로 설명하는 것처럼 보이는 것은 히브리어 성경과 그리스어 성경을 모두 꼼꼼하게 살펴보지 않고서는 알아낼 수 없다. 마땅히 성경에는 사람을 통해 하느님께서 말씀하신 것 말고는 없다 생각해야 하며, 히브리어 사본에 어떤 말씀이 들어있든 70인역에 없는 말씀은 성령이 70인 옮긴이들을 통해서 말씀하시지 않고 예언자들만을 통해서 말씀하신 것이다. 그와 달리 70인 번역에 있는 어떤 말씀이 히브리 성경에 없을 때에는, 같은 성령이 예언자들이 아닌 70인 옮긴이들을 통해서 말씀하신 것이며, 이들도 예언자임을 알리신 것이다. 그래서 성령이 어떤 일은 이사야를 통해서 말씀하시고, 어떤 일은 예레미야를 통해서 말씀하셨다. 또 어떤 일은 다른 예언자를 통해서 말씀하셨으며, 같은 일을 다른 방법으로 두 예언자를 통해서 말씀하시기도 했다. 따라서 두 쪽에 무엇이 나오든 한 성령이 두 가지 수단으로 말씀하기로 정하신 것이며, 하나는 먼저 와서 예언했고, 또 하나는 뒤에 와서 그 말씀을 예언적인 번역으로 전하신 것이다. 똑같은 진리를 말씀했을 때 한 평화의 성령이 그 예언자들 안에 계셨듯이, 같은 한 성령이 옮긴이들 안에 자기를 나타내셔서, 그들이 다 같이 모여 이야기하지 않고도 마치 한 입으로 말하듯 번역할 수 있게 하신 것이다.

제44장 니네베의 파멸

어떤 사람들은 이렇게 물을지도 모른다. 예언자 요나가 니네베 사람들에게 사흘 뒤 니네베가 멸망한다고 했는지, 아니면 40일 뒤라고 했는지(요나 3 : 4),

어떻게 알 수 있는가? 멸망이 코 앞에 닥쳤다고 경고하여 마을을 공포 속에 몰아 넣은 예언자가 두 가지 말을 한꺼번에 할 리가 없다. 만일 사흘 뒤에 망해 없어진다면 40일 뒤에 멸망할 수는 없고 40일 뒤에 없어진다면 사흘 뒤에 멸망할 수는 없다. 그래서 요나가 어느 쪽을 말했느냐고 내게 묻는다면, 나는 히브리어 성경에 쓰인 대로 40일 뒤라 답할 것이다. 실제로 오랜 뒤에 번역된 70인 번역본은 그것과는 다르지만, 히브리본과 70인 번역본 양쪽의 주장과 관계 있으며 표현은 다르지만 뜻은 같을 수 있다. 이는 독자가 어느 쪽의 권위도 가볍게 보지 않고, 단순한 역사의 수준을 넘어 그 역사를 기록한 의미를 찾으라고 권하는 것이다. 이 사건들은 분명 니네베에서 일어났지만, 그 도시를 뛰어 넘은 다른 무언가를 담고 있다. 마치 요나가 고래 뱃속에 사흘 동안 지냈다는 것은 모든 예언자의 주님인 그리스도가 깊은 지옥에서 사흘 동안 계시리라는 다른 사실을 상징한 것과 마찬가지이다.

따라서 이방인 교회가 이 도시를 통해 예언적으로 상징되었다고 함이 옳을 것이다. 니네베가 멸망하여 예전의 도시가 이미 아니듯이 바로 그런 일은 니네베가 상징하는 이방인 교회에서 그리스도가 이루어냈기 때문이다. 그래서 40일과 3일 모두 그리스도를 나타낸다. 부활하신 뒤 하늘로 올라가실 때까지 40일을 제자들과 함께 지내셨고, 죽은 뒤 사흘 만에 부활하셨기 때문이다. 이는 단순한 역사적 기록에만 집착하는 독자들을 마치 70인 옮긴이들과 예언자들이 깨우치게 만들어 더 깊은 예언적 의미를 찾으라고 경고한 것과 같다. "40일 속에서 그분을 찾아라. 3일 안에서도 찾을 수 있다. 40일에서 하늘로 올라가신, 그리고 3일에서는 부활하신 모습을 발견할 것이다." 그러므로 두 숫자 모두 상징적인 뜻을 나타낸다. 하나는 예언자 요나를 통해서, 또 하나는 70인 옮긴이들을 통해서 전해졌다. 둘 모두 같은 성령의 목소리였다. 70인 옮긴이들이 히브리어 성서의 진리에서 멀리 떨어진 듯 보이지만 올바르게 이해하면 서로 같은 내용이라는 사실을 실례를 들어 설명하면 글이 너무 길어질 수 있으므로 그렇게 하지는 않겠다. 그래서 내 나름대로 사도들의 발자취를 따라갈 생각이다. 사도들도 히브리 성경과 70인 번역예언자 증언을 인용했기에 둘은 하나이고 신에게서 온 거룩한 것이라 권위를 가졌다고 생각한다. 하지만 남은 문제는 할 수 있는 한 풀어보도록 하자.

제45장 그리스도 탄생 이전까지 유대 민족의 운명

유대 민족에게 예언자들이 사라진 뒤 그들은 이전보다 더 나쁜 상황에 놓이게 되었다. 그때는 바빌론 포로생활이 끝난 뒤 신전을 다시 세우고 생활이 나아지기를 기대하던 때였다. 육체적인 사람들은 예언자들이 학개에서 "이 집의 새 영광이 이전의 영광보다 더 클 것이다"(하깨 2 : 9) 한 말을 생활이 나아지리라는 뜻으로 이해했다. 그러나 앞에서 이 말이 새로운 계약을 말한다고 설명했으며 분명 그리스도를 약속하고 이렇게 말했다. "내가 모든 민족들을 뒤흔들리니 모든 민족들의 보화가 이리 들어오리라"(하깨 2 : 7). 70인 옮긴이들은 이 구절에서 예언자적 권위로 머리보다 몸에 더 알맞은, 그러니까 그리스도보다 교회에 더 적절한 의미를 담았다. "주님이 모든 민족에서 선택한 이가 찾아 온다" 이 말은 인간을 뜻한다.

주께서 복음서에서 "사실 부르심을 받은 이들은 많지만 선택된 이들은 적다"(마태 22 : 14) 이렇게 말씀하셨다. 새로운 계약으로 신의 집은 모든 사람들 가운데 선택된 "살아 있는 돌"(1베드 2 : 5)로 이것은 솔로몬왕이 지은 성전이나 포로 시대 뒤 다시 세워진 성전보다 한결 더 찬란하다. 그때부터 유대 민족에게 예언자가 없고 많은 재난과 이국의 왕들, 심지어 로마 사람들에게까지 고난을 받은 까닭이 여기에 있다. 성전을 다시 세워서 학개의 예언이 이루어졌다고 여겨서는 안 된다.

그 뒤 얼마 지나지 않아 알렉산더가 나타나 유대 민족을 차지해 버렸다. 그들은 저항하지 않았고 순순히 항복했기 때문에 해를 입지는 않았다. 그러나 성전의 영광은 자기네 왕들이 다스리던 때만큼 찬란하지 못했다. 알렉산더는 성전에 제물을 바치기는 했지만, 참된 경건한 마음으로 하느님을 경배한 것이 아니라, 거짓 신들과 함께 수많은 신들 가운데 하나로서 하느님도 섬겨야 한다는 경건하지 못하고 어리석은 생각을 했기 때문이다. 알렉산더가 죽은 뒤, 앞서 말한 라구스의 아들 프톨레마이오스가 유대인 포로들을 이집트로 끌고갔다. 그 뒤를 이어 왕이 된 프톨레마이오스 필라델포스는 매우 친절하게 이집트에서 그들을 풀어주었다. 앞에서 말한 것처럼 오늘날 70인 번역본 성경이 있는 것은 그 덕분이다. 그 다음 마카베오서에 쓰인 것처럼 유대인들은 전쟁에 시달렸다. 그 뒤 그는 알렉산드리아 왕 프톨레마이오스 에피파네스에게 붙잡혔다. 그 다음에는 시리아의 안티오쿠스 왕에게 매우 심한 고통을 받으면서 우상 숭배를 강요 받았고, 이방인들은 성전을 불경한 미신으로 가득 채웠다. 그러나 마카베오라고도 불리는 강력한 지도자 유다가 안티오쿠스 편에 섰던 장군들을 모두 물리친 뒤 성전에서 우상숭배의 더러움을 깨끗이 씻어버렸다.

하지만 얼마 지나지 않아 알키무스(Alcimus)가 나타났다. 그는 제사장 집안은 아니지만, 야심차게 대제사장이 되었다. 그 뒤 얼마간 번영은 했지만 평화롭지는 않았다. 50년 뒤 처음으로 아리스토블루스가 왕위와 대제사장직을 겸하게 되었다. 바빌론 포로생활에서 돌아와 성전을 다시 세운 뒤로, 유대인에게는 왕이 없고 지휘관이나 통치자가 있을 뿐이었다. 물론 왕도 지배하는 영토가 있으니 통치자이며 군대 지휘권을 가진 지휘관이라 할 수 있지만, 통치자와 지휘관을 왕이라 부를 수는 없다. 그래서 아리스토블루스는 왕이 아니다. 그의 뒤를 이은 알렉산더도 왕과 대제사장을 겸했는데, 그는 잔인하게 백성들을 다스렸다. 그 뒤 그의 아내 알렉산드라가 유대인 여왕이 되자 백성들은 더 심한 고통을 받았다. 그녀의 두 아들 아리스토블루스와 힐카누스(Hyrcanus)가 서로 왕위를 놓고 다투다가 로마 군대를 끌어들였다. 힐카누스가 동생과 맞서기 위해서 로마에 도움을 요청했기 때문이다.

로마는 그즈음 이미 아프리카와 그리스를 정복했으며, 드넓은 지역을 다스렸지만, 마치 스스로 자기 무게를 감당하지 못하듯 거대함 때문에 부서질 형편이었다. 이미 나라 안에서는 큰 반란이 일어났고, 동맹국과의 전쟁, 나아가선 내란까지 일어나 국력이 크게 약해졌다. 그래서 군주가 다스리는 국가체제로 바꿔야 하는 절박한 상황이었다. 때문에 로마의 가장 이름난 장군 폼페이우스가 군대를 끌고 유대로 들어와 예루살렘을 차지하고 성전을 개방했다. 그러나 믿음을 가진 경건한 마음으로 성전에 들어간 게 아니라 승리자로서의 권위를 행사한 것이다. 그리고 대제사장만 들어갈 수 있는 지성소(至聖所, 유대인들의 하느님이 계신 가장 거룩한 곳)까지 발을 들였는데, 우러러 받들기 위해서가 아니라 그곳을 더럽히려고 한 일이었다. 힐카누스를 대제사장으로 임명한 뒤 안티파터에게 프로쿠라터(procurator)라는 직책을 주어 감시자로 붙여놓았다. 프로쿠라터는 정복 당한 국가에 두는 총독이었다. 그리고 아리스토블루스를 쇠사슬에 묶어 끌고 갔다. 그때부터 유대는 로마의 속국이 되었다. 뒷날 카시우스(Cassius)가*23 성전을 빼앗기까지 했다. 몇 해 뒤에 혜롯이라는 외국인이 왕이 되었는데, 이때 그리스도가 태어나셨다. 족장 야곱이 예언한 일이 이루어진 것이다. "약속을 위해 두었던 분이 올 때까지 군주는 유대에서 떠나지 아니하고 지도자는 그의 곁에서 떠나지 아니한다. 그분은 모든 백성의 희망이다"(창세 49 : 10 및 이 책 18권 6장 참조). 그래서 유대인 군주는 외국인으로 처음 받아들인 혜롯 왕까지 사라지지 않았다. 이제 새 계약으로 약속된 일이, 그를 위해 준비된 분이 와서 모든 백성의 희망이 되실 때가 왔다. 그러나 겸손한 참을성을 갖고 심판을 받으러 왔을 때 먼저 그분을 믿지 않으면 그가 번쩍이는 권능의 힘으로 심판하러 오기를 기대하는 것은 불가능하다.

제46장 그리스도 탄생과 흩어진 유대인

혜롯이 유대를 다스리고 있을 무렵, 로마는 정치형태가 변해 가이사 아구스도(루가 2 : 1, 카이사르 아우구스투스)가 황제가 되어 세계를 평화롭게 만들었을 때, 전부터 예언된 바와 같이 유대 베들레헴에서 그리스도가 탄생하셨다. 처녀의 몸에서 사람의 모습으로 나셨고, 숨겨진 모습은 아버지인 하느님에게서 태어난 신이었다. 예언자가 "'동정녀가 잉태하여 아들을 낳고 그 이름을 임마누엘이라 할 것입니다"(이사 7 : 14 ; 마태 1 : 23) 하였다. 그는 신이라는 것을 드러내기 위해 기적을 많이 보이셨는데, 복음서에 그를 알리기 충분할 만큼 많이 적혀 있다. 그 가운데 첫 번째는 그의 기적 같은 탄생이요, 마지막은 죽은 자 가운데 다시 살아나 하늘로 오른 일이다. 그러나 유대인들은 그분을 살해했다. 성서대로 죽은 다음 부활하실 그리스도를 믿지 않았기 때문에 그 뒤로 유대인들은 로마에게 더욱 비참한 방법으로 멸망당해, 이미 외국인이 다스리던 나라에서 뿌리째 뽑혀 세계 곳곳으로 흩어졌다. 그래서 오늘날 그들이 없는 곳이 없으며, 우리에게는 그들 자신의 성경으로 우리가 그리스도에 대한 예언을 꾸며낸 게 아니라는 증거가 되었다. 그들 가운데 많은 이들은 그리스도의 고난 전에, 또 그의 부활 뒤에 그에 대한 예언들을 깊이 생각하고 그리스도를 믿게 된 사람이 매우 많았다.

그들에 대해서 "이스라엘 자손들의 수가 바다의 모래와 같다 하여도 남은

---

*23 기원전 53년 성전을 빼앗은 것은 카시우스가 아니라 크라수스였다.

자들만 구원받을 것이다."(이사 10 : 22 ; 로마 9 : 27)는 예언이 이미 있었다. 그러나 나머지는 보이지 않게 되어 이들에 대한 예언은 "그들 앞의 식탁을 함정으로 만들어 벌과 망설임으로 삼으소서. 그들의 눈이 어두워져 보지 못하고, 허리는 영원히 굽어지게 하소서"(시편 69 : 22~23) 이렇게 쓰여 있다. 그들이 우리의 성경을 믿지 않을 때 읽어도 눈이 보이지 않아 그 뜻을 알지 못한 채 읽은 그들의 성경이 그들에게서 이루어졌다. 아마도 시빌(sibyl)이라는 이름으로 전해지는 그리스도에 대한 예언이나, 유대 민족에 속하지 않는 다른 예언이 있다고 한다면 그 예언을 그리스도교인들이 지어낸 거짓이라 말하는 사람이 있을지 모른다. 하지만 우리에게는 원수들이 가진 책에서 인용된 예언만으로도 충분하다. 그들이 같은 성경을 가지고 보존함으로써 우리를 위해서 의지와 다르게 증언한다는 것을 잘 알기 때문이다. 그리스도 교회가 뻗어 나가는 곳마다 민족 사이에 그들이 흩어져 있다는 사실도 그런 증거이다. 그들도 읽는 시편에서 예언자는 이렇게 말했다. "하느님께서 나를 가엾이 여기어 내 앞에 섰다. 하느님은 내 적들 때문에 나타나셨다. 언젠가 제 백성이 잊지 않도록, 저들을 죽이지 마소서, 저희의 방패이신 주여 당신 힘으로 그들을 흩어지게 하소서"(시편 59 : 10~11). 그래서 하느님께서는 교회에 교회의 반대자인 유대들 때문에 그 인자한 은혜를 보이셨다. 사도가 말하듯이 그들의 잘못으로 다른 민족들이 구원받게 되었기(로마 11 : 11) 때문이다. 그러므로 그들이 신의 율법을 잊고 우리가 말하는 것의 증거로 쓸모없어지지 않도록 하느님은 그들을 죽이지 않았다. 그들이 로마에 정복당해 압박받았지만 유대인이라는 사실이 그들에게서 사라지지는 않았다. 그러니 "언젠가 당신의 율법을 잊지 않도록 그들을 죽이지 마옵소서" 이런 말로는 부족했기에 "그들을 흩어지게 하소서" 이렇게 덧붙였다. 만일 그들이 성경의 증언을 가지고 세계 곳곳으로 흩어지지 않고 자기 땅에만 살았다면, 여러 곳에 흩어져 있는 교회들을 많은 민족들 사이에서 그리스도에 대해 먼저 쓰인 예언의 증인으로 삼을 수는 없었을 것이다.

제47장 하느님 나라 시민은 이스라엘 민족 말고도 있다

이스라엘 민족 출신도 아니고 이스라엘 백성들이 성서 정경으로 받아들이지 않은 어떤 이방인이 그리스도에 대해 예언한 것을 기록하여 우리가 그 사실을 알게 되었거나 또는 알게 될 때, 우리는 덧붙여서 인용할 수 있다. 물론 우리에게 그런 인물이 꼭 필요한 것은 아니고 그런 사람이 없을 수도 있지만, 다른 민족에서도 이 비밀에 대한 계시를 받고 이 일을 널리 알리도록 영감을 받은 사람들이 있었다고 믿는 게 마땅하기 때문이다. 그들은 하느님에게서 유대인과 똑같은 은혜를 받았거나 악한 천사들에게서 배웠을 수도 있다. 그리스도께서 세상에 오셨을 때 유대인들은 인정하지 않았지만 악한 천사들은 이미 와 계신 그분이 그리스도임을 알고 있었다(마태 8 : 29 ; 마르 1 : 24 ; 루가 4 : 34).

내가 보기에 유대인들마저 이스라엘의 형이 버림을 받아 이스라엘의 혈통이 시작된 뒤 그 혈통이 아닌 사람은 하느님께 속하지 못한다고 감히 주장하지 못하리라 생각한다. 물론 엄밀한 의미로 하느님의 백성이라 불린 민족은 달리 없었다. 그러나 다른 민족 가운데도 땅 위 인연이 아니라 하늘의 인연으로 참된 이스라엘, 그러니까 하늘 나라 시민인 사람들이 있었음을 유대인들도 부정하지 못한다. 만일 부정한다면 저 거룩하고 놀라운 인물 욥의 일로 쉽게 논박할 수 있다. 욥은 이스라엘 사람으로 태어나지 않았고 개종한 사람, 곧 이스라엘에 새로이 들어온 사람도 아니었다. 에돔의 후손으로 그 땅에서 태어났고 거기에서 죽었지만, 하느님께서는 같은 시대 사람 가운데 그보다 정의롭고 신앙심 깊은 사람은 없다고 칭찬하셨다(욥기 1 : 1, 8 ; 에제 14 : 4~20). 그 연대가 언제인지 연대기에서 찾을 수는 없지만, 그의 공적 때문에 이스라엘 인이 정경 속에 받아들인 그의 책 욥기로 보아 이스라엘 야곱으로부터 3대 뒤의 사람이라 여겨진다. 이것은 하느님의 섭리로 이루어진 일이며, 이 한 인물로 미루어 다른 민족도 하느님을 따르며 하느님의 마음에 들었으며 영적 예루살렘의 시민이 된 사람들이 곳곳에 있음을 나는 알 수 있다. 하지만 이 일은 하느님과 인간 사이에 하나뿐인 중개자로 오셨던 예수 그리스도(1디모 2 : 5)에게 하느님에 대한 계시를 받은 사람 말고는 어느 누구에게도 이 은혜가 허락되었다고 생각해서는 안 된다. 그리스도가 오셨다고 우리가 알고 있듯 옛 성도들에게 그리스도가 사람의 몸으로 오시리라는 것을 예고하셔서 하느님의 나라, 하느님 집으로 가기로 예정된 사람들이 모두 한 믿음으로 인도되기를 바라셨다. 그러나 예수 그리스도를 통한 하느님의 은혜에 대해 유대인이 아닌 다른 사람들의 예언은 그리스도교인들이 꾸며낸 것이라고 생각할 수 있다. 이 문제에 대해서 논쟁하는 사람은 어느 나라 사람이건 제대로 알아들을 수 있도록 잘 설명하고, 그가 지혜로운 사람이라면, 유대인들 성경에 쓰인 그리스도에 대한 예언을 보여주는 방법이 가장 확실하다. 바로 이것을 증언하기 위해 유대인들은 고국에서 쫓겨나 온 세계에 흩어졌다. 그래서 그리스도의 교회는 널리 퍼져 어디에서나 자라나게 된 것이다.

제48장 학개 예언은 그리스도 교회로 이뤄졌다

하느님의 집은 나무와 돌과 금속, 그밖에 다른 귀한 재료들로 지어졌다. 처음 집보다 한결 영광스러운 집이다. 따라서 학개의 예언(하깨 2 : 7)은 성전의 재건으로 이루어지지 않았다. 왜냐하면 신전이 다시 지어지기는 했지만 솔로몬 시대 때 누렸던 찬란한 영광이 있다고 할 수 없기 때문이다. 도리어 앞에서 밝혀졌듯이 그 집의 영광이 빛을 잃었음을 예언자가 사라진 일과 로마인들의 침략으로 이스라엘 백성의 고난이 더 심해진 것을 보면 알 수 있다.[*24] 그러나 새 계약에 속하는 신전은 살아 있는 돌, 즉 믿어서 새로워진 사람들이 세웠기에 더욱더 영광으로 빛난다. 게다가 이 집은 신전의 재건으로 상징된다. 이는 예언자들이 새 계약이라 부르는 제2의 계약을 나타낸다. 그러므로 앞에서 말한 예언자 학개를 통해서 하느님이 "나는 이곳에 평화를 주리라"(하깨 2 : 9) 말씀하셨을 때, "이곳"은 상징적이며 그것으로 상징된 장소를 이해해야 한다. 그리스도 교회가 다시 세워진 장소로 상징되므로 "나는 이곳에 평화를 주리라"는 말은 곧 "내가 이곳이 상징하는 곳에 평화를 주리라" 이런 뜻으로 풀이할 수 있다. 모든 상징적인 것들은 여러 방법으로 자신이 나타내는 것의 역할을 짊어지고 있기 때문이며 예를 들면 사도가 "그 바위는 그리스도였습니다"(1고린 10 : 4) 말했는데, 이렇게 말한 그 바위가 분명 그리스도를 뜻하기 때문이다. 그래서 히브리어 성경에 있듯이 "모든 민족들이 보화를 가지고 오리니"(하깨 2 : 7). 새 계약의 집 영광은 처음 계약의 집보다 더 크며, 이 집이 신께 바쳐지면 그 영광이 더욱 크게 나타난다. 그가 처음 오셨을 때 사람들은 그분을 믿지 않고 자신들이 기대할 분임을 알지 못했기 때문에, 그가 처음 오셨을 때는 아직 모든 사람들이 그에게 기대하지 않았다. 70인 옮긴이들의 예언적 표현을 빌리자면 그때는 아직 "주님이 모든 사람들 가운데 선택한 이가 오리라" 한다.

---

*24 45장.

그때는 선택된 자만이 오며, 그들에 대해서 사도는 "하느님은 세상을 만드시기 전부터 우리를 선택하셨다"(에페 1 : 4) 했다. "부르심을 받은 사람은 많지만 뽑히는 사람은 적다"(마태 22 : 14) 하신 건축자는 부르심을 받고 왔다가 잔치에서 쫓겨난 사람들이 아니라(마태 22 : 11~14) 선택받은 사람들로 지은 집을 우리에게 보여주실 것이며, 이것은 지은 뒤에 결코 무너질 걱정이 없다. 그런데 오늘날은 마당에서 키질해서 골라버려야 할 사람들도 교회에 섞여 있어서, 이 집의 영광은 언제나 그곳에 있을 사람들만으로 지어진 교회의 영광처럼 커다랗게 나타나지는 못한다.

제49장 교회에는 선택받을 사람과 쫓겨날 사람이 섞여 있다

이 악한 세상, 악한 시대에 교회는 현재 낮아짐으로써 미래에 높이 올라갈 준비를 하고 두려움과 고통, 슬픔으로 고민하며 괴로움과 유혹의 위험 속에서 단련되어 진정으로 기뻐할 것은 오직 희망뿐이다. 이 기간 동안 교회에는 버림받은 자들과 선한 자들이 있으며 이들 모두 복음의 그물 안에(마태 13 : 47~50) 모여 있다. 마치 이 세상에서 바닷 속처럼 해변에 이를 때까지 양편 모두 그물 안에서 함께 헤엄치고 있다. 육지로 올라오면 악한 자와 선한 자가 나뉘어져 선한 자들 사이에는 신전 안에서와 같이 "하느님께서 모든 이들에게 있고 모든 것이 된다"(1고린 15 : 28). 거기서 우리는 시편에서 "'제가 알리고 말하려 해도 헤아리기에는 그것들이 너무나 많습니다' 말했다"(시편 40 : 6) 이 말씀이 이제 이루어졌다. 그리스도가 처음에는 선구자 요한의 입으로, 그리고 자신의 입으로 "회개하여라. 하늘 나라에 다가가기 위해서!"(마태 3 : 2 및 4 : 17) 말한 뒤로 이 일은 오늘도 계속된다. 그리스도는 제자들을 뽑아 사도로 삼으셨다(루가 6 : 13). 그들은 신분이 낮아서 명예나 배움이 없었는데, 이것은 그들이 어떤 위대한 사람이 되거나 무슨 훌륭한 일을 하든 간에 하느님이 그들 안에 계시며, 그들을 통해서 그 일을 하셨음을 보여주려는 것이다. 그들 가운데는 악하긴 하지만 자기의 예정된 고난을 실현하며, 악인들이 참고 견디는 모범을 교회에 보이기 위해 고른 제자가 있었다. 그리스도는 육체를 가지고 있는 동안 거룩한 복음의 씨앗을 심은 뒤에, 고난을 받아 죽으시고 부활했다. 자기의 고난으로 우리가 진리를 위해서 무엇을 견뎌야 하는지를 보이며, 부활하셔서 우리가 영원 속에서 무엇을 바라야 하는지도 보여주셨다. 죄의 용서를 위해 그가 흘리신 피 성례의 영원함은 말할 필요도 없다. 그리스도는 땅 위에서 제자들과 40일 동안 지내신 뒤에 그들이 보는 가운데 하늘로 올라가셨고, 10일 뒤에는 약속하신 대로 성령을 보내셨다. 믿는 자들에게 성령이 오셨다는 가장 위대하고 부정할 수 없는 증표는 그들이 모든 민족의 언어로 말했다는 사실이다. 그렇게 해서 여러 민족 사이로 퍼지고 온갖 언어로 말하게 되는 가톨릭 교회의 통일을 나타냈다.

제50장 복음은 온 세상에 전해졌다

"시온에서 가르침이 나오고, 예루살렘에서 주님의 말씀이 나오기 때문이니"(이사 2 : 3) 이 예언과 그리스도에 대한 예언이 이루어졌다. 그리스도는 부활하신 뒤에 그 모습을 보고 놀라는 제자들에게 "성서를 깨닫게 하시려고 그들의 마음을 열어주시며, 성서의 기록에 그리스도는 고난을 받고 죽었다가 사흘 만에 다시 살아난다고 하였다. 그리고 그리스도의 이름으로 회개하면 죄를 용서받는다는 소식이 예루살렘을 비롯하여 모든 민족에게 전파된다고 하였다"(루가 24 : 45~47). 또 제자들이 그의 마지막 오심에 대해 물었을 때에 이렇게 대답하셨다. "그때와 시기는 아버지께서 당신의 권한으로 정하셨으니 너희가 알 바 아니다. 그러나 성령께서 너희에게 내리시면 너희는 힘을 받아 예루살렘과 유다, 사마리아, 그리고 땅 끝에 이르기까지 나의 증인이 될 것이다"(사도 1 : 7~8). 이 예언에 따라 먼저 예루살렘에서 교회가 퍼지고 유대와 사마리아에서 많은 사람들이 믿게 되었다. 그리고 복음을 전할 이들이 다른 민족까지 찾아갔다. 그리스도가 그들의 말로 햇불처럼 준비하시고 성령으로 불을 붙였기 때문이다. 그리스도는 그들에게 "육신은 죽여도 영혼은 죽이지 못하는 사람들을 두려워하지 말라"(마태 10 : 28) 말씀하셨다. 그들은 두려움으로 얼어붙지 않기 위해서 사랑의 불꽃으로 타올랐다. 마지막으로 고난을 겪기 전과 부활 뒤에 그리스도를 보고 들은 제자들뿐만 아니라, 그들이 죽은 뒤에도 후계자들이 무서운 박해와 온갖 종류의 고난과 순교자들 죽음에도 복음은 널리 퍼졌다. 하느님께서는 여러 징조와 권능, 성령의 역사로 이것을 증명했다. 그리하여 다른 민족들은 용서받기 위해 십자가에 달리신 분을 믿게 되었으며, 악마 같은 광기로 흘리게 한 순교자들의 피를 그리스도교적 사랑으로 존경했다. 또 법을 만들어 교회를 말살하려던 왕들도 구원받기 위해 자기들이 잔인무도하게 없애려

했던 그리스도의 이름을 따르며 거짓 신들을 박해하기 시작했다. 거짓 신들 때문에 참된 신에게 올리는 예배가 이제까지 박해받았기 때문이다.

제51장 이단과의 충돌

악령들의 신전에 사람 발길이 끊어지며 사람들이 해방을 가져다주는 중개자(그리스도)에게로 달려가는 것을 보았을 때, 마귀는 이단자들을 부추겨서 그리스도교의 가면을 쓰고 그리스도교에 반대하도록 만들었다. 혼란의 도시가 서로 크게 다르고 반대되는 주장을 하는 철학자들을 무관심하게 버려둔 것처럼, 하느님 나라에서도 이단자들을 꾸짖지 않고 무심하게 버려둘 수 있으리라고 착각한 것이다. 그리하여 어떤 사람들은 이단자가 되는데, 그들은 그리스도의 교회 안에서 불건전하고 속된 의견을 간절히 바라며, 건전하고 바른 의견을 기뻐하도록 꾸짖음을 받으면 도리어 거세게 반항하며, 그 해롭고 치명적인 주장을 고치려 하지 않는다. 하지만 그들의 악함은 교회를 단련시키고 그리스도의 정통적 지체인 사람들에게 도움이 된다. 악인들까지 이용하시는 하느님은 "하느님을 사랑하는 사람들, 즉 하느님의 계획에 따라 부르심을 받은 사람들에게는 모든 것이 함께 작용하여 선을 이루기"(로마 8 : 28) 때문이다. 교회의 적들은 모순된 오류로 눈이 멀고 악으로 타락할지라도 모두 쓸모가 있다. 몸을 해하는 능력이 허락되면 그들은 교회의 인내심을 키우고, 잘못된 의견으로 교회에 반대할 뿐이면 교회의 지혜를 단련한다. 그뿐만 아니라 그들은 원수까지도 사랑하라는 그리스도의 말씀처럼 교회가 행할 수 있도록까지 갈고 닦는다. 교회는 설득력 있는 교리로 그들을 대하며 또는 무서운 징계를 내리더라도 늘 사랑으로 대하도록 한다. 이처럼 불경건한 나라를 다스리는 마귀는 앞잡이들을 모두 모아 이 세상에서의 순례자인 하느님 나라에 맞서지만, 그들에게 해를 가하는 것은 허락되지 않는다. 하느님 나라에서는 이런 일이 번영 속에서는 위로가 되고, 역경 중에도 꺾이지 않게 되며, 번창함으로 부패하는 일이 없도록 하신다. 두 가지 환경이 서로 보충하게 하시며, "제 속에 수많은 걱정들이 쌓여갈 때, 당신의 위로가 제 영혼을 기쁘게 하였습니다"(시편 94 : 19) 이런 말씀의 근원이 여기 있음을 알도록 하신다. 사도 또한 "희망을 가지고 기뻐하며 환난 속에 참으며 꾸준히 기도하십시오"(로마 12 : 12) 말씀하신다.

같은 선생이, "그리스도 예수를 믿고 경건하게 살기를 바라는 사람은 누구나 박해를 받게 될 것입니다"(2디모 3 : 12) 했는데, 이 말이 해당하지 않는 시대도 이을 수 있다고 여겨서는 안 된다. 밖에 있는 사람들이 화를 내며 날뛰지 않고, 그 안이 평온하다는 것은 누구보다 나약한 사람들에게 큰 위로가 된다. 그러나 경건한 생활을 하는 이들에게 마음의 고통을 주는 타락한 악인들이 많으며, 그런 자들 때문에 그리스도교와 가톨릭이 심한 비난을 받는다. 그리스도 안에서 경건하게 살기를 바라며 그리스도교를 사랑하는 마음이 간절한 사람일수록, 교회 안에 있는 악인들이 교회를 사랑하지 못하게 만드는 것을 더욱 슬퍼한다. 이단자들 또한 그리스도인이라는 이름과 성례전과 성경과 신조의 가면을 썼기 때문에, 경건한 사람들의 마음에 크나큰 고통을 준다. 그리스도 교인이 되기를 바라면서도 이단자들의 이야기 때문에 망설이는 사람들도 많다. 더구나 그런 이단자들조차 그리스도인이라 불리기 때문에 그들에게서 그리스도교를 비난할 구실을 얻는 사람도 많다. 그리스도교인들은 비록 신체적으로 천대와 고통을 받는 것은 아니지만, 마음으로 박해받는 것이다. 그래서 "내 속에 슬픔이 많을 때에"라고 하며, "내 몸에" 있다고는 하지 않는다.

하지만 하느님의 약속은 변함없으며, 사도는 "주께서는 당신의 사람들을 아신다"(2디모 2 : 19), "하느님께서는 이미 오래전에 택하신 사람들이 당신의 아들과 같은 모습을 가지도록 미리 정하셨습니다. 그래서 그리스도께서는 많은 형제 가운데 맏아들이 되셨습니다"(로마 8 : 29) 한다. 그러므로 그들 가운데 누구도 멸망하지 않는다. 그래서 "제 속에 수많은 걱정들이 쌓여갈 제 당신의 위로가 제 영혼을 기쁘게 하였습니다"(시편 94 : 19) 하는데, 악인들이나 거짓 그리스도교인들의 이런 행실 때문에 박해를 받는 경건한 사람들의 마음에 생기는 슬픔은 그들에게는 이롭다. 그들의 슬픔은 악인들과 이단자들이 멸망하기를 바라거나 그들의 구원을 방해하려는 것이 아니라, 그들을 걱정하는 사랑에서 오는 것이기 때문이다. 그들이 그릇된 삶에서 벗어나 구원받을 때 경건한 자들은 큰 위안을 받고 영혼에 커다란 기쁨이 넘치게 되지만, 그들이 멸망한다면 얼마나 심한 고통에 시달리게 되는지 모르기 때문이다. 이 악한 세상에서 교회는 이렇게 나그넷길을 가고 있으며, 이 길은 그리스도께서 세상에 머무르셨을 때와 사도들이 있었을 때 시작된 것이 아니라, 불경건한 형에게 죽임 당한 첫 의인 아벨부터 시작해서 이 세계의 종말까지 이어질 것이다. 그날까지 교회는 세상의 박해와 하느님의 위로 사이에서 나그넷길을 갈 것이다.

제52장 그리스도를 반대하는 시대에 일어나는 열한 번째 박해

교회가 이미 받은 열 번의 박해 말고 반그리스도 시대까지 더는 다른 박해가 없으리라고 섣불리 말하거나 믿는 사람들이 있는데, 그들의 생각은 옳지 않다. 그들은 네로 황제가 처음 박해를 가한 것이라고 여기며, 둘째는 도미티아누스(Domitianus) 황제, 셋째는 트라야누스(Traianus) 황제, 넷째는 안토니누스(Antoninus), 다섯째는 세베루스(Severus), 여섯째는 막시미누스(Maximinus), 일곱째는 데키우스(Decius), 여덟째는 발레리아누스(Valerianus), 아홉째는 아우렐리아누스(Aurelianus), 열째는 디오클레티아누스(Diocletianus)와 막시미아누스(Maximianus)가 했다고 한다.

그들은 이집트에서 하느님의 백성이 나오기 시작하기 전에 일어났던 열 개의 재앙과 그 뒤에 탈출한 히브리 백성들이 무사히 홍해를 건너가고 뒤쫓아온 이집트인들이 그곳에서 몰살당한 일을 열한 번째 재앙이라고 본다. 그러나 이집트에서 있었던 이 사건들은 박해에 대한 예언적 상징은 아니라고 나는 생각한다. 그런 생각을 하는 사람들은 교묘한 억지 주장으로 이런저런 재앙들과 박해들을 하나씩 끼워 맞추지만, 그것은 영감으로 얻은 예언이 아니라 인간의 억측일 뿐이다. 인간의 마음은 때로는 진리를 찾기도 하지만 쉽게 잘못된 길로 들어서기도 한다.

도대체 이런 견해를 품은 사람들은 주님이 십자가에 달린 박해에 대해서 뭐라고 할 것인가? 그들은 이 박해를 몇 번째라고 보는가? 교회라는 몸통에 관련된 경우들만을 헤아린다는 생각으로 십자가 사건을 제외하고 교회의 머리가 죽임을 당한 이 박해를 빼놓는다면, 그리스도 승천 뒤에 예루살렘에서 있었던 일들, 즉 스데반이 돌에 맞아죽고, 요한의 형제 야고보가 죽고, 사도 베드로가 감옥에 갇혀 사형당할 처지였다가 천사가 구해 주었고, 형제들이 예루살렘에서 쫓겨 곳곳으로 흩어졌고, 사울—나중에 사도가 된 바울—이 교회를 쳐부수고 다녔으며, 뒷날 그 자신이 자기가 박해한 그 복음을 열심히 퍼뜨리면서 유대와 다른 나라로 가는 곳마다 박해받은 일은 어떻게 설명해야 하는가? 네로에 이르기까지만 보아도 교회가 성장하는 과정에서 겪은 잔인무도한 박해가 너무나도 많아서 모두 이야기하려면 지루할 정도인데, 네로 때부터 헤아리기 시작하는 까닭은 무엇인가? 왕들이 저지른 박해들도 숫자에 넣어야 한다는 사람들이 있다. 주님이 승천하신 뒤에도 헤롯왕은 심한 박해를 가했다(사도

12 : 1~19 참조). 하지만 그 박해 안에 율리아누스(Julianus)가 들어가지 않는 것에 대해서는 뭐라고 이야기할 것인가? 그는 그리스도교인들이 고등교육을 받거나 가르치는 일을 금지함으로써 교회를 박해하지 않았는가? 그 뒤 세 번째 황제였던 발렌티니아누스가 그리스도교 신앙을 고백하고 나섰을 때, 그의 군대 지휘권을 빼앗지 않았는가?

율리아누스가 안디옥에서 저지른 이야기에 대해 한 가지만 말하겠다. 율리아누스는 많은 사람들을 잡아들여 잔혹하게 고문했는데, 그 가운데 참으로 진실하고 확고한 어느 젊은이가 있었다. 그 젊은이는 종일 손톱이 뽑히는 처절한 고문을 당하면서도 여전히 태연하고 유쾌하게 노래를 흥얼거렸다. 이에 율리아누스 황제는 어떤 난관에도 결코 굽히지 않는 그의 정신에 크게 놀라며, 만일 다른 사람들도 계속 괴롭히다가는 자기가 더 큰 수치를 당할 뿐일 것이라고 생각해 지레 겁을 먹었다. 조금 앞서 이야기했지만, 발렌티니아누스의 형제인 발렌스(Valens)는 아리우스(Arius)파가 되었고, 아주 큰 박해로 동방의 정통 교회들을 짓밟지 않았던가? 어떤 나라에서는 왕들에게 박해를 당하고, 또 어떤 곳에서는 박해를 받지 않는 사이에 온 세계에 퍼져 자라나며 열매를 맺었다는 사실을 생각하지 않는다는 것은 큰 실수이리라. 고트족 왕이 고티아에서 가장 잔인하게 그리스도 교인들을 박해했는데, 그곳에는 정통 신앙을 가진 신자들밖에 없었고 그들은 대부분 그로인해 순교했다. 그 무렵 아직 어렸던 형제들은 자신들이 지켜본 광경에 대해 망설임 없이 이야기했고, 우리도 그 이야기를 듣지 않았던가? 페르시아에서 있었던 사건들은 무엇인가? 이제는 그쳤다고 하더라도 그리스도교에 대한 박해가 지나치게 심해서 견디다 못한 사람들이 로마까지 도망치지 않았는가? 이런 일들과 이와 비슷한 일들을 살펴보더라도 나는 교회가 받게 될 박해의 수를 셈할 수는 없다고 생각한다. 교회는 그런 박해들로써 단련받아야 하는 것이다. 마지막 박해가 있을 것을 그 어떤 그리스도교인도 의심하지 않지만, 그 박해 말고 앞으로 왕들에게 박해를 당하리라는 주장도 강력하다. 그러므로 이 문제에 대해서 우리는 무엇이라고 단정짓지 않고, 어느 쪽에도 찬성하거나 반대하지 않는 중간 입장을 취할 것이다. 하지만 어떤 입장을 보이든 분별없는 억지를 부려서는 안될 것이다.

제53장 마지막 박해 시대는 누구에게도 알려지지 않았다

반그리스도가 행할 최후의 박해는 틀림없이 예수께서 몸소 오심으로써 사라지게 하실 것이다. 성경에 "주 예수께서는 다시 오실 때에 당신의 입김으로 그자를 멸하시고 당신 재림의 광채로 그자를 없애버리실 것입니다"(2데살 2∶8) 하기 때문이다. 보통 사람들처럼 그때가 언제인지 묻는 것은 알맞지 않다. 이 일을 아는 것이 우리에게 이롭다면, 제자들이 물었을 때 하느님이신 주 말고 더 잘 대답할 수 있는 이가 있겠는가? 제자들은 이 문제에 대해 주님께 직접 물었다. "주님, 주님께서 이스라엘 왕국을 다시 세워주실 때가 바로 지금입니까?" 그러나 주님은 말씀하신다. "그때와 시기는 아버지께서 당신의 권한으로 결정하셨으니"(사도 1∶6~7). 제자들은 시간이나 날이나 해를 물은 것이 아니라 때를 묻고 그에 따른 답을 받았다. 진리이신 분이 우리에게 이 일을 알 자격이 없다고 말씀하시므로, 세계에 남아 있는 연수를 헤아리며 한정하려는 것은 아무런 도움도 되지 않는 짓이다. 그런데도 주님의 승천과 재림 사이에 400년, 500년, 또 어떤 사람들은 심지어 1000년이 있으리라고 한다. 그러나 이 사람들이 그런 의견을 주장하는 까닭에 그것은 너무 긴 이야기가 될 터이며 또한 필요하지도 않다. 그들은 인간의 생각으로만 짐작하며, 성경의 권위에서 얻은 결정적인 근거는 아무것도 내놓지 못하기 때문이다. 하느님께서 "너희가 알 바 아니다" 말씀하시면서 이 문제에 대해서 손가락으로 셈하는 사람들의 손가락을 쉬게 하신다.

그러나 이 말씀은 어디까지나 복음 구절이기 때문에 거짓 신들을 섬기는 자들이 제멋대로 상상하면서 그리스도교가 얼마나 오랫동안 이어질 운명인가를 알았다며 이야기를 조작하는 것을 막지 못한다. 그들은 자기들이 숭배하는 귀신들이 신탁을 내린 것처럼 꾸며 터무니없는 말들을 만들어낸다. 그러나 아무리 심한 박해도 그리스도교를 멸망시키지 못하고, 도리어 박해 때문에 놀랍도록 성장하는 모습을 보고는 그럴듯한 생각을 해냈다. 어떤 그리스어 시구를 생각해 내어 묻는 사람에게 신이 대답한 말인 듯이 꾸며냈는데, 그들은 그 시구에서 그리스도에게는 이른바 모독 행위에 대한 책임이 없다고 하면서, 베드로가 마술을 부려 365년 동안 예수의 이름이 숭배받도록 만들어 놓았다고 떠들어댔다. 그들은 이 햇수가 다 차면 곧바로 그리스도교가 끝장날 것이라고 주장했다.

오! 박식하다는 인간들의 허황된 마음이여! 그대들은 그리스도를 믿기 싫어하면서도 그에 대해서 이런 말까지 믿는다니, 참으로 놀라운 일이다. 그리스도의 제자였던 베드로가 선생에게서 마술을 배웠다면서 정작 그 선생에게는 허물이 없다니! 그 제자가 엄청난 노고와 위험을 겪으면서 마술을 써서 자기 이름보다 선생 이름이 숭배받도록 만들었다고 해보자. 만일 이 마술가가 그렇게까지 세상이 그리스도를 사랑하게 만든 것이라면, 그 허물없는 그리스도는 무엇을 했기에 베드로가 그를 그토록 사랑한 것인가? 그들은 스스로 대답하며 깨달아야 하리라. 세상이 저 지고한 은혜를 입어 영원한 생명을 얻기 위해 그리스도를 사랑하게 되었고, 또한 같은 은혜를 입었기 때문에 베드로는 그리스도에게서 영생을 받기 위해서 그를 사랑했으며, 또 그를 위해서 이 세상에서 죽음까지 견딘 것이다. 마지막으로 저렇듯 하찮은 신탁을 내리는 그 신이란 자들이, 어째서 베드로라는 한낱 인간 마술사의 범죄적인 마술에 고스란히 당하고 있단 말인가? 그자들이 말하기를, 그리스도교 집회에서는 한 살 난 아이를 죽여 배를 가르며 흉악한 의식을 행한다고 하는데, 그 잘난 자기들의 신들은 어찌하여 그토록 자기들과 원수인 교파가 오랫동안 세력을 하나로 모아 융성하게 내버려둔단 말인가? 그리스도교가 모진 박해와 잔학 행위를 이기고 살아남는 것을 그 신들은 허락하지 않았는가? 그리스도교는 적극적으로 싸운 것이 아니라 소극적으로 저항했을 뿐이지만, 마침내는 신들의 상과 신전과 의식과 신탁들을 모조리 뒤집어 놓지 않았는가? 끝으로 묻거니와 저 신은 도대체 누구인가? 그 신이 우리의 신은 아니다. 갓난 아이를 제물로 바치는 흉악한 짓에 속아 넘어가거나, 충동질 때문에 그리스도교가 번영하도록 도왔다는 신은 그들의 신이다. 시구에 따르면 베드로가 마술을 부려 그리스도교가 이어나갈 햇수를 결정했을 때, 그는 어떤 귀신이 아니라 신을 상대로 했다고 하기 때문이다. 그리스도를 믿지 않는 사람들은 겨우 그따위 것들을 신이라고 믿는 것이다.

제54장 그리스도교 존속에 대한 이교도들의 거짓

어리석은 사람들이 꾸며낸 예언인 줄 모르고 믿던 그해가 지나가지 않았다면, 나도 이런 저런 이야기들을 많이 끌어댔을지도 모른다. 하지만 그리스도의 육체적 현존으로 사도들이 전하는 그리스도의 이름이 경배되기 시작한 때로부터 365년이 이미 지났으므로, 우리가 그것이 거짓말임을 밝히기 위해 다른 증거를 찾을 필요는 없으리라. 그리스도가 태어났을 때나 아직 어렸을 때에는 제자들이 없었으므로, 그리스도의 탄생을 그 기간의 시작으로 볼 수 없다. 제자가 생긴 때부터 그리스도교의 가르침과 종교가 알려졌고, 요단강에서 요한에게 세례를 받으시면서 그것이 드러나기 시작했으므로, 이때가 바로 그 기점이된다. "그가 바다에서 바다에 이르기까지, 이 강에서 저 땅 끝에 이르기까지다스리게 하소서"(시편 72 : 8)라는 예언이 나온 것도 이런 까닭이다.

하지만 그리스도께서 수난을 당하시고 죽은 자들 가운데서 부활하시기 전에는 모든 사람을 위한 믿음이 뚜렷하지 않았다. 신앙은 그가 부활하심으로써명확해진 것이다. 사도 바울은 아테네 사람들 앞에서 이렇게 말했다. "하느님께서는 사람이 무지했던 때에는 눈을 감아주셨지만 이제는 어디에 있는 사람에게나 다 회개할 것을 명령하십니다. 과연 하느님께서는 당신이 택하신 분을 시켜 온 세상을 올바르게 심판하실 날을 정하셨고, 또 그분을 죽은 자들 가운데서 다시 살리심으로써 모든 사람에게 그 증거를 보이셨습니다"(사도 17 : 30~31). 이것은 성령이 주신 때로, 우리들 문제에 대한 답을 찾기 위한 좋은 출발점이 된다. 성령은 그리스도의 부활 뒤에 내린 것이 맞고, 둘째 율법 즉 신약이나온 바로 그 나라에서 내렸다. 처음 율법인 옛 언약은 모세를 통해서 시내산에서 주셨으나, 그리스도를 통해 주실 이 율법에 대해서는 "법은 시온에서 나오고, 주님의 말씀은 예루살렘에서 나오느니"(이사 2 : 3) 이러한 예언이 있었다.그러므로 그리스도의 이름으로 회개하면 죄를 용서받는다는 기쁜 소식이 예루살렘에서 비롯하여 모든 민족에게 전파된다고 하였다(루가 24 : 47). 그리스도가 십자가에 매달렸던 바로 그곳에서 그리스도 이름을 받들기 시작하고 믿게 되었다는 것이다. 그곳에서 빛을 내기 시작한 신앙은 처음에는 엄청난 출발을 보였다. 몇 천 명이 앞을 다투어 그리스도 이름으로 개종하며 가진 재산을팔아 가난한 사람들에게 나누어주었고, 거룩한 결심과 열렬한 사랑으로 너도나도 스스로 가난한 생활을 시작했다. 격노해서 피를 보려고 눈에 불을 켜는유대인들 사이에서 있으면서도 진리를 위한 결사적 투쟁에 나선 것이다. 그들은 무기로 싸운 것이 아니라 더 강력한 인내로 싸웠다. 이 일이 마술로 이루어진 것이 아니라면, 어째서 그들은 믿기를 주저하는가? 비슷한 일이 온 세계 곳곳에서 같은 하느님의 힘으로 이루어질 수 있다는 것을 왜 믿지 않는가?

그러나 만일 베드로가 마술을 걸어, 십자가에 그리스도를 매달고 십자가에 매달린 예수를 조롱한 예루살렘 사람들이 갑자기 큰 떼를 지어 예수의 이름을 경배하게 된 것이라면, 365년이라는 기간의 출발점은 바로 그해에 있을 것이다. 그리스도가 세상을 떠난 것은 두 명의 게미누스(Geminus)가 집정관이었던 해의 4월 25일이다.*25 테르툴리아누스(영어명 터틀리안)와 락탄티우스도 같은 의견을 가지고 있다. 사도들이 직접 보고 증거하였듯이 예수 그리스도는 제3일에 부활하신 뒤 40일을 더 계시다가 승천하셨으며 그로부터 10일 뒤, 부활하신 지 50일 만에 성령을 보내셨다. 그때 사도들의 설교를 듣고 믿은 사람이 3000명이었으며, 그때부터 그리스도에 대한 경배가 시작되었다. 우리는 이 일이 성령의 역사로 시작되었다는 것을 사실에 기대어 믿는다. 그러나 불경건하고 어리석은 사람들은 베드로가 마술을 걸어 사람들이 경배하도록 술수를 썼다고 말한다. 날 때부터 앉은뱅이인 어떤 거지가 있었는데, 사람들이 그를 성전 문 곁에 들어다 놓고 구걸을 시켰다. 얼마 뒤에 사도 베드로가 그에게 예수 그리스도의 이름으로 걸으라고 했더니 거지가 곧 뛰어 일어났다(사도 3 : 1~8). 이 놀라운 기적 뒤에 믿는 자가 더욱더 늘어 신자 수가 5000명이나 되었다. 그해가 시작된 날, 성령을 보내주신 날인 5월 15일부터 그 연한이 시작된 것이다. 이 날로부터 집정관들을 세어보면 365년은 호노리우스와 에우티키아누스가 집정관이던 해의 5월 15일로 끝난다. *26 저자의 계산대로 한다면 29+365= 394년이어야 옳았을 것이다. 그러나 만일 저 귀신들의 말이나 사람들이 지어낸 말대로 되었다면, 그리스도교가 전혀 남아 있지 않았을 터인데, 그 다음해인 마리우스 데오도루스(Mallius Theodorus)가 집정관이던 해에는 아프리카에서 가장 이름난 도시인 카르타고에서 호노리우스 황제의 두 고관인 가우덴티우스(Gaudentius)와 요비우스(Jovius)가 3월 18일에 거짓 신들의 신전과 신상들을 무너뜨려 버렸다. 다른 곳에서 있었던 일들에 대해서는 자세히 조사할 필요가 없다.

그때부터 오늘까지 약 30년 동안에*27 그리스도 이름을 받드는 자가 얼마

---

*25 기원후 29년을 말한다.
*26 기원후 398년.
*27 앞에서 말한 399년부터 약 30년이라면 429년 전후가 되는데, 아우구스티누스는 이 18권을 쓴 뒤에도 제19권부터 제22권까지를 마쳤고, 그 밖에도 여러 논문과 편지를 썼으므로, 430

나 더 늘었는지를 모르는 사람이 있겠는가? 더구나 전에는 신탁이라 하는 말을 믿고서 믿음에 들어오지 못하다가, 그 햇수가 지나가 버리자 그 예언이 어리석고 우스운 것임을 알고 그리스도교인이 된 사람들이 얼마나 많은가? 그러므로 우리 그리스도교인들은 베드로를 믿는 것이 아니라 베드로가 믿은 분을 믿는 것이며, 베드로의 마술에 중독된 것이 아니라 그리스도에 대한 그의 설교에 감화받은 것이다. 또한 그의 마술에 속은 것이 아니라 그의 호의에서 도움을 받은 것이다. 영원한 생명의 길로 이끌어 주시는 그리스도는 베드로를 가르치셨을 뿐만 아니라 우리의 스승이기도 하다.

마침내 이 권을 끝낼 때가 되었다. 여기서 우리는 죽어 없어질 인생 여정에서의 두 나라, 즉 하느님 나라와 지상 나라가 처음부터 끝까지 이 세상에서 서로 연결되어 이어진다는 사실을 충분할 만큼 증거를 대어 이야기했다. 그 가운데서 지상 나라는 하다못해 사람조차도 거짓 신으로 만들어 제물을 드리면서 섬겼다. 이와 달리 하느님 나라는 지상의 순례자로서 거짓 신들을 만들지 않는다. 그 나라는 참 하느님으로부터 생겨났을 뿐 아니라, 그 자체로 참다운 제물이 되어 하느님께 올려졌다. 두 나라 모두 이 세상에서는 복도 누리고 화도 입지만 저마다 믿음이 다르고 소망도 다르며 사랑 또한 다르다. 그리고 마지막 심판의 날에 이르러 갈라져 저마다 다른 결말을 맞을 터인데, 거기에는 끝이 없으리라. 다음 책에서는 두 나라의 마지막을 다루게 될 것이다.

년 8월 28일 죽기까지 짧은 시간 동안 그렇게 많은 일을 했을 리 없다. 그뿐 아니라 그는 늘그막에 건강도 나빴고, 외적의 침입으로 세상도 시끄러웠다. 그는 적군에게 포위당하여 히포에서 죽었다. 학계 여론으로는 제18권을 425년에 쓰고, 제22권까지 마친 것은 427년이었으리라고 본다.

제19권

가장 높은 선에 대한 철학자들의 견해. 하늘 나라에는 어떤 평화와 행복이 있는지, 또 그리스도교 사람들은 이 비참한 현실에서 어떤 상태로 있는가. 나아가 앞으로 닥쳐올 세상에게 어떠한 보답을 받을 것인가.

제1장 바로는 가장 높은 선에 대해서 다른 288개 학파가 있다고 말했다

지상과 하늘 나라 두 세계가 보여 줄 앞날을 설명해야 하므로 나는 먼저 허락되는 범위 안에서 죽을 운명인 사람들이 이 불행한 세상에서 스스로 행복을 얻으려는 노력에 대한 그들의 주장을 이야기하겠다. 그 설명으로 철학자들의 공허한 행복이 하느님이 우리에게 주시는 희망과 언젠가 주실 그 희망이 어떻게 다른가를 밝히고자 한다. 하느님의 권위와 불신자들을 위해 분명히 하고자 하는 것이다. 철학자들은 여러 선악의 종말에 대해서 수없이 다른 의견을 내놓았으며, 온갖 방법으로 서로 논하였고 그 문제를 열심히 연구하여 가능하면 사람을 행복하게 이끄는 요인을 찾고자 했다.

우리에게 이로운 선(善)의 끝은 그것을 위하여 다른 것을 원해야 하는 것이며, 그것은 나 자신을 위해 원하는 것이다. 그리고 우리에게 유해한 악(惡)의 끝은 그것 때문에 다른 것을 피해야 하는 것이지만 나 자신을 위해 피해야 한다. 따라서 선의 끝은 선이 소모되어 사라진다는 뜻이 아니라 선이 완성되어 충실해지는 것을 뜻한다. 그리고 악의 끝은 악을 사라지게 하는 것이 아니라 악을 끊임없이 해치는 것이다. 따라서 이 두 끝은 최고선과 최고악이 되는 것이다. 내가 설명한 대로 이 공허한 인생에서 지혜를 탐구한 사람들은 세상을 살면서 최고선과 최고악을 찾아내려고 무던히 애를 썼다. 그들은 뜻하지 않게 여러 잘못을 저질렀지만, 타고난 통찰력으로 진리에서 멀리 떨어지지 않고 최고선과 악을 영혼과 신체에 두었으며 또는 서로에 두었다. 철학의 이 세 분파를 출발점으로 삼아서 마르쿠스 바로는 저작 《철학에 대하여》*¹에서 무척이나 다른 견해를 얻어냈다. 그는 288개 학파를 구별했는데, 이것은 실제로 있는 학파가 아니라 있을 수 있다고 추정되는 학파의 수이다.

마르쿠스 바로가 의미하는 내용을 간단히 설명하기 위하여 먼저 그의 유명한 저서 글을 소개하겠다. 사람들이 자연스럽게 바라는 것은 네 가지라 한다. 이는 교사 없이, 어떤 교육의 도움 없이, 의식적 노력이나 생활 기술 없이, 처세술(덕행)*²을 모르고도 원하게 된다고 한다. 우리 신체 감각을 기분 좋게 자극하는 쾌감, 우리 몸에 어떤 불편도 없다는 의미의 평안, 또는 이 두 가지를 결합한 것으로 에피쿠로스(14권 2장 참조)가 쾌락이라고 부른 것, 그리고 본성이 보이는 기본적 요구,*³ 다시 말해 이미 언급한 것 말고도 신체의 건강, 안전, 완전한 지체, 그리고 인간으로서 갖추게 되는 정신적 능력들이 합쳐진 본성의 근본적 선이다. 그런데 이 네 가지, 곧 쾌감과 평안, 쾌락과 본성이라는 근본적 선은, 이것들을 위해 우리가 배워 얻은 덕성을 원하는가, 또는 덕성을 위해 원하는가. 아니면 이것들과 덕성을 다 그 자체 때문에 원하는가 하는 차이가 있다. 따라서 이 네 가지가 저마다 세 배가 되어 모두 열두 학파가 된다.

그 가운데 한 가지를 예로 들어 설명하면 다른 것들도 쉽게 이해될 것이다. 신체적 쾌락을 덕성 아래에 두는가 위에 두는가, 그렇지 않으면 덕성과 결합하는가 결합하지 않는가에 따라서 세 개의 다른 학파가 생긴다. 신체적 쾌락이 덕을 위해 쓰일 때에는 덕성 아래에 두게 된다. 따라서 나라를 위해 살거나 나라를 위해 자녀를 낳는 것은 덕성의 의무이기도 하지만 둘 다 쾌락 없이는 할 수 없다. 먹고 마시는 것과 성교에는 쾌락이 따르기 때문이다. 그러나 쾌락을 덕성보다 더 중요시할 때에는 그 자체로 말미암아 쾌락을 원하고, 덕성은 쾌락에 도움이 되므로 택하게 되는 것뿐이다. 곧 덕성이란 신체적 쾌락을 얻거나 유지하기 위해서만 선택되고 그 밖에는 다른 목적이 없다면 인생은 참으로 추악할 것이다. 덕성이 쾌락의 노예가 될 때는 그것을 덕성이라고 할 가치조차 없기

---

*1 지금은 이 책이 남아 있지 않다.
*2 덕성을 가르칠 수 있느냐 하는 문제는 고대 철학자들이 많이 논한 주제이다. 아리스토텔레스 《니코마코스 윤리학》 2, 1, 3 참조.
*3 스토아 철학에서 말한 ta prota kata phusin(본성의 근본되는 것들). 키케로 《최고선과 최고악에 대하여》 2~3 참조.

때문이다. 그런데 이런 부끄러운 행동까지도 버젓이 지지하며 옹호하려 드는 철학자들이 있다.

다음에 쾌락과 덕을 결합한다는 것은 무엇일까. 어느 한쪽이 다른 쪽을 위해 원하는 것이 아니라 두 쪽 모두 그 자체를 위할 때 쾌락은 덕성과 결합한다. 그러므로 쾌락을 덕성 아래에 놓거나 위에 놓거나 또는 덕성과 결합함에 따라서 세 학파가 생긴다. 이처럼 평안과 쾌락과 평안의 결합 그리고 본성의 기본적 선들도 저마다 세 학파를 형성한다. 사람들 의견이 서로 다름에 따라, 이 네 가지는 그 하나하나를 덕성에 종속시키는 때도 있고, 그 우위에 두는 때도 있으며, 덕성과 결합하는 때도 있기 때문에 열두 학파가 생기는 것이다. 그러나 여기에 한 가지 차이점인 사회생활이 더해지므로 이 수가 두 배로 늘어난다. 이 열두 학파 가운데 어느 학파 하나에 속하는 사람은 자기 자신을 위해 그렇게 할 수도 있고, 친구를 위해 속할 수도 있기 때문이다. 그래서 자신만을 위하여 각자의 견해를 주장해야 한다고 생각하는 사람이 열두 학파가 있으며, 뿐만 아니라 다른 열두 명은 어느 한 철학 사상을 따르기로 결정할 때에, 자신만을 위해 따르는 것이 아니라 그 사람의 선을 자신의 선과 같이 바라는 다른 사람들을 위해서도 그 사상을 따라야 한다고 생각할 것이다. 이 24학파는 신(新)아카데미학파에서 얻은 차이점을 덧붙임으로써 두 배로 불어 48학파가 된다.

이 24학파는 저마다 자기 견해를 확신하고 옹호할 수 있다. 스토아학파가 인간을 행복하게 하는 선은 오직 덕성뿐이라는 자기 입장을 지킬 때의 태도와 같다 변호할 수 있지만 그렇지 않으면 신아카데미학파와 같이, 자신의 견해를 그럴 듯한 것이라고 말하면서도 틀림없는 것이라 생각되는 것을 변화하는 것처럼 불확실한 것으로써 유지하고 주장할 수 있기 때문이다(4권 30장 참조). 그러므로 자신의 철학을 확실한 것으로 진리를 위해 따라야 한다 주장하는 학파가 24개이며, 다른 24개 학파는 자신의 견해를 확실하지는 않지만 진실을 위해 이것을 따라야 한다 주장한다. 또 이 학파들 가운데 어느 하나에 가입하는 사람이 견유학파(14권 20장 참조)와 같은 생활 방식을 취하고, 다른 철학자들과 같은 생활을 영위하므로 이 차이점으로 학파 수가 2배로 늘어 96개에 이른다.

게다가 사람들은 이 학파를 저마다 다른 방법으로 따르며 옹호할 수 있기 때문에 자기가 원해 연구 생활에 파묻힐 수 있고, 한가한 생활을 좋아하는 사람들도 마찬가지이다. 또는 철학을 연구하면서도 국가나 사회 일에 몰두하는 사람들처럼 매우 바쁜 생활을 사랑할 수도 있다. 그렇지 않으면 혼합된 생활 방식을 사랑하여 한적한 연구 생활과 바쁜 일에 시간을 나눌 수도 있다. 이런 구별로 학파수가 3배로 늘어 288개까지 이르게 된다.

이처럼 바로가 그의 저서에서 밝힌 의견을, 나는 내 자신의 말로 바꾸어 될 수 있는 대로 짧고 뚜렷하게 인용했다. 하지만 바로는 옛 아카데미학파 곧 플라톤이 세우고 그 학파의 제4대 스승이었던 아카데미아 학장 폴레모(Polemo)까지, 자신들의 확실한 견해를 가졌던 이 학파만을 취하고, 그 밖의 다른 학파는 논박한다. 이 점을 바탕으로 삼아, 폴레모의 후계자 아르케실라우스로부터 시작한 학파인, 모든 것은 불확실하다고 주장한 신(新)아카데미학파를 구별한다. 그리고 구아카데미학파에는 의심과 함께 잘못으로부터 피하고 있다 생각하는 것일까. 이를 자세히 설명하자면 길어지지만 그렇다고 해서 그냥 지나칠 수도 없다.

그는 다음으로 학파의 수를 늘린 차이점들을 없앤다. 그 까닭은 그것들 안에는 최고선이 없기 때문이다. 철학에서는 최고 선악에 대해 여느 학파들과 다른 독자적인 견해를 가져야만 학파는 가치가 있다 주장한다. 사람이 철학하는 것은 행복해지기 위함 말고는 다른 이유가 없다. 우리를 행복하게 만드는 것은 곧 최고선이기 때문이다. 달리 말하면 최고선이야말로 철학을 생각하는 근거가 된다. 그러므로 최고선을 좇지 않다면 학파라고 부를 수가 없다. 그래서 지혜로운 사람은 사회 생활에 대해, 자기의 최고선뿐 아니라 친구의 최고선에 대해서도 관심을 가진다. 그리하여 그것을 바라는가 그렇지 않으면 그와 반대로 이 모든 일을 자기만을 위해서 하는가 하고 묻는다. 여기에는 최고선에 대한 질문은 없고 지혜로운 이가 자신을 위해서가 아닌 친구를 위해 마치 자신의 선을 기뻐하듯이 친구의 선을 기뻐하기 위해 최고선에 참여하는데 친구와 함께 하는 것이 타당한가 또는 함께 하지 않는 것이 타당한가 하는 문제가 있을 뿐이다. 이와 마찬가지로 철학이 관심을 갖는 모든 것을 그렇게 주장한 신아카데미학파와 같이 불확실하다고 취급할 것인가, 아니면 다른 철학자들이 주장하듯이 확실하다 볼 것인가 하는 문제가 떠오른다. 최고선에 있어서 어떤 목적을 추구할 것인가 하는 것이 아니라 추구에 가치가 있다고 보이는 최고선의 진리가 실재한다고 믿을 것인가. 또는 실재하지 않는다 믿을 것인가 하는 문제가 된다.

더 뚜렷하게 말하면, 최고선을 추구하는 사람이 이것은 진실이라 말한 방법으로 좇을 것인가, 또는 거짓일지 모르지만 다른 사람 생각에는 진정성이 있다고 여겨지게끔 말하는 방법으로 좇을 것인가. 이 두 경우는 똑같은 선을 추구하는 것이 된다.

견유학파의 의복이나 관습에 근거를 두는 차이점도 무엇이 최고선인가의 문제가 아니라, 자기가 진정한 선이라고 생각해 따르는 사람이 견유학파처럼 살아도 좋은가 아닌가일 뿐이다. 최고선이라 생각해 쾌락을 택하며 또는 덕성을 택하는 식으로 서로 다른 것들을 좇는 사람들이 견유학파처럼 생활을 한 적이 있다. 따라서 다른 철학자들과 구별되는 견유학파의 특징이 무엇이든, 사람을 행복하게 만들어 주는 것을 골라 얻기 위해서는 아무 관계가 없다. 만일 어떤 관계가 있다면 같은 생활 습관끼리는 필연적으로 같은 목적을 따르도록 강요할 것이며, 다른 습관은 반드시 다른 목적들을 구하도록 만들 것이다.

제2장 바로는 어떻게 288학파를 3학파로 바꾸었는가

세 삶이 존재한다. 부지런히 진리를 인식하고 탐구하는 한가한 생활, 사회 일로 매우 바쁜 생활, 그리고 이 두 가지를 뒤섞은 생활이다. 어느 생활 방식을 먼저 택할 것인가 문제는 최고선에 대한 논쟁을 품고 있는 것이 아니다. 이 세 가지 생활 방식 가운데 어느 것이 최고선을 따르고 지키기 위해, 가장 유리한 위치에 두느냐 논의하는 것이다. 사람은 누구나 이 최고선에 이르면 곧 행복해진다. 하지만 한가한 연구나 공적 사업, 이 두 가지 모두에 관여한다고 반드시 행복해지는 것은 아니다. 사실 이런 생활 방식 가운데 이렇게 저렇게 살아도 끝내 최고선을 얻지 못할 수도 있다. 이 점을 많은 사람이 깨닫게 된다.

그러므로 최고선악의 궁극적인 문제는 여러 학파들을 만들어 내지만, 사회 생활이나 아카데미학파의 회의, 견유학파의 의복과 생활법 등 세 가지 생활 방식 곧 명상생활과 활동생활 그리고 혼합생활들에 대한 문제는 서로 성질이 다르다. 후자들은 최고선악의 문제에는 관계하지 않는다. 따라서 마르쿠스 바로는 사회생활, 신 아카데미학파, 견유학파, 그리고 세 가지 생활 방식이라는 양식에 맞추어서 학파들을 가르다보니 학파의 숫자를 288개로 늘릴 수 있었던 것이다. 게다가 필요한 경우라면 같은 방법으로 다른 학파를 더할 수도 있었다. 이런 차이점들은 최고선과는 관계가 없다. 따라서 학파라고 할 만한 것을 만들지 못한다는 이유로 이를 크게 없앤다. 그럼으로써 무엇이 사람을 행복하게 만드는 선인가 이런 연구를 하는 12학파로 되돌아오게 된다. 또 이 가운데서 한 학파만이 옳고 다른 것들은 거짓이라 밝힌다. 달리 말하면 그는 세 가지 생활 방식을 바탕으로 하는 구별을 제외함으로써 전체 숫자의 3분의 1인 96학파로 줄인다. 그 다음에 견유학파의 특징을 없앰으로써 절반인 48학파로 줄인다. 그리고 신아카데미학파에 의해 생긴 차이를 빼버리면 숫자는 다시 반으로 줄어 24학파만 남는다. 이같은 식으로 사회생활에 대한 고려를 없애면 그 절반인 12학파가 남는 것이다.

이 12학파에 대해서는 학파로서 성립이 되지 않는다는 이유를 댈 수가 없다. 왜냐하면 그들은 최고선악의 목적만을 연구하기 때문이다. 그런데 최고선이 나오면 최고악도 나타난다. 한편 이 12학파를 만들기 위해서는 쾌락·평안, 이 두 가지를 결합한 것, 그리고 본성의 근원적 요구가 세 곱이 될 때 가능하다. 이 마지막 것을 바로는 프리미게니아(primigenia)라 불렀다. 이 네 가지를 어떤 때에는 덕성 아래에 두고, 그 자체 때문에 원하는 것이 아니라 덕성에 도움이 되기 위해 바라는 것 같다. 또 어떤 때에는 덕성보다 우위에 두어, 덕성은 그 자체 때문에 필요한 것이 아니라, 이것들을 얻기 위해 필요한 것처럼 보인다. 그리고 어떤 때에는 그것들과 덕성을 결합하여, 양쪽 모두 그 자체 때문에 바라게 된다. 그러므로 넷을 셋으로 곱하여 12학파를 얻는다.

하지만 바로는 이 네 가지 가운데 셋, 곧 쾌락과 평안과 이를 결합한 것을 제거한다. 이것들을 부정하는 것이 아니라 본성의 프리미게니아에 쾌락과 평안이 포함되어 있기 때문이라 한다. 쾌락과 평안이라는 두 가지를 처음에는 각각 저마다 원하고 하나가 그 둘을 함께 원하는 경우라면 둘을 셋으로 만드는 것은 무슨 필요에서일까? 그것들과 그 밖의 여러 가지가 본성의 근원적 선에 담겨 있기 때문이다. 그렇다면 나머지 세 학파 가운데에서 어느 것을 먼저 택해야 할 것인가? 이 문제에 대해 바로는 자세히 설명한다. 이 셋 가운데 하나를 택하거나 또는 다른 그 어떤 것을 고르거나 하나 이상이 진리라고 하는 주장은 이성이 허용하지 않는다. 그러나 무엇보다 앞서 바로가 어떻게 이 세 학파 가운데 하나를 선택하는지 될 수 있는 대로 짤막하게 설명하겠다. 세 학파가 이루어지는 것은 덕성을 위해 본성의 근원적 선을 원해야 한다는 학파, 반대로 그것들 때문에 덕성을 원해야 한다는 학파, 즉 덕성과 요구는 저마다 그 자신을 위해 원해야 한다는 간절한 바람에 따라 이루어진다.

제3장 최고선에 대한 바로의 견해

이들 세 가지 학파 가운데 어느 것이 진실이고 또 어느 것을 따라야 하는 것인지에 대해 바로는 다음처럼 설명하려 노력했다. 철학이 탐구하는 최고선은 나무나 짐승이나 어떤 신이 아니라 사람을 위한 최고선이므로, 먼저 사람이 무엇인지 알아야 한다고 생각한다. 인간의 본성에는 두 가지, 즉 신체와 영혼이 있다고 한다. 이 두 부분 가운데 영혼이 더 나은 부분이고 한결 더 중요한 부분이라는 것을 바로는 조금도 의심하지 않는다. 그렇다면 영혼만이 사람인가? 그래서 신체와 영혼의 관계는 말과 마부의 관계와 같은 것인가 하는 문제는 밝혀야 될 것이라고 그는 생각한다. 마부는 말과 사람이 아니라 사람일 뿐이다. 따라서 그 사람이 기수로 불리는 것은 말에 대한 어떤 의미 관계가 있기 때문이다. 그렇다면 신체만이 사람인가? 그리고 몸과 영혼의 관계는 물과 컵의 관계와 같은 것일까? 물컵이라 부르는 물건은 물과 컵이 아니라 오로지 컵일 뿐이지만 물을 담기 때문에 물컵이라고 한다. 그렇다면 사람은 영혼만도 아니고 신체만도 아닌 영혼과 몸이 합한 것으로, 영혼과 신체는 각각 그 한 부분이고 그것들을 합한 전체가 사람이란 말인가? 마치 두 개의 머리를 가진 말은 서로 관련되어 있기 때문에 하나로 보고 머리는 저마다 한 부분으로 보는 것과 같다.

마르쿠스 바로는 이 세 가지 생각 가운데에서 셋째 것, 즉 사람은 몸만도 아니요 영혼만도 아닌, 영혼과 몸이 동시에 인간이라 인정했다. 따라서 사람을 행복하게 만드는 최고선은 영혼의 선과 육체의 선으로 이루어진다고 주장했다. 그러므로 본성의 근원적 선은 그 자신을 위해 구하는 것이며 덕성도 마찬가지라고 한다. 교육에 의해 삶의 기술처럼 심어주는 이 덕성이야말로 영적인 선 가운데 가장 뛰어난 선이며 덕 또한 그래야 한다고 생각한다. 즉 덕은 생활을 인도하는 기술이 본성의 근원적 선을 받아들일 때는 모든 선을 자신을 위해 원하고 동시에 그런 자신도 원한다. 근원적 선은 덕성이 없어도 존재하는데, 교육을 받기도 전에 있었다. 그래서 덕은 모든 선을 동시에 그 자체를 가지지만 그것은 모든 선을 저마다 서로 크거나 작거나 반응하여 크기에 상관없이 기뻐하고 받아들여 누리려는 목적을 위해서이다. 게다가 필요에 따라 더 커다란 선을 얻거나 보존하려고 할 때에는 비교적 작은 선을 외면하게 된다. 보다 작은 선을 가볍게 여기는 것이다.

그런데 영적이거나 신체적 선 가운데에서 덕성과 비교할 만한 것은 하나도 없다. 덕성은 사람을 행복하게 하는 다른 모든 선과 그 자체의 선을 잘 사용하기 때문이다. 하지만 덕성이 없는 곳에서는 사람이 제아무리 많은 선을 가졌다 하더라도 그것들은 그에게 어떤 도움도 되지 않는다. 사람이 악용하여 무익하게 만드는 것은 선이라고 부를 수 없다. 그러므로 덕성과 다른 여러 영적·신체적 선들과—즉 그것이 없으면 덕성이 불가능한 선들—덕성을 즐기는 사람의 생활이 행복한 것이다. 인간의 삶이 덕성이 있는 다른 선들까지도 조금 또는 많이 즐길 수 있으면 그 생활은 더 행복하다고 말할 수 있다. 또 신체와 영혼에 속한 선이 하나라도 있으면 그 생활은 가장 행복하다고 할 수 있다. 물론 생활과 덕성은 똑같지 않다. 모든 생활이 아니라 지혜롭게 조절된 생활만이 덕성이다. 덕성이 없는 삶은 있을 수 있으나 삶이 없는 덕성은 있을 수 없다. 이 점은 우리 인간의 안에 있다면 기억과 이성과 그 밖의 어떤 것에도 적용할 수 있다. 이런 능력들은 교육받기 전부터 이미 있었으며 이것들이 없으면 교육의 덕이 이루어질 수 없다. 따라서 배운다고 해서 얻어지는 덕성도 있을 수 없다. 그러나 신체적 장점, 예를 들면 잘 달린다든가, 아름답다든가, 힘이 세다든가 하는 것은, 덕성을 위해 본질적·필수적인 것이 아니며, 이들을 위해서도 필수적인 것이 아니다. 그러나 이것들은 선한 것이므로 철학자들은 이런 선들도 그 자체를 위해 덕성이 원하는 대로 알맞은 방법으로 사용하며 즐긴다고 생각한다.

행복한 생활은 또한 사회적인 것이어서 친구들의 선을 자기 선처럼 사랑하며, 자신이 바라는 것을 친구들을 위해서도 원한다고 철학자들은 말한다. 친구는 아내와 아이들, 그 밖의 가족의 한 사람처럼 가족 안에 있는 사람을 의미한다면, 같은 도시 시민들처럼 자기 집이 있는 곳에 살고 있다면 또는 사해동포의 인연으로 묶여진 민족처럼 전 세계에 살고 있거나 하늘과 땅을 포함한 온 우주에 있는 존재들, 예컨대 이른바 현자들의 친구라는 신들과 그리스도인들이 가까이 하고 싶어 하는 천사들이 있는 곳에 살고 있어도 말이다. 그뿐 아니라 최고선과 최고악에 대해서는 의심할 여지가 없다. 따라서 그들은 신아카데미학파와 다르다고 믿는다. 그리고 그들이 참되다고 생각하는 목표를 추구하는 철학자라면, 그가 견유학파의 의복과 생활 방식을 취하거나 아니면 다른 방식을 취하거나, 이런 일에는 모두 상관하지 않는다.

마지막으로 명상적·활동적·혼합적인 세 가지 생활 방식 가운데 그들은 세 번째 것이 좋다고 말한다. 바로는 앞서 설명한 것들이 구아카데미학파의 견해와 학설이었다고, 키케로와 자신의 스승인 안티오쿠스*4의 권위를 빌려 증언한다. 하지만 키케로는 안티오쿠스가 구아카데미학파보다 스토아학파를 따랐다 주장한다. 하지만 그것은 우리에게 그리 중요치 않다. 우리는 문제 자체의 가치에 따라 판단할 뿐, 사람마다 그에 대한 생각이 어땠는지 정확히 알려하는 것이 아니다.

제4장 이 비참한 삶 속에서는 누구도 최고선을 찾을 수 없다

하늘 나라는 이런 점들에 대해 어떻게 답할 것인가, 만일 최고선과 최고악에 대한 견해를 묻는다면 영원한 생명이야말로 최고선이요 영원한 죽음이야말로 최고악이라 말하리라. 그러므로 전자를 얻고 후자를 피하기 위해 우리는 올바르게 살아야 한다. 따라서 "의로운 사람은 그의 신실함으로써 살리라"(하바 2 : 4)에 기록되어 있다. 왜냐하면 우리는 아직 우리의 선을 보지 못하므로 따라서 그것을 믿고 바라며 살아야 하기 때문이다. 바르게 살 힘이 없는 우리는 우리에게 그의 믿음을 주신 분이 믿고 기도하는 우리를 도와 주셔야만 바르게 살 수 있다. 그런데 최고선과 최고악을 이 현재의 삶에서 얻을 수 있다고 여기는 사람들, 그리고 그것을 영혼이나 육체 또는 양쪽 모두에 둔 사람들—더 분명히 말하면 쾌감이나 덕성 또는 그 양쪽에 둔 사람들, 평안이나 덕성 그리고 양쪽, 본성의 근원적 요구나 덕성 그리고 그 양쪽에 둔 사람들—은 모두 놀라울 만큼 자만하고서 행복을 이곳의 삶에서 그리고 자기 힘으로 얻어 보려 한다. 진리 자체이신 분이 예언자를 시켜서 이런 생각에 대한 멸시를 말씀하신 바가 있다. "여호와는 사람의 생각을 다 아시고 그것이 바람결 같음도 알고 계시다"(시편 94 : 11). 사도 바울이 인용한 대로는 "지혜롭다는 자들의 생각"(1고린 3 : 20)이라 하셨다.

얼마나 많은 웅변을 해야만 이승의 불행한 일들을 충분히 설명할 수 있겠

---

*4 기원전 130(120)무렵~기원전 68 무렵. 그리스 철학자.

는가? 키케로는 딸이 죽었을 때 온힘을 다해 애도의 정을 표했지만, 그의 능력으로도 만족할 수 없지 않았던가? 현세에 언제 어디서 또 어떻게 본성의 근원적 선이 예상치 않은 상황에 닥치더라도 흔들림 없이 지킬 수 있겠는가? 지혜로운 사람의 신체는 쾌감을 쫓아버리는 고통이나 평안을 추방하는 불안을 받지 않게 되어 있는가? 손발이 손상을 입거나 쇠약해지면 그 안전성은 사라지고 아름다움 대신에 추함이, 건강 대신에 병약함이, 기운 대신에 피로가, 활동력 대신에 나태함이 찾아오는 것이니, 지혜로운 이의 육신이라 하여 이 가운데 어느 것의 습격에서 벗어날 수 있겠는가? 몸의 자세나 동작이 아름답고 알맞은 것은 본성의 근원적 선의 하나라고 한다. 하지만 사람은 병으로 말미암아 손발을 떨 수도 있지 않은가? 만일 등이 굽어서 손이 땅에 닿아 네발짐승처럼 된다면 어찌한단 말인가? 그런 사람은 자세는 물론 움직이거나 운동할 때 신체의 아름다움이 없지 않은가?

영혼의 근본적 축복인 감각과 지성에 대해서는 무엇이라고 해야 하는가? 감각과 지성은 진리 파악과 이해를 얻는다. 그렇다면 사람의 귀나 눈이 어두워지면 어떤 감각이 남을 것이며, 병으로 헛소리를 하는 사람의 이성과 지성은 어디로 사라졌단 말인가? 정신착란에 빠진 사람의 행동을 보거나 말을 듣고 있을 때에 우리는 눈물을 금할 수 없다. 그들의 행동은 정상적인 판단과 행동과는 크게 다르다. 악마 들린 사람에 대해서는 어떻게 말해야 좋은가? 악마가 제 마음대로 그들의 몸과 영혼을 이용할 때에 그들의 지성은 어디에 숨어 있는가? 지혜로운 이라고 하여 이승에서 이런 일을 당하지 않으리라 누가 보장할 수 있는가? 지혜서에 "썩어 없어질 육체는 영혼을 무겁게 내리누르고 이 세상살이는 온갖 걱정을 일으키게 하여 사람의 마음을 무겁게 만듭니다"(지혜 9 : 15)를 읽을 때, 이 육체는 어떠한, 어느 만큼의 진리의 지각을 가지는가. 그리스어 호르메의 뜻이 행동하려는 충동 또는 욕구라면, 이 또한 본성의 근원적 선으로 보지만, 감각이 착란하고 이성이 마비된 미친 사람의 비참한 움직임이나 행동은 모두 이런 충동과 욕구에서 비롯되는 것이 아닌가?

끝으로 덕성은 본성의 근원적 선은 아니다. 왜냐하면 학습한 교육으로 인도되며 인간의 선들 가운데 가장 높은 자리를 차지한다고 한다. 하지만 이 세상의 덕은 악덕과 끊임없이 싸우는 것, 그것도 우리의 외부에 있는 악덕이 아니라 내부에 있는 악덕이고, 다른 사람의 악덕이 아니라 우리 자신의 악덕과 싸우는 것이다. 이 싸우는 덕성을 그리스인들은 소프로수네라 하고 라틴어로는 템페란티아(절제)라고 한다. 이 덕은 육신의 정욕을 억눌러 사악한 행동에 부추김 받지 않도록 막아 준다. 우리 안에 죄악이 없다고 멋대로 상상해서는 안 된다.

사도가 말씀하듯이 이 악덕에 반대되는 덕성이 있다. "이들이 서로 적대함으로 너희의 원하는 것을 하지 못하게 하려 함이라" 하신 사도 말씀이 바로 그것이다. 우리가 최고선을 얻어 완성되기를 바랄 때에 우리가 진정 바라는 것은 무엇인가? 육체가 성령을 거스르지 않게 되며, 성령이 맞서 싸울 죄악이 우리 안에 없게 되는 것이 아닌가? 하지만 아무리 열망하더라도 현세의 삶에서는 이 일을 이룰 수 없다. 따라서 하느님의 도움으로 적어도 우리의 영혼과 싸우는 육체에 영혼이 굴복하지 않도록 지키며, 죄를 범하는 데에 찬성하여 끌려가지 않는 경지에 이르기 위해 노력해야 한다. 그러니 우리가 이 내부 투쟁을 하는 동안은, 우리가 구하던 행복을 이미 얻었노라 결코 생각하지 말라. 또 자신의 죄악에 맞서 싸움을 계속할 필요가 없을 만큼 지혜로운 사람은 누구인가?

사려심(prudentia)이라고 하는 덕성에 대해 나는 무엇이라고 말할 것인가? 그것은 우리가 마땅히 선을 바라고 악을 피할 때 잘못을 범하지 않으려고 선과 악을 분별하며 늘 경계하는 것이 아닌가? 그리하여 그 자체로 우리가 이미 온갖 악 가운데 있다는 것, 달리 말하면 여러 악이 우리 안에 있다는 것을 증명한다. 죄를 저지르고 욕망에 동의하는 것은 악이며 이에 동의하지 않는 것은 선이라고 우리가 가르침 받기 때문이다. 그러나 사려심은 악에 동의하지 말라고 우리에게 가르치고 절제는 우리가 동의하지 않도록 만든다고 하지만, 이 악은 사려심이나 절제에 따라 인생에서 사라지지 않는다. 공정함은 사람이 받아야 할 몫을 사람에게 주는 것이며 그 공정함에 의해 사람에게는 일정한 자연 질서가 있다고 한다. 즉 영혼은 하느님에게 순종하고 육체는 영혼에 순종한다. 따라서 영혼과 육체가 모두 하느님께 순종한다고 한다. 하지만 이 덕성은 우리가 아직도 목표를 향해 노력하는 중이고, 일을 모두 마치고 쉬는 것이 아니라는 사실을 증명하고 있지 않은가? 하느님을 조금 생각하는 영혼은 그만큼 하느님에게 덜 순종하는 것이다. 육체가 영혼과 거세게 싸울수록 그만큼 영혼에 따르지 않는 것이기 때문이다. 그러므로 우리가 이 약점, 이 병에 괴롭힘 당하는 동안, 어떻게 감히 온전하다고 하겠는가? 우리가 온전하지 않다면 어떻게 궁극적 행복을 누리고 있다고 말할 수 있겠는가?

용기라고 부르는 덕성은 인생의 불행을 가장 뚜렷하게 증명한다. 이 불행을 꼼짝없이 참고 견뎌야 하는 것이 용기라는 덕성이기 때문이다. 가장 원숙한 지혜와 용기가 함께하더라도 우리는 이렇게 말할 수 있다. 놀랍게도 스토아 철학자들은 이것을 인생의 불행이 아니라고 말한다. 그러면서 지혜로운 사람이 그 심한 불행을 견딜 수 없거나 견디지 않아도 될 정도라면 자살을(1권 22장 참조) 허락한다. 그러나 이렇게까지 어리석게도 오만함을 가진 이 사람들은 이 삶에서 최고선을 얻을 수 있고, 자기 힘으로 행복하게 될 수 있다고 생각한다. 그들 가운데 현자는, 즉 그들이 놀라울 만큼 공허한 현자로서 그리는 사람은 눈이 보이지 않고, 귀가 멀고, 벙어리가 되고, 손발이 마비되고, 고통스러운 고문에 시달리는 등 스스로 목숨을 끊지 않을 수 없게 만드는 이런 재난과 악에 둘러싸인 인생을 행복하다고 부른다. 아, 그렇다면 죽음의 도움을 받아서 자기 생명을 끊어버리는 것이 행복이란 말인가? 만일 그런 인생이 행복하다면 현자는 거기에 머물러 있어야 하리라. 또 용기의 선을 극복하고 정복하는 이런 일들이 재앙이라고, 그들은 어떻게 말할 수 있단 말인가?

이런 악들은 용기를 굴복시킨다. 그뿐 아니라, 인생은 행복하다고 말하는 그 입으로 인생을 버리라고 권하는 정도로 그들을 미치게 만든다. 인생이 행복하다면 인생에서 달아나지 않으리라는 것은 아무리 어리석은 사람이라도 알 수 있지 않은가? 인생에는 약점이 너무도 많기 때문에 도망쳐야 한다면 어찌하여 그들은 자만심을 낮추고, 삶은 불행하다고 인정하지 않는가? 카토(Cato ; 제1권 23장 참조)가 스스로 목숨을 끊은 것은 인내에서였을까, 아니면 인내력이 없었기 때문일까? 만일 그가 카이사르의 승리를 참고 견딜 수 있었다면 스스로 목숨을 끊지는 않았으리라. 그렇다면 그의 용기는 어디에 있었을까? 그 용기는 확실히 굴복하고 패배하고 철저히 정복된 나머지 이 행복한 삶을 버리고 도망쳤다. 그것이 행복한 삶이 아니었단 말인가? 그랬다면 그것은 불행한 삶이란 말인가? 달아나야 할 만큼 삶을 불행하게 만든 것이 어떻게 악이 아니란 말인가?

따라서 페리파토스학파나 마르쿠스 바로가 편드는 구아카데미학파처럼, 온갖 악이 있다 말하고 있지만 그들도 인생의 악이 너무도 견디기 어려워서 자살로써 벗어나야 할 정도라 하더라도 그런 악 속에 행복한 인생이 있다고 주장하는, 무서운 잘못을 저지르고 있다. "육체의 고통과 고민은 악이며, 그 고통이 심할수록 그만큼 더욱 커다란 악이다. 그 악에서 벗어나려면 이 인생에서 도망쳐야 한다"고 바로는 말한다. 그렇다면 어느 인생에서란 말인가? 그는 이런 많은 악들에 괴롭게 지내는 이 인생에서라고 답한다. 그런데 도망치라 말하는 이 악들의 소용돌이 속에 사람은 행복한가? 아니면 그 악들에게서 죽음으로써 달아날 수 있기 때문에 인생을 행복하다고 말하는 건가? 그렇다면 만일 하느님의 판단으로 그대가 약속에 붙잡혀 죽는 것도 허락되지 않고, 악 없이 사는 것 또한 허락되지 않는다면 무엇이라 말할 것인가? 물론 그런 경우에 적어도 그대는 인생은 불행하다고 말하리라. 악에서 빠르게 도망친다고 하여 삶이 불행하지 않은 것이 아니다. 악이 영원한 것이라면 그대 자신 또한 인생은 불행하다고 말할 것이다. 따라서 인생은 짧다고 해서 불행하지 않다고는 말할 수 없다. 또한 짧은 불행을 행복이라 부를 수도 없다.

　참으로 이런 악들에는 위력이 있어서, 그들의 말대로라면 지혜로운 사람까지도 그것들에서 벗어나기 위해 스스로를 버리도록 만든다. 하지만 사람이 자신을 아끼며 자연스럽게 죽음을 피하고 생물, 즉 신체와 영혼이 결합된 존재로서 살아가기를 강력히 바랄 만큼 자기를 사랑하는 일은 인간 본성에서 가장 중요하다고 말한다. 하지만 이런 악들에는 커다란 힘이 있다. 따라서 온갖 방법과 모든 힘을 다해 죽음을 피하려는 인간의 자연적인 본성을 정복한다. 게다가 도리어 피하던 죽음을 바라며 구하게 될 정도로 완전히 정복하며 죽음이 다른 방법으로 정복할 수 없을 때에는 인간 스스로가 자신을 죽이도록 한다. 이런 악들에는 위력이 있어서 용기를 살인자로 만들 정도이다. 이것을 용기라고 한다면 이런 악들에 철저히 굴복한 것이리라. 덕으로서 사람을 책임지며 보호한다는 사명을 다하지 못하고, 그 사람을 인내로서 지키지 못하여 스스로 죽이는 것을 용기라고 부를 것인가? 그렇다면 현자는 인내로써 죽음을 견뎌야만 함을 나는 인정한다. 하지만 그것은 그가 피해자인 경우이다. 따라서 만일 철학자들이 말하는 것처럼, 현명한 사람들이 자살할 것을 강요한다면 그를 그렇게 하지 않을 수 없게 만드는 것은 악일 뿐이다. 그것도 용인할 수 없는 악이다.

　게다가 저토록 크고 무거운 악들의 짐에 압박되거나 재난을 당하고 있으니 결코 행복한 삶이라 말할 수 없다. 이러한 삶이 행복하다고 말하는 사람들은 자살할 때에는 불행에 항복하며 많은 악들에게 무릎 꿇고 마는 것처럼 그들이 행복한 삶을 바랄 때, 진리에 굴복하고 말지만 만일 그러기를 원하지 않고 죽어야 하는 이 세상에서 최고선을 받아들여야 한다고 주장하는 것을 멈추지 않는다면 인생을 행복하다고 할 수는 없었을 것이다. 참으로 덕성은 확실히 사람에게 가장 훌륭하고 이로운 재산이다. 그렇지만 바로 그 덕성들이 인생의 불행과 위험과 고통에 맞서 덕성이 주는 도움이 크면 클수록, 그것은 인생이 불행하다는 사실을 더욱 뚜렷하게 증명하는 것이다. 참된 경건을 지닌 사람들이 아니면 참된 덕성은 있을 수 없다. 하지만 진정한 덕성은 거짓말을 하지 않고 이 삶의 크고 많은 악들에 휘말린 나머지 내세에 대한 희망에 의해 안전하며 행복하다고 말한다. 만일 아직 안전하지 않다면 어떻게 행복할 수 있겠는가? 따라서 사도 바울은 사려심, 절제, 인내, 경건함이 없는 사람들이 아니라 진정한 경건을 따라 살아가며 참된 덕성을 지닌 사람들에 대해 다음처럼 말한다.

"우리는 희망으로 구원을 받았습니다. 눈에 보이는 것을 바라는 것은 희망이 아닙니다. 눈에 보이는 것을 누가 바라겠습니까? 우리는 보이지 않는 것을 바라기에 참고 기다릴 따름입니다"(로마 8 : 24~25).

따라서 우리는 희망으로 구원받은 것처럼 희망에 따라 행복하게 된다. 그러므로 우리가 오늘의 구원이 아니라 다가올 구원을 기다리는 것처럼 행복에 대해서도 마찬가지로 '참고' 기다린다.

왜냐하면 우리는 온갖 악에 둘러싸여 있기 때문이다. 우리는 말로 다할 수 없는 방법으로 받아들이는 선이 모두 존재하기 때문에 그 선에 닿게 되는 그날까지 악을 참고 견뎌야 한다. 우리가 다음 생에 받게 되는 구원은 그 자체가 우리가 궁극적으로 바라고 찾는 행복일 것이다. 우리가 바라는 이 참된 행복을 철학자들은 눈에 보이지 않기 때문에 믿으려 하지 않고 그들은 차츰 오만하게 굴면서 거짓된 덕성을 바탕으로 현재의 삶에 거짓 행복을 꾸미려 애쓴다.

제5장 많은 괴로움으로 어지러운 인간의 사회생활

철학자들은 지혜로운 이의 삶이 사회적이어야 한다고 주장한다. 그런데 우리는 이 점을 그들 이상으로 받아들인다. 우리는 하늘 나라에 대해 이미 19권째 다루고 있는 중이지만, 그 하늘 나라도 성도들의 생활이 사회적이지 않다면 어떻게 기원을 가지고 펼쳐 나가며 그 목표에 이를 수 있겠는가? 하지만 불행으로 가득한 이 삶에서 인간 사회에 얼마나 많고 많은 재난이 있는지 그 누가 늘어놓을 수 있겠는가. 또한 그 무게를 누가 말할 수 있겠는가? 이 문제에 대해 모든 남자들이 하는 공통된 생각을 어느 희극작가는 극본에 등장하는 인물의 입을 빌려 알렸다.

"나는 결혼을 한 것이 그만 하나의 불행이 되었죠. 아이들이 태어났으니 걱정거리가 늘어난 것이지요."*5

같은 테렌티우스가 말한 애인들 사이에 일어나는 불행한 일들은 어떠한가? 그는 "불의와 의혹과 적개심과 전쟁, 그리고 다시 평화"*6라 말했다. 세상은 이런 것들로 가득차 있지 않은가? 점잖은 친구들 사이에서도 이런 일들이 얼마든지 일어나지 않은가? 앞뒤 좌우 어디서나 우리는 이 부정과 의심과 다툼과 싸움을 겪는다. 틀림없이 악이라 생각하는 한편 평화는 불확실한 선이라 여긴다. 왜냐하면 평화 속에 함께 있는 사람의 마음을 알 수 없고 만일, 오늘은 알았더라도 내일 어떻게 되는지 확실히 모르기 때문이다. 한 집에 사는 가족보다 더 다정할 수 있을까? 또는 그토록 다정하게 할 수 있을까? 그러나 이 평화의 달콤함도 믿을 수 없다. 교묘하게 덮여 있음으로써 진실이라 생각해 버리지만, 함께 사는 사람의 음모로 한결 더 괴로운 고통이 생겨날 때 그 누가 마음 놓을 수 있단 말인가.

때문에 키케로의 말은 모든 사람을 감동시키며 탄식을 불러일으킨다. "겉으로 보이는 친절과 친척이라는 이름 아래 숨어 있는 것보다 더 위험한 함정은 없다. 뚜렷히 보이는 원수라면 그때그때 경계함으로써 쉽게 막아낼 수 있지만, 이 가정 안에 숨어 있는 위험성은 그대로 있을 뿐 아니라 예상이나 알아볼 사이도 없이 갑자기 우리를 덮쳐 버린다."*7 "집안 식구가 바로 자기 원수이다"(마태 10 : 36) 하신 거룩한 말씀 또한 바로 이 점을 지적한다. 이 말씀을 듣고 마음 아프지 않을 사람은 아무도 없으리라. 가면을 쓴 친구의 악의를 아무렇지 않게 참을 용기와 미리 곰곰이 생각하고 조심하는 선량한 사람일수록 악인에게 배신당하면 마음의 고통이 더욱 심하다. 그 배신자가 늘 악인이었는데 겉으로만 선인인 것처럼 꾸미고 있었든, 또는 선의를 품고 있다가 악의로 바뀌었든

---

*5 테렌티우스 《형제》 5, 4, 13f 참조.
*6 테렌티우스 《환관》 1, 1, 14f 참조.
*7 키케로 《In Verrem》 2, 1, 13 참조.

마음 아픈 것은 마찬가지이다. 그러므로 인생의 악을 피하기 위한 인류 공통의 피난처인 가정 자체도 안전하지 못하다면 나라 또한 안전할 수가 없다. 나라가 크면 클수록 민법과 형법상의 소송으로 조용할 날이 없다. 시끄러울뿐만 아니라 자주 반란이나 내란의 유혈 사태가 터질 위험성이 있으며, 가끔 가라앉아 조용하다 싶더라도 그 위험으로부터 결코 벗어날 수 없다.

제6장 재판의 오류로 인한 인간의 불행

생활 공동체가 겉으로는 평화롭게 보일 때라도 재판이 필요할 때가 있다. 사람이 사람을 재판하는 일에 대해 나는 무엇이라 말해야 하는가? 인간의 재판은 참으로 불행한 일이며 통탄할 일이다. 재판관들은 법정에 선 사람들의 양심을 판단할 수 없는 사람들이다. 그래서 사람들의 범죄에 대한 진상을 알아내기 위해서 죄 없는 증인들을 고문해야만 한다. 피고인들이 받는 고문에 대해 나는 무엇을 말할 수 있겠는가? 죄가 있는지를 알기 위해서 고문을 하는 것이지만, 죄가 없으면서도 아직 확실치 않은 죄 때문에 가장 뚜렷한 벌을 받는 것이다. 그가 죄를 지은 것이 증명되었기 때문이 아니라 그가 죄를 짓지 않았다는 사실이 아직 확인되지 않았기 때문이다. 따라서 판사의 무지 때문에 죄 없는 사람이 고통받는 일이 많다. 그리고 더욱 참을 수 없는 일, 이루 말할 수 없이 슬픈 일이어서 될 수 있으면 눈물로 씻어버리고 싶을 정도의 일도 있다. 판사의 무지로 인한 불행으로 죄가 없는 사람이라면 죽지 않을 만큼만 고문해야 하는데 죄가 없는데도 죽이고 말았다는 사실이다.

만일 피고인이 철학자의 지혜에 따라 고문을 더 견디기보다는 생명을 버리기로 결심했다고 하자. 그러면 피고는 자신이 짓지도 않은 죄를 지었노라고 말할 것이다. 따라서 피고인이 유죄 판결을 받고 사형당한 뒤에도 판사는 자기가 죄 없는 사람을 죽였는지 죄지은 사람을 죽였는지 알 길이 없다. 그는 본디 죄 없는 사람을 구할 목적으로 그 피고를 고문한 것이다. 따라서 판사는 피고인이 죄가 없음을 증명하기 위해 무고한 사람을 고문한 것이고, 그의 무죄 여부를 찾아내지 못한 채 그를 죽인 것이다. 사회생활이 이처럼 암흑 속에 가려져 있을 경우, 지혜로운 판사라면 판사석에 앉을 것인가 또는 앉지 않을 것인가? 물론 앉을 것이다. 사회는 그에게 강요하고 그에게 억지로 책임을 지운다. 그는 다른 사람이 고발당한 죄에 대해 무고한 증인들이 고문당하는 것은 부당한 일이라고 생각하지 않는다. 또는 피고인을 고문해 심한 고통에 굴복케 하여, 자신에게 불리한 거짓 자백을 하여 죄를 받도록 하는 것도 부당한 일이라고 생각하지 않는다. 사형선고는 받지 않더라도 고문을 받는 가운데, 혹은 받은 결과로 죽는 일이 많은 것 또한 신경쓰지 않는다. 또는 범죄자를 재판에 부침으로써 사회를 돕겠다는 생각으로 사건을 고발한 사람이 사실 여부를 알지 못하는 재판관의 무지 때문에 도리어 죄를 받게 되는 때가 있다.

이런 경우의 고발은 사실에 따른 것이지만, 고발인이 그 진실성을 증명할 수 없고, 증인들이 거짓말을 하는 데다 피고인이 고문을 견디면서 자백하지 않기 때문이다. 이토록 중대한 악을, 지혜롭다는 판사는 죄라고 여기지 않는다. 이른바 현자라는 판사가 이런 일을 저지르는 것은 누구를 해하려는 뜻이 있어서가 아니다. 다만 무지하기 때문에 부득이한 것이며, 또 사회가 그에게 재판관이 되라며 불가피한 처지로 몰아가기 때문이다. 우리는 이런 이유들 때문에 판사에게 악의가 없음을 인정하지만, 인간의 불행이라고 하지 않을 수 없다. 자기의 직책과 무지가 강요하기 때문에 무고한 사람을 어쩔 수 없이 고문하고 처벌하는 것이라면, 그 판사는 무죄인 동시에 행복한 일이라고 할 수 있을까? 확실히 더 깊은 사려와 한결 세련된 정서는 그가 이 불가피한 일들의 불행을 깨닫고, 자기가 그 불행을 부추기는 것을 피할 때에 증명될 것이다. 그리고 그에게 경건한 마음이 조금이라도 있다면 그는 하느님께 부르짖을 것이다. "나의 근심을 말끔히 씻어주시고 곤경에서 이 몸을 건져주소서"(시편 25 : 17).

제7장 언어 차이와 전쟁의 비참함

도시, 그리고 국가 다음에 오는 것이 인간 사회의 셋째 범위인 지상 세계이다. 사회는 가정에서 시작해 도시로 나아가고 그 다음에는 세계에 이른다. 세계는 매우 넓으므로 그만큼 위험한 일도 더 많게 마련이다. 마치 넓은 바다일수록 더 위험한 것과 같다. 이 세계에서는 무엇보다 언어가 서로 다르기 때문에 인간을 인간으로부터 소외시킨다. 언어가 서로 다른 두 사람이 만났다가 곧 헤어지는 것이 아니고 한 곳에 함께 머물게 되는 경우, 사람에 비하면 서로 다른 종의 두 동물이 만났을 때 비록 말은 못할지라도 함께 더 잘 사귄다. 언어가 달라 서로 정서를 전달할 수 없을 때, 똑같은 사람이라는 사실이 우정에는 그리 도움이 되지 않는다. 말이 통하지 않는 외국인과 함께 있기보다는 차라리 자기 집 개와 함께 있고 싶어할 것이다.

로마 제국은 예속 민족들에게 멍에를 씌우고 평화적 유대라 하여 언어까지도 강요했으므로 통역하는 사람들이 줄어들기는커녕 오히려 셀 수 없이 많아졌다. 이는 사실이다. 그러나 이러한 통일을 성취하기 위해 얼마나 많은 전쟁을 했으며 얼마나 많은 사람이 피를 흘리며 죽어갔는가?

이런 일들은 모두 흘러갔지만 그로 인한 불행들은 아직 끝나지 않았다. 서로 대립하는 민족들이 사라지지 않고 오늘도 그대로 남아 여전히 전쟁을 치르고 있다. 예를 들어 이런 민족들이 없다 해도 제국의 영토가 드넓다는 사실 자체 때문에 더 추악한 종류의 전쟁이라 할 수 있는 사회적·국내적 전쟁이 일어났다. 이런 전쟁은 계속되거나 다시 터질 위험성 때문에 전 인류를 불안하게 만들었다. 이런 다양한 재난들, 곧 이 준엄하고 영속하는 필요악들을 충분히 서술하려 해도 내게는 그럴 능력이 없다. 그렇다면 나는 어디까지 한계를 두고서 이 이야기를 이끌어 갈 것인가? 하지만 저들은 현자라면 의로운 전쟁을 할 것이라고 말한다. 그러나 그 현자가 인간이라면 정의를 위한 전쟁이라 하더라도 어찌 통탄하지 않을 것인가? 의로운 전쟁이 아니라면 현자는 그런 전쟁을 수행하지 않을 것이며 그 어떤 전쟁도 수행해선 안 될 것이다.

현자가 의로운 전쟁을 하게 만드는 것은 반대편의 그릇된 행동이다. 전쟁을 일으키지 않을 수 없게 만드는 이러한 불의는 사람들을 고통과 슬픔으로 몰아간다. 따라서 이 모든 끔찍하고 잔인한 악들을 생각하여 고통을 느끼는 사람들은 이 모든 일들을 비참하게 여기리라. 이런 악들을 떠올려도 마음이 아프지 않거나 고통이 느껴지지 않는 사람이 있다면 그것은 더욱 불행한 일이다. 그는 인간적 감각을 잃어버린 대가로 자기를 행복하다고 여기는 더욱 비참한 인간이다.

제8장 인간의 우정

흔히 우리는 현재의 불행으로 인해 곧잘 친구를 적으로 오해하고 적을 친구라고 믿는다. 이 같은 가련한 맹목 상태에서 벗어날 수만 있다면 참되고 선한 사람들 사이의 순수한 믿음과 사랑은, 재난과 오해로 가득한 우리 인간 사회에 남겨진 오직 하나의 위안이 되지 않겠는가? 하지만 친구가 많을수록, 또 그들이 흩어져 살고 있는 범위가 넓을수록 우리 삶에 숱하게 쌓인 재난들이 그들을 덮치지나 않을까 하는 두려움도 그만큼 더 많아진다. 기근, 전쟁, 질병으로 고통받거나 포로가 되어 곤경을 치르지 않을까 하는 염려, 노예가 되어 상상할 수도 없는 괴로움을 겪지 않을까 속을 태운다. 그뿐 아니라, 그보다도 훨씬 더 고통스럽고 두려운 일을 근심하게 된다. 즉 그들의 우정이 배신, 악의, 불의 등으로 변해 버리지나 않을까 하는 것이다. 이런 변화가 사실로 나타날 때 (친구가 많고 널리 흩어져 있을수록 이런 일이 더 자주 일어난다) 또 그런 이변을 알게 될 때 그런 경험이 없던 사람으로서는 그 가슴 찢기는 고통을 어떻게 감당할 수 있겠는가? 차라리 그들이 죽었다는 소식을 듣는 편이 나을지도 모른다. 물론 그들이 죽었다고 해도 우리는 마음 아프지 않을 수 없으리라.

그들이 살아 있는 동안 그 아름다운 우정으로 우리를 위로해 주었다면 그들의 죽음이 우리의 슬픔을 자아낼 것 아닌가? 이런 슬픔을 느끼지 않는 사람은 될 수 있는 대로 친구를 두지 말아야 할 것이다. 온갖 우정을 없애 버리고 차디찬 무감각으로 인간관계의 유대를 끊어버리든지, 그렇지 않으면 인간관계를 이용하더라도 마음에 애정이 솟아나는 것을 막도록 힘써야 할 것이다. 하지만 실제로 이런 일이 불가능하다면 우리는 어떻게 우리에게 다정했던 사람의 죽음 앞에서 비통해하지 않을 수 있겠는가? 그래서 인정이 많은 사람은 마음에 상처를 받는다. 그리고 따뜻한 위로만이 그 상처를 낫게 할 수 있다. 그 사람의 영혼 상태가 양호할수록 그 치유는 쉽고 빠르다. 그러나 그렇다고 해서 치유해야 할 상처가 전혀 생기지 않는다고 짐작해서는 안 된다. 따라서 우리가 아주 사랑하는 사람이, 특히 능력 있는 사회적 인물이 죽었을 때 우리가 받는 타격은 때로는 가볍거나 또는 매우 강렬할 것이다. 그렇더라도 이런 사람들이 신의나 덕성을 버렸다는 것을, 달리 말하면 그들이 정신적으로 죽었다는 사실을 알게 되기보다 그들의 몸이 죽었다는 소식을 듣는 편이 나을 것이다.

이 땅은 이처럼 악의 거대한 자원으로 가득하다. 그러므로 성서에도 "세상에 있는 인생에게 전쟁이 있지 아니하냐, 그날이 품꾼의 날과 같지 아니하냐"(욥기 7 : 1)고 했다. 또 주께서는 같은 의미로 이렇게도 말씀하셨다. "실족케 하는 일들이 있음을 인하여 세상에 화가 있도다. 실족케 하는 일이 없을 수는 없으나 실족케 하는 그 사람에게는 화가 있도다"(마태 18 : 7). "불법이 성하므로 많은 사람의 사랑이 식어지리라"(마태 24 : 12). 그래서 우리는 선량한 친구의 죽음에 오히려 가뿐한 느낌을 가진다. 그들의 죽음은 우리를 슬프게 하지만, 그 죽음이 우리에게 더 확실한 위안을 주기 때문이다. 이 세상에서 착한 사람들까지 낙담시키거나 타락시키거나 또는 두 가지 모두를 무릅써야 할 악으로부터 그들이 이제 넘어섰음을 확신하고 우리는 위로를 받기 때문이다.

제9장 천사의 우정

신들을 우리의 친구로 삼기를 바라는 철학자들은 거룩한 천사들의 사회에 넷째 공간을 두었다. 지상에서의 세 범위를 다시 하늘을 포함한 전 우주로 확대해 나아가는 것이다. 천사들과의 교제에서는 그들이 죽거나 타락하여 우리를 슬프게 할 염려가 전혀 없다. 그러나 사람과 달리 그들과는 친밀하게 함께 섞일 수 없다는 사실이 삶의 한 불행이다. 사탄은 때로 우리를 억제하거나 그저 속이기 위해 성경(2고린 11 : 14)에서처럼 빛의 천사의 탈을 쓰고 나타나므로, 선한 천사와 사귀는 줄로 잘못 알고 거짓으로 꾸민 악령들과 교제하는 것을 피하려면 하느님의 자비가 절실하게 필요하다. 악령들은 교활하고 속이기를 잘하여 그만큼 해롭기 때문이다. 우리가 무지함으로 인해 하느님의 자비를 구하지 못하여 이런 악령들에게 희생된다는 것은 삶의 커다란 불행 가운데 하나가 아니겠는가? 또 신들(God이 아닌 gods)을 자기들의 친구라고 주장하는 철학자들은 하느님을 믿지 않는 불경한 사회에서 악령들에게 희생당한 것이 확실하다. 악령들은 그러한 사회를 다스리면서 그 사회가 받을 영원한 벌도 함께 받을 것이다. 이런 존재들의 본성은 다신교의 신성모독적 의식들, 그리고 그 신들의 범죄(crimes) 행위를 축하하는 추악한 경기들에서 뚜렷하게 드러난다. 그런 경기는 그들 자신이 직접 시작했으며, 이는 신들을 달래는 알맞은 방법이라 하여 또한 다신숭배자들에게 강요하는 것이다.

제10장 그리스도인들이 받은 보답

그러나 참되며 지극히 높으신 하느님을 거룩하고 성실하게 받드는 사람들도 저 악령들의 온갖 유혹과 시험으로부터 안전한 것은 아니다. 그러나 이 덧없는 땅에서 사악한 나날을 보내는 이 불안한 상태 또한 도무지 쓸모가 없는 것만은 아니다. 왜냐하면 이러한 불안으로 인해 우리는 더없이 완전한 평화를 더 열정적으로 추구하게 되기 때문이다. 그곳에서야말로 우리는 자연본성의 선물, 곧 만유의 창조주이신 하느님께서 우리의 본성에 심어 주신 모든 것, 선하면서도 영원한 재능, 지혜로 치유된 영혼, 부활로 새로워진 신체의 재능들을 즐기게 될 것이다. 그러면 덕성은 악습이나 재난과 싸울 필요가 없어진다. 또 승리의 대가로 어떤 적도 흔들지 못하는 가없는 평화를 누리게 될 것이다. 이것이 궁극적인 행복이며, 더할 나위 없는 완성이며 다함이 없는 끝이다.

이 지상에서 선한 생활에 따르는 평화를 누릴 때에 우리는 행복하다고 말한다. 그러나 이런 행복은 저 마지막 행복에 비하면 불행에 지나지 않는다. 그렇다 해도 우리 죽을 운명에 처한 인간들이 이러한 제한적 삶에서 얻을 수 있는 만큼의 평화를 누릴 수 있을 때, 인간의 덕성을 이 평화로운 상태의 모든 이점을 잘 쓴 것이다. 우리에게 그런 평화가 없을 때는 덕성은 인간이 받는 고난까지도 좋게 사용할 수 있다. 그러나 덕성이 선용하는 장점, 그리고 선과 악, 순경과 역경을 적절히 쓰는 덕성의 모든 활동 그 자체까지도 저 최후의 목적으로 이끌어갈 때야말로 참다운 덕이 된다. 이 최후의 목적에 이르러 우리는 더할 나위 없는 최고의 평화를 누리게 될 것이다.

제11장 가장 높은 선으로서의 영원한 평화

그러므로 우리는 선의 목적이 영생이라고 이야기했는데 여기서 선의 목적은 평화라고도 할 수 있다. 우리가 힘써 논의하는 하느님 나라에 대해서 시편은 이렇게 말한다. "예루살렘아, 여호와를 찬송할지어다. 시온아, 너의 하느님을 찬양할지어다. 저가 네 문빗장을 견고히 하시고 너의 가운데 자녀에게 복을 주셨으며 네 경내를 평안케 하시고 아름다운 밀로 너를 배불리신다"(시편 147 : 12~14). 예루살렘의 문빗장을 단단히 걸어 잠그면 누구도 출입할 수 없을 것이다. 따라서 그 안의 평화는 우리가 궁극적 평화라고 말하는 것으로 이해해야 한다. 이 나라의 신비한 이름인 '예루살렘' 자체가 평화의 환상을 뜻하는 것도 앞에서 이미 말한 것과 같다. 이 세상에는 확실히 끝없는 생명이 없다. 이런 세상 일들에 대해 평화라는 말을 썼기 때문에, 우리는 이 도시의 최고선을 평화라고 말하지 않고 영생이라고 했다. 그 목적에 대해서도 사도는 말한 바 있다. "그러나 이제는 너희가 죄에게서 해방되고 하느님께 종이 되어 거룩함에 이르는 열매를 얻었으니 이 마지막은 영생이라"(로마 6 : 22).

하지만 성경을 잘 알지 못하는 사람들은 악인들의 생명도 영원하다는 뜻으로 받아들일는지 모른다. 또는 어떤 철학자들의 말에 따르면 영혼의 영원불멸 때문에, 또는 우리 믿음의 일부로서 악인들이 받게 되는 끝없는 징벌 때문에 그렇게 생각할 수 있다. 즉 영원히 살지 않으면 영원히 벌 받는 일이 불가능하기 때문이라는 것이다. 따라서 우리가 뜻하는 것을 모든 사람에게 쉽게 이해시키려면, 이 나라의 마지막 또는 최고선은 영생 중의 평화 또는 평화 속의 영생이라고 말하는 것이 지혜로울 것이다. 평화는 매우 위대한 선(good)이므로, 이 지상의 언젠가는 죽게 될 이 지상의 삶에서도 평화라는 말만큼 들어서 즐거운 말이 없고, 평화처럼 우리가 그토록 열망하는 것도 없으며, 평화보다 더 철저한 만족을 주는 것도 없다. 따라서 우리가 이 문제를 앞으로 좀 더 설명하더라도 독자들에게 싫증을 주지 않으리라고 생각한다. 우리가 말하는 하느님 나라의 목적이 무엇인가를 알아내기 위해서, 또 모든 사람이 소중히 여기는 평화란 아름답기 그지없는 것이므로 주의를 기울이는 독자들은 지루함을 느끼지 않으리라고 믿는다.

제12장 평화의 보편적 경향

인간사와 인간의 공통적인 본성에 조금이라도 주의를 기울이는 사람이라면, 기쁨을 원치 않는 사람은 평화도 바라지 않는다는 것을 알 것이다. 전쟁을 벌이는 사람은 승리를 바랄 뿐이다. 승리란 영광스러운 평화를 뜻한다. 승리란 자기에게 반대하는 사람을 굴복시키는 것이다. 반대자를 굴복시킬 때 내게 평화가 돌아오기 때문이다. 따라서 전쟁을 하는 것은, 아주 호전적 성격이어서 지휘와 전투를 즐긴다는 사람들까지도 끝내는 평화를 원하기 때문이다. 따라서 전쟁을 하는 목적은 평화임이 틀림없다. 모든 사람이 싸움으로써 평화를 구하며 평화로써 싸움을 구하는 사람은 아무도 없다. 평화로운 세상을 전쟁으로 어지럽히는 사람도 평화를 미워하기 때문이 아니라 더 나은 평화를 얻고자 하는 것이다. 따라서 평화를 바라지 않는 것이 아니라, 모자람 없는 평화를 원할 뿐이다. 자기들이 속한 공동체에서 떨어져 나와 반란을 일으키는 사람들도 공모자들끼리는 평화를 지켜야만 바라는 일을 할 수 있다. 그래서 강도들도 다른 사람들의 평화를 보다 더 효과적으로 안전하게 침범하기 위해 자기들끼리는 평화를 유지하려고 노력한다.

초인적인 강한 힘을 지닌 사람이 다른 누군가를 믿지 못해 친구와 사귀지 않고 혼자 힘으로 계획을 짜며 홀로 약탈과 살인을 저지르더라도, 자기가 죽일 수 없는 사람이나 자신의 행실을 알리고 싶지 않은 사람과는 평화를 유지한다. 또한 가정에서도 아내와 자식들 및 다른 식구들과 평화롭게 지내고자 한다. 그들이 자기 눈치에 따라 재빨리 복종하는 것이 그를 즐겁게 하기 때문이다. 자기 뜻대로 되지 않을 때 그는 화를 내고 책망하며 벌을 준다. 이렇게 그때그때 필요에 따라 폭풍을 일으킴으로써 자기 가정에 고요한 평화를 갖추려 한다. 가족들이 모두 어느 한 사람에게 따르지 않고는 평화를 유지할 수 없다는 사실을 알기 때문이다. 따라서 한 도시나 한 국민이 그에게 복종을 표시하며, 그가 자기 가정에서 섬김을 받듯이 그를 섬기겠다고 제안한다면, 그는 자기 은신처에 더는 숨어 있지 않고 탐욕과 사악함을 여전히 마음속에 가득 지닌 채 거리낌없이 왕을 자칭하고 나설 것이다. 이처럼 사람은 모두 자기 마음대로 지배하고자 하는 세력 범위 내에서 평화를 유지하기를 원한다. 싸울 때에도 상대를 굴복시켜서 자신의 평화를 위한 법을 그들에게 강요하려는 것이다.

시인들이나, 신화에 따라 반사회적이고 야만적이어서 사람이라기보다 반인(半人)이라고 해야 할 사람을 상상해 보라. 그의 왕국은 음침하고 외진 동굴이었고, 그 자신은 마음이 너무 고약해서 이름까지도 나쁘다는 뜻의 그리스어를 빌려 '카코스'라고 했다.*8 그에게는 다정한 말로 위로해 주는 아내도 함께 놀아줄 아이들도 심부름 해주는 아들이나 즐겁게 이야기를 나눌 친구들도 없었다. 그가 자기 아버지인 불카누스(Volcanus, 불의 신)와도 대화한 적이 없었다. 그보다 좀더 행복했다고 하면, 그것은 자기를 닮은 아이를 낳지 않았다는 사실이리라. 그는 누구에게 무엇을 주는 일도 없었으며, 빼앗고 싶은 것이 있으면 무엇이든 빼앗았다. 그러나 베르길리우스가 말하듯이, 언제나 살생을 저질러 피비린내로 가득한*9 그의 외딴 동굴에서도 그가 구하는 것은 오직 평화였다. 누구도 나를 귀찮게 하지 마라, 공격하거나 놀라게 하지 말고 조용히 있게 내버려두라는 것이었다.

카코스는 자기의 몸과도 평화롭게 지내기를 바랐다. 이러한 평화를 누릴 수 있을 때에만 그는 만족해했다. 그는 자기의 팔다리에 명령을 내려 복종시켰다. 무엇이 부족할 때 언젠가는 죽을 본성이 반역을 일으켜, 육체의 굶주림에서 오는 소란이 영혼을 몸 밖으로 쫓아내버릴 듯 위협을 가해 오면 그는 닥치는 대

---

*8 카코스와 헤라클레스 이야기는 베르길리우스 《아이네이스》 8, 190~305 참조.
*9 베르길리우스 《아이네이스》 8, 195f.

로 죽이며 잡아먹었다. 그러나 이렇게 야만적이고 난폭한 행동을 하는 것은 목숨이 붙어 있는 한 자기 몸의 평화를 지키려는 오직 하나의 목적 때문이었다. 만일 그가 동굴 속에서 자신과 평화롭게 지냈듯이 다른 사람들과도 어울려 평화를 꾀했다면, 그는 악당으로, 괴물로, 반인으로 불리지는 않았을 것이다. 또 그의 외모나 그가 내뿜는 불과 연기에 놀라 사람들이 가까이 다가갈 수 없었다 해도, 그의 난폭한 행동은 누구를 해치려는 의도에서가 아니라 살아남아야 할 필요성 때문이었으리라. 그러므로 그는 아예 존재하지 않았다거나 적어도 시인들의 허황된 상상 같지는 않았을 것이다. 그들은 헤라클레스를 높이기 위하여 카코스를 희생한 것이다. 따라서 이런 반인은 실제로 없었으며 시인들이 창조해 낸 수많은 상상 속 인물들처럼 허구에 지나지 않는다고 믿는 것이 좋겠다.

카코스는 가장 사나운 야수였다고 하지만 제 아무리 사나운 동물이라도 제 새끼는 평화롭게 감싸주는 법이다. 그들은 함께 살며 새끼를 낳고 젖을 먹여서 키운다. 양, 사슴, 비둘기, 찌르레기, 벌 따위는 떼를 지어 살지만 사자, 늑대, 여우, 독수리, 올빼미 들은 모여 살지 않고 홀로 돌아다니며 산다. 아무리 호랑이라도 제 새끼를 귀여워한다. 그럴 때에는 그 잔인성을 누그러뜨리거나 버리지 않겠는가? 솔개는 홀로 고독하게 먹이를 찾아 공중을 맴돌지만, 암컷과 둥지를 틀어 알을 까고 새끼를 키우면 평화로운 가정을 유지하게 된다. 인간은 본성의 법칙에 따라 다른 사람과 협력하며, 가능한 한 모든 사람과 평화를 유지하려고 적극 힘쓴다. 그리하여 악한 사람들까지도 자신들의 세력 범위 내에서 평화롭게 살아가기 위해 전쟁을 하며, 될 수 있으면 모든 사람들이 자기에게 예속되고, 모든 사람과 모든 것들이 자기에게 복종하여 자신을 사랑하든 미워하든 자신과 평화롭게 살게 되기를 희망한다. 이처럼 인간의 비정상적인 자만심은 하느님을 흉내 낸다. 그들은 하느님 밑에서 다른 사람들과 동등하게 되는 것을 싫어하며, 동료들에게 자신의 지배를 강요하고자 애쓴다. 다시 말하면, 하느님의 정의로운 평화를 싫어하고 자기의 불의한 평화를 좋아하는 것이기는 하지만, 평화를 사랑하며 지키려는 마음은 같다. 어떠한 악덕도 본성의 가장 희미한 자취마저 잃어버릴 만큼 본성에 완전히 어긋날 수는 없기 때문이다.

따라서 그릇된 것보다 올바른 것을 좋아하며 무질서보다 가지런한 질서를 좋아하는 사람은, 정의로운 사람들의 평화와 비교하여 불의한 자들의 평화는 평화라고 부를 가치가 없음을 안다. 그러나 무질서함도 끝내는 사물의 질서와 조화에 의지하여 그 일부가 되지 않을 수 없으며, 그렇지 못하면 존재할 수조차 없게 될 것이다. 예컨대 사람이 거꾸로 매달려 있다면, 그 몸의 자세와 팔다리의 위치가 거꾸로 되어 몸의 질서가 뒤바뀐 것이다. 이 뒤바뀐 상태는 신체의 평화를 어지럽히며 따라서 고통을 준다. 그러나 영혼과 신체의 평화는 아직 깨어지지 않고, 영혼이 그 본디 모습대로 평화를 유지하려고 노력하기 때문에 고통을 느끼게 된다. 그러나 고통이 심해져서 영혼이 그 몸을 벗어나게 되면, 육체가 그 형태를 유지하는 동안은 손발 등 신체 기관들 사이에 일종의 평화가 아직 남아 있게 된다. 그러나 지상의 몸은 땅을 향해 매달린 상태에서 임시로 안정을 찾게 되지만 그 본성에 맞는 평화를 구하고 그 무게에 맞는 쉴 곳을 바라게 된다. 지금은 영혼이 나가고 감각이 사라졌다고는 해도, 이 땅의 물체는 그러한 상태의 평화나마 자기 고유의 질서에서 오는 평화를 유지하려 한다. 방부제를 써서 신체가 썩지 않게 한다면 여전히 어떤 평화가 유지되면서 몸 전체와 부분들이 그 고유한 상태로 남게 된다. 즉 그 몸이 있어야 할 자리에 평화롭게 머물게 된다.

그런데 이러한 절차를 밟지 않고 자연적 흐름대로 내맡겨 둔다면 그것은 서로 조화되지 않는 악취를 내뿜으며 썩는 과정을 거쳐서 마침내는 물질계 원소들 사이에 동화되어 그 원소들과 평화롭게 공존하게 된다. 그러나 이 과정 전체에 한 가지로 최고 창조주의 법칙들이 엄밀히 지켜진다. 우주 전체를 감싸며 평화를 주관하는 이는 창조주이기 때문이다. 큰 동물의 주검에서 아주 작은 동물들이 생기지만, 이렇게 생긴 동물들은 같은 창조주의 법칙에 따라 다른 동물들에게 평화롭게 봉사한다. 또 죽은 동물의 시체가 다른 동물들의 먹이가 된다 해도 이같은 법칙들은 모든 것에 적용된다. 이로써 언젠가는 죽게 될 모든 생물들이 서로 적응하여 조화를 이루고 살아가며 종족을 보존할 수 있게 된다.

제13장 평화와 질서

신체의 평화는 그 부분들의 균형 있는 배치에 있다. 비이성적 영혼의 평화는 욕구의 조화로운 충족과 안정에 있다. 이성적 영혼의 평화는 지식과 행동의 합리적인 조화에 있다. 신체와 영혼의 평화는 생물체로서의 질서와 조화로운 삶과 그 건강에 있다. 죽을 운명을 지닌 인간과 하느님 사이의 평화는 영원한 법에 대한 믿음으로 질서 있는 순종을 하는 데에 있다. 사람과 사람 사이의 평화는 잘 정돈된 조화에 있다. 가정의 평화는 함께 살아가는 가족들 사이에서 명령하는 자와 따르는 자들 사이의 가지런한 조화에 있다. 도시와 국가의 평화도 명령하는 자와 따르는 자의 조화로운 화합에 있다. 하늘 나라의 평화는 완전한 질서와 조화로 하느님을 기쁘게 하며, 하느님 안에서 서로를 기쁘게 하는 데에 있다. 모든 평화는 평온한 질서에 달려 있다. 질서는 동등한 것들과 동등하지 않은 것들을 저마다 알맞은 자리에 놓는 것이다.

따라서 불행한 사람들은 불행한 상태에서는 평화를 즐기지 못한다. 어떤 혼란은 없지만 그들 마음속에는 평온한 질서가 없다. 그러나 그들이 불행하다고 해서 질서 밖에 있다고는 말할 수 없다. 그들의 상황은 불행에 따른 질서와 관련을 맺고 있기 때문이다. 그들은 질서의 법에 따라 행복한 사람들과 분리된 것이다. 비록 그들은 불안 상태에 있지만 자신의 처지에 어느 정도 적응해 감에 따라, 질서에서 오는 평화를 지니게 된다. 그들은 전적으로 불행한 것은 아니면서도, 불행이 끼어들 수 없는 완전한 상태에 있는 것도 아니다. 그러나 만일 사물이 자연적 질서와 조화에서 오는 평화를 갖지 않는다면 그들의 처지는 더 가련할 것이다. 그들이 고통받을 때 그들의 평화는 그만큼 혼란스러워지며, 고통받지 않는 가운데 본성이 계속 존재하는 한 평화는 이어진다. 그렇다면 생명이 고통 없이 존재할 수는 있으나 고통은 생명없이 존재할 수는 없다. 동시에 전쟁 없는 평화는 존재할 수 있지만 평화가 전제되지 않는 전쟁은 있을 수 없다. 전쟁은 전쟁을 하는 사람들이 있다는 사실을 전제로 하며, 이러한 사람들은 어떤 평화 없이는 존재할 수 없기 때문이다.

따라서 하느님이 지으신 사물의 본성에는 어떠한 악도 존재하지 않으며, 또 존재할 수 없다. 그러나 아무런 선도 없는 본성은 있을 수 없다. 악마의 본성까지도 본성이라는 점에서는 악이 아니다. 오히려 비뚤어진 가치를 가짐으로써 악하게 되는 것이다. 그래서 그에게는 진리 위에 서 있지 않았으나(요한 8 : 44) 진리가 주는 벌을 피할 수는 없었다. 그는 질서의 평온 상태에 머물러 있지 않았으며, 그렇다고 해서 질서를 세운 분의 권세로부터 도망칠 수도 없었다. 그의 본성에 자리잡고 있는 하느님의 선(good)이 그를 하느님의 정의 앞에서 감싸줄 수 없었기에, 그는 벌을 받게 되었으며 이로써 질서가 유지되었다. 하느님게서는 당신이 창조하신 것에 벌을 내리신 게 아니라 그가 저지른 악을 벌하신 것이다. 하느님께서는 그의 본성에 심어 주신 선을 모두 거두어 가신 게 아니라, 일부는 찾고 일부는 남겨둠으로써 그 빼앗긴 것이 손실임을 알 수 있게 하셨다.

그리고 고통 그 자체는 빼앗긴 선과 남겨진 선에 대한 증거가 된다. 만일 선함이 조금도 남아 있지 않다면 잃어버린 선에 대한 고통도 느끼지 못하리라. 죄를 짓는 자가 의를 잃어버린 것에 대해 오히려 기뻐한다면 그만큼 더욱 악한 자라는 뜻이리라. 그러나 자신의 죄로 고통받는 사람이 비록 그 고통으로 선한 무언가를 아무것도 얻지 못하더라도, 그는 적어도 구원을 얻지 못한 것을 마음 아파한다. 또 정의와 구원은 모두 좋은 것이다. 좋은 것을 잃어버리는 일은 슬픈 일이지 결코 기쁜 일은 아니다. 적어도 신체의 건강보다 더 소중한 정신적 의를 얻지 않는 경우에는, 확실히 악인은 그 잘못을 기뻐하기보다는 벌을 받아 슬퍼해야 마땅하다. 따라서 선함을 버리고 기뻐하는 일이 악한 의지를 증거해 보여주듯이 벌을 받고 나서 잃어버린 선에 대해 슬퍼하는 것은 본성이 선하다는 증거이다. 자기의 본성이 잃어버린 평화를 생각하여 애통해하는 사람은 평화를 사랑하던 본성의 잔재가 그대로 남아서 작용하기 때문이다. 또 최후의 심판에서 악하고 경건치 못한 자들이 본성을 잃어버린 것을 통탄하게 됨은 마땅한 일이다. 그들은 하느님의 인자하심과 관대하심을 멸시했기 때문에 본성의 장점들을 잃게 된 것이 공정했음을 알게 되리라.

가장 지혜로운 창조주이시고 이 우주의 가장 공정한 제정자이시며, 인류를 내세워 이 지상의 나라를 세운 위대한 하느님은 사람들에게 이 현세적 삶에 알맞은 것들을 내려 주셨다. 예를 들면 현세에서 즐길 수 있는 건강과 무사 안녕과 인간 사이에 이루어지는 사회생활이다. 그리고 평화를 유지하기 위해 필요한 모든 선(善, good), 우리 감각에 맞고 공유하기 쉬운 것, 빛과 소리와 숨 쉬는 공기와 마시는 물 등 신체가 자신을 먹이고 입히고 덮고 치유하고 아름답게 하는데 알맞은 것들을 주셨다. 그리고 이 모든 것을 주실 때 가장 공정한 조건이 인간들에게 제시되었다. 언젠가는 죽게 될 현세의 삶을 살아가면서 평화를 지켜 나가기 위해 모든 이점들을 바르게 사용하는 사람들은, 모두 더 훌륭하고 풍성한 축복인 영생의 평화와, 이에 따른 영광과 영예를 즐기게 되며, 하느님을 향유하고 하느님 안에서 서로를 누리게 되리라. 그러나 반대로 현세적인 선을 악용하는 사람은 그 선들을 누리지 못할 뿐만 아니라 다른 축복들마저도 잃게 될 것이다.

제14장 온갖 평화

그러므로 시간적인 사물의 사용은 땅 위 모든 나라에서는 지상적 평화를 누리는 것이고, 하느님 나라에서는 영원한 평화를 즐기는 것이다. 따라서 우리가 이성이 없는 동물이라면, 신체 여러 부분의 질서있는 배치와 욕구의 충족 말고는 바라는 게 없다. 신체의 평화로 영혼의 평화를 얻으려 몸이 편안하고 많은 욕망들을 만족시키려 할 것이다. 신체의 평화가 없으면 이성적이지 않은 영혼 욕구를 해소할 수 없기 때문에 평화를 방해받는다. 이 두 가지는 함께 영혼과 신체 사이의 평화, 조화를 이룬 생활과 건강이라는 평화에 도움이 된다. 동물들은 고통을 피해서 신체의 평화를 사랑한다는 것을 보여 주며 욕구를 해소하기 위해 쾌락을 바람으로 혼의 평화를 사랑한다는 것을 보여준다. 그처럼 죽음을 피하면 신체와 영혼을 결합하는 평화를 얼마나 사랑하는지 충분히 말해 주고 있다.

그러나 사람은 이성적인 영혼을 가졌기에 동물과 같은 모든 공통점을 이성적 영혼의 평화에 따르게 하는데 이는 정신이 있어서이며 그것으로 무언가를 이루기 위해서이다. 또 앞에서 이성적인 혼의 평화라는 지식과 행위의 조화로운 일치가 인간에게 있기 때문이다. 인간은 고통이나 욕망의 방해를 받지 않으며 죽음을 피함으로써 유용한 지식을 얻어 그것으로 자기 생활과 습관을 조절해야 한다. 그러나 사람의 마음이란 연약해서 자칫 오류에 빠지기 쉬우므로 하느님의 지도를 받지 않으면 지식을 추구하는 일이 오히려 안 좋은 결과를 가져올 수도 있다. 그러나 하느님을 따르는 사람은 불안을 느낄 필요가 없으며 하느님께서는 사람이 자유를 잃지 않도록 도우신다. "그러나 육체에 머물러 있는 동안에는 우리가 주님에게서 멀리 떠나 있다는 것을 알고 있습니다. 사실 우리는 보이는 것으로 살아가지 않고 믿음으로 살아갑니다"(2고린 5 : 6, 7). 여기서 신체의 평화이든 영혼의 평화이든, 또는 그 둘 모두의 평화이든 죽어야 하는 사람이 영원한 하느님과 함께 하는 평화로 이어진다. 이는 인간이 신앙으로 영원한 법에 질서를 따르기 위해서이다.

그리고 선생님인 하느님은 하느님을 사랑하는 것과 이웃을 네 몸같이 사랑하라는 것 두 가지를 가르치며 인간은 그 가르침에서 사랑해야 할 상대는 하느님과 자신과 이웃임을 깨닫는다(마태 22 : 37~39). 또 하느님을 사랑하는 사람은 자신을 사랑하는 일에 잘못을 저지르지 않고 자신을 사랑하듯 사랑해야 되는 이웃을 하느님을 사랑하기 위해서 도와야 한다. 부인이나 아이들, 가족들 그 밖에 도울 수 있는 사람은 돕는다. 만일 이웃사람이 도움이 필요하다면 자신에게 도움을 청하길 바란다. 이런 사람은 자신을 의지하는 모든 이들과 평화롭게 지내며 여기에 인간의 평화, 그러니까 질서있는 조화가 있다. 이 질서는 첫째로 아무도 해치지 않을 것이며, 둘째로 힘이 닿는 대로 모든 사람에게 도움되는 일을 하는 것이다.

그러므로 사람은 무엇보다 먼저 자기 가족을 배려해야 한다. 인간은 자연본성의 질서와 인간 사회 질서에 따라 가족을 돕는 일이 더 쉽고 많은 기회가 있다. 그래서 사도 바울은 "만일 어떤 사람이 자기 친척, 특히 자기 가족을 돌보지 않는다면 그는 벌써 믿음을 버린 사람이고 배신자보다도 못한 사람입니다"(1디모 5 : 8) 이렇게 말했다. 바로 여기에서 가정 평화가 있다. 즉 가정 안에서 다스리는 자와 순종하는 자 사이의 질서 있는 화합이다. 가정에서는 돌보는 사람이 명령을 한다. 남편이 아내에게, 부모가 자식에게, 주인이 종들에게 명령한다. 그 대신 보살핌을 받는 사람이 순종한다. 아내는 남편에게, 자녀는 부모에게, 하인은 주인에게 복종한다. 그러나 믿음으로 살아가는 의로운 사람들, 하늘 나라에서 떨어져 순례하는 사람의 집에서는 명령하는 사람이 지배받는 사람들을 섬긴다. 그들이 다스리는 것은 권세에 대한 욕심 때문이 아니라 타인을 도우려는 의무감에서 하는 일이기 때문이다. 오만하기 때문에 명령하는 게 아니라 배려심 깊은 자비에서 지배한다.

제15장 죄와 노예상태

이것은 자연 질서가 규정하는 것이다. 하느님은 이렇게 사람을 만드셨다. "우리 모습을 닮은 사람을 만들자! 그래서 바다의 고기와 공중의 새, 또 집짐승과 모든 들짐승과 땅 위를 기어다니는 모든 길짐승을 다스리게 하자"(창세 1 : 26) 하느님께서 말씀하셨다. 하느님은 자신의 모습을 본떠 이성적인 피조물이 비이성적인 피조물을, 곧 인간이 인간을 다스리는 게 아니라 인간이 짐승을 다스리길 원했다. 그래서 최초의 의인들을 인간들의 왕보다 양을 치는 목자로 만드셨다. 이렇게 하심으로써 하느님께서는 피조물들의 질서가 무엇을 요구하는지를 암시하였고, 죄를 저지르면 어찌 되는가 넌지시 알리려 하셨다. 틀림없이 노예 상태는 죄의 결과라 받아들여야 한다.

그래서 노아가 아들의 죄에 노예라는 이름을 붙이기까지(창세 9 : 25, "종들의 종") 성경에는 "종"이라는 단어가 나오지 않는다. 그러므로 이 이름은 본성이 아니라 죄값으로 얻은 것이다. 노예라는 라틴어(servus)의 어원은, 전쟁터에서 진 사람을 살려두고 그대로 지킨(servare) 데에서 나왔다. 그야말로 죄가 없으면 생기지도 않았다. 정의로운 전쟁이라도 적에게 죄가 있어서 싸우는 것이며 악인이 승리하더라도 그것은 하느님께서 심판하시거나 벌을 주어 승리자를 겸손하게 만드신다.

하느님의 사람 다니엘이 그 증인이다. 다니엘은 외국에 포로로 잡혀 갔을 때에, 자신의 죄와 자기 민족의 죄를 하느님께 고백하며, 그 죄 때문에 포로가 됐다고 경건한 마음으로 인정했다(다니 9 : 3~15). 노예가 된 근본적인 원인은 죄이며, 그 죄 때문에 사람이 사람의 지배를 받게 된다. 이런 일은 불의가 없으신 하느님, 모든 죄에 반드시 마땅한 벌을 주시는 하느님의 심판 없이는 생기지 않는다.

하늘에 계신 주님께서는 "죄를 짓는 사람은 누구나 다 죄의 노예이다"(요한 8 : 34) 말씀하셨다. 그래서 경건한 사람들을 종으로 부리는 악인들이 많지만 그들 자신은 노예 신세이다. "정복을 당한 사람은 누구든지 정복자의 종이 되는 것입니다"(2베드 2 : 19). 그리고 사람의 종이 되는 편이 정욕의 종이 되기보다 행복하다는 것은 의심할 여지가 없다. 다른 정욕들은 접어두더라도 이 지배욕이야말로 가장 무자비한 지배로 사람의 마음을 메마르게 만들기 때문이다. 사람이 다른 사람을 따르게 하는 평화의 질서 속에는 겸손이 사람들에게 이들을 가져오듯 오만은 지배하는 사람에게 해를 입힌다. 하느님이 처음에 사람을 창조하신 본성은 누구나 인간의 종이 아니며 또 죄의 종도 아니다. 그러나 벌로 주어진 노예 상태는 자연 질서를 지키길 명령하며 그것을 교란하지 못하게 하는 법이다. 만일 그 법을 어긴 적이 없다면 벌로써 노예 상태가 되지 않는다. 여기서 사도 바울은 남의 종이 된 사람들은 그리스도께 복종하듯이 두렵고 떨리는 마음으로 성의를 다해 자기 주인에게 복종하라고 경고한다(에페 6 : 5). 주인이 노예 상태를 해방시켜 주지 않더라도, 부정이 사라지며 모든 인간적 권세와 권력이 허무해지고 하느님께서 만물을 오롯이 지배하시게 될 것이다(1고린 15 : 28). 그들은 주인의 거짓을 두려워하지 않고 진실한 사랑으로 따라서 노예상태임에도 자유롭다.

제16장 가장의 올바른 지위

그래서 우리의 바른 조상들은 종들을 거느렸으며, 시간적인 선에 대해서는 아들들의 신분을 노예들의 환경에서 구별하는 방법으로 집의 평화를 맡았지만 영원한 선을 주시리라고 믿는 하느님을 경배하는 일에 대해서는 그들 집 모든 식구를 똑같은 사랑으로 돌보았다. 이것은 자연 질서로 명령한 일이며 가장이라는 이름은 여기서 비롯되었다. 집을 부정하게 지배한 자들도 이렇게 불리는 것을 기뻐할 만큼 널리 퍼졌다. 그러나 진정한 가장은 가족 모두를 아들처럼 하느님을 섬기며 공을 세우도록 배려한다. 하늘에서는 그들의 영원한 행복을 위해 사람을 배려할 의무가 이미 끝났으므로 다스릴 의무도 없다. 하늘에 이를 때까지 집안을 지배하는 가장은 봉사하는 종들보다 참아야 한다.

만일 가정 안 누군가가 따르지 않고 가정의 평화를 깨뜨린다면, 말과 행동으로 또는 그 밖의 공정하고 마땅한 벌을 주어 고치도록 한다. 남을 도와 주어서 오히려 더 큰 선을 잃게 된다면 그것은 더 이상 선행이 아니듯 사람을 지나치게 소중히 대해서 더 무거운 악으로 빠지게 내버려 둔다면 그것은 죄일 뿐이다. 죄를 짓지 않으려면, 우리가 남에게 해가 되는 일을 저질러서는 안될 뿐만 아니라 사람이 죄를 짓지 못하도록 막거나 처벌하는 것은 죄없는 사람의 의무이지만 벌을 받는 자가 그런 경험으로 고쳐지고 다른 사람들은 그 모습을 보고 두려워 범죄를 저지르지 않는다. 그리고 가정은 사회의 시작 또는 한 구성 요소이다. 모든 출발점은 그 종점과 관련 있고 모든 요소는 전체가 완전을 이루는 데 관계가 있다. 그러므로 가정의 평화는 사회의 평화와 얽혀 있다.

바꾸어 말하면, 가정에서 명령을 내리는 자와 그 명령을 따르는 자 사이에 균형이 잘 잡혀 조화로우면 그것은 사회, 예컨대 도시 생활에서 순종과 지배 사이의 질서 생활에 영향을 준다. 그러므로 변두리에 있을수록 도시의 법에 따라 가정을 다스려 집안 질서가 서로 조화를 이룰 수 있게 해야 한다.

제17장 두 나라와 땅 위의 평화

그러나 신앙심으로 살아가지 않는 사람들의 집안은 시간적인 삶의 사물과 이익에서 땅 위 평화를 찾는다. 믿음으로 사는 사람들은 약속된 영원한 삶을 기대하며 땅 위에서는 순례자로서 현세적·지상적 이로운 것들 가운데 그들을 매혹하여 하느님을 떠나게 하지 않는 것들만 사용한다. 오히려 영혼을 내리누르는 썩어 없어질 육체라는 무거운 짐을(지혜 9 : 15) 더 쉽게 견디도록, 또 그 짐을 되도록 늘리지 않기 위해 행동한다. 그래서 죽어야만 하는 인생에 필요한 것은 두 인간들과 두 집안이 모두 쓰지만, 그것을 쓰는 목적은 전혀 다르다. 믿음으로 살지 않는 땅 위 나라는 이승에서 도움이 되는 것들을 얻기 위해 인간들의 의지를 결합한다. 여기에서는 땅 위 평화를 바라며, 시민 생활에서 복종과 지배 사이의 질서 있는 조화를 목표로 삼는다. 하늘 나라 또는 땅 위에서 믿음으로 사는 사람들은 부득이 이 평화를 이용해, 그렇게 몰고 가는 죽을 처지가 사라질 때까지 계속한다. 따라서 땅 위에서 포로나 이방인처럼 사는 동안 비록 구속의 약속과 그 담보로서 성령을 이미 받았지만, 땅 위 법에 따르는 것을 망설이지 않는다. 그 법이 죽어야만 하는 삶을 유지하는 데에 필요한 것들을 관리하기 때문이다. 그래서 이승이 하늘 나라와 땅 위 나라에 공통된 것처럼 현세에 속한 것에 대해서도 두 나라 사이에 조화가 있다.

그러나 땅 위 나라는 하느님 가르침이 인정하지 않는 독자적인 현자들을 가졌는데 그들은 자기의 짐작이나 마귀들한테 속아서, 사람 일에 끼어드는 많은 신들이 있고 그 신들은 저마다 다른 역할을 맡았다고 믿었다. 어떤 신에게는 육체를, 어떤 신에게는 정신을 대입하고, 육체에서도 머리를 맡은 신, 목을 맡은 신 등 부분마다 맡은 신이 달랐다. 마찬가지로 정신에서도 재주를 맡은 신, 분노와 탐욕을 맡은 신이 있다. 인간이 하는 일도 가축과 곡식, 포도주와 기름, 숲과 돈, 항해, 전쟁과 승리, 혼인, 임신과 출산, 기타 여러 일들을 다른 신들에게 나눴다.

하지만 하늘 나라는 하나뿐인 신만을 섬겨야 한다는 사실을 알며 또 그 신만이 그리스어로 라트레이아(λατρεία)라 불리며 신에게 어울리는 예배를 바쳐야 한다고 깊은 신앙과 경건함으로 인정했다. 따라서 두 나라는 같은 종교법을 가질 수 없고 이 때문에 땅 위 나라와 대립하며 생각이 다른 사람들에게 미움과 박해를 받게 되었다. 그리스도교인들이 많아져 그들이 겁을 먹거나 하느님이

도와주시어 돌려보내지 않는 한 그럴 것이다.

그러므로 하늘나라 사람이 땅 위에서 나그네 길을 가는 동안, 온 민족에서 시민을 모아 모든 언어를 사용하는 순례자 사회를 만든다. 땅 위 평화를 확보하고 유지하는 데 필요한 풍속과 법률과 제도가 다른 것을 문제시하지 않고 또 이런 것이 아무리 다를지라도 모두 땅 위 평화라는 한 가지 목표에 이바지한다는 것을 인정한다. 따라서 이런 차이점들을 없애기는커녕, 하나뿐인 신을 경배하는 데 방해가 되지 않는다면 오히려 보존하고 채용한다. 하늘 나라마저 이 순례의 길을 가는 동안 땅 위 평화를 이용하고, 신앙심과 종교심을 해치지 않는 생활필수품을 얻는 문제에서 할 수 있는 대로 세상 사람들과 합의하려고 한다. 곧 땅 위 평화가 하늘 나라 평화에 기여한다.

하늘 나라 평화만이 진정한 이성적 피조물의 평화라고 말하며 존중할 수 있기 때문이다. 그때가 오면 완전한 질서와 조화 속에서 하느님을 즐기며, 하느님 안에서 누구나 서로 행복하다. 우리가 그 평화에 이르렀을 때 죽어야만 하는 삶은 영원한 생명에 자리를 내주고, 우리 육체는 물질적인 것이 아니라 정신적인 것이 된다. 물질적인 육체는 썩기 때문에 영혼에게 무거운 짐이 되지만, 정신적인 육체는 그 어떤 부족함도 느끼지 않으며, 그 육체는 모두 의지를 따른다. "복음은 하느님께서 인간을 당신과 올바른 관계에 놓아 주시는 길을 보여주십니다. 인간은 오직 믿음을 통해서 하느님과 올바른 관계를 가지게 됩니다. 성서에도 '믿음을 통해서 하느님과 올바른 관계를 가지게 된 사람은 살 것이다'라고 하지 않았습니까?"(로마 1 : 17) 하늘 나라 생활도 사회적인 것이다.

제18장 회의와 신앙

모든 것이 불확실하다는 신아카데미학파에서 얻은 구별이라고 마르쿠스 바로가 말했다(19권 1장 주석 참조). 그러나 하느님 나라는 그런 의심은 분별이 없다며 거부한다. 사람이 정신이나 이성으로 파악하는 일에 대해서는 혼을 짓누르는 썩어 없어질 육체이기에 아주 작더라도 "우리가 부분적으로 알고 부분적으로 예언하니" 사도 바울의 말씀과 같이(1고린 13 : 9) 우리의 지식에는 한계가 있다. 또 하느님 나라는 지성 자체의 도움으로 감각을 이용하여 얻는 증거를 믿는다. 결코 감각을 믿지 않는 사람이야말로 도리어 가련하고 속은 사람이다. 하느님 나라는 우리가 정경(正經)이라고 부르는 신구약성서를 믿음의 원천이라고 생각하며, 의인은 그의 믿음으로 산다(하바 2 : 4), 우리가 주와 따로 머무는 동안(2고린 5 : 6) 그 믿음으로 산다. 이 믿음이 침범당하지 않고 꿋꿋이 서 있기만 하면, 우리는 어떤 일들에 대해 의심을 품더라도 비난받지 않는다. 그러니까 우리의 감각이나 이성으로도 파악한 일이 없고 정경에서 계시된 일이 없으며, 의심을 품어서는 도리어 어리석다고 여기는 증인들을 통해 알게 된 것도 아닌 일들에 대해서는 의심을 해도 비난받지 않는다.

제19장 옷차림과 생활 습관

하느님께 이르는 신앙은 사람들이 따른다면, 하느님 계율에 어긋나지만 않으면 어떤 옷차림이나 생활 습관을 가졌냐는 하느님 나라에서 중요한 문제가 되지 않는다. 따라서 철학자들이 그리스도 백성이 되려면 그들의 그릇된 학설은 반드시 버려야 하지만 경건함에 방해가 되지 않는 옷이나 생활 양식을 버리라고 요구하지 않는다. 그러므로 하늘 나라는 바로가 견유학파에서 배운 그 구별로 보기 흉한 방법으로 절제없이 하는 게 아니면 전혀 상관 없다. 세 가지 생활 양식, 그러니까 한가로운 생활, 활동적인 생활, 그리고 이 두 가지를 결합한 생활 양식 가운데 무엇을 고르든 신앙이 건전하기만 하다면 전혀 문제될 것이 없다. 그러나 진리를 사랑해서 무엇을 파악할지 사랑의 의무로 무슨 도움이 될지 이 점이 중요하다. 많은 사람이 한가로운 생활을 보내며 이웃을 잊을 만큼 한가해서는 안 된다. 또한 활동적인 생활에 파묻혀 하느님을 섬기는 일을 잊어서도 안된다. 한가한 시간은 따분한 안식을 즐기는 것이 아니라, 진리를 탐구하며 찾는 일을 즐겨야 한다. 그렇게 해서 저마다 앞으로 나아가며 발견하는 것을 다른 사람들이 질투하지 않도록 해야 한다.

태양 아래에서 벌어지는 모든 일을 살펴보니 모든 일이 다 바람을 잡듯 헛된 일이어서(전도 1 : 14) 그렇기 때문에 활동적인 생활에서는 이 세상의 명예나 권력을 사랑해서는 안 되며, 명예나 권력을 써서 하는 일 자체를 사랑해야 한다. 다만 바르며 유익하게, 하느님을 따르며 아랫사람들이 구원받는데 도움이 되는 일이어야 한다. "어떤 사람이 감독직을 맡고 싶어 한다면 그 사람은 훌륭한 직분을 바라는 것이다"(1디모 3 : 1). 이런 사도 바울의 말씀은 감독이라는 직업은 무엇인가, 그것은 업무상 부르는 명칭이지 결코 명예가 아니며 일을 뜻한다고 말하려 했다. 그리스어로 감독은, 다스리는 사람이 그 다스림을 받는 사람들을 배려한다는 뜻이다. 다시 말해 보살핀다는 뜻이다. "감독한다"는 그리스어의 에피스코페인에서 에피는 "위에서", 스코페인은 "본다", 따라서 에피스코페인은 위에서 본다, 감독한다, 돌본다는 뜻이다. 그러므로 남을 위하는 것보다 위에 있는 것에 열심인 사람은 감독이라고 할 수 없다. 따라서 진리를 탐구하는 일이야말로 한가로운 시간을 가장 알맞게 사용하는 방법이다. 누구에게도 진리를 탐구하지 말라 명령할 수는 없다. 감독직을 맡은 사람은 사람들을 지배하기 위해 높은 지위를 탐내면 그 지위가 알맞은 방법으로 유지, 관리된다 하더라도 품격이 없다. 진리를 사랑하는 일은 거룩한 한가로움을 바라며 사랑의 의무는 바른 일을 맡게 만든다. 만일 누구도 이런 짐을 짊어지지 않는다면, 진리를 탐구하고 생각하기 위한 휴식을 해야 한다. 그러나 이 짐이 우리에게 주어질 때에는 사랑을 위해 그 짐을 반드시 짊어져야 한다. 이런 경우에도 명상을 하는 행복을 모두 포기할 의무가 있는 것은 아니며, 만일 이 행복마저 빼앗긴다면 그 짐은 우리가 맡을 수 없게 되는지도 모른다.

제20장 희망 속 행복

하느님 나라의 가장 높은 선은 완전하고도 끝이 없는 평화이다. 죽어 없어질 피조물이 태어나서 죽음에 이르기까지 지나는 평화가 아니다. 아무런 악이 없는 평화, 영원한 존재들이 끝없이 즐기는 평화이므로, 그런 세상이 가장 행복하다는 것을 그 누가 부정하겠는가? 또 그 삶과 비교하면 우리가 오늘 사는 이 삶이 아무리 영적으로나 육체적으로 축복을 받아 재산이 가득하더라도 비참하다는 것을 누가 부정하겠는가? 하지만 누구든 열렬히 사랑하며 확실히 바라야 할 생의 목적을 위하여 현세를 이용하는 사람은 비록 실제가 아닌 소망으로만 가진 것이지만, 이미 현세에서 그 행복을 누린다고도 할 수 있다. 그러나 반대로 현세의 행복을 누린다고 하더라도 저 세상에 대한 소망이 없다면 그것은 거짓된 행복이요 커다란 비참함이 아닐 수 없다. 영혼의 참다운 선을 소망하지 않기 때문이다. 사려 깊은 판단과 용기 있는 행동, 도덕적인 절제와 올바른 일을 실천할지라도 확고한 영원성과 완전한 평화 속에 하느님께서 모든 것을 완전히 지배하시게 되는 종말(1고린 15 : 28)을 목표로 하지 않는다면, 어떤 지혜도 참다운 지혜가 아니다.

제21장 국가와 정의

이 책 제2권(21장)에서 밝히기로 약속한, 로마 공화국은 한 번도 존재한 적이 없다는 말을 이제 가능한 짧고 분명하게 설명하겠다. 이 말은 키케로가 쓴 《국가론》에서 스키피오가 국가를 인민의 복지라 내린 정의를 빌려서 한 말이다. 만일 이 정의가 옳다면, 로마 공화국은 존재하지 않았다. 로마 사람들 사이에서 국민의 복지가 존재하지 않았기 때문이다. 스키피오의 정의에 따르면 국민은 법을 인정하면서 공통된 이해 관계로 뭉친 많은 인간들의 집단이다. 그런데 법을 인정한다는 게 무슨 뜻일까? 스키피오는 정의가 없으면 나라가 있을 수 없다고 말하면서 참다운 정의가 없는 곳에 법도 있을 수 없다고 말했다. 법으로써 한 일은 공정한 일이다. 하지만 부정하게 저지른 일은 법을 따랐다고 말할 수 없다. 인간들이 지어낸 온갖 불공평한 규정들을 법이라 불러도 법으로 인정할 수 없다. 그들은 스스로도 법은 정의라는 샘에서 흘러 나왔으며, 올바르게 생각 못하는 사람들이 흔히 말하는 강자에게 더욱 이로운 것을 법이라고 하는 것을 인정하지 않는다.*10

따라서 참다운 정의가 없는 곳에는 법을 인정함으로써 뭉친 사람들 집단이 있을 수 없으며, 스키피오나 키케로의 정의에 따른 국민 또한 존재하지 않는다. 국민이 없으면 국민의 복지도 있을 수 없고, 국민이라 부를 가치가 없는 많은 사람들의 복지가 있을 뿐이다. 그러므로 국가가 국민의 복지이며, 법을 인정함으로써 뭉친 사람들의 집단이 아니면 국민도 아니고, 정의가 없는 곳에 법이 없다면 의심할 바 없이 정의가 없는 곳에는 국가가 없다는 말이 된다. 그뿐 아니라 정의는 저마다의 것을 모든 사람에게 나눠주는 덕이다.*11 그래서 사람이 참다운 하느님을 버리고 부정한 악마들에게 자신을 맡길 때 정의는 어디 있는가? 저마다의 것을 모든 사람들에게 나눠 주는 것이 정의가 아닌가? 땅을 산 사람의 땅을 빼앗아 아무 권리도 없는 사람에게 그 땅을 준다면 이는 불공정하고, 창조주인 하느님에게 멀어져 사악한 악령들을 섬기는 일은 옳은가?

《국가론》에서는 정의롭지 못한 일을 반대하고 정의를 위해 강력하고 예리하게 정의를 주장한다. 하지만 처음에는 정의에 반대하며 정의롭지 못한 입장에 찬성해 불공정한 일을 하지 않으면 국가가 성장하거나 이어질 수 없다고 말한

---

*10 플라톤 《국가》 336b ; 338c.
*11 아리스토텔레스 《니코마코스 윤리학》 5, 5, 2.

다. 어떤 사람들은 다스리고 또 어떤 사람들은 섬긴다는 것은 공평치 못하다는 것을 절대로 부인할 수 없는 논거라고 제시되는 까닭이다. 로마와 같은 나라가 있고 나라의 거대한 공화국이 있는 이상 이 불공정한 일을 하지 않고서는 넓은 영토들을 통치할 수 없다는 반론이 나온다. 정의의 입장을 펴드는 쪽에서는, 예속되는 일이 정의에 들어맞는다고 한다. 예속되는 일이 넓은 영토에 이롭고 바르게 다스리기만 하면, 그러니까 정의롭지 못한 사람들이 남을 해치지 못하도록 막기만 하면 공정하다는 뜻이다. 그뿐 아니라 정의롭지 못한 자들을 그대로 버려두면 차츰 더 나빠지므로, 그들을 굴복시켜야만 좀 더 나은 처신을 하게 된다. 이 논법을 뒷받침하기 위해 자연계에서 유명한 예를 인용했다. "하느님이 인간에게 명령하고, 영혼이 신체에 명령하고, 이성이 정욕이나 영혼의 악한 다른 부분들에 명령하는 까닭이 무엇이냐?" 이런 예를 보면 하느님을 섬기는 것이 모든 이들에게 이롭다는 것이 뚜렷하게 나타나 있다. 참된 하느님을 섬기는 것은 모든 것들에게 유익하다.

영혼이 하느님을 섬길 때 영혼은 육체를 바르게 지배하고, 영혼에서도 이성은 정욕과 그 밖의 악습들을 곧게 다스린다. 따라서 사람이 하느님을 섬기지 않는다면, 그 사람에게 무슨 정의가 있다 여겨야 하는가? 이런 경우 영혼은 신체를 올바로 통제할 수 없고, 이성도 악덕을 바르게 부릴 수 없다. 정의가 없는 사람들로 구성된 공동체에도 정의가 있을 수 없다. 따라서 이런 곳에는 사람들을 뭉치게 하여 국민으로 만드는 일도 그곳을 나라라 부르게 하는 법의 인정도 없다. 그리고 이익에 대한 공동 추구가 국민을 만든다는 정의에 대하여 나는 무슨 말을 해야 좋겠는가? 문제를 자세히 들여다보면 경건치 못한 생활을 하는 사람들은 신을 따르지 않고 악마를 따르는 사람이 사는 것과 마찬가지로 어떤 유익함도 없다. 악마는 경건치 못할수록 자신이 가장 지저분한 영임에도 신처럼 사람들의 섬김을 받으려 한다. 그러나 내가 법의 인정에 대하여 한 말은 정의가 없는 곳에서는 국민의 복지도 없으니 나라도 있을 수 없다는 사실을 충분히 증명했다고 생각한다.

만일 로마인들의 공화국에서 지저분한 신들을 섬긴 것이 아니라 훌륭하고 거룩한 신들을 섬겼다고 주장한다면, 우리가 이런 말에 새삼스럽게 다시 대답해야 하겠는가? 우리는 앞에서 이미 넘칠 정도로 말했다. 내가 설명한 이 글을 모두 읽고 나서도 로마인들이 악하고 지저분한 신들을 섬기지 않았다고 의심하는 사람이 있다면 그 사람은 특별히 어리석거나 부끄러움이 없는 말썽꾸러기일 것이다. 그러나 참된 하느님의 법에 "너희는 너희에게 몸붙여 사는 사람을 구박하거나 학대하지 마라"(출애 22 : 20)라는 말씀이 있다. 따라서 이렇게 무서운 계명을 주신 분이 신들은 선하거나 악하거나 제사를 올리지 말라 명령하신다.

제22장 제물을 바칠 만한 하나뿐인 하느님

그러나 사람들은 이렇게 대답할 수 있다. "하느님은 누구인가? 로마인들이 다른 어느 신도 숭배하지 못할 만큼 따라야 한다는 것을 어떻게 증명하는가?" 하느님이 누구인지를 아직까지 묻는 사람은 참으로 어리석다. 하느님의 예언자들이 예언했던 일들이 실제로 일어난 것을 우리가 인정한 하느님이다. 아브라함은 하느님에게서 "네가 이렇게 내 말을 준행한 씨로 말미암아 세상 만민이 복을 얻을 것이다"(창세 22 : 18)라는 답을 들었다. 아브라함의 자손에게 태어난 그리스도에게서 이 말씀이 이루어졌다는 사실은 그리스도의 원수들까지 인정한다. 하느님의 거룩한 영혼이 예언자들을 시켜 하신 말씀을 나는 앞서 여러 책에서 인용했고, 또 온 세계에 널리 퍼진 교회 안에서 그 예언들이 실현되고 있다. 로마인 가운데 가장 박식한 마르쿠스 바로는 자신이 하는 말의 뜻을 잘 모르면서도 이 하느님을 유피테르라고 불렀다. 하지만 우리는 이렇게나 학식있는 사람이 하느님의 존재를 부정하거나 멸시하지 못하고, 하느님이 가장 높은 신이라 믿은 사실이 옳다고 나는 생각한다. 끝으로 가장 박식한 철학자 포르피리오스는 그리스도교도들의 가장 심한 원수이지만 하느님을 위대한 신이라고 인정했다. 포르피리오스는 자신이 신들이라고 믿고 받들었던 존재들의 말에 따라 그런 고백을 했다.

제23장 신들의 신탁과 포르피리오스의 설명

포르피리오스의 저서 《신탁의 철학》*12은 철학에 대한 문제에 신들이 대답한 것을 모아쓴다. 그 책에서 포르피리오스는 이렇게 말했다.

"자기 아내를 그리스도교에서 되찾아 오려면 어느 신의 노여움을 풀어야 하

---

*12 이 책은 단편이 많이 남아 있다.

느냐 물은 사람에게 아폴로는 이렇게 대답했다."

이어서 나오는 아폴로의 말은 다음과 같다.

"너는 더러워진 아내의 마음에 외치기보다 물 위에 새길 수 있는 글자를 쓰거나 가벼운 날갯짓으로 새처럼 공중을 날아다니는 것이 더 쉬우리라. 그 여자는 하고 싶은 대로 어리석은 잘못을 저지르게 내버려 두어라. 또 올바른 재판관의 판결로 벌받아 한창 나이에 잔인하게 죽은 하느님의 거짓 노래를 계속 부르도록 내버려두라."

여기서 라틴어 산문으로 번역된 이 아폴로의 시 구절 다음에 포르피리오스는 이런 말을 덧붙였다.

"아폴로는 이 말 속에서 그리스도인들의 교정이 불가능한 신념을 분명히 했다. 그리고 그들보다 유대인들이 더 하느님을 제대로 받아들인다."

포르피리오스는 그리스도교도들보다 유대인들이 하느님을 잘 받아들인다고 함으로써 그리스도교도들보다 유대교도들을 높이 생각했다. 그는 그리스도를 사형에 처한 재판관들은 바르고 공정한 사람들이었다고 설명했다. 다시 말하면 정의에 따라 심판했으니 그리스도가 벌을 받은 것은 정당하다는 것이다. 그리스도에 대한 신탁의 책임을 나는 아폴로의 거짓 예언자들이 말하고 포르피리오스가 믿었거나 예언자들이 말하지 않았는데 그자가 꾸며냈을 수도 있다. 포르피리오스 스스로 동조했는지 다른 신탁들과 풀이가 같은지 이 문제에 대해서는 나중에 이야기하겠다.

그러나 이 대목에서 그는 유대인들이 하느님을 지키는 입장에서 그리스도에게 공정한 판결을 내리고 죽음으로 죗값을 치러야 한다고 인정했다는 것이다. 그렇다면 유대인들의 하느님이 "너희는 너희에게 몸붙여 사는 사람을 구박하거나 학대하지 마라"(출애 22 : 20)라고 말했을 때 포르피리오스는 자신이 증언한 하느님께 귀를 기울어야 했다. 하지만 우리는 한층 더 명백한 표현들을 들어, 포르피리오스가 유대인들의 하느님을 얼마나 위대하게 보았는가를 살펴보기로 하자. 언어 또는 이성과 법 중에서 어느 것이 나으냐고 물었을 때에 아폴로가 이렇게 대답했다고 한다. 나는 그 가운데 이것을 인용하면 충분하리라 생각한다. "그들의 아버지요 왕이신 하느님은 만물보다 먼저 있었으며, 그의 앞에서는 하늘과 땅, 바다와 숨겨진 지옥마저 벌벌 떨며 신들까지 무서워한다. 그들의 법이 그 아버지이며 거룩한 히브리 사람들은 그 율법을 크게 공경하느니라."*13 포르피리오스는 그의 신 아폴로의 이 신탁으로 히브리인들의 하느님은 위대하기 때문에 신들까지도 그를 무서워한다고 말했다. 그러므로 그 하느님이 "다른 신들에 제물을 바치는 자는 뿌리가 뽑히리라" 말씀하셨을 때, 포르피리오스 자신이 신들에게 제물을 바쳐 벌을 받는 것을 두려워하지도 겁먹지도 않았다는 점을 알고 나는 놀랐다.

또 이 철학자는 우리가 방금 인용한 그의 무례한 언사를 잊어버리기라도 한 듯 그리스도에 대해 좋게 말하기도 한다. 그의 신들이 잠들었을 때 그리스도를 나쁘게 말하며 깨어 있을 때는 그리스도를 좋은 분이라고 인정하며 칭찬하는 것처럼 그리스도에게 좋은 말을 했다. "우리가 이제 말하려는 것은 어떤 사람들에게는 뜻밖이라고 생각될지도 모른다. 신들은 그리스도를 매우 경건하고 그가 영원한 존재라고 말하였으며, 그리스도를 찬양하는 마음으로 기억하는데 그리스도교인들은 더럽고 부패했으며 오류가 많다고 했다. 그 밖에도 그리스도교인들을 비난했다."

그리고 포르피리오스는 그리스도교도들을 비난하는 신탁을 말하며 이렇게 덧붙인다.

"그리스도는 하느님이냐고 묻는 사람들에게 헤카테가 대답하기를 '그대들은 영혼이 육신을 떠나서 영생한다는 것을 알며, 지혜에서 분리된 영혼은 늘 잘못을 저지른다는 것도 안다. 그대들이 말하는 영혼은 가장 뛰어난 사람의 영혼이며, 진리를 오해한 자들이 그것을 숭배한다*14고 말했다." 그리고 이런 신탁 다음에 포르피리오스는 이렇게 덧붙인다.

"헤카테는 매우 경건한 사람의 영혼은 다른 선한 사람들의 영혼과 같이 죽은 뒤에 영생을 받았으며, 그리스도교도들은 무지하여 그의 영혼을 숭배한다고 말했다. 그리고 어째서 그가 사형 선고를 받았느냐고 묻는 사람들에게 헤카테 여신은, 몸은 늘 고통받을 위험성이 있으나 경건한 사람들의 영혼은 하늘에서 산다. 그리고 그대들이 묻는 그 영혼은 다른 영혼들이 치명적인 오류에 휩싸이도록 만들었다. 그런 영혼들은 운명이 신들의 선물을 받도록 허락하지 않고 영생하는 유피테르의 지식을 지니지 못하는 영혼들이다. 그래서 그들은 신들에게 혐오받는다. 그들은 신들로부터 선물을 받지 못했으며 하느님을

---

*13 이 신탁의 일부를 락탄티우스가 인용했다. 그의 《신의 분노》 23, 12.
*14 그리스 문장의 일부가 유세비우스 《Demonstratio Evangelica》 3, 6에 인용되었음.

알 수 있는 운명이 주어지지도 않았다. 그러니 영혼들은 그대들이 말하는 그 사람 때문에 잘못에 빠질 운명이었다. 그러나 그 자신은 선했고, 다른 선한 사람들과 마찬가지로 그에게도 하늘이 열려 있었다. 따라서 그대들은 그에 대하여 나쁜 말을 하지 말고, 사람들의 어리석음을 가엾게 여기는 것이 옳다. 그리고 그 때문에 그들에게 위험이 다가왔다."

이 신탁은 그리스도교도들을 적대시하는 교활한 사람들이 교묘하게 꾸몄거나, 그렇지 않으면 더러운 악마들이 이런 의도로 대답한 것이라는 사실을 어느 어리석은 사람이 못 알아보겠는가? 그리스도를 찬양하기에 그리스도교도들에 대한 비난이 정당하게 믿어지고 가능하다면 영원한 구원인 그리스도교도의 길을 막으려는 의도이다. 실제 악마들은 그리스도교도들에 대한 자기들의 칭찬을 믿어주기만 한다면, 그리스도에 대한 비난을 부채질하는 것이 그들의 악질적인 공적에 방해되지 않으리라 믿기 때문이다. 그리스도를 좋게 생각하는 사람도 그리스도교도가 되지 않을 것이며, 그리스도를 칭찬하면서 그리스도에 의해 그들의 지배에서 벗어나지 못하도록 하려는 것이다. 그뿐 아니라 그들이 그리스도를 칭찬한다고는 말하지만, 그들이 말하는 그리스도를 믿는 사람들은 진정한 그리스도인이 되지 못하고, 포티누스(Photinus)*15파의 이단자가 되도록 꾸몄다. 다시 말해 그들은 그리스도를 그저 단순히 인간이라 인정하고 하느님으로는 인정하지 않는다. 따라서 구원받지 못하는 마귀들이 하는 거짓말 올가미에서 좀처럼 벗어나지 못한다.

우리는 그리스도에 대한 아폴로의 모함도 헤카테의 칭찬도 결코 인정할 수 없다. 그리스도를 사형시킨 사람들이 바르게 판단하는 재판관이었다고 한 아폴로 말 속에는 그리스도가 정의롭지 못했다는 뜻이 담겨 있다. 헤카테는 그리스도가 가장 경건한 사람이기는 했지만 인간에 지나지 않는다고 말한다. 이 두 가지 말의 의도는 사람들이 그리스도인이 되지 않길 바란다는 것이다. 사람들이 그리스도교인이 되지 않는다면, 악마의 지배에서 벗어나지 못하기 때문이다. 철학자나 또는 그리스도교인들에 대한 이런 거짓된 신탁들을 믿는 사람들이 가능하다면 먼저 아폴로와 헤카테가 그리스도에 대해 같은 마음으로 그리스도를 비난하든지 그렇지 않으면 함께 그를 칭찬하게 만드는 게 옳다. 만일

---

*15 Sirmium의 감독이며 351년에 파면됨.

그들이 그런 일이 가능하다 하더라도 우리들은 거짓된 악마들이 그리스도를 비난하거나 칭찬하거나 모두 피해야 한다. 그러나 그들의 신과 여신이 한쪽은 그리스도를 비난하고 한쪽은 칭찬할 때에, 바르게 생각하는 사람이라면 그리스도교도들을 매도하는 사람을 믿지 않을 것이다.

포르피리오스나 헤카테가 그리스도를 칭찬하면서도 그리스도는 불행하게도 그리스도인들에게 자기 자신을 맡긴 결과 그들을 치명적인 오류에 떨어지게 했다고 말할 때 그는 이 오류의 원인을 자신의 생각대로 말했다. 나는 이 말을 인용하기 전에 묻고 싶다. "만일 그리스도가 불행히도 자기를 그리스도인들에게 맡겨서 오류에 빠지게 했다면, 그것은 일부러 한 일인가 아니면 모르고 한 일이었는가? 만일 일부러 한 일이라면 어떻게 그가 의로운 분이 될 수 있는가? 만일 모르고 한 일이었다면 어떻게 그가 행복한 분이라 할 수 있겠는가?"

그러면 이 오류의 원인에 대한 명분을 들어보기로 하자.

"어떤 곳에 사악한 악마들 힘에 복종한 아주 작은 땅 위 영들이 있는데, 히브리 민족의 현인들은, 위에서 말했듯이 아폴로의 신탁에서 예수도 그들 가운데 하나이니, 사악한 악마들보다 낮은 영들이니까 경건한 사람들을 멀리하고 사귀는 것을 금해 오히려 하늘의 신들을 숭배하며 특히 하느님 아버지를 받들라고 가르쳤다. 이 일을 신들에게도 명령하고 우리도 히브리인들의 영혼이 하느님을 향하도록 충고하며, 그를 숭배하도록 명령한다는 것을 이미 앞에서 밝혔다. 그러나 무식한 사람들과 경건치 못한 자연의 본성들, 신들의 가호를 받거나 영생하는 유피테르를 알 운명이 아닌 자들은, 신들의 교훈을 듣지 않을 뿐 아니라 모든 신들을 배척하는 한편 금지된 악마들을 도리어 공경했다. 하느님을 경배한다고 하면서도 하느님만을 숭배하는 의식을 하지 않았다. 물론 모든 피조물의 아버지이신 하느님은 아무것도 필요로 하지 않으신다. 그러나 우리는 하느님을 정의와 사랑, 그 밖의 덕행으로 하느님을 숭배하면서 하느님의 본성을 연구하고 따라 해서 삶 자체를 그분에게 올리는 기도로 만들어야 한다. 탐구는 우리를 정화시켜 주고 따라 하면 하느님에게 애착이 생겨서 더욱 다가서게 함으로써 신격화한다."

이처럼 포르피리오스는 하느님을 아버지라고 선언하는 한편, 우리가 어떻게 하느님을 섬겨야 하는지 훌륭하게 말했다. 히브리 민족의 예언서에는 성도들의 생활을 명령하거나 칭찬하는 내용들이 가득하다. 그러나 그리스도교도들에 대해서는 그가 신들이라고 인정하는 악령들이 바라는 대로 모함했다. 이전에 신들을 기쁘게 할 목적으로 극장과 신전에서 치렀던 의식이 얼마나 추하고 부끄러웠는지를 떠올리며 반대로 오늘 우리들이 교회에서 듣는 말이나 참된 하느님에게 드리는 제물을 비교한다면, 어느 쪽이 인간의 도덕을 향상시키고 어느 쪽이 타락시키는지 판단하기 어렵지 않을 것이다. 그런데 히브리인들이 섬기지 말라고 한 악마들을 그리스도교인들이 미워하지 않고 도리어 숭배한다는, 명백하고도 허망한 거짓말을 마귀말고 누가 이 사람에게 불어넣었겠는가?

히브리인 현자들이 경배한 하느님은 하늘의 거룩한 천사들에게도 제사를 드리는 것을 금하셨다. 우리는 죽어 없어질 나그네의 길을 가지만 천사들을 하늘나라의 행복한 이들로 여겨 존경하고 사랑할 뿐이다. 하느님은 히브리 백성들에게 주신 율법에서 크고 엄중한 음성으로 이렇게 말씀하신다. "너는 이방 나그네를 압제하지 말며 그들을 학대하지 마라"(출애 22 : 21). 그리고 누군가가 이 율법은 사악한 악마들이나 포르피리오스가 아주 작다기보다 낮은 땅 위 영들에게만 적용되는 것이 아님을 알리려고 하셨다. 이런 것들을 히브리인들은 신이라고 인정하지 않았으나 이방인들이 그렇게 생각한 것이다. 그리하여 70인 번역자들이 제시하는 시편을 보면 "만방의 모든 신은 헛것이요 여호와께서는 하늘을 지으셨다"(시편 96 : 5) 했다. 이 마귀들에게 제사를 드리는 것은 금지되어 있지만, 하늘에 있는 존재들에게는 전부나 또는 일부에 제물을 올리는 것은 허락된다는 것이 아니라는 점을 알아야 한다. "제사는 주님께만 올려야 한다" 이런 말씀이 덧붙여 있다. 이것은 오직 하느님께만 올리고 다른 누구에게도 올리지 말라는 뜻이다. 내가 이렇게 설명하는 것은 라틴어 번역의 Deo soli를('하느님에게만'이라는 뜻. 그런데 soli는 '에게만'이라는 뜻이지만 '태양에게'라는 뜻도 된다.) '태양신에게' 제사를 지내도 좋다는 뜻으로 오해할 수 있으니 말이다. 그리스어 성서를 보면 이런 뜻이 아니라는 사실을 알 수 있다.

그래서 이 뛰어난 철학자 포르피리오스도 이렇게 훌륭히 증언을 하는 히브리인들의 하느님은 백성들에게 히브리어로 쓴 율법을 주셨다. 그 율법은 이제는 세계 여러 나라에 발표되어 널리 알려져 있다. 바로 그 율법에 "주 말고 다른 신에게 제사를 드리는 자는 뿌리가 뽑히리라" 기록되어 있다. 이 문제에 대해 우리는 그분의 율법에서나 그분의 예언자들한테서 다른 증거를 물어 볼 필요가 있는가? 그럴 필요는 전혀 없다. 그런 증언들이 한두 군데만 있는 것도 아니고 얻어 보기 어려운 것도 아니다. 다만 흔하고도 뚜렷한 증거들을 모아서 가장 높고 진정한 하느님은 자신 말고는 그 어떤 신에게도 제사를 드리지 말라는 뜻을 햇빛보다 분명히 하기 위해 증언을 이용해야 한다. 모든 국민 가운데에서 가장 지혜로운 사람이 그렇게 높이 찬양하는 하느님께서 하신 간단한 말씀이 있다. 그것은 무거워서 겁주는 듯하지만 확실한 진리의 말씀이다. 실천하지 않고 순종하지 않는 영혼은 전멸되지 않기 위해 이 말씀을 듣고 두려워하며 실천하리라. "주 말고 다른 신에게 제사를 드리는 자는 뿌리가 뽑히리라." 하느님께 어떤 사물이 필요하기 때문이 아니라, 우리가 신의 소유물이 되는 게 우리에게 보탬이 된다는 뜻이다. 히브리 민족의 성서에 "주님께 아뢰옵니다. 당신께서는 나의 주님이시니 당신께서는 나의 선을 필요로 하지 않으시나이다"(시편 16 : 2)라고 쓰여 있다.

그렇다면 우리 자신이 그분께 드리는 가장 고귀하고 가치 있는 제물이며 바로 그분의 나라이다. 모든 신자가 잘 아는 우리의 봉헌으로 기뻐한다는 사실을 나도 앞의 몇 권에서 이미 설명했다(10권 5, 6, 20장). 유대인들이 드린 제사는 앞으로 있게 될 것의 그림자요 따라서 없어질 것이다. 또 온 세계 민족들이 다 함께 제사를 드리게 되리라 예언자들의 입을 빌려 하느님이 선언하셨다. 우리는 이런 말씀들이 이루어진 것을 보면서 이 책의 목적에 어울리는 것들을 골랐다. 따라서 가장 높고 하나뿐인 당신 말고는 누구에게도 제사를 올리지 말라고 명령하고, 시민들이 하느님 은총으로 지배하며 하느님 아닌 어떤 신에게도 제사를 드리지 않는 그런 정의가 없는 곳에는, 다시 말해 모든 시민들이 질서 정연하게 영혼이 육신을 다스리고 이성이 악행을 지배하는 곳이 아니면, 그래서 저마다 의인들의 공동체로서나 사랑으로 행동하는 믿음으로 살며, 하느님을 바르게 사랑하면서 이웃 또한 자기 몸처럼 사랑하지 않는 곳에는, 권리를 서로 인정하며 공통된 이익을 좇기 위해 모이는 집단이 없다. 그런 집단이 없다면 이 국민들의 정의가 진실인 한 정확한 국민은 없다. 따라서 나라도 없다. 왜냐하면 국민이 없는 곳에는 국가도 있을 수 없기 때문이다.

제24장 국민에 대한 다른 정의

만일 국민이 앞서 말한 정의와 다르다면 예를 들어 사랑할 대상에 같은 마음으로 결합된 이성적인 사람들이 많이 모인 집합이라 할 때, 그 국민의 성격을 똑바로 알기 위해서는 그 집단이 무엇을 사랑하는지를 관찰해야 한다. 그러나 국민이 사랑하는 대상이 무엇이건 만일 그것이 많은 짐승의 무리가 아니라 이성적 피조물의 집합이라면, 그리고 사랑할 사물에 대한 합의로 뭉쳐 있다면 그것을 국민이라고 불러도 괜찮으리라. 그리고 같은 마음으로 더 뛰어난 것을 사랑할수록 훌륭한 국민이며, 그것을 뭉치게 한 이해관계가 그만 못하면 그만큼 그 국민도 그에 못 미칠 것이다. 이 정의로 생각해보면 로마인들은 한 국민이었고, 그들의 나라는 틀림없이 한 공화국이었다. 그런데 로마 국민은 초기에 무엇을 사랑했는가? 그리고 뒷날 사회적 분쟁과 내란들로 국민의 건강, 즉 조화의 희망을 끊어버리며 부패의 구렁텅이로 몰아넣은 것은 역사가 보여주는 것과 같고, 앞에서도 이미 많이 설명했다.

그렇다고 해서 로마 국민은 국민이 아니었다든지 그들의 나라를 복지국가가 아니었다고 말하려는 것이 아니다. 그들은 어디까지나 사랑의 대상에 대한 합의로 뭉쳐진 이성적 존재들이었기 때문이다. 내가 이런 국민과 국가에 대해서 말하며 생각하는 것은 아테네나 다른 그리스인들의 나라, 이집트나 다른 공화국 정부를 가졌던 모든 크고 작은 나라들에 대해서도 마찬가지이다. 흔히 하느님을 신봉하지 않고 다른 신에게 제사를 드리지 말라는 하느님의 명령을 따르지 않는 사람들이 사는 사회에서는, 영혼이 육신에게 고유의 지배권을 가지지 못하며, 악습에 이성이 고유한 권한을 행사하지 못하므로 거기에는 진정한 정의가 있다고 할 수 없다.

제25장 참된 신 존경과 참된 덕

만일 혼이나 이성 자신이 신에게 마치 신이 스스로 따르라 명령하는 방법으로 따르지 않는다면 혼이 육체를 또는 이성이 악덕을 지배하는 것처럼 보여도 절대로 육체나 악덕을 바르게 지배하는 게 아니다. 참다운 하느님을 모르며 하느님 명령을 따르지 않고 가장 나쁘게 타락한 악령들에게 몸을 판 마음이 어떻게 육신과 못된 습성의 주인이 되겠는가? 따라서 마음은 덕성이 있다고 생각해 그 덕성이 신체와 악덕을 지배하기는 하지만 그 덕이 신의 다른 무언가를 얻어 갖는다고 생각한다하더라도 그 마음은 덕성이 아니라 악덕이다. 그 자체만을 위해 있으며 그 자체 때문에 원하는 덕성을 참된 덕성이라고 생각하는 사람들도 있겠지만, 그런 덕성은 덕성이라기보다는 악덕이라 한다. 육체에 생명을 불어넣는 것이 육체에서 나오지 않고 그것을 넘어서는 것처럼 사람에게 복된 생명을 주는 것은 사람에게서 비롯되지 않고 사람 위에 존재하는 그 어떤 것이다. 내가 사람에 대해 하는 말은 모든 하늘의 세력과 능력도 뛰어넘는다.

제26장 땅 위 평화와 그 사용

육신의 생명이 영혼인 것처럼 인간의 행복한 생명은 하느님이다. 이 하느님에 대해 히브리인들의 성서에 "야훼를 자기 하느님으로 모시는 백성은 복이 있도다"(시편 144 : 15)라고 쓰여 있다. 하느님에게서 먼 백성은 불행하다. 그러나 이런 백성들도 부정할 수 없는 독특한 평화를 사랑한다. 다만 그 평화를 마지막에는 갖지 못한다. 마지막이 오기 전 그들은 그 평화를 믿지 않기 때문이다. 그러나 그들이 땅 위 생활을 하는 동안 이 평화를 잠시라도 가지는 것은 우리의 관심을 끈다. 두 나라가 섞여 있는 동안 우리도 바빌론의 평화를 이용하기 때문이다. 하느님의 백성은 신앙으로 바빌론에서 해방돼 있지만 이 세상에 머무는 동안은 바빌론에서 살아간다. 그러므로 사도는 왕들과 높은 지위에 있는 사람들을 위해 기도하라고 교회에 권고한다. 그러면서 그 이유로 "그래야 우리가 조용하고 평화롭게 살면서 아주 경건하고도 근엄한 신앙생활을 하려 함이니라"(1디모 2 : 2)라고 말한다. 예언자 예레미야가 고대 하느님 백성이 유배 생활을 하게 될 것을 예고하면서도, 순종하는 마음으로 바빌론으로 가 참으며 하느님을 숭배하라는 하느님의 명령을 전달했다. 그러면서 바빌론을 위해 기도를 하라고 훈계를 내렸다. "그 성이 평안해야 너희도 평안할 것이니라"(예레 29 : 7). 비록 시간적이지만 그 평화는 선한 이들과 악한 이들이 공유하는 땅 위 평화를 뜻하기 때문이다.

제27장 땅 위 평화와 불완전성

하지만 우리에게 고유의 평화는 이 땅 위에서는 신앙으로 하느님과 함께 있으며 영원에는 보는 것으로 하느님과 함께 있다. 땅 위에서 누리는 평화는, 선인과 악인 모든 사람에게 공통된 것이든 우리 고유의 것이든 행복을 누리고 있다기보다는 비참함을 위로하는 것에 지나지 않는다. 우리의 정의도 참된 선을 목표로 하는 점에서는 참된 정의라 할 수 있겠지만, 땅 위에서는 덕행이 완성보다 죄를 용서받는 것이다. 하느님 나라 사람들이 땅 위에 머물면서 한결

같이 하느님께 부르짖는 기도를 들어보자. "우리가 우리에게 죄 지은 자를 용서하여 준 것같이 우리의 죄를 용서하여 주시고"(마태 6 : 12). 그리고 이와 같이 행함이 없는 믿음은 그 자체가 죽은 것이어서(야고 2 : 17) 사람들에게 효과가 없고, 오직 사랑으로 표현되는 믿음만을(갈라 5 : 6) 가진 자들에게 효험이 있다. 하느님에게 순종하는 이성도 썩어 없어질 육체는 영혼을 내리누르고(지혜 9 : 15), 죽어야만 하는 땅 위에 머무는 동안 악덕을 완전히 지배하지 못하기 때문에 이 기도가 필요하다. 틀림없이 이성은 악덕을 지배하지만 악덕은 순순히 따르지 않고 이에 맞선다. 이성이 악덕과의 싸움을 아무리 잘 견뎌 내고 강력하게 적을 억압했더라도 악한 세력이 어떻게든 이성의 약점을 파고든다. 그것이 바로 행동으로 나타나지 않는다 하더라도 입으로 나오는 말 속에 섞여 있거나 생각 속으로 스며든다.

그러므로 죄와 싸우는 동안은 그의 평화에 결함이 있다. 저항하는 악덕과의 싸움에서 승리를 장담할 수 없다. 악덕을 무찌르고 승리를 얻은 경우에도 결코 안심할 수 없으며, 이 불안 속에서 노력을 많이 해야 한다. 그런 모든 시험에 대해 성경은 이렇게 말한다. "인생은 땅 위에서 고역이요 그의 생애는 품꾼의 나날 같지 않은가?"(욥기 7 : 1). 교만한 자가 아니고서야 어찌 자기는 "우리의 죄를 용서하옵소서"라고 기도할 필요가 없는 생활을 한다고 감히 생각할 수 있겠는가? 그러나 거만한 사람은 위대한 것이 아니라 허영으로 부푼 것이며, 겸손한 사람에게 은혜를 실제로 주시는 하느님은 그런 사람에게 정의를 바탕으로 맞선다. 그래서 "하느님께서는 교만한 자를 물리치시고 겸손한 사람에게 은총을 주신다"(야고보서 4 : 6 ; 1베드 5 : 5) 이렇게 쓰여 있다.

따라서 이 땅 위에서는 신을 따르는 인간의 영혼이 신체를 다스리고 이성이 굴복하거나 저항하거나 해서 반대하는 악덕을 지배하고 인간이 신에게 공적으로의 은혜와 잘못의 용서를 빌며 주어진 선을 위해 감사드리는 곳에 정의가 있다. 그런데 우리의 모든 정의가 늘 바라는 목표는 가장 높은 평화이고, 그 평화의 세계에서 우리 본성은 건전하게 죽지 않음과 썩지 않음 속에서 어떤 죄악도 없게 된다. 거기에 우리 자신으로부터 또는 밖에서 다가오는 저항에 부딪히지 않을 것이므로 이미 사라진 악덕을 이성이 다스릴 필요는 없다. 또 하느님이 사람을 다스리고 영혼이 몸을 다스린다. 그 다스림은 참으로 즐겁고 쉬운 것이어서 아무런 속박도 받지 않는 생명의 행복한 상태에 알맞게 될 것이다.

그리고 이 상태는 영원할 것이며 우리 모두는 그 영원성을 확신하게 된다. 끝없이 행복한 평화와 평화롭고 끝없는 행복이 가장 높은 선이다.

제28장 사악한 이들의 마지막

하느님 나라에 속하지 않은 사람들은 제2의 죽음이라 불리는 끝없는 비참함이 기다리고 있다. 그렇게 불리는 이유는 그들의 영혼은 생명이신 하느님에게서 떨어져 나오고, 따라서 살았다고도 할 수 없으며 그들 육신은 영원히 고통받는다. 따라서 이 두 번째 죽음은 죽음으로 끝나지 않기 때문에 더욱 견디기 힘들다. 행복과 불행, 생명과 죽음이 서로 반대되는 것처럼 평화와 전쟁이 서로 반대되기에 선인들의 마지막에는 평화가 예언돼 있듯 악인들의 마지막에는 어떤 전쟁이 기다리고 있느냐고 묻는 것은 마땅하다. 이런 질문을 하는 이는 전쟁에서 가장 해롭고 치명적인 것이 무엇인지를 살펴보아야 한다. 그러면 사물들의 상호 대립과 충돌이라는 것을 알 수 있다. 의지가 정욕에 맞서고 정욕이 의지에 대립하는 그 격심한 전쟁은 어느 쪽이 패배하더라도 끝나지 않는다. 또한 이 싸움에서 받는 매우 큰 고통과 육신의 본성과의 충돌은 어느 쪽이든 양보하지 않는다. 그러니 이것보다 더 비참한 전쟁을 상상할 수 있겠는가? 땅 위에서는 이런 충돌이 있을 때 고통이 승리하여 고통스런 감각을 쫓아버리든지, 아니면 자연 본성이 이겨서 건강이 병을 쫓아버리든지 한다. 그런데 죽은 뒤에도 고통이 끝없이 괴롭히며, 자연 본성도 사라지지 않고 자꾸만 고통을 느낀다. 어느 쪽도 없어지지 않는다. 벌이 사라지지 않듯 고통도 사라지지 않는다.

그런데 선과 악에는 심판에 따라 선인은 가장 높은 선을 구하고 악을 피해야 한다. 또 선인은 최고선이라는 종말에 다다르며, 악인들은 최고악이라는 종말에 이르게 된다. 나는 다음 권에서 하느님께서 허락하시는 대로 이 심판에 대해 설명하고자 한다.

제20권

마지막 심판에서 어떤 일이 일어나는가, 구약·신약성경의 증언

제1장 하느님의 심판

이제 하느님의 마지막 심판에 대해 이야기하려 한다. 나는 하느님이 허락하시는 한 불경스럽고 하느님을 믿지 않는 자들을 상대로 그날에 대해 토론을 벌일 텐데 건물의 기초를 놓듯 성스러운 증언들을 먼저 내보이겠다. 이런 말씀들을 믿으려 하지 않는 사람들은 성경에서 인용한 내용들이 뜻이 다르거나 하느님이 하신 말씀이 아니라고 주장하면서 자신들의 거짓되고 허황한 궤변을 늘어 놓기 바쁘다. 그러나 기록된 말씀을 이해하고 그것이 높고 참된 하느님께서 성스러운 분들을 통해 전하셨다는 것을 믿는 사람이라면, 누구나 그 말씀들을 따르고 동의할 것이다. 그것을 입 밖으로 꺼내든 어떤 결함 때문에 부끄러워하거나 두려워하든 말이다. 하지만 자신이 그렇게 생각하고 믿으면서도 광기에 가까운 고집으로 이것이 거짓이라고 애써 부인하는데 온 힘을 쏟는 사람이 있을 수도 있다.

진정한 하느님의 교회 전체는 그리스도가 산 자와 죽은 자를 심판하러 하늘에서 오신다고 이야기하는데 이날을 하느님 마지막 심판의 날, 다시 말해 마지막 때라고 부른다. 그 심판이 며칠 동안 이어질지는 모르나 성경을 아무리 주의를 기울여 읽지 않은 사람이라도 성경에서 일상적으로 '날'은 '때'를 나타낸다는 것을 안다. 그래서 하느님의 심판에 대해 말할 때에는 최후라는 말을 덧붙이는데, 이는 하느님이 인류 역사가 시작된 이래로 오늘날까지 심판하고 계시기 때문이다. 오늘도 하느님은 심판하시고 인류역사의 시작부터 그런 큰 죄를 저지른 인간들은 낙원에서 쫓겨나 생명의 나무 가까이 갈 수 없었다(창세 3 : 23). 또 죄지은 천사들을 깊은 구렁텅이로 던져 심판 때까지 어둠 속에 갇혀 있게 하셨을 때도 확실히 심판하신 것이다(2베드 2 : 4). 그 천사들의 우두머

리는 시기심으로 유혹에 빠졌음에도 사람들을 시샘하고 속여 넘어뜨린다. 하느님의 깊고도 공정한 심판이 없었더라면 대기 중의 악령들과 땅 위의 인간들에게 그토록 많은 불행과 재난, 그리고 오류가 있었겠는가? 아무도 죄를 짓지 않았다할지라도 합리적인 피조계 모두가 주님에게 꼭 붙어서 끝없는 행복을 누리는 것은 하느님의 선하고도 바른 심판 때문이다. 하느님은 악령들과 인간들에게 원죄에 대한 심판을 행하시며 그들이 불행해지도록 놓아두는 데서 그치지 않으시고 자기 의지로써 단독으로 한 행위도 심판하신다. 악령들까지도 괴롭히지 말아 달라고 기도하는 까닭은(마태 8 : 29), 그들이 자신들의 행동에 따라 용서를 받든 괴로움을 당하든 부당함이 없음을 보여준다. 사람들은 그 죄에 대한 벌을 하느님으로부터 받는데, 가끔은 드러나기도 하지만 거의 남모르게 일어나고 또 살아있을 때나 죽은 뒤에 받기도 한다. 그러나 하느님의 도움을 받지 않고 바르게 행하는 사람이 없으며, 하느님의 아주 공정한 심판으로 허락 없이 불의를 행하는 사람이나 악령도 없다. 사도께서 이렇게 말씀하셨다. "그렇다고 하느님이 공정하지 못하다 할 수 있겠습니까? 절대로 그럴 수 없습니다"(로마 9 : 14), "그의 판단은 헤아릴 길 없으며, 그의 길을 찾지 못할 것이로다"(로마 11 : 33). 이 책에서 나는 하느님이 허락하시는 대로 첫 심판이나 중간 심판도 아닌, 그리스도께서 하늘로부터 오셔서 산 자와 죽은 자를 심판하실 그 마지막 심판에 대해서 말하겠다. 그날을 진정한 심판의 날이라 부르는 까닭은 그날이 오면 왜 이 악한 사람이 행복하고 정의로운 사람이 불행한가 하는 어수룩한 불평이 나올 여지가 전혀 없을 것이기 때문이다.

제2장 이 세상에서 일어나는 헤아리기 어려운 하느님의 심판

지금 사는 세상에서는 착한 사람이 재난을 당하며 악한 사람들이 복을 받는 것을 보면서도 침착하게 견뎌내는 법을 우리들은 배운다. 하지만 심판의 날에는 선한 자들만이 참되고 오롯한 행복을 제 몫으로 받으며, 악한 이들은 마땅히 극단적인 불행을 받게 될 것이다. 하느님의 정의가 또렷하게 보이지 않을 때도 그의 가르침은 이로운데, 하느님이 어떤 기준으로 판단하셨길래 착한 사람이 가난하게 살며 도리어 악한 사람은 부유한지 우리는 알 수가 없다. 우리 생각으로는 타락한 생활에 빠진 자는 심한 고통에 시달려야 마땅한데 실제로는 즐겁고 행복하게 살며, 칭송할 만한 생활을 하므로 행복해야 옳다고 여기는 사람이 오히려 슬픔 속에 있는 것은 무엇 때문인가?

어째서 죄 없는 사람이 재판관의 불공정에 짓밟히고, 거짓 증거에 넘어가서 복수도 하지 못한 채 법정을 나와야만 하고 심지어는 유죄 판결까지 받기도 하는지 모른다. 이와 달리 죄 많은 그의 적수는 무죄로 풀려날 뿐만 아니라 오히려 앙갚음을 하면서도 잘만 살아가는지? 신을 섬기지 않는 자는 너무도 건강한데, 왜 신실한 자는 병 앞에 힘없이 쓰러지는지? 흉악한 자들은 강도짓을 하면서도 더할 나위 없이 건장한데, 왜 남을 해치지도 말 한 마디 못하는 사람들은 어려서부터 온갖 병에 걸려 고생하는지? 사회에 도움이 되는 사람은 빨리 죽고, 태어나지도 말았어야 할 사람은 남들보다 오래 산다. 죄를 많이 지은 자는 명예를 얻는데 비난할 데 없이 성실한 사람은 어째서 무관심의 어둠 속에 덮이는지? 참으로 누가 이런 류의 대조를 빠짐없이 모아 늘어놓을 수 있겠는가? 이런 부조리 속에 일관성이라도 있으면 좋으련만! 거룩한 시편에서 "사람은 한낱 숨결에 지나지 않는 것, 한평생이래야 지나가는 그림자입니다."(시편 144 : 4) 했듯이 악한 사람이 아니고서는 지상의 스쳐지나가는 번영을 얻을 수 없고, 선한 사람이 아니고서는 세상의 악을 경험하지 못한다는 식의 일관성이라도 있다면 좋으련만! 그렇다면 이 또한 하느님의 공정한, 아니 더욱이 자비로운 심판에 연결지을 수 있을지도 모른다. 영원한 행복이라는 혜택을 얻지 못할 사람들이라면 일시적인 축복이 자신들의 사악함에 대한 공정한 보상이라고 착각하며 살든지, 또는 하느님의 자비로 그런 보상이라도 위로로써 주어졌다고 여길 수도 있을 것이다. 또 영원한 고통을 받을 운명이 아닌 사람들은 잠깐의 징벌로 더욱 더 덕성을 키우도록 자극받는 것이라 여길 수도 있다. 그러나 사실은 그렇지 않으며, 우리는 착한 사람들이 인생의 재난에 휩쓸리고, 악한이들이 인생의 행복을 누리는 부당한 일을 볼 뿐만 아니라 악한 사람이 곧잘 재난을 당하고 착한 사람에게 깜짝 놀랄 행운이 오는 것도 보므로, 이런 점에서 하느님 판단은 헤아릴 길 없으며, 하느님이 하시는 일은 우리의 능력으로는 이해할 수 없다(로마 11 : 33).

우리는 하느님이 어떤 판단으로 이런 일들을 하시거나 이런 일이 일어나게 허락하시는지 알 수 없지만, 그분만이 가장 높은 덕이시고 최고의 지혜이자 최고의 정의이시며, 연약함이나 경솔함이나 불의가 없다. 이런 일들이 선한 이와 악한 사람들을 가리지 않고 일어난다면 이러한 선악을 너무 심각하게 평가하지 않는 법을 배우는 편이 차라리 우리에게 이롭다. 하지만 우리가 심판받을 최후의 그날에 다다르면 그때 받을 심판뿐 아니라, 처음부터 심판받은 모든 것 그날 전까지 아직 심판 받아야 할 모든 것이 공정했음을 알게 될 것이다. 그 날이면 우리는 이 세상에서 받았던 하느님의 거의 모든 심판이 인간의 지각이나 통찰력으로 연구할 수 없었던 까닭을 알게 될 것이다. 그러나 한 가지 드러난 사실은 신실한 믿음을 가진 사람들에게는 그것이 정의로우리라는 것이다.

제3장 이 세상 허무함에 대한 솔로몬의 말

이스라엘의 가장 지혜로운 왕 솔로몬은 예루살렘을 다스리던 인물로 유대인들이 성경에 포함시킨 전도서의 말머리는 이렇게 시작된다. "헛되고 헛되다, 설교자는 말한다. 헛되고 헛되다, 세상만사 헛되다. 사람이 하늘 아래서 아무리 수고한들 무슨 보람이 있으랴!"(전도 1 : 2~3). 이 뒤로 그는 인생의 여러 재난과 실망을 늘어놓으며 현세의 무상함과 허무함에 대해 말하는데, 그런 헛된 것들 가운데서 특히 강조하는 점이 있다. 빛이 어둠보다 쓸모 있듯이 지혜가 어리석음보다 쓸모 있고 지혜로우면 제 앞이 보이고 어리석으면 어둠 속을 헤맨다고 했지만, 그래도 결국 둘 모두 같은 파국이 들이닥친다(전도 2 : 13~14). 이는 태양 아래 살며 이 세상 선한 이들과 악한 이들 모두 겪는 재난을 가리킨다. 그는 또 선한 이가 악행을 저지르는 자인 듯 재난을 당하며 악한 이가 선한 사람인 듯이 행복을 누린다고 한 뒤 이렇게 말한다. "이 또한 헛되다고 한 것이다"(전도 8 : 14). 그 무렵 가장 지혜로운 사람이 이 허무함을 깊이 새겨주기 위해 책 전체에 걸쳐 드러낸 것이다. 이는 우리가 태양 아래서 허무함을 좇지 않고, 태양을 지으신 분 아래에서 진실한 생활을 추구하게 하려는 것임이 틀림없다. 이런 허무 가운데서 헛된 것처럼 지어진 사람이 덧없이 사라지는 것 또한 하느님의 공정하고 의로운 심판에 따른 일이 아니겠는가? 그렇다면 자신의 허무한 나날을 보내는 동안 사람이 진리에 저항하느냐 순종하느냐, 참된 종교에 참여하느냐 그렇지 않느냐 하는 것이 중요하다. 이는 오직 잠시 스쳐지나갈 현세의 선을 얻거나 악을 피하기 위함이 아니며, 내세에 받을 심판에 대한 이야기이다. 그 심판을 거치고 나면 선한 이들에게는 복이, 악한 이들에게는 화가 영원토록 남을 것이다.

이 지혜로운 사람은 다음과 같은 말로 이 책을 끝낸다. "들을 만큼 들었다면,

하느님 두려운 줄 알아 그분의 계명을 지켜라. 이것이 삶의 모두이다. 사람이 행한 모든 일을, 그 일이 선하든, 악하든 심지어 남몰래 한 일까지도 하느님께서는 심판하신다는 사실을 명심하라"(전도 12 : 13~14). 이보다 더 간결하고 올바른 말이 있을까? "하느님을 두려워하고, 그 명령을 지키라. 이것이 사람의 본분이니라." 다시 말해 누구든지 참으로 존재하는 자는 하느님의 계명을 지키는 사람이며 그렇지 않은 사람은 아무것도 아니다. 헛되게 살아가는 동안, 그는 진리의 모습으로 거듭나지 못한다. "하느님께서는 사람이 한 모든 일을 심판하신다"—사람이 이생에서 했던 모든 일을 심판하시리라. "좋든 나쁘든 모든 일들을 심판하시리라" 이 세상에서는 천하게 여겨 멸시받는 사람들도 모두 심판하시리라. 하느님은 그런 사람도 남김없이 보고 계시며 무시하지 않으시고, 심판할 때 빠뜨리지 않으실 것이다.

제4장 마지막 심판에 대한 성경의 증언

나는 이제 하느님의 마지막 심판에 대한 증언들을 여러 성경에서 제시하기로 마음먹었는데 먼저 신약성경에서, 그 뒤 구약성경에서 찾아보겠다. 시간적으로는 구약이 앞서지만 내용의 가치로 보면 신약이 중요하기 때문이다. 구약은 신약의 예고편과 같으므로 신약성경의 구절들을 먼저 보고 확고하게 입증한 다음에 구약성경의 구절들로 확인하겠다. 구약에는 율법서와 예언서들이 있고, 신약에는 복음서와 사도서신들이 있다. 사도는 이렇게 말한다. "율법을 지키는 것으로는 어느 누구도 하느님과 올바른 관계를 가질 수 없습니다. 율법은 오로지 무엇이 죄가 되는지를 알려줄 따름입니다. 그러나 이제는 하느님께서 인간을 당신과 올바른 관계에 두시는 길이 드러났습니다. 그것은 율법과는 아무런 관계가 없습니다. 율법서와 예언서가 바로 이 사실을 증명해 줍니다. 하느님께서는 당신을 믿는 사람이면 누구나 아무런 차별도 없이 당신과 올바른 관계에 두십니다. 그것은 예수 그리스도를 믿음으로써 비로소 이루어지는 것입니다"(로마 3 : 20~22). 신약성경에는 하느님의 이 정의로움이 나와 있고, 구약성경의 율법과 예언서에 그 증거가 있다.

그러나 예수 그리스도 당신께서도 이 순서를 지켜야 한다고 보여주면서 "하늘 나라의 교육을 받은 율법학자는 마치 자기 곳간에서 새 것도 헌 것도 꺼내는 집주인과 비슷하다"(마태 13 : 52). 그분은 "오래된 것과 새 것"이라고 하지 않으셨는데, 이는 시간의 순서보다 가치의 순서를 따르고자 하셨기 때문일 것이다.

제5장 마지막 심판에 대한 그리스도의 말

주께서 몸소 커다란 권능을 베푸신 도시들이 오히려 당신을 믿지 않은 일을 꾸짖으시며, 차라리 외국 나라들이 더 낫겠다면서 하신 말씀이 있다. 심판 날에 띠로와 시돈이 너희보다 오히려 가벼운 벌을 받을 것이다"(마태 11 : 22). 그리고 조금 뒤에, "심판 날에 소돔 땅이 너보다 오히려 더 가벼운 벌을 받을 것이다"(마태 11 : 24) 하셨다. 이 부분에서 심판 날이 오리라는 것을 아주 뚜렷하게 예언하시고 있다. 다른 곳에서도 "심판 날이 오면 니네베 사람들이 함께 부활하여 이 세대의 사람들에게 죄를 물을 것이다. 그들은 요나의 설교만 듣고도 회개하였던 것이다. 그러나 여기에 요나보다 더 큰 사람이 있다. 심판 날이 오면 남쪽 나라 여왕도 다시 살아나 이 시대 사람들에게 죄를 물을 것이다. 그는 솔로몬의 지혜를 들으려고 땅 끝에서 왔기 때문이다. 그러나 여기에 솔로몬보다 더 큰 사람이 있다"(마태 12 : 41, 42) 하셨다.

우리는 이 구절에서 심판이 있으리라는 것, 그리고 죽은 자들이 부활할 때 심판이 있으리라는 것 두 가지를 알게 된다. 니네베 사람들과 남방 여왕에 대해서 이런 말씀을 하실 때는 확실히 죽은 사람들에 대한 말이었는데, 그들이 심판 날에 다시 일어나리라 하셨다. "죄를 물을 것이다" 이 말씀은 그들이 직접 심판한다는 것이 아니라, 그들과 비교해서 다른 사람들이 죗값을 공정하게 받는다는 뜻으로 말씀하신 것이다.

또 다른 구절에서 선인과 악인들이 지금은 섞여 있으나 심판 날에는 나눠질 것이라 말씀하시면서 밭에 뿌린 밀 이삭과 그 사이에 자란 가라지에 비유하시며, 제자들에게 "좋은 씨를 뿌리는 이는 사람의 아들이요, 밭은 세상이며, 좋은 씨는 하늘 나라의 자녀요, 가라지는 악한 이의 자녀를 말하는 것이다. 가라지를 뿌린 원수는 악마요, 추수 때는 세상이 끝남이요, 추수꾼은 천사들이라. 그러므로 추수 때에 가라지를 모아 불에 태우듯이 세상의 종말에도 그렇게 할 것이다. 그날이 오면 사람의 아들이 자기 천사들을 보낼 터인데 그들은 남을 죄짓게 하는 자들과 악행을 일삼는 자들을 모조리 자기 나라에서 추려 내어 불구덩이에 처넣을 것이다. 그러면 거기에서 그들은 가슴을 치며 통곡할 것이다. 그때에 올바른 이들은 그들 아버지의 나라에서 해와 같이 빛날 것이다. 귀가 있는 사람은 들어라"(마태 13 : 37~43) 하셨다. 심판이나 심판의 때에 대한 말씀이 여기에는 없지만, 상황에 대한 설명으로 보아 심판을 더 똑똑히 드러냈으며 또 그 심판이 세상이 끝날 때 있으리라 말씀하신다.

당신 제자들에게도 비슷한 말씀을 하신다. "진실로 너희에게 이르거니와, 너희는 나를 따랐으니 새 세상이 와서 사람의 아들이 영광스러운 옥좌에 앉을 때에 너희도 열두 옥좌에 앉아 이스라엘 열두 지파를 심판하게 될 것이다"(마태 19 : 28). 이 구절에서 우리는 예수께서 당신의 제자들과 함께 심판하시리라는 것을 알게 된다. 그리고 예수께서는 다른 곳에서 유대인들에게 "또 내가 너희의 말대로 베엘제불의 힘을 빌려 악마를 쫓아낸다 하면 너희네 사람들은 누구의 힘으로 악마를 쫓아낸단 말이냐? 그러니 바로 그들이 너희의 심판관이 될 것이다"(마태 12 : 27) 하셨다. 주님은 제자들이 열두 보좌에 앉으리라 하셨지만, 열두 사람만 심판할 것이라 생각해서는 안 되는데, 열둘은 심판자의 수가 완전함을 뜻한다. 보통 완전수를 의미하는 일곱의 두 부분 즉 넷과 셋을 서로 곱하면 열둘이 된다. 그러나 열두 보좌 말고도 열둘에는 다른 뜻도 있다. 마티아가 제비에 뽑혀서 열한 사도와 함께 사도직을 맡게 되었으니(사도 1 : 26~27), 사도 바울은 어느 사도보다도 더 열심히 일했으나(1고린 15 : 10) 심판 자리에 앉지 못하게 될 것이었다. 그러나 그 자신은 틀림없이 심판자에 포함될 것이라 여겨 "우리가 앞으로 천사들까지도 심판하게 되리라는 것을 모르시냐?"(1고린 6 : 3) 한다. 심판을 받는 쪽에 열둘이라는 수를 적용할 때에도 마찬가지이다. "이스라엘 열두 지파를 심판하리라" 하시지만, 그렇다고 해서 열셋째 지파인 레위 지파는 심판을 피할 수 있다던가, 이스라엘만 심판을 받고 다른 민족들은 받지 않는다는 뜻이 아니다. "세상이 새롭게 되어"라는 말씀은 확실히 죽은 자들의 부활을 뜻하며, 우리 영혼이 믿음으로 새롭게 되는 것처럼, 우리의 육신은 썩지 않음으로써 새롭게 될 것이기 때문이다. 이 마지막 심판에 대해 모호하거나 다른 사건을 가리키는 듯한 여러 구절은 생략하겠다. 그런 이야기 가운데 어떤 것은 구세주의 강림, 바꿔 말하면 주님이 그 지체들에게 조금씩 부분적으로 서서히 오시는 것을 뜻할 수도 있다. 교회 전체가 그분의 몸이기 때문이다. 그렇지 않으면 지상 예루살렘이 멸망하리라는 뜻으로 풀이할 수도 있다. 사람들은 저 파국에 대해 말할 때 마치 마지막 심판에 대해 이야기하듯 할 때가 많다. 그러므로 마태오나 마르코, 루가, 이 세 복음사가들의 글에 나오는 엇비슷한 내용들을 서로 비교하지 않고서는 이 둘을 구별할 수가 없다. 나는 살로나(Salona)의 헤시키우스(Hesychius) 주교에게 보낸 편지에서 이 점을 밝히려고 노력했다.[1]

이제 나는 마태복음에서 그리스도가 아주 효과적으로 마지막 심판을 해서 선한 이들과 악한 이들이 분리되는 부분을 옮겨보겠다. "사람의 아들이 영광을 떨치며 모든 천사들을 거느리고 와서 영광스러운 왕좌에 앉게 되면 모든 민족들을 앞에 불러놓고 마치 목자가 양과 염소를 가르듯이 그들을 갈라 양은 오른쪽에, 염소는 왼쪽에 자리잡게 할 것이다. 그때 그 임금은 자기 오른쪽 사람들에게 이렇게 말할 것이다. '너희는 내 아버지의 복을 받은 사람들이니 와서 세상이 만들어질 때부터 너희를 위하여 준비된 이 나라를 차지하여라. 너희는 내가 굶주렸을 때에 먹을 것을 주었고 목말랐을 때에 마실 것을 주었으며 나그네로 떠돌 때에 따뜻하게 맞이하였다. 또 헐벗었을 때에 입을 것을 주었으며 병들었을 때에 돌보아 주었고 감옥에 갇혔을 때에 찾아주었다.' 이 말을 듣고 의로운 사람들은 이렇게 말할 것이다. '주님, 저희가 언제 주님께서 굶주리신 것을 보고 잡수시게 해 드렸으며 목마르신 것을 보고 마시게 해 드렸습니까? 또 언제 주님께서 나그네 되신 것을 보고 따뜻이 맞아들였으며 헐벗으신 것을 보고 입혀 드렸습니까? 또 언제 주님께서 병드셨거나 감옥에 갇히신 것을 보고 저희가 찾아가 뵈었습니까?' 그러면 임금은 '너희가 여기 있는 형제 가운데 가장 보잘것없는 하나에게 해준 것이 바로 나에게 해준 것이다.' 이렇게 분명히 말할 것이다. 그리고 왼쪽 사람들에게는 "이 저주받은 자들아, 나를 떠나 악마와 그의 천사들을 가두려고 준비해둔 영원한 불 속으로 들어가라"(마태 25 : 31~41) 말할 것이다.

그 다음에 그리스도께서는 그들이 저지른 악행을 설명하시는데, 그것은 오른편 사람들에게 하신 말씀과 같다. 그리스도께서 이런 곤경에 빠지신 것을 그들이 언제 보았느냐고 묻자, 그리스도께서는 나의 아주 미약한 형제 가운데 지극히 힘이 없는 자들에게 행하지 않았으니 그것이 곧 나에게 행하지 않음과 같다고 하신다. 그리고 끝으로 "그리하여 그들은 영원히 벌을 받으러 쫓겨날 것

---

[1] 편지 199호.

이며, 의로운 이들은 영원한 생명의 나라로 들어갈 것이다"(마태 25 : 42~46) 하셨다.

뿐만 아니라 복음사가 요한은 그리스도께서 죽은 자들이 부활할 때 심판이 있을 것이라 하셨음을 뚜렷하게 밝히고 있다. "아버지께서는 아무도 심판하지 않으시고 그 권한을 모두 아들에게 넘기셔서 모든 사람이 아버지를 공경하듯 아들도 공경하게 하셨다. 아들을 공경하지 않는 사람은 아들을 보내신 아버지도 공경하지 않는다" 그리고 바로 이렇게 덧붙이셨다. "정말 잘 들어두어라. 내 말을 듣고 나를 보내신 분을 믿는 사람은 영원한 생명을 얻을 것이다. 그 사람은 심판에 끌려 들어가지 않을 뿐만 아니라 이미 죽음의 세계에서 벗어나 생명의 세계로 들어섰다"(요한 5 : 22~24). 이처럼 그리스도께서는 당신을 믿는 사람은 심판을 받지 않으리라 하셨다. 이 구절에서 심판이라는 말을 죄를 묻는다라는 뜻으로 하신 게 아니라면, 어떻게 선한 이들을 악한 이들에게서 떼어내 그분의 오른편에 두시겠는가? 그분의 말씀을 듣고 그분을 보내신 하느님을 믿는 사람들은 이처럼 죄를 묻는 심판을 받지 않는다.

제6장 첫 번째 부활과 두 번째 부활

곧이어 이렇게 덧붙이신다. "때가 되면 죽은 이들이 하느님 아들의 목소리를 들을 것이며 그 목소리를 듣는 이들은 살아날 터인데 지금이 바로 그때이다. 아버지께서 생명의 근원이신 것처럼 아들도 생명의 근원이 되게 하셨다"(요한 5 : 25~26). 여기서는 아직 두 번째 부활, 곧 세상의 마지막에 있을 몸의 부활이 아니라 지금 일어나는 첫 번째 부활을 말씀하신다. 이 점을 구별하시기 위해 "때가 오리라. 곧 이때"라 하시는데 이는 몸이 아닌 영혼의 부활이다. 죄악으로 인해 영혼도 죽기 때문이다. 이렇게 죽은 자들에 대해서는 다음처럼 말씀하셨다. "죽은 자들의 장례는 죽은 자들이 치르도록 내버려 두고 너는 나를 따르라"(마태 8 : 22) 즉, 영혼이 죽은 자들에게 몸이 죽은 자들을 장사지내게 하라는 뜻이다. 그리스도께서는 이렇게 불경함과 죄악으로 죽은 자들에 대해서 "죽은 자들이 하느님 아들의 음성을 들을 때가 오나니, 곧 이때에 듣는 자가 살아나리라"고 말씀하신다. 여기서 "듣는 자"란 끝까지 믿고 따르며 참는 자들이다. 여기는 선한 이와 악한 이가 구별 없이 모두 그분의 음성을 듣고 살아나며, 불경건한 죽음의 상태로부터 경건하게 살아있는 상태로 옮겨가기 때문이다. 이 죽음에 대해서 사도 바울은 이렇게 말한다. "우리가 잘 아는 대로 그리스도 한 분이 모든 사람을 대신해서 죽으셨으니 결국 모든 사람이 죽은 것입니다. 그리스도께서 이렇게 죽으신 것은 사람들이 이제는 자기 자신을 위하여 살지 않고 자기들을 위해서 죽으셨다가 부활하신 그분을 위하여 살게 하시려는 것이었습니다"(2고린 5 : 14~15). 이처럼 모든 사람이 원죄나 스스로 지은 죄, 혹은 무지 때문에, 혹은 알면서도 지은 죄 때문에 죽었다. 그리고 유일하게 살아계신 한 분, 전혀 죄가 없으신 단 한 분, 그분이 모든 죽은 자들을 대신해서 죽으셨다. 그래서 이렇게 죄를 용서함으로써 살게 된 사람들이 더는 자기를 위해 살지 않고, 모든 사람의 죄를 대신해 죽고 우리를 바르게 하기 위해 다시 살아나신 그분을(로마 4 : 25) 위해 살게 하시려는 것이다. 말하자면 우리가 불경건함을 의롭게 하시는 분을 믿음으로써(로마 4 : 5) 불경함을 용서받고 바름을 얻는, 즉 죽었다 다시 살아나는 첫 번째 부활을 오늘 얻을 수 있게 하시려는 것이다. 이 첫 부활에 속하는 사람들은 영원히 복 받을 사람들이어야만 한다. 하지만 주님께서 그 다음에 말씀하시는 두 번째 부활에서는 복 받은 자들과 불행한 자들 모두 포함될 것이다. 첫째는 자비의 부활이요, 둘째는 심판의 부활이다. 그러므로 시편에서, "사랑과 정의를 나 노래하리이다. 주님여, 당신께 성령 읊어 올리리이다"(시편 101 : 1) 이렇게 노래한다.

주님은 이 심판에 대해 계속 말씀하신다. "아들에게 심판하는 권한을 주었다. 그가 사람의 아들이기 때문이다." 여기서 그분은 당신이 재판을 받기 위해 오신 그 육신으로 심판을 행하러 오시리라고 말씀하신다. 이 뜻을 전하기 위해 "그는 사람의 아들이기 때문이다" 하신다. 그 다음 우리가 이야기하던 말씀이 이어진다. "내 말에 놀라지 말라. 죽은 이들이 모두 그의 목소리를 듣고 무덤에서 나올 때가 올 것이다. 그때가 오면 선한 일을 한 사람들은 부활하여 생명의 나라에 들어가고 악한 일을 한 사람들은 부활하여 단죄를 받게 될 것이다"(요한 5 : 28~29). 여기에 나오는 심판은 조금 앞에 나온 것과 같은 뜻이며, 그 말씀은 "내 말을 듣고 또 나를 보내신 분을 믿는 사람은 영원한 생명을 얻을 것이다. 그 사람은 심판을 받지 않을 뿐만 아니라 이미 죽음의 세계에서 벗어나 생명의 세계로 옮겨갔다." 하였다. 그런 사람은 첫 번째 부활에 속하여 죽음에서 생명으로 옮겨가므로 앞으로는 죄에 대해 처벌 받지 않으리라고 하시는데, 이때 심판이라는 말을 쓰신다. "악한 일을 한 자는 부활하여 심판을 받으리라" 하실 때에도 심판이라는 말이 죄에 대해 처벌하겠다는 것을 뜻한다. 그러므로 두 번째 부활에서 죗값을 받고 싶지 않다면 첫째 부활로 되살아나야 하리라. "죽은 자들이 하느님 아들의 목소리를 들을 때가 오니, 곧 지금이라. 듣는 자는 살아나리라." 달리 말하면, 죄에 대해 처벌받지 아니하리라. 이 단죄를 두 번째 죽음이라 한다. 첫 번째 부활인 영적 부활로 깨어나지 못한 자들은 두 번째 부활인 육체적 부활 뒤 다시 두 번째 죽음으로 떨어지고 말 것이다. "무덤 속에 있는 모든 이들이 다 그분의 목소리를 들을 때가 오나니" 이렇게 말씀하실 때에는 "바로 지금이라" 하시지 않는다. 그것은 세상 마지막에 있을 하느님의 가장 중요한 마지막 심판이 될 것이기 때문이다. 첫 번째 부활 때와 달리 여기서는 "듣는 자는 살아나리라" 하시지 않는다. 모든 사람이 살아나는 것은 아니며, 적어도 생명이라 불릴만한, 유일하게 축복받을 그런 생명에 모두 포함되지는 못하기 때문이다. 여하튼 어떤 것이든 생명이 없다면 그분의 목소리를 들을 수 없고 무덤에서 육신이 부활해 나아가지도 못하리라. 어째서 모든 이가 다 살지 못하는지는 다음 구절에서 가르친다. "선한 일을 행한 자는 생명의 부활로" 살 것이고, "악한 일을 행한 자는 부활하여 심판을 받고" 두 번째 죽음으로 들어갈 것이다. 이들은 악한 일을 하며 악하게 살았으므로, 첫 번째 부활, 곧 영혼의 부활로 되살아나지 않았거나 되살아난 그 상태로 끝까지 참고 견디지 않았기 때문이다. 앞서 두 가지 재생이 있다 했는데, 하나는 세례를 받고 구할 수 있는 신앙에 따른 재생이고, 다른 하나는 마지막 심판을 통한 영원히 썩지도 죽지도 않을 육신의 재생이다. 마찬가지로 부활에도 두 가지가 있는데, 하나는 지금 일어나는 영혼의 부활로, 우리를 두 번째 죽음에 이르지 않도록 보호한다. 또 다른 하나는 세상의 마지막에 있을 부활로 영혼이 아니라 몸에 대한 부활이다. 마지막 심판에 따라 어떤 사람들은 두 번째 죽음으로 보내고, 또 어떤 사람들은 죽음 없는 생명으로 보내지리라.

제7장 요한계시록과 첫 번째 부활

복음사가 요한은 《요한계시록》이라는 책에서 이 두 가지 부활을 말했다. 그런데 그 표현방식 때문에 어떤 그리스도교인들은 첫 번째 부활을 제대로 이해하지 못할 뿐 아니라, 심지어 우스꽝스런 이야기로 바꿔버리기도 한다. 계시록에서 사도 요한은 이렇게 말씀하신다. "그리고 나는 한 천사가 끝이 없어 보이는 깊은 구렁의 열쇠와 큰 사슬을 손에 들고 하늘로부터 내려오는 것을 보았습니다. 그는 늙은 뱀이며 악마이며 사탄인 용을 잡아 천 년 동안 묶어, 끝없이 깊은 구렁에 던져 가둔 다음 그 위에다 봉인을 하여 천 년이 다 끝날 때까지 민족들을 현혹하지 못하게 했습니다. 사탄은 그 뒤 잠시 풀려나오게 되어 있습니다.

나는 또 높은 의자와 그 위에 사람들이 앉아 있는 것을 보았습니다. 그들은 심판할 권한을 받은 사람들이었습니다. 또 예수께서 예언하신 진리와 하느님의 말씀을 전파한 죄로 목이 잘린 사람들의 영혼을 보았습니다. 그들은 짐승이나 우상에게 절을 하지 않고 이마와 손에 낙인을 받지도 않은 사람들입니다. 그들은 살아나서 그리스도와 함께 천 년 동안 다스리게 되었습니다. 이것이 첫 번째 부활입니다. 나머지 죽은 자들은 천 년이 다 끝날 때까지 살아나지 못하게 되었습니다. 이 첫 번째 부활에 들어가는 사람은 복되고 거룩합니다. 그들에게는 두 번째 죽음이 아무런 힘도 쓰지 못합니다. 이 사람들은 하느님과 그리스도를 섬기는 사제가 되고 천 년 동안 그리스도와 함께 다스릴 것입니다"(묵시 20 : 1~6).

이 구절을 보고 첫 번째 부활이 앞으로 있을 육체적 부활이라고 여기는 사람들도 있다. 그들은 특히 천 년이라는 숫자에서 깊은 인상을 받아, 성도들이 그 기간 동안 안식일의 휴식을 즐기는 것이 마땅하다는 듯이 생각하게 되었다. 인간이 창조된 뒤 6000년 동안 어려움을 겪어왔고, 그 큰 죄 때문에 낙원의 행복에서 쫓겨나 죽어야만 하는 고된 인생을 살았으니, 성경에 "하루가 천 년 같고, 천 년이 하루 같습니다"(2베드 3 : 8)라는 말씀이 있듯이, 6000년이 엿새처럼 지나간 뒤에 하나의 제7일 안식일과 같은 최후의 1000년이 올 것이며, 이 안식을 즐기기 위해서 성도들이 부활하리라는 것이다. 만일 그 안식일의 기쁨이 영적인 것이며, 주님이 성도들과 함께 하시리라 믿는다면 이런 견해도 있을 법하다. 나 자신도 이렇게 생각한 때가 있다. 하지만 그때 부활하는 사람들이 무절제한 육적 연회에서 한가하게 음식을 실컷 먹으리라 말하는 사람들도 있다. 그 잔치에는 음식이 넘쳐나 절제 있는 사람들을 놀라게 할 뿐 아니라, 믿는 것도 정도가 있는데 이건 도가 지나치므로 이런 주장을 믿을 수 있는 이는 육욕적인 사람들뿐이다. 영적인 사람들은 이들을 그리스어로 chiliastai(킬리아스타이)라 부르는데 문자 그대로 표현해서 '천년왕국론자'라 할 수 있다. 그들의 견해를 하나하나 따지자면 지루하니 그보다 성경 구절을 어떻게 받아들여야 할지 이야기하겠다.

주 예수 그리스도께서 몸소 말씀하신다. "힘센 사람의 집에 들어가 그 세간을 털어가려면 먼저 그 힘센 사람을 묶어놓아야 하지 않겠느냐? 그래야 그 집을 털 수 있을 것이다"(마르 3 : 27). 여기서 힘센 자는 마귀를 가리키는데, 그는 인류를 사로잡을 수 있었기 때문이다. 털어갈 세간이란 온갖 죄와 불의로 마귀에게 잡혀 있는 사람들이며 그리스도를 믿게 될 이들이다. 사도가 계시록에서 본 것은 이 강한 자를 묶으려고 내려오는 천사였다. "천사가 끝없이 깊은 나락의 열쇠와 큰 사슬을 손에 들고 하늘로부터 내려오는 것을 보았습니다. 천사는 늙은 뱀이며 악마이며 사탄인 용을 잡아 1000년 동안 묶어", 곧 그의 힘을 억눌러 앞으로 해방될 사람들을 다시는 유혹해 사로잡지 못하게 하는 것을 보았다. 내 생각으로는, 1000년이라는 말은 두 가지로 풀이할 수 있다. 만약 저런 일들이 마지막 여섯째 1000년동안, 다시 말해 창조의 여섯 번 째 날처럼 6000년 대에 일어나며, 바로 오늘 그 마지막 기간을 지나가고 있다는 것이다. 그 뒤 저녁이 없는 안식일이 되고 성도들은 영원히 안식한다는 것이다. 이것은 부분으로 전체를 표현한 것으로 1000년의 마지막 부분, 세상의 마지막까지 아직 남아있는 부분을 1000년이라고 부르는 것이다. 또 다른 해석은 이 세계가 계속되는 모든 기간을 1000년으로 하여 시간이 충만하다는 사실을 완전함을 나타내는 숫자로 표현한 것이다. 1000이라는 숫자는 10이라는 숫자의 세제곱 수를 만들어낸다. 10의 열 곱은 100이며 평면상의 정사각형이다. 평면을 정육면체로 높이려면 100을 다시 10으로 곱해서 1000을 얻는다. 100도 전체를 뜻할 때가 있는데 모든 것을 버리고 주님을 따른 사람에게 "현세에서는 박해를 받겠지만 집과 형제와 자매와 어머니와 자녀와 토지의 축복이 100배나 될 것이며 내세에서는 영원한 생명을 얻을 것이다"(마르 10 : 30) 이런 약속에서 그것을 알 수 있다. 이를 설명하듯 사도는 "아무것도 가진 것이 없지만 사실은 모든 것을 가지고 있습니다"(2고린 6 : 10) 했으며, 잠언에는 "온 세상이 믿는 자의 재물이라"(잠언 17 : 6) 했다. 제곱인 100이 이러한데 세제곱인 1000은 전체라는 것을 얼마나 잘 나타내겠는가? 같은 이유로 시편 말씀, "계약을 맺으시며 천 대에 내리신 말씀 영원히 잊지 못하리"(시편 105 : 8)에서, 천 대를 모든 세대라고 풀이하는 것이 가장 좋으리라.

"깊은 구렁에 던져", 악마가 던져진 구렁은 수없이 많은 악한 이들의 무리를 뜻하며, 하느님 교회에 대한 이들의 악의는 참으로 깊고 깊다. 이 구절은 악마가 전에는 거기 구렁에 없었다는 게 아니라, 이제 믿는 이들이 그자를 배척하게 되자 마침내 불경스런 자들을 더욱 완전히 차지하게 되었다는 의미이다. 하느님에게서 멀어졌을 뿐 아니라, 하느님을 섬기는 사람들을 아무런 이유없이 싫어하는 사람들은 확실히 악마의 손아귀에 들어가게 된다. "닫아 버린 다음 그 위를 봉하여 천 년이 다 되도록, 다시 여러 백성들을 꼬드기지 못하게 하였다." "잠그고"는 나가지 못하도록, 금지된 짓을 하지 못하도록 한 것이다. "잠그고 그 위를 봉하여"는 누가 악마에게 속하며 누가 속하지 않는가를 숨기려는 뜻이라 생각된다. 이 세상에서 이것은 비밀이다. 서 있는 듯 보이는 사람도 넘어질지 모르며, 넘어진 듯한 사람도 다시 일어설지 아무도 모르기 때문이다. 그러나 이제 악마들은 그리스도에게 속한 백성들을 더는 꼬드길 수 없도록 묶인 채 갇혀 있다. 전에는 그리스도를 믿는 백성들을 꾀어 손아귀에 넣곤 했으나 지금은 사도가 말했듯이 아버지께서는 우리를 깜깜한 어둠에서 건져내시어 당신의 사랑하시는 아들 나라로 옮겨 놓기로 작정하셨기 때문이다(에페 1 : 4 ; 골로 1 : 13).

저 악마가 오늘도 백성들을 유인해 끝없는 징벌의 상태로 끌고 가지만 영원한 생명을 받기로 약속된 백성들은 손댈 수 없다는 사실을 어느 그리스도인이 모르는가? 그리스도 안에서 거듭나 하느님의 길에 들어선 사람들까지도 악마가 자주 유혹한다는 것은 놀랄 일이 아니다. "주님께서 당신에게 속한 사람들을 아시기"(2디모 2 : 19) 때문이며, 악마도 이런 사람들 가운데서는 꾀어내어 영원한 파멸로 끌고 갈 수 없기 때문이다. 하느님은 자기 백성을 정확히 아시며, 미래까지도 그분 앞에서는 숨길 수 없다. 그 대신 인간은 사람을 보아도 그가 앞으로 어떤 사람이 될지, 어떤 마음을 지녔는지 알 수 없으며, 자기 자신조차 어떻게 될지 모른다. 교회를 이루는 백성들을 미혹하지 못하게 하기 위해 악마가 묶인 채 깊은 구렁텅이로 던져졌는데 백성들이 교회를 이루기 전에는 악마가 그들을 미혹해 사로잡고 있었기 때문이다. 계시록에 "아무도 미혹하지 못하게 하였다" 하지 않고 "다시는 백성들을 미혹하지 못하게 하였다" 한다. 백성들이라는 말은 교회를 뜻하는 것으로 봐야 한다. "1000년이 다 되도록"은 천 년으로 이루어진 여섯째 날에서 남은 기간이나, 세상 끝까지 흘러갈 모든 시간을 가리킨다.

"천 년이 다 되도록 다시는 백성을 미혹하지 못하게 하였다" 해서 마치 그 뒤로는 백성들을 미혹하는 일이 허용된 것처럼 받아들여서는 안 된다. 그 백성들은 교회를 이루기로 되어 있고, 악마는 그 백성들을 미혹할 수 없게 쇠사슬로 묶인 채 갇혀 있다.

여기서 쓰이는 어법은 성경에서 자주 쓰이는데, 시편에 "상전의 손만 쳐다보는 종의 눈처럼 마님의 손만 쳐다보는 몸종의 눈처럼 우리 하느님 주님의 자비를 바라 우리 눈이 그분을 쳐다봅니다"(시편 123 : 2) 한다. 야훼 하느님이 불쌍히 여겨 주신 뒤에는 종들이 더 이상 하느님을 바라보지 않는다는 게 아니다. 여기서 말의 순서는 확실히 다음과 같다. "잠그고 그 위를 봉인한 뒤 1000년이 다 되도록 두며, 다시는 여러 백성들을 미혹하지 못하게 하였다." 천 년이 되도록 악마가 갇혀 있으며, 그 때문에 다시는 백성들을 미혹하지 못하게 되었다는 뜻이다.

제8장 악마의 구속과 해방

"사탄은 그 뒤에 잠시 풀려 나오게 되어 있습니다"(묵시 20 : 3) 이렇게 요한은 말한다. 교회를 유혹할 수 없도록 사탄을 묶어 가두었다면, 그가 풀려 나오게 되는 것은 다시 유혹할 수 있다는 뜻인가? 절대 그렇지 않다. 세상이 만들어지기 전에 예정되고 선택된 교회, "주님께서 당신에게 속한 사람들을 아신다"(2디모 2 : 19) 한 그 교회는, 결코 미혹되지 않을 것이다. 하지만 교회는 악마가 풀려날 그때에도 이 세상에 존속할 것이다. 교회는 처음부터 있었고, 앞으로 죽어 가는 신자의 자리를 새 신자가 메움으로써 언제나 존재할 것이다. 요한은 그 뒤 악마가 전세계 백성들을 유혹해서 교회와 싸울 것이며, 이 원수들의 숫자는 바다의 모래알처럼 많으리라고 말했다. "그들은 온 세상에 나타나서 성도들의 진지와 하느님께서 사랑하시는 나라를 둘러쌌습니다. 그때에 하늘로부터 불이 내려와서 그들을 삼켜 버렸습니다. 성도들을 현혹시키던 그 악마도 불과 유황의 바다에 던져졌는데 그곳은 짐승들과 거짓 예언자가 있는 곳입니다. 거기에서 그들은 영원히 밤낮으로 고통받을 것입니다"(묵시 20 : 9~10). 이것은 마지막 심판에 대한 말씀이다.

이 대목을 여기서 인용하는 것이 알맞다고 생각한 까닭은 악마가 풀려 난 잠깐 동안 지상에 교회가 없으리라 생각하는 사람이 혹시나 있을까 걱정해서 이다. 악마가 풀려나니 교회가 존재하지 못하리라거나, 악마의 온갖 괴롭힘 때문에 교회가 파괴될 것이라는 생각 말이다. 그러나 이 대목은 그런 뜻으로 이해해서는 안 된다. 곧 계시록이 다루는 모든 시대에 걸쳐, 그리스도가 처음으로 오셨을 때부터 그분이 두 번째로 오시는 종말에 이르기까지 악마는 묶여 있다. 악마를 옭아맴으로써 1000년이라는 저 중간시기 동안 그가 교회를 미혹하지 못하게 만들었다는 것이다. 만일 그가 묶였다는 것이 그가 교회를 유혹하지 못하거나 유혹이 금지 된다는 뜻이라면, 그가 풀려 난다는 것은 유혹할 수 있게 되든지 유혹이 허락된다는 것이 아니고 무엇인가? 하지만 결코 그리 되지는 않으리라. 악마의 속박은 그가 온힘을 다해서 유혹하지는 못한다는 뜻으로, 사람들을 폭력으로 강요하거나 기만으로 속여 그의 손아귀에 넣을 수 없다는 것이다. 만일 그가 오랜 시간 동안 약한 사람들을 공격할 수 있다면, 많은 사람들이 그런 유혹에 노출되어 믿음을 잃어버리거나 방해 받기를 하느님이 허용치 않으시므로 이런 일이 없도록 악마가 묶이는 것이다.

그러나 비록 잠깐이기는 하지만 악마가 풀려 나는 날이 온다. 그는 자신과 사자들의 능력을 모두 기울여 3년 6개월 동안 맹위를 떨칠 것이라고 기록되었다(묵시 11 : 2, 12 : 12, 13 : 5). 하지만 그가 전쟁을 벌이려는 상대는 그의 폭력과 술책으로 굴복시킬 수 없는 사람들이다. 만약 그자가 절대 풀려나지 않는다면 그의 사악한 힘이 낱낱이 드러나지 못할 것이고, 따라서 거룩한 나라의 변함없는 불굴의 용기도 모두 보여주지 못하리라. 그러면 결국 전능한 분이 그자의 저토록 크나큰 악을 어떻게 선하게 이용하시는지 깨닫는 일도 줄어들 것이다. 하느님은 성도들을 악마의 유혹에서 따로 떼어내시는 게 아니라, 믿음이 살고 있는 그들의 내면 인간만을 보호하시고, 외면적인 시험으로는 그들이 이로움을 얻도록 하신다. 그리고 악마를 결박하셔서, 그가 함부로 자유롭게 악행을 계속함으로써 연약한 많은 사람들의 믿음을 방해하거나 빼앗는 것을 막으신다. 교회는 이런 사람들을 통해 성장하며 완성되기 때문이다. 그리고 마침내 그를 풀어 놓아서, 하느님 나라를 정복한 원수가 얼마나 강력하였는가를 보여줌으로써 구속자이시고 후원자와 구원자이신 분에게 큰 영광이 돌아가게 하시리라. 앞으로 오실 저 거룩하고 성실한 성도들과 비교한다면 우리는 도대체 무엇인가? 그들은 결박에서 풀려난 원수와 싸울 텐데 우리는 결박된 마귀와 싸우는 데도 큰 위험을 무릅쓰지 않는가? 그러다가 저토록 힘센 자가 풀려난다면 어찌 될 것인가? 물론 그 중간기간에도 그리스도의 지혜롭고 굳센 군사들이 있었으며 오늘도 여전히 있다는 데에는 의심의 여지가 없다. 그러므로 만일 이 사람들이 마귀가 풀려난 긴박한 시기에 살아 있다면, 그의 모든 간계와 공격에 대해서 유감없이 지혜를 드러내 끝까지 참고 견뎌낼 것임에 틀림없다.

마귀가 결박된 것은 교회가 유대 땅 밖으로 더욱더 널리 뻗어 나가기 시작할 때에 생긴 것이 아니다. 오늘도 묶여 있고 앞으로도 그 상태는 그가 풀려날 세상 끝까지 이어질 것이다. 지금도 그리고 물론 세상 끝까지도 마귀에게 잡혀 믿지 않던 사람들은 회개하고 또 믿게 될 것이다. 그러는 동안 누가 보더라도 그 강한 자는 묶여 있을 것이며 그래야만 그에게서 세간을 빼앗아 올 수 있을 것이다. 또 그가 처음으로 거기에 던져졌을 때에 살아 있던 사람들이 죽는다고 해도 그가 갇혀 있는 나락은 여전히 채워지지 않을 것이다. 그 뒤로도 여전히 그 사람들의 뒤를 이어 인간들이 태어나고, 세상이 끝날 때까지 그리스도에 대한 미움을 가지고 태어나는 것은 마찬가지이다. 그들의 어두운 마음속에 마귀는 나락에 갇히듯 날마다 갇혀 있게 된다. 하지만 그가 놓여서 힘껏 날뛰던 3년 6개월 동안, 신앙을 갖는 사람이 있을까 하는 것이 문제이다. 그렇게 되면 "먼저 힘센 자를 묶어 놓지 않고서, 누가 어떻게 그 힘센 자의 집에 들어가 재물을 빼앗을 수 있겠느냐? 묶어 놓은 뒤에야 그 집을 털 수 있다"(마태 12 : 29) 하신 말씀이 어떻게 옳겠는가? 이 구절대로라면 마귀가 풀려 나는 기간에는 그리스도교에 새로 속하는 이가 없을 것이며, 마귀는 이미 그리스도교가 된 사람들을 상대로 싸워 그들을 정복해갈 것이다. 그러나 정복된 사람들은 하느님의 자녀로 예정된 수에 들지 않았다고 생각한다. 계시록을 쓴 요한은 그의 책에서 다음과 같은 바른 말을 하기 때문이다. "그들은 우리의 사람이 아니었기 때문에 우리에게서 떨어져 나갔습니다. 그들이 우리의 사람들이었다면 우리와 함께 남아 있었을 것입니다"(1요한 2 : 19).

그렇다면 어린이들은 어떻게 될 것인가? 그때 그리스도인의 자녀로 태어났으나 아직 세례를 받지 않은 아이들과, 또 기간에 새로 태어나는 아이들이 반드시 있을 것이다. 이런 어린이들이 있다면, 그 부모들이 어떤 방법으로든지 그들을 성령으로 깨끗이 씻어서(디도서 3 : 5) 데려가지 않을 리가 없다. 하지만 이렇게 되면 이미 놓여난 저 마귀에게서 어떻게 이 세간들을 빼앗겠는가? 먼저 그를 묶어두지 않고는 그의 집에 들어가 세간을 빼앗을 수 없기 때문이다. 그러나 그때는 교회로부터 떨어져 나가는 사람들도 있고 반대로 들어오는 사람들도 있으리라. 그때는 어린이들에게 세례를 받게 하려는 부모들이나 처음으로 믿음을 갖게 된 사람들은 결심이 강하므로, 마귀가 그들을 정복할 수 없을 것이다. 마귀가 그때까지 볼 수 없었던 온갖 간계와 능력을 쓸지라도 사람들은 끝까지 그에게 맞서리라. 그런 사람들은 풀려난 마귀에게서 세간, 곧 신자들을 빼앗을 수 있으리라고 믿는다.

하지만 성경에 전하는, "누가 힘센 사람의 집에 들어가서 그 세간을 털어가려면 그는 먼저 그 힘센 사람을 묶어놓아야 하지 않겠느냐?" 이 복음 구절은 거짓말이 아닐 것이다. 이 옳은 말씀에 따라 다음과 같은 순서가 지켜지기 때문이다. 먼저 힘센 사람을 묶어놓고 그 다음에 그 세간을 털었다. 그래서 온 세계 모든 민족 가운데서 강한 자와 약한 자들이 부름을 받아 교회가 크게 성장했기 때문에, 예언들이 이루어진 데 대한 씩씩한 믿음으로 교회는 풀려난 마귀에게서도 그 세간을 털기에 이를 것이다. "불법이 성하여 많은 이의 사랑이 식어갈 것이다"(마태 24 : 12)라는 것과 또 생명책에 기록되지 않은 사람들이 풀려난 마귀의 이제까지 없었던 거센 박해와 간계에 무릎을 꿇으리라는 것 또한 인정해야 하리라. 그러나 우리는 또한 그때 건전한 믿음을 지닌 사람들과, 그때까지 밀어내던 믿음을 새로 굳게 붙잡은 사람들이, 하느님 은혜의 도움을 받아 풀려난 마귀까지도 물리치며 정복해야 된다고 생각하지 않을 수 없다. 그때 그들은 닥쳐오는 종말을 보며, 하느님 은혜의 도움으로 다른 일들과 함께 그 종말을 예언한 성경을 이해하게 될 것이다. 이렇게 되면 먼저 마귀를 결박한 다음에 그의 물건을 빼앗는다고 말할 수 있다. "누가 힘센 사람의 집에 들어가서 그 세간을 털어가려면 바로 먼저 그 힘센 사람을 묶어놓아야 하지 않겠느냐?" 하는 말씀은 이런 뜻이다.

제9장 그리스도와 성도들의 천 년 동안 지배

그런데 마귀가 묶여 있는 천 년 동안 성도들은 그리스도와 함께 군림할 것이다. 여기서 말하는 이 천 년은 그리스도가 처음 오신 기간과 같은 햇수이며 이 점은 의심의 여지가 없다. 종말에 그리스도께서 하신 "내 아버지께 복을 받은 이들아, 와서 세상 창조 때부터 너희를 위하여 준비한 이 나라를 차지하여라"(마태 25 : 34) 말씀에서 이 나라는 예외다. 비록 이 구절과는 전혀 다르고 차이가 큰 의미지만, 요즘도 성도들은 그분과 더불어 다스리고 있다. 주께서 성도들에게 "내가 너희에게 명한 모든 것을 지키도록 가르쳐라. 보라, 내가 세상 종말 때까지 언제나 너희와 함께 있겠다"(마태 28 : 20) 말씀하시기 때문이다. 그렇지 않다면 아직까지도 교회를 그분의 나라나 하늘 나라라고 말하지는 못하리라. 우리는 이미 이야기한 것처럼 하늘 나라의 제자가 된 모든 율법학자는 자기 곳간에서 새 것도 꺼내고 옛 것도 꺼내는 집주인과 같다(마태 13 : 52). 추수 때까지 밀과 함께 자라도록 주께서 허락하신 가라지를 교회를 통해 추수하는 자들이 거두어들인다.

주님이 설명하신 말씀과 같다. "가라지를 뿌린 원수는 악마요, 추수 때는 세상 종말이고, 일꾼들은 천사들이다. 그러므로 추수 때에 가라지를 그러모아 불에 태우듯이 세상 종말에도 그렇게 할 것이다. 그날이 오면 사람의 아들이 자기 천사들을 보낼 터인데 그들은 남을 죄짓게 하는 모든 자들과 불의를 저지르는 자들을 모조리 자기 나라에서 추려내어 불가마에 던져 버릴 것이다"(마태 13 : 39~41). 그러나 어떤 넘어지게 하는 것도 없는 그 나라에서 어떻게 추려낸다는 말씀이겠는가? 그러므로 그들이 가라지를 그러모으는 것은 주님의 현재의 나라인 교회에서 하는 일이라고 보는 편이 옳다.

그래서 주님은 "이 계명 중에 가장 작은 하나라도 어기거나, 또 사람들을 그렇게 가르치는 자는 누구나 하늘 나라에서 가장 작은 자라고 불릴 것이다. 그러나 스스로 계명을 지키고, 남에게도 그렇게 가르치는 자야말로 하늘 나라에서 큰 사람이라고 불릴 것이다"(마태 5 : 19) 하셨다. 주님이 가르치시는 계명들을 행하지 않는 "버리는" 사람과, 주님과 함께 행하며 가르치는 사람 모두 천국에 있다고 말씀하신다. 그러나 전자는 매우 작고 후자는 크다고 하시면서 곧바로 이렇게 덧붙이신다. "잘 들어라. 너희가 율법학자들이나 바리사이파 사람들보다 더 옳게 살지 못한다면 결코 하늘 나라에 들어가지 못할 것이다." 바꿔 말하면 자기가 가르치는 것을 자기는 행하지 않는 자들의 의라는 뜻이다. 다른 곳에서 율법학자들과 바리사이파 사람들에 대해서 "그들이 너희에게 말하는 것은 모두 실행하고 지켜라. 그러나 그들의 행실은 따라 하지 마라. 그들은 말만 하고 실행하지 않는다"(마태 23 : 3) 말씀하셨기 때문이다. 그러므로 너희가 율법학자들과 바리사이파들의 의로움을 넘어서지 않으면 결코 하늘 나라에 들어가지 못할 것이다"(마태 5 : 20) 하신다.

여기서 천국은 두 가지 뜻으로 풀이해야 한다. 하나는 가르침을 행하지 않는 매우 작은 자와, 행하는 큰 자가 함께 있는 하늘 나라이다. 다른 하나는 가르침을 행한 자들만이 들어갈 천국이다. 둘 모두 함께 있는 것은 오늘의 교회를 말하는 것이고, 한쪽 사람들만 있을 천국은 악인이 없기로 예정된 미래의 교회이다. 그러므로 현재 있는 대로의 교회도 그리스도의 나라이며 하늘 나라이다. 따라서 지금도 성도들이 그리스도와 더불어 군림하며, 앞으로 세력을 쥘 때와 다를 뿐이다. 그러나 교회 안에 가라지가 좋은 곡식과 함께 자라고 있으므로, 그들은 그리스도와 함께 다스리지 왕노릇을 하지 않는다. 사도의 말씀대로 행하는 사람들만이 그리스도와 함께 군림하기 때문이다. "이제 여러분은 그리스도와 함께 다시 살아났으니 천상의 것들을 추구하십시오. 거기에는 그리스도께서 하느님의 오른편에 앉아 계십니다. 여러분은 땅에 있는 것들에 마음을 두지 말고 위에 있는 것들에 마음을 두십시오"(골로 3 : 1~2). 사도는 이런 사람들의 시민권이 하늘에 있다고 한다(필립 3 : 20). 끝으로 그리스도의 나라에 있되, 그의 나라에 사는 사람들은 그와 함께 다스린다. 그러나 다른 일은 말하지 않더라도 세상 끝에 그리스도의 나라에서 넘어지게 하는 모든 것이 없어질 때까지 그 안에 있으면서도 자기 일을 구하고 그리스도의 일을 구하지 않는 사람들을(필립 2 : 21) 어떻게 그리스도의 나라에 있다고 하겠는가?

우리가 방금 인용한 계시록은 전쟁을 하고 있는 나라에 대해 말하고 있다. 이 나라 안에서는 거스르는 욕망과 싸워 이기면, 마침내 평화로운 나라가 된다. 또 이 말씀은 지금 사는 세상에서의 첫째 부활에 대한 것이다. 요한계시록에는 마귀가 천 년 동안 결박되었다가 잠깐 풀려난다고 할 때 교회 안에서 그 천 년 동안 어떤 일이 이루어 지는가에 대한 설명이 있다. "나는 또 많은 높은 좌석과 그 위에 앉아 있는 사람들을 보았습니다. 그들은 심판할 권한을 받은 사람들이었습니다"(묵시 20 : 4). 이 말씀은 마지막 심판이 아니라, 오늘날 교회를 다스리는 사람들과 그 자리에 대한 것이다. 심판하는 권세를 받았다는 것은 "내가 진실로 너희가 말한다. 너희가 무엇이든지 땅에서 매면 하늘에서도 매일 것이고, 너희가 무엇이든지 땅에서 풀면 하늘에서도 풀릴 것이다"(마태 18 : 18) 이 말씀이 가장 좋은 해석이 될 것이다. 그래서 사도는 말한다. "밖에 있는 사람들을 심판하는 것은 내가 할 일이 아닙니다. 여러분이 심판할 사람들은 교회 안에 있는 사람들이 아닙니까?"(1고린 5 : 12). 그리고 요한은 "예수께서 계시하신 진리와 하느님의 말씀을 전파했다고 해서 목을 잘린 사람들의 영혼"이 "천 년 동안 군림하였습니다" 하는데(묵시 20 : 4), 여기서 말하는 영혼들이란 아직도 자기 몸으로 돌아가지 못한 순교자들의 영혼들이다. 때문에 경건한 사람들의 영혼은 지금도 그리스도의 나라인 교회에서 분리되지 않는다. 그렇지 않다면, 그리스도의 몸에 참여할 때에 하느님의 제단에서 기억하지 않을 것이다. 또는 세례를 받지 않은 채 세상을 떠나지 않기 위해서 서둘러 그리스도의 세례를 받는 일도 소용없으리라. 또 회개나 양심의 가책으로 사람이 그리스도의 몸에서 떨어지게 된다면 화해를 도모하는 것도 아무런 소용이 없을 것이다. 죽은 신도들이 교회의 지체가 아니라면 무엇 때문에 이런 일들을 행하겠는가? 그러므로 이 천 년이 흘러가는 동안 그들의 영혼도, 아직 몸과 결합되지 않았지만 그리스도와 함께 군림한다. 그러므로 같은 책의 다른 부분에 이런 말씀이 있다. "나는 또 '이제부터는 주님을 섬기다가 죽는 이들은 행복하다'고 기록하여라 하늘에서 울려오는 목소리를 들었습니다. 그러자 성령께서 말씀하셨습니다. '그렇다. 그들은 고생 끝에 이제 안식을 누릴 것이다. 그들이 한 일이 그들을 따라가기 때문이다' 말씀하셨습니다"(묵시 14 : 13). 교회는 지금 산 자들과 죽은 자들로 그리스도와 함께 다스리기 시작한다. 사도는 "그리스도께서 죽으셨다가 다시 살아나신 것은 죽은 자와 산 자의 주님이 되시기 위해서입니다"(로마 14 : 9) 하기 때문이다. 그러나 요한이 순교자들의 영혼만을 말한 것은 진리를 위해 죽기까지 싸운 그들이 죽은 뒤에 주로 군림하기 때문이다. 그러나 부분으로 전체를 이해한다고 생각할 때 우리는 교회, 곧 그리스도의 나라에 속한 모든 다른 사람들에 대한 말씀으로 풀이할 수 있다.

그 뒤에 있는 말씀, "예수께서 계시하신 진리와 하느님의 말씀을 전파했다고 해서 목을 잘린 사람들의 영혼과 짐승이나 그의 우상에게 절을 하지 않고 이마와 손에 낙인을 받지 않은 사람들"(묵시 20 : 4)은, 산 자와 죽은 자 양쪽으로 풀이해야 한다. 이 짐승이 무엇이냐에 대해서는 신중히 연구할 필요가 있지만, 저 불경건한 도시 자체와 불신자 사회를 가리킨다고 생각하는 것이 참된 신앙과 다르지 않을 것이다. 그들은 신자들과 하느님의 나라에 반대하는 자들이다.

나는 "그의 우상"이란 그저 흉내내는 것으로 여겨지는데, 그런 사람들은 겉으로는 신앙을 고백하는 것처럼 보이지만 실제로는 신앙 없이 살아간다. 그리스도인이 아니면서 그리스도인인 체하며 세상에서도 그렇게 부르지만, 그들은 진실한 모습이 아니라 거짓 형상이다. 이 짐승에게 속한 것은 그리스도의 이름과 그의 가장 영광스러운 도시에 반대하는 원수들뿐 아니라, 세상 종말 때 그의 나라인 교회에서 뽑아 모을 그 가라지들도 짐승에게 속하기 때문이다.

그리고 짐승과 그의 형상을 섬기지 않았다는 것은 사도가 "믿지 않는 사람들과는 한 멍에를 메지 마십시오. 의로움과 불법이 어떻게 짝을 이룰 수 있겠습니까? 서로 어울리지 않습니다"(2고린 6:14) 한 그 사람들이 아니고 누구겠는가? 이런 사람들은 경배하지 않는다. 다시 말해서 찬성하고 굴복하지 않는다. "낙인을 받지도 않은"이라는 말은 죄악의 표시를 받지 않았다고 하는 뜻이고, "이마에" 낙인을 받지 않았다는 것은 그들의 신앙고백 때문이며, "손에" 낙인을 받지 않았다는 것은 그들이 행한 선행을 말한다. 아직 곧 죽을 운명인 육신 안에 살고 있든 이미 죽었든, 이런 악에서 벗어난 사람들은 그리스도와 함께 군림한다.

"그 나머지 죽은 자들은 천 년이 끝나기까지 살아나지 못하였습니다"(묵시 20:5). 지금은 죽은 아들이 하느님 아들의 음성을 들을 것이며 그 음성을 들은 아들은 살아날 터인데(요한 5:25) 그 나머지는 살아나지 못하기 때문이다. "천 년이 끝나기까지"라는 단서가 덧붙긴 하지만, 그들이 죽음에서 생명으로 옮김으로써 살았어야 할 기간에 살아나지 않았다는 뜻이다. 그래서 몸이 부활하는 때가 오면 그들도 무덤에서 나오겠지만, 생명이 아니라 심판인 둘째 죽음, 곧 정죄 받기 위해서 나올 것이다. 천 년이 끝날 때까지, 곧 첫째 부활이 진행되는 기간이 끝날 때까지 살아나지 못한 사람은—하느님 아들의 음성을 듣고 죽음에서 생명으로 옮기지 않은 사람은—둘째 부활 즉 몸이 부활할 때, 그 몸과 함께 둘째 죽음으로 들어갈 것이다. 이어 이런 말이 나온다. "이 첫째 부활에 참여하는 사람은 행복하고 거룩한 사람입니다"(묵시 20:6). 말하자면 첫째 부활을 경험한 자들이라는 뜻이다. 이런 사람들은 죄의 죽음에서 살아날 뿐 아니라, 이 새로운 생활을 이어감으로써 첫째 부활을 경험하는 것이다. "그들에게는 둘째 죽음이 아무 힘도 쓰지 못합니다"(묵시 20:6). 그러므로 둘째 죽음은 나머지 사람들에 대해서는 권세가 있으며, 위에서 "그 나머지 죽은 자들은 천 년이 끝날 때까지 살아나지 못하였습니다"(묵시 20:5) 했다. 천 년 동안 저마다 자기들 몸으로 살기는 했으나 죽음에서 되살아나지는 못했으며, 죄악이 그를 죽음에 붙잡아 두었던 것이다. 다시 살아났어야만 첫째 부활에 참여했으며 둘째 죽음이 그에게 권세를 부리지 못했을 것이다.

제10장 혼의 부활

그러나 몸의 부활만을 부활로 단정하고 계시록에서 말하는 첫째 부활이 몸의 부활이라고 주장하는 사람들이 있다. 그들 말에 따르면, 사람들의 육체가 넘겨져야 다시 일으켜진다. 그것이 곧 부활한다고 말할 수 있기 때문이라고 한다. 그런데 몸은 죽어야 넘어진다.*² 그러므로 영혼의 부활은 있을 수 없고, 몸만 부활한다고 한다. 하지만 그들은 사도가 말하는 영혼의 부활에 대해서는 무엇이라고 하는가? 사도는 확실히 외적 인간에 따라 부활한 것이 아니라 내적 인간에 따라 부활한 사람들을 상대로 말한다. "이제 여러분은 그리스도와 함께 다시 살아났으니 천상의 것들을 추구하십시오"(골로 3 : 1). 다른 데서도 같은 뜻으로 말한다. "그리스도께서 아버지의 영광을 통하여 죽은 자들 가운데서 부활하신 것처럼 우리도 새로운 삶을 살아가게 된 것입니다"(로마 6 : 4).

"잠자는 사람아 깨어나라. 죽은 이들 가운데서 일어나라. 그리스도께서 너를 비추어주시리라"(에페 5 : 14). 넘어지는 것 말고는 어떤 것도 일어날 수 없다. 따라서 몸만 부활하고 영혼은 부활하지 않는다. 몸은 넘어지기 때문이라고 결론 내리는 그들은, 어째서 다음과 같은 말씀들을 무시하는가? "주님을 두려워하는 사람들아, 그분의 자비를 기다려라, 빗나가지 말아라, 넘어질까 두렵다"(집회 2 : 7). "그가 서있든 넘어지든, 그것은 그의 주인의 소관입니다"(로마 14 : 4). "그러므로 서 있다고 생각하는 사람은 넘어지지 않도록 조심해야 합니다"(1고린 10 : 12). 내 생각에 여기서 조심하라는 넘어짐은 영혼에 대한 말씀인 듯하다. 만일 일으켜지는 것이 넘어지는 사람들의 일이라면 영혼 또한 넘어지므로 그 영혼도 일으켜진다고 고백해야 한다.

"둘째 죽음이 아무런 세력도 부리지 못합니다"라는 말씀에 "이 사람들은 하느님과 그리스도를 섬기는 사제가 되어 천 년 동안 그리스도와 함께 다스릴 것입니다" 하는 말씀이 덧붙여졌다(묵시 20 : 6). 이것은 감독들과 지금 교회 내에서 특히 사제(신부, 개역성서의 "제사장")라고 부르는 장로들만이 아니라, 신비

---

*2 이것은 라틴어에서 시체를 cadaver라고 하며, 이 말이 cader('떨어지다, 죽다' 라는 뜻의 동사)에서 왔기 때문에 하는 말임.

로운 기름 부음(그리스도) 때문에 신자들을 기름 부음을 받은 자들(그리스도)이라고 하는 것처럼, 저 유일한 한 분의 지체가 되기 때문에 모두 제사장이라고 한 것이다. 사도 베드로는 그들을 두고 "선택된 겨레이고 임금의 사제들"이라고 한다(1베드 2 : 9). 비록 짧막하고 지나가는 투로 하는 말이지만 하느님과 그리스도의 제사장, 성부와 성자의 제사장이라는 문구로써, 그리스도는 하느님이시라는 뜻을 포함했다. 물론 그리스도는 종의 신분을 취해(필립 2 : 7) 사람의 아들로서 멜기세덱의 사제 직분을 잇는 영원한 사제가 되셨다(히브리서 7 : 17~21). 이 점을 우리는 이미 여러 번(16권 22장 및 17권 17~20장 참조) 설명했다.

제11장 마지막 박해의 곡과 마곡

"천 년이 끝나면 사탄은 감옥에서 풀려 나와서 땅의 네 모퉁이에 있는 민족들 곧 곡과 마곡을 현혹시키고 그들을 전쟁에 끌어들일 것입니다. 그들의 수효가 바다의 모래와 같을 것입니다"(묵시 20 : 7~8). 그때 그들을 미혹하려는 까닭은 전쟁에 끌어들이기 위함이다. 이전에도 그는 할 수 있는 한 여러 방법으로 사람들을 많이 유혹했다. "나와서"라는 것은 마음속에서 미워하던 것을 드러내놓고 박해하게 되었다는 뜻이다. 마지막 심판이 닥쳐올 때 박해가 있을 것이며, 전 세계의 거룩한 교회가 끝까지 견뎌야 하는 것이다. 그때 지상에 있는 그리스도의 나라 모두가 마귀의 나라 전체로부터 공격을 받을 것이다. 곡과 마곡이라 부르는 저 민족들도 세계의 어느 한 부분에 있는 야만스런 국가들이라고 풀이해서는 안 된다. 어떤 사람은 곡과 마곡의 머리글자로부터 연결되어 게타이와 마사게타이(그리스 북쪽과 중앙아시아에 있는 민족들)를 가리킨다고 하고, 또 어떤 사람들은 로마 아래에 있지 않은 다른 이민족이라고 생각하기도 한다. 하지만 요한은 그들이 온 세계에 퍼져 있다고 해서 "땅의 사방 백성"이라고 하며, 이것이 곡과 마곡이라고 덧붙인다. 우리는(히브리어를 따라) 곡을 지붕, 마곡을 지붕으로부터라고 해석하며, 집과 집에서 나오는 사람이라는 뜻이라고 여긴다. 그러므로 앞서 마귀가 나락에 갇혀 있다고 풀이했듯이, 민족과 민족들 속에 악마가 갇혀 있고, 그 민족들로부터 악마가 나오는 것을 가리킨다고 이해할 수 있다. 그래서 민족들은 지붕이며, 마귀는 지붕으로부터 나오는 자이다. 우리가 곡과 마곡을 모두 민족들이라고 보고 백성과 마귀로 나누지 않을 경우에는, 둘 모두 지붕이 된다. 지금은 마귀가 그들 가운데 갇혀 있으며, 옛 원수가 여러모로 그들에게 보호받고 있기 때문이다. 또 증오가 숨겨진 곳에서 노골적으로 터져나온다면 그 민족들은 "지붕에서"라는 존재가 될 것이다. 그래서 이런 말이 나온다. "그들은 드넓은 땅을 건너 올라와서는 성도들의 진영과 하느님께서 사랑하시는 나라를 에워쌌습니다"(묵시 20 : 9). 물론 그들이 어느 한 장소로 왔다던가 오리라는 뜻이 아니다. 이 나라는 전 세계에 퍼져 있는 그리스도 교회에 지나지 않기 때문이다. 따라서 교회가 있는 곳이면 어디든지—"드넓은 땅을 건너 올라와서는" 말이 뜻하는 것처럼 교회는 모든 나라에 있을 것이므로—성도들의 진과 사랑하시는 나라도 어디든지 있을 것이며, 모든 원수들의 야만적인 박해가 교회를 둘러쌀 것이다. 원수들도 모든 백성 사이에 교회와 함께 있기 때문이다. 다시 말해 교회는 심한 고난으로 절박하고 난처한 처지가 되겠지만, 자기 전투를 포기하지는 않을 것이다. "진영"이라는 말은 이런 뜻이다.

제12장 하늘에서 온 불

"하늘에서 불이 내려와서 그들을 삼켜버렸습니다"(묵시 20 : 9) 이 구절은 "이 저주받은 자들아, 나에게서 떠나 악마와 그 부하들을 가두려고 준비한 영원한 불 속에 들어가라"(마태 25 : 41)는 말씀으로 가해질 최후의 형벌이라고 여겨서는 안 된다. "하늘로부터 불이 내려와서"는 성도들의 거센 저항을 뜻하는데, 그들은 날뛰는 원수들에게 항복하거나 굴복하는 것을 강력히 거부하기 때문이다. 타는 듯한 열성을 보이는 성도들을 반그리스도 쪽으로 끌어들일 수 없는 원수들에게는 이 일이 커다란 고통이 될 것이다. 이 사건이 곧 그들을 소멸할 불이며 하느님에게서 내려오는 불이다. 하느님의 은혜가 성도들에게 불굴의 용기를 주며 원수들에게는 고통을 주는 것이다. 좋은 뜻으로 "당신 집에 대한 열정이 저를 불태웁니다"(시편 69 : 10) 하는 것과 같이, 나쁜 의미로는 "당신 백성을 위한 당신 열정을 보고 부끄러워하게 하소서. 당신 적들에게 내리시는 불이 그들을 삼켜 버리게 하소서"(이사 26 : 11) 한다. 마지막 심판의 불이 아니라는 뜻이다. 또 만일 요한이, "하늘에서 내려와서 그들을 소멸하는 이 불은, 주 예수께서는 다시 오실 때에 당신의 입김으로 그자를 멸하시고 당신 재림의 광채로 그자를 없애버리실 것입니다"(2데살 2 : 8)라고 생각했다면 이는 마지막 심판에 대한 말은 아니다. 그리스도가 당신의 입김으로 반그리스도를 죽일 때, 지상에 살아남아 있다가 드러날 박해자들에게 떨어질 재앙을 가리키는 것일 수도 있다. 하지만 이것은 불경스러운 자들에게 내려질 최후의 형벌은 아니며, 몸이 부활할 때에 비로소 마지막 심판이 이루어질 것이다.

제13장 그리스도를 반대하는 이들의 박해

반그리스도의 이 마지막 박해는 요한계시록(11 : 2, 12 : 6)과 예언서 다니엘(12 : 7)에 나와 있고, 이 책에서도 이미 앞(8장)에서 말한 바와 같이 3년 6개월 동안 이어질 것이다. 이 짧은 기간을 마귀가 결박되어 있고 성도들이 그리스도와 함께 왕노릇하는 천 년에 포함되는 것인지, 또는 따로 더해지는 것인지를 문제 삼는 데에는 나름의 까닭이 있다. 만일 그 천 년에 포함시킨다면, 성도들이 그리스도와 함께 다스리는 기간은 마귀가 묶인 기간보다 더 길게 된다. 마귀가 풀려나 온힘을 다해 성도들을 반대하며 날뛰는 그 마지막 박해 때에도, 성도들은 자기들의 왕이시며 승리자이신 그리스도와 함께 다스리기 때문이다. 그러므로 3년 6개월을 포함해 마귀의 결박이 성도들이 그리스도와 함께 지배하는 천 년보다 먼저 끝난다면, 성경이 마귀의 결박과 성도들의 지배를 천 년 동안이라고 기술해 놓은 까닭은 무엇인가?

만일 그렇지 않고 이 짧은 박해 기간은 천 년의 일부가 아니라 천 년이 지난 뒤에 더해지는 것이라고 생각한다면, 확실히 그들은 "하느님과 그리스도의 제사장이 되어 천 년 동안 그리스도로 더불어 왕노릇하리라. 천 년이 차면 사탄이 그 옥에서 놓여" 하는 말씀을 풀이할 수 있으리라. 이렇게 되면, 성도들의 지배와 마귀의 결박은 동시에 끝나고 우리가 말하는 박해는 성도들의 지배 기간이나 마귀의 투옥 기간에 속하는 것이 아니라 그 기간이 지난 뒤에 더해진 시기로 볼 수 있다. 그렇다면 이 박해 기간 중에는 성도들은 그리스도와 함께 다스리지 못할 것이다. 그러나 성도들이 가장 용감하고 누구보다도 그리스도에게 가까이 있어야 할 그때, 또 싸움이 세차고 사나울 수록 저항의 영광과 순교의 면류관이 더욱 빛날 그때, 그들이 그리스도와 함께 군림하지 않으리라고 누가 감히 말할 수 있는가? 또는 성도들이 고난을 받고 있을 것이므로 그동안은 다스릴 수 없다고 한다면, 그 이전에도 천 년 기간 동안 고난을 받은 사람들은 그리스도와 함께 군림하지 않았다고 해야 마땅하리라. 또 요한이 보았다고 계시록에 영혼들, 곧 하느님의 말씀을 믿고 증언했기 때문에 죽임을 당한 사람들도 박해를 받았을 때에는 그리스도와 함께 군림하지 않은 것이 되어버린다. 결론적으로 그들은 그리스도의 나라가 아니게 되는데, 사실 그리스도께서는 그 어느 때보다 그들을 자기 백성으로 삼고 계셨다. 그러니 이것은 어리석고 말도 안되는 이야기이다. 매우 영광스러운 순교자들의 승리를 거둔 영혼들은 모든 슬픔과 노고를 극복하여 마치고, 죽을 운명의 지체들을 벗어 놓은 뒤에 그리스도와 함께 군림했으며, 천 년이 끝나도록 또 오늘도 다스리고 있다. 그리고 영생할 몸을 받게 되어 앞으로도 그리스도와 함께 또다시 군림할 것이다.

그러므로 그 3년 반 동안에는 이전에 그리스도가 증거하심으로써 살해당한 사람들의 영혼과 마지막 박해로 죽을 사람들이 모두 사멸할 인간 세상이 끝나기까지 그리스도와 더불어 군림하며, 마침내 죽음이 없는 나라로 옮겨갈 것이다. 그래서 성도들은 마귀가 결박에서 풀린 3년 6개월 동안에도 그들의 왕이시며 하느님의 아들이신 그리스도와 함께 다스릴 것이므로, 그들의 지배 기간은 마귀의 결박되어 투옥되는 시간보다 더 길 것이다.

"그들은 하느님과 그리스도의 사제가 되어 천 년 동안 그리스도와 함께 다스릴 것입니다. 천 년이 끝나면 사탄은 자기가 갇혔던 감옥에서"(묵시 20 : 6~7) 우리는 이 말씀을 여전히 두 가지로 풀이한다. 그 가운데 하나는 천 년이 될 때 성도들의 지배는 끝나지 않으나 마귀의 투옥은 끝난다는 것이다. 이때 성도들과 마귀는 모두 천 년, 곧 완전한 세월을 갖지만, 실제 연수는 성도들이 많고 마귀는 적다. 다른 하나는 3년 6개월은 아주 짧은 세월이므로 마귀가 갇혀 있는 기간에서 빼지 않거나 성도들이 다스릴 기간에 더하지 않는 것이다. 이 점은 제16권 제24장에서 400이라는 끝자리가 없는 수를 논할 때 설명한 적이 있다. 실제로는 더 많지만 400이라고 표현한 것인데, 이것은 성서에 곧잘 나오는 어법이다.

제14장 악마의 단죄와 죽은 이들의 심판

요한은 이 최후의 박해에 대해 말한 뒤에 마귀와 그가 다스리는 나라가 마지막 심판에서 받게 될 일을 알린다. "그들을 홀리던 그 악마도 불과 유황의 못에 던져졌는데 그곳은 그 짐승과 거짓 예언자가 있는 곳입니다. 그곳에서 그들은 영원히 밤낮으로 고통을 당할 것입니다"(묵시 20 : 10). 여기 나오는 짐승은 저 악한 나라를 가리키는 것이라고 이미 말했다.(20권 9장 참조) 그의 거짓 예언자란 반그리스도이거나 우리가 그 부분에서 이야기한 우상 또는 거짓이라고 말하는 것이다. 그 다음에는 마지막 심판을 말하는데, 죽은 자들의 둘째 부활인 몸의 부활을 뜻하고 그때 있게 될 일들을 간단히 말하면 이렇다. "또 나는 크고 흰 옥좌와 그 위에 앉아 계신 분을 보았습니다. 땅과 하늘이 그 분의 얼굴을 피해 사라짐으로써 그 흔적조차 찾아볼 수 없게 되었습니다"(묵시 20 : 11). 또 "내가 크고 흰 옥좌와 그 위에 앉은 분을 보니 땅과 하늘이 그분의 얼굴 앞을 피하더이다" 이렇게 말하지 않는데, 산 자와 죽은 자들이 심판을 내리기 전에는 닥치지 않을 것이기 때문이다. 옥좌에 앉아 계신 분의 얼굴 앞에서 하늘과 땅이 피하더라고 하면서 자기가 본 것을 말하는 것이다. 심판이 끝난 뒤라야 이 하늘과 땅은 사라지고 새 하늘과 새 땅이 존재하게 될 것이기 때문이다. 그리고 이 세계는 사물들의 변모로 없어지는 것이지 물리적인 파멸로 이루어지는 것은 아니다. 그러므로 사도 바울도 "우리가 보는 이 세상 모습은 사라져갑니다. 나는 여러분이 근심 걱정 없이 살기를 바랍니다"(1고린 7 : 31~32) 한다. 모습이 사라질 뿐이지, 자연 본성까지 사라지는 것은 아니다. 따라서 요한이 보좌 위에 앉은 분을 보았다고 말하면서 그 얼굴 앞에서 하늘과 땅이 피한다고 한 말은 앞으로 일어날 일을 가리키는 것이다. "나는 또 죽은 이들이 큰 사람과 작은 사람을 가리지 않고 모두 그 보좌 앞에 서 있는 것을 보았습니다. 책들이 펼쳐져 있고 또 다른 책 한 권이 펼쳐졌습니다. 그것은 생명의 책이었습니다. 죽은 자들은 그 많은 책에 기록되어 있는 대로 자기들의 행위에 따라 심판을 받았습니다"(묵시 20 : 12). 책들이 펼쳐졌다 하고 이어서 다른 책 하나가 펼쳐져 있었다고 하는데, 그 책은 생명의 책이라고 한다. 그러므로 먼저 펼쳐진 책들은 성경, 곧 구약 전서와 신약 전서라고 볼 수 있다. 거기에서 하느님이 무엇을 당신의 계명으로 삼아 명했는지가 드러날 것이다. 이 책을 육체적으로만 생각한다면 그 책의 크기나 길이를 그 누가 헤아릴 수 있겠는가? 모든 사람의 온 생애를 기록한 책이라면 그것을 읽는 데 얼마나 긴 시간이 필요할지 짐작할 수 있겠는가? 사람들과 같은 숫자의 천사들이 있어서 저마다 수행하는 천사들이 한 사람 한 사람에게 생을 읊어주게 될 것인가? 그렇다면 모든 사람의 기록이 한 책에 있지 않고 저마다 모두 다른 책이 있으리라. 그러나 이 구절에서 "또 다른 책 한 권이 펼쳐져 있었습니다" 했으니 책 한 권을 나타낸다고 보는 편이 옳겠다. 따라서 우리는 하느님의 어떤 권능으로 풀이해야 마땅할 것이다. 그 권능에 따라 그들의 양심이 증거가 되고 그들의 이성이 서로 고발도 하고 변호도 할 것이며(로마 2 : 15), 모든 사람이 빠짐없이 한꺼번에 심판받을 것이다. 따라서 우리는 하느님의 이 권능으로 마치 책을 읽는 듯이 모든 것을 떠올리게 될 터이다. 죽은 이들은 작은 사람이든 큰 사람이든 모두 심판을 받아야 함을 알리기 위해, 그는 빠뜨렸다기보다 뒤로 물렸던 것으로 다시 돌아가서, "바다가 그 안에 있는 죽은 자들을 내놓았고 죽음과 지옥도 그 안에 있는 죽은 자들을 돌려주었습니다"(묵시 20 : 13) 한다.

　의심할 바 없이 이 일은 죽은 이들이 심판 받은 일보다 먼저 일어났다. 그런데 나는 빠뜨렸던 주제로 돌아갔다고 말했다. 그러나 이제는 사건이 일어난 순서를 제대로 지키며 그 순서를 따르기 위해서, 죽은 자의 심판에 대해 이미 앞에서 말한 것을 되풀이한 것이다. "바다가 그 안에 있는 죽은 자들을 돌려주었고, 죽음과 지옥도 자기들 속에 있는 죽은 자들을 돌려주었습니다" 한 다음, 방금 말한 것을 곧바로 덧붙여서 "그들은 각자 자기 행실대로 심판을 받았습니다"(묵시 20 : 13) 한다. 이 말은 조금 전에 "죽은 자들은 그 많은 책에 기록되어 있는 대로 자기들의 행실에 따라 심판을 받았습니다"(묵시 20 : 12) 한 말과 같다.

제15장 바다가 만든 죽음과 저승이 보낸 죽은 이들

　그런데 바다가 그 안에 있는 죽은 자들을 내놓는다고 하는, 그 죽은 자들은 누구인가? 바다에서 죽은 이들이나 그 육체가 바다에 보존되어 있는 이들은 지옥에 가지 않는다고 하는데 그것은 말이 되지 않는다. 또 바다가 착한 이들은 간직하고 악한 이들만 지옥에 보낸다는 이야기는 더욱 말이 안 된다. 여기서 바다는 이 세상을 뜻한다고 생각하는 사람들이 있을 것이다. 이는 참으로 지혜로운 생각이다. 그리스도의 심판을 받을 사람이란 몸이 부활한 사람들이거나 그때까지 아직 이 세상에 살아 있는 사람들을 의미할 것이다. 따라서 요한은 이 사람들을 죽은 이들이라고 부른다.

　선한 사람들에 대해서 이렇게 말한다. "여러분은 이 세상에서는 이미 죽었습니다. 여러분의 참 생명은 그리스도와 함께 하느님 안에 있어서 보이지 않습니다"(골로 3 : 3) 또 악한 사람들에 대해서 그렇게 부르는 이유는 "죽은 자들의 장례는 죽은 자들이 치르도록 맡겨두고 너는 나를 따르라"(마태 8 : 22) 하심과 같다. 그들을 죽었다고 말할 수 있는 까닭은 "몸은 비록 죄 때문에 죽었을지라도 그리스도께서 여러분 안에 계시면 여러분은 이미 하느님과 올바른 관계에 있기 때문에 여러분의 영은 의로 말미암아 살아 있는 것입니다"(로마 8 : 10) 이런 사도의 말씀이 있기 때문이다. 이 말씀은 육신으로 살아 있는 사람에게는 죽은 육체와 생명인 영이 있다는 것을 증명한다. 사도는 여기서 죽을 운명을 지닌 몸이라 말하지 않고 죽은 몸이라고 말한다. 이 사람들이 바다 속에 있었고, 바다는 그들을 내주었다. 다시 말해 현세는 이 세상에 있던 사람들, 아직 죽지 않은 사람들을 내놓았다는 말이다. 그들을 세상에 내주어 심판을 받게 한 것이다. "바다는 자기 안에 있는 죽은 자들을 토해 냈고"(묵시 20 : 13), 죽음과 지옥은 생명이 떠난 사람들을 다시 살려서 내주었다. 죽음이나 지옥을 모두 말한 데는 그만한 까닭이 있으리라. 죽기는 했지만 지옥에 가지 않은 사람들에 대해 그저 죽음이라고만 말하고, 지옥에서 벌을 받은 악인들은 그들과 구별하여 지옥이라고 말한 것이다. 물론 그리스도의 오심을 믿었던 옛 성인들이 불경스런 악인들의 형벌로부터 매우 멀리 떨어진 곳이기는 하지만, 그리스도께서 피를 흘리시고 지옥에 내려오셔서 그들을 구하실 때까지는 지옥에 있었다고 믿어도 잘못된 일은 아니리라. 그렇다면 선량한 신도들이 저 귀한 피로 구속받은 이상, 육체를 도로 받으며 상을 받는 때를 기다리는 동안, 확실히 지옥을 전혀 모르고 지낼 것이다. "그들은 각각 자기 행실대로 심판을 받았습니다" 한 뒤, 그는 그 심판이 어떤 것이었는가를 "죽음과 지옥이 불바다에 던져졌습니다" 이런 말로 짤막하게 덧붙인다(묵시 20 : 14). 이 이름들은 마귀와 그를 따르는 무리 모두를 가리킨다. 마귀는 죽음과 지옥에서 받는 벌과 고통이 있게 한 장본인이기 때문이다. 그는 또 더 분명한 말로 앞서 말했다. "그들을 미혹케 하던 그 악마도 불과 유황의 못에 던져졌다."(묵시 20 : 10) 그리고 그때 덧붙인 조금 모호한 말씀으로 "그곳에는 그 짐승과 거짓 예언자도 있어"를 여기서 설명한다. "이 생명의 책에 그 이름이 적혀 있지 않은 자는 누구나 이 불바다에 던져졌습니다"(묵시 20 : 15). 이 책은 영원한 생명을 받을 사람들이 예정되어 있음을 뜻한 것이지, 하느님께서 무엇인가 잊지 않으시도록 상기시켜 드리는 것은 아니다. 하느님께서 모르시는 일을 아시기 위해 이 책을 읽으시는 것이 아니라, 그의 예지는 절대로 어긋나지 않는다는 뜻으로, 생명의 책에 기록되었음을 하느님께서 미리 알고 계셨던 것이다.

제16장 새로운 하늘과 새로운 땅

계시록에서는 악인들에 대한 마지막 심판이 끝나면 선인들에 대해 한 말씀이 남는다. "그들은 영원히 벌받는 곳으로 쫓겨날 것입니다"라는 주님의 말씀을 간단히 설명한 것이니 여기에 이어 "의인들은 영원한 생명의 나라로 들어갈 것이니라" 하는 말씀(마태 25 : 46)을 계시록 저자는 이렇게 풀이한다. "그 뒤에 나는 새 하늘과 새 땅을 보았습니다. 첫 하늘과 첫 땅은 사라지고 바다도 이미 없어졌습니다"(묵시 21 : 1) 한다. 이 일은 그가 앞에서 자상하게 말한 순서에 따라 이루어질 것이다. 그는 "또 내가 크고 흰 옥좌에 앉으신 분을 보니, 땅과 하늘이 그 앞에서 사라졌습니다" 했다. 그리고 생명의 책에 이름이 적히지 않은 사람들이 심판을 받고서 영원한 불 속에 던져졌다. 이 불의 본성이나 우주 안에서의 그 위치는 성령의 계시를 받은 사람이 아니고서는 그 누구도 알지 못한다고 생각한다. 그 뒤에는 오래전 대홍수가 덮쳤던 것처럼 커다란 불길이 뒤덮어 이 세계의 모습이 사라질 것이다. 이 큰 불길로써 우리 몸에 있던 부패할 원소들의 성질이 완전히 타서 깡그리 없어지고 우리의 본질은 낯선 변화를 일으켜 우리의 영생할 몸과 조화되는 새로운 속성들을 받게 될 것이다. 그리하여 우주 또한 새로이 태어나며 육신도 새로운 상태로 나아질 것이다. "바다도 이미 없다"라는 말씀도 생각해 보자. 불길이 너무 뜨거워 바다가 메말라 버리리라는 것은 지나치게 가벼운 생각일 것이다. 나는 또 바다가 어떤 모양으로 변하게 되리라고도 말하지 않겠다. 새로운 하늘과 새 땅을 보았다고는 해도 새 바다에 대한 말씀은 읽은 기억이 없기 때문이다. "수정 바다 같은 것을"(묵시 15 : 2) 이런 말씀은 있지만, 거기서는 세상 끝이나 문자 그대로 바다에 대하여 말한 것이 아니라 "바다 같은 것"이라고 했을 뿐이다. 예언자들은 뜻을 숨기기 위해 비유적 용어와 사실적 용어를 혼합해서 쓰기를 좋아한다. 그리하여 "바다도 이미 없어졌습니다"라는 말씀은 앞에 있었던 "바다는 자기 안에 있는 죽은 자들을 토해 내고" 한 것과 같은 뜻이라고 보는 쪽이 마땅하리라. 그렇게 생각한다면 이 인간 생활에서 파란과 불안이 더는 없을 그 새로운 앞날을 바다라는 말로 표현한 것이다.

제17장 새로운 예루살렘의 영광

"나는 또 거룩한 나라인 새 예루살렘이 신랑을 맞이하는 신부가 곱게 꾸미는 것처럼 차리고 하느님이 계신 하늘에서부터 내려오시는 것을 보았습니다. 그때 나는 보좌에서 울려나오는 큰 목소리를 들었습니다. '이제 하느님의 집은 사람들이 사는 곳에 있다. 하느님은 사람들과 함께 계시고 사람들은 하느님의 백성이 될 것이다. 하느님께서는 몸소 그들과 함께 계시고 그들의 하느님이 되셔서 그들의 눈에서 모든 눈물을 씻어주실 것이다. 그리하여 다시는 죽음이 없고 슬픔도 울부짖음도 고통도 없을 것이다. 이전의 처음 것들이 다 사라져버렸기 때문이다.' 그때 보좌에 앉으신 분이 말씀하시길 '보아라, 내가 만물을 새롭게 만든다' 또 말씀하시되 '이 말은 확실하고 참된 말이니 기록하여라.' 하셨습니다"(묵시 21 : 2~5). 요한의 말이다. 이 나라가 하늘에서 내려온다고 한 것은, 하느님의 은혜가 하늘에서 내려와 이 나라를 만들었기 때문이다. 따라서 하느님께서는 이사야를 통하여, "나 주님이 이 일을 창조하였느니라"(이사 45 : 8)라고 하신다. 저 나라는 처음부터 하늘에서 내려오는데, 그 시민들은(디도서 3 : 5) 이 세상의 시간을 거쳐 가면서 위에서 내리는 하느님의 은총으로 늘어나기 때문이다. 하늘에서 내려온 성령 안에서 재생의 욕조를 통해 그 숫자가 늘어난다. 그러나 하느님의 선물을 입어 저 나라의 분명하고 새로운 참된 모습이 드러나는 일은 하느님의 아들 예수 그리스도가 실행하실 하느님의 마지막 심판에 따라서 하느님의 은혜로 한 영광으로 드러날 것이다. 이 영광은 새롭고 편안하여 지난날의 자취는 아무것도 남지 않게 될 것이다. 우리의 몸까지도 썩을 것이 썩지 아니함을 입고 죽을 것이 죽지 아니함을 입을 때에는 영생으로 옮겨가기 때문이다(1고린 15 : 53~54). 이 약속을 신도들이 예수 그리스도와 더불어 1000년 동안 왕으로 앉아 있는 현세의 말씀이라는 것은 참으로 염치 없는 일이라고 생각한다. "그들의 눈에서 모든 눈물을 씻어주실 것이다. 이제는 죽음도 없고 슬픔도 울부짖음도 고통도 없을 것이다"(묵시 21 : 4). 누구든지 이 세상에서 살고 있거나, 앞으로 삶을 영위하거나 삶을 누려 본 사람이라면, 이 죽어 사라질 운명의 고통스런 인간사 속에서 자신은 눈물도, 고통도 전혀 겪어보지 않았다는 말을 함부로 할 수 있겠는가? 사실 그와 반대로 거룩한 사람일수록, 거룩한 소원이 많을수록 그의 기원 속에 눈물이 가득한 때가 더 많지 않겠는가?

하늘 위의 예루살렘 시민들이 하는 말은 이를테면 "사람들이 온종일 나더러 하는 말이 너의 하느님이 어디 있느냐 하니 내 눈물이 밤낮으로 내 음식이 되었다"(시편 42 : 3), "내가 탄식함으로 밤마다 잠자리를 눈물로 적시고 나의 잠자리는 눈물 바다가 되었습니다"(시편 6 : 6), "주여, 나의 모든 소원이 주의 앞에 있사오며 나의 탄식이 주의 앞에 감추지 않습니다"(시편 38 : 9), "내가 잠잠하여 선한 말도 하지 아니하니 나의 근심이 더 심하다"(시편 39 : 2). 또는 짐을 진 것 같이 탄식하며 벗고자 하지 않고 오직 덧입음으로써 죽음이 생명에게 삼켜져 없어지게 되기를 갈망하고 있는 것은(2고린 5 : 4) 하느님의 자녀들이 아닌가? 피조물만이 아니라 또한 우리 곧 성령의 처음 익은 열매를 받은 우리까지도 속으로 탄식하여 양자가 될 것 곧 몸의 구속을 기다린다(로마 8 : 23). 사도 바울은 비록 하늘 예루살렘의 시민이었지만, 혈통으로는 한민족인 이스라엘 사람들 때문에 큰 슬픔과 끊임없는 아픔이 있다고 했다(로마 9 : 2~4). 그때 그가 이런 심경이 아니었을까? 오직 "죽음아, 네가 이기는 것이 어디 있느냐? 죽음아, 네가 쏘는 독침은 어디 있느냐?"(1고린 15 : 55) 이런 말이 나올 때가 아니면, 언제 저 나라에 죽음이 없다고 할 수 있겠는가? "어디 있느냐?" 할 수 있을 때에는 틀림없이 죽음이 없으리라. 그렇지만 지금은 저 나라의 가련하고 약한 시민들 뿐 아니라, 사도 요한 자신도 이렇게 말한다. "우리가 죄없는 사람이라고 말을 한다면 우리는 자신을 속이는 것이 되고 진리를 저버리는 것이 됩니다"(1요한 1 : 8). 우리가 계시록이라 부르는 이 책에는 모호한 문구들이 많고, 아무리 애써 찾아보아도 다른 구절들을 풀이하는데 도움이 될 만큼 뚜렷한 구절도 거의 없다. 그러므로 읽는 사람들이 머리를 써야 한다. 같은 일에 대해서도 표현을 달리하면서 되풀이하기 때문에 해석하기가 더욱 어렵다. 그러나 "그들의 눈에서 모든 눈물을 씻어주실 것이다. 이제는 죽음도 없고, 슬픔도 울부짖음도 고통도 없을 것이다" 이런 말씀은 틀림없이 앞으로 올 새로운 세계와 성도들의 영생과 영원성에 대한 것이다. 바로 그때 그곳에서만 이루어질 것이기 때문이다. 만일 이 뚜렷한 말씀까지도 모호하다고 여긴다면, 우리는 성경의 어떤 부분에서도 분명한 말씀을 찾아낼 것이라고 생각해서는 안될 것이다.

제18장 마지막 심판에 대한 베드로의 예언

사도 베드로가 이 심판에 대해 예언한 것을 살펴보자. "무엇보다도 먼저 여러분이 알아두어야 할 것은 이것입니다. 곧 마지막 시대에 자기들의 욕정을 따라 사는 자들이 나타나 여러분을 비웃으며 '그리스도가 다시 온다는 약속은 어떻게 되었는가? 그 약속을 기다리던 선조들도 죽었고 모든 것이 창조 이래 조금도 달라진 것이 없지 않으냐?' 말할 것입니다. 그들은 아득한 옛날에 하느님의 말씀으로 하늘과 땅이 창조되었다는 사실을 일부러 외면하고 있습니다. 하느님의 말씀에 따라 땅이 물에서 나왔고 또 물에 의해 이루어졌습니다. 그리고 물에 잠겨서 옛날의 세계는 멸망해 버렸습니다. 사실 하늘과 땅은 오늘도 하느님의 같은 말씀에 의해서 그대로 남아 있습니다. 그러나 하늘과 땅은 하느님을 배반하는 자들이 멸망당할 심판의 날까지만 보존되었다가 불에 타버리고 말 것입니다. 사랑하는 여러분, 이 한 가지를 잊지 마십시오. 주님께서는 하루가 천 년 같고 천 년이 하루 같습니다. 어떤 이들은 주님께서 약속하신 것을 미루신다고 생각하고 있지만 사실은 여러분을 위해서 참고 기다리시는 것입니다. 아무도 멸망하지 않고 모두 회개하게 되기를 바라시기 때문입니다. 이렇게 모든 것이 다 파괴될 것이니 여러분은 어떻게 살아야 할지 생각해 보십시오. 거룩하고 경건한 생활을 하면서 하느님의 심판날을 기다릴 뿐 아니라 그날이 속히 오도록 힘써야 할 것입니다. 그날이 오면 하늘이 불타 없어지고 천체는 타서 녹아버릴 것입니다. 그러나 우리는 하느님의 약속을 믿고 새 하늘과 새 땅을 기다리고 있습니다. 거기에는 정의가 깃들어 있습니다"(2베드 3 : 3~13).

여기서는 죽은 자들의 부활에 대해서는 어떤 말씀도 없으나, 이 세계의 멸망에 대해서는 충분히 이야기하고 있다. 대홍수 이전에 일어난 사건을 말한 것으로 보아 사도는 우리에게 이 세상 끝에 닥쳐올 파멸을 믿으라고 충고한 것으로 보인다. 그때 가서 이 세계가 멸망한다고 말했기 때문이다. 땅뿐 아니라 하늘도 사라진다고 했다. 이때의 하늘은 우리가 천공(天空)이라 부르는 곳으로 한때 물이 가득 찬 적이 있었다. 이렇게 거센 바람이 부는 공기층 전체 또는 거의 모두—우리가 하늘이라 부르며 지구의 대기권층을 뜻하지만, 해와 달과 별들이 있는 상층권이 아닌 가장 낮은 하늘—는 습기로 지구에 뭉쳐 땅과 더불어 멸망했으니, 대홍수로 말미암아 이전 모습이 지워졌다. "그러나 하늘과 땅은 하느님을 배반하는 자들이 멸망당할 심판의 날까지만 보존되었다가 불에 타버리고 말 것입니다"(2베드 3 : 7). 그러므로 그 하늘과 땅은 홍수로 멸망한 세계를 대신해 물 가운데서 구해지고 마침내 불경건한 자들의 심판과 멸망의 날에 불사르기 위해 남겨진 것이다. 사도 베드로는 망설이지 않고 이 대변혁에서 사람들도 멸망하리라고 말한다. 그러나 인간의 본성은 변하지 않고 지옥의 영원한 형벌을 받으면서도 이어질 것이다. 어떤 사람은 이렇게 물을지도 모른다. "만일 심판이 선언된 뒤에 이 세계가 온통 불에 탄다면 그 화재 동안, 새 하늘과 새 땅으로 대체되기까지 성도들은 어디 있을 것인가? 그들은 육체를 가지고 있으면서 어딘가에 있어야 하지 않을까?" 우리는 이렇게 대답할 수 있으리라. 그때 대홍수의 물결이 성도들에게 이르지 못했듯이 저 커다란 불꽃이 다다르지 못할 높은 곳에 올라가 있을 것이라고. 그때 성도들은 바라는 곳이면 어디든지 갈 수 있는 몸을 갖게 되리라. 그뿐 아니라 그들이 영원히 살며 썩지 않는 존재가 된 뒤에는 대화재의 불꽃이 그리 두렵지 않을 것이며, 저 세 젊은이가 죽어서 썩을 몸을 가지고도 격렬히 타는 풀무 안에서 상하지 않고 살 수 있었던 것과 같다(다니 3 : 13~27).

제19장 그리스도를 반대하는 이들에 대한 바울의 예언

마지막 심판에 대한 복음서와 편지의 말씀들을 크게 줄여야 이 책이 지나치게 길어지지 않을 것이다. 그러나 데살로니가서에 있는 사도 바울의 말씀은 결코 빠뜨릴 수가 없다. "형제들이여, 우리 주 예수 그리스도께서 다시 오시는 일과 그분 앞에 우리가 모이게 될 일에 대하여 부탁할 말씀이 있습니다. 주님의 날이 벌써 왔다고 어떤 사람은 말하더라도 여러분은 이성을 잃고 쉽게 흔들리거나 당황해서는 안 됩니다. 아마도 성령의 감동을 받았다거나 그 말씀을 전한다는 사람이 이런 말을 할지도 모릅니다. 또 우리가 이런 말을 편지에 써 보냈다고 떠들어대는 사람이 있을지도 모릅니다. 여러분은 누구에게도 절대로 속아 넘어가서는 안 됩니다. 그날이 오기 전에 먼저 사람들이 하느님을 배반하게 될 것이며, 또 멸망할 운명을 지닌 악한 자가 나타날 것입니다. 그자는 사람들이 신으로 여기는 것이나 예배의 대상으로 삼는 모든 것에 대항하고 자기 자신을 그보다도 더 높이 올려 놓을 것입니다. 그뿐만 아니라 하느님의 성전에 자리잡고 앉아서 자기 자신을 하느님이라고 주장할 것입니다. 내가 여러분과 함께 있을 때에 이런 일에 대해 여러 번 일러둔 일이 있는데 여러분은 그것을 기억하지 못합니까? 아시다시피 그자는 지금 어떤 힘에 붙들려 있습니다. 그러나 제때가 되면 나타나게 될 것입니다. 지금도 그 악의 세력은 우리가 깨닫지 못하는 사이에 활동하고 있습니다. 그러나 그 악한 자를 붙들고 있는 자가 없어지면 그때에는 그 악한 자가 나타날 것입니다. 그리고 주 예수께서는 다시 오실 때에 당신의 입김과 그 광채로 그자를 없애버리실 것입니다. 그 악한 자는 나타나서 사탄의 힘을 빌려 온갖 거짓된 기적과 표정과 놀라운 일들을 행할 것입니다. 그리고 온갖 사악한 속임수를 다 써서 사람들을 멸망시킬 것입니다. 그 사람들은 진리를 받아들이지도 않고 사랑하지도 않기 때문에 구원을 얻지 못할 것입니다. 하느님께서는 그런 자들에게 혼미한 마음을 주시어 거짓된 것을 믿도록 하셨습니다. 결국 진리를 믿지 않고 악을 좋아하는 사람은 모두 단죄를 받게 될 것입니다"(2데살 2 : 1~12).

이것이 반그리스도와 심판의 날에 대한 말씀인 것은 의심의 여지가 없다. 여기서 사도는 심판의 날을 주의 날이라고 부른다(2데살 2 : 2). 또 주 하느님을 배반한 자가 오지 않는 한, 심판의 날은 오지 않으리라고도 했다. 주 하느님마저 그를 배교자라고 부르는데, 모든 불경건한 자들에 대해서 할 수 있는 말이라면, 그자에게야말로 더욱 들어맞는 말이리라! 하지만 그가 솔로몬이 지은 성전의 폐허 위에 앉아 있을 것인지 또는 교회 안에 앉아 있을 것인지(2데살 2 : 4)는 분명치 않다. 그러나 어느 우상이나 악령의 신전을 사도가 하느님의 성전이라 부를 리가 없으므로, 이 구절에서 반그리스도는 군주만이 아니고 그를 따르는 집단과 군주를 함께 뜻한다고 생각하는 사람들도 있다. 그들은 그리스어 원문을 더 정확하게 옮겨서 "하느님 성전"에 앉아 라고 할 것이 아니라, "하느님 성전으로서" 앉아서 곧 자기가 "하느님의 성전인 것처럼" 앉아서 라고 말해야 한다고 주장한다. 마치 자기가 하느님의 성전, 즉 교회인 듯 행세한다는 말로 받아들이는데, 이것이 더 바른 생각으로 보인다. 다음에 "아시다시피 그자는 지금 어떤 힘에 붙들려 있습니다"(2데살 2 : 6)라는 구절에서 그자를 방해하는 것, 그자의 출현이 늦어지는 원인을 묻는다면, 우리가 알다시피 "제때에 나타나기 위함"이다. 다만 사도는 저 사람들이 그 일을 안다고 말했으므로 사도 자신은 그것을 드러내놓고 말하려 하지 않았을 뿐이다. 저 사람들이 아는 것을 우리는 모르므로 아무리 애써보아도 사도가 의도하는 뜻을 알 수는 없다. 특히 사도가 덧붙이는 이 말씀이 뜻을 더욱 흐릿하게 만든다. "지금도 그 악의 세력은 우리가 깨닫지 못하는 사이에 활동하고 있습니다. 그러나 그 악한 자를 붙들고 있는 자가 없어지면"(2데살 2 : 7~8) 이것은 무슨 뜻인가? 솔직히 나는 사도가 무엇을 이야기하는지 알 수 없지만, 들었거나 읽고서 헤아린 것들을 말해 보겠다.

이는 사도 바울이 로마에 제국 대해 한 말이라고 여기는 사람들도 있다. 영원히 이어지기를 꿈꾸는 로마 제국에 악의를 품었다는 말을 듣지 않기 위해서 더 뚜렷하게 말하지 않은 것뿐이라고 한다. "우리가 깨닫지 못하는 사이에 지금도 활동하고 있습니다" 이 말은 네로를 가리킨 것이며, 그는 행동으로 미루어 이미 반그리스도라고 여겨졌기 때문에, 뒤에 그가 다시 태어나 반그리스도가 되리라 생각하는 사람들도 있다. 또 어떤 사람들은 네로가 죽지 않았으며, 죽었다고 생각한 때와 같은 모습으로 여전히 숨어서 살아 있다고 생각한다. 그리고 그의 때가 오면 다시 나타나 자신의 제국을 또 세우리라고 말하는데, 나는 이런 대담한 추측들을 이상하게 여긴다. 하지만 "그 악한 자를 붙들고 있는 자가 없어지면" 이 말씀은(7절) 로마 제국을 가리킨다고 믿는 것도 어리석지 않다. "지금 다스리는 자가 물러날 때까지" 이렇게 말하는 것과 같기 때문이다. "그때에는 그 악한 자가 완연히 나타날 것입니다"(8절)—이것이 반그리스도를 뜻한다는 것은 틀림없다. 하지만 어떤 사람들은 "아시다시피 그자는 지금 어떤 힘에 붙들려 있습니다", "우리가 깨닫지 못하는 사이에 지금도 활동하고 있습니다" 이 말씀들은 교회 안에 있는 악인들과 위선자들만을 가리키는 것으로 본다. 이들의 수가 불어 반그리스도를 따르는 사람들이 많아지면, 이들이 지금 숨어있는 것처럼 보이므로 '감춰진 불의'라고 한다는 것이다. 또 사도는 그리스도인들에게 오늘 지닌 믿음을 굳세게 지키라고 권고하기 위해서, "그 악한 자를 붙들고 있는 자가 없어지면", 곧 지금 감춰져 있는 비밀스런 불의가 교회를 떠나기까지 믿음을 지키라고 말하는 것이라 한다. 요한이 자기 편지에서 하는 말도 바로 이 같은 비밀을 뜻하는 것으로 보인다. "어린 자녀들이여, 마지막 때가 왔습니다. 여러분은 그리스도의 적이 오리라는 말을 들어왔는데 지금도 그리스도의 적들이 많이 나타났습니다. 그러니 마지막 때가 왔음이 분명합니다. 이런 자들은 본디 우리의 사람들이 아니었기 때문에 우리에게서 떨어져 나갔습니다. 만일 그들이 우리의 사람들이었다면 우리와 함께 그대로 남아 있었을 것입니다. 그러나 결국 그들은 우리에게서 떨어져 나갔고 그것으로 그들이 우리의 사람이 아니라는 것이 분명히 드러났습니다"(1요한 2 : 18~19). 요한이 "마지막 때"라고 부르는 때, 즉 세상 종말 이전 시기에 요한이 "그리스도의 적"이라고 부르는 많은 이단자들이 교회를 떠난 것처럼, 세상 종말에는 그리스도에게 속하지 않고 저 최후의 반그리스도에게 속한 자들이 교회를 빠져나갈 것이며 그 뒤에 반그리스도가 나타나리라고 한다. 사도 요한의 비유적인 말씀에 대해 누구는 이렇게 누구는 저렇게 여러 가지로 짐작하여 풀이한다. 하지만 여기서 사도가 분명히 말하려 한 것은 그리스도의 적인 반그리스도가 와서 영혼이 죽은 자들을 먼저 미혹하지 않는다면 그리스도가 산 자와 죽은 자를 심판하러 오시지 않으리라는 것이며, 그들이 미혹을 받는 것도 하느님이 내리신 숨은 심판에 따른 결과라는 것이다. "그 악한 자가 나타나 사탄의 힘을 빌려 온갖 종류의 거짓된 기적과 표정과 놀라운 일들을 행할 것입니다. 그리고 온갖 악랄한 속임수를 다 써서 사람들을 멸망시킬 것입니다"(2데살 2 : 9~10) 이 말씀과 같다. 그때 풀려난 마귀가 반그리스도를 통해 속임수로, 그러나 놀라운 방법으로 능력을 나타낼 것이기 때문이다. 반그리스도는 이 거짓으로 인간들의 감각을 속여 하지도 않은 일을 해낸 듯이 보일 수도 있기 때문이다. 비록 이런 일들이 실제로 일어난 것이라 해도 하느님만이 이런 일을 하실 수 있다고 믿는 사람들을 오히려 잘못된 길로 끌어들이게 될 것이다. 사람들은 사탄의 능력을 잘 알지 못하는 데다가 특히 그때 사탄은 지난날에 나타난 적이 없는 능력을 처음으로 드러내 보일 것이기 때문이다. 사탄이 불이 되어 하늘에서 떨어졌을 때, 즉 한번에 욥의 많은 하인과 무수한 가축들을 살해하고, 다음에 모진 바람으로 나타나 그의 집과 자녀를 친 것은(욥기 1 : 16~19) 겉으로만 속인 게 아니라, 사탄이 하느님에게서 이런 능력을 받아 저지른 짓이다. 저런 것들을 표상이나 거짓 기적이라고 할 수 있을지는 모르겠으나, 유혹을 받을 만한 사람들에게는 표적과 기적이 될 것이다. "진리를 사랑하고 받아들이지 않기 때문에 구원을 얻지 못할"(2데살 2 : 10) 사람들이기 때문이다. 또 사도는 계속해서 "하느님께서는 그런 자들에게 혼미한 마음을 주시어 거짓된 것을 믿도록 하셨습니다"(2데살 2 : 11) 이렇게 말한다. 마귀가 역사하는 것은 자신의 불의하고 악한 목적을 이루기 위해 하는 일이지만, 이를 허락하시는 것은 하느님의 정의로운 심판을 위해 하시는 일이므로 하느님이 역사하게 하신다고 말한다. "진리를 믿지 않고 불의를 따르는 사람은 모두 단죄를 받게 될 것이다."(2데살 2 : 12) 그러므로 심판받는 자들이 유혹받을 것이며, 유혹을 당해 심판받을 것이다. 그러나 우리가 알 수 없는 하느님의 의로운 판단으로 심판받는 자들이 유혹당하는 것이며, 하느님은 이성적 피조물들이 처음 죄를 지은 때부터 오늘날까지 이러한 심판을 한 번도 멈추시지 않았다. 유혹당한 자들은 예수 그리스도를 통해 마지막 날에 심판을 받을 것이다. 그리스도는 가장 의롭지 못한 심판을 받았으나, 자신은 가장 의로운 심판을 하시리라.

제20장 죽은 이의 부활에 대한 바울의 예언

여기서 사도는 죽은 자들의 부활에 대해서는 아무 말씀도 하지 않는다. 그러나 데살로니가인들에게 보낸 첫 번째 편지에서는 다음처럼 말한다. "형제 여러분, 죽은 사람들에 대해서 여러분이 알아두셔야 할 것이 있습니다. 여러분은 희망을 가지지 못하는 다른 사람들처럼 슬퍼해서는 안 됩니다. 우리는 예수께서 죽으셨다가 다시 살아나신 것을 믿습니다. 그래서 우리는 예수를 믿다가 죽은 사람들을 하느님께서 예수와 함께 생명의 나라로 데려가실 것을 믿습니다. 우리는 주님의 말씀을 근거로 말합니다. 주님께서 다시 오시는 날 우리가 살아남아 있다 해도 우리는 이미 죽은 사람들보다 결코 먼저 가지는 못할 것입니다. 명령이 내려지고 대천사의 부르는 소리가 들리고 하느님의 나팔 소리가 울리면 주님께서 친히 하늘로부터 내려오실 것입니다. 그러면 그리스도를 믿다가 죽은 사람들이 먼저 일어나고 그 뒤에 우리 살아남은 자들도 그들과 함께 구름을 타고 공중으로 들리어 올라가서 주님을 만나게 될 것입니다. 이렇게 해서 우리는 언제나 주님과 함께 있게 될 것입니다"(1데살 4 : 13~17). 사도의 이 말은 앞으로 산 자와 죽은 자를 심판하기 위해 주 그리스도께서 오실 때 죽은 자들이 부활하리라는 것을 분명하게 선언한다. 그렇다면 그리스도가 오시는 그때 아직 살아있는 사람들은 한 번도 죽지 않는 것인가? 사도는 이 구절에서 이 사람들을 자신과 그의 동시대인들을 비유해 이야기한다(1데살 4 : 15). 그렇지 않으면 부활한 사람들이 그리스도를 맞으러 구름을 타고 하늘로 올라가 주님을 만나게 될 때(1데살 4 : 17), 바로 그때 놀랍도록 빠르게 죽음을 거쳐 영원한 생명으로 옮겨갈 것인가? 이것은 곧잘 묻는 문제이다. 하늘 높이 올라가는 동안 죽었다 살아나는 일이 전혀 불가능하다고는 말할 수 없다. "이렇게 해서 우리는 언제나 주님과 함께 있게 될 것입니다."(1데살 4 : 17) 이 말씀을 늘 주와 함께 하늘에 머무르리라는 뜻으로 이해해서는 안 된다. 주님이 언제나 하늘에 머물러 계시는 것은 아니며, 지상으로 오실 때 그곳을 지날 뿐이다. 그러므로 우리는 오는 분을 맞으러 나가는 것이며, 하늘에 머무는 분을 모시러 가는 것은 아니다. "언제나 주와 함께 있으리라" 이 말처럼 우리가 죽지 않는 몸을 입고 어디든지 그가 계신 곳에 함께 있게 되리라. 사도도 우리가 이 말씀을 이런 뜻으로 풀이하기를 바란 듯하다. 살아서 주께 발견될 사람들은 그 짧은 시간 동안에 죽음을 겪고 나서 다시 영생을 얻는다고 생각하지 않을 수 없다. "그리스도로 말미암아 모든 사람이 살게 될 것입니다."(1고린 15 : 22) 몸의 부활에 대해서 다른 곳에서는 "심은 씨는 죽지 않고서는 살아날 수 없습니다"(1고린 15 : 36) 말한다.

그리스도께서 다시 오실 때 살아있는 사람들은 어떻게 죽지 않고도 주 안에서 살리심을 입어 영생을 얻게 될까? 이 때문에 "너의 뿌리는 씨가 죽지 않으면 살아나지 못하리라" 이 구절이 나온 것으로 보인다. 그러나 인류의 첫 조상이 죄를 지었을 때 하느님이 "너는 흙에서 난 몸이니 흙으로 돌아가기까지 이마에 땀을 흘려야 낟알을 얻어 먹으리라"(창세 3 : 19) 말씀하신 것처럼, 사람이 죽어서 어떤 형식으로든지 흙으로 돌아가지 않고는, 사람의 몸을 "뿌린다" 하는 것이 온당하지 않다면, 그리스도가 왔을 때 아직 자기 몸을 벗어나지 못한 사람들은 사도나 창세기의 말씀에 속하지 않는다는 사실을 우리는 인정해야 하리라. 구름을 타고 하늘로 이끌려 올라가는 사람들은 죽음을 전혀 경험하지 않든 공중에서 잠깐 죽든 관계없이, 그 몸들은 땅으로 가지도 흙으로 돌아가지도 않을 것이기 때문이다.

그러나 사도 바울이 고린도서에서 몸의 부활에 대해 한 말씀 때문에 우리는 또 다른 문제에 맞닥뜨리게 된다. "우리가 모두 일으켜지리니", 또 같은 구절에 대해 다른 사본에서는, "우리가 모두 잠들게 되리니"(1고린 15 : 51) 이렇게 말한다. 먼저 죽지 않으면 부활할 수 없으므로, 이 구절에서 잠든다는 말은 죽음으로 풀이할 수 있다. 그리스도가 오셨을 때 아직 몸으로 살아있는 그 많은 사람들이 어떻게 모두 잠들거나 다시 일으켜질 것인가? 그러므로 그리스도께서 오실 때에 살아있는 성도들은 그를 맞이하기 위해 공중으로 이끌려 올라갈 것이며, 그 과정에서 죽을 몸으로부터 죽지 않을 몸으로 옮겨가리라는 생각이 가장 믿을 만하다. 그렇다면 사도의 "너의 뿌리는 씨가 죽지 않으면 살아나지 않느니라", "우리가 모두 일으켜지리니", "잠들리니" 어떠한 말씀도 이해하는 데 어려움이 없다. 그 성도들도 비록 짧은 순간이나마 먼저 죽음을 맞이하지 않으면 영원히 죽지 않고 없어지지도 않는 상태로 부활할 수 없기 때문이다. 그러면 그때 저 많은 몸들이 이를테면 공중에 뿌려졌다가 곧바로 영생하는 몸으로 거듭나리라는 것을 믿지 못할 까닭이 어디 있겠는가? 사도의 증언에 따라, 눈 깜빡할 사이도 없이 죽은 이들은 불멸의 몸으로 살아나리라(1고린 15 : 51)는 것을 누가 믿지 않겠는가? 오래되어 먼지가 된 죽은 몸들이 끝없는 생명을 누리게 될 몸 안으로 이해할 수 없는 속도로 쉽게 돌아오리라는 것을 누가 믿지 않겠는가? 만일 그들의 몸이 죽어 땅에 떨어지지 않고 공중으로 들리어 하늘로 올려져 죽었다가 곧 다시 살아난다고 해도 "너는 흙이니 흙으로 돌아가리라" 이 말씀에 어긋나지 않는다. "흙으로 돌아가리니라" 이 말씀은 '죽으면 생명이 시작하기 전 상태로 돌아가리라. 하느님께서 생명의 숨을 거두어가시면 생명이 있기 전 상태가 되리라'는 뜻이기 때문이다. 하느님께서 진흙으로 사람을 빚어 만드시고 코에 입김을 불어넣으시니 사람이 되어 숨을 쉬었다(창세 2 : 7). 마치 "너는 이제 영혼이 있는 흙이지만 전에는 그렇지 않았다. 너는 영혼이 없는 흙이 될 것이니, 전에도 그러했다" 이렇게 말씀하시는 것과 같다. 모든 죽은 이들의 몸은 썩기 전에 바로 이러하다. 따라서 성도들의 몸도 이와 마찬가지이니, 어디서 죽든지 바로 이렇게 되리라. 인간들은 죽으면 흙으로 돌아가며, 먼지였던 것은 먼지로 돌아가는 법이다. 옛것으로 돌아가는 것은 옛것이 되고, 진흙에서 옹기가 된 것은 진흙으로 돌아간다. 이런 예는 셀 수 없이 많다. 그러나 이 일이 어떤 모습으로 나타날 것인지는 어렴풋이 짐작할 뿐이며 실제로 드러날 때라야 알 수 있으리라. 그리스도인이 되고자 하는 사람은 산 자와 죽은 자를 심판하러 그리스도가 오실 때 죽은 자들이 몸으로 부활하리라는 것을 믿어야 한다. 그 일이 어떻게 이루어지는지 오롯이 이해하지 못한다고 해서 우리의 믿음이 헛된 것은 아니다. 하지만 앞서 우리가 약속한 대로, 하느님의 마지막 심판에 대해서 구약의 예언자들이 무엇을 예고했는지 이제부터 충분히 밝히겠다. 우리가 이미 준 도움을 독자가 잘 이용했다면, 이 예언들을 설명하는 데 많은 시간을 보낼 필요가 없으리라고 생각한다.

제21장 부활과 심판에 대한 이사야의 예언

예언자 이사야는 전한다. "죽은 자들이 다시 일어나고 땅 속에 누워 있는 자들이 깨어나 기뻐 뛸 것입니다. 주의 이슬은 그들의 건강함이요 악인의 흙은 무너질 것입니다"(이사 26 : 19). 앞 부분은 모두 축복받은 자들의 부활에 대한 내용이다. 그러나 "악인의 흙은 무너질 것입니다" 이 말씀은 악인들의 몸이 정죄를 받아 파멸로 떨어지리라고 보는 편이 옳을 것이다. 만일 우리가 선한 사람들의 부활에 대한 말씀을 더 정확하고 신중하게 살피고자 한다면, "죽은 자들이 다시 일어나고" 이 말씀은 첫째 부활로 "땅 속에 누워 있는 자들이 깨어나" 이는 둘째 부활로 보아야 할 것이다. 주님이 오실 때에 살아있을 사람들에 대한 말씀은 "땅 속에 누워 있는 자들이 깨어나 기뻐 뛸 것입니다. 주의 이슬은 그들의 건강함이요" 이 구절이 어울릴 것이다. 여기서 '건강함'이라는 말은 '불멸성'으로 받아들이는 게 가장 좋다. 가장 좋은 건강 상태는 날마다 약처럼 음식을 먹는다고 보충되는 것이 아니기 때문이다. 심판의 날에 대해서도 예언자는 먼저 선인들에게 희망을 준 뒤, 악인들에게 공포를 안겨준다. "야훼께서 말씀하신다. '나 이제 평화를 강물처럼 예루살렘에 끌어들이리라. 민족들의 평화를 개울처럼 쏟아져 들어오게 하리라. 젖먹이들은 그의 등에 업혀 다니고, 무릎에서 귀염을 받으리라. 어미가 자식을 달래듯이 내가 너희를 위로하리니, 너희가 예루살렘에서 위로를 받으리라. 이를 보고 너희는 마음이 흐뭇하며, 뼈마디가 새로 돋은 풀잎처럼 싱싱하게 되리라.' 당신의 종들에게는 야훼의 손길이 이렇게 나타나겠지만, 원수들에게는 당신의 노여움이 폭발하리라. 보아라, 야훼께서 불을 타고 오신다. 폭풍같이 병거를 타고 오신다. 노기충전, 보복하러 오시어, 불길을 내뿜으며 책망하신다. 그렇다, 야훼께서는 몸소 온 세상을 불로, 모든 사람을 칼로 심판하신다. 이렇게 야훼께 벌 받아 죽은 사람이 많으리라"(이사 66 : 12~16). 선인들에게 평화의 강물처럼 흐르시리라. 곧 평화를 아주 넉넉하게 주시겠다고 약속하신다. 우리는 마지막에 이 평화로 새로운 기운을 얻으리라. 이 평화에 대해서는 앞서 많이 이야기했다. 주님은 약속 받은 그들에게 행복이 강물처럼 흐르게 하시겠다고 말씀하신다. 우리는 하늘나라에서 이 모든 것이 행복의 강물로 풍족해지리라고 풀이할 수 있다. 위로부터 아래에 이르기까지 흠뻑 흘러 내리면 사람들은 천사들과 동등한 존재로 만들어지게 된다. 이 구절에 나오는 "예루살렘"은 그 자녀들과 더불어 종으로서 섬기는 곳이 아니라 사도의 말씀대로 '자유로운 하늘의 예루살렘이며 우리의 영원한 어머니'(갈라 4 : 26)로 받아들여야 한다. 자녀인 우리는 저 어머니의 무릎과 어깨 위에 끌어올려져서 세상의 걱정과 재난으로 지친 영혼을 위로받으리라. 우리는 갓난아이처럼 더할 수 없이 정성스러운 보살핌으로 이제까지 받아본 적 없는 큰 행복을 얻게 되리니 그곳에서는 무엇을 보아도 마음이 기쁠 것이다. 그는 우리가 무엇을 보리라고 말하지는 않지만 복음서에 '마음이 깨끗한 사람은 행복하다. 그들은 하느님을 뵙게 되리라'(마태 5 : 8) 이 말씀대로 그 하느님을 볼 게 아닌가? 또 오늘 우리가 보지 못하고 믿기만 하는 그 모든 것들이 아니겠는가? 우리 개념은 실제와는 비교할 수 없이 아주 작으며, 이 보잘것없는 능력으로는 그 모두를 알 수 없다. "너희는 보고 너희 마음이 흐뭇하리라." (이사 66 : 14) 여기서 너희가 믿은 것을, 거기서는 보게 되리라.

그러나 "너희 마음이 흐뭇하리라" 이 말씀 때문에 예루살렘의 저 모든 기쁨을 정신적인 것으로만 받아들여서는 안 된다. "뼈마디가 새로 돋은 풀잎처럼 싱싱하게 되리라"(이사 66 : 14) 이 복음 구절은 몸의 부활을 비유적으로 나타낸다. 그러나 이는 우리가 보아 온 대로 일어나지는 않으며, 그 일이 생긴 뒤에 비로소 우리는 무엇이 나타났는지 알게 되리라. 그는 이미 새로운 하늘과 새로운 땅에 대해서 말했고, 성도들에게 약속하신 일들을 온갖 비유들로 되풀이했다. "보아라, 새 하늘과 새 땅이 있으리니, 지난 일은 기억에서 사라져 생각나지 아니하리라. 내가 창조하는 것을 영원히 기뻐하고 즐거워하여라. 나는 '나의 즐거움' 예루살렘을 새로 세우고, '나의 기쁨' 예루살렘 시민을 새로 나게 하리라. 예루살렘은 나의 기쁨이요, 그 시민은 나의 즐거움이라, 예루살렘 안에서 다시는 울음 소리가 나지 않으며, 부르짖는 소리도 들리지 아니하리라"(이사 65 : 17 ~19). 이 말씀이 1000년 동안의 세속적인 즐거움을 뜻한다고 말하는 사람들이 있다. 여기서는 예언 특유의 방식에 따라 비유적 표현과 문자 그대로 전하는 표현이 섞여있으므로, 신중하게 애써 살펴보아야 영적 의미에 이를 수 있다. 그러나 육체적 게으름이나 세련되지 못한 우둔한 지성은 피상적인 뜻에 머무르며 그 안에 숨겨진 것을 찾으려고 하지 않는다. 이 점은 조금 전에 나온 구절에서 충분히 이야기한 듯하다. 다시 해석으로 돌아가겠다.

"뼈마디가 새로 돋은 풀잎처럼 싱싱하게 되리라" 이렇게 말한 다음에, 이것은 선한 사람들의 부활이며 몸의 부활에 대한 말씀임을 알리기 위해 그는 덧붙였다. "당신의 종들에게는 야훼의 손길이 이렇게 나타나겠지만"(이사 66 : 14). 이는 하느님을 경배하는 자들과 멸시하는 자들을 구별하시는 분의 손길이 아니고 무엇인가? 이 멸시하는 자들에 대해서 다음 구절이 바로 이어진다. "원수들에게는 당신의 노여움이 폭발하리라"(이사 66 : 14). 다른 번역자는 "믿지 않은 자들"이라고 했다. 말 그대로 노여움이 폭발한다는 뜻이 아니라, 지금 위협하시는 노여움이 그때 결과로서 이루어지리라는 의미이다. 그는 또 이렇게 말한다. "보아라, 야훼께서 불을 타고 오신다. 폭풍같이 병거를 타고 오신다. 노기충전, 복수하러 오시어, 불길을 내뿜으며 책망하신다. 그렇다, 야훼께서는 몸소 온 세상을 불로, 모든 사람을 칼로 심판하신다. 이렇게 야훼께 벌받아 죽은 사람이 많으리라"(이사 66 : 15~16). 물과 바람과 칼은 하느님이 내리시는 벌을 뜻하며, 주께서 오심이 곧 징벌이 되는 사람들에게 불과 같이 내려오신다고 한다. 복수로 표현된 바람은 천사들이 행하는 일로 풀이함이 옳으리라. 온 땅과 모든 사람이 주의 불과 칼로 심판을 받으리라고 할 때, 영적이며 거룩한 자들은 속하지 않으며, 지상의 육적인 사람들을 뜻한다. 이 사람들에 대해서 "세상 일에만 마음을 쓴다"(필립 3 : 19), "육체적인 것에 마음을 쓰면 죽음이 온다"(로마 8 : 6) 하며, 하느님의 입김이 이 사람들 곁에서 "언제까지나 머물러 있을 수는 없다"(창세 6 : 3) 하셨다.

"주께 상할 자가 많으리라" 이로써 둘째 죽음이 일어날 것이다. 물론 불과 칼과 상함을 좋은 뜻으로 받아들일 수도 있다. 주께서는 "이 불이 이미 타올랐다면 얼마나 좋았겠느냐"(루가 12 : 49) 하셨다. 성령이 오셨을 때에는 혀 같은 것들이 나타나 불길처럼 갈라졌다(사도 2 : 3). 주께서는 "내가 세상에 평화를 주러 온 줄로 생각하지 마라. 평화가 아니라 칼을 주러 왔다" 하셨다(마태 10 : 34). 성서에 하느님의 말씀은 어떤 쌍날칼보다도 더 날카롭다고 할 때(히브리서 4 : 12), 쌍칼날은 구약과 신약을 뜻한다. 아가에서 거룩한 교회는 사랑으로 상처를 입었으며, 사랑의 충격에 화살을 맞았노라고 말한다(아가 2 : 5). 하지만 여기서 하느님이 복수하는 분으로 오신다는 말씀을 읽거나 듣게 될 때 이 표현들을 어떻게 해석할 것인지 분명하다.

그 다음에 이사야는 율법이 금지했어도 그들이 피하지 않은 고기들을 비유로 하여(이사 66 : 17) 악인들과 죄인들이 이 심판에서 멸망되리라는 것을 간단히 말한 뒤에, 그는 신약에 나오는 은총을 구세주의 첫째 내림으로부터 마지막 심판까지 우리가 오늘 말하는 대로 짤막하게 열거한다. 그리고 이것으로 이사야는 예언을 끝맺는다. 주가 오셔서 모든 민족을 한데 모으고, 그 민족들이 와서 주의 영광을 보게 하리라고 주께서 선포하리라(이사 66 : 18). 사도가 말하듯이, "모든 사람이 죄를 지었기 때문에 하느님이 주셨던 본래의 영광스러운 모습을 잃어버렸습니다"(로마 3 : 23). 또 예언자는 말한다. 주께서 그들 사이에서 기적을 행하셔서 그들이 놀라며 그를 믿을 것이니, 그들 가운데 구원받은 자들을 여러 민족들에게 보내며, 또한 일찍이 그의 이름을 듣지도 그의 영광을 보지도 못한 먼 섬들로 보내리라. 그리하여 그들은 주의 영광을 그 민족들에게 알리며, 예언 말씀대로 선택받은 이스라엘 사람들의 형제로서 그 민족들을 하느님 아버지 아래 하나의 믿음으로 이끌게 하리라. 또 그들은 모든 민족에게서 주님께 드릴 예물을 받아 짐승과 수레에 가득 실어(천사나 사람들의 봉사로) 거룩한 성 예루살렘으로 가져오리라(이사 66 : 19~20). 오늘날 예루살렘은 거룩한 신자들 안에 있으며, 세상 곳곳에 흩어져 있다. 하느님께서 도움을 주시는 곳에 믿음이 생겨나며, 믿음이 생겨난 곳으로부터 사람들이 온다. 이사야서에서 주님은 이들을 이스라엘 자손들에 견주어 성전에서 찬양하며 예물을 드리는 사람들이라고 말씀하신다. 이는 이미 교회가 여기저기에서 하고 있는 일이다. 그리고 주께서는 그들 가운데 사제와 레위인(사제 보좌인)을 뽑아 세우겠다고 약속하시는데(이사 66 : 21), 이 일이 이미 이루어진 것을 우리는 보고 있다. 지금 제사장과 레위인은 아론의 반열을 따르던 본디 통례와 달라서(시편 110 : 4) 어떤 한 지파나 한 혈통에서 뽑지 않는다. 오히려 이들은 신약에 알맞은 사제들이다. 신약에서는 그리스도가 멜기세덱의 반열에 따른 대제사장으로 되어 있다. 이제는 하느님의 은총이 사람에게 내려주신 저마다의 공적에 따라 사제나 레위인으로 뽑히는 것을 우리는 안다. 이 제사장들은 그 칭호만으로 존경받는 것은 아니다. 왜냐하면 자격이 없는 사람조차 이 칭호를 갖는 때가 많기 때문이다. 이들은 마땅히 거룩한 성품으로 존경받아야 하며, 이는 선인이나 악인이 공통적으로 가질 수 있는 게 아니다.

하느님의 자애로움은 우리도 똑똑히 잘 알고 있지만, 이사야는 그 가운데서도 특히 교회에 내리는 자애로움에 대해 말을 한 뒤에, 세계 종말 곧 마지막 심판으로 선인과 악인이 나누어질 때를 예언한다. 그 말은 예언자가 직접 예언하거나, 하느님의 뜻을 대신 전하는 것처럼 되어 있다. "그렇다, 내가 지을 새 하늘과 새 땅은, 무너지지 아니하고 내 앞에 남아 있으리라. 야훼의 말씀이시다. 그처럼 너희의 자손과 이름도 이어 가리라. 매달 초하루와 매주 안식일에, 모든 사람이 내 앞에 나와서 나를 경배하리라. 야훼가 말한다. 사람들이 밖으로 나가, 나를 거역하던 자들의 주검들을 보리라. 그들을 갉아먹는 구더기는 죽지 아니하고, 그들을 사르는 불도 꺼지지 않으리니, 모든 사람이 보고 역겨워하리라"(이사 66 : 22~24). 세상이 끝나는 이 구절로 예언자는 그의 책을 마쳤다. 이 마지막 구절에서 거역하던 자들의 주검이라고 하지 않고 시체라고 번역해서 그 몸의 명백한 벌을 나타내는 것이 옳다고 말하는 사람들도 있다. 하지만 시체는 보통 죽은 육체를 말하는데, 여기서 말하는 몸들은 살아 있을 것이며 그렇지 않다면 그들은 고통조차 느끼지 못할 것이다. 그러나 곧바로 둘째 죽음으로 떨어질 몸들이므로 시체라고 해도 틀린 말은 아니다. "악인들의 흙은 무너지리라"(이사 26 : 19) 한다. 라틴어의 '시체'(cadavera)는 '떨어지다' '넘어지다'에서 왔다. 또 "거역하던 자들"의 "주검"(이사 66 : 24)을 패역한 자(또는 남자)로 번역하는 사람들이 있지만, 남자만을 가리키는 것이 아님이 틀림없다. 주님을 거역하다 형벌을 받는 사람들 가운데는 여자도 반드시 있을 것이기 때문이다. 오직 남자가 더 우수하고, 여자는 남자에게서 나왔기 때문에(창세 2 : 21~22), 두 성을 모두 가리켜 남성이라고 말한 것이다.

우리의 주제를 위해 "모든 사람이 내 앞에 나와서"(이사 66 : 23) 이런 말씀이 선한 사람들에게 적용된다는 풀이는 마땅하다. 하느님의 백성은 모든 족속 출신으로 이루어지겠지만, 모든 사람이 올 것은 아니며 대부분의 인간은 벌을 받을 것이다. 그러나 내가 말하려는 바는 "사람"은 선한 사람들을 일컫는 말이며 "주검"은 악한 사람들을 뜻한다는 것이다. 선인들과 악인들에게 저마다 다른 종말의 운명이 주어지게 되리라는 사실은 틀림없다. 그리고 나서 마지막 심판이 선고되리라.

제22장 선택받은 이와 버려진 이

그렇다면 선인들은 악인들이 벌 받는 것을 어떻게 나가서 볼 것인가? 그들이 몸을 움직여 행복한 거처를 떠나 벌 받는 곳으로 직접 나아가 악인들이 고통받는 모습을 자기 눈으로 보리라는 것인가? 그렇지 않다. 그들은 어디까지나 지식으로 나아가리라는 것이다. 이 "나간다"는 말은 벌받는 자들이 그들의 행복한 거처에 함께 머무를 수 없음을 뜻한다. 그래서 주께서도 그곳을 "바깥 어두운 곳"이라 부르신다(마태 25 : 30). 그와 달리 선한 종에 대해서는 "들어와 네 주인과 함께 기쁨을 나누어라"(마태 25 : 21) 말씀하신다. 이 말씀에 따르면 악인들은 들어올 수도 알 수도 없으며, 오히려 선인들이 자신들의 지식으로 그들에게 나아갈 수 있다는 것이다. 선인들은 바깥 세계의 일을 알 수 있기 때문이다. 형벌 받는 자들은 주의 즐거움 안에서 어떤 일들이 일어나는지 알지 못할 것이나, 그 즐거움 안에 들어간 사람들은 바깥 어두운 곳에서 일어나는 일들을 알리라. 그러므로 "그들이 나아가"라고 말한다. 그들은 밖에 있는 자들이 하는 일을 알 수 있기 때문이다. 예언자들이 아직 일어나지 않은 일들을 미리 알 수 있었다면, 이는 미약하나마 그 마음속에 하느님이 계시기 때문이다. 하물며 하느님께서 만물을 완전히 지배하시게 될 때에(1고린 15 : 28) 영생을 얻게 될 성도들이 이미 있었던 일에 대해 무엇을 모르겠는가?

그렇다면 그 씨와 성도들의 이름이 행복하게 남겨지리라. 이 씨라는 것은 요한이 "하느님의 씨가 그의 속에 거함이라"(1요한 3 : 9) 말한 그 씨이며, 이사야로써 "나는 그들에게 영원히 지워지지 않을 이름을 주리라"(이사 56 : 5) 하신 그 이름이다. 곧 요한이 초하루와 안식일마다 모든 사람이 내 앞에 나와서 나를 경배하리라"(이사 66 : 23) 말한 것은 (천체의) 달에 달이 이어지면서 그 안식이 영원하리라는 뜻이다. 그들은 낡은 시간 속 옛 그림자를 떠나 새롭고 영원한 광명으로 옮겨가리라. 그러나 악인들의 형벌인 꺼지지 않는 불과 절대로 죽지 않는 구더기에 대해서는 사람마다 해석이 다르다. 둘 다 몸을 뜻한다고 보거나 영혼을 나타낸다고 풀이하는 사람들도 있다. 또 어떤 사람들은 불은 문자 그대로 몸을, 구더기는 비유적으로 영혼을 나타낸다고 말하는데, 이 해석이 더 믿음직스럽다. 다만 오늘은 이 차이를 논할 때가 아니다. 우리는 마지막 심판에 대한 이야기로 이 책을 마무리짓기로 했기 때문이다. 이 마지막 심판으로 선한 사람들과 악한 사람들을 가르게 될 것이며, 그들이 받을 상과 벌은 다음 기회에 더 자세히 이야기할 것이다.

제23장 그리스도를 반대하는 이와 부활에 대한 다니엘의 예언

다니엘은 마지막 심판을 예언하기를, 먼저 반그리스도가 나타나리라고 말하며, 성도들의 영원한 나라로 이야기를 이끌어간다. 그는 예언적 환상에서 네 왕국을 뜻하는 짐승 네 마리를 보았으며, 넷째 왕국이 어떤 왕, 곧 반그리스도로 여겨지는 자에게 멸망하는 모습을 보았다. 그 뒤에 사람의 아들인 그리스도의 영원한 나라를 보게 되자 "나 다니엘은 마음이 혼란스러웠다. 그 이상한 광경이 머리를 어지럽게 했다" 말한다. 그리하여 "그래서 거기 서 있는 한 분에게 가서 이 모든 것이 무엇을 뜻하느냐고 물었더니 그가 설명해 주었다"(다니

7 : 15~16). 이어서 그에게 들은 설명을 이렇게 전한다. "이 큰 짐승 네 마리는 세상 나라의 네 임금을 가리키는데, 마침내는 지극히 높으신 하느님을 섬기는 거룩한 백성이 그 나라를 물려받아 길이 그 나라를 차지하고 영원토록 이어 나가리라는 뜻이다. 나는 그 중에서도 유별나게 무서운 모양을 하고 쇠 이빨과 놋쇠 발톱으로 바수어 먹으며 남은 것은 모조리 발로 짓밟는 넷째 짐승의 정체를 알고 싶었다. 머리에는 뿔이 열 개나 돋아 있었고 새로 뿔 하나가 나오자 뿔 셋이 떨어져 나갔으며 그 뿔은 눈도 있고 입도 있었는데 아주 거만하게 말을 하고 있었다. 또 그 뿔이 다른 뿔보다 커졌는데, 그것들이 모두 무엇인지 알고 싶었다. 내가 보니, 그 뿔은 거룩한 백성을 쳐서 정복했다. 그러나 태곳적부터 계시는 이, 지극히 높으신 하느님께서 오셔서 재판을 하시고 당신을 섬기는 거룩한 백성의 권리를 찾아주셨다. 거룩한 백성이 나라를 되찾을 때가 되었던 것이다"(다니 7 : 17~22). 다니엘은 이것들이 무엇인지 궁금해서 물어보았다고 하며, 이어서 그가 들은 것들에 대해 말한다. "넷째 짐승은 네 번째로 일어날 세상 나라인데, 그 어느 나라와도 달라, 온 천하를 집어삼키고 짓밟으며 부술 것이다. 뿔 열 개는 그 나라에 일어날 열 임금을 말한다. 이 임금들 다음에 다른 임금 하나가 일어날 터인데, 그 임금은 먼저 일어난 임금들과는 달라, 그 가운데 세 임금을 눌러버릴 것이다. 그는 지극히 높으신 하느님에게 욕을 퍼부으며, 지극히 높으신 하느님을 섬기는 거룩한 백성을 못살게 굴 것이다. 축제일과 법마저 바꿀 셈으로, 한 해하고 두 해에다 반 년 동안이나, 그들을 한 손에 넣고 휘두를 것이다. 그러나 마침내 재판을 받아 주권을 빼앗기고, 송두리째 멸망하여 버릴 것이며, 천하 만국을 다스리는 권세와 영광이, 지극히 높으신 하느님을 섬기는 거룩한 백성에게, 모두 돌아올 것이다. 그 나라는 영원히 끝나지 않아, 모든 나라가 그 나라를 섬기고, 그 명예를 따를 것이다. 이야기는 여기에서 끝난다. 나 다니엘은 마음이 매우 어수선하여 얼굴빛마저 변했지만 마음에 이 일을 간직하여 두었다"(다니 7 : 23~28). 어떤 사람들은 이 네 나라를 아시리아, 페르시아, 마케도니아, 로마라고 풀이하기도 한다. 어떤 근거로 이런 주장을 하는지 알고 싶은 사람들은 히에로니무스(제롬)의 다니엘서 해석을 보는 것이 좋으리라. 매우 박식하면서도 세심하게 정성을 들인 책이다. 하지만 이 구절을 졸면서 읽는 사람이라도 반그리스도의 나라가 교회를 거세게 공격하리라는 것을 알 수 있다. 그 기간은 비록 짧으나, 하느님의 마지막 심판으로 성도들의 오

랫동안 변함없는 지배가 시작되기 전에 그 공격이 있을 것이다. 뒤에 나오는 날수로 보아(다니 12:11) 한 시대와 두 시대와 반 시대라는 말은 1년과 2년과 반년, 곧 3년 반을 뜻한다. 성서에서는 뒷날 다른 곳에서 이 시대를 날 수로 셈하여 표시하기도 한다. 여기서 "두 시대"를 라틴어 번역이 "시대들"이라고 한 까닭은 라틴어에 쌍수(두 개를 말할 때에 쓰는 것)가 없기 때문이며, 그리스어와 히브리어에는 있다고 한다. 따라서 "시대들"은 "두 시대"를 뜻한다. 반그리스도가 와서 열 왕, 곧 열 사람을 찾아내리라는 것을 뜻한다고 보는데, 내 생각이 옳지 않을 수도 있다. 그가 예기치 못하게 올 때 로마가 다스리는 세계에는 열 왕이 존재하지 않기 때문이다. 그러나 만일 이 10이라는 수가 모든 임금을 가리키고, 그들 뒤에 반그리스도가 오리라고 생각하면 어떨까? 성서에서는 자세히 밝힐 필요 없이 전체를 상징하기 위해서 곧잘 1000이나 100이나 7이나 그 밖의 수를 쓰기 때문이다.

다른 부분에서 다니엘은 이렇게 말한다. "그때에 미가엘이 네 겨레를 지켜주려고 나설 것이다. 나라가 생긴 이래 일찍이 없었던 어려운 때가 올 것이다. 그런 때라도 네 겨레 가운데 이 책에 기록된 사람만은 난을 면할 것이다. 티끌로 돌아갔던 대중이 잠에서 깨어나 영원히 사는 이가 있는가 하면 영원한 모욕과 수치를 받을 사람도 있으리라. 슬기로운 지도자들은 밝은 하늘처럼 빛날 것이다. 대중을 바로 이끈 지도자들은 별처럼 길이길이 빛날 것이다"(다니 12:1~3). 이 구절은 적어도 죽은 몸의 부활에 대해서는 우리가 복음서에서 인용한 구절(요한 5:28)과 매우 비슷하다. 복음서에서는 죽은 이들이 "무덤 속에" 있다고 말하며 여기서는 "흙더미 속에서" 또는 "흙먼지 속에서" 잠자던 이들이라고 한다. 복음서에서는 "나온다" 말하며 여기서는 "일어난다" 한다. 복음서에는 "선한 일을 행한 자는 부활하여 생명의 나라에 들어가고, 악한 일을 행한 자는 부활하여 심판을 받으리라" 말하며 여기서는 "영원히 사는 이가 있는가 하면 영원한 모욕과 수치를 받을 이도 있으리라" 한다. 또 복음서에 "무덤 속에 있는 자가 다"라고 하는데, 여기서 예언자가 "흙더미 속에서 잠자던 많은 이들"이라는 표현을 함으로써 "다"라고 하지 않는 것을 다르다고 생각해서는 안 된다. 성경에서는 흔히 "많이"(또는 "많은")를 "다"(또는 "모든") 대신 쓰는 때가 있기 때문이다. 그래서 아브라함에게도 "내가 너를 많은 민족의 조상으로 삼으리라"(창세 17:5), 다른 곳에서는 "세상 만민이 네 후손의 덕을 입으리라"(창세 22:18) 한다. 조금 뒤에 예언자 다니엘에게 이런 부활에 대해서 말씀하신다. "그러니 그만 가서 쉬어라. 세상 끝날에 너는 일어나 한 몫을 차지하게 될 것이다"(다니 12 : 13).

제24장 시편에서 보이는 세상의 끝과 마지막 심판

시편에는 마지막 심판에 대한 말씀이 많지만, 거의 지나가는 말로써 짧고 미약하다. 하지만 이 세계의 종말을 숨김없이 있는 그대로 말한 부분을 그냥 지나갈 수는 없다. "그 옛날부터 든든히 다지신 이 땅이, 손수 만드신 저 하늘들이 사라질지라도, 하느님은 그대로 계시옵니다. 옷처럼 모든 것이 삭아 빠져도, 갈아 입은 헌 옷처럼 모든 것이 바뀌어도, 하느님은 언제나 같으신 분, 해가 바뀌고 또 바뀌어도 영원히 계시옵니다"(시편 102 : 25~27). 히브리 민족이 위대하고 참된 하느님, 신들까지도 두려워 떨게 하는 하느님을 섬긴다고 해서 포르피리오스는 그들의 경건한 종교 생활을 칭송한다.*3

그렇다면 포르피리오스는 어째서 자기 신들의 신탁을 내세우면서까지 그리스도교인들이 이 세상이 멸망하리라고 말한 것에 대해 비난하는 것일까? 그러나 바로 그 히브리인들의 거룩한 책에 하느님께 드리는 말씀이 나온다. 저 자신만만한 철학자가 하는 말처럼 거짓 신들마저 두려워 떠는 하느님께 드리는 말씀이다. "하늘들도 주의 손으로 지으셨으니, 이들도 없어지리이다." 하지만 세계의 더 높고 더 안전한 부분인 하늘들이 멸망하는 마당에, 이 세계가 멸망하지 않을 수 있단 말인가? 이 철학자는 유피테르 신탁을 의심할 수 없는 권위로써 인용하며 그리스도교인들의 믿음을 경솔하다고 비난하면서, 하늘들이 없어지리라는 생각을 그 유피테르가 좋아하지 않는다면, 어째서 그는 히브리인들의 지혜도 어리석다고 비난하지 않는가? 그들의 가장 거룩한 책에도 예언이 있지 않은가? 그러나 포르피리오스가 자기 신들의 신탁으로 찬양하며 경탄해 마지않는 바로 그 히브리인들의 지혜 속에 하늘들이 멸망하리라는 구절이 나온다. 그렇다면 황당하게도 그리스도교인들의 다른 것들은 제쳐두고 오직 이 세계가 멸망하리라는 믿음만을 포르피리오스가 혐오하는 이유는 무엇인가? 세계가 몰락하지 않는다면 하늘도 멸망할 까닭이 없지 않은가? 히브리인들에

---

*3 19권 23장 참조.

게는 없는 우리 성경, 복음서와 사도서들에는 다음과 같은 표현들이 있다. "이 세상은 사라져가고 있기 때문입니다"(1고린 7 : 31), "세상도 가고"(1요한 2 : 17), "하늘과 땅은 사라질지라도"(마태 24 : 35) 이 표현들은 시편에서 "그것(하늘)들은 없어지리라(또는 멸망하리라)" 이렇게 말하는 것보다 좀더 부드럽게 보인다.

사도 베드로의 편지에서(2베드 3 : 6~7) 그때 세상은 물이 넘쳐서 망하게 되었다고 적고 있는데, 여기서 세상 전체는 어느 부분을 뜻하는지, 또 어떤 의미에서 멸망했다고 하는지, 경건치 않은 사람들의 심판과 멸망의 날까지 어느 하늘들이 불사르기 위해 보존되었다고 하는 것인지는 분명하다. 조금 아래에 "주님의 날은 도둑처럼 갑자기 올 것입니다. 그 날에 하늘은 요란한 소리를 내면서 사라지고 원소들은 불에 타서 녹아버리고 땅과 그 위에 있는 모든 것은 없어지고 말 것입니다. 이렇게 모든 것이 다 파괴될 것이니 여러분은 어떻게 살아야 할지 생각해 보십시오"(2베드 3 : 10~11) 이런 구절이 있는데, 여기서 하늘은 불태우기 위해 그대로 두었다고 사도가 말한 그 하늘로 볼 수 있다. 그리고 뜨거운 불에 타서 녹아버리라고 한 원소들은 그 하늘들이 있는 세계의 가장 밑바닥, 폭풍과 흔들림으로 가득 찬 그곳의 원소들을 말한다. 별들이 박혀 있으며 더 높은 하늘들은 늘 완전한 상태로 계속되리라. 성경에 있는 "별들은 하늘에서 떨어지고"(마태 24 : 29) 이 표현은 저 하늘에서 별들이 떨어지더라도 하늘 자체는 변함없이 그대로 있으리라고 받아들이는 것이 좋으리라. 이 구절은 비유를 사용한 표현이라고 보는 게 마땅하다. 그렇지 않으면 베드로의 이 구절은 가장 낮은 하늘에서 일어날 일들을 가리키는 것인데, 그렇더라도 그 일은 지금 벌어지는 일보다 더욱 기묘한 형태로 일어날 것이다.

베르길리우스의 시에서는 이렇게 말한다.

"별똥이 빛 꼬리를 달고
눈부신 빛으로 하늘을 가로질러
이다 산 숲 속으로 사라진다"[4]

그러나 내가 시편에서 인용한 구절을 보면 하늘의 어떤 부분도 몰락할 운명을 피할 수는 없는 듯하다. "그 옛날부터 든든히 다지신 이 땅이, 손수 만드신 저 하늘들이 사라질지라도 하느님은 그대로 계시옵니다"(시편 102 : 25, 26). 그

---

[4] 베르길리우스 《아이네이스》 2, 694 및 696.

가운데 어느 것도 하느님이 지으신 것이라는 범위에서 벗어나지 않으므로 멸망을 피할 수 없다. 그러나 사도 베드로를 거세게 증오하는 사람들은 그들의 신들이 칭찬했다는 히브리인들의 경건함을 베드로의 말씀으로 감싸려고 하지 않으리라. 즉 베드로의 말을 내세워 세계가 모두 멸망하지는 않으리라고 애써 믿으려 해서는 안 된다. 사도가 그 편지에서 세계 전체가 물로 멸망했다고 할 때 세계의 가장 낮은 부분과 그에 속하는 하늘들만 몰락했다고 해석한 것처럼 시편에서도 전체를 일부분 대신 써서, 가장 낮은 하늘들이 사라지는 일임에도 저것들이 없어지리라 말한 것이라고 그들은 생각지 않을 것이다. 그들은 내가 말한 대로, 베드로가 풀이한 바를 인정하지 않는 듯이 보이기 위해서라도 이런 추측성 논쟁을 하려 들지 않을 것이다. 또 그들은 우리가 대홍수를 중요한 사건으로 보듯이 앞으로 일어날 대화재를 마지막 중요한 사건으로 받아들이려 하지도 않으며, 물이나 불이 세계 모두를 파멸하는 일은 불가능하다고 주장한다. 그렇다면 남은 길은 한 가지 뿐이다. 즉 그들의 신들이 이 시편을 읽지 않았기 때문에 히브리 민족의 지혜를 칭찬한 것이라고 여길 수밖에 없다.

　시편 50편 말씀도 하느님의 마지막 심판에 대한 것으로 알아들을 만하다. "우리 하느님 행차하신다. 조용조용 오시지 않고, 삼키는 불길을 앞세우고, 돌개바람 거느리고 오신다. 당신 백성을 심판하시려고, 위로 하늘을 부르시고 또 땅을 부르시며 이르신다. '나를 믿는 자들을 불러모아라. 제물을 바치고 나와 계약 맺은 자들을 불러 모아라"(시편 50 : 3~5). 우리는 이 구절을 주 예수 그리스도에 대한 말씀이라고 풀이한다. 우리는 주께서 산 자와 죽은 자를 심판하러 하늘로부터 오시리라는 희망을 품고 있기 때문이다. 그는 전에는 보이지 않게 오셔서 의롭지 못한 자들에게 불의한 심판을 받으셨지만, 앞으로는 드러나게 오셔서 의로운 자들과 불의한 자들을 공정하게 심판하시리라. 그는 드러나게 오시므로 침묵하지 않으실 터이며, 심판하시는 목소리로 당당히 자기를 알리시리라. 전에 조용히 오셨을 때에는 도살장으로 끌려가는 어린 양처럼, 가만히 서서 털을 깎이는 어미 양처럼 결코 재판관 앞에서 입을 열지 않으셨다. 우리는 이사야가 이에 대해 예언한 것(이사 53 : 7)과 그 예언대로 이루어진 것(마태 26 : 63)을 복음서에서 읽을 수 있다. 이사야서에서 비슷한 구절을 설명하면서 불과 폭풍에 대해 어떻게 풀이해야 하는지를 이미 말한 바 있다. 성도들과 의인들은 마땅히 하늘이라 불리어지므로, "저 하늘의 존재들을 위로 부르시리라” 사도의 이 말씀과 같은 뜻임에 틀림없다. “우리가 그들과 함께 구름을 타고 공중으로 들리어 올라가서 주님을 만나게 될 것입니다”(1데살 4 : 17). 이를 만일 글자 그대로 풀이한다면, 어떻게 하늘을 위로 부른다고, 마치 하늘이 다른 곳에도 있는 것처럼 말할 수 있겠는가? “하느님이 땅에 선포하시리라”에 “위”라는 말이 없는 것은 건전한 교리에도 맞는다. 곧 하늘은 그리스도를 도와 심판할 사람들을, 땅은 심판받을 사람들을 나타낸다. 그래서 “저 하늘의 존재들을 위로 부르시리라”는 “공중으로 들리어 올라가서”가 아니라, “심판 자리로 들어올리리라”는 뜻일 것이다. 또 “하늘에 선포하시리라”는 높은 곳에 있는 천사들을 부르시어 그들이 함께 심판하는 일에 참여토록 하시리라는 뜻일 수도 있다. 그리고 “땅에 선포하시리라”는 땅에 있는 사람들을 심판대 앞으로 부르시리라는 의미가 될 것이다. 그러나 만일 “땅에 선포하시리라”에 “위”라는 말을 더해서 “하느님이 윗하늘과 윗 땅에 선포하시리라”고 읽는다면, 이는 그리스도를 맞이하기 위해 공중으로 끌어올려지는 사람들로 보아야 하며, “하늘”은 그들의 영혼을, 그리고 “땅”은 그들의 몸을 뜻하게 된다. “그 백성을 판단하시려고”는 양과 염소를 구분하듯이 선인들과 악인들을 가른다는 뜻이 아니고 무엇이겠는가? 다음에 그는 천사들에게 “너희는 그의 성도들을 그의 앞에 모으라” 한다. 이렇게 중대한 일을 하려면 확실히 천사들의 도움이 필요하기 때문이다. 어떤 성도들을 그분 앞에 모아들여야 하느냐고 천사들이 묻는다면 답은 이렇다. “제사(sacrifice)로 그와 언약한 자”이다. 의인들의 삶 자체가 제사 위에 하느님과 계약을 맺는 일이기 때문이다. 이 “제사로”라는 말은 자비로운 행동을 뜻할 수도 있으나 하느님은 “내가 반기는 것은 제물이 아니라 사람이다”(호세 6 : 6) 이렇게 말씀하셨으므로, 하느님 앞에서는 제사보다 자선이 낫다고 볼 수 있다. 또 “제사로”는 “제사를 드림으로써”라고 하여 자선 행위로 하느님을 기쁘게 한다는 뜻이 될 수 있다. 이 점은 제10권(6장)에서 이미 말한 바 있으며, 성도들은 이런 행위로 하느님과 언약을 맺는다. 이런 일들을 하는 까닭은 하느님의 새로운 언약, 곧 신약에 있는 약속 때문이다. 그리하여 그리스도께서는 성도들을 모아 자신의 오른 편에 세운 다음, 마지막 심판을 선고하시리라.

“너희는 내 아버지의 복을 받은 사람들이니 와서 세상 창조 때부터 너희를 위하여 준비한 이 나라를 차지하여라, 너희는 내가 굶주렸을 때에 먹을 것을 주었고”(마태 25 : 34). 성서에 드러나듯이 심판자의 최종 선고 때에 선인들이 한 일들을 알리며, 이어서 영원한 보상에 대한 이야기가 나온다.

제25장 마지막 심판에 대한 말라기의 예언

예언자 말라기는 천사라고도 하고, 어떤 사람들은 제사장 에스라와 같은 사람이라고도 일컫는데, 〔히브리인들의 견해가 이렇다고 히에로니무스(제롬)가 전한다.〕*5 그의 다른 저서들도*6 정전에 들어 있다. 그는 마지막 심판에 대해서 다음처럼 예언한다. "보아라, 나 이제 특사를 보내어 나의 행차 길을 닦으리라. 그는 너희가 애타게 기다리는 너희의 상전이다. 그가 곧 자기 궁궐에 나타나리라. 너희는 그가 와서 계약을 맺어주기를 기다리지 않느냐? 보아라, 이제 그가 온다. 만군의 야훼가 말한다. 그가 오는 날, 누가 당해 내랴? 그가 나타나는 날, 누가 버텨내랴? 그는 대장간의 불길 같고, 빨래터의 잿물 같으리라. 그는 자리를 잡고 앉아, 풀무질하여 은에서 쇠똥을 걸러내듯, 레위 후손을 깨끗하게 만들리라. 그리하면 레위 후손은 순금이나 순은처럼 순수하고 바른 마음으로 제물을 바치게 되리라. 그때에 유다와 예루살렘이 바치는 제물이 옛날 그 한 처음처럼 나에게 기쁨이 되리라. 나는 너희의 재판관으로 나타나 점쟁이와 간음하는 자와 거짓 맹세하는 자, 하늘 두려운 생각없이 날품팔이, 과부, 고아, 뜨내기의 인권을 짓밟는 자들의 죄를 곧바로 밝히리라. 만군의 야훼가 말한다. 나는 야훼라, 나는 변하지 않는다. 너희를 여전히 야곱의 후손으로 대접하리라"(말라 3 : 1~6). 이 구절을 보면 마지막 심판에서 어떤 사람들이 무슨 정화의 벌을 받을지 거의 뚜렷하게 드러난다. "그가 오는 날, 누가 당해 내랴? 그가 나타나는 날, 누가 버텨 내랴? 그는 대장간의 불길 같고, 빨래터의 잿물 같으리라. 그는 자리를 잡고 앉아, 풀무질하여 은에서 쇠똥을 걸러내듯, 레위 후손을 깨끗하게 만들리라. 그리하면 레위 후손은 순금이나 순은처럼 순수하게 되어 올바른 마음으로 제물을 바치게 되리라"(말라 3 : 2~3) 이 말씀은 그렇게밖에 여길 수 없지 않은가? 이사야도 비슷한 말을 한다. "주께서 시온의 딸들의 더러움을 씻으시고 심판하는 입김과 쓸어가는 바람으로 피에 물든 예루살렘을 속속들이 정하게 하시리라"(이사 4 : 4). 이 말은 악인들이 심판의 형벌을 받고 분리되어 나갈 적에, 그들은 앞으로는 악인들의 더러움에서 씻겨 깨끗하게 된다

---

*5 히에로니무스 《Praefatio in. Malachiam》

*6 에스라와 느헤미야.

는 뜻이다. 하지만 "그는 자리를 잡고 앉아, 풀무질하여 은에서 쇠똥을 걸러내듯, 레위 후손을 깨끗하게 만들리라. 그리하면 레위 후손은 순금이나 순은처럼 순수하고 바른 마음으로 제물을 바치게 되리라. 그때에 유대와 예루살렘이 바치는 제물이 옛날 그 한 처음처럼 나에게 기쁨이 되리라"(말라 3:3~4). 이는 바로 그 정화된 사람들이 정의로 제물을 바치고 주를 기쁘게 하리라는 뜻이며, 그렇게 함으로써 그들은 주님의 마음에 들지 못했던 점이나 불의로부터 정화되리라. 이렇게 깨끗해지고 나면 그들 자신이 제물이 될 것이다. 이런 사람들에게는 하느님을 가장 기쁘시게 할 제물이 자기 말고는 없으리라. 그러나 이 정화하는 벌에 대해서는 다른 기회에 더 충분히 논의하겠다.

레위 자손과 유다와 예루살렘은 하느님의 교회라는 뜻으로 이해해야 하며, 히브리 민족은 물론 다른 민족들도 함께 참여하는 교회이다. 그것은 요즘의 교회를 두고 하는 말이 아니다. "만일 우리가 죄없는 사람이라고 말한다면 우리는 자신을 속이는 것이고 진리를 저버리는 것이 됩니다"(1요한 1:8). 이렇게 이야기하는 것이 오늘날 교회이지만, 앞으로 올 교회는 타작 마당에서 키질을 하듯이 마지막 심판을 거쳐 깨끗해질 것이다. 정화가 필요한 자들은 불로 깨끗이 되어 자기 죄를 위해 제물을 드리는 사람이 없게 되리라. 이제까지는 자신의 죄를 용서받고자 하느님께 제물을 드렸기 때문이다.

제26장 정의의 제물과 정의롭지 못한 이의 단죄

하느님은 그의 나라가 이러한 관습을 따르지 않으리라는 것을 알리시려고 레위 자손에게 정의의 제물을 바치라는 말씀을 했다. 제물로써 죄를 지어서도 안 되며, 죄를 사함 받기 위해 제물을 드려서도 안 된다는 말이다. 따라서 구약시대 율법에 따라 자기들이 제물을 드리던 옛날로 돌아가리라는 유대인들의 믿음이 얼마나 헛된 것인가를 알 수 있다. 그들이 이런 주장을 펼치는 근거는 그 뒤에 있는 말씀, "그때에 유다와 예루살렘이 바치는 제물이 옛날 그 한 처음처럼 나에게 기쁨이 되리라"(말라 3:4)는 것이다. 율법 시대에 그들이 드린 것은 정의의 헌물이 아니라 죄의 헌물로서, 무엇보다 죄를 용서받고자 드리는 헌물이었다. 이 때문에 그들 가운데 가장 의로웠으리라 여겨야 할 제사장까지도 하느님의 계명에 따라 먼저 자기 죄를 용서받기 위해서, 그 다음에는 백성의 죄를 용서받고자 제물을 바치는 일이 관례였다. 또 인류 최초의 조상이 낙원에 있던 때를 뜻할 수도 있다. 그때는 인간에게 오점이나 결점이 전혀 없었으며, 자기를 가장 순수한 제물로 하느님께 바쳤다. 하지만 그 뒤에 그들은 죄를 지어 쫓겨나고, 이 때문에 모든 인간이 정죄를 받게 되었다. 오직 한 분, 중개자이신 그리스도와 이제 막 세례받은 어린아이들만이 예외였다. "그 누가 부정한 데서 정한 것을 나오게 할 수 있겠습니까? 아무것도 없사옵니다. 사람이 며칠이나 살며 몇 달이나 움직일지는, 당신께서 결정하시는 일이 아닙니까? 넘어갈 수 없는 생의 마감날을 그어주신 것도 당신이십니다"(욥기 14 : 4~5). 어떤 사람은 이렇게 대답하리라. 믿음을 통해서 하느님과 올바른 관계를 가지게 된 사람은 살 것이라 하였으니(로마 1 : 17) 믿음으로써 드리는 사람들은 의로운 헌물을 드린다고 할 수 있으리라. 그러나 이렇게 말하는 사람이 자기는 믿음으로 살기 때문에 죄가 없다고 말하거나 죄가 있다는 말을 하지 않는다면 그는 곧 자신을 속이는 것이다. 하지만 이 신앙의 때를 의로운 제물을 드리는 사람들이 마지막 심판의 불로 정화될 때와 같은 시기로 보아야 한다고 누가 감히 말하겠는가? 이런 정화가 있은 뒤에는 의인에게 어떤 죄도 없으리라고 믿어야 하므로, 확실히 심판의 때가 닥쳐오면 죄가 없다는 점에서 우리의 첫 조상이 죄를 짓기 전에 낙원에서 가장 순진하고 행복하게 살던 때와 비교할 수 있다. 이렇게 이해한다면 "태초와 고대 시대처럼"이라는 말을 제대로 풀이한 것이다.

이사야서에서도 새 하늘과 새 땅을 약속하신 뒤에 성도들의 행복한 생활 모습을 온갖 은유와 비유를 써서 묘사하고 있는데(이사 65 : 17~22), 너무 긴 이야기가 되지 않도록 이에 맞는 알맞은 표현을 찾아냈다. "나의 백성은 나무처럼 오래 살겠고"(이사 65 : 22) 바로 이 말씀이다. 성서를 읽은 사람이라면 하느님이 어디에 생명나무를 심으셨고, 우리의 처음 조상들이 죄를 저지르자 그 나무 열매를 먹지 못하도록 낙원에서 내쫓고, 들어오지 못하게 낙원 주위에 무서운 불꽃 울타리를 치신 것을 누가 모르겠는가?

어떤 사람들은 예언자 이사야가 말한 생명나무의 날들이란 오늘날 그리스도 교회에서 이루어지는 날들을 뜻하며, 그리스도를 생명나무로 예언한 것이라고 주장한다. 그리스도는 지혜이시며, 그 지혜에 대해서 솔로몬이 "지혜는 붙잡는 자에게 생명의 나무가 되고 지혜를 잡는 사람에겐 행복을 준다"(잠언 3 : 18) 했다. 우리의 처음 조상들은 낙원에서 여러 해를 보낸 것이 아니었고, 거기서 낳은 자식이 없을 만큼 일찍 그곳에서 쫓겨났기 때문에, "태초와 고대 시대처럼"에서와 같이 그 시대라고 할 수도 없다. 이런 이야기를 하나하나 따지면 지루한 일이 되므로, 이쯤에서 넘어가겠다. 대신 뚜렷하게 밝혀진 진리가 이에 대해 확인해주는 것이 있다면, 그것을 보여주는 선에서 그치려 한다.

나는 여기에서 또 다른 의미를 하나 발견한다. 그 덕분에 우리는 예언자가 율법에 따른 제물을 드리던 옛날과 고대로 돌아가리라고 약속한 것으로 믿지 않아도 된다. 낡은 율법 아래서 제물로 선택된 동물은 결함이나 흠이 전혀 없어야 했으며, 어떤 죄도 없는 거룩한 그리스도를 뜻했다. 그러나 마지막 심판이 있은 뒤에는 이런 정화를 받을 만한 자들은 불로 깨끗함을 얻어 철저히 죄 없는 자가 되리라. 그리하여 그들은 자기를 하느님께 아무 흠 없는 의로운 제물로 드리게 될 것이다. 앞으로 그때가 되면 이루어질 일들의 그림자로서, 가장 순수하게 희생을 바치던 "태초와 고대 시대처럼" 될 것이다. 그때는 옛날 희생 제물들의 몸이 상징하던 그 순수성이 성도들의 영원한 몸과 영혼에 존재할 것이기 때문이다.

그 다음에 정화되지 않고 단죄받아야 할 사람들에 대해서, "나는 너희의 재판관으로 나타나 점쟁이와 간음하는 자 등" "너희 죄들을 곧바로 밝히리라. 만군의 야훼가 말한다." 또 덧붙이기를 "너희 주 하느님이라, 나는 변함이 없기 때문이다"(말라 3 : 5) 말씀하신다. 그리고 하느님의 심판에서는 증거가 필요치 않으므로 하느님 자신이 증인이 되시리라고 한다. 그리고 "곧바로" 밝히리라고 하는데 그가 어느 날 갑자기 오시어, 더딘 듯하던 심판이 예기치 않게 매우 빨리 이루어지기 때문일 수도 있고, 하느님이 사람들의 양심을 몸소 설득해 긴 설명이 필요치 않기 때문일 수도 있다. "주님의 심판은 악인의 생각 속에서 이루어지리라"(지혜 1 : 9) 하며, 사도는 "그들의 마음속에는 율법이 새겨져 있어 그것이 스스로 작용하고 있음을 알 수 있습니다. 내가 전하는 복음이 말하는 대로 하느님께서 예수 그리스도를 통하여 사람들의 비밀을 심판하시는 그날 그들의 양심이 증인이 되며 그들의 이성이 서로 고발도 하고 변호도 할 것입니다"(로마 2 : 15~16). 이처럼 그 양심을 스스로 벌하리라는 뜻에서 주님이 신속히 증인이 되리라는 말을 받아들여야 하겠다.

제27장 착한 사람과 나쁜 사람의 구별
제18권에서 다른 주제를 다루면서 내가 인용한 말라기의 말씀은 마지막 심판에 대한 것이다. "내가 나서는 그날에 가서야, 만군의 야훼가 말한다. 그런 사람들을 귀엽게 여겨 내 백성으로 삼고, 효도하는 자식처럼 아껴주리라. 그제야 너희는 착한 사람과 나쁜 사람이 어찌 되는지, 하느님을 섬기는 사람과 섬기지 않는 사람이 어찌 되는지를 다시금 깨닫게 될 것이다. 보아라, 이제 풀무불처럼 모든 것을 살라버릴 날이 다가왔다. 그날이 오면, 멋대로 살던 사람들은 모두 검불처럼 타버려 뿌리도 가지도 남지 않으리라. 만군의 야훼가 말한다. 그러나 너희는 내 이름 두려운 줄 알고 살았으니, 너희에게는 승리의 태양이 비쳐와 너희의 병을 고쳐주리라. 외양간에 매여 있던 소가 풀려 뛰어나오듯, 너희는 밖으로 나와 나쁜 자들을 짓밟으리라. 내가 나서는 그 날이 오면, 나쁜 자들은 너희 발바닥에 재처럼 짓밟히리라. 만군의 야훼가 말한다"(말라 3 : 17 ~21). 상과 벌의 다름으로 착한 사람과 나쁜 사람을 구별하겠지만, 헛된 이 세상을 비추는 태양 아래에서는 그 차이가 눈에 보이지 않는다. 그러나 영원한 삶을 비추어 주는 정의의 태양 아래에서는 이제까지 없었던 심판이 이루어지리라.

제28장 모세 율법의 영적인 이해

그 뒤 말라기는 이렇게 덧붙인다. "너희는 내가 호렙 산에서 나의 종 모세를 시켜 온 이스라엘에게 내린 법과 계명을 되새기도록 하여라"(말라 3 : 22) 이런 말씀은 적절한 때에 율례와 법도를 돌이켜보게 한다. 그는 법을 지키는 자들과 멸시하는 자들의 중요한 차이를 선언했기 때문이다. 그는 또 그들이 법을 영적으로 해석해서 그 안에서 그리스도를 찾기를 바란다. 그리스도의 심판에 따라 착한 사람과 나쁜 사람이 구별되기 때문이다. 주 자신이 유대인들에게 "만일 너희가 모세를 믿는다면 나를 믿을 것이다. 모세가 기록한 것은 바로 나에 관한 것이기 때문이다"(요한 5 : 46) 이렇게 말씀하신 것은 이유가 있다. 율법에 나오는 지상의 약속들이 영적인 것들을 나타내는 상징임을 이해하지 못하고 보이는 그대로 눈으로만 받아들인 사람들이 감히 불평하기를 "너희가 정말로 하는 소리는 '하느님을 섬겨보아야 쓸데없는 일이다. 그의 분부를 지켜보았지만 무슨 소용이 있더냐? 만군의 야훼 앞에서 베옷을 입고 울어보았지만 무슨 소용이 있더냐? 결국 살고 싶은 대로 살아야 살 길이 트이는 세상이다. 못된 짓을 해야 성공하는 세상이다. 하느님을 시험하고도 멀쩡하게 살아 있지 않은가"(말라 3 : 14~15) 이렇게 말한다. 예언자는 그들의 말 때문에 마지막 심판을 예고하지 않을 수 없었던 것이다. 마지막 심판에서 나쁜 사람들은 겉으로 보기에도 행복하지 못하고 매우 불행할 것이며, 착한 사람들은 어떤 세속적 불행에도 시달리지 않고 순수하면서도 영원한 행복과 기쁨을 누릴 것이기 때문이다. 그는 앞에서도 비슷한 표현을 인용했다. "야훼께서는 못된 일을 하는 사람이라야 눈에 들어 귀여워해 주신다!"(말라 2 : 17). 나는 그들이 이처럼 하느님에 대해서 불평하게 된 까닭은 모세의 율법을 그저 눈으로만 이해했기 때문이라고 감히 말하겠다. 그래서 시편 73편에 나오는 인물도 두 발이 미끄러져 넘어질 뻔했다고 하면서, 죄인들이 누리는 평안함을 보고 시기했기 때문이라고 고백한다. "하느님이 어떻게 알랴, 가장 높은 분이라고 세상 일을 다 아느냐?(시편 73 : 11) 또 "나는 과연 무엇하러 마음을 맑게 가졌으며 깨끗한 손으로 살았사옵니까?"(시편 73 : 13). 그는 착한 사람이 불행하고 나쁜 사람이 행복해 보일 때에 드러나는 가장 어려운 문제들을 해결하려 애써 보았으나 소용이 없었다고 한다. 그러다 마침내 하나님의 성전에 들어와서 그들의 종말을 깨달았다고 한다(시편 73 : 17). 그러나 마지막 심판에서는 그렇지 않으리라. 오늘날 겉으로 보이는 것과는 달리 그때가 되면 착한 사람들은 틀림없이 행복하고 나쁜 사람들은 마땅히 불행해 지리라.

제29장 다시 세상에 온 엘리야와 유대인의 회심

말라기는 모세의 율법을 새겨두라고 충고한 뒤에, 그들이 오랫동안 율법을 영적으로 바르게 이해하지 못하리라고 예상하고 이런 말을 덧붙였다. "이 야훼가 나타난 날, 그 무서운 날을 앞두고 내가 틀림없이 예언자 엘리야를 너희에게 보내리니, 엘리야가 어른들의 마음을 자식들에게, 자식들의 마음을 어른들에게 돌려 화목하게 하리라. 그래야 내가 와서 세상을 모조리 쳐부수지 아니하리라"(말라 3 : 23~24). 이 위대하고 놀라운 예언자 엘리야를 통해 심판 전 마지막 때에 유대인들에게 율법이 알려지고 나면, 마침내 유대인들이 참된 그리스도, 곧 우리의 그리스도를 믿게 되리라는 이야기이다. 신앙인들의 말이나 생각으로 곧잘 인용되는 부분이다. 우리의 심판자이며 구주이신 분이 오시기 전에 엘리야가 오리라고 믿는 것도 이유가 없지 아니하며, 그가 오늘도 살아 있다고 믿는 것도 무리가 아니다. 성서가 가장 분명히 알려주듯이(2열왕 2 : 11), 그는 불수레를 타고 인간 세상을 떠나 올라갔다. 오늘날 유대인들이 눈으로 이해하는 율법을 풀이해 줌으로써 "아비의 마음을 아들에게로 돌이키리라" 곧 아버지들의 마음을 그 자녀들에게로 돌이키리라고 한다. 70인 역을 옮긴이들은 복수 대신 단수를 자주 쓰기 때문이다. 그리고 그 뜻은 아들들, 곧 유대인들이 아버지들, 곧 모세 자신을 포함한 여러 예언자들과 꼭 같이 율법을 이해하고 받아들이게 되리라는 것이다. 자녀들이 아버지들이 한 대로 율법을 풀이할 때 아버지들의 마음이 그 자녀들에게로 돌아설 것이며, 아버지들과 같은 느낌을 나누는 자녀들의 마음 또한 그 아버지들에게로 돌아설 것이다. 70인 역에 "어른들의 마음을 자식들에게, 자식들의 마음을 어른들에게 돌려 화목하게 하리라"(말라 4 : 6) 이 표현이 있는 것은, 아버지들과 자녀들은 매우 가까운 이웃이기 때문이다.

　70인 역을 옮긴이들의 단어를 보면 다른 뜻이 있을 수도 있지만, 성서를 번역할 때에 예언을 염두에 두었으므로(18권 43장 참조), 이렇게 보는 편이 더 그럴 듯 하리라. 곧 엘리야가 성부의 마음을 성자에게 돌이키게 하리라는 것이다. 그러나 아버지가 새삼스레 아들을 사랑하게 된다는 뜻이 아니라 그가 이 사랑을 알리라는 뜻이며, 유대인들도 그때 우리의 그리스도이신 성자를 사랑하게 되리라는 것이다. 유대인들이 보기에는 하느님이 우리에게서 마음을 돌려 멀어지셨다는데, 자기들이 그렇게 하기 때문에 그리 보이는 것이다. 하지만 그때 가서는 그들의 마음이 돌아설 것이니, 성자와 성부에 대한 자기들 마음을 돌림으로써, 아들에 대한 아버지의 사랑을 알게 될 것이기 때문이다. 그 다음에 "어른들의 마음을 자식들에게, 자식들의 마음을 어른들에게 돌려 화목하게 하리라" 이 말씀—엘리야는 사람의 마음을 그 이웃에게 돌아가게 하리라는 것—은 사람의 마음을 그리스도에게 돌아가게 하리라는 것보다 더 나은 풀이가 있겠는가? 그리스도께서는 하느님의 모습이시지만, 종의 모습으로 오심으로써 우리의 가까운 이웃이 되셨기 때문이다. 엘리야가 할 일이 바로 이것이며, "그래야 내가 와서 세상을 모조리 쳐부수지 아니하리라"(말라 3 : 24) 이렇게 엘리야는 말한다. 유대인들이 그렇듯이, 땅의 것들을 생각하는 사람들은 땅이다. 따라서 그들은 하느님께 이렇게 불평한다 : "야훼께서는 못된 일을 하는 사람이라야 눈에 들어 귀여워해 주신다"(말라 2 : 17), "하느님을 섬겨보아야 쓸데없는 일이다"(말라 3 : 14).

제30장 심판자로서의 그리스도

성서에 하느님의 마지막 심판에 대한 구절은 이것 말고도 매우 많다. 이를 빠짐없이 모은다면 이 책에 다 실을 수 없을 만큼 길어질 것이다. 따라서 신구약 성경 모두 심판의 날을 예고하고 있음을 밝힌 것으로 만족하겠다. 하지만 구약성경에는 그 심판을 그리스도가 집행하시리라는 것을, 곧 그리스도가 심판자로서 하늘로부터 내려오시리라는 것을 신약만큼 확실히 말하지 않는다. 그래서 주 하느님이나 예언자가 주 하느님이 오시리라는 말을 하실 때, 그것이 꼭 그리스도를 가리킨다고 풀이하기는 어렵다. 구약에서는 성부와 성자와 성령을 모두 주 하느님이라고 부르기 때문이다. 그러나 우리는 이 점을 증명하지 않고 내버려둘 수 없다. 우리는 먼저 예언서에서 예수 그리스도 자신이 분명히 말씀하실 때, 어떻게 예수 그리스도께서 주 하느님이라는 이름으로 말씀하시는가를 밝혀야 한다. 그렇게 하면 확실치는 않지만 주 하느님이 마지막 심판에 오시리라고 할 때 예수 그리스도를 뜻하는 것으로 풀이할 수 있으리라. 이사야 서에 내가 말하는 바를 뚜렷하게 나타낸 구절이 있다. 하느님이 예언자를 통해 이렇게 말씀하신다. "내 말을 들어라, 야곱아! 내가 불러 세운 이스라엘아! 나는 한결같다. 내가 시작이요, 내가 마감이다. 이 손으로 땅의 기초를 놓았다. 이 오른손으로 하늘을 펼쳤다. 내가 부르면, 나와 서지 않을 자 없다. 모두들 모여와 내 말을 들어라. '나의 친구가 나의 뜻을 이루어, 바빌론과 갈대아를 짓부수리라.' 그들 가운데 누가 이 일을 미리 알려주었더냐? 나다, 내가 바로 그에게 이런 명령을 내렸다. 그를 불러온 것도 바로 나다. 그를 이끌어들이고 앞길을 터준 것도 나다. 이리로 가까이 와서 내 말을 들어라. 처음부터 나는 숨어서 수군거리지 않았다. 이 모든 일이 이루어질 때, 바로 현장에 나는 있었다. 이제 주 야훼께서 당신의 영을 주시어 나를 보내신다"(이사 48 : 12~16). 여기서 주 하느님은 그 자신을 가리켜 말씀하신다. 그러나 "이제 주 야훼께서 당신의 영을 주시어 나를 보내셨다" 덧붙이지 않았다면, 우리는 그가 예수 그리스도셨다는 사실을 단정짓지 못했으리라. 그는 종의 모습으로 이렇게 말씀하셨고, 앞으로 일어날 일을 마치 지난 일인 듯이 말씀하셨다. 같은 예언자가 "도살장으로 가는 어린 양처럼 끌려갔다"(이사 53 : 7) 말하며 "끌려가리라" 말하지 않는 것과 같다. 여기서 과거 시제는 미래를 나타내기 위해 쓴 것이며, 예언자들은 늘 이렇게 말한다.

스가랴서에도 전능한 분이 전능한 분을 보내셨다고 분명히 선언하는 구절이 있다. 성부 하느님이 성자 하느님을 보냈다는 것이 아니라면 어떻게 풀이할 수 있겠는가? "저 젊은이에게 달려가서 일러주어라. 예루살렘에 사람과 짐승이 불어나서 성을 둘러치지 않고 살게 되리라. 이는 야훼의 말이다. 내가 불이 되어 담처럼 예루살렘을 둘러쌀 터이고 그 안에서 나의 영광을 빛내리라"(즈가 2 : 8~9). 보라, 전능한 주님이 말씀하시기를 전능하신 주께서 자신을 보냈노라 하신다. 이를 그리스도가 아닌 다른 누구의 이야기라고 누가 감히 말할 수 있겠는가? 이는 이스라엘의 잃어버린 양들에게 하시는 말씀이다. 그리스도께서는 복음서에서 "나는 길 잃은 양과 같은 이스라엘 백성만을 찾아 돌보라고 해서 왔다"(마태 15 : 24) 이렇게 말씀하셨고, 그들을 하느님 눈동자와 비유한 것은 그들에 대한 하느님의 사랑이 매우 깊기 때문이다. 사도들 자신도 이 양의 무리에 속했다. 그리고 여기 있는 영광은 부활의 영광을 뜻하며, 복음사가(福音史家)도 부활이 있기 전에는 "그때는 예수께서 영광을 받지 않으셨기 때문에"(요한 7 : 39) 이렇게 말한다.

그러나 부활의 영광이 있은 뒤에도 그는 그의 사도들을 통해 여러 곳에 그 이름을 전함으로써, "내 민족이 나를 거역하였을 때, 나를 그 손에서 건지셨고 알지도 못하던 민족들이 나를 섬기도록 뭇 나라에 영도자를 세워주셨다"(시편 18 : 43) 이렇게 말한 시편 말씀이 이루어졌다. 하지만 이스라엘을 빼앗고 정복한 저 이방인들과 똑같은 식으로 섬김을 강요한 것은 아니었다. 이 일이 사도들에게 약속되었기 때문이다. 주께서 "나를 따르라. 내가 너희를 사람 낚는 어부로 만들겠다"(마태 4 : 19) 하셨고, 그 가운데 한 사람에게는 "그 뒤에는 네가 사람을 낚으리라"(루가 5 : 10) 말씀하셨다. 그러므로 결국은 좋은 의미에서 스스로 원하여 노략물이 되리라. 힘센 사람의 집에 들어가 그 세간을 빼앗아가려면 먼저 그 힘센 사람을 묶어놓아야 하는 것처럼 이루어지리라(마태 12 : 29).

같은 예언자를 통해 주께서 또 말씀하신다. "그날이 오면, 내가 몸소 나서서 예루살렘을 침략하는 뭇 민족을 멸하리라. 내가 다윗 가문과 예루살렘 성민들에게 용서를 빌 마음을 품게 하리니 그들은 내 가슴을 찔러 아프게 한 일을 외아들이나 맏아들이라도 잃은 듯이 슬퍼하며 곡하리라"(즈가 12 : 9~10). 거룩한 땅 예루살렘을 "치러 오는" 또는 어떤 번역에서처럼 "습격하는" 일을 하느님 말고 어느 누가 할 수 있겠는가? 거룩한 성을 짓밟아 버릴듯한 악의를 가진 모든 백성들이 다가오고 침략할 때, 하느님 말고 누가 그들을 멸하겠는가? 또 다윗의 집과 예루살렘의 시민들에게 은총과 긍휼의 영을 부어주실 분이 하느님 말고 누가 있단 말인가? 이는 물론 하느님이 하시는 일이며, 예언자도 이 말씀을 하느님에게로 돌린다. 또한 이처럼 위대하고 신성한 업적을 이루는 하느님이 바로 자기 자신임을 그리스도께서 다음처럼 덧붙여 말씀한다. "그들은 내 가슴을 찔러 아프게 한 일을 외아들이나 맏아들이라도 잃은 듯이 슬퍼하며 곡하리라."

그날이 오면 유대인들, 그리고 은총과 긍휼의 영을 받은 자들은 수난 당하던 그리스도를 모욕한 일을 뉘우치리라. 존엄한 영광으로 오시는 그분을 우러러 볼 때, 자기 조상들이 비천하다며 조롱했던 인물이 바로 그분임을 알아보리라. 물론 그런 엄청난 불경건을 범한 그들의 조상들도 마침내 부활해서 그분을 뵙겠지만, 그들은 고쳐지지 않고 벌 받을 것이다. "내가 다윗 가문과 예루살렘 사람들에게 용서를 빌 마음을 품게 하리니" 이 말씀은 그 조상들에게 하는 것으로 이해해서는 안 된다. 이는 그들의 후손들, 엘리야를 통해서 그때 믿게 될 사람들에게 하는 것으로 풀이해야 한다.

그런데 그리스도를 죽인 것은 그들의 조상이 한 일이지만, 오늘날 우리는 그 유대인 후손들에게 "당신들이 그리스도를 죽였다" 말한다. 이처럼 은총과 긍휼의 영을 받아 믿게 된 사람들은 그 죄로 정죄 받지는 않겠지만 자기 조상들이 한 일에 대해 마치 자기들이 행한 듯이 애통해할 것이다. 그들의 슬픔은 죄책감이 아니라 경건한 사랑에서 오는 것이다. 또 70인역 번역자들이 "그들이 모욕한 나를 바라보리라" 한 말씀은 히브리어로는 "그들이 찌른 나를 바라보리라"이다. 이 말씀은 그리스도의 십자가 형을 더 똑똑히 가리킨다. 그러나 70인역이 무엇보다 먼저 표현하려 했던 모욕 또한 드러났다. 그분을 체포하고 결박했을 때, 재판했을 때, 그분에게 홍포를 입히고 비웃으며 무릎 꿇게 했을 때, 그의 머리에 가시 면류관을 씌우고 갈대로 내리쳤을 때, 그분에게 십자가를 지게 했을 때, 그리고 마침내 나무에 매달아 놓은 뒤에도 모욕을 멈추지 않았다. 그러니 한 번역만을 따지지 않고, 둘 모두를 합해 "모욕했다"와 "찔렀다"로 읽는다면, 우리는 주 예수가 겪은 고난을 더 잘 알 수 있게 되리라.

여러 예언서에 마지막 심판을 하기 위해 하느님이 오시리라는 말씀이 있다. 이때 심판에 대해서만 나오고 다른 말씀이 없을지라도 우리는 이 말씀들이 그리스도를 뜻한다고 풀이해야 한다. 성자가 오심으로써 성부께서 심판하시기 때문이다. 하느님이 몸소 나타나시면서도 "또한 아버지께서는 친히 아무도 심판하지 않으시고 그 권한을 모두 아들에게 맡기셨다"(요한 5 : 22) 한다. 성자께서 인간으로서 재판을 받으신 것 같이, 인간 모습으로 심판하시리라. 그리스도 몸의 조상인 야곱과 이스라엘의 이름을 쓰시면서 하느님이 이사야를 통해 하신 말씀은 다름 아닌 성자를 가리킨다. 그 말씀에 "여기에 나의 종이 있다. 그는 내가 믿어 주는 자, 마음에 들어 뽑아 세운 나의 종이다. 그는 나의 영을 받아, 뭇 민족에게 바른 삶의 길을 펴주리라. 그는 소리치거나 고함을 지르지 않아, 밖에서 그의 소리가 들리지 않는다. 갈대가 부러졌다 하여 잘라버리지 아니하고, 심지가 깜박거린다 하여 등불을 꺼버리지 아니하며, 성실하게 바른 길만 펴리라. 그는 기가 꺾여 용기를 잃는 일 없이, 끝까지 바른 길을 세상에 펴리라. 바닷가에 사는 주민들도 그의 가르침을 기다리며 희망을 품으리라"(이사 42 : 1~4). "야곱"과 "이스라엘"은 히브리 성서에는 나오지 않지만, 70인 역 옮긴 이들은 "나의 종"이라고 지극히 높으신 이가 오히려 당신의 것을 다 내어놓고 종의 신분을 취하신다는(필립 2 : 7) 것을 알리려고 그리스도가 입으신 종의 형상의 조상 이름을 말한 것이다. 그에게 성령을 주셨고, 복음서에 따르면 성령은 비둘기 모양으로 나타나셨다(요한 1 : 32). 그분은 다른 민족들에게 심판을 행하셨는데, 심판이 있으리라고 직접 그들에게 예언하셨기 때문이다. 온유하신 그는 소리지르지는 않았으나, 쉬지 않고 진리를 널리 알리셨다. 하지만 그분의 음성은 밖에서는 들리지 않았으며, 그분의 몸(교회)에서 밖으로 나간 자들이 그분에게 순종하지 않는 한 여전히 들리지 않는다. 그를 핍박한 유대인들은 부러진 갈대처럼 성실성을 잃었고, 그을린 등처럼 빛이 꺼진 자들이었지만, 그분은 그들을 꺾지도, 끄지도 않으셨다. 오히려 그들을 용서해 주셨는데, 심판하러 오신 것이 아니라 그들에게 심판 받으러 오셨기 때문이다.

그분은 진리로 심판을 하셨다. 만일 악한 생활을 고집하면 벌을 받으리라고 선언하심으로써 그들에게 심판을 나타내셨다. 그의 얼굴은 산 위에서 빛났으며(마태 17 : 1~2), 그의 이름은 세상에 퍼져 나갔다. 그 자신이나 그의 교회를 박해가 멸망시키지 못했으므로 그는 꺾이거나 굴복하지 않으신다. 그러므로 "저자가 언제 죽어서 그 이름이 없어질꼬?"(시편 41 : 5) 하는 원수들의 소원은 "바른 삶의 길을 세상에 펼"(이사 42 : 4) 때까지 실현되지 않았으며 또 이루어지지 않을 것이다.

보라, 우리가 찾던 숨겨진 비밀이 드러났다. 이것은 그가 하늘에서 오실 때에 이 땅 위에서 행하게 될 심판, 곧 마지막 심판이다. 또 우리는 이 예언의 결론적 표현인 "그의 가르침을 기다리며 희망을 품으리라"(이사 42 : 4)는 이 말씀이 그에게서 이미 이루어졌음을 본다. 그것이 실현되었음은 누구도 부인하지 못하므로, 이에 사람들은 일부 무례하고 경솔한 자들이 부정하는 일들을 믿지 않을 수 없게 된다. 아직 그리스도를 믿지 않는 사람들까지도 우리 사이에서 실현된 것을 보며, 도저히 부정할 수 없음에 이를 갈면서 까무러치지 않는가?(시편 112 : 10) 이런 민족들이 그리스도의 이름에 희망을 걸리라고 그 누가 기대할 수 있었겠는가? 그리스도가 체포되어 결박되고 매를 맞으며 희롱당하고 십자가에 못 박히셨을 때, 제자들마저도 그에게 품기 시작했던 희망을 잃어버렸다. 그때 십자가 위에 달려 있던 도적 하나가 겨우 품었던 희망을 이제는 온 세계 민족들이 품으며, 그가 짊어지고 죽으신 십자가를 자기들의 상징으로 받아들이며 영원히 죽지 않는 삶을 꿈꾼다.

따라서 여러 성서에 예언된 마지막 심판을 예수 그리스도께서 집행하시리라는 것을 그 누구도 부정하거나 의심치 않는다. 이해할 수 없는 적대감이나 무지 때문에 성서를 믿지 않는 자들 말고는, 성서의 진리가 입증되었음을 온 세계가 인정한다. 마지막 심판 때나 그 즈음에 다음 같은 일들이 일어나리라는 것을 우리는 알고 있다. 곧, 디셉 사람 엘리야가 나타나고, 유대인들이 그리스도를 믿게 되며, 반그리스도가 박해하고, 그리스도가 심판하시며 죽은 자들이 일어나며 선인과 악인들이 갈라지고, 세계가 불에 타서 새로워지리라. 우리는 이 모든 일들이 곧 닥치리라고 믿는다. 하지만 어떤 방법으로 또 어떤 순서로 이루어질 것인지는 인간의 지성으로는 오롯이 알 수 없고, 그때 이르러 실제로 겪어봐야만 알게 되리라. 그러나 나는 이 사건들이 내가 말한 순서대로 나타나리라고 생각한다.

하느님의 도우심을 받아 내가 쓰기로 약속한 것을 모두 마치려면, 아직도 두 권을 더 써야 한다. 그 가운데 한 권은 나쁜 사람들이 받을 벌을, 다른 한 권은 착한 사람들의 행복에 대해 이야기할 것이다. 이 두 권에서 하느님이 그렇게 할 능력을 허락하신다면, 나는 반대자들의 인간적 견해들을 반박할 것이다. 저 가련한 인간들은 자기들 이론을 펼쳐 나가며 하느님의 약속과 경고를 부정하고, 구원을 주는 신앙의 양식인 성서 말씀들을 거짓이나 허황된 이야기라 증명해보였노라고 착각한다. 그러나 하느님을 따라 사물을 보는 사람들은 하느님의 성실과 전능이야말로 무엇보다 강력한 이론이라고 믿는다. 비록 사람에게는 믿지 못할 것처럼 여겨지지만, 성서에 기록된 예언들이 모두 진리라는 점은 이미 여러 방법들로 증명되었기 때문이다. 하느님은 결코 거짓말을 하지 않음을 그들은 확신한다. 또한 믿지 않는 자에게는 불가능한 일도 하느님은 능히 하실 수 있음을 믿어 의심치 않는다.

제21권

악마와 그 안에 있는 사악한 이들이 단죄되어 받을 영원한 벌과 그것을 부정하는 사람들에 대한 반론

제1장 토론의 순서

하느님이 주시는 그러한 능력으로 나는 이 21권에서 악마와 그 무리들에게 돌아가게 될 벌에 대해 더 자세히 설명하려 한다. 산 자와 죽은 자를 심판하시는 우리 주 예수 그리스도로 인해, 하느님 나라와 악마의 나라가 종말을 맞을 때 악마의 나라는 벌을 받을 것이다. 나는 먼저 악마들의 벌에 대해서, 그 뒤에는 성도들의 행복에 대해서 설명하기로 하겠다. 어떤 고통 없이 영원한 행복 속에서 살아남으리라고 하기보다, 그것은 어떤 사람의 육체든지 이 두 가지 운명 가운데 하나를 맞기 때문이며 또한 사람의 육체는 영원한 고통을 겪는다는 것보다는 끝없는 행복 속에서 살아갈 거라는 게 더 믿기 쉽기 때문이다.

그러므로 나는 이런 벌이 꼭 내려질 것임을 설명할 텐데, 그러면 이보다 더 믿기 쉬운, 모든 고통에서 살아난 성도들의 몸이 영원한 삶을 누릴 것이라는 점은 더욱더 믿기 쉬우리라.

이 순서는 성경과도 다르지 않은데 성경에서는 때에 따라 선한 사람들의 행복을 먼저 이야기한다. 예를 들어 "때가 오면 선한 일을 한 사람들은 마침내 부활하여 생명의 나라로 들어가고 악한 일을 한 사람들은 부활하여 단죄를 받게 되리라" 했다(요한 5 : 29). 그러나 때에 따라서는 이 선한 사람들의 행복을 뒤에 이야기하기도 한다. 예를 들어 "그날이 오면 사람의 아들이 자기 천사들을 보낼 터인데 그들은 남을 죄짓게 하는 자들과 악행을 일삼는 자들을 남김없이 자기 나라에서 추려내어 불구덩이에 처넣을 것이다. 그러면 그들은 거기에서 가슴을 치며 통곡할 것이다. 그때에 의로운 이들은 그들의 아버지 나라에서 해처럼 빛날 것이다. 귀가 있는 사람이라면 알아들어라"(마태 13 : 41~43).

"그리하여 그들은 영원히 벌 받는 곳으로 쫓겨날 것이며, 의로운 이들은 영원한 생명의 나라로 들어가리라"(마태 25 : 46). 이러한 예를 모두 옮기려면 너무 많아, 예언서들과 비교해 볼 때 앞뒤 순서가 일정하지 않을 것이다. 내가 정한 순서에 대해서는 이미 그 까닭을 말했다.

제2장 육체는 타오르는 불 속에서 영원할 수 있는가

영혼이 깃든 살아 있는 인간의 육체가 죽어서 썩지 않고 끝없이 타오르는 불 속에서도 고통을 견뎌내고 살아남으리라는 것을 믿지 못하는 사람들을 어떻게 설득할 수 있을까? 그들은 우리가 이 일을 쉽게 전능한 분의 힘에 기대지 않고, 실례를 들어 자신들을 설득해 보라고 요구한다. 어떤 짐승은 죽어 곧 썩을 운명인데도 불길 속에서 살고, 손을 담글 수 없이 뜨거운 온천에서도 벌레들이 발견되며 이들은 다른 곳에서는 살 수 없다고 우리가 아무리 이야기하더라도 그들은 우리가 실례를 보여줘야 믿겠다고 한다. 우리가 눈에 보이는 예나 충분한 증거를 들어도 이런 자료들은 우리가 보여주려는 예가 아니라며 여전히 의심을 가질 것이다.

그들은 이런 생물들은 영원히 사는 것도 아니며 불이 그들의 성질에 맞기 때문에 뜨거운 열기 속에서도 고통을 느끼지 않고 잘 살아가는 것이라고 한다. 마치 이런 어려운 환경에서 고통을 받는다기보단 잘 살아가고 있는 것이라 믿는다. 어떤 생명체가 불길 속에서 고통받으며 살아 있다는 사실도 신기하지만, 불 속에 살면서도 고통조차 받지 않는다는 것은 한결 더 신기하다. 후자를 믿는다면 전자는 왜 믿지 못하는가?

제3장 육체적 고통에 신체가 없어지는 것은 마땅한 일인가

하지만 그들은 고통을 겪으면서 죽지 않는 육체는 없다고 말한다. 우리는 이를 어떻게 알 수 있는가? 악마들이 지독한 고통을 받고 있다고 할 때, 이들이 육체적으로 고통받는 것은 아니라고 누가 확실히 이야기할 수 있는가? 이들이 지각 가능한, 형체를 지닌 지상적인 육체는 없다고, 한마디로 고통을 받지만 죽지 못하는 그런 육체가 없다고 한다면, 이는 겨우 자신이 경험했거나 신체적인 감각에서 알게 된 것에 불과하지 않은가? 그들은 죽지 않는 육체를 아직 만나본 적이 없으며, 겪어보지 않은 것은 없다는 것이 그들 논리의 전부다. 고통이 살아있다는 표시인데도 고통으로 죽음을 가정하는 것은 무엇인가?

고통받으면서도 영원히 살 수 있느냐 하는 것이 언제나 중요한 문제이긴 하지만, 고통받는 것은 살아 있으며, 고통은 살아 있는 생명체만 가질 수 있는 것이 틀림없다. 그러므로 고통받는 사람은 반드시 살아 있지만, 고통이 반드시 사람을 죽게 하는 것은 아니다. 반드시 죽어야 할 운명인 우리의 육체일지라도 고통이 모두 우리 육체를 죽이는 것은 아니다. 어떤 고통이 몸을 죽인다는 것은 몸과 이어져 있는 영혼이 커다란 고통에 굴복해 마침내 떠나는 것이다. 팔다리나 중요 기관의 구조가 약해서, 큰 고통이나 아주 심한 고통이 오면 견딜 수 없다. 그러나 내세에서는 영혼과 육체의 결합이 시간이나 고통 때문에 나누어지는 일이 없다. 이 세상에서는 고통받으면서도 죽지 않는 육신이 없지만, 내세에서는 이런 육신이 있을 것이며 이런 죽음 또한 있으리라. 즉 영혼이 하느님을 섬기며 살 수도 없고 육체의 고통에서 도망칠 수도 없으므로, 죽음은 사라지지 않고 영원할 것이기 때문이다. 첫째 죽음은 바라지 않는 영혼을 몸에서 몰아내고, 둘째 죽음은(묵시 20 : 14)[1] 바라지 않는 영혼을 몸 안에 가두어 둔다. 둘의 공통점은 영혼이 원치 않으면서도 제 몸이 주는 고통을 받는다는 것이다.

또 반대하는 쪽에서는 고통받으면서도 죽을 수 없는 그런 육체가 이 세상에 없다는 것은 중요하게 여기면서, 몸보다 위대한 것이 있다는 사실은 무시한다. 몸 안에서 몸을 살리며 몸을 이끄는 것은 영혼이며, 이 영혼은 고통을 겪으면서도 죽을 수는 없다. 고통을 느끼지만 영원히 죽지 않는 것이 여기 있다. 그러므로 오늘 우리가 모든 사람의 영혼에 있을 것으로 보는 이 능력이 내세에는 죄를 지은 자들의 몸에 있게 될 것이다.

좀더 자세히 보자면 신체적 고통이라고 부르는 것도 육체보다는 영혼에 대한 이야기이다. 고통당하는 것은 영혼이지 육체가 아니기 때문이다. 고통이 육체에서 비롯될 때에도 상처난 몸에서 영혼이 고통을 느끼는 것이다. 따라서 육체가 감각을 지니는 것은 영혼에서 오는 것으로, 우리는 몸이 이를 느끼며 살아 있다고 말한다. 이렇게 몸은 영혼 없이는 어떤 고통도 느낄 수 없음에도 우리는 곧잘 몸이 고통스럽다고 말한다. 어떤 외부 충격이 육체를 상하게 할 때

---

[1] 첫째 죽음과 둘째 죽음에 대해서는 13권 2장과 21권 11장 참조.

영혼은 충격을 받은 부위에서 육체와 함께 고통스러워한다. 또 눈에 보이지 않는 무엇이 영혼을 괴롭힐 때 몸은 아무런 탈 없이 편안한데도, 몸 속 영혼은 고통을 받는다. 몸과 아무런 상관이 없을 때에도 영혼은 고통스러워한다. 어느 부자가 죽음의 세계에서 고통받다가 "저는 이 불꽃 속에서 한없는 고통을 받고 있습니다"(루가 16 : 24) 외쳤을 때, 그는 틀림없이 지옥에서 고통받고 있는 것이다. 그러나 생명이 없는 육체는 고통스러워하지 않는다. 살아 있는 몸도 영혼이 괴로워하기 때문에 고통을 느끼는 것이다. 그러므로 우리가 고통이 있기에 죽음이 있다고 짐작하는 것이 옳다면, 그리고 고통을 느끼는 곳에 죽음이 있다고 결론 내린다면, 고통은 육체보다 영혼 속에 있는 것이므로 죽음도 육체보다 영혼에 속한다 할 수 있다. 하지만 고통을 느끼는 영혼이 죽을 수 없다면 육체가 고통받는다고 해서 몸이 무슨 근거로 죽는다 할 수 있는가?

플라톤학파는 이 지상적인 육체와 죽어가는 지체들이 영혼에 공포심과 욕망과 슬픔과 기쁨을 준다고 주장했다. 베르길리우스도 "이로 인해서―지상적 육체와 죽어가는 지체들 때문에―""무모한 욕망과 비굴한 두려움 또 인간적 웃음과 인간적 눈물이 생긴다."*2 하였다.

하지만 이 책 제12권에서*3 우리는 플라톤학파의 학설에 따라 영혼은 육체의 모든 더럽힘을 깨끗이 씻어낸 뒤에도 이전 육체로 돌아가려는 끔찍한 욕망을 가진다는 사실을*4 말한 바 있다. 그러나 욕망이 있는 곳에는 고통도 있게 마련이다. 뜻한 바를 이루지 못했거나 이룬 것을 잃어버렸을 때 그 좌절감은 크나큰 고통으로 변한다. 그러므로 영혼만이 홀로 고통을 받든가 아니면 주로 아픔을 겪는데 이 영혼이 고유한 영원성을 가지고 있다면, 죄를 지은 자들의 육체가 고통받는다고 해서 죽을 수 있으리라 말할 수 없다.

이렇게 해서 육체가 영혼에 고통을 준다 하더라도, 육체가 영혼에 죽음을 가져올 수 있다고 할 수 있는가? 그것은 고통을 주는 게 꼭 죽음을 일으키는 것은 아니기 때문 아닌가? 그렇다면, 왜 불이 우리가 말하는 육체에 고통은 주지

---

*2 베르길리우스 《아이네이스》 6, 733.
*3 12권이 아니라 14권의 3장 ; 그곳에서 지은이는 《아이네이스》 6, 730~734를 인용하여, 영혼에 대한 플라톤학파의 생각을 보여준다. 플라톤의 그것은 《파이돈》 66B~E에, 플로티노스의 그것은 《엔네아데스》 4, 8에 실려 있다. 21권 13장 참조.
*4 《아이네이스》 6, 719~721 ; 이 책 14권 5장에도 인용되었다.

만 죽음은 주지 않으리라는 것을 믿지 못하는가? 마치 육체가 영혼에 고통을 가하면서도 죽음은 불러오지 않는 것과 같다. 따라서 고통을 겪는다고 해서 반드시 죽음이 오리라고 할 수 없다.

제4장 고통 속에서도 육체는 계속 살아간다고 가르쳐주는 자연계 이야기

동물의 자연적 본성을 연구하는 사람들이 기록한대로, 불도마뱀이 불 속에서 살고*5 시칠리아의 어느 유명한 산이 예부터 이제까지 계속 타오르면서도 그대로 남아 있으니, 불에 타는 게 반드시 재가 되어 사라지는 것은 아니라는 점을 충분히 믿게 해준다. 또 고통을 겪는다고 모두 죽는 것은 아니라는 점을 영혼이 증명하는데, 그들은 왜 여전히 우리에게 다음과 같은 것들을 요구하는가? 왜 영혼의 벌을 받을 사람들의 육체가 불 속에서도 영혼을 잃어버리지 않으며, 불에 타더라도 사라지지 않으며 고통받아도 죽지 않을 수 있는지 예를 들어 증명하라고 하는가? 그때는 그분이 육신의 본질에 알맞은 속성을 내려주실 터이고, 오늘 우리가 보는 모든 것에 놀랄 만한 속성을 불어 넣어 주셔서, 그것이 셀 수 없이 많기 때문에 도리어 놀라지 않을 정도이다.

세상 만물을 창조하신 하느님이 아니라면 누가 공작의*6 살덩이를 죽은 뒤에도 썩지 않게 하셨을까? 나는 이 이야기를 처음 들었을 때 참으로 믿기 어려웠는데 카르타고에서 조리된 공작 한 마리가 나왔을 때, 나는 그 새 가슴에서 알맞은 양의 살점을 떼어내 저장하라고 일렀다. 다른 고기라면 이미 상했을 만큼의 시간이 지나 그 고깃점을 다시 내 앞에 가져다 놓았는데 악취라고는 전혀 없었다. 다시 30여 일 더 묵혀 둔 뒤에도 마찬가지였고 1년 뒤에는 조금 말라서 그 크기만 줄었을 뿐 아무런 변화가 없었다.

누가 왕겨에 냉기를 주어서 눈을 그 밑에 두어도 그대로 보존되며, 그 누가 익게 하는 힘을 주었기에 푸른 과일이 익는가?

불 자체가 지닌 이상한 속성들에 대해 그 누가 설명할 수 있는가? 불은 자체의 빛은 선명하면서도 닿는 물건은 검게 태워버린다. 불 자체는 가장 아름다운 빛깔이지만, 타거나 그을린 물건은 대부분 빛을 잃고 시뻘겋게 타오르던 것

---

*5 지은이는 불 속에 산다는 동물에 대해 자주 언급한다. 불도마뱀에 대해서는 12권 4장 참조.
플리니우스 《박물지》 10, 86, 188.
*6 공작 고기에 대한 이야기는 지은이의 독특한 발상으로 보인다.

들도 끝내는 검은 재로 만들어 버린다. 하지만 모든 사물이 절대적으로 똑같지는 않다. 활활 타오르는 불에 돌을 달구면 돌은 그 자체로 빛나고 불은 불그스름하며 돌은 희다. 흰색은 빛, 검은색은 암흑과 서로 어울린다. 불이 나무를 태우면서 돌을 횟가루로 만들 때, 이 상반되는 결과는 재료가 서로 다르기 때문이 아니다. 나무와 돌은 서로 다르지만, 검정과 흰색처럼 서로 상반되는 사물은 아니다.

똑같은 불꽃으로 돌과 나무의 빛깔이 서로 달라지는데 돌은 환하게 되고 나무는 검게 된다. 연소될 나무가 없다면 불은 돌에 어떤 영향도 주지 않는다. 목탄이 지닌 속성은 또 얼마나 색다른가? 목탄은 너무도 부서지기 쉬워서 가볍게 두드리기만 해도 바스러지고, 조금 누르면 곧 가루가 되고 만다. 하지만 습기에도 썩지 않고 시간이 오래 흘러도 저절로 부식하지 않는다. 목탄은 내구성이 좋기 때문에 위치 파악을 하는 표지를 세울 때는 통상적으로 목탄을 땅밑에 둔다. 오랜 세월이 흘러 경계를 나타내는 표지판이 사라졌다 해서 누군가가 땅 분쟁을 일으킨다면, 땅 밑에 있는 목탄 때문에 유죄 판결을 받을 수 있다. 이렇게 두면 나무로 된 그 표지를 썩게 한 축축한 흙 속에 묻혀 있어도 목탄은 오랫동안 썩지 않고 그대로 있을 수 있다. 이 모든 것을 태워버리는 그 불이 아니라면 어떻게 그리 오랫동안 썩지 않을 수 있겠는가?

석회가 지닌 놀라운 성질도 살펴보자. 내가 이제까지 여러 번 이야기했듯이 불은 다른 물건들을 검게 만든다. 그런데 석회는 불 속에서 흰색으로 변하며 신비로운 속성도 지녔는데 바로 불을 품고 있다는 것이다. 석회에 손을 대어 보면 차갑지만 그 안에 불이 숨겨져 있어 우리가 직접 느낄 수는 없으나 눈에 보이지 않으면서도 마치 잠들어 있는 듯하다는 것을 경험으로 깨닫게 된다. 그래서 '생석회(生石灰)'라 불리는데 그것은 보이지 않는 영혼처럼, 불이 숨어 있어 눈에 보이는 물체를 살린다는 뜻이다. 그런데 더욱 놀라운 점은, 이 불은 그것을 끌 때에만 불기가 당겨진다는 점이다. 석회에 숨어 있는 불을 끄려면 물을 뿌리든지 흠뻑 적시든지 해야 한다. 모든 것을 식히는 물에 차가운 석회를 담그면 오히려 그 물 때문에 석회가 뜨거워진다. 마치 불기가 석회 덩어리를 떠나면서 마지막 숨을 내쉬듯 그 안에 숨어 있다 제 모습을 드러내는 것이나 다름없다.

이렇게 차갑게 죽은 석회 덩어리는 다시 살릴 수 없다. 우리는 앞에서는 생석회라고 불렀듯이 이 죽은 석회는 소화된 석회라 부른다. 이보다 더 신기한 일이 있겠는가? 그런데 더 놀랍고 신기한 일이 있다. 석회에 물이 아니라 불의 연료인 기름을 부으면, 아무리 부어도 석회를 뜨겁게 만들 수 없다. 만일 실험할 수 없는 인도의 어떤 광물에 대해 이런 이야기를 들었다면 우리는 거짓말이라고 바로 단정 짓거나 크게 놀라거나 할 것이다. 하지만 우리는 쉽게 볼 수 있는 것은 곧잘 무시하는데 그다지 놀랍지 않아서가 아니라 자주 보기 때문이다. 그래서 먼 인도에서 나는 물건이라 해도 우리가 천천히 볼 수 있게 되면 놀람을 멈추게 된다.

다이아몬드는 일반인들도 많이 가지고 있고, 특히 금세공인들이나 보석상들이 많이 다룬다. 이 돌은 몹시 단단해서 산양의 피가 아니라면 쇠나 불,*7 그 어떤 것으로도 상하지 않는다고 한다. 그러나 다이아몬드를 이미 갖고 있거나 그 성질을 잘 아는 사람들은 처음 보는 사람들만큼 감탄하지 않는다. 한 번도 본 적 없는 사람들은 이야기를 들어도 믿지 않거나, 믿는다 해도 경험하지 못한 것에 대한 놀라움이리라. 어쩌다 보게 되면, 종종 보는 것이 아니기에 감탄하지만, 자주 보게 되면 더 이상 감탄도 하지 않게 된다.

우리는 자석이 놀랍게도 쇠를 끌어당기는 힘이 있다는 사실을 안다. 이를 처음 봤을 때 나는 깜짝 놀랐다. 쇠로 만든 반지가 자석에 붙어 있는 모습을 본 것이다. 잠시 뒤 그 반지를 다른 반지 옆에 놓았다가 집었더니, 그 반지 또한 자석의 성질을 옮겨 받았는지 마치 자석이 된 것처럼 바로 그 첫 번째 반지가 자석에 달라붙듯 두 번째 반지가 첫 번째 반지에 달라붙었다. 세 번째, 네 번째 반지를 더해서 하나의 반지 사슬이 만들어졌고, 반지들이 마치 쇠고리처럼 안쪽으로 이어진 것이 아니라 그 표면만 서로 닿아서 연결되었다. 자석의 힘이 그 자체 안에만 머무는 것이 아니라, 거기 달린 여러 반지에까지 옮겨져서 보이지 않는 고리들로 이어지는 것을 보고 어느 누가 놀라지 않겠는가?

이 돌에 대해서 나의 형제이자 동료 주교인 밀레비스의 세베루스(Severus)에게서 들은 이야기는 한결 더 놀라웠다. 그가 아프리카 총독을 지낸 바타나리우스(Bathanarius)와 함께 식사를 했는데 그날, 바타나리우스가 쇳조각이 놓인 은쟁반 밑에 자석을 들고, 자석을 이리저리 움직이니 은쟁반에 놓인 쇳조각이

---

*7 플리니우스 《박물지》 20, 1 ; 28, 9 ; 37, 15 및 루크레티우스 《만물의 본성에 대하여》 6, 906 참조.

따라서 움직이더라는 것이었다. 가운데 있는 은그릇은 전혀 어떤 영향도 받지 않는데도 밑에서 자석을 앞뒤로 움직이면 아무리 빨리 움직여도 위에 놓인 쇳조각이 함께 앞뒤로 끌려 다녔다는 것이다.

나는 내가 본 것을 말했고, 내 눈이 직접 본 것처럼 믿을 수 있는 사람이 한 이야기를 전했다. 다음으로 내가 자석에 대해서 읽은 이야기를 덧붙이겠다. 다이아몬드가 아주 가까이 있으면 자석은 쇠를 끌어당기지 못하며, 벌써 끌어당긴 상태에서 다이아몬드를 가까이 가져가면 자석은 쇠를 떨어뜨린다.*8 이 자석은 인도에서 보내온 것이다. 우리가 자석을 잘 알기 때문에 이제 더 이상 감탄하지 않는다면, 그것을 쉽게 얻어 우리에게 보내는 사람들은 얼마나 더 담담할 것인가? 그 사람들을 우리가 석회가 흔하기 때문에 대수롭지 않게 여기듯이 자석도 석회만큼 흔한 것으로 여길 터이다. 하지만 석회는 불을 끄기 위해 물을 부으면 오히려 열을 내고, 보통 연료로 쓰이는 기름을 섞으면 계속해서 차가운 특이한 성질이 있다.

제5장 이유를 설명할 수는 없어도 진실임이 분명한 일은 많다*9

하느님이 이미 행하신 기적이나 앞으로 행하실 기적, 하지만 사람들 눈앞에 보여줄 수 없는 기적들을 우리가 이야기하면, 회의론자들은 계속 그 기적들을 이치에 맞게 설명해 보라고 한다. 인간이 이해할 수 없는 그 기적들을 우리 힘으로는 밝힐 수 없는데 그러면 그들은 우리가 거짓말을 한다고 여긴다. 따라서 그들도 우리가 볼 수 있는, 또는 실제로 우리가 보는 여러 기적들에 대해 분명한 설명을 해줘야 한다. 그리하여 만일 인간의 능력으로는 도무지 밝힐 수 없다는 사실을 깨닫는다면, 합리적으로 이야기할 수 없다 해서 어떤 기적이 없었다든지 또는 없으리라고 결론 내릴 수 없음을 인정해야만 한다. 왜냐하면 지금 존재하는 것들에 대해서도 사실이라 말할 수 없기 때문이다.

나는 책에 적힌 수많은 경이로운 일들에 대해 모두 이야기하려는 것은 아니

---

*8 자석의 끌어당기는 힘에 대해서는 플리니우스 《박물지》, 20. 1 참조. 금강석의 중립 작용에 대해서는 플리니우스, 같은 책, 28, 9 및 37, 15 참조.
*9 이 장에서 설명하는 자료는 대개 솔리누스(Solinus)에서 얻은 것. 솔리누스는 플리니우스에서 얻어, 조금 손질을 했고 아우구스티누스는 그대로 활용했다. 소돔의 사과 이야기만은 솔리누스가 덧붙인 것이다.

다. 이런 일들은 한 번 있었다 사라진 게 아니라, 어떤 곳에서는 여전히 남아 있으며, 뜻과 기회가 있는 사람이라면 그곳에서 확인할 수 있으리라.

이제부터 세상에서 이야기하는 몇 가지 기이한 일들을 살펴보기로 한다. 시칠리아 아그리겐툼(Agrigentum)에서 소금을 불에 넣으면 마치 물에 넣은 듯이 녹으며 물에 넣으면 불에 넣은 것처럼 딱딱 소리를 낸다.*10 아프리카 오지의 가라만타이(Garamantae) 족이 사는 곳에 샘이 하나 있는데, 낮에는 샘물이 너무 차서 마실 수 없고, 밤에는 아주 뜨거워서 손도 댈 수 없다. 에피루스(Epirus)에게도 샘이 있는데, 다른 샘물처럼 켜진 횃불은 끄지만 다른 점이 있다면 꺼진 횃불을 다시 켠다는 것이다.*11 아르카디아(Arcadia)에서 나는 어떤 돌은 한 번 불이 붙으면 도무지 끌 수가 없기 때문에 Asbestos("끌 수 없음," 석면(石綿))라고 부른다.*12

이집트에서 자라는 어떤 무화과나무는 다른 목재와 달라서 물에 뜨지 않고 가라앉는다. 더욱 놀라운 점은, 물을 먹은 목재는 보통 더 무거워지게 마련인데, 이 나무는 물속에 얼마동안 담가 두면 아주 가벼워져서 다시 수면으로 떠오른다.*13 소돔에서 나는 어떤 사과는 익은 듯이 보이지만, 손이나 이를 대면 단박에 껍질이 터지고 산산히 부서져서 먼지와 재가 되고 만다.*14 페르시아 황철광은 손으로 꼭 쥐면 손을 덴다고 해서, "불"(그리스어로 pyr)이라는 말에서 이름을 얻었다.*15 또 페르시아에서 나는 어떤 돌은 달(곧 그리스어로 selene)의 크기에 따라 돌 안의 광도가 변하는데 그래서 셀레니테(Selenite, 아(亞)셀렌산염, 속명 투명석고(透明石膏))라고 부른다.*16 카파도키아(Capadocia)에서는 암말들이 바람만으로도 새끼를 배는데, 그 새끼들은 3년밖에 살지 못한다.*17 인도에는

---

*10 플리니우스, 같은 책, 31, 41, 86 ; 솔리누스(Solinus) 《Collectaneaf(ed. Mommsen)》 5, 18 참조.

*11 플리니우스, 위의 책, 5, 5, 36 ; 솔리누스, 위의 책, 29, 1. 에피루스의 샘물 이야기는 플리니우스, 같은 책, 2, 106, 228 ; 솔리누스, 위의 책, 7, 2. 홰에 불을 붙이는 이야기는 제21권 7장과 주석 22를 참조.

*12 아스베스토스는 불을 끌 수 없다는 것이 본디 뜻이었는데, 뒤에 불이 붙지 않는다는 뜻으로 바뀌었다. 석면에 대한 이야기는 플리니우스, 같은 책, 37, 54, 146에 있다.

*13 플리니우스, 같은 책, 13, 14, 57 ; 솔리누스, 위의 책, 32, 34~35.

*14 타키투스 《역사》 3, 7 ; 요세푸스 《유대전쟁사》 4, 484 ; 솔리누스, 위의 책, 35, 8 참조.

*15 플리니우스, 위의 책, 36, 10, 138 ; 솔리누스, 위의 책, 37, 16 참조.

*16 플리니우스, 위의 책, 37, 67, 181 ; 솔리누스, 위의 책, 37, 21 참조.

*17 플리니우스, 위의 책, 8, 67, 166 ; 솔리누스, 위의 책, 23, 7 참조.

틸로스(Tylos)라는 섬이 있는데 그곳 나무들은 절대로 잎이 떨어지지 않는데 그래서 이 섬은 다른 땅보다 나은 곳이라 할 수 있다.*18

이처럼 수없이 많은 일들이 과거에 잠깐 있었던 사건이 아니라, 그 지방에서는 늘 이어지지만, 그 사례들을 더 설명하려는 것은 아니다. 하지만 성경을 믿지 못하는 사람들은 할 수 있다면 이 일들을 이치에 맞게 설명해 보라. 그들이 성경을 믿지 않는 까닭은, 내가 이야기한 것처럼 믿기 어려운 일들이 그 안에 포함돼 있기 때문이다. 예를 들면 육체가 불에 타면서도 사라지지 않고, 고통받아도 죽지 않는다는 것은 이성으로는 도저히 받아 들일 수 없는 일이라고 그들은 말한다. 위대한 사변가들이라면 놀라운 모든 일들에 대해 설명할 수 있어야 하지 않겠는가! 우리가 이야기한 몇 가지에 대해 합리적으로 이야기해 보라.

만일 이들이 그런 일들이 존재하는지 모른다고 하자. 그리고 우리가 그런 일들이 앞으로 일어나리라 말한다고 하자. 그러면 이 사람들은 요즘 성경에 씌어 있는 말을 안 믿는 만큼, 앞에서 말한 신기한 일들을 믿지 않을 것이다. 앞으로 육체가 영원한 고통과 뜨거운 불 속에서 죽지 않고 계속 살아야 한다고 말하는 대신, 내세에는 불 속에서는 물에서처럼 녹고, 물에서는 불 속에서처럼 딱딱 소리를 내는 소금이 되리라고 한다면, 그들 가운데 누가 우리를 믿겠는가? 또 차가운 밤에는 손을 댈 수 없을 만큼 뜨겁고, 더운 낮 동안에는 차서 도저히 마실 수 없는 샘물이 있다든가, 지나치게 뜨거워서 손을 덴다는 돌, 그 한 쪽에 불이 붙으면 그 불을 끌 수 없다는 돌, 수없이 많은 사례 가운데 늘어놓은 몇 가지만 이야기하면서 앞으로 이런 일이 일어날 거라고 한다면 그들 가운데 어느 누가 믿겠는가?

따라서 이런 것들이 다음 세상에 있으리라고 우리가 말할 때에, 의심 많은 이들이 "우리가 그 일들을 믿기를 원한다면, 그대들은 그 하나하나에 대해서 이치에 맞게 설명하라" 이렇게 요구한다면, 우리는 그렇게 할 수 없을 것이다. 인간의 이해력은 보잘것없어 하느님이 행하시는 이런 놀라운 일들을 이해할 수 없기 때문이다. 또 인간의 얄팍한 지성으로는 그 까닭을 설명할 수 없다 하더라도 우리의 이성은 전능하신 분이 하시는 일에는 모두 까닭이 있음을 굳건하

---

*18 솔리누스, 위의 책, 12, 21, 38 ; 솔리누스, 위의 책, 52, 49 참조. 틸로스는 현재 페르시아만에 있는 바레인 섬.

게 믿는다. 또 우리는 하느님이 무엇을 바라시는지 확신하지 못할 때가 많지만, 그래도 그분이 뜻하시는 일은 불가능한 것이 없음은 틀림없다.

하느님이 앞으로의 일을 예언하실 때에, 그분이 무력하다거나 거짓되다고 생각지 않기 때문에 우리는 그분의 말씀을 믿는다. 하지만 까닭을 강요하는 이 의심 많은 이들은 자연 법칙과 반대되는 듯하면서도 실제로 존재하고, 그 까닭을 설명할 수 없는 일들에 대해서, 어떻게 대답하는가? 만일 우리가 그 신기한 일들이 앞으로 일어나리라고 말한다면, 우리가 육체의 영원한 형벌에 대해 미래에 예정된 일이라고 말할 때처럼 의심하는 자들은 까닭을 논리적으로 설명해 보라고 했을 것이다. 따라서 인간의 이성과 논리가 하느님이 하시는 일들을 제대로 모두 설명하지 못하더라도 현세의 저 놀라운 일들이 존재하지 않는다 할 수 없듯이 우리가 예측하는 이 일들이 사람들이 밝힐 수 없다 해서 이루어지지 않을 것이라 할 수 없다.

제6장 모든 신비한 일이 자연적인 현상은 아니다

여기서 그들은 아마도 이렇게 대답할는지도 모른다. "물론 이런 일들은 현실에는 없다. 우리는 어느 것도 믿지 않는다. 이것들은 떠돌이들이 하는 이야기, 지어낸 이야기일 뿐이다." 그리고 인증이랍시고 비슷한 것을 덧붙일는지 모른다. "그대들이 이 따위 이야기를 믿는다면, 똑같은 책에 실린 다른 이야기들도 믿어야 한다. 베누스(사랑의 여신)의 신전이 있다든가 혹은 있었다든가 그곳에는 촛대 하나가 공중에 매달려 있는데, 그 촛대의 불길이 너무도 강렬해서 폭풍이 몰아치거나 제아무리 비가 퍼부어도 꺼지지 않는다고 한다. 그래서 앞서 말한 끌 수 없는 돌, 석면처럼 꺼지지 않는 등불이라고 한다"는 글도 믿어야 한다.[19] 그들은 이렇게 말하면서 우리를 궁지에 몰아넣으려고 할지도 모른다. 우리가 이것을 믿지 못하겠다고 말하면, 기록된 다른 기적들도 사실이 아니라는 말이 될 것이고, 우리가 이를 믿는다면, 이교도 신들을 받아들이게 되기 때문이다(이 책 18권 18장 참조).

그런데 우리가 이 책 제18권에서 이미 말한 바와 같이, 우리는 세속적인 역사가 포함된 모든 내용을 믿어야 한다고는 생각지 않는다. 왜냐하면 바로의 말

---

*19 플리니우스, 위의 책, 2, 96, 210.

처럼 역사가들 또한 여러 점에서 의견이 서로 다르며, 그것은 마치 일부러 그렇게 하는 것이라고 생각될 정도이다. 하지만 우리가 반드시 믿어야 한다고 망설임 없이 말할 책들과 상반되는 내용이 아니라면 믿고 싶으면 믿어도 된다. 다가올 세상에 있을 기적을 의심하는 자들이 믿게 하기 위해서 자연에서 일어나는 변치 않는 기적들은 이미 충분하다. 우리 스스로 관찰할 수 있으며, 그렇지 않다 해도 믿음직한 증인들을 얼마든지 얻을 수 있기 때문이다.

그뿐 아니라 불이 꺼지지 않는 등이 있다는 베누스 신전도 우리를 궁지로 몰아넣기보다는 도리어 우리의 주장을 유리하게 해준다. 이 꺼지지 않는 등불에 우리는 많은 불가사의를 덧붙일 수 있기 때문이다. 이것은 사람이 하거나 마법, 즉 악마들의 영향을 받는 사람들이 하거나 악마들이 몸소 하는 것이라고 할 수 있다. 이런 기적들을 부정한다면 우리는 틀림없이 우리가 믿는 성경의 진리성마저 부인하게 된다. 그 등에 대해서 말하자면 석면에 어떤 기계적이거나 사람의 손으로 만든 장치를 단 것일 수도 있다. 경배자들을 놀래켜주기 위해서 마술적 기교를 부린 것일 수도 있다. 또는 어떤 악마가 베누스(비너스)라는 이름으로 나타남으로써 이런 장관이 시작되었고 또 계속되는 것일 수도 있다.

악마들은 그들의 구미에 맞는 것을 바치는 사람들이 모이는 신전에 마음이 쏠리고 그런 곳에서 살게 된다. 귀신들은 짐승과 달라서, 음식에 끌리는 것이 아니라 영들과 함께 자신의 구미에 어울리는 상징, 예를 들면 온갖 돌, 나무, 풀, 동물, 노래, 의식 같은 것에 이끌린다. 또한 이런 선물을 바치도록 악마들은 먼저 교활하게 사람들을 유혹한다. 사람들 마음에 비밀스런 독을 불어넣기도 하고 친근한 모습으로 꾸며 나타나기도 하며, 슬며시 몇 사람을 제자로 만들어 많은 사람을 가르치게 하기도 한다. 악마들이 사람에게 먼저 가르쳐 주지 않고서는 그들이 저마다 무엇을 원하며 무엇을 싫어하는지, 어떤 이름으로 그들에게 기도해야 하는지, 어떻게 해야 그들을 억지로라도 오게 하는지 사람들은 알 수 없다. 그래서 마법과 주술사들이 생기게 되었다.

무엇보다도 악마들은 사람 마음을 빼앗는데, 빛나는 천사 모습으로 나타날 때는 더욱더 의기양양해진다. 많은 일들이 그들이 만들어낸 일이므로 우리는 그것이 놀랍더라도 더욱 주의해서 피해야 한다. 그런데 바로 이런 행동들이 내가 오늘 주장하는 점을 돕는다. 부정한 악마들이 이토록 놀라운 일을 벌인다

면, 거룩한 천사들은 얼마나 막강하겠는가! 그리고 기적을 행하는 천사들을 만
드신 하느님은 도대체 얼마나 큰 힘을 지니셨을까!

  인간의 기술이 하느님의 피조물들을 이용해 놀라운 장치들을 만들어 낸다.
그런데 그 속사정을 모르는 이는 그것들이 어느 신이 하는 일이라고 생각한다.
예를 들어 어느 신전에서 자석 하나는 천장에 두고 또 하나는 바닥에 두어, 쇠
로 만든 신상이 그 가운데 허공에 떠 있도록 했다. 위와 아래에 자석이 있다는
사실을 모르는 사람은 어떤 신의 힘이 거기에 나타난 것이라 생각할 것이다.[20]
베누스 신전의 등은 석면을 교묘히 이용한 것이라고, 우리는 앞서 말했다. 또
성경에서 마법사나 주술사라고 하는 이들의 도움으로 악마들은 위력을 드러
낼 수 있어 고귀한 시인 베르길리우스마저 어느 뛰어난 마술사를 호의를 다해
그렸다.

  어느 무녀의 주문은 하고자 하는 대로 영혼들을 고쳐주고
  그 밖의 이들에게는 가혹한 고통을 주며
  강물 흐름을 멈추게 하고
  별들을 되돌아가게 하며
  밤에는 유령들을 부른다.
  그대는 보리라.
  땅이 발아래에서 비명을 지르며
  산 속 물푸레나무가 자리를 떠나
  비탈을 미끄러져 내려감을[21]

  이러한 것들이 모두 진실이라면 믿지 않는 자들이 불가능하다고 여기는 일
들도 하느님 능력으로는 참으로 쉬우니 하느님께서는 얼마나 더 전능하시단
말인가? 돌과 그 밖의 모든 사물에 저마다의 쓰임을 주고, 인간들에게도 놀라
운 방식으로 주어진 능력을 쓰도록 하신 이는 바로 하느님이시기 때문이다. 이
땅 위에 있는 어느 생물보다 강력한 천성을 천사들에게 내려주신 이는 하느님
이시다. 모든 경이로움을 뛰어넘는 그분의 권능과 만물을 움직이게 하고 명령
하고 허락하시는 그분의 지혜로 보아 만물을 창조하실 때에 경이롭던 것처럼,
만물을 주관하실 때에도 모두 놀랍다 하리라.

---

[20] 플리니우스 《박물지》 34, 14, 148.
[21] 베르길리우스 《아이네이스》 4, 487~491.

제7장 기적을 믿는 이유

그렇다면 하느님이 어찌 죽은 자의 몸을 일으키시고, 죄 지은 자의 몸은 불속에서 영원히 고통 받게 하실 수 없겠는가? 하늘과 땅, 대기와 물속에서 헤아릴 수 없이 많은 기적으로 온 우주를 가득 채우신 하느님, 이런 모든 것들보다 더 위대하고 놀라운 기적 세계 그 자체를 만드신 하느님이 아닌가? 그러나 우리의 이야기에 반박하며 논쟁을 벌이는 사람들은 우주를 만드신 하느님이 계시며, 하느님을 대신해서 우주의 법을 시행하도록 하느님이 창조하신 신들이 존재한다는 것을 믿는다. 그러면서 저들은 바로 기적을 보여주거나 의식이나 기도로 또는 마술을 통해 기적을 일으키는 존재들이 있다는 것을 부인하지 않으며 이런 사실을 적극적으로 선전하기도 한다.

하지만 그 반대론자들 앞에 이성이 있는 동물이나 이성을 갖춘 영도 아닌, 우리가 지금 늘어놓은 것과 같은 사물들을 보여주면 그들은 늘 이렇게 말하곤 한다. "이는 그런 사물들의 자연적인 속성이며, 본성이다. 그런 능력은 본디 그들 본성에 속해 있다." 아그리겐툼의 소금이 불길 속에서 녹고 물속에서 딱딱 소리를 내는 것 모두 그것이 소금의 자연적 본성이기 때문이라는 것이다. 하지만 이 현상들은 오히려 자연적 본성에 어긋나는 것처럼 보인다. 소금은 불이 아니라 물에 녹으며, 물이 아니라 불에 타는 고유한 성질을 가졌다. 하지만 그들은 이토록 다른 성질을 갖고 있더라도 그건 아그리겐툼의 소금이 갖고 있는 자연적 속성이라고 말한다.

이들은 가라만타이 산 속 샘물에 대해서도 같은 이유로, 한 샘물이 낮에는 차디차고 밤에는 펄펄 끓어 서로 극한을 오가는지라, 손을 댈 수도 없는 게 이 샘물의 자연적 속성이라는 것이다. 다른 샘물에 대해서도 같은 설명을 하는데 그 샘물은 만지면 차고 다른 생물처럼 타는 횃불을 끄지만 놀랍게도 꺼진 횃불을 다시 지펴주는데, 이것도 자연적 본성이라는 주장이다. 석면도 자체에는 열이 없으나 먼저 불을 붙이면 끌 수 없는 것도 마찬가지라고 한다. 하나하나 다 열거하지는 않겠으나 다른 예들도 자연적 속성에 어긋나는 듯해 보이는 특이함이 있는데도 자연적 본성 말고는 다른 설명을 하지 않는다.

참으로 간결하고 충분한 답이라고 생각한다. 하지만 하느님이 모든 자연본성을 창조하신 분인데, 반대론자들은 우리가 주장하는 것을 불가능하다는 이유로 믿지 않으려 한다. 그들은 왜 그들의 설명보다 더 나은 우리의 설명을 받아들이려 하지 않는가? 우리는 전능하신 하느님의 뜻이 그 근거라고 말한다. 참으로 그를 전지전능하다고 하는 것은 쉽게 말하여 그분이 하고자 하시는 모든 일을 행하실 수 있기 때문이다. 하느님은 참으로 대단한 일을 많이 창조하셨는데 그 가운데에는 우리 인간이 모르는 것도 있지만, 내가 보여줬듯이 이미 증명된 것들도 있다. 우리가 직접 이런 것들을 살펴보지 않았거나, 믿음직한 최근의 관찰자들이 보고하지 않았다면, 믿지 않는 자들은 틀림없이 불가능한 일이라고 잘라 말했으리라. 우리가 읽는 책들의 저자들 말고 다른 증인이 없고 또 신성스러운 지시로 씌어지지 않을 놀라운 일들에 대해서는 인간적 오류가 있을 수 있으므로 우리는 이런 기적들을 믿지 않는 사람들을 비난할 수 없다.

내가 나열한 모든 기적들을 사람들이 분별없이 믿지 않았으면 한다. 내 자신이 관찰한 것과 누구든 쉽게 확인할 수 있는 것 말고는 나도 무턱대고 믿지는 않는다. 내가 믿는 것은 예를 들면, 물에는 뜨거워지고 기름에 차게 식는 생석회(산화칼슘), 보이지 않는 신비로운 흡입력으로 쇠를 끌어당기면서도 짚 같은 것에는 어떤 영향도 주지 않는 자석, 플라톤의 육신도 피할 수 없었던 부패를 이겨낸 공작의 구운 살점, 눈이 녹지 못하게 할 만큼 냉기를 풍기면서도 사과를 익게 만드는 열기를 지닌 왕겨, 활활 불붙어 환히 빛날 때 그 안에 던져진 돌을 구워 희게 만들지만, 제 아무리 순수한 기름이라도 그 묻었던 자리가 검게 되고, 하얀 은으로 그어 놓은 선이 검게 되는 등 태우는 것들의 대부분을 검게 만드는 불, 불의 기운으로 재료가 완전히 변한 숯, 이 때문에 아름다웠던 목재가 보기 싫게 되고, 단단한 것이 잘 부스러지게 되며, 썩기 쉬웠던 것이 썩지 않기도 한다.

이런 사실들은 많은 사람이 알고 있고 또 어떤 것은 모든 사람이 알고 있다. 이밖에도 내가 여기에다 기록하지 못하는 것이 많다. 내가 이야기한 사례들 가운데서 직접 보지는 못하고 책에서만 읽은 것이 있는데 사실인지 아닌지 확인해 줄 믿을 만한 증인을 찾지 못한 것들도 있다. 그러나 횃불을 끄면서도 한편으로는 꺼진 홰에 불을 붙이는 샘물과, 익은 듯하면서 속은 먼지로 가득한 소돔의 사과는 예외이다. 나는 에피루스의 샘물을 보았다고 하는 사람을 만난 적은 없지만, 갈리아 지방 그레노블(프랑스 남동쪽) 부근에 이와 비슷한 샘물이 있다고 말하는 사람들을 만난 적은 있다.*22 소돔의 사과는 믿을 만한 책들에

---

*22 지금도 그레노블 부근 이세레라는 곳에 이런 끓는 샘(가스 온천)이 있다고 한다.

실려 있을 뿐 아니라 많은 사람들이 몸소 보았다고 하기 때문에 그것을 믿을 수밖에 없다.

나는 그 밖의 신기한 일들에 대해서는 긍정도 부정도 하지 않는데 믿지 않는 자들이 쓴 책에서 읽고 인용했기 때문이다. 또 그들의 저서에 기록되어 있기 때문에, 이치에 맞는 설명을 하지 못하더라도 많은 사람들이 이들의 기록을 믿는다. 그런데 전지전능하신 하느님께서 그들의 경험과 관찰을 뛰어넘는 일을 하시리라고 주장하면, 우리가 하느님이 하시는 일에 대해 이유를 대도 그들은 우리의 말을 믿으려 들지 않는다. 이런 일들에 대해서, 전능자가 이 일들을 충분히 하실 수 있으며 또 실현하시리라고 하는 것보다 성경에서 예언하신 많은 일들이 이미 이루어졌고, 그 성경에서 이러한 일들도 예언하셨기 때문에 이루어질 것이라 한다면 이보다 더 훌륭하고 더 강력한 설명이 어디에 있겠는가? 불가능하다고 여겨지는 일들도 하느님이 예언하셨으므로, 하느님의 권능으로 이루어지리라. 하느님께서는 믿지 않는 사람들로 하여금 믿을 수 없는 바를 믿게 하시려고, 미리 말씀하셨고 또 그 말씀대로 실현하셨다.

제8장 본성이 알려진 사물에서 아직 알려지지 않은 일이 일어나도 자연에는 어긋나지 않는다

인간의 육체가 영원히 불에 타면서도 절대로 죽지 않으리라고 우리가 말하면 그들은 이 말을 믿지 않으며, 믿지 않는 이유 인간의 몸은 전혀 다르게 이루어져 있기 때문이라고 한다. 인간의 육체에서 일어나는 이 기적에 대해서는 자연 현상에서 일어나는 그런 기적들에 부합하는 이유, 즉 "이것이 자연의 속성이며, 사물의 본성이다"로 설명할 수 없으리라. 왜냐하면, 이는 인간 육체의 자연본성이 아니라는 사실을 우리가 알기 때문이다. 대신 우리는 그 답을 성경에서 찾을 수 있다. 즉 인간의 육신은 죄를 짓기 전과 죄지은 뒤 구조가 서로 다르며, 죄를 짓기 전에는 죽지 않도록 만들어졌고 죄를 지은 뒤에는 오늘날 우리가 보듯이 죽어야만 하는 비참한 상태가 되어, 영원히 살 수 없다. 그래서 죽은 자들이 부활할 때는 몸이 지금과는 다른 상태가 될 것이다. 하지만 그들은 우리가 믿는 성경을 믿지 않는다. 성경을 보면 태초에 인간이 낙원에서 어떻게 살았으며 필연적인 죽음에서 얼마나 벗어나 있었는지 알 수 있는데도 말이다.

진정으로 그들이 성경을 믿는다면, 죄 지은 자들이 앞으로 받을 벌에 대해 그들과 까다로운 토론을 하지 않아도 될 것이다. 하지만 그들은 성서를 믿지 않으므로 우리는 그들이 쓴 글에서, 무엇이든지 그 고정된 본성이라고 알려진 것과 달라질 수 있음을 증명해야 한다. 마르쿠스 바로의 《로마인 민족론》이라는 저서를 보면 다음과 같은 내용이 나온다.

"하늘에 심상찮은 이변이 있었다. 플라우투스가 베스페루고라고 부르고 호메루스가 귀여운 헤스페로스라고[23] 부르던 찬란히 빛나는 별 베누스(금성)에 아주 기이한 일이 일어나서, 별의 빛과 크기, 모양, 궤도가 변하는 보기 드문 일이 일어났다고 카스토르가[24] 기록으로 남겼다. 이 사건은 오기구스(18권 8장 참조)왕 시대에 일어났다고 유명한 수학자인 키지코스의 아드라스토스와 나폴리의 디온이 말했다."

자연본성에 어긋나지 않았다면, 아마도 바로처럼 위대한 학자가 이변이라고까지는 부르지 않았으리라. 우리는 거의 모든 이변을 자연적인 것과 반대된다고 말하지만 꼭 그런 것만은 아니다. 위대한 조물주의 뜻이야말로 그가 만드신 모든 사물의 자연적 본성인데, 그분의 뜻으로 일어난 일이 어떻게 본성에 반(反)할 수 있단 말인가? 그래서 이변이 일어날 때면, 자연본성에 반해 일어나는 것이 아니라 우리가 자연적인 줄로 알고 있던 것에 반해서 발생하는 것이다. 그러나 이 세상 역사 책에 기록된 수많은 이변을 누가 빠짐없이 다 말할 수 있겠는가? 우리는 맞닥뜨린 문제에 대한 이 한 가지만 집중하기로 하자.

하늘과 땅의 모든 본성을 만드신 그분이 별들의 궤도만큼 정확히 배열해 놓은 것이 있겠는가? 이토록 확고한 원칙으로 만들어진 것이 어디 있겠는가? 하지만 당신의 모든 피조물을 당신의 최고 주권과 권능으로 다스리시는 분이 바라시자 별들 가운데 크기와 광도가 무엇보다 두드러진 것이 그 빛과 크기와 모양과 또 무엇보다 놀라운 것은 그 정해진 길을 바꾼 것이다! 그 당시 천문학자들에게 어떤 기준이 있어 별들의 과거와 미래의 운동을 정확히 계산할 수 있었다면, 이 현상은 틀림없이 천문학자들에게 혼란을 불러왔으리라. 천문학자들은 금성에 나타난 이 현상이 그 이전에도 뒤에도 다시는 없는 일이라 말했다. 그러나 성경에는, 태양도 움직임을 멈춘 적이 있다고 기록되어 있는데 거룩한 사람 여호수아가 원수들에게 복수를 마칠 때까지 태양이 멈추고 달이 멈추어

---

[23] 플라우투스 《암피트루오》 1, 1, 119 ; 호메로스 《오디세이》 22, 318.
[24] 카스토르는 기원전 1세기의 사학자.

서게 해 달라고 하느님에게 기도한 때였다(여호 10 : 13). 또 히스기야왕을 15년 더 살게 해 주시겠다는 하느님의 약속을 확실히 하는 뜻에서 태양이 되돌아와서 아래로 내려갔던 그림자가 열 칸이나 올라오는 이변이 있었다고 한다(이사 38 : 8).

하지만 거룩한 분들의 공적에 대해 보여주신 이 기적들을 이교도들이 사실이라고 인정할 때에도 그들은 그것을 단지 마술 덕으로 돌린다. 내가 위의 21권 6장에서 인용한 베르길리우스의 시구 "강에서 물 흐름을 멈추게 하며 별들의 길 또한 돌이킨다"*25에서도 그런 놀라운 일을 마술의 힘으로 돌린 것을 볼 수 있다. 성경에도 강물이 상류에서는 멈추고 그 아래는 그대로 흘러갔다는 내용이 있다. 그것은 앞에서도 말했듯이 여호수아가 인도하여 백성들이 강을 건너려 하자 사해로 흘러가던 물이 모두 멈추어서 건너갈 수 있었다(여호 3 : 16). 그리고 엘리야가 건널 때, 그의 제자 엘리사가 건널 때에도 똑같은 일이 있었다(2열왕 2 : 8, 14). 우리는 앞서 히스기야왕 때에는 가장 큰 별이 궤도를 바꿨다는 말을 했다. 그러나 바로는 금성에서 일어난 일이 어떤 사람의 기도에 대한 응답이라고는 하지 않았다.

그렇다면 믿지 않는 사람들은 사물이 지닌 자연적 본성에 대해 자신들의 인간적 경험으로 아는 것 말고는 하느님의 권능이 어떤 일도 실현시키지 못하리라 여기면, 정신을 그토록 무지몽매한 상태에 두는데, 그렇게 해서는 안 된다. 흔한 일에도 감탄하는 게 습관이 된다면, 가장 평범한 것도 희귀한 것 못지않게 경이로움을 줄 수 있다. 수없이 많은 사람들과 그들의 비슷한 본성을 꼼꼼히 살펴본다면, 그런 비슷함과 함께 인간의 외모에 나타난 독특함에 놀라게 된다. 그러나 사람들이 서로 같지 않다면 다른 짐승과 구별할 수 없을 터이고 그러면서도 서로 다르지 않다면 한 사람 한 사람을 구분할 수 없으리라. 그러므로 우리는 서로 공통점이 있음을 인정하면서 한편으로는 서로 다른 점도 발견하게 된다. 다르다는 게 더 놀라운 면이라 할 수 있는데 공통된 자연본성에는 늘 유사성이 필요하기 때문이다. 하지만 희귀한 것도 경이로움을 주기 때문에, 우리는 너무도 닮은 두 사람을 자주 구별해 내지 못하고서 훨씬 더 놀라워하곤 한다.

---

*25 베르길리우스 《아이네이스》 4, 489.

그러나 바로가 이교도이며 매우 유식한 역사가이긴 하지만, 믿지 않는 자들은 내가 그에게서 인용한 사건이 실제 일어난 일이 아니라 할지 모른다. 또는 그 별이 새로운 궤도를 오래 돌지 않고 그 본디 궤도로 돌아갔으므로, 예증으로 부족하다 할 수도 있다. 그렇다면 그들이 지금 곧 살펴볼 수 있는 다른 예가 있다. 그들이 어떤 자연법칙을 지켜보며 확인했다 하더라도, 하느님이 그것을 바꾸어서 그들이 관찰한 것과 매우 다르게 만드실 수 없다는 듯이, 하느님을 규정해서는 안 된다는 것을 이 예로써 충분히 알게 될 것이다.

소돔 땅이 늘 오늘날과 같지는 않았다. 한때는 겉으로 보기에 다른 땅들과 비슷했고 적어도 비슷한 만큼으로 비옥했다. 성경에서는 그곳을 하느님의 낙원과 비교하기도 했다(창세 13:10). 그러나 한번 하늘에서 불이 내려와 그곳을 재앙으로 휩쓴 뒤에는 이교도들의 역사서에서도 보여주듯*26 오늘날 그곳을 찾는 사람들이 말하는 것처럼, 끔찍한 모습으로 그려졌다. 겉으로 보기에는 익은 듯한 사과들이 속을 보면 재가 들어 있다고 한다. 이것은 자연 본성이 바뀐 한 가지 예에 지나지 않는다. 모든 자연적 본성을 만드신 분이 그 땅의 본성을 완전히 바꾸어 아주 보기 싫게 바꿔 버리셨다. 이는 오래전에 일어난 변화인데도 요즘도 그 상태가 이어지는 변화이다.

하느님이 이런 자연적 본성들을 원하는 대로 만드시는 게 불가능하지 않듯 당신이 만드신 본성들을 마음대로 바꾸심도 가능하다. 때문에 기이함, 징후, 전조, 이변 등등 놀라운 일이 수없이 일어난다. 그것들을 내가 하나하나 열거하며 기록한다면, 이 책은 언제쯤 마무리될 것인가? 라틴어 "monstra"(기이)는 무엇을 보여주거나 어떤 것을 의미한다에서 왔으며 "portenta"(전조)는 앞에 미리 보여주는 데서 유래했다고 한다. 하지만 징후들을 설명한다는 그들의 점쟁이들도 속는다는 사실, 또는 예언이 맞을 때에도 그것은 영들에게 영향을 받아서라는 사실을 깨달아야 한다. 영들은 그런 운명을 맞아 마땅한 사람들의 마음을 상하게 하는 호기심을 그물로 얽어매려 애를 쓴다. 또는 점쟁이들이 알아맞히는 일이 있더라도 그것은 예언을 많이 하기 때문임을 알아야 한다.

사도 바울이 사람들이 흔하게 쓰는 표현으로, 야생 올리브나무를 좋은 올리브나무에 접붙여서 그 기름진 수액을 함께 먹게 하는 것은 본성을 거스르

---

*26 타키투스 《역사》 5, 7 참조.

는 일이라고 주장하는 것처럼(로마 11 : 24), 우리도 본성을 거슬러 생기는 이러한 일들, 본성을 거스른다고 그들이 말하는 이 일들, 곧 기이함, 징후, 전조, 이변이라고 하는 이 일들은, 하느님이 사람의 육체에 대해서 미리 말씀하신 일을 보여주시고 전조가 되며, 예고하는 것이라 믿어진다. 하느님에겐 가로막는 어려움도 한계를 정하는 자연 법칙도 전혀 없기 때문이다. 하느님이 어떻게 그 예언하신 바를 행하실까 하는 것을 나는 신구약 성서를 근거로 이미 충분히 밝혔다. 하지만 연관된 구절을 모두 뽑은 것이 아니라, 이 저서를 위해서 알맞다고 생각되는 만큼만 인용했다.

제9장 지옥과 영원한 벌의 본질

하느님이 예언자를 통해, 죄를 지은 자들의 영원한 벌에 대해서 하신 말씀은 틀림없이 이루어질 것이다. "사람들이 밖으로 나가 나를 거역하던 자들의 주검들을 보리라. 그들을 갉아먹는 구더기는 죽지 아니하고, 그들을 사르는 불도 꺼지지 않으리니, 모든 사람이 보고 역겨워하리라"(이사 66 : 24) 하셨다. 주 예수 그리스도께서는 사람들이 몸에서 가장 필요한 부분처럼 소중히 여기는 사람들, 즉 지체를 잘라 버리라고 말씀하셨다. 그분은 이 말씀을 우리 머릿속에 가장 깊이 새겨 넣으시려고 "손이 죄를 짓거든 그 손을 찍어버려라. 두 손을 가지고 꺼지지 않는 지옥의 불 속에 들어가는 것보다는 불구의 몸이 되더라도 영원한 생명에 들어가는 편이 나을 것이다. 지옥에서는 그들을 파먹는 구더기도 죽지 않고 불도 꺼지지 않는다"(마르 9 : 43, 48) 하셨다.

발에 대해서도 같은 말씀을 하셨다. "발이 죄를 짓거든 그 발을 찍어버려라. 두 발을 가지고 지옥에 던져지는 것보다는 절름발이가 되더라도 영원한 생명에 들어가는 편이 나을 것이다. 지옥에서는 그들을 파먹는 구더기도 죽지 않고 불도 꺼지지 않는다"(마르 9 : 45, 48). 눈에 대해서도 "눈이 죄를 짓게 하거든 그 눈을 빼어버려라. 두 눈을 가지고 지옥에 들어가는 것보다는 애꾸눈이 되더라도 하느님 나라에 들어가는 편이 나을 것이다"(마르 9 : 47~48). 주께서는 성서 한 구절에서 망설임 없이 같은 말씀을 세 번이나 하셨다. 이렇게 주께서 몸소 거듭 강력하게 벌에 대해 말씀하시는 데 두려워하지 않을 사람이 어디 있겠는가?

그런데 벌레와 불은 육신이 아니라 영혼에 대한 이야기라 말하는 사람들은, 하느님 나라에서 떨어져 나온 사악한 사람들의 영혼이 불에 타리라, 즉 너무 늦어버려 아무 소용도 없는 후회 때문에 고민하리라고 말한다. 그러므로 불타는 듯한 이 고민을 표현하기 위해서 불이라는 말을 쓰는 것은 부적절하지 않다고 하면서 사도의, "어떤 교우가 죄에 빠지면 내 마음이 애타지 않겠습니까?"(2고린 11 : 29)라는 말씀을 인용한다. 그들은 벌레도 이와 같은 방식으로 이해해야 한다고 믿는다. "상심한 사람 앞에서 노래 부르는 것은, 추위에 옷을 벗기고, 아픈 상처에 초를 끼얹는 격이다"(잠언 25 : 20) 이런 말씀이 있기 때문이다. 그러나 내세에 육체와 영혼 둘 다 벌을 받으리라 의심치 않는 사람들은, 육신은 불에 타고 영혼은 고민이라는 벌레에 갉아 먹히리라고 이야기한다.

육신이나 영혼 어느 한 쪽이 내세의 벌을 피할 수 있으리고 기대하는 것은 어리석으므로, 양쪽 모두 벌을 받는다는 생각이 이치에 더 맞다. 하지만 나는 벌레와 불 모두 영혼에 대한 것이기보다, 둘 다 육신에 대한 것이라고 여기는 편이 더 이해하기 쉬우리라 생각한다. 그리고 죄 지은 자들의 영적 고통에 대해서 성경이 침묵하는 까닭은, 육신이 이토록 고통받을 때 영혼 또한 소용없는 후회를 하면서 고통받는다는 것은 굳이 말하지 않더라도 마땅히 추측할 수 있기 때문이다. 구약 성경을 보면 "불경스런 자의 육신이 받는 벌은 불과 벌레"(집회 7 : 17)라고 했다. 짧게 말해 "불경스런 자가 받을 벌"이라고 할 수 있었을 터이다. 그런데 무슨 까닭으로 "불경건한 자의 육신"이라고 했을까? 불과 벌레는 모두 육신이 받을 벌이 아니라면 왜 이렇게 이야기했겠는가? 혹은 "육신이 받을 벌"이라고 쓴 것은 육신을 따라 사는 인간들이 받을 벌이라는 뜻인가? 사도가 "육체를 따라 살면 여러분은 죽습니다"(로마 8 : 13) 한 뜻은 두 번째 죽음으로 이어진다는 것이다. 그렇다면 저마다 자기가 원하는 해석대로 불은 육신에, 벌레는 영혼과 관련지으며, 한 쪽은 문자대로 또 다른 쪽은 비유적으로 풀이하는 것이 그 한 가지 방법이다. 그렇지 않으면 두 쪽 모두 육신과 관련한 것으로 해석하는 방법이다.

짐승이 불에 타면서도 모두 타서 사라지지 않고, 고통스러워하면서도 죽을 수 없음을 나는 앞에서 충분히 증명해 보였다. 이는 전능하신 창조주의 놀라운 기적으로 이룩하시는 일이다. 자연에 있는 모든 놀라운 일들을 누가 만들었는지 아는 사람이라면, 창조주가 훌륭히 그런 기적을 행하실 수 있음을 부정하지 않을 수 없다. 이제까지 이야기한 크고 작은 모든 기적들과 내가 하나하나 밝히지 못한 아주 많은 기적들을 행하시고, 그 자체로써 최고의 기적인 이 우주에 그 기적들을 심어두신 분은 곧 창조주 하느님이시다. 우리는 모두 바라는 대로, 벌레는 실제로 존재하니 몸에 대한 것이라고 하든 영적인 것을 사물로 표현해서 영혼에 연결 지었다고 하든 저마다 선택하도록 하자. 이 가운데 어느 쪽이 옳은지는 성도들의 지식이 쌓여가면 갈수록 더 쉽게 찾을 수 있으리라. 그때는 이런 벌레들이 어떤 것인지 성도들은 겪어보지 않고서도 훤히 알 것이며, 지혜가 뛰어나고 완전해지므로 이런 형벌의 본성도 충분히 알게 되리라. 온전한 것이 올 때까지는 우리의 앎도 불완전하기 때문이다(1고린 13 : 9~10). 다만 우리는 저 육신들이 불로 고통받을 것임을 믿어야 한다.

제10장 물질적인 불이 비물질적인 악마를 태울 수 있는가

여기서 의문이 생길 것이다. 만약 그 지옥 불이 영혼의 고통처럼 비물질적인 것이 아니고 물질적이며 접촉함으로써 태우는 것이라면, 그리하여 몸이 불 속에서 고통을 겪는 것이라면, 어떻게 악한 영들이 그 불로 고통받을 수 있을까? 사람과 악령들을 벌주는 데는 마땅히 똑같은 불이 쓰일 것이다. 그리스도 말씀에 "이 저주받은 자들아, 나에게서 떠나 악마와 그의 무리들을 가두려고 준비한 영원한 불 속으로 들어가라"(마태 25 : 41) 하셨다. 학자들이 생각했듯이 바람이 불 때 우리 몸에 바람이 닿는 것을 느끼는 것처럼 악마들의 몸이 밀도 있고 습한 공기로 이루어졌다면 불에 영향을 받지는 않을 것이다. 그리고 이런 물질들이 불의 영향을 받지 않는다면 목욕탕에서 열을 가하더라도 공기가 달아올라 뜨거워지는 일은 없으리라.

불에 타기 위해서는 먼저 불이 붙어야 하고, 스스로 영향을 받는 만큼 다른 것에도 똑같은 영향을 주어야 한다. 악령들은 육신이 없다고 주장하는 사람이 있더라도 이는 애써 탐구하거나 온힘을 기울여 토론할 문제는 아니다. 비물질적인 영혼이라도 어떤 예사롭지 않은 방법으로 물질적인 불에 실제로 고통을 느낄 수도 있지 않은가?

사람의 비물질적인 영혼들도 이제 물질적인 몸 곳곳에 깃들어 있으며, 내세에는 자신의 몸과 꼭 붙어 떨어질 수 없을 게 아닌가? 그러므로 악령들에게 육신이 없더라도 그들의 영혼, 즉 악령들 자신은 물질적인 불과 접촉해 고통받으리라. 그들이 접하게 되는 불 자체가 이 연결로 생명을 얻어, 육신과 영혼으로 이루어진 생물체가 되리라는 것은 아니나 내가 이야기했던 말로 표현할 수 없이 놀라운 방식으로 이어져, 악령들은 불 속에서 고통은 받지만 불에 생명을 주지는 못할 것이다. 사실 육신과 영혼이 묶여 생물체가 되는 이 결합 방식은 참으로 놀라우며, 인간도 그렇게 해서 만들어졌지만 우리 인간은 도무지 이해할 수 없는 일이다.

저 부자가 지옥 불에 타면서 진정으로 "저는 이 불길 속에서 크나큰 고통을 받고 있습니다"(루가 16 : 24) 부르짖었듯이, 영들은 육신이 없으면서도 불에 탈 것이라 생각된다. 나는 믿지 않는 사람들에게 해줄 알맞은 대답을 얻었다. 부자가 말한 불길은, 그가 고개를 들어 나사로를 보았다는 그 눈과 같은 것이었다.

물 조금이라도 떨어뜨려 식혀 달라고 간절히 바랐던 그의 혀나, 나사로가 그렇게 해 줄 때의 손가락 또한 마찬가지이다. 그곳에는 육신 없이 영혼들만 있었다. 그래서 그를 태운 불길과 그가 간절히 바랐던 물방울은, 잠을 자거나 황홀경의 상태에서 보이는 환상이나 혼이 빠져 나간 상태에서 사람들이 보는 환시, 즉 비물질적인 사물들을 바라보는 것과 비슷하다. 이런 상태의 사람은 영으로만 있고, 몸은 존재하지 않는데도 자신을 몸과 똑같이 보기 때문에 어떤 차이도 느낄 수 없다.

하지만 불과 유황의 호수라고 하는 지옥은(묵시 20 : 10) 곧 물질적인 불이며, 사람의 몸은 고체이고 악령들의 몸은 기체라 하더라도 죄 지은 자들의 육신은 사람이든 악령이든 불에 타오르는 고통을 겪을 것이다. 또 사람만이 육신과 영혼을 모두 지녔으며, 악령들은 육신은 없으나 물질적인 불과 연결되어 고통을 받지만 불에 생명은 주지 못할 것이다. 둘 모두에게 고통을 주는 데에 한 가지 불이 쓰일 것이라고 진리이신 그분이 밝히셨다.

제11장 벌은 죄보다 길어야 한다는 토론

하느님의 나라를 믿지 않는 사람들은, 아무리 무거운 죄일지라도 짧은 기간 동안 지은 죄에 대해 끝없는 형벌이 내려지는 것은 옳지 않다고 여긴다. 이는 공정한 법이란 죄를 지은 그 기간만큼 처벌 기간도 정해져야 한다는 식이다. 키케로는*27 법으로 정한 여덟 가지 벌이 있다고 말한다. 그것은 곧 벌금, 투옥, 태형, 보복, 불명예, 추방, 사형, 노예생활이다. 이 가운데 죄를 저지른 시간에 들어맞도록 짧은 기간만 처벌받는 벌, 즉 범죄를 저지른 기간보다 처벌 기간이 길지 않은 벌이 있는가? 아마 유일하게 보복,*28 "눈은 눈으로 이는 이로"(출애 21 : 24 ; 마태 5 : 38)라는 법처럼 범죄자가 자신이 저지른만큼 고통받으라 한다. 잔인하게 이웃의 눈을 상하게 한 사람은 그 죄에 대한 엄격한 보복으로 똑같이 짧은 시간에 제 눈을 빼앗길 수 있다. 하지만 남의 아내와 입을 맞춘 죄로 태형을 받는 것이 마땅하다 할 때, 잠깐의 잘못을 오랜 시간 갚으면 순간적 기쁨을 계속되는 고통으로 벌하는 게 아닌가?

투옥은 또 어떤가? 범행에 들인 시간만큼만 범죄자를 가둬둘 것인가? 노예가 주인을 말로써 화나게 하거나 순간적으로 주인을 때렸을 때, 그 노예는 여러 해 동안 간히지 않는가? 벌을 덜어주거나 용서할 수 없도록 가하는 벌금이나 불명예, 추방과 노예생활은 짧은 인생에 비한다면 영원한 형벌이나 다름없지 않은가? 이 벌을 받는 인생이 영원하지 않기 때문에 이런 형벌들이 끝없이 이어지지 않을 뿐이다.

오랫동안 형벌을 받는 범죄도 아주 짧은 시간에 저질러진 것이다. 그렇다고 벌이 주는 고통이 범행 시간만큼 짧아야 한다고 생각하는 사람은 없다. 살인, 간음, 신성모독 그 말고도 많은 범죄들에 대해 그 상처를 준 정도나 흉악함의 정도가 아니라 범행 시간의 길이로써 판단해야 한다고 생각하는 사람 또한 없다. 죄가 무거운 범죄자를 사형시킬 때, 법은 사형이 집행되는 짧은 순간에 처벌이 이루어진다고 보는가, 아니면 범죄자를 인간 사회에서 영원히 추방시키는 게 벌이라고 보는가?

첫 번째 죽음이라는 벌로 사람들을 현세의 나라와 분리시키 듯이 두 번째 죽음으로 벌하는 것은 사람들을 내세의 영원한 나라에서 잘라내는 것이다. 지상 나라 법이 처형된 자를 다시 이 세상으로 불러 오지 않듯이, 두 번째 죽음을 당한 사람도 영원한 생명으로 불러 오지 못한다.

하지만 믿지 않는 자들은 일시적으로 저지른 죄에 대해 영원한 벌을 내린다면, "남에게 주어라. 그러면 너희도 받으리라. 말에다 누르고 흔들어 넘치도록

---

*27 출처가 불분명한 단편에 있음.
*28 보복법(Lex Talionis)은 초기 로마법에도 있었다.

후하게 담아서 너희에게 안겨주실 것이다. 너희가 남에게 주는 분량만큼 너희도 받을 것이다"(루가 6 : 38) 하신 그리스도의 말씀이 틀리지 않느냐고 할 것이다. 그들은 남에게 되어 주는 분량만큼이라는 뜻은 똑같은 기간을 뜻하는 것이 아니라, 곧 악을 저지른 자는 고스란히 악을 받는다는 것을 말씀하셨음을 보지 못함이다. 그뿐 아니라 이 말씀을 제대로 풀이하려면, 이렇게 말씀하셨을 때 심판과 정죄를 가리키셨다는 것을 알아야 한다. 그래서 누군가 부당하게 남을 판단해 벌을 내렸다면, 이 사람은 그에 따라 공정하게 심판받고 벌을 받을 것이므로 준 것과 똑같은 것을 받지는 않지만 그와 마찬가지 분량만큼 받는 것이 된다. 그는 판단했고 그에 맞게 심판받기 때문이다. 그가 한 판단은 공정하지 않았으나, 그가 받는 심판은 공정하다.

제12장 첫 죗값의 크기

그럼에도 인간이 느끼기에 영원한 벌은 가혹하고 부당해 보인다. 그 까닭은 첫 번째 죄가 얼마나 심각한 것이었는지 알 만큼 높고 순수한 지혜가 우리 나약한 인간성에는 없기 때문이다. 인간이 하느님 안에서 얻은 기쁨이 크면 클수록, 하느님을 버린 불경스러움도 더욱 깊어진다. 영원한 행복이 될 수 있는 선(善)이 자신 안에 있었으나 그것을 스스로 무너뜨렸으므로 그는 끝없이 고통받아야만 했다. 따라서 인류 전체가*29 단죄 받게 되었는데 처음으로 죄를 지은 사람이, 자신을 뿌리로 모든 후손들과 함께 벌을 받았기 때문이다. 그 결과 말고는 누구도 이 공정하고 마땅히 받아야 할 벌을 피할 수 없다.

따라서 인류 일부는 자비로운 은총으로 나머지는 공정한 징벌이 드러난 사람들로 나뉘었다. 두 가지가 모두에게 나타날 수는 없었기 때문이다. 모든 사람이 정의로운 정죄 아래 그대로 있었다면, 구원하는 은혜의 자비로움을 받는 사람은 하나도 없었으리라. 그와 달리 모든 사람들이 어둠에서 빛으로 옮겨졌다면, 그 누구에게서도 엄한 징벌이 드러나지 않았을 것이다. 하지만 모든 사람이 받아야 할 것이 무엇인지를 보여주기 위해 구원보다 벌을 받는 쪽이 더 많았으리라. 모든 사람이 빠짐없이 벌을 받는다 하더라도 공정하게 벌하시는 분이므로 그 누구도 비난할 수 없을 것이다. 그러나 수많은 사람들이 벌을 면하고 자

---

*29 아담이 저지른 원죄 때문에 인류 전체가 죄를 받았다는 교리는 아우구스티누스가 펠라기우스 논쟁에서 특히 강조한 주장이다. 그의 《신앙 핸드북》 8, 26 참조.

유를 얻은 데 대해서는, 그 자유를 거저 주시는 그분의 넉넉한 은혜로움에, 온 마음으로 깊이 감사드려야 하리라.

제13장 죄인들은 죽어서도 꼭 벌을 받게 된다

플라톤학파[*30]는 처벌받지 않고 남아 있는 죄가 있으면 안 된다 하면서도 이 세상에서나 죽은 뒤에 또한 사람의 법이든 신의 법이든, 나쁜 것을 바로 고치려는 게 법의 뜻이라 생각했다. 이 세상에서 미처 벌을 받지 않고, 벌을 받아도 고치려하지 않는다면, 이들은 죽어서 꼭 그 벌을 받게 되리라. 때문에 베르길리우스는 우리의 지상적 육체에 대해 이야기하면서, 우리 영혼들은

"비굴한 두려움과 무모한 욕망
눈물과 웃음으로
어두운 감옥에 갇힌 채
멀리 내다보려 해도 빛이 없나니"

계속해서 이런 말을 덧붙인다.

"그렇다, 마지막 빛과 함께 생명이 떠나고
차디찬 육체만 남을 때
그때에도 흙에서 물려 받은 고통은 사라지지 않으리
오래전 굳어진 수많은 얼룩이 끝내 씻기지 못하고
그 결에 깊이 남을 것이니
형벌의 고통으로 오래된 죄악을 씻으며 견딜지어다.
어떤 영혼은 허공에 높이 매달린 채
속속들이 헤집는 바람의 채찍을 그저 견딜 뿐.
또 어떤 영혼은 깊이 물든 죄를
타오르는 불길에 혹은 삼킬 듯한 파도에 씻길 뿐."[*31]

이렇게 생각하는 사람들은 죽은 뒤에 받는 벌이 오직 속죄를 위한 것이라 말하며, 공기와 불과 물은 흙보다 나은 물질이어서 흙에서 생긴 죄를 갚고 씻는 데 좋다고 믿는다. 그래서 베르길리우스가 이야기한 "허공에 높이 매달린 채 바람의 채찍을" 견디는 것은 공기를 뜻하며 "삼킬듯한 파도"는 물을, 그리고

---

*30 예컨대 플로티노스 《엔네아데스》 3, 2, 41.
*31 베르길리우스 《아이네이스》 6, 733~742.

"타오르는 불길"은 마땅히 불을 뜻한다.

우리는 이 세상에서도 어떤 벌은 속죄의 의미가 있다고 믿는다. 하지만 벌을 받고도 삶이 나아지기는커녕 도리어 나빠지는 사람들에게는 벌이 속죄의 기능을 하지 못하지만 벌 때문에 억지로라도 생활을 고치는 사람들에게는 속죄의 기능을 한다 할 수 있다. 하느님의 섭리로 이런저런 사람들이 받는 저마다의 벌은 일시적인 것이든 영원한 것이든 모두 지난날의 죄나 오늘도 짓고 있는 죄 때문에, 또는 그 사람의 장점을 키우거나 드러나게 하려고 주어지는 것이다. 이런 벌은 선한 사람들과 악인들, 또한 천사들을 통해 내려진다.

다른 사람의 나쁜 행동이나 잘못 때문에 피해를 당하는 사람이 있는데 무지이든 불의이든 남을 해치는 사람은 죄를 짓는 것이지만, 보이지 않으나 공정한 판단으로 그런 피해를 허락하시는 하느님에게는 죄가 없다. 한때의 벌도 이 세상에서만 받는 사람, 또는 죽은 뒤에 받는 사람이 있고, 이 세상과 내세에서 모두 받는 사람도 존재한다. 이런 벌들은 가장 엄한 저 최후의 심판 이전에 있는 것이다. 또 죽은 뒤 일시적인 벌을 받는 사람도 모두 최후 심판 뒤에 있을 영원한 고통을 받게 되는 것은 아니다. 우리가 앞서 말한 대로 어떤 사람들은 이 세상에서 용서받지 못한 죄를 내세에 용서받기도 한다. 곧 그들은 내세에 있을 영원한 벌은 받지 않아도 될 것이다(20권 25장 ; 21권 24장 및 26장 참조).

제14장 이 세상의 시간적 벌

누구든 이 세상을 살아가면서 벌을 받지 않고 다음 세상에서만 벌을 받을 사람들은 매우 드물다. 가벼운 병조차 앓은 적 없이 한평생 끊임없이 인생을 즐긴 노인이 존재한다는 사실을 나는 듣기도 하고 또 보기도 했다. 어쨌거나 인간은 모두 언제인가는 틀림없이 죽을 목숨이기에 삶 자체가 벌이다. 성서에서 말하기를 "인생은 땅 위에서 고역이요 그의 생애는 품꾼의 나날 같지 않은가?"(욥기 7 : 1) 하였다. 이처럼 땅에서 벌이는 우리의 삶은 끊임없는 유혹이다. 무지는 그 자체가 작은 벌이 아니며, 배움 없는 것 또한 마찬가지로 작은 벌이 아니다. 교육이 매우 필요하다고 여겨지기 때문에 소년들은 억지로 직업 훈련이나 글을 배워야 하며 그렇지 못할 때엔 늘 처벌의 위협을 받는다. 벌이 따르는 배움이 너무도 고통스러운 나머지 그들은 차라리 배우는 고통보다 벌을 받

는 고통을 택하기도 한다.*32

죽임을 당하겠느냐 또는 다시 어린아이 시절로 돌아가겠느냐고 묻는다면, 어느 누가 죽음을 택하기를 두려워하겠는가? 사실 웃음이 아니라 눈물로 이 세상 삶을 시작한다는 게 우리가 앞으로 겪게 될 고통들을 무의식 가운데 예언하는 것만 같다. 조로아스터(Zoroaster)만은 태어났을 때에 웃었다고*33 한다. 하지만 그 부자연스런 웃음은 그에게 좋은 일을 예언해 주지 않았다. 그는 마술을 발명했다고 하지만, 원수들의 공격을 받아 이 세상에서 작은 행복조차 누릴 수 없었다. 그 마술은 어떤 도움도 주지 못한 것이다. 그는 박트리아(Bactria) 나라의 왕이었으나 아시리아왕 니누스(Ninus)에게 정복당했다.*34

결국, 성서에 "인간이면 누구나 빠짐없이 고생하기 마련이고 여자 뱃속에서 태어나는 날부터 만물의 어머니에게로 돌아가는 날까지 아담의 자손들이 지는 멍에는 무겁다"(집회 40 : 1) 하신 말씀이 틀림없이 맞아, 원죄에 매여 있을 뿐인 어린이들이 중생의 씻음으로 하여 원죄에서 풀렸건만, 많은 재난을 받으며 악령들의 공격을 받을 때가 있다. 하지만 그런 고통이 더하여 영혼을 육체에서 떨어져 나가게 함으로써 어린 생명이 삶을 마치게 할지라도 그 때문에 그들 내세의 행복이 해를 입는다고 여겨서는 안 된다.

제15장 하느님의 은혜는 다가올 세상에 평화를 준다

어머니 뱃속에서 태어나는 날부터 만물의 어머니인 자연에게로 돌아가는 날까지 아담의 자손들이 지는 짐은 아주 무겁다. 그러나 이 괴로움도 훌륭한 가르침이 되어 진지한 마음을 가지라고 참으로 우리에게 일러주며, 우리의 생애가 벌의 일생이 된 까닭은 낙원에서 저지른 터무니없는 악행 때문임을 깨닫게 한다. 또한 신약이 약속하는 것들은 모두 우리가 다음 세상에서 받을 수 있도록 기다리고 있음을 믿게 한다. 우리가 오늘 여기서 담보를 잡았다가, 때가 되면 담보 받은 것을 얻게 하려 함이다. 그러므로 이제 우리는 성령의 힘으로 육체의 악한 행실을 죽이면서(로마 8 : 13) 날마다 앞으로 나아가야 한다. "주님께서 당신에게 속한 사람들을 아신다"(2디모 2 : 19) 하였으며, "누구든지 하느님

---

*32 지은이가 소년시절 학교에서 겪은 고생에 대해서는 《참회록》1, 9, 14 참조.
*33 플리니우스 《박물지》7, 16, 72.
*34 플리니우스, 같은 책, 30, 2, 3 ; Euseb—Hier 《Chronicon》20a ; Justin 《Epitome》1, 1, 7—10.

성령의 인도를 따라 사는 사람은 하느님의 자녀이다"(로마 8 : 14) 하기 때문이다. 이는 은혜로 되는 일이지 천성으로 되는 것이 아니다.

본성으로써 하느님의 아들이 된 이는 오직 한 분이시며, 자비로우신 이분은 우리를 위해 기꺼이 하느님의 아들이 되셨다. 그것은 본성으로 사람의 자녀인 우리가 그로 인한 은혜로 하느님의 자녀가 되게 하시려는 뜻이었다. 그 스스로는 변하심 없이 우리의 본성을 취하시고, 그렇게 하심으로써 우리를 받아들이려 하셨다. 또한 제 신성을 그대로 지켜나가시면서 우리의 나약함을 취하셔서 우리가 변해 나아지고, 그의 의와 영생에 함께 함으로써 우리의 속성인 죄와 죽을 운명을 버리고, 그가 우리의 본성에 불어넣으신 선한 속성들을 지키며 우리가 그의 선한 본성과 함께 함으로써 가장 높은 선으로 충만케 하려 하셨다. 한 사람이 죄를 지음으로써 이 세상에 비로소 죄가 들어왔고 그 죄가 다시 죽음을 불러들인 것처럼 모든 사람이 죄를 지어 죽음이 온 인류에게 미치게 된 것같이(로마 5 : 12), 하느님만이 우리를 의롭게 함으로써 우리는 큰 행복을 얻을 것이다.

시험 없는 저곳, 평화가 있는 저곳으로 가기까지는 누구도 저 한 사람으로부터 이 한 사람으로 옮겨졌다고 생각해서는 안된다. 우리는 "육체의 욕망은 성령을 거스르고 성령께서 바라시는 것은 육정을 거스릅니다"(갈라 5 : 17) 하듯 이 전쟁에서 온갖 격돌을 겪으면서 평화를 찾는다. 그런데 만일 인간성이 그 자유 의지를 행사할 때에 처음부터 창조된 의로운 상태를 유지했다면 이런 전쟁이 없었으리라. 그러나 인간 본성은 행복한 가운데서 하느님과의 평화를 지켜나가려 하지 않았기 때문에, 오늘날 이처럼 불행한 가운데서 자기자신과 싸우고 있다. 물론 이 전쟁 상태는 가련하고 비참하지만 이런 생활 이전 시기보다는 나은 것이다.

죄와 싸우는 것은 저항 없이 죄에 굴복하는 것보다 낫다. 해방될 가망이 없는 노예 상태보다 영원한 평화를 바라보면서 싸우는 게 낫다는 뜻이다. 물론 우리는 이 전쟁이 앞서 끝나기만을 바라고 또 바란다. 하느님께 대한 열렬한 사랑으로 우리는 질서 넘치는 평화를, 즉 아래 있는 것이 위에 있는 것에 늘 따르는 그러한 평화를 열망한다. 만일—이런 일이 있어서는 안 되지만—위대한 선을 얻을 희망이 없다 하더라도, 우리는 죄악에 저항 없이 쓰러지기보다는 이 어려운 싸움을 멈추지 않는 것이 우리의 의무이다.

제16장 새로운 삶을 받은 이의 생애를 지배하는 은혜의 법

자비의 그릇은 뒷날 영광을 주시려고 하느님께서 이렇게 만드신 것인데 그 자비의 그릇은 바로 우리들이다(로마 9 : 23). 이런 사람들도 삶의 첫 시기인 유 아기에는 저항없이 육신에 굴복하며, 둘째 시기인 아동기에는 이성이 아직 이 싸움을 시작하지 않았기에 거의 모든 악한 쾌락에 지고 만다. 이 시기에는 언 어 능력을 갖게 되어 마치 유아기를 지난 듯하지만, 그 분별 능력은 아직 약해 서 하느님의 계명을 이해할 수는 없다. 이 두 시기의 어린아이들이 중개자의 성 례를*35 받았으면, 곧 세상을 떠나더라도 암흑의 세력에서 그리스도의 나라로 옮겨졌기 때문에, 영원한 벌을 받지 않을 뿐 아니라 사후에 정화되는 고통 또 한 없으리라.

한번 영적 거듭남을 거치면, 육신으로 태어나 죽음과 맺어진 관계는 죽은 뒤 에도 그 어떤 불리한 결과를 불러오지 않는다. 그러나 계명을 이해하고 법의 지배에 따를 수 있는 시기에 이르면, 정죄받을 죄에 빠지지 않기 위해서 죄악 과의 싸움을 시작하고 세차게 싸워야 한다. 죄악이 힘을 얻지 못하면, 날마다 승리하는 사람은 더 쉽게 죄를 이기게 된다. 그러나 죄악이 상습적으로 정복하 여 자신을 지배하면, 아주 큰 고통을 치러야만 그것을 떨쳐버릴 수 있다.

진지하고 참된 승리를 얻기 위해서는 진정한 의를 기뻐해야 한다. 이런 기쁨 을 얻을 수 있는 것은 오직 그리스도에 대한 믿음뿐이다. 만일 율법이 명령하 더라도 성령이 도와주시지 않는다면, 금지가 그대로 있기 때문에 죄를 지으려 는 욕망은 더욱 커질 뿐이며, 죄책감 또한 더하게 된다. 이따금 틀림없는 죄악 을 다른 숨은 죄악이 정복할 때가 있다. 후자는 덕성으로 인정받을 수 있지만, 그것을 만들어내는 원리는 교만과 파멸적인 자기 만족이다. 따라서 하느님께 대한 사랑으로 이겨내야만 죄악을 물리쳤다고 말할 수 있다. 하느님은 한 분뿐 이시고 하느님과 사람 사이의 중개자도 오직 한 분뿐이신데 바로 사람으로 오 셨던 그리스도 예수이시다(1디모 2 : 5). 예수는 우리를 그의 신성과 함께하는 이들로 만드시기 위해서 죽을 수밖에 없는 인간 운명에 함께 하셨다.

---

*35 여기서 '성례'는 세례와 성찬을 의미한다. 아우구스티누스 시대에는 어린아이들은 세례를 받자마자 바로 성찬을 받았다. 펠라기우스 논쟁에서 그는 어른들뿐 아니라 어린아이들도 영생을 얻기 위해서는 어른과 똑같이 세례와 성찬을 받아야 한다고 주장했다. 아우구스티 누스 《유아세례》1, 26 ; 1, 34 참조.

그러나 오만하거나 난폭한 행동으로 또는 불경건하고 불법적인 방향을 따름으로써, 청년시대 첫 무렵부터 정죄받을 죄를 지은 일이 하나도 없는 것과 달리, 육체적 쾌락의 노예가 되게 할 모든 죄악을 성령의 신비한 힘으로 이겨낸 그런 행복한 사람은 매우 드물다. 많은 사람들은 처음으로 율법을 배울 때에 이미 죄악의 힘에 눌려 율법을 지키지 못한다. 이어서 도움 받고자 은혜 앞으로 달아나 더욱 비통한 회개와 격렬한 싸움으로 그 자신의 영혼을 하느님에게 복종하며, 이처럼 영혼이 육신을 지배하게 함으로써 승리자가 된다. 따라서 영원히 벌을 피하고자 하는 사람은 세례를 받을 뿐 아니라 그리스도 안에서 의롭게 서야 하며, 그렇게 함으로써 진정으로 악마를 떠나 그리스도에게 돌아가야 한다. 또한 엄중한 최후 심판 이전에 있는 것을 빼고 다른 정화의 벌이 있으리라는 희망을 섣불리 가져서는 안 된다. 하지만 영원한 불까지도 사악한 행적의 중한 정도에 따라 그 불이 더 괴로운 사람들과 덜 고통스러운 사람들이 있음을 알 수 있을 것이다. 이런 결과가 나타나는 까닭은 사람마다 그 자신의 행적에 따라 불의 온도가 다르든가, 아니면 뜨거움은 같아도 고통을 느끼는 크기가 다르기 때문이다.

제17장 어떤 벌도 영원히 계속되지 않는다

이제부터 인정 많은 그리스도인들과 함께 즐거운 논쟁을 시작하겠다. 사람들은, 공정하신 재판관이 반드시 지옥의 벌을 받아야 한다고 판결을 내린 죄인이라도 끝없이 고통받으리라고는 생각지 않으며, 사람마다 죄의 많고 적음에 따라 정해진 기간 동안 벌을 받고 나면 그 뒤에는 죄에서 풀려나리라 여긴다. 이 문제에 대해서 오리게네스는 한결 너그러웠다. 그는 악마와 천사들까지도 그 죄에 속하는 엄격하면서도 기나긴 고통을 겪은 뒤에 그 고통에서 벗어나 다시 거룩한 천사들과 손잡게 되리라고 믿었다.[36] 하지만 교회는 온당한 이유로써 그의 이 견해와 다른 견해들을 정죄했다.[37] 무엇보다 행복과 불행이 끊임없이 되풀이되며, 일정한 기간이 지날 때마다 이 상태에서 저 상태로 옮겨가는 것을 줄곧 거듭하리라고 한 그의 생각을 정죄했다. 그는 이런 생각을 말함으로써 그의 인자하던 성품마저도 의심받고 말았다.

---

[36] 오리게네스 《원리론》 1, 6, 3 및 3, 6, 5.
[37] 기원전 400년의 알렉산드리아 교회 회의에서.

사람들은 속죄하고자 불행을 실제로 겪는다고 하며, 거기서 오는 행복이란 어떤 확고하고 참된 기쁨도 없는 껍데기 행복이라고 했다. 다시 말하면, 성도들은 어떤 두려움 없이 영원한 행복을 확신할 수 없다는 것이었다.

그런데 우리가 말하는 오류는 매우 다르다. 곧 그리스도 성도들의 마음이 인정에 이끌리기 때문에 저질러지는 것이다. 그들은 마지막 심판에서 정죄되는 사람들이 받는 고통은 잠시뿐이며, 곧 자유를 얻게 됨으로써 모두 영원한 행복을 누리게 되리라고 믿는다. 이런 의견이 자비롭기 때문에 옳고 바른 것이라면, 한결 자비로울수록 더욱 좋고 더 바를 것이다.

그렇다면 그 자비의 샘줄기를 한결 길게 늘이고 더 깊게 해서 멸망한 천사들에게까지 미치게 하고, 그들 또한 아무리 긴 세월이 흐른 뒤에라도 틀림없이 해방된다고 하라! 이 자비의 샘이 온 인류에게 빠짐없이 이르면서도, 천사들에게 이르러서는 갑자기 말라버릴 까닭이 무엇이란 말인가? 하지만 그들도 그들의 자비를 더 넓혀서, 감히 악마 자신까지 해방할 수는 없다. 그렇게 당찬 사람이 존재한다면 그는 누구보다 인자한 사람이 되겠지만 이 문제에 대해 자기 의견이 가장 너그럽다고 여길수록, 그의 잘못은 틀림없이 더 추악해지며, 하느님의 분명한 말씀을 반대한다는 점에서 그만큼 악이 되리라.

제18장 마지막 심판에서 그리스도교인의 중재가 있을 수 있는가

대화를 나누면서 나는 이와 다른 의견을 알게 되었다. 그들은 성서를 떠받들지만, 비판받을 생활을 하고 있음으로 하느님이 사람들에 대해서 한결 더 인자하시다 여기게 되고, 내가 말한 사람들보다 자신들에게 더 이롭도록 풀이한다. 악하고, 믿지 않는 사람은 마땅히 벌을 받아야 한다는 하느님의 말씀은 온당하다고 인정하면서도 마침내 심판의 날이 오면 자비가 더 앞서리라고 그들은 말한다. 자애로우신 하느님이 사람들의 기도와 중보기도를 들어주시고 그들을 용서하시기 때문이라는 것이다. 믿지 않는 자들의 그릇된 미움으로 고통을 겪을 때에도 그들을 위해 기도한 성도들이니, 그 악인들이 겸손하게 엎드려 애원할 때에는 더욱더 간절하게 기도해 주리라고 믿는다. 하지만 성도들이 완전히 신앙인으로 거듭나게 될 때에 그 자비심을 잃으리라고는 단정할 수 없으며, 아직 죄인일 때 원수를 위해 기도한 성도들이 죄에서 벗어난 때에 탄원하는 자들을 위해 기도하지 않으리라고 여길 수도 없다고 그들은 말한다.

하느님 자녀들이 거룩하게 되어, 그 기도에서도 보답받지 않아도 된다 하여, 그 많은 사랑하는 아들딸들이 드리는 기도에 하느님이 귀를 기울이시지 않겠는가? 악한 불신자들은 마침내 모든 고통에서 구원 받을 것이다. 하지만 오랫동안 벌 받으리라는 사실을 인정하는 사람들이 곧잘 인용하는 시편 말씀이 있으니, 우리가 이제 말하는 사람들은 그것을 자기들에게 더욱 이롭게 풀이한다. "하느님께서 그 크신 자비를 잊으셨는가? 그의 진노가 따스한 사랑을 삼키셨는가?"(시편 77 : 9) 하느님의 노여움은 영원히 누릴 행복을 받을 자격이 없는 이들에게 끝없는 벌을 내리리라고 그들은 말한다. 그리하여 하느님이 그들에게 오랫동안 또는 조금이라도 벌을 내리신다면 하느님은 따스한 사랑을 거두어들여야 할 것이 아닌가? 하지만 시편 지은이의 뜻은 그렇게 말하지 않는다. 하느님이 노하심으로 그 따스한 사랑을 오랫동안 막지 않으리라고 그들은 자신있게 이야기한다.

이처럼 하느님이 누구도 단죄하시지 않더라도 하느님이 심판하리라는 위협은 거짓으로 드러나지 않는다고 그들은 말한다. 40일이 지나면 니느웨는 잿더미가 된다고 하느님이 위협하셨고(요나 3 : 4), 멸망에 대한 그 절대적 예언이 이루어지지 않았지만, 그렇다 하더라도 그 위협이 모두 거짓이었다고 단정 지을 수 없다는 것이다. "백성이 뉘우치고 행동을 고치지 않으면 니느웨는 멸망하리라" 하신 것이 아니라, 이런 조건을 붙이지 않은 채로 그 도시가 잿더미가 된다고만 예언하셨다.

하느님이 비록 벌을 내리시지는 않았지만 그들이 받아야 할 벌을 미리 말씀하셨으므로 마침내 이 예언은 사실이었다고 그들은 말한다. 그들이 회개했을 때 용서해 주셨지만 하느님은 그들이 회개하리라는 것 또한 미리 알고 계셨다. 게다가 알고 계시면서도 그 도시가 잿더미가 되리라 절대적이고 결정적으로 예언하신 것이다. 그들은 마땅히 벌을 받아야 했기에 이 말씀은 그 엄격함에서 진실이었다. 그러나 하느님의 자비가 그의 노여움을 막음으로써, 거역하는 자들을 위협한 벌을 탄원하는 자들에게는 주지 않게 된 점에서, 그 예언은 진실이 아니었다. 하느님이 용서하셨다고 하여 예언자가 불만스러워한 사람들을 용서하셨으니, 모든 사람들을 위해 기도하는 더 가엾은 애원자들은 한결더 용서하실 것이 아니냐는 것이다.

그들의 이같은 추측이 성서에 담겨 있지 않음은, 많은 사람들의 오랜 고통이

나 영원한 고통이 두려워 그 생활을 뜯어고치도록 자극하기 위함이며, 기도할 수 있는 다른 사람들은 그 생활방식을 굳게 지키는 사람들을 위해 기도하도록 자극하려는 뜻이라고 그들은 믿는다. 하지만 하느님은 이 문제에 대해 계속 침묵하신 것은 아니다. "당신을 경외하는 자들을 위해 간직하신 그 복을, 당신으로부터 벗어난 사람에게 사람들 보는 앞에서 베푸십니다"(시편 31 : 19) 하신 말씀은, 하느님의 자비가 위대하면서도 드러나지 않은 것은 사람들로 하여금 스스로 두려워하게 만들려는 뜻임을 우리에게 가르치기 위함이 아니냐고 그들은 여긴다.

똑같은 뜻으로 사도 또한 "하느님께서는 모든 사람을 불순종에 사로잡힌 자가 되도록 하셨습니다. 그러나 마침내 그 모두에게 자비를 베푸셨습니다"(로마 11 : 32) 했으며, 하느님이 누구에게도 죄를 내리지 않으리라는 뜻을 보여준다고 그들은 여긴다. 그러나 이런 의견을 품은 사람들조차 악마와 그의 천사까지 용서받거나 해방되리라 말하지는 않는다. 그들의 인정은 사람들에게 제한되며, 거의 자신들의 입장에 이로운 주장이 되도록 하느님의 특별한 자비를 모든 인류로 넓혀나감으로써 자기들의 패륜, 패악한 생활까지 벌 받지 않으리라는 헛된 소망을 드러낸다. 그래서 악마와 그에 딸린 부하들조차 벌 받지 않으리라 약속하는 사람들은 하느님의 자애로움을 보다 더욱 넓히는 것이다.

제19장 이단이라도 그리스도 육체에 의지한다면 그 죄가 용서되는가

어떤 이들은, 영원한 벌로부터의 구원을 모든 사람에게 약속치 않고, 그리스도의 몸과 함께 깨끗해진 사람들에게만 약속한다. 이런 사람들은 그 생활이 어떠했든, 어떤 이단이나 경건하지 못한 삶에 빠졌든, 그것은 상관없다고 말한다. 그들은 이 의견의 근거로서 주님 말씀을 인용한다. "하늘에서 내려온 이 빵을 먹는 사람은 죽지 않는다. 나는 하늘에서 내려온 살아 있는 빵이다. 이 빵을 먹는 사람은 누구든지 영원히 살게 되리라. 내가 줄 빵은 곧 나의 살이다. 세상은 그것으로 생명을 얻게 될 것이다"(요한 6 : 50~51). 주님의 이런 말씀으로 이단자들 또한 반드시 영원한 죽음으로부터 구원받아, 머지않아 영생으로 들어가게 되리라 그들은 말한다.

제20장 가톨릭교회에서 세례 받은 이는 뒤에 많은 죄를 저질러도 용서받을 수 있는가

사람들은 이러한 용서를 세례와 성찬을 받은 사람들 모두에게 약속하지 않고 가톨릭 신자들에게만 약속하며, 그들이 제 아무리 나쁜 생활을 하고 있어도 전혀 아랑곳하지 않는다. 가톨릭 신자들은 그리스도의 몸과 결합되어 그리스도의 몸을 성례로 먹을 뿐 아니라 실제로 먹었으며, 그것이 그리스도의 몸 안에 굳게 자리잡고 있기 때문이라고 말한다. 이에 대해 사도는 말씀하신다. "빵은 하나이고 우리 모두가 그 한 덩어리의 빵을 나누어 먹는 사람들이니 비록 우리가 여럿이지만 모두 한 몸인 것입니다"(1고린 10 : 17) 따라서 그들이 뒷날 어떤 이단, 이교 우상숭배에 빠지게 되더라도 그리스도의 몸 안에서, 곧 가톨릭 교회 안에서 그리스도의 세례를 받아 그리스도의 몸을 먹었다는 이 한 가지 일로 그들은 영원히 죽지 않을 뿐만 아니라 가까운 미래에 영생까지 얻게 되리라. 또한 그들의 온갖 불경건함이 아무리 크더라도 그들이 받는 벌을 영원하게는 만들 힘은 없고, 오직 크고 길어지게 할 뿐이다.

제21장 가톨릭 신앙에 머무는 사람은 나쁜 생활을 해도 구원받는가

어떤 이들은 "끝까지 참아내는 사람은 구원받으리라"(마태 24 : 13) 이런 성서 말씀을 근거로 가톨릭 교회에 남아 있는 사람들에게만 구원을 약속한다. 이런 사람들은 아무리 타락한 생활을 했더라도 사도가 다음과 같이 말하는 믿음의 '바탕'이 있음으로써 구원받으리라고 말한다. "이미 예수 그리스도라는 바탕이 마련되어 있으니 아무도 다른 기초는 놓을 수가 없습니다. 이 기초 위에 누구나 저마다 금으로, 은으로, 보석으로, 나무로 또 어떤 이는 마른 풀로, 어떤 이는 짚으로 집을 짓는다고 합시다. 이제 심판의 날이 오면 모든 것이 드러나서 저마다 한 일이 뚜렷하게 드러날 것입니다. 심판의 날은 불을 밝혀 줄 터이고 그 불은 저마다의 업적을 시험해 그 진가를 가려줄 것입니다. 만일 그 기초 위에 세운 집이 그 불을 견디어내면 그 집을 지은 사람은 상을 받고, 만일 그 집이 불에 타버리면 그는 낭패를 볼 것입니다"(1고린 3 : 11~15).*38

---

*38 26장 내용 참조.

제22장 은혜 속에서 저지른 죄는 심판받지 않는가

내가 만난 사람들이 말하기를, 자선 행위로써[39] 죄를 덮지 않은 사람들은 영원한 불로 형벌을 받으리라 했다. 그들은 사도 야고보가 "무자비한 사람에게는 무자비한 심판이 내려집니다. 그러나 자비는 심판을 이깁니다"(야고보서 2 : 13) 한 말씀을 그 근거로 든다. 따라서 무자비한 사람은 비록 행실을 더 낫게 고치지 않았을지라도 그 타락하고 나쁜 짓들조차 착한 일을 하면 죄를 깨끗이 씻어내거나, 또는 머지않아 영원한 형벌에서 풀려나리라고 그들은 말한다. 때문에 산 자와 죽은 자의 심판자께서 오른쪽에 있는 자들에게 영생을 주시고 왼쪽에 있는 자들에게 형벌을 내리셨을 때, 은혜를 베풀었는가, 베풀지 않았는가를 말씀하신 것이라고(마태 25 : 33) 그들은 생각한다. 이와 같은 목적으로 우리는 주기도문에서 "우리가 우리에게 잘못한 이를 용서하듯 우리의 잘못을 용서하시고"(마태 6 : 12) 한다. 자기에게 나쁘게 한 사람을 용서하는 사람은 틀림없이 자선을 행한 것이기 때문이다.

이를 높이 여기신 주께서 "너희가 남의 잘못을 용서하면 하늘에 계신 아버지께서도 너희를 용서하실 것이다. 그러나 너희가 남의 잘못을 용서하지 않으면 아버지께서도 너희의 잘못을 용서하지 않으실 것이다"(마태 6 : 14, 15) 하셨고, 사도 야고보가 "무자비한 사람은 무자비한 심판을 받습니다. 그러나 자비는 심판을 이깁니다"(야고보서 2 : 13) 한 말씀 또한 이같은 자선 행위를 가리킨 것이라고 할 수 있다. 또 주께서는 죄의 크고 작음을 개의치 않으시고 "너희가 남의 잘못을 용서하면 하늘에 계신 아버지께서도 너희를 용서하실 것이다" 하셨다. 따라서 죽을 때까지 타락한 생활을 이어나간 사람일지라도 그 죄가 어떤 것이었든 한 가지 일만 마음속에 새겨두었다면, 즉 자기를 해한 사람이 용서를 빌 때 진실된 마음으로 용서해 주었다면, 날마다 드리는 이 기도로 그 죄를 모두 용서받았으리라고 그들은 단정한다. 나는 하느님의 도움을 받아 이 모든 주장에 대답함으로써 이 권을 마칠 것이다.

제23장 악마에게도 악인에게도 형벌이 계속되지 않는다는 주장에 대해서

악마가 무거운 형벌을 받을지라도 오랜 세월이 지난 뒤에는 풀려나거나 용서

---

*39 '자선'은 물질적인 것만이 아니라, 그리스어 또는 라틴어의 의미대로 긍휼이나 자비 행위를 나타낸다.

받으리라고 여기는 사람들의 생각을 교회는 도저히 용서할 수 없었다. 신약과 구약 정신을 받아들인 많은 성인(聖人)들이, 온갖 계층 수많은 천사들이 그토록 심하고 많은 벌을 받고 난 뒤에 천국의 더없는 행복을 싫어하지 않았다. 하지만 그 성인들은 주의 예언을 없애버리거나 약화시킬 수 없음을 알았다. 마지막 심판에서 "이 저주받은 자들아, 나를 떠나 악마와 그의 천사들을 위해 마련한 영원한 불 속에 들어가라"는 선고를 하시리라 예언하셨고(마태 25 : 41), 악마와 그 천사들이 영원한 불 속에서 태워지리라는 것을 여기서 틀림없이 말씀하셨기 때문이다.

요한계시록에도 "그들을 현혹시키던 악마도 불과 유황의 바다에 던져졌는데 그곳은 그 짐승과 거짓 예언자가 있는 곳입니다. 거기에서 그들은 영원 무궁토록 밤낮으로 괴롭힘을 당할 것입니다"(묵시 20 : 10) 하였다. 앞 구절에서는 '영원한', 뒷 구절에서는 '영원 무궁토록'이라고 했다. 이 말들은 흔히 성서에서 끝없이 이어진다는 뜻으로 쓰인다.

따라서 튼튼하고 굳센 믿음 곧 악마와 천사들은 결코 성도들의 의로운 생활로 돌아가지 못하리라는 믿음에 대해서는, 그 누구도 속일 수 없는 성서 말씀이 가장 뚜렷하고 무엇보다 바른 근거가 된다.

성서에서 말씀하시기를, 주님께서는 당신을 경외하는 사람들은 유혹에서 구해주시고 악인들은 심판 날까지 계속 벌을 받게 하셨으며(2베드 2 : 9), 그때 그들은 끝없이 타오르는 불 속에 들어가서 영원 무궁토록 밤낮으로 고통받으리라고 말한다. 그렇다면 어떠한 이유로 모든 사람들이, 또는 몇몇 사람들이 불 속에서 얼마동안 벌을 받고 나면 곧 풀려나리라고 믿을 수 있겠는가? 어떻게 이런 믿음을 마음속에 품으면서 악마들의 영원한 형벌에 대한 우리의 신앙 가득한 마음을 약해지지 않게 할 수 있겠는가? 만일 "이 저주받은 자들아, 나를 떠나 악마와 그의 천사들을 위해 마련한 영원한 불 속에 들어가라" 그 말씀을 들은 사람들 모두 또는 몇몇이 그 불 속에 늘 머물 게 아니라면, 악마와 그 천사들이 언제나 거기 있으리라고 믿는 까닭은 무엇인가? 악인들과 악한 천사들에게 똑같이 말씀하신 하느님의 선고가 천사들에게는 진실이고, 사람들에게는 거짓이란 말인가? 사람들의 추측이 하느님의 말씀보다 더 힘이 있다면 틀림없이 그러하리라. 하지만 어리석은 생각에서 영원한 벌을 피하려고 하는 사람들은, 하느님의 말씀에 맞서지 말고 아직 기회가 있을 때 하느님의 계명에 따르는 것이 마땅하다.

따라서 영원한 형벌은 오래오래 이어지는 벌이며, 영생은 끝없이 이어지는 생명이라고 하는 것은 그 얼마나 어리석은 공상인가? 그리스도께서 그 구절에서 같은 용어와 문장을 이어붙여 "그들은 영원히 벌받을 것이며, 올바른 자들은 영원한 생명의 나라로 들어가리라" 이런 말씀으로 벌과 생명이 모두 영원하리라고 이르셨기 때문이다(마태 25:46). 두 운명이 다 '영원'하다면, 모두 오래도록 이어지다가 마침내 끝나거나 그렇지 않으면 끝없이 이어지리라고 말해야 한다. 같은 의미로 한 쪽 벌도 영원하고 다른 쪽 생명도 영원하다는 것이다. 한 문장에서 영생은 끝이 없고 그와 달리 영원한 벌은 끝이 있으리라 말하는 것은 더할 나위 없이 어리석은 생각이다. 따라서 성도들의 영원한 생명에는 끝이 없으므로 악한 사람들과 천사들의 영원한 형벌에도 끝이 없으리라.

제24장 성도들의 간절한 기도의 힘으로 모두 용서받으리라는 생각에 대해

이들의 말에 따르면 하느님이 경고하신 일들을 사람들이 실제로 당했기 때문이 아니라, 그들은 그런 고통을 받아 마땅하므로 하느님 말씀은 진실이라고 여긴다. 하느님께서는 죄인들을 위한 성도들의 기도에 응답하시리라고 그들은 믿는다. 성도들은 그때 더욱 오롯이 거룩해지므로 원수를 위해 더욱 열심히 기도할 것이다. 또한 모든 죄로부터 깨끗이 씻겨졌으므로 그 기도는 더욱 힘을 지니며 하느님께서 들으시기에 더욱 마땅하다.

성도들이 만일 온전히 거룩하게 됨으로써 그 기도가 그토록 순수하고 유효하다면, 무슨 까닭으로 영원한 불이 있는 천사들을 위해 하느님에게 기도를 하겠으며, 하느님이 그 경고를 바꾸셔서 그들이 불로부터 풀려나도록 하지 않으시겠는가? 또는 거룩한 천사들까지도 하느님의 천사들처럼 거룩하게 된 성도들과 힘을 합쳐 죄지은 사람들과 천사들을 위해 기도하며, 그들이 마땅히 받아야 한다고 진리가 인정한 벌을 자비로써 용서하게 만들리라고 주장하는 이가 어디 있겠는가? 하지만 건전한 믿음을 가진 사람으로서 이와 같은 주장을 한 일은 없었고, 앞으로도 없으리라. 그렇지 않다면, 원수를 위해 기도하라고 주 하느님께서 명령하셨는데 교회가 이제까지 악마와 그 천사들을 위해 기도하지 않을 까닭이 없다.

교회가 적으로 여기는 악한 천사들을 위해 오늘 기도하지 못하도록 하는 까닭은, 제 아무리 온전히 거룩하게 된 교회라 할지라도, 마지막 심판에 이르면 영원한 불로 벌 받을 사람들을 위해 기도하지 못하게 하는 이유와 같다. 교회가 지금도 그 원수인 사람들을 위해 기도하는 까닭은 그들에게 아직 회개할 기회가 있기 때문이다. 교회가 그들을 위해 기도하는 까닭은 사도 말씀과 같이, "하느님께서는 그들에게 회개할 기회를 주셔서 진리를 깨닫게 해주실 것입니다. 그리고 악마에게 사로잡혀 악마의 종노릇을 하던 그들이 제정신으로 돌아가 악마의 올가미에서 벗어나게 될 것입니다"(2디모 2 : 25~26) 하기 때문이다. 하지만 만일 교회가 이 세상에 살아 있는 사람들 가운데 누가 악마와 함께 영원한 불구덩이도 빠지게 될지를 똑똑히 안다면, 교회는 악마를 위해 기도하지 않듯 그 사람들을 위해서도 기도하지 않으리라. 하지만 그 누구에 대해서도 확실치 않기에, 이 세상에 아직 살아 있는 모든 원수들을 위해 기도하는 것이다.

그렇다고 원수를 위한 교회의 기도가 빠짐없이 응답받는 것은 결코 아니다. 교회에 반대하지만 교회의 기도로써 교인이 되기로 한 사람들만은 그들을 위한 교회의 기도가 응답받을 수 있다. 하지만 죽을 때까지 회개하지 않는 마음으로 원수가 교인으로 변하지 않을 때, 교회는 그들을 위해, 죽은 사람들의 영을 위해 여전히 기도할까? 그런 기도를 그만두는 까닭은, 육신으로 머물 때에 그리스도의 나라로 가지 못한 사람은 사탄의 시종이 되었다고 판단하기 때문이 아니고 무엇이겠는가?

악한 천사들을 위해 교회가 오늘이나 그때에 기도하지 않는 까닭과, 영원한 불 속에서 벌 받을 사람들을 위해 교회가 어느 때든 기도하지 않을 이유는 마찬가지이다. 또한 교회가 경건치 못한 불신자로서 죽은 사람들을 위해 기도하지 않음도 같은 까닭이다. 진실로 교회나 경건한 저마다가 어떤 죽은 사람을 위해 드리는 기도에는 응답이 있다. 그러나 이런 기도를 드리는 것은 그런 사람들이 그리스도 안에서 다시 태어났으나 자비를 받을 수 없으리라고 생각될 만큼 그릇된 생활을 한 것도 아니고, 그들을 위한 기도가 필요치 않을 만큼 훌륭한 생활을 한 것도 아니기 때문이다. 또한 부활 뒤에 어떤 사람은 죽은 자의 영들이 받을 고통을 그대로 받다가 긍휼을 얻어 영원한 불 속 형벌은 피하기도 하리라.

만일 이 세상에서는 용서받지 못했지만 다음 세상에서 용서받는 사람들이

있다면 "현세에서도 내세에서도 용서받지 못할 것이다"(마태 12 : 32) 이 말씀이
*40 진실이 아닐 것이다. 하지만 산 자와 죽은 자를 재판하면서 "너희는 내 아
버지의 복을 받은 사람들이니 와서 세상 창조 때부터 너희를 위해 준비한 이
나라를 차지하여라"(마태 25 : 34) 말하며, 반대편에 있는 자들에게 "이 저주받
은 자들아, 나를 떠나 악마와 그의 천사들을 위해 마련한 영원한 불 속에 들어
가라"(마태 25 : 41) 말하고, 저희는 "영원히 벌 받는 곳으로 쫓겨날 것이며, 의인
들은 영원한 생명의 나라로"(마태 25 : 46) 들어갔는데, 하느님이 영원한 형벌을
받으라고 한 사람들 가운데에는 벌이 영원하지 않은 이도 있으리라고 말하는
것은 매우 주제넘은 짓이리라. 이런 되바라진 주장은 영원한 생명에 대해 절망
이나 의심을 불러올 것이다.

따라서 시편 지은이의 "하느님께서 그 크신 자비를 잊으셨는가? 그의 진노
가 따스한 사랑을 삼키셨는가?"(시편 77 : 9) 이 말씀을, 마치 하느님의 선고가
선한 사람들에게는 맞아떨어지고 악한 사람들에게는 맞지 않는다든지, 선한
사람들과 악한 천사들에게는 맞고 악한 사람들에게는 맞지 않는다는 식으로
풀이해서는 안 된다. 시인의 말씀은 긍휼의 그릇과 약속의 자녀들에 대한 것이
다. 그리고 시인 자신도 약속의 자녀에 속한다. "하느님께서 그 크신 자비를 잊
으셨는가? 그의 진노가 따스한 사랑을 삼키셨는가?" 이렇게 물은 뒤 그는 바
로 덧붙인다. "이 몸이 병든 걸 생각해 보니, 지존하신 분께서 그 오른손을 거
두셨기 때문이구나"(시편 77 : 10).

이는 틀림없이 "그의 진노가 따스한 사랑을 삼키셨는가?" 말한 뜻을 설명한
것이다. 왜냐하면 하느님의 노하심은 곧 죽어버릴 인생이며, 여기서 사람은 그
저 한낱 숨결에 지나지 않고 한평생이래야 지나가는 그림자이기 때문입니다(시
편 144 : 4). 그러나 하느님의 이 노하심에서 하느님은 자비 베푸시기를 잊지 않
으시고, 악한 사람에게나 선한 사람에게나 똑같이 햇빛을 주시며 옳은 사람에
게나 옳지 못한 사람에게나 똑같이 비를 내려주신다(마태 5 : 45). 이처럼 하느
님은 노하신 가운데서도 자비로움을 그치지 않으시고, 무엇보다 시인이 "이 몸
이 병든 걸 생각해 보니, 지존하신 분께서 그 오른손을 거두셨기 때문이구나"
하는 것처럼. 긍휼의 그릇들은 아직 이 가여운 인생, 곧 하느님의 노여움 안에

─────────

*40 마태 12 : 32와 1고린 3 : 12~15을 근거로 하여 아우구스티누스는 연옥 사상을 받아들였
다. 죽은 자를 위한 기도는 그 무렵 교회에서는 오랜 관례였다.

머무는 동안에도, 그리고 하느님의 노여움이 이 불쌍한 부패 속에서 나타날 때에도 하느님은 그들을 변화시키신다.

"그의 진노가 따스한 사랑을 삼키지 않았기" 때문이다. 그리고 이 노래의 진실성은 이처럼 알맞게 쓰임으로써 증명되기에, 하느님의 나라에 속하지 않은 무리가 영원한 불 속에서 벌을 받을 때와 연관지을 필요는 없다. 만일 악인들이 받는 고통까지 포함해 적용할 것을 고집하는 사람이 있다면, 그들은 적어도 악인들을 영원한 벌로 위협하는 하느님의 노여움이 이어지리라고 이야기한다. 그러나 노여움과 긍휼을 섞으셔서 공정하게 내리신 고통을 누그려뜨리시리라고 받아들여야 한다. 곧 악인들은 벌에서 오롯이 벗어날 수 없으며 일시적으로 받지도 않지만, 고통을 마땅히 받는 정도보다 덜 엄하며 더 견디기 쉬우리라. 이처럼 하느님의 노여움은 끊이지 않지만 그와 함께 노하심으로 그 긍휼을 막지는 않으시리라. 그러나 이 가정을 내가 적극 반대하지 않아도 반드시 지지한다고 여겨서는 안 된다.

어떤 사람들은 성경 말씀에서 참된 의미를 찾는 게 아니라 공허한 위협을 발견한다. "이 저주받은 자들아, 나에게서 떠나 아가와 그의 졸도들을 가두려고 준비한 영원한 불 속에 들어가라"(마태 25 : 41, 46), "그들은 영원 무궁토록 밤낮으로 괴롭힘을 당할 것입니다"(묵시 20 : 10), "그들을 갉아먹는 구더기는 죽지 아니하고 그들을 사르는 불도 꺼지지 않으리니"(이사 66 : 24)—이 구절들을 공허한 위협이라고 말하는 사람들은, 내가 반박하기보다는 성경 그 자체가 틀림없고도 충분하게 반박한다.

니느웨 사람들은 이 세상에서 회개하였고(요나 3 : 5~10) 그래서 그들의 회개에는 마침내 결실이 있었다. 눈물을 흘리며 씨 뿌리는 자—는 기뻐하며 하나씩 거두어들이리라(시편 126 : 5) 하느님이 정해주신 그 밭에 그들은 씨를 뿌렸기 때문이다. 또한 하느님께서 노여움뿐 아니라 자비로도 죄인들을 멸망시키심을 지켜본 사람이라면, 그들에 대한 하느님의 예언이 맞아떨어졌음을 부정할 이 누구이겠는가? 죄인들이 파멸하는 방법에는 두 가지가 있다. 소돔 사람들처럼 그들 스스로가 죄에 대한 벌을 받는 것, 니느웨 사람들처럼 회개함으로써 그들의 죄만 씻어지는 것이다. 그리하여 하느님의 예언은 이루어졌다. 악한 니느웨가 엎어져 망해버리고 선한 니느웨가 새로 지어졌다. 그 성벽과 집들은 그대로 서 있었지만 그 나쁜 풍조가 뒤집어졌다. 이처럼 예언자가 앞서 말했고 주민들이 두려워한 그 파멸이 실현되지 않았기에 예언자는 크게 화를 냈지만, 미리 아시고 예언하신 하느님께서는 그 일이 더 좋은 뜻으로 이루어지리라는 것을 예견하셨다.

하지만 뒤바뀐 자비심을 지닌 이 사람들이 "당신께서 주시는 복은 어찌 이리 크시옵니까?"(시편 31 : 19) 이 말씀의 뜻을 깨닫기 위해서 그 뒤에 쓰인 "당신을 경외하는 자들을 위해 간직하신 그 복을, 당신께 피신한 사람에게 사람들 보는 앞에서 베푸십니다" 말씀을 읽으라. "당신을 경외하는 자들을 위해 간직하셨다", "당신 곁에 간 사람에게 베푸신다"이는 무슨 뜻인가? 그들은 하느님께서 인간을 당신과의 올바른 관계를 지어 주시는 길을 깨닫지 못하고 제 나름의 방법을 만들려 하는 사람들은(로마 10 : 3~4) 하느님의 뜻을 모르므로 그것을 선하게 느끼지 못한다. 그들은 하느님의 참뜻을 맛보지 못한 것이다. 자신에게 희망을 둘 뿐 하느님께는 두지 않기 때문이다. 그래서 하느님의 넉넉한 선하심이 그들에게는 드러나지 않았다. 그들이 하느님을 두려워하지만 그것은 노예스러운 두려움이며 이는 사랑 속에 있지 않다. 하지만 완전한 사랑은 두려움을 몰아낸다(1요한 4 : 18). 따라서 하느님께 희망을 두는 자들에게는 하느님 자신의 깊은 사랑으로 감동시킴으로써 주의 선하심을 완전하게 하시고, 그들 사랑을 영원히 잇는 거룩한 두려움으로 자랑할 때에는 주를 자랑하도록 하신다. 하느님의 의는 곧 그리스도이시기 때문이다.

사도의 말대로, "하느님께서는 여러분을 그리스도 예수와 한 몸이 되게 하셨습니다. 그리스도는 하느님께서 주신 우리의 지혜이십니다. 그분 덕택으로 우리는 하느님과의 올바른 관계에 놓이게 되었으며, 하느님의 거룩한 백성이 되었고, 자유를 얻었습니다. 이것은 모두 님께서 하신 일입니다. 그러므로 성서에도 기록되어 있듯이 누구든지 자랑하려거든 주님을 자랑하십시오"(1고린 1 : 30~31).

하느님의 의는 공로 없는 자들게 내리시는 은혜의 선물이며, 제 의를 세우려 서두르고, 하느님의 의, 곧 그리스도에게 복종하지 않는 사람들은 알지 못한다(로마 10 : 3). 그러나 하느님의 선하심이 넉넉함을 우리가 찾게 되는 곳은 하느님의 의이며, 이에 대해 시편 작가는 "너희는 여호와의 어지심을 맛들이고 깨달아라"(시편 34 : 8) 한다. 우리는 이 순례 생활에서 하느님의 선하심을 배부르도록 먹기보다는 오직 맛만 볼 뿐이다. 오늘은 목마르고 굶주린 듯 사랑하여 내세에서 하느님의 계신 모습을 볼 때에(1요한 3 : 2) 배부르게 먹으려 한다. 그때는 "이 밤이 새어 당신을 뵙는 일, 이 몸은 그것만으로 만족합니다"(시편 17 : 15) 이 말씀이 이루어지리라. 이처럼 그리스도께서는 그에게 희망을 두는 자들에 대한, 그의 위대하고 풍요로운 선하심을 완성하신다.

이뿐 아니라 우리가 상상하는 바와 같은 뜻에서 하느님을 두려워하는 사람들에게서 하느님이 그 선하심을 감추신다면, 즉 하느님의 긍휼을 모르는 이들이 벌을 두려워하여 생활을 좋게 고치고, 바른 생활을 하지 않는 사람들을 위해 기도하는 사람들을 세우신다면, 하느님은 어떻게 그에게 희망을 두는 자들을 바라보는 그 선하심을 오롯이 하시겠는가? 그들 생각이 옳다면, 하느님께 희망을 두지 않는 자들을 하느님의 자비가 용서하리라. 우리는 하느님께 희망을 두는 자들을 위해 모자라지 않게 하시는 그 자비를 구하려고, 그를 멸시하며 모독하는 자들을 완전하게 하시리라고 생각해서는 안 된다. 몸을 쓰며 사는 동안 준비하지 않은 것을, 육신이 죽은 뒤에 얻으려고 함은 쓸데없는 노력이다.

"하느님께서는 모든 사람을 불순종에 사로잡힌 자가 되게 하셨습니다. 그러나 마침내 그 모두에게 자비를 베푸셨습니다"(로마 11 : 32). 이 말씀은 하느님이 누구에게도 죄를 내리지 않으리라는 뜻이 아니다. 그 뜻은 바로 앞에 있는 문장이 알려준다. 사도는 이미 믿는 이방인들을 위해 이 편지를 쓰면서 아직까지도 믿지 않는 유대인들에 대해 말한다. "전에 하느님께 순종하지 않았던 여러분이 이제 이스라엘 사람들의 불순종 덕분에 하느님의 자비를 받게 되었습니다. 이처럼 지금은 순종치 않는 이스라엘 사람들도 여러분이 받은 하느님의 자비를 바라보고 회개하여 자비를 받게 될 날이 마침내는 올 것입니다"(로마 11 : 30~31). 그 다음에 이 사람들이 자기 기만에 이용하는 문제에 대한 말씀을 덧붙인다. "하느님께서는 모든 사람을 순종치 않는 자가 되도록 하셨습니다. 그러나 마침내 그 모두에게 자비를 베푸셨습니다."

모든 사람이란 누구를 뜻하는가? 그가 화제로 삼은 인물들이 아닌가? 마치 '너희와 그들 모두'와 같다. 하느님은 미리 아시고 그의 아들 형상을 본받도록 하시려고 미리 정하신(로마 8 : 29) 유대인과 이방인들을 모두 믿지 않는 가운데 가두셔서, 그들이 믿음없는 괴로움에 당황해, 회개하며 하느님의 긍휼이 즐거움을 믿게 해 시편 지은이와 더불어 감탄하도록 하셨다. "당신께서 주시는 복은 어찌 이리 크시옵니까? 당신을 경외하는 자들을 위해 간직하신 그 복을, 당신 곁으로 간 사람에게 사람들 보는 앞에서 베푸십니다"(시편 31 : 19). 하느님은 모든 가엾은 사랑들을 긍휼히 여기신다. '모든'이란 무슨 뜻인가? 유대인과 이방인 가운데서 하느님이 미리 정하시고 부르시며 의롭다하시고 영화롭게 하신(로마 8 : 30) 사람들이다. 이 사람들 가운데 누구도 하느님으로부터 정죄받지 않으리라. 그러나 우리는 모든 사람들 가운데서 한 사람도 아니라고는 말할 수 없다.

제25장 세례를 받은 뒤 이단이나 분파로 옮겨간 이, 또는 나쁜 생활을 계속한 이, 성례의 힘으로 영원한 형벌을 피할 수 있는가

오늘까지 우리가 상대했던 사람들처럼 이제부터 답하려는 사람들도 악마와 그 사자들에게, 더욱이 모든 사람들에게까지 영원한 고통에서 벗어나게 되리라 약속하는 게 아니다. 그리스도의 세례로 깨끗해지고 그리스도의 몸과 피에 참여하는 사람들에게만 그 해방을 약속하며, 이런 사람들이 어떤 생활을 했든 어떤 이단이나 불경건에 빠졌든 그것은 전혀 문제 삼지 않는다. 그러나 사도는 그들을 공박한다. "육정이 빚어내는 일은 명백합니다. 곧 음행, 추행, 방탕, 우상 숭배, 술수, 원수 맺음, 싸움, 시기, 분노, 이기심, 분열, 당파심, 질투, 술주정, 흥청대며 먹고 마시는 것, 이 밖에 그와 비슷한 것들입니다. 내가 전에도 경고했었지만 오늘 또다시 경고합니다. 이런 일을 일삼는 자들은 결코 하느님 나라로 가지 못합니다"(갈라 5 : 19~21).

이런 이들이 얼마쯤 시간이 지나고 나면 풀려나와 하느님 나라를 이어 받는다면 사도의 이런 말은 거짓이 된다. 그러나 이 말씀이 결코 거짓은 아니므로, 그들은 절대로 하느님 나라를 물려받지 못할 것이다. 하느님 나라로 끝내 들어가지 못한다면, 그들은 영원한 형벌을 받게 되리라. 하늘 나라로 들어가지 못하는 사람이 형벌 없이 살 수 있는 장소는 없기 때문이다.

그러므로 우리는 다음과 같은 주님 말씀을 어떻게 이해해야 할 것인가를 마땅히 물을 수 있다. "하늘에서 내려온 이 빵을 먹는 사람은 죽지 않는다. 나는 하늘에서 내려온 살아 있는 빵이다. 이 빵을 먹는 사람은 누구든지 영원히 살 것이다. 내가 줄 빵은 곧 나의 살이다. 세상은 그것으로 생명을 얻게 되리라"(요한 6 : 50~51). 그리고 대답하는 상대들이 이 구절에 대해 시도하는 풀이는 우리가 머지않아 상대하게 될 사람들이 반박한다. 이들은 주님의 세례와 몸을 받은 사람들 모두에게 구원을 약속하는 게 아니라 가톨릭 신자들에게만 약속하며, 그들 생활이 제아무리 좋지 못하더라도 그것을 크게 문제 삼지 않는다. 이런 가톨릭 신자들은 그리스도의 몸을 성례받을 것으로서 먹었을 뿐 아니라, 그리스도 몸의 지체가 되어 진실된 마음으로 먹었기 때문이라고 말한다. 그리스도의 몸에 대하여 사도는 "빵은 하나이고 우리 모두가 그 한 덩어리의 빵을 나누어 먹는 사람들이니 비록 우리가 여럿이지만 모두 한 몸인 것입니다"(1고린 10 : 17) 한다. 그리스도인은 교회 제단에서 예식을 거행하며 그리스도의 몸과 피를 뜻하는 성체와 성혈을 받아먹는다. 그들은 그리스도의 지체가 된 사람으로서 진실로 그리스도의 몸을 먹으며 피를 마신다고 이야기한다. 그러므로 이단자와 분파 신자들은 하나가 된 이 몸에서 떨어져 나갔으므로, 똑같은 성례를 받을 수는 있어도 아무런 이로움도 얻지 못하며 도리어 해를 받게 된다. 때문에 오랜 고통 뒤 해방되기는커녕 오히려 더욱 엄격한 심판을 받는다. 그들은 성례전이 상징하는 평화의 끈에 묶여 있지 않기 때문이다.

그리스도의 몸 안에 있지 않은 사람은 그리스도의 몸을 먹는다고 말할 수 없음을 분명하게 이해하는 사람들도, 하나 된 그 몸에서 떨어져나와 이단이나 더욱이 이교의 미신에 빠진 사람들에게 영원한 형벌인 불 속에서 벗어나게 되리라는 것을 약속하면서 잘못을 저지른다. 무엇보다도 정통 교회를 버리고 경건치 못한 이단설을 이끌며 이단의 시조가 된 사람들이 많이, 아니 거의 모두가 가톨릭 교인이 된 일은 없다. 그러나 이 이단자들의 올가미에 걸린 사람들보다 더 빛나는 운명을 즐기는 일은, 건전한 교리에서 어긋나며 곧바로 털어버려야 할 일임을 그들은 깊이 생각해 보아야 한다. 다시 말하자면 이들이 가톨릭교회에서 세례를 받고, 그리스도의 참된 몸 안에서 그리스도의 몸이 성례를 받았다는 사실이, 이 이단설 시조들을 영원한 벌에서 구원받을 수 있는가 깊이 생각해야 한다는 뜻이다. 확실한 믿음을 버리고 배반자에서 공격자로 변해버린 사람은, 믿는 일이나 믿음을 버린 일이 없는 사람보다 한결 나쁘다. 따라서 사도는 그들을 반박할 수밖에 없다. 육체에 대한 일들을 늘어놓은 뒤, 사도는 이단에 대해 "이런 짓을 일삼는 자들은 결코 하느님 나라로 가지 못할 것입니다"(갈라 5 : 21) 한다.

마지막까지 가톨릭교회 안에 머물러 친교를 이어가며 "끝까지 견디는 자는 구원받으리라" 하신 말씀으로 스스로를 위로한다 하더라도 벌 받아 마땅한 타락한 생활을 하는 사람들은 구원을 얻으리라고 희망을 가져서는 안 된다. 그들은 옳지 못한 생활을 함으로써 의로운 그리스도를 버린 것이다. 때로는 음행으로 또는 사도가 차마 입밖에 내려 하지 않는 치사한 행위, 방탕한 사치거나 아니면, "이런 짓을 일삼는 자들은 결코 하느님 나라로 가지 못할 것입니다" 한 죄를 저질러 그리스도를 버렸다. 그러므로 이런 일을 하는 자들은 하느님 나라에 있을 수 없기에 영원히 벌을 받는 곳 말고는 머물 곳이 없게 되는 것이다. 계속해서 이런 잘못을 이어나간다면 그는 끝내 그리스도 안에 존재하지 않는다. 그리스도 안에 존재한다는 것은 그리스도를 믿는 믿음 안에 머무른다는 뜻이기 때문이다. 그리고 이 믿음은 사도가 정의했듯이 "사랑으로 표현되는 믿음만이 중요"(갈라 5 : 6)하다. 또한 사도가 다른 곳에서 "이웃을 사랑하는 사람은 이웃에게 해로운 일을 하지 않습니다"(로마 13 : 10) 말한 것과 같다.

이들은 그리스도의 지체라고도 인정할 수 없으므로 그리스도의 몸을 먹는다고도 말할 수 없다. 다른 죄들은 묻지 않더라도 그들은 그리스도와 악의 지체가 될 수는 없기 때문이다. 주께서 "내 살을 먹고 내 피를 마시는 사람은 내 안에서 살고 나도 그 안에서 산다"(요한 6 : 56) 하심으로써, 성례가 아닌 사실로 그의 몸을 먹으며 그의 피를 마시는 게 무엇인가를 똑똑히 알리신다. 이는 곧 우리가 그리스도 안에 머무르며 그리스도께서도 우리 안에 머무르시게 하는 것이기 때문이다. 그래서 내 안에 머무르지 않고 나도 그 안에 머무르지 않는 사람은, 내 몸을 먹고 내 피를 마시노라 말하거나 생각지도 말라고 하심과 같다. 그러므로 그리스도의 지체가 아닌 사람들은 그 안에 머무르지 않는다. 또 자신을 악의 지체로 만든 이들은 스스로 회개, 악을 버리고 선으로 돌아오지 않으면 참으로 그리스도의 지체가 될 수 없다.

제26장 그리스도를 바탕으로 삼는다는 것은 무슨 뜻인가, 또 불 속을 지나온 사람처럼 구원받는 이는 누구인가

가톨릭 교인은 그리스도를 바탕으로 삼았으며, 그 위에 나무나 짚, 풀 따위 것들로 아무리 보잘것없는 생활을 했다 하더라도, 그리스도와의 결합에서 떨어지지는 않았다. 때문에 그 바탕 위에 세운 것들은 불에 타서 해를 입더라도 (1고린 3 : 12~15) 그리스도를 모시고 올바른 방향을 잡은 사람들은 그 믿음으로 말미암아 불 속에서 계속 고통을 받더라도 곧 구출되리라고 사도 야고보가 그들에게 말했다. "어떤 사람이 믿음이 있다고 말하면서 그것을 곧 행동으로 옮기지 못한다면 무슨 소용이 있겠습니까? 그런 믿음이 그 사람을 구원할 수 있겠습니까?"(야고보서 2 : 14). 또한 사도 바울은 "그 자신은 불 속에서 살아 나오는 사람같이 구원을 받습니다"(1고린 3 : 15) 한다. 이는 누구를 가리키느냐고 그들은 묻는다. 우리도 그들과 더불어 이 문제를 살펴봐야 할 터인데 그 가운데서도 한 가지 확실한 점이 있다. 바울이 뜻하는 이는 야고보가 말하는 사람이 아니다. 그렇지 않다면 두 사도 사이에 서로 모순되는 말을 하는 것이 되리라. 한쪽에서는 사람의 공력(행위)이 악할지라도 그 믿음이 불 속에서 얻은 것처럼 그를 구원하리라 하고, 다른 쪽에서는 선행이 없으면 그의 믿음이 그를 구원할 수 없지 않겠느냐 물은 것이다.

먼저 그리스도를 바탕으로 모신다는 뜻을 똑똑히 밝힌다면, 불을 그저 거쳐 간 것처럼 구원받을 수 있는 사람은 누구인가 확인할 수 있으리라. 이 점은 비유 자체로 미루어 보아 아주 쉽게 알 수 있다. 집을 지을 때에는 먼저 그 밑바탕부터 다진다. 그러므로 마음속 깊은 곳에 그리스도를 바탕으로 모시고 지상적인 것이나 세속적인 것, 곧 마땅한 것과 허락된 것까지도 그리스도보다 더 중요시하지 않는 사람은 그리스도를 그 마음 중심에 모셨다고 할 수 있다. 하지만 이런 것들을 더 중요시한다면 그리스도를 믿는다 해도 그리스도를 마음 중심에 모신 것이라 할 수는 없다.

하지만 건강한 교훈들을 가볍게 여기면서 금지된 행위들을 저지른다면, 그런 이는 틀림없이 그리스도를 처음이 아니라 끝에 둔다는 비난을 받고 말리라. 그리스도의 지배와 계명, 허락을 멸시해 버리고, 제 사악한 정욕만을 만족시키려 했기 때문이다. 따라서 창녀와 관계를 하는 사람은 그 창녀와 한 몸이 되었기 때문에(1고린 6 : 16), 그리스도를 마음 중심에 모시지 않게 되었다. 제 아내를 사랑하되 그리스도 뜻에 따라 사랑한다면, 그가 그리스도를 마음속 깊이 바탕으로 모셨음을 어느 누가 의심할 수 있겠는가? 하지만 그가 자기 아내를 세속적으로 대하고 육체적인 사랑을 하며, 욕정이 시키는 대로 하느님을 모르는 이방인처럼 사랑하는 사람에게 사도는, 아니 사도를 통해 그리스도께서는 하나의 가벼운 과실로써 허락하신다. 그러므로 이런 사람까지도 그리스도를 바탕으로 모셨다고 하겠다.

그가 이런 애정이나 쾌락을 그리스도보다 더 중요하게 생각지 않는 동안은 그가 지은 것들이 나무와 짚과 풀일지라도 그의 본디 바탕은 그리스도이다. 따라서 그는 불을 거쳐 얻은 듯이 구원을 얻으리라. 그는 올바른 결혼 생활에서 사치스러운 쾌락과 세속적 사랑을 즐겼기에 이는 비록 저주를 받지 않는다 하더라도 마침내는 고난의 불 속에서 타버리고 말 것이다. 또 죽음으로 이별하며, 기쁨을 사그라들게 하는 모든 재난도 그 불의 연료가 되고 말리라.

따라서 그가 세운 건물은 곧 사라질 것이며 그에게 기쁨과 쾌락을 주던 것 또한 없어짐으로써 그에게 고민이 생길 것이다. 그러나 그는 바탕 덕분에 마침내 불에서 구원받으리라. 박해하는 자가 그리스도와 쾌락 가운데 어느 쪽을 이어나가고 싶으냐 물었을 때 그는 그리스도를 택했기 때문이다. 독자는 바탕 위에 금이나 은이나 보석을 올려 천천히 세우는 사람이 누구인지를 사도의 말에서 찾아보시라. "결혼한 남자는 어떻게 하면 자기 아내를 기쁘게 할 수 있을까 세상일에 마음을 쓰게 되어"(1고린 7 : 33) 이렇게 사도는 말한다. 나무와 짚과 풀로 집을 짓는 사람을 보라. 저마다 공력이 드러날 터인데 "이제 심판의 날이 오면 모든 것이 드러나서 저마다 한 일에 명백하게 될 것입니다. 심판의 날은 불을 몰고 오겠고 그 불은 저마다의 업적을 시험하여 그 진가를 가려줄 것입니다"(1고린 3 : 13).

사도가 고난을 불이라고 부르는 까닭은 이 말씀에 있다. "질그릇이 가마 속에서 단련되듯이 사람은 말로써 수련된다"(집회 27 : 5). "그 불은 저마다의 업적을 시험해 그 진가를 가려 줄 것입니다. 만일 그 기초 위로 세운 집이 그 불을 견디어 내면"—주의 일을 염려하며, 어찌하여야 주를 기쁘시게 할까 함은 그대로 남는 것이므로—"그 집을 지은 사람은 상을 받고"— 바꿔 말하면 그는 그 걱정한 데 대한 과실을 거두리라. 그러나 "만일 그 집이 불에 타 버리면" 그가 사랑하던 것을 모두 잃게 되므로 "그는 좌절할 것입니다." 하지만 어떤 고난도 그를 그 확고한 바탕에서 옮겨내지 못할 것이므로 "그 자신은 불 속에서 살아 나오는 사람같이 구원받습니다"(1고린 3 : 14~15). 이루 말할 수 없이 사랑하던 것을 잃고 나면 반드시 불 속에서 온몸이 타는 듯한 슬픔이 뒤따르기 때문이다. 이런 불은 그 어느 쪽도 죄가 있다 단정치 않는다, 오직 이쪽은 더 풍부하게 만들고 저쪽에는 손해를 주지만 양쪽 모두를 시험한다.

그러나 만일 이 문장으로 주님 말씀 가운데 있는 불을 해석해낸다면, 즉 원쪽에 선 사람들에게 "이 저주받은 자들아, 나에게서 떠나 악마와 그의 천사들을 위해 마련한 영원한 불 속에 들어가라"(마태 25 : 41) 하신 말씀을 풀이해야 한다면, 우리는 이 사람들 가운데 바탕 위에 나무와 짚과 풀로 집을 지은 사람들이 있음을 믿어야 하리라. 하지만 그들은 그 악한 행위의 대가인 불에서 얼마 지나지 않아 곧 풀려나게 될 것이다. 그렇다면 오른쪽에 있는 사람들에 대해서는 어떻게 생각할 것인가? 그들에게는 "너희는 내 아버지의 복을 받은 사람들이니 와서 세상 창조 때부터 너희를 위해 준비한 이 나라를 차지하여라" 하시므로 그들은 그 바탕 위를 금과 은과 보석으로 세운 자들이 아닌가?

그러나 만일 주께서 말씀하시는 불과 사도가 "그러나 불 가운데서 얻은 것과 같이" 말한 그런 불이라면, 오른쪽과 왼쪽에 있는 사람들 모두 불 속에 던져지리라. 그 불이 두 쪽 사람 모두를 시험하리라고 성서가 말하기 때문이다. "이제 심판의 날이 오면 모든 것이 드러나서 저마다 한 일이 명백하게 될 것입니다. 심판의 날은 불을 몰고 오겠으며 그 불은 저마다의 업적을 시험해 그 진가를 가려줄 것입니다"(1고린 3 : 13). 따라서 만일 불이 두 쪽 모두를 시험해 공력이 그대로 있는 사람, 곧 그가 이룬 게 불에 타지 않는 사람은 상을 받고, 그 공력이 불에 타서 사라지는 사람은 손해를 본다면 그 불은 분명 영원한 불은 아니다.

영원한 불 속으로 들어갈 사람은 왼쪽에 머무는 사람들뿐이며 끝내는 영원히 멸망할 운명에 갇힌 사람들이다. 하지만 다른 불은 오른쪽에 있는 사람들을 시험한다. 어떤 사람은 그리스도를 바탕으로 모시며 그 위에 세운 집이 불에 타서 사라지지 않고 또 어떤 사람들은 시험한 결과가 다른 탓으로 지은 것이 불에 타서 손해를 본다. 하지만 무엇보다도 그리스도를 사랑해 확고한 바탕으로서 모시고 있기에 그들 자신은 마침내 구원을 얻게 된다. 만일 그들이 구원을 받는다면 그들은 오른편에 서게 되리라. 그리고 다른 사람들과 함께 "너희는 내 아버지의 복을 받은 사람들이니 와서 세상 창조 때부터 너희를 위해 준비한 이 나라를 차지하여라"이 말씀을 듣게 될 것이다.

그들이 서 있을 곳은 왼쪽이 아니다. 왼쪽에 머무는 사람들은 구원받지 못하며, 따라서 "이 저주받은 자들아, 나에게서 떠나 악마와 그의 천사들을 위해 마련한 영원한 불 속에 들어가라" 말씀을 듣게 되리라. 그들은 영원한 형벌에 들어가므로, 누구도 구원을 얻지 못할 터이며, 그들을 갉아먹는 구더기들은 죽지 아니하고 그들을 사르는 불 또한 꺼지지 않으리니 모든 사람이 그 모습을 보고 역겨워하리라(이사 66 : 24 ; 마르 9 : 44~46 ; 묵시 20 : 10).

그러나 이 몸이 죽는 때와 마지막 심판과 응보의 날 사이에, 죽은 사람들의 영이 어떤 고난의 불을 만났다해도, 그 가운데 어떤 이는 이 세상에서 나무와 짚과 풀과 함께 타서 사그라질 쾌락이나 직업에 빠지지 않았다. 그렇게 불의 영향을 받지 않으면서도 높은 건축물을 세운 사람들은 영향을 받으며, 이런 세속적 생활은 작은 죄이므로 이 세상에서만 응보의 불에 타든가 현세와 내세에서 타버리든, 또는 이 세상에서 타고 내세에서는 그런 일이 없게 되리라는 생각에 나는 반대하지 않는다.*41 이 생각이 옳을 수도 있기 때문이다. 육신이 죽는 것 자체도 악한 일의 결과이기에 고난의 일부라고 할 수 있으며, 죽은 뒤에는 틀림없이 저마다 세운 건물의 성격에 따라 그 색채가 결정되리라. 순교자들에게 관을 씌워준 박해, 모든 종류의 그리스도 신자들이 받는 박해는 불과 함께 두 종류 건물들을 모두 시험해 그리스도를 바탕으로 모시지 않은 사람들은 건물과 나란히 불에 타서 없어지고, 그리스도와 그 안에 머무는 사람들은 타지 않은 채 건물만 타서, 손해는 보아도 사람은 마침내 구원을 얻으며, 또 어떤 건물들은 영원히 남을 수 있는 재료를 썼으므로 타지 않는다. 이 시대 마지막 고비에 반그리스도 시대가 되면 첫 번째 고난이 찾아오리라. 그때에 가장 훌륭한 바탕이신 그리스도 위에 금이나 짚으로 세운 집이 얼마나 많을 것인지! 그 건물들을 불이 시험해서 어떤 사람들에게는 기쁨을 주고 또 다른 사람들에게는 손해를 주겠지만, 이 확실한 바탕이 버텨주기 때문에 그 어느 쪽도 멸망하지 않으리라.

그러나 육체적 쾌락을 위해 함께 사는 아내는 다른 문제로 밀어 놓고, 이런 즐거움을 주지 않는, 그러나 사랑할 의무가 있는 친척들을 그리스도보다 더 존중하는 사람은 그리스도를 바탕으로 모시지 않고 따라서 불로 구원을 얻지 못할 것이다. 그는 구세주 곁에 머물지 않기 때문이다. 주께서는 바로 이 문제에 대해 매우 뚜렷하게 말씀하셨다. "아버지나 어머니를 나보다 더 사랑하는 사람은 내 사람이 될 자격이 없고, 아들이나 딸을 나보다 더 사랑하는 사람도 내 사람이 될 자격이 없다"(마태 10 : 37). 하지만 혈연을 육적으로 사랑하되 그리

---

*41 이것이 아우구스티누스의 연옥 사상이다. 그는 이 생각이 옳을 것이라고 여겼다.

스도보다는 존중하지 않으며, 혈연과 그리스도 둘 가운데 어느 쪽을 잃겠느냐는 시험을 당할 때에, 혈연을 잃겠다는 사람은 불로 구원받으리라. 혈연을 잃음으로써 그들을 사랑하는 정도에 따라 고통 받지 않을 수는 없기 때문이다.

또 아버지나 어머니, 아들이나 딸을 그리스도 뜻에 따라 사랑하고, 그들이 그리스도의 뜻에 따라 사랑하며, 그들이 그리스도의 나라를 얻고 그리스도 곁으로 가도록 돕는 사람, 또는 그들이 그리스도의 지체이기에 사랑하는 사람은, 절대로 나무나 짚이나 풀처럼 불에 타지 않고 금과 은과 보석으로 지은 집으로서 인정받을 것이다. 그리스도를 위해서만 혈연을 사랑하는 사람이 어떻게 그들을 그리스도보다 더 사랑할 수 있겠는가?

제27장 남에게 베풀면 커다란 죄를 날마다 저질러도 벌을 받지 않는다는 주장에 반박을 하며

이제 남은 것은, 자기 죄만큼의 따른 자선 행위를 하지 않은 사람들만이 영원한 불 속에서 타오르리라고 이야기하는 사람들에게 주는 답이다. 이 대답의 근거를 그들은 사도 야고보가 한 말씀에서 찾는다. "무자비한 사람은 무자비한 심판을 받습니다. 그러나 자비는 심판을 이깁니다"(야고보서 2 : 13). 따라서 자비로운 삶은 그 방탕한 행위를 좋은 쪽으로 고치지 않고 사악하고 의롭지 못한 생활을 이어간다해도 자선을 행한다면 자비로운 심판을 받아 죄를 단정받지 않거나, 그렇지 않으면 얼마 뒤에 마지막 심판에서 벗어나게 되리라고 그들은 말한다. 마찬가지 이유로 그들은 그리스도께서 오른쪽과 왼쪽에 세울 사람들을 나눠서, 한쪽은 그의 나라로 보내고 다른 한 쪽은 영원한 형벌을 받게 하실 때 그들이 자선 행위에 주의를 기울였는가 또는 무관심했는가를 오직 하나의 근거로 삼으시리라고 판단한다. 또 그들은 주님께서 가르치신 기도를 이런 의견에 대한 근거로 삼으며, 날마다 되풀이해서 짓는 죄를 아예 끊어버릴 생각은 하지 않고 그 악함의 크기와 종류를 떠나 자신의 죄를 씻는 행위로 자선을 하면 된다고 믿는다.

그리스도인들 가운데 '주의 기도'를 드리지 않는 이가 없으며 "우리 죄를 사하여 주옵소서" 할 때, 그 앞에 있는 "우리가 우리에게 잘못한 이를 용서하듯이"이 말씀을 잊지 않고 꾸준히 실천한다면, 비록 날마다 짓는 죄라 할지라도 그게 어떤 죄이든 용서받지 못할 게 없다고 그들은 말한다. 그리고 그 설명으로써 주께서는 "너희가 남의 잘못을 용서하면 하늘에 계신 아버지께서도 너희를 용서하실 것이다" 말씀하시지 않고 "너희를 용서하실 것이다"(마태 6 : 12, 14) 하셨다. 따라서 그 죄가 어떤 종류이든 얼마나 중대하든 간에, 날마다 저지르든 또는 절대로 버리거나 고치지 않든, 이런 것들 따위는 문제 삼을 일이 없고 다른 이를 용서하는 행동으로 모두 관용을 받을 수 있다고 그들은 생각한다.

그들이 지난날의 죄를 대신 속죄할 만한 일을 하라는 가르침은 옳다. 하지만 엄청난 죄를 날마다 지은 사람이라면, 어떤 자선 행위로써 하느님께 용서를 받을 수 있다 믿거나, 날마다 용서하신다 여긴다면 그들은 그런 생각이 얼마나 어리석고 우스운지를 마침내 알게 되리라. 만일 그렇게 가정한다면 큰 부자가 하루도 빠짐없이 푼돈 열 닢을 자선 사업에 씀으로써 살인이나 간음, 그 밖에 저지르는 모든 악행에 대해 용서받을 수 있으리라 인정하게 되리라. 하지만 그렇게 여기는 것은 참으로 어리석고 정신나간 생각임을 깨달아야 한다. 그리스도의 선구자가 "너희는 회개했다는 증거를 행실로써 보여라"(마태 3 : 8) 한 그 알맞은 자선은 무엇이냐고 우리가 파고들어 따진다면, 물론 그것은 끝까지, 날마다 무자비한 행위로 제 생활을 망치는 사람이 하는 자선 행위가 아님을 알게 되리라.

그들은 먼저 타인으로부터 빼앗은 많은 재산 가운데 아주 적은 부분을 가난한 사람들에게 나누어 줌으로써 그리스도의 노여움을 풀 수 있다고 미루어 짐작하며, 날마다 그리스도에게서 면죄부를 산다고 믿으며, 저주받아 마땅한 극악한 죄를 너무도 아무렇지 않게 짓는 것이다. 하지만 한 가지 범죄를 놓고 모든 재산을 가난한 이들에게 나누어 준다 하더라도, 그들이 모든 죄를 버리고 다시는 악을 행하지 않으며 진정한 사랑을 마음속에 품지 않는다면, 그 자선은 그들에게 어떤 이익도 되지 못한다.

따라서 자기 죄를 대신 속죄할 만한 자선을 베풀려고 하는 사람은 먼저 그 자신으로부터 새롭게 출발해야 한다. 이웃에게 하는 일을 자신에게 하지 않는 것은 바르지 않다. 주님 말씀에 "네 이웃을 네 몸과 같이 사랑하여라"(레위 19 : 18 ; 마태 22 : 39) 하시고, 또 "질투와 분노는 수명을 줄이고, 근심 걱정을 하면 빨리 늙는다"(집회 30 : 24) 하셨다. 제 영혼을 불쌍히 여김으로써 하느님을 기쁘게 하려 들지 않는 사람이 어떻게 그 죄를 보상하는 자선을 한다고 할 수 있겠는가? 똑같은 의미로 "자기에게 악한 사람이 누구에게 선할 수 있겠는 가?"(집회 14 : 5) 기록하고 있다. 자선은 틀림없이 기도를 돕는 일이다. 우리가 늘 생각해야 할 말씀이 있다. "내 아들아, 잘못을 저질렀느냐? 다시는 되풀이 하지 말아라. 그리고 과거의 잘못에 대하여 용서를 빌어라"(집회 21 : 1). 그러므 로 우리는 '과거에 저지른 죄를 용서해 주소서' 이 기도에 응답받기 위해 은혜 를 베풀거나 끊임없이 죄를 저지르며 자선 행위로써 죄를 지어도 되는 허가증 을 얻으리라 여겨서는 절대로 안 된다.

주께서 그 오른쪽에 있는 자들이 자선행위를 칭찬하시고 왼쪽 자들에게는 자선을 베풀지 않음을 꾸짖으시리라고 우리가 말하는 까닭은, 주께서 그렇게 하심으로써 사랑이 과거의 죄를 없애는 데 효과가 있음을 밝히시려는 것이지, 늘 죄를 지어도 벌을 받지 않게 하는 효과가 있다는 뜻이 아니기 때문이다. 또 한 나쁜 생활 습관을 버리고 선한 생활을 하지 않는 사람은 자선을 행한다고 볼 수 없다. "여기 있는 형제들 중에 가장 보잘것없는 사람 하나에게 해주지 않 는 것이 곧 나에게 해주지 않은 것이다"(마태 25 : 45) 이 뜻이 여기 있기 때문이 다. 그들 자신은 자선을 하노라 생각하더라도 이는 진실한 자선행위가 아님을 주께서 또렷이 알리신다.

굶주리는 그리스도인에게 자신이 그리스도인이기에 선을 베풀어 빵을 주 는 사람이라면, 자신에게 주는 의로움과 은혜의 빵인 그리스도를 거절하지 않 으리라. 하느님께서는 누구에게 선물을 주느냐 하는 것보다 어떤 마음으로 주 느냐를 더 중요하게 여기시기 때문이다. 따라서 그리스도인 안에 계신 그리스 도를 사랑하는 사람은 그리스도인에게 자선을 베풀 때에 그리스도 앞으로 나 아가는 때와 같은 생각과 마음으로 해야지, 벌만 받지 않는다면 그리스도라도 버리겠다는 정신이면 안 된다. 그리스도께서 금하시는 일을 거리낌 없이 하는 사람은 그만큼 그리스도를 저 버리는 행위를 하는 것과 같기 때문이다.

세례를 받더라도 의롭게 되지 않는다면 무슨 이로움이 있겠는가? 주께서 말 씀하시지 않았는가? "물과 성령으로 새로 나지 않으면 아무도 하느님 나라에 들어갈 수 없다"(요한 3 : 5), "너희가 율법학자들이나 바리사이파 사람들보다 더 옳게 살지 못한다면 결코 하늘 나라에 들어가지 못하리라"(마태 5 : 20). 많은 이들이 앞선 말씀을 두려워하는 나머지 세례받기를 서두르는데, 나중 말씀이 두려워서 의롭게 되려고 노력하는 사람들이 많지 않은 까닭은 무엇인가? '미련한 녀석'이라 하더라도 그렇게도 노한 상대가 그 형제가 아니라 형제가 저지른 죄라면 그 말은 결국 그 형제에게 한 말이 아니다. 그렇지 않다면 그는 지옥불에 던져지리라(마태 5 : 22). 이처럼 그리스도인에게 자선을 베풀더라도 만일 그 안에 계신 그리스도를 사랑하지 않는다면 그 자선은 그리스도인에게 한 것은 아니다.

그리스도 안에서 의롭게 되려 하지 않는 사람은 그리스도를 사랑하지 않는 사람이다. 그리고 형제의 죄를 없애려는 생각없이, 온당치 않게 '미련한 놈'이라 욕설을 퍼붓는 죄를 지은 사람은 같은 구절의 화해방법을 덧붙이지 않는다면 죄를 씻기 위해 자선을 베풀더라도 큰 도움이 되지 않는다. "그러므로 제단에 예물을 드리려 할 때에 너에게 원한을 품고 있는 형제가 생각나거든 그 예물을 제단 앞에 두고 먼저 그를 찾아가 화해하고 나서 돌아와 예물을 드려라"(마태 5 : 23~24) 하신 것이다. 이처럼 죄인이 습관적으로 죄를 짓는다면, 아무리 많은 자선을 베풀더라도 그 자선은 죄를 씻어주지 못한다.

주께서 가르치신 기도이기 때문에 주기도라고 부르며 날마다 기도를 드린다. 이에 대해 우리가 하루도 거르지 않고 "우리 죄를 사하여 주소서" 기도할 뿐만 아니라 "우리가 우리에게 죄 지은 자들을 용서한 것같이"라는 말도 그대로 실천한다면, 주기도는 참으로 그날에 지은 죄를 깨끗이 사라지게 할 것이다. 그런데 우리가 이렇게 기도하는 까닭은 죄를 지었기 때문이요 죄를 짓기 위함이 아니다. 우리 주께서 이 기도를 가르치신 목적이 있다.

곧 우리가 힘겹고 어두운 인생을 살아가는 동안, 제아무리 의롭게 산다고 해도 피할 길 없이 경건치 못한 죄를 지으므로 그 죄를 용서받기 위해 늘 기도해야 한다. 이와 함께 우리에게 죄를 지은 사람들을 용서해서 우리 또한 용서받도록 해야 함을 가르치려고 하셨다. 따라서 "너희가 남의 잘못을 용서하면 하늘에 계신 아버지께서도 너희를 용서하시리라"(마태 6 : 14) 하심은, 우리가 이 기도에서 자신을 얻어 마음을 놓은 채 날마다 죄를 지으며, 제 권력을 믿고 인간 사회의 법을 두려워하지 않거나, 자기 행위에 대해 교묘하게 세인을 속일 수 있게 하시려는 뜻이 아니다. 우리에게 범죄는 없을지라도 죄는 없지 않음을 깨닫게 하려고 하셨다. 구약시대 제사장들에게도 그들이 바치는 예물에 대해서 같은 뜻임을 가르치셨다. 그들은 백성을 위해서만이 아니라 자신을 위해서도 속죄 제물을 바쳐야 했다(레위 16 : 6).

우리는 우리의 위대하신 주님이 친히 하신 말씀에 주의를 기울여야 한다. "너희가 남의 잘못을 용서하면 하늘에 계신 아버지께서도 너희를 용서하실 것이다" 하신 게 아니라 그저 '너희들'이라고만 말씀하셨다. 주께서는 여기서 날마다 드려야 할 기도를 가르치셨고, 또 이미 의롭게 되고 성스러우며 고결하게 된 이들 또한 피하지 못할 그 죄라는 뜻이 아니고 무엇이겠는가? 그러므로 이 기원을 구실삼아 습관적으로 죄를 계속 저지르려는 사람들은 주님이 "천부께서 너희 작은 죄를 용서해 주시리라" 하시지 않고, '너희들'이라고만 하심으로써 큰 죄까지 포함시키려 하셨다고 이야기한다. 하지만 우리는 그와 달리 주님이 상대한 사람들의 성격으로 보아서, 이런 사람들은 큰 죄를 짓지 않게 되었으므로, '너희들'이라는 표현을 작은 죄가 아니라고 단정지을 수는 없다. 그러나 큰 죄 곧 우리가 성격을 모두 개혁해서 피해야 할 죄들은 거기 덧붙여진 교훈인 "우리가 우리에게 죄 지은 자를 용서하는 것같이"라는 말씀을 따르지 않으면 결코 용서받지 못한다.

의로운 생활에서 사라지지 않은 아주 하찮은 죄까지도 이 조건이 채워지지 않고는 용서받지 못한다. 그렇다면 많은 큰 죄에 빠져 있는 사람들이 만일 그런 죄를 그만 짓더라도 자기에게 죄지은 사람들을 용서함을 강하게 거절한다면, 그들은 더더욱 용서받지 못할 게 아닌가? 주님 말씀에 "너희가 남의 잘못을 용서치 않으면 아버지께서도 너희들 잘못을 용서하지 않으실 것이다"(마태 6 : 15) 하시기 때문이다.

사도 야고보가 "무자비한 사람은 무자비한 심판을 받습니다. 그러나 자비는 심판을 이깁니다"(야고보서 2 : 13) 한 말씀도 이와 마찬가지인 뜻이다. 우리는 왕이 1만 달란트나 되는 빚을 탕감해 준 그의 하인을 떠올려보는 게 좋겠다. 그 뒤 그 하인은 자기에게 100데나리온밖에 안 되는 빚을 진 동료를 조금도 동정하지 않았기에 왕은 그의 빚을 모두 갚을 때까지 그를 형리에게 넘겨버렸다(마태 18 : 23~34). "무자비한 사람은 무자비한 심판을 받습니다. 그러나 자비는 심판을 이깁니다"(야고보서 2 : 13) 이렇게 사도 야고보가 덧붙인 말씀은 약속의 자녀들과(갈라 4 : 28) 자비의 그릇들(로마 9 : 23)에게 적용된다. 거룩한 생활을 이어나간 의인들, 세속의 재물로 자기들을 친구로 사귄 사람들까지 영접 받으며 영원한 집으로 들어간 사람들도(루가 16 : 9) 의롭다 하시는 주께서 자비로써 구원해 주셨으므로 의를 얻은 것이다. 주께서는 경건치 못한 자에게 은혜로의(義)라는 상을 내리시거나, 빚으로 여겨 주시지 않는다. 이렇게 상을 받는 사람들 가운데 "나는 주님의 자비를 입은 사람이므로 내 말을 믿어도 좋습니다"(1고린 7 : 25) 이렇게 말한 사도도 포함된다.

하지만 이렇게 영접을 받으며 영원한 집으로 들어간 자들은 그들 성격으로 미루어 보아 성도들의 도움 없이 자신들의 생활만으로는 필요한 만큼 넉넉한 구원을 받을 수는 없으리라. 그러므로 특별히 그들 경우에는 자비가 심판을 이긴다는 점을 인정해야 한다. 그러나 생활을 전혀 고치지 않고 나아지지 않은 사람이, 불의의 맘몬으로 성도들을 도왔다 하여 모두 영접을 받으며 영원한 집으로 들어가리라고 믿어서는 안 된다. 이 맘몬(mammon)이라는 말은 그릇된 방법으로 얻은 재물, 또는 바르게 얻은 재산이라도 참된 재산이 아니라 옳지 못한 입장의 재산이라고 본다. 참다운 재산을 많이 가진 것은 다른 사람들의 영접을 받으며 영원한 집으로 들어갈 사람들이다. 어떤 사람들의 생활은, 넉넉한 자선으로 의인들의 곤궁함을 덜어주며 자기를 영원한 집으로 영접해 들일 수 있는 친구들을 얻는다 하더라도 하늘나라에 들어가는 데는 어떤 도움도 되지 못할 만큼 악하지는 않다. 하지만 이와 함께 그들이 얻은 친구들의 공적에 따라 자비를 얻지 못하더라도 그 자체로 위대한 행복을 얻기에 만족할 만큼 선하지도 않다.

나는 주님이 하신 말씀의 의미를 베르길리우스까지 그대로 드러내는 까닭을 이상하게 여기곤 한다. 주님은 "세속의 재물로라도 친구를 사귀어라. 그러면 재물이 사라질 때에 너희는 영접을 받으며 영원한 집으로 들어갈 것이다"(루가 16 : 9). 또 이와 비슷한 말씀을 하신다. "예언자를 예언자로 맞아들이는 사람은 예언자가 받을 상을 받을 것이며, 옳은 사람을 옳은 사람으로 맞아들이는 사람은 옳은 사람이 받을 상을 받을 것이다"(마태 10 : 41). 그런데 저 시인이 축복받은 사람들의 영혼이 머문다는 엘리시움(Elysium) 땅을 그릴 때에는 자기 공적으로 거기 다다를 수 있는 사람들뿐 아니라,

"남을 섬긴 사람들 감사히 기억되는 사람들"

까지도 거기에 둔다.[*42] 곧 그들은 남을 섬긴 공적으로 기억되었다는 것이다. 이는 마치 겸손한 그리스도인들이 어떤 성자에게 자기를 부탁할 때 곧잘 "나

---

*42 베르길리우스 《아이네이스》 6, 664.

를 기억하소서" 말하며, 어떤 선행을 함으로써 그가 꼭 기억하게 하려고 애쓰는 것과 같다.

하지만 우리가 말한 생활이 어떤 것인지, 사람이 제 힘으로 천국에 들어가는 것을 어떤 죄가 막으며, 또 친구가 된 성인들의 공적을 이용하는 것은 허락되는지 이 부분을 확인하는 것은 매우 어렵고 단정하는 일 또한 대단히 위험한 일이다.

나 스스로도 많은 탐구를 해보았지만 오늘 이 시간까지도 찾지 못했다. 또는 우리가 이런 죄를 짓지 않으려는데 조심하지 않게 되며, 따라서 앞으로 나아가지 못하게 될까 해서 우리에게는 감추는 것이리라. 무엇이 이런 죄인가를 안다면, 또한 그것을 버리고 앞으로 나아가는 게 아니라 그대로 이어지더라도 성인들이 대신해 간절히 바라도록 요구하고 기대하는 게 허락된다면, 게으른 인간성은 주제넘게 이런 죄를 뒤집어쓰고 덕행의 힘으로 그것을 벗어버리려는 노력을 기울이지 않으며, 떳떳지 못한 재물을 많이 씀으로써 친구로 삼은 사람들의 공적에 따라 구원받기만을 바랄 것이다. 하지만 오늘 우리는 이런 작은 죄가 어떤 것인지를 뚜렷이 알지 못하기에 비록 그러한 삶을 이어나간다 하더라도 더욱 분명하게 깨어 기도하며 나아가려 노력하고, 세상 속 재물을 써서라도 성도들 사이에서 친구를 사귀려고 더욱 힘을 기울일 것이다.

그러나 제 기도로 이루어지든 또는 거룩한 분들의 중보 기도로 이루어지든 이렇게 얻는 구원은 사람이 영원한 불에 들어가지 않도록 보장하며, 그가 불에 던져졌을 때 얼마 뒤 벗어나게 해 주는 구원을 보장하는 게 아니다. 씨앗이 좋고 비옥한 땅에 떨어져 맺은 열매가 100배가 되기도 하고 60배가 된 것도 있고 30배가 된 것도 있음을(마태 13 : 8) 성자들에 대한 말씀으로 풀이한다면, 성자들 가운데는 자신들의 기도로 30명, 또는 100명을 구원하리라 믿는 사람들이 있다. 하지만 그들도 이 구원이 심판 날에 있을 것이요 심판 뒤에 오지는 않는다고 말한다. 이런 인상을 받았으므로 어떤 사람은 누구든지 이런 방법으로 지옥에서 벗어나게 되리라 말하며 자기들에게 무죄를 약속하는 좋지 못한 태도를 보였는데 누군가 아주 알맞은 말을 했다고 한다. 우리 모두는 서로를 구원하기 위해 대신 기도하는 자가 되어야 한다. 그런 이들이 많지 않으면 중보 기도로 이루어진 대로 30명, 또는 60명, 100명을 구원한다 해도 여전히 구원받지 못한 사람이 많이 남을 것이다. 그 남은 사람들 가운데에는 다른 사람이 수고한 추수를 얻으리라 믿어 자기에게 터무니없고 섣부른 약속을 한 모든 사람이 포함되리라 했다.

우리와 함께 성서의 권위를 똑같이 인정하면서도, 잘못된 해석으로 성서의 교훈을 따르기보다는 자기들이 바라는 대로 생각하면서 미래를 내다보는 사람들에게 우리는 이제까지 충분한 답을 해주었다. 이제 답을 마쳤으니 약속했듯이 이 권을 마친다.

제22권

하느님의 나라 영원한 행복에 대해. 영원한 행복 속에서 그리스도교인들의 육체는 영적인 육체로 변하고 완전한 자유를 얻는다.

제1장 천사와 인간의 창조

앞 권에서 약속한 대로 마지막 권이 되는 여기에서는 하느님 나라의 영원한 행복을 살펴보겠다. 영원하다는 뜻은 마침내는 그 끝이 있겠지만 수많은 세대 동안 이어지리라는 뜻이 아니라, 복음서에 쓰여 있듯이 "하느님의 나라는 끝이 없으리라"(루가 1 : 33)는 것이다. 또는 사람들이 죽어 사라지면 새로운 사람들이 태어나 그 자리를 채움으로써 영원히 이어지는 것처럼 보일 뿐이라는 뜻도 아니다. 상록수를 보자. 시들어 떨어진 잎새를 대신해 새로운 잎들이 돋아남으로써 늘 푸르고 울창하게 보인다. 하지만 하느님 나라에서는 모든 시민이 영생하리라. 거룩한 천사들이 단 한 번도 잃어버린 적 없는 그 상태를 사람들 또한 얻게 될 것이다. 이 일은 전능하신 창조주 하느님께서 이룩하실 터이다. 하느님께서는 이 일을 약속하셨고 그분은 거짓말을 하실 수 없기 때문이다. 또한 하느님은 당신이 하신 말씀을 믿게 하고자 약속하신 일들을 이미 많이 실천하셨고 그 말고도 약속하시지 않은 은혜까지도 많이 베푸셨다.

본디 태초에 우주를 만드시고 눈이나 마음에 보이는 모든 선한 것으로 우주를 가득 채운 것은 하느님이시다. 그 가운데서도 하느님이 지성을 내려주신 영들이 누구보다 뛰어나다. 하느님은 그들이 하느님을 바라보며 기뻐할 수 있도록 만드셨고 그들을 모아 한 사회, 거룩한 하늘 나라를 이루셨다. 그 사회에서는 하느님 스스로가 그들의 존재와 행복의 근원, 곧 그들의 공통된 생명과 양식이시다. 지성을 받은 이들에게 더불어 자유의지를 내려주셔서 그들이 원하기만 한다면 하느님을, 곧 자신들의 참된 행복을 버리고 바로 불행해질 수도 있었다. 어떤 천사들이 거만하게도 자기 힘만으로 행복을 누릴 수 있기를 바랐다. 그러자 하느님께서는 그들이 위대한 선을 버릴 것이라는 것을 미리 아시면서도, 그들에게서 그 자유 선택의 능력을 빼앗지 않으셨다. 악이 생겨나는 것을 허락하지 않는 것보다 악으로부터 선을 만들어내는 것이 자신의 권능과 인자함에 더 마땅하다고 판단하셨기 때문이다.

참으로 변함없이 선하신 하느님께서는 모든 것을 선하게 만들어내셨다. 따라서 모든 것은 선하지만, 그 피조물은 변할 수 있었다. 만일 그 변할 수 있는 피조물이 스스로 죄를 지어 악을 만들지 않았다면 악은 전혀 존재하지 않았으리라. 피조물의 이 죄 자체도 어찌 보면 피조물의 본성이 선했음을 보여준다. 그것은 창조주와 동등하지는 않았을지라도 선하지 않았다면 자기의 빛이신 하느님을 버린 일이 악이나 화가 되지 않았을 것이다. 이는 마치 맹목(盲目)이 눈의 결함이면서 바로 이 사실이 눈은 빛을 보도록 만들어졌다는 것을 일깨워주며, 그리하여 이 결함 자체가 눈이 신체의 다른 부분들보다 뛰어나다는 점을 보여주는 것과 같다. 따라서 빛을 보지 못하는 원인이 눈의 결함이라고 하는 것이다. 그와 같이 일찍이 하느님의 가르침을 누리던 자연본성은 자신이 불러온 결함으로 불행해졌으며, 오히려 이 결함이 모든 것 가운데서 가장 선하게 창조되었다는 것을 드러낸다. 스스로 타락한 천사들을 하느님은 영원한 불행으로 보내시고, 최고선에 계속 가까이 있는 천사들에게는 그 충성에 대한 보상으로서 끝없는 행복을 약속하셨다.

사람에게도 천사와 같은 의지의 자유를 주어 바르게 지은 이는 곧 하느님이시다. 사람은 비록 땅에 붙어 사는 동물이지만 창조주에게 늘 충실한 삶을 살다 보면 하늘에 들어가기에 마땅해지며, 하느님을 버리는 이들에게는 그에 꼭 맞는 불행이 예정되어 있다. 사람도 하느님을 버리고 하느님 법을 어김으로써 죄지을 것을 하느님은 미리 아셨지만 그래도 인간에게서 자유의지를 빼앗지는 않으셨다. 사람이 만든 악에서조차 하느님 자신이 선을 만들어내시고, 당연하고도 공정한 벌로 죽게 될 운명인 이 종족으로부터 은혜로써 많은 무리를 오늘과 같이 모으시어, 타락한 천사들이 남긴 빈곳을 채우고[1] 이런 방법으로 사랑하는 하늘 나라의 백성 수가 부족하지 않고 오히려 더욱 늘어날 것을 미리 아셨기 때문이다.

─────────────

[1] 타락한 천사들이 멸망함으로써 줄어든 천국 인구를 구원받은 성도들이 채우리라는 생각에 대하여는, 아우구스티누스 《신앙 핸드북》(Enchiridion) 9, 29 참조.

제2장 하느님의 영원하고도 변하지 않는 의지

악인들이 하느님 뜻에 거스르는 짓을 많이 하는 것은 사실이다. 하지만 하느님의 지혜와 권능은 참으로 위대해서, 하느님의 의지에 반대하는 일들까지도 모두 하느님이 예지하신 그 바르고 선한 끝과 결과에 이르도록 한다. 따라서 하느님 뜻이 달라진다고 할 때, 예컨대 친절하게 대하시던 사람들에게 노하실 때 달라진 것은 하느님보다는 사람들이다. 하느님의 처분으로 고통받는 일이 그들에게는 새로운 경험이기 때문에 하느님이 달라졌다고 느끼는 것이다. 상한 눈으로 태양을 본다면, 그 전까지는 눈에 부드럽던 태양빛이 더없이 강렬하게 느껴지며, 즐겁던 것이 아픔으로 느껴지겠지만 태양 자체는 전과 다름없다. 하느님의 계명을 잘 지키고 따르는 이들의 마음속에서 하느님이 이뤄내시는 일도 하느님의 뜻이라고 부른다.

이 일을 사도는 "여러분 안에 계시면서 여러분에게 당신의 뜻에 맞는 일을 하고자 하는 마음을 일으켜주시고 그 일을 할 힘을 주시는 분은 하느님이십니다"(필립 2 : 13) 이렇게 말한다. 하느님의 '의'는 하느님 자신을 의롭게 하는 의일 뿐 아니라, 사람 안에 만들어내시는 의 또한 하느님의 의라고 한다. 율법 또한 인간의 것이기도 하지만 하느님이 내려 주신 것이므로 "하느님의 율법"이라고 부른다. "너희 율법에도 두 사람이 증언하면 그 증언은 참되다고 기록되어 있지 않으냐?"(요한 8 : 17) 하셨을 때, 예수께서는 틀림없이 사람들에게 말씀하셨다. 그런데 다른 데는 "그 마음에는 하느님의 법이 새겨져 있으니"(시편 37 : 31) 이런 말씀이 있다. 사람들 안에서 하느님께서 행하신다 할 때 하느님 자신이 바라시지 않고 그의 백성이 바라게 만드시는 것을 뜻한다. 사람들이 깨닫지 못하는 것을 하느님이 알게 만드실 때 하느님이 그 일을 아신다고 말함과 같다.

"그러나 이제는 여러분이 하느님을 알고 있을 뿐만 아니라 하느님께서 여러분을 알고 계신데"(갈라 4 : 9) 사도가 말할 때, 하느님께서 세상을 만들기 전에 예지하셨던 사람들을 여기서 처음으로 아셨다고 생각하는 것은 잘못이다. 하느님께서 그때 그들이 알게 만드셨으므로 그때 그들을 아셨다고 하는 것이다. 하지만 내가 기억하기에는 이런 표현 방법들은 이미 앞 권에서(11권 8장과 21장 및 16권 5장과 32장 참조) 설명했다. 앞날을 모르는 사람들로 하여금 하느님이 어떤 일을 바라게 만드실 때 우리는 하느님께서 원하신다고 말한다. 그런 뜻에서 보면 하느님께서는 바라시면서도 행하시지 않는 것처럼 보인다.

이처럼 하느님의 성도들은 하느님에게 감동받아 거룩한 뜻으로 선한 일을 바라기는 하지만 꼭 이루어지는 것은 아니다. 예를 들면 성도들이 어떤 사람들을 위해 경건하고 거룩하게 기도할 때, 하느님 자신이 성령으로써 그들이 그런 기도를 하도록 하셨는데도 그들 소원을 하느님은 이루어 주시지 않는다. 그리하여 성도들이 하느님 뜻에 따라 모든 사람이 구원받기를 바라며 기도할 때, 우리는 "하느님이 뜻하시지만 행하시지 않는다" 말할 수 있다. 즉 하느님이 원하신다는 말은 하느님이 성도들에게 바라도록 만든다는 뜻이다. 하지만 하느님의 예지와 더불어 영원한 뜻에 따라 하느님은, 천지의 모든 일들을 이미 이루셨다. 과거와 현재뿐 아니라 미래에 있게 될 일들 또한 모두 이미 이루셨다. 모든 시간에 앞서 하느님께서 미리 아시고 또 정하신 일들이 일어나는 그때가 오기 전에는 "하느님이 원하실 때 그 일이 있으리라" 우리는 말한다. 하지만 그 일이 언제 일어날지 모르고, 일어날지 일어나지 않을지도 모를 때 "하느님의 뜻이면 그리 되리라" 우리는 말한다. 하느님이 원하시지 않은 것을 그때 새로 바라시게 되기 때문이 아니라, 당신의 변함없는 의지로 영원으로부터 준비하신 일이 그때 이루어지리라는 의미이다.[2]

제3장 그리스도교인에 대한 영원한 행복과 신자가 아닌 이들에 대한 끝없는 형벌의 약속

그리하여 다른 많은 예를 들지 않더라도 하느님께서 아브라함에게 "네가 이렇게 내 말을 잘 들었기 때문에 세상 만민이 네 후손의 덕을 입을 것이다"(창세 22 : 18) 하신 약속이 그리스도에게서 이루어짐을 우리가 오늘 보는 것처럼, 하느님께서 예언자를 통해 같은 후손에게 약속하신 이 일 또한 이루어질 것이다. "이미 죽은 주님의 백성이 다시 살아날 것입니다"(이사 26 : 19). "보아라, 나 이제 새 하늘과 새 땅을 창조한다. 지난 일은 기억에서 사라져 생각나지도 아니하리라. 내가 창조하는 것을 영원히 기뻐하고 즐거워하여라. 나는 예루살렘을 즐거움으로 삼고, 내 백성을 기쁨으로 삼으리라. 나는 예루살렘에 와서 기뻐하고, 내 백성 안에서 즐거워하리라. 예루살렘 안에서 다시는 울음 소리가 나지 않을 것이며, 부르짖는 소리도 들리지 아니하리라"(이사 65 : 17~19) 하셨다.

---

[2] 하느님의 뜻과 피조물의 뜻, 사건들의 움직임의 상호 관계에 대해서는 지은이의 《신앙 핸드북》 26, 102 참조.

그리하여 다른 예언자를 통해 같은 예언을 하셨다. "그때에 미가엘이 네 겨레를 지켜주려고 나서리라. 나라가 생긴 이래 일찍이 없었던 어려운 때가 오리라. 그러나 그런 때라도 네 겨레 가운데 이 책에 기록된 사람만은 난을 면할 것이다. 티끌로 돌아갔던 이들 가운데 잠에서 깨어나 영원히 사는 이가 있는가하면 영원한 모욕과 수치를 받을 사람도 있으리라"(다니 12 : 1~2). 같은 책에서 같은 예언자가 말씀하셨다. "마침내 지극히 높으신 하느님을 섬기는 거룩한 백성이 그 나라를 물려받아 길이 그 나라를 차지하고 영원토록 이어 나가리라는 뜻이다"(다니 7 : 18). "그 나라는 영원히 끝나지 않아 온 나라들이 그 나라를 섬기고, 그 명을 따를 것이다"(다니 7 : 27). 같은 문제에 대한 다른 예언들을 나는 앞서 제20권(21장)에서 인용했고, 성서에는 내가 인용하지 않은 예언들도 있다. 신을 믿지 않는 이들이 실현될 리 없다 생각한 예언들이 이루어진 것처럼 이예언들 또한 모두 이루어지리라. 이것들을 약속하신 분은 같은 하느님이시며, 하느님께서 이것들 모두 실현되리라고 약속하셨기 때문이다. 철학자들 가운데널리 알려진 포르피리오스까지도 하느님 앞에서는 이교의 신들도 벌벌 떤다고증언했다(19권 23장 및 20권 24장 참조).

제4장 인간의 육체는 하늘 나라로 올라가지 못한다는 주장에 대해

오래전에 하느님이 예언하신 일이 모두 이루어져 모든 사람들이 믿음과 소망을 품게 되었는데도 현자라고 불리는 이들이 그 위대한 권위에 맞서기도 한다. 그들은 몸의 부활에 맞서 키케로가 《국가론》에서*3 한 말을 떠들어 대면서그것이 날카로운 논리라 여긴다. 헤라클레스와 로물루스를 신으로 받들게 된까닭을 키케로는 이렇게 말한다. "그들의 몸은 하늘에 바쳐진 것이 아니다. 대지에서 생긴 몸이 대지가 아닌 곳에 존재한다는 사실은 자연이 허락하지 않을 것이기 때문이다." 참으로 이는 현인들의 훌륭한 논법이지만, 하느님은 그들의 생각이 허황됨을 잘 알고 계시다. 만일 우리가 단순한 영혼이라면, 곧 신체없는 영혼으로 하늘에만 머물러 있기 때문에 땅 위 동물들의 사정을 아무것도 모른다면, 그리고 우리가 어떤 놀라운 결합방식으로 지상적 몸과 연결되어그것에 생명을 주게 된다는 말을 듣게 된다면, 우리는 이 일을 믿지 않을 것이

---

*3 《국가론》 3, 28, 40.

며, 비물질적 존재가 물질적인 줄에 매인다는 것은 자연이 허락하지 않으리라고 고집스럽게 주장하지 않겠는가? 그러나 이 땅 위에는 영혼이 가득하며, 그 영혼이 땅 위의 몸에 생명을 주며 놀랍게 서로 얽혀 있다.

이 땅 위의 몸에 생명을 주신 하느님이 원하신다면, 어째서 지상의 몸을 하늘 나라의 몸으로 올리지 못하시겠는가? 영혼은 모든 몸보다 하늘 나라의 몸보다 뛰어난 것이다. 그런데 그 영혼이 지상적 몸에 묶여 있는 것이다. 만일 그렇게 작은 흙덩이가 하늘 나라 몸보다도 빼어난 것과의 결합을 유지하면서 감각과 생명을 받을 수 있다면, 하늘은 이 감각과 생명을 지닌 살덩이를 받아들이는 일을 멸시할 것인가? 이런 일이 오늘 나타나지 않는 것은 하느님이 예정하신 때가 아직 이르지 않았기 때문이다. 우리가 계속 보기 때문에 대수롭게 여기지 않지만, 하느님이 이루신 것은 훨씬 더 놀라운 일인데 사람들이 믿으려 하지 않는다.

어찌하여 우리는 하늘 나라 몸보다도 더 격이 높은 형체 없는 영혼들이 이 땅 위의 몸들과 이어지는 것에 감탄하지 않는가? 땅 위의 몸들이 하늘 나라로 올려진다는 것을 우리는 이상하게 여기지만, 하늘 나라라고 해도 형태가 있다. 이는 우리가 영혼과 몸의 결합을 언제나 보고 있으며, 우리 자신이 그런 결합체이기 때문이 아닌가? 더불어 우리는 아직 다른 놀라운 것이 되어 보지 않았으며, 그것을 아직 보지 못했기 때문이 아닌가? 진정으로 냉철한 이성에 묻는다면 하느님이 하신 두 가지 일을 비교할 때 물질적인 것과 비물질적인 것을 연결하는 쪽이 한결 더 놀랍다. 지상적인 것과 천상적인 것을 연결하는 일은 서로 다른 것이지만 양쪽은 모두 그 형체가 있기 때문이다.

제5장 육체의 부활을 믿지 않는 사람들

과거에는 이 일을 믿지 않았다 하더라도 이제는 어떤가. 오늘날에는 그리스도의 땅 위의 몸을 하늘이 받아들였다는 사실을 온 세계가 믿게 되었다. 유식한 사람이든 무식한 사람이든 몸의 부활과 그 승천을 믿고 있으나, 아직까지도 믿지 않는 자들이 있다. 세상이 다 믿게 된 일을 믿지 않는 사람들은 자기들이 얼마나 어리석은지 스스로 돌아봐야 할 것이다. 만일 이 일이 믿을 수 없는 것이라면, 이 일이 세상 사람들의 신용을 얻었다는 것 자체도 믿을 수 없는 일이다.

여기에 믿지 못할 일 두 가지가 있다. 곧 우리 몸이 부활해 영원한 생명을 얻는다는 것, 그리고 세상이 그런 믿기 어려운 일을 믿는다는 것이다. 그런데 이 두 가지 믿지 못할 일이 이루어지기 전에 하느님이 있으리라고 예언하셨던 것이다. 그런데 이제 믿기 어려운 일을 세상이 믿게 되었으니 믿지 못할 일 하나는 이루어졌다. 그런데 어째서 나머지 믿지 못할 일에 실망하여 그것은 이루어질 리 없다고 생각하는가? 믿지 못할 일을 세상이 믿는다는 것은 믿지 못할 이 일이 이미 눈앞에 일어났기 때문이다. 둘 모두 믿지 못할 일이었으나, 그 가운데 하나는 이루어졌고 다른 하나도 실현되리라 우리는 믿는다. 이 둘은 성서에 예고되어 있고, 그 성서로 세상이 믿게 되었기 때문이다.

그리고 세상을 믿게 만든 방법을 잘 생각해 보면, 그것은 더욱 믿기 어려운 일이었음을 깨닫게 된다. 고등교육은커녕 이교도 세계의 학문조차 접한 일이 없으며, 문법이나 논리나 웅변술 따위 하나도 배운 일이 없는 평범한 어부들, 아주 적은 수의 어부들에게 그리스도는 믿음의 그물을 주어 세상 바다로 보내셨다. 그런데 그들이 모든 민족 가운데서 너무도 많은 온갖 종류의 고기를 잡았고, 더욱이 희귀한 철학자들까지 얻었다. 드물기 때문에 더욱 큰 기적이다. 우리는 그 두 가지 믿지 못할 일에 이 세 번째 일도 보탰으면 한다. 아니 보태야만 한다. 따라서 여기에 믿지 못할 일 셋이 있었으나 이것들은 모두 이루어진 것이다. 예수 그리스도의 몸이 부활해 몸과 더불어 하늘로 올라가셨다는 사실이 믿을 수 없는 일이고, 이렇게 믿기지 않는 일을 세상이 믿게 되었다는 사실 또한 믿기 어려운 일이다. 몇몇 신분도 높지 않고 무식한 사람들이 그러한 믿지 못할 일을 세상의 박식한 사람들까지 믿도록 설득할 수 있었다는 사실 또한 믿지 못할 일이다. 이 세 가지 믿지 못할 일 가운데에서, 우리의 논박 상대는 첫째 일을 믿지 않는 자들이다. 그들은 둘째 것은 수긍할 수밖에 없으며, 또 셋째 것을 믿지 않는다면, 둘째 것 또한 설명할 수 없다.

아무튼 그리스도의 부활과 부활한 몸으로 하늘로 올라가심이 이미 온 세계에 널리 알려졌고 온 세계가 믿게 되었다는 것은 의심할 여지가 없다. 만일 그 일이 믿기 어렵다면 그 일을 이제 세계 모두가 믿는 것은 어찌 된 일인가? 고귀하고 뛰어나며 박식한 수많은 사람들이 그 일을 몸소 보았다고 말하며, 목격한 사실을 널리 알리는 데 노력했다면, 세상이 그 일을 믿게 되었다는 것이 이상하지 않을 터이며, 오히려 믿지 않는 자들이 어리석은 것이다. 몇몇 이름 없고 보잘것없는 무식한 사람들이 그 일을 직접 보았노라고 말과 글로 전한 것을 세상이 믿었는데, 소수의 고집 센 사람들이 온 세계가 믿는 일을 반대하면서 믿기를 거부하는 까닭은 무엇인가? 온 세상이 소수의 천하고 무지한 사람들의 말을 믿었는데, 이는 하느님의 힘 자체가 신비스러운 방식으로 움직였기 때문이다. 그들이 전한 말에 설득력을 준 웅변은 말이 아니라 바로 기적이었다. 그리스도의 몸이 부활하신 것이나, 그 부활한 몸으로 하늘로 올라가심을 보지 못한 사람들이 그 일을 보았다고 주장하는 사람들을 믿었다. 그들은 말로 전했을 뿐 아니라 놀라운 기적으로 그 말을 증명했기 때문이다.

한 가지 말밖에 모르거나 기껏해야 두 가지 말밖에 모르는 사람들이 느닷없이 온갖 나라 말을 하는 것을 보고 들으며 사람들은 놀랐다(사도 2:5~11). 태어날 때부터 앉은뱅이로 40년을 지낸 사람에게, 사도들이 나사렛 예수 그리스도의 이름으로 걸어가라고 하자, 그가 곧 씩씩하게 일어서는 것을 그들은 똑똑히 보았으며(사도 3:2~8, 4:22) 사도들의 몸에 닿았던 수건이나 앞치마를 병자에게 대기만 해도 병이 낫고 악령들이 쫓겨 나갔다(사도 19:12). 병자들을 길거리에 메고 나가서 들것이나 요에 눕혀놓고 사도들이 지나갈 때 그림자만이라도 그 몇 사람에게 스쳐가면 곧바로 건강을 되찾는 일이 예사였다(사도 5:15). 이 밖에도 커다란 기적을 그리스도의 이름으로 행하며, 더욱이 죽은 사람조차 살렸다(사도 9:36~40, 20:9~12).

이런 일들이 기록된 대로 실제로 있었음을 사람들이 인정한다면, 그 세 가지 믿지 못할 일에 이 수많은 믿기 어려운 일들을 더해도 좋으리라. 우리는 그리스도의 부활과 하늘로 올라가셨다는 믿지 못할 이 일을 믿게 만들기 위해 믿지 못할 일들을 수없이 증거로 모았지만, 그럼에도 이 회의론자들의 무섭도록 고집 센 마음을 꺾지는 못했다. 하지만 그리스도의 사도들이 이런 기적들을 행함으로써 그리스도의 부활과 승천에 대한 그들의 설교를 믿게 만들었다는 것을 이들이 믿지 않는다면, 그렇다면 그 어떤 기적 없이 세계 모두가 믿게 되었다는 결론이 되며, 우리는 이 하나의 놀라운 기적만으로도 만족한다.

제6장 로마인은 로물루스를 사랑해서 신으로 받들었지만 교회는 그리스도를 신으로 믿으며 사랑한다

여기서 우리는 로물루스의 신성화를 온 세상이 믿은데 대해 키케로가 놀랐다고 이야기한 문장을 그대로 옮겨보겠다. "로물루스에 대해 주목할 점은 다음과 같다. 사람들이 인간에서 신이 되었다고 말하는 시기는 인류가 무지할 때이다. 그때는 터무니없는 이야기를 한결 더 잘 믿었고, 배우지 못한 사람들이 무엇이든지 쉽게 믿었다. 하지만 로물루스 시대는 오늘로부터 600년도 채 되지 않았고, 문예와 교육이 이미 문명 이전의 오래된 잘못들을 없앤 때였다." 그는 또한 조금 뒤에 로물루스에 대해 다음처럼 덧붙인다. "이것을 보면 호메로스는 로물루스보다 훨씬 전에 살았으며, 로물루스 시대에는 사람들이 교육을 받고 문명화되어 꾸며낸 이야기가 믿어질 여지가 거의 없었다. 고대에는 지어낸 이야기, 터무니없는 이야기까지도 받아들여졌지만, 이 시대는 이미 개화되어서 있을 수 없는 이야기는 모두 웃음거리가 되고 받아들여지지 않았다.*4 아주 박식한 사람이며 누구보다 뛰어난 웅변가였던 키케로는 터무니없는 거짓말 따위는 믿지 않을 만큼 개화되었던 시대에 로물루스 신화를 믿음의 대상으로 여기라니 참으로 놀라운 일이라 했다.

하지만 아직 영토가 작고 이제 막 움트기 시작했던 로마 사람 말고 어느 누가 로물루스를 신으로 믿었는가? 뒷날 선조의 전통을 대대로 보존함으로써 누구나 어려서부터 이 미신을 듣고 믿게 할 필요가 있었던 것이다. 그것은 로마가 강대하게 되어 그 세력 아래 들어온 모든 민족에게 이 믿음을 강요하기 위해서도 그러했다. 하지만 다른 민족들은 로물루스를 신이라고 믿지 않더라도 자기들을 예속하는 로마가 그들의 건국 시조에게 붙인 신 칭호를 따르지 않으면 감정을 상하게 할 것을 두려워해 적어도 겉으로는 믿는다고 했다. 로마가 이 믿음을 받아들인 것은 잘못을 사랑했기 때문이 아니라 사랑이 잘못되었기 때문이다.

하지만 그리스도는 영원한 하늘 나라의 창건자이지만, 사람들은 그분이 창건자였기 때문에 하느님이라고 믿은 게 아니라, 믿음 때문에 그분을 창건자로 삼았다. 로마는 건설과 봉헌이 끝난 뒤에 그 건립자를 신으로 삼아 신전에서 경배했다. 그러나 이 예루살렘은 하느님이신 그리스도를 믿음의 바탕으로 삼아 세워지고 바쳐졌다. 로마는 건립자를 사랑하여 그를 신이라 믿었고, 예루살

---

*4 키케로 《국가론》 18~19. 이런 대화가 있었던 때가 기원전 129년이며, 로물루스의 재위 기간은 751~714년이었다고 하므로, 로물루스가 죽은 것은 이 말이 있고 나서 600년도 되기 전이었다.

렘은 그리스도를 하느님이라 믿었기에 사랑했다. 로마는 먼저 사랑 받음직한 대상과 만났고, 그에게 빠져들어 마침내 거짓된 선조차 믿기에 이르렀다. 그러나 예루살렘은 믿음의 대상을 가슴에 품고 있었기에 거짓을 가볍게 믿지 않았으며 진실을 바르게 믿을 수 있었다.

그리스도가 곧 하느님임을 확신시켜 준 놀라운 기적들을 생각하지 않더라도 그리스도가 오시리라 믿을 수밖에 없는 하느님의 예언들이 먼저 있었다. 이 예언들에 대해 우리는 선조들처럼 이루어지는 날이 다가오기를 기다릴 필요가 없었다. 그 예언들은 이미 이루어졌음이 증명되었다. 하지만 로물루스의 경우에는 그가 로마를 세우고 다스렸다는 이야기를 읽거나 들었을 뿐이지, 이런 일이 실제로 일어나기 전에 그가 로마를 세우고 통치하리라는 예언은 없었다. 그가 신들의 반열에 올랐다는 것에 대해서 역사는 그런 믿음이 있었다고 기록할 뿐, 그것을 역사적 사실이라고 가르치지는 않는다.

사실 여기서 말하는 이런 일이 실제로 존재했다는 것을 입증할 만한 기적적인 징표는 없었다. 두 쌍둥이에게 이리가 젖을 먹였다고 하는 것을 큰 기적이라고들 하지만, 그렇다고 해서 이것이 어떻게 로물루스가 신이었다는 증거가 될 수 있겠는가? 젖을 먹인 게 참으로 이리였고 창녀가 아니었다*5 하더라도 이리 젖을 먹은 것은 형과 동생 둘 다였는데 어찌 로물루스의 아우는 신으로 여기지 않는단 말인가. 그리고 로물루스나 헤라클레스나 이런 부류의 사람들을 신이라 부르지 못하게 했다면, 어느 누가 죽음을 무릅쓰고 그들을 신이라고 믿었겠는가? 로마라는 이름으로 강요받지 않은 나라 가운데 로물루스를 신으로 섬기는 민족이 어디 하나라도 있었는가? 하지만 그리스도의 신성을 부인하지 않고 가장 참혹한 죽음을 기꺼이 선택한 사람들의 수를 그 누가 다 헤아릴 수 있겠는가? 로마에 정복된 나라들은 로마가 두려워 어쩔 수 없이 로물루스를 신으로 받들게 된 것이다. 하지만 온갖 무서운 벌과 공포스러운 죽음으로 위협해도 온 세계의 수많은 순교자들이 그리스도를 우러러 믿을 뿐 아니라, 하느님이라고 만천하에 드러내며 고백하는 일을 어느 누가 막을 수 있었겠는가?

그리스도의 나라는 땅 위에서는 아직 손님이었다. 그러나 헤아릴 수 없이 많은 백성을 거느리고 그러면서도 스스로를 지키기 위해 자신들을 박해하는 불

---

*5 이 이야기는 18권 21장에도 있음.

경스러운 자들과 맞서 싸우지 않았으며, 오히려 전쟁을 거부함으로써 영원한 구원을 얻었다. 그들은 결박당하고 감옥에 갇혀 칼에 찔리고 고문 당하는가 하면 불태워지고 찢기며 죽어갔지만 그래도 그 수는 날로 늘어만 갔다. 그들이 영원한 구원을 위해 싸우도록 허락된 방법은 오직 하나뿐이었다. 바로 그들 구세주의 뜻에 따라 현세적 안전을 하찮게 여기는 것이었다.

내 기억이 잘못된 게 아니라면, 키케로는 그의 저서 《국가론》에서 최선의 국가는 신의나 안녕을 위하는 경우가 아니라면 전쟁을 하지 말라고 주장했다. 안전성에 대해 또 안전함이라는 말의 뜻에 대해 그는 다른 곳에서 다음처럼 설명한다. "빈곤, 추방, 포박, 태형 등의 벌은 제아무리 둔한 사람일지라도 고통을 느끼므로, 이를 피하려다 섣부른 죽음을 무릅쓰는 일이 잦다. 하지만 개인을 모든 벌에서 벗어나게 해주는 듯한 죽음이 국가에게는 형벌이 된다. 국가는 영원해야 하기 때문이다. 개인에게 죽음은 피할 수 없을 뿐 아니라 때에 따라 바람직하기도 하지만 한 나라가 죽는다는 것은 자연스러운 현상이 아니다. 한 국가가 멸망하는 것은, 모든 것이 파괴되고 사라지면서 온 세계가 멸망하여 무너지는 것과 마찬가지이다."*6

키케로가 이렇게 말한 까닭은 그 자신도 플라톤학파(8권 6장 참조)의 주장을 받아들여서 세계는 무너지지 않으리라고 믿었기 때문이다. 따라서 키케로는, 한 나라 시민들은 죽어가고 태어나기를 되풀이하며 변할지라도 나라의 존재는 영원토록 보존되어야 하며, 그래서 안녕을 위해 전쟁을 해야 한다고 말했다. 마치 올리브나무나 월계수가 오랜 잎들을 떨구고 새 잎새들이 다시 돋아남으로써 늘 푸르게 보이는 것과 같은 이치이다. 죽음은 개인에게는 벌이 아니라, 도리어 온갖 다른 벌에서 벗어나는 해방이기도 하지만 국가에게 죽음은 곧 벌이라고 키케로는 말한다.

그러므로 사군툼*7 사람들이 로마공화국과의 사이에 신의를 어기느니 차라리 국가가 멸망하는 것을 택한 것이 참으로 옳았느냐고 묻는 데는 일리가 있다. 이 땅의 수많은 사람들이 사군툼 사람들의 행동을 칭송하기에 이르렀다. 하지만 안녕이나 신의를 위해서가 아니면 굳이 전쟁을 하지 말라고 이르는 키케로의 원칙을 그들이 어떻게 따를 수 있는지, 나는 이해할 수 없다. 이 둘 가

---

*6 키케로 《국가론》 3, 23, 34.
*7 사군툼이 신의를 지키다가 멸망한 이야기는 3권 20장 참조.

운데 한 쪽을 얻으면 다른 한 쪽을 잃게 될 때, 어느 쪽을 더 중요시할 것인지를 그는 말하지 않았다. 사군툼 사람들이 나라의 안녕을 택했다면 신의를 버려야만 했을 터이고, 신의를 지키려면 나라의 안녕을 버려야만 했을 게 틀림없다. 결국 그들은 신의를 지키고 나라의 안녕을 버리고 말았다. 하지만 하느님 나라의 안녕은 신앙으로*8 지키며 신앙으로 얻는다. 만일 신앙을 잃는다면 그 누구도 이 나라에 다다를 수 없다. 신실하고 인내하는 마음으로 이렇게 생각했기 때문에 고귀한 순교자들이 많이 나온 것이다. 그러나 로물루스는 그가 신으로 모셔졌을 때 단 한 명의 순교자도 나오지 않았으며 또 나올 수도 없었으리라.

제7장 세상이 그리스도를 믿는 것은 하느님의 힘이다

우리가 그리스도를 이야기하면서 로물루스의 거짓 신성과 그리스도의 신성을 비교한다는 것은 참으로 어리석은 짓이다. 만일 로물루스가 키케로보다 600년 전에 살았고 그때 이미 문명이 꽃펴서 온갖 믿기 어려운 일들을 거부했다면, 그로부터 600년 뒤인 키케로 시대는 더욱더 그러했으리라. 그러므로 그 뒤의 아우구스투스와 티베리우스 시절에는 한결 더 세련된 시대였을 게 아닌가?

그 시절에 그리스도의 부활과 승천이 있었고 그에 대한 증명이 없었다면, 곧 진리 자체인 하느님의 힘 또는 하느님의 힘인 진리가 그것을 확인해주는 기적들로 증명되지 않았다면, 사람들은 그 일을 듣거나 믿는 것을 거부하며 터무니없는 일이라고 주장하면서 밀어내 버렸을 것이다. 하지만 그토록 많은 반대와 잔악무도한 박해가 있었음에도 그리스도가 먼저 부활하고 신체적으로 영원한 삶을 누리며, 그 뒤로 새로운 시대의 모든 추종자들도 부활해 하늘로 올라가리라고 굳게 믿는 이들이 있었다. 그뿐 아니라 믿음을 담대하게 세상에 알리며, 풍성한 결실을 맺을 그 믿음의 씨앗을 순교자들의 피로써 온 세계에 퍼뜨렸다. 사람들은 그 일에 대한 예언자들의 예언을 읽었고, 예언을 확인하는 기적들을 보았다. 그 진리가 자신들의 이성과 어긋나지 않음을 깨달았고, 그리하여 세상은 끝없이 거세게 박해하던 그 신앙을 마침내 믿고 따르게 되었다.

---

*8 "신의"와 "믿음"은 원문에서 같은 단어(fides)임.

제8장 기적은 세상이 그리스도를 믿기 위해 존재한다

당신이 말하는 그 기적들이 이전에는 있었다고 하는데 왜 이제 더는 없느냐고 사람들은 묻는다. 나는 물론 세상이 믿기 전에는 이를 믿게 하기 위해 기적이 필요했다고 답할 수 있다. 그리고 자신으로 하여금 믿게 하려면 기적을 보여달라고 요구하는 사람은 온 세계가 믿는 일을 믿지 않으니 참으로 놀라지 않을 수 없다. 하지만 그들이 이런 항의를 하는 까닭은 이전에 틀림없이 있었던 기적을 의심하게 하려는 의도이다. 하지만 어디서든 사람들이 그리스도의 부활과 하늘로 올라가셨음을 굳게 믿는 까닭은 무엇인가? 문명이 발달하여 온갖 믿지 못할 일을 밀어내는 시대에, 기적이 없는데도 믿지 못할 일들을 세상이 믿는 까닭은 무엇인가? 그들은 이 일들이 참으로 믿을 만했기 때문에 믿는 것이라 말하려는 것인가?

그렇다면 무슨 까닭으로 그들 자신은 믿지 않는가? 우리의 논법은 간단하다. 믿지 못할 일들이 실제로 벌어졌고 이를 목격한 사람들도 존재했으므로 믿지 못할 다른 사건에는 목격자가 없어도 세상이 믿게 되었다고 할 것이다. 그렇지 않으면 어떤 일은 아주 믿을 만하여 그를 증명하는 기적이 전혀 필요하지 않기 때문에, 그들의 용서받지 못할 회의가 반박당할 것이다. 내가 이렇게 말하는 까닭은 가장 경망스런 반대자들을 반박하기 위함이다. 우리는 그리스도의 부활과 하늘로 올라가심이라는 기적, 곧 생명을 주는 놀라운 기적을 확인하기 위해 많은 기적이 있었다는 사실을 부인할 수 없다. 어떤 거짓도 담겨있지 않은 성서에 수많은 기적들이 모두 실려 있으며, 사람들이 믿음을 갖게 하기 위해 기적이 일어났기 때문이다. 기적들은 믿음을 일으키기 위해서 세상에 널리 알려졌고, 기적들이 불러 일으킨 믿음은 그로 말미암아 기적을 더욱 널리 알렸다. 만일 그것이 믿기지 않았더라면 여러 민족들 사이에서 읽히지 않았으리라.

오늘도 그리스도의 이름으로 여전히 기적이 행해진다. 성례나 기도나 성자들의 기념물에*9 의해 행해진다. 하지만 이전 기적들처럼 널리 알려지지 않기 때문에 그렇게 유명하지는 않다. 정전으로 정해진 성서에서 이러한 기적 이야기

---

*9 성자들의 유물이나 기념물은 유골과 그 일부 또는 그것과 관계있는 물건들과 기념사당 따위를 뜻한다. 아우구스티누스 시대의 기적들은 대부분이 성자들의 유물과 관련이 있었지만, 세례에 쓰는 물이나 기도만으로 일어난 것도 있었다.

들은 어디서나 낭독되어 모인 사람들의 머릿속에 깊이 박히지만, 현대의 기적들은 그것이 일어났던 지방 주민들도 거의 알지 못했으며 기껏해야 그 장소 한 곳에 한정될 뿐이다. 아주 제한된 몇몇 사람만이 알게 되는 때가 많으며 다른 사람들은 전혀 모른다. 특히 큰 도시에서 그렇다. 게다가 다른 지방 사람들에게 이야기할 때에는 신자들을 상대로 신자들이 전하더라도 바로 굳게 믿을 정도의 권위는 없다.

내가 밀라노에 있을 때 눈먼 사람이 눈을 뜨게 된 기적은 많은 사람이 알게 되었다. 밀라노는 중요한 도시로 그 무렵 황제가 거기 계셨고 프로타시우스와 게르바시우스라는 두 순교자의 유해를 보려고 모여든 수많은 군중이 그 기적을 보았기 때문이다. 순교자들의 시체는 오랫동안 감추어져 있다가 암브로시우스 주교가 꿈 속에서 알게 되어 찾아낸 것이다. 그 맹인은 오랫동안 어둠 속에 살다가 이 성자들의 유해에 의해 마침내 빛을 보게 된 것이다.*10

부총독의 법률고문 출신인 인노켄티우스가 카르타고에서 내가 보는 앞에서 기적적으로 병이 씻은 듯이 나은 일이 있는데 몇몇 사람들 말고 누가 이것을 알 것인가? 나와 내 형제 알리피우스가 아직 성직자는 아니었으나, 이미 하느님의 종으로서 이탈리아 본토에서 카르타고에 돌아왔을 때, 인노켄티우스가 우리를 자기 집에 머물게 했다. 그는 가족과 더불어 경건한 신앙 생활을 하고 있었다. 그 무렵 그는 종기를 치료받고 있었는데 엉덩이 아래와 그 속에 수많은 종기들이 숨어 있었다. 이미 수술을 한 차례 받았고, 그 다음 치료를 계속하고 있었다.

그는 오래 이어지는 수술과 치료에 고통이 말할 수 없이 심했는데 의사들은 속에 숨어 있던 종기 하나는 보지 못했다. 이것 또한 칼로 쨌어야 했는데, 그들은 그만 그것 하나는 끝내 알아채지 못했다. 그래서 쨌 종기는 다 나았지만, 이 하나가 남아 그들의 수고를 헛되이 만들었다. 환자는 치료가 늦어지자 의문이 생기면서 다시 수술을 하게 될까 몹시 겁을 내고 있었는데 그러다 감정을 터뜨렸다. 이는 그 사람을 모셨던 어느 의사가 다시 수술을 해야 된다고 귀띔했기 때문이다. 이 의사는 지난 수술에 참가하지 못했고 수술하는 장면을 보지도

---

*10 기원전 386년 암브로시우스 감독이 밀라노에서 두 성자의 유해를 발견한 이야기는 아우구스티누스 《고백록》 9, 7, 16 및 《설교집(Sermones)》 286 ; 318에 실려 있다. 밀라노 성자들의 사당은 히포 부근에도 있었다(8장, 눈알이 빠진 청년 이야기).

못했다. 집에서 쫓겨났다가 겨우 허락을 받고 화가 난 주인 앞으로 그제야 돌아왔던 것이다. 어쨌든 환자는 의사들에게 "당신들은 또 수술을 할 생각이오? 당신들은 저 사람을 내 곁에 있지도 못하게 했는데, 이제는 그가 말한 대로 할 작정이오?" 하면서 화를 냈다. 의사들은 오히려 그 의사를 경험이 없다고 비웃으면서 그럴듯한 말로 환자를 위로했다. 이렇게 며칠을 지냈으나 끝내 그들은 환자에게 도움이 되지 못했다. 그래서 이번에 그들은 칼을 쓰지 않고 약물로 그 종기를 다스리겠다고 말하며 그 분야에서 아주 유명한 의사인 암모니우스를 불러왔다. 그는 나이가 지긋했다. 그는 환부를 진찰한 뒤에, 자신의 기술과 치료 방법대로 하면 반드시 나으리라 약속했다. 권위를 지닌 그 의사의 말에 환자는 자신감을 얻어 벌써 병이 나은 듯 기쁘게 농담을 하면서, 두 번째 수술을 예기한 그 의사를 골려주었다.

이야기를 간단히 줄이겠다. 이렇게 며칠을 헛되이 보낸 뒤 마침내 의사들은 지치고 당황해 하다 끝내 수술하는 길 말고는 다른 치료 방법이 없다고 고백했다. 환자는 너무 무서워서 얼굴이 새파랗게 질렸다가 겨우 정신을 가다듬고 말을 할 수 있게 되자, 의사들에게 모두 물러가고 다시는 오지 말라고 명령했다. 울다 지친 환자는 할 수 없이 사람을 보내 어떤 알렉산드리아 사람을 불러오게 했다. 의술이 매우 뛰어나다고 이름난 사람이었으므로 이 사람에게는 수술을 허락하리라 마음먹었다. 하지만 그 의사는 이전 의사들이 주도한 수술의 자취를 전문가의 눈으로 관찰하고 나서, 선한 의사답게 환자에게 권하여 이전 의사들에게 수술을 다시 맡기라 설득했다. 그들의 기술은 자신도 탄복할 만큼 훌륭하니 그들이 깨끗이 치료하게 하라고 했다. 완전히 나으려면 수술을 할 수밖에 없다 하면서 이 의사들의 솜씨는 최고이며 그 열성과 주의깊음에 크게 감탄했으니 이들의 공로를 빼앗는 것은 세상의 이치를 거스르는 일이라고도 말했다. 그리하여 환자는 예전 의사들에 대한 믿음을 되찾을 수 있었으며, 알렉산드리아인이 모여 있는 자리에서 장(脹)을 절개하기로 했다. 이런 종기를 없애려면 이 방법밖에 없다고 모두가 의견을 함께한 것이다.

수술은 다음 날까지 이어졌고 마침내 의사들이 돌아간 뒤, 집주인의 두려움 가득한 절규가 온 집안에 울려퍼졌다. 초상집 못지않은 그 울부짖음을 우리는 도저히 막을 길이 없었다. 성직자들이 날마다 그를 찾았는데, 그 가운데서 마땅한 존경심으로 이름을 불러드려야 할 사투르니누스는 그 무렵 우잘리 교주였고 카르타고 교회 교주는 굴로수스였다. 그리고 지금도 살아 있는 이는 아우렐리우스 감독 혼자뿐인데, 우리가 아주 존경하는 이 사람과 때때로 하느님의 놀라운 역사들을 이야기하기도 했는데, 그는 내가 여기에 쓴 이야기를 틀림없이 기억하고 있으리라.

이 성직자들이 언제나처럼 저녁만 되면 환자를 찾았을 때, 그는 하염없이 눈물을 흘리면서 이튿날 아침, 말로 표현 못할 고통 대신 죽음이 찾아와주기를 간절히 바랐다. 벌에 대한 공포가 그를 매우 무기력하게 만들었다. 그는 의사들 손에 죽게 되리라 확신했다. 성직자들은 그를 위로하면서 모든 것을 하느님께 맡기고 남자답게 용기를 내라고 권했다.

그러고 나서 우리는 기도를 드리기 위해 여느 때처럼 땅에 무릎 꿇고 있었는데, 그는 땅에 몸을 던지다시피 엎드려 기도했다. 그가 기도하는 모습은 참으로 아주 간절해 무어라 말할 수 없었다. 그 열정과 감동, 강물처럼 끊임없이 흐르는 눈물, 탄식과 울음을 어느 누가 말로 표현해낼 수 있겠는가. 몸 전체가 떨려서 그는 거의 숨도 쉴 수 없었다. 다른 사람들도 과연 기도를 할 수 있었는지, 한순간이라도 이 사람으로부터 주의를 딴 곳으로 돌릴 수 있었는지는 나도 모른다. 나는 도무지 기도를 할 수 없었기에 마음속으로 짧게 기도만 드렸을 뿐이다. "주여, 이분의 기도를 들어주시지 않는다면 당신은 당신의 백성이 드리는 어떤 기도를 들으신단 말입니까?" 기도하면서 그에게 남은 것은 기도를 드리다 숨을 거두는 일뿐이리라고 나는 생각했다.

기도를 마치고 신부의 축복기도가 있은 뒤, 환자는 손님들이 이튿날 아침에도 다시 와 주기를 간절히 바랐으며 손님들은 입을 모아 용기를 내라고 말했다. 그렇게 무서운 밤이 가고 해가 밝았다. 하느님의 종들이 약속대로 찾아왔고, 의사들도 수술에 필요한 도구들을 모두 준비해 왔다. 다들 잔뜩 긴장한 채로 지켜보는 가운데, 권위 있는 성직자들은 두려워하는 환자를 안심시켰고 의사들은 그를 침대 위에 눕힌 뒤 수술하기 편하도록 온 몸을 정돈하고 붕대를 풀어 상처 부위를 드러냈다. 의사는 손에 수술칼을 들고 다시 째야 할 곳을 더듬었다. 눈으로 찾아보고, 손가락으로 만져보고, 온갖 방법으로 찾아보았으나 의사가 찾은 것은 완전히 아문 자국뿐이었다. 그때 전능하고 자비로우신 하느님의 은혜에 대한 감사와 눈물, 찬양과 기쁨이 모든 이의 입에서 한꺼번에 쏟아져 나오는 그 광경을 나는 도저히 말로 표현할 수 없다. 내 말을 듣기보다 오히려 그 모습을 상상해 보는 게 나으리라!

같은 카르타고 집안이 아주 좋고 매우 경건한 인노켄티아라는 부인이 살았다. 그는 한쪽 유방에 암이 있었는데, 의사들 말에 따르면 어떤 약으로도 고칠 수 없다고 했다. 그러므로 그들은 암이 점점 커지는 부위를 떼어버리든지, 그렇지 않으면 살고 싶어도 끝내 죽게 될 것이 뻔하므로 어떤 치료도 하지 않는 게 히포크라테스의 충고라 했다. 인노켄티아 부인도 그의 집안과 가까운 어느 유능한 의사에게서 이런 말을 듣고, 오직 하느님께만 의지하면서 기도를 계속했다. 그러다가 부활절이 가까웠을 때 그는 꿈에서 어떤 계시를 받았다. 첫 세례를 받고 나오는 여자를 기다렸다가, 그에게 자기 병이 든 곳 위에 십자가의 표시를*11 하도록 부탁하라는 것이었다. 부인은 한치의 망설임도 없이 꿈의 계시대로 했고 놀랍게도 곧바로 병이 나았다. 더 살고 싶어도 죽는 길밖에 이렇다 할 치료 방법도 없다던 의사가 그녀를 다시 진찰해 보더니, 지난번 진찰 때에 있던 암이 완전히 사라진 것을 발견하고서는 환자에게 무슨 약을 썼느냐고 도리어 끊임없이 물었다.

히포크라테스의 결정을 물리친 그 약을 알아낼 수 있으리라고 의사는 믿었으리라. 하지만 그 부인이 모두 사실대로 털어놓았을 때, 의사는 예의는 지켰지만 어쩐지 경멸하는 태도였기 때문에, 부인은 그가 그리스도에 죄가 될만한 말을 할까 봐 두려웠다. "저는 부인이 깜짝 놀랄 만한 일을 말씀하실 줄 알았는데요" 그는 이렇게 대답했다. 이 말에 부인이 놀라자 의사는 재빨리 "죽은 지 나흘 된 사람도 살리신 그리스도이신데, 겨우 암 하나 고치는 게 무슨 위대한 일이겠습니까?" 말했다.

나는 이 이야기를 듣고, 이 커다란 도시에서 있었던 이토록 위대한 기적이 이렇게 숨겨진 사실에 머리끝까지 화가 났다. 그래서 그녀를 꾸짖지는 않더라도 충고는 해야겠다고 생각했다. 자기는 침묵하지 않았다고 생각하기에, 나는 마침 그 자리에 있던 그녀와 가장 친한 부인들에게 이 이야기를 들어본 일이 있느냐고 물어보았다. 그들은 한결같이 모른다고 대답했다. 그래서 나는 부인에게 "보시오, 당신과 이렇게 가까운 사람들조차 모르는 일이라고 하는데 왜

---

*11 히포에서 발굴된 세례반(盤)은 너비 6피트에 길이 9피트의 작은 구조로 감독과 집사 등 세 사람이 겨우 들어갈 수 있었다. 세례를 금세 받은 사람이 짓는 십자가 표시는 특히 효과가 있다고 한다.

끝까지 침묵하지 않았다고 하는 겁니까?" 말했다. 그리고 나는 그 이야기를 짧고도 간단하게 들었을 뿐이었기에, 처음부터 끝까지 모두 자세히 말해달라 부탁했다. 그녀와 친한 다른 부인들도 이 기적 이야기를 함께 듣고는 크게 놀라면서 다 함께 하느님을 찬미하게 되었다.

한편 같은 도시에 통풍에 시달리는 의사가 있었다. 그는 세례를 받기 위해 교회에 말을 해두었다. 세례를 받기 전날 밤 꿈을 꾸었는데, 까만 고수머리 아이들이 나타나서 올해에는 세례를 받지 말라고 이야기하는 것이었다. 그는 그들을 귀신이라고 여겼다. 그래서 그들이 그의 두 발을 짓밟으며 태어나 처음 겪어보는 무서운 고통을 주었지만, 꿋꿋이 견뎌내며 그들의 명령을 따르지 않고 회생의 물로 몸을 씻는 일을 미루지 않았다. 그랬더니 바로 세례를 받을 때 그를 너무나도 괴롭히던 그 무서운 고통이 사라졌을 뿐만 아니라, 통풍도 씻은 듯이 없어져서 그 뒤 오래 살았다. 하지만 누가 이 기적을 알겠는가? 적어도 나는 확실히 알며 비록 아주 적은 수지만 이웃 신자들까지 들어서 안다.

카르타고 부근 쿠루비스에 사는 어느 희극 배우가 세례를 받았을 때는 중풍에서 왔던 마비뿐 아니라 탈장까지 나아서 두 가지 병에서 벗어날 수 있었다. 그래서 그가 중생 세례반에서 나왔을 때 온 몸이 아주 깨끗했다. 쿠루비스 사람들이나 이 소문을 들은 다른 지방 사람들 몇몇 말고 어느 누가 이 일을 알겠는가? 우리는 믿을 만한 사람들에게서 이미 사실을 모두 확인한 뒤 거룩한 아우렐리우스 주교의 명령으로 그를 카르타고에 오도록 했다.

이웃들 가운데 헤스페리우스라는 호민관이 있다. 그는 히포 부근 후살라 지방에 주베디라는 농장을 갖고 있었다. 호민관은 제 가족과 하인들과 가축이 악령들에게 고통받는 것을 알고, 내가 없는 동안 교회 사제들에게 누구라도 좋으니 와서 제발 악령들을 쫓아달라고 부탁했다. 한 사제가 농장으로 들어가서 그리스도의 몸을 바치며 부디 이 재앙이 사라지기를 바라는 기도를 열심히 드렸다. 그랬더니 하느님의 자비로 말미암아 그대로 되었다. 그런데 헤스페리우스는 자기 친구에게서 예루살렘의 성스러운 흙을 조금 얻은 것이 있었다. 그 흙을 그는 불행한 일을 당하지 않도록 제 침실 한쪽에 걸어두었다. 악령들이 모두 사라진 뒤 그는 그 흙을 어떻게 할까 궁리했다. 그런데 마침 그때 나와 내 동료 시니타의 막시미누스 주교가 그 근처에 있다가, 헤스페리우스가 우리를 제 집으로 청하기에, 우리는 곧장 그 집으로 갔다. 그는 무슨 일이 있었는지를 이야기하고, 그 흙을 어딘가에 묻어, 그곳을 신자들의 처소와 기도소로 만들었으면 좋겠다고 말했다. 우리도 반대하지 않았고, 이 제안을 곧 실행에 옮겼다. 그 근처에는 다리가 마비된 젊은이 하나가 있었는데 이 소문을 듣고 제 부모에게 그 성지로 자신을 데려가 달라고 간청했다. 젊은이가 제 뜻대로 그곳에 와서 기도를 올리자 곧 마비되었던 다리가 씻은 듯이 나아 제 발로 걸어 돌아갔다.

히포 레기우스에서 30마일도 되지 않는 시골에는 빅토리아나라는 저택이 있다. 그런데 그곳에 밀라노 순교자 프로타시우스와 게로바시우스를 기념하는 기도소가 있다. 한 번은 악령에 사로잡힌 어떤 가엾은 젊은이를 그리로 데려온 일이 있었다. 이 젊은이는 어느 여름 날, 강가에서 말을 씻기다가 악령에 사로잡힌 것이었다. 기도소에 처음 데려다 눕혀 놓았을 때에는 마치 죽은 사람 같았다. 그때 그 저택 여주인이 하녀들과 신자들을 이끌고 언제나처럼 저녁 기도와 찬송을 드리려고 기도소에 들어와서 찬송가를 부르기 시작했다. 그러자 갑자기 환자가 커다란 충격을 받은 듯이 무섭게 소리를 마구 지르면서 거룩한 제단을 두 손으로 힘있게 꽉 붙잡는 것이었다. 젊은이는 꼼짝하지 못했고 손을 놓지 않으려는 듯했다. 아니 놓을 힘도 없어 보였다. 그리고 그에게 들린 귀신이 언제 어디서 어떻게 그를 붙잡았다는 사실을 바른대로 고백하면서 살려 달라고 큰 소리로 애원했다. 마침내 악령은 포기한 듯 젊은이에게서 떠나겠다 하고는 나갈 때 자신이 그의 몸을 해친 곳을 하나하나 말하고 떠나버렸다. 그런데 가만 보니 젊은이의 눈알 하나가 빠져 나와 뺨에까지 축 늘어져 있었고, 실 같은 혈관이 마구 달려 있어서 검은 눈동자가 희게 보였다. 그때 주위에는 청년이 떠드는 소리에 많은 사람들이 몰려들어 있었다. 그가 겨우 제 정신을 되찾자 사람들은 크게 기뻐했지만, 한편으로는 그의 눈이 걱정스러워 의사를 부르자고 했다. 하지만 청년을 데리고 온 그의 매부가 "귀신을 쫓아버리신 하느님께서는 성도들 기도에 응답하셔서 병든 눈도 고치실 수 있다" 말했다. 그러면서 튀어나온 눈알을 손으로 밀어 넣고 손수건으로 정성들여 붕대를 매면서 이레 동안 풀지 않으면 곧 말끔히 나으리라고 말했다. 젊은이는 마침내 눈까지 완전히 나을 수 있었다. 그 밖에도 이 기도소에서는 많은 환자들의 병이 나았는데 그것을 하나하나 빠짐없이 말하면 너무 긴 이야기가 될 것이다.

나는 히포의 한 처녀를 알고 있다. 그녀는 악령에 사로잡혔을 때 저를 위해 기도한 장로의 눈물이 떨어진 기름을 몸에 붓자마자 귀신이 떨어져나갔다. 또 내가 아는 어떤 신부는 만난 적도 없는 귀신들린 젊은이를 위해서 기도를 드렸더니 그 젊은이도 곧 나았다.

우리가 사는 히포의 시민 플로렌티우스 노인은 독실하고 가난한 분으로 재봉하는 일을 하며 생활을 꾸려나갔다. 그는 망토를 잃어버렸으나 새로 살 돈이 없었다. 하는 수 없이 노인은 우리 시에서 가장 유명한 20인 순교자 기념 기도소에 가서 큰 소리로 망토를 주시오 기도를 드렸다. 우연히 그 곁을 지나가던 젊은이들은 이 소리를 듣고 비웃었다. 청년들은 그 뒤를 따라 가면서 노인이 50폴리스*12로 옷을 살 모양이라고 말했다. 하지만 노인은 그들의 비웃음에 아랑곳하지 않고 조용히 바닷가를 걸어가다가, 조금 전 물에서 밀려나온 듯 모래밭에서 헐떡거리는 큰 물고기 한 마리를 발견했다. 젊은이들의 도움으로 노인은 그 물고기를 잡아 카토수스라는 선량한 그리스도인 요리사에게 가지고 가서, 그 물고기를 어떻게 잡게 되었는지를 이야기하고 300폴리스에 팔았다. 노인은 그 돈으로 양털을 사서 부인에게 주고는 재주껏 망토를 만들게 할 생각이었다. 그런데 요리사가 물고기 배를 가르고 보니 거기에 큰 반지가 들어 있는 것이었다. 신앙심 깊은 요리사는 노인에 대한 안쓰러움과 종교적인 두려움으로 반지를 노인에게 돌려 주면서 "이렇게나 훌륭하신 20인 순교자들이 옷을 주셨습니다" 말했다.

프라이엑투스 주교가 가장 훌륭한 순교자로 칭송받는 스데반의*13 유골을 티빌리스 온천으로 가져왔을 때, 그를 반기는 많은 사람들이 그 사당 안에 가득 모여 있었다. 어떤 눈먼 여인이 유골을 들고 오는 주교한테 데려다 달라고 간절히 권했다. 주교가 손에 들고 있던 꽃을 여인에게 주자 여인은 꽃을 받아서 눈에 대었고 곧바로 세상 모든 것을 볼 수 있게 되었다. 여인은 순식간에 일어난 기적에 깜짝 놀라 눈이 휘둥그레진 사람들 앞에서 무척 기쁜 표정을 지으면서 누구의 손도 잡을 필요 없이 당당히 걸어 나갔다.

식민 도시 히포 변두리에 있는 시니타 성에도 유명한 순교자 스데반의 유골이 보관되어 있었다. 그곳 루킬루스 신부가 그 유골을 들고 행렬에 참가했다.

---

*12 폴리스(follis)는 가치가 적은 동전.
*13 첫 순교자 스데반의(사도 7 : 59) 유골은 415년 팔레스타인의 가자에서 발견되었고, 아우구스티누스의 친구 오로시우스가 유골 일부를 아프리카로 가져왔다.

주교는 오랫동안 종기로 고생해왔고 그의 새로운 친구인 의사도 수술할 기회만을 엿보고 있었다. 그런데 유골을 들고 가는 동안 갑자기 아픔이 차츰 사라지더니 그 뒤로 종기는 흔적조차 없이 깨끗이 사라졌다.

칼라마에 사는 에우카리우스라는 서바나 신부는 쓸갯돌로 오랫동안 고생하고 있었다. 그러나 얼마 되지 않아 그에게 다른 병이 생겨 점점 상태는 나빠져만 갔고 거의 죽음에 이르렀을 때 마침내 관 속으로 들어가게 되었다. 사람들은 곧 순교자 기념당에 있던 주교의 제복을 가져왔고 그것을 가만히 누워 있는 그의 몸 위에 덮자 놀랍게도 그에게 숨이 불어넣어져 다시 살아나게 되었다.

시니타에 사는 마르티알이라는 늙은 귀족은 그리스도교를 몹시 싫어했다. 하지만 그의 딸은 신자였고 사위도 그 해에 세례를 받았다. 노인이 병에 걸려 앓아 눕게 되자 젊은 부부는 노인에게 그리스도를 믿으라며 눈물과 기도로 간절히 권했다. 그럼에도 그는 강하게 거부할 뿐이었고 오히려 크게 화를 내면서 그들을 쫓아버렸다. 사위는 스데반 사당으로 가서는 하느님이 장인에게 바른 마음을 주셔서 얼른 그리스도를 믿도록 해 달라고 간절히 기도했다. 사위는 크게 탄식하며 눈물을 흘렸고 진지하고도 경건한 마음으로 기도했다. 그리고 그곳을 떠날 때 거기 있는 꽃을 몇 개 가지고 집으로 돌아왔다. 하지만 이미 늦은 밤이 되어버려서 잠든 노인의 머리맡에 꽃을 두고는 자신도 잠자리에 들었다. 그랬더니 먼동이 트기도 전에 노인이 큰 소리로, 누구든지 달려가서 주교님을 모셔오라고 말했다. 그러나 그때 주교는 나와 함께 히포에 있었기에, 노인은 주교가 집에 없으면 사제라도 모셔 오라고 부탁했다. 장로들이 가보니, 노인이 말하기를, 이제야 하느님을 믿게 되었으니 세례를 받게 해달라고 말해 모든 사람이 깜짝 놀라며 기뻐하게 되었다. 그 뒤 노인은 살아 있는 동안 늘 "주 예수님, 제 영혼을 받아주십시오" 기도를 올렸다. 이는 스데반이 유대인들 돌에 맞아 죽을 때에 마지막 남긴 말이었음을 노인은 모르고 말한 것이다. 얼마 지나지 않아서 그가 세상을 떠날 때에도 이것이 그의 마지막 말이었다.

칼라마에서는 통풍을 앓고 있는 또 다른 두 시민과 한 손님이 같은 순교자의 도움으로 고통에서 벗어날 수 있었다. 시민은 완전히 나았고, 손님은 이따금 아픔이 다시 찾아오면 어떤 약을 쓰라는 말씀을 꿈에서 들었는데 그대로 하면 곧 고통이 사라지곤 했다.

아우두루스라는 농장에 순교자 스데반을 기념하는 교회 하나가 있었다. 그 뜰에서 한 소년이 놀고 있었다. 그때 소달구지를 끌고 가던 소가 길을 벗어나는 바람에 소년이 달구지 바퀴에 깔려 다 죽어가고 있었다. 하지만 아이 어머니가 서둘러 아이를 들어서는 교회로 데려가 눕혔더니 아이는 살아났을 뿐 아니라 상처 하나 보이지 않았다.

그 이웃 농장 카스팔리아나에서는 수녀 한 사람도 병이 들었는데 회복할 희망이 도무지 보이지 않았다. 그때 여인의 성스러운 옷을 스데반 교회로 가지고 갔다. 하지만 안타깝게도 옷이 돌아오기도 전에 여인은 죽어버리고 말았다. 그런데 부모들이 그 옷으로 시체를 감싸자 죽었던 딸이 다시 숨을 쉬며 살아났으며 건강까지 되찾았다.

같은 교회에서 밧수스라는 시리아 사람이 몹쓸 병에 걸린 딸을 위해 간절히 기도 드리고 있었다. 이 사람 또한 딸의 옷을 가지고 왔지만 그가 기도를 드리고 있을 때, 하인들이 달려와서 딸이 죽었다는 사실을 알리려고 했다. 그러나 기도 드리는 모습을 바라보던 친구들이 그들을 가로막고는 그렇게 하면 그가 여러 사람 앞에서 통곡하게 될 터이니, 구태여 지금 알리지 말라고 했다. 그가 집으로 돌아왔을 때에 집 안에서는 가족들의 슬픔을 참지 못한 울음소리가 참으로 요란했다. 하지만 그때 죽은 아이 어머니가 밧수스가 가지고 온 딸의 옷을 시체에 덮어주자 딸은 곧 다시 살아나게 되었다.

그곳 세무 공무원 이레나이우스의 아들이 병으로 죽었다. 시체를 두고 영결식 준비를 하면서 모든 사람이 울며 애통해 할 때, 그 아버지를 위로하던 한 친구가 스데반 사당의 기름을 시신에 바르면 어떻겠느냐고 의견을 내놓았다. 그래서 그대로 했더니 놀랍게도 아들이 되살아났다.

호민관을 지낸 엘레우시누스는 태어난지 얼마 되지 않아 죽어버린 어린 아들을 스데반 교회로 옮겨다 놓았다. 교회는 그가 사는 동네에 있었다. 하염없이 눈물을 흘리면서 기도를 드리고 나서 아이를 들어 일으켰더니 놀랍게도 아이는 살아 있었다.

나는 어떻게 하는 게 좋을까? 이 책을 끝맺겠다는 약속을 했으니 내가 아는 기적들을 하나하나 빠짐없이 적을 수도 없다. 내 친구들은 내 이야기들을 읽으며 그들이 나보다도 확실히 아는 기적들이 많이 빠졌다는 사실을 아주 유감스럽게 생각할 터이다. 이 책을 마치기 위해서 어쩔 수 없이 빼야 하는 이야기들을 빠짐없이 모두 한다면 얼마나 오랜 시간이 걸릴까. 이 점을 생각해서 독자들은 부디 나를 용서해주길 바란다. 다른 기적들은 모두 빼놓고, 칼라마와 히포 지방에서 스데반 교회를 중심으로 일어났던 치유 기적만을 적더라도 아마 여러 권이 될 것이다. 이런 기적들까지 모두 실을 수는 없다. 오히려 사람들에게 읽히기 위해서는 이 정도만 기록하는 게 좋을 것이다. 옛날처럼 우리 시대에도 하느님의 권능이 기적을 자주 일으키는데 나는 그 이야기들이 기록되기를 바랐다. 민중도 이런 일들을 기억하고 있어야 하기 때문이다. 히포 레기우스에 온스데반을 기념하는 교회가 세워진 지 2년도 채 되지 않았는데 신비한 일들이 그곳에서 수없이 일어났다. 이는 확실하게 일어난 기적이지만 아직 기록되지는 않았다. 만일 그 모든 일들을 써내려간다면 거의 70권이나 되는 책을 만들 수 있으리라. 칼 라마에는 유골이 비교적 더 오랫동안 있었고, 더 많은 기적 이야기가 알려졌지만, 아직도 발표되지 않은 게 훨씬 더 많다.

우티카에 가까운 식민 도시 우잘리에서는, 내가 알기에도 같은 순교자, 스데반에 의해 많은 기적이 일어났다. 우리가 히포에 순교자의 유골을 모시기 전, 우잘리에서는 에오디우스 주교의 뜻에 따라 먼저 모셨다. 거기는 기적 이야기를 기록은 하지 않는 곳이었다. 그곳에서의 기적은 최근에 일어난 것이기 때문이다. 내가 최근 실제로 그곳에 갔을 때 페트로니아라고 하는 신분 높은 부인이 온갖 약을 써도 아무 소용없었던 오랜 병이 기적적으로 나았다는 이야기를 들었다. 나는 세상에 널리 알려지도록 그 이야기를 들려 달라며 그 부인에게 부탁했고 부인은 흔쾌히 승낙했다. 이 책이 다른 제목으로 빨리 넘어가야 함을 알지만 부인의 이야기를 빼놓을 수는 없다.

기적이 일어나기 전에 부인은 어느 유대인이 하라는 대로 머리털을 묶어 만든 띠를 손가락에 끼고 거기에 반지를 하나 달았다. 반지에 긴 것은 보석이 아니라 소의 콩팥에서 얻어낸 결석이었다. 마력이 있다는 이 호신구를 달고 거룩한 순교자의 기념당을 바라보며 카르타고를 떠났다. 가는 길에 바그라다 강가에 있는 제 별장에서 머물고, 아침에 길을 떠나려 하는데 발 앞에 반지가 보였다. 깜짝 놀라서 머리털 띠를 만져보니 단단히 맨 채로 그대로 있었다. 그래도 혹시 반지가 닳아서 떨어져 버리진 않았을까 싶어서 자세히 살펴보았지만 다행히 조금도 상한 곳이 없었다. 부인은 이 엄청난 기적으로써 제 병이 나으리라는 약속을 받은 것이라 믿고 마침내 띠를 풀어 반지와 함께 강물에 던져버렸다.

예수 그리스도께서 어머니 뱃속에서 이 세상에 나오셨을 때 어머니의 처녀 성을 상하지 않게 함은 물론, 방문이 닫혀 있었을 때 제자들 사이에 나타나신 것을 믿지 않는 사람들은 이 부인이 한 이야기 또한 믿지 않는다. 하지만 그들은 부인의 이야기를 잘 들어 보고 만일 그 이야기를 진실이라고 여긴다면 다른 이야기 또한 꼭 믿어야 하리라. 그 부인은 높은 계급의 고귀한 집안에서 태어나 귀족과 결혼했다. 그가 사는 카르타고 또한 유명한 땅이며 그도 이름 높은 집안 출신이니 사실을 더 자세히 알아보고 싶은 이들은 틀림없이 만족스러운 결과를 얻게 될 것이다. 부인을 기도로 낫게 한 참된 순교자는 평생 처녀였던 어머니의 하나뿐인 아들을 믿었고, 문이 닫혀 있을 때에 제자들 사이에 나타나신 분을 믿었으며, 우리가 끝없이 이야기하는 궁극적 목표이신 분, 곧 육신으로 부활하시고 그 육신으로 하늘로 올라가신 분을 굳게 믿었다. 그리고 이토록 위대한 일이 일어난 것은 순교자가 믿음을 가지고 영혼을 기적에 모두 쏟아 부었기 때문이다.

이렇듯 오늘날에도 우리가 성서에서 읽는 기적들을 보여주신 그 하느님이 오늘도 그가 택하신 사람을 통해 그가 하려던 방법대로 많은 기적들을 행하신다. 하지만 그 기적들은 널리 알려지지 않았을 뿐 아니라, 손가락에서 모래가 떨어지듯 쉽게 잊히는 게 아니며 몇 번씩이나 읽고 또 읽어 머릿속에 박혀버리는 것도 아니다. 실제로 우리들은 히포에서 앞서 이야기했던 축복을 받은 사람들의 기록을 사람들 앞에서 읽어나가기 시작했지만 이런 마음 씀씀이에도 들으러 나온 사람조차 한 번쯤 듣다 갈 뿐, 많은 사람들이 듣지는 못했다. 그렇게 되면 나와 있던 사람도 며칠 뒤에는 이야기를 모조리 잊어버리기 때문에 듣지 못했던 사람들에게 대신 이야기해주는 일도 불가능하다.

우리는 우리 자신들 사이에서 기적이 일어나는 것을 보았다. 내가 이제까지 이야기한 것들에 비하면 더 위대한 기적이라고 할 수는 없지만 틀림없이 주목할 만하고 뚜렷한 사건이 있다. 히포의 주민으로서 이 기적을 보지 못했거나 듣지 못한 사람은 없으며, 이 기적을 잊어버린 사람도 없으리라. 카파도키아의 가이사타 사는 어느 귀족 집안에 7남 3녀가 있었다. 그런데 얼마전 과부가 된 어머니를 천대했다고 하여 어머니가 그 일에 원한을 품고 자식들을 저주했다. 그러자 참으로 그들에게 엄한 천벌이 내려졌고 모두 온 몸을 무섭게 덜덜 떠는 병에 걸리고 말았다. 병들어 흉한 모습을 차마 이웃 사람들 앞에 드러낼 수 없었던 10남매는 로마 제국 이곳저곳으로 뿔뿔이 흩어졌다. 그 가운데 파울루스와 팔라디아라는 두 남매[14] 그 비참한 모습 때문에 가는 곳마다 유명인사가 되었다. 그들이 히포에 온 날은 부활절 14일 전이었다. 그들은 날마다 교회에 나왔고, 특히 스데반 순교자의 사당에 와서 하느님께 용서를 구하고 건강을 돌려달라는 기도를 온 마음을 다해 드렸다. 그들은 가는 곳마다 사람들의 눈길을 끌었고, 그들을 본 사람들은 기회가 있을 때마다 그들이 떠는 까닭을 다른 사람들에게 설명했다.

부활절 주일 이른 아침이 되자 많은 군중이 가득 모인 앞에서 그 청년이 성스러운 스데반 사당의 난간을 잡고 기도 드렸다. 그러다가 느닷없이 쓰러지더니 꼭 자는 사람처럼 누워 있는 것이었다. 이제까지는 잘 때에도 끊임없이 떨던 사람이 이 때는 떨지 않았다. 보는 사람들은 모두 놀랐고 겁을 내는 사람도 있었으며, 가엾게 여기는 사람도 있었다. 어떤 사람이 청년을 안아 일으키려고 했지만, 다른 사람들이 그것을 말리면서 어떻게 될지 기다려 보자고 했다. 그런데 아니나다를까 청년은 힘차게 일어섰고 몸을 조금도 떨지 않는 게 아닌가? 그는 아주 건강한 몸이 되어 자기를 지켜보는 사람들을 물끄러미 바라보았다. 이럴진대 그 누가 어찌 하느님을 찬양하지 않을 수 있었겠는가? 온 교회가 사람들의 고함과 그를 축하하는 소리로 요란했다. 그때 나는 교회에 들어갈 준비를 하고 앉아 있었다. 사람들이 나한테 한꺼번에 몰려오더니 저마다 보았던 일을 내게 되풀이해서 알렸다. 나는 마음속으로 크게 기뻐하며 위대하신 하느님께 감사드렸다. 그 청년은 다른 사람들과 함께 들어와서 내 앞에 꿇어 엎드렸고 나는 그를 일으켜 입을 맞추고는 사람들 앞에 섰다.

교회는 사람들로 가득 찼고 기쁨으로 가득했다. "하느님께 감사! 하느님을 찬양!" 모든 사람들이 합창했다. 나중에서야 차츰 잠잠해지자 늘 해왔던 것처럼 성서 낭독이 있었고 내가 설교를 시작했다. 그때 일어난 일과 그에 대한 기쁜 마음을 몇 마디 말하기보다는 하느님이 놀라운 역사를 이룩하시며 하시는 말씀을 청중들이 생각하기를 바랐다.

그리고 우리가 그 청년과 함께 음식을 먹을 때, 그는 자신과 어머니는 물론

---

[14] 파울루스와 팔라디아 남매 이야기는 지은이의 설교에도 여러 차례 나왔다. 설교 320~324, 설교 322호는 기적에 대한 소식이다.

가족들의 재난에 대해서도 자세히 털어놓았다. 그리하여 나는 그 다음날 설교를 마친 뒤에 이 청년의 이야기를 하나도 빠짐없이 기록해 더욱 많은 사람들이 이 위대한 기적을 알 수 있도록 하게 했다. 그래서 부활절 주일 뒤 사흘째 되는 날, 나는 남매를 강단 위에 세워놓고 그들이 겪은 기적에 대한 기록을 읽었다. 그러자 사람들은 남녀노소 할 것 없이 모두들 이 남매에게 주목했다. 남자는 전혀 떨지 않고 서 있었으나 여자는 온 몸을 덜덜 떨었다. 청년을 본 적 없는 사람들은, 이 누이동생의 떠는 모습을 보고 오빠의 병을 고쳐주신 하느님께서 큰 자비를 베푸셨음을 알 수 있었다. 그들은 청년을 통해 감사함을, 누이동생을 위해 기도를 드렸다. 그러는 동안 그들에 대한 이야기 읽기가 끝나고 나는 그들을 청중 앞에서 물러가게 한 뒤, 이 사건을 조금 더 자세히 설명하기 시작했다. 이야기를 계속 이어나갈 때 갑자기 순교자 사당 쪽에서 또 다시 환호성이 들려왔고 청중이 그쪽으로 달려가기 시작했다. 소녀가 강단에서 내려와 기도를 드리기 위해 사당으로 갔고 거기서 난간에 손이 닿자마자 오빠처럼 그 자리에 쓰러져 자는 듯하더니 조금 시간이 흐르자 벌떡 일어나며 병이 깨끗이 나아 기적을 맞이한다.

무슨 일인지, 왜 저렇게 떠드는지 묻자, 사람들은 기적을 맞이한 소녀를 데리고 교회로 들어섰다. 그때 사람들 모두가 깜짝 놀라 환성을 지르며 눈물을 흘렸다. 소녀가 조금 전까지 몸을 떨면서 서 있던 그 자리에 다시 그녀를 세웠다. 병이 들어 괴로워하는 소녀를 가엾게 여기던 사람들은 건강해진 소녀의 모습을 바라보며 무척 기뻐했다. 소녀를 위해 자신들이 기도를 올리기도 전에 그 소원이 이렇게 이루어진 것을 보고, 그들은 하느님께 감사하는 마음을 가득 담아 귀가 아플 만큼 크게 환호성을 질러대는 것이었다. 이렇게 소리치는 그들의 마음속에 있는 것은 스데반이 피를 흘리면서 지킨 그 믿음 곧 그리스도에 대한 믿음이 아니고 무엇이랴?

제9장 순교자의 위대한 기적은 그들의 신앙을 증언한다

이 기적들은 그리스도께서 육체로부터 부활하시고 하늘로 올라가셨다고 전하는 신앙의 증언이 아니고 무엇인가? 순교자들은 곧 이 믿음에 대한 증인들이었다.*15 그들은 이 믿음을 보여주려 했기에 세상의 온갖 미움과 학대를 받았으나, 세상에 맞서지 않고 스스로 죽음으로써 세상을 정복했다. 이 믿음을 위해 죽었고, 이제는 그들이 죽음에 이르면서도 믿었던 주님에게서 이 소망들을 빌 수 있다. 이 믿음을 위해 그들은 고난을 기꺼이 견디었으며 그로써 그들의 기적에 참으로 놀라운 권능이 나타났다. 만일 육신으로 부활해 영원한 삶을 살아가게 되는 일이 그리스도께서 예언하신 대로 먼저 그리스도에게서 이루어지지 않았다면, 또는 그리스도께서 우리에게 내려오심을 먼저 말한 예언자들이 예언한 대로, 그리스도의 백성들에게서도 부활과 영생이 이루어지지 않는다면 어찌 부활을 널리 알리는 이 믿음을 위해 죽음을 맞이한 순교자들까지 이런 기적을 이뤄낼 수 있었겠는가? 스스로 영원하시면서 그 위대한 권능을 시간 안에 나타나게 하시는 하느님께서 그토록 놀라운 방법으로 이 기적들을 몸소 보이는 것인가, 또는 그 종들을 통해 보이시는 것인가?

그렇다면 아직도 육신을 쓰는 사람들을 부리면서 순교자들의 영혼도 쓰고 계신가? 아니면 하느님의 명령을 따르는 천사들에게 보이지 않고 변함없으며 형상 또한 없는 영향을 주심으로써 이 기적들을 이룩하시는 것인가? 그리하여 순교자들이 이루었다고 하는 기적들은 그들이 한 일이 아니고, 그들의 기도와 간절한 바람으로 천사들이 한 일인가? 또는 어떤 것은 우리가 앞서 말한 대로, 어떤 것은 사람이 도무지 이해할 수 없는 방법으로 이루어진 것인가? 이 가운데 어느 것이든 상관 없이 이 기적들은 부활로 영생을 얻는다는 믿음을 보여준다.

제10장 순교자가 보여준 기적과 악마가 보여준 기적의 차이

여기서 우리 뜻에 맞서는 반대론자들은 그들의 신들과 우리의 죽은 이들을 견주면서 그들의 신들 또한 기적을 행한 일이 있다고 주장할는지도 모른다. 또는 헤라클레스와 로물루스, 그 밖의 신들의 반열에 올랐다고 생각되는 사람들처럼 그들은 그들의 신이 죽은 사람들 사이에서 나왔다고 하는가? 하지만 우리 순교자들은 우리 신이 아니며, 순교자들과 우리는 오직 한 분 하느님을 믿

---

*15 순교자들을 영어로 martyrs라고 한다. 그리스어에서 증인들을 martyres라고 한 데서 비롯된다. 법적인 또는 비유적인 증인이며(마태 18 : 16, 사도 1 : 8), 죽기까지 증거한 사람(사도 22 : 20)은 순교자이다.

는다. 또 그들의 신전이 보여주었다는 기적들은 순교자들의 유물로 행해진 기적들과 서로 견주어볼 가치조차 없다. 비슷한 점이 있다면 바로의 마술사들이 모세에게 패한 것처럼(출애 7 : 7~12 및 8 : 18~19) 그들의 신들도 우리 순교자들에게 패배했다.

참으로 그 악령들은 이교도들의 신이 되려는 불순한 야망으로 기적을 일으켰지만 우리의 순교자들이 기적을 행하는 일은, 더 정확히 말해서 그들이 기도하고 따르면 하느님께서 그들에게 힘을 주어 기적을 행하시는 것은 그들의 기도에 응하시는 방법이면서 그 목적은 신앙의 진보라고 할 수 있다. 그 믿음으로 우리는 순교자들이 우리 신이 아니라고 믿으며, 우리와 그들에게 있어서도 하느님은 오로지 한 분이다. 이교도들은 그들의 신들을 위해 신전을 짓고 제단을 쌓아 제사장을 임명하고 제사를 드렸다. 하지만 우리는 순교자들을 신들로 여겨 신전을 지은 게 아니라, 그들이 죽은 뒤에 그 영혼이 하느님과 함께한다고 믿으며 기념사당을 지었다. 우리가 그 사당에 쌓은 제단과 제물은 순교자들에게 드리는 것이 아니라 그들과 우리의 유일하신 하느님께 올리는 것이다. 그들에게 제사를 드릴 때 순교자들은 하느님께 믿음을 고백함으로써 세상을 정복한 사람들 곧 '하느님의 사람들'로서 그 장소와 질서에 따라*16 불려지며, 희생을 바치는 제사장은 결코 그들에게 기도를 드리지 않는다. 제사장은 비록 순교자 사당에서 제사를 드릴지라도 그 제사는 순교자들을 위함이 아니라 하느님께 드리는 것이기 때문이다. 제사장은 순교자들의 제사장이 아니라 하느님의 제사장이니 마땅한 일이다. 실제로, 희생이란 그리스도 자신에게 있고 순교자 자신들의 희생이니 그들에게 희생이 바쳐질 리가 없다.

그렇다면 기적을 행한다고 할 때 우리는 어떤 사람을 믿으면 될까? 믿음을 보여준 사람들에게 신으로서, 인정받길 바라는 이들인가? 또는 제 불명예를 성스러운 것으로 만들려는 사람인가? 그도 아니면 제 명예를 성스러운 것으로 만들지 않고 오히려 정의를 칭송하며 모든 좋은 일들을 하느님께 돌리려는 자들인가? 그들의 영혼은 주님 안에서 칭송받기 때문이다(시편 34 : 2. 70인역). 그러므로 진리를 말하면서 기적도 함께 행하는 이들을 우리는 믿어야 한다. 그들은 진리를 말했기에 고난을 겪었고, 그리하여 기적을 행하는 능력을 얻었다.

─────────

*16 키프리아누스(258년 순교) 때부터 자기 지방에 있던 순교자들을 성서에 있는 성자들과 함께 교회가 기념하다가, 훗날 나누게 되었음.

그리고 그들이 고백한 진리 가운데 으뜸가는 것은 그리스도께서 죽은 자들 가운데서 살아나셔서 육신 부활의 불멸성을 처음으로 드러내 보이셨고, 이것이 새로운 시대의 첫 시작, 다시 말해 이 세상 마지막 날에 우리에게도 똑같은 일이 일어나리라는 것을 약속하신 것이다.

제11장 땅 위 육체는 하늘에 있을 수 없다는 플라톤학파의 주장에 대해서

하느님의 크나큰 선물인 부활에 대해 반대 이론을 펼치는 사람들이 있다. "야훼께서는 사람의 생각을 다 아시고, 그게 바람결 같음도 알고 계시다"(시편 94 : 11) 하였으며, 이 사람들은 자기들 스승 플라톤에게서*¹⁷ 배운 바를 말한다. 우주의 가장 큰 두 원소, 대지와 천체는 서로 가장 멀리 떨어져 있으면서, 가운데에 존재하는 두 원소인 공기와 물에 의해 서로 이어진다고 한다. 그들이 말하기를, 흙이 이 계열 첫째 원소로서 가장 아래에 있고, 흙 위에 둘째 원소인 물이 있으며, 물 위에 셋째 원소인 공기가 있고, 공기 위에 넷째인 하늘이 있으므로, 흙으로 이루어진 몸이 하늘에서 살 리가 없다는 것이다. 원소들은 제 무게에 딱 맞는 장소를 택하도록 되어 있기 때문이다. 아아, 어찌하여 이토록 마음이 공허하고 나약한 인간들이 반대 이론으로 하느님의 위대하신 전능에 맞서 싸우는가?

공기는 흙으로부터 시작해 세 번째에 존재하는 원소이며, 그 공기 속에는 흙으로 이루어진 몸들이 많이 존재하는데 그 몸들은 대체 무엇을 하는가? 지상에서 몸을 가진 새들이 가벼운 털과 날개로 하늘 높이 솟아오르게 하신 하느님이, 불사의 몸을 가지게 된 인간들에게는 저 하늘 위에 살 수 있는 힘을 주실 수 없단 말인가? 땅 위에 몸을 가진 동물들, 그리고 사람 또한 그런 동물인데 이들은 하늘을 날 수 없으며, 그들의 이론에 따른다면 이런 동물들은 모두 땅 밑에서 살아야 할 것이다. 불 속에 사는 동물인 물고기들이 물 밑에서 살고 있으니 말이다. 그러면 흙에 속한 동물은 셋째 원소 가운데에서 살 수 있는데, 어째서 둘째 원소인 물 속에서는 살 수 없는 것인가? 흙에 속한 새는 흙 위에 있는 둘째 원소 속에서 살라고 억지로 떠밀어 넣어버리면 곧 질식해 버리지만, 셋째 원소 속에서는 살 수 있으며 그곳을 떠나서는 살 수 없다. 원소들의 순서

---

*17 플라톤 《티마이오스》 32 A–C.

가 잘못된 것인가, 아니면 자연이 아닌 그들 이론에 잘못이 있는가? 나는 제13권(18장)에서 납만큼이나 무거운 땅 위 물체들이 알맞은 형체를 받았더라면 물 위에 뜨는 것도 가능하다 말했지만 이제 이 말을 되풀이하지는 않겠다. 그런데 전능하신 하느님께서 사람 몸을 하늘로 솟아오르게 하여 하늘에서 살 능력을 주실 수 없다는 말인가?

내가 오늘 말한 것들에 대해 그들은 자신들이 확신하는 온갖 원소들의 순서에 따라 마음을 돌리고 이론을 이끌어내지만 끝내는 좋은 반론을 만들어내지는 못한다. 왜냐하면 흙이 첫째요 물이 둘째, 공기가 셋째, 하늘이 넷째라면 영혼의 본질은 모든 원소 위에 있기 때문이다. 플라톤은 영혼을 물체라고 부르지는 않았지만 아리스토텔레스는 영혼을 다섯째 물체라고*18 이야기했다. 만일 영혼이 다섯째 물체라면 그것은 모든 다른 원소들 위에 존재해야 할 것이다. 하지만 그것은 물체가 아니므로 그만큼 더욱더 모든 것들보다 아득히 높이 있다. 그런 영혼은 흙으로 된 몸 속에서 과연 무엇을 할까? 다른 어떤 것보다 미묘하게 생긴 이 영혼은 이런 거친 물체 속에서 무엇을 할까? 가장 가벼운 것이 이 무거운 것 안에서, 가장 빠른 게 이 느릿느릿한 것 안에서 무엇을 하는가? 이처럼 뛰어난 존재의 힘을 입은 신체는 하늘로 올라갈 수 없는 것인가? 오늘 땅 위에 있는 몸의 본성이 영혼을 지상에 계속 머무르게 할 수 있다면, 언젠가는 영혼이 지상에 있는 몸을 위로 들어올릴 수는 없겠는가?

그들은 그들의 신들이 기적을 행했다고 이야기하는데 만일 여기서 우리의 순교자들이 행한 기적들로 그것에 맞선다면, 그런 기적들까지도 우리에게 이로워지며 우리가 하는 주장을 크게 도울 수 있지 않겠는가? 그들의 신들이 행한 기적들 가운데 위대한 것이 있었다면, 바로가 말한 게 틀림없이 위대하다. 부엌 여신 베스타의 한 성녀가 부정하다는 이유로 의심을 받아 궁지에 몰렸을 때, 그는 티베르 강에서 소쿠리에 물을 담아 재판관들 앞까지 들고 왔는데 놀랍게도 물 한 방울 흐르지 않았다고 한다(10권 16장 참조). 그렇다면 무거운 물을 소쿠리 속에 얹게 한 것은 참으로 누구였는가? 그 많은 구멍으로 물이 새는 것을 막은 것은 대체 누구였는가? 그들은 "신이나 악마"라 할 것이다. 만일

---

*18 아리스토텔레스는 영혼을 다섯째 물체라고 하지 않고, 네 원소 위에 있는 다섯째 본성 또는 원소라고 했다(《De Generatione Animalium》 2, 3, 736~7). 또 "영혼은 몸이 아니라, 몸에 속하고 몸 안에 있다"고 한다(《영혼에 대하여》 2, 2, 414 A).

신이었다면 그는 하늘과 땅 온갖 사물을 지으신 하느님보다 더 위대한가? 만일 어떤 악마였다면 그는 천지를 지으신 하느님을 섬기며 돕는 천사들보다 더 강력하단 말인가? 그 악마는 하느님보다 낮은 신이나 천사, 귀신이 흐르는 물의 무게를 지탱하여 물의 본성을 변하게 했다면, 모든 원소를 만드신 전능하신 하느님이 땅 위 몸의 무게를 없애시고 생명을 주는 영혼이 머물기를 바라는 원소에서 다시 살아난 몸이 살 수 있도록 만드시지 못할 것인가?

또 그들은 공기를 불과 물 사이에 두고 불이 그 위에 물이 그 아래 있다고 하므로, 공기가 물과 물 사이나 물과 땅 사이에 있는 것을 바라본다. 이는 왜 그런 것인가? 구름이 물로부터 만들어지고, 그 구름과 물 사이에 공기가 있음을 그들은 어떻게 설명할 것인가? 또 거센 폭풍우가 지상에서 높이 떨어진 공중에 있다가, 공기 밑 땅 위에 무수히 쏟아지는 것은 온갖 원소들의 무게와 어떤 순서에 따름인지를 나는 알고 싶다. 끝으로, 물이 공기와 땅 사이에 있는 것처럼 공기가 하늘과 물 사이에 있는 곳을 정해두고 있다면 공기가 구름도 없는 하늘과 덮을 것도 없이 여러 방향으로 넓게 펼쳐진 땅 사이에 있는 것은 대체 무엇 때문인가?

플라톤이 생각하듯이, 원소들 가운데에서 두 극단에 있는 불과 흙이 가운데 있는 공기와 물에 의해 이어지며, 불은 하늘 가장 높은 부분, 흙은 가장 낮은 부분인 우주의 바탕 같은 부분이므로, 흙이 하늘에 있을 수 없다면 땅 위에 불이 있는 것은 무슨 까닭인가? 플라톤의 이런 설명에 따르면 흙과 불이라는 두 원소는 가장 높은 곳과 가장 낮은 곳이라는 그들 본디의 장소에 머물러야 하며, 가장 낮은 원소가 가장 높은 원소가 있는 곳으로 올라가거나 가장 높은 것이 가장 낮은 것이 있어야 할 위치로 내려올 수 없을 것이다. 그래서 흙은 한 알이라도 하늘에 존재하지 않으며 또 앞으로도 없으리라는 게 그들 생각이므로 불도 땅 위에서는 전혀 찾아볼 수 없을 것이다. 하지만 사실 불은 땅 위뿐 아니라 산꼭대기에서도 마구 토해내며 땅 속에도 자리한다. 땅 위에 있으며 우리가 늘 곁에 두는 불은 사람이 이용할 뿐 아니라 딱딱한 나무나 돌에서도 생겨나며 틀림없이 지상에 있어야 할 물질들이다.

그들은 말한다. 천상의 불은 고요하고 순수하며 무해하고 영원한데, 이 불은 무질서하고 연기가 나며 사라지고 무엇이든 파괴해버린다고. 하지만 산 속이나 굴 속에서 일어난 거센 불길은 산이나 굴을 무너뜨리지 않는다. 그래서 땅 위

불은 그 땅 위 자리에 알맞게 변하느라 다른 불과 달라졌다고 한다면, 지상적인 몸이 언젠가는 변해 하늘에 알맞도록 썩지 않게 되리라고 우리가 믿는 것을 그들이 무슨 까닭으로 비난할 수 있겠는가? 그들은 이제 불도 땅에 알맞도록 썩어 사라진다고 하지 않겠는가? 그러므로 그들이 원소의 무게와 순서를 근거로 삼은 논법은, 전능하신 하느님이 우리 몸을 하늘에서 살 수 있도록 바꾸실 수 없음을 증명하지 못한다.

제12장 부활신앙을 믿지 않는 이들의 비웃음

우리의 반대자들은 육신의 부활을 바라보는 우리들의 믿음에 자세한 질문을 던지며 비웃는다. 그들은 낙태아들도 부활하느냐고 묻는다. 또 주께서 "너희는 나 때문에 많은 사람들에게 미움 받겠지만 머리카락 하나조차 잃지 않으리라"(루가 21 : 18) 하신 말씀을 보고, '모든 몸이 같은 상태와 힘을 가질 것인가? 아니면 저마다 다른 크기일 것인가', 묻는다. 만일 같은 상태라고 한다면 낙태아들도 부활한다고 할 때, 그들은 이 세상에서 갖지 못했던 몸의 크기를 가질 수 있지는 않을까? 또는 낙태아들은 낳지 않고 버렸기 때문에 부활하지도 않을 것이라 한다면, 그들은 어릴 때 죽은 아이들 이야기를 꺼내면서 또다시 같은 질문을 한다. 일찍 죽어버린 작은 몸이 그때는 얻을 수 없었던 커다란 몸이 될 수 있는 까닭은 무엇인가? 하지만 우리는 어린이가 부활하지 않는다고는 말하지 않았다. 아이들은 태어났을 뿐만 아니라 부활할 능력도 갖추고 있다. 그러나 그들은 또다시 묻는다. 부활할 때 같은 몸은 얼마나 크겠는가? 만일 모든 사람이 이 세상에서 키와 몸집이 가장 큰 사람과 똑같은 키와 몸집을 갖는다고 하면, 또 사람들은 살아 있을 때 지녔던 것을 모두 다시 받는다면, 어린이들뿐 아니라 어른이 된 사람들까지도 어떻게 살아 있을 때 가지지 못했던 키와 몸집을 얻을 것이냐고 묻는다.

그리고 사도가 한 말씀, 곧 우리 모두가 "그리스도 세월이"*¹⁹ 충만한 데까지" 이르며, "하느님께서는 이미 오래전에 택하신 사람들이 당신의 아들과 같은 모습을 하도록 미리 정해두셨습니다"(로마 8 : 29)이 말씀을, 하느님 나라에 있는 모든 사람이 그리스도의 키와 몸집과 똑같아지리라는 뜻이라고 풀이한다면,

---

* 19 에베소서 4 : 13에 나오는 '장성한 분량' 또는 앞에 나오는 '신장의 분량'의 의미를 지은이는 '연령의 분량'이라고 풀이한다. 그 이유는 15장에서 설명한다.

키와 몸집이 줄어드는 경우가 많을 것이다. 그렇게 몸의 많은 부분이 사라지고 나면 "머리카락 하나도 잃지 않을 것"이라는 말씀은 또 어찌 된 일이냐고 그들은 질문한다. 그뿐 아니라 머리카락을 깎아 버렸는데도 곧 다시 자라느냐고 물을 수도 있다. 그리고 만일 깎아도 깎아도 다시 자라난다면, 어느 누가 그 흉한 모습에 놀라지 않을 수 있겠는가? 손톱과 발톱 또한 다시 자라, 보기 좋게 하기 위해 깎아버린 것들까지 몽땅 몸에 도로 붙게 되리라. 썩어버릴 상태에서보다 영원토록 죽지 않을 상태에서 몸은 한결 더 아름답다는데 대체 그 아름다움은 어디에 있다는 것인가? 반대로 이런 것들이 몸으로 되돌아오지 않는다면 끝내는 버려지게 될 텐데, 그렇다면 어떻게 머리카락을 한 가닥이라도 잃지 않을 수 있냐고 그들은 묻는다.

같은 맥락으로 그들은 뚱뚱함과 깡마름을 이야기한다. 모든 사람의 몸집이 같다면 살찐 사람이나 여윈 사람이 없을 터이며, 오로지 살이 더 붙은 사람과 조금 빠진 사람이 있을 뿐이다. 그렇다면 전에 있던 것을 고스란히 되돌려받는 게 아니라, 한 쪽에는 없던 것을 덧붙이면서 다른 쪽에서는 전에 있던 것을 잃어버리게 될 것이다. 시체의 부패와 소멸에 대해서도 그들은 말한다. 어떤 것은 흙이 되고 어떤 것은 허공으로 사라져버린다. 짐승들에게 먹히며 불에 타버리고, 파손되거나 물에 빠져 죽음으로써 몸이 썩어서 영영 사라진다. 그러나 반대자들은 이러한 온갖 죽음에 이르는 길을 생각지 않고 이 시체가 모두 모여 완전한 상태로 돌아갈 수 있다는 것을 믿지 못한다. 그들은 또한 사고가 원인이 되었거나 타고난 기형과 흠집 따위를 하나하나 입에 올리며, 해괴한 기형아들을 예로 들어, 모든 기형은 부활할 때 어떻게 되느냐고, 몸서리를 치며 조롱 섞인 질문을 한다. 이런 것들은 부활한 몸에는 다시 나타나지 않는다고 말하면, 그들은 주 그리스도께서 부활하신 몸에 상처 자국이 있었다는 말로 반박한다.

그런데 무엇보다 난처한 문제는, 굶주린 사람이 도저히 견딜 수 없어 다른 사람의 살을 먹었을 때 그 살은 어느 사람에게 돌아가느냐는 질문이다. 그 살은 먹은 사람의 살이 되었고 그가 굶어서 살이 줄어든 자리를 채웠기 때문이다. 그들은 여전히 부활을 비웃기 위해서 묻는다. "이 살은 처음에 그것을 가졌던 사람에게로 돌아가느냐, 아니면 나중 사람이 살을 먹었으니 그 사람의 것이 되느냐?"

그래서 그들은 플라톤 이론에 따라 사람의 영혼은 참된 불행과 거짓된 행복을 번갈아 경험하리라고 약속하거나, 그렇지 않으면 포르피리오스의 이론에 따라 사람의 영혼은 수많은 윤회를 거쳐 여러 차례 다른 몸으로 들어갔다가 불행을 끝내고 나서 다시는 어느 몸으로도 들어가지 않는다고 말한다. 그때 영혼이 죽지 않는 육신을 얻는 게 아니라 온갖 육신을 피한다는 것이다(10권 30장, 12권 27장, 22권 26장 참조).

제13장 유산된 아이는 부활하는가

반대론자들의 주장을 살펴보았으니 나는 이제부터 하느님의 자비로운 도움을 믿고 내가 나열한 순서대로 설명을 해나가겠다. 낙태된 아이들은 태(胎) 속에서 생명을 가진 채 살아 있다 죽었다고 하더라도 그들이 부활하리라는 것을 나는 섣불리 긍정할 수 없고 부정도 못한다. 그러나 그 아이도 죽은 사람들 가운데 하나라면 죽은 이의 부활이라는 선물을 왜 이 아이만 받을 수 없었던 걸까? 죽은 사람이라고 모두 부활하는 게 아니고 태어나기 전에는 뱃속에서까지 몸이 있었지만, 죽음 뒤에 영원한 생명에 이르는 인간의 영혼이 존재할지도 모른다. 그렇지 않으면 인간의 영혼들은 모두 죽기 전 몸을, 곧 어디서 살았든 죽을 때 남겨두었던 그 몸을 다시 받을지도 모른다. 이 둘 가운데 하나이다. 그런데 모태 안에서 죽은 자라도 부활하지 못하리라고 어떻게 단정지어 말할 수 있겠는가? 낙태된 아이에 대한 의견들 가운데 어떤 것을 골라 받아들이더라도 만일 그들이 부활한다면, 태어난 아이들에 대해 우리가 말하는 것을 그들에게도 적용해야 한다.

제14장 죽어서 부활한 아이의 육체

그러면 어린아이들에 대해 우리는 무엇을 말할 수 있는가? 그들은 죽었을 때의 그 작은 몸으로 부활할 게 아니라, 하느님의 신비롭고도 빠르신 움직임에 따라, 시간의 흐름에 맞추어 천천히 이르는 성장한 몸을 받을 것인가? 하지만 나는 이렇게 말할 수 없다. "머리카락 하나도 잃지 않을 것이다" 하신 주님의 말씀은, 가졌던 것이 하나도 사라지지 않으리라는 뜻이지 가지지 않았던 것을 받지 않으리라는 뜻은 아니다. 죽은 어린아이에게는 신체의 완전한 크기가 없었다. 완전한 어린아이라도 아직 더 자랄 수 있고 온전한 몸집은 가지지 못했다. 사람은 누구나 더 자랄 수 없다는 완전성에는 한계가 있으며, 이 완전한 크기는 말하자면 그들이 태 속에서 지니고 나온 것, 다시 말하면 가능성으로서 지녔고 아직 실제로 그 크기까지는 자라지 못한 것이다. 마치 몸의 지체들이 모두 가능성으로만 종자 안에 잠재되어 있는 것과 마찬가지이다. 그 가운데 어떤 것은 태어났을 때에도 치아처럼 보이지 않기도 한다.

아직 있지도 않은, 더 정확하게 말한다면 미처 나타나지도 않는 모든 것의 윤곽이 신체의 본질에 있으며, 이것이 시간이 지남에 따라 점점 드러나게 된다. 아니, 볼 수 있게 된다. 그래서 키가 큰 아이와 작은 아이는 이미 여기서 크거나 작은 게 정해져 있다. 같은 이치로 몸이 부활했을 때 우리는 몸의 어느 부분이 사라지지는 않을까 두려워할 필요가 없다. 모든 사람의 몸집이 똑같아진다면, 여기서 가장 큰 사람들의 몸을 줄여 그만큼 잃어버리게 되는 일이 없도록 모든 사람들이 거인이 될 수밖에 없다.

그렇지 않다면 너희들은 머리카락 하나도 잃지 않으리라고 하신 주님의 말씀에 맞서게 될 것이다. 모든 것을 무에서 만들어내시는 창조주에게 공급품이 부족할 리가 없다. 하느님께서는 우리들 눈에 참으로 신비로운 힘을 가지신 창조주이고 어느 때 어떤 것이 필요한지 모두 알고 계시기 때문이다.

제15장 부활한 이는 모두 주님의 육체를 닮는다

그리스도께서는 죽으셨을 때와 다름없는 몸집으로 부활하신 것이 틀림없다. 하지만 모든 사람들의 부활이 오면 그리스도께서는 가장 키 큰 사람과 몸집을 같이 하기 위해 부활하신 뒤 제자들에게 보여주신 몸집, 곧 그들이 익숙했던 그 몸집과 다르리라 생각하는 것은 잘못이다. 하지만 만일 몸이 더 큰 사람이 주님의 몸집과 같게 작아진다고 한다면, 머리카락 하나도 잃지 않으리라는 주의 약속과 달리 많은 사람들의 몸이 많은 것을 잃게 될 것이다. 따라서 우리가 내릴 수 있는 남은 결론은 모든 사람이 늙어서 죽었든지, 어릴 때 죽었든지 모두 젊었을 때의 몸집을 받으리라는 것이다. 사도가 그리스도의 충만한 나이에 대해 한 말은 달리 풀이해야 한다. 곧 모든 그리스도교인이 그 머리이신 그리스도에게 지체로서 완전성에 다다를 때에, 그리스도의 연령이 충만하리라는 사실을 사도가 가리킨다고 풀이한다. 또는 이 말씀을 부활과 연관지어 본다면, 모든 사람은 장년 이후나 장년 이전이 아닌 몸으로 부활해, 그리스도가 이르셨더라도 우리가 아는 그 기력과 나이로 다시 살아나리라는 것이다. 땅 위 학자들도 한창 젊은 때는 30세라고 하며 이때를 지나면 내리막길에 이르러 몸이 무겁고 더욱 빠르게 늙어간다고 한다. 그러므로 사도 육신의 분량이나 키를 말하지 않고 "그리스도의 연령이 충만한 데까지" 이렇게 말한다.

제16장 '그리스도 모습과 닮는다' 는 말의 뜻

"하느님께서는 이미 오래전에 택하신 사람들이 당신의 아들과 같은 모습을 가지도록 미리 정해두셨습니다."(로마 8 : 29) 이 말씀은 내적 인간에 대한 것이라 받아들일 수 있다. 그러므로 사도는 다른 곳에서 "여러분은 이 세상을 본받지 말고 마음을 새롭게 하여 새 사람이 되십시오"(로마 12 : 2) 한다. 그리하여 우리는 이 세상에 익숙지 않은 것이 새로 생겨났을 때, 하느님의 아이를 본받게 되는 것이다. 또한 그리스도께서 우리가 죽지 않을 수 있는 가능성에 의해 우리와 닮은 모습을 하신 것처럼 우리는 그 가능성에 따라 그의 형상을 본받으리라 풀이할 수 있다. 이것은 말할 것도 없이 몸의 부활을 뜻한다. 그러나 만일 이 말씀이 우리가 어떤 몸으로 부활할까 하는 것을 의미한다면, 여기서 본받는 것은 위에서 말한 몸집이 아니라 나이라고 풀이해야 한다. 따라서 사람들이 부활할 때는 모두 청년기에 지녔거나 또는 가졌을 몸으로 나타날 것이다. 하지만 오는 세상에서는 마음이나 몸이 전혀 약하지 않을 것이므로 몸이 어린아이 같든 노인과 같든 그것은 아무런 회복도 필요치 않으리라. 따라서 만일 누군가가 사람은 죽었을 때와 똑같은 형태로 부활한다고 말하더라도 우리는 굳이 힘들여 논쟁할 필요가 없다.

제17장 여성은 부활한 뒤에도 여성인가

"마침내 우리 모두가 하느님의 아들에 대한 믿음과 지식에서 하나가 되어 성숙한 인간으로서 그리스도의 충만한 연령에 도달하게 되는 것입니다"(에페 4 : 13) 이런 말씀과 "하느님의 아들과 같은 모습을 가지도록"(로마 8 : 29) 이러한 말씀과 관련되어 어떤 이들은 여성은 부활할 때 같은 여성이 아니라 모두 남자일 것이라고 한다. 하느님께서 흙으로 남자를 빚으시고 그 남자로부터 여자를 만드셨기 때문이다. 나는 남성이든 여성이든 부활할 것을 의심치 않는 사람들이 훨씬 더 지혜롭다고 생각한다. 최초의 창조가 이루어졌을 때에는 혼란의 원인이 되는 부끄러운 정욕이 없었기 때문이다.

그들이 죄를 짓기 전에는 남녀 모두가 벌거벗고 있으면서도 전혀 부끄러워하지 않았다. 그래서 갖가지 결함이 그들 몸에서 사라진다면 자연본성은 보존될 수 있다. 여자로서 여성인 것은 결함이 아니라 자연본성의 모습이며, 부활할 때에는 성교나 출산의 의무를 뛰어넘게 될 것이다. 여성의 성기는 이전과 달리 새롭게 만들어질 것이며, 새로운 아름다움을 지니게 될 것이다. 이는 이미 사라진 정욕을 다시 불러일으키는 아름다움이 아니라, 없던 것을 만들고 창조하신 것을 새로이 부패에서 구해내신 하느님의 지혜와 사랑을 찬양하게 할 것이다.

"그래서 야훼 하느님께서 아담을 깊이 잠들게 하신 다음, 아담의 갈빗대를 하나 뽑고 그 자리를 살로 메우시고는 그 갈빗대로 여자를 만드셔서 아담에게 데려오셨다"(창세 2 : 21) 하였다. 하나님의 이러한 역사로 그리스도와 교회와의 관계가 예언되었다 남자가 깊이 잠든 것은 그리스도의 죽으심이요, 그가 십자가 위에서 운명하시자 그의 옆구리를 창으로 찔러 피와 물이 흘렀으며, 이 피와 물이 곧 우리가 알고 있듯이 교회를 '세우는' 성사이다. 성경에도(창세 2 : 22) 여자를 '형성하였다', 또는 '만들었다'는 말을 쓰지 않고 바로 이 '세운다' 라는 말을 썼다. 때문에 사도는 그리스도의 몸 곧 교회를 '세운다'는 말을 쓴다 (에페 4 : 12). 따라서 여자도 남자와 똑같이 하느님의 피조물이며, 남자에게서 여자를 창조하심으로써 서로의 화합을 권하신다. 또한 이미 앞서 말한 대로 여성 창조의 방법은 그리스도와 교회를 예로써 보여주셨다. 남녀를 모두 만드신 분이 남녀 두 성별을 또 부활시킬 것이다.

예수님 자신도 부활을 부정하는 사두개파의 질문을 받았다. 율법에 따라 자식없이 죽은 형의 후손을 남겨 주기 위해, 차례차례 그 미망인을 아내로 삼은 7형제 가운데 누가 그 여인을 아내로 삼게 되겠느냐는 것이었다. 예수께서는 "너희는 성경도 모르고 하느님의 권능도 모르니 그런 잘못된 생각을 하는 것이다"(마태 22 : 29) 이렇게 말씀하셨다. 예수님으로서는 "그대가 말하는 그 여자는 남자가 될 터이고 이미 여자가 아닐 것이다"라고 말씀하실 아주 좋은 기회였지만, 그런 말씀은 아예 하시지도 않고 "부활한 다음에는 장가드는 일도, 시집가는 일도 없이 하늘에 있는 천사들처럼 된다"(마태 22 : 30) 하셨다. 그들이 천사들과 같으리라는 말은 영생과 행복을 얻는다는 뜻이며 육신을 말함이 아니다. 또한 천사들은 죽지 않으며 부활이 필요치도 않으므로 부활에 대해서도 아니다. 예수께서 부활하실 때 없으리라고 하신 것은 여성이 아니라 혼인 때문이었다. 그 질문에 대해 여성이라는 성별이 없으리라고 함으로써 문제를 쉽고 빨리 해결할 수 있었다. 하지만 예수님은 그렇게 미리 내다보신 게 아니라, 도리어 여성의 존재를 인정하셔서 "시집가는 일도 없이" 이렇게 말씀하신 것이다. 이것은 여성에게 속하는 말씀이며, 남성에 대해서는 "장가드는 일도 없이"라고 하셨다. 그러므로 이 세상에서 시집 장가를 가는 풍습을 지닌 사람들이 부활할 테지만 그때에는 그런 혼인을 하지 않아도 될 것이리라.

제18장 완전한 사람 그리스도와 그 육체인 교회

그러므로 사도가 우리 모두 오롯한 사람에 이르리라고 한 말씀에 대해 이 말씀 전체 문맥을 생각해 봐야만 한다. 그 가르침은 이러하다. "아래로 낮게 내려가셨던 바로 그분이 모든 것을 완성하시려고 하늘 위까지 올라가셨습니다. 바로 그분께서 사람들에게 저마다 다른 선물을 은총으로 주셔서 어떤 사람들은 사도로, 어떤 사람들은 예언자로, 어떤 사람들은 전도자로, 어떤 사람들은 목자와 교사로 삼으셨습니다. 그것은 성도들을 잘 갖추게 하여 봉사 활동을 하도록 해서 그리스도의 몸을 자라게 하시려는 것입니다. 마침내 우리 모두가 하느님의 아드님에 대한 믿음과 지식을 가져 하나가 되어 성숙한 인간으로서 연령이 충만해지고 그리스도의 완전성에 도달하게 되는 것입니다. 이렇듯 그때에는 우리가 이미 어린 아이가 아니어서 인간의 교활한 유혹이나 속임수로써 사람들을 잘못에 빠뜨리는 온갖 가르침의 풍랑에 흔들리거나 이리저리 밀려다니며 농락당하는 일이 있어서는 안 될 것입니다. 도리어 우리는 사랑 가운데서 진리를 행하며 살면서 여러 군데에서 자라나, 머리이신 그리스도와 한 몸이 되어야 합니다. 우리의 몸은 저마다의 부분이 제 구실을 다함으로써 마디 마디마다 서로 이어지고 얽혀서 사랑으로 자라납니다. 그리스도를 머리로 하는 교회도 이처럼 사랑으로 자체를 완성해 나아가는 것입니다"(에페 4 : 10∼16).

여기서 무엇이 완전한 사람인가를 알 수 있다. 그는 머리와 몸을 가지고 그 몸은 모든 지체들로 이루어지며 지체들은 때가 되면 완성되리라는 것이다. 그러나 교회가 세워지는 동안 이 몸에는 오늘도 날마다 지체들이 덧붙여져 그들에 대해 "여러분은 다 함께 그리스도의 몸을 이루고 있으며 한 사람 한 사람은 그 지체가 되어 있습니다"(1고린 12 : 27), "그리스도의 몸인 교회를 위하여"(골로 1 : 24), "빵은 하나이고 우리 모두가 그 한 덩어리의 빵을 나누어 먹는 사람들이니 비록 우리가 여럿이지만 모두 한 몸인 것입니다"(1고린 10 : 17) 한다. 또 이 몸을 세우는데 대해 "성도를 올바로 갖추게 하여 봉사의 일을 하게 하며 그리스도의 몸을 세우려 하심이라" 한다. 그 뒤에 우리가 인용한 문구가 덧붙여졌다. "우리 모두가 하느님의 아들을 믿는 것과 아는 일에 하나가 되어 완전한 사람을 이루어 그리스도의 연령의 크기가 충만한 데까지 이르리니."

여기서 말하는 '크기'는 어떤 신체에 대해 그 크기를 이해할 수 있는가를 가리키는 것으로 끝을 맺는다. "우리는 온갖 부분에서 자랄지라. 그는 머리니 곧 그리스도라. 그에게서 온 몸 저마다의 마디를 통하여 도움을 받음으로 연결되고 맞추어져 각 지체 부분의 움직임에 따라" 한다. 또한 '충만'에 대해서도 사도는 다른 곳에서 그리스도에 대해 "하느님께서는 만물을 그리스도의 발 아래 굴복시키셨으며 그분을 교회의 머리로 삼으셔서 모든 것을 지배하게 하셨습니다. 교회는 그리스도의 몸이며 만물을 충만케 하시는 그 분의 충만입니다"(에페 1 : 22, 23) 한다.

만일 이 말씀이 그분께서 하신 것이며 부활의 모습을 뜻하셨다면 '온전한 남자'에서의 '남자'는 '사람'이라고 대신 쓸 수 있는데 그 말에는 '남자만이 아니라' 여자도 포함되어 있으니 여성에게도 적용하지 못할 까닭이 무엇이란 말인가? "야훼를 경외하며 그의 계명을 좋아하는 사람"(시편 112 : 1)이라고 할 때 틀림없이 여기에는 야훼를 두려워하는 여성들도 포함되었다.

제19장 부활한 육체의 완전성

머리카락과 손톱에 대해 나는 무엇을 말해야 좋을까? 육신의 어느 부분이 사라짐으로써 몸에 손상을 입지 않는다면 너무 많아서 이상이 생길 것들은 몸 전체의 부피를 더하는 데 기여할 뿐, 어느 한 부분에 더해져 그 부분을 기형으로 만드는 일은 없으리라 생각한다. 예컨대 진흙으로 그릇을 만들었다가 이를 다시 본디 모양으로 부수어 고쳐 만들려고 할 때, 손잡이를 만들었던 흙은 반드시 새 손잡이를 만드는 데 써야 하며 밑바닥을 만들었던 흙은 또 바닥이 되어야 할 필요도 없이, 흙을 모두 다시 반죽하여 완전히 새 그릇을 만들고 흙을 남기지 않으면 되는 것과 같다. 그러므로 잘라 버린 머리카락과 손톱도 새로이 자라날 때 제자리에 다시 두어서 기형이 생긴다면, 굳이 제자리로 돌리지는 않을 것이다. 그런데 그것들은 사라지지 않고 그 물질이 변화되어 위치가 바뀌며 어디든지 놓여져 저마다의 부분에서 조화를 이룰 것이다.

"머리카락 하나도 잃지 않을 것이다"(루가 21 : 18) 하신 주님 말씀 또한 머리카락의 길이에 대한 것이 아니라 그 숫자를 뜻한다고 풀이하는 것이 더 마땅하리라. 다른 곳에서 "하느님께서는 너희들 머리카락까지도 낱낱이 다 세어두셨다. 그러므로 두려워하지 마라"(루가 12 : 7) 하셨으니 말이다. 내가 굳이 이렇게 이야기하는 까닭은 신체에 자연히 있는 어떤 부분이 사라질 수 있다고 생각하기 때문이 아니다. 오히려 사람이 타고나는 기형은 우리 죽을 인간들이 벌받는 것이라고 설명할 수밖에 없겠지만, 그 기형적 부분들은 부활할 때 그 재료가 오롯이 보존되며 기형만이 사라져 회복되리라고 생각한다. 기형적인 진흙형상을 만든 어느 장인도 그것을 다시 아름다운 상으로 고쳐나가며 재료는 조금도 버리지 않고 기형 상태만을 버릴 수 있다. 예컨대 보기 싫거나 또는 균형을 잃은 부분을 전체에서 떼어버리는 게 아니라, 재료 모두를 다시 섞어 전체에 골고루 덧붙임으로써 그 분량을 줄이지 않고 잘못된 점만을 없앨 수 있다. 그렇다면 우리는 전능하신 창조주께서 이 정도 일을 생각해내지 못하시리라고 여기는가? 조물주께서 인간의 몸으로부터 모든 기형과 결함을 없앨 수 없겠는가? 가엾은 삶을 살아가는 이 세상에서 흔한 결함이든 기이하고 망측한 결함이든, 성도들의 앞날의 축복과 연결해서 생각하기 힘들다. 조물주께서 자연스레 존재하면서도 보기 흉한 기형들을 없애고 본디 재료에는 손실이 없도록 하실 수 없는가?

그러니 마르거나 뚱뚱한 사람들은 이 세상에서도 원치 않는 그 형상을 하늘에서 가지게 되지는 않을까 걱정할 필요가 없다. 육신 저마다의 부분들이 서로 균형 잡힌 것은 물론 빛깔이 어느 만큼 조화를 이루어 신체의 아름다움이 있는 것이다. 균형 잡히지 않았다면 어떤 부분이 잘못 생겼거나 너무 크거나 지나치게 작아서 보기에 좋지 않을 것이다. 그러므로 모든 잘못된 점이 바르게 고쳐지고 부족한 것은 하느님의 자원으로 채워지며, 재료는 오롯이 보존되면서 지나친 점은 없애버리면, 균형이 제대로 잡히지 않아 기형이 생기는 일은 없을 것이다. 그리고 빛깔은 "그때에 올바른 사람들은 그들 아버지의 나라에서 태양과 같이 빛날 것이다"(마태 13 : 43) 이런 말씀으로 미루어 보건대 그 색은 얼마나 아름다울 것인가?

그리스도께서 부활하셨을 때 그 몸에 이러한 빛이 없었던 게 아니라 숨겨져 있었다고 생각해야 한다. 인간의 약한 시력은 그 빛을 차마 감당할 수 없었지만 그들은 예수님을 알아볼 수 있어야 했다. 때문에 주께서는 그들이 제 상처 자국을 만지게 하시고, 음식이 필요 없었음에도 바란다면 가질 수 있다는 것을 보여주기 위해 빵과 물고기를 잡수셨다. 광채가 비추어도 제자들이 보지 못했음은, 눈앞에 물건들이 있음에도 어떤 것은 보고 어떤 것은 보지 못하는 것과 같은 이치이다. 이를 그리스어로 아오라시아라고 하며, 옮긴이들은 라틴어로 어떻게 표현해야 될지 몰라 창세기에서 카이키타스, 곧 '눈이 보이지 않음' 이렇게 옮겼다. 소돔 사람들이 정의로운 사람인 롯의 집 문을 찾아다니다 끝내 찾아내지 못한 것도(창세 19 : 11) 이처럼 눈이 보이지 않은 탓이었다.*20 만일 그들이 아무것도 보지 못한 것이라면 집 안으로 들어갈 문을 찾지 않아도 누군가 자신들을 제 집으로 데려가 주기를 바랐으리라.

무엇 때문인지는 몰라도 우리들은 하늘 나라에서 행복에 다다른 순교자들이 그리스도 이름 때문에 받은 몸의 상처를 보고 싶어 한다. 이런 마음의 움직임은 순교자들을 사랑하기 때문에 일어난다. 그리고 우리들도 틀림없이 그 상처를 볼 수 있으리라. 상처는 흠이 아니라 명예의 징표이며 신체의 아름다움은 아닐지라도 영혼에 아름다움을 더한다. 순교자들 몸에서 어느 한 부분도 잃지 않으리라는 말씀이 있었다 해도 죽은 이가 부활할 때에는 그 몸이 사라지지 않는다. 새로운 나라에서 죽음 없이 살아갈 몸에 상처 흔적들이 보이는 게 눈에 거슬리지 않는다면, 상하거나 잘린 그 몸이 회복되며 거기에 상처났던 자국들 또한 남아 있으리라. 그래서 몸에 있는 결점이 부활할 때 보이지 않으리라는 것은 바른 생각이나 이 덕성의 자국들을 결점이라 여기고 또 그렇게 부르는 일은 옳지 못하다.

제20장 부활한 육체에 부족한 부분은 없다

전능하신 창조주께서 우리 몸을 되살리실 때 짐승에게 먹혔거나 불에 타버린 부분, 먼지나 재가 되어 공기중으로 날아가 버린 부분, 물 속으로 사라져 버

---

*20 눈에 이상이 생겼거나 눈이 멀어서 못 보는 게 아니고, 눈은 건강하지만 특정 물체를 잠시 보지 못하는 것.

린 부분들을 모두 다시 불러 모을 수 없으리라고 여겨서는 안 된다. 자연계가 지닌 징표나 비밀처럼 우리의 감각을 벗어나는 게 존재하지만 그것이 만물을 창조하신 조물주의 지식에서 벗어나거나 그분의 힘으로부터 벗어날 수 있다는 생각은 말도 안 된다. 우리의 반대자들이 가장 큰 권위로 삼는 키케로는 될 수 있는 대로 또렷하게 하느님을 정의 내리기 위해 이렇게 말했다. "하느님은 어디에도 구속되지 않는 자유로운 정신이다. 죽게 될 운명과 함께함을 피하고 모든 것을 알며 움직임은 물론, 그 자신은 영원한 운동을 할 수 있다."[21] 이런 생각을 그는 위대한 철학자들의 연구에서 찾아냈다. 우리는 그들의 말을 빌려 묻는다. 모든 것을 아는 이에게 참으로 무엇을 숨길 수 있겠으며, 또한 모든 것을 움직이는 이를 피해 무엇이 완전히 사라질 수 있겠느냐고.

그래서 나는 무엇보다 어려운 질문에 답하고자 한다. 죽은 사람의 살을 먹어서 산 사람의 살이 되었다면, 부활했을 때는 그게 누구의 살이 될 것이냐는 질문이다. 배고픔을 도저히 견디지 못해 어쩔 수 없이 사람 고기를 먹었다는 기록은 고대 역사에도 남아 있고, 우리 시대에도[22] 있었던 참으로 안타까운 일이다. 그런데 먹어버린 다른 사람의 살은 시간이 흐르면 모두 배설되고 먹혀버린 이의 몸에는 살이 되어 남아 있는 게 하나도 없다고 주장하는 사람이 있을까? 실제로 먹기 전에는 얼굴이 말할 수 없이 야위었던 사람이 먹은 뒤에는 그 핼쑥했던 모습이 사라졌다는 것은 그에게 없었던 것이 이 음식으로 채워졌다는 충분한 증거가 된다. 하지만 나는 조금 전에 이 어려운 문제도 해결할 수 있는 방법을 두세 번 암시해 두었다.

굶주린 사람이 먹은 다른 이의 살은 모두 공기 속으로 사라져버리고, 그것을 전능하신 창조주가 다시 불러올 수 있다고 우리는 말했다. 때문에 그 살은 본디 있었던 사람의 몸으로 돌아갈 것이다. 그것을 먹은 사람은 오로지 빌린 것뿐이며, 돈을 빌렸으니 마땅히 빌려준 사람에게로 돌려주어야 한다. 그런데 그가 굶주림으로 잃어버린 살은 사라져버린 것까지도 되돌려주시는 분이 회복시켜 주실 것이다. 게다가 전능하신 그분께서는 그것이 남김없이 사라져서 그 일부조차 자연계 안, 숨겨진 곳에도 하나도 없다 하더라도 바란다면 다시 새롭

*21 키케로 《투스쿨룸에서의 논쟁》 1, 27, 66.
*22 로마시가 410년 고트족에게 오랫동안 포위를 당해서 시내에 심한 기근이 있었던 사실을 말하는 듯하다. 그러나 그때 사람 고기를 먹었다고 말한 곳은 없다.

게 만들어내실 수 있다. "머리카락 하나도 잃지 않으리라" 하신 진리의 말씀이 있으므로 사람 머리카락은 온전히 보존될 터이고, 굶주리는 사람에게 먹힌 많은 살 또한 없어지리라고 생각하는 것은 어리석은 일이다.

우리가 가진 기준에 따라 생각하고 의논해온 모든 것으로부터 다음과 같은 결론을 얻을 수 있다. 영원한 삶을 얻기 위해 육신이 부활할 때 몸은 한창 젊은 시절에 얻은, 또는 얻었을 체구를 지닐 것이다. 또 모든 몸이 그에 꼭 맞는 크기를 갖추어 아름다움을 간직할 것이다. 게다가 어느 부분을 그 자리에 두는 것이 흉해보일 만큼 큰 경우에는 모든 아름다움을 지키기 위해 일부분을 잘라 내더라도 이는 전체에 걸쳐 차츰 넓어지기 때문에 어느 부분이 사라지지도 않고 몸 전체의 균형과 조화 또한 잃어버리지 않게 할 것이다. 따라서 한 곳에 두어서 기형이 생길 이 부분을 온 몸에 나눌 때 몸 길이와 부피가 전체적으로 늘어나리라고 생각하는 것은 어리석지 않다. 또는 죽었을 때 몸의 크기로 부활하리라 주장하는 사람이 있더라도 그와 굳이 말다툼할 필요가 없다. 기형, 허약함, 무기력함, 쇠퇴 따위는 없어야 한다. 이런 것들은 하늘 나라에 절대 존재하지 않으며 거기서는 부활의 자녀, 약속의 자녀들은 신체나 나이는 그렇지 않다 하더라도 적어도 행복함에서는 하느님의 천사들처럼 될 것이다(마태 22 : 30).

제21장 그리스도교인은 새로운 영적인 육체로 바뀐다

그러므로 살아있는 몸과 죽어버린 몸이 잃어버린 모든 것들은 무덤 속에 남아 있는 것과 함께 몸으로 거두어져 부활할 것이며, 옛 영적 몸이 새로운 영적인 몸으로 변하여 썩지 않고 죽지도 않게 되리라. 만일 끔찍한 사고나 잔혹한 살인으로 몸이 완전히 바스라지고 공중이나 물 속에 남김없이 흩어져 어떤 흔적조차 남지 않더라도 창조주의 전능한 힘이 미치지 못하는 곳은 없으리라. 때문에 머리카락 한 올조차도 사라지지 않는 것이다. 그때는 몸이 영혼에 그 바탕을 두어서 영적이게 될 것이다. 그러나 몸은 몸이지, 영혼이 아니다. 마치 영이 몸을 따랐을 때 몸이면서도 여전히 영이며 몸이 아니었던 것과 마찬가지이다. 이는 벌받은 우리의 기형적 상태에서의 실험으로 얻은 증거를 갖고 있다.

사도가 "나는 여러분에게 영적인 사람을 대할 때와 같이 이야기할 수가 없어서 육적인 사람, 곧 교인으로서는 어린 아이를 대하듯이 말할 수밖에 없었습니다"(1고린 3 : 1) 이렇게 말한 사람들은 그 몸이 육체적인 게 아니라 그 영이 곧 육체적이었다. 현세의 삶에서 영적이라고 하는 사람도 그의 몸은 아직 육체적이다. 마음의 율법에 맞서 싸우는 다른 법이 그 몸에 있음을 보기 때문이다. 하지만 "육체적인 몸으로 묻히지만 영적인 몸으로 다시 살아납니다. 육체적인 몸이 있으면 영적인 몸도 있습니다"(1고린 15 : 44) 이런 말씀이 있었을 때는 비록 몸을 쓰고 있을지라도 그 몸은 영적일 것이다.

그런데 이 영적인 몸이 무엇이며 그 아름다움은 얼마나 뛰어날 것인가를 말하는 것은, 아직 겪어보지 못한 우리로서는 가벼운 말씀이 아닐까라는 두려움이 있다. 하지만 우리는 신을 찬양하기 위해 품은 희망의 기쁨을 외쳐야 하고 절대 침묵해서는 안 되며, 시인 또한 뜨겁고 거룩한 사랑으로 "야훼여, 나는 당신께서 살고 계신 집이 좋사옵니다. 당신의 영광이 깃들이는 곳이 좋사옵니다"(시편 26 : 8) 하였다. 여기서 우리는 아직 경험하지 못했기 때문에 그에 어울리는 말을 하지는 못해도 이 가엾은 인생에서 하느님의 도움으로 선이든 악이든 관계없이 그게 어느 만큼이나 위대한가를 은혜의 선물로 할 수 있는 한 짐작해 볼 생각이다. 나는 하느님께서 사람을 바르게 지으셨던 때에 대해서는 한마디도 하지 않겠다. 저 풍요로운 낙원에서 남녀가 함께 행복한 생활을 했다는 이야기도 하지 않겠다. 그 세월은 너무도 짧아서 그것을 겪은 자녀들은 없었다. 나는 오직 우리가 아는 이 세상, 우리가 사는 오늘, 우리가 사는 동안은 제아무리 선으로 앞서 나간 사람일지라도 어쩔 수 없이 차츰 다가오는 시험에 대해 말한다. "인생은 땅 위에서 고역이요, 그의 생애는 품꾼의 나날 같지 않은가?"(욥기 7 : 1) 그리고 나는 이 세상에서도 하느님께서 온 인류에게 베푸시는 자비의 징표들을 누가 설명할 수 있는지 묻고 싶다.

제22장 그리스도의 은혜 없이는 그 누구도 비참함과 재앙으로부터 구원받지 못한다

인류의 기원에서 모든 자손이 죽어야만 하는 운명을 벌로 받았던 일은 우리들이 지금 살아가는 삶이 얼마나 커다란 악으로 가득 차 있는가를 증명한다. 이 점은 아담의 자손들을 둘러싼 깊고 무시무시한 무지와 거기서 비롯되는 모든 오류들이 뚜렷하게 보여주고 있지 않은가? 인간은 그 누구도 괴로움과 고통, 두려움을 겪지 않고는 이 무지의 수렁에서 벗어날 수 없다. 허망하고 나쁜 것을 인간들이 사랑하는 것을 보면 이 점을 알 수 있지 않는가? 이런 욕망으로부터 생겨나는 것들은 가슴 찢는 걱정과 불안과 비애, 광기와 다툼과 소송과 전쟁과 반란, 분노와 증오와 속임과 아첨과 거짓, 절도와 강도, 배신과 오만과 야망과 시기, 살인과 존속 살해와 잔인함과 흉포, 사치와 불손과 파렴치, 음란과 간통과 근친상간과 자연의 본성을 무시한 성적 추행과 양성애를 비롯한 입에 담기조차 부끄러운 짓들이다. 그뿐 아니라 신성 모독과 이단사상, 불경한 말들, 거짓된 증언과 무고한 사람들에 대한 탄압, 비방과 중상모략과 기만, 거짓 증언, 불공정한 재판과 폭력과 약탈, 그 밖의 비슷한 악행들이 인간 세상에서 끝없이 벌어진다. 이런 것들은 참으로 악인들이 짓는 죄이지만 그 뿌리는 아담의 모든 자손이 타고나면서 지닌 근본적 오류와 그릇된 사랑이라 하겠다. 유아기에 드러나는 어쩔 수 없는 무지, 그리고 소년기의 어리석은 욕망으로 삶을 시작하지 않는 사람이 어디 있는가? 그러므로 제멋대로 살며 욕망만을 따르도록 내버려둔다면, 앞서 말한 또는 이야기하지 못한 죄들의 대부분에 빠져 버리지 않겠는가?

하느님께서는 죄인을 그대로 내버려두지 않으시고 불쌍히 여기는 마음과 분노로 자비를 거두지 않으셔서 금지해야 할 것들과 교육을 보여주시며 우리가 타고난 죄를 경계하며 이런 충동을 막으신다. 하지만 이 교훈에도 괴로움과 고통이 가득하기는 마찬가지다. 아이들의 어리석은 짓을 막기 위해 쓰이는 위협은 고통에 호소하는 게 아닌가? 가정 교사와 학교 선생님, 그리고 나무채와 가죽채와 회초리 따위는 무엇을 의미하는가? 성경에도 사랑하는 자식은 "자식이 젊을 때에 길을 잘 들이고 어릴 때부터 회초리로 키워라. 그렇지 않으면 제멋대로 자라서 말을 듣지 않고 너에게 큰 고통을 안겨주리라"(집회 30 : 12)*²³ 하며 제멋대로 자란 자식은 뒷날 버릇을 고치기 어렵거나 길들이기가 더욱더 힘들 것이다. 이 모든 벌을 내리는 목적은 무지를 극복하고 나쁜 욕망을 참아내려 함이 아니고 무엇이겠는가? 우리들은 기억하기 위해서 고통을 느껴야 하지만 잊는 일에는 고통을 느낄 필요가 없고 배우기 위해서는 괴로움이 함께 하지만 무지 상태에서는 고통스러울 필요가 없다. 또한 부지런하기는 어렵지만 게으르기는 쉽다. 이는 참으로 무슨 말인가? 우리의 상처입은 본성이 마치 제

───────────────

*23 21권 14장의 주석 참조.

무게를 따르듯 그 방향으로 기울어지는 것에서 벗어나기 위해 어느 만큼의 도움이 필요할 것인가를 알 수 있지 않은가? 빈둥거림과 게으름과 무관심 따위는 그런 수고를 기피하는 좋지 않은 습관이다. 오로지 수고로움만이 이로우면서도 그 자체로서 하나의 벌이다.

자식들이 이로운 것을 배우기를 바라지 않는 부모는 없다. 하지만 그런 것도 아이들이 배우기 위해서는 벌이 있어야 하는데, 그런 벌 말고도 인류를 괴롭히는 무수한 온갖 고통을 누가 감히 모두 이야기할 수 있을까? 이는 부정한 사람들의 악행과 불법에 대해 벌로써 주는 고통뿐 아니라, 모든 사람에게 공통되는 불행한 운명이다. 사랑하는 아이를 잃었을 때의 비통함뿐 아니라 재산을 잃거나 재판에서 죄인이 되고, 사기와 허위, 혐의를 비롯한 많은 사람들이 저지르는 여러 범죄와 악행에서 오는 공포와 비참함을 생각해 보라. 사람들 때문에 우리가 받는 고통은 약탈과 유괴, 구속과 투옥, 추방과 고문, 부상과 실명과 겁탈 등 온갖 무서운 재난들이다.

외부로부터 우리 신체를 위협하는 이런저런 사고들을 생각해 보라. 일사병과 동사(凍死), 태풍, 물난리, 천둥, 벼락, 눈사태, 지진, 해일, 붕괴 따위이며 말이 넘어지거나 놀라기도 하는 가축들의 나쁜 버릇으로 입는 피해, 나무들과 물, 공기와 동물에서 오는 온갖 독, 들짐승한테 물린 고통과 죽음, 주인에게 가장 따뜻하고 다정한 동물인 개에게서 오는 광견병, 이는 사자나 뱀보다도 더 나쁜 해를 주어 제 부모, 아내, 아이들까지도 어느 맹수보다도 훨씬 더 두려운 미친 사람으로 만들어버린다. 육지나 바다를 여행하는 이들이 겪는 재난을 생각해 보라. 집을 나서서 겪는 뜻밖의 사고를 피할 수 있는 사람이 어디 있는가? 어떤 사람은 온 몸이 멀쩡하게 집으로 돌아왔지만, 제 집 문턱에 걸려 쓰러지는 바람에 그만 다리가 부러져 죽기도 했다. 사람이 자기 의자에 앉아 있을 때보다 더 안전한 게 어디 있겠는가? 그러나 제사장 엘리는 의자에서 뒤로 넘어져 목이 부러져 죽었다(1사무 4 : 18). 농민들이 아니, 모든 사람들이 날씨나 토질, 야수들 때문에 일어나는 여러 농작물 피해를 얼마나 두려워하는가? 추수하여 헛간에 가득 쌓아놓은 뒤에는 가까스로 안심할 수 있겠지만, 느닷없이 홍수가 나서 일꾼들이 모조리 달아난 사이 곳간에 쌓아둔 가장 좋은 곡식더미가 말끔히 물에 쓸려가는 일도 때때로 일어난다.

순수하기만 하면 악마들이 몰려오는 일을 충분히 물리칠 수 있는가? 그런 생각은 틀렸다는 듯이 세례받은 순진한 아이들까지도 심한 고통을 받는 것을 보며, 이 일을 허락하시는 하느님은 우리가 이 일로 이 세상에서의 불행을 안 타까워하며 저 세상에서의 행복을 바라도록 가르치신다. 우리의 몸 또한 병이 너무 많아서 의학책에도 하나하나 다 기록할 수 없다. 더욱이 그 병들의 치료 법이나 치료약들이 아주 심한 고통을 준다. 그 결과 사람들은 고통을 피하기 위해 고통스러운 치료를 받아야 한다. 게다가 미칠 듯한 갈증을 도저히 견디지 못해 사람 오줌, 심지어는 제 소변을 받아 마시지 않는가? 굶주린 사람이 어쩔 수 없이 인간의 살점을 뜯어 먹는데, 죽어 있던 사람이 아니라 제 손으로 일부 죽인 사람의 고기를 먹지 않는가? 굶주림의 고통을 견디다 못해 어머니가 제 자식을 먹는다는 끔찍한 야만행위를 저지르지 않는가? 잠들면 쉬는 것이라고 하지만 현실과 구별할 수 없는 꿈이나 환상이 잠을 방해하는데 무슨 휴식이 이루어지겠는가? 또 어떤 병은 환자가 거짓 환상을 보고 끝없는 불안감에 시 달리게 한다. 건강한 사람조차 악령들에게 속아 넘어가도록 하는 환상들이 얼 마나 많은가? 악마들은 사람들을 유혹할 수 없을 때면 그들의 감각 기관을 속 여 거짓을 믿도록 만들기도 한다.

지옥 같은 이 비참한 삶에서 달아날 수 있는 길은 우리의 하느님이시며 주 이신 구주 예수의 은혜밖에 없다. 예수께서는 제 백성을 죄에서 구원해주실 것 이다(마태 1 : 21). 그의 이름, 예수는 헤브라이어로 '구제자'를 뜻한다. 예수는 무 엇보다 우리가 이 삶을 떠나 더 불쌍하고 영원한 상태로, 곧 삶이라기보다 죽 음이라고 해야 할 상태로 가지 않도록 구원해주신다. 이 땅의 삶에서는 거룩한 사람들과 거룩한 물건들이 치유력을 지니고 우리에게 큰 위로를 주지만, 사람 들이 간절히 바라는 축복은 모든 사람이 얻을 수 있는 게 아니다. 실제로 종교 가 그런 것을 위해 존재하는 것은 용서할 수 없는 일이다. 종교는 오히려 온갖 악이 모두 사라진 깨달음의 세계로 가기 위해 있다. 만일 은혜가 이 세상 불행 속 선한 사람들을 도와준다고 한다면 이는 사람들의 믿음을 더욱 굳세게 하면 서 용감하게 고통을 참아낼 수 있도록 해준다. 철학도 진리를 깨닫는 데 이바 지한다고 세상의 지혜로운 이들은 말한다.

신들은 참된 철학을 몇몇 사람에게만 주었다고 키케로는 말한다.*24 신들이

---

*24 키케로 《최고선과 최고악에 대하여》 5, 21, 58 참조.

사람에게 준 선물로 이보다 더 훌륭한 것은 없으며 또 앞으로도 있을 수 없으리라고 그는 주장한다. 따라서 우리 적들까지도 참된 철학을 얻기 위해서는 하느님의 은혜가 필요하다는 사실을 어쩔 수 없이 인정한 셈이 되었다. 또 진정한 철학, 곧 이승의 불행과 싸울 하나뿐인 힘이 되는 그 철학을 신들이 몇몇 사람들에게만 주었다면, 우리는 인류가 벌로써 불행을 겪고 있음을 똑똑히 알 수 있다. 또 다신교 숭배자들이 인정한 대로 이보다 더 큰 선물이 없다면, 그 선물은 그들도 다른 신들보다 더 뛰어나다고 인정하는, 하느님만이 주실 수 있음을 우리는 믿어야 한다.

제23장 착한 사람이 받는 고통

착한 사람에게는 이 세상에서 착하든 악하든 거세게 부딪치는 불행 말고도 그들만이 지닌 고통이 있다. 이 때문에 고통을 지닌 채 악덕과 싸우며 그 안에 있는 시험과 위험을 마주한다. 영혼과 육체의 싸움은 때로는 거세고 또 때로는 미약하지만 멈추지는 않는다. 따라서 우리는 바라는 일을 하거나(갈라 5 : 17) 하느님이 주시는 능력으로 가까스로 정욕을 억제하며 경계를 늦추지 않을 뿐이다. 그렇게 하지 않으면 진리로 보이는 모습에 속고, 교묘한 이론에 눈이 어두워 암흑 속에 휘말려버리게 된다.

끊임없이 경계를 늦추지 않으면 선을 악으로, 악을 선으로 잘못 알고 두려움 때문에 해야만 하는 일을 하지 못하며, 정욕 때문에 해서는 안 되는 일에 빠지기도 하고 해가 질 때까지 화를 풀지 않으면 안 되며(에페 4 : 26), 미움으로 인해 악을 악으로 갚는다. 게다가 지나친 비탄 때문에 기운이 떨어지며, 감사하는 마음을 잃어 받은 은혜를 나누지 않으며, 악한 일이 퍼질 때에 양심이 약해지고 가벼운 의심으로 친구를 오해하며, 의심을 받아 불안하며, 우리가 우리에게 잘못한 이를 용서하듯 우리의 잘못을 용서하시고(마태 6 : 12), 죄가 우리의 죽음에 이를 몸을 다스리며 그 욕망에 따르고 정복욕 때문에 똑바른 정신을 잃으며, 즐겁게 생각되는 악을 지나치게 오래 보거나 생각하며, 악하고 부끄러운 말이나 점잖지 못한 말을 곧잘 들으며, 즐겁지만 하느님의 법을 어기는 부적절한 일을 하며, 고통과 위험으로 가득한 이 싸움에서 우리 자신만의 힘으로 오롯이 이길 수 있다고 생각하거나, 이겼을 때 우리 힘으로 이겼다 여기며 하느님 은혜 덕분이라 생각하지 않는다.

사도는 "우리 주 예수 그리스도를 통하여 우리에게 승리를 주신 하느님께 감사합니다"(1고린 15 : 57) 이렇게 말했으며, 다른 곳에서는 "우리는 우리를 사랑하시는 그분의 도움으로 이 모든 시련을 이겨내고도 남습니다"(로마 8 : 37) 했다. 하지만 우리가 제아무리 용감하게 죄와 싸우며 비록 죄를 다스리는데 성공한다 할지라도 이 몸으로 살아가는 동안에는 언제든지 하느님께 "우리가 우리에게 잘못한 이를 용서하듯이 우리의 잘못을 용서하시고"(마태 6 : 12) 해야 할 이유가 있음을 꼭 새겨야만 한다. 그러나 우리가 영원히 머물 저 나라에서는 죽지 않을 몸을 지닌 우리는 싸움이나 빚이 절대 없으리라. 우리가 만들어졌을 때의 바른 본성을 그대로 지니고 있다면, 언제 어디서나 싸움과 빚이 없었으리라. 때문에 우리는 승패가 달린 이 위험한 싸움에서 승리하여 벗어나고자 하지만 이 싸움 또한 이 세상 악의 한 부분이며 우리들은 이 모든 악을 바탕으로 이 세상 자체가 형벌임을 깨달아야 한다.

제24장 창조주가 준 이 세상의 선

이제부터 우리는 자애로우신 하느님께서 인류에게 넉넉하게 주신 수없이 많은 축복을 생각해 보아야 한다. 하느님께서는 모든 피조물을 이끄시며, 인류의 불행 또한 하느님이 주시는 벌이 공정함을 밝히신다. 그렇지만 하느님은 인류의 불행조차 축복으로 채우셨다. 사람이 타락하기 전에 "자식을 낳고 번성하여 온 땅에 퍼져서 땅을 정복하여라"(창세 1 : 28) 말씀하신 그 첫 번째 축복을 사람이 죄를 지은 뒤에도 거두시지 않았고, 자손들 사이에도 엄청난 힘이 계속해서 남아 있었다. 처음으로 지은 죄는 인간의 결함을 불러왔지만 그 결함이 종자가 다른 종자를 낳고 또 다른 종자를 낳는다는 그 신비로운 힘을 빼앗지는 못했으며 인간의 육체 안에 깊숙이 스며 있다.

인류 역사를 빠르게 흐르는 강이라고 한다면, 거기에는 커다란 물줄기 두 개가 함께 흐른다. 하나는 아담으로부터 오는 악이고 다른 하나는 창조주가 주시는 선이다. 태초의 악에는 두 요소가 나란히 있으니 곧 죄와 벌이다. 태초의 선에도 두 가지가 있었으니 이는 번식과 서로 닮음이다. 악 자체는 우리에게 없고 죄와 신의 판결로부터 온 벌이지만, 그에 대해서는 이미 충분히 앞에서도 이야기했다. 나는 이제 하느님께서 우리의 본성으로 주시면서 오늘도 아낌없이 주시는 그 축복들을 말하려 한다. 우리의 본성이 타락해 하느님께서는 인류를 단죄하셨지만 우리가 받은 모든 것을 빼앗지는 않으셨다. 만일 그렇게 하셨다면 우리의 본성은 이미 뿌리째 사라졌으리라. 또 우리의 본성에 벌을 주어 악마에게 무릎 꿇게 만드셨지만, 그의 권능 밖으로 몰아내버리지는 않으셨다. 어떤 형태로 있든지 존재하는 것은 모두 하느님께서 그 존재를 내려주셨기 때문에 있는 것이다. 악마의 본성도 최고 창조주의 힘으로 존재하며 절대로 하느님의 다스림 밖에 있지 않다.

지금 이야기한 이 두 축복은 하느님의 축복이면서도 말하자면 샘처럼 흘러나와 죄로 인해 부서져 형벌로 단죄 받은 자연본성 안에 들어왔다. 그 가운데 하나인 번식은 하느님께서 7일 만에 최초 세상을 만드시고 쉬실 즈음에 주신 것이다. 하지만 다른 축복인 서로 닮은 성질은 하느님이 "언제나 일하고 계시니"(요한 5 : 17) 우리에게 주시는 것이다. 하느님이 그 창조적인 권능을 거두어들이신다면, 이 세상에는 어떤 것도 존재할 수 없으며, 그 예정된 발전과 정해진 기간을 채울 수 없으리라. 또 그 창조된 본성을 그대로 계속 지닐 수도 없을 것이다. 하느님께서는 사람을 만드실 때 번식력을 주셔서, 그 힘으로 다른 사람을 낳고 그들 또한 같은 종류의 사람들을 낳을 수 있도록 하셨다. 하지만 반드시 그렇게 되는 필연성을 주신 것은 아니다. 물론 하느님 뜻대로 그 능력을 어떤 이에게서는 빼앗아서 자식을 갖지 못하도록 만들었지만, 최초의 부부에게서 번식의 축복을 빼앗지는 않으셨다. 그러나 죄 때문에 다시 빼앗기지는 않은 번식력이지만, 오롯이 죄가 없었을 때와는 매우 달라졌다. 사람은 제아무리 영화를 누려도 잠깐 살다 죽고 마는 짐승과 같고(시편 49 : 20), 자기와 닮은 자식을 낳게 마련이다. 그런데 인간이 만들어졌을 때 그 안에 있던 하느님의 형상인 이성의 작은 불꽃은 꺼지지 않았다.

번식에 서로 닮은 성질이 덧붙여지지 않는다면 같은 종류를 번식하지는 못하리라. 물론 이성간의 결합이 없더라도 땅 위에 인간들이 살기를 하느님께서 바라신다면 처음부터 사람의 번식력을 빌리지 않고 사람을 빚으셨듯이 땅 위 인간들을 모두 창조하실 수 있었으리라. 또한 오늘의 성적 결합도 하느님의 힘에 기대지 않고는 어떤 것도 만들어내지 못한다. 때문에 사람이 영적으로 크게 자라나 경건과 의를 따르게 되는 문제에 이르러 사도가 "심는 사람이나 물을 주는 사람은 중요하지 않고 자라게 하시는 하느님만이 중요하십니다"(1고린 3 : 7) 한 것처럼, 낳게 하는 사람이나 씨를 심는 사람은 아무것도 아니요 오직 형상을 주시는 하느님뿐이시며, 제 뱃속 열매를 안고 젖을 먹이는 어머니 또한 아무것도 아니요 오직 자라나도록 하시는 하느님뿐이라고 말해야 옳다. 이제 까지 일하신 그 힘으로 종자를 수도 없이 자라나게 하시며, 우리들 눈에는 보이지 않는 그 어떤 조직으로부터 아름다운 모양을 갖추어 드러나도록 하시는 이는 오로지 하느님뿐이시다.*25 어떤 놀라운 방법으로 영적 성질과 육체적 성질을 하나로 이어, 영혼은 다스리고 육체는 따르는 생물체를 만드는 것은 바로 하느님이시다. 하느님의 이 일은 참으로 위대하고 경이로우므로 이성적인 동물, 즉 땅 위 다른 모든 동물보다 훨씬 뛰어난 인간뿐 아니라, 가장 작은 벌레까지도 주의를 기울여 꼼꼼히 살펴보셨으니 놀라지 않을 수 없으며, 또한 창조주를 찬양하지 않을 수 없다.

인간의 영혼에 마음을 심어 주시고 그 속에 이성과 지성을 불어넣어 주신 분은 하느님이시다. 유아기에는 잠들어 있는 듯했던 이성과 지성이 나이가 들어감에 따라 깨어나며 자라나기 시작해, 무엇인가를 배워 지식을 채울 수 있게 되고, 참된 것을 이해하고 선한 것을 사랑하게 된다. 영혼이 지혜를 받아들이며 덕성을 받을 수 있게 하는 것은 바로 이 능력이다. 곧 정의와 용기, 절제와 공정의 덕성을 얻어, 잘못된 점과 타고난 온갖 악덕과 싸우며, 최고이자 절대로 변함없는 선이신 하느님만을 바람으로써 마침내 이 싸움에서 승리를 얻는다. 만일 실패하게 되더라도 이런 이성과 지성을 얻는 능력만은 우리에게 주심으로써 전능자가 보여주시는 이 놀라운 능력과 그리고 우리의 이성적 본성에 주신 이루 말할 수 없는 선물을 그 누가 딱 맞게 잘 이야기하거나 생각해낼 수 있겠는가?

실제로 사람에게는 잘 살아가면서 끝없는 행복에 이를 수 있는 능력이 남아 있다. 이는 틀림없이 그리스도 안 하느님의 은혜만이 약속의 자녀들과 하늘 나라 자녀들에게 주는 것이다. 그렇다고 해도 인간의 재능은 더욱 필요해지게 되고 그 안에는 쾌락을 느끼게 해주는 놀라운 힘이 있다. 마음의 활력과 이성적 활동은 필요 없을 뿐 아니라 위험하고 무너뜨리는 것까지도 만들어 내지만, 이

---

*25 씨에는 장차로 나타날 몸의 형상과 모형이 포함되었고, 그 형태의 본질은 숫자에 있다. 이 생각을 아우구스티누스는 자주 표현했다. 이를테면 《자유의지론》(De Iibero arbitrio) 2, 8, 20 ~23. 몸의 조절 또는 조화는 그 숫자 때문이라고 말했다. 이 24장과 아래 30장에서도 숫자에 관해 다룬다.

런 기술들을 발명하고 배우며 쓰는 그 능력은 우리 인간의 본성이 훌륭하다는 증거가 아닌가?

의복과 건축, 그리고 농사 기술과 항해술에서 인간이 이루어낸 성과는 어쩌나 눈부신지, 참으로 정신을 차릴 수 없게 한다. 도예나 그림, 조각 기술에서는 끝없이 발전하며 매우 놀라운 솜씨로 작품들을 선보였다. 극장에서는 몸소 보지 않으면 믿기 어려운 훌륭한 장면들이 연출된다. 들짐승을 잡거나 길들이는 지혜는 또 얼마나 교묘한가? 사람을 해치기 위해서도 온갖 종류의 독약과 무기와 파괴장치가 발명되었다. 건강을 지키거나 되찾기 위한 의약품은 그 수가 얼마나 많은가? 입맛을 자극하며 음식 맛을 좋게 하기 위해 얼마나 많은 조미료를 만들어냈는가? 생각을 표현하거나 주입시키기 위해 아주 많은 종류의 기호가 있으며, 말과 글은 그 가운데에서도 첫째 자리를 차지한다. 사람들의 마음을 기쁘게 해주는 웅변술, 온갖 아름다운 시, 귀를 즐겁게 하는 노래와 악기들, 곡조들은 얼마나 많이 만들어졌는가? 도량형 기술, 별들의 운행과 법칙을 알아낸 똑똑함은 또 어떤가! 사람들이 세상에서 얻은 지식은 낱낱이 헤아릴 수 없을 만큼 많다. 한꺼번에 모두 말하지 않고 하나하나 자세히 말한다면, 어느 누가 그 많은 것을 빠짐없이 말할 수 있겠는가!

잘못과 허위에 대한 변호까지도 거기에 나타난 이단자들과 철학자들의 천재는 우리가 충분히 평가할 수 없다. 오늘 우리가 칭송하는 것은 오직 이 죽을 인생이 타고난 정신적 능력일 뿐, 영생으로 이끄는 믿음과 진리의 길이 아니다. 인간의 이 훌륭한 본성은 틀림없이 참된 최고의 하느님이 창조하셨으며, 하느님은 제 손으로 지으신 온갖 사물을 절대적인 권능과 정의로 주관하시므로, 인류의 첫 조상이 너무도 커다란 죄를 짓지 않았더라면, 인류는 지금 이 삶의 불행에 빠지지 않았으리라. 또한 구원받은 자들이 아니면 끝없는 불행으로 옮겨가는 일도 없었으리라.

그뿐 아니라 우리들 몸은 동물들과 마찬가지로 언젠가는 죽으면서 많은 동물들의 몸보다 한결 약하지만, 그에 드러난 하느님의 자애로우심은 얼마나 훌륭한가? 게다가 조물주의 섭리는 또 얼마나 위대한가? 감각 기관들과 수많은 지체들의 놓임, 신체 전체의 모습과 크기와 길이 같은 것들은 이성적인 영혼을 위해 쓸모 있도록 만들어졌음을 보여주고 있지 않는가? 사람은 비이성적인 동물들과 달리 자세가 땅을 바라보며 엎드리지 않았고, 똑바로 서서 하늘을 바라보며, 위의 일을 생각하라(골로 3 : 2) 충고한다. 또한 혀와 손은 놀랍도록 재빨라 말하며 글을 쓰고 의무와 기예를 펼치는 데 이보다 더 알맞을 수 없으니, 이는 보조 수단을 갖춘 영혼의 우수성을 똑똑히 증명하고도 남는 게 아닌가?

신체 부분들 하나하나의 필요성을 말하지 않더라도 모든 부분들이 조화를 이룬 아름다운 모습을 볼 때면 만든 기준이 쓸모를 위함인지 아름다움이었는지 판단하기 어렵다. 틀림없이 신체의 어느 부분도 실용적인 가치만을 고려하고 그 아름다움은 돌보지 않은 곳은 없다. 만일 우리가 신체 부분을 잇는 모든 게 어떤 수적 표준에 따라 이루어지는지 정확히 안다면 그 아름다움을 더 똑똑히 이해할 수 있으리라. 인간 지성은 드러난 것을 탐구함으로써 그런 표준을 발견해낼 수 있을 듯하지만 볼 수 없도록 감추어져 있는 것들, 즉 혈관들과 신경 조직과 내장과 급소의 비밀은 알아낼 수 없도록 만들어졌다. 의사들, 곧 해부학자라고 하는 사람들은 지식에 대해 지나칠 만큼 광적인 열성으로 죽은 사람, 즉 때로는 수술대 위에서 죽어버린 사람들의 몸을 해부해 인체의 비밀을 더욱 자세히 들여다봄으로써 병의 성격과 병이 뿌리를 내린 정확한 위치를 짚어 치료법을 찾아내려고 한다.

하지만 내가 말하는 육체 안팎의 일치 또는 그리스인들이 말하는 하르모니아(조화)의 수적 관계를 알아내려고 섣불리 시도한 사람은 없었다. 그러나 만일 그 숫자들을 알게 된다면, 겉으로는 보이지 않는 내장들에도 균형을 이룬 아름다움이 있어서 우리 눈을 즐겁게 하는 미(美)보다 우리 마음에 더욱더 큰 감동을 불러일으킬 것이다. 눈은 마음의 도구에 지나지 않기 때문이다.

물론 몸에도 쓸모 있어서가 아니라 오직 아름다움을 위해 있는 것이 존재한다. 예를 들면 남자의 유두나 수염이 그렇다. 수염은 틀림없이 남자에게 장식일 뿐 보호를 위한 게 아니다. 여자에게는 없으니 틀림없는 사실이다. 사실은 여자 피부가 더 약하기 때문에 보호할 무엇이 얼굴에 달려 있어야 마땅하다. 그래서 신체의 어느 한 부분이라도 그저 기계적으로만 있으며 아름다움이 아닌 다른 목적이 있는 것은 눈에 띄지 않는다. 사람들 또한 이 사실을 의심하지 않는다. 그러므로 몸을 만드는 데 있어서 저마다의 부분들은 아름답기 위해서만 존재하며 쓸모보다 더 중요시했다고 하는 게 더 이해하기 쉬우리라. 그리고 보면 유용성이란 일시적인 것이다. 우리는 어떤 정욕도 느끼지 않으면서도 서로의 아름다움을 즐길 때가 올 것이다. 그런 상태가 되면 시편에서 "야훼, 나의 하느님, 참으로 웅장하십니다. 영화도 찬란히 입으시고 두루마기처럼 빛을 휘감았습니다"(시편 104 : 1) 했듯이 조물주를 더욱 찬미하게 되리라.

죄를 받아 고통과 불행으로 가득한 세상에 내던져진 인간이건만, 인자하신 하느님께서는 이밖에도 이롭고 아름다운 피조물들을 만들어 주셔서 그 눈을 즐겁게 할 뿐 아니라 필요를 채워 주신다. 어떻게 그 모든 것을 말로 표현할 수 있겠는가? 하늘과 땅과 바다가 이런저런 모습으로 변하는 아름다움을 이루다 말할 수 있을 것인가? 넉넉히 주시는 빛과 그 놀라운 속성들, 해와 달과 별, 푸르른 나무들과 꽃들이 내는 색과 향기, 온갖 새들의 빛깔과 노래, 모습이나 크고 작음에 셀 수 없을 만큼 다양한 동물들에 대해서 어떻게 설명할 수 있을까? 가장 작은 것이 가장 놀라울 때도 있다.

예컨대 조그만 개미와 벌들이 하는 일은 몸집이 거대한 고래들보다 더 놀랍지 않은가? 바라보기만 해도 드넓은 바다는 각양각색의 옷을 입은 듯 초록이나 자주 또는 푸른색으로 변한다. 세찬 바람이 불 때 바다를 바라보면서 우리는 풍랑과 난파를 피하면 안도하며 즐겁게 그 바다를 바라보지 않는가? 굶주림의 고통을 잊게 해주는 먹을거리는 그 종류를 셀 수 없으며, 식욕을 자극하는 조미료는 자연 곳곳에 흩어져 있는데 그것은 처음부터 요리 재료로 발명한 것이 아니다. 게다가 건강을 지키며 회복시켜 주는 자연적인 산물은 또 어찌나 많은가? 낮과 밤이 반복되며 이어지는 것은 얼마나 감사한 현상이며 또 산들바람은 얼마나 유쾌한가! 나무들과 동물들은 우리가 옷을 입을 수 있도록 넉넉한 옷감을 준다. 우리가 누리는 이 모든 축복을 어느 누가 다 헤아릴 수 있겠는가? 내가 이렇게 늘어놓은 것만도 하나하나 풀어 자세히 설명한다면 얼마나 오랜 시간이 걸릴 것인가? 그리고 이 모든 것은 불행한 죄인들을 위로하는 것에 지나지 않을 뿐 행복한 자들에게 주는 상이 아니다.

죄인 처지에서도 이런 축복들을 받는데 행복한 이들이 받을 상은 어떠하겠는가? 죽음에 이르게 될 자들에게도 이런 은혜와 축복을 내리시는 분이, 영생이 정해진 자들에게는 무엇을 주시겠는가? 이런 불행한 상태에 있는 자들을 위해서까지 그리스도가 고통받아 죽음에 이르셨으니, 그들이 복된 생명을 얻을 때에는 얼마나 풍요로운 축복들을 내리시겠는가? 그러므로 하느님 나라에 들어가게 될 자들에게 사도는 묻는다. "우리 모든 사람을 위하여 당신의 아들까지 아낌없이 내어주신 하느님께서 그 아들과 함께 무엇이든지 주시지 않겠습니까?"(로마 8 : 32).

이 약속이 이루어지는 날, 우리는 참으로 어떻게 되며 어떤 모습이 될 것인가? 그 나라에서 우리가 누릴 축복들을 받아서 그리스도께서 이미 우리를 위해 죽으셨으니 그 축복들은 어떠한 것이겠는가? 인간의 영혼은 어떤 악덕도 갖지 않고 어떤 죄에도 굴복하지 않으며, 지배 또한 받지 않고 제아무리 훌륭한 싸움이라 하더라도 싸울 필요가 없을 것이요, 오롯이 선하게 되어 말할 수 없이 완전한 평화를 즐기리라. 하느님의 지혜가 어떤 것에도 방해받지 않고 더 높은 행복에 이르러 그 원천에서부터 흘러나올 때, 잘못된 점이나 고통에도 따르지 않는 만유의 지식은 아주 크고 아름다우며 확실한 것인가? 또한 몸은 모든 점에서 영혼에 따르며 풍족한 생명을 영에서 얻어 다른 게 아무것도 필요 없을 터이니 어찌나 놀라운 일인가? 진실로 몸은 이미 동물이 아닐 것이며, 그 재료는 육일지라도 육체적인 부패는 없으리라.

제25장 육체의 부활을 믿지 않는 사람들의 고집스런 어리석음

뛰어난 철학자들까지도 우리처럼 영혼은 이 세상이 끝나고 나면 행복을 누릴 것으로 여긴다. 그들이 문제로 삼으면서 온 힘을 다해 부정하는 것은 오직 부활뿐이다. 그러나 신자들 수가 늘어남에 따라 반대자들 수는 차츰 더 적어지고 그들의 눈에 도리에 어긋났다고 생각되는 것을 그리스도께서 몸소 부활해 증명하시자 학식이 있거나 없는 사람들, 어리석은 사람들도 모두 그리스도를 진심으로 믿었다. 세상은 하느님께서 예언하신 이 일을 믿었고, 세상이 믿으리라는 점 또한 예언하셨다. 신자들의 칭찬을 바라며 베드로가 요술을 부렸기 때문에 하느님께서 그 먼 앞날을 예언하신 게 아니다.*26 내가 앞서 말한 데다가 아무리 되풀이해도 싫증나지 않는 것처럼, 하느님 앞에서는 모든 신들이 떨 수밖에 없다. 포르피리오스*27도 이 점을 인정해 신들의 말로써 증명하려고 노력하며 '아버지와 왕이신 하느님' 이렇게까지 부른 그 하느님이시다. 하느님의 예언을 풀이해 받아들임으로써 이 세상 사람들이 모두 함께 믿음을 갖게 되었음에도 이를 믿지 않는 자들의 의지를 따르는 것은 참으로 말도 안 되는 일이

---

*26 베드로가 요술을 걸어 그리스도가 365년간 숭배를 받게 했다고 하는 신탁에 대하여는 18권 53~54장 참조.

*27 포르피리오스가 전한 신탁에 대하여는 19권 23장과 20권 24장 그리고 22권 3장 참조.

다. 이 예언에 따르면 세상은 믿음에 이르리라 이렇게 말했으니 저 먼 옛날부터 그래왔듯이 믿음에 이르렀다고 받아들여야 한다. 어째서 세계가 믿으리라고 예언된 그대로 풀이하지 않고 믿지 않는 몇몇 고집쟁이들의 해석을 따를 것인가?

만일 그들이 주장하기를, 성경이 어리석은 이야기를 해서 그들이 높이 공경하는 하느님을 해치는 일을 막기 위해 예언들에 대한 풀이를 달리 했다고 한다면, 우리는 하느님이 세상의 믿음을 칭찬하며 예언하고 이룩하셨는데, 그들이 세상과 다른 풀이를 하면 하느님을 더 많이 해치지 않느냐고 물을 것이다. 하느님께서는 몸을 다시 일으켜 영원히 살도록 하실 수 없는가? 또는 이 일이 악하며 하느님답지 못하기에 하느님이 하시리라고 믿어서는 안 되는가? 이루 말할 수 없이 많은 믿지 못할 기적을 일으키는 하느님의 전능에 대해 우리는 이미 많은 이야기를 했다. 전능하신 분께서 못하시는 일이 무엇인가를 그들이 알고 싶어 한다면, 나는 그분은 거짓말을 하실 수 없다고 말하리라. 따라서 우리는 그가 하실 수 없는 일은 믿지 않으며 그분이 하실 수 있는 일만 믿도록 하자.

하느님은 거짓말을 하시지 않는다는 것을 믿음으로써 하느님이 약속하신 일은 꼭 하시리라 믿어야 한다. 이는 세상과 같은 믿음을 갖는 것이며 세상의 믿음은 하느님이 예언하셨고 칭찬하셨으며 약속하셨으니 이제 이루어졌음을 보여 주신다. 하지만 그들은 무엇을 근거로 이 일을 악이라 말하는가? 육체의 오직 한 가지 오점이란 썩는 것이다. 그런데 부활한 몸은 썩을 일이 없다. 원소들의 순서와 그밖에 그들이 주장하는 반대 의견에 나는 22권 11장에서 이미 충분히 말했다. 그리고 육체가 건강할 때 우리가 하는 활발한 운동을 바탕으로 썩지 않는 부활의 몸은 현세의 몸보다 훨씬 가벼우리라는 점에 대해 13권 18장에서 이미 충분히 이야기했다. 그러니 앞선 책들을 읽지 않았거나 읽었던 기억을 되살리려는 사람들은 다시 앞으로 돌아가 읽어 보기 바란다.

제26장 혼은 육체에서 벗어나야 한다고 말하는 포르피리오스의 주장

영혼이 행복하기 위해서는 모든 육체로부터 벗어나야 한다고 포르피리오스는 말한다. 모든 육체를 완전히 피하지 않고는 영혼이 행복해질 수 없다면, 부활한 썩지 않는 육체를 지녔다는 것은 어떤 도움도 되지 않는다. 하지만 나는 이 문제를 13권 16장에서 이미 충분히 설명했으므로 여기서는 오직 하나만을 다시 설명하겠다. 포르피리오스의 말이 사실이라면 곧 그들의 스승인 플라톤이 제 글을 수정해야만 한다는 것이다. 신들이 행복해지기 위해서는 몸을 떠나 죽어야 한다고 하지만, 하늘 위 육체 안에 갇힌 신들에게는 그들을 만드신 하느님이 영원한 생명을 약속하셨다고 플라톤은 말한다. 즉 신들에게 육체의 끝없는 수명을 약속하신 것이다. 그러나 이는 신들이 가진 본성의 결과 때문이 아니라, 하느님 의지대로 힘있는 계획으로부터 비롯한다. 육체가 부활할 수 없기 때문에 믿을 수 없다는 주장을 플라톤은 여기서 분명히 뒤집어 버린다.

창조되지 않은 하느님께서 자신이 창조하신 신들에게 영원한 삶을 약속하셨을 때, 몸의 부활을 믿지 않음은 물론, 도저히 있을 수 없는 일이라고 이야기하는 사람들에게도 플라톤은 반론을 제기한다. 하느님께서 하셨다고 하는 말을 옮겨보면 "너희 신들은 시간 안에서 태어났으니 영원히 살거나 썩지 않을 수 없다. 그러나 너희는 썩지 않을 것이며 어떤 운명도 너희를 무너뜨릴 수 없고 나의 뜻보다 강력하지 못하리라. 너희를 영원한 삶에 이르게 하려는 내 의지는 이제까지의 어떤 유대보다도 더 강하다."[28] 이 말을 듣는 그들에게 깨닫는 힘은 없어도 들을 수 있는 귀만이라도 있다면 신들을 만드신 하느님이 그들에게 도저히 일어날 수 없는 일을 약속하셨다는 플라톤의 믿음을 의심할 수는 없으리라. "너희는 영원히 살 수 없지만 나의 의지로 영원히 살게 될 것이다" 이 말은 "불가능한 일도 내가 반드시 가능하게 만들겠다"는 뜻이 아니겠는가?

따라서 불가능한 일을 약속하신 하느님이 육체를 썩지 않으면서 죽지 않는 영적인 것으로 일으키시리라고 플라톤은 말한다. 그렇다면 어째서 그들은 하느님께서 약속하셨음은 물론, 예언된 대로 온 세상이 믿게 된 이 일을 오늘도 여전히 있을 수 없는 일이라고 외치겠는가? 우리가 말하는 것은 플라톤까지도 이야기하듯이 불가능한 일들을 해내리라고 약속하신 하느님이 이 일 또한 해내시리라는 것이다. 그러므로 영혼의 행복을 위해서는 모든 육체를 벗어나야 하는 게 아니라, 썩지 않는 육체를 받아야만 한다. 그런데 영혼은 어떤 썩지 않는 몸을 지녀야 그 안에서 괴로워하던 때를 벗어나 자신에게 꼭 알맞게 행복할 수 있을까? 이러한 물음도 영혼을 얻게 되면 플라톤을 본받아 베르길리우

---

*28 플라톤 《티마이오스》 41 A.

스가 말한 것, 곧 그들은 "어떤 육체로 돌아가기를 다시 원하리라"*29 한 그 간절한 바람을 느끼지 않으리라. 그들은 돌아가기를 바란 제 육체를 이미 지녔을 터이고, 참으로 완전히 가져서 단 한 순간도 잃어버릴 수 없으며, 어떤 죽음으로도 벗어놓는 일 또한 없을 것이기 때문이다.

제27장 플라톤과 포르피리오스의 견해 차이

플라톤과 포르피리오스가 저마다 한 말을 서로 함께 할 수 있었다면 그들은 아마 그리스도인이 되었을는지도 모른다. "영혼은 육체 없이 끊임없이 존재할 수 없으리라." 플라톤은 말했다. 지혜로운 사람들의 영혼도 오랜 세월 존재할 수 있었지만 언젠가는 그 육체로 돌아가야만 한다고 그가 말한 까닭은 이 때문이었다. 포르피리오스는 오롯이 정화된 영혼이 아버지에게로 돌아간 때에는 결코 이 세상의 악으로 돌아가지는 않으리라 했다. 때문에 플라톤이 자신이 본 진리, 즉 지혜롭고 의로운 사람들의 완전무결하게 정화된 영혼은 인간의 육체로 돌아가리라는 생각을 포르피리오스에게 전하고, 또한 포르피리오스가 그 진리라고 여긴 것, 즉 거룩한 영혼들은 썩어 없어질 육체의 불행으로 절대 돌아가지 않으리라는 생각을 플라톤에게 전해서, 두 사람이 저마다 제 주장만을 지키지 않고 그들의 두 진리를 나란히 주장했더라면, 영혼은 육체로 돌아가리라는 것과 그 육체 안에서 영혼은 복에 이르러 끝없는 생명을 누리리라는 논리적인 결론에 이르렀으리라 나는 생각한다. 왜냐하면 플라톤에 따르면 거룩한 영혼들까지도 사람 몸으로 돌아갈 터이고, 포르피리오스에 따르면 성스러운 영혼들은 이 세상 온갖 악으로 돌아가지 않을 것이기 때문이다.

그렇다면 포르피리오스는 플라톤과 더불어 "영혼들은 육체로 돌아가리라" 말해야 한다. 또한 플라톤은 포르피리오스와 함께 "그들은 악으로 돌아가지 않으리라" 말해야 한다. 그렇게 한다면 영혼이 어떤 악도 없는 육체로 돌아가리라는 부분에서 의견이 똑같으리라. 그리고 이 육체는 영혼을 가진 채 영원히 살아갈 수 있으리라는 하느님의 약속에 지나지 않는다. 곧 하느님은 축복받은 영혼들에게 제 영원한 육체를 입고 영원히 살리라고 하신다. 이 두 철학자는 성스러운 사람들의 영혼이 죽지 않을 몸과 다시 만나면 그것은 그들 자신의 몸,

---

*29 베르길리우스 《아이네이스》 6, 751.

즉 현재 삶에서 불행을 참고 견디던 그 육체임을 쉽게 인정하리라 나는 생각한다. 위대한 사람들은 그러한 불행을 피하기 위해 그 육체로 하느님을 엄숙하고 진실하게 섬겼다.

제28장 플라톤, 라베오, 바로의 주장은 부활을 인정한다

플라톤은 문장이 뛰어난 데다가 이따금 진리를 말했기 때문에 그를 아끼는 그리스도인들은, 죽은 자의 부활에 대해 우리와 같은 견해를 가졌다고 말한다. 하지만 키케로는 저서 《국가론》에서*30 이 점을 이야기할 때, 플라톤은 절대로 진실을 말한 게 아니라 오히려 농담을 한 것이라고 분명하게 말한다. 플라톤은 사람의 부활과 제 견해가 일치하는 것을 말한 실제 사례를 들었기 때문이다.*31 라베오*32도 두 사람이 같은 날 죽어 네거리에서 만났다가 육체로 돌아가라는 명령을 받았다고 한다. 그들은 평생을 친구로 지내기로 맹세하고는 그렇게 살다가 죽었다고 한다. 그렇지만 이들이 예로 든 부활은 우리가 아는 되살아난 사람들과 같고, 다시 죽지 않은 게 아니다. 마르쿠스 바로는 《로마인 민족론》이라는 저서에서*33 더 눈여겨볼 만한 신비로운 사실을 기록해 두었다. 그의 말을 직접 옮기는 편이 좋겠다. "어떤 점성학자들의 글에, 사람은 다시 태어나 살아가기로—그리스인들이 말하는 이른바 중생(Another birth)—정해져 있다고 한다. 이는 440년 뒤에 있을 것이며, 똑같은 영혼과 똑같은 육체가 이전처럼 다시 결합되리라고 한다."

바로가 이름을 밝히지 않고 의견만을 말한 이 이름 없는 점성학자들이나 바로 자신이나 틀림없이 거짓된 말을 했다. 영혼이 이전 육체로 돌아가면 다시는 떠나지 않을 것이기 때문이다. 그렇더라도 부활은 있을 수 없다고 하는 우리의 반대자들 주장을 바로가 논박한다. 이런 생각을 했거나 오늘도 하는 사람들은 육체가 먼저 따로 흩어져 공기나 흙, 재나 물이 되고, 그것을 먹은 육식동물이나 심지어 인간의 몸에 흡수된다면, 다시 이전 육체로 돌아갈 수 없으리라고 여기지 않기 때문이다.

---

*30 《De Republica》 6, 4.
*31 플라톤 《국가》 10, 613 E-끝 참조.
*32 코르넬리우스 라베오는 2권 11장 참조.
*33 바로 저서의 단편 4호(*De Gente Populi Romani frg.* 4).

그렇기에 만일 플라톤과 포르피리오스가, 아니 그들을 사랑하는 요즈음 제자들이 우리와 함께 플라톤이 말하는 대로 숭고한 영혼들도 육체로 돌아오리라 생각하며, 포르피리오스가 말했듯이 절대 악으로 돌아가는 게 아니라고 여긴다면, 그래서 그리스도교 신앙이 가르치듯 영혼은 육체로 돌아가 어떤 악도 없이 영원히 살리라는 것을 인정한다면 그들은 또한 바로를 따라 영혼은 이전 육체로 돌아가리라는 진리를 받아들여 함께해야 한다. 그런다면 육체의 영원한 부활이라는 문제 또한 모두 그들 자신의 말로 해결되리라.

제29장 다가올 세상에서 그리스도인이 볼 하느님의 모습

성도들이 영원히 살 수 있는 영적인 몸을 지닌 채 육체 중심이 아니라 영적으로 살게 될 때 어떤 일을 하며 살아가는지를, 하느님이 주시는 능력에 따라 이제부터 자세히 살펴보려 한다. 사실을 이야기하자면 그런 활동의 성격, 아니 오히려 그 안식과 평안이 어떤 것인지를 나는 오롯이 알 수 없다. 나 또한 감각 기관으로 보지 못했기 때문이다. 내 정신이나 지성으로 깨달았다고 말한다면, 이만큼이나 뛰어난 것을 보는 우리의 지성은 대체 무엇이란 말인가? 그때는 "모든 지성에 뛰어난 하느님의 평화"가 있으리라고 사도는 말하기 때문이다(필립 4 : 7).

이는 우리만의 지성을 뜻하는 것인가? 여기에서의 지성은 모든 사람들뿐 아니라 천사들의 이해력까지도 뜻하며, 틀림없이 하느님의 이해력만은 아니다. 하느님의 평화가 우리 지성을 뛰어넘는다는 것은 의심할 여지가 없지만, '모든 지성'이라고 하여 천사들을 빼고 말하지는 않으니 천사들의 지성 또한 넘어서는 것이다. 그렇다면 사도의 뜻은 우리나 천사들은 하느님이 누리시는 평화를 하느님처럼 이해하지 못한다는 뜻이 된다. 물론 하느님의 평화는 하느님 자신의 이해력과 모든 이해력을 뛰어넘는다. 즉 '모든 지성을 뛰어넘어' 이렇게 말할 때, 의심할 것 없이 하느님 자신의 지성은 그 안에 들어 있다는 것이다.

하지만 우리도 우리가 낼 수 있는 능력에 따라 하느님의 평화와 나란히 하게 된다. 그러므로 우리 안에 있는 완성된 평화 개념에 따라 우리 자신이 평화로우며 우리 이웃과 하느님과도 평화를 이루게 되었다. 게다가 성스러운 천사들은 그들 능력에 따라 하느님의 평화를 안다. 하지만 사람들이 아무리 정신적으로 발전했다 하더라도 그 아는 바는 한결 뒤처져 있다. 우리는 훌륭한 말씀을 기억해야 한다. "우리가 아는 것도 불완전하고 말씀을 받아 전하는 것도 불완전하지만, 완전한 게 오면 불완전한 것은 사라집니다"(1고린 13 : 9, 10), "우리가 지금은 거울에 비추어보듯이 희미하게 보지만, 그때에 가서는 얼굴을 맞대고 볼 것입니다. 지금은 내가 불완전하게 알 뿐이지만 그때에 가서는 하느님께서 나를 아시듯이 나도 완전하게 알게 될 것입니다"(1고린 13 : 12). 이렇게 말한 이의 위대함을 생각해 보지 않으면 안 된다. 거룩한 천사들도 오늘 이런 방법으로 보는 것이다. 그들 또한 우리의 천사라고 불린다.

우리가 어둠의 세력에서 벗어나 성령을 담보로 하여 그리스도 나라로 옮겨졌고, 이제까지 여러 권에 걸쳐 이야기한 위대하고 아름다운 하느님 나라를 함께 누릴 그 천사들과 한 무리가 되었기 때문이다. 따라서 그리스도께서 하느님의 그리스도이신 동시에 우리 그리스도이신 것처럼, 하느님의 천사들은 또한 우리 천사들이기도 하다. 그들이 하느님의 천사인 까닭은 하느님에게서 벗어나지 않았기 때문이요, 우리 천사인 것은 우리와 함께 하늘나라 시민이기 때문이다. 주 예수께서도 말씀하셨다. "너희는 이 작고 보잘것없는 사람들 가운데 누구 하나라도 업신여기는 일이 없도록 조심하여라. 하늘에 있는 그들의 천사들이 하늘에 계신 내 아버지를 언제나 모시고 있음을 알아두어라"(마태 18 : 10). 우리도 천사들이 보는 것처럼 볼 수 있으리라. 그러나 아직까지는 그렇게 보지 못한다. 그래서 사도는 조금 전에 인용한 말씀을 한 것이다. "우리가 지금은 거울에 비추어보듯이 희미하게 보지만, 그때에 가서는 얼굴을 맞대고 볼 것입니다. 지금은 내가 불완전하게 알 뿐이지만 그때에 가서는 하느님께서 나를 아시듯이 나도 완전하게 알게 될 것입니다" 이렇게 말하는 까닭은 우리에게 믿음에 대한 보상으로써 간직되어 있다. 사도 요한도 이에 대해 "선생님, 우리는 선생님을 하느님께서 보내신 분으로 알고 있습니다. 하느님께서 함께 계시지 않고서야 누가 선생님처럼 그런 기적들을 행할 수 있겠습니까?"(요한 3 : 2) 했다. 하느님의 '얼굴'은 하느님이 나타나심을 뜻하며, 우리 몸에서 얼굴이라고 부르는 것과 똑같은 신체의 한 부분을 뜻하는 게 아니다.

따라서 "고귀한 영적 육신을 입은 성도들이 무슨 일을 하겠느냐"는 물음에, 나는 믿었다. 그러니 믿는 대로 이야기한다. 시편에도 "'내 인생이 왜 이리 고달프냐' 하고 생각될 때에도, 나는 믿음을 잃지 않았다"(시편 116 : 10. 70인역) 했기 때문이다. 성도들은 육신에 따라서 하느님을 보리라고 말하지만 우리가 해와 달, 별과 바다, 땅과 거기 있는 모든 사물을 볼 수 있듯이 육신의 눈으로 볼지 말지는 쉬운 문제가 아니다. 그때 성도들이 마음대로 눈을 감거나 뜰 수 없는 육신을 가지리라고 하기는 어렵다.

그러나 눈을 감고 하느님을 볼 수 있는가 없는가를 답하는 일은 더욱 어렵다. 어째서 그런가 하면, 예언자 엘리사가 심한 나병을 고쳐 준 시리아 사람 나아만에게서 자신의 종 게하시가 선물을 받았을 때, 멀리 있던 예언자는 아무것도 보지 못했을 거라 생각되었지만 예언자는 그것을 보았다. 그렇다면 영적인 육신을 지닌 성도들은 눈을 감고 있을 때뿐 아니라 그 자리에 없을 때도 모든 것을 볼 수 있는 게 아닌가? 그때는 사도가 "우리가 아는 것도 불완전하고 말씀을 받아 전하는 것도 불완전하지만, 완전한 게 오면 불완전한 것은 사라집니다"(1고린 13 : 9~10) 말했으며 완전한 것이 된다.

사도는 이렇게 말한 뒤, 평범한 사람들뿐 아니라 누구보다 훌륭한 성도들까지도 현재 생활보다 앞으로의 생활이 얼마나 더 좋을 것인가를 될 수 있는 대로 똑똑히 밝히기 위해 이렇듯 비유를 쓴다. "내가 어렸을 때에는 어린이의 말을 하고 어린이의 생각을 하고 어린이의 판단을 했습니다. 그러나 어른이 되어서는 어렸을 때의 것들을 버렸습니다. 우리가 지금은 거울에 비추어보듯이 희미하게 보이지만 그때에 가서는 얼굴을 맞대고 볼 것입니다. 지금은 내가 불완전하게 알 뿐이지만 그때에 가서는 하느님께서 나를 아시듯이 나도 완전하게 알게 될 것입니다"(1고린 13 : 11~12).

이 세상에서 비범한 사람들의 예언 능력을 앞으로 다가올 삶과 비교해 볼 때 이는 어린 시절과 성장한 시절을 견주는 일과 같음에도 엘리사는 멀리 있는 제 시종이 선물 받는 것을 보았거늘, 우리는 완전한 게 오고 썩을 육신이 영혼을 억누르지 않으며 도리어 썩지 않는 육신이 영혼에 어떤 지장도 주지 않는 내세에 성도들이 육체의 눈을 꼭 써야만 볼 수 있으리라고 말할 것인가? 엘리사는 마침 그곳에 있지 않았으나 종을 보기 위해 거기 있을 필요가 없었다. 70인 번역자들에 따르면 예언자 엘리사가 게하시에게 한 말은 이렇다. "누군가가 마차에서 내려 너를 만나기 위하여 돌아설 때 내 마음이 거기에 가 있지 않은 줄 아느냐?"(2열왕 5 : 26). 히에로니무스가 히브리어에서 옮긴 내용은 이렇다. "그 사람이 마차에서 돌아와 너를 맞이했을 때에 내 심령이 거기 있지 아니하였느냐?"

여기에서 예언자는 제 마음으로 보았다고 말했으며, 그가 하느님의 신비로운 힘에 도움 받았음은 그 누구도 의심할 수 없다. 그러나 하느님께서 만물을 완전히 다스리시게 될 때는(1고린 15 : 28) 성도들이 이 선물을 얼마나 더 풍요롭고도 크게 즐기겠는가? 물론 육신의 눈들도 저마다 움직임을 가진 채 그곳에 자리 잡고 영혼은 그것을 영적인 몸의 일부로 쓸 것이다. 예언자 엘리사는 곁에 있지 않은 시종을 볼 때 육체의 눈이 필요치 않았지만, 실제로 곁에 있는 물건들을 보면서도 육체의 눈을 쓰지 않는 것은 아니다. 그가 눈을 감아도 영으로써 볼 수 있다는 것은, 그곳에 있지 않은 때라도 곁에 없는 것들을 볼 수 있는 것이나 마찬가지다. 그렇다면 성도들은 다음 삶에 늘 영으로써 하느님을 볼 것이다. 그러므로 그들이 눈을 감으면 하느님을 보지 못하리라고 말해서는 안 된다.

그런데 이런 의문이 생긴다. 그들이 눈을 떴을 때는 그 육체의 눈으로 하느님을 볼 수 있을까? 영적인 육신의 눈은 물론 영적일 것이며, 우리가 오늘 지니고 있는 눈보다 더 큰 움직임을 본다고 해도 틀림없이 하느님을 볼 수 없을 것이기 때문이다. 하느님은 어느 한 장소에 얽매이지 않고 온 세상 어디든지 계시므로 그 형체 없는 존재가 있다고 한다면 그런 것들은 너무도 다른 힘을 지니고 있으리라. 예언자를 통해 하느님께서 "사람이 제아무리 숨어도 내 눈에서 벗어날 길은 없다"(예레 23 : 24) 말씀하심과 같이, 하느님은 하늘에도 계시고 땅에도 계시다 하지만 그것은 하느님의 일부는 하늘에, 또 다른 일부는 땅에 계시다는 뜻이 아니다. 하느님은 하늘에도 오롯이 계시고 땅에도 모두 계신다. 하늘과 땅에 번갈아 계시는 게 아니라, 그 두 곳에 완전히 존재하신다. 이는 물체로서 존재하는 자연적 사물이 절대 할 수 없는 일이다.

그렇다면 성도들의 눈에는 매우 뛰어난 힘이 있겠지만 이는 뱀이나 독수리의 눈이 예리하다고 하는 것과는 다르다. 이런 동물들은 제아무리 시력이 좋아도 형태로 존재하는 사물밖에 볼 수 없다. 그러나 내세의 성도들은 형체 없는 것까지 볼 수 있는 힘이 무척 강할 것이다. 성스러운 자, 욥이 하느님께 "당신께서 어떤 분이시라는 것을 소문으로 겨우 들었었는데, 이제 저는 이 눈으로 당신을 뵈었습니다. 그리하여 제 말이 잘못되었음을 깨닫고 티끌과 잿더미에 앉아 뉘우칩니다"(욥기 42 : 5~6) 말했을 때, 아직 죽어버릴 몸을 쓰던 거룩한 욥의 눈에 틀림없이 뛰어난 시력이 주어진 것이었으리라. 사도가 이에 대해 "마음의 눈을 밝혀주셔서"(에페 1 : 18) 말했듯이, 마음의 눈이라고 풀이하지 못할 까닭은 없다. 하지만 "마음이 깨끗한 사람은 행복하다. 그들은 곧 하느님을 뵙게 되리라"(마태 5 : 8) 말씀하신 우리의 하느님이시며 스승이신 분의 약속을 믿고 받아들이는 그리스도인으로서는, 이 눈으로 하느님을 보는가 못 보는가에 대해 진지하게 생각해 보아야 한다.

성경에 "모든 육신은 하느님의 구원을 보리라"(루가 3 : 6) 한 말씀은 "모든 사람이 하느님의 그리스도를 보리라"는 뜻으로 쉽게 풀이할 수 있다. 틀림없이 사람들은 몸으로서의 그리스도를 보았고, 산 자와 죽은 자를 심판하러 오실 때도 몸을 입으신 그리스도를 보게 될 것이다. 그리스도가 하느님의 구원이심은 성경 이런저런 구절이 인증하지만 무엇보다 고귀하고 나이 많은 의인 시므온은 아기 그리스도를 받아 안고는 이렇게 말했다. "주여, 이제는 말씀하신 대로 이 종은 평안히 눈감게 되었습니다"(루가 2 : 29). 앞에서 말한 욥은 히브리어 사본에서 "나의 살갗이 뭉그러져 이 살이 짓크러진 뒤에라도 나는 하느님을 뵙고야 말리라"(욥기 19 : 26~27) 하였다. 이는 부활에 대한 예언이지만 그는 '육체로' 보리라고 말하지 않는다. 만일 욥이 그렇게 말했더라도 육체로 보이는 것은 그리스도, 즉 하느님이라고 풀이할 수 있다. 그러나 앞선 문장은 이렇게도 풀이된다.

"나의 살갗이 뭉그러져 이 살이 짓크러진 뒤에라도 나는 하느님을 뵙고야 말리라"는 것은, 내가 하느님을 볼 때 육체 안에 있으리라는 뜻이다. '얼굴을 맞대고'(1고린 13 : 12)라는 사도의 말은 틀림없이 우리 몸에서 눈이 달린 그 얼굴로 하느님을 보리라고 믿는 게 아니다. 우리는 끊임없이 영혼으로 하느님을 보기 때문이다. 내적 인간의 '얼굴'이 없다면, "우리는 모두 얼굴의 너울을 벗어버리고 거울처럼 주님의 영광을 비추어줍니다. 동시에 우리는 주님과 같은 모습으로 바뀌어 영광스러운 상태에서 더욱 영광스러운 상태로 옮아가고 있습니다. 이것이 성령이신 주님께서 이루시는 일입니다"(2고린 3 : 18) 이런 말씀은 하지도 않았으리라. 주께 가까이 다가가 "그를 쳐다보는 자, 그 얼굴이 빛나고 부끄러운 꼴 당하지 아니하리라"(시편 34 : 5) 한 시인의 말씀도 같은 뜻으로 풀이된다. 우리는 믿음으로 하느님 가까이 다가간다. 믿음은 몸으로 하는 게 아니라 마음으로 하는 일이기 때문이다. 그런데 우리는 영적인 몸이 어떠한 움직임을 보이는지를 미처 알지 못한다. 우리가 아직 그런 일을 겪어보지 못했기 때문이며, 여기에는 성경의 권위도 확실한 도움을 주지 못한다. 따라서 지혜서에 있는 "인간이 생각하는 것은 확실치 않으며 인간의 의도는 변덕스럽습니다"(지혜 9 : 14) 이런 말씀은 우리를 가리킨 것이다.

철학자들 이론에 따르면 지성적 대상은 정신의 눈으로 알 수 있고, 감각적 또는 물체적 대상은 육체의 감각으로 알 수 있다. 하지만 정신적 대상은 육체를 통해 볼 수 없으며, 물체적 대상을 정신 자체로는 볼 수 없다고 한다. 만일 이 이론이 절대적으로 틀림없다면, 비록 영적인 몸의 눈일지라도 절대 하느님을 볼 수 없으리라. 그러나 참된 이성과 예언자적 권위도 이런 주장을 비웃는다. 하느님께서 물체적 대상을 인식하시지 못한다고 말할 만큼 진리로부터 벗어난 사람이 있는가? 그게 아니면 하느님은 물체적 대상을 인식하기 위한 눈을 갖춘 몸을 가져야만 한다고 이야기할 셈인가? 그뿐 아니라 예언자 엘리사의 이야기는 육신의 도움 없이도 물체적인 것들을 영혼으로 볼 수 있다는 사실을 충분히 알려주지 않는가?

그의 시종이 선물 받은 일은 틀림없이 육체적 행동이었지만 예언자는 눈이 아니라 영혼으로써 그것을 보았다. 그렇다면 영으로써 물체를 볼 수 있다는 것은 분명하므로 영적인 육체의 힘이 아주 강해 그 영적인 몸속 기관으로 영혼까지 볼 수 있는 것일까? 하느님은 영적인 분이시다(요한 4 : 24). 게다가 사람은 저마다 자기 생명을 깨닫고 육체 안에서 사는 생명, 우리의 이 지상적 신체기관들을 살리며 자라게 하는 생명을 안다. 그때는 신체적인 눈으로 느끼는 게 아니라 내부감각으로 아는 것이다. 하지만 다른 사람의 생명은 보이지 않음에도 몸으로 본다. 육체로밖에 볼 수 없는 그의 육체와 생명을 함께 보는 게 아니라면 산 육체와 죽은 육체를 어떻게 구별해 낼 수 있는가? 육체가 없는 생명은 육체의 눈으로 볼 수 없다.

따라서 내세의 새로운 하늘과 땅에서 새로운 세계의 육체를 보리라. 그 몸으로써 존재해 물질적 형태들을 볼 때, 모든 것을 다스리시는 하느님이 곳곳에 계시며 모든 물질적인 것까지도 주관하시는 것을, 어디에 눈을 두고 있어도 어느 것이나 볼 수 있는 육체를 통해 투명하게 비쳐 보일만큼 아주 또렷하게 보인다. 지금은 하느님의 보이지 않는 것들을 그가 창조하신 만물을 통해서(로마 1 : 20) 보며 깨닫거나 이해하려고 할 때에 거울로 보듯 흐릿하며 부분적인 것, 즉 육체의 눈으로 형태적 대상을 보는 것보다 믿음으로 믿는 게 한결 더 강한 현실이 된다. 오늘 우리는 생명의 움직임을 보이는 사람들 사이에서 살아간다. 그 움직임을 보면서, 그들이 살아 있음을 믿는 게 아니라 그것을 봄으로써 안다. 우리는 그들의 살아 움직이는 육체 안의 생명을 볼 수는 없지만, 그들의 육체와 그 생명을 보고 의심치 않는다. 그처럼 우리는 우리가 내세에 갖게 될 새 몸의 영적 시선으로, 하느님이 만물을 지배하시는 것을 지켜보리라.

그러므로 하느님은 이러한 눈을 가지고 볼 수 있으리라. 그 눈은 무척 뛰어난 상태 속에 있어서 형태 없는 대상을 분별해 내는 정신과도 닮은 능력을 지닌 것이다. 그러나 이를 성경 속 사례나 증언에 따라 밝히는 일은 힘든 것은 물론 불가능하다. 오히려 다음처럼 말하는 게 이해하기 쉬울 것이다. 즉 우리는 하느님을 잘 알며 하느님이 우리 눈앞에 뚜렷이 계셔서 새로운 하늘과 새로운 땅, 그때 창조되어 있을 모든 피조물에서 하느님을 우리의 영혼으로 보며, 또 영적인 육체 곧 영체의 눈이 가진 시력이 미치는 모든 물체에서 육신으로도 보리라는 것이다. 그때는 우리 생각들까지 모든 사람들이 받아들일 수 있게 되리라. 그것은 사도의 말씀이 있기 때문이다. "그러므로 주님께서 오실 때까지는 무슨 일이나 미리 앞질러 심판해서는 안 됩니다. 주님께서 오시면 어둠 속에 감추어진 것을 밝혀내시고 사람의 마음속 생각을 드러내실 것입니다. 그때에는 사람마다 하느님으로부터 그에 맞는 칭찬을 받게 될 것입니다"(1고린 4 : 5).

제30장 하느님의 나라에서 영원한 행복과 안식을

그때는 어떤 악도 없으며, 모든 선이 뚜렷하게 드러난다. 오로지 세상 모든 것이라 할 수 있는 하느님을 찬양할 시간만 있으므로 그 행복이 얼마나 클까! 나태함으로 게을러지거나 부족함으로 피곤한 일이 생기지 않을 그곳에서 사람들은 어떤 다른 일을 하게 될 터인지 나는 전혀 알지 못한다. 다음처럼 읽히거나 불리는 성스러운 노래가 내 마음을 움직인다. "당신 집에 사는 사람, 복되오니 길이길이 찬미하옵니다"(시편 84 : 4). 썩지 않을 육신의 모든 신체와 기관은 이제 어쩔 수 없는 온갖 일을 위해 필요한 쓰임에 따라서 저마다 역할을 맡았지만, 그때는 모두 하느님을 찬양하리라. 다가오는 세상의 영적 신체로서는 모자람이 없고, 존재 이유가 확실함은 물론, 안전하며 영원히 이어지는 행복을 위함이기 때문이다. 신체의 조화를 이루는 숫자에 대해 우리는 앞서 살펴보았다(앞의 24장 각주 참조). 그 수들은 아직까지는 숨어 있지만 그때는 신체 부분 하나하나에 안과 밖으로 놓여져 드러나 보일 것이다. 그때 보이는 다른 커다랗고 신비로운 능력과 함께 이성적 정신에는 불이 밝혀지고 위대한 창조주 하느님을 찬미하며 이성적 아름다움에 기뻐하게 되리라.

이런 신체 운동이 어떤 것인지에 대해서는 내 생각이 미치지 못하므로 감히 대수롭지 않게 규정하지는 않겠다. 그렇다고 해도 움직이든 멈춰 있든 그 모습은 아름답다. 아름답지 않은 것은 그곳에 있을 수 없을뿐더러 모든 것이 아름답기 때문이다. 영혼이 바라는 곳에는 어디든지 곧 육체가 있으며, 영혼이나 육체에 알맞지 않은 것은 영혼이 결코 바라지 않으리라. 거기에는 참다운 영예가 있어서 실수나 아첨으로 영예를 주는 일 없이 자격 있는 사람에게 명예가 돌아갈 것이다. 거기는 자격 있는 자만이 머물 수 있도록 허락받을 터이므로 자격이 되지 않는 자가 영예를 구하는 일 또한 없이 참다운 평화가 있을 뿐이다. 어느 누구도 자기나 다른 사람의 행동에서 피해를 받는 일이 없기 때문이다.

덕으로의 보상은 하느님 자신에게 있다. 하느님보다 더 뛰어나거나 더 선한 보상이 존재할 수 없으므로, 하느님은 자신을 상으로 주시겠다고 약속하셨다. 예언자로서 "내가 그들의 하느님이 되며 그들 또한 내 백성이 되리라"(2고린 6:16) 하신 말씀은 "나는 그들의 하느님이 되어 그들에게 삶의 만족을 주리라. 내가 너희들이 진심으로 바라는 것, 생명과 건강, 영광과 영예, 평화와 모든 선함이 되어 주리라" 이런 뜻이 아니고 무엇이겠는가? 또 이렇게 생각하는 것이 "하느님께서 만물을 완전히 지배하시게 될 것입니다"(1고린 15:28) 한 사도 말씀의 올바른 풀이이다. 하느님께서는 우리 소원의 목표가 되실 터이니 우리는 그를 끝없이 바라보며, 싫증내는 일 없이 사랑하고, 지치는 기색 없이 찬양하리라. 하느님이야말로 모든 이들의 선물, 애정, 활동이 되며 그 영원한 생명 또한 모든 사람에게 주어질 것이다.

하지만 공적에 따른 보상으로서 주어지는 명예와 영광이 어느 만큼 있을지 그 누가 상상이나 할 수 있겠는가? 그게 존재한다는 사실은 의심치 않는다. 또한 저 행복에 이른 나라에서는 커다란 선을 볼 수 있다. 이곳에서는 뒤떨어진 자가 뛰어난 자를 시기하거나 천사들이 대천사를 시샘하는 일이 없다. 누구도 자신이 받지 못한 것을 억지로 받으려 들지 않으며 이미 받은 사람들과도 마음을 모아 함께한다. 한 육체에서 손가락이 눈이 되려고 하지 않으면서 이 두 부분이 온 육체의 구조 속에서 조화를 이루는 것과 같다. 이처럼 다른 사람보다 작은 선물을 받았다 하더라도 더는 바라지 않는다면 만족이라는 선물까지 받는 것이나 마찬가지이다.

또 그들이 죄 속에서 기뻐할 수 없다는 사실은, 그들이 자유의지를 갖지 않았음을 뜻하는 게 아니다. 오히려 의지는 죄를 기뻐하는 상태에서 벗어나, 죄를 짓지 않음을 반드시 기뻐할 것이므로 더욱 자유로우리라. 처음에 사람이 고결한 존재로 만들어졌을 때 받은 의지의 자유는 죄를 지을 수도, 짓지 않을 수도 있는 능력이었지만 의지의 마지막 자유는 죄를 지을 수 없기에 더욱 큰 힘을 지녔다. 참으로 이는 인간 본성에 따른 능력이 아니라 하느님이 주신 선물이리라. 하느님인 것과 하느님에 동참하는 자라는 것은 그 뜻이 다르기 때문이다. 하느님의 본성은 절대 죄를 지을 수 없지만 그 대신 하느님께 들어가는 자는 죄를 지을 수 없는 상태를 하느님으로부터 선물받는다.

그리고 이 하느님의 선물에는 단계가 있어야만 했다. 곧 처음 받은 자유의지로는 죄를 짓지 않을 수 있었고, 마지막에 받은 자유의지로는 절대 죄를 지을 수 없다. 앞의 것은 공적을 쌓기 위함이고 뒤의 것은 상을 받기 위함이다. 하지만 인간은 본성으로 죄를 지을 수 있었을 때 죄를 지었다가, 더 넉넉한 은혜로 구원받아 죄를 지을 수 없는 자유에 다다른다. 아담이 죄를 지어 잃어버린 최초의 영원한 삶은 죽지 않을 수 있다는 것이었다. 그러나 마지막 영원한 삶은 죽을 수 없는 것이었는데, 이와 같이 처음의 자유의지는 죄를 짓지 않는 능력이었고 마지막 자유의지는 죄를 지을 수 없는 능력이다. 그러므로 경건과 정의에 대한 욕망은 행복에 대한 욕망처럼 절대 잃어버릴 수 없으리라. 틀림없이 우리는 죄 때문에 경건과 행복을 모두 잃었지만, 행복을 잃었을 때에도 행복에 대한 욕망만큼은 잃지 않았다. 또한 하느님은 죄를 지으실 수 없다는 이유로 자유의지가 없으시다고 말할 수는 없다.

우리가 사는 나라에서는 모든 시민에게 한결같은 자유의지가 존재하리라. 어느 누구의 자유의지도 흐트러지지 않고 그분 안에서 벗어나지 않을 터이며 모든 악으로부터 자유로우면서도 모든 선을 가득 채워 영원한 기쁨을 즐길 것이다. 그때는 죄도 형벌도 잊어버릴 것이다. 하지만 자신이 자유로웠다는 사실을 잊고 모든 죄로부터 해방시켜 주신 분께 감사드리는 일을 잊어버리지는 않으리라. 그러므로 영혼이 이성적 지식으로는 지난날의 온갖 죄들을 잊지는 않겠지만 경험적 감각으로는 생각해 내지 못할 것이다. 실제로 의사는 훈련으로 익힐 수 있는 병들은 거의 다 알고 있지만, 자신이 몸소 경험하지 못하면 알 수 없는 병들을 다룰 때에는 그리 뛰어나지 못하다. 따라서 악을 아는 방법은 정신적 통찰과 감각적 체험 두 가지이다.

확실히 어떠한 악덕도 지혜를 통해서 혹은 어리석은 자의 좋지 못한 생활로 알 수 있다. 악을 잊어버리는 방법에도 두 가지가 있다. 참된 지식에 이르거나, 고통에서 벗어나는 것이다. 성도들이 지난날의 악을 떠올리지 못하는 까닭은, 첫 번째 망각보다도 오히려 두 번째 망각 때문이다. 그들은 모든 악을 피하기 위해 자신들의 감각으로부터 완전히 해방된다. 하지만 성도들의 인식능력은 무척 놀라우며 지난날의 고통뿐 아니라 멸망한 자들의 영원한 고통까지도 알고 있으리라. 만일 그들이 가엾은 과거의 불행을 모른다면 어떻게 시인이 말하듯이 하느님의 깊은 사랑을 영원히 노래(시편 89 : 1)할 수 있겠는가?

참으로 그 나라에서는 그리스도께서 피 흘려 우리를 구원하신 그 은혜를 찬양하는 일보다 더 큰 기쁨이 없으리라. "너희는 멈추고 내가 하느님인 줄 알아라"(시편 46 : 10). 거기에서는 이 시인의 말씀이 이루어질 것이다. 그곳에는 저녁 없이 가장 위대한 안식일이 있으며 이는 주께서 세상을 만드시고 처음으로 빚어내신 피조물들 사이에서 말씀하신 것이다. 성경에 "하느님께서는 엿샛날까지 하시던 일을 다 마치시고, 이렛날에는 모든 일에서 손을 떼고 쉬셨다. 이렇게 하느님께서는 모든 것을 새로 지으시고 이렛날에는 쉬시고 이날을 거룩한 날로 정하시어 복을 주셨다"(창세 2 : 2~3) 하였다. 그때는 우리 자신이 바로 일곱째 날이 될 것이다. 곧 우리는 하느님께서 축복을 내려주심과 거룩하게 해주심으로 가득 차오르리라. 그때 우리는 가만히 있어도 그가 하느님이심을 알게 될 터이며, 우리가 그를 버렸을 때 신이 되고자 했던 그 하느님이심을 알게 되리라.

그 전에 우리는 "너희의 눈이 밝아져서 하느님처럼 선과 악을 알게 되리라"(창세 3 : 5)는 유혹자의 목소리에 귀를 기울여 참된 하느님을 버렸다. 하지만 우리가 그를 버린 게 아니라, 그와 함께함으로써 진실로 신들이 되도록 도움받았던 것이다. 하느님을 떠나서 우리가 한 일은 그의 노하심으로 멸망하는 것뿐 그 밖에 무엇이 있는가? 그러나 하느님이 우리를 다시 만들어 주시고 더 큰 은혜로 완전하게 빚어 주실 때에, 우리는 영원히 안식을 누리면서 그가 하느님 이심을 언제나 보게 되리라. 그가 이 우주에서 모든 것 안에 계실 때에 우리도 그로써 충만하기 때문이다. 우리의 선행도 우리 것이 아니라 그의 것임을 깨달을 때, 이 안식을 우리가 누릴 수 있도록 우리의 선행으로 여겨지리라. 그것을 우리의 선행이라고 한다면 그것은 마치 노예의 일처럼 되며, 안식일에 대해서도 "이렛날은 너희 하느님 야훼 앞에서 쉬어라"(신명 5 : 14) 했다. 따라서 예언자 에스겔을 통해 "다시 한 번 안식일을 정해 주었다. 그것을 나와 그들 사이의 증표로 삼아 그들이 야훼의 것이 되었음을 깨닫게 해주려는 것이었다"(에제 20 : 12) 말씀하셨다. 우리가 이 일을 오롯이 깨닫게 되는 것은 우리가 완전히 쉬며 그가 하느님이심을 모자람 없이 아는 때이리라.

성경에 나와 있는 시대 구분에 따라 한 시대를 하루라고 셈한다면 그 시대가 일곱째 날임이 드러나며 안식일임이 더욱 또렷해질 것이다. 처음 시대 곧 첫날은 아담으로부터 대홍수까지요, 둘째 시대는 대홍수로부터 아브라함까지이며, 첫째 시대와 둘째 시대는 그 지나온 수가 같지는 않지만 저마다 열 세대라 하는 세대의 수는 같다. 아브라함으로부터 그리스도의 강림까지는 세 시대라고 복음서기자 마태는 헤아렸으며, 한 시대에 열네 세대씩 펼쳐진다. 즉 아브라함으로부터 다윗까지가 한 시대요, 다윗에서부터 포로 기간까지 한 시대요, 포로 기간에서부터 그리스도의 육신 탄생까지가 한 시대였으며, 저마다 시대가 열네 세대씩이었다. 그리하여 모두 다섯 시대가 된다.

여섯째 시대는 우리가 살고 있는 오늘이요, 그 길이를 세대수로 헤아릴 수는 없다. "그때와 시기는 아버지께서 당신의 권능으로 결정하셨으니 너희가 알 바 아니다"(사도 1 : 7) 하셨다.*34 이 기간이 지나고 나면 마침내 하느님은 일곱째 날에 쉬실 터이며, 일곱 날을 맞이한 우리는 그의 안에서 안식을 누릴 수 있으리라. 오늘 이 시대를 하나하나 자세하게 설명하면 이야기가 지나치게 길어진다. 오직 일곱째 날이 우리 안식일이 될 것이라고만 말하겠다. 그날의 끝은 저녁이 아닐 것이며 주님의 영원한 여덟째 날이 되리라. 주일은 주님 부활로 축성되어 영혼뿐 아니라 육체까지 영원히 안식할 것을 예언으로 미리 보여주신다. 그때 우리는 쉬면서 보리라. 보면서 사랑하리라. 사랑하면서 찬미하리라. 이

---

*34 여섯 시대 구분은 16권 43장의 마지막 부분 참조.

것이 끝없는 끝에 이루어지게 될 일들이다. 우리의 끝이라 함은, 끝없는 나라에 이르는 것 말고는 다른 의미가 없기 때문이다.

나는 하느님의 도움으로 이 기나긴 저술을 마칠 수 있었으니 마땅히 해야 할 책임을 다했다고 여긴다. 내가 이제까지 한 말이 너무 모자라거나 지나치게 많다고 여기는 사람들은 부디 나를 용서하기 바란다. 내가 쓴 말이 충분하다고 보는 사람들은 나와 더불어 하느님께 감사의 마음을 바쳐라. 아멘.

아우구스티누스 사상의 편력을 찾아서
추적현

아우구스티누스가 가슴 깊숙한 곳에서 꺼내는 말 "내 마음의 친구는 내 안에서 당신(하느님)이 사랑하라 하시는 것을 사랑하고, 뉘우치라 하시는 것을 뉘우칠 것입니다"는 우리 가슴속에 있는 참된 자기에게 깊은 감명을 준다《고백록》10·5). 그런데 이처럼 현대인에게 큰 영향을 미치고 있는 아우구스티누스도 옛날에는 별 볼 일 없는 학자에 지나지 않았다. 그 시대에 그는 고전문화 언저리에 위치한 시골뜨기였다. 세계적 지식인들이 쓰는 언어인 그리스어에 대해서도 무지했다. 동시대 비평가였던 에클라눔 주교 율리아누스는 아우구스티누스를 두고 "아프리카인들 사이에서 철학자로 통하는" 시골 교주라고 했다《율리아누스 논박》5·11). 고향 누미디아(오늘날 알제리)에서 암초에 부딪친 아우구스티누스는 히포 레기우스라는 조그만 항구 도시에서 35년 동안 주교로 일했다. 히포에서 그는 (율리아누스의 고상한 빈정거림에 따르면) 동포인 아프리카 사람들을 돌보는 '미련한 보호자'일 뿐이었다. 사실 그의 성직(聖職)은 그리 대단치 않았다. 그때 아프리카에는 700명이 넘는 주교가 있었으며, 평균적으로 매주 한 명씩 주교가 나오곤 했다《주교 아우구스티누스》4·56). 뒷날 교회 초상화에 그려진 아우구스티누스는 중세 후기 주교가 사용하던 모든 장신구—주교관, 지팡이, 장갑, 반지 등—를 몸에 걸쳤지만, 실제로는 늘 수수한 회색 수도복을 입고 있었다. 교회에서 의식을 치를 때에도 여느 때와 똑같은 차림새였다.

아우구스티누스의 영향력은 그가 교회에서 차지했던 지위가 아니라 그의 저작에서 비롯된다. 그는 놀랍도록 많은 저작을 남겼다. 스스로 작성한 불완전한 저작 목록만 봐도 93편이나 된다. 게다가 편지 300통과 (8,000번쯤 했다고 추정되는) 설교 기록이 400편 넘게 남아 있다. 아우구스티누스는 학식 있는 이교도 바로에 대해 이렇게 말했다. "바로의 독서량은 어마어마하다. 그런데도 글을 쓸 시간이 있다는 게 놀랍다. 그 글도 굉장히 많아서, 아마 다 읽을 수 있는 사람은 거의 없으리라."《《신국론》 6·2) 사실 이 말은 아우구스티누스 본인에게 더 잘 어울린다. 그는 이따금 교대로 일하는 속기사들에게 밤늦게까지 구술필기를 시키곤 했다《《서간집》 139·3, 224·2). 필사생도 여럿 고용했다. 그가 일주일에 몇 번씩 하는 설교 내용은 아우구스티누스 본인이나 속기사들에 의해 기록됐다. 때로는 날마다 설교를 하기도 했다. 편지를 보내기 전에는 꼭 사본을 여러 장 작성했다. 아우구스티누스는 넘치는 활력으로 가득 찬 정신을 지녔으므로 구술을 할 때에도 가만히 있지 못하고 이리저리 돌아다니면서 말하곤 했다. 이런 활력은 그의 산문 리듬에도 나타난다《《주교 아우구스티누스》 414).

그는 지칠 줄 모르는 탐구자였다. 그가 좋아하는 시의 주인공 아이네이아스와 마찬가지로 끊임없이 멀어져 가는 뭍을 향해 항해했다《《아이네이스》 6·61). 자기 자신의 이론도 포함해서 기존의 모든 이론에 불만을 품은 아우구스티누스는 호기심을 자극하는 어려운 수수께끼에 부딪쳐 쩔쩔맸다. "우리가 문제 삼고 있는 대상은 하느님입니다. 그분은 이해할 수 없는 존재입니다. 이해할 수 있다면 그는 하느님이 아닙니다."《《설교집》 117·5) 우리는 하느님이라는 수수께끼를 탐구하기 위해 또 다른 수수께끼인 자기 자신을 이용한다. 자기 자신이 수수께끼인 까닭은, 하느님의 수수께끼가 바로 우리 안에 있기 때문이다. 아우구스티누스는 이렇게 말했다. "자기 마음을 스스로도 알 수 없는 이유는 인간이 하느님과 닮았기 때문입니다."《《설교집》 398·2).

인간이 진리를 탐구하는 모습을 묘사한 아우구스티누스의 글은 어느새 차츰 자화상으로 변해 간다.

"탐구욕은 탐구자를 넘어서서 밖으로 뻗어 나간다. 그 충동은 찾던 대상이 발견되어 탐구자가 거기에 가닿을 때까지, 다른 어떤 장소에서도 안식을 얻지 못하고 끊임없이 헤맨다. 이 충동, 이 탐구는 사랑과는 다른 듯싶다. 우리는 이미 아는 대상에 사랑을 느끼지만, 이는 곧 모르는 것을 찾기 위한 노력이다. 그런데 탐구욕은 사랑과 같은 근본적 성질도 지닌다. 탐구자는 어떤 대상을 찾아내려는 의지가 있으며, 그 대상이 무엇인지 알 수 있다면 알고자 하는 의지도 있다. 그러므로 이것은 의지에 의한 행위라고 할 수 있다. 무슨 충동질이라도 당한 것처럼 뭔가를 집중해서 탐구할 때 그는 학구파라고 불리게 된다. 이는 지식을 얻고자 하는 사람들을 일컫는 말이다. 이처럼 마음이 뭔가를 낳기 전에는 어떤 충동이 존재한다. 다시 말해 지식을 탐구하고 발견하고자 하는 의

지에 의해 지식이 생겨나는 것이다."《삼위일체론》 9·18)

이 충동은 아우구스티누스가 '불안한 마음'이라고 표현한 것이다. 이는 좇는 대상이 무엇인지 모르면서도 그쪽으로 손을 뻗다가 균형을 잃고 쓰러지는 인간의 모습을 보여 준다. "육지를 찾고자 하는 마음이 너무나 간절하기에 우리는 해안을 향해 희망이라는 닻을 던진다."《시편 주해》 64·3)

아우구스티누스는 불충분하다고 여겨지는 것은 어김없이 바꿔 놓았다. 어떤 사람들은 그 사상의 일부를 뽑아내서 하나의 체계로 다루는데, 이는 그의 사상이 유동적이라는 사실을 간과한 것이다. 중세 사람들은 《신국론》을 '교회와 국가의 관계에 대한 고정적인 교의'라고 오해했다. 칼뱅은 아우구스티누스의 은총론에서 나타나는 변증법적 과정을 철벽같은 논리로 완성했다. 아우구스티누스는 늘 우리보다 한 발 앞서 있는 진리를 함께 따르고자 노력했다.

"독자 여러분이 나와 마찬가지로 자신 있다고 생각하는 부분에서는 성큼성큼 함께 나아가자. 독자도 나도 모르는 부분에서는 함께 멈춰 서서 잘 연구해 보자. 독자가 자기 잘못을 깨닫는다면 내 곁으로 부르리라. 독자가 내 잘못을 깨닫는다면 나를 독자 곁으로 부르게 하리라. 이리하여 우리는 사랑으로써, 길을 벗어나지 않고 '우리가 간절히 추구하는' 하느님을 향해 여행을 계속할 것이다."《삼위일체론》 1·5)

아우구스티누스는 '앞서 나갈 수 있는 사람은 자기를 앞질러 가라'고 했다.

"나아갈 수 있을 때에는 나아가라. 목적지에 도착하면 서로에게 물어볼 필요가 없어질 것이다. 우리는 그때 크나큰 기쁨을 느끼며 함께 보게 될 환상을, 지금 신앙을 통해 찾고 있는 것이다."《설교집》 261·3)

칼뱅은 아우구스티누스를 지나치게 이상화했다. 한편 사물의 겉모습밖에 보지 못하는 사람들은 흔히 커다란 실수를 저지른다. 그들은 위대한 사상가 아우구스티누스를 단순한 죄인, 성(性)에 사로잡힌 방탕아로 치부한다. 이처럼 아우구스티누스가 과소평가되는 이유 가운데 하나로는 그의 가장 유명한 작품 제목을 꼽을 수 있다. 《고백록》의 원제 Confessiones는 사실 복잡한 의미를 담고 있다. 아우구스티누스는 이 단어 하나에서 신학의 모든 것을 발견했다. 그의 이론에서 confessio란 단어는 곧잘 주님에 대한 세 가지 의미—죄의 고백, 하느님 찬미, 신앙 선서—를 지닌 것으로 풀이된다. 그러나 실제로 이 단어는 보다 넓고 다의적인 의미로 사용된다. Confiteri는 어원으로 따지면 '확증하다' '증언을 뒷받침하다'는 뜻으로, 무생물에도 사용될 수 있다. 이를테면 아우구스티누스와 한 고향 출신인 알리피우스는 "보석은 귀부인의 지위를 뒷받침한다(confess)"고 했다. 아우구스티누스 본인도 무생물인 우주가 신의 존재를 증명한다(confesses)고 말했다(《고백록》10·9). 이때 증명되는 대상은 도덕적 진리가 아니어도 상관없다. 예컨대 그는 시간이 추정될 수 있다는 사실을 '증명했다(confesses)'(《고백록》11·33). Confessio가 포괄하는 의미를 가장 잘 나타낸 역어는 '증명(testimony)'이다(testimonium이란 단어는 《고백록》 두 번째 글에서 두 번 사용됐다).

이는 현대영어의 '고백'이란 단어가 지닌 의미와는 전혀 다르다. 현대영어의 '고백'은 범죄자의 자백 또는 중세 청죄제도(聽罪制度)와 같은 의미를 지닌다. 그러나 아우구스티누스 시대에는 사정이 달랐다. 범죄자의 자백은 자발적인 것이 아니라 거의 고문을 통해 얻어졌다. 성직자가 신도의 '참회'를 듣는 청죄제도 또한 이때는 아직 존재하지 않았다. 4세기에는 세례를 받아 죄를 씻은 그리스도교도는 아무리 무거운 죄를 지었어도 새로운 삶을 살아갈 수 있었다. 첫 번째 잘못은 대중 앞에서 한 번 참회를 함으로써 용서되었고, 죄인은 다시 정식으로 그리스도교회의 일원이 될 수 있었다. 그러나 두 번째 잘못을 저지른 사람은 그리스도교회에서 영원히 추방됐다.

아우구스티누스의 고백(증명)은 알카포네 같은 후세 악당들의 고백과는 달랐다. 실제로 그는 매우 넓은 의미에서 고백(증명)이란 단어를 사용했다. 그가 왜 일부러 '나는 지금 고백(증명)을 하고 있다'고 단언했는지 이해하기 힘들 정도이다. 까닭인즉 의식이 있고 없고를 떠나서 모든 사물이 신의 존재를 증명하고 있기 때문이다. 심지어 악마도 신에게 반항함으로써 신의 존재를 증명(인정)하고 있다. 이단자도 마찬가지다. 무생물도 창조주의 존재를 소리 높여 선언한다. 아우구스티누스 말마따나 "무생물의 아름다움은 신이 존재한다는 증거이다."(《설교집》241·2) 인간의 삶 역시 신의 존재를 증명하고 있음에 틀림없다(《시편 주해》30·11).

그렇다면 왜 아우구스티누스는 책 한 권의 내용을 표현하기 위해 이토록 포괄적인 단어를 사용했을까. 그 답은 성서에서 찾을 수 있다. 사실 아우구스티누스에 대한 문제는 거의 그러하다. 그가 좋아하던 구약성서 《시편》에는 '인간 존재 전체가 신의 존재를 증명한다'고 적혀 있다. '고백한다'와 '증명한다'는 비슷한 뜻으로 쓰일 수 있다. 둘 다 신을 믿는 인간이 신에게 바쳐야 할 증언을 의미한다.

"이스라엘 백성은 예루살렘으로 간다. '그들에게는 거짓이 없으므로' 그들 스스로가 '이스라엘의 증거'이다. 그들은 어디로 가는가. 왜 그곳으로 가는가. '하느님, 당신 이름을 증명하기 위해서입니다,' 이는 얼마나 웅변적인 대답인가. 오만은 자기주장을 하고 겸손은 증명을 한다. 오만한 사람은 자기를 다른 사람으로 꾸미고 싶어 한다. 증명하는 사람은 실상과 다른 모습을 보이길 원치 않으며, 자기 자신을 있는 그대로 온전히 사랑한다."《시편 주해》121·8)

또 아우구스티누스가 좋아했던 신약성서 《요한복음》에는 성령이 그리스도의 존재를 증명하듯이 그리스도는 하느님의 존재를 증명해야 한다고 적혀 있다. 성령이 그리스도교도 안에서 삼위일체의 영광을 증명할 때, 그리스도교도는 삼위일체의 신비의 깊숙한 곳으로 인도된다. 아우구스티누스가 말했듯이 "성령이 그리스도교도에게 내적인 그리스도의 증명을 제공했을 때, 그리스도교도는 스스로 그 증명을 확장해 나간다."《설교집》94·2) 그가 밝히고자 했던 것은 성령이 그리스도교도 안에서 행하는 이 행위였다. 아우구스티누스는 이렇게 말했다. "그것은 증명하는 것, 즉 마음이 믿는 대로 솔직하게 말하는 것입니다. 만일 말과 마음이 일치하지 않는다면, 당신은 암송하고 있는 것이지 증명하는 것이 아닙니다."《요한복음 강해 설교》26·2)

영어의 '고백'이란 단어로는 이처럼 풍부한 신학적 의미를 전달할 수 없다. 그러므로 조금은 낯설지라도 아우구스티누스의 '고백'은 '증명'이라고 번역해야 옳다.

우리는 일반적인 실수를 저지르지 않도록 처음부터 주의해야 한다. 아우구스티누스는 접근하기 쉬워 보이지만 실상은 그렇지 않다. 이를테면 그가 증명하는 '성적(性的) 죄'를 직관적으로 이해했다고 생각하는 사람도 있으리라. 이 사람은 아우구스티누스가 한때 방탕한 인간이었고 회개한 뒤에도 성에 사로잡혀 있었다고 굳게 믿으면서, 뚜렷하게 기록되어 있지 않은 수많은 죄를 그에게 덮어씌울 것이다. 그런데 그의 성생활은 물론 성인(聖人)에 비하면 난잡했을지 몰라도, 일반적으로 볼 때 그다지 심한 것은 아니었다. 아우구스티누스는 한 여성과 15년 동안 동거했다. "다른 사람과는 잠자리를 같이하지 않고 오직 그 여자와 함께 살았다."《고백록》4·2) 이처럼 남자가 내연의 처를 두는 것은 로마에서 법적으로 허용된 행위였다. 그리스도교회도 이러한 내연관계를 합법적이라고 보았다(톨레도 회의 17조).

그러나 아우구스티누스의 인생에 성적 요소가 넘쳐흐른다고 믿는 사람들은 그의 삶에 성적인 장면이나 주제를 멋대로 끼워넣는다—어머니를 사랑하는 근친상간 같은 감정, 친구를 사랑하는 동성애 경향 등등. 현대 정신과 의사들이 때때로 인용하는 유명한 두 논문은 이러한 강박관념을 잘 보여 주는 사례이다. 이 두 논문에서는 아우구스티누스의 아버지가 대중탕에서 아들의 벌거벗은 몸을 보고 '이미 성적으로 성숙했으니 곧 손자를 볼 수 있겠구나' 하고 기뻐하는 장면이 나온다. 아우구스티누스는 이렇게 말했다. "내 어린 시절은 끝났다. 이제 불온한 청년기를 몸에 두르게 되었다."(《고백록》 2·6) C. 크링거맨 박사는 '불온하다'는 형용사를 보고, 아우구스티누스가 대중탕에서 발기했음을 의미한다고 해석했다. R. 브렌들 박사와 W. 나이트하르트 박사는 한술 더 떠서 아우구스티누스의 아버지가 아들의 자위 장면을 목격했다고 주장했다.

그들은 여러 가지 사실을 모르기 때문에 이런 의견을 내놓는 것이다. 그 사실은 다음과 같다.

1. 로마 대중탕은 사교적인 장소였다. 후세 '터키탕'보다 오늘날 쇼핑몰과 비슷했다. 이곳에서 사람들은 예의범절을 철저히 지켜야 했다(오도넬, 2·120). 아우구스티누스 주교 밑에 들어간 수녀들도 대중탕에서 시간을 보내곤 했다(《주교 아우구스티누스》 224).

2. 성 아우구스티누스는 경험상 공공장소에서 성기를 꺼내 놓으면 힘을 잃는다고 생각했다(《신국론》 14·20). 즉 발기와는 반대되는 현상이 일어난다는 것이다.

3. 아우구스티누스의 제3기(청년기)는, 인간의 여섯 가지 시기를 역사적 여섯 단계 및 천지창조의 6일과 대응시킨다는 그의 중요한 체제에 따라 명확히 구분돼 있었다. 그가 말한 청년기는 16세부터 30세까지이므로 일반적인 '사춘기'와는 다르다(오도넬, 2·52–56).

4. '불온하다'는 형용사는 마음이 불안한 상태를 표현할 때 아우구스티누스가 습관적으로 쓰던 말이다. 불안정한 마음은 정신에 '부담을 주어' 사람을 하느님께 다가가게 한다.

5. '불온하다'는 형용사는 아우구스티누스의 인생 시기를 나타내는 말이지

성기를 뜻한 말이 아니다. 브렌들 박사와 나이트하르트 박사는 형용사를 명사로 바꿈으로써(신체 변화를 일으키는 아우구스티누스의 충동으로 해석함으로써) 문제를 해결했다. 그러나 그들은 '몸에 두르게 되었다'는 말을 완전히 무시해 버렸다. 사실 이 표현은 매우 기묘하다. 아우구스티누스는 대중탕에서 벌거벗고 있었는데도 '몸에 두른다'는 표현을 썼다.

6. 아우구스티누스는 '몸에 두른다'는 말을 세례와 관련지어 썼다. 그 시대에는 세례를 할 때 벌거벗은 세례 지원자가 온몸을 물에 적시고서 '그리스도를 몸에 두르고' 물 밖으로 나왔다(《설교집》 216·2). '낡은 아담'을 벗어던지고 그리스도의 정체성을 몸에 두른 것이다.

7. '몸에 두른다'는 표현은 아우구스티누스 본인이 회개할 때 결정적인 역할을 한 성 바울의 글에서 따온 것이다(《고백록》 8·29). "예수 그리스도를 온몸에 두르라"는 그 말이 계기가 되어 아우구스티누스는 암브로시우스에게서 세례를 받게 되었다(《로마인들에게 보낸 편지》 13·14).

8. 아담은 에덴동산에서 벌거벗고 지냈지만 하느님께 받은 육체를 부끄러워하지는 않았다. 타락하기 전에 아담의 나신은 은총이라는 옷을 두르고 있었다(《신국론》 14·17). 그리스도의 은총을 몸에 두르면 이 무구함이 회복된다.

9. 아우구스티누스의 아버지가 비공식적으로 아들의 나체를 본 것과, 세례를 할 때 신체의 완전성을 확인하기 위해 세례 지원자의 몸을 공식적으로 검사하는 일은 병행관계에 놓여 있다(《설교집》 216·10–11). 세례 지원자는 참회자 차림새로 사순절을 보내는데, 성목요일까지는 목욕을 할 수 없었다. 성목요일이 되면 그는 교회에서 신체검사를 받기 전에 대중탕에 가서 그 준비를 했다.

이처럼 벌거벗은 사람에게 안 어울리는 듯한 '몸에 두른다'는 표현은 이야기 전체를 해석하는 열쇠라 할 수 있다. 대중탕에 간 아우구스티누스는 타락한 아담이다. 그는 아직 그리스도의 은총을 몸에 두르지 못했다. 그러나 뒷날 암브로시우스에게서 정신적인 세례를 받아 그리스도의 은총을 몸에 두르게 된다. 이러한 두 목욕 장면은 한 쌍의 성화(聖畵)와도 같다. 하나는 속세의 아버지가 지켜보는 가운데 몸을 씻는 그림이고, 또 하나는 하느님 아버지의 보호 아래 영혼을 씻는 그림이다.

우리가 아우구스티누스의 신학을 진지하게 받아들이지 않는다면 정신과 의사들과 똑같은 실수를 저지르게 될 것이다. 아우구스티누스 주교가 관심을 쏟은 대상은 은총·물·구제의 신비, '낡은 아담'과 회심한 인간이며, 심오한 '정밀 검사'와 하느님 아버지였다. 그런데 오늘날 독자들은 지나친 성적 망상에 사로 잡히곤 한다. 그러면 아우구스티누스를 제대로 이해할 수 없다.

어떤 사람들은 아우구스티누스의 상징적인 문체에 저항감을 느낄지도 모른다. 그의 회상록은 복합적인 성서 내용과 철학적 고찰로 가득 차 있으므로, 여기에 실린 사건들은 특수성을 잃고 나아가 신뢰성까지 잃어버린 것 같기도 하다. 이런 의혹 때문에 어떤 사람들은, 아우구스티누스의 성서 비유 사용법을 다룬 피에르 쿠셀의 선구적인 연구 내용에 반발하기도 한다. 그러나 아래와 같은 두 가지 사실로 볼 때 이러한 의혹은 근거 없는 것이다.

첫째, 아우구스티누스는 신의 은총이 넘치는 회상록에 적힌 사건을 틀림없이 실제로 경험했다. 따라서 그의 회상록은 뒤늦게나마 신의 존재를 증명한다. 아우구스티누스의 말에 따르면 《고백록》은 자기 경험을 가능한 한 사실에 바탕을 두고 이야기한 작품이다. 그에게 다른 내용을 요구한다는 것은, 자기 인생을 이해하게 된 아우구스티누스에게 거짓말을 하라고 하는 거나 마찬가지이다.

둘째, 아우구스티누스의 신학 용어를 제대로 이해한 사람은, 전에는 아무런 의심 없이 받아들였던 그의 인생에 대한 정보를 이제는 《고백록》의 내용으로써 정정할 필요성을 느끼게 된다. 아우구스티누스는 자기 죄를 고백할 때 애인과 아들에 대한 이야기를 독특한 어조로 자주 입에 올렸다. 그는 자기 인생을 낱낱이 말하려고 애쓰지는 않았지만 간접적으로는 말할 수밖에 없었다. 이런 내용이 《고백록》에 드러나 있다.

제1장 아프리카(354–383년)

1. 타가스테(354-366년)

아우구스티누스는 어릴 때 산은 알아도 바다는 몰랐다. 그가 태어난 북아프리카의 타가스테(오늘날 스쿠아라스)는 지중해에서 60마일 떨어진 내륙에 위치한 도시였다. 타가스테와 지중해 사이에는 메드제르다 산맥이 있었다. 또 남쪽저 멀리에는 아우레스 산맥이 사하라 사막을 가로막고 서 있었다. 산은 언제나 아우구스티누스의 마음속에 자리하고 있었다. 그것은 하나님의 불변성을 나타내는 상징, 《요한복음》의 표현을 빌리면 하늘에 다다르는 것의 상징이었다. 그런데 바다에 대해서는 그는 그저 상상할 수밖에 없었다. 뒷날 고향 친구가 "사람이 어떻게 경험하지도 않은 것을 떠올릴 수 있느냐"고 묻자, 아우구스티누스는 "딸기를 먹어 보지 못한 사람은 딸기 맛을 떠올릴 수 없지만, 눈앞에 있는 술잔을 보고 바다를 연상할 수는 있다"고 답했다(《서간집》 7). 그가 처음으로 베르길리우스의 《아이네이스》를 읽었을 때, 주인공 아이네이아스는 아마 술잔속에서 폭풍우와 싸우게 됐을 것이다. 그는 매우 좁은 세상에서 태어났다.

누미디아는 로마 제국의 일부였다. 아우구스티누스는 로마 제국 특유의 요소—곧바른 포장도로, 수도교, 구경꾼들이 모여드는 원형 경기장—에 둘러싸여 성장했다. 로마 제국 북쪽 변경은 '야만족'과 신학적 논쟁(아리우스주의를 둘러싼 고상한 토론과 이에 따르는 치졸한 술책)에 시달리고 있었지만, 이 남쪽 변경은 평화롭고 안전했다. 로마 제국의 곡창지대로 유명했던 누미디아는 기다란 해자에 의해 사막 유목민과 분리돼 있었다. 머나먼 북쪽에 있는 하드리아누스 성벽과 마찬가지로 이 해자는 로마 제국의 관할권을 명확히 나타내 주었다. 아우구스티누스는 부모님처럼 로마 제국 체제가 영원히 이어지리라 믿었던 듯하다. 76세 나이로 세상을 떠날 때에도 그는 하느님의 뜻이라 믿었던 로마 제국 체제의 붕괴를 좀처럼 받아들이지 못했다. 여기서 로마 제국이 313년부터 그리스도교를 국교로 삼았으며, 그리스도교를 신봉하는 서고트족이 히포를 포위하고 있었다는 사실을 지적해 둔다.

아우구스티누스가 태어난 354년 무렵에 타가스테에서는 가톨릭교가 안정된 세력을 유지하고 있었다. 그러나 아우구스티누스의 어머니가 아직 어렸을 때에는 도나투스파가 이곳을 지배하고 있었다. 도나투스파는 매우 엄격한 그리스도교 분파였다. 그들은 디오클레티아누스 황제의 박해를 받아 순교한 사람들을 숭배하고, 시련에 부딪쳐 굴복한 사람과는 결코 화해하려 하지 않았다(《서간집》 93·17). 도나투스파를 연구하는 역사가 W. H. C. 프렌드는 독실한 가톨릭교도였던 아우구스티누스의 어머니가 도나투스파의 짙은 그늘 밑에서 자랐으리라고 추측했다. 도나투스파에게서 흔히 볼 수 있듯이 어머니 이름은 베르베르어(아프리카 북부 방언)로 '모니카'였다. 가까운 도시 티빌리스에서 숭배되던 고대 리비아 여신 몬에게서 따온 이름이었다. 모니카는 순교자를 모시는 성당에 귀의했다. 여기서도 아프리카 도나투스파의 특색을 찾아볼 수 있다. 아우구스티누스는 주위 노동자들이 쓰는 베르베르어를 배우지는 않았지만, 아들이 태어나자 베르베르족 습관을 따라 '하느님께서 주신 자(라틴어로 아데오다투스)'라고 이름 붙였다. 부모는 아우구스티누스를 로마 제국 관료로 만들 생각이었다. 그래서 부모와 그 집 노예들은 아우구스티누스에게 언제나 라틴어로 말을 걸었다. 아버지는 그 지방 하급 관리였다.

아버지 파트리키우스는 '쿠리아'에 속한 데쿠리오네스, 즉 세금을 징수하는 시의회 의원이었다. 그는 그리스도교도가 아니었다. 아우구스티누스는 아버지의 소유지가 적다고 투덜거렸는데, 실은 원로원 위원 대부분이 같은 불만을 품고 있었다(《고백록》 2·5). 로마 제국 역사가 A. H. M. 존스 말로는 "현재 상태에 만족하는 원로원 의원은 하나도 없었다"고 한다. 원로원 의원은 자신의 소유지와 직무에 얽매여 살아야 했고, 그 후계자도 마찬가지였다. 아우구스티누스는 주교가 됐을 때 상속재산을 팔아 버리고 그 운명에서 벗어났다(《서간집》 126·7). 아버지의 포도원에서는 노예들이 일하고 있었다. 아우구스티누스는 전속 노예를 함께 데리고 학교에 다녔다(《고백록》 1·30).

열한 살 또는 열두 살 때 아우구스티누스는 중학교가 있는 이웃 도시에서 전속 노예와 함께 살게 되었다. 그 전에 어떻게 살았는지는 거의 알려진 바가 없다. 하지만 그는 눈이 반짝반짝 빛나는 영리한 소년이었을 것이다. 뒷날 그가 남긴 저작에서 그 모습을 엿볼 수 있다. 그런데 로마 제국이 다스리는 아프리카에서는 모자이크 공예가 발달했었다. 아우구스티누스는 타가스테의 후원자 로마니아누스가 가지고 있던 값비싼 온갖 모자이크에 대해 이야기했다. 뒷날 그는 고향의 모자이크 작품을 바탕으로 우주의 질서를 살펴보기도 했다.

"시야가 좁아서 모자이크 포장도로의 한 부분밖에 보지 못하는 사람은 이렇게 말할지도 모른다. 이것을 만든 예술가는 구성력이 부족해서 그냥 마구잡이로 타일을 늘어놓은 모양이라고. 시야가 좁은 사람은 부분과 전체를 동시에 파악할 수 없다. 그래서 하나의 완성된 아름다움을 이루기 위해 마련된 도안을 인식하지 못한다."《질서》 1·2)

일흔이 넘어서도 아우구스티누스는 하느님께서 만드신 질서를 모자이크 이미지와 관련지어 생각했다. "반듯한 것이든 비뚤어진 것이든, 모든 것이 어떤 질서에 의해 올바른 자리에 배치되어 있다."《신국론》 19·13)

아우구스티누스는 학교를 싫어해서 때때로 수업을 빼먹고 이런저런 경기—로마니아누스가 주최한 곰 괴롭히기, 카르타고 근처에서 발견된 멋진 모자이크가 있는 장소에서 열리는 닭싸움 등—를 보러 갔다. 뒷날 그는 원형 경기장에서 열리는 이러한 경기들을 엄하게 비판했지만, 그래도 잔인한 경기에 대한 흥미를 억누르기는 힘들었던 듯하다. 세례를 준비할 때조차 그는 다음과 같은 글을 썼다.

"우리는 싸움닭이 전투를 앞두고 긴장하는 모습을 보았다. 우리 눈은 거기에 고정돼 있었다. 아름다움을 사랑하는 사람의 눈은 (당사자가 의식하든 안 하든), 모든 것을 억제하고 추진하는 이성의 아름다운 장치—신호가 떨어지면 관찰자가 즉시 반응해 버리는 그 장치—가 조금이나마 모습을 드러내기를 간절히 기다리고 있다. 그 대상이 무엇이든지, 그런 아름다움을 사랑하는 사람의 눈이 관찰을 게을리 하는 일이 과연 있겠는가. 이성의 아름다운 장치는 어디에서나 무엇에서나 섬광 같은 신호를 보낼 수 있다. 이를테면 저 싸움닭을 보라. 싸우기 위해 앞으로 쑥 내밀어진 머리, 팽팽해진 볏, 날렵한 공격, 숙련된 몸놀림—이 모든 것이 지성 없는 동물의 움직임이다. 하지만 그 모든 움직임이 얼마나 이치에 맞는지. 저 높은 곳에 있는 지성이 싸움닭을 통해 이루어져 만물에 질서를 내려주는 것이다. 마지막 승자의 증거—우렁찬 울음소리, 넘치는 힘을 지닌 단단한 몸뚱이—가 자랑스레 내보여진다. 그리고 패자의 모습—싸움에 져서 축 늘어진 깃털, 힘없는 몸짓, 작고 칼칼한 울음소리—이 드러난다. 모든 것이 기묘하리만치 합리적이며, 자연의 섭리와 조화를 이루고 있어서 아름답게 느껴진다."(《질서》1·25)

게다가 12년 뒤에는 이런 말도 했다. "나는 더 이상 원형 경기장에서 개가 토끼를 쫓는 모습을 구경하러 가지는 않는다. 그러나 들판에서 개가 토끼를 쫓는 모습을 목격하면 거기에 정신이 팔려 중요한 문제조차 잊어버린다. 말 머리를 돌리지는 않을지언정 마음은 그 광경으로 달려간다."(《고백록》10·57)

타가스테 근처에는 바다도 없고 큰 강도 없었지만, 그 대신 주요 육로가 복잡하게 교차하고 있었다. 덕분에 아우구스티누스는 사막에서 오는 베르베르인이나, 옛날에 아프리카에 들어온 페니키아인 셈족의 독특한 얼굴을 길거리에서 볼 수 있었다(팔러, 20–21). 세월이 흘러 아우구스티누스는 눈·코·입처럼 사소한 부분을 다르게 함으로써 인간을 저마다 개성적인 존재로 만드신 하느님의 능력에 경탄하게 되었다. 지중해 연안 사람들이 곧잘 그렇듯이, 타가스테 시민들은 무더운 한낮이 지나 날이 저물면 밤새도록 잔치를 벌이며 신나게 놀았다. 아우구스티누스 말로는 16세가 된 그는 저녁때마다 친구와 함께 거리를 어슬렁거리며 놀다가 한밤중에 가장 심한 장난을 쳤다고 한다(《고백록》2·9). 다만 이것은 그가 마다우라에서 고향으로 돌아온 뒤의 이야기이다.

2. 마다우라(366-370년)

아우구스티누스는 《고백록》 제2권에서 처음으로 그가 다닌 중학교가 있는 도시 마다우라를 이야기한다. 그래서 제1권에 실린 학교생활 이야기를 타가스테와 관련지어 생각하는 독자들도 많다. 하지만 제1권에서 그는 베르길리우스를 공부한 일이나 그리스어 수업 시험에서 낙제한 사건을 말한다. 이것은 그가 열두 살 때쯤에 입학한 문법학교에서 처음으로 배운 내용이다. 그는 열여섯 살 때 이 수업 과정을 마쳤다고 한다. 열여섯이 되자 그는 타가스테로 돌아갔다(팔러, 126).

마다우라는 타가스테에서 직선거리로 16마일밖에 떨어져 있지 않지만 실제로는 길이 구불구불해서 쉽게 오갈 수 없는 곳이었다. 마다우라에 가려면 메드제르다 계곡으로 내려가서 중앙 평원으로 올라가야 했다. 이른바 로마 제국의 곡창지대인 이 평원은 드넓은 밀밭과 보리밭으로 이루어져 있었다(팔러,

126–127). 마다우라는 낙후된 이 지역에서 유독 눈에 띄는 세련된 도시였다. 이 지역 빈곤층은 대부분 도나투스파로, 지식층이 비웃을 만한 촌스런 이름—미긴, 남파노 등—을 지닌 순교자들을 계속 숭배하고 있었다(《서간집》 16). 그러나 공동 광장에는 이교(異敎) 신들의 조각상이 세워져 있었다. 그리스도교를 믿는 아프리카 사람들은 아마 3세기의 위대한 웅변가 성 키프리아누스를 숭배했을지도 모른다. 그러나 마다우라 사람들은 《황금 당나귀》를 쓴 2세기 마다우라 출신 소설가 아풀레이우스를 자랑거리로 삼았다.

수많은 고고학적 발견으로 후세 사람들은 마다우라에서 이교가 성행했음을 알게 되었다. 마다우라는 신이교주의(新異敎主義)를 주장한 율리아누스 황제 치세에 커다란 은혜를 받았다. 이 황제는 아우구스티누스가 마다우라로 오기 3년 전에 붕어했다(루페리, 1·98–101). 율리아누스 황제의 짧은 치세(361–363년)를 제외하면, 313년 콘스탄티누스 대제가 밀라노 칙령을 발표하고 나서부터 로마 제국은 계속 그리스도교 국가를 표방했다. 그러나 이교 관직과 칭호는 여전히 남아 있었다. 아우구스티누스가 타가스테에서 사귄 친구이자 후원자인 로마니아누스는 제사(祭司, flamen)라는 이교 칭호를 가지고 있었다. 출세하길 바라는 사람은 누구나 이교의 고전을 배워야 했다. 아우구스티누스는 이런 현실을 한탄했지만, 부모는 아무런 의문 없이 받아들였다. 그래서 그의 종교의식에 기묘한 혼란이 발생했다. 역사가 아널드 모밀리아노의 말을 빌리자면 "아담과 이브 이야기 및 (성서에 나오는) 다양한 사건들은 데우칼리온, 카드모스, 로물루스, 알렉산드로스 대왕 등이 활개 치는 세계에서 계속 펼쳐질 수밖에 없었다." 이처럼 종교와 신화가 뒤섞인 상황은 거의 끝까지 해결되지 않는다. 주교가 된 아우구스티누스는 "우상을 자주 접하고 예언자나 점술가의 조언을 받았다고 해서, 내가 교회를 버린 것은 아니다. 나는 가톨릭교도이다" 이렇게 주장하는 신도들을 나무랄 수밖에 없었다(《시편 주해》 88·24).

소년 시절에 자신을 이교 신화와 시(詩)의 세계에 던져 넣었다는 이유로 아우구스티누스는 선생님과 부모님을 비판한다. 이 대목을 읽을 때 독자는 이 같은 종교와 신화의 혼재를 염두에 둬야 할 것이다. "내 귀는 이교 신화를 듣다가 염증을 일으켰다. 아무리 긁고 또 긁어도 귀가 자꾸 근질근질했다" 스스로 말했을 정도로 아우구스티누스는 이교 신화 세계와 시를 끊임없이 받아들였다(《고백록》 1·16). 더구나 그는 이런 자극적인 이야기를 읽기만 한 것이 아니라

무대에 올리기도 했다. 공개 낭독회에서 그는 자작 유노를 연기했는데, 이때 가공의 설정이라는 조건을 붙이고서 여신의 감정을 가능한 한 사실적으로 표현해야 했다.

유노 여신의 감정은 아우구스티누스에게는 지나치리만큼 사실적으로 다가왔다. 베르길리우스 작품을 사랑했던 그는 《신국론》에서 아래와 같이 적었다 (1·3).

"감수성이 풍부한 시기에 베르길리우스로 가득 찬 마음에 바람구멍을 내기는 어렵다. 호라티우스는 이렇게 말했다.

술통에 한번 포도주가 들어가면

오랜 세월이 흘러도 그 향기는 남아 있다."

같은 아프리카 사람인 디도가 아이네이아스에게 버림 받는 장면에서 아우구스티누스는 디도의 아픔을 자기 아픔처럼 느꼈다. 그도 마다우라에 보내짐으로써 부모에게 버림 받았다고 생각했기 때문이다. 디도는 복수를 다짐하며 이렇게 외친다. "내 잿더미 속에서 복수의 분노가 피어오르리라!"《아이네이스》 4·625) 아우구스티누스는 그리스어 공부를 게을리 한다고 자기를 때리는 교사들에게 똑같이 복수하겠다고 다짐했다. 그는 베르길리우스의 신화 세계에 푹 빠져 있었다. 그래서 어느 지혜로운 마다우라 이교도는 아우구스티누스가 이교도인 줄 알았다. 이 인물은 아우구스티누스가 마다우라에 있을 때 사귄 사람인데, 뒷날 그가 회개하자 편지를 보내 "이제는 미긴이나 남파노같이 수상쩍은 그리스도교 순교자에게도 경의를 표하고 있느냐"고 묻기도 했다.

그의 이름은 막시무스였다. 그가 쓴 편지는 한 통밖에 남아 있지 않다. 그러나 현존하는 편지와 이에 대한 아우구스티누스의 답장 내용으로 보건대 이전에도, 또 아마 이후에도 그들은 서로 편지를 주고받았을 것이다. 이 편지에는 장난기 어린 친밀함이 담겨 있다. 막시무스는 여느 때처럼 웅변술을 드러내 대충 넘어가지 말고 진지하게 논의했으면 좋겠다고 아우구스티누스에게 부탁했다.

"나는 변함없이 당신 편지가 오기를, 당신의 힘찬 말을 듣기를 간절히 바라고 있어요. 일전에는 당신에게 꼼짝없이 당했지만, 그것도 기분 좋은 일격이었습니다. 당신이 선한 의도로 그랬다는 것을 잘 알고 있으니까. 나도 당신을 흉내 내서 대답해 보겠습니다."(막시무스가 아우구스티누스에게 보낸 편지, 《서간

집》16)

아우구스티누스는 "신앙을 위해 순교한 사람들보다 호색한 이교 신들이 더 낫다니, 그게 무슨 말도 안 되는 소리냐" 말했다.

"지금 우리가 진지한 논의를 하고 있는 건가요? 그냥 농담이나 하면 되나요? 당신이 타당성보다도 재치 있는 답변을 기대하고 있는 게 아닌지, 당신 편지만 봐서는 판단하기가 어렵군요. 논의를 하기에는 당신 이론이 너무 취약합니다. 게다가 당신은 늘 그렇듯이 상냥하시고요."(《서간집》17)

막시무스는 자신이 어디에 살고 있는지 자각하지 못했는지도 모른다.

"자신의 입장—아프리카인에게 말을 거는 아프리카인—을 잊어버리다니, 대체 어떻게 그럴 수 있는 겁니까. 우리는 둘 다 아프리카에 살고 있단 말입니다. 그런데 당신은 페니키아의 이름을 얕잡아 보는군요."(아우구스티누스가 막시무스에게)

아우구스티누스는 베르베르어와 페니키아어를 혼동하고 있었으므로 디도와 마찬가지로 자기 어머니 이름이 페니키아어일 거라고 생각했다. 막시무스를 비난하는 그의 태도에서 애향심이 드러난다.

"페니키아어를 싫어하시고, (가장 학식 높은 사람들이 인정하고 있는데도) 페니키아 자료에 많은 지혜가 담겨 있다는 사실을 부정하시는 겁니까. 그렇다면 당신은 페니키아어의 요람인 자기 고향을 부끄럽게 여기고 있음이 틀림없습니다."(아우구스티누스가 막시무스에게)

아우구스티누스는 막시무스를 선배라고 불렀다. 막시무스는 교사였을까, 아니면 존경받는 조언자였을까. 어쨌든 그는 아우구스티누스가 자기 종파 사람이라고 말할 수 있는 입장이었을 것이다. 이것만 봐도 아우구스티누스가 얼마나 이교 문학에 깊이 빠져 있었는지 알 수 있다. 그가 자신에게 이교 문학을 가르친 사람들을 비난한 이유도 알 만하다. 그는 이교도 시인들이 지닌 힘을 몸소 체험했다. 이교도 시인들은 잠시나마 그를 이교도로 만들어 놨다.

마다우라에서는 전속 노예 하나만 데리고 살았으므로 그는 얼마든지 자유롭게 행동할 수 있었다. 이따금 노예와 교사와 부모를 속이고 수업을 빼먹고서 원형 경기장에 놀러 가곤 했다(《고백록》1·30). 어쩌다 학교에 가도 순순히 공부하지는 않았다. 그는 부모님을 비롯해 많은 사람들이 인정하던 '사랑의 매'를 싫어했다. 매를 맞아도 그리스어는 배우기 싫다고 고집을 부렸다. 그리스어를 못해서가 아니라, 그런 식으로 배우기는 싫어서 그랬던 것이다.

아우구스티누스는 라틴어를 금세 익혔다. 그의 "마음은 자기 생각을 말로 표현하는 데 온힘을 쏟았다." 그러나 그리스어에 대해서는 사정이 달랐다. 그의 "자유로운 호기심"은 "위압적인 강요"에 짓눌려 버렸다(《고백록》 1·23). 그는 이처럼 고집 부린 것을 나중에 후회했지만, 학교 친구들은 아무리 매를 맞아도 굴복하지 않는 그의 고결한 반항을 칭송했을 것이다. 아우구스티누스는 이때 그리스어를 배워 놓지 않아서 나중에 고생하게 된다. 하지만 차라리 잘된 일인지도 모른다. 아우구스티누스는 다른 전통에 의지하지 않음으로써 독창적인 이론을 만들어 냈던 것이다.

3. 타가스테(370-371년)

마다우라 학교에서 타가스테로 돌아온 아우구스티누스는 로마인들이 청년기라 부르는 단계(16세부터 30세까지)에 돌입했다. 그는 카르타고에 가서 더욱 심화된 수사학 교육을 받고 싶어 했다. 그러나 안타깝게도 아버지한테는 그럴 돈이 없었다. 아우구스티누스는 16세라는 이 중요한 시기를 고향에서 보낼 수밖에 없었다. 이곳에서 그는 성(性)에 눈떴다. 이를 본 아버지는 아들에게 성적 능력이 생겼음을 확인했고, 어머니는 진지한 충고를 했다. 어머니는 아들이 계속 순결을 지키길 바랐지만 이를 무조건 강요하지는 않고, 적어도 유부녀와 관계를 맺지는 말라고 충고하는 데 그쳤다(《고백록》 2·6).

그런데 이처럼 성적 욕망이 싹튼 시기에 그가 저지른 범죄는—아우구스티누스는 《고백록》 제2권의 절반이 넘는 페이지를 할애해서 이 일을 반성했지만—고작해야 서양배를 훔쳤다든가 하는 사소한 일들뿐이었다. 한낱 어린애 장난으로 치부할 수도 있는 일을 그는 왜 그렇게 진심으로 반성했을까.

아우구스티누스에게 이것은 단순한 어린애 장난이 아니었다. 그보다 옛날에 자기 집 식량창고에서 음식물을 훔친 일에 대해서는 아우구스티누스도 대수롭지 않게 여겼다. 그때는 훔친 물건을 남에게 선물하고서 자기와 놀아 달라고 했다. 이 도둑질에는 그럴싸한 동기가 있었다. 그런데 서양배를 훔칠 때는 그렇지 않았던 모양이다. 아우구스티누스는 더 많은 훌륭한 서양배(아마 로마니아누스 저택에 있는 것)를 합법적으로 손에 넣을 수도 있었다고 고백했다. 그는 서양배를 먹고 싶지도 않았고, 어디에 이용하려고 하지도 않았다. 아우구스티누스와 친구들은 서양배를 훔쳐서 돼지들에게 던져 줬다. 왜 이런 짓을 했을까. 그는 뚜렷한 동기가 없는 이 행위의 수수께끼 속으로 깊이 파고든다. "우리는 금지된 행위를 하는 데 매력을 느꼈을 뿐이다."《고백록》2·9)

아우구스티누스는 그때 분명히 마음속에 남아 있던 교과서 내용을 생각해 보고서 그것을 물리쳤다. 살루스티우스는 아우구스티누스가 공부한 문법 수업에 등장하는 4대 작가 가운데 하나로, 아프리카 전쟁을 다룬《유구르티 전기》를 써서 아프리카인에게 특히 사랑받고 있는 작가였다. 그런데《카틸리나의 음모》에서 그는 카틸리나가 "별다른 이유도 없이 그저 사악했기에" 젊은이들을 이끌고 무의미한 범행을 저질렀다고 서술했다(16).

그러나 아우구스티누스는, 자기모순에 빠진 살루스티우스가 '목적 없는' 범죄에도 실은 목적이 있음을 인정했다는 사실을 떠올렸다. 카틸리나 일당이 악행을 저지른 까닭은 "전투를 멀리하는 바람에 솜씨가 무뎌지고 마음이 해이해지는 것을 막기 위해서"였다. 사소한 악행은 피아니스트의 손 풀기와도 같다. 카틸리나는 공화정부를 쓰러뜨리고 정권을 빼앗겠다는 장대한 범죄 협주곡을 준비하는 의미에서 악행을 저질렀다.

아우구스티누스와 친구들이 한 행동은 이와 비슷한 것일까. 아니라면 인간은 그저 악하기 때문에 악행을 저지른다고 봐야 할 것이다.《고백록》을 쓰면서 아우구스티누스는 흔히 인간이 선을 추구하면서도 악행을 저질러 버린다는 사실을 깨달았다. 그러나 서양배를 훔친다는 시시하고도 비열한 행위에 도대체 어떤 선함이 존재한다는 것인가? 다른 온갖 죄에 대해서 그는 그 동기를 조목조목 열거한다. 어떤 비평가들은 아우구스티누스가 서양배를 훔친 사건에 대해 느끼는 두려움에는 성적 상징성이 숨어 있다고 추측한다. 그러나 여기서 주의할 점은, 아우구스티누스 본인이 이 사건에서 성적 본능을 찾아낼 수 있다면 이토록 의문에 부딪치지도 않았을 것이라고 뚜렷하게 밝혔다는 사실이다.

"물질의 아름다움(금, 은 등)은 우리에게 영향을 미친다. 우리는 몸에 닿는 것, 오감을 자극하는 것에 반응해 동요한다. 세속적 존경을 받는 것도, 주위 사람들에게 명령을 내릴 권력을 쥐고 있는 것도, 주위 사람들을 설득해서 뜻대로 움직일 능력을 갖고 있는 것도, 모두 훌륭한 면이 있다(여기서 주위 사람들을 정복하고자 하는 욕망이 생겨난다). 그러나 만일 이런 것을 손에 넣기 위해서라도, 주여, 우리는 당신을 저버려서는 안 되며, 당신의 율법에서 벗어나서는 안 됩니다. 이 세상에서 우리가 누리는 삶이 매력적인 까닭은 그것이 (차원은 낮아도) 아름다운 것을 따라 우리에게 질서를 주기 때문이다. 예를 들면 여러 영혼이 서로 조화되기 때문에 우정은 감미로운 것이다. 그런데 우리가 질서를 잃고 가장 질 낮은 것에 얽매이기 때문에, 보다 고차원적인 것, 가장 높은 것, 나의 하느님, 나의 주님, 당신으로부터, 그리고 당신의 진리, 당신의 율법으로부터 벗어나 추락했을 경우에 한해서, 이것 또는 이와 비슷한 것 때문에 인간은 범죄를 저지르게 된다. ……범죄 동기를 밝혀낼 때 동기로서 인정되는 것은 지금 이야기했듯이 질 낮은 것을 손에 넣으려는 욕망이나, 그것을 잃지 않으려는 욕망뿐이다. 왜냐하면 보다 고차원적인 것, 보다 충족된 것을 추구할 때 우리는 뭔가를 버리거나 억눌러야 하지만, 질 낮은 것은 분명히 아름답고 유쾌한 것이기 때문이다. 인간은 살인죄를 저지른다. 어째서일까. 남의 아내 또는 재산을 빼앗기 위해서나 생활에 필요한 것을 손에 넣기 위해서이다. 또는 그런 것들을 남에게 뺏길까 봐, 아니면 부당한 대우를 받고 복수심에 불타는 바람에, 인간은 살인죄를 저지르는 것이다. 단지 살인이 즐거워서 사람을 죽이는 인간이 과연 있을까. 누가 그런 동기를 믿을 수 있겠는가."《고백록》 2·10)

아우구스티누스는 자신이 저지른 악행 속에서 선을 찾으려고 노력하다가 마침내 어떤 심리적 실마리를 찾아냈다. 친구와 나쁜 짓을 저지른 동기가 무엇이든, 그는 혼자 있었다면 그런 짓을 하지 않았을 것이다. 이것은 악행 속에 선이 숨겨져 있다는 뜻이 아닐까. 아우구스티누스는 심리학적으로 비슷한 사례를 찾아내서 이를 설명하려 했다. 보통 인간은 누군가와 함께 있을 때 웃지, 홀로 있을 때에는 웃지 않는다. 또는 베르그송이 말했듯이 웃는다 해도, 다른 사람이 곁에 있다고 상상하고서 웃는다(《웃음》 1). 웃음은 기본적으로 사회성을 가지고 있다. 도덕적으로 선하지도 않고 악하지도 않은 '웃는다'는 행위에서 동료의식은 선이 된다. 그럼 역설적으로 아우구스티누스로 하여금 '훔친다'는 악행을 저지르게 만든 동료의식은 과연 선한 것일까. 바로 그렇다고 그는 결론을 내린다. "우리는 서로를 부추김으로써, 악행을 저지르고 싶다는 욕망에 불을 질렀다."《고백록》 2·16)

아우구스티누스는 도둑도 도둑질당하는 것을 싫어하니까 도둑질은 틀림없이 나쁜 짓이라고 단언하면서 논의를 시작한다. 나중에 그는 강도단조차 단결시키는 선한 인연에 대해 자세히 논하게 된다. 강도단은 '약탈한 수확물'을 공평하게 분배해야 하는 것이다(《신국론》 19·12). 아우구스티누스의 눈에는 동료의식과 우정이 중요한 가치기준으로 비춰졌다. 그는 뒷날 이교도를 친구로 삼았기 때문에 잘못에 얽매이게 되지만, 그래도 우정을 그리스도교 사회의 기초라고 생각했다. 나아가 키케로의 국가 정의(定義)에 반박하면서, 한낱 추상적인 공정성이 아니라 "모두가 공통적으로 사랑하는 것"이야말로 모든 정치의 기초라고 주장한다. 결국 우정을 중시하는 마음이, 서양배를 훔친 아우구스티누스의 동기 없는 행위의 배후에 존재하는 일그러진 선이었던 것이다. 아우구스티누스는 자기 자신의 심리학적 수수께끼를 풀기 위해 굳이 "악은 실체가 있다(선택될 수 있다)"는 마니교 이설(異說)에 기댈 필요가 없었다.

우리는 《고백록》에 나오는 이 '첫 번째 죄'와, 에덴동산에서 아담이 타락한 사건의 유사점을 발견할 수 있다. 아우구스티누스와 친구들은 과수원에서 서양배로 된 '거대한 짐'을 가지고 떠났지만, 정작 그는 나무 한 그루—에덴동산의 사과나무를 연상시킨다—에 대해서만 말한다. 아우구스티누스는 서양배가 아름답지 않았다고 묘사하여 에덴동산에 열린 과일과의 차이점을 강조했다(에덴동산의 사과나무는 "보기에도 탐스러웠다." 《창세기》 3·6). 하지만 그는 또 다른 중요한 유사점은 깨닫지 못했던 모양이다. 《창세기》에서 이브는 뱀의 속임수에 넘어가 타락한다. 그런데 《디모데 전서》(아우구스티누스는 성 바울이 이것을 썼다고 믿었다)에 따르면 "아담은 속지 않았다."(2·14) 그가 사과 자체를 원하지 않았고, 사과가 힘을 준다는 이야기를 믿지 않았다면, 왜 아담은 원죄를 저지른 걸까. 이것은 아우구스티누스가 서양배를 훔친 사건과 비슷하다.

《창세기》를 논하면서 아우구스티누스는 아담이 이브와의 '동료관계'(《신국론》 14·11)를 유지하기 위해 숙고한 끝에 죄를 저질렀다고 말한다. 《고백록》을 완성하는 동안에 쓰기 시작한 《창세기 제일의(第一義)》에서 그는 아담의 잘못된 행위에 대해 이렇게 말했다(11·59).

"이브가 금단의 열매를 먹은 뒤 같이 먹자고 아담에게 건네줬을 때, 아담은 이브를 실망시키고 싶지 않았다. 아담은 생각했다. 자신이 지지해 주지 않으면 이브는 쓰러질지도 모른다, 내 마음속에서 사라져 멀리 떨어진 곳에서 죽어 버릴지도 모른다. 아담은 무질서한 육욕에 굴복한 것이 아니다. 그는 마음과 충돌하는 육욕을 아직 체험하지 못했다. 아담은 이브의 행복을 바라는 친애의 감정에 굴복한 것이다. 실제로 이런 일이 자주 일어난다. 우리는 친구와 대립하기 싫어서 하느님께 등을 돌리기도 한다.”

결국 아담은 사랑의 원천인 하느님에게서 하등한 인간의 사랑을 떼어 놓음으로써, 이브는 물론이고 자기 자신조차 구하지 못하게 된 셈이다. 이것이야말로 아우구스티누스가 서양배를 훔쳐 친구의 호의를 얻고자 했던 경험에서 얻은 교훈이었다. 그는 아담의 첫 번째 죄—사랑이 발견되는 장소에서 멀어짐으로써 사랑을 구하려고 한 것—이 멀리 메아리치고 있음을 깨달았다.

《창세기》 이야기가 자기 과거에 존재한다는 사실을 깨달은 아우구스티누스는 《고백록》 전체에 걸쳐 그 놀라움을 표현했다. 그가 아버지와 함께 대중탕에서 갔었던 일(이때 그는 아담의 부끄러움을 '몸에 둘렀다')에서도 우리는 그 흔적을 찾아볼 수 있다. 또 《고백록》의 다른 중요한 삽화—친구의 죽음, 오스티아에서 어머니와 함께 기도했던 일—도 마찬가지이다. 《창세기》는 《고백록》 전편에 영향을 미치고 있다.

아우구스티누스는 제2권(6)에서 16세 때의 성생활을 설명하기 시작한다. 그러다 갑자기 설명을 중단하고 서양배 삽화를 집중적으로 이야기한다. 제3권 첫머리에서는 카르타고에 도착한 장면이 눈에 띄는데, 여기서 그는 또다시 성생활 이야기를 시작한다. 오도넬은 이를 가리켜 '반복되는 발생'이라고 했다(오도넬, 2·145). 아우구스티누스는 제3권에서 내연의 처를 처음으로 이야기한다. 그런데 오도넬은 아우구스티누스의 아들의 나이에서 흥미로운 결론을 이끌어 냈다(오도넬, 2·207).

“아우구스티누스가 세례를 받은 387년 봄, 아데오다투스는 15세 정도였다. ……그리고 《교사》가 쓰인 극적인 해에 아데오다투스는 16세가 되어 있었다. 이를 바탕으로 계산해 보면 아데오다투스는 371년이나 372년에 태어난 셈이다. 이때 아우구스티누스는 17세였을 것이다. ……하지만 아들이 370년에 태어났을 가능성도 배제할 수 없다. 즉 아우구스티누스가 카르타고에서 처음 몇 년을 보낼 때 아들이 태어났을 가능성은 매우 높지만, 또 한편으로는 《고백》 제2권 3, 5-6에 기록된 '나태하게 보낸 몇 년' 사이에 태어났을 가능성도 완전히 부정할 수는 없다(손자가 태어나기를 바란 파트리키우스의 희망적 관측은 곧바로 실현된 셈이다). 아데오다투스의 어머니는 밀라노를 떠나 385년인가 386년에 아프리카로 돌아갔다. ……아우구스티누스는 그 여자와 함께 청년기를 보낸 것이다."

저 '나태하게 보낸 몇 년'은 아우구스티누스가 타가스테에서 보낸 1년을 의미한다. 그가 16~17세였을 때 아이가 이미 어머니 배 속에 있었다면, 그는 내연의 처를 고향에서 만났거나 카르타고에 도착하자마자 만난 셈이다. 두 사람은 단순히 불장난을 한 것이 아니었다. 아우구스티누스는 그 여자를 잃고 얼마나 슬퍼했는지 이야기하면서, 그녀와 함께 지낸 15년 동안 한 번도 상대를 배신한 적이 없었다고 말했다. "나는 단 한 명의 여인하고만 함께 살았다. 그녀 말고 다른 여성과 관계를 맺은 적은 없었다."《고백록》 4·2) 이 여자는 보통 '우나'라고 불린다. 뒷날 밝혀지지만 우나는 가톨릭교도였고, 타가스테는 카르타고에 비해 가톨릭 세력이 강한 도시였다. 제3권의 수수께끼 같은 한 구절(5)은, 우나와 타가스테를 관련지어 생각하면 쉽게 이해할 수 있다. 아우구스티누스는 교회 안에서 의식이 한창 치러지고 있을 때 "욕망을 품은 채, 결실이 곧 죽음을 의미하는 거래를 하여"《고백록》 3·5), 매우 무서운 죄를 하나 저질렀다고 한다. 이 사건에 관한 설명은 이것으로 끝이다. 실제로 무슨 일이 일어났는지에 대해 터무니없는 억측이 난무했다. 어떤 사람은 아우구스티누스가 예배 도중에 성행위를 했다고 주장하기도 했다. 이보다 좀 온건한 억측도 허황되기는 마찬가지다. 피터 브라운은 카르타고에 미처 적응하지도 못했을 아우구스티누스가 "여자친구를 찾으러" 교회에 들락거렸을 거라고 추측했다(브라운, 41). 오도넬은 아우구스티누스가 카르타고에서도 교회에 갔다는 데에 커다란 의미가 있다고 생각했다(오도넬, 2·159).

그런데 4세기 아프리카에서 이방인이 낯선 도시의 교회에 잠깐 들른다는 것은 불가능한 일이었다. 종파 분립을 주장하는 도나투스파를 교회에서 내쫓기 위해서 교회 사람들은 회원 자격을 엄격히 관리했다. 세례를 열망하는 사람은 예배에서 특별히 부여받은 역할에 전념해야 했다. 세례를 받은 회원은 공중도덕을 지켜야 했다. 이를 어긴 사람은 추방되었다. 그러므로 아우구스티누스는 어머니가 공인된 회원이었고 본인은 세례 지원자였던 타가스테 교회에서 일어난 사건을 이야기했으며, 그 사건은 아마 우나와 관련돼 있으리라고 추측하는 편이 나을 것이다.

그렇다면 '여자를 낚았다'고 해석함으로써 아우구스티누스의 저 심각한 발언을 그럴싸하게 설명할 수 있을까? 흥미롭게도 아우구스티누스는 우나와의 관계를 특별한 거래, 하나의 계약(《고백》 4·2)이라고 표현했다. 혹시 교회 안에서 자기랑 함께 살자고 우나를 설득했을까. 함께 카르타고로 가자고 권했을까. 헤어지자고 말하는 우나에게 매달렸을까. 아니면 애를 지우자고 설득했을까. 아우구스티누스는 적어도 그때 자기 자신은 아이를 바라지 않았다고 고백했다(4·2).

이런 추측은 지금까지 나온 온갖 억측에 비하면 훨씬 설득력이 있다. 아우구스티누스가 우나를 어떻게 대했는지 생각한다면, 그가 저렇게 심한 말로 자책하는 것도 이해가 간다. 그는 우나를 설득해서 같이 살았을 뿐만 아니라 교회와도(아마 가톨릭교도였을 그녀의 부모님과도) 연을 끊게 만들었을 것이다. 뒷날 아우구스티누스는 가톨릭 종교를 버리라고 친한 친구를 설득했던 일을 몹시 후회하게 된다. 교회는 몇 가지 합법적인 내연관계를 인정하고 있었지만, 아우구스티누스 본인은 자식을 낳을 생각이 없었으므로 그들의 관계는 이에 해당되지 않았다(《고백록》 4·2). 첫아이가 태어난 뒤로 다른 아이가 생기지 않은 것을 보면, 아마 그는—우나의 의지와는 상관없이—피임을 한 모양이다.

나중에 주교가 된 아우구스티누스는 우나에 관한 이야기로 추정되는 사례를 들어, 자식을 낳으려고 하는 아내와 싫어하는 남편의 태도를 대조적으로 묘사했다.

"한 남자가 한 여자와 한동안 동거했다고 하자. 만일 그가 그녀보다 지체 높고 괜찮은 여자를 만나 바람을 피운다면, 그 남자는 정신적으로 간음죄를 저지른 셈이다. 손에 넣고자 하는 여자에 대해서가 아니라, 예컨대 결혼하지 않았다 해도 함께 살고 있는 여자에 대해 간음죄를 지은 것이다. 나는 이 여자를 비난할 수 없다. 그녀는 모든 사실을 다 알고서 자기 의지로 결혼식을 올리지 않고 그 남자와 동거하기로 결심한 것이다. 물론 이것도 그 여자가 부정을 저지르지 않았을 때의 이야기지만(tori fidem. 이는 아우구스티누스가 우나를 배신하지 않았음을 나타낼 때 썼던 표현이다). ……사실 이 여자는 정식으로 결혼한 수많은 어머니들보다도 훨씬 훌륭하다. 성관계에서 이 여자가 아이를 가지려고 최선을 다했으면서도 본의 아니게 피임에 동참할 수밖에 없었다면."《결혼의 선함》 5·5)

그는 우나 또는 우나의 가족이 들을지도 모른다고 생각하면서 이 이야기를 한 듯하다.

친가에서 극적인 16세 시절을 보낼 적에 아우구스티누스는 특별한 관계 하나를 맺었다. 이 관계는 감정적으로 좋지 않게 끝났긴 했지만, 그래도 우나와의 관계보다 더 오래 이어졌다(오도넬, 2·381-382). 그것은 아우구스티누스에게 커다란 영향을 준 친구인 타가스테의 억만장자 로마니아누스와의 관계였다(루페리, 2·178-182). 《고백록》에서 아우구스티누스는 아버지가 카르타고에서 그를 교육시킬 자금을 모으려고 애썼다는 이야기를 했다. 하지만 이에 앞서 《아카데미아학파 반박》(2·2)에서는 로마니아누스가 아우구스티누스를 교육시키기로 했다는 사실을 처음부터 분명히 밝혔다.

"내가 젊을 때 돈도 없이 교육을 받으러 멀리 떠나려고 하자 당신은 당신 저택을, 재산을, 무엇보다도 마음을 내게 열어 주셨습니다. 아버지께서 돌아가셨을 때 당신은 나를 후원하고 격려했으며, 경제적 원조로써 아버지의 빈자리를 채워 주셨습니다."

아우구스티누스가 후원자와 친해질 수 있었던 시기는 마다우라 학교를 졸업하고 나서부터 카르타고로 가기 전까지이다. 아우구스티누스는 로마니아누스의 웅장한 저택에 자유롭게 드나들 수 있었다. 우나와 사귀기 시작했을 무렵, 그는 자기 집이 아니라 로마니아누스의 저택에서 우나를 만났다. 지식욕이 강한 로마니아누스가 꾸며 놓은 서재는 아우구스티누스의 흥미를 끌었을 것이다. 로마니아누스는 앞으로 아우구스티누스를 타가스테 학교 교사로 만들고, 특히 자기 아들들의 가정교사로 삼을 계획이었다. 따라서 그는 어린 로마니아누스의 아들들에게 초등교육을 베풀었을 가능성도 있다. 아우구스티누스는 자기가 훔친 것보다 '더 많은 훌륭한 서양배'를 손에 넣을 수 있었다고 했는데, 이는 로마니아누스의 과수원을 염두에 둔 발언이리라. 그는 아버지의 포도원을 언급한 적이 있지만(《고백》 2·9), 과수원 이야기는 한 적이 없다. 그와 로마니아누스와의 관계를 생각하면, 그가 군이 조그만 과수원에서 서양배를 훔쳤다는 사실이 더더욱 어처구니없게 여겨진다. 아우구스티누스는 낮에는 후원자의 총애를 받는 특별한 신동이었지만, 밤에는 거리의 무법자가 되고 싶어 했다. 그는 카르타고에서도 이처럼 모순된 충동을 느꼈다. 한편으로 졸업 과제에 매달리면서도 다른 한편으로 거리의 난봉꾼(파괴자)들과 어울려 지냈다. 인간 모순의 관찰자 아우구스티누스에게는 그 자신이야말로 세상에서 으뜸가는 연구 대상이었을 것이다.

4. 카르타고(371-374년)

제3권의 유명한 첫머리에는 카르타고(Carthago)와 사르타고(sartago)—가마솥 내용물—를 이용한 말장난이 등장한다(오도넬, 2·146). "카르타고에 왔다. 와 보니 여기저기에서 추한 정사(情事)의 가마솥이 부글부글 끓고 있었다." 이 구절은 흔히 아우구스티누스의 방탕한 생활이 시작됐음을 나타내는 것으로 해석된다. 그러나 만일 그가 17세가 되기 전에 우나를 만나 아들을 얻었다면, 그가 방탕하게 지낸 시기는 짧아질 수밖에 없다. 그럼 폭발적인 그의 성욕을 묘사했다고 여겨지는 구절을 다시 한 번 살펴보자. 이것은 원치 않았던 아들과, 마지못해 그와의 관계를 받아들인 여자와 동거하게 된 혼란스런 학생 생활을 묘사한 것이 아닐까. 이 구절은 돈 후안의 회상이라기보다는 성 히에로니무스가 결혼 생활에 대해 했던 이야기("부풀어 오른 자궁, 끓어오르는 질투, 경제적 부담" 《서간집》 22·2)에 가깝다.

"나는 우정의 강을 욕망의 찌꺼기로 더럽히고, 깨끗함을 욕망의 어둠으로 덮어 버렸다. 그동안 계속 비열하고 불성실하게 살면서 스스로는 도시적 멋쟁이가 된 줄 알았다. 나는 사랑에 목매고, 사랑의 포로가 되기를 바랐다. 그러나 자비로운 하느님, 그분이 선의를 가지고 내 방탕한 행위에 철퇴를 내리셨다. 나는 향락 속에서 사랑받고, 구속되고, 이 거추장스러운 인연에 기꺼이 내 몸을 맡겼지만, 그와 동시에 불타오르는 질투와 의혹의 매질을 당하고, 두려움과 분노와 입씨름에 시달렸다."《고백록》 3·1)

아우구스티누스는 스스로 우정을 더럽혔다고 말했다. 이에 대해 레베카 웨스트는 그가 친구와 동성애를 했다고 추측했다. 그러나 우정이 이성애를 뜻하는 경우도 있다. 아우구스티누스는 아담과 이브의 과거를 '우애로운 인애(仁愛)'라 표현했다. 우정이라는 단어는 사랑한다는 뜻의 동사에서 비롯된 것이다. 아우구스티누스는 키케로가 말한 우정의 정의, 즉 "자비와 사랑에 의해 성취되는 신과 인간과의 결합 또는 인간들의 결합"을 즐겨 인용했다(《아카데미아학파 반박》 3·13).

아우구스티누스는 참된 사랑을 모르고 단지 "사랑을 사랑하는 것"밖에 몰랐다고 스스로 말했다(《고백록》 3·1). 이 때문에 어떤 사람들은 그에게 영원불변한 것을 논할 능력이 없었다고 생각할지도 모른다. 하지만 그는, 하느님을 배제하는 사랑은 절대로 참된 사랑이 아니라고 생각했다. 예컨대 그것이 제4권에 나오는 친구에 대한 열렬한 사랑일지라도. 또한 "사랑을 사랑하는 것"은 청년기의 들뜬 마음을 비하하는 표현이 아니다. 이것은 곧 신의 정의이다. "신을 사랑하는 사람은 누구나 사랑을 사랑할 것이 틀림없다."(《삼위일체론》 8·12) 아우구스티누스가 죄 많은 우나와의 관계를 오랫동안 유지하면서 더럽힌 것은 바로 이 '사랑의 이상(理想)'이었다.

카르타고 창고에서 로마니아누스의 지인들에게 소개를 받은 지 얼마 되지 않아, 아우구스티누스의 야심은 원치 않았던 아들이라는 무거운 짐에 짓눌리게 된다. 젊은 나이에 가족을 책임져야 했던 그는 무모한 모험을 동경했지만, 그 마음을 억누르고 부끄러움을 느꼈다고 한다. 교실을 습격하고 아우구스티누스의 삶을 비웃는 난봉꾼들에게 그는 뒤틀린 동경심을 품고 있었다.

"파괴자란, 파렴치함을 과시하는 하나의 수단으로 그들이 자기 자신에게 붙인 이름이다. 그들과 어울리면서 나는 그들의 파렴치함을 도저히 따라잡을 수 없다는 사실을 부끄럽게 여겼다. 나는 그들과 친분이 있었고 그중에는 친구라고 부를 만한 사람도 있었지만, 결국 그들의 습격 행위에 가담하지는 않았기 때문이다."(《고백록》 3·6)

아우구스티누스는 분명 아이를 원치 않았다. 그러나 치밀한 관찰자였던 그는 자꾸만 눈길이 가는 갓난아이 '아데오다투스(하느님께서 주신 자)'에게 관심을 쏟을 수밖에 없었다. 《고백록》 제1권에서 그가 자신의 어린 시절을 그려 낸 유명한 구절은 본인 말마따나 소문과 관찰에 바탕을 두고 있는데, 특히 관찰 쪽이 좀 더 강조되어 있다.

"어느새 나는 미소 짓게 되었다. 처음에는 졸면서, 그다음에는 눈을 뜨고서 ─나는 그런 이야기를 듣고 믿었다. 왜냐하면 나는 내 과거를 기억하지 못할망정, 다른 갓난아이도 그렇게 하는 것을 눈으로 보았기 때문이다. 나는 갓난아이가 어떻게 행동하는지를 이 눈으로 갓난아이에게서 배웠다. 그 아이는 나에 대해 아무것도 몰랐지만, 내 어린 시절을 실제로 알고 있는 유모보다도 많은 것을 나에게 알려 줬다."(1·8)

아우구스티누스가 "이 눈으로 본" 갓난아이라면 아무래도 자기 아들이 아닐까. 제1권에서 갓난아이의 행동을 날카롭게 묘사한 구절은 분명히 371년에 아데오다투스의 요람을 들여다보던 아버지에게서 비롯된 것이리라. 또 카르타고에서 아우구스티누스가 밤에 난봉꾼들과 어울려 다니지 않고 집에서 학문에 열중하고 있는데, 아이 울음소리가 들려와 공부를 방해하기도 했다.

"갓난아이 때에는 젖을 빨고, 칭얼대다가 잠들고, 몸이 불편하면 엉엉 우는 것밖에 몰랐다. ……그러다가 차츰 주위를 인식하게 되었고, 내 요구를 들어줄 것 같은 사람에게 메시지를 전해야겠다는 생각을 했다. 하지만 그럴 수가 없었다. 요구는 내 안에 있었고, 사람들은 바깥에 존재했기 때문이다. 그들은 내 안에 들어올 수 없었다. 그래서 나는 손발을 움직이고 힘껏 소리를 질러 온몸으로 내 요구를 표현하려 했다. 그러다가 짜증이 나자—내 요구를 이해하기 힘들었는지 아니면 들어줄 능력이 없었는지, 하여튼 상대가 내 요구를 들어주지 않았기 때문에—나는 어른을 복종시키지 못해서, 또는 자유민을 내 노예로 부리지 못해서 몹시 화가 났다."

《교사》에서 탐구된 주제가 《고백록》에서 다시금 등장한다. 아마 아우구스티누스는 자기 어린 시절을 묘사할 때 아데오다투스를 염두에 두었을 것이다. 아들이 열여섯 살이 됐을 때 아우구스티누스는 아들과 함께 《교사》를 완성했다. 《교사》도 《고백록》도 거의 같은 문제를 다룬다. 즉 인간은 어떻게 공부를 하는가, 언어란 무엇인가, 언어는 어떻게 의미를 지니는가, 사람들끼리 정한 기호가 일반적으로 통용되는 과정에서 자연의 기호가 하는 역할은 무엇인가, 기억이란 무엇인가, 기억에 의해 가능해지는 자기교육이란 어떤 것인가……. 이를테면 《교사》에 이런 구절이 나온다(1·33).

"나는 '머리'란 말이 반복해서 쓰인다는 사실을 깨달았다. '머리'란 말은 내가 눈으로 봐서 알고 있는 뭔가를 가리키는 말이구나. 그제야 이해가 갔다. 그 전까지 나에게 '머리'란 단어는 단순한 잡음일 뿐이었다. '머리'가 가리키는 대상을 내가 인식했을 때 비로소 '머리'는 기호가 된 것이다. 나는 기호가 아닌 현실에서 뭔가를 배웠다. 우리는 기호가 가리키는 대상을 먼저 알고 나서 기호를 익힌다. 그 반대가 아니다."

한편 《고백록》에는 아래와 같은 내용이 실려 있다(1·13).

"나는 내 요구를 원하는 사람에게 전할 수 없었던 경험을 통해 깨달았다. 아무리 꽥꽥거리고 불명확한 소리를 질러도 소용없다는 사실을. 하느님, 나는 그분이 주신 두뇌를 이용하고 기억을 이용해서 바깥에 있는 존재를 파악하려 했다. 누가 어떤 존재의 이름을 부르고, 몸을 움직여 그것이 가리키는 대상이 뭔지 보여 줬을 때, 나는 그 소리가 그 대상을 가리킨다는 사실을 기억했다. 이 사실은 몸동작, 즉 인류의 공통된 '몸짓언어'를 통해 뚜렷하게 드러났다. 몸짓언어란 표정이나 눈짓 같은 다양한 몸동작—뭘 바란다, 뭘 가지고 싶다, 싫다, 피하고 싶다는 뜻을 나타내는 움직임—을 말한다. 아무리 다양한 기호에 둘러싸여 있어도 나는 늘 똑같이 사용되는 언어를 기억 속에 모아서, 그 언어에 맞춰 입을 움직임으로써 내 뜻을 남에게 전했다."

《교사》에서 아우구스티누스는 아들에게 아무것도 가르치지 않았다고 단언하면서 아들의 뛰어난 능력을 자랑한다. 소년은 하느님께서 주신 천부적인 도구를 가지고 배운다. 그러나 아우구스티누스가 자주 말했듯이, 하느님께서 주신 재능을 드러낼 환경을 정하는 것은 바로 사랑이다. 그는 아버지나 선생님의 회초리를 싫어했다. 그래서 아들에게—또 나중에는 학생들과 수도원 수사들에게—다른 방식으로 다가갔다.

"더없이 상냥한 유모들, 웃으며 즐기는 게임, 재미있는 놀이에 둘러싸여 있던 갓난아이 시절. 그때 나는 벌에 대한 두려움에 짓눌리지 않고 말하는 법을 배웠다. 안 배우면 벌을 주겠다고 겁주면서 배움을 강요하는 사람은 없었다. 난 그저 바깥 세계에 내 의지를 전달하고 싶다는 간절한 마음으로 그것을 배웠다. ……나는 교사가 하는 말만 모은 것이 아니라, 나에게 말을 거는 모든 사람들의 말을 다 모아서 내 생각을 어떻게든 남에게 들려주려고 노력했다. 이처럼 협박하고 강요하는 것보다는 자유로운 호기심에 맡기는 것이 훨씬 유효한 방법이다."《고백록》1·23)

《교사》와 같은 시기에 쓰인 대화편 《질서》는 이렇게 '사랑이 넘치는 환경에서 공부하는 것'의 기나긴 실례라고 할 수 있다. 질서에 관한 대화에서 아우구스티누스는 젊은 제자들의 흥미를 끌 만한 요소들—배수관에서 나는 이상한 소리, 싸움닭, 공중화장실에서 신나게 노래하는 일 등—을 총동원해서 최종적으로 우주의 질서라는 주제로 이야기를 이끌어 나간다.

아우구스티누스는 너그러운 선생님이었지만, 요람 속에서 증명되는 인간의 본능적 욕구를 그냥 지나칠 만큼 어리숙한 사람은 아니었다. 그는 어린이가 주위의 관심을 끌려고 하며, 똑같이 어린 경쟁자에게 질투와 분노를 느낀다는 사실을 깨달았다. 지배욕은 악마가 처음으로 저지른 '오만'이라는 죄이며, 아담이 타락한 원인이기도 하다. 아담의 흔적은 그 원죄를 이어받은 모든 존재 속에 나타난다.

어쨌든 아버지가 원치 않았다 해도 이 아이는 '하느님께서 주신 자'였다. 머잖아 아버지는 아이에게 푹 빠졌다. 이 아이 안에서 '인간 지성 발달'이라는 경이로운 실험이 이루어졌다. 아우구스티누스는 이 아이를 두고 "부모의 착각일지도 모르지만, 이 아이의 재능은 전도유망하다"고 말했다(《지복(至福)의 삶》 1·6).

《고백록》 제3권에는 아우구스티누스가 카르타고에서 처음 2년을 보내는 동안에 지적으로 얼마나 발달했는지에 대한 기술이 없다. 그런데 열아홉 살 때 그는 수사학을 공부하다가 키케로의 대화편 《철학의 권유》를 접한다. 그다음 일은 간단히 요약되어 있다. 키케로의 영향으로 '철학'에 관심을 갖게 된 그는 지혜를 추구하면서 성서를 연구해 보지만, 곧 성서의 조악함에 실망해서 이번에는 마니교도의 철학을 탐구하게 된다. 이 사실은 아우구스티누스가 그때 의지할 수 있었던 세 가지 도덕철학—이교의 합리주의, 그리스도교의 '미신', 마니교 신비주의—을 나열해 볼 때 비로소 이해가 간다. 그런데 그는 아무것도 모르는 상태에서 마니교 교의를 탐구한 것이 아니었다. 《고백록》 뒷부분에서 밝혀지다시피 아우구스티누스는 카르타고에 온 지 얼마 안 되어(아마 로마니아누스 덕분에 유력자에게 소개됐을 무렵), 아주 매력적인 젊은 마니교도들을 만났다. 이 지적이고 향락적인 마니교도들의 인간미와 높은 학식은 난봉꾼들의 분방한 매력과 뚜렷한 대조를 이루었다. 아우구스티누스가 친구를 묘사한 글을 보자.

"나는 마니교 교의뿐만 아니라 그들의 성질에도 마음을 빼앗겼다. 우리들은 이야기하고, 웃고, 서로를 칭찬했다. 아름다운 표현으로 가득 찬 책을 함께 읽고, 농담을 던지거나 진지한 대화를 나눴다. 거의 마음이 맞는 우리 관계에서는 이따금 벌어지는 세찬 토론도 독특한 즐거움이었다. 우리는 서로에게 뭔가를 가르쳐 줬다. 누가 없으면 외로워했고, 돌아오면 기뻐했다. 상대에 대한 애정을 미소, 눈짓, 그 밖의 온갖 몸짓으로 표현했다. 따로따로 타오르던 불꽃이 하나의 불꽃으로 합쳐졌다. 우리는 이제 개별적인 영혼이 아니라 하나의 영혼이었다."(《고백록》 4·17)

이 귀공자들에 대한 묘사는 그야말로 옥스퍼드에서 있었던 일을 추억하는 에블린 위의 도취적인 어조를 연상시킨다. 아우구스티누스가 자책하지 않고 즐겁게 회상하는 이교도 시절의 추억은 오직 이것뿐이다. 만일 정식으로 그리스도교도가 됐더라면, 그의 카르타고 친구들은 아마도 그가 생각하는 이상적 수도원—서로의 지성을 드높여 주는 친구들로 이루어진 공동체—의 본보기가 되었을 것이다.

아우구스티누스는 마니교도가 되기 전부터 마니교도 몇 사람을 알고 있었지만 그들에게서 '금욕주의'를 배우려고 하지는 않았다. 고대 후기 사상 체계가 거의 그렇듯이 마니교는 '육체에서 초탈하는 것'을 철학적 계몽의 조건으로 삼았다. 그러나 이 가르침을 엄격하게 지키는 사람은 아주 특별한 인물들뿐이었다. 아우구스티누스의 친구 같은 '청취자'들은 이런 특별한 인물을 모셨지만, 속세에서 벗어난 계몽을 좇는 그의 사명감을 공유하지는 못했다. 청취자는 세례를 미루는 그리스도교도와 비슷했다.

《철학의 권유》를 읽었을 때 '금욕주의'라는 경보음이 아우구스티누스의 영혼을 꿰뚫었다. "나는 그 단어를 통해 고양되고, 불붙어 타올랐다."《고백록》 3·8)《철학의 권유》는 현존하지 않는다. 그러나 아우구스티누스나 다른 사람들이 쓴 짤막한 글로 미루어 볼 때, 키케로의 대화편은 야심과 쾌락을—수사학조차—버리고 지혜를 추구하라고 독자들을 강하게 설득하는 내용인 듯하다(그릴리, 24–25).《철학의 권유》에서 영혼이 신체에 구속되어 있는 상태와, 에트루리아 해적이 포로에게 시체를 매달아 고문하는 것을 서로 비교하는 내용은 뒷날 아우구스티누스의 글에 인용된다(그릴리, 52). 야생마를 길들이듯이 자기 육체를 길들이라는 말이 그의 마음을 강하게 뒤흔들었지만, 이는 어디까지나 이론적인 것이었다. 그는 이 무렵부터 정절을 동경하기 시작했으나 곧바로 실천하지는 못했다.

키케로의 대화편은 위대한 웅변가가 웅변을 통해 웅변을 밀어낸다는 모순을 나타낸 작품이다. 아우구스티누스도 나중에 이런 모순을 체험하게 된다. 무엇보다도 그 대화체가 아우구스티누스에게 깊은 인상을 주었다. 그는 플라톤의 강력한 소크라테스식(式) 문답은 읽을 수 없었지만, 키케로의 도회적인 어조와 화자들의 고상한 의견(이는 현존하는 모든 키케로 대화편에 나타난다)은 좋아했다. 마니교도 친구들은 적어도 이 점에서 키케로와 비슷했다. 아우구스티누스의 초기 작품집은 모두 대화체이다. 사색이란 작업은 누군가와 함께하는 것이 가장 좋다는 그의 생각이 대화체로 표현된 것이다. 나중에 주교 교서(敎書)의 제약 때문에 비교적 자유로운 대화체를 포기해야 하는 상황에서도 그는 설교 도중에 신도와 이야기한 내용을 적거나, 《고백록》처럼 기도하면서 신과 대화하는 글을 썼다. 여기에는 여전히 대위법 같은 느낌이 남아 있다.

아우구스티누스는 키케로의 세련된 대화체에 깊은 감명을 받았다. 그렇기에 《철학의 권유》를 읽고 지혜를 따르기로 마음먹은 그가 모처럼 펼쳐 든 유대교 성서의 조악하리만치 단도직입적인 문체에 혐오감을 느낀 것도 당연하다면 당연하다. 야훼는 대화 따위는 하지 않았다. 야훼는 욥이나 아브라함에게 뭔가를 요구할 때 아무것도 설명하지 않았다. 그는 아우구스티누스의 아버지와 마찬가지로 무자비한 벌을 내리는 오만한 존재였다.

일반적으로 아우구스티누스는 아프리카판(版) 라틴어역성서에서 아름답고 세련된 키케로의 표현을 찾아내지 못한 것으로 추측된다. 하지만 그가 실제로 한 말은 성서 양식이 키케로의 장중함에 미치지 못한다는 것이었다(《고백록》 3·9). 그 뒤에 길게 이어지는 문장은 마니교의 성서 비판을 그대로 받아 외는 듯한 내용인데, 이에 따르면 고상한 교의를 찾기 위해 고전을 배우려는 사람이 읽을 가치도 없다고 생각한 것은 바로 구약성서의 '유치한' 이야기였다(《고백록》 3·13–18).

이와 달리 마니교는 순교한 창시자 마니가 설파한 합리적 우주론과 고차원적인 지식을 지니고 있었다. 또한 아우구스티누스가 키케로에게서 찾아냈던 결점이 마니교에는 없었다. 그 결점이란, 어릴 때부터 아우구스티누스에게 끊임없이 어렴풋한 영향력을 행사하던 그리스도의 이름을 키케로가 모른다는 사실이었다. 마니교는 그리스도교 이단이었다(《신체와 사회》 94–118). 마니교는 그리스도를 삼위일체의 제2위격으로 본다. 그리스도는 빛이요, 하느님 아버지의 말씀을 지상 사람들에게 전하는 존재이다. 제3위격은 마니 본인이다. 그는 빛으로 온 세계에 퍼진다. 마니교도는 추방된 신의 단편(斷片)이 자기 내부에 포함돼 있으며, 널리 퍼지는 악(惡)의 세력으로부터 그 단편을 떼어 내 자유롭게 만들어야 한다고 믿었다. 이 심리극 요소는 아우구스티누스 본인이 품고 있었던 모순과 딱 맞아떨어졌다. 마니교는 자기설명(自己說明)에 필요한 범주를 그에게 제공했다. 마치 프로이트가 상정한 초자아, 자아, 이드의 삼자관계가 후세 사람들에게 자기설명의 모범이 된 것처럼. 마니교를 통해 아우구스티누스는 심리학적 성찰에 도움이 되는 실험도구를 처음으로 손에 넣었다.

아우구스티누스 말에 따르면 그는 19세 때 《철학의 권유》를 읽고 나서 마니교로 '개종'을 했고 9년 동안 마니교도로 살았다. 하지만 그가 마니교에 몸담은 시기도, 또 거기서 벗어난 시기도 실은 경계선에 해당하는 부분을 가리키는 게 아닌가 싶다. 모니카가 카르타고에서 아우구스티누스와 함께 살게 됐을 때 그는 이미 마니교도가 되어 있었고, 모니카가 오랫동안 손자를 만나지 못했다고는 생각하기 어렵다. 파트리키우스는 371년에 아들이 카르타고에 간 지 얼마 안 돼서 타계했다. 모니카는 그 전에도 아우구스티누스를 찾아갔을지도 모른다. 그러나 이단자와 함께 산다는 것이 망설여져서 이사 시기를 늦춘 것이다 (오도넬, 2·198–199). 여기서 중요한 점은, 우나에 대해서는 모니카가 이런 문제에 부딪치지 않았다는 것이다. 모니카는 주교와 상담을 했다. 아마 자신에 대해서도 아들에 대해서도 잘 아는 주교가 있는 타가스테로 잠시 돌아갔다가, 카르타고에 있는 아우구스티누스의 집으로 이사한 것이리라.

아우구스티누스 가족은 로마니아누스의 도움을 받았다. 아우구스티누스가 후원자 로마니아누스의 요청으로 375년에 교사가 되어 타가스테로 돌아갔을 때, 로마니아누스가 마니교도라는 사실이 처음으로 서술된다. 이제까지 아우구스티누스가 로마니아누스를 마니교로 개종시켰다는 설이 지배적이었지만, 어쩌면 정반대였는지도 모른다. 로마니아누스는 서로마 제국에서 장사를 하고 있었으므로 틀림없이 카르타고 유력자들과 아는 사이였을 것이다. 그는 유력자들에게 자신이 후원하는 젊은이를 추천했을 테고, 이 유력자들 가운데 지위가 높은 마니교도가 있었을 수도 있다. 그들은 아우구스티누스가 로마로 갔을 때 그를 후원했는지도 모른다. 마니교는 화려하지만 위험한 종교였다(그리스도교 국가인 로마 제국에서 마니교는 이단으로서 정식으로 금지돼 있었다). 피터 브라운은 마니교의 매력을, 1920년대 영국 대학생들이 느낀 '볼셰비즘'의 매력에 비유했다(《신체와 사회》108–109). 로마니아누스는 세계인으로서 야심에 불타고 있었다. 따라서 스물두 살 난 아우구스티누스가 새로운 신앙에 열광하며 고향으로 돌아오기 전에 그는 이미 마니교 신봉자가 되어 있었을 것이다. 그는 자기가 후원하는 젊은이의 단순한 거울이 아니었다. 이 사실은 뒷날 밝혀진다.

5. 타가스테(374-376년)

학업을 마치고 고향에서 교편을 잡았을 무렵, 아우구스티누스는 어느 그리스도교 세례 지원자를 마니교로 개종시키려고 애쓰다가 마침내 성공했다. "나는 그를 신앙에서 억지로 떨어뜨려 놓았다."《고백록》4·7) 여기서는 그 친구를 아미쿠스(친구)라고 부르겠다. 아미쿠스는 아우구스티누스가 카르타고에 두고 온 매혹적인 젊은 지식인들을 대신하게 되었다. 그런데 어느 날 아미쿠스가 중병에 걸렸다. 그리스도교도였던 그의 부모는 아들이 죽을지도 모른다고 생각했기에 서둘러 혼수상태인 아들에게 세례를 베풀었다. 아미쿠스가 의식을 되찾자, 아우구스티누스는 억지로 그리스도교도가 된 아미쿠스를 그 종교로부터 쉽게 떨어뜨려 놓을 수 있으리라고 생각했다. 그런데 뜻밖에도 아미쿠스는 아우구스티누스가 하찮게 여기는 그리스도교 신앙에 필사적으로 매달렸다. 친구가 자기 뜻을 거스르자 아우구스티누스는 울분을 느꼈다.

머잖아 아미쿠스는 세상을 떠났다. 아우구스티누스는 깊은 슬픔에 빠져 신경증 발작까지 일으켰다. 영혼의 반쪽이 죽어 버린 것이다. 하지만 그는 나머지 반쪽짜리 영혼이 자기 안에 있다고 생각했기에 가까스로 기운을 차릴 수 있었다. 그 슬픔은 외부에서 작용해 자기소외를 일으키는 엄청난 힘이었다. "나는 나 자신이 수수께끼처럼 여겨졌다. 나는 자문했다. 이런 고통 속에서, 왜 내 마음은 계속 울렁이고 있는가."《고백록》4·9) 마지막 문장에서는 하느님이 아벨의 공물만 받으셨을 때 카인이 화를 내자 하느님께서 질책하시며 하신 말씀이 메아리치고 있다. "고통 속에서 네 얼굴은 왜 일그러져 있느냐."《창세기》4·6) 이 말은 아우구스티누스가 사용한 성서 라틴어 문장에 나타나 있다.

"어째서 너는 울분을 느끼느냐?

어째서 내 행위를 한탄하며 얼굴을 일그러뜨리는 것이냐?"

카인은 자제력을 잃고 비탄에 빠졌다가 하느님께 질책을 받았다. 슬픔에 빠진 아우구스티누스가 이 이야기를 떠올린 것도 마땅하다. 카인은 남의 행운을 한탄한다는 죄를 지었다(《신국론》15·71). 아우구스티누스는 이를 대죄(大罪)라고 보았다. 하느님은 카인에게 슬픔을 억누르라고 명령한다. 그러나 카인은 여전히 슬픔에 사로잡혀 아벨을 죽이고 만다. 하느님은 카인을 하느님의 나라에서 추방하여 황야를 떠돌게 만든다. 이곳에서 카인은 첫 번째 마을을 짓는다. 아우구스티누스는 이것이 바로 하느님의 나라와 대립하는 지상 국가의 기원이라고 했다.

아우구스티누스는 조금은 특별한 방식으로 카인 이야기를 다뤘다. 그는 하느님께서 아벨을 받아들이셨을 때 카인이 느낀 지독한 슬픔을 자세히 분석했다. 또한 그는 한때 멋지게 물리쳤다고 생각했던 신앙에 아미쿠스가 다시 매달리는 모습을 보자 "경악과 혼란을 느꼈다." 그는 "미친 듯이 노력"해서 아미쿠스를 다시 개종시키려고 한다. 그러나 아미쿠스는 하느님께서 카인을 추방하셨듯이 "하느님, 비참한 나를 당신에게서 멀리 떨어진 곳으로 내쳐서"(《고백록》 4·10), 아우구스티누스를 완전히 절망하게 만든다. 그는 고향에서 도망쳐 나와, 그의 지상 국가에 있는 이단자 친구들 곁으로 돌아간다. 그리고 또다시 《창세기》를 통해, 타가스테 사건에 숨어 있는 심오한 도덕적 의미를 해독할 열쇠를 얻게 된다. 아미쿠스는 아벨이었고 아우구스티누스는 카인이었다. 아우구스티누스의 슬픔은 세계의 빛을 가렸고, 현세를 없애고 자기를 파멸시켰다. 카인의 지상 국가에서는 언제나 내적인 투쟁이 벌어진다. 아미쿠스가 세상을 떠난 뒤 아우구스티누스는 자기분열을 일으킨 왕국에 빗대어 자기 심경을 이야기했다. "나는 나 자신의 불행한 나라에 갇혔다. 거기서 살아갈 수도, 도망칠 수도 없었다."(《고백록》 4·12) 고향을 떠날 때 그는 이 도망칠 수 없는 '조국'을 가슴속에 품고 있었다.

6. 카르타고(376-383년)

학생이 아닌 교사로서 카르타고에 돌아온 아우구스티누스는 마니교 활동가들로 가득 찬 은하에서 빛나는 별이 되었다. 그는 고향에서 아미쿠스를 개종시키려고 "미친 듯이 노력"했다가 실패했지만, 여기서는 잇달아 성공을 거두었다. 《마니교도의 '두 가지 영혼'》(11)에서 말했듯이 "제대로 준비되지 않은 그리스도교도를 상대할 때마다 나는 언제나 그를 자멸하게 만들었다." 공개적인 시(詩) 대회에서 우승한 아우구스티누스는 학구적인 지방총독 빈디시안에게서 직접 관을 수여받았다. 빈디시안은 그에게 적절한 조언을 하면서 애정을 표시했다. 380년에 아우구스티누스는 처녀작 《아름다움과 적절함에 대하여》를 발표했다. 이 작품은 현존하지 않는데, 여기서 전개된 논의는 어느 이교도에게 보낸 편지 속에 재현되어 있다(《서간집》 138·5).

"우리는 아름다운 것을 그저 아름답다는 이유로 바라보고 찬미합니다. 아름다운 것과 반대되는 것은 더러운 것, 추한 것입니다. 한편 적절한 것과 반대되는 것은 부적절한 것입니다. 적절한 것은 부적절한 것이 없으면 존재할 수 없습니다. 즉 그 자체로는 평가될 수 없고, 대립되는 것과의 관계 속에서만 평가될 수 있습니다."

'악에는 실체가 있다'는 마니교 사상에서 벗어나지 못한 이 책을 아우구스티누스가 헌정한 상대는 친한 마니교도가 아니었다. 그는 인맥을 넓혀 출셋길을 다지기 위해 안면도 없는 웅변가 히에리우스에게 이 책을 바쳤다(《고백록》4·21-23). 그는 타가스테에서 활동하는 데 도움이 될 만한 지식을 더 많이 습득하기 위해 카르타고로 돌아가는 것이라고 로마니아누스에게 설명했지만, 이때 그는 분명히 더 머나먼 곳을 바라보고 있었다.

아우구스티누스는 노련한 마니교 웅변가였다. 그러나 자연철학에 대한 관심이 차츰 강해지면서, 스스로 교묘하게 변호해 온 신앙에 대해 의문을 품게 된다. 마니교는 성서의 신화 대신 합리적인 설명을 제공하겠다고 약속했지만, '자연철학자들'이라는 주제를 연구함으로써(키케로가 천문학을 다룬 것과 똑같이) 아우구스티누스는 마니교의 우주론 자체가 그 시대 자연철학의 견해와 일치하지 않는 것 같다고 생각하게 된다.

마니교도 친구들은 마니교 최고의 아프리카인 웅변가가 카르타고에 와 준다면 마니교에 대한 의문도 풀릴 거라고 말했다. 그 웅변가가 바로 파우스투스였다. 아우구스티누스는 파우스투스(축복받은 자)의 이름을 가지고 짓궂은 농담을 했다. 파우스투스는 카리스마 있는 매력적인 남자로, 사람들을 끌어당기는 힘이 있는 설교사였다. 그러나 공식적으로 부모와 연을 끊을 정도로 극적인 고행을 했음에도 그는 훌륭한 사상가가 되지는 못했다. 아우구스티누스는 파우스투스의 말솜씨에 자극받긴 했지만, 마니교 진리에 관한 날카로운 질문에 그가 대답하지 못하자 실망했다. "파우스투스는 내가 이미 들은 이야기를 훨씬 능숙하게 늘어놨다. 그러나 상대가 예쁘게 꾸민 잔을 내민다고 해서 과연 내 목마름이 해소될 수 있겠는가."(《고백록》 5·10) 파우스투스는 논리학과 수사학에 정통했지만, 아우구스티누스가 그때 학생들과 함께 읽고 있었던 중요한 서적(아마 키케로의 대화편)조차 읽지 않았다. 아우구스티누스는 "파우스투스는 자신이 무식하다는 사실을 아예 모르지는 않았다"고 인정했다(《고백록》 5·13). 두 사람은 친구가 되었다. 그런데 파우스투스에게서 가르침을 받고자 했던 아우구스티누스가 오히려 그를 가르쳐야 했다.

아우구스티누스는 연설가로서도, 또 교사의 교사로서도 크게 성공했지만 이상하게도 학원 선생으로서는 실패했다. 세련된 대화 교육을 하겠다는 아우구스티누스의 꿈은 난폭한 학생들 앞에서 맥없이 무너지고 말았다. 파괴자들과 어울리던 학창 시절에 그는 방관자로서 이런 난폭한 학생들을 동경했지만, 이제 와서는 그들의 희생자가 되었다. "제삼자는 제정신이 아닌 것처럼 요란하고 뻔뻔하게 교실로 쳐들어와서, 교사가 만들어 내려던 면학 분위기를 완전히 망쳐 버린다."《고백록》5·14) 그의 고백에서 우리는 로마 학생들이 카르타고 학생들보다는 유순했음을 알 수 있다. 아우구스티누스는 어머니 모니카나 후원자 로마니아누스에게는 한마디도 하지 않고 갑자기 몰래 카르타고를 떠났다. 아마 학생들의 불량한 태도도 그 이유 가운데 하나였을 것이다. 그는 우나와 아데오다투스를 데리고 아이네이아스처럼 로마로 떠났다.

제2장 이탈리아(383-388년)

1. 로마(383-384년)

　로마로 건너갈 적에 아우구스티누스는 바다 여행이 얼마나 힘든지 체험했다. 그가 그 뒤로 바다 여행을 한 것은 살면서 딱 한 번—아프리카로 돌아갈 때—뿐이었다. 그는 아프리카로 돌아가서 죽을 때까지 그곳에 머물렀다. 바다는 바라보는 사람에게는 그저 아름다운 풍경이지만, 항해하는 사람에게는 무시무시한 장소였다.

　"바다는 얼마나 매혹적인 구경거리를 제공하는지. 녹색(그것도 다채로운 빛깔을 띤 녹색), 보라색, 하늘을 고스란히 담아낸 푸른색—시시각각 변하는 색채들은 마치 출렁이는 베일과도 같다. 폭풍우가 치면 구경거리는 한결 흥미로워진다. 물론 멀리서 보는 사람에게나 그렇겠지만. 배 안에서 이리저리 흔들리고 굴러다니는 승객으로서는 사양하고 싶은 일이다."(《신국론》 22·24)

　아우구스티누스에게 산은 신과 성인의 상징이었다. 이와 달리 바다는 죽음의 상징이었다. 그리스도교로 개종하려는 사람이 세례 연못으로 내려갈 때, 개종자는 그리스도 안으로 죽으러 갔다가 부활하여 맞은편 기슭으로 올라온다. 383년 아우구스티누스가 우나와 아들을 데리고 지중해를 항해한 것은, 살아서 맞은편 기슭에 다다를 가망이 거의 없는 상태에서 죽으러 가는 거나 마찬가지였다.

　마침내 아우구스티누스 일행은 로마에 도착했다. 그곳은 더는 로마 제국의 중심지가 아니었다. 이제 제국의 중심지는 황제가 이동할 때마다 바뀌었다(383년에는 밀라노였다). 그런데 이처럼 실권을 잃어버렸기에 오히려 로마에서는 그 껍데기—오래전부터 있었던 이교 원로원 제도나 역사적으로 이름 높은 집안—가 열렬한 지지를 받게 되었다. 이를 두고 아우구스티누스는 냉소적으로 말했다. "그리스도교는 온 세계로 퍼져 나갔다. 로마를 제외하고는."(《서간집》 36·4)

로마 원로원 의원들은 자기네 특권이 유명무실하다는 점을 잘 알고 있었으므로, 무료한 시간을 메워 줄 재미있는 어릿광대를 원했다. 그 시절 가장 위대한 역사가였던 암미아누스 마르켈리누스는, 로마가 참으로 재능 있는 사람들을 어떻게 쉽게 떠받들고서 단숨에 내버리는지를 깨닫고 울분을 느꼈다고 한다 (암미아누스《로마사(史)》14·6, 12, 18).

로마에 있는 그리스도교회는 이런 천박한 사회를 상대해야 했다. 그래서 성 히에로니무스가 비꼬았듯이, 로마에서는 정치가같이 속물적인 사제들이 속속 나타났다. 참고로 성 히에로니무스는 아우구스티누스가 로마에 왔을 때 로마 교황의 비서관으로서 로마에 있었지만 둘은 서로 만나지 못했다.

"나는 전형적인 정치가 같은 사제를 단숨에 묘사할 수 있습니다. 이 원형(原型)이 비슷비슷한 놈들에게서 되풀이해 나타나고 있다는 사실을 당신도 아시겠지요. 이런 속물적인 사제는 동이 틀 때 일어나서 그날 방문할 부인들의 예정을 확인합니다. 가장 빨리 부인을 만나러 가는 길을 알고 있으므로, 부인이 미처 깨기도 전에 침실에 도착해 버립니다. 나 참, 더러운 늙은이지요! 조야하고 뻔뻔한 그 입은 언제나 악의로 무장되어 있습니다. ……어디에서나 당신은 그런 놈과 마주칠 것입니다. 또 무슨 소문을 듣든지, 그놈이 그 소문을 꾸며 내거나 부풀렸다고 보시면 될 겁니다."(《서간집》22·28)

성 히에로니무스의 후원자인 교황 다마소 1세도 이런 속물이었다. 다마소 1세의 빈틈없는 정치 활동과 쾌락주의 성향은 그가 선임될 때 사용한 폭력과 더불어, 르네상스 시대 교황의 타락을 예감케 했다. 이 폭력사건으로 137명이나 되는 투사들이 오늘날의 성 마리아 대성당에서 목숨을 잃었다.

그런데 로마에 도착한 아우구스티누스는 베르길리우스 작품을 읽고 사랑하게 된 이 도시를 돌아볼 여유가 없었다. 항해의 피로가 풀리기도 전에 중병에 걸렸기 때문이다. 다행히 마니교 연줄 덕분에 아우구스티누스는 그들 일행 모두—우나, 아들 아데오다투스, 하인 몇 명—를 거둬 줄 후원자를 구할 수 있었다. 그때 그는 이미 마니교에 환멸을 느끼고 있었으므로 그 억지스러운 교의를 두고 집주인을 놀리곤 했는데, 그러면서도 마니교도와의 교제에서 얻는 이익을 포기하려고 하지는 않았다. 마니교도 만일 정부가 마니교를 이단이라고 몰아붙이면서 공격하면 자기네 입장이 위험해질 것이 뻔했으므로, 중요한 인물들을 되도록 많이 사귀고 싶어 했다. 그들은 순수한 로마 귀족보다 성실하고, 민중보다 교양 있는 아우구스티누스 같은 인물을 차례차례 포섭했다.

마니교도로서는 오래된 종교를 신봉하는 성실한 이교도와 손잡을 이유가 있었다. 이교도들도 그리스도교를 신봉하는 밀라노 로마 제국 궁정을 상대로 끊임없는 신경전을 벌였기 때문이다. 뛰어난 웅변가로 이름난 퀸투스 아우렐리우스 심마쿠스는 이런 이교도 가운데 하나였다. 그는 세르비우스나 마크로비우스 같은 베르길리우스 작품 주석자를 비롯한 학자 및 시인 집단에 속해 있었다. 그와 사귈 때 아우구스티누스는 그토록 좋아하는 베르길리우스의 찬미자들을 만났을지도 모른다. 심마쿠스는 발렌티니아누스 황제의 궁정 연설가 선임을 맡고 있었다. 아우구스티누스는 운 좋게 그의 눈에 들었다.

아우구스티누스를 만났을 때 심마쿠스는 단순히 세력 있는 집안 출신의 원로원 의원이 아니었다. 그는 원로원에서 승리의 여신상을 철거하는 문제를 둘러싸고 선대 황제와 대립했는데도 무사히 로마 시장으로 임명된 상태였다. 그는 로마의 역사와 힘을 상징하는 그 여신상을 복원하려고 밀라노에 웅변적인 탄원서를 보냈다. 로마 자체가 황제를 상대로, "세계에 법질서를 부여한" 자신의 역사적 정체성을 인정해 달라고 탄원하는 모습을 묘사한 심마쿠스의 웅변은 밀라노 궁정 사람들에게도 큰 감명을 줬다고 한다(《레라치오》3).

그러나 밀라노 주교 암브로시우스는 어린 황제가 여신상을 복원하면 무슨 일이 벌어질지 다음과 같이 이야기했다. "교회에 가 보십시오. 거기에는 사제가 하나도 없거나, 있어도 당신이 교회에 들어오는 것을 거부할 겁니다."(《서간집》 17·15) 암브로시우스와 심마쿠스의 이 널리 알려진 싸움은 384년 여름에 일어났다. 마침 아우구스티누스가 심마쿠스에게서 관직을 얻으려고 할 때였다. 이때 아우구스티누스는 절대로 타협하지 않는 것으로 유명한 암브로시우스를 처음으로 알게 됐을 것이다. 암브로시우스는 세 황제를 논파하여 굴복시켰다. 그 무렵 아우구스티누스는 키케로의 책에 의지하여 마니교에서 멀어져, 신(新) 아카데미아학파에 대한 키케로의 회의론을 받아들이고 있었다. 그럼 아우구스티누스는 암브로시우스에 대해 어떤 선입관을 가지고 있었을까. 암브로시우스는 영향력 있는 아우구스티누스의 친구들—이교도이든 마니교도이든—을 위협하는 인물이었다. 밀라노는 아우구스티누스에게 위험한 장소일지도 몰랐다. 하지만 그는 로마를 떠나기로 결심했다. 그는 학원 학생들에게 염증이 나 있었다. 그들은 카르타고 학생들만큼 난폭하진 않았지만, 약삭빠르게 수업료를 내지 않고 도망가 버리곤 했다. 타가스테, 카르타고, 로마에서 세 번이나 교사로 서 고배를 마신 끝에 아우구스티누스는 마침내 승진해 '교사' 계급을 벗어났 다. 그는 당당하게 밀라노로 떠났다. 궁정 연설가라는 관직 덕분에 아우구스티 누스는 로마 제국의 역마를 타고 부임할 수 있었다. 주교들에게 이런 특권을 주는 것 자체가 비판받을 만한 일이었지만(암미아누스 《로마사》 21·16, 18).

2. 밀라노(384-386년)

밀라노에 온 아우구스티누스는 전보다 높은 사회적 지위를 얻고 안정된 생 활을 누리게 되었다. 이윽고 그는 어엿한 가정을 꾸렸다. 구성원은 우나, 아들, 어머니, 남동생, 두 사촌, 학생들 그리고 관료 생활에 필요한 여러 명의 노예, 속 기사, 필사생이었다. 이렇게 그는 관료 생활을 시작했다. 결혼으로써 부유한 상 류층이 되는 길도 열렸다. 그 시대에 결혼은 첫째로 재산상의 거래를 의미했다. 어머니 모니카는 여전히 죽은 남편의 재산을 관리하고 있었다. 모니카는 아직 결혼 적령기가 되지 않은 그리스도교도 여자 상속인과 아우구스티누스의 약 혼식을 준비했다. 그 무렵 여자가 법적으로 결혼할 수 있는 나이는 12세였다. 실제로 두 사람이 결혼하기까지 1년이 넘게 걸렸으니, 아마 약혼녀는 그때 열 살 정도였을 것이다.

그렇다면 우나는 어떻게 됐을까. 우나는 청렴한 금욕 생활을 하기로 맹세하 고 아프리카로 돌아갔다. 아우구스티누스는 결혼에 냉담한 태도를 보이면서 다음과 같이 속내를 밝혔다.

"그녀(우나)는 내 결혼에 방해가 되었다. 그래서 오랫동안 나와 동거했던 그 여자는 내 곁을 떠날 수밖에 없었다. 접붙은 나무처럼 그 여자와 연결돼 있었 던 내 마음은 찢어져 버렸다. 그 상처에서 피가 흘렀다."《고백록》 6·25)

아우구스티누스의 이 말은 아미쿠스의 죽음에 대해서 했던 말을 연상시킨 다(《고백록》 4·12).

"나는 거칠게 날뛰는 영혼을 억지로 억누르려 했다. 내 영혼은 찢어져 피투 성이가 됐다."

어째서 그는 우나와 결혼하지 않았을까. 우나가 그보다 신분이 낮았기 때문 일까. 그렇다면 계급간의 결혼을 금지한 콘스탄티누스 황제의 명령 때문에 두 사람은 결혼할 수 없었을 것이다. 또 아우구스티누스가 정식으로 결혼하면 아데오다투스를 입양해서 적자(嫡子)로 삼을 수 있었다. 게다가 더욱 중요한 사실이 있었다. 그가 마니교도였을 때에도, 키케로의 《철학의 권유》에 크나큰 영향을 받았을 때에도, 아우구스티누스는 금욕생활이야말로 철학자의 유일한 수행 방법이라 생각하고 있었다. 뒷날 주교가 된 그는 '자손을 얻기 위해서만 성관계를 맺는 결혼'이라는 자신의 견해를 평신도에게 밝혔다. 아우구스티누스로서는 우나와 동거하면서 금욕생활을 오랫동안 계속할 자신이 없었다. 두 사람의 관계는 이미 습관이 되어 있었다. 그는 한참 어린 신부와는 금욕적인 관계를 맺을 수 있으리라고 생각했지만, 이것은 착각이자 자기기만이었다. 머잖아 아우구스티누스는 우나가 곁에 없어도 금욕생활을 계속할 수 없다는 사실을 깨달았다. 그는 결혼하기 전까지 임시 애인을 만들었다. 그렇다고 아무 여자들이나 만나고 다니지는 않고 한 여자만 사귀었다.

사실 어떤 말로도 우나에 대한 아우구스티누스의 잔인한 처사를 변호할 수는 없다. 본인도 이 사실을 인정했다. 하지만 그가 정말로 우나를 버렸을까. 이 문제에 대해서는 우나도 어느 정도 의견을 내놨을 것이다. 자기 마음의 평화와 아들의 앞날을 걱정하기도 했을 것이다. 밀라노에 왔을 때 아우구스티누스는 여전히 이교 신앙을 가지고 있었으므로, 가톨릭교도인 우나는 마음이 편치 않았을지도 모른다. 궁정 생활이 불편했을 수도 있다. 아우구스티누스가 오랫동안 사랑했던 이 여인은 틀림없이 자기 의지를 가지고 있었을 것이다. 어쩌면 그는 우나의 뜻을 존중해서 그녀의 진짜 이름을 숨기지 않았을까. 두 사람이 헤어진 지 10년이 지나 아우구스티누스가 《고백록》을 집필할 무렵, 사십 줄에 접어든 우나는 아프리카 타가스테—아우구스티누스의 친구 알리피우스가 주교를 맡고 있는 곳—의 가톨릭교도 공동체에 속해 있었을 것이다. 우나는 떠난 뒤에도 줄곧 아들과 편지를 주고받은 듯하다.

밀라노에 도착한 아우구스티누스는 위대한 주교 암브로시우스를 예의상 방문하여 환대를 받았다. 그는 이 위대한 인물에게 감화된 것으로 보인다. 만년에 그가 암브로시우스에게 경의를 표했기 때문이다. 하지만 그가 밀라노 및 그 근교에 머무를 때 썼던 글들은 전혀 다른 인상을 풍긴다. 아우구스티누스는 회심하기 전에 아무것도 지도해 주지 않은 암브로시우스를 "냉혹한 사람"이라고 표현했다(《솔리로키아》 2·26). 회심한 뒤에도 그는 지적 생활을 공유하는 친구에게 이렇게 말했다. 우리는 속세 일로 바쁜 저 주교와는 전혀 다른 삶을 살아가자, 자신을 신격화할 수 있을 만큼 속세에서 벗어난 생활을 하자고(《서간집》10·2). 밀라노를 떠난 뒤 아우구스티누스는 암브로시우스와 편지를 주고받지 않았으며, 그에게 작품을 헌정한 적도 없다. 또한 오랫동안 저작에서 그의 이름을 언급하지도 않았다. 아우구스티누스는 만년에 암브로시우스의 이름이 필요해졌을 때 비로소 그를 이용하기 시작한 것이다.

그는 암브로시우스의 웅변에 큰 감명을 받지 않았다. 설교자로서는 마니교도 친구 파우스투스가 암브로시우스보다 더 매력적이었다고 한다(《고백록》5·25). 그 자신의 설교는 암브로시우스의 설교와는 전혀 달랐다. 아우구스티누스는 밀라노에 왔을 때 암브로시우스가 공개한 충격적인 기적에 대해 큰 의혹을 품었다. 그때 암브로시우스 주교는 밀라노 민중을 지배하기 위해 아리우스파 여제 유스티나와 끝없는 싸움을 벌이고 있었다. 그는 최근에 발견된 두 순교자의 시체(제르바시우스와 프로타시우스)를 이용해, 순교자의 시체에는 기적적인 치유력이 있다는 이야기로 민중의 지지를 모아 지위를 확보하려 했다. 아우구스티누스는 스스로 회개한 이야기를 하고 나서 사족으로 이 중대한 사건을 간단히 말했을 뿐이다. 마치 자신의 회개와 이 극적인 사건은 아무 관계도 없음을 강조하려는 듯이. 아우구스티누스의 이 냉철한 기술은, 그가 주교가 되고 나서 이 사건을 열광적으로 회상하며 기록한 내용과는 영 딴판이다(오도넬, 2·113).

아우구스티누스는 처음에는 기적에 부정적인 태도를 보였다. 그는 기적 자체를 의심하지는 않았다. 하지만 악마도 기적을 일으킬 수 있었고, 하느님이 단지 악마와 실력을 겨루려고 '그리스도의 기적적 삶과 죽음'이라는 가장 중요한 계시를 쉽게 내보이실 것 같지는 않았다. 암브로시우스가 기적으로 대성공을 거둔 이듬해, 세례를 받기 직전에 아우구스티누스는 "기적이 일어났다는 허무맹랑한 선전 문구에 마음이 흔들린" 사람들과 거리를 두었다고 한다(《질서》2·2·7). 3년 뒤 아우구스티누스는 이렇게 설명했다. "기적은 우리 시대에까지 계속 일어날 수는 없었다. 그렇지 않았다면 영혼은 언제나 흥분을 추구했을 테고, 인류는 끊임없이 일어나는 기적에 질려 버렸을 것이다."(《참된 종교》47) 아우구스티누스가 기적에 의혹을 품은 이유는 아프리카 도나투스파가 기적을 순교자 숭배용 구경거리로 이용했기 때문인지도 모른다. 어머니 모니카도 이 순교자 숭배에 가담했었다.

회심하기 전에 아우구스티누스는 (첫 번째 방문을 제외하고) 딱 한 번 암브로시우스와 대화할 기회가 있었다. 그는 밀라노에서의 단식에 관한 모니카의 질문을 암브로시우스에게 전했다(《서간집》 36·32, 54·3). 그리고 나중에 은둔한 별장에서 편지를 보내, 자신이 회심했다는 사실을 암브로시우스에게 알렸다. 그 답장에서 암브로시우스는 아우구스티누스에게 《이사야서》를 읽어 보라고 권했다. 이사야의 언동은 아우구스티누스를 혼란에 빠뜨렸다. 이때 암브로시우스는 성서의 비유적 해석을 아우구스티누스에게 가르쳐 주지 않았다. 실제로 뭔가를 가르친 것은 아우구스티누스가 세례 교육을 받으려고 별장에서 밀라노로 돌아왔을 때였다.

암브로시우스가 아우구스티누스의 회개에서 주된 역할을 담당하지 않았다면, 대체 누가 그 역할을 맡았을까. 암브로시우스의 스승이자 후임 주교인 심플리키아누스는 네 가지 면에서 아우구스티누스의 회개를 도왔다.

첫째로 심플리키아누스는 언제나 그를 환영했다(《신국론》 10·29). 이와 달리 암브로시우스는 방문 약속 날짜를 미루기도 했고, 그와 친근하게 대화를 나누지도 않았다(《고백록》 6·3). 심플리키아누스는 "학생같이 상대에게 질문함으로써 교사가 되는" 사려 깊은 대화 상대였다(게나디우스, 3·6). 심플리키아누스와 편지를 주고받게 된 아우구스티누스는 둘 다 주교로 임명된 뒤에 그를 '교부(敎父)'라 부르며 이렇게 말했다. "당신이 편지에서 보여 주시는 참된 애정은, 아직 시음하지 않은 새 포도주가 아니라 저장실에서 가져온 오래된 비장의 포도주 같은 맛이 납니다."(《서간집》 37·1)

둘째로 심플리키아누스는 아우구스티누스에게 바울의 편지를 읽으라고 했다. 바울의 편지는 《이사야서》와는 비교도 안 될 만큼 그의 마음을 강하게 사로잡았다. 그가 회심하던 날에 읽은 것은 바로 바울의 편지였다.

셋째로 심플리키아누스는 밀라노에서 한창 번영하던 신플라톤주의를 접할 기회를 아우구스티누스에게 주었다. 심플리키아누스는 플로티노스를 번역한 마리우스 빅토리누스와 친구 사이였다. 빅토리누스는 암브로시우스에게 그리스 철학을 가르친 스승으로, 밀라노 신플라톤주의 단체의 중심인물이었다(오도넬, 3·6). 그는 만리우스 테오도로스와 친했다. 아우구스티누스는 초기 작품 하나를 테오도로스에게 바쳤다.

넷째로 심플리키아누스는 아우구스티누스에게 알맞은 회개 이야기들을 들려줬다. 그는 심플리키아누스의 의도를 알아채고서도 그 호의를 고맙게 받아들였다. "심플리키아누스가 빅토리누스의 생애를 이야기해 줬을 때, 나는 빅토리누스를 본받고 싶다는 열망을 품었다. 그것이야말로 심플리키아누스가 노린 것이었다."《고백록》8·10) 이것은 일련의 회개 이야기 가운데 첫 번째 이야기였다. 회개 이야기는 아우구스티누스를 회개의 길로 인도하는 길잡이였다.

신플라톤주의와 성 바울을 깊이 탐구하는 와중에 아우구스티누스는 차츰 자신의 관직에 불편함을 느끼게 되었다. 궁정에서 그가 하는 일은 입발림 소리를 하는 것이었다. "거짓말을 하면 할수록 나는 거짓말 전문가들에게 칭찬을 받았다."《고백록》6·9) 그는 "세 치 혀로 먹고사는 남자"로서 살아가는 데 혐오감을 느꼈다《고백록》9·13). 건강도 점점 나빠졌다. 곧바로 애인과의 관계를 끊어야 했지만 난감하게도 그럴 수가 없었다.

회개하는 날이 왔다. 그는 오랜 친구 알리피우스를 데리고 정원으로 나가서 은총과 마지막 싸움을 벌였다. 이 정원에서 아우구스티누스는 의지가 마비되는 고통을 겪으며 몸부림쳤다. 마치 원하는 것을 손에 넣는 데 필요한 말을 몰라서 무턱대고 손발을 휘두르는 어린애같이.

"헛되이 몸부림치는 동안에도 내 의지는 여전히 내 몸에 작용하고 있었다. 그것은 (이를테면 움직이고 싶은 손발이 절단돼 있거나, 묶여 있거나, 질환에 걸려 약해졌거나, 다른 이유로 쇠약해졌기 때문에) 의지가 있어도 그것이 몸에 작용하지 못하는 경우와는 달랐다. 바로 그렇다. 머리카락을 쥐어뜯거나, 얼굴을 때리거나, 무릎을 끌어안거나 할 때 나는 내 의지가 몸에 명령한 일을 제대로 수행하고 있었다. 만일 손발이 움직이지 않는 상태였다면 내가 그러고 싶어도 할 수 없었을 것이다. 이 경우 의지와 작용은 별개이기 때문이다. 그런데 나는 이런 것보다도 한결 간절하게 하고 싶어 하는 일을 할 수가 없었다. 그것은 분명히 내가 내 뜻대로 할 수 있는 일이었다. 내가 하고 싶었던 것은, 바로 하고 싶어 하는 것이었기 때문이다. 이때 의지가 명한 행위는 의지 그 자체 속에 있었으며, 하고 싶어 하는 일이 곧 해야 할 일이었다. 그러나 나는 할 수가 없었다. 내 손발은 영혼의 간단한 명령에도 반응해서 움직였지만, 내 영혼은 영혼 자체의 의지가 있음에도 자신의 열렬한 의지에 전혀 반응하지 않았다."《고백록》8·20)

고뇌에 빠져든 아우구스티누스는 의인화된 자제(自制)가 그에게서 벗어나,

그로선 무서워서 들어갈 수 없는 곳으로 가 버리는 기분을 느꼈다. 자제는 "나를 받아서 끌어안으려고 애정 어린 두 팔을 내 쪽으로 뻗었다." 멀리 맞은편 해안을 그리워하며 "해안 쪽으로 팔을 뻗는" 사람들의 이미지가 여기서 어렴풋이 드러난다(《아이네이스》 6·314).

이윽고 아우구스티누스는 알리피우스 곁을 떠나 자기 내부의 사막으로 더 깊이 들어간다. 아우구스티누스는 무화과나무 아래 앉았다. 그런데 왜 '무화과나무'임을 강조했을까. 그 중요한 순간에 그가 느긋하게 식물 조사를 했을 것 같지는 않다. 피에르 쿠셀(193)은 이 무화과나무가 어떤 상징이라고 말했다. 쿠셀의 의견에 따르면, 그것은 첫째로 《요한복음》 1·48에서 무화과나무 아래에 있는 나다나엘을 의미한 것이다. 그러나 앞서 봤듯이 《고백록》에서 《창세기》가 사용된 부분을 생각한다면 먼저 '아담과 이브의 내부 분열'을 주목해야 하지 않을까. 이 내부 분열에 의해 아담과 이브는 자신이 벌거벗었다는 사실을 의식하게 된다. "자기 몸이 복종하지 않는다는 사실―이는 그들 자신의 불복종을 상징한다―에 당황한 아담과 이브는 무화과나무 잎사귀로 몸을 가렸다." (《신국론》 14·17)

타락하기 전에 아담은 은총의 옷을 몸에 두르고 있었다. 그 뒤 아담의 몸은 의지에서 분리되었다. 아우구스티누스는 대중탕에서 아버지 눈에 띄었을 때 아담의 부끄러움을 몸에 두르고 있었다. 그리고 오늘 이 순간, 무화과나무 아래에서 그리스도를 몸에 두르려 한다.

쿠셀의 견해에 따르면 자제는 아우구스티누스의 상상 속 인물이고 무화과나무는 상징이므로, 아우구스티누스가 들었다는 어린애 목소리도 아마 실제 목소리가 아니라 마음속에서 생겨난 소리였을 것이다. 쿠셀은 이 어린애 목소리가 이웃집이 아니라 하느님의 집에서 들려온 것이라고 주장했다. 그러나 아우구스티누스는 이 일을 단순한 비유나 심리적 사건으로 취급하지 않았다. 그는 Tolle, lege가 반복되는 동요가 있었나 하고 생각한다. 하지만 짚이는 구석이 없었다. 그래서 그는 "집어서 읽으라"는 뜻이라 해석하고 그 암시를 받아들였다. 읽다 말았던 책을 다시금 집어 들었다. A. 시즈는 아우구스티누스가 이 말의 의미를 이해하지 못한 채 그대로 기록했을 가능성을 지적하면서, 어린애 목소리가 실제로 들렸다고 주장한다. Lege는 '읽으라'보다는 '선택하라'는 뜻으로 쓰일 때가 많다. 따라서 그 어린애는 아우구스티누스 같은 아프리카인에게는 생소한 이탈리아 노래, 즉 이탈리아에서 수확할 때 부르는 노래 "거두어 선별하라"(오도넬, 3·63)를 되풀이하고 있었는지도 모른다.

어쨌든 아우구스티누스는 어린애 목소리에 이끌려 읽게 된 문장의 의미, "예수 그리스도를 몸에 두르라"를 곧바로 이해했다.

"이 문장을 읽는 순간, 확신과 더불어 빛이 내 마음속에 비쳐 들어 모든 의혹의 그림자를 일소했다."

3. 카시키아쿰(386-387년)

회개한 아우구스티누스는 과거 생활과 깨끗이 결별하기로 마음먹었다. 우나는 이미 떠나 버렸다. 그는 건강이 나빠졌다는 이유로 관직에서 사퇴할 계획을 세웠다. 그리고 환경을 바꾸려고 친구 베레쿤두스가 빌려 준 별장으로 이사했다. 그는 그리스도교도가 됐을 뿐만 아니라 금욕주의자가 되기도 했다. 베레쿤두스는 이미 결혼한 몸이라 아우구스티누스와 함께할 수 없다는 점을 아쉬워했다. 이 그리스도교도 엘리트 집단은 독신자만으로 구성될 예정이었다(《고백록》9·5).

비속한 생활과 금욕적으로 결별하는 행위에서는 경쟁심 비슷한 것이 느껴졌다. 사실 그리스도교도가 꼭 금욕주의자가 될 필요는 없었다. 다만 고대 후기 사상에 의하면, 철학자로서 도덕적 삶을 진지하게 따르려는 사람은 금욕주의자가 될 필요가 있었다. 정원으로 뛰쳐나가기 직전에 마지막 회개 이야기를 듣고서 아우구스티누스는 알리피우스에게 다음과 같이 말했다.

"우리는 대체 뭘 하고 있는 걸까? 자네도 들었나? 철학자도 뭣도 아닌 인간들이 앞다투어 천국을 손에 넣으려 하는데, 우리는 피가 흐르지 않는 학문으로—이거 보게, 자기 피와 살의 진흙탕에 빠져 있지 않은가. 그들이 먼저 갔다는 이유 하나만으로 우리는 뒤쫓기를 주저해야만 할까? 부끄러움을 무릅쓰고 그들 뒤를 쫓지 않고서."(《고백록》8·18)

이성을 좇으려면 철저한 금욕이 필요하다고 생각하는 것은, 피터 브라운의 말에 따르면 지중해 전역에서 볼 수 있는 현상이었다. 이 사실은 사람들이 이교도 현자에게 보내는 찬사에서도 드러난다. 암미아누스는 배교자 율리아누스에게 아래와 같은 찬사를 보냈다(암미아누스, 5·4·2).

"배교자 율리아누스는 무엇보다도 변함없이 금욕생활을 계속했다는 점에서 매우 훌륭한 인물이었다. 아내를 잃은 율리아누스가 비극시인 소포클레스에 대한 플라톤의 말을 가슴에 새기고 평생 성관계를 맺지 않았다는 것은 모두가 아는 사실이다. 소포클레스는 이미 늙었는데 아직도 성행위를 할 수 있냐는 질문을 받자, 할 수 없다고 대답한 뒤 이렇게 덧붙였다. '그런 종류의 사랑에서 벗어나서 정말 다행이라고 생각한다. 잔인한 미치광이 폭군에게서 무사히 도망친 심정이다.'"

또 다른 현자 마르쿠스 아우렐리우스 황제도 성관계란 단순히 "여성 내부를 문질러 정액을 분비하는 일"이라고 말하며 이를 멀리했다(《명상록》 2·15). 이 단계에서 아우구스티누스의 태도는 그리스도교도 특유의 태도이기는 해도, 또 한편으로 신플라톤주의 마음 정화 행위와도 깊이 관련돼 있었다. 아우구스티누스, 알리피우스, 아데오다투스는 387년 2월에는 다들 세례 교육을 받기 위해 밀라노로 돌아가야 했으므로, 초겨울을 베레쿤두스의 별장에서 보냈다. 그곳은 매우 추운 장소였다. 아우구스티누스의 학생 하나가 그 별장에서 보낸 나날을 회상하며 시를 썼다.

"새벽의 여신 아우로라가 행운의 전차에 실어 / 나에게 지난날을 되돌려 준다면 / 우리가 지혜로운 은둔 생활을 오래오래 계속했던 그날을. / 알프스 산그늘에서 / 오늘이라면 어떤 서리도 내 발을 위협하지 않으리라 / 똑바로 디디고 서 있으니까. / 어떤 폭풍도 바람도 막을 수 없으리라 / 영원한 우리 우정이 그곳으로 돌아가는 것을."

아우구스티누스 일행 열 사람과 하인, 속기사가 모두 살았을 정도니 베레쿤두스의 별장이 얼마나 크고 훌륭했는지 알 만하다. 그는 아직 정식으로 관직에서 물러나지 않았으므로, 그 일을 돕는 필사생들은 무척 바빴을 것이다. 고대 작가에게 속기사는 필수 불가결한 존재였다—성 히에로니무스는 사막의 은둔처까지 속기사들을 데려갔다고 한다(《서간집》 5·2).

그리스도교 비의(秘儀)를 받기 몇 달 전부터 아우구스티누스는 폭발적으로 창작 활동에 전념했다. 32년 동안 책 한 권밖에 쓰지 않았던 그가 몇 달 만에 대화편 네 편을 집필하고, 모든 학문 분야를 아우르는 야심찬 시리즈를 계획했다. 마치 바른 좌표로 삼을 원리—몸과 마음, 지혜와 신의 본질에 대한 철학적 의문을 해소해 주는 해답—가 없어서 마비 상태에 놓여 있다가 갑자기 깨어난 사람 같았다. 그는 이제 모든 해답을 알아낸 것 같았다—머잖아 더 많은 것을 배우게 될 테지만.

그리스도교 작가로서 아우구스티누스가 본보기로 삼은 사람은 신플라톤주의 학자 만리우스 테오도르스였다. 테오도르스는 정치 문제로 철학에서 멀어지는 것을 경계하여 밀라노에서 조용히 은둔하고 있었다. 클라우디아누스가 테오도르스를 찬미하며 쓴 시에서 우리는 테오도르스가 대화체를 사용했음을 알 수 있다(84-86).

"당신은 난해한 그리스어를 라틴어로 바꾸셨습니다. / 세련된 대화를 유도하는 능숙한 솜씨로 / 실을 엮어 진리의 태피스트리를 짜셨습니다."

뒷날 테오도르스가 이교로 개종하자 아우구스티누스는 서재에서 신플라톤주의 책을 빌려 준 그에 대한 평가를 수정하게 된다.《고백록》7·13에서 "갈수록 오만해지고 있는" 사람이라고 묘사된 인물이 바로 테오도르스이다(오도넬, 2·420). 그러나 회개할 무렵 아우구스티누스가 테오도르스에게서 큰 영향을 받았다는 사실은 테오도르스에게 헌정한 대화편《지복의 삶》(1·45)에도 잘 나타나 있다.《지복의 삶》에서 그는 영혼의 본질에 대해 "우리 친구인 어느 주교"와 나눈 대화를 언급했다. 일반적으로 이 주교는 암브로시우스를 가리킨다고 해석된다. 그러나 앞서 살펴봤듯이 아우구스티누스는 이때까지 한 번도 암브로시우스와 철학적인 대화를 나눈 적이 없었다. 또 테오도르스를 비롯한 신플라톤주의 집단의 중심인물은 심플리키아누스였다. 냉정하고 초연한 암브로시우스에게 "우리 친구인 어느 주교"라는 표현은 그리 어울리지 않지만, 너그러운 심플리키아누스에게는 잘 어울린다. 아우구스티누스의 헌사를 읽어 보면, 그가 그리스도교를 막 연구하기 시작했을 때 테오도르스가 얼마나 중대한 영향을 미쳤는지 알 수 있다.

"친애하는 테오도르스, 당신은 제가 필요로 하는 것을 가지고 계십니다. 저는 감명을 받았습니다. 저도 그것을 손에 넣고 싶습니다. 의지할 상대는 당신뿐입니다. 생각해 보십시오. 당신 앞에 드러난 제가 어떤 인간인지, 저 자신은 어떤 상태에 놓여 있다고 생각하는지. 또 당신이 저에게 어떤 도움을 주시리라 확신하고 있는지. ……신에 대해서 우리 친구인 어느 주교나 당신과 대화를 나누다가 저는 깨달았습니다. 신은 결코 실체 있는 존재가 아닙니다. ……당신이 열심히 연구하고 계시는 플로티노스의 저작을 읽고, 성전(聖典)의 기준에 비추어 음미하자 제 마음을 뜨겁게 타올랐습니다. ……그런 의미에서 당신께 부탁을 드립니다. 당신의 관대함과 친절함, 우리 영혼의 결합과 교류의 이름을 걸고 손을 내밀어 주십시오. 저를 사랑하고 믿어 주십시오, 저도 당신을 사랑하고 소중히 여긴다는 것을. 그러면 저는 자신의 보잘것없는 노력도 보태서, 당신이 이미 손에 넣으신 더없이 행복한 삶에 가닿을 수 있을지도 모릅니다. 제가 오늘 어떤 식으로 제 친구들을 피난처로 인도하고 있는지 알려드리기 위해, 이 저작에 쏟아 넣은 제 영혼 자체를 보여드리기 위해(저에게는 다른 방법이 없었습니다), 저는 당신에게 호소하며 이 초기 작품을 드리고자 합니다. 생각건대 이 글은 제가 쓴 어떤 글보다도 종교적이며, 따라서 당신에게 어울릴 것입니다. 우리는 모두 더없이 행복한 삶이라는 주제에 대해 생각해 왔습니다. 지복의 삶보다 더 훌륭한 신의 선물은 없겠지요. 그러므로 이것이야말로 알맞은 주제일 겁니다. 저는 당신의 웅변에 부끄러움을 느끼지 않습니다(당신의 웅변에 대적할 마음 없이 오직 존경심만 느끼고 있으니 부끄러워할 이유가 어디 있겠습니까). 당신의 높은 지위에 주눅이 들지도 않습니다—당신은 매우 높은 지위에 올라 계시지만, 지위에 구애되는 사람만이 높은 지위 앞에서 굽실거린다는 사실을 아시기에 지위를 소홀히 여기고 계십니다."

이 글은 아우구스티누스가 회개할 무렵에 진지하게 쓴 찬사이다. 이를 통해 우리는 그가 다른 누구보다도 테오도르스의 영향을 많이 받았음을 알 수 있다. 아우구스티누스는 이 찬사를 다 쓰자마자 필사해서, 자기가 밀라노로 돌아가기 전에 서둘러 보냈다. 마치 밀라노의 신플라톤주의 집단에서 자기가 차지하고 있던 지위를 지키려는 듯이. 여기에 인용하지 않은 기나긴 한 구절에는 그의 지적 발달 과정이 짧게 요약되어 있다. 이것이 아우구스티누스의 첫 번째 자서전이다(오도넬, 1·1·i—1·ii). 아우구스티누스는 다른 대화편(《아카데미아학파 반박》) 머리말에도 간략한 전기를 실었는데, 이것은 아프리카에 있는 후원자 로마니아누스에게 바쳤다. 그는 과거를 돌아봄으로써 현재를 평가하고, 그와 동시에 위대한 장래 계획의 틀을 짜려고 했다. 인생을 새로운 방향으로 돌리기 위해 아우구스티누스는 어떤 저작—《솔리로키아》—에서 새로운 형식을 만들어 내기도 했다.

"나는 한동안 다양한 일에 관해 묵상을 계속했다. 며칠이나 끈질기게 무엇을 추구하고, 무엇을 피해야 하는지 자문했다. 돌연 나는 나 자신에게 말을 걸었다—아니면 다른 누군가가 말을 걸었는지도 모른다. 외적 존재가 말을 걸었는지, 내적 존재가 말을 걸었는지 알 수 없었다. 꼭 알고 싶었지만."

이 대화편에서 아우구스티누스는 스스로 만든 조어(造語)를 사용했다. '솔리로키아'란 '홀로 이야기한다'는 뜻이다. 이것은 자기 자신에게 이야기를 들려주는 혼잣말(독백)과는 다르다(마르쿠스 아우렐리우스의 작품이 독백의 대표적인 예이다). 이 대화편에서는 서로 구별되는 두 목소리가 뭔가를 모색하면서 대위법 형태로 교차된다. "우리는 단지 우리끼리 이야기하고 있을 뿐이니, 나는 이 대화를 기록하면서 이를 '솔리로키아'라 부르겠다. 이 조어는 낯설지만 더없이 알맞은 말이다."(2·14)

이때 지성의 상호작용을 원하던 아우구스티누스는 우정조차 진리를 찾기 위한 도구라고 생각했다(1·20).

"이성 : 실제로 함께 있지 않을 때에도 너는 왜 친구가 적어도 살아 있기를 바라는 거지?

아우구스티누스 : 우리 영혼과 신에 대해서 함께 연구하기 위함입니다. 그러면 먼저 뭔가를 발견한 사람이 다른 사람들의 발견을 도울 수 있을 겁니다.

이성 : 만약 친구들이 그 탐구에 참여하지 않는다면?

아우구스티누스 : 참여하도록 설득할 겁니다.

이성 : 설득하지 못하면? 그들은 이미 진리를 손에 넣었다고 생각할지도 모르고, 진리를 얻는 일이 불가능하다고 생각할지도 몰라. 아니면 다른 일이나 오락 때문에 바쁠 수도 있고.

아우구스티누스 : 저는 그들을 위한 대책을 찾을 거고, 그들도 저를 위해 그렇게 해 줄 겁니다. 우리는 최선을 다하고 있습니다.

이성 : 만약 그들의 존재 때문에 네가 자기 탐구에서 멀어지는 일이 생기면 어쩔 건가? 그들을 배제할 수단을 마련하거나, 그들을 배제하고 싶어 하지 않을까.

아우구스티누스 : 그럴 테지요.

이성 : 그렇다면 네가 그들과 함께 있기를 바라는 이유는, 그들 자체가 소중하다기보다는 그들의 도움을 빌려 지혜를 발견하고 싶기 때문이겠군.

아우구스티누스 : 바로 그렇습니다."

카시키아쿰에 은둔할 적에 아우구스티누스가 밀라노의 친구에게 보낸 편지에서도 이와 똑같은 태도가 드러난다. 그는 헤르모게니아누스에게 다음과 같이 써 보냈다(《서간집》1·1).

"뒤엉킨 가시덩굴의 어둠을 뚫고 플로티노스의 순수한 증기(蒸氣)를 운반해서 몇몇 사람들의 생기를 회복시킬 수 있다면, 우리는 이 시대에 충분히 양보한 셈입니다. 탁 트인 공간에서 무턱대고 플로티노스의 순수한 증기를 퍼뜨리는 것보다는 낫겠지요. 그런 짓을 한다면 가축이 증기를 마구 짓밟을 테니, 증기의 순수함을 지킬 수 없을 겁니다."

한때 카르타고의 마니교도 친구들을 그리워했듯이 아우구스티누스는 밀라노의 신플라톤주의자 친구들을 그리워했다. 그런데 타가스테에서는 아미쿠스가 세상을 떠난 다음부터 교사 일에 아무런 열정도 느낄 수 없었건만, 카시키아쿰에서는 새로이 강한 사명감을 느끼게 되었다.

카시키아쿰 생활이 무조건 고상한 이론화에만 치중된 것은 아니었다. 아우구스티누스는 온갖 학과를 바탕으로 해박한 연구를 거듭하여 하느님에게 다가갈 계획을 세웠으므로, 이곳으로 데려온 우수한 세 학생들에게 베르길리우스를 꾸준히 가르치고 그 시를 자신의 신플라톤주의 우주관에 적용시켰다. 아우구스티누스는 학생, 친구, 친족과 대화를 나누었다. 이 대화는 곧바로 소재로서 편집되어 대화편으로 완성됐다—즉 우주의 질서에 관한 대화편, 더없이 행복한 삶에 관한 대화편, 아카데미아학파에 반대하는 대화편이다.

아우구스티누스가 이런 소재를 어떻게 활용했는지 알고 싶다면 우주 질서를 다룬 대화편을 보자. 이 글은 타가스테 출신 로마니아누스의 아들인 리켄티우스가 쥐에게 신발을 집어던지자, 밤잠을 설치던 아우구스티누스가 우연히 그 소리를 듣는 장면에서 시작된다. 어둠 속에 누운 채 그는 생각에 잠긴다. 어째서 침실 옆 물길에 흐르는 물은 이따금 꼬르륵하고 멈췄다가 다시 흐르는 걸까. 리켄티우스는 아마 나뭇잎이 물길을 막고 있어서, 거기에 물이 모였다가 한꺼번에 터지면서 다시금 나뭇잎을 밀어내고 전진하는 게 아니겠느냐고 대답했다. 아우구스티누스는 리켄티우스가 논리적으로 생각해 원인을 찾아낸 것을 축복하고, 모든 원인을 질서 있게 배치하는 일에 대해 철학적으로 생각해 보라고 한다. 리켄티우스는 자신의 새로운 통찰에 몹시 흥분했다. 신이 난 그는 새벽에 공중화장실에서 암브로시오 성가(聖歌)를 요들송처럼 불렀다. 리켄티우스는 모니카를 흉내 내서 노래했는데, 모니카는 공중화장실이 성가에 어울리지 않는 장소라고 생각했다. 그러나 아우구스티누스의 의견에 따르면, 이곳에서 신체가 노폐물을 배출하도록 영혼이 어리석음을 제거해 주고 있으므로 공중 화장실은 성가에 알맞은 장소라고 할 수 있다(《질서》1·8).

초기 대화편은 이제부터 놀라운 창작이 시작되리라는 암시를 준다. 그러나 아우구스티누스의 새로운 삶은 이따금 예상과는 달리 그의 뜻을 거스르곤 했다. 그가 스스로와 대화할 때 이성이 아우구스티누스에게 성적 유혹에 사로잡히지는 않았냐고 묻자, 아우구스티누스는 사로잡히지 않았다고 대답한다(1·17). 그러나 다음 날 이성이 "그 씁쓸하고도 달콤한 맛으로 너를 유혹하는 애무를 떠올리고"(1·25) 괴로워하지는 않았느냐고 묻자, 아우구스티누스는 괴로워했다고 인정하지 않을 수 없었다. 그가 처음에 보였던 의기양양한 태도는, 불안한 자기(自己)를 품은 힐레어 벨록의 허세와 마찬가지였다.

"나는 마음에 묻는다. '잘 지내니?' / 마음은 대답한다. / '사과처럼 완벽하게 잘 지내지.' / 그러나 마음은 거짓말을 했다."

4. 밀라노(387년)

아우구스티누스는 사순절이 시작될 무렵에는 밀라노로 돌아가 동료 철학자들과 다시 어울리기 시작했다. 그는 카시키아쿰에서 써 보낸 대화편이 여기서 어떤 평가를 받고 있는지 알고 싶어 했다. 내친김에 《솔리로키아》 증보 계획도 세웠다. 심플리키아누스나 테오도르스와 대화할 수 있게 된 지금에 와서 아우구스티누스는 영혼의 불멸성을 증명할 수 있다는 생각까지 하게 됐다.

그가 카시키아쿰에서 쓴 대화편에는 성서 주석이 하나도 달려 있지 않다. 지금까지 이 사실은 아우구스티누스가 그리스도보다는 오히려 플로티노스에 대해 회개했음을 나타내는 것으로 여겨졌다. 그러나 실은 아우구스티누스가 세례라는 비의를 받기 전에 함부로 신앙을 언급하는 것을 뻔뻔한 짓이라고 생각했기 때문이리라. 그는 암브로시우스가 세례 지원자에게 사순절 교육을 베풀었을 때—그 시대 모든 그리스도교도가 받도록 정해진 교육 과정—비로소 성서의 비유적 해석을 알게 됐다. 사순절 내내 세례 지원자는 목욕을 하지 않고 참회자의 옷을 입은 채 교회의 특정한 장소에 머물러야 했다. 암브로시우스의 세례 교육에 대해서는 두 가지 설이 있다. 하나는 이 정신적인 '입욕'을 노아의 홍수, 모세가 이스라엘 백성을 위해 일으킨 홍해의 기적, 그리스도가 실로암 연못에서 장님에게 빛을 준 기적과 관련짓는 것이다. 다른 하나는 이것을 모세가 만든 단물, 엘리야의 도끼가 떠오른 물과 관련짓는 것이다(《비적》 2·2, 《비의》 1·3).

그 시대 세례 지원자는 사도신경과 주기도문을 듣고 외워야 했다. 성목요일에는 드디어 목욕을 할 수 있었다. 이때 세례 지원자는 꼼꼼한 신체검사를 받는다(《설교집》 216·11). 부활제 밤에는 밤새도록 기도하다가 새벽이 오면 사탄을 물리치고 태양을 향해 서서 팔각형 연못으로 갔다(오도넬, 3·106−107). 이 연못은 지금도 밀라노 대성당 광장 밑 터널 안에 남아 있다. 유럽에서 이만한 역사적 중요성을 지닌 장소는 달리 없을 것이다. 이 세례 장소에서 중세 교회 규율을 구축한 암브로시우스가, 중세 교회의 지배적인 신학을 창안한 아우구스티누스를 그리스도교도로 만들었다.

5. 오스티아(387년)

봄에 세례를 받은 아우구스티누스는 여름에 남쪽으로 갔다. 밀라노로 부임할 때보다 훨씬 적은 사람을 데리고서. 겨울이 되면 아프리카로 건너가는 바닷길이 막히므로 그들은 그 전에 오스티아에 도착하려 했다. 그런데 오스티아에와 보니 겨울 날씨 때문이 아니라 전쟁 때문에 지중해를 건널 수가 없었다. 동로마 제국과 서로마 제국 군대가 반역자 막시무스와 싸우려고 진을 친 것이다. 참고로 암브로시우스는 아우구스티누스가 밀라노에 있을 때 막시무스의 궁정을 찾아간 적이 있었다.

그들이 할 수 없이 오스티아에 머무르고 있을 때 모니카가 병으로 세상을 떠났다. 모니카는 아들 아우구스티누스에게 큰 영향을 줬다고 한다. 그러나 그 평가는 조금은 과장된 듯하다. 레베카 웨스트는 모니카를 이렇게 비판했다.

"아들을 어엿한 성인 남자로 만들고 싶지 않다는 소원을 이루기 위해, 자신이 믿는 종교에서 완벽하고도 고상한 수단을 찾아낸 것은 그야말로 행운이었다. 물론 그리스도교가 곧 거세를 뜻하지는 않는다. 하지만 아우구스티누스와 모니카의 기나긴 싸움을 본다면 이들 사이에서는 그리스도교가 금욕을 의미함을 알 수 있다. 모니카는 아우구스티누스를 요람에 넣듯이 교회에 집어넣는 데 성공했다. 아우구스티누스는 금욕을 맹세함으로써 모니카가 혐오하던 성숙기를 회피했다. 죽은 아들은 어머니 배 속에 있는 아들과 마찬가지로 어머니의 소유물이다."

아우구스티누스는 어머니에게 지배되지는 않았을망정 적어도 의존하고 있었다고 한다. 그러나 12세부터 16세까지 마다우라 문법학교에 다닐 적에 아우구스티누스는 어머니와 따로 살았다. 16세 시절에는 어머니가 있는 도시로 돌아왔지만, 로마니아누스 저택에서 붙어살다시피 하면서 우나와 관계를 맺었다. 파트리키우스가 타계한 뒤 모니카가 카르타고의 아우구스티누스네 집으로 이사 왔을 때에도 아들은 어머니가 싫어한다고 해서 마니교를 멀리하지는 않았다. 아우구스티누스는 어머니가 좋아하는 순교자 숭배 및 기적을 오랫동안 싫어했다. 로마로 떠날 때 그는 어머니에게 거짓말을 했다. 어머니가 밀라노의 아우구스티누스네 집에 와서 그의 결혼을 준비할 때에는, 아우와 사촌 두 명도 그곳에 머물면서 가족 모두가 운명을 함께했다. 이윽고 회개해 가톨릭교도가 되기 직전에 아우구스티누스는 자신의 회개에 대해 글을 쓰면서, 모니카나 그의 영웅 암브로시우스가 아니라 심플리키아누스와 테오도르스 같은 신플라톤주의 그리스도교도에게 감사를 표했다. 교회를 차지하려는 아리우스파에 대항하여 암브로시우스가 이끄는 가톨릭교도가 끊임없이 기도하고 있을 때, 모니카는 교회 안에서 "누구에게도 뒤지지 않을 만큼 마음을 쓰면서 경계하고" 있었지만, 아우구스티누스는 "아직 신의 영혼의 정열에 녹아들지 못한 채" 교회 밖에 우두커니 서 있었다(《고백록》 9·15).

그렇다면 왜 아우구스티누스는 《고백록》 제9권에서 그토록 길게 모니카의 생애를 이야기했을까. 몇 가지 이유를 생각해 볼 수 있다. 오스티아 장(章)에 삽입된 모니카 전기는 "간단히 요약된" 알리피우스 전기와 닮았다(6·11–16). 성 파울리누스가 알리피우스 전기를 의뢰했다는 사실로 볼 때 아마 알리피우스 전기 일부는 《고백록》보다 먼저 쓰였을 것이다(쿠셀, 31–32). 모니카 '전기'와 그 앞부분의 연결이 매끄럽지 않은 것으로 보아 모니카 전기도 《고백록》보다 먼저 쓰였을지도 모른다. 아우구스티누스가 서둘러 자기 인생 이야기를 해야 하므로 많은 것을 줄일 수밖에 없다고 말하고서는, 일부러 이야기를 멈춘 뒤 모니카 전기를 구상했다고 보기는 어렵다. 알리피우스 전기의 전신(前身)이 성 파울리누스를 위해 제작됐다면, 모니카 전기는 본디 그녀의 자식이나 손자를 위해 제작됐을지도 모른다. 모니카의 아이들은 언제나 아우구스티누스와 가까운 곳에 있었다. 딸은 아우구스티누스 수도원 옆에 있는 수녀원 원장이 됐고, 손자 하나는 아우구스티누스 수도원 부제(副祭)가 되었다. 이 손자는 자매와 공유하고 있던 재산을 수도원에 기부했다(《설교집》356·3). 아우구스티누스는 어머니 모니카의 전기를 쓸 때 누이동생과 상담을 했을 것이다. 누이동생이 전기 재료를 제공했을 수도 있다. 그녀는 아우구스티누스보다 모니카와 더 오래 동거했을 테고, 또 같은 여자로서 더욱 친밀한 관계를 유지했을 것이다. 아마 모니카는 포도주 제조업으로 꾸려 나가던 가계가 어려워졌을 때에도 딸에게는 마음 편히 상담했을지도 모른다.

아우구스티누스는 카시키아쿰에서 뒤늦게 어머니 모니카의 참된 가치를 깨달았다.《고백록》전반부에서 그는 모니카에게 엄격한 태도를 보이면서, 어머니는 신의 은총 언저리에 머물러 있을 뿐이라고 말했다(《고백록》2·8, 오도넬 2·308). 그러나 카시키아쿰에서는 여성 철학자를 인정하는 신플라톤주의의 방침에 따라 모니카도 철학 논의에 참가하게 되었다. 때마침 아우구스티누스가 진리 추구에 쓸모 있는지 어떤지를 기준으로 모든 인간관계를 바라보던 시기였다. 모니카는 아마 문맹이었을 테지만(오도넬, 3·115) 그래도 날카로운 통찰력으로 아들을 깜짝 놀라게 했다. '아무것도 증명할 수 없다'는 점을 아카데미아 학파가 증명하려고 애쓴다는 사실을 알고서 모니카가 세속적인 반응을 보이자 아우구스티누스는 웃음을 터뜨렸다. 모니카는 이렇게 말했다. "아카데미아 학파 사람들은 성질이 나쁜가 봐."《지복의 삶》16) 또 어느 학생이 '마음의 양식은 지혜'라는 아우구스티누스의 주장에 이의를 제기하자 어머니는 더욱 똑똑한 의견을 내놓았다. "글쎄요. 마음이 무엇으로부터, 어디서 자라나는지 오늘 당신이 우리에게 가르쳐 주시지 않았나요. 식사를 마친 뒤 당신이 말씀하셨지요. 사색을 하면서 먹었더니 오늘 나온 요리가 뭐였는지 모르겠다고요. 당신이 아무 생각 없이 음식을 먹고 있을 때, 당신 마음은 어디에 있었나요?"《지복의 삶》8) 모니카는 '영혼이 신체에서 분리될 수 있다'는 플로티노스의 증명을 우연히 발견한 셈이다. 플로티노스에 따르면 "어떤 일을 하면서 그것을 생각한다는 사실을 의식하지 못한다면, 이론적·실천적으로 가치가 있어도 존재하지 않는 것이나 마찬가지인 활동이 많이 있다."(플로티노스《엔네아데스》1·4·10) 철학적 예비지식이 없는 사람이 이야기하는 말에는 신탁 같은 울림이 있었다. 모니카가 망설이면서 이런 이야기를 꺼내자 아우구스티누스가 깜짝 놀라는 것으로 보아, 모니카는 그때까지 철학 논의에 참가하지 않았을 것이다. 아우구스티누스는 이렇게 말했다. "날마다 당신의 능력에 새삼 놀라고 있습니다."《질서》

2·45) 그는 옛날부터 모니카의 경건함은 인정하고 있었지만, 그녀의 타고난 통찰력은 미처 알아보지 못했다.

이처럼 모니카는 뒤늦게나마 아우구스티누스에게 통찰력 있는 인물로 인정받았지만 머잖아 세상을 떠나고 만다. 하지만 타계하기 전에 모니카는 오스티아에서 아들과 특별한 대화를 나눴다. 이 대화로써 두 사람은 고양되어 명상을 공유하고, 신체에서 벗어나 상승하는 기분을 느꼈다. 아우구스티누스는 몹시 고양됐다가 점점 차분해지는 어느 기다란 문장에서, 자신에게는 이 순간을 묘사할 능력이 없다고 고백했다(《고백록》 9·25).

"만일 육체적 욕구가 가라앉아 육해공에 사는 모든 생물이 움직임을 멈춘다면. 만일 천구(天球)의 양끝이 움직임을 멈춘다면. 만일 영혼이 (자아를 잃고) 자아를 뛰어넘어 고요함에 다다른다면. 그와 동시에 모든 꿈과 희미한 환상이, 모든 말과 신호가 사라져 버린다면. 덧없이 흘러가 버리는 모든 것, 귀를 기울이면 '우리가 자기 자신을 만든 것이 아니다. 결코 사라지지 않는 그분께서 우리를 만드신 것이다' 이렇게 말하는 모든 것이 침묵에 빠진다면. 만일 그 뒤 창조주의 말씀에 귀를 기울이라고 우리에게 경고하면서 그 존재들이 입을 다문다면. 그리고 창조주가 더는 그들을 통해 말씀하시지 않고, 창조주의 말씀에 귀를 기울이도록 몸소 우리에게 말을 거신다면. 인간의 언어나 천사의 목소리로 인해 중단되는 일 없이, 구름 너머 천둥이나 혼란스런 매개물을 이용하지 않고서 우리 스스로가 창조주의 말씀을 직접 듣게 된다면. 아마 우리는 창조주가 깃든 그릇에 해당하는 만물이 사라져 버리더라도 창조주 본인을 사랑하게 되리라(지금도 우리는 위쪽으로 손을 뻗어, 마음이 깜빡이는 순간, 다른 모든 것이 사라진 뒤에도 여전히 존재하는 영원한 지혜를 접하고 있다). 만일 이것을 계속한다면 이보다 가치 없는 모든 환상은 사라지고, 오직 이것만이 우주를 장악하고 끌어안아서 기쁨과 더불어 마음속 깊은 곳에 간직할 수 있으리라. 영원한 생명은 이 지혜를 접하는 순간과도 비슷하다. 이것을 잃었을 때 우리는 슬퍼하며 한숨을 내쉰다. 이것이야말로 '당신의 신의 기쁨 속에 들어가라'는 말이 의미하는 바가 아닐까. 이 기쁨은 언제 우리 손에 들어올까—모든 것이 세차게 일어설 때일까(모든 것이 바뀌지는 않을망정)."

이 글에서 우리는 아우구스티누스가 키케로의 영향을 받던 시절보다도 한결 성장했음을 알 수 있다. '움직임을 멈춘다' 같은 여러 어휘가 반복되면서 우주를 향한 사격(射擊)이 계속 이루어지다가, '영원한 지혜'가 문법상의 일탈처럼 순간적으로 나타난다. 그 뒤 이 문장은 마치 환상이 사라지듯이 해체된다. 그리고 심각한 의문을 남긴 채 모든 것이 끝난다.

이제까지 많은 연구자들은 이 '환상'이 플로티노스의 '마음 상승 과정'과 얼마나 일치하는지에 대해 논의했다. 그런데 필자가 보기에는, 이 경험이 아우구스티누스 혼자만의 상승이 아니라 모니카와 함께 이루어 낸 상승이라는 점이 흥미롭다. 모니카는 자연과학이나 추상적 관념을 배운 적이 없었다. 한때 아우구스티누스는 마음의 상승에는 이런 학문이 필요하다고 생각했다. 그러나 지금은 그의 경험과 이론이 마찰을 빚기 시작했다. 기존 이론을 버리지는 않더라도 얼마쯤 수정할 필요가 있었다. 이런 식으로 모니카는 아우구스티누스에게 참된 사상적 영향을 미친 것이다. 《고백록》 전체에서 이 오스티아의 기도 장면은, 동료의 인연이 어떻게 인간을 하늘로 상승시키는가를 보여 준다. 이는 동료의 인연을 중시한 아담이 하느님에게서 멀어지는 이브의 행위에 가담했다가 같이 타락해 버리는 것과 대조적이다.

모니카의 또 다른 아들 나우기우스는 어머니의 임종을 지켰다. 어머니는 아프리카의 남편 곁에 묻히고 싶다는 꿈은 포기하겠다고 아들에게 말했다(《고백록》 9·27). 모니카의 무덤 비문 일부는 1945년에 발견됐다. 오스티아 교회 옆에서 놀던 소녀들이 발견한 것이다. 아데오다투스는 할머니가 돌아가시자 몹시 슬퍼했지만, 아우구스티누스는 그리스도교도로서 어머니 영혼의 내세를 믿으며 슬픔을 억눌렀다. 아미쿠스가 죽었을 때와는 사뭇 다른 태도였다.

겨울이 되자 카르타고로 돌아가는 바닷길이 막혔다. 아우구스티누스로서는 더는 오스티아에 머물 이유가 없었다. 오스티아에도 영향력 있는 그리스도교도 친구가 있었을 테지만, 그는 엄청난 기세로 이어지던 집필활동을 속행하고 싶었다. 그래서 좋은 도서실이 있는 로마에 가기로 했다.

6. 로마(387-388년)

로마에 처음 왔을 때 아우구스티누스는 마니교도와 이교도 명사들의 환영을 받으며 심마쿠스와 친교를 다졌었다. 그러나 이번에는 로마 그리스도교 사회 사람들과 사귀었다. 이때 새로운 교황 성(聖) 시리키우스는 암브로시우스와 함께, 반역자 막시무스의 프리스키리아누스 이단 심문을 중단시키려고 나선 참이었다. 밀라노에서 사귄 친구들 덕분에 아우구스티누스는 시리키우스 교황의 관심을 끌었을 것이다. 그는 암브로시우스에게 세례를 받기 위해 궁정 연설가 지위를 버린 남자였다. 그런데 그는 로마에서 어떻게 생활했는지 전혀 밝히지 않았다. 로마의 눈부신 매력은 그가 베르길리우스의 세계를 부정함과 동시에 사라져 버렸다. 그는 아프리카에서 주교로 임명된 뒤에도 종종 로마 교회회의에 출석하라는 소리를 들었다. 그러나 교황제도에 대한 그의 태도는 정중하고도 냉담했다.

카시키아쿰의 많은 동료들을 잃어버린 아우구스티누스는 로마 대화편에서는 한 사람과 대화하는 데 만족해야 했다. 하지만 그 유일한 상대인 에보디우스는 호기심 강하고 끈기 있는 질문자였다. 에보디우스는 본디 로마 제국의 거대한 비밀경찰조직에 속해 있었지만 그 삶을 버리고 밀라노에서 아프리카까지 아우구스티누스를 따라간 인물이다. 아우구스티누스는 로마에서 대화편을 하나 완성했다(《영혼 파악 방법》). 그리고 다음 대화편《자유의지》을 집필하면서 〈가톨릭교 도덕과 마니교 도덕〉이란 논문을 썼다. 봄이 되어 바닷길이 열리자 그는 곧 로마를 떠났는지도 모른다. 하지만 집필 작업이 한창이라, 가을이 되어 다시 바닷길이 막히기 전까지 로마에 머물렀을 가능성도 있다. 어쨌든 그는 아쉬움을 남기고 아프리카로 가는 배에 올라 두 번째 항해를 떠났다.

제3장 아프리카(388-430년)

1. 타가스테(388-390년)

타가스테에 있는 아버지 소유지에 정착한 아우구스티누스는 한동안 아버지의 뒤를 이어 데쿠리오네스 직무를 수행했다. 그는 새로운 대화편을 썼다. 이제는 16세가 된 아들이 아버지와 대화를 나눴다. 《교사》에 나오는 재기 발랄한 대화 상대가 바로 아데오다투스이다. 이 대화편이 출판됐을 때 아데오다투스는 이미 이 세상에 없었다. 어머니 우나는 죽어 가는 아들 곁을 지켰을까? 그랬을 가능성이 높다. 우나는 그리스도교도로서 혼자 살기로 맹세하고 아프리카에 돌아왔다. 아마 타가스테에 있는 가족 소유지로 돌아갔을 것이다. 그 시대에 혼자 살기로 맹세한 여자는 어떤 공동체에서 평생 살아갈 만한 돈이 없는 한, 주로 가족들과 함께 살았다. 미망인이 된 아우구스티누스의 누이동생도 타가스테에서 살고 있었던 듯하다. 뒷날 그녀는 히포의 아우구스티누스 주교구(主敎區)에서 수녀가 되었다.

아데오다투스가 우나와 연락하지 않았다는 증거는 하나도 없다. 그는 할머니가 돌아가시자 몹시 슬퍼했을 만큼 가족을 사랑했으므로, 죽음을 앞두고 어머니를 보고 싶어 했을 것이다. 만일 아데오다투스가 갑자기 죽었다 해도 우나는 아들의 그리스도교 장례식에 참석했을 것이다. 아프리카로 돌아오고 나서 아우구스티누스가 우나를 언급하지 않은 것은 아마 그의 뜻이요, 그녀의 뜻이리라. 아우구스티누스는 누이동생에 관해서도 말을 아꼈다(누이동생의 공동체에 대한 권위를 세워야 할 때만 제외하고는). 아우구스티누스는 성행위와 무관한 애정을 이상으로 삼았다. 그는 충분히 자제력이 있었으므로, 우나에게서 어머니의 권리를 빼앗지는 않았을 것이다. 아프리카로 돌아올 때 그는 그곳에 우나가 있다는 사실을 알았고, 어쩌면 한 동네에서 살지도 모른다는 예상도 했었다.

그리스도교로 개종하고 나서 그가 쓴 초기 작품을 보면 크게 두 가지 의무가 그에게 주어졌음을 알 수 있다. 하나는 모든 지식 체계를 그리스도교 용어로 풀이하는 것이고, 또 하나는 그리스도교 내부 및 외부의 다른 종파를 논파하는 것이었다. 첫 번째 목표를 달성하기 위해 그는 야심찬 논문 〈음악론〉 집필에 착수했다. 두 번째 목표와 관련된 활동은 이미 카시키아쿰 시절부터 시작됐다. 카시키아쿰에서 그는 《아카데미아학파 반박》을 씀으로써, '키케로의 아카데미아학파'라는 그의 오점을 없앴다. 그런데 마니교는 그의 인생에서 가장 커다란 부분을 차지하고 있었다. 그래서 더욱 꼼꼼히 검토하고 논박할 필요가 있었다. 그는 카시키아쿰과 로마에서 쓴 대화편에서 이미 가볍게 마니교를 다뤘다. 그러나 이제 그는 로마에서 집필하던 《자유의지》를 완성하고, 《마니교도의 '두 가지 영혼'》에서 본격적으로 마니교 이원론을 논하게 되었다. 그는 한때 마니교도를 옹호하는 최고의 논객이었다. 그런 만큼 과거를 청산하는 의미에서 이런 초기 작품들을 발표한 것이다. 조잡한 유대교 《창세기》가 기발한 마니교 우주론보다도 이치에 맞는다는 사실을 밝히기 위해, 그는 성서를 다룬 첫 번째 작품을 쓰기 시작했다. 이렇게 처음으로 성서를 비유적으로 다루려고 노력하는 과정에서 그는 얼마쯤 어정쩡한 태도를 보이기도 했다(《마니교도를 논박하는 창세기론》 388–389).

아우구스티누스는 그리스도교 옹호자로서 새로운 평판을 얻었다(마다우라에서 그를 가르쳤던 이교도 노인이 편지를 보낸 것도 이 시기이다). 따라서 함부로 타가스테를 떠날 수 없었다. 그 무렵 교회는 지나가던 지도자들을 억지로 붙잡아서 자기네 사제나 주교로 삼았던 것이다. 양심적인 그리스도교도는 뭇사람의 박수갈채를 받으면 차마 이 부탁을 거절할 수 없었다. 암브로시우스는 아직 세례도 받지 않았을 때 이런 식으로 사제가 됐다. 하지만 아우구스티누스는 카르타고 다음가는 항구 도시인 히포 레기우스에 가는 것은 괜찮을 거라고 생각했다. 그는 에보디우스와 함께 그곳으로 가서 수도원을 만들려고 했다. 그때 히포 레기우스에는 존경받는 발레리우스 주교가 있어서 안전할 것 같았다. 그 시대 교회법에 의해 주교구에서는 오직 주교만이 설교를 할 수 있었다.

그런데 발레리우스는 그리스 사람이라 라틴어에 서툴렀다. 그는 자기 설교가 부족하다고 여겼고, 자기보다 세련된 웅변가가 이 자리에 있기를 바랐다. 그런데 아우구스티누스가 눈앞에 나타난 것이다. 아우구스티누스는 난색을 표했다. 그는 이제 막 그리스도교도가 되었으니, 설교를 하기보다는 신앙을 공부할 필요가 있다고 주장했다. 또한 자기는 새로운 수도원의 수도사 교육에 열중하고 있으며, 주교구에서는 오직 주교만이 설교할 수 있다는 사실도 지적했다. 발레리우스는 교회 옆에 있는 정원을 수도원으로 써도 된다고 했다. 게다가 성서를 이용한 설교 준비 기간을 아우구스티누스에게 주고, 사제가 설교해서는 안 된다는 법적 의무도 면제해 줬다. 아우구스티누스도 결국 고개를 끄덕일 수밖에 없었다. 이리하여 정신없이 실무에 쫓기는 암브로시우스와는 달리 고상하게 살아가겠다던 아우구스티누스의 꿈은 물거품이 되었다.

2. 히포에서 성직에 몸담다(391-396년)

준비 기간은 391년 사순절 전까지였다. 그가 《시편》 전반(1-32)을 도식적으로만 다루는 것은 아마도 그가 처음으로 한 연구 때문일 것이다. 시편은 낭독하거나 노래하는 형태로 기도서에서 널리 사용되고 있으므로, 그는 이러한 시에 포함된 기도의 단계를 세우려 했다. 다윗은 때때로 그리스도 대신 예언 같은 말을 한다. 그런데 그리스도의 육체는 교회이다. 따라서 모든 이스라엘 백성이 다윗의 노래 속에서 목소리를 얻었다면, 모든 그리스도교도가 그리스도의 수난과 영광에 참여할 수 있을 것이다. 역사적인 것과 개인적인 것, 내적인 소리와 사람들의 화성(和聲)이 복잡하게 얽히고설킨 직물이 만들어지고, 단계적인 문장을 통해 끊임없는 상승 작용이 일어난다.

개인/지역사회 → 다윗/이스라엘 → 예수/교회 → 하느님

이 모든 단계는 동시에 작용하지만, 노래에서 강조되는 단계는 차이가 난다. 《시편》 작자가 죄인일 때, 동료 참회자를 위해 이야기하는 사람은 언제나 다윗이다. 《시편》 작자가 죄를 저지르지 않았거나, 무구하거나, 부당한 취급을 받거나, 남을 심판할 때, 수난과 승리를 이야기하는 사람은 언제나 예수이다. 그리스도교도는 죄에 관해서는 자신을 다윗과 동일시하고, 은총에 관해서는 자신을 그리스도와 동일시해야 한다.

《시편》에 이런 식으로 접근하는 것은 다른 많은 설교의 모범이 되었다. 이 복잡한 성격은 암브로시우스의 설교 같은 폭넓은 비유나 박학한 솜씨에서 비롯됐다기보다는, 《시편》을 공동체가 심리적으로 참여할 수 있는 문서로 바꿔야 할 필요성에서 생겨났다. 아우구스티누스는 이론을 갈고닦으려는 야심을

일반인 수준으로 낮추는 법을 배웠다. '몇몇 사람'을 위한 글을 쓰려던 그가 이 제는 일주일에 몇 번씩이나 '대중'에게 말을 걸게 됐다. 마침내 그는 자신이 행 하는 천계의 추상 관념인 '수육(受肉)'은, 하느님께서 말씀을 예수 안에 구현하 신 행위와 같다는 사실을 깨달았다.

"말은 언어가 되기 전에 내 마음속에 존재한다. 나는 그것을 정확히 밖으로 내보내기에 알맞은 말을 찾는다. 나는 말이 내게서 떠나지 않고 당신에게 닿을 수 있는 방법을 필요로 한다. 지금도 당신은 내가 마음속에 지니고 있는 것을 듣고 있다. 그것은 당신 마음속에도 있다. 그것은 우리 두 사람 안에 있다. 내 가 그것을 잃지 않았는데도 당신은 그것을 소유하고 있다. 사람에게 들려주기 위해 내 말이 소리가 되어야만 했듯이, 사람에게 보여 주기 위해 하느님의 말 씀은 수육을 한 것이다."《설교집》225·3)

대화편 집필을 그만두고 나서도 그는 남들과 대화함으로써 가르침을 주고받 았다. 그는 한 사람 한 사람이 보이는 관심에 신경 쓰면서 교리문답을 가르쳤 다. 이는 아우구스티누스가 카시키아쿰에서 학생들을 가르친 태도와 마찬가지 였다. 다음 한 구절은 아우구스티누스가 어떻게 다른 교사들에게 필요한 기술 을 가르쳤는지 보여 준다.

"듣는 이의 반응이 없다는 사실을 알게 되면 하려던 말을 끝까지 하기가 어 려워진다. 듣는 이는 이런 신성한 문제에 대해 그릇된 말을 하거나 부적당한 몸짓을 할까 봐 두려워하고 있는지도 모른다. 아니면 당신이 하는 말을 이해하 지 못했거나 당신 의견에 찬성하지 않는 것일지도 모른다. 우리는 듣는 이의 속마음을 꿰뚫어 볼 수 없다. 따라서 듣는 이의 진심 어린 반응을 얻기 위해, 은둔처에서 반응을 이끌어 내기 위해, 언어를 사용해야 한다. ……우리는 듣는 이를 심리적으로 눈뜨게 해야 한다. 흥미로운 경구를 인용해도 좋고, 기묘하고 놀라운 이야기를 꺼내도 좋다. 그것은 무시무시한 것이어도 상관없지만, 어쨌 든 듣는 이와 직접 관련된 것이 좋다. 사사로운 문제가 듣는 이를 자극하는 법 이니까. 하지만 너무 엄격하게 대하지는 말고, 어디까지나 듣는 이를 편안하고 솔직한 상태로 만드는 것이 중요하다."《초심자 교육론》1·18·19)

아우구스티누스는 청중의 관심을 유지하려고 경구를 이용했다. 그래서 기 번 등의 비판을 받았다. 아우구스티누스는 요점을 전달하기 위해 이런저런 말 장난을 하면서 기교를 부렸다. 그는 현대 설교사 제시 잭슨처럼 압운을 이용하여 "신앙이란 눈으로 포착할 수 없는 것을 포착해야 하는 것"이라 말했고(《설교집》 230·7), 신자에게 그리스도의 신체로서 친구를 돌봐 주라고 권하면서 "널빤지는 (밑이) 갈라지면 전체가 휘어진다"고 말했다(《설교집》 162·A5). 또한 비천한 노동자 베드로를 통해 신의 계시를 깨닫게 되는 예를 들어, "어부의 전망(展望)이 웅변가의 희망"이라 말하기도 했다(《설교집》 43·6). 그리고 군인 중에는 사악한 사람이 많지만 군인이라는 직업 자체가 사악한 것은 아니며, 그들이 악행을 저지르는 이유는 "전의가 아닌 악의 때문"이라고 설명한 적도 있다(《설교집》 302·15).

아우구스티누스의 세속적이고도 생생한 비유는 에리히 아우어바흐의 이른바 '진솔한 설교(sermo humilis)' 가운데서도 극단적인 부류에 속한다. 아우구스티누스는 들판에 쌓인 똥이 황금빛 밀을 낳듯이, 영혼에 쌓인 회개가 미덕을 낳는다고 했다(《설교집》 254·2). 십자가는 그리스도의 육체를 미끼로 삼은 쥐덫으로, 악마를 붙잡아서 인간에 대한 그 지배력을 뺏는다(《설교집》 263·2, 257·5). 아우구스티누스는 청빈한 삶을 자랑거리로 삼는 사람들을 조롱할 때에도 "'거지 각하'라고 불리길 바라는 모양"이라고 했다(《설교집》 14·4). 아우구스티누스는 생생한 말로 자기 뜻을 전달하기 위해 끔찍한 표현도 마다하지 않았다. "그분(그리스도)은 더 높은 곳으로, 나는 더 낮은 곳으로 가야 한다."(《요한복음》 3·30) 요한의 이 말을 강조하기 위해 아우구스티누스는 그리스도와 세례 요한의 죽음이 이 말을 예증한다고 단언했다. 그리스도는 높은 십자가에 매달렸고, 세례 요한은 목이 잘려 키가 작아졌다는 것이다(《설교집》 380·8).

아우구스티누스는 설교사로서 자기 능력에 자신감을 갖고 있었다. 그가 수도사들에게 한 조언만 봐도 그렇다. 그는 알기 쉬운 문장으로도 커다란 효과를 거둘 수 있다고 말했다.

"매우 쉬운 문장이라도 심오한 문제에 기발한 방식으로 접근해서 그 문제를 풀어 버린다면 어떨까. 또는 생각도 못한 장소에서(이를테면 동굴에서) 날카로운 통찰의 결과물을 끌어낸다면 어떨까. 아니면 틀림없이 옳다고 여겨지던 사실이 실은 잘못됐음을 증명함으로써 적을 논파한다면 어떨까. 이런 일을 빈틈없이 은근히 자연스럽게 해낸다면 어떨까. 자랑스레 떠벌리는 말투가 아니라, 지금 논의되는 문제가 필연적으로 결정됐다는 듯이 태연한 말투로 이야기한다면 어떨까. 그러면 매우 쉬운 글이라도 박수갈채를 받으리라. 쉽고 단순하다는 인상도 사라지리라. 이처럼 진리가 제시되어 수호되고 굳어지는 모습을 보면서 기뻐하는 것 말고, 대관절 어떤 이유로 이 박수갈채를 설명할 수 있겠는가. 여러분의 교사이자 설교자인 나는 쉬운 문장을 쓸 때에도, 청중의 이해뿐만 아니라 기쁨과 동의를 얻을 방법을 강구하지 않을 수 없다."《초심자 교육론》 4·56)

아우구스티누스의 요란한 설교 행위를 변호하기 위해 어떤 연구자들은 그가 아프리카 청중을 위해 수준을 낮춰야만 했다고 주장한다. 하지만 아우구스티누스는 훨씬 이론적이고 사적인 작품에서도 똑같이 화려한 기교를 사용했다. 그러다가 《고백록》에서 자신의 이교도적 고찰을 스스로 비웃으며 "전문가가 아니라 죽어 가는 병자"를 운운했다. 아우구스티누스는 신자들과 대화하면서 그들에게 뭔가를 가르침과 동시에 배우려고 했다. 그는 청중의 기분을 즉시 파악하고, 준비한 글이 청중의 관심을 끌지 못할 때 즉흥적으로 이야기하고, 듣기 좋은 화법으로 적절한 수사의문문을 사용하고, 귀 기울여 들으시라고 자꾸만 말했다. 자기 뜻을 명료하게 전달하려고 우스꽝스러울 만큼 열심히 노력했던 것이다. 이 모든 노력들은 그가 청중에게 세심한 주의를 기울인 증거이다. "나는 여러분을 위해 있는 힘껏 제 속내를 드러내고 있습니다."《설교집》 120·2)

그와 공동체와의 관계는 다음 한 구절에도 나타나 있다.

"초심자를 상대로 똑같은 일을 반복하는 데 염증이 난다면, 그들의 사랑하는 형제, 어머니, 아버지 입장이 되어 생각해 보라. 그러면 감정이 이입되므로 이미 했던 말도 새로운 기분으로 또다시 되풀이할 수 있으리라. 이 공감 효과는 매우 크다. 이야기하는 가운데 상대가 감동하면, 우리는 서로 상대의 반응 속으로 파고 들어갈 수 있다. 마치 상대가 우리 안에서 이야기하고, 우리가 가르치는 내용을 오히려 우리가 상대 안에서 배우는 것 같다. 이것은 우리가 잘 아는 아름다운 광경을 누군가에게 보여 줬을 때 그 사람이 기뻐하는 모습을 보고 우리도 신선한 기쁨을 느끼는 것과 비슷한 현상인지도 모른다. 이런 경험이 강렬하면 강렬할수록 그들의 관계도 더욱 깊어진다. 우리가 사랑의 인연으로 서로의 마음속에 깊숙이 들어갈수록, 낡은 것조차 차츰 신선한 활력을 띠게 된다."《초심자 교육론》 17)

남을 가르치거나 성직을 수행할 때 '공감'이 중요하다는 사실을 아우구스티누스는 늘 염두에 뒀다. "병자를 돌보다 보면 자기도 병에 걸린 듯한 기분이 든다. 이는 간병인이 병자와 마찬가지로 열이 난다고 거짓말을 하는 게 아니라, 상대에게 공감하여 자기가 병에 걸린다면 남이 어떻게 해 주길 바랄지 생각함으로써 병에 걸린 듯한 기분을 느끼는 것이다."《서간집》 40·4)

아우구스티누스가 성직자로서 어떤 활동을 했는지 알려면 먼저 그의 설교부터 살펴봐야 한다. 그는 바로 설교를 통해서 발레리우스 주교를 도와주는 중요 인물이 되었기 때문이다. 한낱 사제인 그에게 '히포에서 설교할 권리'가 주어진 것은 몹시 이례적인 일이었다. 393년 아우구스티누스가 그 직무를 맡은 직후에 히포에서 아프리카 전국 주교회의가 열렸는데, 그때 발레리우스는 더욱 이례적인 결단을 내렸다. 그는 '신앙과 신조'라는 주제로 사제(아우구스티누스)가 주교들 앞에서 연설할 기회를 마련하자고 제안했고, 주교들은 이에 동의했다. 현존하는 이 연설의 기본적인 내용으로 볼 때 아프리카 성직자들이 얼마나 가르침을 필요로 했는지 알 수 있다. 그런데 다행히 그중에 개혁적인 인물이 있었다. 카르타고 주교 아우렐리우스는 아프리카 교회를 위해 꿈같은 개혁 방안을 구상하고 있었다. 아우렐리우스와 아우구스티누스는 협력하기로 맹세했다. 그리고 수십 년 동안 힘을 합쳐 아프리카 그리스도교를 바꾸어 나갔다. 아우구스티누스는 그것이 엄청난 사업임을 알았다. 그 무렵 주교에게 이런 말을 하기도 했다. "일반인보다 성직자가 훨씬 더 끔찍한 악행을 저지르거나 남을 속이는데, 어찌 평신도를 엄하게 비난할 수 있겠습니까."《서간집》 22·2) 이후 아우구스티누스는 아우렐리우스의 도움을 받아 주요 교구에 배치한 수많은 주교들을 자기 수도원에서 몇 년이나 훈련시키게 된다.

아우구스티누스와 알리피우스가 카르타고의 아우렐리우스에게 보낸 편지를 통해서도 우리는 아우렐리우스와 아우구스티누스의 협동 개혁 활동을 알아낼 수 있다. 두 사람은 사제가 주교와 마찬가지로 설교하는 것을 일반적인 일로 만들어 준 아우렐리우스에게 감사를 표했다. 그즈음 300명이나 되는 아프리카 주교들은 학식과 교양이 지나치게 낮았다. 따라서 잘 훈련된 젊은이들이 앞에 나설 필요가 있었다. 두 사람은 더없이 겸손한 태도로 이에 대해 말했다. "성스러운 개미를 부지런히 일하게 합시다. 성스러운 벌을 즐거이 일하게 합시다."《서간집》 41·1)

아우구스티누스는 교회를 정화하려면 두 가지 측면에서 노력해야 한다는 사실을 알고 있었다. 교회 내부를 개선하고, 널리 퍼져 있는 도나투스파의 무장을 해제해야 했다. 도나투스파는 아프리카 그리스도교의 암흑기, 즉 303년부터 305년까지 디오클레티아누스 황제가 그리스도교를 몹시 박해하던 시대의 후계자였다. 도나투스파는 잊을 수 없는 기억과, 시련에 굴복한 배신자들에 대한 끝없는 경멸감을 지니고 있었다. 배신자는 '성서를 배신한 자들'이라 불렸다. 박해자들이 그리스도교도에게 성서를 내놓으라고 요구함으로써 상대를 배교자로 만드는 수법을 썼기 때문이다. 도나투스파는 타협안을 거부하다가 순교한 영웅 도나투스의 이름을 딴 종파였다. 그들은 배교자가 그리스도교로 돌아오는 것을 아예 거부하거나, 새로이 세례를 받으라고 강요했다(아프리카의 위대한 순교자인 키프리아누스 주교가 3세기에 이 의식을 인정했다). 한번 배교자가된 주교는 도나투스파에 돌아가더라도 평신도로 격하됐다.

이처럼 도나투스파는 '죽어도 신앙을 지키는 행위'를 중시했으므로 순교자를 모시는 신전이 신앙의 중심이 되었다. 신전에 다니는 순례자들 중에는 광신적인 무리도 있었다. 적대자들은 그들을 '빈민(키르쿰케리오네스)'이라 부르며 조롱했다. 키르쿰케리오네스는 임시 거주지에 사는 이민노동자들과 그 주변인들로 이루어졌다(A-L, 〈키르쿰케리오네스〉 930-936). 과격파는 '주님의 전사'를 자처했다. 그들이 부르는 성가 〈하느님을 찬미하라〉는 싸움의 함성이었고, 그들이 가진 곤봉은 적을 때려죽이기 위한 '이스라엘'이었다. 그들은 순교자의 무덤에서 가져온 유골을 사유물로 삼았고, 성물 또는 순교자가 일으킨 기적과 관련된 물건을 매수했다. 그리고 후세 순례자들이 영혼의 속죄를 위해 성지로 가듯이, 그들은 순교를 위해 신전을 순례하면서 시골을 전전했다. 아프리카는 그들의 성지였다.

아우구스티누스는 이 과격파 활동을 강조했지만, 도나투스파는 사실 단순한 폭도들의 종파가 아니었다. 도나투스파가 시골 종파였다는 주장은 옳지 않다고 피터 브라운은 말한다(《성 아우구스티누스 시대의 종교와 사회》237-259, 279-300, 325-338). 도나투스파는 탄압을 받아 사라지기 전까지 도시의 중요한 교회 노릇을 했다. 아우구스티누스는 제단에서 미사를 드릴 때 히포의 도나투스파 성당에서 흘러나오는 노래를 들었다(《서간집》29·11). 카르타고 주교 아우렐리우스는 같은 카르타고 주교이자 도나투스파의 위대한 개혁적 지도자인 파르메니아누스와 비교되곤 했다. 아우구스티누스는 몇몇 도나투스파 주교의 인생을 상찬했고, 이 종파 최고의 학자 티코니우스에게서 많은 것을 배웠다.

도나투스파 신자와 가톨릭교도는 서로를 싫어하는 쌍둥이 같았다. 그들은 서로 자기네 교회와 주교가 더 잘났다고 주장했다. 411년 마침내 대결회의가 벌어졌을 때에는 도나투스파 주교 284명, 가톨릭 주교 286명이 출석했다. 브렌트 쇼는 도나투스파와 가톨릭의 관계를 '시골 대(對) 도시'가 아니라 '토착 대 보편'으로 보았다. 도나투스파는 아프리카 교회이고 가톨릭은 로마 제국 교회였다.

아우구스티누스가 직접 경험한 것은 철학적 입장의 이행(마니교에서 아카데미아학파, 나아가 신플라톤주의로 이행)이었지만, 그도 아프리카에서 살았으니 마땅히 도나투스파와 가톨릭의 대립을 접했을 것이다. 몬터규 집안과 캐풀렛 집안의 싸움같이 둘의 대립 감정은 길거리에서 당장이라도 폭발할 것만 같았다. 암브로시우스가 순교자 제르바시우스와 프로타시우스의 시신을 요란하게 내보임으로써 순교자와 기적을 이용한 것을 아우구스티누스가 탐탁지 않게 여긴 것은, 도나투스파 신전의 영향 때문이었는지도 모른다.

도나투스파에 대해서 아우구스티누스가 맨 처음 생각해 낸 대응책은 '안 좋은 과거를 잊고 가정불화를 해소하는 것'이었다. 도나투스파와 가톨릭은 둘 다 마음속에 불만의 씨앗을 품고 있었다. 도나투스파는 347년에 (가톨릭의 선동으로) 마카리우스가 끌고 온 로마 제국 군대에게 탄압을 당한 기억이 있었다. 이때 도나투스는 카르타고 성당에서 습격을 받아 살해됐다. 한편 가톨릭 측은 키르쿰케리오네스가 저지른 폭거를 하나하나 꼽았다. 새로 임명된 사제로서 아우구스티누스는 히포 및 주변 지역의 도나투스파 주교들에게 다음처럼 제안했다.

"부질없는 비난은 그만두는 게 어떻겠습니까. 만일 여러분이 마카리우스 시대 이야기를 꺼내지 않으신다면, 저도 '키르쿰케리오네스'가 한 일을 잊어버리겠습니다. 부디 키르쿰케리오네스는 도나투스파와 아무 상관도 없다, 마카리우스는 우리와 아무 상관도 없다고 말씀해 주십시오. 주님의 탈곡장에서는 아직 선별 작업이 끝나지 않았으니, 우리 양측에 쭉정이가 남아 있어도 어쩔 수 없는 노릇입니다. 우리 함께 주님의 밀이 되기 위해 기도하고 또 노력하는 일에 온힘을 기울입시다."《서간집》 25·6)

이 단계에서 아우구스티누스는 이런 탄원을 계속할 생각이었다. 그는 다른 도나투스파 주교에게도 아래와 같은 편지를 보냈다.

"이렇게 오래된 싸움을 계속하는 것에 무슨 의미가 있겠습니까. 여러분의 고집스런 신자들의 뿌리 깊은 분노 때문에 우리 신자들의 상처가 벌써 오랫동안 아물지 못하고 있습니다. 이 상처의 죽은 살은 이미 감각을 잃었으므로 의사의 손길을 필요로 하지 않을 정도입니다."(《서간집》 33·5)

그는 자기 가족도 도나투스파와 가톨릭으로 나뉘어 있었다고 고백했다(《서간집》 52·4). 이는 곧잘 볼 수 있는 장면이었다.

"한 침대에서 사이좋게 자는 부부도 그리스도의 제단에서는 둘로 갈라집니다. 둘 다 평화를 주십사 그리스도에게 기도합니다만, 함께 그리스도의 품으로 가지는 않습니다. 부모와 자식은 한집에 살면서도 다른 교회에 다닙니다. 그들은 재산에 대해서는 기꺼이 합의를 보지만, 그리스도의 은총에 관해서는 충돌합니다. 신께서는 우리에게 통제력을 주시려고 스스로 노예가 되셨건만, 노예와 주인은 신을 찢어 놓습니다. 여러분의 신자가 우리 법정에 출정하는 일도 있고, 우리 신자가 여러분의 법정에 출정하는 일도 있습니다. 우리는 모든 말을 받아들이고, 누구의 마음도 상하게 하고 싶지 않습니다. 우리가 신자들을 서로 갈라놓고 그리스도를 찢어 놓을 때, 오직 그리스도의 마음만이 상하지 않겠습니까."

아우구스티누스는 도나투스파 주교에게 이렇게 말했다. "우리가 본인의 뜻에 반하여 누군가를 억지로 가톨릭교도로 만들지 않는다는 사실을 신께서는 알고 계십니다."(《서간집》 34·1) 그는 단지 이야기를 들어주셨으면 좋겠다, 도나투스파 측이 공개토론 조건을 정해도 좋다고 말했다. 또한 만일 내가 논의에 지나치게 익숙하다고 생각하신다면, 다른 가톨릭 주교를 공개토론에 내보내겠다는 제안도 했다(《서간집》 34·5-6).

그는 차이점이 아닌 공통점을 강조했다. "우리는 똑같은 신을 숭배하고, 똑같은 그리스도를 믿으며, 똑같은 복음을 듣고, 똑같이 아멘 하고 외칩니다. 또 똑같은 할렐루야를 노래하고, 똑같은 부활제를 축하합니다."(《시편 주해》 45·16) 그리고 공개토론에 큰 기대를 걸었다. 그것은 그의 전문분야인 마니교 방식이었다. 갓 사제가 되었을 때, 그는 마니교 친구였던 포르투나투스를 공개토론에서 논파한 적이 있었다. 포르투나투스는 마침내 가톨릭교도가 되었다.

그러나 도나투스파 신자 대부분은 이런 지적 싸움터에 나오지 않았다. 도나투스파 신자는 순수한 신앙을 유지하라는 엄명을 받았고, 불신자를 멀리하라는 성서 가르침을 중시했다. 도나투스파 신자는 가톨릭교도에게 인사조차 하지 않았다(이는 아프리카 세계에서는 상대를 철저히 거부한다는 뜻이었다). 그런데 어찌 가톨릭교도와 토론을 할 수 있겠는가. 아우구스티누스가 사제로 일하던 히포에서는 도나투스파 빵집 주인이 가톨릭교도에게 빵을 팔기를 거부하기도 했다. 타협안을 거부당한 아우구스티누스는 도나투스파에게 장거리 폭탄을 투척했다. 마치 오늘날 언론인이 적대자를 풍자하고 낙인을 찍어 쓰러뜨리듯이. 아우구스티누스는 그 지역에 뿌리내리고 있음을 자랑으로 삼는 도나투스파의 발을 걸어 넘어뜨렸다. "교회는 세계 방방곡곡에 세워져야 한다고 하늘의 구름은 소리 높여 선언한다. 한데 이 개구리들은 '그리스도교도? 오직 우리만이 그리스도교도지!' 하고 우물 안에서 노래를 부른다."《시편 주해》95·11) 그런데 사실 그는 이미 형식화되어 있는 도나투스파의 중상(中傷)에 중상으로 대처했을 뿐이다. 도나투스파를 감싸는 연구자조차 "도나투스파 설교는 성서의 말씀 및 적을 욕하는 말들로 구성되어 있다"고 했을 정도다. 어떤 이는 도나투스파 설교를 '폭력과 병자성사의 혼합물'이라 평가했다.

이윽고 도나투스파 일부가 로마에 반기를 든 장군 길도와 손을 잡았다. 도나투스파와 가톨릭의 대립은 한결 심해졌다. 길도의 탄압에 도나투스파 일부가 가담하자, 키르쿰케리오네스가 한 일을 잊어버리겠다던 아우구스티누스도 감정이 격해졌는지 일련의 논쟁에서 키르쿰케리오네스를 거듭 비판했다.

그런데 이 광신적인 마음가짐 때문에 도나투스파 신도들은 통제가 느슨한 가톨릭교 신도들보다도 훨씬 순수하게 종교를 실천했다. 이 점은 아우구스티누스도 인정하지 않을 수 없었다. "아마 뉴잉글랜드 청교도를 제외한다면, 도나투스파만큼 인간의 죄를 가차 없이 비판한 교회 종파는 없으리라." 아우구스티누스는 뭇사람이 동경할 만한 그리스도교도 생활의 본보기로서 자기 공동체를 발전시킬 필요가 있었다. 395년에 그는 가톨릭의 느슨한 규율을 바로잡기 위해, 청중 사이에 깊이 뿌리내린 어떤 풍습을 없애기로 결심했다. 이미 타가스테 주교가 된 알리피우스에게 보내는 편지에서, 그는 효과적인 연설로 이 일을 잘 해내기 위해 얼마나 신경 썼는지 이야기했다. 발레리우스 주교는 히포의 초대 주교이자 순교자인 성 레온티우스 축일에 습관처럼 벌어지던 술잔치를 금지했다. 공동체 사람들은 그동안 다 함께 즐기던 축일에 주교가 간섭하자 화를 내며 저항하기로 결의했다.

아우구스티누스는 성 레온티우스 축일 이틀 전인 승천일 전날에 작전을 개시했다. 교회 의식을 치르면서 그는 독사(讀師)를 선도하여, 지나친 음주 행위를 비난할 때 성서에서 설득력 있는 인용문을 낭독하게 했다. 이 작전은 아쉽게도 좋은 성과를 거두지는 못했다. 이 작은 공동체에서 소문은 금세 퍼졌다. 발레리우스에게 화내던 사람들이 이번에는 아우구스티누스에게 화살을 돌렸다.

다음 날 아우구스티누스의 작전은 한결 심화됐다. 그는 새로운 낭독을 하고, 지나친 음주로 자기 영혼을 위험에 빠뜨리지 말라고 감정적으로 강하게 호소했다.

"이 꾸짖음은 우리 스승이자 선도자인 그분께서 이토록 위험한 죄와 맞서 싸우는 나에게 빌려 주신 모든 열의와 기술을 다해서 청중에게 전해졌습니다. 나는 스스로 눈물을 흘려 청중의 눈물을 유도하려고 하지는 않았습니다. 그러나 이야기가 끝나자 청중의 눈물이 내 마음을 흔들었습니다. 나는 눈물을 참을 수 없었습니다."

그러나 또다시 반항적인 소문이 돌았다. 이튿날은 축일이었다. 그날 그는 최악의 사태에 대비해, 회개하지 않는 사람들의 운명을 묘사하는 설교를 준비했다. 그리고 설교를 마친 다음에는 당장이라도 옷을 찢으려고 하면서, 이런 죄인들과 더는 함께 있을 수 없다는 듯이 그 자리를 떠나려 했다.

아우구스티누스의 결의가 얼마나 굳은지는 누가 봐도 알 수 있었다. 저항 세력 주모자들이 아우구스티누스를 찾아와서 예정했던 잔치를 그만두겠다고 말했다. 이제 설교는 과거의 잔치가 역사적으로 정당화된 이유를 설명하는 내용으로 바뀌었다. 박해에서 벗어난 직후, 훈련받지 못한 새로운 그리스도교도가 대거 몰려오는 바람에 신생 교회는 그러한 관습을 허용했다는 것이다. 그날 교회 의식은 저절로 흘러나오는 노래와 낭독 덕분에 정오가 지나서도 계속 이어졌다. 아우구스티누스는 암브로시우스가 청중을 선동하는 모습을 보고 비판했으면서도 지금은 스스로 감정이 폭발하는 것을 경험하고 있었다.

그날 저녁 기도 시간에도 또다시 많은 사람들이 모여들었다. 발레리우스 주교는 아우구스티누스에게 설교하라고 했다. 하지만 아우구스티누스는 주교와 동등한 이 권한을 반납하고 싶었다. 그런데 그때 도나투스파 교회에서 축전을 행하는 시끄러운 소리가 들려왔다. 아우구스티누스는 가톨릭이 이제는 금욕을 실천하고 있음을 소리 높여 자랑하고픈 충동을 억누를 수 없었다. 발레리우스와 아우구스티누스가 떠난 뒤에도 사람들은 밤늦게까지 계속 노래하고 기도했다. 처음에는 말을 안 듣던 신도들도 마지막에는 고분고분해졌다. 성 레온티우스 축일을 둘러싼 아우구스티누스와 신도들의 감정싸움은 이렇게 50시간 만에 끝났다. 그야말로 위대한 승리였다. 아우구스티누스는 "고향에서 승리하고, 히포의 권위자로서 좋은 평판을 얻었다."(오도넬, 2·336)

발레리우스는 훌륭한 개혁자 아우구스티누스를 다른 교구에 뺏길까 봐 걱정이 되었다. 그는 한낱 사제인 아우구스티누스에게 설교할 권한을 줬을 때보다 더욱 대담하게 행동했다. 아우구스티누스를 자기 교구에 붙잡아 놓기 위해, '히포에 주교를 두 사람 둔다'는 유례없는 특권을 인정해 달라고 카르타고 대주교에게 부탁한 것이다. 발레리우스는 다른 주교들의 동의를 받아 냈다—그들은 이것이 니케아 공의회에서 금지된 행위임을 몰랐다. 395년 41세가 된 아우구스티누스는 주교로 임명됐다. 사제가 된 지 4년, 세례를 받은 지 8년 만이었다.

새로운 주교 아우구스티누스는 도나투스파의 도가 지나친 행위를 비웃거나 금욕 규율로써 도나투스파를 앞지르거나 하는 것만으로는 불충분하다는 사실을 실감했다. 오직 성인(聖人)만으로 이루어진 공동체를 지향하는 도나투스파의 순수주의가 어째서 성서에 위배되는지 보여 주는 이론이 필요했다. 그는 도나투스파 최고 사상가 티코니우스를 이용하기로 결심했다. 도나투스파 지도자 파르메니아누스는 아우구스티누스가 이탈리아에서 아프리카로 돌아오기 직전에, 도나투스파 회의를 통해 티코니우스를 제명되게 했다. 파르메니아누스가 보기에 티코니우스는 타락한 세계를 지나치게 관대하게 대했기 때문이다. 티코니우스는 도나투스파에서 제명됐어도 가톨릭으로 개종하지 않았다. 아우구스티누스는 그를 가리켜 "갈등하는 정신"의 소유자라고 했다(《초심자 교육론》 3·42). 티코니우스는 "그렇게 지독한 대의(大義)에도 끊임없이 충성"했다(《가톨릭교도에게 보낸 편지》 1).

아우구스티누스는 대체 어떤 전략을 짜서 티코니우스를 이용하려고 한 걸까. 그가 아우렐리우스와 의논해서 개혁 계획을 조정하기 위해 알리피우스와 함께 쓴 편지를 보면, 그 전략을 대강이나마 알 수 있다. 주교들의 새로운 설교 사본을 보내 달라고 부탁하고 나서 아우구스티누스는 사적인 전언을 덧붙였다. "저는 당신이 의뢰하신 일을 잊지 않고 있습니다. 편지로 몇 번이나 말씀드렸다시피, 저는 당신이 티코니우스의 《일곱 가지 규칙》에 대해 결단을 내리시길 기다리고 있습니다." 무슨 거래라도 하는 듯한 말투에서도 드러나듯이, 이는 단순한 지적 호기심 차원의 문제가 아니었다. 그는 이단자를 논박하기 위해 이단자 티코니우스를 이용하는 것을 허락해 달라고 아우렐리우스에게 부탁했다. 마땅히 아우렐리우스는 아우구스티누스로 하여금 도나투스파 티코니우스를 "통찰력 있는 지성과 설득력 넘치는 웅변술을 겸비한 인물"이라고 선뜻 칭찬하게 놔두지는 못했다(《파르메니아누스의 편지에 대한 답장》 1·1).

그런데 아우구스티누스는 단순히 티코니우스를 적진에 보내는 트로이 목마로 이용하지는 않았다. 그는 티코니우스에게서 깊은 감명을 받았고, 온갖 사상 영역에 걸쳐 그 영향을 받았다. 티코니우스는 암브로시우스가 주지 못했던 것—성서의 비유가 자의적으로 해석되는 일을 방지하는 규칙 모음집—을 아우구스티누스에게 주었다. 티코니우스가 쓴 《규칙서(規則書)》는 서양에서 최초로 성서의 체계적 사용과 남용 방지라는 관점에서 해석 방법을 검토한 책이었다. "티코니우스는 '최종적으로 아우구스티누스를 마니에게서 떼어 내 그리스도의 품으로 보내 주었다'는 명예를 암브로시우스와 공유했다고도 할 수 있다"는 프렌드의 주장은 어느쯤 과장됐어도 아예 틀린 말은 아니다.

티코니우스가 성서 해석을 위해서 쓴 《규칙서》에서는, 성서에 나오는 그리스도가 그리스도 본인인지 아니면 그리스도의 신체인 신자 속에 깃든 그리스도인지를 잘 구별해야 한다는 점이 강조되어 있다. 아우구스티누스는 《시편》을 써서 설교할 때 이러한 구별 방법을 지켰다. 그는 아마 티코니우스에게서 이런 구별을 배웠을 것이다. 티코니우스는 390년에 타계했는데, 그 전에—아우구스티누스가 사제로 임명됐을 무렵—마니교도에게 규탄된 사건으로 유명해졌다. 397년 이전에 아우구스티누스는 티코니우스를 이용하는 일에 관해 몇 번이나 아우렐리우스에게 편지를 보냈다. 그는 꽤 오래전부터 티코니우스를 잘 알고 있었던 모양이다.

그런데 왜 티코니우스는 아우구스티누스가 도나투스파에 대항하는 데 도움이 됐던 걸까. 까닭인즉 그는 교회가 성인과 죄인으로 구성된다는 교회론(教會論)을 제공했기 때문이다. 성인과 죄인은 최후의 심판 날까지 서로 구별될 수 없다. 이에 대해 티코니우스는 성서에 나오는 비유적인 이야기를 예로 들었다. 《마태복음》(13·30)을 보면 밀과 잡초는 마지막에 분류될 때까지 함께 자라게 놔둬야 한다는 말이 나온다. 이는 아우구스티누스 교회론의 기초가 되었으며,

뒷날 《신국론》 전체의 핵심이 되었다. 도나투스파를 둘러싼 전쟁에서 이 성서 내용을 이용한 사람은 꽤 있었지만, 티코니우스만큼 깊이 분석한 사람은 하나도 없었다.

가톨릭 교회론은 성서 견해와 일치한다고 주장할 권리가 있다는 사실을 알리기 위해, 아우구스티누스는 393년부터 이미 《마태복음》을 이용하고 있었다. 파르메니아누스는 도나투스파 교의를 가르치려고 유행가를 이용했다. 이에 대항하여 아우구스티누스는 〈도나투스파에 대답하는 노래〉라는 297행으로 된 시를 지었다. 이는 동음 반복과 후렴을 활용하고, 음의 강약으로 리듬을 만들어 낸 시였다. 이 시는 아우구스티누스가 베르길리우스를 접하고 나서부터 줄곧 사랑했던 '음의 장단으로 리듬을 낳는 시'와는 전혀 달랐다. 그러나 새로운 교회론을 대중에게 알리기에는 안성맞춤이었다. 이 시에는 밀과 잡초 이야기가 나온다. 또 《마태복음》에 실린 비슷한 이야기—각종 물고기를 모으는 그물 이야기(13·47–48), 한꺼번에 수확하기 전까지는 밀알과 구별할 수 없는 쭉정이 이야기(3·12)—도 인용됐다.

"세상이 어떤 희생을 치르든, 밀을 모으자 / 그 뒤 그리스도의 십자가가 그것을 분류하리라."(181)

"수확이 끝나면 분류될 것이니 / 그날이 올 때까지 우리는 거짓에 한숨지으리라."(185–186)

"교회는 그물이요, 세상은 바다이니라 / 성인도 죄인도 한 그물 속에서 뒤섞인다 / 우리는 시간이 다할 때까지 끊임없이 항해하리라 / 그리고 운명이 결정된다. 저것이 당신의 운명, 이것이 내 운명."(10–12)

분열된 아프리카 교회에 평화를 가져오기 위해 아우구스티누스는 예의바른 외교술부터 저속한 시에 이르기까지 온갖 수단을 남김없이 썼다. 그러나 폭력은 절대로 행사하지 않았다. 여기서 우리는 좀 시대착오적이긴 해도 정교분리니, 관용이니, 탐구의 자유니 하는 개념을 떠올릴 것이다. 하지만 4세기에는 존재하지도 않았던 그런 개념 때문에 아우구스티누스가 폭력을 멀리한 것은 아니었다. 그는 오직 남다른 염려 때문에 그랬을 뿐이다. 국가의 강제는 거짓을 낳고, 사람들은 실제로 신봉하지도 않는 대상을 신봉한다고 말할지도 모른다. 아우구스티누스는 진실에 대해서는 절대주의자였다. 거짓말은 어떤 경우에도 엄연한 죄이지만, 특히 신앙에 대한 거짓말은 신성모독 죄였다. 그는 사람들에게 그런 죄를 짓게 만들 수는 없었다.

신앙의 거짓에 대한 그의 태도는 이 시기에 쓴 편지에도 잘 나타나 있다. 먼저 성 히에로니무스는 성 바울이 쓴 《갈라디아인들에게 보낸 편지》(2·11–14) 주석에서 이렇게 적었다. 성 바울과 베드로의 의견이 정말로 갈릴 리는 없으므로, 두 사람은 서로 다른 의견을 주장하는 척하고 있을 뿐이라고. 거짓말이 종교에 도움이 된다는 생각은 아우구스티누스에게 커다란 충격을 주었다. 그는 그때 베들레헴에 살고 있던 성 히에로니무스에게 보내는 항의문을 작성했다. 이 편지는 성 히에로니무스에게 전해지지 않았지만, 그 대신 편지 사본이 로마 시내에 나돌았다. 로마는 성 히에로니무스에게 적대적인 도시였다. 결국 성 히에로니무스에게서 답장은 오지 않았다. 395년에 아우구스티누스는 '선의의 거짓말' 문제를 철저히 분석해 보려 했다. 그 결과 〈속임수〉라는 논문 한 편이 탄생했다. 이 논문에서 아우구스티누스는 정당화될 수 있는 거짓말 따위는 없다고 밝혔다. 신앙을 퍼뜨리기 위해 종교가 이용하는 거짓말이야말로 가장 나쁜 거짓말이라고 그는 생각했다. 다음 한 구절(《속임수》 17)은 성 히에로니무스에게 하는 말일 것이다.

"종교에 대한 가르침이든, 또 어떤 형태로든 남을 가르치는 인간의 입에서는 모든 속임수가 완전히 배제되어야 한다. 이런 문제에 관해 속임수를 쓴다면, 이를 정당화할 수단이 있으리라고 생각해선 안 된다."

20년 뒤 아우구스티누스는 또 다른 논문 〈단호한 속임수 부정〉을 썼다. 누군가가 이단자임을 밝히기 위해 거짓말을 해도 되느냐고 상대가 편지로 물었기 때문이다. 여기서도 그는 "거짓말을 통해 신의 큰 뜻을 실현할 수 있다"는 주장에 대해 강한 혐오감을 보였다. 그는 이렇게 생각했다. 그리스도교도는 박해를 받아도 거짓말을 해서는 안 되며, 도나투스파를 억지로 개종시키려다가 그들로 하여금 거짓말을 하게 만들어서도 안 된다고.

성 히에로니무스에게 편지를 쓸 적에 아우구스티누스는 상대에 대해 아는 바가 없었다. 특이한 작가이자 학자인 성 히에로니무스는 자신에 대해 이상할 만큼 거짓말을 하고, 남을 심하게 비방하는 인물이었다. 그는 사는 곳에서 차례차례 쫓겨났다. 더욱이 고향에서도 추방되었다. 아우구스티누스는 친구를 잃은 적이 그다지 없었지만 성 히에로니무스는 우정을 유지한 적이 별로 없었다. 아우구스티누스가 갈라디아인 문제에 대한 답장을 받으려고 성 히에로니무스에게 계속 편지를 보내자, 베들레헴에 사는 성마른 불평꾼이 드디어 날카롭게 항의했다.

"그리스도를 운반하는 그릇인 내 친구들이(여기 예루살렘과 성지 팔레스티나에는 이런 사람들이 많이 있습니다) 저에게 이런 암시를 주더군요. 당신이 나를 건드림으로써 은근슬쩍 추종자들의 상찬과 민중의 존경을 받으려 한다고요. 당신이 난문을 들이대서 내가 주눅이 들었다는 소문을 퍼뜨리려 한다고 말입니다. 학자인 당신은 편지를 몇 통이나 썼는데, 게으른 나는 그저 침묵하고 있다는 겁니다. 마침내 내 입을 다물게 할 인간이 나타났다는 거죠. 네, 좋습니다. 내가 이름 높으신 당신에게 답장하기를 망설였다는 사실은 인정합니다. 당신이 정말로 그 편지를 썼는지 확실치 않았고, (세속적인 속담처럼) 칼에 꿀이 발려 있지 않다고 확신할 수도 없었으니까요. 나는 같은 신앙을 지닌 주교님을 밀쳐내는 짓 따위는 하고 싶지 않았습니다. 나를 타이르시는 편지에 대고 거꾸로 당신을 타이르고 싶지도 않았습니다—보내 주신 편지에서 이단 사상이 드러났기에 더더욱 그러했습니다. ……그러니 높은 학식을 뽐내고 싶으시다면 부디 똑똑하고 잘난 수도사들을 찾으시길 바랍니다(로마에는 그런 젊은이들이 많이 있다더군요). 그들은 성서 문제로 주교님과 토론을 벌인다는 힘든 일을 기꺼이 받아들일 마음도 능력도 있을 것입니다. 나는 은퇴한 노병입니다. 당신의 무용에는 그저 박수갈채를 보낼 뿐입니다. 이 쭈글쭈글한 손발로 당신과 맞서 싸울 수는 없습니다."

사실 성 히에로니무스는 아우구스티누스보다 고작 일곱 살 정도 많았을 뿐이다. 이에 대해 아우구스티누스는 교묘하게 자기를 비하하는 답장을 써 보냈다.

"당신 편지를 읽으니 내가 건방진 다레스가 된 기분이 드는군요. 마치 엔텔루스가 우박처럼 강렬한 주먹질로 다레스를 쓰러뜨려서 아찔한 현기증 속으로 몰아넣은 것 같습니다."

아우구스티누스는 《아이네이스》(5·458—460)에서 은퇴한 노인이 어느 젊은이를 자기 후계자로 삼으려고 복귀한 장면을 떠올린 것이다.

"많은 우박들이 지붕을 요란하게 때리듯이 / 그는 한 손으로 벼락같은 쇠주먹을 빗발처럼 퍼부어서 / 다레스를 쓰러뜨려 아찔한 현기증 속으로 몰아넣었다."

그러나 아우구스티누스는 가장 중요한 문제, 즉 거짓말을 해서는 안 된다는 점에 대해서는 한 치도 양보하지 않았다. 성 히에로니무스는 화제를 돌리면서 투덜거렸다. 아우구스티누스는 이 문제보다는 좀 더 조심스런 말투로 다른 문제도 언급했다. 성 히에로니무스는 마땅히 이에 반발했다. 목자(牧者)로서 아우구스티누스는 청중에게 익숙한 라틴어역성서에 너무 많은 변화를 주고 싶진 않았다. 어쩌면 도나투스파가 이렇게 말할 수도 있었다. "가톨릭교회는 성서 내용을 바꿔서 자기네한테 이롭게 성서를 요리하고 있다." 그래서 아우구스티누스는 고대 히브리어 성서를 모조리 라틴어로 옮기지 말고, 그리스어로 된 구약성서와 다른 부분만 골라서 라틴어 구약성서를 개정하는 게 어떻겠느냐고 성 히에로니무스에게 제안했다. 만일 그가 고대 히브리어뿐만 아니라 그리스어도 모른다는 사실을 성 히에로니무스가 알았더라면, 훨씬 더 조롱하는 어조로 대답했으리라.

"아직 젊은데도 주교의 정점에 다다른 당신이라면 로마의 집집을 당신 조국 아프리카의 제품들로 장식하고, 로마 사람들에게 가르침을 전할 수 있을지도 모르지요. 하지만 나는 내 수도원 한구석에서 소박한 청취자나 독사를 상대로 속삭이는 데에 만족하고 있습니다."《서간집》75·22)

뒷날 아우구스티누스는 성 히에로니무스와 공통된 목적을 가지게 된다. 그러나 이 두 사람은 성격적으로 맞지 않았다. 그들이 최종적으로 우정을 맺었다는 이야기와, 성 히에로니무스가 죽었을 때 두 사람이 신비로운 마음의 대화를 나눴다는 이야기는 거짓으로 꾸며진 편지 몇 통과 종교적 전설을 통해 오늘까지 전해지고 있다. 성 히에로니무스는 이승을 떠난 뒤에야 비로소 끈끈한 우정을 유지하게 된 것이다.

3. 히포에서 내적 폭발을 경험하다(397-409년)

주교가 된 지 2년, 사제가 된 지 6년이 흘렀다. 397년 아우구스티누스는 자신의 사상 및 자기 내부로 차츰 깊숙이 들어갔다. 이 무렵에 그는 《고백록》을 쓰기 시작했다. 《고백록》은 그가 직업상 언제나 써야 했던 설교나 소논문이나 편지와는 달랐다. 이 글은 형식에서 벗어난 사적인 작품이었다. 387년에 회개하고 나서부터 맹렬한 기세로 글을 쓰는 동안에 그는 과거에서 총알같이 튀어나와, 신플라톤주의에 따른 '신으로의 상승'을 이루고 싶다는 소망을 품게 되었다.

397년 작업에 들어간 다음부터 아우구스티누스의 마음은 안쪽을 향해 폭발했다. 그는 신을 발견할 수 있으리라 여겨지는 자기 자신 속으로 깊이 들어갔다. 그곳에는 그의 과거가 있었다. 그 자신의 수수께끼는 신의 수수께끼가 투사된 것이었다. 신은 그가 '내부적으로' 퍼져 나간다고 느꼈던 것보다 더 넓은 장소에 숨어 있었다. '내부(안)'란 말은 이때 그가 했던 탐구의 키워드이다. "당신은 내 안에 계시며, 나는 내 바깥에 있었다."《고백록》10·39) 신은 "나보다도 더 깊숙한 내 안쪽에 계셨다."《고백록》3·11) 이처럼 아우구스티누스는 동굴 탐험가처럼 강인한 정신으로 자기 자신 속에 파고들었다.

"나는 기억이라는 드넓은 저택으로 간다. 이곳에는 보물이 잔뜩 쌓여 있다. 우리 오감으로 운반된 모든 이미지가, 또한 그 이미지를 부풀리거나 축소하거나 조작함으로써 파생된 모든 개념이 이곳에 있다. 여기서는 모든 것(사라지거나 망각되지 않은 모든 것)이 이름표와 함께 보관되어 있다. 이름을 부르면 즉시 이쪽으로 나오는 것도 있지만, 안쪽에 깊숙이 박혀 있어서 오랫동안 조사해야 겨우 끌어낼 수 있는 것도 있다. 그러는 동안에도 뒤죽박죽으로 섞인 기억들이 자꾸 어른거려서 조사를 방해한다. 그들은 이렇게 말한다. '혹시 우리를 찾고 계시나요?' 흥분한 내 마음은 이 방해물들을 기억의 시야에서 치워 버린다. 마침내 깊숙한 곳에서 끌려나온 희미한 것이 도착지를 찾기 시작한다. 그런데 처음부터 끝까지 올바른 순서로 쉽게 발굴됐다가 착실히 제자리에 돌아가는 것도 있다. 이것은 내 뜻대로 떠올릴 수 있다—내가 어떤 구절을 암송할 때마다 늘 이런 현상이 일어난다."《고백록》10·13)

그에게 암송은 중대한 경험이었다. 암송은 영원한 시간을 창조하는 신의 행위와 비슷하기 때문이다. 그의 기억에 축적된 시간에는 시간적 확장성이 없다. 그는 시를 한 음절 한 음절 발음한다. 긴 시라면 기다란 사슬을, 짧은 시라면 짧은 사슬을 이어 나간다. 그때 비로소 시간적 확장성이 생겨난다. 마찬가지로 세계 및 모든 피조물은 신의 영원 속에 존재하며, 신의 말씀은 연속된 시대 속에서 그 영원한 의도를 마디마디 나누었을 때 비로소 시간 속에 나타난다. 시를 암송하기만 해도 삼위일체의 흔적이 인간 내부에 드러나는 것이다.

"내가 지금 어떤 시가를 암송하려 한다고 하자. 암송을 시작하기 전에 시가 전체는 내 기대 속에 존재한다. 그러나 암송을 시작하면 암송을 마친 부분은 모두 기대에서 벗어나 기억 속에 보존된다. 그러니까 나는 막 암송을 끝낸 말의 기억과, 이제부터 암송하려는 말의 기대 사이에서 줄타기를 하고 있는 셈이다. 그래도 나는 다가오는 것이 지나간 것으로 변하는 순간에 금세 몰두한다. 암송이 진행됨에 따라 차츰 기대는 작아지고 기억은 커진다. 마침내 기대는 다 사라지고, 모든 것이 기억 속에 들어간다. 시가 전체에 일어나는 일은 한 연 한 연에도, 한 음절 한 음절에도 일어난다—그리고 똑같은 일이 한 시가를 포함한 기나긴 의식문(儀式文)에서도 일어나고, 한 행위를 포함한 인간 인생 전체에서도 일어난다. 나아가 인간 행위를 포함한 온 세계에서도 일어난다."(《고백록》 11·38)

블라디미르 나보코프는 험버트를 통해 이렇게 말했다. "자의식이란 점 두 개, 축적할 수 있는 미래와 이미 축적된 과거의 끝없는 확장이다."(《롤리타》 26) 나보코프는 분명히 아우구스티누스의 책을 읽었으리라. 시간이란 셀 수 없이 많은 점을 지나쳐서 미래를 과거로 운반하는 것이다. "더 이상 분할할 수 없는 시간 입자를 상정할 수 있다면, 그것만이 현재라고 불릴 자격이 있으리라. 하지만 그것에는 그 자체의 시간이 없다. 그것은 미래에 납치되어 날듯이 과거 속으로 사라진다. 만일 그것이 조금이라도 시간을 가진다면 그 일부는 미래로, 일부는 과거로 분할될 것이다. 따라서 그것은 '현재'가 아니다."(《고백록》 11·20) 그래도 역설적으로나마 우리는 과거를 현재의 기억으로, 또 미래를 현재의 기대로 파악할 수밖에 없다. 그렇다면 '참된 현재'는 존재하지 않고, 단지 '참된 현재'라고 상정되는 것이 존재하는 셈이다. 정신은 순식간(으로 상정되는 시간)에 이 기묘한 시간의 상호작용을 중개한다.

루트비히 비트겐슈타인을 비롯한 철학자들은 아우구스티누스가 스스로 낸 문제를 해결하지 못했다고 말한다. 버트런드 러셀은 아우구스티누스 비판의 단골손님인 성(性) 문제가 해결을 방해했다고 생각한다.

"성 아우구스티누스는 죄의식에 사로잡혀 과도한 주관성을 가지게 됐다. 그래서 스스로 주관적 시간으로 역사적·물리학적 시간을 대신한 것이다."

그러나 아우구스티누스는 추상적인 철학문제를 해결하려 하지는 않았다. 그는 자신의 수수께끼를, 신의 수수께끼가 투사된 것으로서 탐구했을 따름이다. 아우구스티누스는 시간의 덫에 걸린 채 미래와 과거의 상극 속에서 겨우 시간 바깥에 서서, 기대와 기억이라는 현재 행위 안에서 미래와 과거를 포착했다. 그렇기에 그는 앞서 인용한 글에서 그토록 멋지게 시제(時制)를 섞어 쓸 수 있었다('다가오는 것이 지나간 것으로 변하는 순간'). 그는 죄를 찾기 위해 영혼을 탐구한 것이 아니었다. 그는 신을 찾기 위해 영혼으로 다가갔다—그리고 실제로 그곳에서 신을 찾았다. 이 탐구로써 아우구스티누스의 위대한 중년기는 잇따른 발견의 분류가 되었다. 이 발견의 흥분이 《고백록》 전체에서 맥동하고 있다.

이 시기에 아우구스티누스 사상의 초점이 된 것은 다음 세 가지 주제였다. 즉 인간 지성의 신비, 영원에서 시간을 창조하는 신의 행위, 삼위일체라는 신의 성질이다. 아우구스티누스는 하나로 얽혀 있는 이 주제들을 하나하나 분리해 개별적인 작품에서 다루었다. 세 권의 집필 시기는 어느 정도 겹친다. 그는 397년에 《고백록》 집필에 들어갔는데, 401년에도 아직 퇴고를 하고 있었다. 400년에는 《삼위일체론》을, 401년에는 《창세기 제일의》를 쓰기 시작했다. 《삼위일체론》은 416년에, 《창세기 제일의》는 415년에 완성됐다. 처음부터 작가는 하나에 초점을 맞출 생각이었지만, 결과적으로 이 세 작품은 모두 이 시대 그의 위대한 세 가지 주제 모두를 담고 있다. 실제로 《고백록》은 세 가지 주제를 염두에 둘 때 비로소 올바르게 이해될 수 있다.

어떤 사람들은 《고백록》의 통일성 문제에 엉뚱한 방향으로 접근한다. 아우구스티누스가 열 권짜리 자서전을 쓰고서 거기에 전혀 다른 종류의 세 권—철학서(시간과 기억을 다룬 제11권), 성서 연구서(《창세기》를 다룬 제12권), 신학서(삼위일체를 다룬 제13권)—을 덧붙였다는 것이다. 오도넬은 마지막 세 권이 그 자체로서 삼위일체를 이루고 있으며, 한 권이 신의 삼위일체의 한 위격에 해당한다고 지적했다. 즉 제11권은 하느님 아버지의 시간 창조, 제12권은 신의 말씀에 의한 세계 분화, 제13권은 삼위를 연결하는 사랑의 성령인 셈이다.

4세기에서 5세기로 넘어갈 때 아우구스티누스가 참으로 관심을 가진 대상은 바로 이런 주제였다. 따라서 우리가 정말로 생각해 볼 문제는, 왜 아우구스티누스가 중심적인 마지막 세 권 앞에 열 권을 덧붙였냐는 것이다. 해답은 이미 우리 손안에 있다. 아담의 원죄와 관련해서 서양배를 훔친 이야기를 적었을 때, 또 아담이 옷을 몸에 두르지 않았다는 점과 관련지어 대중탕 장면을 묘사했을 때, 또한 카인의 고뇌와 관련지어 친구의 죽음을 이야기했을 때, 그는 이미 《창세기》를 논했다. 게다가 오도넬이 철저히 해명했듯이 아우구스티누스는 처음 아홉 권에서 삼위일체를 다뤘다. 3이라는 형식(세 가지 유혹, 세 가지 현실 파악 방법, 세 가지 기본적 미덕)은 신학적으로 구축된 아우구스티누스의 전기 전체에서 발견된다. 또한 6이라는 형식도 똑같이 발견된다. 제12권은 천지창조의 6일을 반영한 것으로서 역사의 여섯 단계를 다루고 있다. 그는 인간 연대를 여섯 단계로 나눈 도식을 통해 자기 인생을 설명하기도 했다. 6은 1과 2와 3을 차례로 더해서 만든 수이므로, 3을 확장해서 창조한 수라고도 할 수 있다. 아우구스티누스는 심리학이 아닌 신학을 바탕으로, 《고백록》에 넣을 것과 뺄 것을 결정한 셈이다.

그가 새로이 얻은 깨달음의 또 다른 측면은 《고백록》 구조뿐만 아니라 처음 열 권의 존재이유와 관련해서도 매우 중요하다. 이 무렵 아우구스티누스는 새로운 의지 개념을 만들어 냈다. 신플라톤주의에 경도되어 있을 때 아우구스티누스는 지성이야말로 인간 최고의 능력이며, 그것이 인간을 동물과 천사 사이에 올려놓는다고 생각했다. 그러나 사탄은 어떤 인간보다도 뛰어난 천사의 지성을 지니고 있었다. 사탄에게 없었던 것은 사랑이다. 오만함이 사랑 능력을 무너뜨린 것이다. 자기(自己)를 제어하는 의지란, 아우구스티누스가 394년부터 395년에 걸쳐 연구한 과제였다. 그때 그는 티코니우스의 지도서에 기대서 바울의 편지—로마인들에게 보낸 편지, 갈라디아인들에게 보낸 편지—에 관한 저서를 썼다. 삼위일체를 신봉하는 아우구스티누스 신학의 기초는, 신의 자유의지를 '사랑을 사랑하는 것'으로서 이해하는 것이었다. "사랑이란 사랑하는 사람이 하는 행위이며, 사랑받는 사람에게 주어지는 것이다. 이것이 삼위일체다. 사랑하는 사람, 사랑받는 사람, 그리고 사랑 그 자체."《삼위일체론》 8·14) 의지 능력은 고전 사상에서는 비교적 경시되었다. 고전 사상에서는 악행을 실수로 보았다. 즉 죄인은 자신의 참된 이익을 착각했을 뿐이라는 것이다. 아우구스티누스는 이 관념을 바꿨다. 그래서 연구자 딜은 이런 말까지 했다. "초기 스콜라 학자부터 쇼펜하우어와 니체에 이르기까지, 숱한 철학원리 속에서 분석과 서술의 도구로서 사용된 '의지' 개념은 성 아우구스티누스가 만든 것이다." 이렇게 가치관이 변하자 아우구스티누스는 자신의 과거 해석을 재평가하게 되었다. 그가 회개할 무렵에 쓴 대화편에서 그의 발달은 거의 순전히 지적인 것—지성을 바탕으로 차츰 신에 대한 생각을 많이 함으로써 인생을 정화하며, 어떤 학파에서 다른 학파로 이동하는 것—으로 제시되었다. 《고백록》을 집필할 때 그는 자존심과 신의 은총 사이에서 일어난 가장 심오한 격투를 찾기 위해 과거를 돌아보았다. 그 정원에서 벌어졌던 심각한 결전은, 한낱 인간이 일으킬 수 없는 힘(은총)의 유입으로서 바울의 말을 통해 재조명된다.

회개할 무렵 아우구스티누스의 자기설명과, 10년 뒤 같은 사건에 대한 묘사는 전혀 다르다.《재고록》에서 그는 자신이 쓴 대화편이 얼마나 불충분하고 미숙한지 깨달았다고 말했다.《고백록》에서는 자신이 회개하기까지의 과정을 심사숙고하면서 성서에 근거해 재평가했다. 진정한 이야기는 그 당시 스스로는 완벽히 의식하지 못했던 내적인 드라마였다.《고백록》에서 만리우스 테오도르스 같은 철학자들이 아우구스티누스의 회개에 미친 영향은 가볍게 여겨지고, 그 대신 어머니 모니카의 기도가 해낸 일이 보다 중요하게 다뤄진다. 암브로시우스에 대한 평가도 달라졌다. 그는 아우구스티누스에게 신의 은총을 주시려고 신께서 만드신 계기(契機)로서 긍정적으로 묘사되기 시작했다.《고백록》에서 이 모든 인간관계를 판단하기 위한 지혜는 '높은 경지에 이른' 마지막 세 권에서 흘러나온다.

아우구스티누스 인생의 개정판에는 마땅히 거짓된 기술은 하나도 없다. 온갖 속임수 가운데 그가 가장 싫어하던 것이 바로 종교적 목적을 위한 속임수였다. 그는 자기 회개에 대한 이해가 불충분했으니 이를 개정할 필요가 있다고 생각하게 되었다. 이리하여 처음 열 권이 쓰였다. 진리를 추구하려는 에너지가 넘치다 보니 이 열 권에는 직접성이 가득 담겼다. 전에는 일부밖에 보이지 않던 것이 이제는 전체적으로 눈에 들어오게 되었다. 제10권은 아우구스티누스의 새로운 개념—현재에 대한 과거의 기억—을 구체적으로 보여 주는 완벽한 예이다. 아우구스티누스의 입장에서 되찾은 자기는 초월한 자기이며, 죄 많은 자신을 떠올려도 그 기억에 의해 다시금 죄를 저지르게 되지는 않는다. 시간이 제공하는 줄다리기에 지나지 않던 것이 이제는 시간을 경유해 하나의 연속체가 되고, 시간에 의한 자기조정 매체로 변한다. 그는 이 세 가지 모습을 자기 내부 곳곳에서 발견한다.

"주님, 당신은 오른손으로 나를 들어 올려 아드님이신 예수 그리스도 안에 놓으셨습니다. 그리스도는 산산이 흩어진 것들을 연결해 유일한 당신으로 바꿨습니다. 내가 그리스도를 통해 내 이해자인 당신을 이해할 수 있도록. 낡은 것은 버리고 미래로 강하게 끌려가는 일 없이, 아니, 그보다도 좀 더 고차원적인 것을 향해 손을 뻗으면서 내가 과거의 분산된 나날로부터 자기 자신을 그러모아 정체성을 확립할 수 있도록. 나는 억지로 끌려 다니는 것이 아니

라 스스로 타륜을 잡고서 당신의 하늘의 부르심을 향해 나아갑니다."(《고백록》 11·39)

요컨대 《고백록》 집필은 과거의 흩어진 자기를 하나로 모으는 작업이었다.

아우구스티누스는 의지를 새로이 강조했지만, 그렇다고 마음을 경시하지는 않았다. 같은 시기에 쓰인 위대한 저작 《창세기 제일의》에서 작가가 빛을 다루는 태도를 보라. 《창세기》에서 하느님은 나흘째에 비로소 태양을 만들었다. 그런데 첫날에 빛을 어떻게 만드셨을까. 아우구스티누스는 이 점을 지적하면서, 《창세기》의 '빛'과 '낮'이란 단어를 문자 그대로 해석하면 안 된다고 말했다(《창세기 제일의》 1·17). 성서 문구에는 다양한 의미가 있지만, 어떤 경우에는 그중에서 첫째가는 의미—신께서 첫째로 의도하신 의미—가 존재한다. 신의 창조는 오직 한번만 일어났다. 이때 모든 일이 동시에 이루어졌다. 따라서 모든 '낮'은 우리 지성의 분화된 범주를 나타낸다. 첫날에 생긴 빛은 우리에게 범주를 이해할 힘을 주는 지성의 빛이다. 이 빛에 의해 응답하는 천사들이 탄생한다. 신의 아름다운 피조물을 보고서, 천사의 지성이 신에 응답하여 내는 빛이 '낮'을 만든다.

그렇다면 '밤'은 무엇일까. 아우구스티누스는 이렇게 말한다. "태양은 지상 어딘가에서 반드시 빛나고 있으므로 밤은 물리학적 현상이 아니다, 물론 지구가 평면이라고 주장하는 사람이 있다면 이야기가 달라지겠지만."(1·21) 낮은 신의 빛을 받아서 생겨난 '신과 흡사한 존재'의 지성이다. 그리고 밤은 유한한 피조물에 대한 천사의 유한한 지식을 상징한다. 신은 이성적 존재인 우리를 계속 창조하심으로써 우리 안에 언제나 빛을 만들고 계신다. 그리하여 이 빛이 유한한 우리 인간의 지식도 비춘다. 이는 "이 세상에 태어난 모든 인간을 비추는" 빛이다(《요한복음》 1·9). 《시편》 작자도 이렇게 말했다. "당신의 빛 안에서 우리가 빛을 보리라."(36·9) 아우구스티누스가 말하는 '비춘다'는, '모든 선의 원천'인 신께서 스스로 쉼 없이 계속 만드시는 지성을 저절로 활동하게 함으로써 직접 우리를 비추신다는 뜻이다. 이로써 신은 "나보다도 더 깊숙한 내 안쪽에" 존재한다. 이것은 신이 초자연적 은총을 내리셨다는 뜻일 뿐만 아니라, 우리 지성을 저절로 활동하게 하셨다는 뜻이기도 하다(《고백록》 3·11). 우리는 신의 신비를 밝힌다. 신비로운 존재인 우리 지성에 의해 신을 알게 된다. 이것이야말로 《창세기》 1장에서 신이 창조하신 '낮'이다. 요컨대 빛의 제일의는, 지적 존재를 창조하는 지성의 빛이다. 그리고 아우구스티누스 개인에게 그 빛은 그가 수년에 걸쳐 새로운 경지를 개척하는 동안에 경험한 '넘쳐흐르는 빛'이었다.

아우구스티누스는 주저(主著) 세 작품에서 다시 한 번 깊숙한 자기 내부를 탐구하여 삼위일체를 찾으려 한다. 기억·시간의 세 측면(미래의 기대, 현재의 주의, 과거의 기억)은 (행위에 대한) 의지, (분절된 현실에 대한) 이해력, (정체성을 확립하는) 기억이라는 정신의 세 가지 능력에서 원동력을 얻는다. 여기서 우리는 어렴풋이 드러나는 자비로운 의지(사랑의 성령), 질서 분절(그리스도로 나타나는 신의 말씀), 자기인식(기원에 해당하는 하느님 아버지)을 찾아볼 수 있다.

"만일 우리가 자기 자신을 마음속 내부에 있는 기억—이를 통해 기억은 '기억을 마음속에 떠올린다'—으로 인도한다면, 내부에 있는 지성—이를 통해 지성은 떠올린 대상을 이해한다—으로 인도한다면, 내부에 있는 의지—이를 통해 의지는 떠올린 대상을 사랑한다—으로 인도한다면, 우리는 반성 여부와는 상관없이 이 세 요소가 언제나—존재하는 순간부터—하나로 연결되어 있다는 사실을 깨닫게 되리라. 이 세 요소의 이미지가 하나의 기억을 이룬다. 그런데 반성 없이는 어떤 말도 진실성을 얻을 수 없으므로(우리는 말할 때와 마찬가지로 생각하지만, 이 생각은 마음의 언어로 표현될 뿐이지 실제 언어가 되지는 않는다), 이를 기억·지성·의지의 삼위일체로 이해하는 것이 가장 올바른 태도이리라." 《삼위일체》 14·10)

작품의 핵심이라 할 수 있는 이 삼위일체 비슷한 것은, 내성을 거듭한 작품 속에서 본인이 스스로 인정하고 있듯이 불충분하기는 해도 분명히 신의 이미지를 낳고 있다—여기서는 '자기를 알 수 없다'는 사실조차도 언어로 표현될 수 없는 신의 존재에서 비롯한다. 아우구스티누스가 보기에 마음이란 언제나 경이로운 존재였다. "우리는 때때로 자신이 알고 있는 것을 깨닫지 못한다는 기묘한 사실을 어떤 식으로 설명하면 좋을지 몰라 난감해한다"고 아우구스티누스는 말한다(14·9). 이는 스스로를 말하기 위해 마음이 낳는 언어에 관해서도 마찬가지이다.

"언어를 언어로 말한다는 것은 언어를 얼기설기 얽는 것이다—마치 손가락 깍지를 끼는 것처럼. 양손 손가락을 이리저리 얽으면, 그 손가락 자체가 아니고서야 어느 손가락이 비벼지고 어느 손가락이 근질근질한지 정확히 알 수 없다." 《교사》 14)

마법에 걸린 듯한 이 10년 동안 아우구스티누스는 그의 특징적인 주제—시간, 기억, 자기의 내적인 힘, 신의 내적인 힘, 신이 끊임없이 영혼 속에서 하시는 활동(최초의 끊임없는 창조 행위와 이에 뒤따르는 은총의 재생)—를 발전시켜 나갔다. 만일 이 시기에 쓰인 작품 외에 아우구스티누스의 저작이 하나도 발견되지 않았다 해도, 아마 역사상 가장 위대한 사상가이자 뛰어난 작가라는 그의 지위는 흔들리지 않았을 것이다. 이 시기에 아우구스티누스의 문체는 한층 심오해졌다. 이를테면 《시편》 양식에 바탕을 둔 《고백록》의 생생한 문체를 보라. 설교에 쓰이던 화려한 문체와 꽃불 같은 호화로움은 이제 한결 부드러워져서, 논문에서 다뤄지는 사상을 보다 느긋하게 표현하는 데 사용되고 있다. 그의 물음은 점점 더 정묘해지고, 언어도 이에 빈틈없이 대응한다. 우리는 아우구스티누스의 마음속에서 온갖 생각이 나타나서 다투는 드라마가 계속 펼쳐지는 광경을 볼 수 있다. 그의 저작은 우리에게 완성품을 제공하는 것이 아니라 우리를 그 생산 과정으로 끌어들인다.

4. 히포에서 경험한 권력관계(410-417년)

410년 서고트족 지도자 알라리크가 로마를 함락하자 로마 제국 전체는 심한 충격을 받았다. 성 히에로니무스는 "세계의 정복자 로마가 이제는 포로가 됐다"고 베들레헴에서 편지를 써 보냈다(《서간집》 127·12). 그리스도교도(아리우스파) 알라리크가 그리스도교도(가톨릭)의 도시 로마를 정복한 셈이지만, 사람들은 이교도 도시 로마에 의해 세워진 세계구조가 무너지고 있다는 불길한 두려움을 느꼈다. 이교도들은 이제까지 이룩한 인류 최대의 위업을 그리스도교도가 망쳐 버렸다고 주장했다. 고대문명의 뛰어난 유산을 모두 구출해서 새로이 높은 곳에 올려놨다고 자부하던 그리스도교도들도 이제는 자신감을 상실할 위기에 처했다. 로마와 그 주변에 사는 그리스도교도들은 아리우스파의 지배 아래 자기네 운명이 어찌 될지 알 수 없었다. 그래서 허둥지둥 아프리카로 몰려와 '중심부 붕괴'에 관한 소문을 퍼뜨렸다(물론 그때도 그리스도교도인 동로마 제국 황제와 서로마 제국 황제는 저마다 라벤나와 콘스탄티노플에서 여전히 제국을 지배하고 있었지만). 새로운 규율과 강력한 힘을 바라는 군중의 목소리가 높아졌다. 이제껏 의지가 중요하다고 주장하던 아우구스티누스는 여기에는 어두운 측면도 있다고 말함으로써 이 사태에 대응했다.

5세기 초 세 가지 걸작을 동시에 집필하는 동안에도 아우구스티누스는 설교, (카르타고 주교 아우렐리우스가 빈번히 소집한 회의를 통해 이루어지던) 교회 개혁, 도나투스파와의 끝없는 논쟁 등 수많은 일과를 수행했다. 403년 들어서도 가톨릭 측은 여전히 공개토론을 요청하고 있었다. 그러나 라벤나 성직자 스틸리코의 태도는 달랐다. 그는 도나투스파가 아프리카에서 길도의 반란에 가담한 다음부터 도나투스파에게 엄한 태도를 보이게 되었다. 도나투스파 폭력 행위가 증가하자 스틸리코는 405년에 통합 명령을 발표하고, 오래된 이단 단속 법률에 의거해 도나투스파에게 벌을 내렸다. 아우구스티누스는 스틸리코의 정책에 의문을 품었지만 결국 히포에서도 이 정책을 실시했다. 질서를 무너뜨리는 사람 또는 분리파에 대한 태도는 점점 더 딱딱해졌다.

로마 붕괴의 여파가 눈에 보이는 형태로 나타난 것이 바로 411년 히포에서 일어난 피니안 사건이다. 경건한 그리스도교도이자 부유한 명문가 사람인 알비나는 딸 멜라니아와 사위 피니안을 데리고 이탈리아를 떠나 타가스테의 자기네 소유지로 이사를 왔다. 그때 아우구스티누스의 고향 타가스테에서는 알리피우스가 주교로 일하고 있었다. 알비나는 언제 한번 방문해 달라고 아우구스티누스에게 편지를 써 보냈다. 그가 교회를 떠날 수 없다고 답하자, 알리피우스는 이 유명한 세 사람을 데리고 히포까지 찾아왔다. 아우구스티누스는 피니안을 억지로 사제로 만들지 않겠다고 맹세했다. 그러나 히포 신도들은 이 부유한 그리스도교도 명사를 자기네 사제로 삼고 싶어 했다. 알리피우스가 위험에 처한 피니안을 교회에서 데리고 나가려 하자 사람들은 알리피우스를 붙들고 늘어졌다. 피니안을 독차지할 생각이냐, 그의 드넓은 소유지를 손에 넣어 타가스테에 유리하게 쓸 속셈이냐고 소란을 피워 댔다. 아우구스티누스는 여러분이 피니안을 억지로 사제로 만들면 뒷날 그가 히포 주교가 되기를 거부할 것이라고 신도들에게 설명했다. 그러나 흥분한 신도들은 막무가내였다. 아우구스티누스는 교회 안쪽으로 물러나 커튼을 닫았다. 피니안은 주교가 될 마음은 없지만, 다른 곳의 성직자가 되지 않고 히포에서 살 것을 맹세하면 어떻겠느냐고 아우구스티누스에게 제안했다. 이런저런 조건을 내세운 끝에 피니안은 그렇게 맹세했다. 그러나 다음 날 재빨리 히포에서 도망쳐 버렸다(《서간집》 126). 알리피우스는 울며 겨자 먹기로 한 맹세에는 강제력이 없다고 주장했다. 그러나 아우구스티누스는 속임수, 특히 종교와 관련된 속임수를 몹시 싫어했다. 그는 곧

바로 피니안에게 편지를 썼다. 당신이 한 맹세를 지키러 히포로 돌아오셔야 한다고(《서간집》 125). 그러나 이윽고 양측의 분노는 누그러졌다. 피니안은 성지로 가서 수도사가 되었고, 멜라니아는 수녀원장이 되었다. 이 사건을 통해 우리는 그 시대 공동체 사람들을 통제하는 일이 얼마나 힘들었는지 알 수 있다. 순교자 축일의 술잔치 문제로 아우구스티누스가 공동체와 대립했다가 승리한 뒤에도 이런 문제는 여전히 남아 있었다.

아우구스티누스는 재산 문제나 그 밖의 다툼을 해결하는 재판관 역할도 했다. 로마 제국 정부는 행정 임무를 되도록 많이 외부에 위탁하려고 애썼다. 민사사건에 대해서도 주교에게 교회재판을 열게 했다. 아우구스티누스는 그의 시간과 기력을 빼앗는 이런 심문 작업을 일과로서 담담하게 받아들였다(《주교 아우구스티누스》 259-265). 왜냐하면 재판을 통해 공평함 및 사회 조화라는 도덕원리를 사람들에게 가르칠 수도 있고, 또 여느 때 주장하던 관대한 처벌의 실례를 로마 관리에게 보여 줄 수도 있었기 때문이다. 그는 자신이 로마 제국 재판관의 위협에서 사람들을 구해 준다고 자부했다. 그는 로마 재판관들을 조금도 신뢰하지 않았다. "재판관의 무식함이 종종 피고인을 파멸시킨다."(《신국론》 19·6)

아우구스티누스의 중재재판을 보면 알 수 있듯이, 5세기에 국가와 교회는 떼려야 뗄 수 없는 사이였다. 콘스탄티누스 대제가 그리스도교를 공인한 순간부터 황제는 신앙, 회의 소집, 정통 정의, 이단 금지 등 온갖 문제에 대한 사법권을 갖게 되었다. 아리우스파 황제는 가톨릭 신앙을 탄압하고, 성 아타나시우스 같은 정통파 삼위일체론 신봉자를 감독 자리에서 쫓아냈다. 또 가톨릭교도 황제는 아리우스파를 똑같이 탄압했다. 이단자에게는 벌금, 몰수, 고문, 때로는 죽음이라는 벌을 내리는 것이 일반적으로 용인되고 있었다. 암브로시우스는 아리우스파 교회도 유대교 시나고그도 용납지 않았다. 도나투스파조차 이단 단속 법률에는 맞설 수 없었다. 그들은 단지 자기네 같은 분리파, 즉 정통파와 다른 점이라고는 오직 교회규율뿐인 사람들에게 이 법률을 적용하는 것을 부정했을 따름이다. 종교적 배타성이 제국 전체에 만연했다. 종교 탄압은 특이한 행위가 아니라 더없이 평범한 행위였다.

그런데 아우구스티누스는 이에 대해 탄압 이론을 세웠다. 이는 획기적인 이론이었다. 그 시대에는 누구도 정당화할 필요성을 느끼지 못할 만큼 종교적 배타성이 널리 인정되고 있었기 때문이다. 피터 브라운이 지적했다시피 아우구스티누스는 자기 행위와 가치관을 일치시키기 위해 이 이론을 양심 문제로서 구축했다. 이 과정에서 그는 가혹한 형벌을 경멸하고, 탄압에도 도덕적 한계가 있음을 주장했다. 그는 고문과 처형에 반대했다. 그러나 탄압 이론을 명확하게 세움으로써 그는 후세 사람들에게 위험한 유산을 남기기도 했다. 아우구스티누스는 탄압의 후원자로서 역사에 이름을 남기게 된 것이다―그보다 훨씬 더 광범위하고 가혹한 탄압을 실시한 암브로시우스를 제치고.

전에 아우구스티누스는 도나투스파 교회론을 논파하기 위해 도나투스파 사상가 티코니우스를 이용하려 했다. 그런데 이번에는 더욱 대담한 방식으로 적의 무기고를 습격할 계획을 세웠다. 티코니우스는 "은총에 의해 유대 율법이 파기됐다"는 성 바울의 주장을 예로 들어 다음처럼 말했다. 율법은 명령이지 구원이 아니다, 율법은 인간에게 죄를 선고하지만 인간을 죄에서 구해 주지는 않는다고. 그렇다면 유대 백성이 신의 뜻에 따라 인도받을 적에 율법은 무슨 역할을 했던 걸까? 그것은 어린아이를 강제로 학교에 보내는 교사와 같았다. 억지로라도 학교에 간 아이는 그곳에서 자유롭게 공부할 수 있다.

"그때 율법은 강제로 사람들을 신앙의 길로 향하게 했다. 그러지 않았다면 죄의 힘은 분명히 밝혀지지 않았을 테고, 신앙은 은총을 구하지 않았을 것이다. / 우리는 강제로 우리를 신앙과 그리스도에게 향하게 하는 교사와도 같은 율법에 따라야 했다. / 신은 아브라함의 종(種)을 늘리시고 지켜 주셨다. 율법의 엄격함과 두려움에 의해 많은 존재들이 억지로 신앙을 가지게 되는 식으로."

《누가복음》에 나오는 결혼식 이야기(14·23)에서 하객이 나타나지 않자 주인은 "하객을 억지로라도 데려오라"고 명령하면서 사람을 푼다. 아우구스티누스는 《누가복음》 두 가지 판에서 사용된 동사, 즉 coge intrare(아프리카판 성서)와 compelle intrare(불가타 성서)를 둘 다 이용했다. 그는 이 구절을 풀이할 때 티코니우스 이론을 인용했다. 아마 그는 411년에 다음과 같이 주장했을 것이다.

"이단자를 산울타리에서, 가시덤불에서 끌어냅시다. 그들은 자기네에게 강요하지 말라고 하면서 산울타리에 들러붙어 있습니다. '우리가 들어가고 싶을 때 들어가겠다'고 하면서요. 하지만 그것은 하느님의 뜻이 아닙니다. 하느님께서 말씀하셨습니다. '그 사람들을 억지로라도 데려와라.' 다른 사람들이 강제를 해

야 합니다. 그들이 일단 안으로 들어오면 자유가 눈을 뜰 것입니다."《설교집》112·8)

아우구스티누스의 견해는 보다 훌륭한 후세의 기준에 비춰 본다면 분명히 잘못되었다. 그러나 이것은 심오한 확신에서 생겨났다. 이 견해는 첫째로 의지가 중요하다는 점을 강조한다. 신앙은 단순한 지적 작용이 아니다. 의지를 일깨울 필요가 있다. 그러나 습관은 의지를 잠재워 버린다. 도나투스파는 가톨릭파와 반목하는 바람에 형성된 습관의 그물 속에 갇혔다. 그래서 오랜 원수인 가톨릭 측과 만나 토론하거나 상대의 말에 귀를 기울일 수 없게 되었다. 이 막다른 골목에서 벗어난다면 도나투스파는 자유로워지리라. 그들은 지금까지 아예 차단하고 있었던 이야기에 귀를 기울이게 되리라. 이렇게 생각했기에 아우구스티누스는 "사랑으로 진리를 가르치기 위해 율법을 이용하는 것"이 목표라고 강조한 것이다. 교사의 목적은 "어려운 상황에서 가르치는 것"이다《시편 주해》118·2). 사람들에게 억지로 귀 기울이게 만드는 것은 교육의 첫 단계일 뿐이다. 이 첫 단계는 '교육'이란 단어의 어원(discere[배움]에서 유래한 disciplina[가르침])을 강조한 것이다. 고집과 오만함은 어떤 동료들끼리의 인연(socialis neccessitudo), 범죄 공모관계를 낳기도 한다. 이는 아우구스티누스가 과거에 친구들과 함께 서양배를 훔쳤을 때 스스로 경험한 관계이며, 아담과 이브의 연대에서 발견한 관계이다. 이런 인연에 사로잡힌 사람들이 편견을 버리고 남의 말에 귀를 기울이려면, 누군가가 그 인연을 끊어 줘야 한다.

그 시대에 아우구스티누스만큼 관대하고 절도 있는 심문관은 드물었다. 그러나 그는 운 좋게도 마르켈리누스라는 이상적인 동료를 얻었다. 마르켈리누스는 410년에 호노리우스 황제가 도나투스파의 저항에 대처하도록 파견한 인물이었다. 키르쿰케리오네스의 폭력 행위가 날이 갈수록 심해지자 가톨릭교도들은 라벤나로 찾아가 호노리우스 황제에게 탄원했다. 도나투스파 주교가 키르쿰케리오네스를 보호하는 것을 막아 달라고.

마르켈리누스는 오래된 법률에 따르면 과연 어느 쪽이 이단인지 확실히 밝혀내기 위해서 가톨릭 주교와 도나투스파 주교 전원을 '대결회의'에 소집하는 임무를 맡았다. 이 회의는 카르타고에 있는 한 욕장에서 열렸다. 마르켈리누스 본인은 가톨릭교도였지만 중립적인 태도로 이 회의를 공정하게 주최했다. "온갖 시련에 끈기 있게 맞서면서 마르켈리누스는 위엄 있는 태도로 토론의 사회를 보았다. 그는 결코 예의를 잃지 않았다. 약한 모습을 보이지도 않았다. 다만 규칙과 만인의 권리에 대해 법률가다운 경의를 표했다."(몽소, 4·423)

대결회의를 열기 전에 마르켈리누스는 통합 명령에 의해 몰수됐던 교회를 도나투스파에게 돌려줬다. 그리고 회의 내내 도나투스파 주교의 신변 안전을 보장했다. 아우구스티누스는 가톨릭 주교들을 위해 원고를 썼지만, 마르켈리누스의 이런 공정한 태도에 공감을 느꼈다. 아우구스티누스는 만일 가톨릭이 이단이라는 판결이 내려진다면 가톨릭 측은 교회와 사목권을 포기할 것이다—그러나 도나투스파가 가톨릭에 흡수되어야 한다는 판결이 나온다면, 가톨릭은 그들에게서 교회와 사목권을 빼앗지 않겠다는 합의서를 공표했다(《서간집》 128).

아무리 공정하게 진행된다 한들 대결회의의 법률 자체가 이미 자기네에게 불리하다는 사실을 도나투스파는 잘 알고 있었다. 그래서 어차피 회의장에 갈 거라면 되도록 많은 주교를 모아서 가기로 했다. 도나투스파는 내부 분리파 '막시미아니스트'를 파문하는 바람에 많은 신자를 잃었지만, 자기네는 여전히 인구의 절반 정도를 차지하고 있으므로 쉽게 탄압되지 않는다는 사실을 과시하려 했다. 그들은 아우구스티누스를 비롯한 몇몇 가톨릭 주교들의 서임 방법을 문제 삼았다. 회의에 출석하는 가톨릭 주교의 수를 줄이기 위해서였다. 도나투스파는 회의가 열리기 한참 전에 일찌감치 무리를 지었다. 한편 가톨릭 측은 악전고투했다. 도나투스파에게 수적으로 밀리지 않으려고 마지막 순간까지 애를 써야 했다. 최종 출석자 수는—연령·건강·거리 문제로 결석한 사람을 제외하고—도나투스파 주교가 284명, 가톨릭 주교가 286명이었다.

마르켈리누스는 최대한 공정하고 효율적인 규칙을 정했다. 그는 발언권을 양측에 공평하게 줬다. 그리고 출석자가 일제히 떠드는 일을 막기 위해, 연설자 일곱, 연설자를 후원하는 조언자 또는 연구자 일곱, 기록이 정확한지 확인하는 사람 넷을 선발하라고 양측에게 지시했다. 그러나 회의 첫날 가톨릭 측은 주최자의 요청대로 열여덟 사람을 보냈는데, 도나투스파는 한꺼번에 우르르 몰려와서 다함께 들어가야겠다고 억지를 부렸다. 회의장에 들어가자 도나투스파는 죄인과 같이 앉기를 거부했다. 평신도였던 마르켈리누스는 주교가 서 있는데 감히 자기만 앉을 수도 없어서 회의 내내 서서 사회를 봤다. 게다가 도나투스파는 주교 한 사람 한 사람에게 증명서를 발부해서, 각 주교가 그 고장 교회를 대표하고 있으며 상대의 도전을 받을 자격이 있다는 사실을 증명하라고 요구했다. 그런 가운데 몇몇 주교는 읽기 및 쓰기를 못한다는 사실이 밝혀졌다(몽소, 4·423). 또한 도나투스파는 의사록이 정확히 기록되고 있는지 바로바로 확인할 있도록, 속기법을 쓰지 말라고 했다.

긴장이 고조되었다. 아우구스티누스는 카르타고에서 난투에 말려들지 않도록 욕장에서 멀리 떨어져 있으라고 가톨릭교도에게 미리 권고했다(《설교집》 358·6). 마코마데스에서 온 가톨릭 주교는 "누미디아에서 온 사람을 찾아내서 인사하고 대화에 끼어드는 것"을 통해 적의를 누그러뜨리려 했다(몽소, 4·424).

본격적인 토론이 시작되자 배교자 논쟁의 원인이 검토됐다. 가톨릭 측은 배교자 선고를 받았어도 혐의가 풀린 사람이 있다는 사실을 증명하는 서류를 갖고 있었다―아우구스티누스는 서류의 일부를 미리 도나투스파 측에 제시했다(《서간집》 88). 그러나 도나투스파는 대책을 마련하지도 않고 상대를 방해하기에만 급급했다. 프렌드는 혼란에 빠진 도나투스파를 다음과 같이 묘사했다(279).

"빈틈없는 공격 계획에 따라 행동하는 것처럼 보이는 가톨릭 측과는 달리, 도나투스파는 준비가 미흡했다. 도나투스파는 오히려 적을 돕는 서류를 제시하기도 했다. 또한 앞서 말했듯이 대주교 프리미아누스를 대표단에 넣느냐 마느냐 하는 문제로 마지막까지 고민했다. 도나투스파는 프리미아누스가 막시미아니스트 문제로 집중 공격의 대상이 될지도 모른다고 생각했던 것이다. 물론 다른 이유(노령)가 있었을지도 모르지만."

아우구스티누스의 변론술, 주교 아우렐리우스의 통솔력, 알리피우스의 법률적 수완―이 모든 능력을 갖춘 가톨릭 측은 도나투스로서는 감당하기 버거운 상대였다(망두즈, 671–684). 속기로 기록된 의사록은 매우 흥미롭다. 아우구스티누스가 밀과 잡초가 뒤섞인 교회를 옹호하자, 도나투스파 최고 옹호자 카이사레아의 에메리투스는 사악한 세상과 신을 대립시키는 성서의 한 구절을 인용했다. 아우구스티누스는 성서를 자유자재로 다룰 수 있었으므로 다음과 같은 인용문―"세상으로 하여금 믿게 하시고"(《요한복음》 17·20), "세상이 구원을 받게 하려 하시며"(《요한복음》 3·17), "세상을 자기와 화목하게 하신다"(《고린토인들에게 보낸 둘째 편지》 5·19)―으로 응수했다. 초조해진 도나투스파는 언성을 높여 상대를 방해했다. 아우구스티누스는 "입을 열 때마다 야유를 받았다."

그러자 알리피우스가 한마디 했다. 도나투스파가 아우구스티누스를 방해했다는 사실을 기록으로 남기자고.

폴 몽소는 뮤지컬 같은 이 논쟁의 '악보'를 다음처럼 해석했다.

"이 성대한 야외극의 복잡한 줄거리는 매우 흥미롭다—이를테면 두 진영의 전략이 그렇다. 명쾌하고 질서 정연한 가톨릭 측의 작전과, 몹시 창의적인 도나투스파의 방해 공작이 눈에 띈다. 또 무엇보다도 위대한 웅변가들의 다양한 표정 변화를 그려 냈다는 점이 칭찬받을 만하다. 분리파 측에는 무모하기 짝이 없는 콩스탕틴의 페틸리안이 있었다. 그는 상상력이 풍부하고 목소리가 거친 남자였다. 고집스럽고 비논리적인 이 인물은 거의 모든 장면에서 거침없이 웅변을 했다. 같은 진영에 카이사레아의 에메리투스도 있었다. 완고하고 고고한 이 인물은 지나치게 번드르르해서 지루하기까지 한 말을 늘어놨지만, 때로는 똑똑하고 재치 있는 모습을 보였다. 가톨릭 측에는 뛰어난 연설가가 많이 있었다. 그중에서도 아우구스티누스야말로 대결회의의 승리자라는 사실은 누구도 부정할 수 없으리라. 당대 최고의 이야기꾼인 그는 넘치는 정열과 조심성, 식별력을 가지고 정확히 목표를 이루었다."

6월 3일에 세 번째 회의가 끝났다. 마르켈리누스는 결단을 내릴 때까지 잠도 거의 못 잤다. 그의 결단은 6월 26일에 포고 형태로 언명됐다. 이단법(異端法)을 도나투스파에게 적용한다는 내용이었다. 그 결과 도나투스파는 교회를 잃고, 집회를 열 권리를 잃었다. 그들은 가톨릭교회에 가지 않으면 벌금을 내야 했다. 그런데 브라운이 지적했다시피(《성 아우구스티누스 시대의 종교와 사회》309–316, 335–336) 이 법률은 지역에 따라 시행되는 정도가 달랐다. 그 지역 지주가 얼마나 적극적으로 법령에 협력하느냐가 문제였던 것이다. 세금을 징수하기도 힘든 마당에 벌금을 징수하기는 더더욱 어려웠다. 벌금을 물리자고 일반인을 하나하나 쫓아다닐 수도 없었다. 그에 비해 지도자들을 징벌하기는 쉬웠다. 지도자들은 교회 소유지 및 키르쿰케리오네스를 보호할 권리를 빼앗겼다(이로 인해 수많은 키르쿰케리오네스가 자살했다). 그러나 도나투스파를 대표하는 주교 가우덴티우스는 아우구스티누스의 통렬한 비판을 받으면서도 최소한 9년 동안, 어쩌면 평생에 걸쳐 자기 교회를 보유하고 있었다. 마르켈리누스의 포고에 대한 폭력적 저항이 이어지고, 테러가 끊임없이 일어났다. 아우구스티누스의 사제 한 사람은 눈을 다치고 손가락 하나를 잃었다. 또 다른 사제는 목숨까지 잃었다. 주요 도시 이외의 지역에서는 이 법을 시행하기가 사실상 불가능에 가까웠다. 프렌드의 말에 따르면 "시골에서 도나투스파 교회가 가톨릭교회로 바뀌었음을 보여 주는 분명한 증거는 아직도 발견되지 않았다."(299)

아우구스티누스는 도나투스파와 우호를 다지려 했다.

"우리는 인간의 잘못이 아닌 다른 무엇을 가지고 여러분을 미워하거나, 싫어하거나, 비난하거나, 나무라지는 않습니다. 거듭 말씀드리지만 우리는 신의 진리를 중시하기에 인간의 잘못을 혐오하고 있으나, 모든 신의 은총이 여러분 안에 있음을 인정합니다. 여러분이 길을 잘못 든 부분에 관해서는 전적으로 교정하기를 바라고 있습니다만. ……우리가 찾아내서 논하고 다가가서 손을 잡아 인도하고자 하는 대상은 바로 길을 잃어버린 사람들입니다. 신과 흡사한 그 모습을 잃지 않도록, 의무를 방기한 사람들을 바로잡으면서 말이지요."《설교집》 359·5)

아우구스티누스는 도나투스파 앞에서 우쭐거리지 말라고 가톨릭교도에게 충고했다(《서간집》 78·8). 교회법상 한 지역에는 한 주교만 있어야 하지만, 가톨릭교회에 들어온 주교들은 모두 주교 자리를 지킬 수 있었다. 아우구스티누스도 히포의 도나투스파 주교와 교대로 바실리카 예배를 집전했다.

사제를 죽인 범인들이 죄를 고백했을 때, 아우구스티누스는 이른바 '남을 가르치는 수단'으로서의 징벌이 어떤 것인지 보여 줬다. 아우구스티누스는 범인들을 처형하거나, 채찍으로 때리거나, 손발을 자르지 말라고 마르켈리누스에게 부탁했다.

"범죄자들에게서 또 다른 범죄를 저지를 자유를 빼앗아야 한다는 점에서 우리는 의견 일치를 보고 있습니다. 그런데 저는 형벌이 한도를 넘지 않았으면 합니다. 즉 범죄자들의 생명을 빼앗지 말고 손발도 그대로 놔둔 채, 미칠 듯이 불안정한 상태에서 그들을 법률에 의해 억지로 끌어냈으면 좋겠습니다. 그리하여 그들을 차분한 정상 상태로 돌려놓고, 죗값을 치르게끔 뭔가 이로운 일에 종사하게 만드는 것이지요. 이것도 엄연한 벌입니다만, 엄벌이 아니라 일종의 봉사임에는 의심할 여지가 없을 것입니다. 범죄자가 끼친 해악에 대한 분노는 버리고서도 뉘우침에 대한 기대는 버리지 않는 것이지요."《서간집》 133·1)

이처럼 아우구스티누스는 마땅히 화내야 할 상대를 진심으로 보호하려 했다. 그는 아프리카 속주 장관인 마르켈리누스의 형제에게 실질적 논법이 적용된 편지를 보냈다.

"사람 마음을 흐트러뜨리는 독약을 마신 영혼을 치유하기 위해 우리는 재판기록을 읽어야 합니다. 가혹한 엄벌이 선고되는 부분까지 읽고서는 무서워져서 차마 마지막까지 페이지를 넘길 수 없는 재판기록을 손에 넣고 싶으십니까? ……우리로서는 차라리 피고인이 석방되는 모습을 보는 편이 낫지요. 우리 형제를 살해한 사람들에게 피로써 복수하는 것보다는."《서간집》 134·4)

이것으로도 부족했던 모양이다. 아우구스티누스는 유죄 판결을 받은 범인들의 생명을 보장받지 못했으므로, 황제에게 직접 자비를 구해 보겠다고 마르켈리누스에게 말했다(《서간집》 11·25–26). 그래서 어떤 사람들은 아우구스티누스가 도나투스파를 지나치게 싸고돈다고 비판하기도 했다.

그는 도나투스파 재결집의 빌미가 될 '새로운 순교자'를 만들어 내고 싶지 않았는지도 모른다. 어쨌든 그는 햄릿과는 달리 범죄자를 죽이는 데 무조건 반대했다. 햄릿은 숙부가 기도하는 동안에는 결코 그를 죽이려 하지 않았다. 숙부가 범죄를 저지르는 순간에 그를 죽여서 곧장 지옥에 떨어뜨려 버릴 속셈이었기 때문이다. 아우구스티누스는 냉정하게 생각하고 후회하고 기도할 시간을 범죄자에게 줘야 한다고 생각했다. 그 자신의 경험으로 그는 "하느님께서는 죄를 뉘우친 죄인에게 뒷날 어떤 사명을 줄지도 모른다"는 점을 깨달았던 것이다. 무릇 '교정'은 언제나 사랑으로써 실행돼야 하는 법이다.

"사랑으로써 행동하는 한, 마음대로 행동해도 좋다." 아우구스티누스의 이 격언은 종종 비판을 받는다. 하지만 이것은 남을 교정하기 위해 벌을 내리는 행위를 통해 설명될 수 있다. 이 격언은 "사랑을 공언한다면 속박 받는 일을 피할 수 있다"는 뜻일까? 아니, 아우구스티누스에게 사랑이란 곧 속박이었다. 그는 《바울이 갈라디아인들에게 보낸 편지 주해》에서 같은 그리스도교도들에게 훈계 방법을 알려 줄 때 이 격언을 처음으로 사용했다(57).

"우리는 자기 자신의 양심에 비추어 하느님 앞에서 '나는 분명히 사랑으로써 행동한다'고 당당히 말할 수 없는 한, 남의 허물을 탓하는 일을 받아들여서는 안 됩니다. 해명을 들으려고 부른 상대가 당신을 비난하고 위협하고 모욕해서 속상하다면, 상대를 치유하기 위해서라도 마음이 풀릴 때까지 입을 열어서는 안 됩니다. 안 그러면 당신은 비속한 동기 때문에 행동하게 될 것입니다. 즉 상대에게 상처를 입히고 악에 대항하기 위해 자신의 입을 죄 많은 무기로 사용할 테지요. 눈에는 눈, 이에는 이, 저주에는 저주로 맞대응하는 겁니다. 속상할 때 하는 말은 복수자의 분노에 찬 폭언이지, 교사의 사랑이 담긴 말이 아닙니다. 우리는 사랑으로써 행동하는 한, 마음대로 행동해도 좋습니다. 내가 오늘 다른 사람을 죄에서 구출하기 위해 하느님의 말씀이라는 검을 쥐고 분투하고 있다는 사실을 민감하게 의식한다면, 비열해 보이는 말에서도 비열함이 사라질 것입니다. 실제로 이따금 있는 일입니다만, 당신이 애정 때문에 어떤 일을 시작해서 사랑으로 계속하다가 갑자기 저항에 부딪치는 바람에 당신 마음속에 다른 감정이 생겨날 수도 있습니다. 그래서 죄가 아니라 죄인을 비난하게 되는 것이지요. 그럴 때에는 눈물을 흘리면서, 당신에게는 우쭐거리며 남의 죄를 비난할 권리가 없다는 사실을 떠올리는 것이 가장 좋습니다. 우리를 부드럽게 만드는 '자비의 힘'보다도 우리를 죄인으로 만드는 '죄에 대한 분노의 힘'이 더 강해진다면, 우리는 죄를 비난한다는 그 행위로 인해 죄를 범하게 될 것입니다."

아우구스티누스는 《요한의 첫째 편지》에 대해 설교할 때에도 이 격언을 사용했다. 여기서는 사랑 문제가 폭넓게 다뤄지고 있다(《요한의 첫째 편지 강해 설교》 7·8).

"때와 상황에 따라서는 사랑을 가진 사람이 엄격해 보이고, 악덕을 행하는 사람이 친절해 보이기도 합니다. 아버지는 아들을 때리고, 포주는 달콤할 말을 속삭입니다. 주먹과 달콤한 말, 오직 그것만 생각해 보십시오. 달콤한 말에 귀 기울이고 주먹에 맞서 싸우지 않을 사람이 과연 있을까요? 그런데 이번엔 동기를 살펴봅시다. 주먹은 사랑의 주먹이고, 달콤한 말은 악덕의 속삭임입니다. 내가 무슨 말을 하려는지 짐작하시겠지요. 인간의 행동은 그 본바탕에 사랑이 있느냐 없느냐에 따라 판단돼야 합니다. 겉보기에는 좋아 보여도 사랑에서 비롯되지 않은 행위가 많이 있습니다. 마치 가시투성이 꽃과도 같지요. 반대로 엄하고 차가워 보여도 사랑이 담긴 조언도 있습니다. 다시 한 번 간단히 말씀드리지요. 우리는 사랑으로써 행동하는 한, 마음대로 행동해도 됩니다. 침묵할 때에는 사랑으로써 침묵하십시오. 꾸짖을 때에는 사랑으로써 꾸짖으십시오. 교정할 때에는 사랑으로써 교정하십시오. 목숨을 구할 때에는 사랑으로써 구하십시오. 사랑이 당신 가슴에 뿌리내리게 하십시오. 그러면 거기서 오직 바람직한 행동만이 생겨날 것입니다."

매우 어려운 가르침이다. 브라운의 말로는 알리피우스조차 이 가르침을 완전히 받아들이지는 않았다고 한다. 그러나 아우구스티누스는 마르켈리누스에게서 특별한 모습을 보았다. 그것은 강인하면서도 인정 많은 민권 옹호자, 진리 추구자의 모습이었다. 그는 마르켈리누스에게 《신국론》 제1부를 바쳤다. 그런데 안타깝게도 마르켈리누스와 아우구스티누스가 411년 대결회의를 마치고서 꼭 필요한 교정 규율을 만들고 있을 때, 민권주의자 마르켈리누스가 모반 음모에 가담했다는 혐의로 체포되어 413년에 처형되고 말았다. 아우구스티누스는 온갖 수단을 다 써서 나라의 관대한 처분을 바랐다. 한때 그는 마르켈리누스에게 너그러운 처분을 바랐는데, 이번에는 마르켈리누스를 위해 관대한 처분을 바라게 되었다. 그는 마르켈리누스가 사면되길 기원하면서 감옥에 갇힌 그를 만나러 갔다. 그러나 기대와는 달리 마르켈리누스는 순식간에 처형되고 말았다.

이 사건은 아우구스티누스에게 엄청난 충격을 줬다. 브라운은 다음과 같이 사태를 분석했다.

"이 중대한 국면에서 아우구스티누스는 그가 암브로시우스 같은 인물이 아니라는 사실을 증명했다. 그에게는 사건을 조종하는 데 필요한 외고집과 자신감이 부족했다. 외고집과 자신감이야말로 그 시대 위대한 교회 책략가들의 특징이었다. 이 사건으로 인해 아우구스티누스 인생의 한 시기가 막을 내렸다. 아이러니하게도 아우구스티누스는 로마 제국과 가톨릭교회의 화합을 열망했지만, 막상 그것이 이루어진 순간 열정을 잃어버렸다. 다른 사람들을 설득해서 확신을 심어 줄 필요가 없어지자 아우구스티누스 본인이 확신을 잃어버린 모양이다. 그는 암담한 기분을 느꼈다."

그는 마르켈리누스의 죽음에 맞닥뜨리기 전부터 이미 암담한 기분을 느끼고 있었다. 그가 마르켈리누스에게 바친 신작 《신국론》을 봐도 알 수 있다. 이 작품은 로마 약탈을 둘러싸고 그리스도교도가 느낀 실망감에서 비롯됐다. 그 시대 사람들에게 로마는 온 인류의 역사를 총괄하는 원리와 같았다. 그런데 로마가 약탈돼 버렸으니, 세계가 무슨 의미를 지니겠는가. 아우구스티누스는 첫째로 사람들의 마음 속 왕좌에서 로마라는 이데아를 끌어내리기 위해 《신국론》을 썼다. 로마는 사람들 마음을 만족시켜 주는 도시가 아니었다. 오직 하느님의 나라만이 우리 마음을 만족시키는 것이다.

아우구스티누스는 계획적인 고전 문화 해체 작업에 들어가기 전에 고전 문화의 걸작을 조금씩 약탈하는 일부터 시작했다. 그리스인이나 로마인은 거의 슬픔을 잊기 위해 철학을 이용했다. 이는 '위문문(consolatio)'이라 불렸다. 아우구스티누스는 고대 도시 로마가 함락되는 바람에 살해된 사람, 재산을 뺏긴 사람, 능욕을 당한 사람을 위해서 더없이 가슴 아픈 위문문을 만들었다. 이때 그는 위문문의 상투적 문구를 사용했다. "죽음이란 만인에게 공통된 것, 자연스럽고 불가피한 것, 우리가 공유하면서 언젠가는 경험할 수밖에 없는 것이므로, 언제 죽든지 별 차이는 없다."(《신국론》 1·11) 아우구스티누스는 '육체에 일어난 일은 중요치 않으며 어디까지나 마음이 중요하다'는 이교도 격언에 그리스도교 색채를 더했다. 로마 함락으로 인해 능욕을 당한 여성들은 정절을 잃지 않았다. 정절이란 영혼에 속한 미덕이므로, 다른 사람에게 육체적으로 무슨 짓을 당해도 상관없기 때문이다. 만일 육체가 기계적으로 반응하더라도(아우구스티누스는 자극을 받은 여성의 성기가 저절로 젖는 현상을 지적했다), 영혼이 이에 동의하지 않는다면 아무 문제도 없다(1·16–18). 본의 아니게 치욕을 당했다는 이유로 여성들에게 자살할 것을 요구해서는 안 된다. 하느님께서는 사람을 용서하고 위로하실 수 있다. 그런데 사람이 자살해 버리면 뉘우칠 수도 없지 않은가(그는 사형에 반대할 때에도 같은 논리를 폈다). 로마인들은 능욕을 당하자 스스로 목숨을 끊은 루크레티아를 칭송했다. 그들은 신의 자비보다도 인간의 자존심에 중점을 둔 것이다(1·22–25). 루크레티아의 죄는 타르퀴니우스의 죄보다 더 무겁다. 아우구스티누스는 이렇게 말했다. "타르퀴니우스는 루크레티아의 몸을 빼앗았다. 루크레티아는 자기 목숨을 빼앗았다. 타르퀴니우스는 능욕을 했고, 루크레티아는 살인을 했다."(1·19)

　　《신국론》 제2권에서 아우구스티누스는 자신의 과거 발언을 철회하는 기나긴 시를 쓴다. 그는 그토록 좋아하던 베르길리우스의 《아이네이스》를 부정했다. 이 시인은 로마에 '정의'라는 신의 질서를 이루려는 신의 계획을 그려 냈다. 아우구스티누스의 견해에 따르면 로마는 그렇게 된 적이 없었고, 될 수도 없었다. 인간이 만든 사회제도는 신의 질서를 구현할 수 없다. 오로지 신의 나라만이 완벽한 질서를 세울 수 있다.

　　그렇다면 로마는 무엇이었을까. 신의 나라 반대편에 위치한 나라일까. 아우구스티누스는 그렇다고 잘라 말할 수 없었다. 선량한 그리스도교도들—마르켈리누스 같은 관리에서부터 멜라니아나 피니안 같은 유력한 후원자에 이르기까지—이 로마의 기강과 관련돼 있었기 때문이다. 도나투스파에 맞서 그는 이렇게 주장했다. "지상 국가의 교회는 밀 사이사이에 잡초가 자라나는 것처럼 성인과 죄인이 뒤섞여 있는 혼합체이다." 현세 정부도 마찬가지였다. 그곳에도 잡초 속에서 자라나는 밀이 있었다. 둘 다 한데 섞여 있는데 어찌 그들을 구별할 수 있겠는가.

여기서 티코니우스가 또 한 번 아우구스티누스를 도왔다. 티코니우스도 성인과 죄인이 뒤섞여 있는 교회를 지지했지만, 그는 죄인이 포함된 그리스도교도 사회인 '그리스도의 신체'와 오직 죄인만 있는 '사탄의 신체'를 구별했다. 이것은 곧 인류의 역사가 성인과 죄인을 나누는 마지막 수확 단계에 들어섰다고 보는 종말론적 견해이다.

아우구스티누스는 이 도식을 이용할 수 있었다. 다만 세심한 주의가 필요했다. 이 도식은 마니교 세계관과 비슷했기 때문이다. 마니교에서는 독립된 두 원리—완전한 선과 완전한 악—가 혼란스런 중간지대인 인간 역사 속에서 대결한다고 여겨진다. 아우구스티누스는 마니교와 결별할 때 "악이 독립적으로 존재한다"는 설을 부정했다. 그리고 이제는 "순전한 악은 자멸한다(선의 '보균자'가 될 수밖에 없다)"고 생각하게 되었다.

이리하여 사탄이 지배하는 나라와 신이 지배하는 나라를 대비시키는 대신, 아우구스티누스는 타락한 인간의 나라—지상 국가—에 대해 이야기한다. 이 나라는 아담이 타락함으로써 존재할 수 있게 되었고, 카인이 마을을 건설함으로써 실재하는 사회가 되었다. 과거에 티코니우스가 사탄의 나라—특히 예루살렘과 대비되는 바빌론—에 적용했던 성서 비유를 아우구스티누스는 지상 국가에 적용했다.

그런데 여기서 문제가 생겼다. 인간 역사상 신의 나라와 인간의 나라가 대비된다면, 사실상 네 개의 나라가 존재하는 것이 아닐까. 즉 인간 나라 둘과 천사 나라 둘(천사와 악마)이 존재하지 않느냐는 것이다. 제12권 첫머리에서 아우구스티누스는 착한 천사가 사는 신의 나라와, 나쁜 천사가 사는 지상 국가만이 존재한다고 말했다. 이렇게 되면 티코니우스의 '신과 악마가 대립하는 도식'이 또다시 문제가 된다.

이제 아우구스티누스는 사탄이 다스리는 지옥에도 선이 존재한다는 사실을 깨달았다. 도적단조차도 제구실을 해낸다면, 그 악행을 저지르는 능력 밑바닥에 일그러진 선을 지니고 있는 셈이다. 그들은 신에게서 비롯된 존재이다. 게다가 한 집단으로서 행동하면서 위험과 보수를 나눠 가지고, 협력관계를 바탕으로 존속하기에 충분할 만큼 서로 조화를 이루고 있다. 또한 자기애(自己愛)도 선한 행위이다. 신이 자기 안에 만드신 좋은 점을 사랑하는 행위이기 때문이다.

아우구스티누스는 이번에도 고전 사상에 새로운 방향을 제시했다. 고전 사상은 정의를 사회 기반으로 삼았는데, 아우구스티누스는 일찍부터 키케로의 국가 정의가 잘못됐다고 주장했다. 키케로는 플라톤과 마찬가지로 "사회 구성원이 공유하는 정의 인식이야말로 사회 기반"이라고 보았다. 아우구스티누스는 "사회 구성원이 공통으로 '사랑하는 것'이 사회 기반"이라고 생각했다. 여기서도 그는 지성이 아닌 의지를, 정의 이론이 아닌 사랑을 으뜸으로 여겼다.

이처럼 정의를 격하하는 것은 곧 정의를 제거하는 일이라고 주장하는 사람들도 있다. 하지만 아우구스티누스는 어떤 영역에서도 인간의 행동은 도의에 어긋나서는 안 된다고 말했다. "정의를 잃어버린 정부는 도적단이 아니면 뭐겠는가."《신국론》 4·4) 그런데 여기서 주목할 점이 있다. 아우구스티누스의 사회 정의는 도적단까지 두루 아우르고 있었다는 것이다. 그의 정의는 상대적으로 공정한 정부와 상대적으로 부정한 정부를 포괄한다. 이 광범위한 정의는 '지상 사회'에 대한 조건부 충성의 의무도 인정하고 있다. 따라서 정부에 대한 이상(理想)이 겨우 부분적으로만 이루어진다 해도 아우구스티누스는 그리스도교도에게 좋은 시민이 될 것을 요구하고, 관리에게 공명정대하기를 요청했다.

사실 아우구스티누스의 정의는 지옥까지 포함하고 있다. 지옥에서는 왜곡된 자기애가 왜곡된 사회를 형성한다.《삼위일체론》에서 아우구스티누스가 주장했듯이, 자기를 사랑한다는 것은 자기 영혼에 깃든 신의 모습을 사랑한다는 것이다. 그런데 인간이 신에게 대적하는(신을 '미워하는') 자기애에 빠졌을 때 자기애는 사악한 것이 된다. 아우구스티누스가 묘사한 사회 현실 동화(動畫)에서 온갖 말들을 골라내서 멋대로 그림 하나를 만들어 내는 사람들도 있는데, 그의 동화는 그보다 한결 복잡하다. 그는 지상 국가를 비난할 때 '저주받은 존재가 가는 사탄의 나라'를 비난한 셈이다. 마치 바울이 '육체'라는 말을 써서, 단순한 육체가 아닌 육욕을 표현한 것처럼. 또 세계가 저주받는다는 성서의 한 구절이 '세속'이라는 말로써 '하느님 자신과 세상의 화해'에 대적하는 행위를 표현한 것처럼.

최종적 시민권은 신의 나라 또는 이기심의 나라에 속하는데, 누가 둘 중 어느 쪽 시민권을 가지고 있는지 순식간에 판단하기란 불가능하다. 신은 처음부터 다 알고 계시지만 우리는 모른다. 오늘 죄인인 사람이 내일이면 성인이 될지도 모른다. 또 성인이 죄인이 될 수도 있다. 이 세상에서는 교회의 일원처럼 보이던 사람이 지옥에 갈 수도 있고, 교회에 속하지 않았던 사람이 천국에 갈 수도 있다. 최후의 심판 날까지 밀과 잡초는 함께 자란다. 그들은 서로가 누군지 알아보지 못한다. 아우구스티누스는 인간이 타인의 영혼 상태를 알 수 없다고 주장한다. 이런 불가지론을 통해서 그는 자기는 괜찮을 거라고 안심하지 않고 언제나 경건한 두려움을 품게 되었다.

그는 성서를 비유적으로 해석했다. 끊임없이 변화하는 그 분석은 다원적이고 동적이다. 티코니우스는 똑같은 기호(이를테면 샛별이나 산)가 때로는 사탄을 상징하고 또 때로는 신을 상징한다고 말했다. 질서 정연한 정적 모범을 추구하는 사람들은 티코니우스의 견해에 반발했다. 그들은 아우구스티누스의 두 나라를 교회와 국가, 천국과 이승, 시간과 영원 따위로 단순하게 생각하고자 한다. 그런데 실재하는 로마나 교회에서는 보이지 않는 형태로 시간과 영원이 뒤섞여 있다. 도적단에서부터 주교 회의에 이르기까지 모든 사회가 혼재하고 있으므로 마땅히 신과 사탄의 신봉자도 어지러이 섞여 있다. 영혼의 진정한 드라마는 보이지 않는 곳에서 진행된다. 아우구스티누스로서는 이 세상이 "무지한 군대가 야음을 틈타 서로 충돌하는" 장소라고 주장할 만한 이유가 있었다. 이 시구를 썼을 때 매슈 아널드는 신의 죽음을 고했지만, 아우구스티누스는 숨은 신—현현하지 않은 신—이라는 독자적인 신학 이론에 의거해서 전망을 내놓았다. 아우구스티누스의 견해에 따르면 성인과 죄인은 정의에 대한 최종적인 방향이 전혀 다르므로 함께 살아갈 수 있다. 그 대신 양자는 이리저리 뒤엉킨 사회적 인연 속에서 공동으로 지키고 사랑할 만한 구체적인 좋은 것을 가지고 있다. 아담과 이브에게는 해를 끼쳤던 사랑의 인연도 얼마든지 바람직한 사회의 조화를 이룰 수 있다.

근대 계몽주의를 거친 자유주의는 이와 다른 형태로 관용에 접근했다. 이 자유주의는 사회적 인연을 제거하고 배척한다. 이것은 비이성적인 동족의식이라는 것이다. 그들은 소송절차 규칙과 공평한 형평법 재정에 대해 합의를 보려 한다. 그런데 이토록 훌륭한 것들이 생겨나기 위해서는 희생이 따를 수밖에 없었다. 종교·민족성·애국심 같은 '비이성적' 사회관계에 매달리면서 타협을 거부하는 사람들도 있기 때문이다. 이런 사람들을 만나면 자유주의는 꼼짝달싹 못하고 그저 상대를 비난할 수밖에 없다. 자유주의적인 계획은 제 기능을 다할수 있을 때에만 뛰어난 능력을 발휘한다. 그런데 아우구스티누스 방식은 자유주의자 사회이든 또 다른 사회이든, 모든 사회를 두루 '기술'할 수 있다. 뉴먼 추기경 같은 사람들이 아우구스티누스 식으로 사회를 분석한 내용에서는 하나의 '실존주의' 리얼리즘이 발견된다. 그는 다음과 같이 말했다. 각 사회에는 "신앙·신념·규칙·관습·전통·속담·도덕기준의 집합체"가 있으며, 이것은 저절로 생겨난 작용 범위로서의 정부와 생활양식—즉 국가라는 명확한 형태를 띠게 된다(《비난받아야 할 자는 누구인가》). 이러한 아우구스티누스 식 리얼리즘은 가톨릭교도뿐만 아니라 흄 같은 무신론자에게서도 발견된다. 흄은 "일반적으로 옛 정부에 애착을 느끼게 하는 인류의 사회기질"에 대해 이야기하면서, 이 사회기질 때문에 인연을 끊기가 힘들어지며 때로는 위험해질 수도 있다고 말했다(《정부의 제1원리에 대하여》). 흄은 아우구스티누스의 '선입관 같은 애호'와 비슷한 이른바 '의견(opinion)'이라는 사회적 가정을 바탕으로 정부를 구상했다. 그런데 꼭 흄이나 버크 같은 보수파만이 아우구스티누스 식으로 사회를 분석한것은 아니다. 공화주의자 제임스 매디슨도 아우구스티누스 식으로 분석했다. 그는 사회화된 의견의 실용적 역할을 믿었다.

"인간의 이성은 인간 자체와 마찬가지로 혼자 있을 때에는 겁 많고 조심스럽지만, 누군가와 연합하면 연합 수에 비례해서 차츰 확고함과 자신감을 얻게 된다. 그 의견을 뒷받침하는 예가 오래되고 많기까지 하다면 효과는 두 배가 된다. 물론 철학자의 나라에서는 이런 견해가 마땅히 무시될 것이다. 계몽된 이성의 목소리가 법에 대한 경의를 충분히 가르쳐 줬을 테니까. 그런데 사실 철학자의 나라는 플라톤의 '철학적인 국왕'과 마찬가지로 좀처럼 눈에 띄지 않는다. 그러므로 철학자의 나라가 아닌 나라에서는, 도리를 아는 정부라면 공동체의 선입관을 무시하지 않을 것이다."(《연방주의자》 49호)

피터 브라운은 '선입관 같은 애호'의 역할에 대한 아우구스티누스의 견해를 근대 경험주의 사회학에서도 발견했다(《성 아우구스티누스 시대의 종교와 사회》 43).

"현대 사회학 및 사회심리학 분야에서는 얼마나 정치적 복종이 확보되고, 사회가 정치적으로 통합되어 있는지 살펴볼 때 비합리적 영역, 잠재의식 영역, 의식 영역으로 구성된 반쯤 숨겨진 세계를 모체로 삼는다. 이 세 가지 영역은 우리가 어릴 때 권위에 대해 품었던 온갖 이미지와 마찬가지로 다양한 요인을 내포하고 있다. 마음속에서 사라지지 않는 그림자. 그곳에는 안전함, 위대함, 바람직한 생활이라는 이미지가 막연히 감돌고 있다. 그리고 어떤 가치관을 받아들였음을 뚜렷이 의식한다. 바로 이런 것들이 아우구스티누스의 이른바 '선입관 같은 애호'와 흡사한 방향성을 형성한다."

아우구스티누스는 '지난한 대작'《신국론》전22권을 완성하기 위해 15년이란 세월을 투자했다(《신국론》머리말). 그 15년 동안 현세의 평화를 얻을 수단을 찾고 싶다는 소망이 가슴속에 피어올랐다. 처음에 그는 마르켈리누스에게 계몽된 통솔력을 기대했으나 뼈아픈 좌절감만 맛보았다. 417년 그리스도교도 관리 보니파티우스가 로마군 지휘관으로서 아프리카에 왔다. 아우구스티누스는 다시금 희망에 부풀었다. 그는 마르켈리누스를 위해 작성했던 도나투스파 대책 의견서를 보니파티우스에게 보냈다(《서간집》185). 보니파티우스는 사하라 사막 부족을 그리스도교도가 사는 아프리카 지역에서 쫓아낸다는 중대한 임무를 맡고 있었다. 그를 위해 아우구스티누스는 418년에 군대 도덕에 관한 소논문을 썼다. 내용을 요약하면 다음과 같다. "평화를 위해서가 아니면 전쟁을 해서는 안 된다. 전쟁을 해도 폭력 행위는 필요 최소한으로 억제해야 한다. 적에 대해서도 진리를 지켜야 하며, 정복된 사람들에게는 자비를 베풀어 목숨을 빼앗지 말아야 한다."(《서간집》189)

어떤 사람들은 아우구스티누스가 현세를 부정하기만 했다고 주장한다. 하지만 보니파티우스가 권력을 버리고 수도사가 되겠다고 하자 아우구스티누스는 한사코 그를 말렸다. 그때 그는 60대 후반이었는데, 보니파티우스를 설득하려고 히포에서 120마일이나 떨어진 곳까지 갔다. 그는 이렇게 말했다. 그리스도교도의 평화를 지킬 수만 있다면 정치적 질서를 유지하는 것도 신의 뜻과 일치하는 신성한 임무라고(《서간집》122·3, 122·7). 뒷날 그는 보니파티우스에게 실망하고 만다. 보니파티우스는 마르켈리누스만큼 총명하지도 않았고 양심적이지도 않았다. 그러나 아우구스티누스와 보니파티우스의 관계를 보면, 그의 사회 조직론이 어떤 경험을 바탕으로 형성됐는지 짐작할 수 있다.

이 무렵 권력관계는 아우구스티누스 교회정치의 중심을 이루고 있었다. 아프리카에서 파문된 엉터리 사제 아피아리우스가 419년에 복직을 신청하러 로마로 갔다. 그러자 로마 교황 조시무스는 아프리카로 조사 사절단을 파견했다. 교황의 권한을 부정하기 위해 카르타고에서 특별회의가 열렸다. 사태가 중대했으므로 주교 220명이 이 회의에 출석했다. 사절단이 니케아 공의회(325년)에서 제정된 신조를 인용해 로마 교황의 권한을 지키려 하자, 아우렐리우스와 아우구스티누스는 도나투스파와 대결회의를 했을 때와 마찬가지로 자기네가 더 니케아 신조를 잘 안다는 증거를 보였다. 니케아 신조는 주교들에게 맞서는 사제에게 아무런 소송 권리도 주지 않았다. 사절단이 아프리카 측 문서에 대해 트집을 잡자, 아우구스티누스는 특별 사절단을 동로마 제국에 보내서 기록이 정확한지 어떤지 확인해 보자고 제안했다. 사절단은 어쩔 수 없이 이 제안을 받아들였다.

아프리카 측은 정중하고도 당당한 태도로 사절단을 대했다. 아프리카 측이 로마 교황 조시무스의 뜻을 거스른 것은 이번이 처음이 아니었다. 418년 조시무스가 최종적으로 펠라기우스의 이단 혐의를 벗겨 주자, 아프리카 측은 호노리우스 황제에게 밀사를 보냈다. 호노리우스는 펠라기우스에게 이단 죄를 선고했고, 카르타고 본회의도 곧 이 유죄 판결에 따랐다. 조시무스는 할 수 없이 전언을 철회하고 펠라기우스에게 유죄를 선고했다. 뒷날 사실이 왜곡되어 "로마의 패배는 로마 교황의 지상권의 승리"라는 주장이 나오게 되었다. 교황이 마지못해 유죄 판결을 내린 뒤, 아우구스티누스는 신도들에게 아래와 같이 말했다.

"이 소송 과정에서 두 회의의 결정이 로마 교황에게 전달됐고, 보고서가 돌아왔습니다. 소송은 끝났습니다—이단도 그렇게 되기를 바랍니다."(《설교집》 131·10)

이 말은 뒷날 로마 교황 옹호자들에 의해 "로마는 입을 열었고, 분쟁은 끝났다"는 내용으로 바뀌었다.

펠라기우스의 처분을 둘러싼 이 소동은 로마와 카르타고의 힘겨루기보다도 더 뿌리 깊은 권력투쟁과 관련돼 있었다. 아우구스티누스는 415년에 뒤늦게 이 투쟁에 참여했다. 사실 그가 개입하기 전까지 투쟁은 벌써 수십 년이나 이어지고 있었다. 그는 여기서 생겨난 온갖 반목을 그대로 이어받게 되었다. 연구자들은 로버트 에반스의 선구적 작품 《펠라기우스—조사 및 평가》(1968년)를 바탕으로, 이 싸움에 작용한 모든 요인을 정리하기 위해 지금도 노력하고 있다. 아우구스티누스는 성 히에로니무스에게서 펠라기우스라는 적을 물려받았다. 그는 411년 카르타고에서 펠라기우스를 잠깐 봤을 뿐이지만, 사실 두 사람은 같은 시기에 로마에 있었다(383~4년, 387~8년). 이때 성 히에로니무스는 브리타니아에서 온 금욕주의자 펠라기우스를 처음으로 만났다. 그 뒤 성 히에로니무스는 펠라기우스를 두고 "못난이" "스코틀랜드 죽을 처먹어서 뚱뚱해진 뚱뚱보" "엉금엉금 기어 다니는 거북이"라고 욕할 만큼 상대를 잘 알게 되었다.

이윽고 성 히에로니무스는 베들레헴으로 갔다. 그곳에서 그는 394년에 쓴 요비니아누스에 관한 소책자를 펠라기우스가 공격한다는 소문을 들었다. 두 사람의 관계는 한층 험악해졌다. 요비니아누스는 그리스도교 결혼이 신성한 처녀성과 똑같이 가치가 있다고 주장했다. 성 히에로니무스는 이에 과격한 반응을 보이면서 결혼을 악으로 규정하고, 만일 순교한다 해도 여성에게서 결혼의 부정함을 씻어낼 수는 없다고 주장했다. 논쟁에 참가한 로마의 동지들조차 그 말은 지나치다고 생각했다. J. N. D. 켈리는 다음과 같이 적었다(188).

"성 히에로니무스의 친구들은 몹시 당황했다. 그들은 금세 눈치챘다. 성 히에로니무스의 과장된 주장과 거침없는 말투는 오히려 그들이 옹호해야 할 신조에 엄청난 해를 끼치고 있음을. 파마쿠스는 이 골치 아픈 소책자가 시중에 퍼지는 것을 막으려고 가능한 한 많은 사본을 회수하기 위해 애썼다."

펠라기우스는 로마에서 루피누스가 주도하는 교양 있는 귀족들의 생각을 적극적으로 흡수했다. 한때 루피누스는 성 히에로니무스의 친구였지만, 성 히에로니무스는 알비나의 딸 멜라니아—하느님께 몸을 바친 부유한 후원자—를 루피누스에게 뺏기고 말았다.

펠라기우스도 알비나처럼 로마가 알라리크에게 함락됐을 때 그곳을 빠져나와 시칠리아를 거쳐 아프리카로 건너갔다가 다시 예루살렘으로 갔다. 414년 예루살렘에서 성 히에로니무스는 펠라기우스에 대한 공격을 재개하면서 그를 '오리게네스주의자'라고 불렀다. 성 히에로니무스는 사상 최초의 마녀사냥이라고도 할 만한 오리게네스 사냥에 일찍이 가담했었다. 오리게네스는 대담한 사상가인데, 루피누스는 로마에서 그의 성서 해설을 번역했다. 알비나, 멜라니아, 피니안 일행이 성지 팔레스티나에 도착하자 성 히에로니무스는 그들을 루피누스에게서 도로 빼앗았다.

아우구스티누스는 이 싸움에 선뜻 끼어들지 않았다. 알비나, 놀라의 성 파울리누스 같은 친구들이 펠라기우스를 숭배하면서 그의 미덕을 상찬하는 소리를 들었기 때문이었을까. 어쩌면 성 히에로니무스를 동지로 삼기가 꺼려졌는지도 모른다. 성 히에로니무스는 아군이 되는 동시에 적군도 되는 인물이었으니까. 펠라기우스는 413년 무렵에 예루살렘에서 아우구스티누스에게 편지를 보냈다. 그는 아우구스티누스의 초기 작품, 특히 대화편 《자유의지》를 진심으로 칭찬했다. 아우구스티누스는 의례적인 짧은 답장을 보냈다. 2년 뒤 펠라기우스는 이 답장이야말로 아우구스티누스가 자신을 지지하는 증거라고 했다. 그러나 아우구스티누스 입장에서 그것은 짧고 형식적인 편지일 뿐이었다. 그로서는 펠라기우스를 조심스럽게 대할 수밖에 없었던 것이다.

펠라기우스의 친구 카엘레스티우스는 아우구스티누스만큼 신중하지는 못했다. 411년에 아담의 죄가 인류에 죽음을 가져다줬음을 부정했다는 죄목으로 그는 아프리카 회의에서 유죄 판결을 받았다. 마르켈리누스가 카엘레스티우스의 견해에 유감의 뜻을 표하자, 아우구스티누스는 마르켈리누스를 위해 413년에 두 가지 논문 〈죄의 보상〉과 〈영혼과 문자〉를 썼다. 여기서 그는 원인을 펠라기우스 탓으로 돌리지 않으면서 교묘하게 카엘레스티우스의 견해를 논박했다.

그런데 415년에 아우구스티누스는 펠라기우스의 저서 《자연》을 접했다. 여기서 아담의 타락은 인간 본성을 해치는 것이 아니라는 내용이 나왔다. 아우구스티누스는 펠라기우스가 가톨릭 권위자를 망라해서 내세운다는 점을 특히 위험하다고 판단했다. 그는 마침내 펠라기우스를 공격하기 시작했다. 펠라기우스의 《자연》에 대항해 《자연과 은총》을 썼다. 성 히에로니무스는 아우구스티누스를 부추기면서, 의견 차이는 일단 제쳐 놓고 서로 협력해서 펠라기우스와 싸우자고 말했다(《서간집》 172·1). 416년에 성 히에로니무스는 연달아 네 통이나 편지를 써 보냈다(현존하는 편지는 하나뿐이다. 《서간집》 19·1 참조).

415년 펠라기우스는 팔레스티나 회의에서 정통파로 인정됐다. 성 히에로니무스는 동로마 제국에 대해서는 영향력이 없었으므로 서로마 제국에서 유죄 선고를 받기로 마음먹었다. 아우구스티누스는 동로마 제국 고위 성직자—예루살렘의 요한과 알렉산드리아의 키릴로스—에게 편지를 보내, 팔레스티나 회의가 펠라기우스에게 무죄를 선고한 근거를 알아내려 했다. 동로마 제국의 회의가 잘못됐다고 확신한 그는 카르타고의 능률적 회의 제도를 이용해서 펠라기우스를 유죄로 만들자고 호노리우스 황제에게 간청했다. 그리하여 로마 교황 조시무스에게서 유죄 판결을 이끌어 냈다. "소송은 끝났습니다—이단도 그렇게 되기를 바랍니다." 그러나 아우구스티누스의 바람은 이루어질 수 없었다. 그는 진흙탕에 발을 담갔다. 이제 인생의 남은 15년 동안 진창 속에서 허우적거려야 했다.

5. 히포에서의 죄·성·죽음(418-430년)

로마 교황 조시무스는 엉터리 사제 아피아리우스 문제를 해결하려고 이탈리아 사절단을 보냈다가 괜히 아프리카 측의 분노를 샀지만, 418년 사건 당시에는 빈틈없이 행동했다. 그는 아우구스티누스가 이끄는 아프리카 주교들에게 특별한 부탁을 했다. 카이사레아의 마우레타니아로 가서 교회 내부 분쟁을 해결해 달라는 것이었다. 아우구스티누스는 뜨거운 한여름에 서쪽으로 긴 여행을 떠났다. 마우레타니아는 카르타고(아우구스티누스는 카르타고에서 회의에 출석했다)에서 800마일이나 떨어진 곳이었다. 이때 아우구스티누스는 이미 64세였다(팔러, 346–347). 마우레타니아 교회는 무질서했다. 이 지역 교회는 411년 카르타고에서 열린 대결회의에도 주교를 조금밖에 보내지 않았고, 418년 본회의에는 처음부터 한 사람도 보내지 않았다. 가는 길에 아우구스티누스는 다양한 일을 했다. 도나투스파와 합의한 화해 조건을 널리 퍼뜨리기도 했다. 카이사레아에 가서는 가톨릭 교회회의를 열어 주교들을 화해시켰다. 도나투스파 주교 에메리투스가 시내 광장에 있다는 사실을 알자 아우구스티누스는 회의에 오시라고 그를 초대했다. 그런데 에메리투스는 회의장에 모인 사람들에게 한 말씀 해 달라는 요청을 거절했다. 아우구스티누스는 이야기할 생각이 없다면 왜 회의장에 왔느냐고 물었다. 완고한 도나투스파는 가톨릭교도라는 '죄인들'과 어울리기를 대놓고 거부했다. 아우구스티누스는 진리 이외에 어떤 강제도 할 생각이 없다고 말했다. 그러자 에메리투스가 퉁명스레 대꾸했다.

"과연 내가 졌는지 이겼는지, 내가 진리에 졌는지 힘에 억압되었는지, 이 사태를 보면 알 수 있겠지요."

"그럼 당신은 왜 회의장에 오신 겁니까?"

"당신 질문에 대답하기 위해서지요."

"제 질문은 이겁니다. 당신은 왜 회의장에 오신 겁니까? 당신이 오지 않았다면 당신에게 이런 질문을 하지도 않았을 겁니다."

에메리투스는 속기사를 향해 수수께끼 같은 한마디만 내뱉었다. "이것을 기록하라"고. 아우구스티누스는 "주교 권한을 고스란히 유지한 채 도나투스파 주교가 가톨릭의 품으로 들어온다"는 화해 조건을 알리피우스에게 읽게 했지만, 에메리투스는 여전히 아무 반응도 없었다. 아우구스티누스는 "우리는 그를 위해 기도해야 합니다. 신의 뜻을 누가 알 수 있겠습니까?" 이러면서 회의를 마쳤다. 이리하여 도나투스파 최고 웅변가 에메리투스는 '침묵하는 자'로서 역사에 이름을 남겼다(몽소, 6·173–189).

아우구스티누스는 자기 교회를 떠난 지 5개월 만에 히포로 돌아왔다. 그가 사순절과 부활제 세례 지원자를 교육하지 못한 것은 이번이 처음이었다. 히포에서는 산더미 같은 일들이 그를 기다리고 있었다. 한데 그 무렵 라벤나 궁정에서도 그를 둘러싼 새로운 소동이 벌어지고 있었다. 라벤나 궁정에서는 지적이고 매력적인 젊은 주교 율리아누스가 영향력 있는 귀족 발레리우스에게 "아우구스티누스는 속마음은 여전히 마니교도이며 그리스도교 결혼 제도를 파괴하려 한다"고 말했던 것이다. 발레리우스는 아내가 있는 경건한 그리스도교도였고, 율리아누스 또한 마찬가지였다.

아우구스티누스는 이런 공격을 예상치 못했다. 율리아누스의 아버지와 장인은 둘 다 주교였다. 율리아누스는 독실한 신자인 놀라의 성 파울리누스와 친하게 지냈다. 파울리누스는 율리아누스가 주교의 딸과 결혼할 때, 이 결혼을 통해 주교 가족이 탄생하기를 바라면서 두 사람의 결혼을 축하하는 시를 지었다. 408년 율리아누스의 아버지는 아들에게 선물하고 싶다면서 《음악론》 사본을 달라고 아우구스티누스에게 부탁했다. 이때 그는 아직 부제였다. 아우구스티누스는 기꺼이 《음악론》을 보내 줬다. 그리고 율리아누스를 히포로 초대했다. 아프리카에는 언제나 능력 있는 성직자가 필요했기 때문이리라. 아우구스티누스는 율리아누스가 아프리카를 경멸한다는 사실을 미처 몰랐다. 어쩌면 아프리카 측이 조시무스 교황에게 압력을 가해서 펠라기우스를 유죄로 만들었기 때문이었는지도 모른다. 조시무스는 418년에 율리아누스를 주교로 임명해 준 사람이니까. 어쨌든 신랄한 언쟁이 몇 년이나 이어지는 와중에 율리아누스는 기회를 봐서 아우구스티누스의 '카르타고인 특유의 의리 없고 우둔한 성격'을 비웃었다. 그러나 노련한 주교 아우구스티누스는 이 조롱에 조롱으로 가볍게 응수했다(《율리아누스 논박》 6·18).

"현세의 좋은 집안을 내세우면서, 카르타고인이라는 이유만으로 당신에게 충고하고 훈계하는 사람을 내치지는 마십시오. 당신이 풀리아 출신이라는 사실이 카르타고에 대한 승리를 보증하는 것은 아닙니다. 여기서 중요한 것은 당신 조상의 위업이 아니라 당신의 사상입니다. 당신은 카르타고인보다도 죄를 두려워해야 합니다. 당신이 아무리 뛰어난 능력을 자랑한다 해도 카르타고의 사상에서 벗어날 수는 없습니다. 왜냐하면 '우리는 참으로 보잘것없는 존재이니 자만해서는 안 된다'고 카르타고 성인 키프리아누스가 말씀하셨기 때문입니다."

율리아누스가 아우구스티누스를 싫어한 이유는 무엇이었을까. 냉혹한 악당 아우구스티누스와 성 히에로니무스가 펠라기우스를 교회에서 쫓아냈다고 생각했기 때문이었다. 율리아누스는 펠라기우스 신봉자였으며, 아프리카에서 유죄 판결을 받은 펠라기우스파 카엘레스티우스의 친구였다. 조시무스가 펠라기우스에게 유죄를 선고하자 율리아누스는 금지령에 서명하기를 거부했다. 그는 이탈리아 남부에 있는 교구 에클라눔을 떠나서 이탈리아 북부의 저항자 무리에 가담했다. 그들은 펠라기우스의 잃어버린 지위를 되찾기 위해 전체 교회 회의를 개최해 달라고 요청했다. 그런 가운데 율리아누스는 아우구스티누스가 결혼 제도에 반대한다는 이야기를 발레리우스에게 했던 것이다. 브라운은 율리아누스의 행동을 이렇게 평가했다. "우리가 아는 한, 성과 결혼이라는 미묘한 문제에 관해서 성직자가 이미 결혼한 평신도의 의견을 구한 것은 초기 교회 역사상 이것이 처음이자 마지막이었다."(《신체와 사회》 415) 아우구스티누스는 율리아누스의 공격에 즉시 대응했다. 그는 자기가 결혼에 반대한다는 소문을 부정하는 책을 단숨에 써서 발레리우스에게 보냈다. 이처럼 아우구스티누스는 성 히에로니무스의 악명 높은 결혼론을 공유한다는 오명을 때때로 입곤 했다. 아우구스티누스가 반박하자 율리아누스는 네 권의 책을 써서 응전했다. 그리고 네 권에서 중요한 내용만 뽑아낸 발췌문을 발레리우스를 위해서 따로 마련했다. 라벤나에 있는 아우구스티누스의 대리인들은 발췌문 사본을 손에 넣어 아프리카로 보냈다. 아우구스티누스는 급한 대로 발췌문만 읽고 답장을 보냈다. 네 권이 모두 도착하자 그는 다시금 답장을 썼다. 이리하여 전쟁이 시작됐다. 그들은 어느 한쪽이 죽을 때까지 지치지도 않고 한 치의 양보도 없이 계속 싸웠다.

율리아누스의 공격은 아우구스티누스가 논박하기 위해 발췌한 인용문 형태로만 남아 있다. 그런데 어떤 의미에서 율리아누스는 이 전쟁에 이겼다고 할 수 있다. 대중적인 아우구스티누스의 이미지는 바로 율리아누스의 말과, 율리아누스가 꺼낸 주제에 대해 아우구스티누스가 진술한 의견으로 구성되었기 때문이다. 그것은 마니교 이원론에서 벗어나지 못하고 여전히 성적 기억에 사로잡혀 있는, 비관적 정치관·인간관을 가진 남자의 이미지이다.

율리아누스와 그의 선배 펠라기우스는 이 논쟁에서 이따금 성관계의 옹호자로 여겨지곤 한다. 그러나 이는 사실과 다르다. 율리아누스도 펠라기우스도 성관계를 하지 않겠다고 맹세한 금욕주의자였다. 결혼 옹호자로 알려진 펠라기우스는 결혼을 하지 않았다. 율리아누스는 결혼했지만 자식을 낳을 수 없음을 알자 독신주의자가 되었다(《성 아우구스티누스 시대의 종교와 사회》 409-410). 두 사람은 현대인에게는 생소하기만 한 '신체 부정'이라는 고대 후기 목표를 추구하고 있었다. 아우구스티누스는 인간이 죄에서 벗어나기란 불가능에 가깝다고 말했다. 펠라기우스는 그를 나태하다고 생각했다. 펠라기우스가 자주 드나들던 질서 있는 귀족 사회 사람들은 죄 없는 생활이 충분히 달성될 수 있다고 생각했을 뿐만 아니라 실제로 이루어졌다고 믿기도 했다(《성 아우구스티누스 시대의 종교와 사회》 192-198). 그런데 아우구스티누스는 특별한 은총이 내리지 않는다면 세례 받은 그리스도교도는 공약을 지킬 수 없다고 적음으로써 "아군의 발목을 잡은" 것이다. 세례는 그 자체가 특별한 은총이었다. 펠라기우스는 아우구스티누스의 과거 작품을 상찬하고 이용했지만, 친구를 통해서 그의 신작 《고백록》의 한 구절을 듣자 실망하고 말았다. 거기서 히포 주교 아우구스티누스는 오직 하느님만이 물리칠 수 있는 유혹과 나약함이 자기 내부에 있음을 인정했던 것이다. 특히 "당신 명령을 내려 주신다면, 당신이 원하는 것을 명령해 주십시오"(《고백록》 10·29) 하고 아우구스티누스가 신에게 기도하는 대목에서 펠라기우스는 몹시 화를 냈다.

논쟁의 쟁점은 성 자체가 아니었다. 아담의 타락 때문에 인간이 성충동을 제어하는 일이 불가능해졌다고 보는 아우구스티누스의 주장이 문제였다. 펠라기우스도 아우구스티누스도 번역이 잘못된 《로마인들에게 보낸 편지》 5·12를 예로 들었다. "한 사람으로 말미암아 죄가 세상에 들어오고 죄로 말미암아 죽음이 들어왔나니, 이 한 사람 안에서(그리스어로는 '이와 같이'라고 번역됐다) 모든 사람이 죄를 지었으므로 죽음이 모든 사람에게 이르렀느니라." 여기서 펠라기우스는 원죄를 지적하지 않았다. 행위에 대한 벌을 받긴 했지만, 아담의 근본적 본성은 조금도 변하지 않았다고 펠라기우스는 주장했다. 죄가 다른 사람들에게 퍼져 나간 것은 아담이 맨 처음으로 나쁜 실례를 보였기 때문이다. 죄는 처음부터 존재한 것이 아니라 차츰 누적되는 것이다. 누적된 죄는 노아의 홍수로써 징벌을 받았다. 모세의 율법이라는 훈계가 내려지자 사람들은 신의 뜻을 알고 이에 따를 수 있게 되었다. 그리고 새로운 죄가 누적되자, 사람들을 구제하는 그리스도의 죽음과 부활에 의해 결정적 해방이 이루어졌다.

아우구스티누스가 원죄를 살펴볼 때 기초로 삼은 것은 성서의 한 구절이 아니라 성서에 포함된 중대한 문제들이었다. 즉 구원자 그리스도의 역할과, 인간 본성에 뭔가 뒤틀린 요소가 존재한다는 공통인식에 대한 해석이 문제였다. 흔히 아우구스티누스는 비관주의자이고 G. K. 체스터턴은 낙관주의자라고 평가된다. 그러나 체스터턴이 뭐라고 말했던가. 나른한 여름날 오후, 아이들이 심심풀이 삼아 고양이를 괴롭히는 장면에서 바로 원죄의 실체가 드러난다고 하지 않았던가. 어느 유대인 학자는 원죄야말로 사상계 전체에서 가장 명백한 개념이라고 생각했다. 또 뉴먼 추기경은 "오늘날 인간사회의 혼란은 인간사회가 '그 원시적 난파'를 경험하고 있음을 나타낸다"고 말했다.

신께서는 인간 본성을 선하게 만드셨지만 일이 틀어졌다. 이것은 신이 아니라 아담의 책임이다. 그리스도는 이 잘못을 은총으로써 속죄하셨다—이것이 원죄에 대한 아우구스티누스의 기본적인 생각이었다. 아담의 죄 자체는 성과 아무 관계도 없었다. 아담의 죄는 신의 명령을 어긴 것이었다. 이는 오만하고 이기적인 행위였다. 브라운이 지적했다시피 다른 초기 신학자들과 구별되는 아우구스티누스의 독자성은 "인간이 타락하지 않았어도 에덴동산에서 성관계가 맺어졌을 것"이라고 주장했다는 점에서 드러난다(《신체와 사회》 399–401). 다른 신학자들은 에덴동산에는 죽음이 존재하지 않으므로 종의 존속을 위해 생식행위를 할 필요가 없다고 보았다. 하지만 아우구스티누스가 보기에 '성'은 신께서 선하게 만드신 인간 본성의 일부분이었다. 성은 실재하는 인간 본성의 일부이다—정액을 가진 예수는 아마 자손을 남길 수도 있었으리라. 《율리아누스 논박》에서 아우구스티누스는 생식력이 없는 그리스도에게는 미덕도 없었을 것이라는 율리아누스의 견해에 동의했다(4·49). 하지만 그는 그리스도의 육체가 정신에 완전히 동조하고 있었다는 말도 했다(4·47).

그렇다면 성을 비관하는 아우구스티누스 이미지는 어디에서 온 것일까. 이것은 의지를 강조하는 아우구스티누스의 태도에서 비롯됐다. 그리스도교도든 이교도든, 다른 철학자들은 성을 별로 좋아하지 않았다. 신을 향해 정신을 드높이는 훈련을 거듭함으로써 얻게 되는 고요한 지성의 명석함이 오르가즘이라는 '정신 착란'에 의해 파괴된다고 생각했기 때문이다. 과거에 아우구스티누스 인간학에서 지성이 으뜸가는 자리를 차지하고 있었을 때에는 그도 같은 생각을 품었다. 초기 작품 《솔리로키아》에서 그는 성행위가 "인간 지성을 높은 곳에서 끌어내린다"고 말했다(1·17). 그러나 아우구스티누스가 인간 의지를 강조하게 되면서—사회를 하나로 연결하는 신의 정의로서 사랑을 강조하게 되면서—그의 생각도 차츰 바뀌었다. 《신국론》에서 그는 오르가즘이 정신을 타락시킨다는 점을 가볍게 언급하긴 했지만(14·16), 그보다는 욕정(또는 그 결여)의 순간에 가장 큰 관심을 보였다. 의지와는 별개로 신체가 반응하는 것만큼 '완전성의 결여'를 보여 주는 사태도 없으리라. 아우구스티누스는 여기서 점층적인 논법을 사용했다.

"첫째, 인간은 의지와는 상관없이 욕정을 느끼기도 한다. 이는 아담의 죄에 대한 '대칭적 벌'이다. 아담이 하느님의 뜻을 거슬렀듯이 아담의 신체는 자기 의지를 거스른다. 에덴동산에서 성관계를 할 때 아담은 통일체로서 완전한 인간의 기쁨을 느꼈을 것이다. 의지와 상관없이 욕정을 느낀다는 것은 통일체로서의 완전성, 즉 신체와 정신의 일치가 사라졌다는 증거이다.

둘째, 의지와는 무관한 욕정이 마땅한 벌이라면, 스스로 원하는데도 신체가 욕정을 거부하는 불능 현상은 더더욱 그렇다. 아담은 성관계를 맺으려 할 때 불능이 된 적은 한 번도 없었을 것이다.

셋째, 부부의 성관계에서 불능 현상이 당연한 벌이라면, 호색가의 불능 현상은 더더욱 그렇다. 이때는 신체가 의지를 거스를 뿐만 아니라 욕망 자체가 욕망을 버린다.

넷째, 원치 않을 때 신체가 반응하고, 원할 때 신체가 반응하지 않는다는 두 가지 '오작동'이 번갈아 일어나는 것은 더더욱 극적인 '인간 신체와 의지의 분리 현상'이다.

신체는 의지와는 상관없이 저절로 끈질기게 욕정을 느끼기도 하지만, 또 흥분한 연인을 궁지에 몰아넣은 채 방치하기도 한다. 머릿속에서는 욕망이 부글부글 끓고 있는데 육체는 차갑게 얼어붙는다. 그 결과 기묘한 일이 일어난다. 아이를 얻는 일이 목적이 아닐 경우, 즉 혼자서 즐거움을 맛볼 때조차 욕망은 하나로 뭉쳐 욕망을 돕지 못한다―보통은 이성의 제어에 맞서 분투하는 이 힘이 이제는 내부 항쟁을 일으킨다. 마음은 불같이 타오르는데 육체는 아무 반응도 하지 않는다."《신국론》 14·17)

필립 로스의 소설에 등장하는 포트노이 씨도 이런 현상에 불만을 나타낸다. 포트노이 씨는 원치 않을 때 발기한다. 마치 대두증에 걸린 백치가 끊임없이 솟아나는 한심한 욕구 때문에 사생활을 망치는 것 같다. 그러나 매춘부 앞에서는 그 욕구가 씻은 듯이 사라져 버린다.

아우구스티누스는 욕망이 이성뿐만 아니라 욕망 자체에도 반항하는 내부 분열의 극단적인 예로서 '불능' 문제를 자주 논했다. 그는 충격요법이 특기였던 고대 후기 스토아학파 철학자들을 예로 들었다. 그들은 공공장소에서 성행위를 함으로써 예의범절에 도전하려 했지만, 결국 망토를 몸에 두른 채 몽둥이를 이용해서 발기한 척하는 데 그쳤다(《신국론》 14·20). 에덴동산에서 인간은 성적 관심을 가진다는 데에 당혹감을 느끼지 않았다. 공공장소에서 벌거벗으면 욕정이 사라진다는 것은 그 본성이 침해당했다는 증거이다. 포트노이 씨 말마따나 "발기에 관한 논의에서 승리자가 있을 리 없다."

아우구스티누스는 타락한 뒤 인간이 내부 분열을 일으켰다는 증거인 '불능 현상'의 상징적 타당성을 우아한 말투로 논했다. 물론 스스로도 인정했듯이 이것은 외설스럽다 싶을 정도였다. 그런데 그는 또 이런 이야기를 솔직하게 털어놓을 수 없는 것도 타락 때문이라고 한마디 덧붙였다. 아담이 순결하다면 성교를 생생하게 묘사해도 당황할 이유가 없다는 것이다(《신국론》 14·23).

아우구스티누스가 성에 집착했다고 평가되는 이유는 그가 임상적으로 정확한 언어로 욕정을 표현했기 때문이다. 그런데 그는 원죄에 관해 율리아누스와 논쟁할 때를 제외하고는 이 문제를 논하지 않았다. 브라운이 지적했듯이 아우구스티누스는 신도들에게 설교할 때에도 성적인 죄를 끈질기게 이야기하지는 않았다(《신체와 사회》 416). 설교의 주제는 거의 탐욕·폭력·속임수였다. 그가 성직자로서 성적인 죄를 엄히 다스린 적은 없었다. 펠라기우스가 그를 두고 무르다고 말한 것도 이해가 간다. 아우구스티누스는 어떤 사제가 성적으로 난잡한 죄를 범했다는 혐의가 있어도, 확실한 증거가 발견되기 전까지는 놀랍도록 침착하고 냉정했다. 브라운이 말했듯이 "성 히에로니무스라면 이 사건에 어떻게 반응했을지 쉽게 상상할 수 있겠지만."(《성 아우구스티누스 시대의 종교와 사회》 397) 사제와 수도사가 동성애 죄목으로 고발됐을 때 아우구스티누스는 신의 심판을 바라며 기도하라는 명령과 더불어 두 사람을 성당으로 보내고, 교구민에게는 남의 영혼의 비밀과 관련된 이번 사건에 대해서는 판결을 유보해 주길 바란다고 말했다(《서간집》 78). 그런데 그의 수도원 수도사가 사유재산을 속였다는 사실이 밝혀졌을 때에는 사뭇 다른 태도를 취했다. 그는 재산을 양도하겠다는 제안을 거절하고 그 수도사를 추방했다. 게다가 다른 수도사들의 재산을 검사하여 조사 결과를 두 번에 걸쳐 신도들에게 설명했다(《설교집》 78·6). 타산적인 죄는 거짓말과 마찬가지로 냉혹한 행위로서, 아우구스티누스가 가장 심하게 비난하는 악마적인 죄였다. 아우구스티누스는 육체가 없는 악마에게는 불가능한 육욕의 죄에 대해서는 그 자신의 경험 때문인지 상당히 너그러운 태도를 보였다. 수도원에서 동성애 추문이 떠돌자 그는 "누가 약하면 내가 약하지 아니하더냐"(《고린토인들에게 보낸 둘째 편지》 11·29)라는 성 바울의 말씀을 기억하노라고 신도들에게 말했다(《설교집》 78·6).

소설가 체스터턴이 탄생시킨 탐정 브라운 신부는 범죄자의 심리를 어떻게 아셨느냐는 질문에, 나 자신도 범죄자라고 자각함으로써 알았다고 대답한다. 또 신흥종교 예언자가 "우리는 정신력에 대한 관심을 공유하고 있다"고 말하자, 브라운 신부는 자기는 정신의 약함을 상대한다고 대꾸한다. 브라운 신부는 아우구스티누스 같은 가르침을 입에 담는다.

"자신이 얼마나 나쁜 사람인지, 나쁜 사람이 될 수 있는지 깨닫기 전까지는 어떤 사람도 참된 의미에서 착한 사람이 될 수 없습니다. 수만 마일이나 떨어진 숲에 사는 원숭이처럼 '범죄자'에 대해 이야기할 권리가 대체 자기에게 얼마나 있는지 정확히 깨닫기 전까지는 말이지요. 하등한 사람이나 일을 못하는 사람을 이러쿵저러쿵 비판하는 비열한 자기기만에서 완전히 벗어나기 전까지는. 바리새인의 기름을 마지막 한 방울마저 짜내기 전까지는 말이죠. 어떻게든 범죄자를 붙잡아서 안전한 곳에 숨겨 놓고, 그의 올바른 마음을 되찾아 주는 것이 유일한 소망이 되기 전까지는."

펠라기우스와 율리아누스, 그리스도교도로서 완벽하게 살아간다고 자부하는 유복한 학자들에게 반론하면서 아우구스티누스는 이른바 완벽한 그리스도교도와는 거리가 먼 공동체 사람들을 언급한다. 그는 '공동체 상식과 율리아누스의 특기인 아리스토텔레스 식 범주 구사', '교회 사람들의 신앙과 율리아누스의 이성'이라는 대립적인 도식을 이끌어 냈다. "당신은 고개를 갸웃하고 미소를 지으며 민중을 쫓아 버립니다. 당신 말씀에 의하면 민중은 당신 같은 천재 여러분이 계시는 높은 곳에는 도저히 도달할 수 없겠군요."(《율리아누스 논박》 2·36, 51)

브라운은 속물과 대중을 대립시킴으로써 민중에게 호소하는 아우구스티누스에게서 선동적인 면을 발견한다(385). 하지만 이때 아우구스티누스가 상대하던 사람은 카르타고인을 "카르타고 멍청이들"이라고 비웃고 아우구스티누스를 "허약한 멍청이"의 두목이라고 조롱한 인물이었다. 분명히 두 사람은 교의 문제뿐만 아니라 기질 문제로도 충돌했다. 사회에 대한 그들의 태도는 전혀 달랐다. 위대한 교회사 연구가 아돌프 하르나크는 아우구스티누스와 율리아누스를 두고 이렇게 말했다. "그들은 서로에게 부족함 없는 상대였다. 두 사람의 비범한 재능을 생각한다면, 자연이 그들을 합하여 한 사람으로 만들지 않았다는 것이 못내 아쉬울 따름이다―만일 그랬다면 어떤 인간이 탄생했을까."

율리아누스도 아우구스티누스도 끝없는 격론을 벌이다가 지쳐 버렸다. 멋지게 공격했다 싶으면 바로 역습을 받았다. 되풀이되는 그들의 음울한 논의에서는 비관적인 절망감까지 느껴진다.

"아우구스티누스 : 원죄가 없다면 어째서 당신의 교회는 갓난아이에게 세례를 베푸는 겁니까?

율리아누스 : 세례를 베풀지 않으면 아이가 지옥에 떨어집니까?

아우구스티누스 : 인간이 세례에 의해 구원받지 못한다면, 어째서 펠라기우스는 세례를 그리스도교도 생활의 중심으로 삼은 겁니까?"

다음은 '본성 대 은총' 문제를 논한 두 사람의 유명한 토론이다.

"율리아누스 : 신이 본성을 선하게 창조하셨다면, 어째서 신은 마지막 순간까지 끊임없이 은총을 내려 본성을 구원하셔야 하는 걸까요?

아우구스티누스 : 신은 자연 질서에도 끊임없이 개입하고 계시지 않습

니까?

율리아누스 : 그렇다면 인간의 책임이나 미덕이 개입할 여지가 어디 있단 말입니까?"

이 토론에 대해 어느 도미니크회 학자는 본성과 은총 사이에 명확한 선을 긋는 율리아누스에게서 위대한 도미니크회 스승 토마스 아퀴나스의 모습을 찾아볼 수 있다고 말했다. 본성과 은총을 나눈다는 것은 아우구스티누스의 사상에 반하는 행위였다. 아우구스티누스가 생각하기에 신은 시시각각 창조를 계속하시고, 정신적인 것을 "(계시가 아니라) 자연을 바탕으로" 생각할 때에도 지성을 밝게 비춰 주신다. 그리고 지성을 가진 모든 피조물 안에서 더없이 신비로운 삼위일체의 울림을 낳고 계신다. 물론 사탄도 예외는 아니다. 특히 인간을 살게 한다는 것은 라자로를 되살린 것만큼이나 기적적이다. 포도를 길러 수확함으로써 물을 포도주로 바꾸는 일도 '가나의 기적'보다 시간이 좀 더 걸린다 뿐이지 똑같이 기적적인 일이다. 봄은 해마다 만물을 부활시킨다. 경이로운 자연 현상은 언제나 아우구스티누스를 놀라게 했다. 《신국론》 마지막 권에서는 "오!" "아아!" 하고 창조에 대한 감탄사가 연달아 나온다.

젊을 때 마니교 이원론에서 벗어났다는 기쁨에 겨워 아우구스티누스는 가장 미천한 생물의 존재를 아래와 같이 찬미했다.

"나는 진심으로 벌레의 훌륭함을 찬양할 수 있다. 무지갯빛 반짝임, 완벽하게 둥근 모양새, 앞부분과 가운데 또 가운데와 뒷부분의 상호작용, 가장 저급한 이 생물 속에서 각 부위가 힘을 합쳐 통일을 향해 움직이고 있다. 다른 부위의 움직임과 조화되지 않는 움직임을 보이는 부위는 하나도 없다. 벌레의 몸을 통해 아름다운 선율 같은 질서를 낳고 있는 생명의 근원은 대체 무엇일까? 율동적으로 전체를 움직이고, 생명 유지에 필요한 것을 찾고, 생명을 위협하는 존재를 공격하거나 회피하면서 매사 '자기 보존'이라는 핵심적인 기준에 비춰 행동하여, 자연 속에서 만물을 떠받치는 창조적 통일을 신체보다도 더 명료하게 증명하는 이 생명의 근원은 무엇일까?"《참된 종교》 77)

나이가 들어서도 아우구스티누스는 모든 피조물과 그 능력에 끊임없이 경탄했다. 심지어 방귀를 칭찬하기도 했다. "자기 마음대로 엉덩이에서 냄새 없는 소리를 내보내는 사람이 있다. 그 소리는 마치 또 다른 입에서 흘러나오는 노랫소리 같다."《신국론》 14·24) 이때 그가 신학적으로 논하려던 문제는 "인간은 발기하는 일보다는 방귀뀌는 일을 더 마음대로 할 수 있다"는 것이었지만, 어쨌든 그의 신체 이론에서는 감탄사가 넘쳐흐른다. 아마 천국에서는 위장조차 아름다울 것이다. 빛이 투과되는 승천한 신체를 자세히 살펴본다면, 우리는 시체를 해부할 때보다 더 많은 지식을 얻게 될 테니까(《신국론》 22·24).

아우구스티누스는 천국의 신체에 대해서만 감탄한 것이 아니었다. 어떤 사람들은 그가 신체를 멸시했다고 한다. 하지만 그는 사실 전통적인 '신체 멸시 사상'을 받아들이지 않았다. 브라운이 지적했다시피 계층구조를 전제로 구축된 고대 후기 사상에서는 신체가 최하층에 속했다. 인간은 신체에서 벗어나 지혜로 이어지는 기나긴 정신의 길을 올라가야 했다. 신체는 어둠이며, 인간은 이 어둠에서 탈출해 빛나는 신을 향해 나아가야 한다. 말하자면 저 높은 상류의 깨끗한 샘에서 시작되어 하류로 흘러내려와 탁해진 강물이 바로 신체였다. 그런데 신이 예수 안에서 수육(受肉)을 하셨다는 사실을 숙고함으로써 아우구스티누스는 세계를 발칵 뒤집어 놓았다. 그는 형이상학적인 '기발한 생각'을 표현하면서 수육의 육체성을 논했다.

"인간을 창조하신 하느님께서는 인간이 되셨습니다. 별들의 지배자이신 본인께서 어머니 품에 안겨 젖을 먹도록. 빵이 굶주림을 의미하도록. 샘물이 갈증을 의미하도록. 빛이 잠들도록. 길이 도중에 지쳐 버리도록. 거짓 증언에 대한 벌로서 진실이 고소되도록. 교사가 매를 맞도록. 수풀 위에 지반이 매달리도록. 강자가 약해지도록. 치유의 손이 상처를 입도록. 생명이 죽음을 맞이하도록."(《설교집》191·1)

그리스도의 육체는 거듭해서 청중에게 제시된다. 마치 치료를 위해 장님의 눈에 바르는 연고와도 같고, 어린아이에게 생명을 주는 우유와도 같다.

신체에 깃든 고요한 신비에 대한 생각이 점점 깊어지자 아우구스티누스는 만년에 어떤 변화를 보이게 되었다. 기적이나 순교자 숭배를 멸시했던 그가 이제는 열광적으로 지지하게 된 것이다. 많은 사람들이 이 변화를 주목했고 어떤 이들은 한탄하기도 했다. 420년대에는 성지에서 온 성물과 더불어 새로운 기적의 파도가 아프리카로 밀려왔다. 아우구스티누스는 새로운 견해를 받아들였다. 눈에 보이는 형태로 역사 속에 나타난 신께서는, 한때 신플라톤주의에 빠져 있던 그가 생각했던 것만큼 신체의 경이로움보다 한결 높은 곳에 계시는 것이 아니었다. 그는 도나투스파를—적어도 이론적으로는—억지로 끌어들인 가톨릭

교회와 도나투스파와의 화해를 도모했다. 순교자 숭배는 도나투스파가 진심으로 소중히 여긴 참된 '아프리카 종교'였다. 아우구스티누스는 율리아누스의 엘리트주의, 즉 민중 종교를 모욕하는 태도에서 과거의 자신을 발견했는지도 모른다. '완벽한' 펠라기우스파 사람들은 아우구스티누스가 예전에 "스스로를 신성하게 만들라"고 친구들에게 권했던 것을 연상시킨다. 아우구스티누스는 아직 미숙했던 시절에 쓴 대화편에서 표명된 견해와 나중에 가지게 된 견해를 분명히 구별하고자 했다. 아우구스티누스가 암브로시우스를 전보다 열심히 자주 인용하게 되었다는 사실은 중대한 의미를 지닌다. 그는 율리아누스에게 다음과 같이 말했다. "암브로시우스도 귀족이고 당신과 마찬가지로 그리스 신학자 저작을 읽을 수 있었지만, 밀라노 궁정 주변에 모여 있는 결점 많은 그리스도교도들의 주교로 활약했다. 암브로시우스의 '선동적' 성가와 순교자를 숭배하는 의식 덕분에 민중은 하나로 뭉칠 수 있었다."

자신이 지나온 길을 재평가하는 가운데 아우구스티누스는 매우 힘든 작업에 들어가기로 마음먹었다. 수도원 서고에 보관돼 있는 모든 저작의 목록을 만들기로 한 것이다. 426년부터 427년까지는 신작 《재고록》을 썼는데, 이때 아우구스티누스는 72, 73세였다. 아우구스티누스는 후임 주교로 에라클리우스를 추천하고, 재판을 비롯한 온갖 번거로운 일들을 그에게 넘겨줄 준비를 했다. 마치 여생이 얼마 남지 않았다는 사실을 깨달은 것처럼. 더는 옛날같이 저작 요청에 응할 수 없으리라. 우연히 그의 저작을 접한 사람이나, 히포에서 정식 사본을 입수한 사람의 질문에 대답할 수도 없으리라.

아우구스티누스는 오늘날의 작가와는 다른 방식으로 작업했다. 현대 작가의 작품은 일정한 형식으로 인쇄되고 나서 저작권 보호를 받으며 대량생산되므로, 누구나 원본과 비슷한 사본을 쉽게 입수할 수 있다. 그러나 아우구스티누스의 사정은 달랐다. 그가 《음악론》이나 《고백록》 같은 책을 남에게 주려면 일부러 공들여서 수작업으로 사본을 만들어야 했다. 그는 손으로 쓴 모든 저작을 자신의 서고에 보존하려고 애썼다. 그리고 율리아누스 같은 비평가들에게 답변할 때마다 이런 자료들을 참조했다.

그 시대에는 책을 배달하기가 쉽지 않았다. 믿음직한 배달부를 통해 세심한 주의를 기울여 책을 배달하는 작업에는 엄청난 노력과 비용이 들었다. 이리하여 새로이 책을 손에 넣은 인물은 사본을 만들었는데, 이때 원본이 요약되거나 잘못 기록되는 일도 있었다. 원본은 수많은 요인으로 인해 왜곡됐다. 그 지역 도서관에서도 원본은 좀처럼 발견되지 않았다. 율리아누스가 네 권짜리 책을 써서 아우구스티누스를 공격했을 때, 언제 어떻게 완전한 사본을 입수하게 될지 몰라서 아우구스티누스는 급한 대로 발췌문만 읽고 응전했다. 또한 아우구스티누스가 성 히에로니무스에게 보낸 첫 번째 편지는 제대로 배달되지도 않았다. 그래서 성 히에로니무스는 두 번째 편지를 위조문서라고 의심하기도 했다.

아우구스티누스는 저작을 집필 순서대로 나열한 뒤 각각의 길이와 첫머리를 기록해서, '해적판' 또는 '불완전한 사본'과의 차이를 명확히 밝혔다. 게다가 작품 하나하나를 전후관계에 따라 파악해서, 실수를 바로잡거나 수정하거나 취약한 부분을 보강하거나 했다. 그는 자기 작품을 직접 발송하면서 이런 작업을 차근차근 해 나갔다. "이제는 《음악론》의 처음 다섯 권에서 아무런 가치도 찾을 수 없다"고 그는 율리아누스의 아버지에게 말하기도 했다.

아우구스티누스는 모든 작품을 최종적으로 정리했다. 하지만 은둔자처럼 자기 작품을 순서대로 나열하는 일에만 몰두한 것은 아니었다. 에라클리우스에게 몇 가지 일을 넘겨주긴 했어도 그는 여전히 성직자로서 많은 일을 해야 했다. 정치판도 매우 혼란스러웠다. 남부 사하라 사막 부족이 아프리카의 평화를 위협하고 있었다. 아우구스티누스는 한때 그의 제자였던 보니파티우스가 이런 사태를 불러왔다고 생각했다. 그와 알리피우스는 수도사가 되겠다던 보니파티우스를 설득해서 변경의 수호신으로서 속세에 머물게 했다. 이윽고 군인 보니파티우스는 이탈리아로 돌아가 궁정에서 온갖 경쟁과 음모를 경험한 뒤, 아리우스파 여자와 결혼해서 아프리카로 돌아왔다. 그는 이미 옛날과는 전혀 다른 사람이었다. 이제 보니파티우스는 당당하게 매춘부와 함께 살면서 라벤나의 적수에게 맞설 힘을 기르고 있었다. 아우구스티누스는 보니파티우스를 나무라는 편지를 썼다. 그의 부하들이 정말로 싸워야 할 적은 놔두고서 애꿎은 시민을 상대로 강탈 및 약탈을 일삼고 있다는 내용이었다(《서간집》 220·6). 427년에 이 편지를 쓴 아우구스티누스는 믿을 만한 배달부가 발견될 때까지 기다렸다가 편지를 발송했다. 이 편지가 외부에 알려졌다가는 사기가 떨어질 테고, 또 추문이 떠돌아 보니파티우스의 회개를 방해할지도 몰랐기 때문이다.

그로부터 5년도 지나지 않아 보니파티우스는 또 다른 적에게 공격을 받았다. 남쪽에 있는 사하라 부족이 아니라, 서쪽에서 아리우스파 지휘관 게이세리쿠스가 이끄는 반달족이 아프리카를 공격한 것이다. 사실 보니파티우스는 로마 궁정에서 싸움이 일어났을 때 게이세리쿠스를 자기편으로 끌어들이려 했었다. 누미디아 도시가 함락되자 그리스도교도들과 주교들이 히포로 몰려왔다. 히포는 방비가 튼튼한 요새 도시였다. 보니파티우스 본인도 최종적으로는 이곳에서 게이세리쿠스의 포위 공격에 응전했다. 히포의 바다가 봉쇄되었다. 기나긴 전투가 이어졌다. 430년 8월 28일, 아우구스티누스는 향년 76세로 세상을 떠났다. 그로부터 1년 뒤에 겨우 포위망이 무너졌다.

과거에는 골칫덩이였던 수도사들이 인생 마지막 순간에는 늙은 아우구스티누스의 마음을 위로해 주었다. 그는 친목을 중시하는 규칙을 만들었다. 나무 탁자에 새겨진 시(詩)를 무시하는 수도사가 있으면 당장 내쫓겠다고 으름장을 놓기도 했다.

"시기심 때문에 이 자리에 없는 사람을 헐뜯는 인간은
음식을 먹는 것도, 이 자리에 머무는 것도 허락받지 못하리라."

그러나 치명적인 병에 걸려 쓰러졌을 때 아우구스티누스는 수도사들에게 홀로 있고 싶다고 말했다. 이제까지 그는 늘 누군가와 함께 있었다. 평소에는 알리피우스와 대화를 나눴고, 가장 심오한 신비체험을 어머니와 함께했고, 가장 사적인 저작을 구술할 때에는 늘 기록자를 곁에 두었다. 그런데 이제 그는 주변 사람을 모두 물리쳤다. 식사를 가져온 수도사는 아우구스티누스가 울고 있음을 알았다. 그는 큼직큼직하게 쓴 참회 시편을 벽에다 붙여 달라고 부탁했다. 자신의 죄를 뉘우치면서 그 시를 되풀이해 읽기 위해서. 이 죄는 그가 젊을 때 저지른 죄가 아니었다. 《고백록》 제10권에서 아우구스티누스는 자신의 주교 생활이 죄로 가득 차 있다고 말했다. 그는 직무를 수행하면서 범한 죄를, 증오에 찬 분열과 관련된 모든 것을, 사랑과 평화를 추구하다가 실패했던 모든 순간을 후회했다. 이런 문제들이 상아탑에 은둔할 수 없었던 그를 끊임없이 괴롭혔다. 이렇게 아우구스티누스를 자책하게 만든 대표적인 사건이 하나 있다. 423년에 일흔이 된 아우구스티누스는 주교 자리에서 은퇴하려고 했다. 그런데 그가 임명한 주교가 못된 악당임이 밝혀졌다. 아우구스티누스는 총주교에게 쓴 편지를 공표했다.

"제가 성급하게 일을 처리하느라 주의를 게을리 하는 바람에 비극을 일으키고 말았습니다. ……지금 저는 주교 자리에서 물러나 응분의 속죄에 전념해야할지 말지 심사숙고하고 있습니다. 예상되는 두 가지 결과에 대한 두려움과 고뇌가 저를 괴롭히고 있습니다. 제가 무분별하게 주교로 임명한 남자 때문에 신의 교회가 신도를 잃어버리는 광경을 보게 되지는 않을지, 또는 (부디 신께서 막아 주시길 바라고 있습니다만) 모든 교회가 이 남자와 더불어 사라져 버리지는 않을지 걱정됩니다."《《서간집》 209·1, 209·10)

아우구스티누스는 마지막 순간에 홀로 방에 틀어박혀 이러한 잘못을 뉘우치려 했다.

그래도 각고의 노력 끝에 손에 넣은 성서의 말씀에 둘러싸여 세상을 떠난다는 것은 아우구스티누스에게 잘 어울리는 죽음이었다. 그는 평생에 걸쳐 자기가 살아갈 언어의 궁전을 세웠다. 그는 수사학을 부정하는 수사학 전문가였지만, 그래도 인간이 말하거나 쓰는 모든 말 속에—더욱이 마음속으로 생각한 말에도—신의 말씀이 나타나 있음을 알았다. 그는 말을 지나칠 정도로 사랑했다. 말이 멋대로 활약하도록 놔뒀다. 말은 아우구스티누스 안에서 활개 치다가 밖으로 뛰쳐나와 뭇사람의 마음을 사로잡았다. 온갖 말들이 하나로 뭉치고 얽히면서 때로는 의미라는 무거운 짐을 옮기고, 또 때로는 단지 거품처럼 솟아오르는 가운데 이런저런 울림을 낳았다. 아우구스티누스의 말은—장난스런 말이든 심오한 말이든—지금도 놀랍도록 생생하게 우리에게 다가온다.

"내가 하는 말은 여러분의 감각을 일깨웁니다. 내 말을 들은 사람들은 모두 그 말을 확실히 파악하는데, 다른 사람이 그것을 파악하는 일을 방해하지는 않습니다. 파악하지 않으면 말뜻을 이해할 수 없으며, 독점하면 다른 사람과 말을 나눌 수 없을 것입니다. 물론 내 이야기는 단어와 음절로 분해됩니다. 그러나 여러분은 음식을 조금씩 떼어 먹듯이 이야기의 특정 부분만 골라 가질 수는 없습니다. 여러분은 다 함께 내 이야기를 모두 듣겠지만, 그것을 받아들이는 방식은 개개인마다 다를 것입니다. 나는 한 사람에게 모든 것을 주는 바람에 다른 사람이 그것을 얻지 못할까 봐 걱정하지는 않습니다. 나는 모든 사람이 모든 것을 다 쓰기를 바라고 있습니다. 다른 사람의 귀나 마음이 내 말을 파악하는 일을 방해하지 않으니, 여러분은 모든 것을 자기 것으로 삼으면서도 남들에게 모든 것을 남겨 줄 수 있습니다. 이 일은 시간의 흐름에 따라 순서대로 이루어지는 것이 아닙니다. 먼저 내 말이 어떤 사람에게 닿고, 그 사람이 다른 사람에게 말을 옮기는 것이 아닙니다. 한 사람 한 사람이 서로 다르게 기억하므로, 내 말을 들으러 온 사람들은 모두 내 이야기를 저마다 다른 식으로 소유하게 됩니다."《설교집》 187·2)

맺음말—아우구스티누스 관용과 사랑

아우구스티누스 사상의 편력을 읽으면서 우리는 소설가 아풀레이우스가 마다우라 출신임을 알 수 있다. 그 유명한 《황금 당나귀》의 저자와 아우구스티누스는 무슨 관계였을까. 독자는 호기심을 느끼며 자료를 찾아볼지도 모른다. 이 소설은 수상하지만 무척 재미있다. 독자는 정신없이 소설을 읽다가 문득 정신을 차리고 아우구스티누스를 떠올리리라. 어떤 연구자는 《황금 당나귀》를 해설하면서 이렇게 말했다. "성 아우구스티누스도 이 작품을 '황금 당나귀'라는 이름 아래 예찬했다." 그럼 아우구스티누스의 《신국론》을 보자. 확실히 황금 당나귀에 대한 이야기가 나온다.

"이는 아풀레이우스가 《황금 당나귀》라는 책에서 스스로 경험한 일로서 기록한 것인데, 어떤 약을 먹은 사람이 인간 마음을 간직한 채 당나귀로 변한다는 내용이다. 이것은 사실일지도 모르고 허구일지도 모른다."

이것이 과연 '예찬'인지는 둘째 치고, 아우구스티누스가 《황금 당나귀》 이야기를 사실일지도 모른다고 생각했다는 것이 놀랍다. 하기야 아우구스티누스는 천 수백 년 전 사람이니 그럴 수도 있으리라. 실제로 그 시대 사람들은 "스스로 경험한 일을 기록했다니까 이 책의 저자는 분명히 마법사일 것"이라고 생각하여 아풀레이우스를 대사제로 추대하기도 했다.

아니, 어쩌면 아우구스티누스는 《황금 당나귀》를 읽지 않았을지도 모른다. 《신국론》에 소개된 내용과는 달리 실제 《황금 당나귀》에서는 주인공이 마법사의 연고를 몸에 발랐다가 당나귀로 변한다. 물론 이것만 가지고 아우구스티누스가 《황금 당나귀》를 읽지 않았다고 단정할 수는 없다. 이 시대에 책은 거의 필사본이었다. 아우구스티누스가 읽은 사본에는 "약을 먹고 변했다"고 쓰여 있었을지도 모른다.

이렇게 독자는 역사가처럼 자유롭게 자료를 검토하면서 즐거움을 느낄 수 있으리라. 그런데 아우구스티누스는 왜 저런 글을 썼을까. 《신국론》에서 《황금 당나귀》가 언급된 부분을 보자. 이것은 신학적 인류 역사를 다룬 부분, 그것도 '신의 나라'와 대립하는 '지상 국가'를 기술한 부분에 속한다. 간단히 살펴보면 아우구스티누스는 《황금 당나귀》에 묘사된 이야기가 예컨대 진실이라 해도, "우리는 신앙이 없는 천사나 신앙이 없는 인간의 사회인 이 세상 국가로부터" 신앙을 통해 신의 나라로 "도망가야 한다"고 말한다.

'신의 나라'와 '이 세상 국가'의 대비는 초보자로선 이해하기 어려운 문제이다. 한데 "밀과 잡초는 마지막까지 함께 길러야 한다"는 《마태복음》의 말씀이야말로 《신국론》의 핵심이라고 할 수 있다. 그럼 《마태복음》을 살펴보자.

"예수께서 그들 앞에서 또 비유를 들으셨다. 천국은 좋은 씨를 제 밀밭에 뿌린 사람과 같은데, 사람들이 잘 때 그 원수가 와서 곡식 가운데 가라지(잡초의 일종) 씨를 덧뿌리고 갔다. 이윽고 싹이 나서 결실할 때가 되자 가라지도 보였다. ……종들이 우리가 가서 이것을 뽑기를 원하시느냐고 묻자 주인이 대답했다. '그냥 두어라. 가라지를 뽑다가 곡식까지 뽑을까 염려하노라. 둘 다 추수 때까지 함께 자라게 놔둬라. 추수 때에 내가 추수하는 이한테 말하기를 가라지는 먼저 거두어 불사르게 단으로 묶고, 곡식은 모아 내 곳간에 넣으라고 하리라.'"(13장 24−30절)

"예수께서 대답하시되 좋은 씨를 뿌리는 이는 사람의 아들이요, 밭은 세상이요, 좋은 씨는 천국의 아들들이요, 가라지는 악한 자의 아들들이다. 가라지를 뿌린 원수는 마귀요, 추수 때는 세상의 끝이요, 추수하는 이는 천사들이니라. 그런즉 가라지를 거두어 불사르는 것같이 세상 끝에도 그러하리라."(13장 37−40절)

그렇다면 아우구스티누스는 《황금 당나귀》에 적힌 '진실'도 포함해서 이 세상에는 '최후의 심판을 통해 선한지 악한지 판별돼야 할 것들'이 뒤섞여 있다는 사실을 지적했는지도 모른다.

아우구스티누스는 밀라노 궁정으로 갈 때 로마 제국 역마를 타고 갔다. 그런데 콘스탄티누스 대제는 주교들에게 공용 역마를 제공했다는 이유로 비판을 받았다(암미아누스의 《로마사》). 역사가 기번도 《로마사》 21권 16장 18절에서 이 문구를 인용했다.

"그리스도교 자체는 더없이 단순하고 명쾌하다. 황제는 맹목적인 미신으로 이것을 혼란에 빠뜨렸다. 황제의 권위로 이 혼란을 수습하기는커녕, 공연히 복잡한 교리 이론의 출현을 책동해서 더더욱 논쟁을 조장하고 확산시키면서 불난 데 기름을 부었다. 전국 각지에서 잇따라 개최되는 그들의 이른바 공의회라는 것에 참가하려고 주교들이 공용 역마를 타고 달려가는 바람에 국도란 국도는 모조리 꽉 막혀 버렸다. 어쨌든 황제는 모든 교파가 자신의 특수한 견해를 받아들이게 만들고자 했으므로, 이런 주교들의 빈번한 왕복으로 인해 역마 제도는 거의 마비되어 버렸다."《로마 제국 쇠망사》 3권 21장)

그런데 아우구스티누스는 이교도 궁정 관리로서 과거의 그리스도교 주교들처럼 역마를 타고 밀라노로 갔다. 313년 밀라노 칙령이 발표된 이 도시에서 그는 세례를 받았다(387년). 그리고 이번에는 역마를 쓰지 않고 아프리카로 돌아가 사제가 되었다(391년). 여기서 우리는 정열 및 정치성이 두드러지던 기존 주교들과 아우구스티누스의 차이점을 발견할 수 있다. 아우구스티누스는 새로운 종류의 성직자였다.

아우구스티누스가 이탈리아에 머물렀던 수년 동안 이탈리아에는 강력한 황제가 없었다. 즉 그라티아누스 황제가 서거하고, 선제에게 은혜를 입은 테오도시우스 동로마 황제의 비호 아래 어린 이복동생 발렌티니아누스 2세가 홀로 서로마 황제로 등극한 상태였다. 이 짧은 시기에 이탈리아에서는 위대한 '교부(敎父)'가 네 사람이나 등장했다. 그 가운데 다마소는 교황이 되었다. 암브로시우스, 히에로니무스, 아우구스티누스 세 사람은 뒷날 성인으로 추대됐다. 이런 인물들이 나타난 이 시기는 짧지만 교회 역사상 중요한 시대였다.

히에로니무스와 아우구스티누스는 성격은 정반대지만 둘 다 그리스도교 교리를 완성시켰다는 점에서 '교부'라고 불릴 만하다. 그런데 다마소와 암브로시우스의 입장은 조금 애매하다.

귀족 출신인 암브로시우스는 밀라노를 비롯한 리구리아주를 다스리는 유능한 총독이었다. 그는 아직 세례도 받지 않았는데 고결한 인격자로서 사람들의 지지를 얻어 밀라노 주교로 임명됐다. 아우구스티누스가 밀라노로 왔을 때 암브로시우스는 44살쯤이었다. 때마침 그는 아리우스파였던 어린 황제의 어머니 유스티나와 종파 투쟁을 벌이고 있었다. 이때 암브로시우스는 자작극처럼 보이는 '순교자 시신 발견'을 이용해 황실의 압박을 물리치는 데 성공했다. 아우구스티누스는 우연히 그 장면을 목격했다.

세례를 받고 나서는 아우구스티누스도 이 유능한 밀라노 주교를 존경하면서 그의 교구 신자 지도 방법을 배우게 됐지만, 그 전에는 어쩌면 불만이 있었는지도 모른다. 아우구스티누스는 평생 정치와는 거리가 먼 사람이었다. 따라서 아직 이교도였던 서른 살 때, 암브로시우스가 정치적으로 군중의 맹신을 이용하는 모습을 보고서 반발심을 느꼈을 수도 있다.

교황 다마소 1세는 그보다 더했다. 그는 379년 안티오키아 회의에서 삼위일체 교리에 관한 그리스어와 라틴어 번역의 차이를 없앴다는 공적을 남겼다. 그러나 암미아누스는 이 사람이 "피비린내 나는 정쟁을 벌여 주교 자리에 올랐다"고 기록했다. 다마소는 향락을 좇은 교활한 정치인이었던 듯하다. 하지만 아우구스티누스가 이탈리아에 왔을 때 이미 다마소 1세는 79세나 80세 정도였을 것이다. 만년에는 히에로니무스의 보좌를 받으며 '교부'다운 면모를 보였는지도 모른다.

암브로시우스는 밀이었을까, 잡초였을까? 다마소 1세는 어땠을까? 아우구스티누스는 가톨릭교도들을 상대로 테러를 벌인 도나투스파 사람들마저 가능한 한 구제하려고 했다. 그러니 같은 가톨릭교도의 허물도 눈감아 줬을 것이다. 최후의 심판 날에 모든 것이 결정되리라고 믿으면서.

이런 아우구스티누스의 관용과 '사랑'의 정신이 서방 그리스도교의 바탕을 이루었다. 세월이 흘러 '신의 나라'를 신성 로마 제국이라는 몰락한 형태로 실현한 위정자들과, 온갖 욕망에 사로잡힌 '르네상스 교황'들이 줄줄이 나타났다. 그러나 이런 위기 속에서도 그리스도교 신앙은 오래오래 살아남아 오고 있다. 이것은 아우구스티누스가 낳은 기적이 아닐까.

아우구스티누스 연보

354년 11월 13일에 북아프리카의 소도시 타가스테에서 중산계급인 지주
       의 장남으로 태어남. 부친 파트리키우스, 어머니 모니카.

355년(1세) 이 무렵 마리우스 빅토리누스 그리스도교로 개종.

361년(7세) 타가스테의 초등학교에 입학.

365년(11세) 이웃 마을 마다우라의 학교에 다님.

369년(15세) 여름, 집안 형편으로 공부를 중단하고 타가스테로 돌아옴. 방종한
             생활이 시작됨.

370년(16세) 로마니아누스의 학비 원조를 받아 카르타고에 유학.

371년(17세) 아버지가 타가스테에서 사망.

372년(18세) 한 여성과 동거 생활을 시작함.

373년(19세) 키케로의 《호르텐시우스》를 읽고 마니교도가 됨. 성서의 소박한 문
             체에 실망. 아들 아데오다투스 태어남.

374년(20세) 카르타고에서 학업을 끝내고 타가스테로 돌아와 문법 교사가 됨.
             동거하는 여자와 종교문제로 인한 어머니와의 불화 시작됨. 아리스
             토텔레스의 《범주론》을 혼자 힘으로 읽고 이해함.

375년(21세) 서고트족이 로마제국 영내로 이동. 민족의 대이동 시작.

376년(22세) 친구의 죽음. 타가스테에서 카르타고로 옮겨 수사학 교사가 된다.
             마니교에 열중함. 자연철학자나 점성가의 책을 연구함.

377년(23세) 카르타고에서 열린 시 콩쿠르에서 우승.

380년(26세) 《미와 적합》 저술.

382년(28세) 여름, 마니교의 교사 파우스투스와 만남.

383년(29세) 카르타고에서 로마로 떠나 수사학 교사로 근무. 마니교에 대한 의
             혹이 깊어짐. 로마에서 중병에 걸림. 진리 발견의 가능성에 절망하
             고 신아카데미아파의 회의주의에 빠짐.

384년(30세) 가을, 로마 시 장관 심마쿠스의 추천으로 밀라노의 국립학교 수사학 교사로 임명되어 로마에서 밀라노로 떠남. 밀라노 주교 암브로시우스를 방문. 성서의 비유적 해석에 감동해 가톨릭 교회를 다시 보게 됨. 세례 지원자가 되기로 결심.

385년(31세) 늦봄, 어머니가 밀라노로 옴. 아들 아데오다투스를 낳아 기른 동거녀와 헤어지고 어머니 뜻에 따라 다른 여자와 약혼. 2월 22일, 발렌티니아누스 2세 황제에게 송사를 지어 바침.

386년(32세) 신플라톤파의 서적을 읽고 영적 세계에 눈을 뜸. 암브로시우스의 설교를 듣고 큰 영향을 받음. 사도 바울의 편지를 읽고 그 깊은 의미를 이해함. 암브로시우스의 스승 심플리키아누스와의 대화로 빅토리누스가 회심했던 이야기를 들음. 8월, 폰티키아누스의 방문을 받고, 밀라노의 정원에서 회심함. 모든 것을 바쳐 신에게 봉사할 결심을 함. 10월 15일, 정식으로 수사학 교사를 사임하고, 밀라노 근교인 카시키아쿰으로 옮겨감. 《아카데미아파 반론》《행복한 삶에 대하여》《질서론》《독어론》 저술.

387년(33세) 1~2월, 밀라노로 돌아옴. 4월 24일 부활제의 밤, 아들 아데오다투스와 친구 아리피우스와 함께 암브로시우스에게서 세례를 받음. 귀국을 결심하고 여름, 로마를 거쳐 오스티아에 머무름. 그곳에서 어머니 사망. 귀국을 연기하고 다시 로마로 돌아가서 머무름. 《영혼 불멸에 대하여》《영혼의 위대함에 대하여》 집필. 《음악론》 쓰기 시작함.

388년(34세) 8~9월, 타가스테로 귀향하여 공동생활을 시작함. 《가톨릭교회의 관습과 마니교도의 관습에 대하여》《마니교도들에 반대하는 창세기론》《자유의지론》《교사론》 쓰기 시작함.

389년(35세) 아들과의 대화편 《교사론》을 완성함.

390년(36세) 친구 네브리디우스를 방문. 카르타고로 여행함. 아들 아데오다투스와 네브리디우스 사망. 《참된 종교에 대하여》 저술.

391년(37세) 봄, 히포 레기우스 방문. 사제로 서품. 《믿음의 효용》 씀. 《두 개의 영혼—마니교도에 대하여》《시편 강해》 쓰기 시작.

392년(38세) 8월 28~29일, 히포 레기우스에서 마니교도 포르투나투스와 공개

토론함.《마니교도 포르투나투스와의 토론기록》저술.

393년(39세) 10월 8일, 히포 레기우스에서 평화 교회 착공식 거행함. 12월 3일, 제1회 히포 회의에서 설교함. 도나투스파와 논쟁 시작.《신앙과 교리》저술.《(미완성) 창세기 축어 해석》쓰기 시작함.

394년(40세) 《주의 산상 설교》《도나투스파 비판의 노래》《마니의 제자 아디만투스 비판》《갈라디아서 강해》《(미완성) 로마서 강해》저술.

395년(41세) 5~6월, 히포 레기누스 교회 주교로 서품. 포르투나투스와 다시 논쟁 벌임. 누미디아의 토브루시크, 키르다, 티아바로 여행.《거짓말에 대하여》《절제에 대하여》저술.《자유의지론》완성.

396년(42세) 히포의 주교 발레리우스 사망, 그의 후계자 됨. 도나투스파 주교 포르투니우스와 공개토론.《심플리키아누스에의 반서(返書)—여러 가지 문제에 대하여》를 집필.

397년(43세) 4월 4일 암브로시우스 사망. 후임은 심플리키아누스. 4월 26일 제2회 카르타고 회의, 8월 28일 제3회 카르타고 회의 출석.《그리스도교 가르침》《고백록》을 쓰기 시작함.

399년(45세) 4월 27일, 제4회 카르타고 회의 출석.《선의 본성에 대하여》《초심자 교도》를 쓰기 시작함.

400년(46세) 《세례론—도나투스파에 대하여》《마니교도 파우스투스 비판》《복음사가의 일치》《파르메니아누스의 편지 비판》을 씀.《삼위일체론》을 집필 시작함.《고백록》완성.

401년(47세) 6월 15일, 제5회 카르타고 회의, 9월 13일, 제6회 카르타고 회의에 출석.《결혼의 선》《성스러운 처녀성에 대해》저술함.《창세기 축어 강해》를 쓰기 시작함.

402년(48세) 심플리키아누스 사망. 8월 7일, 밀레베에서 열린 제7회 교회 회의에 출석. 아브단티우스와 문제를 일으킴.

403년(49세) 8월 25일, 제8회 카르타고 회의 출석. 카르타고의 도나투스파 주교 프리니아누스와 논쟁함.

404년(50세) 6월 26일, 제9회 카르타고 회의 출석. 황제에게 도나티스트 문제 개입을 요청. 히에로니무스의《불가타》완성.

405년(51세) 8월 23일, 제10회 카르타고 회의 출석. 도나투스파의 문법학자 크레스코니우스와 논쟁. 《도나투스파의 문법학자 크레스코니우스에 대하여》를 쓰기 시작함. 마니교도 펠릭스와의 공개토론. 《마니교도 펠릭스 비판》을 저술함.

407년(53세) 6월 말, 토브르시크에서 열린 제11회 교회 회의 출석. 도나투스파에 대한 황제의 정치적 개입을 지지. 《악령의 예언》을 쓰기 시작. 반달족과 알라니족, 수에비족, 갈리아를 뚫고 이스파니아로 침입.

408년(54세) 6월 16일, 제12회 카르타고 회의, 10월 13일, 제13회 카르타고 회의 출석함.

409년(55세) 6월 15일, 제14회 카르타고 회의 출석. 히포 레기우스 근교에서 도나티스트 다툼이 일어남.

410년(56세) 6월 14일, 제15회 카르타고 회의 출석. 9월 11일, 우티카로 향함. 겨울, 히포 레기우스 근교에서 휴양. 서고트족 로마에 침입해 약탈 자행. 펠라기우스 아프리카에 옴. 서고트 왕 알라리크가 로마 점령.

411년(57세) 1~3월, 카르타고에서 설교. 4~6월, 키르다 및 카르타고에서 도나투스파에게 설교. 6월 1일, 도나투스파와의 회의 출석.

412년(58세) 1월, 황제 명령으로 카르타고에 가톨릭과 도나투스파의 주교가 모여 토론한 끝에 도나투스파는 이단 선고를 받음. 6월 14일, 키르다의 주교회의 출석. 에스파냐(스페인) 주교 오로시우스가 아우구스티누스 밑에서 공부하기 위해 히포 레기우스로 옴. 《죄인의 보복과 용서에 대하여》를 쓰기 시작함. 펠라기우스와의 논쟁이 시작됨. 《신약성서의 은총에 대해》 《영혼과 문자에 대하여》를 저술.

413년(59세) 6~9월, 카르타고로 향하여 마르켈리누스 구제를 시도하나 9월 13일 처형됨. 《자연본성과 은혜에 대하여》 《신앙과 업에 대해》를 집필함. 《신국론》을 쓰기 시작함.

414년(60세) 《과부의 선에 대해》 집필. 《요한복음서 강해》 쓰기 시작.

416년(62세) 9월, 카르타고 교회 회의에 출석. 9~10월, 아프리카의 주교 61명이 밀레베에 모여 펠라기우스주의자들의 단죄를 인노켄티우스 1세에게 요구. 《요한서 강해 10강》 저술함.

417년(63세) 9월 중순, 카르타고에서 펠라기우스주의자들에게 설교. 《요한복음서 강해》 《요한서 강해》 집필 마침.

418년(64세) 5월, 제16회 카르타고 회의 출석. 펠라기우스에 대해 《그리스도교의 은혜와 원죄》 집필. 9월 20일, 카에사리아로 여행, 도나투스파 주교 에메리투스와 만남. 이 무렵 《시편 강해》 완성.

419년(65세) 5월 25일, 제17회 카르타고 회의 출석. 《결혼과 정욕》《영혼과 그 기원》《품행이 나쁜 사람의 결혼》을 쓰기 시작함. 《삼위일체론》 집필 완료.

420년(66세) 《펠라기우스파의 두 편지 비판》 저술. 히에로니무스 사망.

421년(67세) 에크라눔의 펠라기우스파 주교 율리아누스와 논쟁을 시작함. 《율리아누스 비판》《신앙·희망·사랑》을 저술.

422년(68세) 6월 13일, 제18회 카르타고 회의에 출석함.

424년(70세) 에라클리우스가 히포 레기누스에 성 스테파누스 교회 건립.

425년(71세) 지난해 12월부터 1월에 걸쳐, 히포 레기누스 스캔들 일어남.

426년(72세) 9월 26일, 에라클리우스를 히포 교회의 주교로 임명. 밀레베의 주교 세베루스의 후임을 정함. 사제 이아누아리우스가 아우구스티누스의 수도원을 떠남. 세미 펠라기우스주의자 문제 일어남. 《재론고》를 쓰기 시작함. 《은혜와 자유의지》《장려와 은혜》를 씀. 《신국론》 완성.

428년(74세) 아리우스파 주교 막시미누스와 논쟁. 《아리우스파 주교 막시미누스 비판》《성인의 예정에 대하여》《참고 견딘 보람에 대하여》 저술.

429년(75세) 5월, 반달족의 북아프리카 침입. 수많은 주교가 교회를 떠나나 아우구스티누스는 남음. 《율리아누스 비판(미완성)》을 씀.

430년(76세) 5월, 반달족이 히포 시를 포위함. 8월 28일, 아우구스티누스 사망.

참고문헌

이 《신국론》은 아래 영어본과 라틴어본을 텍스트로 삼아 우리말로 옮겼다.

Aurelius Augustinus, 《The City of God》, England : Penguin Books, 1990

Aurelius Augustinus, A Select Library of The Nicene and Post—Nicene Fathers of The Christian Church, Vol. Ⅱ 《St. Augustin′s City of God》, Edited by Philip Schaff, Grand Rapids : Eerdmans Publ. Co., 1956

St. Aureli Augustini, 《De Civitate Dei》 libri Ⅰ~ⅩⅫ, Bernardus Dombart—Alphonsus Kalb ed., Turnholti, Brepols, 1955

S Aureli, Augustini Episcopi, 《De Civitate Dei》 Libri ⅩⅫ ex recensione B. Dombart, quartum recognovit A. Kalb. Vol. Ⅰ, Lib. Ⅰ—ⅩⅢ, Vol. Ⅱ Lib. ⅪⅤ—ⅩⅫ. Lipsiae in Aedibus B.G. Teubneri MCMⅩⅩⅧ, MCMⅩⅪⅩ

겔리우스(Aulus Gellius : 123쯤~165쯤)
　《아티카 야화 *Noctes Atticac*》
데모스테네스(Demosthenes : 기원전 384~322)
　《드 코로나 *De Corona*》
디오게네스 라에르티우스(Diogenes Laertius : 200~250)
　《위대한 철학자들의 생애와 사상 *De Clarorum Philosaphorum Vitis etc*》
디오 카시우스(Dio Cassius : 150~235)
　《로마사 *Historia Romana*》
디오도로스 시켈로스(Diodoros Sikelos 영어명 Diodorus Siculus : 기원전 1세기쯤)

《*Bibliotheca Historica*》

락탄티우스(Lactantius : 250쯤~320쯤)

　《신의 교훈 *Divinae Institutiones* 》

　《신의 분노 *De Ira Dei*》

루카누스(Lucanus, 영어명 루칸(Lucan) : 39~65)

　《파르살리아 *Pharsalia*》

루크레티우스(Lucretius : 기원전 99쯤~55쯤)

　《만물의 본성에 대하여 *De Rerum Natura*》

리비우스(Titus Livius : 기원전 59쯤~기원후 17)

　《로마사 *Ab Urbe Condita*》

　《로마사 요약서 *Periochae*》

　《*Epitome*》

마르티아누스 카펠라(Martianus Capella : 5세기 초)

　《*De Nuptiis Mercurii et Philologiae*》

미누키우스 펠릭스(Minucius Felix : 2세기 또는 3세기)

　《옥타비우스 *Octavius*》

바로(Marcus Varro : 기원전 116~27)

　《농업론 *De Re Rustica*》

　《라틴어 문법론 *De Lingua Latina*》

　《로마인 민족론 *De Gentle Populi Romani*》

　《인간과 신의 역사》

　《제신 예배 *De cultu deorum*》

　《철학에 대하여 *De Philosophia*》

발레리우스 막시무스(Valerius Maximus : 14~37년 활동)

　《기억할 만한 공적과 격언에 대한 9권의 책 *Factorum et Dictorum Memorabilium Libri* IX》

베르길리우스(Publius Vergilius Maro : 기원전 70~19)

　《농경시 *Georgica*》

　《아이네이스 *Aeneis*》

　《전원시 *Eclogae*》

벨레이우스 파테르쿨루스(Velleius Paterculus : 기원전 19쯤~기원후 31쯤)

《로마사 *Historiae Romanae*》

살루스티우스(Sallustius : 기원전 86~35)

《역사 *Historiac Fragmenta*》

《유구르타 전쟁 *Bellum Iugurthinum*》

《카틸리나 음모 *Bellum Catilinae*》

세네카(Seneca : 기원전 4쯤~기원후 65)

《관용에 대하여 *Dialogus de Clementia*》

《논쟁문제집 *Controversiae*》

《분노에 대하여 *Dialogus de Ira*》

《서간집 *Epistulae*》

《*Questiones Naturales*》

소조메노스(Sozomenos : 5세기 전반)

《교회사》

소크라테스(Socrates : 380쯤~450)

《교회사 *Historia Ecclcsiastica*》

소포클레스(Sophocles : 기원전 496~406)

《오이디푸스 왕 *Oedipus Tyrannus*》

수에토니우스(Suetonius : 70쯤~160쯤)

《황제들의 생애 *De Vita Caesarum*》

스트라보(Strabo : 기원전 64쯤~기원후 10)

《*Geographica*》

아르노비우스(Arnobius : 쯤~330)

《이교도를 논박함 *Adversus Nationes*》

아리스토텔레스(Aristotle : 기원전 384~322)

《니코마코스 윤리학 *Ethica Nicomachea*》

《영혼에 대하여 *De Anima*》

《천체론 *De Caelo*》

《형이상학 *Metaphysica*》

아우구스티누스(Augustinus : 354~430)

《가톨릭교회의 도덕에 대하여 *De Moribus Ecclesiae Catholicae*》

《고백록 *Confessiones*》

《그리스도교 가르침 *De Doctrina Christiana*》

《마니교도들에 반대하는 창세기론 *De Genesi contra Manichaeos*》

《마니교도의 습관에 대하여》

《삼위일체론 *De Trinitate*》

《서간집 *Epistolae*》

《선의 본성에 대하여 *De Natura boni*》

《설교집 *Sermones*》

《유아세례 *De Peccatorum Meritis et Remissione*》

《음악론 *De Musica*》

《자유의지론 *De Libero arbitrio*》

《재론고 *Retractationes*》

《참된 종교에 대하여 *De Vera Religione*》

《행복한 삶에 대하여 *De beata vita*》

《*Contra Iulianum Haeresis Pelagianae*》

《*De Diversis Quaestionibus ad Simplicanum*》

《*De Genesi ad Litteram*》

《*De Haeresibus ad Quodvultdeum*》

《*De Nuptiis et Concupiscentia*》

《*De Spiritu et Littera*》

《*Enarrationes in Psalmos*》

《*Expositiones Quarundam Expositionum ex Epistola ad Romanos*》

《*Quaestiones in Heptateuchum*》

아리아노스(Arrianos : 95쯤~175쯤)

《알렉산드로스 대왕 원정기》

아풀레이우스(Apuleius : 125~180)

《변명 *Pro Se De Magia(Apologia)*》

《변신이야기 *Metamorphoses*》

《세계에 대하여 *De Mundo*》

《유대전쟁사 *Bella Judaica*》

유베날리스〔Juvenalis, 영어명 쥬브날(Juvenal) : 250쯤~320쯤〕

《풍자시집 *Saturae*》

유세비우스(Eusebius of Caesarea : 263~339)

《교회사 *Ekklesiastike Historia*》

《*Demonstratio Evangelica*》

《*Praeparatio Evangelica*》

유트로피우스(Eutropius : 370쯤)

《*Breviarium ab Urbe Condita*》

의사(擬似) 아폴레이우스(Pseudo—Apuleius)

《아이스쿨라피우스 *Asclepius*》

쿠르티우스 루푸스(Curtius Rufus : 59쯤)

《알렉산더왕 전기 *De Gestis Alexandri Magni*》

클라우디아누스(Claudianus : 400쯤)

《*De Tertio Consulatu Onorii Augusti Panegyricus*》

키케로(Cicero : 기원전 106~43)

《국가론 *De Republica*》

《도덕적 의무에 대하여 *De Officiis*》

《리가리우스를 위한 연설 *Pro Ligario*》

《법률에 대하여 *De Legibus*》

《신의 본성에 대하여 *De Natura Deorum*》

《예언에 대하여 *De Divinatione*》

《우정에 대하여 *De Amicitia*》

《웅변에 대하여 *De Oratore*》

《최고선과 최고악에 대하여 *De Finibus Bonorum et Malorum*》

《친구에게 *Epistulae ad Familiares*》

《카틸리나 탄핵 In Catilinam》

《투스쿨룸에서의 논쟁 *Tusculanae Disputationes*》

《티마이오스 *Timaeus(translated or adapted from Plato)*》

《*Academica Posteriora*》

《암피트루오 *Amphitruo*》

플라톤(Platon 영어명 Plato : 기원전 427쯤~348)

　《국가 *De Republica*》

　《법률 *Leges*》

　《소크라테스의 변명 *Apologia Socratis*》

　《크라틸로스 Cratylus》

　《티마이오스 *Timaeus*》

　《파이돈 *Phaedo*》

　《파이드로스 *Phaedrus*》

　《프로타고라스 *Protagoras*》

　《향연 *Symposium*》

플로루스(Florus : 100쯤)

　《로마사 *Epitome*》

플로티노스(Plotinus : 205~270)

　《엔네아데스 *Enneades*》

플루타르코스(Plutarchos : 46쯤~120쯤)

　《로마의 요행 *De Fortuna Romana*》

　《*Quaestiones Romanae*》

　《*Vitae Parallelae, Agesilaus*》

　《*Vitae Parallelae, Alexander*》

　《*Vitae Parallelae, Caius Gracchus*》

　《*Vitae Parallelae, Cato*》

　《*Vitae Parallelae, Julius Caesar*》

　《*Vitae Parallelae, Numa*》

　《*Vitae Parallelae, Pyrrhus*》

　《*Vitae Parallelae, Sulla*》

플리니우스(Plinius : 23~79)

　《박물지 *Historia Naturalis*》

헤로도투스(Herodotus : 기원전 484쯤~425쯤)

　《역사 *Historiae*》

헤시오드(Hesiod : 기원전 8세기쯤)

《*Theogonia*》

호라티우스(Horatius : 기원전 65~8)

《서간집 *Epistulae*》

《카르미나 *Carmina*》

《*Epodes*》

호메로스(Homeros : 기원전 9세기쯤)

《오디세이 *Odyssey*》

《일리아드 *Iliad*》

히에로니무스〔Eusebius Hieronymous, 영어명 제롬(Jerome) : 347쯤~420〕

《서간집 *Epistolae*》

《*Commentarium in Danierem*》

《*Commentarium in Ezekielem*》

《*Pracfatio in Isaiam*》

《*Pracfatio in Malachiam*》

《*Questiones Hebraicae in Genesin*》

Dionysius of Halicaknassus

《*Antiquitates Romanae*》

Epictetus(60~140)

《*Enchiridion*》

Julius Obsequens(4세기쯤)

《*Liber Prodigiorum*》

Justin Martyr (109~165)

《*Apologia contra Gentiles*》

《Dialogus cum Tryphone Judaeo》

Justin(1세기 또는 2세기)

《*Epitome*》

Macrobius Theodosius(400쯤)

《*Saturnalia*》

《*Homiliae In Genesim*》

Pausanias(150쯤)

《Hellados Periêgêsis (Descriptio Graeciac)》

추인해(秋仁海)

한신대학교 신학대학원 졸업. 장로회신학대학교 목회신학 박사과정. 연세대학교 신학대학원(목회상담학) 수학. 좋은교회 담임목사. 지은책 수상집 《진리가 너를 자유케 하리라》 옮긴책 밀란 밀란 쿤데라 《참을 수 없는 존재의 가벼움》 《농담》 노먼 필 《적극적 사고방식》 C·M브리스톨 《신념의 마술》 마틴 루터 《그리스도인의 자유》

추적현(秋適炫)

서울대학교 사회학과 졸업. 조선일보 편집위원 역임. 율리시스학회 동인. 휴머니스트철학회 간사. 옮긴책 존 로크 《인간지성론》 스피노자 《에티카》 《정치론》 베네딕트 《국화와 칼》 알랭 칼데크 《천국과 지옥》 아들러 《행복의 철학》 등이 있다.

World Book 251
Aurelius Augustinus
DE CIVITATE DEI
신국론Ⅱ
아우구스티누스/추인해 추적현 옮김

1판 1쇄 발행/2016. 2. 12
1판 2쇄 발행/2017. 9. 8
발행인 고정일
발행처 동서문화사
창업 1956. 12. 12. 등록 16-3799
서울 중구 다산로 12길 6(신당동 4층)
☎ 546-0331~6 Fax. 545-0331
www.dongsuhbook.com

ISBN 978-89-497-1400-4 04080
ISBN 978-89-497-0382-4 (세트)